# Österreich

M. Hertlein/MICHELIN

„Land der Berge, Land am Strome,
Land der Äcker, Land der Dome,
Land der Hämmer, zukunftsreich!
Heimat bist du großer Söhne,
Volk, begnadet für das Schöne,
vielgerühmtes Österreich."

Österreichische Bundeshymne
(Text von Paula von Preradović)

Reise-Verlag

Michelin Reifenwerke KGaA
Reise-Verlag
Redaktion Der Grüne Reiseführer
Postfach 21 09 51
D-76159 Karlsruhe
www.michelin-travel.com
DerGrueneReisefuehrer@de.michelin.com

*Manufacture Française des Pneumatiques Michelin*
Société en commandite par actions au capital de 2 000 000 000 de francs
Place des Carmes-Déchaux - 63000 Clermont-Ferrand (France)
R.C.S. Clermont-Fd B 855 200 507



Dépôt légal juin 2000 - ISBN 2-06-000051-3 - ISSN 0763-1375



Printed in the EU 06-2000/1

Compogravure : MAURY Imprimeur S.A., Malesherbes
Impression et brochage : AUBIN, Ligugé.

Maquette de couverture extérieure : Agence Carré Noir à Paris 12e

# DER GRÜNE REISEFÜHRER, die Kunst des Reisens

*DER GRÜNE REISEFÜHRER hat sich zum Ziel gesetzt, aus Ihrem Urlaub eine aufregende Zeit zu machen, an die Sie sich gerne erinnern; er möchte Sie bei der Entdeckung neuer Horizonte begleiten und Ihnen anregende Lektüre zugleich sein. Mit einem Wort, er möchte Ihre Reiselust entfachen.*
*Auch abseits der Touristenpfade erweist sich DER GRÜNE REISEFÜHRER als idealer Begleiter, da er Ihnen neue Facetten von Kultur und Natur erschließt. So können Sie Ihren Urlaub selbst gestalten und auf Entdeckung gehen.*
*DER GRÜNE REISEFÜHRER macht Ihren Urlaub zum besonderen Erlebnis. Er zeigt Ihnen dazu die Wege auf und lädt Sie ein, ihm zu folgen und zu entdecken, was die Kunst des Reisens bedeutet.*

# Inhalt



## Einführung in das Reiseland



## Sehenswürdigkeiten

J.-D. Sudres/DIAF

Brauchtum in Österreich – Perchtenmaske

Y. Travert/DIAF

Goldenes Dachl in Innsbruck

## Praktische Hinweise

Pratt-Pries/DIAF

Osttiroler Tracht

S. Grandadam/HOA-QUI

Wien - Im Kaffeehaus

# Karten und Pläne

## ZU DIESEM REISEFÜHRER EMPFEHLEN WIR:

### Michelin-Karte 926 Österreich

Straßenkarte mit touristischen Hinweisen, Maßstab 1:400 000, mit alphabetischem Ortsverzeichnis und Übersichtsplänen des Salzburger und Wiener Großraums

### ... und um nach Österreich zu gelangen:

### Michelin-Karte 987 Deutschland, Österreich, Benelux, Tschechische Republik

Straßenkarte mit touristischen Hinweisen, Maßstab 1: 1 000 000

### Michelin-Karte 970 Europa

Straßenkarte mit touristischen Hinweisen, Maßstab 1: 3 000 000, mit alphabetischem Ortsverzeichnis

### Michelin-Straßenatlas Europa

spiralgebunden, mit Ortsverzeichnis, mehr als 40 Staaten, 73 Stadtpläne und Umgebungskarten, darunter Salzburg und Wien

## VERZEICHNIS DER KARTEN UND PLÄNE



### Streckenpläne



### Streckenprofile



### Stadtpläne



### Lage- und Grundrißpläne



### Sonstige Karten

# Hinweise zur Benutzung

Der Grüne Reiseführer ist ein verläßlicher Reisebegleiter. Er enthält

- die **Karte der Hauptsehenswürdigkeiten**, auf der die wichtigsten Reiseziele übersichtlich zusammengestellt sind. Die **Karte der Streckenvorschläge** faßt Routen zusammen, auf denen man sich in wenigen Tagen besonders einladende Regionen Österreichs erschließen kann.

- eine **Einführung in das Reiseland**. Von geographischen Bedingungen über geschichtliche Entwicklungen, Brauchtum, Kunst bis hin zu Kulinarischem findet man hier interessante Hintergrundinformationen, die auf den Urlaub in Österreich einstimmen.

- die Beschreibung der **Sehenswürdigkeiten**, die alphabetisch nach den wichtigsten Destinationen geordnet ist. Weitere Ziele sind unter den Rubriken Ausflug oder Umgebung oder unter dem Sammelbegriff einer Region oder Strecke aufgeführt. Ein detailliertes **Register** am Ende des Reiseführers ermöglicht es, auch diese Orte oder Sehenswürdigkeiten schnell zu finden. Für die bedeutendsten Städte in Österreich (Graz, Innsbruck, Klagenfurt, Linz, Salzburg, St. Pölten, Wien) findet man unter der Beschreibung des jeweiligen Ortes einen Informationskasten mit **Tips und Adressen** (u. a. Restaurants - für Wien auch Hotel-Tips). Erkennbar ist er an einem blauen Streifen am Seitenrand.

- **praktische Hinweise**, die wertvolle Hilfestellung für die Urlaubsvorbereitung bieten: Adressen, Hinweise, Veranstaltungskalender, Öffnungszeiten und Besichtigungsbedingungen der beschriebenen Sehenswürdigkeiten.

Trotz sorgfältigster Recherche lassen sich nicht alle Fehler vermeiden. Für Berichtigungen, Kritik, aber auch für Anregungen und Ideen zu diesem Reiseführer schreiben Sie bitte an: Michelin Reifenwerke KGaA, Reise-Verlag, Redaktion Der Grüne Reiseführer, Postfach 21 09 51, D-76159 Karlsruhe oder schicken Sie uns eine E-Mail: *DerGrueneReisefuehrer@de.michelin.com*

M. Hertlein/MICHELIN

# Zeichenerklärung

| | Sehenswürdigkeit | Badeort | Wintersportort | Thermalbad |
|---|---|---|---|---|
| **Ist eine Reise wert** | ★★★ | | | |
| **Verdient einen Umweg** | ★★ | | | |
| **Besonders sehenswert** | ★ | | | |

## Sehenswürdigkeiten

- Besichtigungsbedingungen am Ende des Bandes
- Beschriebene Strecke
- Ausgangspunkt der Besichtigung
- Kirche
- Synagoge – Moschee
- Gebäude
- Statue, kleines Gebäude
- Bildstock
- Brunnen
- Befestigungsmauer – Turm – Tor
- Ebenfalls sehenswert
- AZ B — Markierung einer Sehenswürdigkeit auf dem Stadtplan
- Informationsstelle
- Schloß, Burg – Ruine(n)
- Staudamm – Fabrik, Kraftwerk
- Festung – Grotte, Höhle
- Megalith-Steindenkmal
- Orientierungstafel – Aussichtspunkt
- Sonstige Sehenswürdigkeiten

## Sport und Freizeit

- Pferderennbahn
- Eisbahn
- Freibad – Hallenbad
- Jachthafen
- Schutzhütte
- Luftseilbahn, Kabinenbahn
- Museumseisenbahn
- Ausgeschilderter Weg
- Freizeiteinrichtungen
- Vergnügungspark
- Tierpark, Zoo
- Blumenpark, Arboretum
- Vogelpark, Vogelschutzgebiet

## Sonstige Zeichen

- Autobahn oder Schnellstraße
- Autobahneinfahrt und/oder -ausfahrt
- Fußgängerzone
- Gesperrte oder zeitweise gesperrte Straße
- Treppenstraße – Weg
- Bahnhof – Omnibusbahnhof
- Standseilbahn, Zahnradbahn
- Straßenbahn – U-Bahnstation
- Bert (R.)... — Auf den Stadtplänen vermerkte Einkaufsstraße
- Hauptpostamt – Telefon
- Markthalle
- Kaserne
- Bewegliche Brücke
- Steinbruch – Bergwerk
- Fähre
- Auto- und Personenfähre
- Personenfähre
- Kennzeichnung der Ausfallstraßen auf den MICHELIN-Stadtplänen und Karten

## Abkürzungen und besondere Zeichen

| | |
|---|---|
| G | Gendarmerie |
| J | Justizgebäude |
| L | Landeshauptstadt |
| L | Landhaus |
| M | Museum |
| POL. | Polizei |
| R | Rathaus |
| T | Theater |
| U | Universität |
| | Hotel |
| | Park-and-Ride-Plätze |
| 20 | Vorfahrtsberechtigte Bundesstraße |
| 128 | Sonstige Bundesstraße |

# Hauptsehenswürdigkeiten

Die schwarz verzeichneten Orte und Sehenswürdigkeiten sind in diesem Führer beschrieben.
Sie finden die entsprechenden Seitenangaben im Register.

Wintersportorte ❄ und Kurorte ☨ wurden nach eigenen Kriterien eingestuft

| | | |
|---|---|---|
| Ist eine Reise wert ★★★ | ❄❄❄ | ☨☨☨ |
| Verdient einen Umweg ★★ | ❄❄ | ☨☨ |
| Besonders sehenswert ★ | ❄ | ☨ |

0 — 50 km

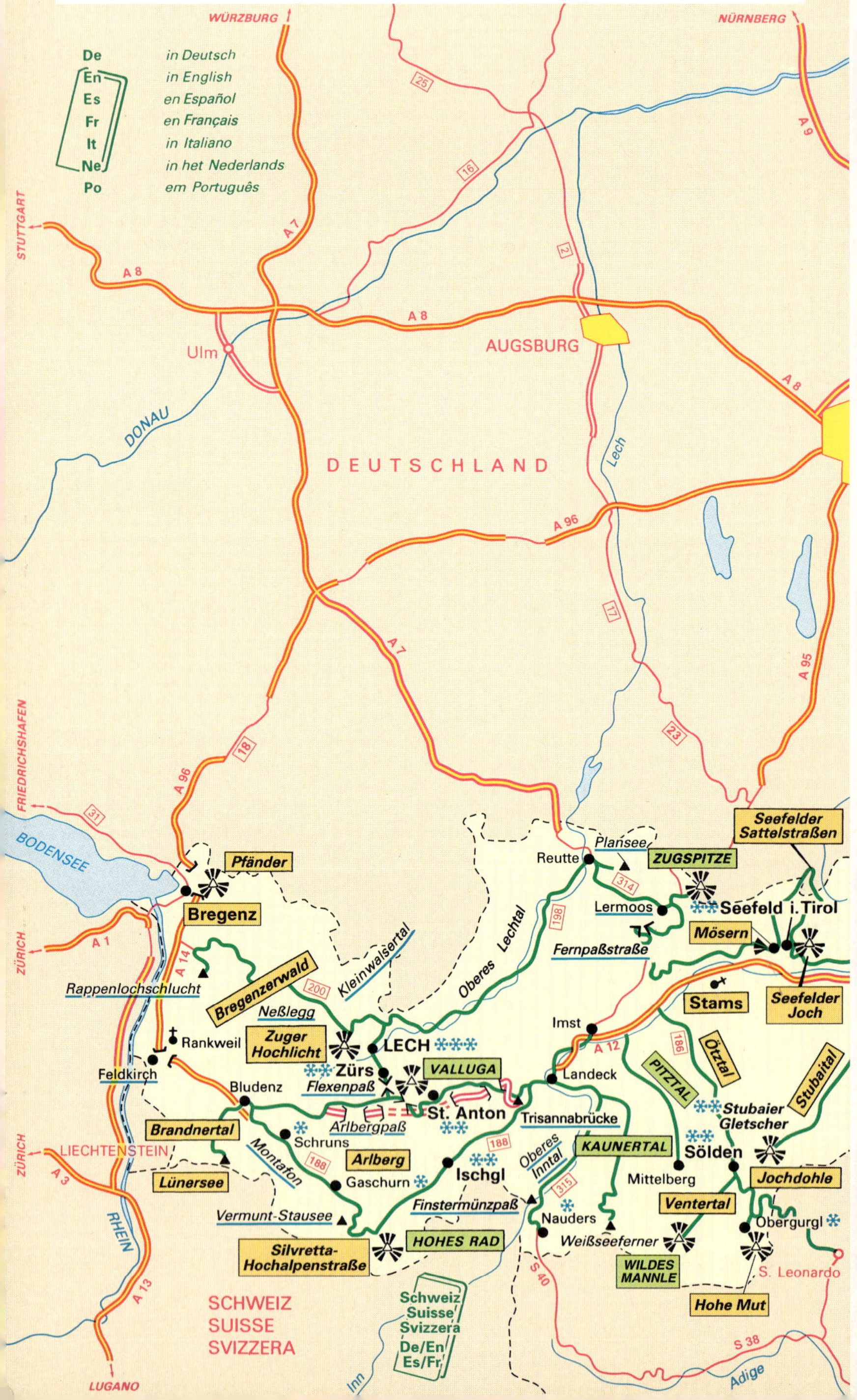

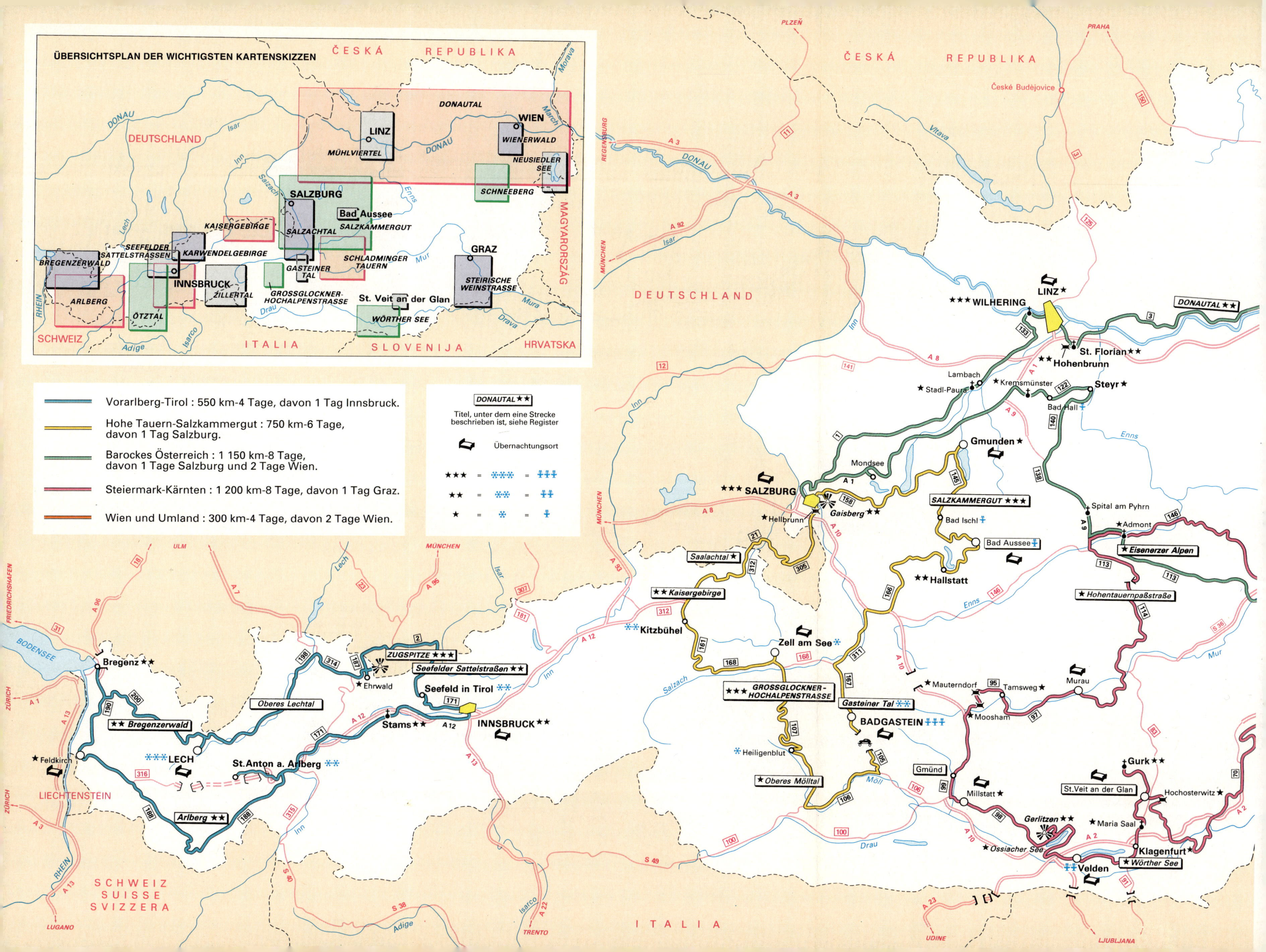

ÜBERSICHTSPLAN DER WICHTIGSTEN KARTENSKIZZEN
ČESKÁ REPUBLIKA
DONAUTAL
LINZ
WIEN
MÜHLVIERTEL
WIENERWALD
NEUSIEDLER SEE
DEUTSCHLAND
SALZBURG
Bad Aussee
SCHNEEBERG
KAISERGEBIRGE
SALZACHTAL
SALZKAMMERGUT
SEEFELDER SATTELSTRASSEN
KARWENDELGEBIRGE
SCHLADMINGER TAUERN
GRAZ
BREGENZERWALD
GASTEINER TAL
INNSBRUCK
ZILLERTAL
STEIRISCHE WEINSTRASSE
ARLBERG
GROSSGLOCKNER-HOCHALPENSTRASSE
St. Veit an der Glan
ÖTZTAL
WÖRTHER SEE
MAGYARORSZÁG
SCHWEIZ
ITALIA
SLOVENIJA
HRVATSKA
Vorarlberg-Tirol : 550 km-4 Tage, davon 1 Tag Innsbruck.
Hohe Tauern-Salzkammergut : 750 km-6 Tage, davon 1 Tag Salzburg.
Barockes Österreich : 1 150 km-8 Tage, davon 1 Tage Salzburg und 2 Tage Wien.
Steiermark-Kärnten : 1 200 km-8 Tage, davon 1 Tag Graz.
Wien und Umland : 300 km-4 Tage, davon 2 Tage Wien.
DONAUTAL ★★
Titel, unter dem eine Strecke beschrieben ist, siehe Register
Übernachtungsort
PLZEŇ
PRAHA
České Budějovice
DEUTSCHLAND
★★★ WILHERING
LINZ ★
DONAUTAL ★★
St. Florian ★★
★★ Hohenbrunn
Lambach
★ Stadl-Paura
★ Kremsmünster
Steyr ★
Bad Hall
Gmunden ★
Mondsee
★★★ SALZBURG
★ Hellbrunn
Gaisberg ★★
SALZKAMMERGUT ★★★
Bad Ischl
Bad Aussee
Spital am Pyhrn
★ Admont
★ Eisenerzer Alpen
★★ Hallstatt
Saalachtal ★
★★ Kaisergebirge
★ Hohentauernpaßstraße
★★ Kitzbühel
Zell am See
★★★ GROSSGLOCKNER-HOCHALPENSTRASSE
Gasteiner Tal
BADGASTEIN
★ Mauterndorf
Tamsweg ★
Murau
★ Moosham
Heiligenblut
★ Oberes Mölltal
Gmünd
Millstatt ★
★ Gurk ★★
St. Veit an der Glan
Hochosterwitz ★
Gerlitzen ★★
★ Maria Saal
★ Ossiacher See
Klagenfurt ★
★ Wörther See
Velden
Bregenz ★★
ZUGSPITZE ★★★
Seefelder Sattelstraßen ★★
★ Ehrwald
Seefeld in Tirol
Oberes Lechtal
★★ Bregenzerwald
Stams ★★
INNSBRUCK ★★
★ Feldkirch
★★★ LECH
St. Anton a. Arlberg
LIECHTENSTEIN
Arlberg ★★
BODENSEE
SCHWEIZ
SUISSE
SVIZZERA
ITALIA
ULM
MÜNCHEN
FRIEDRICHSHAFEN
ZÜRICH
LUGANO
TRENTO
UDINE
LJUBLJANA
REGENSBURG

ČESKÁ REPUBLIKA
DEUTSCHLAND
SLOVENSKÁ REPUBLIKA
MAGYARORSZÁG
SLOVENIJA
HRVATSKA
ITALIA
WEIDEN
PLZEŇ
PRAHA
BRNO
NÜRNBERG
TRENČÍN
BUDAPEST
TRENTO
UDINE
LJUBLJANA
ZAGREB
REGENSBURG
MÜNCHEN
Passau
České Budějovice
Bratislava
Maribor
Deutschland
De/En/Es
Fr/It
Italia
De/En/Es
Fr/It/Ne
DONAU
Isar
Inn
Salzach
Vltava
Thaya
Dyje
Oslava
Morava
March
Leitha
Dunaj
Duna
Enns
Mur
Mura
Drau
Drava
Gail
Isarco
A 3
A 93
A 92
A 8
A 9
A 94
A 99
A 1
A 2
A 4
A 9
A 10
A 12
A 13
A 22
A 23
S 49
M 3
M 10
M 11
E 65
WIEN
Staatz
Poysdorf
Weinviertel
Östliches
Weinviertler Museumsdorf
Gänserndorf
Marchegg
Hainburg
Petronell Carnuntum
Heidenreichstein
Riegersburg
Geras
Retz
Pulkau
Waidhofen an der Thaya
Gmünd
Altenburg
Eggenburg
Greillenstein
Rosenburg
Zwettl
Rappottenstein
Krems
Kremstal
Grafenegg
DONAUTAL
Stein
Weißenkirchen
Spitz
Dürnstein
Klosterneuburg
Tulln
Wachau
Göttweig
Aggstein
Herzogenburg
Artstetten
MELK
St. Pölten
Schallaburg
Heiligenkreuz
Mayerling
Wienerwald
Baden
Neusiedl
Neusiedler See
Frauenkirchen
Eisenstadt
Rust
Mörbisch
Wiener Neustadt
Forchtenstein
Neunkirchen
Lilienfeld
Ötschermassiv
Gemeindealpe
Mariazell
Klostertal
Schneeberg
Höllental
Raxalpe
Semmering
Salzatal
Aflenzer Seebergstraße
Brunn
Leopoldsteiner See
Polster
Eisenerz
Erzberg
Eisenerzer Alpen
Gesäuse
Admont
Leoben
Bruck an der Mur
Vorau
Pöllauberg
Pöllau
Herberstein
Murtal
Lurgrotte
Frohnleiten
Österreichisches Freilichtmuseum
Rein
Piber
Eggenberg
GRAZ
Stubalpe
Riegersburg
Bad Gleichenberg
Steirische Weinstraße
Steirisches Thermenland
Stainz
Packsattel
Deutschlandsberg
Kitzeck
Ehrenhausen
Bad Radkersburg
Lavanttalbrücke
Wolfsberg
St. Paul im Lavanttal
Seckau
Hohentauernpaßstraße
Spital am Pyhrn
Freistadt
Kefermarkt
Moldaublick
Schlägl
Schärding
DONAUTAL
Pöstlingberg
LINZ
WILHERING
Clam
Mauthausen
Strudengau
Enns
Hohenbrunn
St. Florian
Vogelpark Schmiding
Wels
Obernberg am Inn
Braunau
Lambach
Stadl-Paura
Kremsmünster
Steyr
Christkindl
Bad Hall
Seitenstetten
Vöcklabruck
Gmunden
Gmundnerberg
Traunsee
Attersee
Mondsee
Traunkirchen
Almtal
Cumberland Wildpark
SALZBURG
Gaisberg
Mondsee
St. Gilgen
Schafberg
Bad Ischl
SALZKAMMERGUT
St. Wolfgang
Altausseer See
Toplitzsee
Grundlsee
Bad Aussee
Dachstein-Rieseneishöhle
Hellbrunn
Untersberg
Hallein
Hallstatt
GOSAUSEE
Gollinger Wasserfall
Eisriesenwelt
Salzachtal
Roßbrand
Dachstein
HUNERKOGEL
Ramsau
Schladminger Tauern
Radstadt
Wagrain
Bischofshofen
Salzburger Sportwelt Amadé
Radstädter Tauernstraße
Obertauern
Oberwölz
Murau
Mauterndorf
Tamsweg
St. Lambrecht
Moosham
Maria Klobenstein
Bayrischzell
Kaisergebirge
Lofer
Stripsenkopf
Ursprungpaßstraße
Kufstein
St. Johann in Tirol
Saalachtal
Mariastein
Hohe Salve
Kitzbüheler Horn
Kitzbühel
Saalbach
Achensee
Kanzelkehre
Rattenberg
Freilichtmuseum
Alpbach
Schmittenhöhe
Zell am See
Liechtensteinklamm
STUBACHTAL
Kaprunertal
Dorfgastein
Großer Ahornboden
Karwendelgebirge
Tratzberg
Hafelekar
Schwaz
Hall in Tirol
Volders
Zell a. Ziller
Gerlos-Alpenstraße
KITZSTEINHORN
Gasteiner Tal
GROSSGLOCKNER HOCHALPENSTR.
Bad Hofgastein
BADGASTEIN
Enzingerboden
KRIMMLER WASSERFÄLLE
ZITTERAUER TISCH
Kölnbrein
INNSBRUCK
Zillertal
Mayrhofen
Großvenediger
Sportgastein
KREUZKOGEL
Maltatal
Ellbögener Straße
Hintertux
Heiligenblut
Matrei
Kals-Matrei Törlhaus
Mölltaler Gletscher
Gmünd
GEFRORENE WAND
Zemmtal
Hinterbichl
Virgental
Reißeck
Katschbergstraße
Turracherhöhe
Friesach
Gurk
Frauenstein
Hochosterwitz
St. Veit an der Glan
Magdalensberg
Schlegeis-Speicher
Brennerpaß
Felbertauernstraße
Lienz
Millstatt
Spittal an der Drau
Gerlitzen
Maria Saal
Pustertaler Höhenstraße
Oberdrauburg
Ossiacher See
Pörtschach
Klagenfurt
Wörther See
Maria Wörth
Dobratsch
Villach
Velden
Lesachtal
Gailbergsattelstraße

# Streckenvorschläge

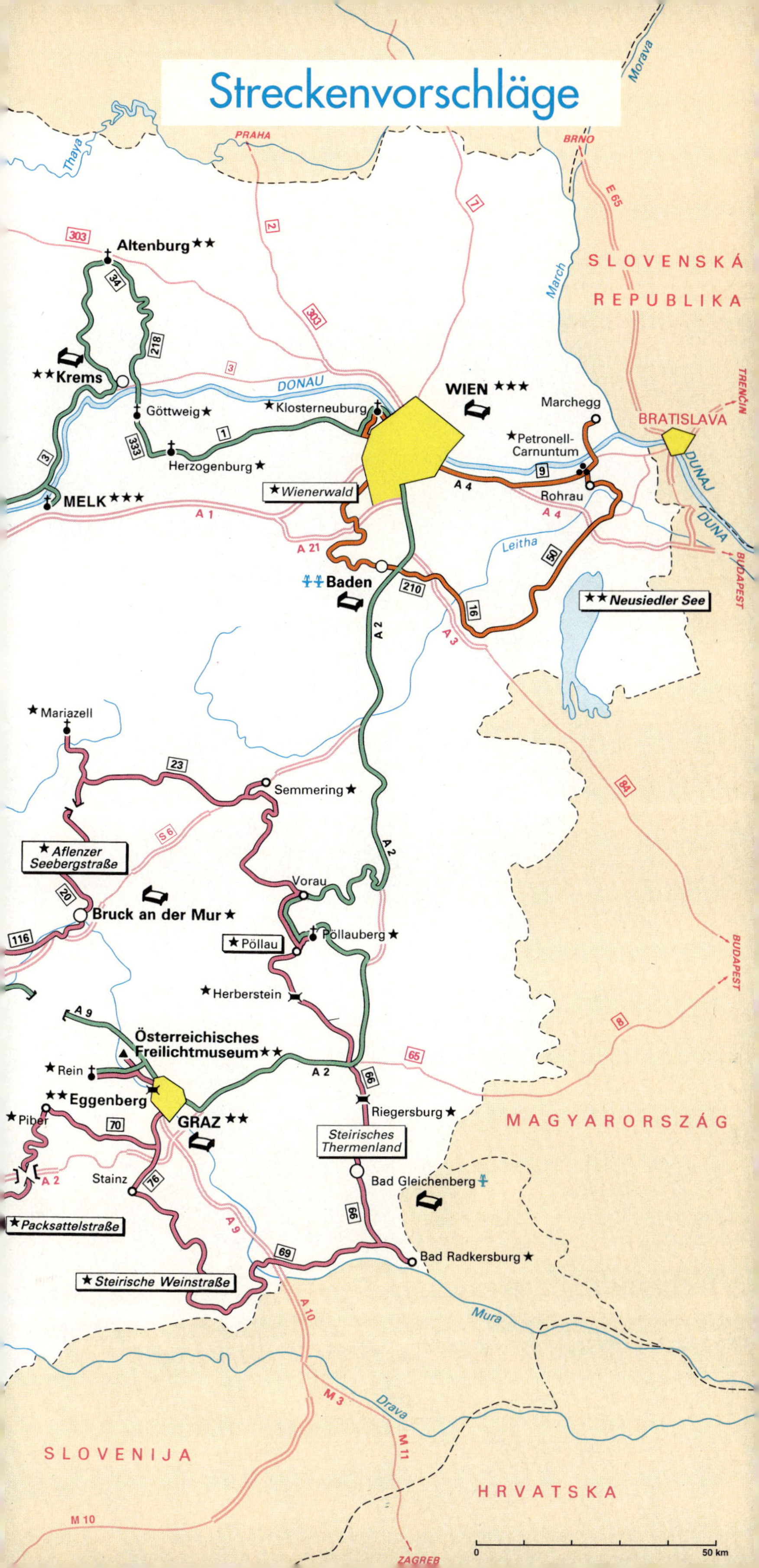

Traunkirchen im Salzkammergut

# Einführung in das Reiseland

# Landesnatur

Im Herzen der Alpen gelegen, erstreckt sich Österreich mit seinen 84 000 km² auf einer Länge von maximal 580 km von der Schweiz bis nach Ungarn. Auf 2 600 km hat Österreich gemeinsame Grenzen mit Deutschland, Tschechien, der Slowakei, Ungarn, Slowenien und Italien sowie der Schweiz und Liechtenstein.
Das Donauplateau, ein weites Hochland, das sich im Norden an die Ausläufer des Böhmischen Massivs anlehnt und auch die hügelige Wachau einschließt, wird in west-östlicher Richtung auf einer Länge von 360 km von der Donau durchflossen, der fast alle Flüsse des Landes zuströmen. Hier ist die historische Wiege Österreichs. Den Süden Österreichs nimmt der östliche Teil der Alpenkette ein, der zwei Drittel der Landesfläche bedeckt und nach Osten allmählich in das Ungarische Tiefland, die Pußta, abfällt.

## LAND DER BERGE

### Drei Alpenketten

Die Alpen werden in nord-südlicher Richtung durch die Längstäler des Inns, der Salzach und der Enns (im Norden) und die der Drau und Mur (im Süden) in drei Gebirgsketten unterteilt: in die Nördlichen Kalkalpen, die Zentralalpen und die Südlichen Kalkalpen.

**Die Nördlichen Kalkalpen** – Sie greifen weit auf bayerisches Gebiet über und entfalten sich von Westen nach Osten in den Massiven des Rätikons, des Lechtals, des Karwendels und des Kaisergebirges, des Tennengebirges, der Berchtesgadener Alpen, des Dachsteins, des Ennstals, der Eisenerzer Alpen und des Schneebergs, wo dunkelgrüne Wälder sich von den grauen Kalksteinwänden abheben. Die Nördlichen Kalkalpen erreichen ihre höchste Erhebung mit 3 038 m (Parseierspitze in den Lechtaler Alpen).

**Quertäler** – Die Kalkalpen bilden keine durchgehende, schwierig zu überwindende Bergschranke. Quertäler, durch die Lech, Saalach, Ache und Enns zur Donau fließen, trennen die nördlichen Kalkalpen in verschiedene Massive, die von dem motorisierten Touristen leicht durchquert oder umfahren werden und die von den Bergsteigern von allen Seiten bestiegen wurden.

**Verkarstete Plateaus** – Östlich der Ache sind die Alpen besonders zerklüftet; der Dachstein, der Hochschwab und die Raxalpe führen ihre Steilwände über 2 000 m Höhe empor. Ihre Plateaus wurden aufgrund des durchlässigen Kalkgesteins größtenteils zu Karstflächen und Steinwüsten, stellenweise von engen, kleinen Schluchten unterbrochen, zwischen denen spitze Grate emporragen. Die Wasserabflüsse, die durchweg unterirdisch verlaufen, begünstigten die Entstehung zahlreicher Höhlen (weithin bekannt sind die Dachsteinhöhlen und die Eishöhlen im Tennengebirge).

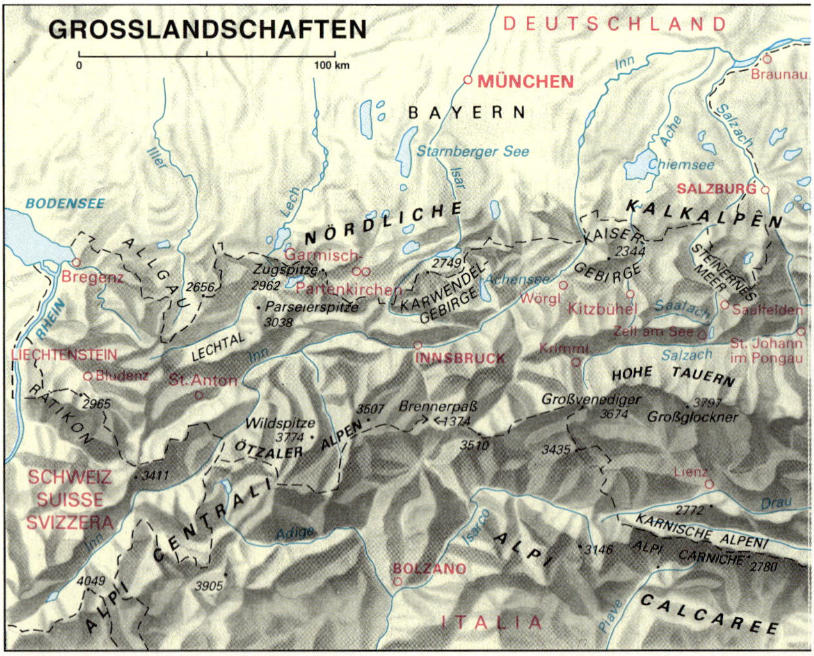

Um einen Eindruck von den eigenartigen Karstflächen zu bekommen, empfiehlt sich eine Seilbahnfahrt auf den Krippenstein oder die Raxalpe.

**Lange Flußtäler** – Begrenzt werden die Nördlichen Kalkalpen im Süden zwischen Landeck und Wörgl (130 km) durch den tiefen Inntalgraben, zwischen Krimml und St. Johann im Pongau (80 km) durch das Salzachtal und zwischen Radstadt und Hieflau (110 km) durch das Ennstal. Dieser Tälereinschnitt, der die Trennlinie zwischen den Kalkalpen und den Zentralalpen bildet, ist für den Verkehr sehr wichtig, erlaubt er doch den Touristen, an der ganzen Gebirgskette entlang zu fahren.

**Die Zentralalpen** – Sie bestehen größtenteils aus kristallinem Gestein und bilden eine Kette von firnbedeckten, oft unzugänglichen Gebirgskämmen, auf denen sich die höchsten Gipfel Österreichs erheben. Sie umfassen in West-Ost-Richtung: die Ötztaler Alpen (Wildspitze 3 774 m), die Hohen Tauern mit ihren eckigen und vergletscherten Gipfeln (Großvenediger 3 674 m und Großglockner 3 797 m) sowie die Niederen Tauern. Die Höhenlinie sinkt auf einer Länge von 250 km kaum unter 3 000 m; Pässe sind selten, und die Überquerung dieses Gebirgszuges ist nicht einfach. Der Brennerpaß (1 374 m), der mittelalterliche Handelsweg nach Venedig, verbindet das Inntal mit dem Etschtal. Die Großglocknerstraße sowie die Felbertauernstraße geben dem Reisenden die Möglichkeit, die Hohen Tauern zu überqueren. Die großen Längstäler der Drau, Mur und Mürz im Süden der Zentralalpen spielen ungefähr dieselbe Rolle wie die nördlichen weiten Flußtäler und stellen die natürliche Verbindung zwischen Wien und Venedig oder Mailand dar.

**Nationalpark Hohe Tauern** – Ein Teil der Osthänge des Großglockners und der Schobergruppe wurde zum Nationalpark erklärt. Die Gletscher, Almen, Hochgebirgswälder, Sturzbäche und Seen sowie die überaus artenreiche alpine Flora und Fauna in diesem Gebiet stehen unter Naturschutz. Hunderte von deutlich gekennzeichneten Wanderwegen führen durch nahezu unberührte Plätze und Landschaften. Dort, wo der Nationalpark von Menschen besiedelt ist, sind die Wirtschaftsformen der Bergwelt und die althergebrachten Sitten und Bräuche noch immer lebendig.

**Die Südlichen Kalkalpen** – Nur die Nordseite der Karnischen Alpen und der Karawanken ist österreichisch. 1919 mußte Österreich aufgrund der Bestimmungen des Friedensvertrages von Saint-Germain-en-Laye nämlich Südtirol an Italien und die Julischen Alpen an das damalige Jugoslawien abtreten.

## Der eiszeitliche Formenschatz

Vor Jahrtausenden bedeckten riesige Gletscher die ganze Alpenkette (fast bis zur Stelle, an der heute München liegt). Die Eisströme erreichten gewaltige Ausmaße; der Inntalgletscher war zum Beispiel 1 700 m hoch.
Die Formen der Alpentäler wurden durch die intensive Gletscherarbeit stark verändert. Die gewaltigen Eismassen schürften Kare aus - ein schönes Beispiel ist das Kar am Abschluß des Brandnertals -, wandelten Täler in sogenannte Trogtäler (U-förmiger Talboden) um, deren Abhänge außerordentlich schroff sind (z. B. das Saalachtal nördlich von Saalfelden), und schufen kleine Hängetäler (trichterförmige Becken mit schroffen Felswänden), die durch einen Steilhang mit dem Haupttal verbunden sind und oft herrliche Wasserfälle aufweisen (eines der schönsten ist das vom Achensee aufgefüllte Hängetal). Die Spuren der eiszeitlichen Gletscher zeigen sich auch in den Karwanken, den abgeschliffenen Buckeln und den Talstufen mit Felsriegeln. Diese natürlichen Gegebenheiten werden heute durch den Bau großer Wasserkraftwerke ausgenutzt. Oftmals liegen die Stauseen inmitten einer grandiosen Hochgebirgslandschaft, wie die Kraftwerksgruppe Glockner-Kaprun, eine der eindrucksvollsten und kühnsten Anlagen Österreichs.
Die Gletscher bestimmten auch durch die riesigen Moränenschuttmassen, die sie anhäuften, das Bodenprofil des Alpenvorlandes. Die Moränenablagerungen im Zungengebiet der Gletscher bildeten natürliche Staudämme, hinter denen sich die weiten Seen der bayerischen Ebene und des nördlichen Salzkammerguts ausdehnen.

## Das Gebirgsklima

Im Vergleich zu den klimatischen Verhältnissen der Ebenen erscheint das Alpenklima sehr abwechslungsreich je nach Höhenlage, Bodenbeschaffenheit und Himmelsrichtung.

**Die Berg- und Talwinde** - Gegen Mittag steigt die warme leichte Luft der Täler bergaufwärts und verdichtet sich in Gipfelhöhe zu Wolken. Diese zunehmende Wolkenbildung ist ein sicheres Anzeichen für beständiges Schönwetter; jedoch sollte der Aufstieg zu den Aussichtspunkten immer schon am frühen Morgen unternommen werden. Gegen fünf Uhr abends läßt der Talwind nach, die Abendkühle macht sich plötzlich bemerkbar, und der kalte Bergwind weht nun in entgegengesetzter Richtung talabwärts.

**Der Föhn** - Dieser warme Fallwind bläst am ungestümsten in den nördlichen Alpen, den Alpentälern des Rheins, des Inns (hauptsächlich im Ötztal) und der Salzach.
Ursache des Föhns ist ein nördlich der Alpen vorbeiziehendes Tiefdruckgebiet. Nachdem sich die von dem „Tief" angezogene Luft auf der italienischen Alpenseite ihrer Feuchtigkeit entledigt hat - Dauerregen und Gewitter in Oberitalien - stürzt sie über die Kammhöhen in die Täler, erwärmt sich niedersteigend durch Verdichtung (1° auf 100 m) und verwandelt sich in einen trockenen, heißen Sturmwind. Die Atmosphäre wird außerordentlich klar und durchsichtig.
Im Gebirge ist alle Welt alarmbereit: die Sturzbäche schwellen an, Lawinen donnern, Brandgefahr droht überall. Die Städter leben in einem fast krankhaften Zustand nervöser Spannung, in Innsbruck z. B. müssen die Schulprüfungen unterbrochen werden. Bei kriminellen Prozessen gilt der Föhn als mildernder Umstand.
Andererseits hat der Föhn auch günstige Auswirkungen: Er beschleunigt die Schneeschmelze, macht die Almen den Viehherden zeitiger zugänglich und ermöglicht in einigen Tälern den Anbau von Mais und Obst weit über die normalen Vegetationsgrenzen hinaus.

# PFLANZENWELT

Klima und Bodenbeschaffenheit einer Landschaft bestimmen ihre Pflanzenwelt. Zu diesen beiden Faktoren gesellen sich, was die Gebirgsflora betrifft, die Ausrichtung der Hänge und die Höhenlage. Hinzu kommt der verändernde Einfluß des Menschen, der sich vor allem auf den Südhängen der Berge bemerkbar macht. Da sie günstigere Lebensbedingungen aufweisen und sich für die Landwirtschaft eignen, wurden sie urbar gemacht. Die Nordhänge hingegen sind ihrer Feuchtigkeit wegen von mächtigen Wäldern bestanden. Dieser Gegensatz wird vor allem augenfällig, wenn man Nord- und Südhang in einem von Osten nach Westen verlaufenden Tal vergleicht. Oberhalb der landwirtschaftlich genutzten Flächen beginnt in 1 500 m Höhe die Stufe der Nadelwälder. Die Waldgrenze liegt bei etwa 2 200 m. Es folgt die Stufe der Almwiesen mit ihren überaus widerstandsfähigen Gräsern, Heidelbeeren und vielen anderen, typisch alpinen Pflanzenarten. In 3 000 m Höhe erreicht man eine großteils steinerne Welt, auf deren Felsen man nur noch einige Moose und Flechten findet.

## Die Bäume

Im folgenden werden die charakteristischen Eigenschaften von vier für den österreichischen Wald typischen Nadelbäumen beschrieben. Die zahlreichen unterschiedlichen Kiefernarten besitzen in der Anordnung ihrer Nadeln in Büscheln von 2 bis 5 Nadeln ein gemeinsames Wesensmerkmal. Ihre Zapfen zeigen zähe, harte Schuppen.

**Fichte** - Sie gedeiht hauptsächlich auf den nördlichen Berghängen und ist kenntlich an ihrer regelmäßigen Pyramidenform und ihren leicht geschwungenen Zweigen. Ihre Rinde, oft rötlich (daher die Bezeichnung Rottanne) wird mit dem Alter sehr schrundig. Die Nadeln sind spitz, die Zapfen fallen bei ihrer Reife geschlossen auf den Erdboden.

**Lärche** - Ist der einzige Nadelbaum Europas, der im Winter seine Nadeln verliert. Sie liebt die sonnigen Südhänge des Hochgebirges. Ihre Zapfen sind klein. Die Lärche gibt wenig Schatten und läßt an ihrem Fuß Gräser und Kräuter gedeihen.

**Österreichische Schwarzkiefer** - Ein mittelhoher Baum mit dichtbezweigtem, tief dunkelgrünem Wipfel. Der Stamm ist hellbraun mit schwarzen Schrunden. Die Nadeln sind paarweise angeordnet. Die Kiefer ist nicht anspruchsvoll und erträgt die harten Kontraste des kontinentalen Klimas. Sie eignet sich besonders für Aufforstungen auf armen Böden (leichten kalkhaltigen Erdschichtungen).

**Zirbel** - Charakteristisch für die Zirbel ist ihr kandelaberartig gebogenes Astwerk. Man findet sie oft vereinzelt an der oberen Baumgrenze, vom Wind zerzaust und gekrümmt. Ihre Nadeln von grünlichblauer Färbung sind in Büscheln zu fünf angeordnet.
Ihr gleichmäßig gewachsenes Holz eignet sich vorzüglich zu Schnitzarbeiten und zur Herstellung von Bauernmöbeln (Täfelungen, Truhen etc.).

Österreichische Schwarzkiefer

## Alpenblumen

In der alpinen oder baumlosen Stufe (bis zu etwa 2 500 m) entfalten sich die zahlreichen Alpenblumen auf den Hochweiden. Die frühe Blütezeit dieser mehrjährigen und meist kurzstieligen Pflanzen ist durch die kurze Sommerzeit bedingt (Juni-August). Die im Verhältnis zur Pflanze recht große Blüte und ihre erstaunlich leuchtenden Farben werden durch den hohen Anteil an ultravioletten Strahlen im Licht erklärt. Gegen Verdunstung schützt sie sich durch feste, harte Blätter, durch eine haarige Oberfläche oder fleischige Stiele, die als Wasserreserve dienen. In dieser Zone findet man Alpenrosen, Enzian, Primel, Trollblume und Alpenveilchen, Türkenbund, Alpenaster, Silberdistel und dicht an Schneefeldern die Soldanellen. In Felsgebieten sind es Edelweiß, Steinbrecharten, Alpenmohn und Gletscherhahnenfuß.

# TIERWELT

Die Tierwelt Österreichs ist reich an Arten. Von besonderem Interesse ist jedoch die Fauna am Neusiedler See *(s. dort - Tafel Seefauna)*, ein Paradies für Wasser- und Sumpfvögel. Mehr als 250 Arten leben dort: u. a. Eisvogel, Flußseeschwalbe, Löffler, Reiher, Rohrdommel, Schnepfe, Wiedehopf; gern gesehener Gast ist der Storch. Auf den Seen des Salzkammerguts und Oberösterreichs setzen die Höckerschwäne zauberhafte Akzente.
Die Donau ist Heimstatt für 60 der 80 in Österreich anzutreffenden Fische. In ihr findet man z. B. Aale, Barsche und Welse.
In den Wäldern sind die in Mitteleuropa weitverbreiteten Rehe, Wildschweine, Dachse und Füchse zu Hause. Wald und Feld sind Tummelplatz für Hasen und Kaninchen.

## Alpentiere

Die drolligsten Vertreter der Alpenfauna sind sicher die bis zu 60 cm großen, grau-braunen **Murmeltiere**, die man an sonnigen Hängen treffen kann. Doch ist dieser heitere Anblick dem Wanderer nur selten vergönnt: Murmeltiere sind nämlich äußerst scheu. Genauso vorsichtig ist der Schneehase, dessen Fell sich übrigens entsprechend der Jahreszeit weiß oder braun färbt.
Die behenden, in Rudeln lebenden **Gemsen** sieht man vor allem in den Kalkalpen. Der **Alpensteinbock**, gewandt und kraftvoll zugleich, lebt von der Baumgrenze bis in 3 500 m Höhe. **Rotwild** begegnet man allenthalben. Oberhalb der Waldgrenze ist auch der Lebensraum der Schneemaus, während der Alpenmolch die Nähe der Bergseen sucht.
In der Bergtierwelt ist das Schneehuhn ebenso typisch wie die Alpendohle, der Gänsegeier und der selten gewordene Auerhahn. Ihn, wie auch den Birkhahn, trifft man in tieferen Lagen an. Doch wird man sie - vor allem während der Balz - eher hören als sehen. Die Krone aber gebührt dem **Steinadler**, einem ausgezeichneten Segler, der sich jedoch rar macht. Mit einer Spannweite von 2 m ist er eine majestätische Erscheinung.

# Alpenblumen

**Edelweiß**
*leontopodium alpinum*
Juli bis September

**Stengelloser Enzian**
*gentiana acaulis*
Mai bis August

**Alpen-Mannstreu oder Edeldistel**
*eryngium alpinum*
Juli und August

**Türkenbund**
*lilium martagon*
Juni bis August

**Feuerlilie**
*lilium bulbiferum*
Juni und Juli

**Rostrote Alpenrose**
*rhododendron ferrugineum*
Juli und August

# Geschichtlicher Überblick

*Die bedeutendsten Ereignisse seit dem Aufstieg der Habsburger.*

## Die Habsburger

| | |
|---|---|
| **1273-1291** | **Rudolf I.**, Gründer des Hauses Habsburg, teilt Österreich und die Steiermark unter seinen beiden Söhnen auf. |
| **1335** | Kärnten und Krain kommen zu Österreich. |
| **1358-1365** | Rudolf IV. Im Jahr 1363 wird Tirol Österreich einverleibt. |
| **1440-1493** | Friedrich III. legt durch seine Erb- und Heiratsverträge den Grundstein zur Habsburgischen Weltmacht. Der erste Nutznießer dieser Politik ist sein Sohn Maximilian. |

## Ausdehnung des Habsburger Reiches

| | |
|---|---|
| **1493-1519** | **Maximilian I.** *(s. auch S. 149)*, Kaiser des Hl. Römischen Reiches Deutscher Nation, erwirbt durch seine Heirat mit der Tochter Karls des Kühnen den größten Teil Burgunds (Niederlande, Franche-Comté). Er vermählt seinen Sohn, Philipp den Schönen, mit der Erbin Spaniens. Ihr Sohn, Karl V., vereint die erworbenen Ländereien zu einem Riesenreich. |
| **1519-1556** | **Karl V.** Die Türken stehen 1529 vor Wien. |
| **1556** | Abdankung Karls V. und Teilung seines Reiches. Sein Bruder, Ferdinand I., wird deutscher Kaiser und regiert über Österreich, Böhmen und Ungarn (Gründer der österreichischen Monarchie). Sein Sohn, Philipp II., erhält Spanien, Portugal, Norditalien, die Niederlande und Burgund. |
| **1618-1648** | 30jähriger Krieg. Er beginnt als Religionskampf und endet als europäische Machtauseinandersetzung. |

## Festigung der österreichischen Macht

| | |
|---|---|
| **1657-1705** | Leopold I. Im Jahr 1683 Belagerung Wiens durch die Türken. 1687 fällt die ungarische Königswürde an die Habsburger. |
| **18. Jh.** | Drei Hauptprobleme beherrschen in diesem Jahrhundert die österreichische Politik: die Thronfolge; die Verteidigung der Landesgrenzen gegen die Türken sowie gegen Piemont und Frankreich; die Verwaltung der grundverschiedenen Kronländer. |
| **1713** | Um seiner Tochter Maria Theresia die Krone zu sichern, verzichtet Karl VI. auf gewisse Vorrechte und Ländereien und erläßt die „Pragmatische Sanktion", die jedoch nach seinem Tode von den Unterzeichnern angefochten wird. Maria Theresia muß ihre Rechte verteidigen: Österreichischer Erbfolgekrieg (1740-1748), Siebenjähriger Krieg (1756-1763). |

Maria Theresia

| | |
|---|---|
| 1740-1780 | **Maria Theresia**, der kluge Berater bei der Führung der Staatsgeschäfte zur Seite stehen, führt Finanz- und Verwaltungsreformen durch und ist daher beim Volk sehr beliebt. Ihr Sohn, **Joseph II.** (1765-1790), setzt ihr Werk fort und regiert im Sinne des „aufgeklärten Absolutismus". |
| 1781 | Aufhebung der Leibeigenschaft. |
| 1786 | Säkularisation: Joseph II. löst 738 nicht gemeinnützige Klöster auf. |
| 1792-1835 | **Franz II.** 1805 erhält Österreich für die durch den Vertrag von Preßburg verlorengegangenen Gebiete die Ländereien des Bistums Salzburg. Franz II. verzichtet 1806 auf seine Würde als Kaiser des Hl. Römischen Reiches Deutscher Nation und nimmt als **Franz I.** den Titel eines Kaisers von Österreich an. |
| 1809 | **Metternich** leitet als Kanzler die österreichische Politik, insbesondere die Außenpolitik, die gegen Frankreich gerichtet ist. Unter der Führung Andreas Hofers erheben sich die Tiroler gegen die verbündeten Franzosen und Bayern. |

## Unruhen und Zusammenbruch der Monarchie

| | |
|---|---|
| 1814-1815 | **Wiener Kongreß** *(s. auch S. 354)*. Durch Metternichs kluge Politik erhält Österreich die meisten der während des französisch-österreichischen Krieges verlorenen Gebiete wieder zurück und nimmt eine Großmachtstellung im Deutschen Bund ein. |
| 1848-1849 | Märzrevolution in Wien. Unterdrückung des ungarischen Aufstandes mit Hilfe der Russen. |
| 1848-1916 | **Kaiser Franz Joseph** |
| 1866 | „Deutscher Krieg". Sieg Preußens bei Königgrätz. Österreich zieht sich aus der deutschen Politik zurück und konzentriert sich stärker auf die Balkanländer. |
| 1867 | Gründung der österreichisch-ungarischen Doppelmonarchie mit gemeinsamer Außen-, Finanz- und Heerespolitik. |
| 1914 | Die Ermordung des Thronfolgers Franz Ferdinand in Sarajewo (Bosnien) löst den 1. Weltkrieg (1914-1918) aus. |
| 1916-1918 | Karl I. Nach der Niederlage im Krieg Zusammenbruch der österreichisch-ungarischen Doppelmonarchie. |

## Die Republik

| | |
|---|---|
| 1919 | Friede von St. Germain-en-Laye (Festlegung der neuen Staatsgrenzen): Abtretung Südtirols an Italien. Volksabstimmung im Kärntner Grenzland, das an Jugoslawien fallen soll, zugunsten Österreichs (1920). |
| | Einführung des Frauenwahlrechts. |
| 1920 | Verabschiedung der Bundesverfassung. |
| 1933 | Kanzler **Engelbert Dollfuß** führt ein autoritäres Regime ein und bekämpft sowohl die Sozialdemokraten als auch die Nationalsozialisten. |
| 1934 | Auflösung der Sozialdemokratischen Partei. Unterdrückung des Nazi-Putsches; Ermordung des Kanzlers Dollfuß. Sein Nachfolger, Schuschnigg, setzt alles daran, um einen Konflikt mit Deutschland zu vermeiden. |
| 1938 | Hitler schließt Österreich an das Deutsche Reich an („Ostmark"). Ein Volksentscheid bestätigt den **Anschluß**. |
| 1939-1945 | Zweiter Weltkrieg. |
| 1943 | In der Moskauer Deklaration der Vier Nationen wird festgelegt, daß Österreich nach dem Krieg seine Unabhängigkeit und seine Grenzen vom 1. Januar 1938 zurückbekommen soll. |
| 1945 | Am 11. April besetzen die Russen Wien. Am 27. April wird unter dem Vorsitz Karl Renners eine neue Regierung gebildet. |
| | Teilung Österreichs und Wiens in vier Besatzungszonen. |
| 1949-1966 | Koalitionsregierung aus der Österreichischen Volkspartei (ÖVP) und der Sozialistischen Partei Österreichs (SPÖ). |
| 15. Mai 1955 | **Staatsvertrag** zwischen den Siegermächten und Österreich. Abzug der Besatzungstruppen. |
| 26. Okt. 1955 | Neutralitätserklärung der Republik Österreich. |
| 1956 | Aufnahme in den Europarat. |
| 1970-1983 | Alleinregierung der SPÖ unter Bundeskanzler Bruno Kreisky. |
| 1983-2000 | erneut Große Koalition von SPÖ und ÖVP. |

| | |
|---|---|
| 1989 | Antrag auf Mitgliedschaft in der EG. |
| | Tod der letzten Kaiserin von Österreich und Königin von Ungarn, Zita von Bourbon-Parma, die seit 1919 im Exil gelebt hatte. |
| 1. Jan. 1995 | Beitritt zur EU. |
| 1998 | Österreich wird als Teilnehmer bei der Einführung der europäischen Währung Euro zugelassen. |
| seit 2000 | Koalition der ÖVP mit der Freiheitlichen Partei Österreichs (FPÖ) |

## WICHTIGE ETAPPEN DER ÖSTERREICHISCHEN GESCHICHTE

**Die Ostmark** – Schon sehr früh drangen die Römer in das Donautal ein. Am ganzen Fluß entlang entstanden Kastelle und befestigte Stützpunkte, darunter Carnuntum. Dann wurde das Gebiet des heutigen Österreichs zum hauptsächlichen Schauplatz der Völkervermischung, die sich nach dem Eindringen der Kelten in Mitteleuropa vollzog. Nach der Unterwerfung der Awaren verstärkte Karl der Große (747-814) das Verteidigungssystem seines Reiches, indem er in den Uferländern der Donau die Ostmark schuf (Ostarrîchi).
Kaiser Otto I., als Sohn Heinrichs I. Nachfolger der deutschen Linie der Karolinger, verlieh diese Ostmark den Babenbergern als Reichslehen.

**Die Babenberger (976-1246)** – Ihnen sind das Bestehen und die Einheit des Landes zu verdanken; sie waren es auch, die es geschickt abseits des Vorrangstreites halten konnten, der lange Jahre Papsttum und Kaiserreich entzweite. Leopold I. und seine Nachkommen ließen sich im Donautal nieder und residierten nacheinander in Pöchlarn, Tulln, Leopoldsberg und schließlich in Wien. Auf sie geht auch die Gründung zahlreicher Abteien und Stifte zurück.
Unter Heinrich II. wurde Österreich zum erblichen Herzogtum (1156) erhoben. Der letzte Babenberger, Friedrich II., fiel im Kampf gegen die Magyaren.

**Zwischenspiel des Königs von Böhmen (1246-1278)** – Der verwaiste Thron erweckte die Begierde der Könige von Böhmen und von Ungarn. Aus dem Ringen um den Thron ging Ottokar von Böhmen als Sieger hervor. Seine Hand lag schwer auf den einstigen Besitzungen der Babenberger, bis ihm Rudolf von Habsburg entgegentrat, der von den Kurfürsten des Deutschen Reiches zum Nachfolger des Hauses Babenberg bestellt worden war.

**Rudolf von Habsburg** – 1273 wurde **Rudolf I.** mit der Königswürde bekleidet. Ohne Zögern griff der kriegerische Habsburger den böhmischen König an, besetzte Wien und entschied die Schlacht auf dem Marchfeld 1278 zu seinen Gunsten. Damit begann der außergewöhnliche Aufstieg des Hauses Habsburg.

## A.E.I.O.U.

DAS ÖSTERREICH DER HABSBURGER

„Austriae Est Imperare Orbi Universo" (Alles Erdreich ist Österreich untertan). Der in weniger als drei Jahrhunderten zurückgelegte Weg berechtigte das **Haus Habsburg**, sich diese stolze Devise zu eigen zu machen. Die umsichtige Politik der Habsburger Kaiser paarte sich mit einer außerordentlich diplomatischen Geschicklichkeit. Durch seine wohldurchdachten Heirats- und Erbverträge erwarb Österreich im 16. Jh. mehr Gebiet als die günstigsten Kriege ihm hätten verschaffen können. Maximilian I. *(s. auch S. 149)*, ein Gönner der Kunst, erwarb durch seine Heirat mit Maria von Burgund, der Tochter Karls des Kühnen, die Franche-Comté und die Niederlande für sein Stammhaus. Sein Sohn Philipp der Schöne vermählte sich mit Johanna, Königin von Kastilien. Aus dieser Ehe ging **Karl V.** hervor.
Als Kaiser des Heiligen Römischen Reiches Deutscher Nation, König von Spanien, Herrscher über Neapel, Sizilien und Sardinien sowie die von den Spaniern eroberten Gebiete Amerikas, Erbe der Habsburger Erblande, war Karl V. der mächtigste Souverän Europas, Herrscher eines Reiches, in dem die Sonne niemals unterging. Das Riesenreich war jedoch nur von kurzer Dauer. Nach der Abdankung Karls V. wurde es zwischen seinem Sohn, Philipp II., und seinem Bruder, Ferdinand I., aufgeteilt. Letzterer herrschte über alle deutschen Staaten der Habsburger, Böhmen und Ungarn.

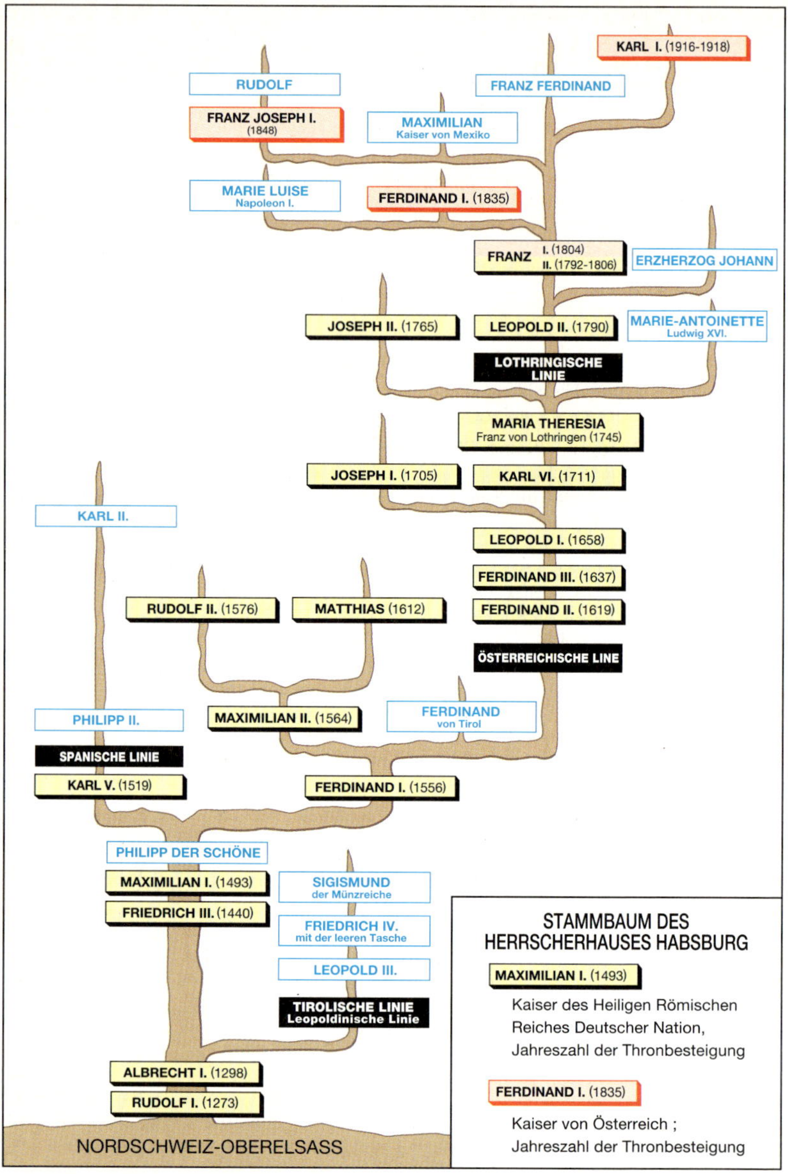


**Maria Theresia „die Große" (1740-1780)** – Während ihrer Regierungszeit gelang es der Tochter Karls VI., sich infolge ihrer ausgeprägten Persönlichkeit und beharrlich verfolgten Politik bei den gekrönten Häuptern Europas die verdiente Anerkennung zu verschaffen. Maria Theresia kann auch als Wegbereiterin des „aufgeklärten Absolutismus" angesehen werden.

Die volksverbundene Monarchin lebte sehr einfach – in der Hofburg oder in Schönbrunn – im Kreise ihrer Familie. Ihrem Gatten Franz von Lothringen schenkte sie insgesamt sechzehn Kinder. Sehr ernsthaft überlegte und bereitete sie die Verheiratung ihrer Töchter vor – Marie Antoinette wurde Königin von Frankreich, Maria Karolina Königin von Neapel, Maria Amalia Herzogin von Parma und Maria Christina Statthalterin der Niederlande.

**Der Krieg gegen das revolutionäre Frankreich und Napoleon (1792-1815)** – Während der 23 Jahre dauernden Kriege, die das revolutionäre und später kaiserliche Frankreich gegen ganz Europa führte, erwiesen sich Österreich und England als die erbittertsten Gegner der Franzosen.

Frankreich erklärte am 20. April 1792 dem „König von Böhmen und Ungarn", Kaiser Franz II., den Krieg. Nach ihrem erfolgreichen Feldzug durch Oberitalien erschienen 1797 die Truppen Bonapartes vor Leoben, wo ein Waffenstillstand ausgehandelt wurde. Das Jahr 1800 brachte für Österreich die Niederlagen bei Marengo und Hohenlinden.

1804 ließ sich Bonaparte zum Kaiser der Franzosen krönen. Nach dessen Siegen bei Ulm und Austerlitz (1805) sah sich Kaiser Franz II. gezwungen, auf seinen Titel als Kaiser des Heiligen Römischen Reiches Deutscher Nation zu verzichten. 1809 erhoben sich die Österreicher nochmals, wurden jedoch nach anfänglichem Erfolg (Aspern) bei Wagram endgültig geschlagen. Trotz der Niederlage fochten die Tiroler unter der Führung **Andreas Hofers** weiter, bis sie der großen Übermacht der bayerisch-französischen Truppen weichen mußten.
In Schönbrunn sah sich Franz II. gezwungen, einen demütigenden Friedensvertrag - verbunden mit dem Verlust von Krain, Kärnten, Triest, St. Veit an der Flaum (heute Rijeka) und Galizien - zu unterzeichnen. 1810 Heirat Napoleons mit der Tochter Franz' II., Marie Louise.
Die Katastrophe, die der „General Winter" in Rußland der „Großen Armee" bereitet hatte, war 1812 das Signal für Österreich, gegen Napoleon alle seine Kräfte in die Waagschale zu werfen. 1814 zog Schwarzenberg, der Oberbefehlshaber der verbündeten Armeen, als Sieger in Paris ein. Der **Wiener Kongreß** *(s. auch S. 354)* bestätigte den Triumph Metternichs, dessen Politik ganz Europa billigte und befolgte. Das Haus Habsburg erstand von neuem aus seinen Trümmern und vereinigte die verlorenen Gebiete wieder unter seinem Zepter.

**Kaiser Franz Joseph** - Seine 68jährige Regierungszeit (1848-1916), eine der längsten der Weltgeschichte, gilt, trotz des Zusammenbruchs der Monarchie 2 Jahre nach seinem Tode, sowohl aufgrund der ausgeprägten Persönlichkeit des Kaisers als auch wegen der tiefgehenden Umwälzungen, als ein Markstein in der Geschichte Österreichs.
Wenige Monarchen sahen sich solchen politischen Schwierigkeiten gegenüber: die Revolution von 1848 bei seinem Regierungsantritt, die in dem blutigen Aufstand der Ungarn gipfelte; der „Ausgleich" 1867, mit dem eine dualistische Regierung Österreich-Ungarn geschaffen wurde; die unglücklichen Kriege in Italien (Schlachten bei Magenta, Solferino) 1859 gegen Napoleon III. und 1866 gegen Preußen (Königgrätz). Daneben persönliche Schicksalsschläge: 1867 wurde sein Bruder Maximilian, Kaiser von Mexiko, in Queretaro erschossen, 1889 die Tragödie seines einzigen Sohnes in Mayerling *(s. dort)*, 1898 Ermordung seiner Gemahlin, der Kaiserin Elisabeth („Sissi") in Genf, 1914 das Drama von Sarajewo, das seinen Neffen und Thronfolger, den Erzherzog Franz Ferdinand *(s. Artstetten)*, das Leben kostete.
Trotz allem war seine Regierungszeit eine der glücklichsten Epochen Österreichs.
Innenpolitisch war die Regierungszeit von Kaiser Franz Joseph von wirtschaftlichem Wohlstand, einem blühenden künstlerischen Leben sowie von beachtlichen städtebaulichen Fortschritten - z. B. der Wiener „Ring" - gekennzeichnet. In einer Zeit neuer Ideen und bedeutender gesellschaftlicher Umwälzungen hielt der Kaiser wie ein Fels in der Brandung die Ideale seiner Dynastie aufrecht.
Sein Großneffe und Nachfolger Karl I. verzichtete im November 1918 auf die Ausübung der Regierung in Österreich und starb 1919 in der Verbannung auf Madeira.

## DIE REPUBLIK ÖSTERREICH

Seit der Verabschiedung der Bundesverfassung im Jahre 1920, die sich an die der Schweiz anlehnt, setzt sich die österreichische Republik aus 9 autonomen Bundesländern zusammen (Einwohnerzahlen nach der letzten offiziellen Volkszählung 1991).

**Die Bundesländer** - Die Bürger jedes Landes wählen alle 5 oder 6 Jahre ihre Landtagsabgeordneten, deren Anzahl im Verhältnis zu der Bevölkerungsdichte zwischen 36 und 56 liegt (Wien 100 Abgeordnete). Der **Landtag** wählt die Mitglieder der **Landesregierung** nach dem Verhältniswahlsystem; diese trifft ihre Entscheidungen mit Stimmenmehrheit.

**BURGENLAND** - 3 965 km² - 270 880 Einwohner - Landeshauptstadt (LHS): Eisenstadt
Deutschsprachige Randgebiete des Königreichs Ungarn, die im Friedensvertrag von St-Germain (1919) Österreich zugesprochen wurden, bilden seit 1921 das östlichste Bundesland. Das noch weitgehend agrarisch geprägte Burgenland besitzt mit dem Neusiedler See den einzigen Steppensee Mitteleuropas.

**KÄRNTEN** - 9 533 km² - 547 798 Einwohner - LHS: Klagenfurt
Das „Seenland" besitzt neben den vier großen - Wörther, Ossiacher, Millstätter und Weißensee - noch etwa 200 kleinere Seen und wartet mit zahlreichen attraktiven Badeorten auf. Im Süden Kärntens lebt seit Jahrhunderten eine slowenische Volksgruppe. Als Jugoslawien 1920 die südlichen Landstriche forderte, fiel die Volksabstimmung zugunsten Österreichs aus.

**NIEDERÖSTERREICH** - 19 174 $km^2$ - 1 473 813 Einwohner - LHS: St. Pölten
Die Wiege der Nation ist flächenmäßig das größte Bundesland und besitzt auch die größte Anbaufläche (Äcker, Gärten, Weinlagen) unter den Bundesländern. Es ist reich an Bodenschätzen (u. a. Erdöl) und verfügt über eine stark entwickelte Industrie v. a. im südlichen Wiener Becken.

**OBERÖSTERREICH** - 11 980 $km^2$ - 1 333 480 Einwohner - LHS: Linz
Dieses Gebiet, zwischen dem Salzkammergut und Böhmen gelegen, hat sich landwirtschaftlich und industriell sehr stark entwickelt. Der Tourismus ist vor allem in den Seengebieten des Salzkammerguts von großer Bedeutung.

**SALZBURG** - 7 154 $km^2$ - 482 365 Einwohner - LHS: Salzburg
Die alten Besitztümer der Fürsterzbischöfe von Salzburg kamen erst im Jahre 1805 zu Österreich. Ihre Wirtschaftsgrundlage war das Salz. Die Salzburger Festspiele, die beiden Kurorte Badgastein und Bad Hofgastein sowie die gut ausgestatteten Wintersportorte des Landes ziehen Jahr für Jahr Tausende von Touristen an.

**STEIERMARK** - 16 388 $km^2$ - 1 184 720 Einwohner - LHS: Graz
In der „grünen Mark" von Österreich (50 % des Gebietes ist Forstland) spielen die Holzindustrie und die Viehzucht eine große Rolle. Die Steiermark ist außerdem eines der ältesten Industrieländer Europas und ist *die* österreichische Bergbauregion.

**TIROL** - 12 648 $km^2$ - 631 410 Einwohner - LHS: Innsbruck
Obwohl immerhin 35 % der Fläche landwirtschaftlich genutzt werden, ist Tirol dennoch ein wichtiger Industriestandort und Drehscheibe des europäischen Verkehrs. Als Tourismusregion besitzt es weltweites Renommee und ist Österreichs wichtigster Devisenbringer im Fremdenverkehr. Der Landesteil Osttirol ist seit der Abtretung von Südtirol an Italien nicht mehr mit dem Kernland verbunden.

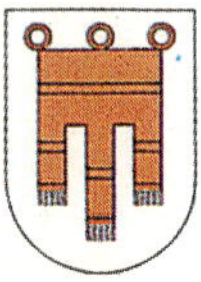

**VORARLBERG** - 2 601 $km^2$ - 331 472 Einwohner - LHS: Bregenz
Im „Ländle" haben neben dem Tourismus die Textilindustrie und die Stromerzeugung in den großen Wasserkraftwerken einen bedeutenden Stellenwert. Die Voarlberger sprechen Alemannisch, eine dem Schweizerischen und Schwäbischen verwandte deutsche Mundart.

**WIEN** - 415 $km^2$ - 1 539 848 Einwohner
In der Hauptstadt befinden sich sämtliche Behörden und Ministerien der Bundesregierung und des Landes Wien. Wien ist der dritte ständige Sitz der Vereinten Nationen und u. a. der Sitz der Internationalen Atomenergiebehörde (IAEO).

**Der Bundesstaat** - Der **Bundestag** wird vom Nationalrat und dem Bundesrat gebildet. Der **Nationalrat** zählt 183 Abgeordnete, die von den wahlberechtigten Männern und Frauen (ab 19 Jahre) auf 4 Jahre gewählt werden (Verhältniswahl, 4 %-Sperrklausel). Er wird vom Bundespräsidenten einberufen und kann von diesem auch aufgelöst werden.

Der **Bundesrat** (oder die Länderkammer) setzt sich aus 63 von den Landtagen gewählten Vertretern zusammen. Seine Aufgabe besteht in der Wahrung der Rechte der Länder gegenüber dem Bund. Im Bereich der Bundesinteressen steht ihm das Recht zu, Gesetze vorzuschlagen. Seine Zustimmung ist notwendig, um Gesetze und internationale Verträge in Kraft treten zu lassen.
Der **Bundespräsident**, auf 6 Jahre vom Volk gewählt, übt mit der Bundesregierung die Staatsgewalt aus. Er ist der Vertreter der Republik dem Ausland gegenüber und Befehlshaber des Heeres, ernennt die Hohen Beamten sowie den Bundeskanzler und erläßt die Gesetze.
Die **Bundesregierung** umfaßt den Bundeskanzler, den Vizekanzler, die Minister sowie Staatssekretäre, die auf Vorschlag des Kanzlers vom Bundespräsidenten ernannt werden.

# Wirtschaftsstrukturen

Österreich zählt heute etwa 8 Millionen Einwohner. Ungefähr ein Drittel der österreichischen Bevölkerung lebt in den fünf großen Städten mit mehr als 100 000 Einwohnern: Wien, Graz, Linz, Salzburg und Innsbruck. Die Bevölkerungsdichte des Landes ist mit 93 Einwohnern pro Quadratkilometer eine der niedrigsten Europas. 98 % der Österreicher sind deutschsprachig, daneben gibt es sechs weitere anerkannte Volksgruppen: Slowenen, Kroaten, Ungarn, Tschechen, Slowaken sowie Sinti und Roma. 78 % der österreichischen Bevölkerung sind römisch-katholisch.
Seit Januar 1995 ist Österreich Mitglied der EU, setzt seit April 1998 das Schengener Abkommen vollständig um und gehört seit 1.1.1999 zu den Teilnehmerländern bei der Einführung des Euro.

## LAND-, FORST- UND HOLZWIRTSCHAFT

Obwohl ausgedehnte Flächen des gebirgigen Landes nicht bebaut werden können und die Zahl der Beschäftigten ständig sinkt, spielt die **Landwirtschaft** weiterhin eine wichtige Rolle, sichert sie doch nahezu 100 % des Nahrungsmittelbedarfs. Mit 159 000 Personen sind 5 % aller Erwerbstätigen in der Land- und Forstwirtschaft tätig. Im Jahre 1997 gab es noch 252 000 land- und forstwirtschaftliche Betriebe, davon entfielen 51 % auf Kleinbetriebe unter 10 ha und 2,6 % auf Großbetriebe über 100 ha.
Der **Wald** zählt zu den großen Reichtümern Österreichs. Er besteht vornehmlich aus Nadelhölzern und bedeckt 47 % der Landesfläche. Dieses Verhältnis wird in Europa nur von Finnland und Schweden übertroffen. 1997 betrug der Holzeinschlag 14,7 Millionen Festmeter. Etwa 3 % des Bruttoinlandsprodukts werden aus Land- und Forstwirtschaft erwirtschaftet.

## ROHSTOFFGEWINNUNG UND INDUSTRIE

Die Zerstückelung des österreichisch-ungarischen Reiches im Jahre 1919 machte aus Österreich einen Rumpfstaat, der von seinen traditionellen Absatzmärkten und einem Teil seiner Rohstoffquellen abgeschnitten war.
Besonders ungünstig auf seine Wirtschaftslage wirkte sich die Tatsache aus, daß die österreichische Industrie, seit dem 19. Jh. fast nur auf Deckung des Eigenbedarfs eingestellt, dem Wettbewerb auf den Weltmärkten nicht gewachsen war. Inzwischen zählt Österreich aber, gemessen am Bruttoinlandsprodukt, zu den wohlhabensten Ländern der EU und präsentiert sich als hochentwickeltes Industrieland mit einem bedeutenden Dienstleistungsanteil.

### Energiequellen

Als Hochgebirgsland mit zahlreichen Wasserläufen erzeugt Österreich vor allem **hydroelektrische Energie**. In rund 1 300 Kraftwerken wird ein Großteil des österreichischen Strombedarfs gedeckt. Allein die Donaukraftwerke liefern ein Viertel der öffentlichen Elektrizitätsgewinnung.
Zu den Bodenschätzen des Landes zählt auch das **Erdöl,** das seit 1938 gefördert wird. 1997 wurden in Österreich 1 Million Tonnen gewonnen. Die Ölquellen, deren Förderkapazitäten jedoch den inländischen Energiebedarf bei weitem nicht decken, befinden sich vor allem in der Gegend von Matzen, Aderklaa und Zisterdorf in Niederösterreich. Das Rohöl wird in Schwechat, einem Vorort von Wien, raffiniert. 1970 wurde zur Versorgung der Schwechater Raffinerie eine Zweigleitung von der großen transalpinen Erdölleitung Triest – Ingolstadt (TAL) nach Wien gebaut. Diese ermöglicht der Raffinerie eine volle Auslastung ihrer Kapazität von 10 Millionen Tonnen. 26 % des inländischen Treibstoffbedarfs können somit gedeckt werden.
Das aus den österreichischen Erdgas- und Ölfeldern gewonnene **Erdgas** wird vor allem von Industriebetrieben verwertet. Im Jahr 1997 belief sich die Produktion auf etwa 1,5 Milliarden $m^3$; 5,9 Milliarden $m^3$, vor allem aus Rußland, wurden importiert.

### Bergbau und Schwerindustrie

Österreich ist ein altes Land des Bergbaus und der Hüttenindustrie. Bis zum 17. Jahrhundert brachte die Ausbeutung der Gold-, Silber- und Kupferminen, insbesondere in Tirol, reges Leben und Arbeit. Auch heute noch ist der Abbau von nichteisenhaltigen Erzen und Salz beachtlich.
Vor allem besitzt Österreich reiche **Magnesitlagerstätten;** es zählt zu den Spitzenproduzenten der Welt. Das Magnesit dient als Rohstoff für die feuerfeste Auskleidung der Hoch- und Siemens-Martin-Öfen sowie für Leichtbauplatten. In der Baustoffindustrie nimmt die Zementerzeugung einen wichtigen Platz ein, der Eigenbedarf kann auch hier gedeckt werden.

Von zentraler Bedeutung für die österreichische **Schwerindustrie** sind die Hüttenwerke in der Steiermark, deren berühmter Erzberg, das größte Eisenbergwerk Europas über Tage, die Hochöfen von Donawitz (Profile) und von Linz (Bleche) speist. 1997 belief sich die heimische Eisenerz- und Eisenglimmerproduktion auf rund 2 Millionen Tonnen.
Wegen der unzureichenden Eisenerzförderung und des Mangels an Schrott (für die Siemens-Martin-Öfen) wurden in Österreich die Forschungen auf diesem Gebiet stark vorangetrieben und das „Linz-Donawitz"-Verfahren (nach den Stahlzentren Linz in Oberösterreich und Donawitz in der Steiermark), kurz LD-Verfahren oder Blasstahlverfahren genannt, entwickelt. Dabei kann man Roheisen-Chargen bis zu 300 Tonnen innerhalb von 20 Minuten in Stahl verwandeln. Es wird weltweit in Lizenz angewandt und steuert heute einen Anteil von etwa 60 % zur globalen Rohstahlerzeugung bei. Auch das in Österreich entwickelte Verfahren der Pulvermetallurgie (Planseewerke nahe Reutte) erlangte Weltgeltung.

## Salzvorkommen

Unter den in Österreich ausgebeuteten Bodenschätzen nimmt die Salzgewinnung heute nur noch einen bescheidenen Platz ein. Jedoch hat dieses lebenswichtige Mineral seit vorgeschichtlichen Zeiten in der Zivilisation der Ostalpen und dem Warenaustausch eine derart bedeutende Rolle gespielt, daß der Tourist nicht versäumen sollte, im Salzburger Gebiet den noch heute in Betrieb stehenden Salzsalinen einen Besuch abzustatten (die Worte „Salz" oder „Hall" – keltisches Wort für Salz – in Ortsnamen deuten darauf hin).

SALZVORKOMMEN IN DER GEGEND VON SALZBURG

Salzquellen
Salzbergwerke in Betrieb, Besichtigung möglich
Bad Ischl Solbadkuren
Soleleitung in Betrieb
Soleleitung außer Betrieb

Zu einem unvergeßlichen Erlebnis wird der Besuch eines Salzbergwerks mit schwindelerregenden Rutschfahrten und Überquerungen unterirdischer Seen. Die alten Bergmannsbräuche und der freundliche Gruß „Glückauf" sind immer noch lebendig, genauso wie die unzähligen Legenden von Gnomen, Geistern und Kobolden, die unter der Erde ihr Unwesen treiben.
Nicht zu vergessen sind auch die zahlreichen Bade- und Kurorte, wie z. B. Bad Aussee, Bad Ischl und Hall in Tirol, die wegen ihrer heilkräftigen Thermalwasser und Solbadkuren jahraus, jahrein vielbesucht sind.

**Das „Haselgebirge"** – Mit Ausnahme der natürlichen Solequellen von Bad Reichenhall bestehen die Salzlager in den Bayerischen und Österreichischen Alpen aus einem Salz-, Lehm- und Gipsamalgam, dem sogenannten Haselgebirge. Die Bergleute graben zuerst in die Abbauschicht im Stollen eine Höhlung, die laufend unter Süßwasser gesetzt wird. Das Wasser löst das Kristall auf, reichert sich bis zu ca. 27 % mit Salz an und sinkt auf den Boden der Höhlung. Von dort wird es zutage gepumpt, während die Unreinheiten sich absetzen. Die Sole gelangt dann in die Sudhütten, in denen das Salz zur industriellen und privaten Verwendung abgesondert wird.

**Ein Vorläufer der „Pipelines"** – Die Schwierigkeiten bei der Beschaffung von Feuerholz, das in gewaltigen Mengen von den Heizöfen der Sudhütten verbraucht wurde, sowie der begreifliche Wunsch, die Produktionsstätten den großen Verbrauchermärkten im Flachland zu nähern, veranlaßte die Bergherren schon vom 17. Jahrhundert an, die Sole weit entfernt von den oft sehr abgelegenen Salzbergwerken zu behandeln.
Zu diesem Zweck verlegte man Rohre aus Holz, Blei oder Gußeisen, die sogenannten **Soleleitungen.** Die längste davon war mit 79 km die Leitung Bad Reichenhall – Rosenheim in Bayern; sie war von 1810 bis 1958 in Betrieb. Pumpstationen (Brunnhaus) regulierten den Durchfluß der Sole über Berge und durch Täler. Weitgehend wurde der Abfluß durch eigenes Schwergewicht zu verwirklichen versucht. Um ein zu starkes Gefälle zu vermeiden, ließ man lange Abschnitte der Leitungen den Berghängen entlang verlaufen. Die Soleleitungswege, die neben den Rohren angelegt wurden, sind heute beliebte Wanderwege, z. B. der Weg von dem Hallstätter Bergwerk nach Bad Ischl oberhalb des Hallstätter Sees oder der Weg von Berchtesgaden zur Schwarzbachwacht.

Das raffinierte Salz wurde auf dem Wasserweg - z. B. auf dem Inn, flußabwärts von Hall in Tirol und auf der Niedertraun - oder auf dem Landweg mit Lastwagen versandt. Viele „Salzstraßen" in Österreich, die bekannteste davon ist die Ellbögener Straße *(s. Innsbruck: Rundfahrt durch das Mittelgebirge)*, erinnern an diesen einträglichen Handel.

### Schwerpunkte wirtschaftlicher Tätigkeit

Die wichtigsten Industriezweige Österreichs mit einem hohen Grad an internationaler Wettbewerbsfähigkeit sind die Maschinen- und Stahlindustrie, der Chemie- und Kunststoffsektor (Zentrum der Chemiefaserproduktion in Lenzing in Oberösterreich) sowie die Motoren- und Getriebeproduktion. Pro Jahr werden über 850 000 Motoren erzeugt; etwa 90 % der produzierten Motoren und Getriebe werden exportiert. Auch im Bereich der Fertigung von Elektronikprodukten wie Chips und integrierten Schaltkreisen (Bauteile für Airbus und Hochgeschwindigkeitszüge) besitzt Österreich internationales Renommee. Allgemein weist die österreichische Industrie eine starke Exportorientierung auf, wobei etwa zwei Drittel des Außenhandels mit EU-Ländern abgewickelt werden (etwa ein Drittel allein mit Deutschland). Allerdings werden die höchsten Wachstumsraten im Export derzeit im Handel mit nicht EU-Ländern erzielt. Ein weiterer Schwerpunkt der nationalen Produktion liegt in der Nahrungs- und Genußmittelindustrie (3,5 % des BIP), die vor allem die innländische Nachfrage bedient. Die Betriebe sind regional auf Wien sowie Nieder- und Oberösterreich konzentriert und erreichen dort teilweise sogar einen Anteil von etwa zwei Dritteln bezogen auf Produktionswert bzw. Zahl der Betriebe und der Beschäftigten.
Der größte Anteil am Bruttoinlandsprodukt stammt allerdings mit über 60 % aus dem Dienstleistungssektor, in dem der Tourismus eine besondere Stellung einnimmt.

### FREMDENVERKEHR

Österreich ist ein Tourismusland par excellence: herrliche Landschaften, bedeutende Kulturdenkmäler, Freizeitmöglichkeiten im Sommer und Winter und eine hervorragend entwickelte Infrastruktur stehen den Gästen zur Verfügung. Der Fremdenverkehr ist für die Beschäftigung und als Devisenbringer, der einen Teil des Defizits des österreichischen Außenhandels aufwiegt, von großer Bedeutung. 1997 beliefen sich die Deviseneinnahmen daraus auf fast 135 Milliarden Schilling. Tirol hat traditionell den höchsten Anteil am in- und ausländischen Tourismus, gefolgt von Salzburg und Kärnten.
1998 wurden 81,9 Millionen Übernachtungen ausländischer Gäste gezählt, wobei die meisten aus Deutschland kamen.

# Brauchtum und Tradition

Österreich ist ein traditionsreiches Land, in dem vor allem in den ländlichen Gebieten alte Sitten und Gebräuche durchaus noch lebendig geblieben sind. Der seit alters tief im Volk verwurzelte Glauben hat auch dem Stadt- und Straßenbild seinen Stempel aufgedrückt.
So stehen überall im Land, vor allem aber in Tirol, an den Wegrändern oder inmitten von Wiesen und Feldern überdachte Holzkreuze oder sogenannte Wiesenkreuze. In Kärnten sind hauptsächlich Bildstöcke zu sehen, die einer mit Schindeln bedeckten Säule gleichen. Die Nischen sind mit biblischen Szenen ausgemalt. Weitverbreitet ist der Herrgottswinkel, der besonders in Tirol fast in keinem Hause, nicht einmal im Gasthaus, fehlt.
In der Lüftlmalerei sind Heiligengestalten ein häufig anzutreffendes Motiv: Der hl. Florian ziert so manches Haus, zumal er als Nothelfer gegen Feuer schützen soll. Der hl. Georg, der Drachentöter, ist ebenfalls ein beliebtes Motiv und an Kirchen findet man mitunter sehr großflächige Malereien, die den hl. Christophorus, den Patron der Reisenden, darstellen, wie z. B. in Imst. Sie zeugen von der Überlieferung, nach der es genügte, das Bild dieses Heiligen zu betrachten, um einen Tag lang vor gewaltsamem Tod geschützt zu sein. Der hl. Nepomuk ist Schützer der Brücken und Brunnen; deswegen sieht man an diesen Bauwerken oft eine Statue des Heiligen.

### Brauchtum im Jahreslauf

*Siehe auch den Veranstaltungskalender im Kapitel „Praktische Hinweise".*

Zur Begleitung des Nikolaus und vor allem in den sog. Rauhnächten vor dem Dreikönigstag (6. Januar) ziehen die Perchten durch die Ortschaften: Oft mit Fellen behängt, furchterregende Masken mit Hörnern auf dem Gesicht, vertreiben sie Kälte und Finsternis und bahnen Sonne und Fruchtbarkeit den Weg. Den

6. Januar feiert man mit dem Sternsingen und den Dreikönigsritten sowie den Glöcklerläufen (Salzburger Land). Die Faschingszeit wird in Wien schon im Januar mit Bällen eingeläutet; überall aber wird Fasching oder Fasnacht (Bezeichnung im westlichen Teil des Landes) mit den traditionellen Umzügen begangen, in denen die überlieferten Masken eine schillernde Note setzen. Berühmt ist die Tiroler Fasnacht mit den bekannten Umzügen in Imst (Imster Schemen) und Telfs (Schleicherlaufen). Der Ausseer Fasching mit seinen „Trommelweibern" und „Flinserln" hat ein eigenes, buntes Gepräge, ebenso wie der „Fetzenfasching" in Ebensee.
Werden am Palmsonntag die „Palmbuschen", meistens Weidenkätzchen und Buchsbaum, geweiht, so steht der 1. Mai für den Brauch des Maibaums, oft verbunden mit „Maibaumkraxeln" (Kletterwettbewerbe) und Maitanz. Zu Fronleichnam finden Prozessionen statt, die altes Brauchtum aufleben lassen: blumengeschmückte „Prangstangen" - 6 bis 8 m hohe Holzstangen, umwunden mit Kränzen aus frischen Blumen (Bischofshofen, Zederhaus am 24. Juni) - oder Blumenteppiche (Deutschlandsberg), Prozessionen zu Pferd (im Brixental in Tirol) oder zu Wasser (Traunkirchen, Hallstatt). In Murau und Krakaudorf (Steiermark) finden im August die Samsonumzüge statt. Der Samson, eine 5 m hohe Riesenfigur, die von einem einzelnen Mann getragen wird, wurde ursprünglich im 17. und 18. Jh. als Symbol der Stärke zum „Schutz" kirchlicher Prozessionen mitgetragen. Im August und September wird in den meisten Gemeinden Kirchweih (Kirtag - Jahrmärkte, Volksfeste) gefeiert. Im Herbst sind das Erntedankfest und der Almabtrieb Anlaß zur Pflege alter Bräuche.
Der 3. November sieht Festlichkeiten zu Ehren des hl. Hubertus (Hubertusmesse, Hubertusritt), der 6. November zu Ehren des hl. Leonhard (Leonhardiritt, Reiterumzüge) vor. In den dunklen Monat bringt der Martinstag (11. Nov.) mit den Laternenumzügen der Kinder Licht.
Die Advents- und Weihnachtszeit ist besonders reich an Ereignissen mit Nikolo- (Bad Mitterndorf) und Krippenspielen sowie mit dem in Tirol verbreiteten „Krippenschauen", bei dem man sich Krippen in Privathäusern ansieht (z. B. Thaur).

## Trachten

Die Volkstrachten werden zwar im Alltag kaum noch getragen, doch kann man sie an Sonn- und Feiertagen bisweilen beim Kirchgang sehen. Dann legen die Samtmieder der Frauen aus Bad Ischl, die gestickten Seidenblusen der Wachau, die buntbebänderten Leibchen im Montafon, die feingefältelten Kleider im Bregenzerwald und die Spitzenschürzen im Burgenland Zeugnis von einem reichen Volksbrauchtum ab. Die Männer tragen Lederhosen oder Lodenkniebundhosen. Breite Hosenträger mit Brustlatz und kurze, kragenlose Jacken vervollständigen den Anzug. Je nach der Form des Hutes kann man die Herkunft seines Trägers erkennen.
Das traditionelle Dirndl und den Steirer Anzug sieht man immer seltener. Doch standen sie Pate beim sogenannten Trachtenlook, einer Verbindung zwischen modischen Schnitten und althergebrachten Trachtenelementen. Ihm eigen ist die Verwendung von Naturstoffen: Leinen, Baumwolle, Filz, Loden. Dieser „Austrian Look" ist auch ein geschätzter Exportartikel.

## Ländliche Bilder

Immer seltener sieht man die aus einem eigenartigen Lattengeflecht bestehenden Feldeinfriedungen, die früher im Salzburger Land, im Tennengau und Pinzgau verbreitet waren. Doch kann man immer noch Bergbauern bei der Heuernte antreffen, die das gemähte Gras auf spindelartigen Gestellen oder auf Eisendrähten trocknen, um es vor der Bodenfeuchtigkeit zu schützen.
Auf den günstig gelegenen Hängen der Ostalpen gedeiht Getreide bis in 1 500 m Höhe (Kärnten), muß jedoch oft vorzeitig beim Auftreten der ersten Fröste geschnitten werden. Damit es trotzdem zur Reife kommt, werden die Korngarben auf Gestellen, den sogenannten Harpfen, getrocknet.

## Siedlungsformen

Die interessantesten Grundrisse weisen in der Steiermark, in Kärnten und den Donauländern oftmals die Orte auf, die einst entlang eines Weges oder einer Straße angelegt wurden.
In diesen alten Ansiedlungen erweiterte sich der Weg und bildete den sogenannten Anger, der umbaut wurde. So entstanden die keilförmigen oder länglich rechteckigen Straßenplätze, die heute noch, zwischen zwei einst befestigten Stadttoren, das Orts- oder Altstadtzentrum bilden. Im allgemeinen schmückt ein Brunnen, eine Dreifaltigkeits- oder Mariensäule bzw. ein Denkmal, das an ein wichtiges örtliches Ereignis erinnert, diese Plätze.
Ein schönes Beispiel ist die aus dem Ende des 17. Jh.s stammende Pestsäule am Graben in Wien, die anderen Städten als Vorbild diente.

Vierkanthof im Mühlviertel
(Oberösterreich)

# Hausformen in Österreich

Haus im Bregenzerwald
(Vorarlberg)

Tiroler Bauernhaus

Gutshof in Niederösterreich

M. Guillou

# Tafelfreuden

Die österreichische Küche kann mit zahlreichen serbischen, böhmischen, italienischen, ungarischen und deutschen Gerichten aufwarten, die sie von den einst zur Doppelmonarchie gehörenden Völkern geerbt hat.

**Die österreichische Küche** – Ein vollständiges Mahl beginnt meist mit einer Suppe. Es folgt das Hauptgericht, fast immer eine Fleischspeise, aus gekochtem, zuweilen paniertem oder gebratenem Fleisch, zu dem man Salat oder eingemachtes Obst, bei Wild z. B. Preiselbeeren, reicht.
Eine sehr beliebte Beilage sind Knödel, die es in vielen Variationen (Leber-, Quark-, Mehl-, Kartoffel-, Semmelknödel) gibt. Orientalischer Einfluß wird bei der Zubereitung der Speisen deutlich: Man greift gerne auf kräftige Gewürze zurück.

**Fleischgerichte** – Das panierte und gebratene Wiener Schnitzel wird im allgemeinen mit Kartoffelsalat gereicht. Weit verbreitet ist das würzige Gulasch, dessen Rezept die Österreicher den Ungarn zu verdanken haben. In Graz und der Steiermark bereitet man feine panierte Backhendl oder Enten zu. Nicht zu vergessen sind die vorzüglichen Wildgerichte, die in der Jagdsaison überall im Land angeboten werden.

**Süßspeisen und Desserts** – Die bei weitem bekannteste Süßspeise ist die delikat schmeckende, mit Schokolade überzogene und mit Aprikosenmarmelade gefüllte Sachertorte. Fürstkanzler Metternichs Küchenchef hat sie kreiert, und bis heute ist ihr Rezept geheim geblieben. Andere Köstlickeiten sind die Linzer Torte aus Marmelade, Früchten und Mandeln, die zahlreichen Strudelarten (mit Äpfeln, Kirschen oder Quark und Korinthen), die Pflaumen- und Aprikosenkrapfen sowie die berühmten Salzburger Nockerln.

**Österreichische Weine** – Heute umfaßt der österreichische Weinbau an die 58 000 Hektar. In Niederösterreich – hauptsächlich auf den Hügeln um Wien –, im Burgenland und in der Steiermark werden viel mehr Weißweine (81 %) als Rotweine angebaut. Die jährliche Gesamterzeugung liegt bei 2,8 Millionen Hektolitern.

**Weißweine** – Zahlreiche Weißweinsorten werden in Österreich angebaut. Besonders bekannt sind der Grüne Veltliner, der Müller-Thurgau und der Welschriesling. Die Mehrzahl der Lagenweine sind von angenehmem, leicht spritzigem Geschmack. Der junge Wein wird in den sogenannten „Heurigen" in der Umgebung von Wien oder in den „Buschenschenken" der Steiermark gekostet.
Die Wachau im Donautal bringt Weine mit besonderer Blume hervor (Spitz, Dürnstein, Weißenkirchen, Krems, Langenlois), Grinzing ist berühmt für seinen pikanten, spritzigen Wein, während Gumpoldskirchen, südlich von Wien, ein kräftiges Gewächs anbaut.

**Rotweine** – Der Rotwein ist von vorzüglicher Qualität, insbesondere der Blaue Portugieser und der Blaufränkische. Die bekanntesten Sorten Niederösterreichs stammen aus Bad Vöslau, südlich von Wien, aus Retz (der Wein von Retz wird auch „Spezi" genannt), aus Haugsdorf und aus Matzen im Weinviertel. Im Burgenland genießen die Rotweine von Pöttelsdorf, von Oggau und besonders die von Rust, in der Steiermark die aus Leibnitz einen ausgezeichneten Ruf.

Schreiber/ÖSTERREICH WERBUNG

Sachertorte

## Österreichische Bezeichnungen für Speisen und Getränke

| | |
|---|---|
| **Backhendl** | Brathähnchen |
| **Baunzerl** | Milchbrötchen |
| **Buchteln** | Dampfnudeln |
| **Blunzen** | Blutwurst |
| **Erdäpfel** | Kartoffeln |
| **Faschiertes** | Hackfleisch |
| **Fisolen** | grüne Bohnen |
| **Frittaten** | fein geschnittene Pfannkuchen |
| **Gansljunges** | Gänseklein |
| **Geselchtes** | Geräuchertes |
| **Golatschen** | gefüllte Mürbeteigstücke |
| **G'spritzter** | Weinschorle |
| **G'spritzter Obi** | Apfelsaftschorle |
| **Häuptlsalat** | Kopfsalat |
| **Hasenjunges** | Hasenklein |
| **Heuriger** | junger Wein im 1. Jahr oder Heurigenschenke |
| **Hupfauf** | Tiroler Mehlspeise |
| **Indian gefüllt** | gefüllter junger Truthahn |
| **Jungfernbraten** | Schweinslende mit Kümmel |
| **Kaiserfleisch** | Kasseler Rippenspeer |
| **Kaiserschmarren** | Mehlspeise mit Eiern und Rosinen |
| **Karfiol** | Blumenkohl |
| **Kohlsprossen** | Rosenkohl |
| **Kracherl** | Fruchtlimonade |
| **Kren, Apfelkren** | Meerrettich, Meerrettichsoße mit Äpfeln |
| **Kukuruz** | Mais |
| **Marillen** | Aprikosen |
| **Nockerln** | Klößchen aus Eierteig |
| **Obi** | Apfelsaft |
| **Palatschinken** | gefüllte Eierpfannkuchen |
| **Paradeiser** | Tomaten |
| **Powidl** | Pflaumenmus |
| **Quargel** | eine Käsesorte |
| **Ribisel** | Johannisbeeren |
| **Risibisi** | Reis mit Erbsen |
| **Schill** | Zander |
| **Schlagobers** | Schlagsahne |
| **Schmankerl** | süße Mehlspeise |
| **Schöberl** | gebackene Suppeneinlage |
| **Schwämme, Schwammerln** | Pilze |
| **Seidel Lichtes** | kleines Helles |
| **Steirisches Schöpsernes** | Hammelfleisch nach steirischer Art |
| **Strudel** | Nudel- oder Butterteig mit verschiedenen Füllungen |
| **Tafelspitz** | gekochtes Rindfleisch |
| **Topfen** | Quark |

# Kunst und Architektur

## ABC DER BAUKUNST

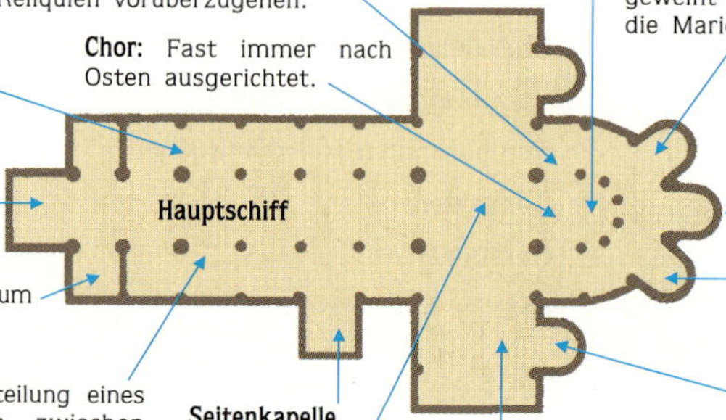


**Chorumgang:** Weiterführung der Seitenschiffe um den Chor (besonders in Wallfahrtskirchen), die es den Pilgern erlauben, an den Reliquien vorüberzugehen.

**Apsis**

**Scheitelkapelle:** Bei Kirchen, die nicht der Muttergottes geweiht sind, ist dies häufig die Marienkapelle.

**Chor:** Fast immer nach Osten ausgerichtet.

**Seitenschiffe** (manchmal doppelt)

**Vorhalle**

**Chorhaupt**

**Narthex:** Vorraum der Kirche

**Kapellenkranz** (Chorkapellen)

**Joch:** Quereinteilung eines Kirchenschiffs zwischen zwei Säulen.

**Seitenkapelle**

**Querschiffskapelle**

**Vierung** (Schnittfläche von Lang- und Querhaus)

**Querschiff- oder Kreuzarme,** die zuweilen über die Seitenschiffe hinausragen.

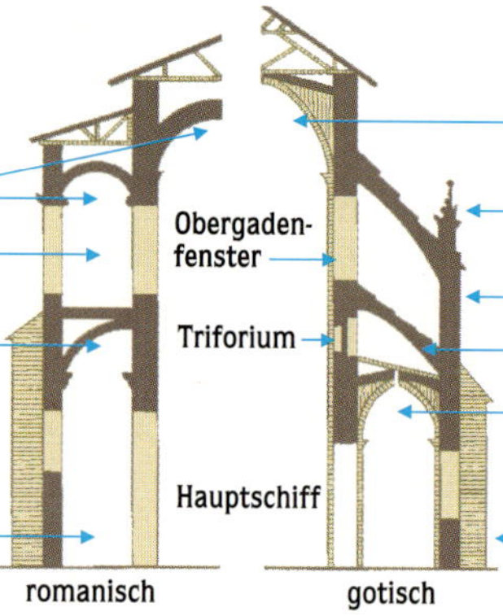


**Kreuzrippengewölbe**

**Tonnengewölbe**

**Fiale** als Gegengewicht zum Widerlager

**Empore**

**Widerlager des Strebebogens**

**Halbtonnengewölbe**

**Strebebogen**

**Kreuzrippengewölbe**

**Seitenschiff**

**Strebepfeiler**

### Riesentor des Stephansdoms (1230/40)

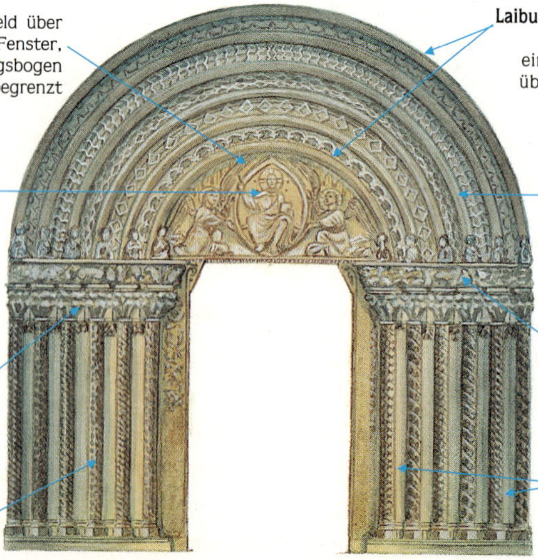

**Tympanon:** Bogenfeld über Portal, Tür oder Fenster, das vom Laibungsbogen und dem Sturz begrenzt ist.

**Laibungsbogen:** Kleines Gewölbe, das eine Maueröffnung überdeckt, hier ein Rundbogen.

**Mandorla:** Mandelförmiger Heiligenschein um eine Figur (bei Christus- und Mariendarstellungen).

**Archivolte:** Bandartige Stirn- und Innenseite eines Rundbogens.

**Fries:** Schmuckstreifen zum Abschluß oder als Untergliederung einer Wand.

**Kapitell:** Säulen- bzw. Pfeilerkopf, der vom Schaft zum Gebälk überleitet.

**Pfeiler:** Tragendes Element der Überdeckung einer Maueröffnung.

**Schaft:** Körper einer Säule.

M. Guillou

## Stiftskirche Wilhering (1734-1748)

M. Guillou

## Stiftskirche Melk (1702-1736)

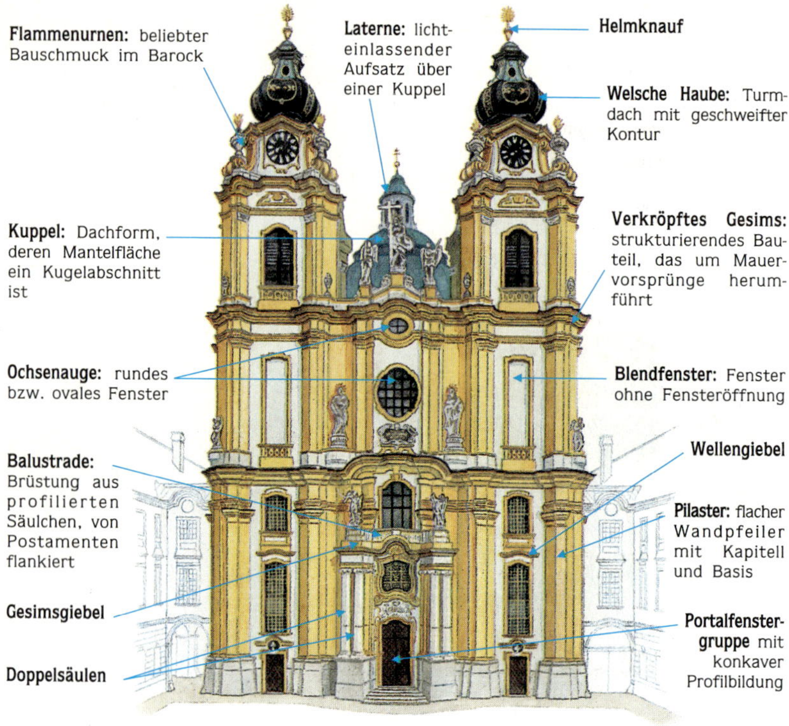


## Das Obere Belvedere in Wien (1722)

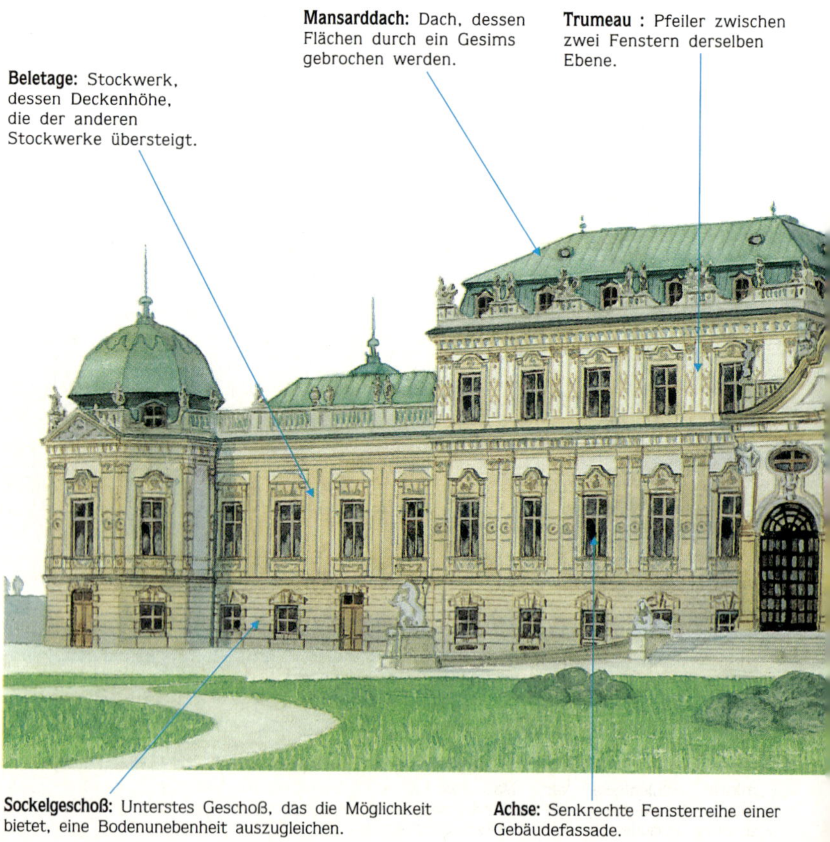

## Burg Rappottenstein (12.-16. Jh.)

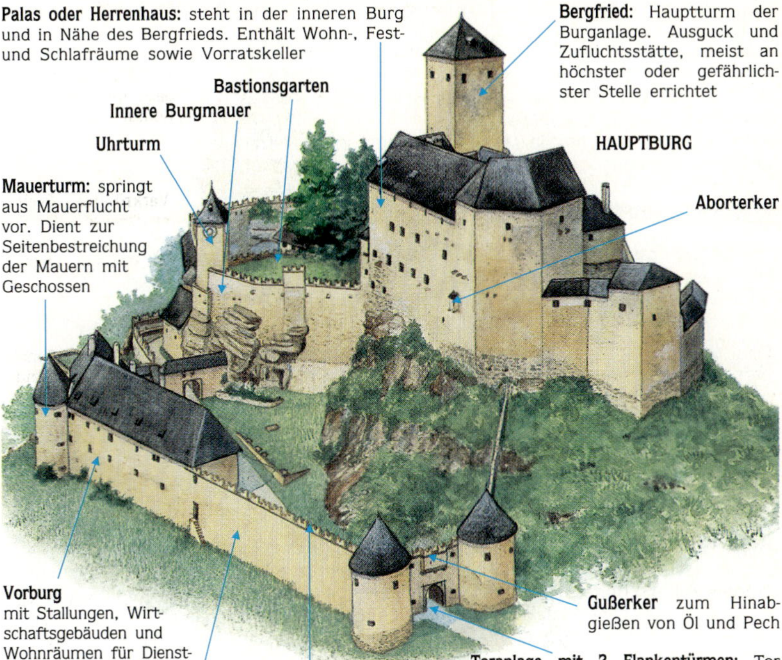

# KUNSTHISTORISCHES GLOSSAR

**Apsis, Abside:** halbrunde oder mehreckige überwölbte Nische, Chorabschluß einer Kirche.
**Arkade:** Bogenreihe auf Pfeilern oder Säulen.
**Basilika:** die frühchristliche Basilika, drei- oder mehrschiffige Säulenhalle mit höherem, belichtetem Mittelschiff, blieb in vielen Abwandlungen die Grundform des abendländischen Kirchenbaus.
**Bergfried:** Hauptturm und letzter Zufluchtsort in einer Burg.
**Beinhaus:** kapellenartiger Bau auf dem Friedhof zur Aufnahme der Gebeine aus alten Gräbern.
**Blendarkade, Blendbogen:** ein der Mauerfläche vorgelegter, „vorgeblendeter" Bogen.
**Bündelpfeiler:** von dünnen Säulen, sog. Diensten, umgebener Kernpfeiler.
**Chorumgang:** halbkreisförmiger Umgang um den Chorraum.
**Dachreiter:** dem First aufgesetztes Türmchen.
**Dienst:** Säulchen oder Halbsäule *(s. auch Bündelpfeiler)*, das zum Tragen einer Gewölberippe dient.
**Epitaph:** 1) Grabschrift.
2) Gedächtnismal für einen Verstorbenen an Wänden, Pfeilern, Außenmauern von Kirchen.
**Erker:** ein- oder mehrgeschossiger Vorbau an der Fassade oder Ecke eines Gebäudes.
**Fiale:** spitztürmchenartiges Zierglied, vor allem Bekrönung der Strebepfeiler (gotisch).
**Fresko, Freske:** Wandmalerei auf frisch aufgetragenem, noch feuchtem Putz, mit dem sich die Farben unlöslich verbinden.
**Gewände:** die gegliederte Schräglaibung des Portal-oder Fenstereinschnitts.
**Gewölbe:** gebogene Raumdecke. Tonnengewölbe mit halbkreisförmigem oder spitzbogigem Querschnitt; Kreuz- oder Gratgewölbe als Ergebnis der rechtwinkligen Durchdringung zweier gleichgroßer Tonnengewölbe mit scharfen Graten an den Schnittflächen; Kreuzrippengewölbe mit tragendem Rippengerüst zwischen sphärischen Flächen (Kappen); als gotische Sonderform das vielteilige Gewölbe (z. B. Stern- und Netzgewölbe).
**Gurt(bogen):** zwei Gewölbejoche trennender Bogen.
**Gurtgesims:** horizontales, zwei Geschosse am Außenbau trennendes Gesims.
**Grisaille:** Malerei in unterschiedlichen Grauschattierungen.
**Hallenchor:** mehrschiffiger Chor mit gleicher Höhe der einzelnen Schiffe.
**Helmdach:** steiles pyramidales Turmdach.
**Inkunabeln:** sog. Wiegendrucke aus der Zeit vor 1500.
**Intarsie:** Einlegearbeit in Holz, Stein, Stuck usw.
**Joch:** die Raumeinheit eines von einem Gewölbe überspannten Kirchenschiffs (quadratisch oder rechteckig).
**Kannelierung, kanneliert:** konkave Rillen an Säulenschäften.
**Kapitell:** Säulen- oder Pfeilerkopf, der vom Schaft zum Bogen oder Gebälk überleitet; wichtigste Formen der Antike: dorisch, ionisch, korinthisch; der Romanik: Würfelkapitell; der Gotik: Knospen- und Blattkapitell.
**Karner:** *s. Beinhaus.*
**Kartusche:** dekorativ umrahmtes Flächenfeld (Barock).
**Kenotaph:** Grabdenkmal für eine Person, deren Leichnam an einer anderen Stelle begraben liegt.
**Kniestück:** Porträt, das den Dargestellten bis zum Knie wiedergibt.
**Kolonnade:** Säulengang mit horizontal abschließendem Gebälk.
**Kolossalpilaster:** Pilaster, die sich über 2 oder mehrere Geschosse erstrecken.
**Krabbe:** gotisches Blattornament („Kriechblume"), vor allem an Fialen und Wimpergen.
**Kranzgesims:** Dach- oder Hauptgesims.
**Kreuzgang:** vierseitiger, eingewölbter, offener Umgang, in der Regel an der Südseite einer Klosterkirche gelegen.
**Laibung:** innere Fläche eines Mauereinschnitts *(s. Gewände).*
**Langhaus:** Kirchenraum zwischen Fassade und Querhaus bzw. Chor.
**Laterne oder Laternenkuppel:** lichteinlassender, runder oder polygonaler Turmaufsatz über einer Decken- oder Gewölbeöffnung.
**Laube(ngang):** offener, meist rund- oder spitzbogig gewölbter Gang im Erdgeschoß.
**Lettner:** Trennwand zwischen Chor und Langhaus mit Bühne.
**Lapidarium:** Sammlung von Steindenkmälern.
**Maßwerk:** geometrisches, aus Kreisteilen mit Zirkelschlägen bestehendes gotisches Ornament, das vor allem den oberen Teil der Fenster füllt (Maßwerkfenster).
**Medaillon:** rundes oder ovales Bild auf Wänden, Monumenten usw.
**Mittelrisalit:** vorspringender, meist in der Dachzone betonter Mittelbau.
**Pilaster:** flacher Wandpfeiler mit Kapitell und Basis.
**Pietà:** Vesperbild – Darstellung Mariä mit dem Leichnam Christi auf dem Schoß.
**Predella:** Unterbau eines gotischen Altarschreins.
**Querschiff:** der zwischen Chor und Langhaus eingeschobene Querbau.
**Refektorium:** Speisesaal der Mönche.

**Relief:** im Gegensatz zur Vollplastik an eine Fläche gebundenes Bildwerk. Je nach dem Grad der Erhebung über dem Grund spricht man von einem Hoch- oder Flachrelief.
**Rippe:** profilierter, d.h. plastisch vorstehender Gewölbebogen.
**Rundbogenfries:** fortlaufende Reihung kleiner Halbkreisbogen.
**Schlußstein:** behauener Stein am Schnittpunkt der Gewölberippen und im Bogenscheitel von Portalen.
**Sgraffito:** eine Art Wandmalerei, bei der ein farbiger Putz mit einer weiteren Schicht überputzt und aus dieser die Darstellung herausgekratzt wird.
**Staffelkirche:** Anlage, bei der das Mittelschiff höher ist als die Seitenschiffe, jedoch keine eigenen Fenster besitzt.
**Strebepfeiler:** senkrecht zur Außenwand verlaufender Mauerpfeiler, der zur äußeren Abstützung der Wände und Gewölbe dient.
**Stützenwechsel:** Wechsel zwischen Säule und Pfeiler in einer Stützenfolge.
**Scheinarchitektur:** durch Malerei vorgetäuschte Architekturteile an Wänden oder Decken, die den Innenraum illusionistisch erweitern (perspektivische Malerei).
**Transept:** *s. Querschiff.*
**Triforium:** Laufgang.
**Triptychon:** dreiteiliges Tafelbild (Flügelaltar).
**Triumphbogen:** Bogen, der Chor und Kirchenschiff trennt.
**Tympanon:** Bogenfeld des romanischen und gotischen Portals.
**Vierung:** Raumquadrat, das durch Überkreuzung von Lang- und Querhaus entsteht.
**Volute:** schneckenförmig gewundene Verzierung.
**Walmdach:** Dach mit nach allen Seiten geneigten Flächen.
**Wange:** Seitenwände des Chorgestühls, der Bänke usw.
**Wimperg:** giebelartige Bekrönung gotischer Portale und Fenster.
**Zentralbau:** zumeist kuppelgewölbtes Gebäude mit kreisförmigem, ovalem, vier- oder vieleckigem Grundriß. Kann durch Umgang, Kreuzarme, Apsiden u. a. erweitert sein.
**Zwerggalerie:** kleiner ringsumlaufender Säulengang unter dem Dachgesims romanischer Bauten.

## EPOCHEN DER KUNST

Die österreichische Baukunst zeigte im Laufe der Jahrhunderte immer wieder, wie sie durch fremde Einflüsse ihre wertvollsten Anregungen erhalten hat und sie rasch in bedeutende Leistungen umsetzte, die als bodenständig angesehen werden können. So entstand jeweils zu verschiedenen Epochen ein Baustil, der ein wahres Spiegelbild der nationalen Ambitionen war. Insbesondere im 18. Jh. entfalteten sich unter der Führung der Habsburger und Wittelsbacher der Barock und später das Rokoko mit solcher Kraft, daß sie alles zuvor Dagewesene überboten.
Die Römerzeit hinterließ ihre Spuren in Petronell (Carnuntum) im Donautal, flußabwärts von Wien, das damals Vindobona hieß, in Enns (Lauriacum), wo der hl. Florian den Märtyrertod erlitt, und insbesondere in Kärnten, so in St. Peter im Holz (Teurnia) bei Spittal und auf dem Magdalensberg oberhalb St. Veit an der Glan, aber auch in Tirol (Aguntum bei Lienz).

### Romanik

Im 12. Jh. erfuhr die religiöse Baukunst in Österreich, wie im übrigen christlichen Europa, einen beachtlichen Aufschwung. Bedeutende Zentren waren die Bischofssitze Salzburg, Passau und Brixen. Besonders die Benediktiner, Zisterzienser und Augustiner errichteten zahlreiche Klöster und Kirchen (Melk, Göttweig, Klosterneuburg, Heiligenkreuz, Zwettl, Seckau). Die schon bestehenden Gotteshäuser wurden vielfach umgebaut.
Die besterhaltenen Bauten aus dieser Epoche sind die Dome von Gurk und Seckau; besonders anrührende Zeugen der österreichischen romanischen Kunst sind jedoch der Kreuzgang von Millstatt und das Riesentor des Stephansdoms in Wien.
Die Wandmalerei entfaltete sich im Erzbistum Salzburg zu voller Blüte. Die prachtvolle spätromanische Innendekoration des Doms zu Gurk legt davon Zeugnis ab.
Auch die um 1090 gemalten Fresken des Benediktinerstifts von Lambach in Oberösterreich stellen ein besonders beeindruckendes Ensemble romanischer Wandmalerei dar.

Markowitsch/ÖSTERREICH WERBUNG
Gurk – Dom

### Gotik

Erst im 14. und 15. Jahrhundert fand der gotische Stil in Österreich Anwendung. Während die Zisterzienser den französischen Spitzbogen zum Vorbild nahmen, hielten sich die Franziskaner an die besonderen Bauregeln ihres italienischen Mutterordens.

Die gotischen Kirchen sind zumeist **Hallenkirchen**, erkenntlich an ihren drei gleich hohen Schiffen. Schöne Beispiele sind die Augustinerkirche, die Minoritenkirche und Maria am Gestade in Wien.
Auch das repräsentativste Bauwerk der österreichischen Gotik, der 1304 begonnene Stephansdom, zeigt, vor allem im Chor, die typischen Merkmale der Hallenkirchenarchitektur. Seine Baumeister standen mit jenen von Regensburg und Straßburg in Verbindung.
Die **spätgotischen** Bauten des 15. und 16 Jh.s weisen fast überall reiche Netz- und Sterngewölbe auf, die, wie in den deutschen Kirchen derselben Epoche, in lebhaftem Kontrast zu den fast nackten Mauern stehen. Ausschmückungen im französischen Flamboyantstil sind sehr selten.
In den Alpen, besonders in Tirol, wurden auch zweischiffige (Feldkirch) und vierschiffige Kirchen (Schwaz) gebaut.
Die großen gotischen Flügelaltäre, eine Synthese von Architektur, Plastik und Malerei, wurden im Laufe der Jahrhunderte leider oft entstellt. Zwei geniale Kunstwerke blieben uns jedoch erhalten : der Flügelaltar von Kefermarkt, dessen Restaurierung dem Engagement des großen Schriftstellers Adalbert Stifter zu verdanken ist, sowie der von St. Wolfgang, der von **Michael Pacher**, dem größten Vertreter der Spätgotik, um 1481 geschnitzt und bemalt wurde.
Auch einige schöne Profanbauten aus dem 15. Jh., wie zum Beispiel das Kornmesserhaus in Bruck a. d. Mur und das Goldene Dachl in Innsbruck, sind noch erhalten. Die Fassadenverzierung der beiden letzteren weist bereits auf die Renaissance hin.

Trumler/ÖSTERREICH WERBUNG
Kefermarkt - Flügelaltar

## Renaissance

Die Baudenkmäler einer ganz von italienischen Kunstformen beeinflußten Renaissance sind in Österreich wenig verbreitet (Arkadenhöfe von Schloß Schallaburg in der Nähe von Melk, von Schloß Porcia in Spittal an der Drau wie auch der des Grazer Landhauses). Eine gewisse Ausnahme bildet Salzburg, das die Fürsterzbischöfe zu einem zweiten Rom gestalten wollten. Obwohl sich Österreich den neuen, umwälzenden Ideen nicht verschloß, die sogar in der Person Kaiser Maximilians I. (1493-1519) einen begeisterten Befürworter fanden, blieb die urgotische Auffassung auch im 16. Jh. lebendig. Selbst das als typisches Werk der deutschen Renaissance geltende Grabmal Maximilians in Innsbruck erinnert mit seinen die Tumba umgebenden Bronzegestalten der kaiserlichen Ahnen deutlich an die berühmten gotischen Grabdenkmäler der Herzöge von Burgund in Dijon.

## Barock (17. und 18. Jh.)

Mit dem portugiesischen Wort „barrocco", das soviel bedeutet wie „unregelmäßig", „schiefrund", bezeichnet man eine ganze Epoche, die Ende des 16. Jh.s in Italien entstand und die Kunst im wahrsten Sinne des Wortes revolutioniert hat. Der Barock befruchtete die Kunst in allen ihren traditionellen Ausprägungen und schuf in Architektur, Malerei und Plastik wie auch in Musik und Literatur herausragende Meisterwerke.
Nach der Gotik war es der Barock, der Österreich eine neue künstlerische Blütezeit schenkte. Es gibt mehrere Gründe, die die Entstehung und außergewöhnliche Entfaltung gerade dieser Kunstrichtung auf österreichischem Boden erklären. Die Barockkunst entsprach der „mystischen Heiterkeit", die sich nach dem Konzil von Trient verbreitete, und fand bei den Habsburgern, die die Gegenreformation eifrig vorantrieben, Unterstützung und Wohlwollen. Nach der Niederlage der Türken in der Schlacht am Kahlenberg vor den Toren Wiens (1683) wurde Österreich von einer unglaublichen Euphorie erfaßt, die sich unter anderem in einem regelrechten „Baufieber" ausdrückte, von dem das ganze Land gepackt wurde: Endlich war die Gefahr gebannt, die das Leben von Generationen von Österreichern überschattet hatte, endlich konnte man in Frieden leben und arbeiten. Ein drittes Moment jedoch

mag entscheidend gewesen sein: Der in Österreich weit verbreitete Sinn für feierliche Inszenierungen, die Vorliebe für Eleganz und Festlichkeit wie auch die Freude an Farben und ganz einfach die Liebe zum Leben - all dies sind Elemente, die auch dem Barockstil eigen sind und daher seine rasche und weite Verbreitung in dem Alpenland erklären.
Die barocken Kirchen, Klöster und Paläste erschließen sich dem Besucher nur unvollständig, wenn man nicht berücksichtigt, daß diesen Räumen eine neue Instrumentalmusik entspricht, deren liturgische oder festliche Funktion sich um 1600 durchsetzt. Die alte Polyphonie, das harmonische, aber komplizierte Prinzip der Mehrstimmigkeit, macht neuen, einfacheren Kompositionsmechanismen Platz, welche eine dominierende Melodie herausheben. Es ist daher nur natürlich, daß nun Solisten, Sänger und Instrumentalisten von großer Virtuosität in den Hofkapellen und Chören den ersten Platz einnehmen. Der Orgelklang wird gewaltiger, vielfältiger und facettenreicher und entwickelt sich zum angemessenen Rahmen für die nachkonziliare Liturgie (Tridentinisches Konzil, 1545-1563) mit ihrem Prunk und Pomp.

## Baukunst

Der österreichische Barock darf nicht als ein Kunstimport angesehen werden: Es hat sich hier eine eigenständige Spielart des Barockstils herauskristallisiert, die zutiefst von der österreichischen Empfindungswelt geprägt ist.
In allen den Barock kennzeichnenden Merkmalen - in den unregelmäßigen, schwellenden Konturen, der Überfülle an Formen und Schmuckelementen und in der Farbgebung - drückt sich vor allem seine Suche nach kraftvoller Bewegtheit aus. Die Symphonie aus zarten oder kräftigen Farben, die Kontrastierung von Schwarz, Weiß und Gold, die Vielfalt der schon ganz mediterran anmutenden Bewegungsgegensätze, die große Zahl von Giebeln, Friesen und Balustraden, die in Nischen aufgestellten Statuen wie auch die unterschiedlichen Blickpunkte und die überraschenden Perspektiven - all dies sind Elemente, die den Zauber des Barockstils ausmachen.

**Die großen Barockklöster** - St. Florian, Melk, Altenburg, Kremsmünster, Göttweig: In den großen Klöstern haben wir den österreichischen Barock in seiner ureigensten und vollkommensten Form vor Augen. Von unerwartetem Reichtum übertreffen sie an Prachtentfaltung sogar noch die schönsten Profanbauten. Elegante Pavillons kündigen sie an, und dann breiten sie, häufig in herrlicher Lage, ihr Vorhöfe, Terrassen und Innenhöfe umschließendes Netz an Baukörpern und Gebäudeflügeln von gewaltigen Ausmaßen aus. In ihrer imposanten Anordnung und prunkvollen Gestaltung weisen diese gigantischen, zur Ehre Gottes errichteten Paläste eine gewisse Dualität auf: Sie sind Tempel des Allerhöchsten, aber auch Tempel der Kunst und tragen durch ihre Existenz - so will es die Vorstellung des Barocks - zum Ruhme der Wunder der Schöpfung bei.

**Die Kirchen** - Von weitem schon an ihren Zwiebeltürmen und ihrer anmutig bewegten Außenarchitektur zu erkennen, erschließt sich die Pracht der Barockkirchen jedoch nur demjenigen, der das Portal durchschreitet und die Kirche betritt. Der Barock entfaltet nämlich seinen wahren Glanz in seinen euphorisch hochgestimmten Innendekorationen, die die objektiven Raumverhältnisse zu verändern scheinen. So sind zahlreiche Kirchen eigentlich gotischen (Rattenberg, Mariazell) oder romanischen (Rein, Stams) Ursprungs, wurden aber im 17. oder 18. Jh. von einfachen Maurern, berühmten Malern, Vergoldern, Stukkateuren und Bildhauern, die alle ihr Metier aufs beste beherrschten, in Gemeinschaftsarbeit „barockisiert". In dem Bestreben, die Sinne und die Seele nach den gestrengen Zeiten der Reformation

wieder miteinander auszusöhnen, sprechen die österreichischen Künstler in ihren Meisterwerken die Augen und Sinne an, um so das Herz zu erreichen. Unter den religiösen Bauwerken in Österreich stellt die einzigartige Dreifaltigkeitskirche von Stadl-Paura wegen ihrer in die Architektur selbst eingegangenen Dreiersymbolik eine Besonderheit dar.

**Die Profanarchitektur** – Einheimische Baumeister, aber auch italienische Architekten, wie dell' Allio oder die Familie Carlone –, errichteten diese imposanten Paläste und prunkvollen Patrizierhäuser mit den farbenfroh bewegten, an Theaterkulissen erinnernden Fassaden. Im 17. Jh. entstanden auch mehrere prächtige „Landsitze" im Umkreis der großen Städte: Schloß Eggenberg bei Graz, Schloß Hellbrunn bei Salzburg und das Belvedere in Wien (Anfang 18. Jh.).

**Die großen Barockkünstler** – Die Entfaltung des österreichischen Barocks ist eng verbunden mit den Namen einiger großer Persönlichkeiten, die es verstanden, eine einheimische nationale Kunst zu schaffen, die dennoch für zahlreiche ausländische Anregungen offen blieb. Die meisten dieser Künstler hegten eine große Bewunderung für Italien und seine Kultur, hatten zumindest eine Reise dorthin gemacht oder sogar dort ihre Ausbildung genossen.
**Johann Bernhard Fischer von Erlach** (1656-1723) entwickelte nach seinem Aufenthalt in Italien und eingehendem Studium französischer Baupläne einen nationalen Stil, dessen Prototyp die Dreifaltigkeitskirche in Salzburg darstellt. Doch wirkte dieser hervorragende Baumeister hauptsächlich in Wien, das ihm eine Reihe seiner schönsten Baudenkmäler verdankt: die Hofbibliothek (heute Nationalbibliothek), das Palais Schwarzenberg und das Winterpalais von Prinz Eugen. Die meisten dieser Bauten vollendete sein Sohn Joseph Emanuel (1693-1742), der auch die Winterreitschule erbaute.
**Johann Lukas von Hildebrandt** (1668-1745) ließ sich nach einem Studienaufenthalt in Italien ebenfalls in Wien nieder, um an der Seite Fischer von Erlachs zu arbeiten. Er schuf in Wien die beiden Belvedere-Schlösser, die Peterskirche mit ihrer ovalen Kuppel, die Piaristenkirche sowie das Palais Kinsky und in Salzburg das Schloß Mirabell. Seine bedeutenden Bauten übten einen großen Einfluß auf die Künstler der damaligen Zeit aus.
**Jakob Prandtauer** (1660-1726) war ein Meister in der Kunst, gewaltige Baumassen so anzuordnen, daß sie der Landschaft ein neues Gepräge verliehen. Die Kirchen des Tiroler Baumeisters besitzen meist eine nur wenig originelle Innendekoration; zuweilen wirkt diese sogar etwas schwerfällig. Das außergewöhnliche Talent des Jakob Prandtauer zeigt sich dagegen in Meisterwerken wie dem Treppenhaus von St. Florian oder den beiden von Pilastern gegliederten Pavillons von Stift Melk, die direkt über der Donau liegen und ein eindrucksvolles Bild bieten. Sein Schwiegersohn **Josef Munggenast** (1680-1741) sollte Melk, das Juwel des österreichischen Barocks, vollenden und anschließend seine Kunst im Bau weiterer Klöster in Dürnstein, Altenburg und Geras unter Beweis stellen. Prandtauer hat sich nicht nur als Baumeister religiöser Bauwerke hervorgetan, sondern auch sehr schöne Profanbauten, wie z. B. Schloß Hohenbrunn, geschaffen.

## Malerei und Bildhauerei

Barocke Baukunst ist ohne ihre Schwestern, die Malerei und die Bildhauerei, nicht denkbar. In engem Zusammenspiel mit der Stuckdekoration beleben sie den Raum mit ihren realistisch frischen Figuren und anderen, häufig ausgesprochen heiteren Darstellungen. Unzählige Altäre erheben sich in den Gotteshäusern, ganze Heerscharen von Engeln und Heiligen bevölkern die Decken, und eine jede Kirche scheint von einer wahren Invasion von Standbildern heimgesucht zu sein, die, das sei nebenbei bemerkt, wertvolle gotische Kunstwerke, welche nun als „barbarisch" galten, aus den Kirchenräumen verbannten. Gewaltige Treppenanlagen verleihen Palästen und Klöstern einen feierlich zeremoniellen Charakter; die stuckierten und bunten Fassaden, die den bürgerlichen Häusern zu einem neuen Status verhelfen sollten, sind jedoch oft zu theatralisch geraten, als daß sie einen bleibenden Eindruck von wirklicher Würde hinterließen.
An der prunkvollen Innendekoration der Paläste und Kirchen beteiligten sich bedeutende Maler und Bildhauer: **Johann Michael Rottmayr**, der bevorzugte Mitarbeiter Fischer von Erlachs und Vorläufer einer dem österreichischen Barock eigenen Malerei, **Balthasar Permoser**, dessen berühmte Apotheose des Prinzen Eugen das Barockmuseum in Wien ziert, **Daniel Gran**, der die Nationalbibliothek ausmalte, **Paul Troger**, dem die österreichische Deckenmalerei bedeutendste Werke verdankt und **Martin Johann Schmidt** (der „Kremser Schmidt"), dessen Altarbilder in manchen Kirchen Niederösterreichs zu sehen sind. **Bartolomeo Altomonte** schmückte die herrliche Bibliothek von Admont, während Martino Altomonte die zarten Fresken und Altarbilder von Wilhering schuf. Mit **Franz Anton Maulbertsch** erreichte die Malerei jener Epoche einen Höhepunkt. Der Bildhauer **Georg Raphael Donner**, schmeichelhaft „Österreichischer Michelangelo" genannt, erwarb sich besonders durch seinen schönen Brunnen auf dem Neuen Markt in Wien einen Namen.

## Rokoko

Vom französischen „Rocaille"-Stil inspiriert, entwickelte sich diese Stilrichtung als eine erlesene Verfeinerung der Barockformen vor allem in Süddeutschland. Die Raumausstattung löste sich von der Architektur und trat an die erste Stelle: Scheinmalerei, Marmor, Stuck, Holz und Bronze wurden in verschwenderischer Fülle von den Künstlern angewandt, die ihrer Phantasie freien Lauf ließen. Die Stukkateure verbanden Blumengewinde, Kartuschen, Laub- und Muschelwerk und leisteten Einmaliges auf diesem Gebiet. Oft überschneiden sich Malerei und Plastik – der Kopf einer Figur ist zum Beispiel Scheinmalerei, der Körper im Relief –, ohne daß man den Übergang bemerkt.
Der glorreichen und stürmischen Begeisterung des Barocks stellt das Rokoko ein wahres Arsenal subtiler Effekte entgegen; das Monumentale ersetzt es durch die frohlockende und zarte Bewegung seiner Kompositionen. Baldachine, Scheinvorhänge, Tribünen, vergoldete, zart ausgemalte Nischen verstärken den Eindruck, sich eher im Theater als in einer Kirche zu befinden. Der Innenraum der Stiftskirche von **Wilhering**, in der Nähe von Linz, ist der Inbegriff des sakralen Rokokogebäudes. In der profanen Architektur zeigt sich der Rokokostil am besten in **Schloß Schönbrunn**. Seine verschwenderische ornamentale Fülle und Verspieltheit ließ den Begriff „Maria-Theresia-Barock" aufkommen.

M. Hertlein/MICHELIN

Schloß Schönbrunn – Gartenseite

## Das 19. Jahrhundert

### Klassizismus

Nach dem Überschwang des Rokoko besann man sich Ende des 18. und Anfang des 19. Jh.s wieder der klaren Formen des klassischen Altertums: Der Klassizismus triumphierte, und allenthalben entstanden antikisierende Säulen und Dreiecksgiebel. Diese Kunstrichtung, die der österreichischen Mentalität fremd war, war bei einigen deutschen Herrschern – so z. B. bei König Ludwig I. von Bayern, der München ganz neu gestalten ließ – auf Begeisterung gestoßen. In Wien kam es zum Bau einiger Gebäude von großer Schlichtheit, von denen insbesondere die Technische Hochschule, das Schottenstift und die Münze Erwähnung verdienen. Das von **Franz Anton Zauner** geschaffene Reiterstandbild Kaiser Josephs II. in der Hofburg ist ein typisches Beispiel klassizistischer Bildhauerei.

### Biedermeier (erste Hälfte 19. Jh.)

Der Biedermeierstil, der sich im sogenannten „Vormärz", in der Zeit zwischen dem Wiener Kongreß (1814) und der Märzrevolution von 1848, durchsetzte, ist, wie der französische Louis-Philippe-Stil, untrennbar mit dieser Epoche der Bürgerlichkeit und der Verinnerlichung verbunden.

**Komfortable Möbel** – Das Biedermeiermobiliar, das nun in den stattlichen Häusern und Wohnungen des aufsteigenden Wiener Bürgertums Einzug hielt, entsprach in seiner unaufdringlichen komfortablen Gestaltung und den meist hellen Farbtönen ganz den neuen Vorstellungen von Wohlbefinden und Bequemlichkeit. Später sollten die einfachen und zurückhaltenden Formen dieses so gar nicht auf Repräsentation ausgelegten Stils dem Spott zum Opfer fallen und um 1900 mit der wenig schmeichelhaften Bezeichnung „Biedermeier" (in Anlehnung an die 1848 von Victor von Scheffel geschaffenen literarischen Figuren „Bummelmann"und „Biedermeier") bedacht werden. Das kaiserliche Hofmobiliendepot, d. h. die heutige Bundessammlung alter Stilmöbel in Wien, besitzt eine große Anzahl von Möbeln und anderen Gegenständen aus der Biedermeierzeit.

**Realistische Malerei** – Die österreichische und vor allem die Wiener Malerei, die eine wahre Huldigung an die Natur darstellte, erlebte in dieser Epoche eine bemerkenswerte Blüte. **Georg Ferdinand Waldmüller**, der virtuos mit Licht- und Farbeffekten umzugehen verstand, verdanken wir herrliche Landschaftsbilder. Friedrich Gauermann war ein Meister der Darstellungen atmosphärischer Stimmungen und hinterließ zahlreiche beachtenswerte Zeichnungen. Besonders beliebt war zu dieser Zeit das Aquarell. In dieser Technik brillierte **Rudolf von Alt**, der im hohen Alter Ehrenpräsident der Wiener „Secession" *(s. u.)* werden sollte.

### Historismus (zweite Hälfte 19. Jh.)

In den Jahren zwischen 1840 und 1880 wurden auf Betreiben Kaiser Franz Josephs die alten Verteidigungsanlagen Wiens geschleift, und man begann, auf dem Gelände der Stadtbefestigung den berühmten „Ring" zu bauen. Die Wohnhäuser und öffentlichen Gebäude, die die Ringstraße säumen, sind stilistisch dem Historismus zuzurechnen, der zu diesem Zeitpunkt in Mode war. Diese Bewegung, die besonders die Architekten begeisterte, nahm die unterschiedlichsten Stilrichtungen der Geschichte zum Vorbild. So wurde zum Beispiel das Österreichische Museum für angewandte Kunst von Heinrich von Ferstel im Stil der Florentiner Renaissance erbaut; Theophil Hansen errichtete das Parlament in griechisch-klassizistischer Manier; das von Friedrich Schmidt entworfene Rathaus ist flämisch-neugotischen Stils, und die ebenfalls auf Ferstel zurückgehende Votivkirche hat aus der Formenwelt der französischen Gotik geschöpft.
Der Historismus, der im Wiener Ring sozusagen seinen „Adelsbrief" erhalten hatte, erreichte auch die anderen großen Städte. In Wien selbst wuchs jedoch in den letzten Jahren des Jahrhunderts die Kritik an diesem wenig kreativen und altbackenen Eklektizismus und führte schließlich zum offenen Widerstand mehrerer Künstler, die sich in der bekannten „Secession" (1897) zusammenschlossen.

### Malerei und Bildhauerei

Dank zahlreicher öffentlicher Aufträge erlebte die Bildhauerei in dieser Epoche eine bedeutende Aufwärtsentwicklung. In Wien entstanden die kriegerischen Reiterstandbilder von Prinz Eugen und Erzherzog Karl (Heldenplatz), die **Anton Fernkorn** zu verdanken sind. Auch das pathetische, von H. Natter geschaffene Andreas-Hofer-Denkmal, das sich auf dem Bergisel in Innsbruck erhebt, stammt aus dieser Zeit.
Die österreichische Malerei durchlief im 19. Jahrhundert eine Zeit des Übergangs: Die große Tradition realistischer Malerei wurde von Landschaftsmalern wie **Emil Jacob Schindler** zwar fortgesetzt, doch gewannen in dem noch von der Romantik geprägten Werk eines **Anton Romako** typische Themen späterer Maler, wie Tod, Verfall oder Untergang, immer mehr an Raum.

## Jugendstil (Anfang 20. Jh.)

In den allerletzten Jahren des 19. Jahrhunderts wurde die Kunst, und zwar in erster Linie die bildenden Künste, der deutschsprachigen Länder von einer tiefgreifenden Erneuerung erfaßt, die von München ausging. Hier nämlich erschien von 1896 bis 1940 die viel gelesene, mit künstlerischen Illustrationen ausgestattete Zeitschrift „Jugend", nach der man den Jugendstil benannte.
In Wien sollten sich zwei sehr begabte Künstler an die Spitze der Jugendstilbewegung stellen: der Maler Gustav Klimt und der Architekt Otto Wagner. Wenn auch dieser neue Stil in der österreichischen Provinz zurückhaltender auftrat als in der Hauptstadt, so gehen doch einige originelle Fassaden, z. B. in Wels oder in Graz, auf seinen Einfluß zurück. Charakteristisch für die Jugendstilgraphik waren der Verzicht auf die Illusion räumlicher Tiefe und eine schlichte schwungvolle Linienführung mit starker Vorliebe für pflanzliche Ornamentik. Der Jugendstil existierte zeitgleich mit dem englischen Modern Style, dem Stile Liberty in Italien und dem französischen Art Nouveau.

### Die Secession

Am 25. Mai 1897 gründete der Maler Gustav Klimt mit einer Handvoll gleichgesinnter Freunde die **Vereinigung österreichischer Künstler – Wiener Secession.** 1898 erbaute der Architekt Joseph Maria Olbrich in sechs Monaten die sogenannte Secession, ein Ausstellungsgebäude in reinstem Jugendstil. Der von einer Kuppel aus vergoldeten, schmiedeeisernen Lorbeerblättern bekrönte Bau – von den Wienern wird er „Krauthappl" genannt – war (und ist auch heute noch), getreu der auf seiner Stirnseite zu lesenden Devise „DER ZEIT IHRE KUNST – DER KUNST IHRE FREIHEIT", ein Ort künstlerischer Freiheit und Schauplatz zahlreicher Ausstellungen, in denen sich Künstler des In- und Auslands mit ihren innovativen Ideen und Werken dem Publikum stellten und stellen. Hier wurde radikal der Bruch mit dem Historismus, der akademischen Kunst und der Neigung zu plumper

Nachahmung, die das künstlerische Leben Wiens während des Baus der Ringstraße bestimmt hatten, vollzogen. Für die Mitglieder und Anhänger der Secession ist die Kunst in erster Linie Ausdruck der Befindlichkeit des Künstlers, der mit seinem Werk, das hohen Ansprüchen an Aufrichtigkeit und Wahrheit gerecht zu werden sucht, in Opposition zu den vorherrschenden ästhetischen und gesellschaftlichen Konventionen gerät.

M. Hertlein/MICHELIN

„Der Zeit ihre Kunst" – Secessionsgebäude mit temporärer Installation als Teil eines Ausstellungsprojektes

**Gustav Klimt (1862-1918)** – Der Maler und Innenausstatter Gustav Klimt, einer der Hauptvertreter des Jugendstils, dessen elegant subtile Werke weltbekannt sind, entschied sich sehr rasch gegen das in seiner akademischen Ausbildung Erlernte und gab den naturalistischen Stil seiner Frühwerke auf. Statt dessen entwickelte er den ihm eigenen dekorativen Gestus, der ohne jede Perspektive und Raumwirkung auskommt. Seine geschwungene Linienführung und seine eigenwillige, von Grün- und Goldtönen durchdrungene Farbgebung, das stilisierte Blattwerk, sein Sinnlichkeitskult und die Zartheit seiner Frauengesichter bewirkten im Wiener Künstlermilieu eine Revolution. Klimt, der noch unter dem Einfluß des Symbolismus stand, war zugleich ein Vorläufer des in den Werken von **Egon Schiele** und Oskar Kokoschka entstehenden **Wiener Expressionismus**.

**Otto Wagner (1841-1918)** – Die Persönlichkeit dieses herausragenden Architekten beherrschte die gesamte Jugendstilzeit. Der in der Biedermeierepoche geborene Baumeister war kaiserlicher Baurat sowie – mehr als 20 Jahre lang – Professor an der Wiener Kunstakademie gewesen und hatte eine erfolgreiche Laufbahn im traditionellen Sinne hinter sich, als er im Alter von über 50 Jahren radikal mit seinen bisherigen künstlerischen Vorstellungen brach.
Wagner, der am Ring mehrere Gebäude im Stil der Neurenaissance errichtet hatte, schloß sich 1899 der Secession an. 1895 veröffentlichte er seine heute noch als Standardwerk geltende Schrift „Moderne Architektur", in der er seine Konzeption moderner Baukunst als einer Architektur aus Stahl und Glas, die sich in der Raumgestaltung allein von rationalistischen Kriterien leiten läßt und jedem überflüssigen Ornament abschwört, darlegt. Seine berühmtesten Werke sind die Stadtbahnpavillons am Karlsplatz in Wien (1894), das Postsparkassenamt (1906) in der Nähe des Rings und die Kirche am Steinhof (1907).

## Wiener Werkstätten

Die 1903 von dem Bankier Waerndorfer, dem Architekten Josef Hoffmann und dem Künstler **Kolo Moser**, einer der kreativsten Persönlichkeiten des Secessionsstils, gegründeten Wiener Werkstätten hatten ursprünglich das Ziel, für jedermann erschwingliche Kunstgegenstände herzustellen und den Künstler- und Kunsthandwerksberufen zu einem neuen Status zu verhelfen. In den unterschiedlichsten Bereichen setzte man die Vorstellungen des Jugendstils um. Schmuckstücke, Stoffe, Gläser, Plakate, Gebrauchsgegenstände, Kleidung, Tapeten, Möbel und andere Elemente der Innenarchitektur wurden angefertigt und fanden weite Verbreitung. Die Nachfrage nach diesen Gegenständen war, besonders in den wohlhabenden Bevölkerungsschichten, sehr hoch. Die kostbaren Materialien, Schönheit und Reinheit der Formen setzten sich über eine rein funktionelle Bestimmung der künstlerischen Erzeugnisse hinweg. 1932 mußten die Werkstätten wegen unüberwindbarer finanzieller Schwierigkeiten ihre Arbeit einstellen. Die Werke der Wiener Werkstätten und die Malerei Gustav Klimts stellen die Höhepunkte des Wiener Jugendstils dar und finden auch heute noch zahlreiche Liebhaber.

**Josef Hoffmann (1870-1956)** – Josef Hoffmann, einer der besten Schüler Otto Wagners, war nicht nur Architekt, er entwarf auch die Inneneinrichtung, die Möbel und das Geschirr der Wohnhäuser, die er erbaute. Er war stark von den Arbeiten des Architekten und Designers Charles Rennie Mackintosh, des Begründers des schottischen Jugendstils, beeinflußt. Als Mitbegründer der Wiener Werkstätten im

Jahr 1903, arbeitete Hoffmann eng und intensiv mit ihnen bis ins Jahr 1931 zusammen. Sein bekanntestes Werk, das **Palais Stoclet** in Brüssel, in dem seine ästhetischen Vorstellungen in umwerfender Konsequenz umgesetzt wurden, ist die Frucht dieser Zusammenarbeit. Das in den Jahren zwischen 1905 und 1911 frei von finanziellen Zwängen und Vorgaben erbaute Palais wurde zum wahren Gesamtkunstwerk. Gustav Klimt und Kolo Moser waren an seiner Dekoration beteiligt. Hoffmann, der viel für einen privaten Kundenkreis tätig war, erhielt ebenfalls zahlreiche Aufträge von der Wiener Stadtverwaltung, für die er zwischen 1923 und 1925 mehrere Mietshäuser errichtete.

G. Zugmann/Österr. Museum für angewandte Kunst, Wien

Josef Hoffmann - Teeservice (Österr. Museum für angewandte Kunst, Wien)

### Adolf Loos (1870-1933)

Le Corbusier sah in Adolf Loos, einem ehemaligen Schüler der Benediktiner von Melk, der sich selbst gern als Maurer bezeichnete, einen Vorläufer des „esprit nouveau", der sich in der neuen, von Rationalität, Klarheit und funktionaler Gliederung geprägten Architektur ausdrücken sollte. Loos, ein Bewunderer Palladios und von dessen Ideen durchdrungen, veröffentlichte 1893 in der Zeitschrift der Secession (Ver sacrum) einen niederschmetternden Artikel gegen die historisierende Ringstraßenarchitektur. Bald warf er jedoch auch den Secessionskünstlern ihren Hang zum überflüssigen Ornament vor. Durch einen Aufenthalt in den USA (1893-1896) und die Chicagoer Schule geprägt, errichtete er als Befürworter einer rein funktionalen Architektur in Wien zahlreiche Villen, Wohnungen sowie Kaffeehäuser und war ebenso als „Designer" von Möbeln und anderen Gegenständen tätig. Mit dem Bau des Kaufhauses Golman und Salatsch (1909) und dem äußerst umstrittenen Haus am Michaelerplatz (1908), dessen Fassade weitgehend auf die bis dahin übliche Ornamentik verzichtet, entstanden seine ersten ausgereiften Werke. Adolf Loos gilt als der Apostel des Funktionalismus; seine Ideen und Vorstellungen wurden von Architekten auf der ganzen Welt übernommen und weiterentwickelt. Vor allem die Vertreter des internationalen Stils ließen sich von Adolf Loos inspirieren.

# Musik

*Siehe auch „Wien- eine Hochburg der Musik" (S. 355)*

## Mittelalter

**9. Jh.** Die Klöster, in denen der Gregorianische Gesang praktiziert wird, sind Mittelpunkt des mittelalterlichen Musiklebens. Die beiden ältesten österreichischen Notenschriften sind die Lamentationen von St. Florian und der Codex Millenarius minor aus dem Kloster Kremsmünster.

**12. und 13. Jh.** Die **Minnesänger** verherrlichen die höfische Liebe am Hofe der Babenberger in Wien wie auch in Salzburg und in St. Veit an der Glan. Sie schöpfen aus dem reichen Schatz der Volkslieder. Die berühmtesten Vertreter des Minnesangs sind: Reinmar von Hagenau und sein Schüler Walther von der Vogelweide, Hermann von Salzburg und Neidhart von Reuenthal.

**14. und 15. Jh.** Die in Schulen zusammengefaßten **Meistersinger** setzen die Tradition des Minnesangs fort, stellen zugleich ein detailliertes Regelwerk für diese Kunstübung auf und messen sich in den berühmten Sängerwettstreiten.

## Renaissance

Die mehrstimmige Musik, die sich schon im Werk des Tiroler Ritters Oskar von Wolkenstein, eines Schülers Guillaume de Machauts, angekündigt hatte, verbreitet sich dank der zahlreichen Kompositionen französischer und flämischer Musiker im ganzen Reich.

## 17. Jahrhundert

**1619** Als Erzherzog Ferdinand (steirische Linie) den kaiserlichen Thron besteigt, beginnt die Vorherrschaft der italienischen Musik in Österreich, insbesondere in den Gattungen der Oper und des Oratoriums.

Eine lange Reihe italienischer Kapellmeister wird nun die kaiserliche Hofkapelle dirigieren: Der letzte von ihnen war kein geringerer als Mozarts großer Rivale **Antonio Salieri** (1750-1825).

## Gluck und die Reform der Oper

*In Wien unternimmt der Deutsche Christoph Willibald Gluck die Erneuerung der Opernkunst.*

**1714-1787** **Christoph Willibald Gluck** betrachtet die Oper als ein Kunstwerk, in dem sich das musikalische und das dramatische Element harmonisch einen. Er strebt vor allem nach Natürlichkeit, Einfachheit und getreuer Wiedergabe der Gefühle.

**1754** Gluck wird zum Hofkapellmeister Maria Theresias ernannt.

**1774** In Paris werden „Iphigenie in Aulis" und „Orpheus und Eurydike" uraufgeführt. Hierbei kommt es zu einer heftigen Auseinandersetzung zwischen den „Gluckisten" und den sog. „Piccinisten", den Anhängern der italienischen traditionellen Oper.

## Die großen Wiener Klassiker

*Unter den Wiener Klassikern versteht man die genialen Komponisten Haydn, Mozart und Beethoven, die entweder aus Wien stammten oder hier ihre Wahlheimat fanden und ihre größten Erfolge feierten. Mehr als ein Jahrhundert lang bestimmten sie die Entwicklung der europäischen Musik und machten aus Wien die Hauptstadt des Musiklebens ihrer Zeit.*

ROGER-VIOLLET

Ludwig van Beethoven

**1732-1809** **Joseph Haydn**

Haydn war 30 Jahre lang Kapellmeister und Komponist am Hofe der Fürsten Esterházy in Eisenstadt *(s. dort)*. Er legte die klassische Form der Symphonie und des Streichquartetts fest.

**1756-1791** **Wolfgang Amadeus Mozart**

Mozart entwickelte die Musikgattungen, denen er sich zuwandte, zur Vollkommenheit und schenkte der Oper unsterbliche Meisterwerke, wie Figaros Hochzeit, Don Giovanni, Cosi fan tutte oder Die Zauberflöte *(Einzelheiten zu seinem Leben und Werk s. Salzburg)*.

**1770-1827** **Ludwig van Beethoven**
Der Erbe Mozarts und Haydns ist schon von romantischen Einflüssen geprägt: Von den Ideen der Französischen Revolution stark berührt, sieht er sich als Träger einer Botschaft an die ganze Welt.

**1805** Erstaufführung seiner einzigen Oper, des „Fidelio" im „Theater an der Wien".

**1824** Die 9. Symphonie mit der „Ode an die Freude" (vierter Satz) entsteht und beginnt ihren Triumphzug um die Welt. 1972 wurde diese „Ode an die Freude" zur Europäischen Hymne erhoben.

## Romantik

**1797-1828** **Franz Schubert**

Als genialer „Stegreifkomponist" mit großem Empfindungsvermögen greift er auf die alten Volksweisen des Mittelalters zurück und komponiert über 600 Lieder, die ihm mehr noch als seine Symphonien und Kammermusikwerke zu Beginn des 19. Jh.s den ersten Platz unter den lyrischen Komponisten sichern.

## Wiener Walzer und Operettenklänge

1820 Triumph des **Walzers**, der aus den Volkstänzen im Dreivierteltakt entstanden ist. Zuerst wird er nur in Gasthaussälen, dann in den Vorstadttheatern getanzt, doch sehr bald öffnen sich ihm auch die Tore des kaiserlichen Hofes. Zwei Namen sind mit dem Wiener Walzer verknüpft, dessen Triumphzug durch die ganze Welt führt: **Joseph Lanner** (1801-1843) und **Johann Strauß (Vater)** (1804-1849).

Die Söhne von Johann Strauß, Joseph und Johann, bringen den Walzer auf eine sehr hohe Stufe der technischen Vollkommenheit, indem sie ihn mehr und mehr von seinem Ursprung entfernen und ihm symphonischen Charakter verleihen. 1858 eroberte Jacques Offenbach Wien mit seiner Operette „Die Laternenhochzeit". Er regte **Johann Strauß (Sohn)** (1825-1899) an, sich in diesem neuen Genre zu versuchen. So schuf Strauß 16 Operetten, von denen „Die Fledermaus" und „Der Zigeunerbaron" die größten Erfolge feierten. Der Wiener Operette und dem Wiener Walzer, in denen die heitere gefühlvolle Wiener Seele zum Ausdruck kommt, war ein langes Leben beschieden; ihre Tradition wurde von **Franz von Suppè** (1819-1895), **Franz Lehár** (1870-1948: Die lustige Witwe, Land des Lächelns), **Ralph Benatzky** (1884-1957: Im weißen Rößl) und **Robert Stolz** (1880-1975: Frühling im Prater) fortgesetzt.

## Symphonische Erneuerung

1824-1896 **Anton Bruckner** ist für die Kirchenmusik von außerordentlicher Bedeutung: 9 große Symphonien, Messen, Te Deum. Er wirkt viele Jahre lang als Organist im Stift St. Florian, dann am Linzer Dom, bevor er schließlich als Professor an das Konservatorium nach Wien berufen wird.

1833-1897 **Johannes Brahms**, der sich in Wien niederläßt, bereichert die Musikwelt mit bedeutenden lyrischen Kompositionen (1868, Deutsches Requiem).

1842 Gründung des Philharmonischen Orchesters von Wien. Es wird später von hervorragenden Kapellmeistern, wie Richard Strauss und Wilhelm Furtwängler, geleitet, die aus den Reihen der Musiker gewählt werden.

1860-1903 **Hugo Wolf**, dessen Melancholie in Geisteskrankheit endet, komponiert Lieder nach Texten von Goethe, Mörike, Eichendorff u. a.

ROGER-VIOLLET

Johannes Brahms

1860-1911 **Gustav Mahler**, Schüler Anton Bruckners, schließt die Reihe der Komponisten der Romantik.
Der geniale Dirigent komponiert neben den berühmten Liedern (Des Knaben Wunderhorn) neun Symphonien. In seinem Werk kündigt sich die symphonische Erneuerung an, die sich um die Jahrhundertwende in Wien vollzieht.

## 20. Jahrhundert

*Die Neue Wiener Schule, die ab 1903 um Arnold Schönberg entstand, hat die Musik des 20. Jahrhunderts zutiefst geprägt und zahlreiche zeitgenössische Komponisten, darunter den Amerikaner österreichischer Herkunft Ernst Krenek und den Franzosen Pierre Boulez, beeinflußt.*

1864-1949 Der deutsche Komponist und Dirigent **Richard Strauss** schafft mehrere symphonische Dichtungen und erfolgreiche Opern, in denen er an die Tradition der klassisch-romantischen Musik Österreichs anknüpft. Er ist einer der Gründerväter der Salzburger Festspiele.

1874-1951 **Arnold Schönberg** löst durch die in Zusammenarbeit mit seinen Schülern **Anton von Webern** (1883-1945) und **Alban Berg** (1885-1935) entwickelte Theorie der Zwölftonmusik eine Revolution in der Musik aus. Die neue atonale Technik bricht mit dem in den drei vorangegangenen Jahrhunderten geltenden Tonsystem; sie basiert auf einer Reihe von 12 Tönen, die nicht auf einem Grundton beruhen und nicht den bisher herrschenden Harmoniegesetzen (Akkorde) unterworfen sind. Eine Weiterentwicklung der Zwölftonmusik ist die serielle Musik.

**1894-1981** Der Dirigent **Karl Böhm**, eng befreundet mit Richard Strauss, von dem er zwei Opern inszeniert, macht sich mit seinen Interpretationen des deutschen Musikrepertoires (Mozart, Wagner usw.) einen Namen.

**1908-1989** Der weltberühmte Dirigent **Herbert von Karajan** erschließt die klassische Musik, dank der neuen audiovisuellen Techniken, die er wie kein zweiter auszunutzen verstand, einem breiten Publikum. Lange Jahre sind die Salzburger Festspiele *(s. Salzburg)* eng mit seinem Namen verbunden, und auch die Wiener wie die Berliner Philharmoniker gelangen durch die Zusammenarbeit mit ihm zu neuer Klangfarbe und -fülle.

**1947** Ferenc Fricsay dirigiert in Salzburg die Uraufführung der Oper „Dantons Tod" von **Gottfried von Einem** (geb. 1918).

**1958** **Friedrich Cerha**, geb. 1926, gründet das Ensemble für Musik „Die Reihe".

**1979** Erstinszenierung der Oper „Lulu" von Alban Berg (nach Frank Wedekind) in der Pariser Oper. Der dritte Akt wird von Friedrich Cerha vollendet.

**1996** Tod **Gottfrieds von Einem** *(s. o.)*. Er übte lange Zeit einen großen Einfluß auf das Kulturleben Österreichs aus.

Wien - Stephansdom und Haas-Haus

# Sehenswürdigkeiten

# Stift ADMONT★

## Steiermark

Michelin-Karte Nr. 926 – Falte 22 – 641 m

Im 11. Jh. von der hl. Hemma von Gurk *(s. dort)* und dem Erzbischof Gebhard von Salzburg gegründet, wurde das Benediktinerstift Admont zu einem kulturellen Mittelpunkt, dessen Einfluß bald weit über die Grenzen des Ennstals hinaus reichte.
Die Turmspitzen seiner Kirche erheben sich hoch über dem Talboden, der von den Gipfeln der Haller Mauern und dem Großen Buchstein, den nördlichen Ausläufern des Gesäuses, umrahmt wird. Im Westen erscheinen die Türme der Wallfahrtskirche von Frauenberg *(s. Eisenerzer Alpen)*. Die Straße nach Hieflau gewährt in Richtung des Gesäuses einen besonders günstigen Blick über Admont.
Nach einem Brand im Jahre 1865 wurden die Stiftsgebäude wieder vollkommen aufgebaut. Zum Glück blieb die Bibliothek von den Flammen verschont, so daß man ihre prachtvolle Innenausstattung und wertvollen Schriften heute unverändert bewundern kann.

★★ **Stiftsbibliothek** ⓥ – Der majestätische Prunksaal der Admonter Stiftsbibliothek mit kräftig betontem Zentralkuppelraum ist 70 m lang. Das siebenteilige Deckenfresko von Bartolomeo Altomonte (1702-1783), das eine Allegorie der Theologie und der verschiedenen Wissenschaften und Künste darstellt, sowie die zweigeschossigen Bücherschränke und die umlaufende Galerie mit ihrem kunstvoll geschmiedeten Geländer vervollständigen die herrliche Rokokoausstattung (1776), die einen würdigen Rahmen für die kostbaren Schriften bildet.
Bemerkenswert sind vor allem die berühmten Skulpturengruppen im Mittelraum, die „Vier letzten Dinge" (Tod, Gericht, Himmel, Hölle), von **Josef Stammel** (1695-1765), der die seit der Spätgotik in der Steiermark vernachlässigte Kunst der Holzschnitzerei in seinem Werk, das fast ausschließlich dem Kloster gewidmet war, wieder zu hoher Blüte brachte.
Die in den Vitrinen ausgelegten Hand- und Druckschriften zeigen in regelmäßig wechselnden, thematischen Ausstellungen eine Auswahl aus den 1 400 Manuskripten und 150 000 Bänden, die sich im Besitz dieser größten Stiftsbibliothek der Welt befinden.

Trumler/ÖSTERREICH WERBUNG

Admont – Stiftsbibliothek

**Museen** ⓥ – *Voraussichtlich bis Mai 2002 wegen Umbau geschlossen.* Die **kunsthistorische Abteilung** zeigt eine kleine, aber sehr feine Auswahl des Kirchenschatzes, darunter einen Tragaltar aus dem Jahr 1375 und wertvolle Monstranzen. Überaus bemerkenswert sind Ornate und Paramente der Admonter Stickereischule, die im 17. Jh. ihre Blütezeit hatte.
Die **naturwissenschaftliche Sammlung** wurde seit dem frühen 19. Jh. als Anschauungsobjekte für das dem Kloster angeschlossene Gymnasium zusammengetragen.

# AFLENZER SEEBERGSTRASSE★

Steiermark

Michelin-Karte Nr. 926 – Falte 23

Als letzter eigentlicher Alpenpaß in der Nähe Wiens stellt der Aflenzer Seeberg (1 253 m), oder kurz der Seebergpaß genannt, eine bequeme Verbindung zwischen dem Becken von Mariazell und dem industriereichen Tal der Mur und der Mürz her. Ausblicke auf die gedrungenen Kämme des Hochschwab sowie das Becken von Aflenz sind angenehme Abwechslungen auf dieser Fahrt.

## VON BRUCK AN DER MUR NACH MARIAZELL *61 km*

★ **Bruck an der Mur** – *s. dort.*

*Man verläßt Bruck an der Mur in nördlicher Richtung auf der Straße nach Wien.*

Nach Verlassen der Industriegegend der unteren Mürz bei Kapfenberg folgt die Straße dem engen Thörlbachtal, wo einige Drahtziehereien und Nagelschmieden Platz gefunden haben und noch heute betrieben werden.
Die malerische Landschaft des „Törleins" von Thörl deutet bereits auf das Ende dieses Engpasses hin.

**Thörl** – Dieser kleine, in einem Felseneinschnitt gelegene Ort verdankt seinen Ursprung einer Befestigungsanlage, die den Eingang in das Talbecken von Aflenz abriegelte. Man sieht genau über der Talmitte auf einer Felsenkuppe die Ruinen der Burg Schachenstein, die 1464 erbaut wurde und Sommerresidenz des Abtes von St. Lambrecht war. Südlich am Straßenrand eine Betkapelle mit Kreuzigungsgruppe aus dem Jahre 1530.
Von dem „Törlein", dem der Ort seinen Namen verdankt, besteht noch an der Bergseite ein Durchgangsgewölbe über der Straße und ein halbrunder Turm mit der 1740 eingefügten St. Barbara-Kapelle. Der Ort hat sich einen Namen als Ausgangspunkt für Wanderungen im Hochschwab gemacht.

**Aflenz-Kurort** – Dieser heilklimatische Luftkurort in mittlerer Höhenlage und ruhiger Umgebung ist eine der beliebtesten Stationen der Steiermark. Im Winter bringt der Bürgeralm-Sessellift die Skifahrer auf das besonnte Hochplateau von Schönleiten; im Sommer dient er den Alpinisten des Hochschwabmassivs.
Die gedrungene, schlichte **Pfarrkirche** ist einer der spätesten Zeugen der gotischen Architektur in Österreich. Der Kirchturm stammt wahrscheinlich von einer Befestigungsanlage (Ende 15. Jh.). Das Südportal mit seinen Gittern aus Säulen und Bändern und einem Zackenbogen ist bemerkenswert. Die Skulptur unter dem Kielbogen aus der Zeit um 1900 stellt wohl den Architekten dar, der die Renovierung leitete. Im pfeilerlosen Innenraum fallen die Gewölberippen auf, die sich ohne jegliche Aufstützung mit den Seitenmauern verschmelzen, sowie die Statuen der zwölf Apostel. Die Altäre stammen aus der zweiten Hälfte des 18. Jh.s. Links im Chor beeindruckt ein romanisches Holzkreuz von 1135.

Zwischen Aflenz und Au zieht sich die **Straße**★ an den oberen Hängen der letzten Vorberge des Hochschwabs dahin. Die Häuser mit ihren Holzgalerien sind bezeichnend für die Bauweise dieser Gegend.

In **Seewiesen**, dessen gotische Kirche aus der Mitte des 14. Jh.s auf einer Anhöhe liegt, steigt die Straße zum letzten Mal an. Das Seetal mit seinen gleichmäßig geneigten Abhängen wird im Hintergrund von den Bergstöcken des mächtigen Hochschwabmassivs, zu dem die Aflenzer Staritzen und die Mitteralm gehören, abgeschlossen.

**Brandhof** – Dieses Jagdhaus am nördlichen Abhang des Seeberges wurde von Erzherzog Johann ausgebaut, der sich hier am 18. Februar 1829 mit der Postmeisterstochter Anna Plochl heimlich trauen ließ *(s. Bad Aussee).*
Auf der nördlichen Paßseite verläuft die Straße zunächst dem Berghang entlang und alsdann im Talgrund. Die Auffahrt nach Mariazell gibt immer wieder den Blick auf die berühmte Wallfahrtskirche in ihrer einmalig schönen Lage frei.

★ **Mariazell** – *s. dort.*

# Stift ALTENBURG★★

## Niederösterreich

Michelin-Karte Nr. 926 – Falte 11

Die 1144 gegründete „cella" nach der Regel des hl. Benedikt hat den verschiedensten Zerstörungen (Kumanen, Hussiten, Schweden, russische Besatzung nach dem 2. Weltkrieg) standgehalten und zeigt sich heute als gewaltiger Barockbau von außerordentlicher Qualität. Die im Spätbarock vollendete Klosteranlage, die als Hauptwerk **Paul Trogers** gilt, da er hier neben Altarblättern neun Kuppeln ausgestaltete, wurde in den letzten Jahrzehnten restauriert und erstrahlt in alter Pracht.

**Stiftskirche** – Die Architektur und die Innenausstattung der Kirche sind bemerkenswert. Der Architekt Josef Munggenast, Schwiegersohn und Schüler des Baumeisters Jakob Prandtauer, stand in den Jahren 1730 bis 1733 den Umbauarbeiten der ursprünglich gotischen Kirche vor und schloß deren Neuaufbau ab.

Ihre **Westfassade** mit der Statue des hl. Benedikt sowie Engelsfiguren wird von einem eleganten Zwiebelturm überragt und fügt sich harmonisch in die Gebäudegruppe ein, die den Prälatenhof umschließt.

Das **Kircheninnere**, reich mit Marmor, Stuck und Fresken ausgeschmückt, beeindruckt durch die Harmonie seiner Ausmaße. Das Mittelschiff bekrönt eine ovale Kuppel mit **Fresken** von Paul Troger, die hauptsächlich den Kampf zwischen Gut und Böse zum Thema haben. Die Himmelfahrt Mariens am Hochaltar und einige Altaraufsätze von Seitenaltären gehen ebenfalls auf Troger zurück. Die Stuckarbeiten stammen aus der Werkstatt des **Franz Joseph Holzinger** aus St. Florian. Bemerkenswert an der **Orgel** aus dem Jahre 1773 ist ihr eleganter Aufbau und die Feinheit ihrer vergoldeten Holzschnitzereien.

R. Chéret/MICHELIN

Stift Altenburg – Freskenmalerei in der Krypta

**Stiftsgebäude** – Trotz der zahlreichen Zerstörungen und Restaurierungen stellen die Stiftsgebäude eines der vollständigsten und lebendigsten Beispiele barocker Kunst und Lebensart dar.

**Bibliothek** – Der Vorraum wurde von Johann Jakob Zeiller ausgeschmückt. Die Bibliothek ist wie ein weiträumiges Kirchenschiff aufgebaut, das von gewaltigen Säulen gegliedert wird. Die Bücherregale befinden sich zwischen den Säulen und entsprechen den Seitenkapellen. Der Bibliothekssaal wird von drei Kuppeln gedeckt. Sie sind, wie die der Stiftskirche, mit **Fresken** von Paul Troger geschmückt, welche die menschliche und göttliche Weisheit zum Thema haben. Es gibt keinen Ort, an dem man besser als hier in Altenburg empfände, welche Bedeutung in einer barocken Benediktinerabtei der Bibliothek beigemessen wird. Die Bibliothek gilt als der Tempel des Geistes und wird ebenso prachtvoll entworfen und gestaltet wie der Tempel Gottes, die Kirche. Die benediktinische Devise „Ora et labora" erlaubt es, die Parallele zwischen Gott und Geist zu ziehen, und ermöglicht das lustvolle barocke Spiel der Überschneidungen und Symmetrien.

**„Krypta"** – Dieser weitläufige, helle, von einem Tonnengewölbe abgeschlossene Raum sucht seinesgleichen in den anderen österreichischen Klöstern. Schüler Paul Trogers malten sämtliche Flächen mit Totentanzszenen in warmen Farbtönen aus: Die makabren Motive, ein wahres Augenzwinkern mit dem Tode, und die Überfülle an geometrischen und pflanzlichen Motiven verleihen der sogenannten Krypta einen sehr spielerischen Charakter.

**Sala terrena** – Diese vier Säle und ihr von grenzenlosem Erfindungsgeist zeugender Freskenschmuck führen den Besucher mitten ins Herz der extravaganten Phantasie, aber auch des Humors und des Zaubers der Barockzeit. Die ersten drei Säle sind dem Thema des Wassers als einem der vier Elemente, Quelle des Lebens und Symbol der Reinheit gewidmet. Der vierte – „chinesische" – Saal entwirft ein märchenhaftes und zeitloses Bild des Fernen Ostens.

**Kaiserstiege** – Die prunkvolle, elegante Barocktreppe führt zu den **kaiserlichen Gemächern**, in denen die ausgesuchte, subtile Anmut der Schmuckelemente – das Spiel der Farben des künstlichen Marmors und der Stuckierung, noch betont vom Glanz des Goldes der Kapitelle und dem Schimmern der Türen mit ihren Einlegearbeiten – der aristokratischen Würde in keiner Weise abträglich ist.

Die mittelalterlichen Teile der Abtei (Kreuzgang, Mönchsräume, Stifterkapelle etc.), die unter dem barocken Stift verschüttet waren und erst in jüngster Zeit ausgegraben wurden, können ebenfalls besichtigt werden.

# ARLBERGGEBIET★★

## Vorarlberg und Tirol

Michelin-Karten Nr. 926 – Falten 28 und 29 – und Nr. 218 – Falten 5, 6, 7

Zwischen dem Rheintal und der Inntalfurche liegt die Bergregion des Arlbergs, die lange Zeit zusammen mit den Lechtaler Alpen und den Gebirgsgruppen des Verwalls, des Rätikons und der Silvretta ein beträchtliches Hindernis für den Durchgangsverkehr bildete. Die Arlbergstraße, befahrbar seit 1825, und der 1884 fertiggestellte 10 250 m lange Arlbergbahntunnel gewährleisten eine zuverlässige Verbindung zwischen Vorarlberg und Tirol.
Der Ende 1978 in Betrieb genommene 14 km lange **Arlberg-Straßentunnel** stellt nun auch eine wintersichere Straßenverbindung zwischen den beiden Gebieten her, da die Paßstraße häufig wegen Lawinengefahr gesperrt wird.

**Die ersten Anfänge des Skilaufs** – Am Fuße des Arlbergs wurde der erste regelrechte Unterricht für den Skisport in den Alpen ins Leben gerufen. Der Ski-Club Arlberg wurde 1901 in St. Christoph gegründet, und **Hannes Schneider** (1890-1955), gebürtig aus Stuben, begann unter der Leitung von Victor Sohm auf den steilen Hängen des Gebirges eine neue Technik zu entwickeln, wobei er die aus Skandinavien eingeführten Skisportregeln den örtlichen Verhältnissen anpaßte. 1928 veranstaltete Schneider zusammen mit dem Engländer Arnold Lunn (1888-1974) das erste **Arlberg-Kandahar-Rennen**, dessen Tradition auch heute noch mit den alpinen Weltcuprennen am Arlberg fortgeführt wird.

**Woher kommt der Name Kandahar-Rennen?**

Sir Arnold Lunn, Freund und Förderer des Ski-Abfahrtslaufes, organisierte am 6. Januar 1911 in Montana (Schweiz) einen ersten Wettbewerb im Abfahrtslauf. Der englische General Roberts, geadelt und zum Lord von Kandahar (nach der afghanischen Stadt, die während eines Feldzugs der britischen Indienarmee eingenommen wurde) ernannt, stiftete den Pokal für dieses Rennen und wurde so auch zum Namenspatron für den 1924 von Lunn gegründeten Kandahar-Skiclub. Da dieser Club neben dem Skiclub Arlberg als Mitveranstalter der ab 1928 am Arlberg durchgeführten Skirennen auftrat, wurde dieser exotische Name bis heute überliefert.
Skifahrern, die fünfmal einen der ersten drei Plätze im Abfahrtslauf, in der Kombination oder im Slalom belegen, wird der diamantene Kandahar zugesprochen. Diese Ehre wurde dem Österreicher Karl Schranz zweimal zuteil.

## ★ DER ARLBERGPASS

### 1 Von Bludenz nach Landeck *68 km*

**Bludenz** – Begünstigt durch die Lage im 5-Täler-Stern (Walgau, Brandnertal, Montafon, Klostertal, Großwalsertal) hat sich die Stadt zum wirtschaftlichen Zentrum des Vorarlberger Oberlandes entwickelt (Schokoladen- und Textilindustrie) und ist geradezu prädestiniert als Ausgangspunkt für Ausflugsfahrten. Die schmucke Fußgängerzone in der Altstadt, die vom Turm der Pfarrkirche St. Laurentius überragt wird, lädt mit ihren überwölbten Passagen zum Flanieren ein.

*Wählt man für die Anfahrt auf den Arlberg die weniger befahrene alte Straße, die über Innerbraz, Dalaas, Wald und Klösterle führt, kann man bei beschaulichem Tempo das Panorama der Gebirgslandschaft genießen.*

Zwischen Bludenz und Langen durchquert die Straße das **Klostertal**, das seinen Namen von einem Johanniterhospiz ableitet, das im Mittelalter Reisende in Not aufnahm und sich an einem Ort befand, der heute Klösterle genannt wird.
Nach der Ausfahrt aus Bludenz hat man zunächst den felsigen Kegelstumpf des Roggelskopfs (2284 m) im Blickfeld. Ab Dalaas öffnet sich ein neues Panorama mit dem bewaldeten Kegel des Batzigg (1 833 m) im Vordergrund und der Rohnspitze (2 455 m) im Hintergrund.
Zwischen **Langen**, wo sich der Eingang des **Arlberg-Straßentunnels** ✓ öffnet, und St. Christoph jenseits der Paßhöhe zeigt die Landschaft einen strengen Hochgebirgscharakter. Schluchten durchschneiden die kaum bewachsenen Berghänge. Die Betonblöcke für die Masten der Hochspannungsleitung sind mit Lawinenbrechern versehen.

**Stuben** – Dieses in 1 407 m Höhe unterhalb des Passes gelegene kleine Dorf besteht lediglich aus einigen Hotels und ist wohl der ruhigste Ferienort des Arlberggebiets. Es verdankt seinen Namen einer „Stube", wo sich die Bergsteiger ausruhen und wärmen konnten, bevor sie zur Gipfelbesteigung aufbrachen. Skiläufer können von hier aus direkt zum Skigebiet von St. Anton fahren. Zürs ist schnell mit dem Auto zu erreichen. Stuben wird vom Albonagrat überragt, auf den drei Sessellifte hinaufführen (Höhenunterschied: 1 000 m). Außerdem eröffnen sich bemerkenswerte Möglichkeiten für Tiefschneefahrten, da das Massiv große Schneefelder mit regelmäßigem Gefälle bietet.

★ **Albonagrat** – *Für Skifahrer von Stuben aus zu erreichen.* Die Sessellifte Albona I und II nehmen, die zum Maroj Sattel (2 323 m) führen. Interessantes **Panorama**★ über die Verwallgruppe im Süden und den Arlbergpaß im Norden sowie Zürs und den Widderstein im Hintergrund.
Die Albonagrat-Sonnleiten-Piste hinabfahren und mit dem Sessellift auf den Albonagrat (2 400 m) hinauf. Weites **Panorama**★ auf das Montafon und das Arlberggebiet.

Hoch oben, links über dem Ort erblickt man bereits die Tunnelgalerien der Flexenstraße. In Serpentinen windet sich die Straße den Hang empor und erreicht die Einmündung der Zufahrtsstraße zum Flexenpaß (Abzweigung nach Lech; *s. unten, unter* 2 ).
Nach einer weiteren langgezogenen Steigung erreicht man am Ortseingang von St. Christoph den etwas verödeten Sattel des Arlbergs (Arle bedeutet „Bergtanne" im Dialekt) und die geographische Paßhöhe (1 793 m).

**St. Christoph am Arlberg** – Auf der Tiroler Seite des Arlbergs, unterhalb des Passes, befindet sich seit 1386 ein Hospiz, das als Sitz der karitativen Bruderschaft St. Christoph dient. Nachdem es 1957 bis auf die Grundmauern abgebrannt war, entstand bis 1959 das heutige Hospiz-Hotel, neben dem auch die ebenfalls niedergebrannte **Bruderschaftskapelle** wiedererrichtet wurde. Um das Hospiz entstand eine kleine Ansiedlung, die seit der Entwicklung des Skilaufs als Höhenstation von St. Anton gilt.

Bei der Ausfahrt aus St. Christoph sieht man sich dem beeindruckenden Sulzbergkopf (2 853 m) gegenüber. Er gehört zu den Bergen der Verwallgruppe, die sich rechts der Arlbergstraße dahinzieht.

✲✲ **St. Anton am Arlberg** – *s. dort.*

**Stanzertal** – Nach St. Anton folgt die Straße dem Tal der **Rosanna** oder Stanzertal. Die hellen Kalksteinwände der Lechtaler Alpen im Norden und die dunklen Felsen des Massivs des Hohen Rifflers im Süden unterstreichen die Großartigkeit des Landschaftsbildes. Die im weidenbedeckten Talgrund verstreuten Heustadel und die schöngelegenen Dörfer runden das idyllische Bild ab. Trotz ihrer touristischen

**Die Bruderschaft St. Christoph**

Für Reisende war die Überquerung des Arlbergs einst eine große Strapaze. Viele gerieten durch Stürme, Kälte und den beschwerlichen Weg in Lebensgefahr oder fanden sogar den Tod. Der aus Kempten stammende Heinrich Findelkind richtete deshalb im Jahr 1386 unterhalb der Paßhöhe eine Notherberge, das sogenannte Hospiz, in dem Reisende Zuflucht finden konnten, und eine Kapelle ein. Zu deren Unterhalt gründete er die Bruderschaft, die seine karitative Arbeit mit Spenden unterstützte. Auch viele Fürsten traten dem Bund bei und sogar in Prag, Magdeburg und Straßburg sind Förderer nachzuweisen. Mit der Reformation setzte der Niedergang der Bruderschaft ein und unter Josef II. wurde sie schließlich aufgelöst. 1961 wurde sie allerdings durch den Tiroler Landesbischof wiedereingesetzt und hat inzwischen weltweit über 11 000 Mitglieder, durch deren Spenden Hilfsbedürftige auf der ganzen Welt unterstützt werden.

Infrastruktur wirken die Orte **St. Jakob**, **Pettneu**, **Schnann** und **Flirsch**, die man nacheinander durchfährt, noch recht beschaulich. Nach Flirsch verengt sich das Tal und die Straße wird von bewaldeten Anhöhen gesäumt. Als letzten Ort des Stanzertals passiert man **Strengen** und wenig später erkennt man rechts auf der Höhe des Zusammenflusses von Rosanna und Trisanna die Trisannabrücke.

★ **Trisannabrücke** – Um den Wildbach zu überbrücken, wurde 1884 die Bahnlinie in 86 m Höhe über eine Stahlkonstruktion geführt, die am Fuße der Burg Wiesberg endet. Die großartig wirkende Brücke fügt sich harmonisch in das reizvolle Landschaftsbild ein.

Im **Sannatal**, das durch den Zusammenfluß von Trisanna und Rosanna gebildet wird, verbreitert sich die Talsohle wieder. Die hochgelegenen Dörfer finden sich auf Bergterrassen, von denen der Wald verdrängt wurde. Bei Landeck mündet der Fluß in den Inn.

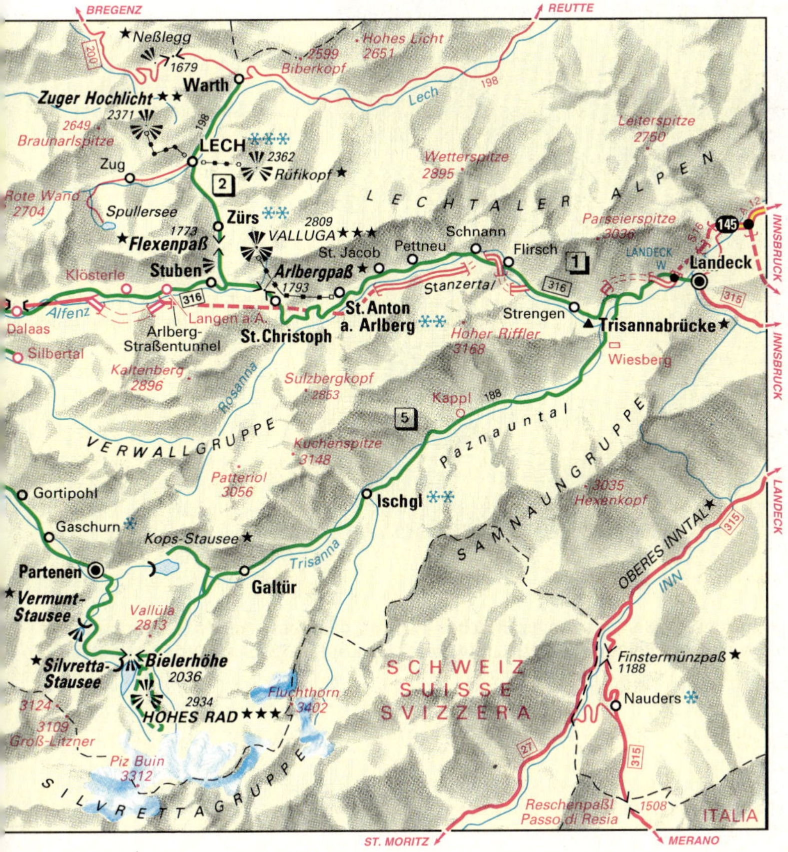

**Landeck** – Die an der Kreuzung der Arlberg- und Inntalstraßen gelegene Stadt wird von einem **Schloß** (13.-18. Jh.) überragt, in dem heute das heimatkundliche Bezirksmuseum untergebracht ist. Die **Liebfrauenkirche** (15./16. Jh.) zu Füßen der Burg gilt als eine der regelmäßigsten gotischen Kirchenanlagen Tirols. Ihre maßwerkverzierten Fenster und ihr Kreuzrippengewölbe sind typisch spätgotisch. Das Prunkstück der Kircheneinrichtung ist der spätgotische Flügelaltar im Chor, „Schrofensteinaltar" genannt, mit Darstellung der Anbetung der Hl. Drei Könige. Er stammt vom Anfang des 16. Jh.s, seine Flügelgemälde und seine Bekrönung sind jedoch jüngeren Datums. In der ungewöhnlich hohen Predella der thronende hl. König Oswald mit Zepter und Weihgefäß zwischen den knienden Stifterfiguren. Diese buntgefaßten Schnitzstatuen, voller Leben, tragen die Gesichtszüge Praxedis von Wolkensteins und Oswald von Schrofensteins, dessen zerfallene Burg man auf dem Berghang nördlich der Stadt ausmacht (Die Originalskulpturen befinden sich an der rechten Chorwand).

## ★ DER FLEXENPASS

### 2 Von der Arlbergstraße nach Warth *17 km*

*Im allgemeinen ist die Straße zwischen Lech und Warth von November bis Mai wegen Schnees unbefahrbar.*

Die 1900 fertiggestellte Flexenstraße erlaubt auch im Winter, dank der Lawinenschutzbauten, die Verbindung mit den Wintersportorten Zürs und Lech aufrechtzuerhalten. Sie zweigt in einer langgezogenen Kurve von der Arlbergstraße ab. Am Ende der Straßenkurve eröffnet sich ein weites **Panorama** auf das Klostertal, in der Ferne zeichnen sich die Rätikongipfel mit der Zimbaspitze und der Gletscherkrone der Schesaplana ab. Um die **Auffahrt**★ zum Paß gegen Lawinen zu schützen, mußten auf einer Strecke von 600 m Tunnels und Galerien gebaut werden. Gleich nach Überschreiten des Flexenpasses in 1 773 m Höhe wird Zürs erreicht.

M. Hertlein/MICHELIN

Blick von Stuben auf die Galerien der Flexenstraße

** **Zürs** – *s. dort.*

Nach zwei Tunnelpassagen verengt sich das Tal direkt vor Lech zu einem nur wenige Meter breiten wildromantischen Felsdurchbruch.

*** **Lech** – *s. dort.*

Nach Lech verläuft die Straße auf mittlerer Talhöhe durch eine weniger rauh wirkende Landschaft. Sanft wellende Wiesen wechseln mit steil ansteigenden Felswänden, die immer wieder mit majestätischen Fichten durchsetzt sind. Bei der Anfahrt auf Warth zieht der imposante Gipfel des Biberkopfs (2 599 m) den Blick auf sich.

**Warth** – Das im Vergleich zu Lech und Zürs ruhigere Warth bietet sowohl im Sommer (Wanderungen, Gipfeltouren) als auch im Winter (Ski alpin, Snowboard, Langlauf) ein breites Angebot an Freizeitmöglichkeiten.

***Von Warth aus bieten sich entweder die Weiterfahrt zum Bodensee durch den Bregenzerwald** (s. dort) **oder die Durchquerung des oberen Lechtals** (s. dort) **in Richtung Reutte an.***

## DAS BRANDNERTAL

### 3 Von Bludenz zum Lünersee

*15 km auf sehr schmaler Straße, die südlich von Brand stets ansteigt (Steigung 12 %), sowie 2 Std. zu Fuß hin und zurück.*
Hinter Bludenz bietet die schön ausgebaute Straße einen Gesamtblick über den Ort und steigt dann bald in einem Wald an. Nach Bürserberg, kenntlich an der weithin sichtbaren Zwiebelhaube seiner Pfarrkirche, genießt man die erste Aussicht durch das Brandnertal auf den Gipfel der Schesaplana (2965 m), der sich links von der dunklen Masse des Mottakopfs abhebt.
Dann engt sich das Tal mehr und mehr ein. Durch eine Schlucht zur Linken **Blick**★ auf die Zimbaspitze (2643 m), das „kleine Matterhorn" des Vorarlbergs.
Bei der Abfahrt in das Becken von Brand kommt die malerische **Lage**★ des Ortes voll zur Geltung.

**Brand** – Aus einer einfachen Niederlassung Walliser Auswanderer hat sich Brand zu einem beliebten Ferienort entwickelt, der im Sommer wie im Winter Erholung und ein breites Angebot an Freizeitmöglichkeiten bietet.

Die Straße führt bergaufwärts zu den Ausläufern des **Talschlusses**★★, dessen Felswände sich wie ein Schutzwall vor der Schesaplana erheben, und darauf in eine wilde Schlucht mit schuttbedeckten Hängen. Nach der Schutzhütte Schattenlagant, wo eilige Touristen umkehren können, nähert sich die Straße ihrem Ende.
*Den Wagen bei der Talstation der Lünerseebahn abstellen.*

★★ **Lünersee** – *2 Std. hin und zurück, davon 10 Min. mit der Seilbahn.*
Die **Seilbahn** ⌚ bringt den Touristen bis zum Seeufer bei der „Douglass-Hütte". Der Lünersee war in seinem ursprünglichen Zustand der größte Bergsee der Ostalpen, umgeben von einer Kette wildzerrissener Felsenkämme. 1958 wurde der Wasserspiegel durch eine Staumauer um 27 m gehoben und ein Stausee von 78 Millionen m³ geschaffen, der die mehr als 1 000 m tiefer gelegenen Kraftwerke Lünersee und Rodund bei Tschagguns speist.

## ★ DAS MONTAFON *(s. dort)*

### 4 Von Bludenz nach Partenen

## ★★ SILVRETTA-HOCHALPENSTRASSE *(s. dort)*

### 5 Von Partenen nach Landeck

# Schloß–Museum ARTSTETTEN★★

Niederösterreich

Michelin-Karte Nr. 926 – Falte 10 – 18 km westlich von Melk
Kartenskizze: DONAUTAL

Schon im 13. Jahrhundert befand sich am Standort des Schlosses eine Burg, die wegen ihrer Nähe zum Donautal und damit zu den Handels- und Kriegswegen häufig unter Angriffen und Plünderungen zu leiden hatte. Die typische Silhouette des Schlosses geht auf das Jahr 1912 zurück: Damals schmückte man seine bis dahin von einfachen Spitzdächern bekrönten Türme mit Zwiebelhauben. Zwei schwere Brände (1730 und 1760) hatten dem heutigen Bau stark zugesetzt; trotzdem besitzt das Schloßgebäude noch seine aus dem Jahre 1750 stammende Südfassade; die meisten anderen Gebäudeteile entstanden 1691 und 1698. 1823 erwarb Kaiser Franz I. die Schloßanlage. Artstetten gelangte somit in den Besitz der kaiserlichen Familie und wurde von zahlreichen Mitgliedern derselben bewohnt. Erzherzog Karl Ludwig, der Bruder von Kaiser Franz Joseph und Maximilian, erhielt es 1861 und erkor es zu seiner Sommerresidenz. Unter ihm erfuhr Artstetten eine Neugestaltung. Die heutige Anlage des Schloßparks verdanken wir Karl Ludwig. Maximilian, Kaiser von Mexiko, der von mexikanischen Republikanern am 19. Juni 1867 erschossen wurde, besaß das Schloß im Jahre 1866. 1890 wurde der Sohn Karl Ludwigs, Erzherzog **Franz Ferdinand**, Schloßherr. Artstetten war die letzte Residenz des Thronfolgers und seiner Gemahlin Herzogin Sophie von Hohenberg, bis sie dem Attentat von Sarajewo zum Opfer fielen.
Heute noch ist Artstetten Eigentum der direkten Nachkommen des erzherzoglichen Paares.

# ERZHERZOG FRANZ FERDINAND

**Der Thronfolger** - Der Neffe Kaiser Franz Josephs, Erzherzog Franz Ferdinand, wurde nach dem tragischen Tode des Kronprinzen Erzherzog Rudolf völlig unerwartet zum Thronfolger, weil sein Vater, der eigentliche rechtmäßige Thronanwärter, für Politik nur sehr wenig Interesse zeigte. Sehr bald wurde Franz Ferdinand vom Kaiser mit mehreren offiziellen Missionen - in Württemberg, England und Rußland - betraut, die seine neue Position festigten.
Der 1863 in Graz geborene Franz Ferdinand hatte im Alter von 12 Jahren das bedeutende Vermögen des letzten Herzogs von Modena geerbt. Da niemand davon ausging, daß er eines Tages österreichischer Thronfolger werden würde, war ihm eine militärische Laufbahn bestimmt, die er in sehr jungen Jahren einschlug.

Schloß Artstetten

Erzherzog Franz Ferdinand

Schloß Artstetten

Herzogin Sophie von Hohenberg

**Ein Diener des Staates** - Als junger Leutnant von 19 Jahren wurde er in Enns, wo er fünf Jahre verbrachte und den Kern seiner militärischen Ausbildung erfuhr, mit dem Regimentsleben vertraut gemacht. Später stand er zwei Jahre lang in Ungarn an der Spitze eines Husarenregiments. Es ist unter anderem seiner Weitsicht zu verdanken, daß Österreich eine handlungsfähige Marine aufbaute. 1902 wurde er übrigens in Anerkennung seiner Fähigkeiten und Leistungen auf diesem Gebiet zum Admiral ernannt. Der vollendete Reiter, hervorragende Schütze, Kunstfreund und kenntnisreiche Sammler liebte das Reisen über alles. Es gelang ihm, dem Kaiser die Erlaubnis zu einer Weltreise abzuringen, die fast ein Jahr in Anspruch nahm. Dieses Reiseabenteuer, das ihn in die Vereinigten Staaten, nach Japan, Indien und China führte, machte ihn mit zahlreichen neuen politischen Ideen bekannt und ließ in ihm den Wunsch nach Reformen reifen.

**Ein energischer Mann** - Erzherzog Franz Ferdinand war eine interessante, schillernde Persönlichkeit und hatte ein glückliches Familienleben. Seine Heirat im Jahre 1900 trug in großem Maße dazu bei, seinen guten Ruf in der österreichischen Bevölkerung zu festigen. Er bewies nämlich Standfestigkeit und Charakterstärke, um seine Erwählte, die Gräfin Sophie Chotek, beim Kaiser und bei Hofe durchzusetzen. Diese war zwar von altem Adel, galt aber dennoch nicht als standesgemäß: Als Thronfolger hätte Franz Ferdinand eine Prinzessin aus einem Herrscherhaus zur Frau nehmen müssen.
Diesen Konventionen zum Trotz gelang es ihm, alle Hindernisse zu überwinden und den Kaiser zu überzeugen. Die Gräfin erhielt am 1. Juli 1900, dem Tag der Vermählung mit Franz Ferdinand, den Titel einer Herzogin von Hohenberg. Drei Kinder gingen aus dieser Verbindung hervor; 1921 wurden diese aus Böhmen vertrieben und aller ihrer dortigen Besitztümer enteignet, konnten sich jedoch dann nach Wien und Artstetten zurückziehen. Während des Zweiten Weltkrieges wurden sie nach Dachau deportiert, kamen aber wieder zurück.

**Das Attentat von Sarajewo** - Am Sonntag, den 28. Juni 1914, befinden sich Erzherzog Franz Ferdinand und seine Gemahlin in dem kleinen Städtchen Sarajewo, das sie im Rahmen eines offiziellen Besuches in der Region aufsuchen. Das politische Klima am Ort ist zwar gespannt, aber die Bevölkerung zeigt durchaus Freude, ja Begeisterung bei der Begrüßung des Erzherzogs und seines Geleitzuges.
Eine erste Handgranate wird auf den Wagen des Thronfolgers geworfen, rollt über dessen gefaltetes Verdeck und explodiert unter dem folgenden Wagen - mehrere Offiziere des Gefolges und etwa zwanzig Schaulustige werden verletzt. Der Erzher-

zog weist seinen Chauffeur an, wie vorgesehen weiterzufahren. Am Rathaus werden die Begrüßungsreden gehalten, und Franz Ferdinand fordert seine Frau auf, sich direkt zur Residenz des Gouverneurs zu begeben. Diese aber weigert sich, ihren Mann allein zu lassen. Man schlägt vor, erst abzufahren, wenn die Truppe die Straßen der Stadt bereinigt habe. Der Erzherzog jedoch, in Mißachtung der Gefahren, die auf ihn lauern, befiehlt die Weiterfahrt. Eines Fahrfehlers des Chauffeurs wegen muß das Auto eine Weile stehenbleiben, und ein unglücklicher Zufall will es, daß der Thronfolger und seine Gattin sich so direkt im Schußfeld eines der sieben Attentäter, die am Wege postiert sind, befinden. Es fallen zwei tödliche Schüsse: Erzherzogin Sophie und anschließend Erzherzog Franz Ferdinand werden aus zwei Meter Entfernung erschossen - sie waren 46 und 51 Jahre alt.
Der Bombenattentäter und der Mordschütze wurden sofort verhaftet und zu Gefängnisstrafen von 20 Jahren verurteilt. Sie starben vor Ende ihrer Haftzeit an Tuberkulose.

**Die Folgen des Attentats** - Der Anschlag auf das erzherzogliche Paar war die Tat des bosnischen Studenten Gravilo Princip und Kulminationspunkt lange schwelender Spannungen. 1878 hatten die europäischen Mächte Österreich-Ungarn mit der Verwaltung von Bosnien-Herzegowina betraut. Die österreichisch-ungarische Monarchie ordnete 1908 die Annexion dieses Gebietes an, um der jugoslawischen Bewegung und Agitation, die in Bosnien und Kroatien weite Kreise zog, ein Ende zu setzen. Serbische Offiziere schienen in die Verschwörung und die Attentatsvorbereitungen verwickelt gewesen zu sein. Kaiser Franz Joseph war geneigt, Gnade vor Recht ergehen zu lassen, die Regierung in Wien sah jedoch in diesem schweren Zwischenfall eine willkommene Gelegenheit, Serbien zur Ordnung zu rufen: Das serbische Königreich widersetzte sich nämlich der österreichischen Außenpolitik auf dem Balkan. Am 23. Juli stellte Wien Serbien ein Ultimatum. Obwohl Serbien den Forderungen Österreichs im großen und ganzen nachkommen wollte, verschlimmerte sich die weltpolitische Lage aufgrund der militärischen Bündnisse, die die einzelnen Staaten eingegangen waren. Rußland gab bekannt, daß es Serbien zur Seite stehen werde. Am 28. Juli griff Österreich-Ungarn Serbien an. Damit war der unheilvolle Prozeß in Gang gesetzt. Rußland machte am 30. Juli mobil, Deutschland und Frankreich am 1. August. Am 2. August 1914 begann der Erste Weltkrieg.

### ★★ ERZHERZOG-FRANZ-FERDINAND-MUSEUM ⓥ

Unter dem Obertitel „Für Herz und Krone" wird ein bedeutendes, aber wenig bekanntes Kapitel der Geschichte des 20. Jahrhunderts illustriert: Der Ausbruch des Ersten Weltkrieges wird anhand zahlreicher, in verschiedenen Räumen des Schlosses ausgestellter Erinnerungsstücke - persönliche Gegenstände, Fotos, Möbel, Waffen - der kaiserlichen Familie dokumentiert. Man erinnert an die Persönlichkeit und das tragische Schicksal des Kronprinzen Erzherzog Rudolf *(s. Mayerling)*. In erster Linie jedoch veranschaulicht dieses Museum auf umfassende Art Charakter, Leben und Interessen von Erzherzog Franz Ferdinand.

## Bad AUSSEE ⚕

Steiermark

5 040 Einwohner

Michelin-Karte Nr. 926 - Falte 21 - Kartenskizze: SALZKAMMERGUT - 659 m

Bad Aussee ist Hauptort des steirischen Salzkammerguts, einer Gegend, wo die alten Sitten und Bräuche noch lebendig sind. Es liegt am Zusammenstoß der beiden oberen Flußläufe der Traun in bergiger Umgebung. Vorgeschobene Bollwerke des Dachsteins und des Toten Gebirges umschließen das Talbecken mit dem malerischen Altausseer See und dem Grundlsee.
Bad Aussee verdankt seinen Ruf als Kurort den im Altausseer Salzbergwerk entspringenden Sole- und Glaubersalzquellen. Den Kurgästen bieten sich hier zahlreiche Spazier- und Wandermöglichkeiten.

**Der volkstümliche Prinz** - Wenn Bad Ischl seinen Aufschwung Kaiser Franz Joseph verdankt, so gilt **Erzherzog Johann** als Gönner von Bad Aussee. Das lang umstrittene Idyll des Prinzen mit Anna Plochl, Tochter des dortigen Postmeisters, und die fast heimliche Trauung 1829 in Brandhof *(s. Aflenzer Seebergstraße)* bildeten das Hauptthema der Skandalchronik jener Zeit. Die Volkstümlichkeit des „Fürsten der Steiermark" ist seither in der Bevölkerung des Landes fest verwurzelt geblieben, und das demokratische Österreich von heute räumt im Standesamt seiner Rathäuser dem Bild des Erzherzogs gern den Ehrenplatz ein.
Man darf sich demnach nicht wundern, im Kurpark von Bad Aussee das Standbild des Prinzen sowie ein Medaillon mit dem romantischen Ehepaar an der Erzherzog-Johann-Brücke über der Grundlseer Traun und Andenken an die Familie Plochl in der alten Pferdepost, Meranplatz Nr. 37, vorzufinden.

**Chlumeckyplatz** - Besonders interessant ist dieser im Zentrum gelegene Platz mit dem Marktbrunnen, der Pestsäule und vor allem dem Kammerhof (einstiges Salzamtsgebäude), einem bedeutenden Baudenkmal der Spätgotik und der Renaissance mit Marmortür und -fensterstöcken von 1536, Rollwerkkartuschen (1624) und Wappenstein mit kaiserlichem Reichsadler über dem Eingang. Heute ist in dem historischen Haus das **Ausseer Kammerhofmuseum** Ⓥ untergebracht. Das benachbarte Hoferhaus, im 16. Jh. Wohnung des Verwalters der Salinen, zeigt noch Wandmalereien aus dieser Zeit. Außen: der hl. Sebastian, Anna selbdritt und der hl. Florian.

## UMGEBUNG

★ **Grundlsee** - *5 km bis zur Sommerfrische Grundlsee; 10 km bis zur Abzweigung nach Gößl. Man verläßt Bad Aussee auf der Grundlseer Straße.*
Bei der Ankunft an der Seeklause (Anlegestelle am Anfang des Sees) schweift der **Blick**★★ über die weite Wasserfläche des Grundlsees, zur Linken überragt von den Vorbergen des Backensteins, an deren Fuß sich die Straße, nach Verlassen des Dorfes Grundlsee, entlangzieht.

**Grundlsee** - Von dem schön gelegenen Ort bietet sich eine weite Aussicht auf die hellen Gipfel des Toten Gebirges.

*Am Ende des Sees, bei der Abzweigung nach Gößl, fahren wir zurück.*

Der **Ausflug**★★ gewinnt bedeutend an Interesse, wenn man sich die Zeit nimmt *(etwa 3 Std. hin und zurück ab Bad Aussee)*, bis zu dem Weiler Gößl zu fahren. Von hier gelangt man zu Fuß in etwa 20 Min. zum wildromantischen **Toplitzsee**★, den man im **Motorboot** Ⓥ überquert, um hinter der letzten Landenge den kleinen **Kammersee**, der ringsum von den Steilwänden des Toten Gebirges eingeschlossen ist, zu entdecken.

★ **Altausseer See** - *5 km in nördlicher Richtung.*
Ab **Altaussee**, einem Luftkurort, der sich weit ausbreitet, kann man den See umgehen *(max. 2 Std. zu Fuß)*. Eine Besichtigung des nahegelegenen **Salzbergwerks** Ⓥ ist möglich. Hier wurden während des letzten Krieges wertvolle Kunstwerke, darunter der berühmte Genter Altar (heute wieder in der Kathedrale Sint-Baafs in Gent), aufbewahrt.

★ **Loser Panoramastraße** - *13 km - etwa 1 Std. Altaussee in nördlicher Richtung verlassen und den Wegweisern „Loser Panoramastraße" folgen; nach 3,4 km Mautstation.*
Auf dieser reizvollen Straße kann man bis in 1 600 m Höhe fahren.
Am Ende der Straße befindet sich bei einem Bergrestaurant ein Parkplatz, von dem sich ein weiter Blick auf den Altausseer See, die schwindelerregend steilen „Weißen Wände" und in der Ferne, im Süden, auf die Massive des Dachsteins und des Hunerkogels bietet.
Mehrere markierte Wanderwege gehen von hier aus.

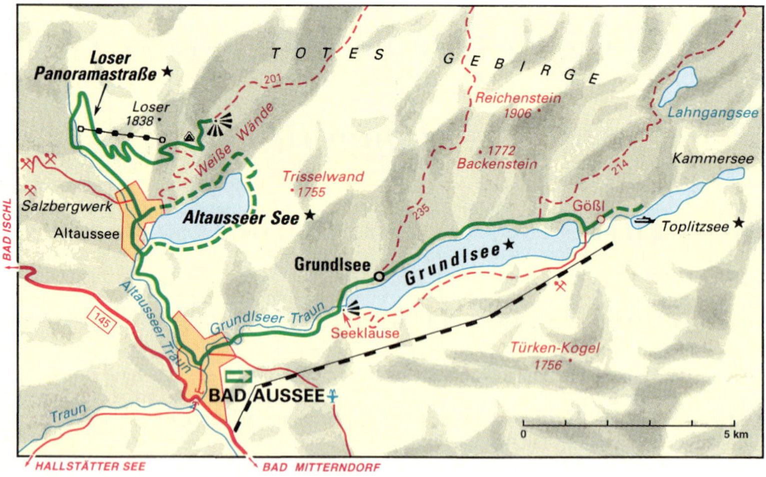


*Die Öffnungszeiten und Eintrittspreise der Sehenswürdigkeiten wurden am Ende des Bandes im Kapitel Besichtigungsbedingungen zusammengefaßt.*
*Das Symbol Ⓥ in den Beschreibungen der Sehenswürdigkeiten weist darauf hin.*

# BADEN✝✝

Niederösterreich

23 900 Einwohner

Michelin-Karte Nr. 926 – Falte 25 – Kartenskizze: WIENERWALD – 228 m

Baden bei Wien ist beliebt und besungen als romantisches Städtchen, das verträumt am Rande des hügeligen Wienerwalds liegt, umgeben von Weingärten und Wiesen. Und seinem Ruf wird es mit der reizvollen Biedermeier- und Villenarchitektur auch gerecht. Dem Gast bietet Baden vieles: das Ambiente eines gepflegten Kurorts, ein reizendes Stadtbild, eine liebliche Umgebung, nicht zu vergessen ein reichhaltiges Unterhaltungsangebot, das im „Operettensommer" einen Höhepunkt erreicht.

**Der Kurort** – Die Heilkraft seiner Schwefelquellen war bereits den Römern bekannt; so erwähnte Kaiser Marc Aurel die „18 000 Doppelschritte südlich von Vindobona (Wien) entfernten „Aquae Pannoniae". Heute liefern die 15 Quellen täglich mehr als 4 Millionen Liter Wasser, dessen natürliche Temperatur 36 Grad erreicht. Das Thermalwasser lindert rheumatische Erkrankungen, stärkt den Kreislauf, das Bindegewebe und die Gefäße. Die Glanzzeit des Kurorts war die Biedermeierepoche, als Kaiser Franz I. von 1803 bis 1834 hier jeden Sommer verbrachte.

**Berühmte Gäste** – Besonders Musiker waren von dem idyllischen Ort angezogen: Wolfgang Amadeus Mozart, der hier sein „Ave verum" schuf, Franz Schubert, und vor allem Ludwig van Beethoven, der sich fünfzehnmal in Baden aufhielt und hier einen Teil der „Missa solemnis" und der 9. Symphonie komponierte. Später folgten die Walzer-und Operettenkönige Strauß, Lanner, Millöcker, Zeller. Von 1813 bis 1834 Sommerresidenz des Kaiserhofs, lasen sich die seit 1805 herausgegebenen „Kurlisten" wie ein Verzeichnis des Gotha. Ein illustrer Gast zeigte sich besonders von dem westlich gelegenen Helenental angetan: Kaiser Napoleon I.

## SEHENSWÜRDIGKEITEN

★ **Kurpark** – Die schöne Parkanlage, nur wenige Schritte vom Stadtzentrum entfernt, zieht sich bis zum Wienerwald hoch. An seinem Rande liegt das cremefarbene **Spielcasino**, das nach seiner Restaurierung in alter Pracht erstrahlt. Ein schönes Beispiel des Jugendstils stellt die **Sommerarena** (1906) mit ihrem beweglichen Glasdach dar, die dem Operettensommer einen denkbar hübschen Rahmen bietet. Nachmittags findet sich der Kurgast gerne zu einem Konzert beim Musikkiosk ein.

★ **Bäderarchitektur** – In der ersten Hälfte des 19. Jh.s entstanden etliche Bäder in klassizistischem Stil. Einige sind noch erhalten, wenn auch zum großen Teil zweckentfremdet: Das **Josefsbad**, ein runder Kuppelbau in sattem Gelb dient als Kaffeehaus; das **Frauenbad** *(Frauengasse)* mit Säulenportikus als Kunsthalle, das **Franzensbad** als Glasstudio; das 1812 erbaute **Leopoldsbad** *(Brusattiplatz)* beherbergt das Fremdenverkehrsamt. Auf der anderen Seite der Schwechat erbaute Joseph Kornhäusel den **Sauerhof**, heute als Hotel genutzt.

Am Kaiser-Franz-Ring, am Rainerring und in der Breyerstraße finden sich zahlreiche **Villen** im Stil des Klassizismus oder des Biedermeier. Seit Dezember 1999 besitzt Baden mit den **Römerthermen**, der größten, frei überspannten, glasüberdachten Therme Europas eine weitere hochkarätige Bäderattraktion.

M. Hertlein/MICHELIN

Baden – Dreifaltigkeitssäule und Rathaus

**Rathaus** - Der stattliche Bau wurde 1815 von Joseph Kornhäusel, dem die Stadt eine ganze Reihe ansehnlicher Bauwerke verdankt, erschaffen. Der Mittelrisalit wird durch ionische Säulen und einen Dreiecksgiebel gegliedert. Vor dem Rathaus steht eine reich verzierte **Dreifaltigkeitssäule** von Giovanni Stanetti, die 1714-1718 nach überstandener Pest errichtet wurde.

**Beethoven-Gedenkstätte** ⓥ - *Rathausgasse 10.* Der große Musiker weilte hier in den Jahren 1821 bis 1823, komponierte einen Teil der Missa solemnis und vollendete die 9. Symphonie. Kleine Ausstellung zu Leben und Werk, in deren Rahmen auch das Schlaf- und Arbeitszimmer des Komponisten besichtigt werden.

**Kaiserhaus** - *Hauptplatz 17.* Kaiser Franz I. verbrachte in diesem Haus 30 Jahre lang den Sommer. Auch der letzte Kaiser, Karl I., stieg 1917-1918 hier ab.

**Stadtpfarrkirche hl. Stephan** - Vom romanischen Vorgängerbau sind die beiden Turmstümpfe übriggeblieben, zwischen die 1697 ein gotisierender Turm mit Barockhaube eingefügt wurde. Zwölfeckiges Taufbecken aus dem 14. Jh., Hochaltarbild von Paul Troger, das die Steinigung des hl. Stephanus zeigt.

**Doblhoffpark** - Die große Attraktion dieses Parks ist sein 9 Hektar großes **Rosarium**★, in dem man 600 Arten bewundern kann (25 000 Rosenstöcke). Im Juni locken die *Badener Rosentage* viele Blumenliebhaber an.

# BRAUNAU

## Oberösterreich

18 000 Einwohner

Michelin-Karte Nr. 926 - Falten 6, 7 - 352 m

Diese Grenzstadt, Geburtsort Adolf Hitlers, besitzt seit 1260 das Stadtrecht. Erst 1779 kam sie zusammen mit dem Innviertel von Bayern an Österreich. Sie ist durch eine Brücke über den Inn mit dem bayerischen Simbach verbunden. Daß Braunau dank Salzhandel und zahlreicher Privilegien ehemals sehr reich war, kann man an dem malerischen Stadtkern und der Salzburger Vorstadt mit zahlreichen gotischen Bürgerhäusern ablesen, die den schweren Brand von 1874 überdauert haben. Von der einst dreifachen Befestigung der Stadt sind Reste vorhanden.

## SEHENSWÜRDIGKEITEN

**Altstadt** - Sie ist von dem langen Stadtplatz geprägt, um den sich Häuser der verschiedensten Epochen gruppieren. Besonders erwähnenswert sind das 1385 erbaute **Glockengießerhaus** *(Johann-Fischer-Gasse 18)* mit seiner original erhaltenen Werkstatt und die unweit davon gelegene **Herzogsburg**, heute Bezirksmuseum.

**Pfarrkirche St. Stephan** - Ein reich gegliederter, viereckiger Kirchturm, 96 m hoch und mit einem Zwiebeldach bekrönt, ist dem Chor der Kirche angebaut, die im 15. Jh. im gotischen Stil errichtet wurde.
Der 1906 entstandene Hochaltar ist ein spätes amüsantes Beispiel des neugotischen Stils. Der Altaraufsatz hat Ähnlichkeit mit dem in St. Wolfgang stehenden gotischen Altar von Michael Pacher. In den Seitenkapellen trifft man auf Zeugnisse der einstigen Zunftherrlichkeit, so auf den bemerkenswerten **Bäckeraltar**, von der Bäckerzunft vor 1490 gestiftet. Im rechten Seitenschiff befindet sich in der dem Chor zunächst liegenden Kapelle das Marmorgrabmal des Bischofs von Passau, gest. 1485.

*Sie helfen, diesen Reiseführer weiter zu verbessern, wenn Sie Ihre Kritik und Berichtigungen bzw. Anregungen und Ideen an folgende Adresse richten:*

*Michelin Reifenwerke KGaA*

*Reise-Verlag*

*Redaktion Der Grüne Reiseführer*

*Postfach 21 09 51*

*D-76159 Karlsruhe*

*oder uns einfach eine E-Mail schreiben: DerGrueneReisefuehrer@de.michelin.com*

# BREGENZ★★

L Vorarlberg

29 000 Einwohner

Michelin-Karten Nr. 926 – Falte 14 – und Nr. 216 – Falte 11

Kartenskizze: BREGENZERWALD – 398 m

Hotels und Restaurants: s. Michelin-Hotelführer Deutschland

Bregenz, die Landeshauptstadt von Vorarlberg, verdankt seine touristische Bedeutung in erster Linie seiner Lage am Ufer des Bodensees an einer Stelle, wo das „Schwäbische Meer" unmittelbar mit dem Gebirge in Berührung kommt. So zieht die Stadt viele sonnenhungrige Urlauber an, die insbesondere von den Festspielen am See *(siehe Veranstaltungskalender am Ende des Bandes)*, von den Wassersportmöglichkeiten und von dem herrlichen Ausblick über die weite Wasserfläche begeistert sind.

## DIE INNENSTADT

**Das Seeufer** (ABY) – Die geschäftige Innenstadt gruppiert sich am Fuße der einst befestigten Altstadt oder Oberstadt der Grafen von Bregenz und Montfort.

Im Mittelalter umspülten die Wellen des „Bodan", wie die romanischen Schweizer den See nennen, noch die Fundamente der kleinen Seekapelle (BY). Das blumengeschmückte, von Bäumen beschattete Seeufer, heute von der Straße durch die Eisenbahnlinie getrennt, erstreckt sich von den Seeanlagen bis zum Anlegeplatz der Bodenseeschiffe. Besonders angenehm ist ein Spaziergang auf dem Hafendamm mit seinen schönen Gartenanlagen. Von dessen Ende bietet sich ein herrlicher **Weitblick**★ (BY) über die letzten Erhebungen des Oberschwäbischen Hügellandes und die Insel Lindau mit ihren beiden Kirchtürmen.

Westlich der Uferanlagen verläuft der Strandweg, der zu dem modernen Strandbad sowie zum Festspiel- und Kongreßhaus (AY) führt. An dieses schließt sich die Zuschauertribüne an, von der aus man die Freilichtdarbietungen auf der Seebühne verfolgen kann. Diese – die größte ihrer Art – bildet während der jährlichen Festspiele die Kulisse für Operninszenierungen von großer Qualität. Der Höhepunkt der Festspiele ist das Spiel auf dem See.

★ **Vorarlberger Landesmuseum** (BY) – Besonders anschaulich in den Sammlungen ist die Anordnung der prähistorischen und römischen Ausstellungsstücke im 1. Obergeschoß. Im 2. Obergeschoß werden verschiedene Volkstrachten aus der Gegend und Werke der religiösen Volkskunst gezeigt. Interessant ist die tragbare Orgel aus dem 16. Jh.

Steinerne Zeugnisse (Schmuckplatte mit ineinander verschlungenen Motiven aus Lauterach, 9. Jh.) und hervorragende Exponate sakraler romanischer und gotischer Kunst, die aus den reichsten Gotteshäusern des Landes stammen – darunter das Kreuz aus der alten Stiftskirche von Mehrerau (Anfang 16. Jh.) –, sind im 3. Obergeschoß zusammengetragen worden. Auf dieser Etage befinden

Winsquer/BREGENZER FESTSPIELE

Bregenz – Seebühne

## BREGENZ

Amtstorstraße .......... BZ 2
Anton-Schneider-Str. .......... BY 3
Bahnhofstraße .......... AY
Kaiserstraße .......... BY 5
Kirchstraße .......... BYZ 6
Kornmarktstraße .......... BY 8
Leutbühel .......... BY 9
Maurachgasse .......... BY 12
Mehrerauer Str. .......... AY 15
Rathausstraße .......... BY 16
Thalbachgasse .......... BZ 17

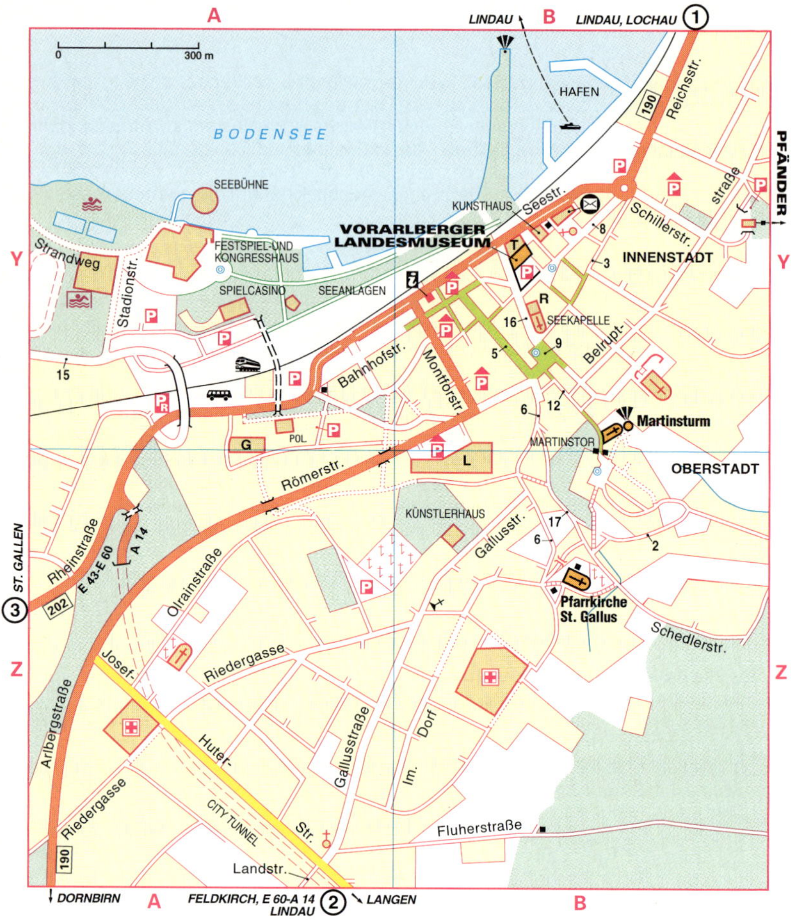


sich auch mehrere Werke religiösen und mythologischen Inhalts sowie Porträts von **Angelika Kauffmann** (1741-1807). Die Künstlerin wird gerne als Kind des Landes angesehen, da sie mit dem Bregenzerwald eng verbunden war *(s. dort)*.

In unmittelbarer Nähe des Landesmuseums befindet sich das 1997 erbaute **Kunsthaus Bregenz** *(Karl-Tizian-Platz)*, das mit seiner Fassade aus geätztem Glas einen eigenwilligen Akzent setzt. Es ist dem Schweizer Architekten Peter Zumthor zu verdanken, der mit diesem Ausstellungshaus zeitgenössischer Kunst das wohl modernste Gebäude Österreichs schuf.

## DIE OBERSTADT UND DAS KIRCHENVIERTEL

Ihre einsamen Plätze und stillen Gassen laden zum Ausruhen ein, wenn an den Ufern des Sees während der Saison Hochbetrieb herrscht.
Im Auto gelangt man hierher über die Kirchstraße, die Thalbachgasse und die Auffahrt der Amtstorstraße linker Hand. Der Spaziergänger geht am besten direkt von der Straßenkreuzung am Leutbühel auf der Maurachgasse zum alten befestigten Martinstor.

**Martinsturm** ⓥ (**BY**) – Das schwere Zwiebeldach, das diesen Bau aus dem 13. Jh. krönt, wurde 1599-1602 hinzugefügt. Die Turmkapelle birgt ein spätgotisches Ziborium und eine Anzahl noch verhältnismäßig gut erhaltener Fresken aus dem 14. Jh.
Durch die Dachluken hübsche **Ausblicke**★ auf die Reste der Stadtbefestigung, auf die Dächer der Altstadt, auf den See mit den Kirchtürmen von Lindau und in der Ferne die Appenzeller Alpen.

**Pfarrkirche St. Gallus** (**BZ**) – Sie erhebt sich angesichts der Altstadt gegenüber der Thalbachsenke. Der Kirche wurde ein Torturm aus Sandstein (15. Jh.) vorgebaut. Er wird von einem geschweiften Barockgiebel bekrönt. Das barocke

Kirchenschiff aus dem 18. Jh. weist eine verhältnismäßig schlichte Ausstattung auf, die den Vorarlberger Gotteshäusern im Gegensatz zu den bayerischen und Tiroler Kirchen der gleichen Epoche eigen ist. Das **Chorgestühl** aus Nußbaum mit kostbarer Einlegearbeit wurde um 1740 für die benachbarte Abtei von Mehrerau geschaffen. Bemerkenswert sind die schön geformten, mit Heiligenbildern geschmückten Rückenlehnen.

## UMGEBUNG

★★ **Pfänder** – *Da der See und seine Umgebung im Sommer oft im Dunst liegen, empfiehlt es sich, den Ausflug frühmorgens oder vor Sonnenuntergang zu unternehmen.*

*Ausfahrt aus Bregenz über ① auf der Straße nach Lindau am Seeufer entlang. Dann rechts Richtung* **Lochau**. *Gleich hinter der Kirche von Lochau zweigt rechts die steil ansteigende, kurvenreiche Straße zum Pfänder ab, die an vielen Stellen schöne Ausblicke auf den See und Lindau bietet. Nach etwa 6 km erreicht man einen ersten gebührenpflichtigen Parkplatz (von dort etwa 15 Min. zu Fuß zur Pfänderspitze). Folgt man der Straße weiter geradeaus erreicht man nach einem weiteren Kilometer das Plateau mit dem Berghaus Pfänder (Parkmöglichkeit). Alternativ bietet sich die Auffahrt aus Bregenz mit der* **Pfänderbahn** ⓥ *an, deren Bergstation sich ebenfalls auf dem Plateau befindet (Talstation siehe Stadtplan).*

Vom Plateau mit dem Berghaus Pfänder eröffnet sich in südlicher Richtung (Orientierungstafel) von links nach rechts das **Panorama** auf das Band der Allgäuer Alpen, die sich an die scharfgezackten Kalksteinfelsen (Kanisfluh) des Bregenzerwalds anzulehnen scheinen, die schneebedeckte Schesaplana, den großen Rheingraben und schließlich die Schweizer Berge Altmann und Säntis. Bei guter Sicht reicht der Blick in gleicher Richtung bis zum weißen Gipfel des Tödi (3 620 m) in den Glarner Alpen.

An der Nordseite des Plateaus befindet sich der Eingang zum **Alpenwildpark**: Auf einem Rundweg von etwa 30 Min. werden in großzügig angelegten Gehegen in den Alpen heimische Tiere wie Mufflon, Steinbock, Murmeltier und Rothirsch gehalten. Über den Rundweg erreicht man auch die Adlerwarte, an der im Sommer zweimal täglich **Greifvogel-Flugschauen** ⓥ dargeboten werden.

Gegenüber dem Berghaus führt ein kleiner Waldweg in wenigen Minuten zur Pfänderspitze (1 064 m), bei der sich eine Richtfunkstation befindet. Von dort überblickt man den weiten Wasserspiegel des Bodensees und das sich an seinen Ufern ausbreitende Bregenz.

# BREGENZERWALD★★

Vorarlberg

Michelin-Karte Nr. 926 – Falten 14, 15 und 27

Der Bregenzerwald, zwischen Bregenz am Bodensee und dem Arlberg gelegen, ist kein Wald im eigentlichen Sinn des Wortes, sondern eine der abwechslungsreichsten Landschaften der Ostalpen, von sanft hügelig bis hochalpin (2 600 m). In weiten Windungen eilt die Bregenzer Ache abwechselnd am Fuße steiler Felsenwände und durch weite Niederungen dahin, bevor sie durch eine lange, gewundene Schlucht, abseits jeglicher Straßen, den Bodensee erreicht. Die Ursprünglichkeit seiner Landschaft mit intakter bäuerlicher Struktur, seinen Bregenzerwälder Häusern und Dörfern und nicht zuletzt seine alemannische und teilweise Walser Bevölkerung mit ausgeprägtem Traditionsbewußtsein machen den Bregenzerwald zu einem gern besuchten Ferienziel für Individualisten und Natur- und Bergliebhaber.

*Auf der Kartenskizze beschreiben wir die Durchquerung des Bregenzerwaldes in ost-westlicher Richtung. Wählt man die Arlbergstraße bis Rauz, dann die Flexenstraße bis Warth, so ergibt sich eine reizvolle Rundfahrt in Vorarlberg.*

Tourismusbüro Bezau

Bregenzerwälder Tracht

**Das Leben im Bregenzerwald** – Die Landschaften des Bregenzerwaldes erinnern in mancher Beziehung an die Ostschweiz oder das Allgäu, und die Bregenzerwälder Höfe mit ihren holzgeschindelten Fassaden, Holzveranden und blumengeschmückten Fenstern scheinen von denselben Baumeistern entworfen worden zu sein wie die Bauernhäuser des Ober- und Westallgäu.

Am **Hochtannberg** mit seinen Orten Schröcken und Warth, am Ursprung der Bregenzer Ache, und in Damüls, welche alle drei von Wallisern im 13. und 14. Jh. wie das Brandnertal *(s. Arlberggebiet [3])*, das Kleinwalsertal und das Große Walsertal östlich von Feldkirch besiedelt wurden, sieht der Besucher Holzhäuser, die direkt aus dem Hochtal der Rhone stammen könnten. Alle anderen 19 Dörfer des Bregenzerwaldes wurden bereits ab dem 10. Jh. von Alemannen besiedelt. Die schönen Frauentrachten des Bregenzerwaldes gehören zu den ältesten und unverändertsten im deutschprachigen Raum. Im Alltag werden sie nur noch zu besonderen Anlässen getragen. Vielfach können sie an Sonntagen beim Kirchgang und an hohen Festtagen bewundert werden. Auch die verschiedensten Kopfbedeckungen, je nach Stand der Frauen (verheiratet oder nicht) oder nach Anlaß (Kirchgang, für die Reise) sind gebräuchlich und erinnern an den frühen spanischen Einfluß auf die Mode im Bregenzerwald.

## ★ DIE HOCHTANNBERGSTRASSE

### Von Warth nach Dornbirn *65 km*

*Die Hochtannbergstraße ist zwischen Warth und Schröcken im Winter (November bis März) zuweilen mehrere Tage wegen Lawinengefahr gesperrt.*

Diese Fahrt führt über den Hochtannbergpaß, dann durch die oberen Schluchten der Bregenzer Ache und danach von Talbecken zu Talbecken dem gewundenen Lauf des Wildbachs entlang. Bei der Überquerung des Bödelepasses am Ende der Fahrt genießen wir herrliche Weitblicke über das Rheintal.
Zwischen Warth und Neßlegg durchquert die Straße die Almenniederung des Hochtannbergs.

**Hochtannbergpaß** – Die Hochtannbergstraße erreicht hier ihren Gipfelpunkt in 1 675 m Höhe. Der Sattel wird vom Widderstein, dem imposanten Gipfel des Vorarlbergs, überragt: Nach der Überlieferung sollen seine Gesteinsmassen die Breitseite der Arche Noah angekratzt haben.

★ **Neßlegg** – Der **Rundblick**★ vom Hotel Widderstein aus, das an der Stelle liegt, wo die Straße die Mulde des Hochtannbergs verläßt, um in den bewaldeten Taltrichter von Schröcken einzufallen, umfaßt den oberen Talschluß der Bregenzer Ache mit von links nach rechts der Mohnenfluh, der Braunarlspitze mit ihren Firnen, dem Hochberg, dem Einschnitt des Schadonapasses und der Hohen Künzelspitze.

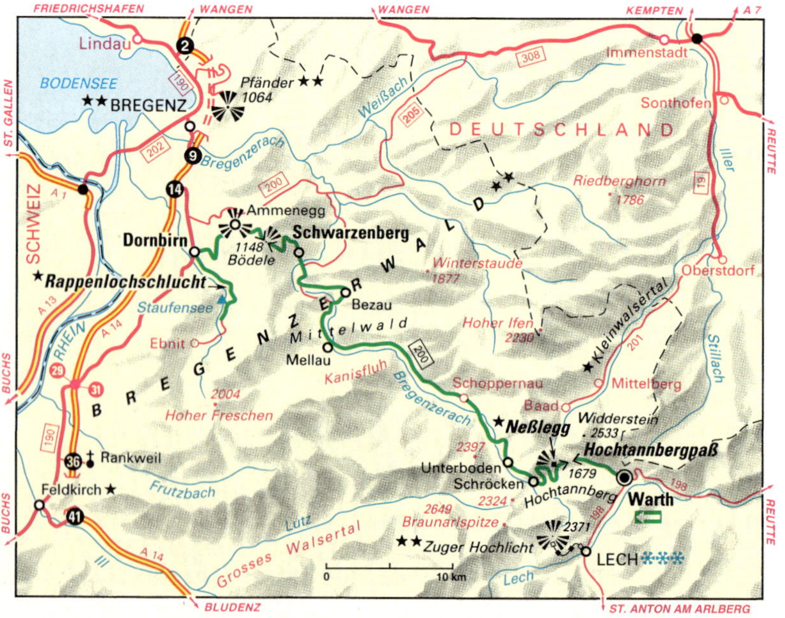

Während der schnellen und windungsreichen Abfahrt durch den Wald zwischen Neßlegg und **Schröcken** bieten sich hier und da Ausblicke auf das um seinen Kirchturm gedrängte Schröcken.
Flußaufwärts von der Hochtannbergbrücke, einem mächtigen Stahlbetonbau, erscheint **Unterboden**, eine typische Walliser Niederlassung. Die Straße verläuft nun tief eingeschnitten durch die oberen Schluchten der Bregenzer Ache mit Blick auf die Felszacken der Niederen und Hohen Künzelspitze.

Zwischen Schoppernau und **Mellau** bewundert man von verschiedenen Seiten das Kanisfluhmassiv. Besonders steil sind die Felsenwände seiner Nordseite. Auf der weiteren Strecke bieten sich immer wieder reizvolle, idyllische Landschaftsbilder. **Bezau** und Schwarzenberg liegen bereits in weiten Talbecken, wo die Obstkulturen einen immer bedeutenderen Platz einnehmen.

**Schwarzenberg** – Den **Dorfplatz**★ umgeben massive, blumengeschmückte Häuser (z. B. Gasthof Hirschen), deren wettergedunkelte Fassaden von dem weißen Verputz der Kirche abstechen, die 1757 wieder aufgebaut worden ist. Die Rundbilder mit Darstellungen der Apostel und Jünger Jesu sind ein Jugendwerk von **Angelika Kauffmann** (1741-1807), der berühmten Künstlerin aus der Epoche großer Malerinnen und selbst aus einer Malerfamilie stammend. 1801 malte sie auch das Hochaltarbild. Eine Büste dieser örtlichen Berühmtheit (in Chur als Kind einer Schwarzenberger Familie geboren) befindet sich an der linken Mauer des Kirchenschiffs. Andere Werke von ihr sind im Vorarlberger Landesmuseum in Bregenz und im Heimatmuseum Schwarzenberg ausgestellt.
Bei der Fahrt über den Bödelesattel eröffnen sich nach Osten ausgedehnte **Blicke**★ über das weiteste Talbecken des Bregenzerwaldes und die Bergkämme der Allgäuer Alpen an der deutschen Grenze. Im Vordergrund der langgestreckte Bergrücken der Winterstaude. Dem Rheintal zu genießen wir, nach einer langen Fahrt durch den Wald, bei **Ammenegg** (Gasthaus Sonnblick) ein prächtiges **Panorama**★: Von Norden nach Südwesten sind bei klarem Wetter der Bodensee, die Appenzeller Alpen (Säntis und Altmann) und die Bergkette des Alvier sichtbar.

**Dornbirn** – Die wirtschaftlich bedeutende und bevölkerungsreichste Stadt des Vorarlbergs (42 400 Ew.) zieht zur alljährlichen Frühjahrs- und Herbstmesse Geschäftsleute aus ganz Mitteleuropa an. Das Zentrum Dornbirns ist die Fußgängerzone um den Marktplatz: Das Rote Haus neben der klassizistischen Pfarrkirche St. Martin (1839/40) ist ein gut restaurierter Fachwerkbau aus dem 17. Jh. und verkörpert mit seinen Dreieckgiebeln die traditionelle Bauweise im Rheintal.

**Vorarlberger Naturschau** ⓥ – *Marktstraße*. Über 100 Ölgemälde des Museumsgründers Siegfried Fussenegger (1894-1966) zeigen die Landschaft und Gebirgspanoramen Vorarlbergs, lebendig gestaltete Dioramen stellen die Pflanzen- und Tierwelt der Region vor.

*Dornbirn auf der Straße Richtung Ebnit/Gütle verlassen. Nach etwa 3,5 km erreicht man den Parkplatz beim Eingang der Rappenlochschlucht.*

**Rolls-Royce-Museum** ⓥ – Das Museum ist in einer ehemaligen Textilfabrik aus dem 19. Jh. untergebracht. In der „Hall of Fame" im 1. Obergeschoß wird in einer Wechselausstellung die weltweit größte Sammlung des Rolls-Royce-Modells Phantom (Fahrzeuge aus der Zeit zwischen den beiden Weltkriegen) präsentiert.

★ **Rappenlochschlucht** ⓥ – *Etwa 1 1/2 Std. hin und zurück für die gesamte Wanderung bis zur Straße nach Ebnit. Von Juli bis Mitte Sept. jeden Donnerstag kostenlose Führungen; Treffpunkt 10.30 Uhr beim Parkplatz Gasthof Gütle.* Nach etwa 20 Min. Fußweg entlang der schäumenden Ebniter Ach erreicht man die gewaltigen Felsmassen des Rappenlochs. Die beeindruckende Eintiefung der 72 m tiefen Klamm entstand vor etwa 10 000 Jahren durch die Schmelzwassermassen der zurückweichenden Gletscher. Wenig später gelangt man zur Staumauer des Staufensees, eines Mergelbeckens, das Rappen- und Alploch voneinander trennt. Am Seeufer entlang geht man zum Alploch. Die Durchwanderung der gegenüber der Rappenlochschlucht weit weniger beeindruckenden Alplochschlucht beansprucht etwa 20 Min. und endet an der Straße nach Ebnit. Von dort auf dem gleichen Weg zurück zum Parkplatz.

# BRUCK AN DER MUR★

Steiermark

15 090 Einwohner

Michelin-Karte Nr. 926 - Falte 23 - 481 m

Am Zusammenfluß der Mur und der Mürz, in der schönen Umgebung des Hochschwab-Massivs, liegt Bruck, überragt von den Ruinen der alten Festung Landskron. Begünstigt durch seine Lage am Kreuzungspunkt wichtiger Verkehrsstraßen und die Nähe der Stahl- und Eisenindustrie von Leoben, ist Bruck eine gewerblich rege Stadt, deren eisenverarbeitende Fabriken die Erinnerung an die reichen Schmiedemeister und Eisenhändler der Vergangenheit wachhalten.
Die bedeutendsten Sehenswürdigkeiten der Stadt befinden sich am Hauptplatz (Koloman-Wallisch-Platz) und in dessen Nebenstraßen.

## SEHENSWÜRDIGKEITEN

★★ **Eiserner Brunnen** (A) - Der Brunnen, Werk des einheimischen Meisters Hans Prasser (1626), gilt als schönstes Beispiel Steiermärker Schmiedekunst. Das Becken krönt eine außergewöhnlich kunstvoll geschmiedete Renaissance-Brunnenhaube.

★ **Kornmesserhaus** (B) - Trotz verschiedener Umbauten und Restaurierungsarbeiten hat dieses schöne spätgotische Gebäude, das in den letzten Jahren des 15. Jh.s von dem wohlhabenden Kaufmann Pankraz Kornmeß erbaut wurde, sein ursprüngliches Aussehen bewahrt. Eingehende Betrachtung verdient die Fassade zum Hauptplatz. Während die mit Krabben verzierten Kielbogen der Erdgeschoßarkaden typisch für die Spätgotik sind, weist die Loggia im 1. Geschoß schon auf die italienische Renaissance hin.

**Alte Bürgerhäuser** - Einige alte Häuser aus dem 15. und 16. Jh. besitzen noch heute ihre schönen Arkadenhöfe. Im **Rathaus** (A **R**) kann man einen interessanten Hof mit dreigeschossiger Arkadengalerie bewundern; am Eingang in die Herzog-Ernst-Gasse steht das **Flößmeisterhaus** (Nr. 5) (B **B**), dessen Doppelfenster aus der Renaissance und der Innenhof sehenswert sind.

**Pfarrkirche** (A) - Ein Hauptwerk der Schmiedeeisenkunst ist die reich ornamentierte **Sakristeitür**★ mit ihrem filigran gearbeiteten Türklopfer (Anfang 16. Jh.), der aus dem Kornmesserhaus stammen soll. In der linken Seitenkapelle der schöne **Kreuzaltar** (Ende 18. Jh.) mit der Darstellung Christi am Kreuz, umgeben von der Gottesmutter und dem hl. Johannes.

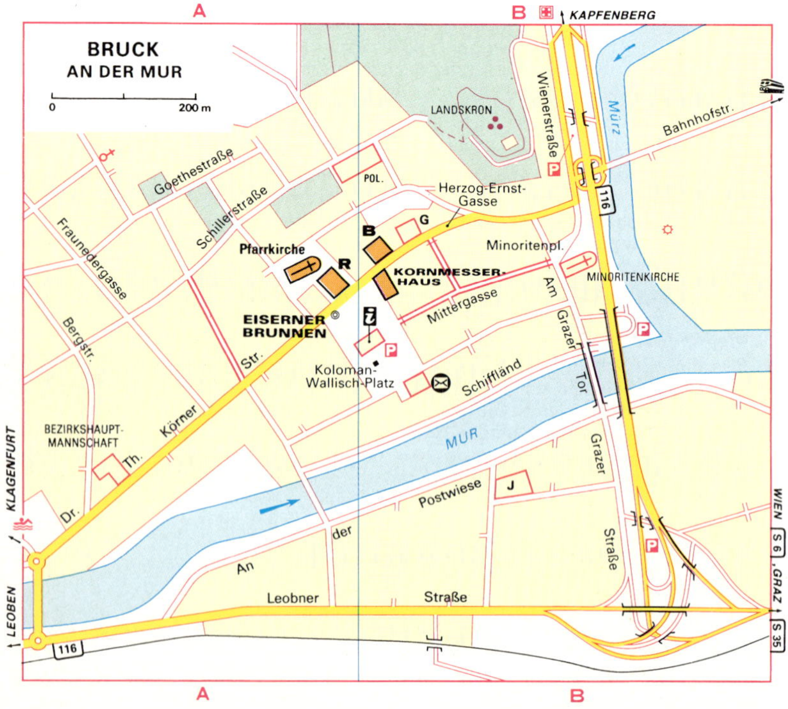


**B** Flößmeisterhaus **R** Rathaus

# CHRISTKINDL

## Oberösterreich

Michelin-Karte Nr. 926 – Falte 22 – 3 km westlich von Steyr

Der Ort Christkindl mit seiner anmutige Wallfahrtskapelle ist alljährlich in der Weihnachtszeit mit einer hübschen Tradition verknüpft.

**Die Christkindl-Post** – Die Österreichische Post öffnet alljährlich in diesem Ort von Ende November bis 6. Januar das sogenannte Christkindl-Postamt, von dem Weihnachtsgrüße in alle Welt vermittelt werden (Von Kindern geschriebene Briefe werden beantwortet, sofern das Rückporto beigelegt wird). Allein zu Weihnachten 1999 wurden über 2,2 Millionen Briefe und Karten aus aller Welt bearbeitet.

**Pfarr- und Wallfahrtskirche** – Der barocke Zentralbau ist dem Christuskind geweiht und wurde um 1702 von Giovanni Battista Carlone begonnen und ab 1708 von Jakob Prandtauer vollendet. Vier halbrunde Kapellen mit Flachkuppeln umgeben eine Rotunde, deren gewaltiges Kuppelfresko Mariä Himmelfahrt darstellt und ein Werk des Johann Carl Reslfeld (1710) ist. Das Gnadenbild selbst ist ein nur 10 cm hohes Christuskind aus Wachs, das sich oberhalb des als Weltkugel geformten Tabernakels befindet. Um 1720 erhielt der Gnadenaltar den Aufbau von vergoldetem Schnitzwerk mit 35 Engeln, der sich um den Stamm des „Christbaums" rankt, in dem das Gnadenbild einst aufbewahrt wurde. Auch die vergoldete Rokoko-Kanzel (1751) ist prächtig gearbeitet.

**Krippenschau** – *Im ehemaligen Wirtschaftsgebäude des Pfarrhofs; zu besichtigen von Adventbeginn bis 6. Januar.*

**Mechanische Krippe** – Sie wurde in vierzigjähriger Arbeit erbaut (1899-1939). Dank eines Systems von Ketten und Zahnrädern bewegt sich ein Großteil der fast 300 Figuren.

**Pöttmesser Krippe** – Die 1930-34 entstandene Krippe zählt mit 778 Figuren und einer Fläche von 58 m² zu den größten Krippen der Welt.

# DACHSTEIN★★

## Salzburg, Steiermark und Oberösterreich

Michelin-Karte Nr. 926 – Falten 20 und 21 – Kartenskizze: SALZKAMMERGUT

Das Dachsteinmassiv, dessen höchster Gipfel 2 995 m erreicht, ist eine verkarstete Kalkhochfläche der nördlichen Kalkalpen. Seine äußeren Bergwälle umschließen keine Hochgebirgswelt im eigentlichen Sinn, sondern weite unwirtliche,
von kühnen Gipfeln überragte Hochflächen, deren zahlreiche Höhlen sehr bekannt sind.

### ★ DIE NORDSEITE

Die sanft auslaufenden nördlichen Vorberge des Dachsteins umgeben die Seen von Hallstatt und Gosau, Kleinode des südlichen Salzkammerguts. Diese Seite wurde in den letzten Jahren dem Fremdenverkehr vorzüglich erschlossen. So können die Touristen mit der Dachsteinseilbahn nicht nur zu den Dachsteineishöhlen, sondern weiter zu dem aussichtsreichen Krippensteingipfel gelangen.
Den Skifahrern bieten sich zahlreiche Abfahrts- und Tourenmöglichkeiten. Von der Gjaidalm können lange Talabfahrten, die höchsten Ansprüchen gerecht werden, in wildromantischer Gebirgslandschaft unternommen werden (vom Krippenstein zur Schönbergalpe oder in das Trauntal).

★★ **Hallstatt** – *s. dort.*

★★ **Auffahrt auf den Krippenstein** ⌚ – *Ab Hallstatt 4 km auf der Uferstraße in Richtung Obertraun. 2 km nach Ende des Sees nach rechts abbiegen. Anschließend 2 1/2stündiger Fußweg hin und zurück. Will man auf der Strecke die Dachsteineishöhle an der Schönbergalpe und die Mammuthöhle besichtigen, rechne man 2 1/2 Std. mehr.*
Die Zwischenstation „**Schönbergalpe**" in 1 345 m Höhe ist Ausgangspunkt für Besichtigungen der Dachsteineishöhle und der „Mammuthöhle".

★ **Dachstein-Rieseneishöhle** ⓥ – *1/2 Std. Fußweg hin und zurück. Warme Kleidung wird empfohlen.*
In vielen Millionen Jahren hat das Wasser unterirdische Höhlenlabyrinthe geschaffen. In einem Teil haben sich nach der Eiszeit unterirdische Gletscher und Eisberge gebildet; an manchen Stellen erreicht das Eis eine Dicke von 25 m.
Der „König-Artus-Dom" sowie die nach Parsifal und Tristan benannten „Eisdome" sind neben der „Eiskapelle" die interessantesten Etappen dieses Ausflugs in die unterirdische Welt des Eises.

**Mammuthöhle** ⓥ – *1/2 Std. Fußweg hin und zurück. Weg durch die Höhle: 1 km.*
Die gewaltigen unterirdischen Höhlenräume standen hier Pate. 50 km sind bereits erforscht. Im „Mitternachtsdom" werden in einer „Höhlenvision" Eindrücke von den tief im Berg liegenden Höhlenteilen gezeigt. Nach einem Besuch der Mammuthöhle kommt man sich als Mensch ganz klein und unscheinbar vor.

★★ **Krippenstein** – 2 109 m. *Von der Seilbahnstation (Berghotel) 1/2 Std. zu Fuß hin und zurück.*
Von dem Höhepunkt der Kuppe (Kapelle) bietet sich ein Weitblick über das ganze Hochplateau des Dachsteins, aus dem die stumpfen Spitzen der Gipfelgruppe emporragen. Man erblickt auch drei schimmernde Schneeflächen, deren größte der Hallstätter Gletscher ist.

Wenn man den besten **Blick**★★ nach Norden auf den Hallstätter See genießen will, begibt man sich zum Pionierkreuz auf einem gut beschilderten Weg, der vom Krippensteiner Weg abzweigt *(1/2 Std. zusätzlich).*

**Koppenbrüllerhöhle** ⓥ – *1 km von Obertraun ab Gasthaus „Koppenrast". Führung: 1 Std.*
Das Felsportal der einzigen „aktiven", d.h. noch im Entstehen begriffenen Dachsteinhöhle öffnet sich in eine idyllische Waldschlucht der Traun. Die Höhle durchfließt ein Wildbach, der zur Zeit der Schneeschmelze oder bei starken Niederschlägen anschwillt, die unteren Höhlenräume füllt und schließlich mit gewaltigem Getöse, das unten im Tal zu hören ist, durch das Eingangsportal zur Traun hinunterstürzt.
Durch gut ausgebaute Galerien gelangt man zur „Hannakluft", einer engen, schräg einfallenden Bergspalte, die vom Rauschen der unterirdischen Wasser erfüllt ist. Der Besuch endet am Bocksee.

★★★ **Gosauseen** – *s. dort.*

## ★★ DIE SÜDSEITE

Das beeindruckend gewaltige Dachsteinmassiv, dessen Felswände bis zu 1 000 m senkrecht emporragen, fällt schroff zu den Raumsauer Almen ab. Der unberührte, grandiose Charakter des Dachsteins und das friedliche, heitere Aussehen der Hochebene von Ramsau verbinden sich zu einem ganz eigenen, äußerst reizvollen Landschaftsbild. Die blühenden Wiesen, die Lärchenwälder und die Felsen schaffen eine einzigartige Farbsymphonie und bieten bei Sonnenauf- und -untergang ein besonders schönes Lichterspiel.

## VON EBEN IM PONGAU NACH GRÖBMING

*62 km, ohne Ausflug zum Stoderzinken*

✲ **Filzmoos** – 1 057 m. Schmucker Ferienort in schöner **Lage**★ am Fuß der Ausläufer des Dachsteinmassivs (Westteil). Das Dorf wird von der charakteristischen Silhouette der **Bischofsmütze** überragt, einem 2 454 m hohen Felsen in Form eines Turmes, der die Gegend beherrscht.
Im Winter bietet Filzmoos ein kleines Skigebiet, das sich auf das Roßbrandmassiv (1 050 bis 1 600 m) und auf die Ausläufer der Dachsteingruppe (1 050 bis 1 645 m) verteilt. Der Skipaß gilt auch für die anderen Wintersportorte der **Salzburger Sportwelt Amadé**★★ *(s. dort)*, von denen die nächstgelegenen (Flachau und Altenmarkt) rund 15 km entfernt sind. Für Langläufer gibt es in 1 600 m Höhe eine schöne, 14 km lange Höhenloipe, die von der Bergstation der Papageno-Kabinenbahn zur Radstädter Hütte führt.
Im Sommer eignet sich Filzmoos als Ausgangspunkt für Wanderungen. Der Ausflug zum **Gerzkopf**★★ (1 729 m, von Schattbach in 4 Std. hin und zurück zu erreichen) ist besonders empfehlenswert. Vom Gipfel bietet sich ein ähnliches Panorama wie vom Roßbrand.

★★ **Roßbrand** – Höhe 1 770 m. *Nach der Auffahrt mit der Papageno-Kabinenbahn dem Kammweg nach Westen bis zum Gipfel folgen (ca. 2 Std. leichter Fußweg hin und zurück).* Herrliches **Panorama**★★ mit Blick vor allem auf die Dachsteingruppe, die Schladminger Tauern (Hochgolling, Höchstein), die Ankogelgruppe, die Hohen Tauern (Großglockner, Großvenediger) und den Hochkönig. Durch ein Panorama-Fernrohr sind die berühmtesten der 150 sichtbaren Gipfel auszumachen.

*In Richtung Ramsau weiterfahren. Nach 12 km links abbiegen und auf einer kleinen mautpflichtigen Straße weiterfahren, die zum Fuß des Hunerkogels führt.*

P. Mertz/VIENNASLIDE

Blick auf den Dachstein (Südseite)

★★★ **Hunerkogel** – 2 700 m. *Auffahrt mit der* **Dachstein-Südwandbahn** ⊙ *(auch Gletscherbahn Ramsau genannt). Mindestens 1 Std. hin und zurück.*

Am Ende der Straße (in 1 700 m Höhe) erscheint der Hunerkogel wie eine uneinnehmbare Festung. Die Auffahrt mit der Seilbahn an der senkrechten Steilwand hoch ist sensationell.

Von der Bergstation bietet sich ein schöner Blick nach Süden auf die Schladminger Tauern, die vom Hochgolling beherrscht werden. Der Blick schweift über die gewaltigen Felsen des Hohen Dachsteins und des Koppenkarsteins in unmittelbarer Nähe. Im Norden bilden die sanften Hänge der Dachstein- und Salzkammergutgletscher einen beeindruckenden Kontrast dazu.

Von der anderen Seite des Panoramarestaurants bietet sich ein atemberaubender **Ausblick**★★★ auf die hintereinander liegenden Massive der österreichischen Alpen. Zu sehen sind unter anderem die Gipfel der Sportwelt Amadé, des Gasteinertals und der Hohen Tauern (Großglockner, Großvenediger).

Auf dem Dachsteingletscher findet man rund 10 km Langlaufloipe und 2 Abfahrtspisten (eine für Anfänger und eine für gute Skifahrer) mit einem Höhenunterschied von 400 m.

❄ **Ramsau am Dachstein** – 1 150 m. Zu Beginn dieses Jahrhunderts kannte man Ramsau eher unter dem Namen „Ahorntal". Auf einer der Sonne zugewandten Hochebene liegen die Häuser der Ortschaft, die zahlreiche, gut in die Landschaft eingefügte Unterkunftsmöglichkeiten bietet (ca. 6 700 Fremdenbetten, größtenteils in Pensionen, Gasthäusern und Familienhotels). Ramsau, eine friedliche Oase, ist zu jeder Jahreszeit ein Paradies für Spaziergänger. Im Winter sind 70 km Wanderwege begehbar.

Das **Langlaufgebiet**★★★ bietet über 150 km Loipen jeden Schwierigkeitsgrads zwischen 1 000 und 1 750 m sowie 40 km Skatingloipen. Daneben laden auf dem Dachsteingletscher Loipen in 2 700 m Höhe in einem grandiosen Rahmen ein.

Die Möglichkeiten für alpinen Skilauf sind in Ramsau beschränkt, aber die **Schladminger Tauern**★★ *(s. dort)* liegen in nächster Nähe.

Von Ramsau aus auf der kleinen Gebirgsstraße in Richtung Weißenbach weiterfahren, die durch eine malerische **Landschaft**★ führt. Sie mündet in Höhe von Aich am Fuß der Schladminger Tauern in die E 651. Wanderfreunde können zum Stoderzinken aufsteigen.

★★ **Wanderung zum Stoderzinken** – 2 048 m. *Hin und zurück 3/4 Std. Fahrzeit und 2 1/4 Std. zu Fuß.*

*Auf der E 651 bis Gröbming weiterfahren, dann die kleine, 12 km lange „Stoderzinken Alpenstraße" mit einer regelmäßigen Steigung von maximal 9 % nehmen. Maut nach 2 km.*

Vom Ende der Straße zur Steiner Hütte aufsteigen und von dort in 1/2 Std. leichtem Fußweg zum hübschen **Friedenskircherl** gehen, das über dem Abgrund zu schweben scheint. Bemerkenswerter **Blick**★ auf die Schladminger Tauern (Skigebiete von Haus, Schladming und Hochwurzen).
Ein paar Schritte zurückgehen. Dann in einer guten Stunde auf einem anstrengenden Weg zum Gipfel des Stoderzinkens aufsteigen. Bergschuhe sind besonders bei feuchter Witterung angebracht, da das steinige Gelände rutschig sein kann. Besonders schönes **Panorama**★★ über die bekanntesten Gipfel rund um Schladming und über die herrlich bewaldeten Abhänge des Dachsteins.
Wer noch weiterwandern möchte, kann zur Brünner Hütte absteigen. Sonst auf demselben Weg zurückgehen.

# DONAUTAL★★

Oberösterreich und Niederösterreich

Michelin-Karte Nr. 926 – Falten 6 bis 13

Die Donau, mit 2 826 km der längste Fluß Mitteleuropas und der zweitlängste Europas nach der Wolga (3 895 km), durchfließt oder berührt acht Staaten in Mittel- und Südosteuropa. Vier an ihren Ufern erbaute Hauptstädte zeugen von ihrer internationalen Bedeutung.
Die österreichische Donaustrecke, von Achleiten unterhalb Passaus bis Hainburg bei Preßburg, ist nur 360 km lang (1/8 der Gesamtlänge). Sie ist auf ihrer ganzen Länge schiffbar und eine lebenswichtige Verkehrsader für die österreichische Wirtschaft. Wien und das industriereiche Linz liegen direkt an der Donau, während die Industriezentren St. Pölten und Steyr indirekt mit ihr verbunden sind. Wenn auch der Strom nicht immer, zumal nicht bei Hochwasser, so blau und munter dahinfließt wie in der „Schönen blauen Donau" von Strauß, so nimmt der Reiz seiner idyllischen Uferlandschaften, hauptsächlich zwischen Grein und Krems, fast jeden Besucher gefangen. Alte Burgen, über die noch der Schatten eines Burggrafen zu wachen scheint, anmutige Herrensitze aus der Renaissance mit herrlichen Arkadenhöfen, bewehrte Kirchen und stattliche Abteien säumen die Ufer der vielbesungenen Donau.

**Die Stromregulierung** – Das Bemühen, die österreichische Donaustrecke zu regulieren, reicht bereits mehr als zwei Jahrhunderte zurück. Damals ging es um die Beseitigung der gefährlichsten Schiffahrtshindernisse und die Eindämmung von Hochwässern. In jüngerer Zeit wurde zum Zweck des Hochwasserschutzes für Wien ein sog. Entlastungsgerinne errichtet, welches über Ein- und Auslaufbauwerke die Wasserführung des Hauptstroms regulieren kann.
An der österreichischen Donau sind folgende Wasserkraftwerke in Betrieb: Jochenstein an der deutsch-österreichischen Grenze, Aschach, Ottensheim-Wilhering, Abwinden-Asten, Wallsee-Mitterkirchen, Ybbs-Persenbeug, Melk, Altenwörth, Greifenstein und Wien-Freudenau, das 1998 als erstes großes Flußkraftwerk in einer Millionenstadt in Vollbetrieb ging. Altenwörth ist das größte mit einer jährlichen Stromerzeugung von nahezu 2 Milliarden kWh. Die Donaukraftwerke produzieren insgesamt rund 12 Milliarden kWh im Jahr; damit decken sie rund ein Viertel der gesamten österreichischen Stromproduktion.

## 1 VON PASSAU (DEUTSCHLAND) NACH LINZ *86 km*

Zwischen Passau und Aschach verläuft der vorgeschlagene Reiseweg auf dem rechten Ufer des Stromes, der im Norden auf die Granithügel des Mühlviertels stößt und sich nach NW-SO wendet. Er durchquert nun eine Region ehemaliger Gletscher, die nach ihrer Schmelzung Geröllfelder im Tal hinterließen. Auf den Moränenhügeln wechseln Weiden, Sümpfe und Nadelwälder miteinander ab.

★★ **Passau** – Die Dreiflüssestadt (Donau, Inn und Ilz vereinigen sich bei der Ortsspitze) – im Norden überragt von der trutzigen Veste Oberhaus, im Süden von der barocken Wallfahrtskirche Mariahilf (beide sehr schöne Aussichtspunkte auf die Stadt) – bietet auf der Landzunge zwischen Donau und Inn eine noch weitgehend erhalten gebliebene, sehr malerische Altstadt, die sich um den alles überragenden Dom St. Stephan schart. *Ausführlichere Beschreibung im Grünen Michelin-Reiseführer Deutschland.*

*Passau über die Innbrücke Richtung Linz verlassen.*

Die Donau fließt links der Straße majestätisch zwischen ihren felsigen, waldbedeckten Ufern dahin. Die Strecke folgt im Talgrund allen ihren Windungen. Bei Obernzell erblickt man auf der deutschen Seite die prächtige Wasserfläche des Jochenstein-Stausees.

**Jochenstein-Kraftwerk** – Mit einer Jahreserzeugung von 1,60 Milliarden kWh wurde es von Österreich und Deutschland gemeinsam gebaut.

Zwischen Engelhartszell und Wesenufer drängt sich das Tal zusammen. Die Straße verläuft am Berghang, hoch über dem Aschach-Stausee und gestattet hübsche Ausblicke. Von Zeit zu Zeit tritt die Silhouette einer Burg ins Bild.

Bald nach **Wesenufer**, einem anmutigen Dorf mit blumengeschmückten Balkonen, verläßt die Straße das Ufer der Donau, die sich in weiten Mäandern nach Norden wendet. Die Straße führt nun durch eine bewaldete Schlucht über einen kleinen Bergsattel in das hübsche Tal der Aschach, das man bei Ankunft in der Alluvionsebene wieder verläßt. Dann überquert man die Donau über eine Brücke flußabwärts des **Aschach-Kraftwerks**, das eines der größten europäischen Wasserkraftwerke mit niedriger Fallhöhe ist.

Hinter Ottensheim verläuft die Straße am Hang des inneren Ufers der Flußwindung entlang und führt nach Linz.

## 2 VON LINZ NACH GREIN *72 km*

★ **Linz** - *s. dort.*

Flußabwärts von Linz öffnet sich das Tal zu einem weiten Becken, das von den Anschwemmungen der Donau selbst und ihrer Nebenflüsse Traun und Enns aufgefüllt wurde. Auf diesem fruchtbaren Schwemmboden gedeihen Getreide, Zuckerrüben und Obstbäume. Im Norden zeichnen sich die Hügel und bewaldeten Bergterrassen des Mühl- und später auch des Waldviertels am Horizont ab.

*Man verläßt Linz im Südosten auf der St.-Peterstraße und fährt in Richtung Grein.*

Die Straße führt durch das beeindruckende Industriegebiet von Linz (Metallwerke, Stickstoffindustrie) und überquert die Donau auf der Steyreggbrücke. Kurz nach Steyregg bietet sich von der Straße ein letzter Blick auf Linz. Über ein Plateau erreicht man bei St. Georgen wieder die Donauebene.

*Nach rechts in Richtung des Lagers von Mauthausen abbiegen.*

**Mauthausen** - *s. dort.*

Zwischen Mauthausen und Dornach durchquert die Straße zunächst eine weite Ebene, in der Mais, Weizen und Zuckerrüben angebaut werden und die sich dann ganz allmählich in ein Waldgebiet wandelt.

*Bei Saxen rechts den Weg zur Burg Clam einschlagen.*

★ **Burg Clam** ⓥ - Bald taucht über dem Grün der Bäume und Sträucher die von ihrem hohen, mit Hurden bekrönten Rundturm beherrschte romantische Silhouette von Burg Clam auf. Seit sehr langer Zeit bereits erhebt sie sich hoch über dem friedvollen Dörfchen Klam auf einem Riegelberg: Schon 1149 befand sich hier eine erste Festung. Die Wohngebäude der Burg gruppieren sich um einen unregelmäßigen, anheimelnden **Arkadenhof**★ aus dem Jahre 1581.

Im Innern sind die noch fast vollständig erhaltene Burgapotheke mit Einrichtung (1603) und einige besonders interessante Stücke Alt-Wiener und Meißener Porzellans beachtenswert. Der Speisesaal besitzt ein seltenes Ensemble von Louis-XVI-Sesseln. Unter den originellen Erinnerungsstücken der Familie Clam-Martinic, Besitzer der Burg Clam, fällt die Rüstung auf, die Karl von Clam-Martinic bei der Völkerschlacht in Leipzig (1813) trug, und die Uniform, die ihn zierte, als er Napoleon nach Elba „eskortierte". Interessant auch die Souvenirs, welche Heinrich von Clam-Martinic von der Weltreise, die er 1892/93 gemeinsam mit Erzherzog Franz Ferdinand machte, mit nach Hause brachte.

*Wieder zur Straße an der Donau zurückfahren.*

Nach Dornach führt die Strecke sehr nah am linken Ufer der Donau vorbei. Der Strom wird hier zwischen den bewaldeten Felshängen durch die Staumauer von Ybbs-Persenbeug gestaut. Die Einfahrt nach Grein ist sehr schön.

**Grein** - Diese reizende Sommerfrische wird von den Mühlviertler Hügeln beherrscht. Der schöne, geschlossene Stadtplatz wird von alten Bürgerhäusern mit Türmchen umgeben. Die Stadtpfarrkirche besitzt einen Hochaltar aus dem 18. Jh. Das Altarbild ist ein Werk von Bartolomeo Altomonte.

Im Rathaus bewahrt und pflegt man mit Achtung, ja Verehrung das kleine, ganz aus Holz gebaute **Rokoko-Theater** ⓥ, das Ende des 18. Jh.s von den Bürgern selbst errichtet wurde und in dem im Sommer und Herbst Schauspielaufführungen stattfinden.

Das **Schloß Greinburg**, noch heute im Besitz des Hauses Sachsen-Coburg-Gotha, ist eine von Ecktürmen eingefaßte Vierflügelanlage. Ihre schlichte Architektur steht in spannendem Gegensatz zu dem eleganten **Innenhof**★ mit seinen dreistöckigen Renaissance-Arkaden. Ein Springbrunnen, eine alte Zisterne und der wilde Wein, der die Arkaden des Erdgeschosses umrankt, verleihen dem Ganzen eine romantische Note.

Im Schloß befindet sich das interessante oberösterreichische **Schiffahrtsmuseum** ⓥ. Zahlreiche Modelle von Landebrücken, Brücken, Schleusen wie auch eine Reihe von Kunstwerken, die Themen der Flußschiffahrt in Oberösterreich behandeln, sind in zwei großen Ausstellungsräumen zusammengetragen worden.

## 3 VON GREIN NACH KREMS *95 km*

Die Strecke zwischen Grein und Krems gilt als der romantischste Teil des österreichischen Donautals, das hier von den Granitwänden des Waldviertels, den letzten Ausläufern des böhmischen Gebirgsmassivs, eingeschlossen wird.

Schloß Schönbühel

**Grein** – *s. oben unter* 2.

Zwischen Grein und Ybbs erstreckt sich der stille, oft in Nebel gehüllte **Strudengau★**, ein wildromantisches, von fast 400 m hohen bewaldeten Felswänden eingefaßtes Donau-Engtal. Die Ruinen der Burg Struden, hoch auf ihrem Felsen das linke Flußufer beherrschend, und etwas weiter die der Burg Sarmingstein ziehen unseren Blick an.
Weidenbestandene Inseln umschließend, erweitert sich dann der Strom zu dem großartigen Stausee des Kraftwerks Ybbs-Persenbeug, das jährlich 1,358 Milliarden kWh liefert. Beachtung verdienen auch die Schiffahrtsschleusen dieser Staustufe.

**Persenbeug** – Im Schloß, auf einem Felsen am Ufer der Donau, wurde 1887 Karl I., der letzte Kaiser Österreichs, geboren.

Von Persenbeug, wo sich in einem Donaubogen eine fruchtbare Ebene ausdehnt, bis nach Melk bildete das Tal den Schauplatz einiger Episoden der Nibelungendichtung. Hier, im **Nibelungengau**, zogen König Gunther und Hagen miteinander durch die Wälder, hier versammelten sie ihre Ritter für die Reise an den Hof Etzels, der Einladung Kriemhilds folgend, die sich mit dem Hunnenkönig wiederverheiratet hatte, um den Mord an Siegfried, ihrem ersten Gatten, zu rächen.
Auf einer Anhöhe, links, sieht man in herrlicher **Lage★** die Wallfahrtskirche **Maria Taferl**, deren der Donau zugewandte Hauptfassade auf Fernsicht berechnet wurde. 1660 begonnen, erstreckte sich der Bau über 50 Jahre. Letzte Hand an sie legte Jakob Prandtauer, der die Kuppel vollendete.

★★ **Schloß-Museum Artstetten** – *s. dort.*

In Pöchlarn, auf dem rechten Donauufer, ließen sich im 10. Jh. die Babenberger nieder, ein Fürstengeschlecht, das den Grundstein für den einmaligen Aufstieg der österreichischen Monarchie legte. Sie gründeten auch das berühmte Stift Melk, dessen schöne Barockfassade schon ab Ebersdorf zu sehen ist.

*Über die Donaubrücke nach Melk hinüberfahren.*

★★★ **Melk** – *s. dort.*

Der 35 km lange Donauabschnitt zwischen Melk und Krems wird als die **Wachau★★** bezeichnet. Es handelt sich um eine überaus malerische und sehr fruchtbare Gegend. An ihren sonnigen Hängen ziehen sich Weinberge hinauf, während sich

Partaj/BILDAGENTUR BUENOS DIAS

im Tal, dank des Lößbodens, Tabak- und Maisfelder sowie weite Obstanlagen aneinanderreihen. Der Landstrich ist auch für den Anbau von Aprikosen, hier Marillen genannt, berühmt, die im Sommer entlang den Straßen von den Obstbauern verkauft werden. Schmucke Dörfer beleben die Ufer des Flusses, Burgruinen bekrönen die Felsen, und Kirchtürme mit Zwiebelkuppeln geben der Landschaft eine besondere Note.

**Schönbühel** – Bei der Fahrt durch die Wachau erblickt man nach Melk auf dem rechten Donauufer hoch auf einem Felskopf das **Schloß Schönbühel**, das Anfang des 19. Jh.s über den Grundmauern einer mittelalterlichen Burg neu erbaut wurde. Die Pfefferbüchsen und der Zwiebelturm des Schlosses bilden mit den von Obstbäumen bespickten Hügeln im Hintergrund ein bezauberndes Bild.
Flußabwärts des Schlosses und etwas abseits des Marktes kann der dem rechten Flußufer folgende Tourist ein kleines Servitenkloster besichtigen, das 1666 gleichfalls auf einem Felsen über dem Fluß erbaut wurde. In der mit Deckenfresko ausgeschmückten **Kirche** entdeckt man hinter dem Hochaltar eine sehr ergreifende Plastik, die Christi Grablegung darstellt. Von der Terrasse mit ihrem schmiedeeisernen Balkon neben der Chorhaube genießt man einen schönen Blick über die Wachau.

*Wieder auf das linke Ufer zurück und donauabwärts nach Krems weiterfahren.*

Von Grimsing ab beginnen die berühmten Weinberge. Weiter in der Ferne, jenseits der Donau, erhebt sich auf einem Felsen, 300 m über der Donau, die Ruine Aggstein.

★ **Burgruine Aggstein** – Dank ihrer einmaligen **Lage**★ und ihrer gewaltigen Ausmaße galt die im 12. Jh. erbaute Burg als eine der schönsten Festungen Österreichs.
Oft umkämpft, wurde sie mehrmals arg beschädigt, darunter 1529 durch die Türken. Anna von Polheim ließ sie 1606 befestigen, doch war sie ab dem 18. Jh. dem Verfall preisgegeben. Die stolzen Ruinen ihrer Türme und Wehrmauern bieten noch heute einen prächtigen Anblick. Ein steiler Weg *(2 Std. zu Fuß hin und zurück)* führt von dem Weiler Aggstein zu dem alten Burgtor. Der Vorsprung des Felsenkammes bildet einen schönen Aussichtspunkt.

In **Willendorf** wurde eine sehr einfache kleine Sandsteinfigur entdeckt, deren Alter man auf ungefähr 25 000 Jahre schätzt und die unter der Bezeichnung „Venus von Willendorf" im Naturhistorischen Museum in Wien aufbewahrt wird.

★ **Spitz** – Bei der Weiterfahrt erblickt man auf einmal, halb verborgen zwischen Obstbäumen, den alten Marktflecken Spitz, der sich am Fuße seines rebenbedeckten „Tausendeimerbergs" gruppiert. In guten Jahren bringt dieser nämlich eine Ernte von 1 000 Eimern Wein, d. h. 56 000 Liter. Die gedrungene Silhouette der Pfarrkirche und die Ruine Hinterhaus auf bewaldetem Berghang beherrschen das Ortsbild.
Spitz besitzt noch schöne alte Bürgerhäuser mit Laubengängen und Balkonen. Eines der malerischsten Sträßchen ist die Schloßgasse mit ihren Arkaden, die zum Schloß (17. Jh.) führt.
Der elegante, netzrippengewölbte Chor der gotischen **Pfarrkirche** ⓥ (15. Jh.) schließt sich in stark gebrochener Achse an das Langhaus an. Eine Christusfigur und zwölf Apostelstatuen aus dem Jahr 1420 schmücken die Orgelempore, ein Ölgemälde des Kremser Schmidt mit der Marter des hl. Mauritius den barocken Hochaltar.

**St. Michael** – Die Wehrkirche am nördlichen Donauufer wurde um 1500 im gotischen Stil erbaut. Ihre Ursprünge reichen bis ins 10. Jh. zurück und machen sie somit zu einer der ältesten Pfarren im Donautal. Die Schmuckzinnen des Kirchturms in den Formen der Renaissance wurde nach einem Brand im Jahr 1544 ausgeführt.

**Weißenkirchen** – Der Winzerort liegt eingebettet zwischen der Donau und den Hügeln des Hinterlandes. Das malerische Ortsbild mit den verschlungenen Gassen und den schönen, erkergeschmückten Häusern wird von der wuchtigen Silhouette der gotischen Wehrkirche (15./16. Jh.) bestimmt.

**Wachaumuseum** ⓥ – Das Museum ist in dem befestigten Teisenhoferhof aus dem 16. Jh. eingerichtet worden. Bezaubernd der Arkadenhof und seine überdachte Galerie mit ihrem Schmuck aus Blumenranken und Maiskolben, deren goldgelbe Farbtöne sich wunderbar von dem hellgetünchten Mauerwerk abheben. Besonders interessant sind die Säle, in denen die Werke der Maler der Wachau (Künstler aus der Zeit um 1900) ausgestellt sind.

★ **Dürnstein** – *s. dort.*

Die Landschaft wird, je näher man den Orten Stein und Krems kommt, immer flacher.

★★ **Krems und Stein** – *s. dort.*

## 4 VON KREMS NACH WIEN *83 km*

★★ **Krems und Stein** – *s. dort.*

*Man überquert die Donau über die große Eisenbrücke von Stein, westlich von Krems.*

Kurz nach Mautern erblickt man rechts oben auf einem Hügel das imposante Benediktinerstift Göttweig. In der Nähe der Donau gedeihen auf den angeschwemmten Terrassen Wein und Obst. Weiterhin sieht man Wiesen, Getreide- und Rübenfelder. Die Straße führt nun dicht am sehr verästelten Strom entlang.

**Tulln** – *s. dort.*

Ab Greifenstein, gleich am Eingang des Wienerwalds verengt sich das Tal, und die Straße verläuft eingezwängt zwischen dem Fluß und hohen bewaldeten Hügeln.

★ **Klosterneuburg** – *s. dort.*

Dann erreicht die Straße das Wiener Stadtgebiet.

★★★ **Wien** – *s. dort.*

## 5 VON WIEN NACH HAINBURG *84 km*

Der vorgeschlagene Reiseweg führt am rechten Ufer der hier in einem sehr breiten Tal verlaufenden Donau entlang.

★★★ **Wien** – *s. dort.*

*Man verläßt Wien auf der Bundesstraße 9 und durchquert Schwechat, das für seine Bierbrauereien bekannt ist.*

Bevor man an den Anlagen des internationalen Flughafens Wien-Schwechat vorbeifährt, sieht man links in der Ferne etwas undeutlich die von Gestrüpp bedeckte Insel Lobau, auf der sich im Mai 1809 die durch die Schlacht von Aspern und Eßling stark mitgenommenen Napoleonischen Truppen verschanzten.

**Wildungsmauer** – Die kleine einschiffige St. Nikolauskapelle, die aus einem um 1200 gebauten Festungswerk hervorging, hat trotz mehrerer Restaurierungsarbeiten und Anbauten – Eingangstor und Turm über dem Transept stammen aus dem 19. Jh. – ihren romanischen Charakter weitgehend bewahrt.

★ **Petronell-Carnuntum** – *s. dort.*

Zwischen Bad Deutsch-Altenburg und Hainburg werden über dem slowakischen Ufer der March und ihrer Mündung in die Donau die kleinen Karpaten sichtbar, die ersten Höhenzüge der großen Gebirgskette Mitteleuropas, die im Norden die ungarische Tiefebene begrenzt.

**Hainburg** – Diese Ortschaft, die im Mittelalter eine bedeutende strategische Rolle spielte, besitzt noch heute, am Fuße der Burgruine, ihre Ringmauer und bewehrte Stadttore.

# DÜRNSTEIN*

Niederösterreich

1 002 Einwohner

Michelin-Karte Nr. 926 - Falte 11 - Kartenskizze: DONAUTAL - 209 m

Das noch von seinen alten Wehrmauern umgebene Städtchen liegt auf einem Felssockel über der Donau, inmitten einer der schönsten Wachaulandschaften.
Auf den Rebhängen, die sich über Dürnstein hinaufziehen und die eine Burgruine krönt, gedeihen edle Weine. Die moderne Wachaustraße führt in einem Tunnel unter der alten Stadt hindurch.

**Die Gefangenschaft von Richard Löwenherz** - Nach der Überlieferung hatte der englische König Richard, genannt Löwenherz, im Verlauf des 3. Kreuzzugs eine heftige Auseinandersetzung mit dem Herzog von Österreich, Leopold V., dem „Tugendreichen", bei der Erstürmung einer Festung in Palästina. Der Engländer hatte von einem eroberten Turm das Banner des Herzogs fortreißen lassen und ihn somit schwer beleidigt. Nach einem Schiffbruch im Adriatischen Meer mußte Richard auf dem Rückweg in sein Königreich das Land seines Widersachers durchqueren. Obwohl als Kaufmann verkleidet, wurde er in einer Herberge bei Wien erkannt, festgenommen und dem Herzog Leopold übergeben, der ihn alsbald auf seiner Burg Dürnstein einkerkern ließ. So saß er betrübt an einem Frühlingstag des Jahres 1193 in seinem Verließ, als er vertraute Lieder vernahm, die sein getreuer Hofsänger **Blondel**, auf der Suche nach seinem Herrn, vor der Burg spielte und sang. Richard konnte sich zu erkennen geben und so den Ort seines Gefängnisses verraten. Nach weiterer einjähriger Haft in der pfälzischen Burg Trifels wurde er schließlich gegen gutes Lösegeld freigelassen.

## SEHENSWÜRDIGKEITEN

**Hauptstraße** - Sie durchquert den Ort von einem Ende zum anderen und wird im Osten von einem alten befestigten Tor begrenzt. Die Straße bietet mit ihren alten Häusern, von denen einige aus dem 16. Jh. stammen, ihren vorspringenden Türmchen, Erkern und blumengeschmückten Balkonen einen reizenden Anblick.
Schmiedeeiserne Wirtshausschilder an verschiedenen Gasthäusern - wo man den berühmten „Heurigen" aus der Wachau kosten kann - erinnern an die Gefangenschaft des Königs Richard und die rührende Geschichte des getreuen Blondel.

Georg Milkes

Dürnstein - Pfarrkirche

**Pfarrkirche** ⓥ - Das Augustinerkloster wurde im 15. Jh. gegründet und 1720-1725 im Barockstil wieder aufgebaut. In dem von alten Klostergebäuden umgebenen, malerischen Hof bewundert man das mit Säulen, Obelisken und Statuen der Kirchenväter geschmückte Prunkportal.
Der barocke **Kirchturm*** mit seiner grandiosen plastischen Ausschmückung ist nach einem Entwurf von Matthias Steinl und Josef Munggenast entstanden. Das Kircheninnere ist mit dezentem Stuckwerk verziert, geschwungene Balkone reihen sich rings um das Langhaus aneinander. Die reichen Holzverkleidungen des Chors, der Kanzel und des Hochaltars bilden eine schöne Einheit. In den Seitenaltären sind Gemälde des Kremser Schmidt zu sehen. Die ebenfalls mit feinem Stuckwerk geschmückte Sakristei beherbergt wertvolle Intarsien.

Der Kreuzgang, verschiedene Male restauriert, zeigt nicht mehr sein ursprüngliches Aussehen. Von der Terrasse mit puttenbesetztem Geländer am Fuße des Fassadenturms, bemerkenswert durch seinen prächtigen Aufbau und Dekor, genießt man einen reizvollen Blick über das Donautal.

**Burgruine** – *3/4 Std. zu Fuß hin und zurück.*
Man gelangt dorthin auf einem Weg, der bei der Ostmauer des Ortes abzweigt und dann inmitten von Felsen in die Höhe führt. Von der Ruine bietet sich eine prächtige **Aussicht** auf Dürnstein und das Donautal.

# Schloß EGGENBERG★★

## Steiermark

Michelin-Karte Nr. 926 – Falten 36 und 37 – 3,5 km westlich von Graz

Eine lange, rasengesäumte Allee führt zum Schloß der Fürsten von Eggenberg, dessen Fassade sich so dem Besucher erst beim Näherkommen erschließt. Der Schloßpark selbst ist zu einem Naturpark geworden, in dem sich Pfaue, Federwild und Mufflons tummeln.

**Der Wohnsitz eines hohen Würdenträgers** – Zwischen 1625 und 1635 wurde um einen mittelalterlichen Kern diese fürstliche Residenz für Johann Ulrich von Eggenberg errichtet. Er bekleidete unter Ferdinand II. eines der höchsten Ämter des Reiches, nämlich das des Statthalters von Innerösterreich. Für die Gestaltung des Schlosses zeichnet der Italiener **Pietro de Pomis** verantwortlich, der sein Talent schon beim Bau des Mausoleums von Ferdinand II. in Graz unter Beweis gestellt hatte.

**Der Grundriß** – Der Grundriß erinnert an den des Escorial bei Madrid: Gewaltige Baukörper bilden ein an den Ecken von Türmen betontes Quadrat und schließen drei Innenhöfe und eine eindrucksvolle, majestätisch wirkende Kapelle ein. Der von dreigeschossigen Arkaden umgebene Ehrenhof ist zusätzlich noch durch Wandsäulen gegliedert.

**Architektur als Allegorie** – Die Originalität von Schloß Eggenberg liegt darin, daß es bis in die kleinste Einzelheit eine Allegorie des Universums zu sein sucht. In Decken- und Wandgemälden werden der Tierkreislauf und die verschiedenen Planeten veranschaulicht. Die vier Elemente finden sich wieder in der Erde, die das Schloß trägt, in der Luft, die es umgibt, im Wasser der den Palast umgebenden Gräben und schließlich im Feuer der roten Ziegeldächer. Die vier Türme erinnern an die vier Himmelsrichtungen und begrenzen einen zutiefst metaphorisch konzipierten Raum: 365 Fenster symbolisieren die Tage des Jahres, 24 Prunksäle die Stunden des Tages und der Nacht. Diese Säle wiederum besitzen 52 Fenster, ein Bild der 52 Sonntage des Jahres.

## BESICHTIGUNG

★★★ **Prunkräume** ⌚ – *2. Obergeschoß.* Zu den zahlreichen illustren Persönlichkeiten, die in diesen Räumen empfangen wurden, zählt auch **Kaiser Leopold I.**, der 1673 hier in Eggenberg seine Hochzeit mit Claudia Felizitas von Tirol feierte.
Die barocke Ausschmückung der **24 Prunkräume** geht auf das 17. und 18. Jahrhundert zurück: Der Überschwang an Stuck und Malerei wird durch den Glanz der Lüster noch betont. Interessante Wandgemälde von **Johann Baptist Raunacher** (Mitte 18. Jh.) zieren einen Teil der Räume. Die aufeinanderfolgenden Salons und Zimmer, die zuweilen von den im damals modischen chinesischen oder japanischen Stil ausgestatteten Kabinetten aufgelockert werden, bilden ein bezauberndes, hübsches Ensemble. Seltsamerweise wirken diese für das Feiern von Festen erdachten und geschmückten Räume trotz ihrer beeindruckenden Ausmaße überhaupt nicht kalt.
Die 24 Säle sind symmetrisch um den gewaltigen Festsaal, der auch **Planetensaal** genannt wird, angeordnet.
Dessen Wände und Decke wurden von dem steirischen Künstler Hans Adam Weißenkircher mit (1685 vollendeten) Malereien verziert. Die Stuckarbeiten wurden von Alessandro Serenio ausgeführt.
Im Sommer finden neben offiziellen Empfängen die Eggenberger Konzerte im Schloß statt.

**Abteilung für Vor- und Frühgeschichte** ⌚ – Die Sammlung ist im Erdgeschoß des südlichen Flügels untergebracht.

★★★ **Strettweger Kultwagen** – Der aus der Hallstattzeit (7. Jahrhundert v. Chr.) stammende bronzene Kultwagen von Strettweg ist das Glanzstück der Sammlung. Man fand dieses bewegende archäologische Zeugnis, das vor 2 700 Jahren geschaffen wurde, in einem Grabhügel in Strettweg bei Judenburg. Seine kultische Bestimmung gilt als erwiesen: Eine stehende Frauenfigur in der Mitte

R. Chéret/MICHELIN

des Wagens trägt einen Kessel und zeigt einen Opfergestus. Krieger zu Pferde und zu Fuß umgeben sie. Der Künstler hat sie in rituellen Tanzbewegungen dargestellt. In demselben Grab sind weitere Schätze, Urnen und diverse andere Gegenstände gefunden worden.

**Münz- und Antikenkabinett** – Es fand seinen Ursprung in der Privatsammlung Erzherzog Johanns, ist das zweitgrößte seiner Art in Österreich und widmet sich hauptsächlich den Münzen und der Wirtschaftsgeschichte der Steiermark.

# EGGENBURG★

Niederösterreich

3 625 Einwohner

Michelin-Karte Nr. 926 – Falte 11 – 325 m

Die vom Mittelalter und der Renaissance geprägte Stadt besitzt noch heute eine fast vollständig erhaltene Stadtmauer und drei Stadttürme (Hol-, Wahrsager- und Kanzlerturm). Der **historische Stadtkern** ist gut erhalten.

## SEHENSWÜRDIGKEITEN

**Hauptplatz** – Die gewaltigen Ausmaße – man wird sich ihrer bewußt, wenn man das Grätzl (Bebauung in der Mitte eines Platzes) wegdenkt – weisen auf die Bedeutung der Marktgemeinde in vergangener Zeit. Zeugnis legen davon noch heute der **Pranger** und der Adlerbrunnen aus dem 16. Jh. ab, die Mariensäule aus dem 17. Jh. und die 1715 errichtete Dreifaltigkeitspestsäule.

Von den alten Häusern, die den Platz säumen und nicht wenig zu seinem Reiz beitragen, sei das „Gemalte Haus" erwähnt, ein Sgrafittohaus von 1547 mit Darstellungen aus dem Alten Testament. Sie entstanden nach Holzschnitten Burgkmairs.
Beim Flanieren durch die Altstadt stellt der Besucher immer wieder fest, welche Meisterschaft die Eggenburger Steinmetze erlangt hatten, die dem heimischen hellen Sandstein wahre Kunstwerke entlockten.

R. Chéret/MICHELIN

Eggenburg – Pranger

**Pfarrkirche St. Stephan** ⓥ – Im Osten wird die Kirche von zwei romanischen Türmen aus wuchtigem Quaderwerk (1180) beherrscht. Der Chor stammt aus der Mitte des 14. Jh.s, das Langhaus aus dem 15. Jh. Die spätgotische Hallenkirche mit Netzrippengewölbe, tief profilierten Bündelpfeilern und schönen Maßwerkfenstern, ist reich ausgestattet: beachtenswerte Steinkanzel (1515), feinziselierte Lichtsäule (1505), barockes Ratsherrengestühl mit Bandelwerkintarsien (1710).
Neben der Kirche befindet sich der bereits 1299 urkundlich erwähnte **Karner**, zu dem einige Stufen hinabführen *(Lichtknopf betätigen)*. Es bietet sich ein makabrer Anblick, der die Vergänglichkeit des Menschen demonstriert.

★ **Krahuletz-Museum** ⓥ – Die ur- und frühgeschichtliche Sammlung von internationaler Dimension wurde von dem Eggenburger Johann Krahuletz zusammengetragen, der auch die erdgeschichtliche Bedeutung des Waldviertels erkannt hatte. Dieser Tatsache wird die didaktisch sehr geschickt aufbereitete Ausstellung gerecht, in der ein **Landschaftsmodell**★ die Veränderungen von „Eggenburg am Meer" vor etwa 20 Mio. Jahren über die Urdonau vor rund 11 Mio. Jahren bis zur heutigen Zeit anschaulich zeigt.

**Österreichisches Motorradmuseum** ⓥ – In einer ehemaligen Feigenkaffeefabrik wurde die umfangreichste Motorradsammlung Österreichs zusammengetragen. 300 Exemplare der unterschiedlichsten Marken dokumentieren auf anschauliche Art 100 Jahre Zweiradgeschichte. Ein Muß für Motorradfans.

## UMGEBUNG

**Stoitzendorf** – *4 km östlich von Eggenburg über die Bundesstraße 303. Der Beschilderung „Kellergasse" folgen.*
Die **Stoitzendorfer Kellergasse** ist ein noch recht urwüchsiges Beispiel für die in österreichischen Weinbaugebieten üblichen **Kellergassen**, in denen sich kleine, meist eingeschossige Preßhäuschen aneinanderreihen; hier im westlichen Weinviertel sind sie in den weichen Löß eingebettet. Die Kellergassen befinden sich meist in unmittelbarer Nähe der Ortschaften.

**Pulkau** – *8 km nordöstlich von Eggenburg*. Unweit der tschechischen Grenze, in einem Hügelland, das sich gut für den Weinanbau eignet und dessen Kuppen Rottannenwälder bedecken, liegt der bedeutende Weinort Pulkau mit seinen zwei alten, sehenswerten Kirchen.

**„ausg'steckt is"**

Im „Preßhaus", dem vorderen Teil des Kellerhauses, werden die Weintrauben gekeltert; der so entstandene Most wird dann zur Gärung in Fässer gefüllt, die im hinteren Teil des Hauses, der „Kellerröhre", lagern. Das Preßhaus dient aber nicht nur als Arbeitsraum, sondern ist auch Gastlokal, wenn der Winzer – hier wird er Weinhauer genannt – „ausg'steckt" hat. Ein Kiefern- oder Fichtenzweig am Haus bedeutet, daß der Winzer seine Weine ausschenkt und kalte Speisen aus eigener Produktion (z. B. „Blunzn", d. h. Blutwurst, Geselchtes, Speck) anbietet. Dies ist in der Regel 6 bis 8 Wochen im Jahr der Fall. Bei schönem Wetter setzt man sich dann auch gerne ins Freie in den Schatten der Nußbäume, die zur Kellergasse einfach dazugehören.

**Pfarrkirche** – Sie bekrönt einen Hügel im Norden des Orts. An ihrer östlichen Seite erhebt sich ein romanischer Kirchturm. Besonders hervorzuheben ist die schlichte Architektur des Kirchenschiffes. In der Nordkapelle sind noch einige Fresken aus dem Anfang des 14. Jh.s zu sehen; die südliche Kapelle schmücken Blattwerk-Kapitelle.
In der Mitte des Friedhofs steht ein seltenes **Beinhaus** (Karner) aus dem 13. Jh. mit einem romanischen Stufenportal.

**Heilig-Blut-Kirche** – In dieser unvollendet gebliebenen gotischen Kirche bewundert man über dem Hochaltar den sehr schönen **Flügelaltar★**, der zu Anfang des 16. Jh.s von Künstlern der Donauschule geschnitzt und gemalt wurde. Im Mittelfeld Christus, der hl. Sebastian und der hl. Bartholomäus und seitlich Szenen aus der Passion.

# EISENERZ

Steiermark

7 800 Einwohner

Michelin-Karte Nr. 926 – Falte 23 – 694 m

Die alte Bergarbeiterstadt wird von der gewaltigen Stufenpyramide des Erzberges beherrscht, dessen von Menschen geschaffene Silhouette besonders in den späten Nachmittagsstunden zur Geltung kommt, wenn sie in schillernden Rosa- und Ockertönen leuchtet, ja geradezu glüht. An und in diesem Berg wurden seit dem Jahr 712 rund 222 Millionen Tonnen Erz abgebaut; noch heute kommt österreichisches Erz zu 100 % vom Erzberg, der damit ein Drittel des Bedarfs der österreichischen Stahlindustrie deckt.
In jüngster Zeit bietet der Abbau nur noch wenigen hundert Personen ein Auskommen, so daß eine Ausrichtung auf die touristischen Trümpfe, die Eisenerz zweifellos besitzt, einen Strukturwandel bewirkt. Da ist die schöne Lage zwischen dem Leopoldsteiner See und dem hochaufragenden Polster, da sind die alten Häuser, die von der bewegten Geschichte des Ortes zeugen, und da ist immer noch der Erzberg, der auf die Touristen zu Recht eine große Anziehungskraft ausübt.

★★ **Erzberg** ⓥ – Seit zwei Jahrhunderten besitzt der Erzberg seine heutige charakteristische Form. Im Mittelalter erfolgte der Erzabbau in kleinen Schächten und vereinzelt liegenden Gruben, und erst Anfang des 19. Jahrhunderts wurde ein vernünftiges Stollen- und Grubensystem angelegt. Seit 1870 gingen die Ingenieure vom Stollen- zum Tagebau über. Mit 10 000 Tonnen pro Tag wird heute in 24 Stunden ebensoviel Erz gefördert wie im 16. Jh. in einem Jahr. So entstanden die Bergstufen von 12 bis 24 m Höhe, die sich heute wie eine Riesentreppe am Horizont von Eisenerz abheben. Der Gipfel des Erzbergs hat eine Höhe von 1 465 m.
Nachdem 1986 die Förderung unter Tage eingestellt wurde, hat man die stillgelegten Anlagen als **Schaubergwerk** für Besucher zugänglich gemacht; hier ist eine audiovisuell nachgestellte Sprengung eine der Attraktionen. Ein anderes, unvergeßliches Erlebnis stellt die Fahrt mit dem **Hauly** dar, einem mit Besucherplattform ausgerüsteten, 860 PS starken Lkw. Sie führt über Tage durch einen guten Teil der 42 Bergstufen und bietet einen wundervollen **Blick★** auf den blauen See, der sich am Fuß des Erzbergs gebildet hat, auf die Stadt und die schöne Landschaft.

**Altstadt** – Von den alten Radmeisterhöfen – die Radmeister waren Besitzer der ehemals 19 Schmelzwerke Innerbergs, wie sich Eisenerz früher nannte – haben sich nur wenige bis in die heutige Zeit erhalten. Doch gibt es noch eine Fülle alter Häuser zu sehen, die in ihrem Kern aus dem 16. bis 18. Jh. stammen. Man findet sie um den Bergmannplatz (Alter Gewerkenhof, Marktskanzlei, Traidkasten), in dessen Mitte das **Alte Rathaus** aus dem 16. Jh. steht, in der Lindmoser-, der Dr.-Karl-Renner- (*Haus zum Heiligen Geist* in der Nr. 4) und der Krumpentalerstraße.

★ **St. Oswald** ⓥ – *Über die Kirchenstiege.* Die bedeutendste Wehrkirche der Steiermark wurde 1470 unter Kaiser Friedrich III. begonnen, 1518 beendet und stellt ein Hauptwerk der Admonter Bauhütte dar. Wegen der drohenden Türkeneinfälle wurde sie 1532 auf königliches Geheiß befestigt und erhielt die heute noch bestehenden Ringmauern, Wehrtürme und die wuchtige Barbakane an der Nordseite.
Der Tympanon über dem Nordportal zeigt die Vertreibung aus dem Paradies, wobei Adam als Bergmann dargestellt ist. Weitere Bergmannsmotive finden sich im Innern, an der aus Kunststein gebildeten **Orgelempore** und einer Holzfigur in maximilianischer Bergmannstracht über der zweiten Empore an der Nordseite.

**Stadtmuseum** ⓥ – *Kammerhof, Schulstraße 1.* In diesem Museum werden Kunst und Kultur der mit der Welt des Bergbaus verbundenen Menschen sowie die Techniken des Erzabbaus veranschaulicht.

Der Erzberg

**Schichtturm** – Am Südhang des Tales erhebt sich der 1581 von den Radmeistern erbaute Renaissanceturm, dessen aus türkischen Kanonen gegossene Glocke die Knappen zur Schicht rief, aber auch bei Feueralarm eingesetzt wurde. Heute erklingt sie nur noch zur Mittagsstunde.

**Gesteins-Lehrpfad** – Entlang des Trofengbachs führt von der Talstation des Erzbergs ein Lehrpfad (400 m) bis in die Stadt und erläutert anschaulich einen geologischen Zeitraum von 200 Millionen Jahren.

# EISENERZER ALPEN*

Steiermark

Michelin-Karte Nr. 926 – Falten 22 und 23

Die Eisenerzer Alpen mit ihrem einzigartigen Erzberg, auf dem einst die industrielle Macht des österreichischen Kaiserreichs beruhte, schließen sich südöstlich an die Ennstaler Kalkalpen an, deren gewaltige Steilwände die Gesäuseschlucht einfassen. Die Fahrt vom Enns- in das Murtal über den Präbichlpaß führt zwischen Hieflau und Leoben durch eine wildromantische Landschaft.

## DAS GESÄUSE

### *Von Liezen nach Hieflau *44 km*

Das **Gesäuse**, dessen sprechender Name das Tosen des in der Schlucht von Fels zu Fels strömenden Wassers der Enns wiedergibt, bietet im Herbst, wenn die Pflanzenwelt in roten und gelben Farben erflammt, ein besonders schönes Bild. Zwischen Liezen und Admont folgt die Straße dem Talboden der Enns. Bald kommen die Zwiebeltürme der Wallfahrtskirche von Frauenberg auf ihrem Felsvorsprung in Sicht. Sie bilden den Vordergrund für den Großen Buchstein und das Hochtor, von denen weiter im Osten das Gesäuse eingefaßt wird, dessen felsiger Eingang einige Kilometer nach Admont zu sehen ist.

*Von der Fahrtroute aus links der Beschilderung „Frauenberg" folgen.*

**Frauenberg** – Die Wallfahrtskirche wurde im ausgehenden 17. Jh. von den Äbten aus Admont in einem italienisch beeinflußten Barockstil wieder aufgebaut; die beiden Osttürme kamen 1702 hinzu. Das Innere ist von bemerkenswerter Einheitlichkeit: Die Stukkaturen entsprechen in ihrer Üppigkeit der reichen Goldverzierung, mit der die dunkelgebeizten Altäre und die Kanzel überzogen sind.
Von der Terrasse des Kalvarienbergs bietet sich ein schöner **Blick*** auf Admont mit den schlanken Türmen seiner Stiftskirche, überragt von den Gipfeln der Haller Mauern, des Reichensteins und des Hochtors.

★ **Admont** – *s. dort.*

Den schönsten **Blick auf das Gesäuse**★★ genießt man hinter Admont *(Bundesstr. 146, Kilometer 93,2 auf der Höhe der Bushaltestelle und der Abzweigung nach Weng)*, wenn die prächtigen Felsenwände des Hochtors (Gipfelpunkt: 2 369 m) sichtbar werden.

**Haindlkarbrücke** – *(kurz vor der Abzweigung zur Haindlkarhütte)*. Diese Brücke über einen kleinen Zufluß der Enns bietet einen **Blick**★ aus nächster Nähe auf die imposanten Steilwände des Hochtors, das Ziel zahlreicher begeisterter Bergsteiger.

**Gstatterboden** – Das einzige Talbecken, das die Gesäuseschlucht unterbricht, ist Ausgangspunkt für die traditionellen Kletterpartien im Gesäusemassiv, das von den Wiener Bergsteigern als „Hohe Schule" des Alpinismus betrachtet wird.
Flußabwärts von Gstatterboden verliert die Schlucht ein wenig von ihrem wilden Charakter; doch bietet die Enns mit ihrem bald hell-, bald dunkelgrünen Wasser, das in der Nähe der Kummerbrücke aufgestaut ist, ein stets wechselndes Schauspiel.

**Hieflau** – Der Ort liegt, von Wäldern umgeben, in einer Talweitung zu Füßen eines Südhangs.

## DIE STEIRISCHE EISENSTRASSE

### ★ Von Hieflau nach Leoben *50 km*

**Hieflau** – *s. oben, unter „Das Gesäuse".*

Das Erzbachtal bildet zwischen Hieflau und Eisenerz einige sehr schön gewundene Schluchten und gewährt schöne Rückblicke auf den Tamischbachturm. Bei der Ankunft im Eisenerzer Becken, mit Blick auf den **Erzberg**★★, versäume man nicht, einen kurzen Abstecher zum Leopoldsteiner See zu machen.

★★ **Leopoldsteiner See** – Der sich am Fuße der steil abfallenden Felswände der Seemauer (Hochschwabmassiv) entlangziehende, tiefgrüne See bietet eine der malerischsten Landschaftsansichten der Steiermark.

**Eisenerz** – *s. dort.*

Hinter Eisenerz führt die gut ausgebaute Straße hinauf zum **Präbichlpaß** (1 232 m). Im Nordwesten erhebt sich der die Landschaft beherrschende Felsgipfel des Pfaffensteins.
Um einen Gesamtblick auf den Erzberg zu erhalten, fährt man am besten mit der Sesselbahn auf den Polster.

★★ **Polster** – *Vom Präbichl etwa 1 1/2 Std. hin und zurück, davon 1/2 Std. Sesselbahn ⏲ zur Bergstation und 1/2 Std. zu Fuß zum Gipfel.*
Vom Gipfelkreuz (1 910 m) schweift der **Blick** über den rotbraunen, abgestuften Erzberg, der sich vom Grün der umliegenden Almen und Wälder abhebt, und im Norden über die scharfgezackten Kämme der Griesmauer, die sich vom Hochschwab lösen und almenbedeckte Talmulden umschließen.
Die Abfahrt vom Präbichl nach Vordernberg führt durch eine reizvolle Almlandschaft.

**Vordernberg** – Die Marktgemeinde ist reich an **montanhistorischen Stätten**★, die vom einst blühenden Eisenwesen zeugen. Hier gab es früher 14 Radwerke, d. h. Schmelzhütten. Selbst Erzherzog Johann hatte eines im Jahr 1822 erworben. Der beliebte Fürst setzte sich sehr für die Belange Vordernbergs und für die Verbesserung der Erzgewinnung ein. Von ihm ging auch der Impuls zur Errichtung der ersten Montan-Lehranstalt aus, die 1840 ihren Ursprung in Vordernberg hatte, bevor sie 1848 nach Leoben verlegt wurde.
Von großem Interesse sind die zahlreichen **technischen Denkmäler** und **Museen**, die mit Liebe und Sachkenntnis restauriert und eingerichtet wurden. Hier befindet sich das **Informationszentrum der Steirischen Eisenstraße** ⏲, in dem man auch Auskunft zur Erzbergbahn erhält, die von Vordernberg über den Präbichl nach Eisenerz um und durch den Erzberg führt.

**Leoben** – *s. dort.*

*Sie lieben Musik?*

*Dann haben wir in diesem Reiseführer speziell für Sie einige Rubriken zusammengestellt: eine Zeittafel zur Musikgeschichte in der Einführung, die Lebensgeschichte Mozarts im Kapitel zu Salzburg und die Rubrik „Wien – eine Hochburg der Musik" in der Beschreibung der Stadt. Der Veranstaltungskalender am Ende des Bandes informiert über die wichtigsten Musikfestivals in Österreich.*

# EISENSTADT★

[L] Burgenland

10 150 Einwohner

Michelin-Karte Nr. 926 – Falte 25 – 181 m

Eisenstadt liegt am Rande der endlosen mitteleuropäischen Tiefebene auf dem Südhang des Leithagebirges, des letzten Gliedes der östlichen Kalkschieferalpenkette, dessen Wälder an einen weiten Park erinnern.
Sein mildes Klima begünstigt den Wein- und Obstanbau (Pfirsiche, Aprikosen und Mandeln).
Die Stadt ist der bedeutendste Weinmarkt der Gegend. Ihr wirtschaftlicher Aufschwung wurde jedoch durch die Nähe Wiens gehemmt. Die politische und administrative Rolle, die Eisenstadt seit 1925 als Hauptstadt des Burgenlandes innehat, gab ihr jedoch neuen Auftrieb. Hinzu kommt, daß sie nur etwa 15 km vom Neusiedler See, dem wichtigsten Fremdenverkehrsgebiet des Landes, entfernt liegt.

**Die Stadt Haydns** – Alles erinnert hier an das Wirken des genialen Komponisten, des Schöpfers der klassischen Symphonie und des Streichquartetts. **Joseph Haydn** (1732-1809) verbrachte dreißig Jahre seines Lebens teils in Eisenstadt, teils auf dem Schloß Esterháza in Ungarn, südöstlich des Neusiedler Sees, als Hofkapellmeister und Hofkomponist des Fürsten Esterházy. Über ein Orchester und ein Theater verfügend, komponierte Haydn unermüdlich und erwarb sich einen immer größeren Ruf *(Besichtigung seines Geburtshauses in Rohrau: s. Petronell-Carnuntum, Umgebung)*.
Eisenstadt bewahrt das Andenken des Komponisten, der dem 24 Jahre jüngeren Mozart Mentor, Vorbild und Freund war.

Trumler/ÖSTERREICH WERBUNG

Joseph Haydn

## SEHENSWÜRDIGKEITEN

★ **Schloß Esterházy** ⓥ (A) – Eisenstadt war eine der Lieblingsresidenzen der großen ungarischen Fürstenfamilie **Esterházy**, die weitgehend die Ausbreitung der Macht Habsburgs in Ungarn gefördert hat. Einer ihrer Fürsten, Nikolaus II., lehnte sogar die ungarische Krone ab, die Napoleon ihm 1809 anbieten ließ.
Um sich eine seinem Rang entsprechende Residenz zu schaffen, berief Fürst Paul Esterházy den italienischen Architekten Carlo M. Carlone an seinen Hof. Dieser erbaute von 1663 bis 1672 an der Stelle einer mittelalterlichen Burg das weitläufige Gebäudeviereck, das einen Ehrenhof einfaßt. Die vier Ecktürme bekrönten einst Zwiebelkuppeln. Zwischen 1797 und 1805 modernisierte ein französischer Baumeister namens Moreau das Schloß: Die Parkfassade erhielt einen Portikus im klassizistischen Stil mit korinthischen Säulen, und das Eingangstor an der Hauptfassade wurde mit einer Terrasse bekrönt, die von toskanischen Säulen getragen wird.

Büsten aus Terrakotta, die ungarische Stammes- und Heeresführer aus der Zeit der Landnahme (9. Jh.) darstellen, schmücken diese Fassade, die von einem Zwiebelturm überragt wird.
Auf der anderen Seite des Platzes liegen die alten fürstlichen Marställe, die 1743 erbaut wurden.
Im Schloß sind heute zum Teil die Büros der Landesverwaltung untergebracht. Der Haydnsaal, die Repräsentationsräume und das Esterházy-Museum können jedoch besichtigt werden.

**Innenräume** – Die Besichtigung des Schlosses führt durch zahlreiche Räume, die dem Andenken an die Fürstenfamilie gewidmet und zum Teil prunkvoll ausgestattet sind. Doch der Höhepunkt ist zweifelsohne der **Haydnsaal**★, ein riesiger Festsaal, der Ende des 17.Jh.s mit Stuckwerk, Grisaillen ungarischer Könige und Fresken aus der griechischen Mythologie ausgeschmückt wurde. Im 18. Jh. ersetzte man zwecks besserer Akustik den Marmorfußboden durch Parkett. Hier dirigierte Haydn praktisch jeden Abend das fürstliche Hoforchester.

## EISENSTADT

| | |
|---|---|
| Bürgerspitalgasse | B 3 |
| Domplatz | B 4 |
| Esterházyplatz | A 6 |
| Franz-Schubert-Platz | B 7 |
| Freiheitsplatz | B 9 |
| Ing.-Julius-Raab-Str. | B 10 |
| Johann-Permayer-Str. | B 12 |
| Josef-Hyrtl-Platz | B 13 |
| Leopold-Kunschak-Str. | A 15 |
| Matthias-Markhl-Gasse | B 16 |
| St.-Antoni-Straße | B 18 |
| Unterbergstraße | A 19 |

M[1] Österreichisches Jüdisches Museum ★
M[2] Burgenländisches Landesmuseum
R Rathaus

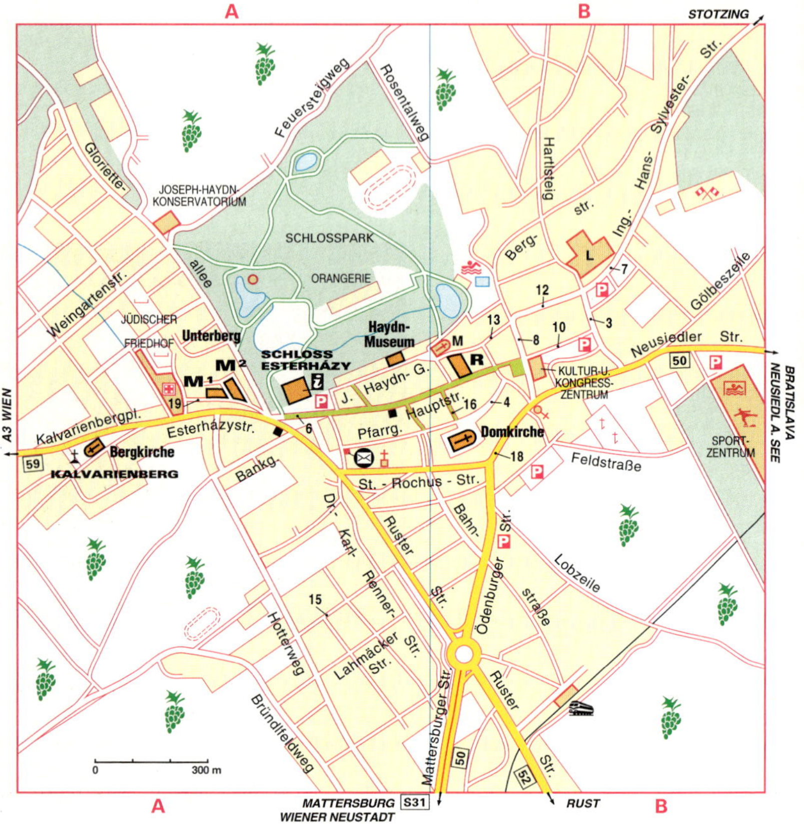


**Haydn-Haus** ⓥ (**A**) – In der kleinen, ruhigen Haydngasse Nr. 21 steht das bescheidene Haus, in dem der große Komponist von 1766 bis 1778 wohnte. Durch einen gedeckten Gang gelangt man in ein entzückendes Hofgärtchen voller Blumen. Ein kleines **Museum** erinnert in oft rührender Weise an das Leben und Schaffen des großen Musikers.

*Bei der Franziskanerkirche wendet man sich nach rechts und kommt über die Hauptstraße zum Rathaus.*

**Rathaus** (**B R**) – Der Bau im Renaissancestil wurde Mitte des 17. Jh.s errichtet. Seine Fassade wirkt mit den drei Erkern, den Schweifgiebeln und dem Rundbogentor in Diamantquaderausführung recht originell.

**Domkirche** (**B**) – Die spätgotische Hallenkirche aus dem 15. und 16. Jh. ist dem hl. Martin, dem Patron des Burgenlandes, geweiht. Von der spätbarocken Innenausstattung sind eine reizvolle Kanzel und der Musikchor samt Orgel erhalten. Schönes Ölbergrelief (vor 1500).

*Über die Pfarrgasse in die Esterházystraße einbiegen und am Schloß vorbeigehen.*

**Ehemaliges Judenviertel Unterberg** (**A**) – Seit 1296 sind Juden in Eisenstadt bezeugt. Insbesondere nachdem Kaiser Leopold I. 1671 die Juden aus Wien vertrieben hatte, fanden viele von ihnen hier Zuflucht. So entstand westlich des Schlosses im Stadtteil Unterberg ein durch die Museums-, Wolf-, Unterberg- und Wertheimergasse abgegrenztes Viertel, das auch heute noch recht gut erhalten ist. Dieses alte Ghetto, in dem noch die eisernen Ketten zu sehen sind, die einst dazu dienten, die Ruhe des Sabbats zu wahren, war vor allem wegen seines angesehenen Rabbinerseminars bekannt.

★ **Österreichisches Jüdisches Museum** ⓥ (**A M[1]**) – *Unterberggasse 6.* Es befindet sich in einem reizvollen alten Haus, das Samson Wertheimer gehört hatte. Hier steht auch eine schöne Synagoge, die von der Vernichtung durch die Nazis verschont geblieben ist. Ein Besuch hier, wie auch auf dem nahegelegenen Jüdischen Friedhof *(am Ende der Wertheimergasse)*, empfiehlt sich.

**Burgenländisches Landesmuseum** ⓥ (**A M²**) – *Museumsgasse 5*. Das malerisch in zwei ineinander verschachtelten, alten Häusern untergebrachte Landesmuseum widmet sich der Volkskunde und der Kulturgeschichte der Region und somit ebenfalls den verschiedenen ethnischen Minderheiten, aus denen sich die Bevölkerung auch heute noch zusammensetzt.

*Zurück in die Esterházystraße und von da in westlicher Richtung bis zum Kalvarienbergplatz.*

★ **Kalvarienberg und Bergkirche** ⓥ (**A**) – Der Berg wurde Anfang des 18. Jh.s künstlich aufgeschüttet, um den **Passionsweg**★ anzulegen, der aus 24 Stationen mit 260 volkstümlich realistischen Holz- und 60 Steinfiguren besteht, die in theatralischer Eindringlichkeit und Barockfülle die Leidensgeschichte nachvollziehen. Der Kreuzweg endet auf der Kuppe des Kalvarienberges, von wo sich ein schöner Blick über die Stadt bietet.
In der 1722 vollendeten **Bergkirche** befindet sich das **Haydn-Mausoleum**, in dem die Gebeine des Komponisten nach einigen Irrungen – der Schädel war abgetrennt und erst 1954 überführt worden – ihre letzte Ruhestätte gefunden haben.

**„Hofjude"**

Als die mittelalterlichen Verordnungen den Christen das Geschäft mit verzinsten Krediten untersagt hatten, übernahmen einige Juden eine Schlüsselrolle im Finanzgeschäft des 17. und 18. Jh.s. So kam es, daß die Habsburger Herrscher „Hofjuden" ernannten, die einen privilegierten Status und uneingeschränkte Handelsfreiheit genossen. Samuel Oppenheimer, ein aus Speyer stammender Bankier, der die Kampagnen des Prinzen Eugen von Savoyen gegen die Türken finanzierte, nachdem Karl von Lothringen ihn nach Wien geholt hatte, gehörte ebenso zu ihnen wie sein Schwiegersohn Samson Wertheimer, der im Auftrag von Leopold I., Joseph I. und Karl VI. arbeitete. Doch diese Handelsfreiheit war nur wenigen vorbehalten, vielmehr blieben Unsicherheit und Unterdrückung das tägliche Brot der übrigen jüdischen Gemeinde.

## UMGEBUNG

**Raiding** – *46 km – etwa 2 Std. Man verläßt Eisenstadt in südlicher Richtung auf der Bundesstraße 59 A, dann auf der 331. Beim Ortsausgang von Weppersdorf nach links in Richtung Lackenbach abbiegen, dann weiter nach Raiding.*

**Liszts Geburtshaus** ⓥ – Das einfache Haus, in dem **Franz Liszt** 1811 geboren wurde, war die Verwalterwohnung seines Vaters, der dem Hofgut der Fürsten Esterházy vorstand. Man sieht hier Fotos und Urkunden bezüglich der Laufbahn des Komponisten. Die kleine Orgel der Pfarrkirche, auf der Liszt gespielt hatte, ist hierher gebracht worden.

*Österreich ist ein Paradies für Wintersportler: Die Karte der Ferienorte und die Tabelle der Wintersportorte im Kapitel „Praktische Hinweise" geben einen Überblick über die Winterportzentren. Im Kapitel „Sehenswürdigkeiten" sind über 25 Skigebiete näher beschrieben.*

# Höhlen EISRIESENWELT★

Salzburg

Michelin-Karte Nr. 926 – Falte 20 – 6 km nordöstlich von Werfen
Kartenskizze: SALZACHTAL

Etwa 1 000 m über dem Salzachtal öffnet sich, in 1 641 m Höhe, in der Westwand des Hochkogels (Tennengebirge) das Eingangstor zur Eisriesenwelt, die mit ihren Höhlen und Gängen auf einer Gesamtlänge von mehr als 40 km eines der bedeutendsten Höhlensysteme der Welt ist. Der zauberhaft schöne Eisschmuck, der auf etwa einem Kilometer die in der Nähe des Eingangs gelegenen Räume bedeckt, hat sie berühmt gemacht. Der zu besichtigende Teil der Höhlen wird von etwa 30 000 m² Bodeneis bedeckt, das bis zu 20 m dick ist.
Die vielfältigen und zum Teil bizarren Eisgebilde verdanken ihre Entstehung der Tatsache, daß die Gesteinstemperaturen im Winter auf unter Null Grad absinken, so daß das bei der Schneeschmelze durch Felsspalten eintropfende Wasser gefriert. Und selbst im Sommer liegen die Temperaturen in den Höhlen meist unter Null Grad, wodurch die Eisformationen das ganze Jahr erhalten bleiben.

## BESICHTIGUNG ⓥ

*Der beschriebene Weg beginnt an der Bundesstraße 159 in* **Werfen**.

Allein die zur Höhle führenden **Wege★★**, die herrliche Ausblicke gewähren, sind den Ausflug wert, selbst wenn man die Grotten nicht besichtigt. Für den Weg zu den Höhlen und ihre Besichtigung sollte man mit mindestens 3 Std. (inkl. Rückweg) rechnen. In den Höhlen sind auch im Sommer warme Kleidung, festes Schuhwerk und Handschuhe unentbehrlich.

**Weg zum Eingang der Höhlen** – Der Hinweg umfaßt folgende Etappen:
1. 5 km auf steiler (Steigung bis zu 18 %) Bergstraße im eigenen Wagen oder im **Bus** ⓥ (Eisriesenwelt-Linie), der in der Hauptstraße in Werfen abfährt. Parkplatz auf 1 000 m Höhe.
2. Vom Straßenende bis zur Talstation der Seilbahn geht man 1/4 Std. auf einem Weg, der hoch über dem Salzachtal und Burg Hohenwerfen *(s. Salzachtal)* verläuft.
3. 3 Minuten mit der **Seilbahn** ⓥ bis zum Berggasthof „Dr.-Oedl-Haus" (1 575 m).
4. Auf einem in den Berg gehauenen Weg, der grandiose **Blicke** auf das Tal, das Hagengebirge, den Hochkönig und die Gasteiner Tauern gewährt, gelangt man in weiteren 15 Minuten zum gewaltigen Höhleneingang in 1 641 m Höhe.

**Führung durch die Höhlen** – *Etwa 1 1/4 Std.* Im Schein von Karbidlampen und Magnesiumbändern betritt man die Eisriesenwelt und steigt über zahlreiche Stufen hinauf zur je 30 m breiten und hohen Posselt-Halle (nach dem ersten Forscher, der 1879 die Höhle betrat). Die „Hymir-Halle" mit der „Hymir-Burg" und „Niflheim" mit „Friggas Schleier" zeigen beeindruckende Eisformationen, die durch besondere Beleuchtungseffekte noch imposanter wirken. Im hinteren Teil des „Odin-Saales" befindet sich ein „Asenheim" genanntes, einem Thron ähnliches Eisgebilde. Dann erreicht man den 35 m hohen „Alexander-von-Mörk-Dom". Der Name dieses Raumes geht auf den im Ersten Weltkrieg gefallenen Begründer der Salzburger Höhlenforschung zurück, dessen Asche nach seinem letzten Willen hier beigesetzt wurde. Der 800 m vom Eingang entfernt liegende „Eispalast" ist die letzte Etappe und Umkehrpunkt der Führungen. Auf dem Rückweg passiert man noch am „Eistor" den höchsten Punkt der Höhle (1 775 m, 134 m über dem Höhleneingang).

**Zu den Namen der Räume in der Eisriesenwelt**

Ursprung zahlreicher Namen von Räumen in der Eisriesenwelt ist die nordische Mythologie, wie sie im altisländischen Epos der „Edda" überliefert ist: **Odin** ist der Göttervater, **Frigga** seine Frau und gleichzeitig Göttin der Fruchtbarkeit, **Hymir** ein Eisriese. Asgard oder **Asenheim** ist der Sitz des Göttergeschlechts der Asen, die mit den Wanen konkurrieren; **Niflheim** die dunkle Welt, ein Ort im eisigen Norden, der schon vor der Erschaffung der Welt existierte.

# ENNS★

Oberösterreich

11 100 Einwohner

Michelin-Karte Nr. 926 – Falte 9 – 20 km östlich von Linz – 281 m

Enns, auf dem linken Ufer des gleichnamigen Flusses erbaut, der unweit davon in die Donau mündet, ist die älteste Stadt Oberösterreichs. Bereits die Römer wählten diesen Platz aus, um ein befestigtes Lager zu errichten. Die sich hieraus entwickelnde Stadt Lauriacum gewann an Bedeutung und wurde zur Hauptstadt der norischen Provinz Roms. Hier erlitt auch der hl. Florian, Schutzpatron Oberösterreichs, unter Diokletian Anfang des 4. Jh.s das Martyrium.

## SEHENSWÜRDIGKEITEN

**Altstadt** – Die stattlichen Bürgerhäuser haben durchweg einen gotischen Baukern und weisen oft spätgotische oder Renaissance-Arkadenhöfe auf (Hauptplatz 5, 7, 10, 14, Wiener Straße 4, 8, 9). Auch das **Stadtmuseum Lauriacum** (**Z M**) *(Hauptplatz 19)*, ehemals Münzstätte, ist in einem solchen Arkadenhaus untergebracht; es verdient Beachtung wegen seiner Funde aus der Römerzeit. Besonders schöne Fassaden findet man am Hauptplatz, in der Mauthausner Straße 5 und der Linzer Straße 4 und 20.

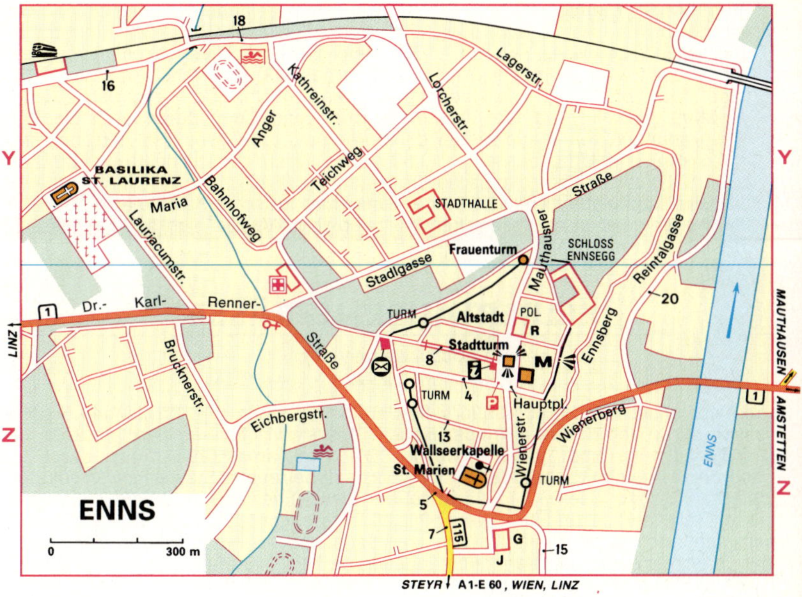


| | | |
|---|---|---|
| Bräuergasse ... Z 4 | Pfarrgasse ... Z 13 | Zeltwegstr. ... Z 20 |
| Dragonerstr. ... Z 5 | Steyrerstr. ... Z 15 | |
| Forstbergstr. ... Z 7 | Vilma-Eckl-Platz ... Y 16 | M Stadtmuseum Lauriacum |
| Linzerstr. ... Z 8 | Westbahnstr. ... Y 18 | |

**Stadtturm** (Z) – Inmitten des Hauptplatzes erhebt sich das Wahrzeichen der Stadt, der 60 m hohe Stadtturm. Der Bau wurde 1564 von den Ennser Bürgern ohne kaiserliche Baugenehmigung begonnen; diese wurde 1565 von Maximilian II. erteilt, so daß der Turm 1568 vollendet werden konnte. Als Glocken- und Wachturm errichtet, vereint er die ausgehende Gotik mit der Renaissance. Die Südseite ist mit dem Reichsadler und dem habsburgischen Hauswappen bemalt. Über 157 Stufen erreicht man die Galerie, die von einem elegant geschweiften Helmdach bekrönt ist. Von hier aus bietet sich ein herrlicher **Blick★** auf die Stadt und – bei guter Sicht – sogar bis ins Alpenvorland.

**Stadtbefestigung** (Z) – Die 1193-1194 errichtete Stadtbefestigung ist noch in wesentlichen Teilen (Wall, Graben, Wehrmauern, 6 Wehrtürme, darunter der Pfaffen-, der Bäcker- und der Frauenturm) erhalten. Für den Bau der Befestigungsanlage erhielt Enns einen Teil des Lösegeldes, das England für den auf der Burg Dürnstein inhaftierten englischen König Richard Löwenherz an Österreich zahlen mußte.

**Frauenturm** (YZ) – Im Obergeschoß befindet sich die ehemalige Johanniterkapelle mit Fresken, die zwischen 1320 und 1360 datiert sind. Die Johanniter unterhielten hier im 14. Jh. eines der vielen Pilgerhospize entlang des europäische Pilgerwegs von Danzig bis Santiago de Compostela *(Schlüssel zum Frauenturm bei der Touristeninformation in der Mauthausner Straße 7).*

**Pfarrkirche St. Marien** ⓥ (Z) – Im Süden der Altstadt liegt eine der ältesten Bettelordenskirchen Österreichs. Sie wurde 1276-1277 von den Minoriten errichtet; im ersten Viertel des 14. Jh.s folgte der Langchor. Dieser ist ein Beispiel für die damalige Höhen- und Längsentwicklung im gotischen Sakralbau. Das Langhaus wurde in der zweiten Hälfte des 15. Jh.s zu einer zweischiffigen Halle eingewölbt. Einziger Schmuck sind die schön skulptierten Schlußsteine. Die schlichte Architektur der Bettelorden zeigte einen strengen Gegensatz zum reichen Kathedralbau des Mittelalters.
Durch drei gotische Arkaden gelangt man in die Wallseerkapelle.

**Wallseerkapelle** (Z) – Die Wallseer kamen mit den Habsburgern nach Österreich und waren in Enns lange Zeit Burghauptleute. Der Bau wurde im 14. Jh. an die Kirche angefügt. Das Kapellenlanghaus ist zweischiffig gestaltet und wird – bei gleichbleibender Breite – mit einem dreischiffigen Chorraum verbunden. Diese eigenwillige architektonische Lösung gibt es in Österreich nur zweimal. Schlanke Säulen und Rippen verleihen dem Raum besondere Zartheit. Eine bemerkenswerte Malerei von 1625 zeigt die „Lorcher Bischofsreihe", eine Stadtansicht mit Stadtheiligen. Die sitzende Madonna stammt aus dem 13. Jh. Kreuzgang aus dem 15. Jh.

★ **Basilika St. Laurenz** ⓥ (Y) – Sie steht auf dem Gelände der ehemaligen Stadt Lauriacum und wurde zwischen 1285 und 1290 errichtet. Nach Einsturz des gotischen Gewölbes wurde 1628 ein frühbarockes Kreuzgratgewölbe eingezogen. Von der Inneneinrichtung seien das Sakramentshäuschen von 1480, eine Pieta von 1430, eine Madonna aus dem 14. Jh. und spätgotische Reliefs erwähnt. Verblüffend ist, daß Mittelschiff und Chor durch archäologische Ausgrabungen mit Mauerresten der antiken Vorgängerbauten getrennt sind: gallo-römischer Umgangstempel (180 n. Chr.), erste christliche Kirche (Bischofssitz, 370) und frühkarolingische Kirchenanlage (740).
Vor der Kirche steht ein achteckiger **Karner** mit gotischer Kapelle (um 1507). An der Außenwand ist eine bemerkenswerte **Ecce-homo-Gruppe**★ von 1690 angebracht, die Pilatus im Gewand eines türkischen Großwesirs zeigt.

# FELBERTAUERNSTRASSE★

## Salzburg und Tirol

Michelin-Karte Nr. 926 – Falte 32

Die Felbertauernstraße durchquert die Ostalpen in einem 5,2 km langen Scheiteltunnel, der in den Hauptkamm der Hohen Tauern zwischen der Großglockner- und Großvenedigergruppe gebohrt wurde. Die Panoramastraße führt durch die unberührte Alpenlandschaft des Nationalparks Hohe Tauern. Sie stellt die Verbindung zwischen Osttirol (Lienz) und Nordtirol (Innsbruck) her und erschließt die schönen weiten Täler der Isel und ihrer Nebenflüsse (Defereggental, Virgental, Kalsertal); sie verbindet auch Mittersill und Osttirol, das Iseltal und das Pustertal miteinander.
Der Österreich-Besucher kann eine angenehme Tagesrundfahrt über die berühmte Großglocknerstraße zur Felbertauernstraße *(nur im Sommer befahrbar)* machen, von der er die leuchtenden Firnhänge des Großvenedigers bewundern wird.

Gruenert/ÖSTERREICH WERBUNG

Tauerntal

## VON LIENZ ZUM FELBERTAUERNTUNNEL *41 km*

**Lienz** - *s. dort.*

Ab Lienz führt die Straße zunächst das lange, bewaldete Iseltal hinauf, dessen Hänge auf halber Höhe besiedelt sind.

❄ **Matrei in Osttirol** - *s. dort.*

Gleich hinter Matrei erblicken wir das Schloß Weißenstein, einstiger Stützpunkt der Salzburger Erzbischöfe auf dem Tauernsüdhang.
Die Straße verläuft nun am bewaldeten Berghang entlang durch das **Tauerntal★★**. Im Vordergrund stürzt der Untere Steiner Wasserfall am Ausgang der Proßegg-Klamm herab, die wir bald darauf durchqueren, um in ein Talbecken zu gelangen, das links vom Hanggletscher des Kristallkopfs überragt wird.

Nun hat man die Möglichkeit durch den **Felbertauerntunnel** unverzüglich nach Norden weiterzureisen *(s. unten; die Benutzung des Tunnels ist mautpflichtig.)* oder einen Zwischenstopp zur Erkundung des Großvenediger-Massivs einzulegen.

## ★★ AUSFLÜGE IM GROSSVENEDIGER-MASSIV

*Man fährt an der Tunneleinfahrt (Maut) links vorbei und folgt weiter dem Talgrund auf einer kleinen Bergstraße bis zum Matreier Tauernhaus (Höhe 1512 m), einem Berghotel.*
*Mindestens 2 Std. hin und zurück für einen Kurzbesuch rechnen, besser 1 ganzen Tag mit Wanderung einplanen.*

In diesem Massiv befinden sich zahlreiche schöne Wanderwege und Hochgebirgsrouten.

★★ **Spaziergang nach Innergschlöß** - *2 Std. zu Fuß hin und zurück.* Die Anfahrt in der Pferdekutsche ist möglich (1 1/2 Std. hin und zurück). Nach einer 3/4 Stunde gelangen wir nach Außergschlöß (1 695 m). Das romantische Landschaftsbild der Chalets inmitten von Felsblöcken und Lärchen gerät beim Anblick des majestätischen Großvenedigers in seinem Gletschermantel (3 674 m), der sich am rechten Ende der Gebirgskette erhebt, beinahe in Vergessenheit. Dann führt ein fast ebener Weg zu der kuriosen Kapelle von Außergschlöß, die von einem gewaltigen Fels überdacht wird, bis nach Innergschlöß (Gasthaus), wo das Reich der erfahrenen Wanderer und der Bergsteiger beginnt.

★ **Bergbahn Venedigerblick** - Höhe 2 000 m. *1/4 Std. Auffahrt.* **Blick★** auf den Großvenediger und das Tauerntal.
Von der Bergstation des Sessellifts begeben sich ausdauernde Wanderer auf den herrlichen Drei-Seen-Weg. Nicht ganz so sportliche Besucher sollten sich mit dem Spazierweg zum Zirbelkreuz zufriedengeben.

Y. Bontoux

Grüner See mit Blick auf den Großvenediger

★★ **Drei-Seen-Rundweg** - Man sollte mindestens bis zum Meßeling-Paß aufsteigen *(3 1/4 Std. hin und zurück und 563 m Höhenunterschied).* Nachstehend ist der gesamte Rundweg beschrieben *(5 1/4 Std. Fußweg). Bergschuhe werden empfohlen.* Angenehme, gut weiß und rot markierte Strecke am Meßelingbach entlang. Nach einer 3/4 Std. erreicht man den in einem herrlichen **Rahmen★★** von Almen liegenden Grünen See mit Blick auf die Gletscher des Großvenedigers im Westen und auf die bedrohlichen Felswände der Teufelsspitze im Osten.
Je mehr man an Höhe gewinnt, umso grüner funkelt die Wasserfläche des Sees. Nach einer weiteren 1/4 Std. erreicht man den Schwarzen See, an dem man links entlanggeht, und 1/2 Std. später schließlich den Grauen See. In Richtung St. Pöltner Hütte weitergehen. Nach 10 Min. kommt man zur Meßelingscharte

(2 563 m), von der sich bereits eine bemerkenswerte **Aussicht**★★ bietet. Gut trainierte, schwindelfreie Wanderer mit solidem Schuhwerk können bis zum Meßelingkogel aufsteigen (Höhe 2 694 m - *3/4 Std hin und zurück*). Vom Gipfel bietet sich ein einmaliges **Panorama**★★★ über die drei Seen, den Großglockner (im Hintergrund), das Tauerntal und die riesigen Gletscher des Großvenedigers; unterhalb sind der Wildensee und der Löbensee zu erkennen.
Von der Meßelingscharte am Berghang entlang weitergehen in Richtung **St. Pöltner Hütte** (50 Min. Fußweg). Nach 20 Min. läßt sich der Alte Tauern mit Hilfe der an der Wand befestigten Seile leicht erklimmen. Vom Gipfel mit den schönen Enzianwiesen bietet sich ein Blick auf den Tauernsee und den Langsee, die von Hochgasse und Höndl überragt werden. Dann zur Hütte (Höhe 2 481 m) am Fuß des spitzen Tauernkogels absteigen.
In Richtung Außergschlöß zum Talgrund zurückkehren. In einer knappen Stunde erreicht man eine kleine Brücke über den Tauernbach oberhalb des Zirbelkreuzes. Wer schon müde ist, kann direkt zum Parkplatz zurückkehren. Ausdauernden Wanderern empfehlen wir den Abstieg nach Außergschlöß *(eine gute 1/2 Std. rechnen)*. Die Strecke durch herrlichen Lärchenwald belohnt mit einem **Blick**★★ auf das Tauerntal und einen Wasserfall, der vom Dichtensee kommt.

★ **Wanderung zum Zirbelkreuz** - *1 3/4 Std. Fußweg. 600 m Höhenunterschied bergab.* Von der Bergstation der Venedigerblickbahn führt der Pfad am Berghang entlang und steigt schließlich zu einer Brücke und dann zum Kreuz ab. Möglichkeit, den Parkplatz direkt zu erreichen. Ausdauernden Wanderern empfehlen wir jedoch den Abstieg bis Außergschlöß *(siehe oben)*. Diese Wanderung kann mit der Wanderung nach Innergschlöß verbunden werden.

*Nach den Ausflügen ins Großvenediger-Massiv mit dem Auto weiterfahren und den Tunnel durchqueren.*

## VOM FELBERNTAUERNTUNNEL NACH MITTERSILL *16 km*

Auf dem Tauernnordhang mündet der Straßentunnel im oberen Amertalkessel, einem rauhen, einsamen Hochgebirgstal, ins Freie.
*9 km nach der Tunnelausfahrt links abfahren in Richtung Hintersee. Nach 500 m rechts parken, um die Schößwendklamm zu besichtigen.*

★ **Schößwendklamm** - *1/4 Std. Fußweg hin und zurück.* Von der anderen Straßenseite führt ein Pfad bis zum Felberbach hinunter, den man überquert. Der Weg führt dann am Bach entlang mit **Blick**★ auf die malerischen Formen, die das kristallklare Wasser in den Fels gegraben hat.

*Mit dem Auto 3 km weiter bis zum Ende der Straße fahren.*

★ **Hintersee** - Der von Fichtenwäldern eingerahmte See liegt im oberen Felbertal und wird von einem majestätischen Hochgebirgszug überragt, aus dem mehrere Wasserfälle von beeindruckender Höhe herabstürzen. Im Süden ist das Tauernkogel-Massiv (2 989 m) zu erkennen. Auf mehreren Informationstafeln ist die geologische Bedeutung des Ortes erklärt. Möglichkeiten zum Spaziergang um den See.

*Zur Bundesstraße 108 zurückfahren.*

Die Strecke führt durch Almen bis nach **Mittersill**, Ferienort und bedeutender Straßenknotenpunkt im oberen Salzachtal (Oberpinzgau), von dem die Straße zum Paß Thurn und zum Gerlospaß abgeht.

# FELDKIRCH★

Vorarlberg

29 000 Einwohner

Michelin-Karte Nr. 926 - Falte 27 - Kartenskizze: BREGENZERWALD - 459 m

Für die aus dem Westen kommenden Reisenden ist das an der verkehrsreichen Arlbergstraße liegende Feldkirch das Eingangstor Österreichs. Das noch zum Teil befestigte Städtchen, das der Ardetzenbergkamm von der Rheinebene trennt, gruppiert sich am Fuße der Schattenburg, am Ausgang der letzten Illschlucht. Bis heute hat es seinen mittelalterlichen regelmäßigen Grundriß und seine hübschen, von Laubengängen eingefaßten Plätze bewahrt.

**Das „Studierstädtle"** - Wegen seiner vielen Schulen wurde Feldkirch dieser schmückende Beiname verliehen. Schon im Mittelalter besaß es eine „Lateinschule", und heute bereiten sich viele Vorarlberger in seinem humanistischen Gymnasium auf das Hochschulstudium vor. In seinem Pädagogischen Institut werden die zukünftigen Lehrer ausgebildet.
Feldkirch blieb auch die Juristen- und Finanzstadt, da die besondere Verfassung Vorarlbergs keine systematische Zentralisierung des Verwaltungsapparates in Bregenz vorsieht. Heutzutage arbeitet jedoch mehr als die Hälfte der Bevölkerung im Fremdenverkehrsgewerbe, im Handel und in der Industrie.

## ★ DIE ALTSTADT

Der dreieckige Grundriß der Stadt geht auf das 13. Jh. zurück. Er ist durch ihre Lage in einer Talmulde und an einem Straßenknotenpunkt bedingt. Zwischen der Neustadt im Nordosten, die mit ihren Gaststätten und Hotels das belebte Fremdenverkehrszentrum Feldkirchs geworden ist, und der Vorstadt bei dem Churertor im Nordwesten, bildet das Viertel um den Marktplatz nach wie vor den Stadtkern.
Am Hirschgraben findet man die bedeutendsten Überreste der mittelalterlichen Stadtbefestigung. Der **Katzenturm** (**A**) (Ende des 15. Jh.s) verdankt seinen Namen jenen Kanonen, die am Ende Löwenköpfe zur Verzierung hatten und im Volksmund „Katzen" genannt wurden. Er wird auch „Dicker Turm" genannt; daneben eine kleine Grünanlage mit malerischen Spitzdachhäusern.
Das **Churertor** (**B**) ist durch sein vorspringendes Giebeldach gekennzeichnet.

**Marktplatz** – Dieser lange, rechteckige Platz, auf seinen Längsseiten von Laubenhäusern eingefaßt, hat seinen altertümlichen, freundlichen Anblick bewahrt. Hier und da ziehen einige Gasthäuser mit bemalten Fassaden, ein Eckturm oder ein gotischer Erker den Blick an. Im Süden endet der Ausblick an der Fassade und dem einfachen, schlanken Glockenturm der Johanniskirche, ehemalige Klosterkirche des Johanniterordens, dem die Überwachung des Arlbergpasses anvertraut war.

## WEITERE SEHENSWÜRDIGKEITEN

**Domkirche St. Nikolaus** ⓥ – Sie weist zwei gleich hohe Kirchenschiffe auf, was bei den österreichischen Baumeistern des 15. Jh.s sehr beliebt war, und ein spätgotisches Netzgewölbe. Auf dem rechten Seitenaltar eine **Beweinung Christi**★, 1521 von Wolf Huber gemalt. Dieser in Feldkirch geborene Meister der Donauschule gilt als einer der großen Vorläufer der deutschen Landschaftsmalerei.
Der schmiedeeiserne Kanzelaufsatz war ursprünglich ein gotisches Sakramentshäuschen.

**Schattenburg** – *Man fährt entweder die Burggasse hinauf oder geht die Treppen des Schloßsteigs hinauf zur Burg.*
Trotz der Unterbringung eines Restaurants und Museums hat die Burg im wesentlichen ihre alte Raumanordnung behalten. Auch der Bergfried, hoch auf einem Felsen, bewahrte seinen wehrhaften Anblick. Der ursprüngliche Wohnturm, „Palas" genannt, dessen Mauern über 4 m dick sind, ist an seiner hohen Dachhaube kenntlich. Das Vorwerk zum Schutz der noch heute bestehenden Zugangsbrücke und die benachbarten Ruinen des Rundturms stammen aus der Zeit um 1500, der Epoche des Schießpulvers.
Vor dem Überschreiten der Brücke hat man einen schönen **Fernblick** bis zum Rheintal, das vom Hohen Kasten (Appenzeller Land) überragt wird.
Der Burghof (Café) bietet mit seinen übereinanderliegenden Holzgalerien und gewaltigen Dächern einen malerischen Anblick.

### FELDKIRCH

Ardetzenbergtunnel . 2
Bahnhofstraße . . . . . 3
Burggasse . . . . . . . . 4
Domplatz . . . . . . . . . 5
Fidelisstraße . . . . . . . 7
Ganahlstraße . . . . . . 8
Herrengasse . . . . . . . 9
Johannitergasse . . . . 10
Kreuzgasse . . . . . . . 12
Leonhards-Platz . . . . 13
Montfortgasse . . . . . 15
Neustadt . . . . . . . . . 16
Schillerstraße . . . . . . 17
Schloßgraben . . . . . . 19
Schloßsteig . . . . . . . 20
Schmiedgasse . . . . . 22
Vorstadt . . . . . . . . . . 23
Wichnergasse . . . . . . 26
Zeughausgasse . . . . 30

A Katzenturm
B Churertor

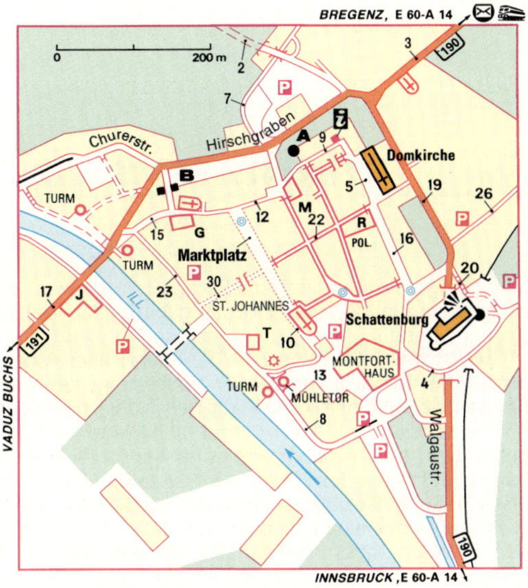

**Heimatmuseum** ⓥ - Die schön angeordneten Sammlungen religiöser Kunstgegenstände (insbesondere in der alten Kapelle), herrschaftlicher oder bürgerlicher Möbel aus der gotischen Epoche, alter Bauernmöbel, von Waffen und Rüstungen sowie Schriften, die sich auf Alt-Feldkirch beziehen, sind einen Besuch wert. Von den Fenstern aus schöne Blicke auf Feldkirch.

## UMGEBUNG

**Rankweil** - *19 km hin und zurück - Feldkirch über die Bregenzer Straße verlassen.*
Die Wallfahrtskirche Rankweil beherrscht einen gesegneten Landstrich, das österreichische Rheintal, das wegen seiner zahlreichen Obstbaumkulturen auch der „Garten Vorarlbergs" genannt wird.

**Liebfrauen- oder Burgkirche** - *Ältere und gehbehinderte Personen können mit dem Wagen die Auffahrt benutzen, die nordöstlich von der Ringstraße um den Burgfelsen abzweigt.*
Dieses der Jungfrau Maria geweihte Gotteshaus wurde im 8. Jh. vom Bischof von Chur mitten im Ort auf einem jäh abfallenden Felsen errichtet. Es diente auch als Pfarrkirche. Nachdem die Kirche 1445 bei Aufständen zerstört worden war, baute man sie Ende des 15. Jh.s wieder auf und befestigte sie. In dieser Epoche entstanden der Verteidigungsgürtel, der zylindrische Bergfried und der Wehrgang, und das Gotteshaus erhielt seinen wehrhaften Charakter. 1986 wurde die Kirche mit dem Titel Basilica minor ausgezeichnet.
Die **Gnadenkapelle** wurde zu gleicher Zeit wie das an sie anschließende Seitenschiff gebaut (1658) und birgt den kostbarsten Schatz der Kirche, ein schönes, spätgotisches Gnadenbild (um 1460), das der schwäbischen Schule zugeschrieben wird. Rechts der Gnadenkapelle steht das sogenannte Wundertätige oder auch Silberne Kreuz, das auf der Vorderseite den Gekreuzigten, ein romanisches Kunstwerk aus dem 13. Jh., sowie drei geschnitzte Reliefs aufweist: den Einzug Christi in Jerusalem, die Verkündigung der Auferstehung Christi durch den Engel an die Frauen am Grab und die Himmelfahrt Christi.
Unter der Empore führt eine Tür zum alten **Wehrgang**★, der einen prachtvollen **Rundblick**★ auf die Rheinebene und den Kranz der Vorarlberger und Schweizer Berge gewährt: im Westen und Südwesten die Schranke des Alpsteins (Appenzeller Alpen) mit dem Altmann (2 436 m), den Wildhaussattel, die Zacken der Churfirsten und die Alviergruppe. Auf österreichischer Seite, jenseits des Illdurchbruchs, in der Gegend von Feldkirch, die Drei Schwestern an der Grenze von Liechtenstein. Durch einen Taleinschnitt erblickt man den Schesaplanagipfel (2 965 m) im Rätikon-Gebirge.

*Nach Besichtigung der Kirche Rankweil über die Straße nach Satteins verlassen, die von einer Gebirgskette überragt wird und ziemlich kurvenreich im Talgrund verläuft.*
Nach kurzer Fahrt bietet sich ein **Blick** auf das Bludenzer Becken und das Rätikonmassiv.

*Am Ortseingang von Satteins nach rechts auf die Bundesstraße 1 abbiegen, die nach Feldkirch zurückführt.*



# FERNPASSSTRASSE★

### Tirol

Michelin-Karte Nr. 926 - Falten 16 und 29

Die abwechslungsreiche, malerische Fernpaßstraße war der bergigste Abschnitt der alten transalpinen Handelsstraße von Augsburg nach Venedig, die im 15. Jh. auch in strategischer Hinsicht eine bedeutende Rolle spielte und heute eine Verbindung zwischen den großen Höhenkurorten der Bayerischen Alpen und Innsbruck herstellt. Diese Straße ist für Tirol von großer Bedeutung, denn sie öffnet den Weg in die Hochtäler des Lech und der Loisach, die durch die Schranken der Lechtaler Alpen und des Mieminger Gebirges vom Inntal abgeriegelt sind. Bevor man die etwas abgelegenen Hochtäler erreicht, die unter der Bezeichnung **Außerfern** bekannt sind, fährt man ab Mötz über das Mieminger Plateau. In Nassereith, an der Südrampe des Fernpasses, beginnt die eigentliche Fernpaßstraße (B 179), eine prachtvolle Strecke, die vom Paß hinunter nach Lermoos mit Blick auf das Wettersteingebirge mit der Zugspitze und dann durch das Zwischentorental und den Engpaß der Ehrenberger Klause führt.

## VON TELFS NACH REUTTE *64 km*

Von **Telfs** *(s. Seefelder Sattelstraßen)* zum Bergsattel von Holzleiten zieht sich die Straße über die sanften Hänge des gut besiedelten Mieminger Plateaus hinauf, aus dem die scharf gezackten Kammspitzen des Mieminger Gebirges emporsteigen (Hochplattig: 2 758 m, Griesspitzen: 2 759 m). In der Gegend von Obermieming eröffnen sich links Ausblicke über das Inntal mit den Schneegipfeln der Samnaungruppe in der Ferne. Beim Gasthof „Fernblick", kurz nach Fronhausen, sollte man kurz innehalten, um den Ausblick auf die Wallfahrtskirche Locherboden, die über dem Inntal thront, zu genießen.

Bei der Abfahrt vom mit lichtem Lärchenwald bestandenen **Holzleitner Sattel** (1 126 m) Richtung **Nassereith** bieten sich rechts immer wieder neue herrliche **Ausblicke**★ auf das Mieminger Gebirge und die idyllisch im Talgrund verstreuten Siedlungen sowie links auf das sich gen Südwesten bis nach Imst *(s. Oberes INNTAL)* hinziehende Bigerbachtal.

Nach mehreren Tunneldurchfahrten passiert man die Raststation Nassereith und erreicht wenig später das Hotel „Schloß Fernsteinsee" links der Straße.

**Fernstein** – In diesem leicht zu verteidigenden Engtal überwachte ehemals Schloß Fernstein (heute Teil des Hotels) den Straßenverkehr. Rechts der Straße, unterhalb des Parkplatzes, liegt der idyllische **Fernsteinsee**★, dessen grün schimmernde Wasser eine weitere Farbschattierung zum Dunkelgrün der Nadelbäume und den hellgrünen Wiesen hinzufügen.

**Fernpaß** – 1 209 m. Die Paßhöhe liegt zwischen Fernstein und Biberwier. Auf der Südseite windet sich die Straße in zahlreichen Kehren, umgeben von den rauhen, einsamen Schluchten und Talschlüssen der Loreakopfgruppe, zum Paß empor. Etwa 1 km nach der geographischen Paßhöhe erreicht man den Aussichtspunkt beim Restaurant „Zugspitzblick" (Parkplatz). Das **Panorama**★ ertreckt sich, von links nach rechts, von der Zugspitze im Wettersteinmassiv über die markante Sonnenspitze (2 414 m) und die eng nebeneinander liegenden Gipfel des Wampeter Schrofens (2 520 m) und des Marienbergs (2 561 m) bis hin zum Wannig (2 493 m). Zu Füßen des Aussichtspunktes erstreckt sich der langgezogene malerische **Blindsee**★.

***Der Blindsee eignet sich hervorragend für ein erfrischendes Bad oder eine Uferwanderung. Die Zufahrt zum See liegt bei der Abfahrt vom Fernpaß in nördlicher Richtung auf der linken Straßenseite (noch vor der Informationsstelle).***

*Über den Nordhang des Fernpasses weiter in Richtung Biberwier.*

Bei der Abzweigung nach Biberwier erblickt man rechts den **Weißensee**. Von Biberwier nach Lermoos verläuft die Strecke in geringer Höhe über der Talmulde von Lermoos-Ehrwald und gewährt schöne **Ausblicke**★★ auf den Wetterstein und das Mieminger Gebirge.

★ **Ehrwald** – Der Ort liegt am Fuße der westlichen Steilhänge der Zugspitze. Unter dem vielfältigen Angebot an Wanderungen, Gebirgstouren und Rundfahrten von Ehrwald aus ist die Auffahrt zur Zugspitze, dem höchsten Gipfel Deutschlands, mit der Tiroler Zugspitzbahn ein besonderes Erlebnis.

★★★ **Fahrt auf die Zugspitze** ⓥ – *Etwa 1 Std., davon 10 Minuten mit der Tiroler Zugspitzbahn (pro Kabine können 100 Personen befördert werden).* Von Ehrwald führt eine 4,5 km lange Straße zwischen Lärchen und Buchen nach Obermoos, wo sich die Talstation der Tiroler Zugspitzbahn befindet. Zu Fuß läßt sich die gleiche Strecke auf einem schönen Waldweg in 1 Stunde zurücklegen. Selbst wenn man nicht zur Zugspitze fährt, verspricht die Strecke eine angenehme Spazierfahrt bzw. Wanderung.

★★★ **Zugspitze** – 2964 m. Die Bergstation der Tiroler Zugspitzbahn liegt auf österreichischem Gebiet an der Westflanke des Gipfels.
Die **Aussicht** von der Zugspitze zeigt im Süden, hinter den vorgeschobenen Bastionen des Kaisergebirges, des Dachsteins und des Karwendels, die von ewigem Schnee bedeckten Gipfel der Hohen Tauern (Großglockner, Großvenediger), der Tiroler Hochalpen (Zillertaler, Stubaier, Ötztaler Alpen), des Ortlermassivs und der Bernina. Im Osten liegen die Gebirge des Arlbergs (Silvretta, Rätikon), zwischen denen der Säntis in den Appenzeller Alpen zu sehen ist. Dann folgen die Allgäuer und die Ammergauer Berge. Im Norden kann man im bayerischen Alpenvorland die Wasserflächen des Ammersees und des Starnberger Sees erkennen.
Während der Skisaison erschließt die Zugspitzbahn den geübten Wintersportlern prächtige Abfahrten, so die 23 km lange Gatterlabfahrt vom Gipfel bis nach Ehrwald (es wird empfohlen, zusammen mit einem Bergführer abzufahren).

M. Hertlein/MICHELIN

Blick auf das Mieminger Gebirge

★ **Lermoos** – Lermoos erfreut sich einer prächtigen **Lage**★★ am Rande eines Beckens des oberen Loisachtals, umgeben von den Nördlichen Kalkalpen. Man findet schwerlich eine günstigere Stelle, um diesen Gipfelkranz zu bewundern, aus dem die Zugspitze im Wettersteinmassiv und die schöne Pyramide der Sonnenspitze (Mieminger Gebirge) hervorragen. Deshalb kann sich Lermoos – übrigens ein gut erschlossener Wintersportort – zu den Höhenorten Österreichs zählen, die die eindrucksvollsten Hochgebirgsblicke eröffnen.

**Pfarrkirche zur hl. Katharina** – Dieser Bau ist ein schönes Zeugnis süddeutschen Barocks. Decke und Kuppel hat der Italiener Giuseppe Gru 1784 mit illusionistischer Malerei geschmückt. Besonders qualitätvoll sind die Rokoko-Figuren der hll. Georg und Nepomuk und die goldstrahlende Kanzel.

**Maria Opferung** – *Am Ortsende von Lermoos, Richtung Reutte, links der Straße auf einer Anhöhe. Abbildung S. 1.* Das kleine Kirchlein, zu dem ein Kreuzweg hinaufführt, wurde im 17. Jh. errichtet. Von seinem exponierten Hügel bietet sich ein herrlicher **Blick**★★ auf Lermoos und die Berge der Mieminger Gruppe.

Durch das grüne Zwischentorental, so genannt nach den Befestigungen, die einst den Zugang zum Fernstein und zur Ehrenberger Klause verteidigten, gelangt man vom Loisach- in das Lechtal. Die Wasserscheide (ohne besonderes Anzeichen in der Landschaft) wird bei Lähn überquert. Bevor man in das Reutter Becken einfährt, hat man noch den Engpaß der Ehrenberger Klause kurz nach Heiterwang zu überwinden.

**Ehrenberger Klause** – Die Ruinen der Feste Ehrenberg links oberhalb der Straße scheinen noch heute die alte Straße im Grunde der Schlucht zu versperren. Die Feste war ein mächtiges Bollwerk – eine der Schlüsselstellungen von Tirol –, das seit dem 16. Jh. bis zum Ende des 18. Jh.s durch die bayerischen, schwedischen und französischen Truppen den Engpaß abriegelte. Da Ehrenberg außerdem der Sitz der Gerichtsherren und Steuereinnehmer des Landes war, wurde bis 1850 das heutige Außerferngebiet nach ihm benannt.

Ehe man Reutte erreicht, bietet sich noch ein Abstecher zum Plansee an *(etwa 20 km hin und zurück).*

★ **Plansee** – Die Straße führt zuerst oberhalb eines bewaldeten Engtals entlang und wird dann auf einer Strecke von 6 km zur Uferstraße. An der Nordostspitze des Sees in der Ansiedlung „Am Plansee" findet man ein Hotel-Restaurant und verschiedene Kioske. Von dort reicht der Blick nach Südwesten über die Landenge, die den Plansee vom Heiterwanger See trennt, bis zur Bergpyramide des Thaneller (2341 m).

***Möglichkeit zur Weiterfahrt nach Deutschland über den Ammersattel nach Linderhof und Oberammergau.***

Folgt man der Uferstraße wieder zurück Richtung Reutte zeigen sich der Plansee und sein Gebirgsrahmen von ihrer schönsten Seite. Bei der Anfahrt auf Reutte schöner Blick Richtung Westen auf die Tannheimer Berge mit der Gehrenspitze (2 164 m) ganz rechts und die Lechtaler Alpen links im Hintergrund.

**Reutte** – *s. Oberes LECHTAL.*

# Burg FORCHTENSTEIN★

### Burgenland

Michelin-Karte Nr. 926 – Falte 25
23 km südöstlich von Wiener Neustadt, Anfahrt über Mattersburg

In einer landschaftlich sehr reizvollen Umgebung, auf einem Felshügel an den Ausläufern des Rosaliengebirges erhebt sich Burg Forchtenstein, überragt von dem 50 m hohen massigen Bergfried, dem ältesten noch erhaltenen Bauteil.
Die im 13. Jh. von Spanien nach Ungarn eingewanderten Grafen von Mattersdorf erbauten sie zu Beginn des 14. Jh.s. Im 17. Jh. erhielt die Burg ihr heutiges Aussehen. Die Familie der Esterházy, seit 1622 im Besitz Forchtensteins, ließ wegen der drohenden Türkengefahr den Bastionengürtel anlegen und die Wohnräume zu Repräsentationszwecken ausbauen. Ab dem frühen 18. Jh. übersiedelte die Familie ins Schloß Eisenstadt und Burg Forchtenstein diente fortan als „Familientresor", Zeughaus und Archiv.

## BESICHTIGUNG ⊙

Im Rahmen der Burgführungen besichtigt man vor allem die umfangreichen **Fürstlich Esterházyschen Sammlungen★** mit einem Schwerpunkt auf dem 17. und 18. Jh. Der Großteil der in Forchtenstein gesammelten Objekte ist immer noch vor Ort zu besichtigen, so daß die Burg mit ihren 20 000 Exponaten als eine der größten öffentlich zugänglichen Privatsammlungen Europas gilt.
Glanzpunkte der Sammlungen sind die **Schatzkammer** (Kunst- und Wunderkammer, Uhren und Automaten, Silberzimmer, Chinoiserien, Porzellan, Bibliothek), ein beeindruckendes Zeugnis der Sammelleidenschaft der Esterházy mit vielen prunkvollen, für die damalige Zeit oft sehr exotischen Objekten, die **Bildergalerie** (Ahnenbilder und Schlachtengemälde) und die **Waffenkammer** (Waffen- und Rüstungsbestand der Esterházyschen Truppen, Beutestücke aus den Kriegen gegen Preußen und Franzosen und die sogenannte Türkenbeute aus den Feldzügen des Fürsten Paul Esterházy (1652-1713).

Fährt man die Straße ab der Burg weiter bergan, erreicht man nach etwa 4 km die der Pestheiligen Rosalia geweihte **Rosalienkapelle** (1670), bei der sich ein weiter Ausblick nach Eisenstadt und bis zum Neusiedler See sowie die Burg im Vordergrund bietet.

**Die Rosaliensage**

Der Sage nach war ein gewisser Giletus der erste Burgherr auf Forchtenstein. Während seiner Abwesenheit wegen eines Kriegszuges führte seine Gemahlin Rosalia ein strenges und grausames Regiment über seine Untertanen. Bei seiner Rückkehr vernahm Giletus von seinen Getreuen ihre Untaten. Er schilderte sie seiner Frau, so als hätten sie sich in der Ferne zugetragen, und fragte sie nach einem gerechten Urteil für eine solch erbarmungslose Herrscherin. Rosalia empfahl eine den Freveln angemessene Bestrafung, und so endete sie, die ihr eigenes Urteil gefällt hatte, im Verlies der Burg. Ihr ruheloser Geist soll danach in der Burg gespukt haben und, um ihn zu erlösen, ließ Giletus, wie die Legende berichtet, die Rosalienkapelle erbauen.

# FREISTADT★

### Oberösterreich

8 000 Einwohner
Michelin-Karte Nr. 926 – Falte 9 – Kartenskizze: LINZ, Umgebung – 560 m

Dieses Städtchen liegt an der alten Salzstraße, die von den Alpenländern nach Böhmen führte, in der urwüchsigen Landschaft des Mühlviertels, einer von Weiden und Tannenwäldern bedeckten Granithochfläche, die weite Blicke vom Donautal bis zur tschechischen Grenze gewährt.
Die weitgehend unversehrte **Stadtbefestigung★** mit zum Teil doppelter Stadtmauer, Türmen und Toren wurde in zwei Bauabschnitten um 1300 und gegen 1400 errichtet. Sie trägt nicht wenig zum Reiz der Stadt bei. Der Hauptplatz und die engen Gassen mit ihren malerischen Häusern verleihen dem Ort ein altertümliches, überaus idyllisches Gepräge.

## SEHENSWÜRDIGKEITEN

★ **Hauptplatz** – Im Südwesten des rechteckigen, harmonischen Platzes erhebt sich der von einem Zwiebelhelm mit Laterne bekrönte Turm der Pfarrkirche, während auf der anderen Seite der Schloßturm emporragt. Die den Platz einfassenden Häuser besitzen meistens Portalvorbauten oder Laubengänge. Ihre mit Stuckwerk geschmückten und zart bemalten – gelb, grün, violett – Fassaden geben

## FREISTADT

Altenhofgasse ... 2
Böhmergasse ... 3
Heiligengeistgasse ... 4
Huterergasse ... 5
Pragerstraße ... 6
Samtgasse ... 9

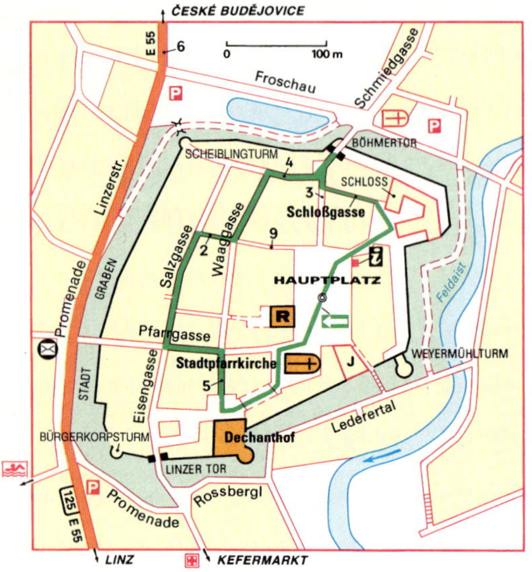


dem Ganzen eine heitere Note. Im Westen, gegenüber dem skulptierten Marienbrunnen, das **Rathaus** (**R**) und rechts davon *(Hauptplatz Nr. 3)* ein altes Bürgerhaus mit einem Portalvorbau und einem kleinen, von einer Zwiebelhaube bekrönten Turm. Nicht das spektakulärste Gebäude des Hauptplatzes, dafür aber in reinem italienischem Renaissancestil gehalten ist das ehemalige Rathaus *(Nummer 21)*, das man sich auch von der Stadtgrabenseite her ansehen sollte.

Man überquert den Hauptplatz und gelangt zum Schloß. Den **Schloßhof** umgibt auf drei Seiten eine hübsche, überdachte Galerie.

Durch die enge und malerische **Schloßgasse** mit blumengeschmückten Balkonen und Gewölbedurchgängen gelangt man zur Böhmergasse und dann zu dem alten, bewehrten Böhmertor.

Auf dem Rückweg zur Altstadt bewundert man in der Waag- und der Salzgasse schöne Erkerhäuser.

An dem **Dechanthof** vorbei, einem Bau aus dem Anfang des 18. Jh.s, führt der Weg zur Pfarrkirche, die man rechts umgeht, um auf den Hauptplatz zurückzukommen.

**Stadtpfarrkirche** – Ins Auge fällt der elegante Turm an der Nordseite des Langhauses, der das Stadtbild prägt und 1735 von Johann Michael Prunner barockisiert wurde. Auffallend sind die vier schmiedeeisernen Balkone des Türmerzimmers.

Der gotische Bau geht auf das 13. Jh. zurück; der dreijochige Chor entstand jedoch erst 1483 und ist mit einem reichen Schlingrippengewölbe bedeckt. Bemerkenswert ist das mit Statuen geschmückte **Orgelgehäuse**, das Leonhard Freund aus Passau 1701-1705 gefertigt hat.

# FRIESACH★

Kärnten

7 070 Einwohner

Michelin-Karte Nr. 926 – Falte 36 – 637 m

Die älteste Stadt Kärntens besitzt mit ihren drei Burgruinen, sechs Kirchen und der gut erhaltenen Befestigungsanlage besonderen Reiz. Diese Anhäufung von historischen Baudenkmälern ist auf die strategisch wichtige Lage der Stadt zurückzuführen, die von 860 bis 1803 dem Erzbistum Salzburg gehörte: Sie beherrschte die Senke zwischen dem Murtal und Klagenfurt und war somit ein wichtiger Punkt der Handelsstraße von Wien nach Venedig. Ohne Schwierigkeiten stellt man sich die wechselvolle Geschichte einer solch exponierten Bastion vor, die von Bränden und Belagerungen geprägt war.

## SEHENSWÜRDIGKEITEN

**Stadtbefestigung** – Die Befestigungsanlage mit dem einzigen wassergefüllten Stadtgraben im deutschsprachigen Raum umringt den Stadtkern mit einer zinnenbekrönten Mauer von 820 m Länge. Diese ist in schönem Bruchsteinwerk ausgeführt, ist 11 m hoch und etwa 1,50 m breit. Von den ehemals elf Verteidigungstürmen sind noch drei erhalten.

★ **Stadtbrunnen** – Auf dem von schönen Häusern umstandenen Hauptplatz steht dieses 1563 von italienischen Bildhauern geschaffene Werk. Ursprünglich im Hofe des Keutschacher Schlosses Tanzenberg aufgestellt, kam der Brunnen 1802 nach Friesach. Das achteckige Becken ist mit einem Fries verziert und zeigt Szenen aus der griechischen Mythologie, die oberen Schalen werden von Atlanten und Putten getragen. Die Bekrönung, eine kleine **Bronzegruppe** von 1520, gilt als Schöpfung des Nürnbergers Peter Vischer d. J. bzw. seines Bruders.

**Dominikanerklosterkirche St. Nikolaus von Myra** - Das Kloster von Friesach war 1217 die erste Gründung dieses Ordens in deutschen Landen. Die größte Kirche Kärntens, eine dreischiffige Pfeilerbasilika, ist von Schlichtheit geprägt und entspricht damit den Regeln des Bettelordens.
Bemerkenswert ist eine lebensgroße Muttergottesstatue aus Sandstein, eine schöne Arbeit des frühen 14. Jh.s; der überlebensgroße Gekreuzigte an einem Nordpfeiler des Langhauses entstand um 1300. Der spätgotische Johannesaltar von 1510 ist vermutlich das Werk eines Friesacher Bildhauers.

**Deutschordenskirche St. Blasius** - Seit 1203 in Friesach etabliert, baute der Orden das Gotteshaus auf einem Vorgängerbau aus dem 12. Jh., von dem die Fresken im westlichen Chorjoch stammen (2. Hälfte des 12. Jh.s). Dank der Sammelleidenschaft des Deutschordenskomturs Graf von Pettenegg verfügt die Kirche über eine Reihe gotischer Schnitzplastiken, die in Fülle und Qualität beeindruckt; so der prächtige **Hochaltar** von 1515, eine St. Veiter Arbeit für die Heiligengestadekirche am Ossiacher See, und der spätgotische Frankfurter Altar. Im Langhaus sieht man Totenschilder der Ordensritter, die zumeist aus Bad Mergentheim stammen, wo sich der Sitz des Ordens bis 1809 befand.

**Petersberg** - *20 Minuten zu Fuß hin und zurück ab dem Hauptplatz.* Erzbischof Gebhard begann im Jahre 1077 mit dem Bau der Burganlage, die sich stolz im Westen der Altstadt auf dem Petersberg erhebt. Allerdings sind von dem ehemals prächtig ausgestatteten, mächtigen Palas nur noch einige Fenster erhalten. Der große romanische Bergfried von 30 m Höhe beherbergt heute das **Stadtmuseum** ⊙, in dem die Geschichte Friesachs und seiner Umgebung nachgezeichnet wird. Im dritten Geschoß befindet man sich in der ehemaligen Kapelle, die Teile ihrer romanischen Ausmalung bewahrt hat.
Im oberen Burghof finden im Sommer Freilichtspiele statt.

# FROHNLEITEN

Steiermark

6 644 Einwohner

Michelin-Karte Nr. 926 - Falte 23 - 438 m

Auf halbem Wege zwischen Bruck an der Mur im Norden und der Landeshauptstadt Graz im Süden liegt der Markt Frohnleiten, die „Perle des Murtales", mit seinem alten Stadtkern und seiner eindrucksvollen Silhouette.
Den schönsten **Blick**★ auf den Ort hat man aus der Nähe der Murbrücke, wenn man aus Richtung Graz kommt. Die leicht bergige, waldreiche Landschaft und die braun-roten Dächer der Stadt bieten ein harmonisches und anheimelndes Bild. Zahlreiche gut markierte Wanderwege laden zu Spaziergängen in der Stille der Natur ein. Der Golfplatz von Murhof (18 Löcher) zieht Amateure wie erfahrene Sportler an.

## SEHENSWÜRDIGKEITEN

**Hauptplatz** - Heute deutet an dem bezaubernden, blumengeschmückten und mit schönen Bäumen bepflanzten Hauptplatz nichts mehr darauf hin, daß die Stadt in der Vergangenheit manches Unglück zu erdulden hatte. Schwere Brände (1528 und 1559) sowie gewaltige Hochwasser der Mur (1537, 1569 und 1572) stellten die Leidensfähigkeit der Menschen mehrmals auf die Probe. 1763 entwickelte sich nach einem Blitzschlag eine riesige Feuersbrunst, die so gut wie kein Haus unverschont ließ. Wie durch ein Wunder gelang es, den mittelalterlichen und stellenweise wehrhaften Ortskern bis in die Gegenwart zu bewahren.

**St. Georgskirche** - In dem Weiler **Adriach**, 1,5 km westlich von Frohnleiten, steht diese interessante Kirche. An einen romanischen, nicht gewölbten Bau aus dem Jahre 1050 baute man zwischen 1280 und 1290 den Chor, die Sakristei und die Josephskapelle im gotischen Stil an. Die Annenkapelle stammt aus dem Jahre 1500, die Aloisiuskapelle von 1750.
Üppiges, überwiegend barockes Mobiliar ziert den **Innenraum**. Bemerkenswert sind die Kanzel aus dem Jahre 1720, der Aufsatz des Hochaltars - ein Gemälde, welches das Martyrium des hl. Georg darstellt - sowie die vier Fresken der Langhausdecke, die von **Joseph Adam von Mölck** (1774) geschaffen wurden.
Die Orgel wurde um 1590 von einem der beiden Tiroler Orgelbauer Thomas Krueg oder Johannes Khever Spichler gebaut.
Während der 1987 abgeschlossenen Gesamtrestaurierung wurden die Grundmauern der Vorgängerbauten und eine romanische Rundkrypta freigelegt; sie sind nunmehr zugänglich.

# GAILBERGSATTELSTRASSE

Kärnten

Michelin-Karte Nr. 926 – Falten 32 und 33 – Zwischen Oberdrauburg und Kötschach

Dank der niedrigen Paßhöhe (982 m) stellt diese Straße eine schnelle Verbindung zwischen den Hochtälern der Drau und der Gail her.

## VON OBERDRAUBURG INS LESACHTAL *67 km*

Die schönsten Abschnitte bietet die Straße auf der Nordrampe, die in vielen Kehren durch Lärchenwälder verläuft.

**Laas** – Die **Filialkirche St. Andreas** ist ein spätgotischer Bau (1510-1518), dessen Portale und Fensterumrahmungen in rotem Laaser Sandstein ausgeführt sind; leider läßt die starke Verwitterung einzelne Bilder nicht mehr erkennen. Die original erhaltenen **Gewölbe**★ sind von außerordentlicher Schönheit: Ein zartes Schlingrippengewölbe im Langhaus setzt sich in einem nicht minder reizvollen Sterngewölbe im Chor fort. Kreativer Schöpfer dieses Meisterwerks war Bartlmä Firtaler, Baumeister aus Innichen im Pustertal. Schönes Sakristeiportal mit Kielbogen, das ebenso wie das Sakramentshäuschen und der Kanzelfuß aus Laaser Sandstein geschaffen wurde.

Trumler/ÖSTERREICH WERBUNG

Kötschach - Pfarrkirche

**Kötschach** – Die Marktgemeinde **Kötschach-Mauthen**, umgeben von den Gailtaler und Karnischen Alpen, ist ein beliebter heilklimatischer Luftkurort in mittlerer Höhenlage (710 m). Das Aufblühen des Bergbaus in der Gegend hatte im 16. Jh. zu bedeutendem Wohlstand geführt, der an der **Pfarrkirche Unsere Liebe Frau**, auch „Gailtaler Dom" genannt, zum Ausdruck kommt. Das 1485 eingeweihte Gotteshaus wurde von Bartlmä Firtaler von 1518 bis 1527 von Grund auf umgebaut und stellt das Endstadium der gotischen Kunst dar. Überwältigend ist das **Gewölbe**★ des Langhauses, dessen feines Rankenwerk in graziösen Schwüngen geführt wird und in Lilien, Rosen, Eicheln und Trauben endet. Die Decke des Chors wurde Ende des 18. Jh.s mit Rokokostukkaturen und Deckengemälden versehen; beachtlich ist das Fresko an der nördlichen Chorwand, das 1499 entstand und Tod und Aufnahme Mariens in den Himmel zeigt. Das in den Hochaltar eingeschlossene Gnadenbild stellt eine schwarze Muttergottes dar.

★ **Lesachtal** – Das reizvolle Tal folgt dem Lauf der Gail und zieht sich auf einer Höhe von 900 bis 1200 m hin, links die Karnischen, rechts die Gailtaler Alpen und später die Lienzer Dolomiten im Blickfeld. Die Lage fernab der großen Touristenströme hat das Lesachtal vor Verschandelungen bewahrt; so gibt es hier keine großen Hotelkomplexe, dafür aber schöne, behäbige Bauernhöfe.

**St. Lorenzen** – Der urwüchsige Ort wird von der spätgotischen Pfarrkirche St. Laurentius beherrscht. Die etwa 1475 entstandenen Fresken im Chor und an der Nordwand des Langhauses (Weltgericht) sind bemerkenswert. Um die Kirche scharen sich stattliche, bemalte Bauernhäuser mit flachen Satteldächern.

**Maria Luggau** – Der Name des Marienwallfahrtsortes wird von Lukas-Au abgeleitet, da der Evangelist einer der Ortspatrone ist. Die Kirche, ebenfalls ein Werk des Bartlmä Firtaler, wurde 1536 eingeweiht; der Barockturm stammt aus dem Jahr 1736. In Maria Luggau wird ein spätgotisches Gnadenbild der Schmerzensmutter verehrt. Die Prunkgewänder sind jeweils den liturgischen Farben des Kirchenjahres angepaßt. Das Vesperbild steht auf einem kostbaren Tabernakelschrein, der in der 2. Hälfte des 18. Jh.s geschaffen wurde.
Ein kurzer, aber steiler Weg (auf der Höhe des Bäckwirtes) führt zu den **Luggauer Wassermühlen**. Sie sind der Überrest von 100 Mühlen, die sich früher im Lesachtal drehten, und bieten ein überaus malerisches Motiv. Die fünf über 200 Jahre alten Holzbauten stehen auf einem gemauerten Sockel; das Wasser wird über hölzerne Rinnen auf die Wasserräder geleitet.

**Kartitscher Sattel** – Hier passiert die Straße den höchsten Punkt der Strecke (1530 m). Vereinzelt sieht man noch die früher für die Gegend so charakteristischen Harpfen, eine Art Holzgerüst zum Trocknen des Heus.

# GASTEINER TAL**

## Salzburg

Michelin-Karte Nr. 926 – Falte 33

Das lange, breite Gasteiner Tal ist eines der attraktivsten Ferienziele Österreichs. Es erstreckt sich über drei Gemeinden (Dorfgastein in 830 m Höhe, Bad Hofgastein in 860 m Höhe und Badgastein in 1 000 m Höhe) und entwickelte sich bereits im 15. Jahrhundert zu einem bedeutenden Thermalzentrum. Mit seiner außergewöhnlichen Mittel- und Hochgebirgsumgebung bietet es im Winter außerdem ein großartiges Skigebiet und zieht im Sommer die Wanderfreunde an.

** **Das Skigebiet** – Der Wintersport entwickelte sich im Gasteiner Tal vor allem nach der Weltmeisterschaft von 1958, bei der sich der Österreicher Toni Sailer durch mehrere Siege hervortat. Das alpine Skigebiet, das inzwischen nach dem Arlberg zu den schönsten und größten Österreichs gehört, ist auf 5 Massive verteilt, die durch Liftanlagen in 2 Abschnitten erreichbar sind: Das Fulseck (880-2 030 m) oberhalb von Dorfgastein, die Schloßalm (860-2 300 m) oberhalb von Bad Hofgastein, der Stubnerkogel (1 100-2 250 m) und der Graukogel (1 100-2 000 m) oberhalb von Badgastein und der Kreuzkogel (1 588-2 690 m) oberhalb von Sportgastein.
Insgesamt sind mit dem Gastein-Super-Skischein 52 Skilifte zu erreichen (darunter 1 Seilbahn, 4 Kabinenbahnen und 1 Standseilbahn) sowie 200 km Piste mit meist mäßigem Gefälle. Allerdings ist die Benutzung eines Fahrzeugs oder der Busse zwischen den Orten unerläßlich, da mit Ausnahme von Badgastein und Bad Hofgastein keine Skiverbindungen zwischen den Massiven bestehen und die Unterkünfte verstreut liegen.
Den Langläufer locken 70 km Loipen, die auf das gesamte Tal von Dorfgastein bis Sportgastein verteilt sind.

**Die Kur** – Die Heilwirkung des Thermalwassers von Gastein scheint schon seit langem bekannt zu sein: Archäologen bestätigen, daß das Tal bereits von Steinzeitmenschen, Kelten und Römern bewohnt war. Ihren echten Aufschwung nahm die Bäderkultur in Badgastein gegen Ende des Mittelalters, als die Menschen zum Teil von weither kamen, um ihr Rheumaleiden zu kurieren.
Nach einem vorübergehenden Niedergang im 17. und 18. Jh. entwickelte sich Badgastein im 19. Jh. erneut und wurde schließlich zu einem äußerst gefragten Kurort der damaligen Zeit, der sowohl von Politikern (darunter dem deutschen Kaiser Wilhelm I., dem österreichischen Kaiser Franz Joseph I. sowie Bismarck), als auch Künstlern und Schriftstellern (Franz Schubert, Arthur Schopenhauer) sehr geschätzt wurde.
Vom glanzlos gewordenen kaiserlichen Kurort zu Beginn des 20. Jh.s wurde Badgastein allmählich zum modernen Thermalbad und verfügt inzwischen über ein Balneologisches Forschungsinstitut der österreichischen Akademie der Wissenschaften, das die heilende Wirkung der Gasteiner Quellen wissenschaftlich analysiert.
Das Thermalwasser stammt aus den Hängen des Graukogelmassivs, entspringt aus 17 Quellen bei einer Tagesmenge von 5 Millionen Litern und einer Temperatur bis zu 47 °C. „Gekurt" wird in zahlreichen Hotels und Fremdenpensionen mit eigenen Thermalbädern, die von den Quellen direkt gespeist werden. Die Heilkraft der Badgasteiner Quellen ist mehr auf ihren Radongehalt, ein Edelgas mit radioaktiver Ausstrahlung, zurückzuführen als auf ihren Mineralgehalt, der sehr schwach ist. Je nach Behandlungsart wird das Radon dem Körper durch Bäderkur oder Inhalation zugeführt. Da es sich nicht in den Geweben festsetzt, wird es rasch wieder ausgeschieden (in weniger als 30 Min. nach dem Bad und in ca. 3 Std. nach der Inhalation). Während dieses kurzen Zeitraumes gibt das Radon Heliumkerne ab, die dem Körper Energie spenden und beschädigte Zellen regenerieren. Auf diese Weise werden chronische Beschwerden wie Rheuma, Atemwegserkrankungen (Asthma), Venenleiden und Kreislauferkrankungen, Infarkt, Hautallergien sowie Hormonstörungen und Erkrankungen des vegetativen Nervensystems gelindert.
Ein anderes Kurmittel Badgasteins sind die Anwendungen im Gasteiner Heilstollen, dessen Temperatur zwischen 37,5 und 41,5 °C liegt. Die Kranken, die mit einer Grubenbahn hineingefahren werden, atmen im Liegen das Edelgas (Radon) ein. Das milde Höhenklima in dem windgeschützten Talbecken von Badgastein trägt beträchtlich zum Erfolg der Badekur bei.
In den Hotels und Kurhäusern von Bad Hofgastein sind seit der 1828 errichteten Zuleitung von Thermalwasser dieselben Kuren wie in Badgastein möglich.

## VON LEND ZUM TAUERNTUNNEL

*41 km (inkl. Ausflug nach Sportgastein)*

Im Sommer zum Stubnerkogel aufsteigen; im Winter unbedingt zum Kreuzkogel gehen. Um die herrliche Umgebung des Gasteiner Tals richtig zu genießen, sollte man einen längeren Aufenthalt einplanen.

Nachdem man die Industriestadt Lend und das Salzachtal hinter sich gelassen hat, bahnt sich die Straße einen Weg über den Klammpaß. Durch einen langen Tunnel kann die alte Straße (zur Linken, mit 15 %igen Steigungen), die am Grund der Schlucht entlangführt, vermieden werden. Am Ende des Tunnels steht der Klammstein-Turm.
Danach wird das Gasteiner Tal rasch breiter und zunehmend freundlicher mit grünen Wiesen so weit das Auge reicht und mäßig steilen Hängen.

**Dorfgastein** – 830 m. Das talabwärts gelegene schmucke Dorf zieht geschickt Nutzen aus seiner Lage am Fuß sonnenbeschienener Almen und schöner Wälder: Im Sommer wird es zur erholsamen Sommerfrische für die ganze Familie.
Im Winter bietet es ein großzügiges Skigebiet mit Anschluß an das Großarl-Gebiet und wird vom Gipfel des Fulseck überragt (55 km Piste). Die Abfahrten bieten einen Höhenunterschied von über 1 100 m auf beiden Hängen mit schönen Möglichkeiten zum Tiefschneefahren.

**Bad Hofgastein** – 860 m. Bad Hofgastein liegt an der breitesten und sonnigsten Stelle des Tals. Es ist ein lebendiger, erholsamer und mondäner Ort. Seine zahlreichen Hotels bieten dieselben Kuren wie Badgastein. Bad Hofgastein verfügt insbesondere über einen großzügig angelegten, modernen Kurpark und ein fast 1 000 $m^2$ großes Sportschwimmbad, das mit Thermalwasser gespeist wird.
Im Winter läßt sich das Skilanglaufgebiet des Tales von Bad Hofgastein aus optimal ausnutzen. Loipen mit mittlerem Schwierigkeitsgrad führen die Gasteiner Ache entlang in Richtung Badgastein. Für gute Langläufer steht eine 7 km lange Loipe im Angertal zur Verfügung. Im alpinen Skilauf gibt es für weniger erfahrene Skiläufer zahlreiche mäßig steile Pisten im Schloßalm-Massiv. Von der **Hohen Scharte** (höchster Punkt 2 300 m) führt eine herrliche, lange Piste über einen Höhenunterschied von 1 450 m bis zum Talgrund und bietet dabei malerische **Ausblicke**★★ auf die Türchlwand, den Hochkönig und den Dachstein. Ein weiterer Vorteil des Skigebiets von Bad Hofgastein ist seine Verbindung mit dem Gebiet von Badgastein (Stubnerkogel) über das Angertal.

**Pfarrkirche** – Die in mehreren Abschnitten im 15. und 16. Jh. wiederaufgebaute Kirche ist ein Zeuge der reichen Vergangenheit Hofgasteins, das einst Hauptort und Mutterkirche des Tales war. Das imposante, spätgotische Kirchenschiff überspannen Stern- und Netzrippengewölbe. An den äußeren Kirchenmauern und in den Nischen beiderseits des Fassadenportals bemerkenswerte Wappengrabsteine der reichen Gewerke, die an die Blütezeit des Gold- und Silberbergbaus im 16. und 17. Jh. erinnern.

★ **Schloßalm** – 2 050 m. Auffahrt zuerst mit der Standseilbahn und dann mit der Gondelbahn. Bis zur Terrasse des Bergrestaurants gehen. Schöner **Rundblick**★ über das Skigebiet, das von Maukarspitze und Türchlwand überragt wird. Weiter südlich sind der Stubnerkogel, die Ankogelgruppe, der Graukogel und der Gamskarkogel zu sehen. Von der zweiten Terrasse des Restaurants sieht man bis zum Dachstein.

**Badgastein** – 1 013 m. Badgastein gehört zweifellos zu den glanzvollsten Kur- und schönsten Wintersportorten Österreichs. Vom Stubnerkogel im Westen und vom Graukogel im Osten flankiert, präsentiert es sich in malerischer **Lage**★. Seine großen Hotelpaläste und eleganten Geschäfte gruppieren sich in Hufeisenform an den Hängen eines bewaldeten Talschlusses. Über eine Felsenwand stürzt die Gasteiner Ache herab und bildet mitten im Ort einen Wasserfall.
Badgastein besitzt moderne, abwechslungsreiche und anspruchsvolle Freizeiteinrichtungen: Eislaufbahn, Thermal-Hallenbäder (von denen eines mitten in den Fels hineingebaut wurde), Fitneß-Zentren, 9-Loch-Golfplatz, Tennis, Kasino. Mit seinen 5 600 ständigen Einwohnern ist Badgastein das ganze Jahr über belebt.
Im dazugehörigen Skigebiet bietet der Stubnerkogel in seinem zweiten Abschnitt sehr angenehme Pisten, vor allem auf dem Angertalhang (Jungeralm, Fleichleiter). Am anderen Ende des Ortes wird der Graukogel den Liebhabern von Steilhängen gerecht.

★ **Unterer Wasserfall der Gasteiner Ache** – Nach eiligem Lauf über einen Felshang entfaltet sich das Wasser fächerartig und stürzt brausend in den Talgrund.
Man geht die Straße hinab, vorbei an der neugotischen katholischen Kirche auf der rechten Seite und biegt rechts in die Kaiser-Wilhelm-Promenade ein.

★ **Kaiser-Wilhelm-Promenade** – Die am rechten Uferhang der Ache entlang führende Promenade bietet schöne **Ausblicke**★ auf das innere Talbecken, in dem sich Bad Hofgastein ausbreitet. Man kann den Spaziergang bis zum Hotel „Grüner Baum" (Schwimmbad, Tennis, Minigolf) ausdehnen, etwa 3/4 Std. vom Ausgangspunkt. Wenn nur wenig Zeit zur Verfügung steht, verläßt man die Promenade links nach dem Hotel Germania und geht den Weg hinab zur Nikolauskirche.

**Nikolauskirche** – Diese schlichte Kirche aus dem 15. Jh., in der heute kein Gottesdienst mehr abgehalten wird, bietet ein reizendes Bild. Das Sterngewölbe des Kirchenschiffs im spätgotischen Stil ruht auf einem Mittelpfeiler. Unter den Überresten der Wandfresken aus dem 15. und 16. Jh. erkennt man die Bilderfolge des Jüngsten Gerichts.

★★ **Stubnerkogel** ⓥ – 2 246 m. *1 Std. hin und zurück rechnen. Auffahrt mit einer Gondelbahn in 2 Abschnitten. Von der Bergstation nach links und auf eine kleine Anhöhe steigen.* Weites **Panorama**★★ im Osten auf den Graukogel und das Ankogel-Gletschermassiv, im Süden auf den Kreuzkogel, im Westen auf das Angertal und im Hintergrund auf die Gletscher der Hohen Tauern (Großglockner, Hocharn) sowie im Norden auf den unteren Teil des Gasteiner Tals mit dem Felsmassiv des Hochkönigs als natürlicher Barriere. Zur Bergstation der Gondelbahn zurückkehren und dem Kammweg bis zum Ende folgen.

**Böckstein** – Die kleine, 1765 auf einem Hügel errichtete Pfarrkirche ist ein außen polygonaler und innen längsovaler Zentralbau. Die kühl vornehme, dezente Innenausstattung ist ein ausgezeichnetes Beispiel des Frühklassizismus im Salzburger Land.

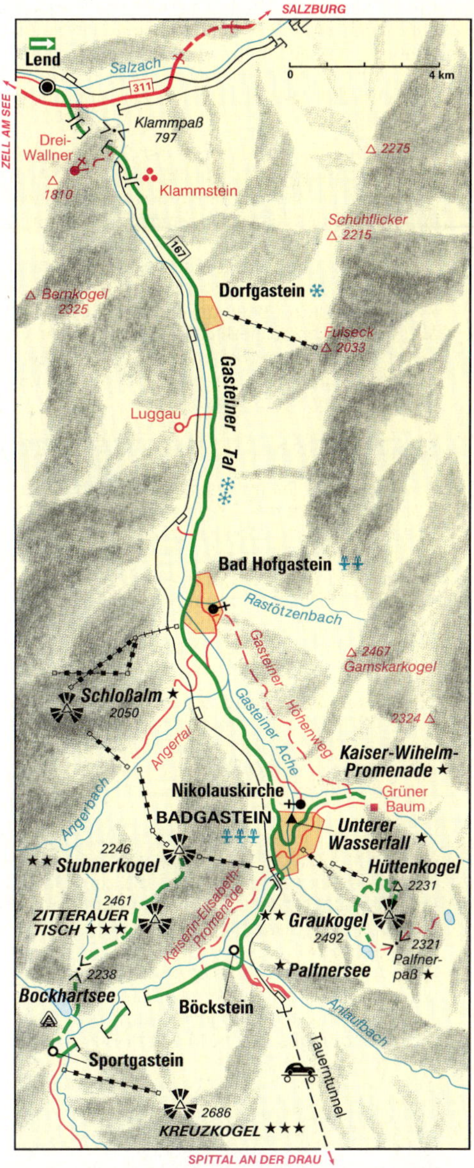


**Tauerntunnel** – Der 8 550 m lange, zweigleisige **Eisenbahntunnel** ⓥ durchdringt zwischen Böckstein und Mallnitz den Tauernkamm. Bis zur Eröffnung des Felbertauernstraßentunnels war er der einzige Ostalpendurchbruch, der den transalpinen Verkehr das ganze Jahr hindurch in dem besonders schwer zugänglichen Tauerngebiet, östlich des Brenners, gewährleistete. Auch jetzt ziehen noch viele Autofahrer die Benutzung des Güter-Autozugs dem Straßentunnel vor.

## ★★ AUSFLUG NACH SPORTGASTEIN

*Mautpflichtige Straße, die von Skipaßinhabern kostenlos zu befahren ist.* An die Stelle des friedlichen, bewaldeten Mittelgebirgsrahmens tritt bald eine urwüchsige, strenge und karge Landschaft. Die Straße bahnt sich einen Weg zwischen beeindruckenden, steilen Felswänden: Sie führt durch 3 Tunnels und an zahlreichen Lawinensperren vorbei. Nach einer 6 km langen Fahrt erreicht man schließlich Sportgastein (1 588 m), eine breite Ebene inmitten eines grandiosen **Rahmens**★ aus Felsspitzen und Gletschern. Für dieses luftige Anhängsel von Badgastein wurden bisher noch keine Immobilienprojekte gemacht. Es besteht lediglich aus einem großen Parkplatz und einem Gasthaus.

Die Höhe garantiert ausgezeichnete Schneesicherheit, sehr zur Begeisterung der Langläufer (7 km Loipe) und der alpinen Skifahrer. Mit einer modernen Seilbahn erreicht man den Kreuzkogel, den höchsten Punkt des Skigebiets, von wo herrliche Pisten über 1 100 m Höhenunterschied und eine berühmte Tiefschneestrecke bis zur Mautstation abgehen (Informationen bei den Pistenpflegern).

★★★ **Kreuzkogel** – *Auffahrt mit der Seilbahn in 2 Abschnitten.* Von der Bergstation hat man bereits einen sehr schönen **Blick**★★. Es empfiehlt sich unbedingt, zu Fuß in 15 Min. zu dem mit einem Kreuz markierten Gipfel aufzusteigen, von wo sich ein großartiges, weites **Panorama**★★★ bietet. Bergschuhe sind unerläßlich, da der Schnee tief sein kann. Im Norden schweift der Blick über das tief gelegene Badgastein und rechts über die Kalkmassive des Tennengebirges und des Dachsteins. Bemerkenswert sind auch die Gipfel von Ankogel und Hochalmspitze. Im Süden ragt ein beeindruckender Hochgebirgszirkus an der Grenze zu Kärnten auf. Im Westen schließlich kann man in der Verlängerung der Seilbahn die Hohen Tauern bewundern (Schareck, Großglockner und Hocharn).
*Wieder nach Böckstein hinunterfahren. Möglichkeit, durch den Tauerntunnel nach Kärnten weiterzufahren.*

## SPAZIERGÄNGE UND WANDERUNGEN

Das Gasteiner Tal mit seinen zahlreichen Strecken aller Schwierigkeitsgrade ist einer der schönsten Ausgangspunkte für Wanderungen in ganz Österreich. Für Spaziergänger wurden im ganzen Tal schöne Wege weitab vom Straßenverkehr angelegt. Besonders schön ist die **Kaiserin-Elisabeth-Promenade** von Badgastein nach Böckstein und der **Gasteiner Höhenweg**, der am Berghang entlang von Badgastein nach Bad Hofgastein hinunterführt.
Wanderern bieten sich in den Massiven des Stubnerkogels, des Graukogels, des Gamskarkogels und des Silberpfennigs großartige Höhenpanoramen. *Man sollte sich eine Karte im Maßstab 1:50 000 zulegen, um sich zurechtzufinden.*

★★★ **Zitterauer Tisch und Bockhartsee** – *Einen ganzen Tag einplanen, davon 4 1/2 Std. zu Fuß. Beim Fremdenverkehrsamt die Abfahrtszeiten der Busse zwischen Sportgastein und Badgastein erfragen, um im Laufe des Nachmittags problemlos in den Ort zurückkehren zu können.*
Mit der Seilbahn zum Stubnerkogel auffahren. Von der Bergstation rechts abbiegen und der Markierung (weiß-rote Striche und rote Pfeile) folgen. In weniger als einer Stunde erreicht man den Zitterauer Tisch (2 461 m). Großartiger **Blick**★★★ über das ganze Gasteiner Tal, vor allem seinen oberen Teil. Im Nordosten reicht der Blick bis zum Dachstein.
Der Weg führt rasch zu Almen hinunter und schlängelt sich dann durch eine wild zerklüftete Felslandschaft. Nach einer guten Stunde erreicht man die Miesbichlscharte (2 238 m).
Beim Abstieg zum Unteren Bockhartsee bietet sich mehrfach ein herrlicher Blick auf die Gletscher und Wasserfälle des Schareck-Massivs sowie auf den Hocharn (rechts) und den Ankogel (links). Vom Seeufer zur Hütte auf- und dann nach Sportgastein absteigen. Mit dem Bus nach Badgastein zurückfahren.

Y. Bontoux

Palfnersee

★★ **Graukogel** ⏲ – *2 1/2 Std. Fußmarsch hin und zurück. Höhenunterschied: ca. 500 m. Wanderung für gute Fußgänger mit rutschsicheren Schuhen.* Zwei Sessellifte hintereinander nehmen, die bis zu Tonis Almgasthof (1 982 m) führen. Hinter dem Gasthof den Pfad einschlagen, der zum Hüttenkogel (2 231 m) führt. Auf dem Gipfel ist ein Kreuz und eine Orientierungstafel angebracht. Von hier bietet sich ein einmaliges **Panorama**★★ im Westen auf die Hohen Tauern (Großglockner, Hocharn, Hoher Sonnblick, Schareck) und im Osten auf den herrlichen Reedsee, der mitten zwischen Tannen und Lärchen am Fuß des Tischlerkarkogels und des Hölltorkogels gelegen ist.
Anschließend dem Kammweg folgen (an einigen steilen Passagen ist Vorsicht geboten), um den **Graukogel** zu erreichen. Bei der Ankunft (2 492 m) bietet sich ein noch weiteres **Panorama**★★ bis zum Dachstein. Blick auf den unterhalb gelegenen Palfnersee.

★ **Spaziergang zum Palfnersee** – *1 3/4 Std. Fußweg hin und zurück.* Leichter Ausflug durch eine wunderschöne Landschaft. Die beiden Sessellifte zum Graukogel nehmen. Von der Bergstation an der Hütte entlang und dann geradeaus weitergehen. Der Pfad am Hang bietet einen **Blick**★ auf Schareck, Hohen Sonnblick und Hocharn. Er verläßt den Wald und steigt dann zum Palfnersee (2 100 m) auf.
Von hier kann man bis zum **Palfnerpaß**★ (2 321 m) weitergehen, von wo sich ein breiteres Panorama bietet *(1 weitere Stunde hin und zurück rechnen).*

*Auf der ausklappbaren Karte der Hauptsehenswürdigkeiten (zu Beginn des Reiseführers) sind die wichtigsten Ausflugsziele übersichtlich zusammengestellt.*

# Stift GERAS★

Niederösterreich

Michelin-Karte Nr. 926 – Falte 11

Das Prämonstratenserstift von Geras, in ländlicher Stille fernab der großen Fremdenverkehrszentren gelegen, ist in Niederösterreich wohlbekannt. Geras liegt in der Nähe eines 140 ha großen **Naturparks**, dessen schöne Waldwege in geschützter Natur dem Spaziergänger ganz besonderen Genuß verheißen und ihn zu Gehegen führen, in denen sich das Wild – Damwild, Wildschweine, Rehe – tummelt.

## STIFT ⏲

Die Prämonstratenser Chorherren, ein 1120 in Prémontré bei Laon in Frankreich gegründeter Orden, besiedelten im Jahre 1153 die Klosterstiftung Geras. Als Stifter gilt Graf Ulrich von Pernegg, der zur selben Zeit in Pernegg *(s. unten, unter UMGEBUNG)* auch ein Chorfrauenstift gründete.
Die Klosteranlage weist in alle Jahrhunderte ihres Bestehens zurück, doch stammen viele Teile der Anlage aus der Mitte des 17. Jh.s, nachdem Mansfeldische Truppen, von Böhmen kommend, im 30jährigen Krieg das Kloster zerstört hatten. Im Jahre 1736 betraute der Abt den Baumeister Josef Munggenast mit Wiederaufbauarbeiten, nachdem der alte Torturm abgebrochen worden war. Ihm ist im besonderen das „Neugebäude" mit seiner eleganten Eingangshalle zu verdanken.

**Stiftskirche** – Die Basilika zeigt noch heute das romanische Grundkonzept, wurde während der Gotik eingewölbt und in der Barockzeit ausgeschmückt. Erst 1655 kam der Turm hinzu. Das Eingangsportal ist mit schön gearbeiteten Statuen (1655) der Hl. Norbert und Augustinus, der beiden großen Persönlichkeiten des Prämonstratenserordens, geschmückt. Die **Marienstatue** auf dem Hochaltar hat den Brand von 1730 unbeschadet überstanden. Die Fresken stellen einen Marienzyklus dar und wurden von Franz Zoller, einem Schüler Paul Trogers, ausgeführt.

**Marmorsaal** – Über eine schöne Treppe gelangt man in dieses als Konzertsaal konzipierte Sommerrefektorium, das sich im ersten Geschoß des Neugebäudes befindet. Der nahezu quadratische Saal ist sehr hell und elegant geschmückt und strahlt eine Aura von Würde und Feierlichkeit aus, die ihn aus den übrigen Klostergebäuden deutlich heraushebt. Ein mit schönen Stuckarbeiten in den Tönen Schwarz, Gold und Grau geschmückter Kamin, über dem ein Gemälde **Paul Trogers** die Geschichte der Hochzeit zu Kana erzählt, ist recht bemerkenswert. Der Meister barocker Farbgebung schuf auch das überragende **Deckengemälde**★ zum Thema der Wunderbaren Brotvermehrung, das immer noch in seinem Originalzustand zu sehen ist.
In den mit Kachelöfen geschmückten **Bischofszimmern** werden kostbare Gegenstände aus der Schatzkammer des Klosters gezeigt.

**Kunstkurse** - Der Ostflügel der Klostergebäude beherbergt seit 1970 ein Kunst- und Bildungszentrum - man nennt es das größte Kreativzentrum Europas -, in dem jährlich rund 150 Kurse in den unterschiedlichsten künstlerischen Disziplinen (Volkskunst, Restaurierungen, Keramik, Malerei usw.) angeboten werden.

### UMGEBUNG

**Pernegg** - *12 km südwestlich von Geras.* In stiller, unberührter Natur liegt das ehemalige Prämonstratenser-Chorfrauen-Stift. Die **Pfarr- und Stiftskirche St. Andreas** wird vom mächtigen, übereck gestellten Westturm beherrscht. Der Innenraum ist von beeindruckender Größe und verfügt über eine bemerkenswerte Kanzel von 1618, ein reich verziertes Werk des Manierismus. Das zur Abtei Geras gehörende Stift bietet sich auch als Seminar- und Fastenzentrum an.

## GERLOS-ALPENSTRASSE★

Tirol und Salzburg

Michelin-Karte Nr. 926 - Falten 31 und 32

Die über den Gerlospaß führende Alpenstraße verbindet das weite, fruchtbare Zillertal mit dem **Oberpinzgau**, einem langen, eintönigen Muldental, in dem die obere Salzach zahlreiche Wildbäche aufnimmt, die von den Gletschergipfeln der Hohen Tauern (Großvenedigergruppe) herabstürzen. Die Straße verläuft zunächst entlang des Gerlosbaches, nach rechts öffnen sich vier Seitentäler in die Zillertaler Alpen. Nach Überschreiten der Paßhöhe steuert man auf die Krimmler Wasserfälle zu, den End- und Höhepunkt der beschriebenen Route.

### VON ZELL AM ZILLER NACH KRIMML *38 km*

*Zum Teil sehr enge und steile Strecke. Zwischen dem Gerlospaß und Krimml ist für die Benutzung Maut zu entrichten.*

**Zell am Ziller** - *s. Zillertal.*

Ab Zell am Ziller steigt die Straße schnell in scharfen Kehren den Talhang von Hainzenberg hinauf. Bald sieht man am Scheitelpunkt einer der Kurven rechts, teilweise von Bäumen verdeckt, die Wallfahrtskapelle **Maria Rast** (1748), Schützerin des Zillertals, deren rote Zwiebelturmhelme aus dem Grün hervorstechen. Nach Hainzenberg tritt die Straße in das Hängetal des Gerlosbaches ein. Man passiert den Stausee Gmünd, links der Straße.

❄ **Gerlos** - Dieses in einem Seitental des Zillertales auf 1 250 m gelegene Dorf ist im Winter das Ziel der Skifahrer, die hier zahlreiche Abfahrten mit ausgezeichneten Übungshängen vorfinden; auch Langläufer kommen auf ihre Kosten. Der Sommergast wandert oder klettert, wenn er nicht dem Wassersport auf dem **Durlaßbodensee** frönt.

Hinter Gerlos führt die Straße in einem großen Bogen am begrünten Durlaßboden-Staudamm vorbei. Nach einer Kehre fährt man in östlicher Richtung entlang der Bergflanke oberhalb des Stausees, der im Süden in das Wildgerlostal eindringt.

Nun bietet sich, noch vor der Mautstation, die Möglichkeit, ins Wildgerlostal einzufahren und dort eine alpine Wanderung zu unternehmen. Deren Anstrengungen werden durch den Ausblick auf ein majestätisches Gebirgspanorama bei der Zittauer Hütte mehr als kompensiert.

★★ **Wanderung zur Zittauer Hütte (2 329 m, Mitte Juni bis Mitte Okt. bewirtschaftet)** - *Anstrengende Wanderung nur für ausdauernde Wanderer: reine Wanderzeit mindestens 6 Std. hin und zurück, 900 m Höhenunterschied! Bergschuhe sind unbedingt erforderlich, da selbst im Sommer teilweise noch Schneefelder überquert werden müssen.*
*Kurz vor der Mautstation nach links abbiegen und unmittelbar danach die erste Straße rechts nehmen. Etwa 5 km bis zum Ende der Straße fahren. Auf der sehr schmalen Strecke herrliche Ausblicke auf den See und die schneebedeckten Gipfel im Abschluß des Wildgerlostales. Beim Gasthof Finkau (1 419 m) gebührenpflichtiger Parkplatz.*
Der ausgeschilderte Weg führt bergauf durch den Wald und dann über schöne Almen am reißenden Gebirgsbach Wilder Gerlos entlang, der vom gleichnamigen Gletscher herabtost. Im unteren Drittel des Weges hat man Gelegenheit vom Hauptweg zur **Leitenkammerklamm** abzuzweigen. Über relativ steile Steinstufen erreicht man die beeindruckende Klamm. Vom Aussichtssteg an der Klamm zurück, folgt man rechts dem Wegweiser „Zur Trissl-Alm" und erreicht nach wenigen Metern wieder den Hauptweg.
Der Weg zur Zittauer Hütte ist bis zum letzten Anstieg sehr gut ausgebaut und verläuft auf einem breiten Schotterweg. Lediglich angezeigte Alternativstrecken führen, wie auch das Ende des Weges (beginnend an der Talstation der Lastenseilbahn, den roten Markierungen folgen) über steile Steinstufen nach oben.

Bei der Ankunft an der Zittauer Hütte bietet sich eine beeindruckende Aussicht auf einen grandiosen **Hochgebirgsrahmen★★**. Der blau schillernde **Untere Gerlossee** ist herrlich gelegen am Fuß des gleißenden Gletscherkessels im Talschluß. Rechts über dem See reihen sich (von links nach rechts): die Gletscherzunge des Gabler (3 264 m), die Reichenspitze (3 303 m, direkt rechts dahinter), der Hahnenkamm (3 207 m) und die Wildgerlosspitze (3 278 m) in unmittelbarer Nachbarschaft, die Einbuchtung der Keeskarscharte mit dem Sichelkopf (2 982 m) als rechtem Pfeiler und ganz rechts außen der Weißkarkopf (2 849 m).

*Auf dem gleichen Weg zurück zum Gasthof Finkau. Mit dem Auto auf die Gerlos-Alpenstraße zurückkehren.*

Nach der Mautstelle erreicht man die karge Landschaft des Hochmoors auf der Gerlosplatte. Bei der Filzsteinalpe (1 628 m) Parkplatz und Aussichtsturm. Für einen Halt ist jedoch der Panoramaparkplatz links der Straße, den man wenig später bei der **Abfahrt★** nach Krimml erreicht, zu bevorzugen. Von dort **Gesamtblick auf die Krimmler Wasserfälle★**, die in mehreren Stufen inmitten bewaldeter Felsen wildschäumend in die Tiefe stürzen, und die Dreiherrnspitze in den Hohen Tauern im Hintergrund. Danach führt die Straße über mehrere Kehren und Brücken zu zwei weiteren Panoramaparkplätzen am **Trattenköpfl**, von denen man einen schönen Nahblick auf die unteren Kaskaden der Krimmler Wasserfälle hat. Weiter bergabwärts erreicht man am Ende der Mautstraße links den Parkplatz für die Besichtigung der Wasserfälle.

★★★ **Krimmler Wasserfälle** ⌚ – *Kommt man auf der Bundesstraße 165 aus Richtung Neukirchen nach Krimml, läßt man den Wagen am Ortsausgang von Krimml auf den ausgewiesenen Parkplätzen in der Nähe des Wasserfalls. 3 Std. anstrengender Fußweg hin und zurück für den ganzen Wasserfall.* Die Krimmler Ache, die in über 3 000 m Höhe dem gleichnamigen Gletscher entspringt, stürzt in drei Stufen an den Felsen des bewaldeten Salzachtalkessels nach unten. Die zu den schönsten in den Alpen zählenden Wasserfälle sind insgesamt 380 m hoch und bieten insbesondere zur Mittagszeit, wenn ihr Wasserstaub in allen Regenbogenfarben schimmert, einen grandiosen Anblick.

M. Hertlein/MICHELIN

Krimmler Wasserfälle

Bevor man aber den Wasserfallweg nach oben wandert, sollte man es nicht versäumen, zum **Aussichtspunkt** zu Füßen des unteren Wasserfalls zu gehen, wo die gewaltigen Wassermengen in einer riesigen Nebelwolke auf eine Felsbarriere treffen und nach rechts abgeleitet werden.

Der gut wanderbare, breite Weg steigt in manchmal recht steilen Windungen, unter Bäumen, bis zum Ausgangspunkt des Wasserfalls in 1 465 m Höhe. Von verschiedenen Aussichtsstellen, zum Teil abseits des Hauptweges, wo man ganz nah an die Kaskaden herankommt, hat man die urwüchsige Kraft des wirbelnden Wassers fast fühlbar vor Augen. Beim Berggasthof Schönangerl (1 306 m, an einem Flachstück am Übergang vom mittleren zum oberen Wasserfall) hat man Gelegenheit, sich für den letzten, noch steiler werdenden Anstieg zu stärken. Er führt zu einem Plateau über dem Beginn des Wasserfalls mit der dort noch sehr friedlich wirkenden Krimmler Ache. *Von dort auf dem gleichen Weg zurück zum Parkplatz.*

***Wanderfreunde können einen ganzen Tag für den Ausflug einplanen oder sogar zwei Tage (mit Übernachtung auf der Warnsdorfer Hütte), wenn sie nach Besichtigung des Wasserfalls die Krimmler Ache entlangwandern und in 2 Std. bis zum Alpengasthof Krimmler Tauernhaus (Höhe 1 631 m) und in 5 Std. bis zur Warnsdorfer Hütte (Höhe 2 336 m) am Fuß des Krimmler Gletschers weitergehen.***

# GMÜND

## Kärnten

2 700 Einwohner
Michelin-Karte Nr. 926 – Falte 33 – 741 m

Gmünd, die Stadt am Zusammenfluß von Malta und Lieser, verteidigte einst im Auftrag der Erzbischöfe von Salzburg die strategische Handelsstraße, die von Nürnberg über die Radstädter Tauern und den Katschberg nach Venedig führte. 1639 erwarb Graf Christoph Lodron, Bruder des salzburgischen Erzbischofs Paris Lodron, die Herrschaft Gmünd; sie blieb bis 1932 im Eigentum dieses Geschlechtes.
Die Stadtmauern sind vollständig erhalten und umschließen die mittelalterliche Stadt, die viel Urwüchsiges bewahrt hat. Deswegen macht es viel Freude, durch die kleinen Gassen zu schlendern und reizvolle Entdeckungen zu machen. Gmünd versteht sich heute auch als Künstlerstadt, in der Ateliers, Künstlerkolonien und Galerien eine Heimstatt gefunden haben.

## SEHENSWÜRDIGKEITEN

**Burg** – Die imposante Silhouette der zwischen dem 15. und 17. Jh. erbauten Burg, auch als Gmündner Schloß bezeichnet, beherrscht das Städtchen. 1690 teilweise durch ein Erdbeben und 1886 durch einen Brand zerstört, blieb von ihr nur eine Ruine. Seit einigen Jahren jedoch werden große Anstrengungen unternommen, um sie nach und nach zu einem Kultur- und Künstlerzentrum umzuwidmen. Schon hat ein Restaurant Platz gefunden; auch der **Bergfried**, von dem aus man eine weite Sicht genießt, ist zugänglich.

★ **Stadtbefestigung** – Die zum Teil zinnenbewehrte Stadtmauer stammt aus dem 15. und beginnenden 16. Jh. Zwei markante Tore gewähren Einlaß in die Stadt: Das **Untere Tor** weist einen schön geschweiften Giebel und ein Glockentürmchen mit Zwiebelhelm aus dem 18. Jh. auf. Das **Obere Tor** ist als Doppeltor gestaltet; hier kann man auch noch den mittelalterlichen Pranger sehen.

**Hauptplatz** – Der langgezogene, von den beiden Stadttoren abgeschlossene Straßenplatz ist das Herz der Stadt. Ansehnliche Bürgerhäuser umschließen ihn. Das wuchtige **Neue Schloß** (neben dem Oberen Tor) wurde in der Zeit von 1651 bis 1654 unter Christoph Lodron erbaut. Der dreiflügelige Bau (heute Schule) öffnet sich zu einem hübschen Garten, dem Porsche-Park, dessen Eingang von zwei mächtigen Löwen flankiert wird, die aus dem Mirabellgarten in Salzburg stammen.
In der **Kirchgasse**, die am oberen Ende des Hauptplatzes abzweigt, ist im ehemaligen Kerker *(Kirchgasse 56)* eine aufschlußreiche Dokumentation zur Eva Faschaunerin untergebracht; die Bäuerin und Gattenmörderin war das letzte Opfer der „peinlichen Befragung" in Österreich, wie man die Folter damals nannte. Sie wurde 1773 hingerichtet.
In der parallel zum Hauptplatz verlaufenden **Hinteren Gasse** sind das Brauhaus und vor allem der ehemalige Amtshof, in dem die Bauern den Getreidezehnten abliefern mußten, Beispiele für eine gelungene Restaurierung.

Porsche-Automuseum, Gmünd

Porsche-Automuseum

**Kirche Maria Himmelfahrt** – Der spätgotische Bau, dessen Chor noch aus dem Jahr 1399 stammt, wurde 1513 eingeweiht. Beiderseits des schönen spätbarokken Hochaltars stehen lebensgroße Apostelfiguren. Die Kanzel ist, ebenso wie die Seitenaltäre, ein Werk des Rokoko. Zahlreiche Grabsteine.

**Porsche-Automuseum Helmut Pfeifhofer** ⌚ – Das einzige private Porsche-Automuseum Europas erinnert daran, daß Gmünd von 1944 bis 1950 die Wirkungsstätte des weltberühmten Ingenieurs Ferdinand Porsche (gestorben 1998) war. Im Werk Gmünd entstand auch das erste Auto mit dem Namen „Porsche" – der legendäre „356". Zu sehen sind 26 Fahrzeuge, Prototypen von Militärfahrzeugen und Sportwagen, Holzmodelle der ersten Porschekarosserien im Maßstab 1:1 und über 400 Modellautos.

# GMÜND

Niederösterreich

6 934 Einwohner

Michelin-Karte Nr. 926 – Falte 10 – 485 m

Die Grenzstadt im nördlichen Waldviertel, am Zusammenfluß von Lainsitz und Braunaubach gelegen, verlor nach dem Ersten Weltkrieg einen Teil ihres Gebietes, darunter auch den bedeutenden Bahnknotenpunkt, an die damalige Tschechoslowakei. Gmünd wußte die Vorteile aus einer solchen Randlage zu nutzen und kann heute mit einer Vielzahl von Trümpfen aufwarten, unter denen die reizvolle Altstadt und idyllische Fleckchen an der Lainsitz sowie die Blockheide nicht die geringsten sind.

## SEHENSWÜRDIGKEITEN

**Stadtplatz** – Mitten auf dem langgezogenen Platz erhebt sich das **Alte Rathaus**★ mit seiner interessanten Silhouette. Die Fenster des Renaissancebaus aus der zweiten Hälfte des 16. Jh.s sind von einer dezenten Sgraffitomalerei eingefaßt. Besonders ins Auge fällt der hohe Giebelturm, eine Rekonstruktion von 1988. Das Glas- und Steinmuseum *(Stadtplatz 34)* kündet von der ehemals florierenden Glasindustrie.

★ **Sgraffitohäuser** – *Stadtplatz 31 und 33.* Den spätgotischen Giebelhäusern wurden um 1565 bzw. 1570 Renaissance-Blendfassaden mit Zinnenabschlüssen vorgesetzt, die ganz mit Sgraffitomalerei überzogen sind: Fischgrätmuster, Rankenornamente, kleinteilige Diamantierung, Abschlußfries mit kämpfenden Figuren für das linke Haus, Szenen aus der antiken Mythologie für das rechte.

★★ **Blockheide** – Nordöstlich der Stadt liegt dieser bemerkenswerte Naturpark, ein an Karelien oder Schweden erinnerndes Gebiet von 140 ha mit mächtigen Granitblöcken, mit Birkenhainen und Heideland. Vor etwa 400 bis 300 Millionen Jahren entstanden die merkwürdigen geologischen Granitformationen, denen der Volksmund treffende Namen gab: Pilzstein, Teufelsbett, Wackelstein. Von besonderem Interesse sind ein Steinbearbeitungslehrpfad und das Geologische Freilichtmuseum, das sämtliche nördlich der Donau vorkommenden Gesteinsarten zeigt.

## AUSFLUG

**Weitra** – *8 km südwestlich, über die Bundesstraße 41.* Der Ort wird von seinem mächtigen **Schloß** (1590-1606) beherrscht, einer Vierflügelanlage mit Torturm und zinnenbekrönter Mauer. Um den dreieckigen Rathausplatz mit seinem

R. Chéret/MICHELIN

Sgraffitohaus in Weitra

Grätzl (Bebauung in der Mitte eines Platzes) gruppieren sich schöne Bürgerhäuser aus dem 16. bis zum 19. Jh., zum Teil mit Sgraffitoschmuck *(Rathausplatz Nr. 4 und Nr. 13)*.

★ **Burg Heidenreichstein** ⓥ – *19 km nordöstlich*. Auf einem Granitkegel wurde diese vierflügelige Burg mit drei runden Ecktürmen und einer Vorburg mit Torbau Ende des 12. und zu Beginn des 13. Jh.s errichtet und im 15. und 16. Jh. umgebaut. Der 40 m hohe Bergfried stammt aus dem 12. Jh. und kann nur über einen Einstieg in 14 m Höhe erreicht werden. Heute breitet sich rund um die Burg die Stadt gleichen Namens aus. Gern als schönste Wasserburg Österreichs bezeichnet, bietet Heidenreichstein einen stolzen Anblick. Lange im Besitz der Fürstenfamilie Palffy, gehört sie nun dem Grafen Kinsky, der sie ganzjährig bewohnt. Die zu besichtigenden Räume sind mit Möbeln aus der Gotik, Renaissance- und Barockzeit eingerichtet.

**Sgraffitotechnik**

Vom italienischen „graffiare", d. h. kratzen, leitet sich der Name dieser Technik ab, die vor allem in Norditalien zur Renaissancezeit beliebt war. In der Folge fand sie auch Aufnahme im Waldviertel und im benachbarten Böhmen, ja selbst in Schlesien und Sachsen. Auf Rauhputz wird ein farbiger Kratzgrund und dann eine dünnere Schicht aufgetragen, aus der man ein Muster herauskratzt, bevor sie hart wird. Als Motive wurden häufig biblische und mythologische Szenen gewählt, in denen die Tugenden verherrlicht werden.

# GMUNDEN★

Oberösterreich

14 000 Einwohner

Michelin-Karte Nr. 926 – Falte 21 – Kartenskizze: SALZKAMMERGUT – 420 m

In Gmunden, Schauplatz der Fernsehserie „Schloß Orth", der von Künstlern und romantischen Dichtern der Biedermeierzeit sehr geschätzten Sommerfrische des Salzkammerguts, findet der Besucher eines der modernsten Strandbäder Österreichs nördlich der Alpen.
In der schönen Jahreszeit kann man auf dem erst kürzlich restaurierten Schaufelraddampfer „Gisela", mit dem 1872 schon Seine Majestät Kaiser Franz Joseph I. über den See fuhr, einen **Schiffsausflug** ⓥ nach Ebensee unternehmen.
Seit dem 15. Jh. ist Gmunden für seine Feinkeramikherstellung bekannt.

## SEHENSWÜRDIGKEITEN

★ **Esplanade** – Die Strandpromenade, die zuerst von Blumen und dann von Kastanienbäumen gesäumt wird, zieht sich über 2 Kilometer zwischen dem Rathausplatz – wo das entzückende Rathausgebäude mit seinen Lauben und seinem Glockenspiel aus Keramik steht –, dem Bootshafen und dem Strandbad hin. In entgegengesetzter Richtung kann man den angenehmen Spaziergang jenseits der Traunbrücke bis zum Kriegerdenkmal fortsetzen.
Nach Süden fällt der **Blick**★ auf die Grate des Erlakogels, die das Profil einer liegenden Frau, die „schlafende Griechin" genannt, darstellen.

★ **Schloß Ort** – Das auf einer Insel erbaute und mit dem Festland durch einen Pfahlsteg verbundene Seeschloß ist die typische Erinnerungsansicht von Gmunden. Durch den offenen Torturm mit seinem Zwiebelhelm gelangt man in den schmucken Innenhof, der auf zwei Seiten von übereinanderliegenden Laubengängen im Stil des 16. Jh.s eingefaßt wird.
Erzherzog Salvator, Neffe des Kaisers Franz Joseph, erwarb das Schloß 1878. Dem Hofleben entfremdet, lebte er dort unter dem Namen **Johann Orth** (bzw. Ort), bevor er unter geheimnisvollen Umständen während einer Seereise nach Südamerika verschwand.

★ **Kammerhofmuseum** ⓥ – Ein Besuch dieses Museums, das im Kammerhof, dem ehemaligen Verwaltungsgebäude der Salzbergwerke, untergebracht ist, macht mit Geschichte und Lebensart der Bewohner der Stadt Gmunden vertraut. Seit Mai 2000 ist es in die erdkundlich-kulturgeschichtlich orientierte Ausstellung „Vom Urknall zur Moderne" eingebunden, die auch mit einem „Jahrtausendweg" unter freiem Himmel aufwartet und Gmunden und das Traunseegebiet im Spiegel der Jahrtausende präsentiert.

Jezierzanski/ÖSTERREICH WERBUNG

Gmunden - Schloß Ort

## UMGEBUNG

★ **Gmundnerberg** - 833 m. *9 km in südwestlicher Richtung. Gmunden über die Esplanade und die Straße nach Bad Ischl verlassen.*
In **Altmünster** rechts abbiegen.
Der Endabschnitt der Straße verläuft auf dem Bergkamm (nach einem Sanatorium) und bietet nach Süden **Ausblicke**★ auf das ganze Traunseer Becken. Gegenüber dem flachen, besiedelten Westufer des Traunsees erheben sich die Felswände seines Ostufers. Man erkennt die „schlafende Griechin".

## AUSFLUG

★ **Almtal** - *37 km hin und zurück - 1/2 Tag. Gmunden im Osten auf der B 120 verlassen und bis Scharnstein fahren.*

**Scharnstein** - In dieser Ortschaft, deren Häuser sich an der Achse der Hauptstraße angesiedelt haben, hat sich das **Renaissanceschloß** einen besonderen Namen gemacht, beherbergt es doch zwei originelle Museen. Das Gebäude selbst stammt aus dem Jahr 1584 und wurde nach jahrzehntelanger Verwahrlosung umfassend restauriert. Von besonderem Interesse sind bemalte Holzdecken aus der Erbauungszeit.
Das **Österreichische Kriminalmuseum** ⓥ zeichnet in 21 Sälen anhand zahlreicher Gegenstände und Dokumente die Entwicklung des Strafrechts im Angesicht des Verbrechens nach. Von der mittelalterlichen Schuldhaft über Akte politischer Gewalt bis zum zeitgenössischen Terrorismus werden die vielfältigsten kriminellen Handlungen angesprochen. Einige Schaukästen, in denen Waffen oder andere Instrumente von Verbrechern oder Henkern (z. B. die Guillotine) gezeigt werden, schaffen eine Atmosphäre von Gewalt, die man nicht kalt an sich abgleiten lassen kann. Dieses didaktische Museum wendet sich daher wohl eher an Erwachsene.
In dem einzigartigen, in einem Keller unter dem Kriminalmuseum untergebrachten **Reptilienzoo** ⓥ kann man hinter den Glasscheiben der Terrarien über hundert lebende Gifttiere aus aller Welt (Schlangen, Spinnen, Skorpione) aus der Nähe betrachten.

*In Richtung Grünau im Almtal fahren.*

**Konrad Lorenz**

Konrad Lorenz (1903-1989) wird weltweit als einer der Begründer der Verhaltensforschung betrachtet. Schon kurz nach seinem Studium der Medizin und Zoologie, das er in Wien abgeschlossen hatte, widmete er sich der Erforschung des angeborenen und erworbenen Verhaltens der Tiere, vor allem der Graugans. Seine wissenschaftliche Arbeit wurde 1973 mit der Verleihung des Nobelpreises für Medizin gekrönt, den er zusammen mit Karl von Frisch und Nikolaas Tinbergen erhielt.

Ab Grünau steigt die Straße langsam an und führt in eine waldreiche Berglandschaft. Im Herbst ist diese Strecke besonders malerisch.

★ **Cumberland Wildpark** ⏲ – *In Grünau.* Eine heitere Wald- und Berglandschaft bildet den Rahmen für diesen Wildpark von 60 ha Ausdehnung. Auf kilometerlangen Wanderwegen, entlang einem Bach und vielen Teichen, kann man Tiere in weitgehend natürlicher Umgebung sehen. Der Wildpark ist Forschungsstelle des **Konrad-Lorenz-Instituts**.

*Mit dem Auto talaufwärts bis Seehaus fahren.*

Die Straße führt durch das beschauliche Dorf Habernau und verläuft dann weiter in südlicher Richtung zum malerisch gelegenen **Almsee**★. Die Berge der Umgebung bilden einen Talkessel und erheben sich rund um das Plateau, das hinter dem See das Tal abschließt. Die markierten Wanderwege, die es hier allenthalben gibt, erhöhen nur noch das Vergnügen, an diesem letzten Halt der Fahrt durch das Almtal zu verweilen.

# GOSAUSEEN★★★

## Oberösterreich

Michelin-Karte Nr. 926 – Falte 20 – Kartenskizze: SALZKAMMERGUT

Die Gosauseen im Nordwesten der Dachsteingruppe liegen in einem zerklüfteten Gebirgsmassiv und bieten ein in den Alpen beinahe einzigartiges Schauspiel. Sie sind von Juni bis Oktober ein beliebtes Ausflugsziel.

★★★ **Vorderer Gosausee** – Höhe 933 m. Das Seeufer ist vom Parkplatz, von dem ab die Straße für den Kfz-Verkehr gesperrt ist, zu erreichen. Von hier bietet sich eine unvergeßliche **Aussicht**★★ auf die Kalksteingruppe des **Hohen Dachsteins** (Höhe 2 995 m) und seine kleinen Tafelgletscher. Besonders schön sind die Lichtverhältnisse zu früher oder später Stunde, wenn die Gletscher und Felswände in Licht gehüllt sind, während das Tal im Schatten liegt.
Man sollte unbedingt einen **Rundgang um den See**★★★ machen. Bei diesem leichten Spaziergang *(ca. 1 Std.)* bietet sich ein herrlicher Blick auf die zerklüfteten Gipfel des Gosaukamms. Es ist ein märchenhaftes Bild, wie sich die Berge und der umliegende Wald im ruhigen, klaren Wasser des Sees spiegeln.

★★ **Wanderung zum Hinteren Gosausee** – *Von der Spitze des Vorderen Sees hin und zurück 1 3/4 Std. rechnen. Dieser Ausflug ist ausdauernden Wanderern unbedingt zu empfehlen.* Der Weg durchs Unterholz wird bald ziemlich steil. Nachdem man das Ufer des **Hinteren Sees**★★ (Höhe 1 154 m) in einem unberührten, dicht bewaldeten Rahmen erreicht hat, kann man am rechten Ufer bis zur Hinteren-See-Alm gehen.

Wanderfreunde können den Ausflug bis zur **Adamek-Hütte** (Höhe 2 196 m) fortsetzen. Hierfür ist jedoch eine gute Kondition erforderlich. Frühmorgens losgehen. Vom Hinteren See aus 3 Std. für den Aufstieg rechnen (der Weg beginnt kurz vor der Hinteren-See-Alm). Von der Adameck-Hütte aus lohnt es sich, in 20 Minuten bis zum Rand des Gosaugletschers zu gehen. Vom Parkplatz aus dauert die gesamte Wanderung rund 8 Std., d.h. ein anstrengender Tag oder zwei Tage mit Übernachtung auf der Hütte.

Y. Bontoux

Hinterer Gosausee

# Schloß GRAFENEGG★

## Niederösterreich

Michelin-Karte Nr. 926 – Falte 11 – 12 km östlich von Krems

In der Ebene des Tullner Feldes erhebt sich Schloß Grafenegg, das bedeutendste Beispiel des romantischen Historismus, das Österreich hervorgebracht hat. Von einem großen Park umgeben, wirkt das Schloß mit seinem von einer Galerie und Türmchen eingefaßten Bergfried von weitem wie eine Fata Morgana, wie ein Stein gewordener Traum.
Das Schloß basiert auf einem Vorgängerbau, der aus dem 15. Jh. und dem beginnenden 16. Jh. stammen dürfte. Von dieser Bausubstanz ist hier und da noch etwas zu sehen, so das hofseitige Türmchen des Osttraktes von 1533.
Das heutige Erscheinungsbild verdanken wir Graf August Ferdinand Breuner-Enckevoirt, der in der Zeit von 1846 bis 1853 das Wagnis dieser Neuschöpfung im historisierenden Stil einging und – dank der glänzenden Leistung von Dombaumeister Leopold Ernst – gewann. Heute befindet es sich im Besitz des Prinzen Metternich-Sandór, für den die Restaurierung des Schlosses, das während der zehnjährigen sowjetischen Besatzungszeit schwer gelitten hatte, ein Lebenswerk darstellt.
Schloß Grafenegg ist bekannt für seine gehaltvollen kulturellen Veranstaltungen, die von Ausstellungen über Lesungen bis hin zu Konzerten reichen. Höhepunkt ist der alljährliche „Grafenegger Advent" Anfang Dezember, der vorweihnachtliches Singen und Musizieren mit einem traditionellen Weihnachtsmarkt verbindet.

## BESICHTIGUNG ⓥ

Über die mit einem wappenhaltenden Drachen und Löwen verzierte Schloßbrücke gelangt man zum Nordflügel, dessen abgestufter Hauptgiebel in feinem, spitzenartigem Maßwerk endet. Die Statue im Tabernakelaufsatz über dem Portal stellt wohl den Bauherrn dar und trägt die Jahreszahl 1856.

**Rittersaal** – Hier nahm Leopold Ernst die Gestaltung der gut zehn Jahre später einsetzenden Ringstraßenarchitektur vorweg. Dieser Hauptraum der Beletage hatte die Besatzung schwer gezeichnet überstanden. Von der ursprünglichen Einrichtung ist deswegen fast nichts mehr erhalten, doch wurden die meisterhafte **Kassettendecke**★ und der nach 1945 zerstörte Kamin restauriert.

**Schloßkapelle** – Das Gotteshaus wurde 1853 eingeweiht und bildet mit seinem Kreuzrippengewölbe und hängenden Schlußsteinen ein schönes Beispiel neugotischer Architektur. Der spätgotische Flügelaltar stellt die Krönung Mariens dar. An der Nord- und Südwand sind zu Vierergruppen zusammengefaßte Altarflügelbilder aus der Spätgotik angebracht sowie Apostelstatuen des 19. Jh.s.

R. Chéret/MICHELIN

Schloß Grafenegg – Kassettendecke im Großen Salon

**Großer Salon und Speisezimmer** – Schöne Täfelungen, geschnitzte Ornamente und Halbfiguren kennzeichnen diese Zimmerfolge. Von besonderem Reiz ist die **Kassettendecke**★ des Großen Salons, deren Balkenenden in wappenhaltenden Engeln und Rittern münden.
Darüber hinaus hinterläßt das großzügige Treppenhaus mit einer Ritterfigur und den Büsten des Erbauers und des Architekten (im Anklang an das Selbstporträt Franz Anton Pilgrams im Wiener Stephansdom) einen nachhaltigen Eindruck. Nicht weniger bemerkenswert sind der Gelbe Salon mit anschließendem Bad, Schreib- und Schlafzimmer, Bibliothek und Gartensaal, deren Wand- und Deckenverkleidungen aus erlesenen Materialien gefertigt sind; eine heitere und farbige Note setzen die schönen **Kachelöfen** in neomanieristischer Form.

## UMGEBUNG

**Gobelsburg** ⓥ – *10 km nordwestlich in Richtung Langenlois.* Das ursprüngliche Renaissanceschloß wurde 1725 barockisiert. Der Vierflügelbau mit mächtigem Walmdach ist seit 1740 Weingut des Stiftes Zwettl. Schöne Bandlwerk-Stukkaturen, zum Teil auch Deckengemälde, zieren die Räume; besonders beeindruckend jedoch sind wertvolle **Kachelöfen**★ aus der zweiten Hälfte des 18. Jh.s. Kellerführungen sowie Heurigenbesuch sollten den Besuch abrunden.

# GRAZ★★

L Steiermark

243 400 Einwohner

Michelin-Karte Nr. 926 - Falte 37 - 365 m

Die Hauptstadt der Steiermark breitet sich im Murtal zwischen den letzten Erhebungen der Voralpen im Norden und dem steirischen Hügelland im Osten aus. Ihrer schönen Lage und der weitläufigen Parks wegen wird sie zuweilen auch die Gartenstadt genannt. Graz, die zweitgrößte österreichische Stadt, ist aber auch wirtschaftliches Zentrum und kultureller und akademischer (an den drei Grazer Universitäten studieren 50 000 Studenten) Mittelpunkt einer ganzen Region. Etwa 130 000 Menschen bietet die steirische Landeshauptstadt Arbeit. In den modernen Vororten haben sich, insbesondere seit dem Zweiten Weltkrieg, die unterschiedlichsten Wirtschaftszweige angesiedelt: Vertreten sind die Auto- und Schuhindustrie, der Maschinenbau und eine Großbrauerei, um nur einige Branchen zu nennen.

## GESCHICHTE

**Graz, die Reichsstadt** – 1379 erwählte die Leopoldinische Linie des Hauses Habsburg Graz zu ihrer Residenz. Der steirische Prinz Friedrich V. erlangte 1440 die deutsche Königswürde und wurde 1452 als Friedrich III. zum Kaiser des Heiligen Römischen Reiches gekrönt: Graz wird Reichsstadt; die Burg in der Nähe des Burgtores, von der heute noch die spätgotische Doppelwendeltreppe zeugt, und der Dom entstehen.

**Ein Bollwerk der Christenheit** – Um sich gegen die Türkeneinfälle in der Steiermark zu wappnen, war Graz schon im 13. Jh. mit einer Befestigungsanlage umgeben worden, die 1543 neugestaltet und verstärkt wurde. Auch die Festung auf dem Schloßberg wurde auf Betreiben Kaiser Ferdinands I. von dem italienischen Architekten **Domenico dell'Allio**, auf den auch das Landhaus zurückgeht, umgebaut.
In dem Bestreben, eine möglichst effiziente Verteidigung zu erreichen, schuf man in Graz ein gewaltiges Waffen- und Munitionsarsenal. Der steirische **Erzberg** *(s. Eisenerz)* lieferte reichliches und hochwertiges Rohmaterial, das umgehend von einem Heer von Waffenmeistern, Feuerwerkern, Schmieden und Schwertfegern zu Säbeln, Degen und Hellebarden, Feuerwaffen und Rüstungen verarbeitet wurde.
Wenn ein Angriff der Türken drohte, wurden die Waffen aus dem Magazin von Graz an die Freiwilligen in der Bevölkerung verteilt, die das kaiserliche Heer unterstützten. 1642 entstand neben dem Landhaus das Zeughaus, in dem die Waffen eingelagert wurden, die bis dahin in Schuppen bei den Stadttoren, unter den Wehrgängen und auf dem Dachboden des Landhauses untergebracht waren.
Nach der Habsburgischen Erbteilung von 1564 wurde Graz Hauptstadt eines bedeutenden Gebietes, das die Steiermark, Kärnten, Görz, Krain und Istrien umfaßte und **Innerösterreich** genannt wurde. Kunst und Kultur wurden am Hofe von Erzherzog Karl II., wie es sich für einen Renaissancefürsten gehörte, gepflegt.

**Die Reformation** – Im Jahre 1568 waren drei Viertel der Bevölkerung zum protestantischen Glauben übergetreten. Am Standort des gegenwärtigen Paradeishofes (**CZ 26**) war eine protestantische Schule gegründet worden, in der auch der deutsche Astronom Johannes Kepler von 1594 bis 1598 lehrte.
1571 forderte jedoch Erzherzog Karl II. die Jesuiten auf, sich in Graz niederzulassen und das Gedankengut der Gegenreformation zu verbreiten. Diese gründeten alsbald ein Kolleg *(Bürgergasse)* und ein Gymnasium *(Hofgasse)*. 1585 schließlich gründete der Erzherzog die **Universität** von Graz, die sich zum geistigen Zentrum Innerösterreichs entwickeln sollte.
Das Jahr 1619 stellte einen Wendepunkt in der Geschichte der Stadt dar: Der Sohn Karls II., Ferdinand II., wurde zum Römischen Kaiser Deutscher Nation gewählt und verlegte seinen Hof nach Wien. Graz verlor den Rang und die damit verbundene Dynamik einer Reichsstadt.
Im 18. Jh. nahmen die Reformen Maria Theresias den städtischen Ämtern in entscheidenden Bereichen ihre Unabhängigkeit. Josef II. stufte die Universität zum einfachen Gymnasium herab.
Die hohe Zeit von Graz war zu Ende; so erklärt sich auch, daß es in Graz praktisch keine Barockbauten gibt.

**Ein vom Volk geliebter Fürst: Erzherzog Johann** – Heute noch ehrt man das Andenken an Erzherzog Johann (1782-1859), der zu seinen Lebzeiten in der Steiermark ein überaus beliebter Fürst war. Nachdem er Graz zu seiner Residenz erkoren hatte, widmete sich der Erzherzog, so oft er konnte, seinen wissenschaftlichen Studien und reiste, begleitet von Naturforschern, Archäologen und Zeichnern, kreuz und quer durch die Steiermark und Kärnten.
Seine Hochzeit mit der Tochter des Postmeisters von Bad Aussee *(s. dort)* und die Förderung der wirtschaftlichen Entwicklung der Steiermark (Musterbauernhöfe, Eisenbahn von Graz nach Mürzzuschlag (1844), industrieller

## TIPS UND ADRESSEN

**Graz/Steiermark Information**, im Landhaus, Herrengasse 16, 8010 Graz. Öffnungszeiten: Oktober bis Mai Montag bis Freitag 9-18 Uhr, Samstag 9-15 Uhr, an Sonn- und Feiertagen 10-15 Uhr; Juni bis September Montag bis Freitag 9-19 Uhr, Samstag 9-18 Uhr, an Sonn- und Feiertagen 10-15 Uhr ☎ 03 16/80 75-0.
**Graz Information am Hauptbahnhof**, Europaplatz 6, 8020 Graz. Öffnungszeiten: Montag bis Freitag 9-18 Uhr (nur im Sommer) ☎ 03 16/80 75-0.

Im Internet präsentiert sich Graz unter der Adresse: *www.graztourismus.at*

### Führungen und Ausflugsfahrten

**Altstadtrundgang (Dauer: 2 1/2 Std.)** – April bis Ende Oktober täglich um 14.30 Uhr, sonst nur am Samstag um 14.30 Uhr. Treffpunkt: Graz/Steiermark Information.
**Schloßbergführung** – Ostern bis Oktober täglich 9-17 Uhr zu jeder vollen Stunde. Treffpunkt: beim Glockenturm.

Anfang April bis Ende Oktober werden jeweils **geführte Ausflüge** (in Deutsch und Englisch) angeboten. Abfahrt jeweils um 14 Uhr in der Landhausgasse, Rückkunft gegen 19 Uhr.
Freitag: Steirische Schlösserstraße
Samstag: Lipizzaner-Gestüt Piber
Sonntag: Südsteirische Weinstraße

Informationen und Buchungen bei: Graz/Steiermark Information, Herrengasse 16.

### Öffentliche Verkehrsmittel

Fahrscheine sind außer an Automaten, Vorverkaufsstellen und Trafiken auch bei Straßenbahn- und Busfahrern erhältlich.
Mit der **Stundenkarte** kann man in Graz 1 Stunde lang alle öffentlichen Verkehrsmittel benutzen; mit der **10-Zonenkarte** kann man 10 Fahrten innerhalb einer Zone machen; für Touristen bieten sich außerdem noch die **24-Stundenkarte** und die **Wochenkarte** an.

Weitere Informationen zu den öffentlichen Verkehrsmitteln bekommt man im Zeitkartenbüro der Grazer Verkehrsbetriebe (GVB), Hauptplatz 14, ☎ 03 16/88 74 08, oder in deren Informationsstelle, Jakominiplatz, ☎ 03 16/88 74 11.

### Fahrradverleih

Räder kann man sich am Hauptbahnhof (☎ 03 16/78 48 326) oder bei Bicycle, Kaiser-Franz-Josefs-Kai 55 und 66 oder Rechbauerstraße 57, ☎ 03 16/82 13 57, leihen und dann auf den gut 75 km Radwegen die Stadt erkunden.

### Parkplätze in der Innenstadt

Das Parken ist in den gebührenpflichtigen **Blauen Zonen** nur zeitlich begrenzt möglich (Die Kurzparkregelung gilt werktags 9-19 Uhr). Parkscheine, die bis zu 3 Std. gültig sind, gibt es an Parkscheinautomaten. Sonst sollte man sein Auto in einer der folgenden Parkgaragen abstellen:
Tiefgarage Mariahilferplatz; Parkhaus Griesgasse 10; Tiefgarage Andreas-Hofer-Platz; Tiefgarage Rosarium, Hamerlinggasse; Garage Burgring, Einspinnergasse; Schloßberggarage, Sackstr. 29; City-Garage Weitzer, Am Entenplatz.

### Post

**Hauptpostamt:** Neutorgasse 46, Montag bis Freitag 7-23 Uhr, Samstag 7-14 Uhr, Sonn- und Feiertage 8-14 Uhr.
**Bahnhofspostamt:** Europaplatz 10, täglich 0-24 Uhr.

### Shopping

Die Hauptgeschäftsstraße ist die Herrengasse, aber auch in den Fußgängerzonen (etwa Spor- und Murgasse, die Gassen um den Hauptplatz sowie die Schmied-, Stubenberg- und H.-Sachs-Gasse) sind zahlreiche Geschäfte angesiedelt.

**Märkte** – Kaiser-Josef-Platz: Bauernmarkt täglich 6-12 Uhr, Lendplatz: Bauernmarkt Montag bis Samstag 7-12 Uhr, Karmeliterplatz: Flohmarkt jeden 3. Samstag im Monat

**Mitbringsel** – Kunsthandwerk und Trachten: Steirisches Heimatwerk, Paulustorgasse 4
Schloßbergkugeln: Konditorei Strehly, Sporgasse 14
Kernöl (Salatöl aus Kürbiskernen): Bauernmarkt, Kaiser-Josef-Platz
Steirischer Wein: Stempfergasse 2

## Unterhaltung

Die **Bühnen Graz** (☏ 03 16/80 00; Fax: 03 16/80 08 565, Internet: *www.buehnen-graz.com*) umfassen fünf Spielstätten:
Am Kaiser-Josef-Platz 10 findet man das **Opernhaus**, am Freiheitsplatz das **Schauspielhaus** (Sprechtheater, zwölf Premieren pro Saison). Das **Next Liberty** ist ein Kinder- und Jugendtheater (Kaiser-Josef-Platz 10). Das **Orpheum** (Orpheumgasse 8) dient vor allem als Gastspielstätte für Rock, Pop, Jazz und Kabarett. Im Sommer kommen noch die **Kasematten** auf dem Grazer Schloßberg als Freilichtbühne hinzu.

**T.i.P. (Theater im Palais)**, Leonhardstraße 15, ☏ 03 16/38 91 016. Musik- und Sprechtheater mit Studenten der Kunstuniversität Graz.

**TheatermëRZ**, Steinfeldgasse 20, ☏ 03 16/72 01 72. Das Künstler- und Autorentheater, das schon auf zahlreiche internationale Tourneen zurückblickt, führt ausschließlich Werke des Autors, Regisseurs und Theaterleiters Willi Bernhart auf : „Kunststücke", Liederprogramme, Kinder- und Jugendtheater.

**Theatro**, Neubaugasse 6, ☏ 03 16/71 60 27. Unabhängiges Kulturzentrum als Veranstaltungsraum für Sprech-, Musik- und Tanztheater sowie Rock-, Pop-Konzerte und Weltmusik.

**Casino Graz**, Landhausgasse 10, ☏ 03 16/83 25 78. Österreichs zweitgrößtes Spielcasino.

## Kinos

Große Kinopaläste mit zahlreichen Sälen und entsprechendem Filmangebot sind **UCI Kinowelt Annenhof** (Annenstraße 29, ☏ 03 16/72 77) und **Cineplexx** (Alte Poststraße 470, ☏ 03 16/29 09).

Filme abseits des aktuellen Mainstream zeigen auch **Filmzentrum im Rechbauerkino** (Rechbauerstraße 6, ☏ 03 16/83 05 08), **KIZ Kino im Augarten** (Friedrichgasse 24, ☏ 03 16/82 11 86) und **Schubertkino** (Mehlplatz 2, ☏ 03 16/82 90 810)

## Restaurants

**Altsteirische Schmankerlstub'n** (Sackstraße 10, ☏ 03 16/83 32 11), **Franz Schauer's** (Sackstraße 29, III. Stock, ☏ 03 16/83 45 85), **Kehlberghof** (Kehlbergstraße 83, ☏ 03 16/28 41 25), **Mohrenwirt** (Mariahilferstr. 16, ☏ 03 16/71 20 08), **Landhauskeller** (Schmiedgasse 9, ☏ 03 16/83 02 76), **Pichlmaier** (Petersbergenstr. 9, ☏ 03 16/47 15 97), **Santa Clara** (Abraham-a-Santa-Clara-Gasse 1, Eingang Bürgergasse 6 ☏ 03 16/81 18 22), **Stainzerbauer** (Bürgergasse 4, ☏ 03 16/8 15 87 50).

## Cafés, Kneipen und Bars

**Cafés: Temmel's Kaiserhof** (Kaiserfeldgasse 1), **Café Promenade am Burgtor** (Erzherzog-Johann-Allee 1), **Operncafé** (Opernring 22), **Hofbäckerei Edegger-Tax** (Hofgasse 6).

Das „Bermuda-Dreieck" der Grazer Kneipenszene liegt zwischen Färber-, Glockenspiel- und Mehlplatz. Hier findet man Gasthäuser und Weinstuben für jeden Geschmack. Recht jung geht es im Uni-Viertel zu (Leonhardstraße, Zinzendorfgasse, Schillerplatz).

Im Weinlokal **Gasthaus Keplerkeller** (Stempfergasse 6) wird steirische Musik geboten; mit Bierspezialitäten wartet der **Bierbaron** (Heinrichstr. 56) auf sowie die Kneipen **Eschenlaube** (Glacistr. 67) und **Schillerhof** (Plüddemanngasse 2). Der **Kulturhauskeller** (Elisabethstr. 30) ist eine Musikkneipe, das **Café Stockwerk** (Jakominiplatz 18/I) bietet Jazz an. Einen Drink kann man auch in einer der zahlreichen Bars von Graz nehmen, wie der **Ernst-Fuchs-Bar** im Hotel Erzherzog Johann (Sackstr. 3-5), im **Fink** (Freiheitsplatz 2), im **Limarutti** (Prokopigasse 4) oder im **M1** (Färberplatz 1/III). Tanzen kann man im **Monte** (Sackstr. 27) und im **Castello** (Bürgergasse 4). Amerikanisches Bar-Ambiente, häufig mit Jazz-Live-Musik, genießt man in der **Hemingway American Bar** (Klosterwiesgasse 6).

### Besondere Termine

**Diagonale:** März/April. Festival des österreichischen Films.

**Graz erzählt:** Zu Pfingsten. Fest der Erzählkunst und des Märchens. Erzähler aus aller Welt kommen in die Stadt und zeigen, wie lebendig und spannend Geschichtenerzählen sein kann.

**Classics in the city:** Im Sommer. Klassische Musik als Open-Air-Veranstaltung im Renaissance-Lanhaushof und internationale kulinarische Spezialitäten.

**Generali Hof Jazz Konzerte:** Im Sommer. Gratis-Open-Air-Veranstaltungen der Grazer Jazzszene.

**styriarte:** Im Juli. Festival klassischer Musik.

**Jazz-Sommer:** Juli/August. Jazz-Events auf dem Mariahilfer Platz. Eintritt frei.

**AIMS:** Mitte Juli bis Ende August. Festival klassischer Musik alter Meister mit Studenten des **A**merican **I**nstitute of **M**usical **S**tudies.

**La Strada:** Ende Juli/Anfang August. Internationales Festival für Puppen- und Straßentheater in der Altstadt.

**steirischer herbst:** Im Oktober. Avantgarde-Festival von internationalem Rang mit zeitgenössischer Musik sowie Theaterproduktionen, Ausstellungen bildender Kunst und Literaturlesungen.

**Berg- und Abenteuer-Filmfestival:** Im November. Internationaler Filmwettbewerb, bei dem der „Grand Prix Graz" in fünf Kategorien vergeben wird.

Aufschwung der Gegend um Eisenerz) festigten seine Beliebtheit beim Volke noch. In Graz selbst zeugt die Gründung der Technischen Hochschule und des Landesmuseums von der Offenheit und dem Interesse des Fürsten am Fortschritt. Das 1811 geschaffene Joanneum ist das älteste der Öffentlichkeit zugängliche österreichische Museum.

## ★★ ALTSTADT

Die vom Schloßberg beherrschte und im Westen von der Mur gesäumte Altstadt ist eine der größten im deutschsprachigen Raum. Hinter vielen ihrer Fassaden, die häufig im 18. oder 19. Jahrhundert umgestaltet wurden, verbergen sich sehr alte Wohnhäuser, die stille Arkadenhöfe von teils intimer, teils würdevoller Atmosphäre umschließen. Es gibt mindestens fünfzig solcher Innenhöfe: Der architektonisch beeindruckendste, wenn auch nicht der älteste, ist der des Landhauses. 1999 wurde die Grazer Altstadt in das Weltkulturerbe der UNESCO aufgenommen.

★ **Hauptplatz** (**CZ**) – Der im Herzen der Stadt gelegene Platz bietet mit den Straßenbahnen und ihren Schwärmen von Fahrgästen, vor allem aber an Markttagen, wenn sich die bunte Menschenmenge zwischen den Marktständen drängt, einen lebendigen Anblick. Hinter den farbenfrohen Fassaden aus dem 17., 18. und 19. Jh. stehen mittelalterliche Häuser von erstaunlicher Tiefe.

Das auf einem Laubengang ruhende **Haus Luegg** (**CZ A**) an der Ecke der Sporgasse wurde im 17. Jh. mit überaus reichem Stuckdekor versehen. Die aus dem Jahre 1534 stammende älteste Apotheke der Stadt *(Hauptplatz Nr. 4)* hat noch Teile ihres ursprünglichen Schmucks bewahrt. Der **Erzherzog-Johann-Brunnen** (1878) in der Mitte des Platzes und der Umstand, daß man das Standbild des Kaisers auf einen weniger bedeutenden Ort, den Freiheitsplatz (**DY 10**), verfrachtet hat, zeigen deutlich, welche Bedeutung der Erzherzog mit seinen zahlreichen Wohltaten im Herzen der Grazer einnahm und einnimmt. Die vier allegorischen Frauenfiguren, die den Erzherzog umrahmen, symbolisieren die vier steirischen Hauptflüsse zur Zeit der Monarchie. Seit 1918 gehören allerdings nur noch die Enns und die Mur zur Steiermark.

Steht man auf dem Bürgersteig vor dem im Süden des Platzes gelegenen Rathaus, das in seiner heutigen Form im Jahre 1893 vollendet wurde, so entdeckt man den von Bäumen bestandenen Felssporn des Schloßberges, der die Stadt beherrscht, zugleich über sie zu wachen scheint und an dessen Ende sich das Wahrzeichen von Graz, der allen vertraute Uhrturm, erhebt.

Über die breite und belebte **Herrengasse** (**DZ**), die von eleganten Geschäften und Bürogebäuden gesäumt wird, erreicht man das Landhaus. Das **Gemalte Haus**, die Nr. 3 der Herrengasse, diente dem Erzherzog übrigens bis 1450, bis zum Bau des Schlosses, als Residenz. Die Fresken, die die Fassade zieren, stellen Szenen aus

Über den Dächern von Graz

der römischen Geschichte dar und ersetzten im Jahre 1742 Schmuckelemente, die von dem Baumeister des Mausoleums, Pietro de Pomis, geschaffen worden waren.

★★ **Landhaus** (**DZ**) – Dieser herrliche Renaissancebau, in dem einst die Landesstände der Steiermark tagten, wurde 1557 bis 1565 von Domenico dell'Allio erbaut. Der italienische Architekt, Spezialist im Bereich der Festungsarchitektur, hatte gerade im Auftrage Kaiser Ferdinands I. die Festungsanlage auf dem Schloßberg neu gebaut. Heute ist das Landhaus Sitz des Landtages.

Die Hauptfassade zeigt schöne Rundbogenfenster über einem eleganten Portal und bereitet so gleichsam auf die südliche Pracht des dreigeschossigen Arkadenhofs mit seinen blumengeschmückten Balkonen, Treppenhäusern und Loggien vor.

Die Treppe, die im nordwestlichen Winkel des Hofes die Kapelle einfaßt, wurde 1630-1631 von einem weiteren italienischen Architekten, Bartolomeo di Bosio, errichtet. Den alten Hofbrunnen, Werk steirischer Handwerker, krönt eine kunstvoll geschmiedete, mit Putten und Frauenfiguren verzierte Bronzehaube, welche früher einmal bemalt war.

Dieser kunstvoll gestaltete Hof verleiht den Konzerten und Theateraufführungen, die hier im Sommer stattfinden, einen besonders festlichen, anheimelnden Charakter.

Vom Hof des Landhauses über die Herrengasse in einigen Schritten zur Stempfergasse gehen (**DZ 30**). In dieser Straße hat man den besten Blick auf die Fassade des Landhauses, dessen mittleres Joch durch einen kleinen kupfernen Glockenturm betont wird. Auffallend ist, daß die Mittelsäulen der Doppelfenster in ihrem unteren Drittel mit einem Ring versehen sind, der aus einem Trochilus zwischen zwei Wölbungen gebildet wird. Dabei handelt es sich um ein Schmuckelement, das der Architekt dell'Allio mit Vorliebe verwendete. Direkt neben der Fassade des Landhauses erhebt sich die des Zeughauses.

★★★ **Zeughaus** Ⓥ (**DZ**) – Der Bau des Zeughauses geht auf das Jahr 1642 zurück. Seine solide wirkende Fassade, in deren Portal sich Anfänge des deutschen Barocks bereits erkennen lassen, verrät durch die beiden Statuen des Mars und der Minerva, daß es sich hier um ein Waffendepot handelt. Seinerzeit war es eines der vielen Waffenarsenale der Welt und heute ist es das einzige, noch ganz in seinem ursprünglichen Zustand erhaltene.

H. Wiesenhofer/ÖSTERREICH WERBUNG

Als Anfang des 18. Jh.s die türkische Gefahr endgültig gebannt war und ab 1749 das kaiserliche Heer zentral von Wien ausgerüstet wurde, wollte man das veraltete Waffenmagazin auflösen. Auf Bitten und in Anerkennung der von ihren Freiwilligentruppen geleisteten Dienste erlaubte Maria Theresia den Steirern jedoch, ihr Zeughaus zu bewahren. Der Besucher, der nur wenige Augenblicke zuvor die belebte und geschäftige Herrengasse verlassen hat, glaubt sich unversehens vier Jahrhunderte zurückversetzt in die geheimnisvolle Atmosphäre eines perfekt geordneten Magazins, in dem sich die im Hofe des Landhauses versammelten Reiter und Landsknechte mit Waffen versorgen und in den Krieg ziehen könnten.

Die vier Stockwerke des Zeughauses bergen über 32 000 Waffen aller Art, oft von hoher handwerklicher Kunst: Stichwaffen, Lanzen und Hellebarden, Arkebusen, Pistolen, Musketen mit ihren Pulverhörnern, Rüstungen für Fußvolk und Reiter, Turnier-und Kriegsharnische.

Vom obersten Stockwerk aus genießt man einen schönen Blick auf den Arkadenhof des Landhauses; oberhalb der Dächer zeichnet sich die Silhouette des Schloßberges mit dem Uhrturm ab.

**Stadtpfarrkirche zum Heiligen Blut** (DZ) – Dieses ursprünglich gotische Gotteshaus wurde barockisiert und zwischen 1875 und 1882 wieder im gotischen Stil umgewandelt. Sein barocker **Glockenturm**★, sicher der eleganteste der Stadt, wurde 1780-1781 von dem Architekten Joseph Stengg und dem Zimmermann Franz Windisch errichtet. Der ganz aus Holz gebaute Turm wird von einem Kreuz mit drei Querarmen beherrscht, das an die Konsekration der Kirche durch einen Papst erinnert.

Im Innern fällt vor allem im südlichen Seitenschiff auf dem Hochaltar die „Himmelfahrt Mariae" auf, ein Gemälde, das Tintoretto zugeschrieben wird. Die Glasfenster des Chores im Mittelschiff wurden 1953 von dem Salzburger

Graz Tourismus

Landhaus – Innenhof

Künstler Albert Birkle geschaffen und weisen ein interessantes Detail auf: Im linken Chorfenster kann man im vierten Feld von unten rechts die Profile Hitlers und Mussolinis erkennen, die sich an der Geißelung Christi beteiligen.
Im Sommer findet jeden Donnerstagabend in der Kirche ein Orgelkonzert statt.

*In der Herrengasse Nr. 7 die Altstadtpassage (***DZ 3***) betreten.*

Zunächst durchquert man einen Hof mit Laubengängen und Galerien, die aus dem Jahre 1648 stammen und deren Balken mit eleganten Voluten geschmückt sind. Etwas später rechts einen Blick in die Höfe werfen, von denen einer an das Landhaus erinnert.
Die Passage mündet auf den **Mehlplatz** (**DZ 22**), der von zwei mächtigen Wohnhäusern mit barocken Stuckfassaden begrenzt wird. Das Palais Inzaghi auf der linken Seite (Nr. 1) beherbergte einst eine Musikschule, die von den Eltern des Operettenkomponisten Robert Stolz geführt wurde.
Rechts zum **Glockenspielplatz** gehen (Glockenspiel um 11, 15 und 18 Uhr - **DZ 12**). In dem von einem Glockentürmchen bekrönten Giebelfeld eines großen Hauses erscheinen jedesmal die Figuren eines Glockenspiels: ein steirisches Paar, das, in heimische Trachten gekleidet, nach alten Volksweisen tanzt. Vom Glockenspielplatz in die enge Abraham-a-Santa-Clara-Gasse (**DZ 2**) gehen und anschließend nach links abbiegen. Die würdevolle, an einen römischen Palast erinnernde Fassade der Burgergasse Nr. 1 (**DZ**) verdient Beachtung. In diesem Haus lebten von 1597 bis 1775 die jungen Adeligen, die in die Schule der Jesuiten gingen. Sein Barockportal scheint die Geschichte des Hauses zusammenzufassen: Zwei Engel stützen eine Kartusche mit dem Porträt von Erzherzog Karl II., welcher die Jesuiten nach Graz rief. Die Kartusche wird von zwei allegorischen Figuren gerahmt, die die Katholische Kirche und die Wissenschaft symbolisieren.
Rechts führt eine Treppe zu dem wohl originellsten und ungewöhnlichsten Gebäude von Graz, dem Mausoleum.

R. Chéret/MICHELIN

Das Mausoleum

★★ **Mausoleum** ⓥ (**DZ**) - Von der großen Treppe im Westen sollte man sich der fantastischen Fassade dieses ungewöhnlichen Baus nähern, der kunstvoll die Formensprache des österreichischen Barocks in seiner manieristischen Spielart mit dem theatralischen Pomp der großen römischen Kirchen aus derselben Epoche kombiniert. Erstaunlich ist dies nicht, berief doch Kaiser Ferdinand II. den italienischen Architekten **Pietro de Pomis** zum Baumeister des kaiserlichen Mausoleums, das zwischen 1614 und 1633 errichtet wurde. Ein weiterer Italiener, Pietro Valnegro, legte 1636 mit der Vollendung des Glockenturms an der Ostapsis letzte Hand an den Außenbau.
Johann Bernhard Fischer von Erlach, einer der berühmtesten Söhne von Graz, lieferte die Entwürfe für die reichen Stuckarbeiten im Innern. Eine sehr schöne ovale Kuppel schmückt die Gruft, in deren Mitte sich der rote marmorne

Sarkophag der Eltern des Kaisers, Karl II. und Maria von Bayern, erhebt. Nur die Erzherzogin ruht hier, Karl II. ist in Seckau bestattet. Das Grabmal Kaiser Ferdinands II. befindet sich rechts vom Altar.

★ **Domkirche** (**DZ**) - Die ehemalige Hofkirche wurde zwischen 1438 und 1464 von Kaiser Friedrich III., dessen Wappen das Hauptportal ziert, erbaut. Bevor man das Gotteshaus betritt, bemerkt man an der Südwestwand Reste des **„Landplagenbildes"**. Dieses Wandgemälde, die älteste bekannte Darstellung der Stadt, entstand im Jahre 1485 und erinnert an die Plagen - Türken, Pest, Heuschrecken -, von denen Graz 1480 heimgesucht wurde. Der größte Teil der barocken Innenausstattung stammt aus der Zeit, in der die Kirche den Jesuiten anvertraut wurde (nach 1577).
Erst 1786 wurde der weitläufige lichterfüllte Bau Domkirche.
Der **Kircheninnenraum** und sein elegantes Netzrippengewölbe nehmen den Besucher gefangen. Vom alten Schmuck haben insbesondere die beiden Fresken des hl. Christophorus (Ende 15. Jh.), die Anfang dieses Jahrhunderts restauriert wurden, überdauert. Sie erinnern an einen alten Volksglauben, nach dem man an dem Tag, an dem man eine Christophorusdarstellung gesehen habe, nicht sterben könne.
Ein barocker Altar von harmonischen Ausmaßen ziert den tiefen Chor, an dessen Eingang zwei herrliche **Reliquienschreine**★★★ stehen und die Blicke der Kirchenbesucher auf sich ziehen. Diese überaus fein gearbeiteten, im Stile Mantegnas mit Flachreliefs aus Bein und Elfenbein geschmückten Kunstwerke wurden um 1470 aus Ebenholz gefertigt. Thematisch lehnen sie sich an Petrarcas „Triumphe", eine Reihe allegorischer und moralischer Gedichte an, die die verschiedenen Lebensabschnitte bis zum Tode darstellen und von großer Weisheit geprägt sind. Nach Graz gelangten die Schreine dank der Jesuiten.
Die Orgel (5 354 Pfeifen) stammt aus dem Jahre 1978.

*Den Dom durch das Nordportal verlassen.*

Man überquert die Straße in der Nähe des **Burgtores** (**DZ**) und betritt durch das eindrucksvolle Tor aus Haustein den ersten Hof der **Burg** (15. Jh.). Durch die Tür zur Linken, vor der überdachten Passage, gelangt man zu dem in die Gebäude der Landesregierung eingegliederten Treppenturm.

★★ **Treppenturm** (**DY B**) - Das bedeutendste Überbleibsel der alten Residenz Friedrichs III. wurde von dessen Sohn Maximilian I. angebaut und stellt eine architektonische Besonderheit dar. Die Doppelwendeltreppe ist mit ihren um zwei Achsen sich windenden Läufen eine beeindruckende technische Leistung ihres Planers und der Steinmetze, die sie 1499 errichteten.

**Freiheitsplatz** (**DY 10**) - In der Mitte des Platzes fällt die Statue von Kaiser Franz II., dem letzten Römischen Kaiser Deutscher Nation und ältesten Bruder Erzherzog Johanns auf. Ein großes rotes Gebäude mit klassizistischem Giebeldreieck, der St. Lambrechter Stiftshof, schließt den Platz ab. Auf dem Flachrelief des Giebels sind Freimaurersymbole dargestellt.
Kurz vor der Sporgasse bewundere man links die Holzvertäfelungen der Schaufenster der alten **Hofbäckerei**. Geht man rechts in die Sporgasse, sollte man einen Blick auf das 1566 errichtete Palais Saurau Göss *(Nr. 25)* mit seinem rustizierten Barockportal und seinem Arkadenhof werfen; welche Bewandtnis es mit dem am Giebel angebrachten schwertzückenden Türken hat, wissen selbst die Grazer nicht genau. Malerisch ist auch das Renaissancehaus *Zur goldenen Pastete (Nr. 28)*. Den Windungen der bunten, von Leben erfüllten **Sporgasse** (**CY**) folgt man nun zurück zum Hauptplatz. Das ehemalige Deutschordenshaus *(Haus Nr. 22)* besitzt einen Arkadenhof im gotischen Stil. Nr. 3 dagegen zeigt eine schmale grüne Jugendstilfassade.

*Rechts in die Sackstraße abbiegen.*

**Sackstraße** (**CYZ**) - Die Sackstraße war einst, wie der Name sagt, eine Sackgasse, die erst im 14. Jh. durch einen Torturm geöffnet wurde, der an der Stelle stand, an der sich heute das Palais Attems *(Nr. 17)* erhebt. Zweimal, jeweils aus Anlaß einer Erweiterung der Stadtmauer, wurde diese Gasse verlängert. Als Hauptader eines sehr geschäftigen Viertels zog sie Gerber, Müller, Pergamentmacher und andere Zünfte an, die die Nähe des Wassers zu schätzen wußten. Der älteste Teil der Gasse wurde ab 1650 „Herrensack" genannt, da dort mehrere edle Palais entstanden, die man heute noch bewundern kann.
Im **Renaissancehof**★ des Krebsenkellers *(Nr. 12)* mit seinen Doppelfenstern und seiner Arkadenloggia herrscht bereits eine ganz italienische, zugleich etwas geheimnisvolle Atmosphäre.
Das alte **Palais Herberstein** *(Nr. 16)*, das heute die **Neue Galerie** (Kunst des 19. und 20. Jh.s) beherbergt, besitzt eine monumentale Treppe, Zeugnis vergangener ruhmreicher Zeiten. Im **Palais Khuenburg** *(Nr. 18)* ist das **Stadtmuseum** ⏲ (**CY M'**) untergebracht. In diesem Palais wurde am 18. Dezember 1863 der Thronfolger Erzherzog Franz Ferdinand *(s. Artstetten)* geboren.

**Palais Attems** (CY D) – Gegenüber dem Stadtmuseum steht dieses Palais, das besondere Aufmerksamkeit verdient: Es ist ohne Zweifel das bedeutendste Barockbauwerk der Stadt. Man sollte sich die Zeit nehmen, die Schmuckelemente seiner **Fassaden**★★ genauer anzusehen: Die zahlreichen Pilaster, Gesimse und Fenster mit krummlinigen Giebelfeldern, die ein Feuergefäß einrahmen, sind von hervorragender Qualität. Zwischen 1702 und 1716 wurde diese Residenz für den Grafen von Attems erbaut. Sechs Bürgerhäuser und das alte, unnütz gewordene Stadttor, das an dieser Stelle stand, mußten weichen, damit dieser Bau zustande kommen konnte.

**Dreifaltigkeitskirche** (CY E) – Die 1704 direkt neben dem Palais Attems errichtete Dreifaltigkeitskirche scheint über den alten Adelspalast zu wachen. Die unaufdringliche, harmonisch gestaltete Fassade der Ursulinenkirche ist zutiefst von der Dreifaltigkeitsikonographie geprägt.
Beim Verlassen der Dreifaltigkeitskirche werfe man einen Blick auf den Schloßbergplatz (CY **29**), von dem eine steile Treppe ausgeht, die in etwa 260 Stufen auf den Schloßberg führt.

★ **Das mittelalterliche Viertel** – Im Spätmittelalter fand zwischen der Mur und der Stadtmauer an der Stelle des heutigen Franziskanerplatzes (CZ **9**) und der Neutorgasse (CZ) ein Viehmarkt statt. Der ungewöhnliche Name, mit dem die Steirer das Viertel um die Franziskanerkirche bezeichnen – Kälbernes Viertel – erinnert noch an diese Zeit. 1620, als man die Stadtbefestigung erweiterte, wurde es der Stadt einverleibt. Die **Gassen**★ dieses Viertels sind noch immer sehr reizvoll und laden mit ihrer südlichen Atmosphäre zum Schlendern ein. Besonders malerisch sind die Neue-Welt-Gasse (CZ **23**) und die Franziskanergasse (CZ **8**), in der die Obst- und Gemüsehändler ihre Waren ausstellen.

**Franziskanerkirche** (CZ) – Nach dem Zweiten Weltkrieg zog man in diesem Gotteshaus, an das sich zahlreiche Verkaufsbuden anlehnen, im Hochchor zum Teil ein neues Gewölbe ein. Aus dieser Zeit stammen auch die modernen Glasfenster. Ursprünglich, d. h. im Jahre 1240, hatten die Minoriten hier ein Kloster errichtet, das im 16. Jh. von den Franziskaner-Observanten übernommen wurde. Der älteste Teil des Klostergebäudes, die Jakobskapelle, geht auf das Jahr 1330 zurück.

# GRAZ

| | | |
|---|---|---|
| Abraham-a-Santa-Clara-Gasse . . . DZ 2 | Franziskanergasse . . . CZ 8 | Luthergasse . . . DZ 20 |
| Altstadtpassage . . . DZ 3 | Franziskanerpl. . . . CZ 9 | Mehlpl. . . . DZ 22 |
| Färbergasse . . . DZ 5 | Freiheitspl. . . . DY 10 | Neue-Welt-Gasse . . . CZ 23 |
| Färberpl. . . . DZ 6 | Glockenspielpl. . . . DZ 12 | Paradeishof . . . CZ 26 |
| | Griespl. . . . CZ 13 | Radetzkybrücke . . . CZ 27 |
| | Hauptbrücke . . . CZ 16 | Schloßbergpl. . . . CY 29 |
| | Jakominipl. . . . DZ 17 | Stempfergasse . . . DZ 30 |
| | Keplerbrücke . . . CY 19 | Tegetthoffbrücke . . . CZ 32 |

| | |
|---|---|
| A Haus Luegg | F Stadtpark-Brunnen |
| B Treppenturm | M¹ Stadtmuseum |
| D Palais Attems | M² Steirisches Volskundemuseum |
| E Dreifaltigkeitskirche | |

## ★ DIE PARKANLAGEN

★ **Schloßberg** ⏱ (**CY**) – *Fahrt mit der Schloßbergbahn (Standseilbahn) ganz im Norden der Sackstraße. Man kann auch auf der Treppe vom Schloßbergplatz* (**CY 29**) *den Berg zu Fuß ersteigen.*
Der die Stadt in 123 m Höhe beherrschende Schloßberg war bis zu den Napoleonischen Kriegen mit Schanzen und Befestigungsanlagen gespickt und praktisch uneinnehmbar. Auch als im Kriegsjahr 1809 die französischen Truppen unter Macdonald Graz besetzten, widerstanden sie siegreich allen Angriffen. Im Vertrag von Schönbrunn (14. Oktober 1809) war jedoch – sehr zum Unwillen der Grazer Bevölkerung – die Schleifung der Festung als eine der Friedensbedingungen festgelegt worden. Es gelang den Bewohnern aber, den **Uhrturm** und den **Glockenturm** mit der „Liesl" genannten, größten Glocke der Stadt (4,5 Tonnen) durch ein hohes Lösegeld zu erhalten. Der Rest der Festung wurde gesprengt. Einige Jahrzehnte später begann man damit, den Schloßberg in eine große Parkanlage umzuwandeln, die heute ein ganzes Ensemble von schattigen Terrassen und Gärten umfaßt.

Eine breite Kastanienallee führt zum Uhrturm hinunter, der sich inmitten von schönen Blumenrabatten erhebt. Das Zifferblatt der Uhr weist eine Besonderheit auf: Der Minutenzeiger ist kürzer als der Stundenzeiger. Die Erklärung liegt darin, daß die Uhr lange Zeit nur einen einzigen 5,4 m langen Uhrzeiger besaß, der die Stunden anzeigte. Der 2,7 m lange Minutenzeiger wurde erst später hinzugefügt.
Einige Stufen führen zum Herbersteingarten hinab, von dessen Terrasse sich zauberhafte **Blicke**★★ auf die Stadt und die Mur bieten. Jenseits der braunen und rostroten Dächer der Stadt, aus denen sich die Zwiebeltürme der Kirchen in die Höhe strecken, zeichnen sich im Südwesten die Steirischen Voralpen ab.
*Wieder zum Uhrturm hinaufsteigen und auf dem ersten Weg, der rechts abzweigt, weiter in die Stadt hinuntergehen.* Dieser Weg endet am Karmeliterplatz, der mit einer Dreifaltigkeitssäule geschmückt ist, die 1680 hier als Dankessäule nach dem Ende einer Pestepidemie errichtet wurde.

*Die Paulustorgasse hinaufgehen.*

**Steirisches Volkskundemuseum** ⓥ (**DY M²**) – Diese Abteilung des „Joanneums" *(s. u.)* wurde 1913 in dem ehemaligen Kapuzinerkloster eingerichtet und ist der steirischen Volkskunst und -kunde gewidmet (interessante Rekonstruktionen steirischer Wohn- und Arbeitsräume). *Das Museum ist zur Zeit geschlossen. Wiedereröffnung bei Drucklegung nicht bekannt.*
Das unweit des Museums an einem Treppenaufgang gelegene „Heimatwerk" bietet moderne Artikel des steirischen Kunsthandwerks zum Kauf an.

**Paulustor** (**DY**) – Das Ende des 16. Jh.s erbaute Tor ist neben dem Burgtor der einzige Zeuge des ehemaligen Befestigungsgürtels. Seine Außenseite schmücken prächtige Marmorwappen Ferdinands II. und seiner Gemahlin Maria Anna von Bayern.

★ **Stadtpark** (**DY**) – Dieser englische Park wurde in der 2. Hälfte des 19. Jh.s auf dem ehemaligen Glacis der Befestigungsanlagen geschaffen und erstreckt sich im Osten und im Südosten der Altstadt auf einer Länge von 1 200 m und einer Breite von 300 m. In der Mitte des Parks befindet sich das **Forum Stadtpark**, seit 1960 der Treffpunkt einer Künstlervereinigung der Avantgarde. Vor dem Gebäude steht inmitten einer wuchernden Vegetation aus alten Bäumen, Büschen und Blumen der **Stadtpark-Brunnen** (**F**), der 1873 für die Weltausstellung in Wien von einem Kunsthandwerker namens Antoine Durenne geschaffen wurde. Zwei formgleiche, wenn auch kleinere Brunnen, die 30 Jahre vor ihrem Grazer Ebenbild entstanden sind, stehen auf der Pariser Place de la Concorde.

*Durch den Stadtpark in südlicher Richtung zum Burgtor gehen. Der Hofgasse, dann der Sporgasse folgen. Nach links in die Färbergasse einbiegen und weiter über den Färberplatz und durch die Prokopigasse gehen. Auf der Höhe des Mehlplatzes rechts in die Altstadtpassage eintreten, die in die Herrengasse mündet. Von dort sind es nur noch einige Schritte bis zum Hauptplatz.*

## WEITERE SEHENSWÜRDIGKEITEN

★ **Mariahilf-Kirche** (**CY**) – Diese Kirche war über lange Jahre hinweg nach Mariazell *(s. dort)* die am meisten besuchte Wallfahrtskirche der Steiermark. Die harmonischen Ausmaße ihrer Barockfassade und die schlichte Eleganz ihrer beiden Türme sind beeindruckend; das Gotteshaus zählt unbestritten zu den schönsten Beispielen sakraler Architektur in Graz.
Pietro de Pomis, der Baumeister des Mausoleums *(s. o.)* und Architekt von Schloß Eggenberg *(s. dort)*, begann in den Jahren zwischen 1607 und 1611 mit dem Bau der Kirche. 1633 fand er hier seine letzte Ruhestätte. Für die beiden in der Formensprache des Spätbarocks errichteten Türme zeichnet Joseph Hueber verantwortlich. Das Innere des Renaissance-Langhauses strahlt Ausgeglichenheit und Ruhe aus.
Durch das linke Fassadenportal und den Kreuzgang gelangt man in den zweiten Klosterhof mit dem Sommerrefektorium, das, obwohl es Ende des 17. Jh.s entstand, ganz das Aussehen eines Renaissancebaus hat. Der **Minoritensaal** ⓥ, der das 1. Obergeschoß dieses Gebäudes einnimmt, ist einer der Grazer Konzertsäle. Man beachte die schöne Vorlesekanzel in Nußbaum an der Eingangspforte des Saales. Das Gebäude beherbergt auch das **Diözesanmuseum**.

**Alte Galerie des Steiermärkischen Landesmuseums Joanneum** ⓥ (**CZ**) – Die Galerie ist im Erdgeschoß und im 2. Stock des Gebäudes untergebracht. Als besonders interessant erweist sich die Abteilung **mittelalterlicher Kunst**★ (Werke österreichischer Meister vom 12. bis 16. Jh.) **im Erdgeschoß:** Glasgemälde, „Admonter Madonna "um 1320, zwei Admonter Pietas um 1400 und 1420, Strahlenkranzmadonna um 1420, Votivtafel von St. Lambrecht um 1430, von Michael Pacher *Martyrium des Thomas Beckett* um 1470/1480, Großer Mariazeller Wunderaltar von 1518-1522.

**2. Stock – Renaissance, Manierismus, Barock**: Werke von Jan Brueghel d. Ä., Pieter Brueghel d. J., Lucas Cranach d. Ä, von Godl/Magt *Nackter Krieger*, Gemälde von Sofonisba Anguissola, Luca Cambiaso, Dosso und Battista Dossi. Österreichische und deutsche Barockkünstler, wie Johann Heinrich Schönfeld, Johann Michael Rottmayr, Josef Stammel, Franz Anton Maulbertsch, Paul Troger, Franz Christoph Janneck. Bedeutende Sammlung von barocken Ölskizzen (Bozzetti).
Aus dem reichen Bestand des Graphischen Kabinetts werden Spezialausstellungen gestaltet.

GEORG MIKES

Mariahilf-Kirche

**Leechkirche** (DY) – Die Universitätskirche Maria am Leech ist der älteste Sakralbau von Graz; sie wurde 1275-1293 vom Deutschen Ritterorden errichtet und zeigt Verwandtschaft mit der Sainte Chapelle in Paris. Das frühgotische, vielfach abgestufte **Westportal**★ krönt im Tympanon eine Madonna mit Kind, ein Werk des spätromanischen Zackenstils. Von besonderer Bedeutung sind die **Glasmalereien**★, die um 1330 datiert werden und neben Heiligengestalten einen Passionszyklus darstellen.
Grabungen in der Kirche haben erwiesen, daß hier im 9.-8. Jh. v. Chr. ein Bestattungsplatz der Urnenfelderkultur war. Diese Tradition wurde auch in der Hallstattzeit (7. Jh. v. Chr.) fortgeführt. Anfang des 13. Jh.s wurde eine romanische Rundkirche errichtet, die kurz darauf zerstört wurde.

## UMGEBUNG

★★★ **Schloß Eggenberg** (AX) – *3,5 km westlich – s. dort.*

★★ **Österreichisches Freilichtmuseum** – *15 km nordwestlich über die Straße nach Bruck an der Mur (AX – Stadtplan Graz). In Gratkorn die Schnellstraße verlassen, die Mur überqueren und anschließend, rechts nach den Gleisen, 3 km in nordwestlicher Richtung weiterfahren. Beschreibung s. Murtal.*

★ **Stift Rein** (AX) – *15 km nordwestlich.*
Die Abtei Rein, die 1129 von Mönchen aus dem deutschen Kloster Ebrach gegründet wurde, ist die älteste Zisterzienserabtei Österreichs. Die von dem eleganten barocken Glockenturm überragten Klostergebäude stehen vor bewaldetem Hügelland und dem 1 000 m hohen Ploschkogel. Die Zisterzienser von Rein spielten bald eine bedeutende wirtschaftliche und kulturelle Rolle in diesem Teil der Steiermark. Nach der Verwüstung durch die Türken wurde das Stift im 15. Jh. befestigt und im 18. Jh. barockisiert.

★★ **Stiftskirche** ⏲ – Ein Baumeister aus Graz, Johann Georg Stengg, zeichnete für den Umbau der alten romanischen Klosterkirche, die den Rang einer päpstlichen Basilica minor innehat, verantwortlich. Der Einfachheit halber kehrte man die bisherige Orientierung der Kirche um. Die neue geschwungene Fassade wurde in wohlüberlegter harmonischer Rhythmisierung aus konvexen und konkaven Linien wie eine Violine gestaltet und im oberen Giebelfeld – eine barocke Spielerei – mit einem Hornwerk geschmückt. Der lichtdurchflutete Innenraum wirkt wie ein weitläufiger Theatersaal: Man kann die Zeremonie des heiligen Gastmahles auf den großen vorschwingenden Balkonen über den auf beiden Seiten des Mittelschiffes sich öffnenden Kapellen verfolgen. Der Freskenschmuck des Joseph Adam von Mölck und seine zahlreichen Scheinarchitekturen erhöhen die theatralische Wirkung der barocken Neugestaltung des Gotteshauses noch. Ohne große Zurückhaltung machte man von der Farbpalette Gebrauch, wählte verschiedene, auch kräftige Farben und schuf so eine märchenhafte Atmosphäre, die in ihrer Wirkung eigentlich nicht so recht zu den Söhnen des hl. Bernhard paßt. Das Hochaltargemälde des Kremser Schmidt ist bemerkenswert.

**Wallfahrtskirche Mariatrost** - *7 km östlich von Graz über Bundesstraße 72* (**BX** - *Plan Graz*). Überall in Österreich lebt die alte Tradition der mächtigen Wallfahrtskirchen, die der Gottesmutter geweiht sind und die sich auf einer Erhöhung in der Nähe der großen Städte erheben. Salzburg verehrt sein Gotteshaus Maria Plain, Linz steht unter dem Schutz des Pöstlingbergs, Klagenfurt ehrt in der Kirche Maria Saal den Ausgangspunkt der Evangelisierung Österreichs, und Graz ist stolz auf die in herrlicher Umgebung gelegene Kirche Mariatrost, deren beide Glockentürme wie zwei Fermaten in dieser grünen Vorstadt aufragen. Ein großartiges architektonisches Programm und die Verehrung Mariens, Trösterin der Menschheit, standen beim Bau dieser Barockkirche, der 1714 unter den Architekten Andreas und später Johann Georg Stengg begann, Pate. Bemerkenswert sind die - stark retuschierten - Wandmalereien von Lukas von Schram und Johann Baptist Scheidt aus den Jahren 1733 bis 1754, die Kanzel von Veit Königer (1730/31) und die Orgel, eine Vorarlberger Arbeit aus dem Jahr 1993.

# Schloß GREILLENSTEIN★

## Niederösterreich

Michelin-Karte Nr. 926 - Westen von Falte 11 - 1 km nördlich von Fuglau

In einer urwüchsigen Landschaft des Waldviertels, im Norden der Wälder des Kamptals erhebt Schloß Greillenstein seine von zahlreichen Fenstern durchbrochenen Fassaden. Dieses mächtige Schloß ist quadratisch um einen Ehrenhof angelegt, welcher von zwei übereinanderliegenden, nach Süden ausgerichteten Arkaden aufgelockert wird. Der Renaissance-Bau entstand zwischen 1570 und 1590 auf den Ruinen einer alten Festung. Er wird von dem hohen Torturm beherrscht, den vier Ecktürmchen bekrönen. Greillenstein ist immer im Besitz derselben Familie geblieben und kann daher mit einigen sehr alten Originalaustattungen der Innenräume aufwarten.

## BESICHTIGUNG ⓥ

Die Außenanlage - Balustrade mit Obelisken und qualitätvollen Skulpturen - stammt aus dem 17. Jh. und stellt ein ganzes Programm dar: Wie der zornige Löwe sich in ein sanftes Tier verwandelt, so siegt auch das Gute über das Böse. Ein prunkvolles Tor mit rustizierten Säulen und einem Sprenggiebel führt in den schönen Innenhof.

Museum Schloß Greillenstein

Schloß Greillenstein

Die Balustrade des Hofes und ihre sechs monumentalen Ziervasen wurden nach Entwürfen von Johann Bernhard Fischer von Erlach in Stein gehauen. Steht man im Innenhof, schweift der Blick über die Arkaden hoch zum Dach mit seinen Renaissancekaminen von 1590, von denen keiner dem anderen gleicht.

**Rechtsaltertümersammlung** - In Greillenstein wurde seit dem 16. Jh. Recht gesprochen. Im Schloß, das für vierzehn Dörfer Zentrum der Rechtsprechung war, wurden die wichtigsten Arbeiten aus Verwaltung, Steuerwesen und Gerichtsbarkeit erledigt. Schränke und Regale enthalten noch zahlreiche Urkunden aus vergangenen Zeiten.

**Gerichtsstube** - Dieser herrschaftliche Gerichtssaal hat noch seine alte Gerichtsschranke bewahrt, auf der man den Eid leistete. Hier wurden die kleinen heimischen Prozesse entschieden.
1634 gewährte Kaiser Ferdinand II. Greillenstein auch das Recht der hohen Gerichtsbarkeit. In der Folge wurde hier auch über schwere Verbrechen befunden, wie die vorhandenen Akten belegen, doch kam es nie zu einem Todesurteil.

**Kapelle** - Die helle, von einem feinen Netzgewölbe überspannte Kapelle ist mit einem fein gearbeiteten originellen **Renaissancealtar★** geschmückt: Die Altarfläche wird von vier Säulen aus falschem Marmor getragen, die eine Kreuzigungsszene umrahmen; dies verleiht dem kleinen Raum eine unerwartet würdevolle Note.
Als die Grafen von Kuefstein, Besitzer von Greillenstein, ihrem protestantischen Glauben abschworen und zum Katholizismus konvertierten, behielt man den protestantischen Altar aus dem Jahre 1603 und stellte ihn rechts neben den neuen Altar.

**Türkensaal** - In diesem Raum wird anhand mehrerer Erinnerungsstücke an die Reise des Botschafters Hans Ludwig von Kuefstein in die Türkei (1628) erinnert. Er blieb zwei Jahre dort und erreichte die Unterzeichnung eines Waffenstillstandsvertrages, der eine Waffenruhe von 25 Jahren brachte.

# GROSSGLOCKNER-HOCHALPENSTRASSE★★★

Salzburg und Kärnten

Michelin-Karte Nr. 926 - Falten 19 und 32

Mit der Großglocknerstraße eröffnete Österreich 1935 die Epoche der modernen Hochalpenstraßen für den Autoverkehr, die in der Schweiz in der Sustenpaßstraße und in Frankreich in der Iseranstraße ihre würdigen Vertreter haben.
Die für den österreichischen Fremdenverkehr lebenswichtige Paßstraße ist eine internationale Route, die Bayern, Tirol und Salzburg mit Venedig durch die Plöckenstraße und die Dolomiten verbindet und jährlich 1,2 Millionen Besucher zählt.
Daß beim Bau dieser kühnen Hochalpenstraße daran gedacht wurde, dem Touristen so viel wie möglich von der landschaftlichen Schönheit zu erschließen, zeigen die beiden von der Hauptstrecke abzweigenden Aussichtsstraßen: Eine führt zur Edelweißspitze, die andere zur Franz-Josephs-Höhe, von wo man den höchsten Gipfel Österreichs, den Großglockner (3 797 m), und zu seinen Füßen den prächtigen Pasterzengletscher bewundern kann.

Die erste bekannte Beschreibung des Großglockners stammt von dem Wissenschaftler Balthasar Haquet. Dieses Gebirge, um das sich zahlreiche Mythen und Legenden ranken, faszinierte schon immer Scharen von Besuchern und Bergsteigern. Die neue Straße folgt teilweise der Trasse eines sehr alten Saumpfades.
Die Gebirgswelt rund um den Großglockner gehört zum **Nationalpark Hohe Tauern**. Hier stehen die heimische Flora und Fauna auf einem Gebiet von 1 800 $km^2$ unter ganz besonderem Schutz.

## VON ZELL AM SEE NACH HEILIGENBLUT *75 km*

*Die mautpflichtige* **Großglockner-Hochalpenstraße** *ist gewöhnlich von Anfang November bis Anfang Mai eingeschneit (die Seitenstraßen zur Edelweißspitze und zur Franz-Josephs-Höhe sind sogar noch länger mit Schnee bedeckt als die Hauptstrecke).*

✲ **Zell am See** - *s. dort.*

Die eigentliche Großglocknerstraße beginnt bei Bruck, südlich von Zell am See. Sie dringt in das **Fuschertal** ein, das wegen seiner Wildheit und der geringen Sonneneinwirkung nur wenig bevölkert ist. Im Osten erheben sich die dunklen Vorberge des Schwarzkopfs.

Zwischen Fusch und Ferleiten beginnt der erste Teil der Bergstrecke, die eine kurze Zeit am Hang über der kleinen, bewaldeten **Bärenschlucht** verläuft. Beim Austritt aus der Schlucht entdeckt man nacheinander die das Ferleitental abschließenden Berge, insbesondere die schöne **Sonnenwelleckgruppe** mit ihren scharfgezackten Gipfeln, und den runden, schneebedeckten Fuscherkarkopf, der rechts der Unteren Pfandlscharte (2 663 m) sichtbar wird.

Etwas bergaufwärts stürzt der Walcherbachfall über den jenseitigen Talhang. Von **Ferleiten** (Mautstelle) windet sich die Straße in vielen Schleifen und Kehren über den östlichen Talhang zum Fuscher Törl hinauf. Es gilt, einen Höhenunterschied von 1 300 m zu überwinden, und die Bergterrassen sind selten. Die ersten Kilometer (Kehren Nr. 1 bis Nr. 4) verlaufen nahe des Großen Wiesbachhorns und seiner „Dreitausender-Nachbarn". Bergaufwärts der Piffkarschlucht (1 620 m) prachtvolle **Blicke★★** auf die Gruppe Sonnenwelleck-Fuscherkarkopf, an deren Fuß der kaskadenreiche Käfertalkessel liegt. Besonders beeindruckend ist die Aussicht vom Parkplatz von Hochmais in 1 850 m Höhe (Informationstafeln). Die letzten Lärchenbäume verschwinden, und die Straße führt über Hochmais weiterhin am Felshang entlang bis zu den Naßfeld-Brücken.

Von dort geht es durch das Felsenchaos der „Hexenküche" und die übereinanderliegenden Talmulden von Naßfeld hinauf. 1,5 km vor dem Paß befinden sich auf etwa 2 260 m Höhe ein botanischer Lehrpfad und das **Museum Alpine Naturschau**.

★ **Museum Alpine Naturschau** ⏲ – Über einen botanischen Lehrweg kommt man vom Parkplatz zum Museum. Dieses widmet sich der alpinen Ökologie oberhalb der Baumgrenze und zeigt auf gut verständliche Art die überaus komplexen Wechselbeziehungen und Zusammenhänge bei Flora und Fauna auf. Bevor man die einzelnen Stationen des Museums durchwandert, sollte man sich die Multivisionsschau „Reise in die Arktis" *(18 Min.)* im Erdgeschoß ansehen, die mit der Natur des Hochgebirges vertraut macht. Das Museum ist didaktisch hervorragend gestaltet

★★ **Edelweißspitze** – 2 577 m. *Zufahrt für Busse gesperrt. Sehr steile Straße.* Ein prachtvolles **Panorama** bietet sich vom Aussichtsturm, besonders auf die Bergriesen, die vom Brennkogel bis zum Großen Wiesbachhorn das Fuscher Tal im Westen umschließen. Die Großglocknerspitze ragt hinter dem Sonnenwelleck empor. Im Osten glänzen die Schneefelder der Goldberggruppe. Nach Norden zu gewährt die Fuscher Talsenke einen schönen Blick über den Zeller See, die Kalksteingruppen der Loferer Alpe und Leoganger Steinberge sowie, mehr nach rechts, über das Steinerne Meer.

★ **Fuscher Törl** – 2 428 m. An diesem „Törlein" eröffnet eine großzügig angelegte Schleife einen herrlichen Ausblick. Man läßt das Auto auf dem Parkplatz „Fuscher Törl 2".

VIENNASLIDE

Blick auf den Großglockner

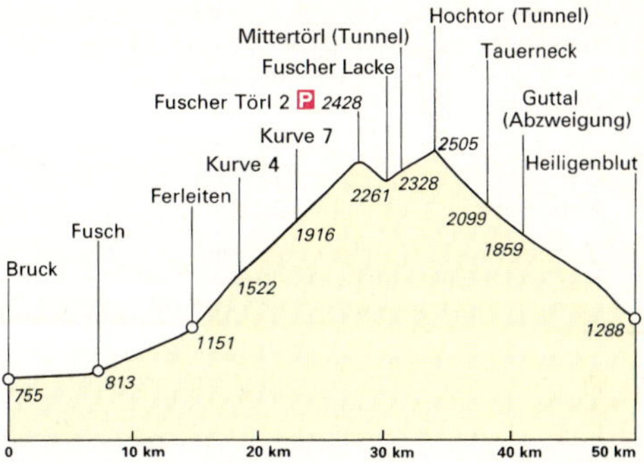


Auf der Fahrt vom Fuscher Törl zum Hochtortunnel ändert sich das Landschaftsbild für kurze Zeit: Da es nicht möglich war, die Straße direkt aus dem Fuschertal in das Mölltal zu leiten - die dortigen Pässe werden durch Gletscher verriegelt - entwarfen die Ingenieure eine Hangstrecke über dem kleinen Seidelwinkltal, das vom Rauriser Tal abzweigt *(siehe Straßenprofil).* Schöne Blicke nach Osten auf die ziemlich abgetragenen, firnbekrönten Kämme der Goldberggruppe.

**Fuscher Lacke** - 2 262 m. In einem Informationszentrum erfährt man viel Wissenswertes zur Baugeschichte der Großglockner-Hochalpenstraße. Ein Weg ermöglicht die Umrundung der Fuscher Lacke.

**Hochtor** - Die Straße erreicht ihren Scheitelpunkt (2 505 m) am Nordeingang des unter dem Paß (2 575 m) durchgebohrten Tunnels. Hier verläuft auch die Landesgrenze zwischen Salzburg und Kärnten. Vom Südausgang ein schöner Blick auf die Schobergruppe.
Vom Hochtor fällt die Straße in bequemen Kehren über sanft geneigten Almboden in Sicht der Kämme der Schobergruppe ab, die wie eine Krone das Gößnitztal umschließen.
Beim Tauerneck hebt sich hinter den Vorbergen des Wasserradkopfs die majestätische Großglocknerspitze ab; dann erblicken wir unter uns das Becken von Heiligenblut.

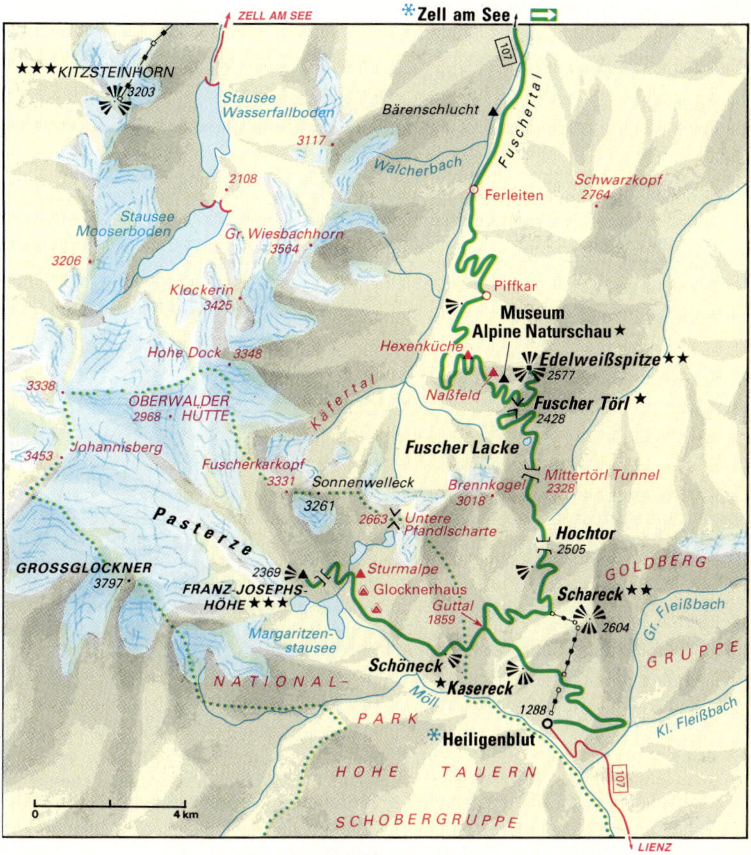

Bei der Ausfahrt aus der Guttalschlucht biegt man an der Abzweigung in die Gletscherstraße zur Franz-Josephs-Höhe ein.
*Während der Feriensaison und bei schönem Wetter kann es zu Behinderungen bei der Auffahrt zur Franz-Josephs-Höhe kommen, da die Parkplätze überfüllt sind. In diesem Fall werden die Besucher auf Ausweichparkplätze geleitet, von wo aus ein Pendelverkehr zur Franz-Josephs-Höhe eingerichtet ist.*

**Schöneck** – 1 958 m. Ausgezeichneter Blick auf Heiligenblut.

**Wunderwelt Glocknerwiesen** – Zwischen dem Rasthaus Schöneck und dem Glocknerhaus liegen die Pockhorner Wiesen mit einer einzigartigen Pflanzenvielfalt. Hier widmen sich eine Naturschau und ein botanischer Rundwanderweg der alpinen Flora und den Insekten der Bergwiesen.

Je näher man dem Großglockner kommt, desto weiter wird der **Ausblick**★★ und erfaßt bald die eindrucksvolle Pasterzengletscherzunge. Vom Glocknerhaus aus zweigt links der Gletscherweg Pasterze ab, der in 3 Std. zum Freiwandeck auf der Franz-Josephs-Höhe bzw. in 1 1/2 Std. zum Sternzeichenplatz führt.
Nach dem Volkert- und Glocknerhaus schwingt sich die Straße in einigen Kehren über die Sturmalpe zur Franz-Josephs-Höhe hinauf. Nun erblickt man auch unter der Endzunge des Pasterzengletschers den Stausee des Speichers Margaritze, der zur Kraftwerksgruppe Kaprun gehört *(s. Kaprun).*

★★★ **Franz-Josephs-Höhe** – Das „Kaiser-Franz-Josef-Haus" ist im Sommer Ausgangspunkt für Wanderungen und Klettertouren im Großglockner-Massiv. Die Gletscherstraße endet hier in einer langen Aussichtsterrasse, zum Teil in den Felsen gesprengt, über die man, wenn möglich, bis zur äußersten Plattform, dem Freiwandeck in 2 369 m Höhe, fährt. Am Fuße des von glänzenden Firnen und Felszacken eingefaßten Großglockners breitet sich über 10 km der herrliche **Pasterzengletscher** ⓥ aus, zu dem eine Gletscherbahn hinabführt. Tief unten erblickt man die Zwergsilhouetten der sich auf dem Gletscher bewegenden Touristen. Bergaufwärts, am Fuße des Johannisbergs, ruft eine Felsnase eine Art Wirbel in dem gewaltigen Gletscherstrom hervor.
Vom Freiwandeck aus führt der Panoramaweg Kaiserstein, der als Botanischer Lehrpfad gestaltet ist, in fünf Gehminuten zur **Swarovski-Beobachtungswarte**. Der gläserne Turm ist mit Fernstechern ausgestattet *(kostenlose Benutzung)*, so daß man die Bergwelt ganz nah heranholen und entdecken kann.

*Von der Franz-Josephs-Höhe fährt man zurück bis zur Gabelung von Guttal und biegt dort rechts auf die Straße nach Heiligenblut.*

Gegenüber dem Ausgang des Gößnitztals stürzt ein Wasserfall über dessen letzten, bewaldeten Vorsprung.

★ **Kasereck** – 1 913 m. Man unterbricht gern die Fahrt auf dieser grünen Felsenecke, um die **Ausblicke** auf den Großglockner und das Becken von Heiligenblut zu genießen. Schaukäserei.

Bei der Abfahrt nach Heiligenblut bemerkt man eigenartige Holzgestelle, Harpfen genannt, die zum Trocknen von Heu und Getreide dienen. Von der letzten Kehre aus, über dem Fleißtal, sieht man den Hohen Sonnblick (3 105 m). Etwas später entdeckt man das bekannte Bild der Kirche von Heiligenblut, deren schlanker, spitzer Turm sich vor dem nun schon weit entfernt scheinenden Großglockner abzeichnet.

✲ **Heiligenblut** – *s. dort.*

# GURGLER TAL★★

Tirol

Michelin-Karte Nr. 926 – Falte 29 – Kartenskizze: ÖTZTAL

Das vom oberen **Ötztal**★★ *(s. dort)* abzweigende Gurgler Tal gehört zu den bemerkenswertesten Ferienzielen Tirols und wurde dank seiner außergewöhnlichen **Umgebung**★★ zum beliebten Ausgangspunkt für Wanderungen und Spaziergänge.
Unterkunft (in erster Linie Hotels und Pensionen der gehobenen Mittelklasse) findet man in Obergurgl-Hochgurgl: dem besonders schön mit **Blick**★ auf die 20 umliegenden Dreitausender, wie Hohe Wilde oder Hangerer, gelegenen **Obergurgl**✲ (1 793-1 930 m) sowie dem beliebten Wintersportort **Hochgurgl**✲ (2 150 m) – höchstes Kirchdorf Österreichs mit Wintersportgebiet bis 3 080 m.

Das **Skigebiet** umfaßt 23 Skilifte und 110 km Piste aller Schwierigkeitsgrade zwischen 1 800 und 3 082 m. Die Höhenlage garantiert Schneesicherheit von November bis Mai. Für Langlauf stehen 12 km Loipen zur Verfügung.

★★ **Hohe Mut** ⓥ – 2 653 m. *1 Std. hin und zurück. Auffahrt mit dem Sessellift in zwei Abschnitten.* Prachtvolles **Panorama**★★ über die Gletscherströme von Rotmoosferner und Gaisbergferner im Südosten und von Manigenbach im Westen.
*Nachstehend sind mehrere leichte Wanderungen beschrieben, die zu einem herrlichen Tagesausflug kombiniert werden können.*

★★ **Wanderung von der Hohen Mut zur Schönwieshütte** – *400 m Höhenunterschied bergab.* Wer es eilig hat, kann in einer knappen Stunde direkt zur Hütte gehen. Es empfiehlt sich aber, am Berghang entlang bis zum Fuß des **Rotmoosferner-gletschers**★★ und weiter am Gebirgsbach im Talgrund entlang zu wandern. Der Weg führt durch einen grandiosen und bezaubernden **Hochgebirgsrahmen**★★, der von der Liebenerspitze (3 400 m) und dem Seelenkogel (3 470 m) beherrscht wird.

Von der Hütte (2 266 m) bietet sich ein Blick auf den Gampleskogel. Wer nicht mit dem Sessellift auf die Hohe Mut fahren will, kann die Hütte auch in einer knappen Stunde auf einem breiten Weg von Obergurgl aus erreichen.

★ **Umgebung der Schönwieshütte** – *1 1/2 Std. hin und zurück.* Zwei von der Hütte aus leicht zu erreichende Orte sind einen Umweg wert. In Richtung Langtalereckhütte bis zur sogenannten **Gurgler Alm** (2 252 m) gehen, von wo sich ein **Blick**★ auf die oberhalb gelegenen drei Gletscher mit dem **Schalfkogel** (3 540 m) als Mittelpunkt bietet.

Auf dem gleichen Weg zurückgehen und kurz vor der Hütte zum Schönwieskopf (2 324 m) nach links abbiegen. Von der Anhöhe aus bietet sich ein breiter **Panoramablick**★ über das Tal.

★ **Wanderung von der Schönwieshütte durch den Zirbenwald nach Obergurgl** – *1 1/4 Std. zu Fuß. 330 m Höhenunterschied bergab. Angenehme, malerische Strecke, an der zahlreiche Bänke zur Rast einladen.*

Von der Hütte auf einem breiten Weg in Richtung Obergurgl gehen. Kurz darauf nach links abbiegen und einen steiler talwärts führenden, blau markierten Pfad einschlagen. Anschließend führt die Strecke am beeindruckenden **Rotmooswasserfall**★ vorbei. An den Gabelungen nach links abbiegen; der Weg führt in den Wald hinein und am Talgrund entlang. Nicht selten sind in der Gegend Gemsen zu beobachten. Am Ziel bietet sich ein Gesamtblick über Obergurgl und Hochgurgl.

# GURK★★

Kärnten

Michelin-Karte Nr. 926 – Falte 35

Die Gründung eines ersten Frauenklosters durch Gräfin Hemma von Friesach-Zeltschach geht vermutlich auf das Jahr 1043 zurück. Doch bereits 1072 hob der Salzburger Erzbischof Gebhard dieses Kloster auf und bestimmte Gurk als Sitz für ein neu gegründetes Suffraganbistum in Kärnten. Bedingt durch den Investiturstreit konstituierte sich erst im Jahr 1123 ein Domkapitel. Die Augustiner-Chorherren blieben in diesem abgelegenen Tal Nordkärntens bis 1787, als das Bistum nach Klagenfurt verlegt wurde. Seit 1932 wird das Kloster von Salvatorianern geleitet. Nahezu in Vergessenheit geraten, wurde der Dom, das bedeutendste romanische Bauwerk Österreichs, erst Mitte des 19. Jh.s durch einen preußischen Konservator wieder in das Interesse der Öffentlichkeit gerückt.

## DER DOM

Unter Bischof Roman I., Ratgeber von Kaiser Friedrich Barbarossa, begann der Bau des hochromanischen Doms, der sich von 1140 bis 1220 hinzog. Die beiden Türme erhielten 1680 barocke Zwillingsfenster – nur an der Innenseite des Nordturms sieht man noch die wesentlich kleineren romanischen Rundbogenfenster – und die Zwiebelhauben.

Nach einem Blick auf die schlicht gehaltene Fassade und den rechts davon stehenden ehemaligen Karner geht man durch den Friedhof der Südseite entlang und bewundert den

R. Chéret/MICHELIN

durch das Alter und den Eisengehalt leicht rötlich-braun getönten Kalksteinmauerverband sowie die eleganten Rundbogenfriese des Langhauses. Der Fries des Querhauses wird noch durch ein kunstvolles Flechtwerk unterstrichen. Den Einfluß lombardischer Handwerker spiegelt der Außendekor der Chorabschlußanlage mit ihren drei Apsiden wider. Die mittlere Apside zeigt über dem mehrfach abgetreppten Scheitelfenster ein um 1175 entstandenes, hervorragend gearbeitetes **Löwen-Basilisken-Relief**★; es versinnbildlicht den Kampf gegen das Böse.

*Nun zurück zur äußeren Vorhalle.*

**Vorhallen** - Die Außenwand der Vorhalle wurde während der gotischen Epoche errichtet, doch im Innern sind noch heute die Glasgemälde von 1340, wenn auch stark restauriert, sowie die gotischen **Fresken**★ aus der gleichen Zeit zu sehen. Die Malereien an der Nordwand stellen Szenen aus dem Alten, die der Südwand aus dem Neuen Testament dar.
Die Säulen, Wölbungen und Kapitelle des romanischen **Westportals**★★ (um 1200) mit seinem schön abgetreppten Gewände sind reich mit Ranken- und Blattwerk geschmückt. Auch die geschnitzten und bemalten Medaillons aus dem Jahre 1220 im oberen Drittel der Türflügel sind noch erhalten.

**Inneres** ⏲ - Im Inneren erschließt sich dem Besucher, daß viele Stilrichtungen an dem Bau mitgewirkt haben: Die romanische dreischiffige Pfeilerbasilika wird von einem gotischen Netzgewölbe überzogen, Fresken stammen aus der Gotik und der Renaissance, in der Ausstattung dominiert der Barock.
Die Apsiden werden von den Altaraufsätzen abgeschlossen. Bevor man nun die Innenausstattung näher betrachtet, dreht man sich um und wirft einen Blick auf die innere Vorhalle, deren Halbsäulen schöne romanische, mit Palmetten und Blätterwerk verzierte Kapitelle aufweisen.

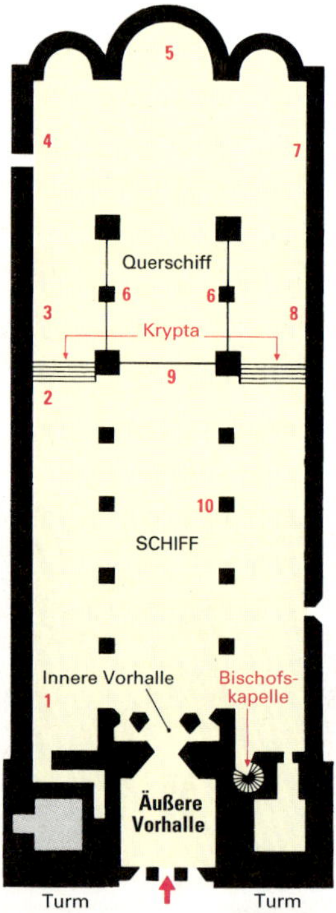


1) Hemmareliquiar, das einen Ring und einen Anhänger enthält, die als Reliquien der Heiligen gelten: schöne, reichgeschmückte Goldschmiedearbeit von 1955 in Form eines Baums.

2) Samsonportal. Das **Tympanon**★ zeigt Samson, der dem Löwen das Maul aufreißt. Dieses außergewöhnliche romanische Steinbildwerk entstand um 1200 und gehörte ursprünglich zum Kreuzgangportal.

3) u. 8) Je drei originelle, buntgefaßte **Schnitzreliefs**★ mit detailreichen Szenen aus dem Leben der hl. Hemma. Die Holztafeln wurden vor 1508 in Auftrag gegeben.

4) Eine überlebensgroße Wandmalerei zeigt den hl. Christophorus (1250). Das Portal links daneben mit seinem reichgeschmückten Kielbogen wurde 1445 errichtet. Das kleine Oratorium darüber ließ Probst von Thurn 1678 einfügen.

5) **Hochaltar**★★, ganz in Gold gehalten, mit seinen charaktervollen Figuren in Lebensgröße (72 Statuen, 82 Engelköpfe), im Sockelgeschoß die vier Evangelisten und darüber die Kirchenväter. Mittelpunkt bildet die zur Dreifaltigkeit hochschwebende Madonna im Strahlenkranz. Michael Hönel aus dem sächsischen Pirna schuf dieses Meisterwerk, das die ganze Breite und Höhe der Apsis ausfüllt, zwischen 1626 und 1632.
Während der Fastenzeit wird der Altar mit einem **Fastentuch**★ ⏲ (1458) verhängt. Dieser Brauch wurde fast überall Ende des Mittelalters abgeschafft. Das ganz mit Darstellungen aus dem Alten und Neuen Testament bedeckte gotische Gurker Fastentuch (9 m im Quadrat) zeigt in 99 Bildfeldern Szenen aus dem Alten und dem Neuen Testament. Es wurde 1458 durch Meister Konrad von Friesach vollendet und ist das älteste und größte Fastentuch Kärntens. *(Das Fastentuch ist im Rahmen einer Führung zu besichtigen).*

6) Das reich mit Knorpelwerk verzierte **Chorgestühl** (1680) wurde von einheimischen Handwerkern gefertigt. Die einzelnen, mit Puttenköpfen bekrönten Felder sind mit anmutiger Blumenmalerei geschmückt.

7) Gotische Wandmalerei (um 1390): Sie wurde erst Anfang des 20. Jh.s freigelegt und zeigt die Bekehrung des hl. Paulus und Jesus als Weltenrichter, umgeben von den 24 Ältesten der Apokalypse des Johannes. Zu Füßen des Thrones sieht man das Stifterpaar mit seinen neun Kindern.

8) Siehe Nr. 3

9) Kreuzaltar mit einer aus Kärntner Blei gegossenen **Pietà★** (1741) von Georg Raphael Donner, seiner letzten Arbeit. Der Künstler hat mit dieser Beweinung ein vollendetes, überaus ergreifendes Werk komponiert. Material, Form und Ausdruck erreichen hier einen Höhepunkt.

10) **Barockkanzel★** (1740), eines der überschwenglichsten Werke der Gegenreformation. Sie wurde von Guiseppe und Antonio Galli Bibiena entworfen, die sich in Wien als Theaterarchitekten ausgezeichnet hatten. Auch das ikonische Programm steht ganz im Dienst der Gegenreformation, hat es doch den Sieg der Kirche und der Wahrheit zum Thema. Die Allegorien von Kirche, Glaube und Hoffnung krönen den Schalldeckel, von dem gerade ein Ketzer herabstürzt. Die Bleireliefs des Kanzelkorbs sind Georg Raphael Donner zu verdanken.

★★ **Krypta** ⓥ – *(Kann nur im Rahmen einer Führung besichtigt werden).* Halbdämmer empfängt den Besucher der 1174 vollendeten Krypta, eines Hauptwerks der Hochromanik im Ostalpenraum, die sowohl lombardische als auch rheinische Einflüsse verrät. 96 einzelne und zwei doppelte Marmorsäulen scheinen einen mystischen Wald zu bilden, in dem der steinerne Sarkophag der hl. Hemma, der Landesmutter Kärntens, Platz gefunden hat. Die Reliquien der 1045 gestorbenen und 1938 heiliggesprochenen Hemma waren bereits 1174 in die Krypta gelangt; das heutige **Hemmagrab** aus rotem Marmor entstand jedoch erst 1720-1721. Es ruht auf drei romanischen Tragsäulen mit Marmorköpfen. Beeindruckend in seiner Zartheit ist die bekrönende Skulpturengruppe von Antonio Corradini. Man beachte die delikate Herausarbeitung des durch einen Schleier verborgenen Gesichts der Allegorie des Glaubens (rechte Statue).

**Bischofskapelle** ⓥ – *(Kann nur im Rahmen einer Führung besichtigt werden).* Die in der Westempore gelegene Kapelle birgt einen spätromanischen **Freskenzyklus★★**, der um 1260 entstand und in seinem Ursprungszustand bewahrt wurde. Hier verbindet sich der bewegte Zackenstil mit einer großartigen Komposition und Linienführung. Das Thema der dargestellten Szenen erläutert die lateinische Inschrift über der Altarnische: „Sieh wie der Thron des großen Königs und des Lamms erglänzt!" Der „Thron", ein Sinnbild für Maria in Anlehnung an den Thron ihres Vorfahren, des Königs Salomon, wird hier gegenüber der „Verklärung Christi" dargestellt. Ein besonders schönes Beispiel der Harmonie zwischen Dekor und Architektur ist das Kapellengewölbe mit der Darstellung des irdischen Paradieses und des himmlischen Jerusalem.
Das Rundfenster an der Westwand zeigt ein Glasgemälde, das zeitgleich mit den Fresken entstand und die Kreuzabnahme darstellt; es ist die früheste österreichische Glasmalerei im Zackenstil.

Bevor man Gurk verläßt, wirft man noch einen Blick auf den ganzen Gebäudekomplex des Stiftes (15. und 17. Jh.), das einst von den Chorherren des Doms bewohnt wurde.

## UMGEBUNG

**Straßburg** – Die kleine Stadt in Blicknähe von Gurk wird von ihrem **Schloß** ⓥ, der ehemaligen Bischofsburg, beherrscht. Die Gurker Bischöfe hatten hier schon 1147 eine Residenz errichtet, die ihnen, mit erheblichen Umbauten und Erneuerungen im Laufe der Jahrhunderte, bis 1780 dienen sollte. Heute stellt sich das Schloß als eine vom Barock geprägte Anlage dar, die sich um einen reizvollen zweigeschossigen Laubenhof gruppiert. Im Schloß haben eine **volkskundliche Sammlung**, die trefflich das bäuerliche Leben im Gurktal dokumentiert, und ein **Jagdmuseum** Platz gefunden.

# HALL IN TIROL★

Tirol

12 620 Einwohner

Michelin-Karte Nr. 926 – Falte 30 – Kartenskizze: INNSBRUCK – 581 m

Hall in Tirol spielte als Salzstadt des Inntals im Mittelalter für Tirol dieselbe Rolle wie die Bergwerksstädte des Salzkammerguts für Oberösterreich oder die Erzbischöfe von Salzburg – d. h. sie bedingte weitgehend die wirtschaftliche Blüte des Landes. Nicht umsonst wurde sie von den Tiroler Landesfürsten, die ihr 1303 das Stadtrecht verliehen, wie ein Augapfel behütet. Auch zur Zerstreuung kamen die Fürsten gerne in diesen Ort, der nicht weit vom wenig abwechslungsreichen Innsbrucker Hof entfernt lag.
Die Zeit ist jedoch vorbei, in der Hall der Ausgangshafen eines regen Schiffsverkehrs auf dem Inn und Endstation der Holzflößer war, die das Holz zum Heizen der Pfannen in der Saline hierher brachten. Über Hall schwebt noch der Zauber des Mittelalters. Doch hat die alte Münzstadt mit ihrem malerischen Kern darüber nicht die Gegenwart vergessen; als kulturelles und wirtschaftliches Zentrum ist sie voller Leben.

★ **Stadtblick** - Ein vorzüglicher Blick über die ganze Stadt bietet sich vom gegenüberliegenden Flußufer, wenn man etwas die kleine Straße nach Tulfes hinaufgeht. Man erkennt die drei Glockentürme der Oberstadt sowie die Burg Hasegg mit dem **Münzerturm** und seinem eigenartigen, polygonalen Aufbau.

## ★ DIE OBERE STADT

*Die Obere Stadt ist samstagvormittags für Autoverkehr gesperrt.*

*Vom Unteren Stadtplatz (**24**), der die Landstraße Innsbruck-Wien säumt, geht man über den Langen Graben hinauf zum Oberen Stadtplatz.*

**Oberer Stadtplatz** - Interessante Bauwerke rahmen diesen unregelmäßigen Platz ein, von dem malerische Sträßchen mit erkergeschmückten Häusern ausgehen.

★ **Stadtpfarrkirche (A)** - Die Ende des 13. Jh.s erbaute Kirche mußte bereits Anfang des 14. Jh.s erweitert werden. Aus dieser Zeit stammt der Priesterchor. In der Zeit von 1420 bis 1437 unternahm der Haller Stadtbaumeister Hanns Sewer einen ausgiebigen Erweiterungsbau. Dabei stand er vor einer schweren Aufgabe: schließlich steht die Kirche, wie auch die ganze Altstadt, auf einem mächtigen Schuttkegel, der an der Südseite der Kirche steil abfällt. Somit konnte die Erweiterung nur nach Norden erfolgen. Dies erklärt die Asymmetrie, die dem Besucher beim Betreten der großzügigen, dreischiffigen Hallenkirche auffällt. Im 17. und 18. Jh. zog der Barock in den **Innenraum** ein, dem die Deckengemälde von Joseph Adam von Mölck (1752) und der Hochaltar mit einem Bild des Rubens-Schülers Quellini zu verdanken sind. In der **Waldaufkapelle** (Ende 15. Jh.) im nördlichen Seitenschiff bemerke man die spätgotische Muttergottes aus dem Umkreis von Michael Pacher und zahlreiche kostbar gefaßte Reliquien.

**Rathaus (R)** - Von weitem ist das hohe Walmdach des Rathauses sichtbar. Die ehemalige Stadtburg mit ihrer zinnengeschmückten Mauer besteht aus zwei Bauteilen: Der Ostteil mit dem großen Steinportal ist der Renaissance verschrieben. Im Westen steht das Königshaus, das Herzog Leopold IV. 1406 der Stadt geschenkt hatte. Schöner Ratssaal mit alter Balkendecke von 1451.
Geht man die Wallpachgasse (**25**) hinauf, ist die Bettelwurfkette (Karwendelmassiv) sehr schön sichtbar.

*Über die Agramsgasse (**2**), die Guarinonigasse (**4**) und die Schulgasse (**16**) zum Stiftsplatz gehen.*

**Stiftsplatz (20)** - Einen Gegensatz zur malerischen Unregelmäßigkeit der Oberen Stadt bildet die Harmonie dieses von schönen Bauten mit fast streng klassischen Fassaden eingefaßten Platzes. Im Osten das ehemalige Jesuitenkolleg und die **Jesuitenkirche**, im Süden das alte Damenstift.

**Damenstift** - Erzherzogin Magdalena, die Schwester Erzherzog Ferdinands II., gründete dieses Stift 1567-1569. Die Stuckarbeiten und das Hauptportal stammen aus dem Jahr 1691. Die in ganzer Höhe durch vier kannelierte Pilaster gegliederte **Kirchenfassade**★ ist ein schönes Beispiel für den Übergang von der Renaissance zum Barock.

### HALL IN TIROL

Agramsgasse . . . . . . . . . 2
Eugenstraße . . . . . . . . . 3
Guarinonigasse . . . . . . . 4
Krippgasse . . . . . . . . . . 5
Langer Graben . . . . . . . 7
Milserstraße . . . . . . . . . . 8
Rosengasse . . . . . . . . . . 13
Salvatorgasse . . . . . . . . 14
Scheidensteinstraße . . . 15
Schulgasse . . . . . . . . . . 16
Schweighofferstiege . . . 17
Speckbacherstraße . . . . 18
Stiftsplatz . . . . . . . . . . . 20
Unterer Stadtplatz . . . . . 24
Wallpachgasse . . . . . . . 25

A Stadtpfarrkirche
R Rathaus

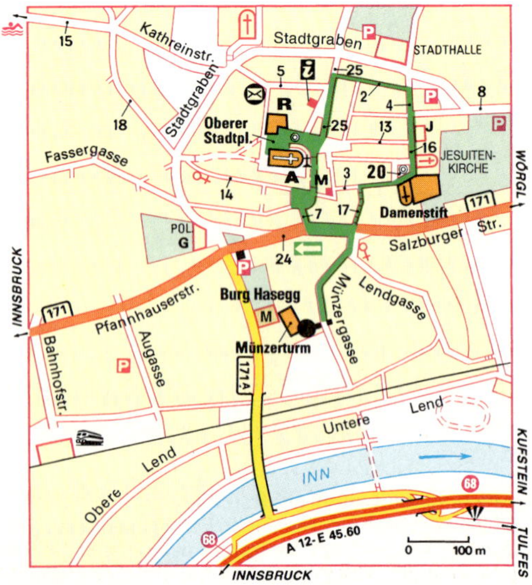

*Über die Eugenstraße* (**3**) *und die Schweighofstiege* (**17**) *zur Linken gelangt man zum Unteren Stadtplatz. Von dort erreicht man durch die Münzergasse Burg Hasegg.*

**Burg Hasegg** ⓥ – Diese Burg, die von ihrem berühmten Bergfried beherrscht wird, war einst zum Zwecke der Überwachung des Flußverkehrs gebaut worden. Eine historisch bedeutsame Periode begann für die Burg im Jahre 1567, als die Münze der Tiroler Landesfürsten hierher verlegt wurde. Hier wurde der weltberühmte **Haller Silbertaler** geprägt, der sich bis Anfang des 19. Jh.s überall in Europa als Zahlungsmittel durchgesetzt hatte. 1975 wurde die **Prägeanstalt** wiedereröffnet. Sie stellt regelmäßig Gedenkmünzen her und kann besichtigt werden.
In einem Teil der Burg ist das **Stadtmuseum** ⓥ von Hall untergebracht. Mit seinen reichen Sammlungen vermittelt es einen guten Einblick in die Stadtgeschichte. Vom **Münzerturm** (200 Stufen) hat man einen herrlichen Blick über die Stadt und auf die gewaltige Nordkette mit dem Bettelwurf (2 726 m).

*Zum Unteren Stadtplatz zurückgehen.*

# HALLSTATT★★

Oberösterreich

1 130 Einwohner

Michelin-Karte Nr. 926 – Falte 21 – Kartenskizze: SALZKAMMERGUT

511 m

Die Häuser Hallstatts ziehen sich am Steilhang des Hallbergs hinauf über den Ufern des **Hallstätter Sees**★★, in den die letzten Felsen der Dachsteingruppe hinabstürzen. Der Ort bietet einen der reizvollsten Anblicke des malerischen Österreichs. Seine Gassen sind so eng und steil, daß man eines Tages beschloß, die Fronleichnamsprozession in Booten auf dem See durchzuführen, was alljährlich zahlreiche Besucher anzieht.
1998 wurde die Kulturlandschaft um Hallstatt (Dachsteinregion und das Innere Salzkammergut) in das Weltkulturerbe der UNESCO aufgenommen.



**Eine Wiege der Kultur** – Schon in der jüngeren Steinzeit lockte das Salz Menschen in das Hallstätter Gebiet. Im Jahre 3000 v. Chr begann der Salzbergbau, der im ersten Jahrtausend zu „europäischer" Bedeutung gelangen sollte. Man hat nämlich nachweisen können, daß das Salz damals auf regelrechten Handelswegen zur Ostsee und zum Mittelmeer transportiert wurde. Die Bergleute von Hallstatt entwickelten mit ihren Werkzeugen aus Eisen und Bronze eine außergewöhnliche Geschicklichkeit im Salzabbau. In der Umgebung von Hallstatt fand man so viele Spuren dieser Tätigkeit (2 000 Gräber wurden erforscht), daß man den Zeitraum von 1000 bis 500 v. Chr. die **Hallstattzeit** nennt, deren Kultur von Ostfrankreich bis zur Balkanhalbinsel verbreitet ist. Fortschritte in der Eisenverarbeitung und die keltische Einwanderung in Gallien kennzeichnen diese Epoche, aus der wertvolle Zeugen im **Prähistorischen Museum** ⓥ von Hallstatt selbst, im Naturhistorischen Museum zu Wien und im Schloß Eggenberg bei Graz zu sehen sind.

Das **Salzbergwerk** ⓥ auf dem Salzberg gilt als das älteste Salzbergwerk der Welt. Schon vor mehr als 3000 Jahren begannen die Kelten dort Salz zu fördern. Das Bergwerk ist immer noch in Betrieb und lädt ein, den modernen Salzabbau und seine historischen Dimensionen kennenzulernen. *(Für diesen Ausflug mindestens drei Stunden veranschlagen, wenn man die Standseilbahn von Lahn benutzt.)*

## SEHENSWÜRDIGKEITEN

Man läßt seinen Wagen auf einer der beiden übereinanderliegenden **Aussichtsterrassen**★, die oberhalb des Ortes zwischen den beiden Straßentunnels der Umgehungsstraße angelegt sind. Die obere Terrasse an der Nord-Südfahrbahn liegt unter freiem Himmel, die untere Süd-Nordfahrbahn ist teilweise überdeckt. Dann geht man den Treppenabgang bis zu dem malerischen Kirchenweg hinab, der links abzweigt.

**Pfarrkirche** – In romantischer **Lage**★★ hoch über dem Hallstätter See erhebt sich inmitten des Gemeindefriedhofs die aus dem Ende des 15. Jh.s stammende Pfarrkirche mit ihrem gedrungenen Glockenturm, dessen eigenartiges Dach an eine Pagode erinnert und ganz im Gegensatz zu dem spitzen Turm der im letzten Jahrhundert am Seeufer errichteten protestantischen Kirche steht.
Es handelt sich um eine zweischiffige, sterngewölbte Hallenkirche mit zweiteiligem Chor – eine in der spätgotischen Epoche im Alpenraum besonders beliebte Anlage. Glanzstück der Innenausstattung ist der gewaltige **Retabel**★ des

Hochaltars, der von einem reichen Salzfertiger gestiftet und zwischen 1505 und 1515 ausgeführt wurde. Der Schwung seiner Formen und die Goldfülle weisen schon auf den wachsenden Einfluß der Renaissance hin. Im Mittelschrein ist die Gottesmutter zwischen der hl. Barbara und der hl. Katharina dargestellt.

*Man geht weiter durch den kleinen Friedhof nördlich der Kirche.*

**St. Michaelskapelle** – Im Erdgeschoß der gotischen Kapelle ist das seit 1600 bestehende Hallstätter Beinhaus untergebracht. Da der Friedhof viel zu klein war, wurden die Gräber rasch hintereinander belegt (10 oder 20 Jahre) und die exhumierten Gebeine im Beinhaus beigesetzt. Von den 1 200 Schädeln sind 700 bemalt und mit dem Sterbedatum, dem Lebensalter, dem Beruf usw. beschriftet. Als Bemalung diente ein Kranzmotiv (Rosen, Lorbeer, Efeu, Eichenlaub).

*Den Kirchenweg hinunter und nach der Passage rechts zum Museum gehen.*

H. A. Jahn/VIENNASLIDE

Hallstatt

**Heimatmuseum** ⓥ – Das in einem alten, malerisch am Felsen klebenden Haus untergebrachte Museum birgt Sammlungen zur Geschichte und Heimatkunde.

*In die Unterstadt hinunter- und am Seeufer weitergehen. Über den Kirchenweg und den Treppenaufgang erreicht man wieder die Parkterrasse.*

## HEILIGENBLUT❄

Kärnten

1 260 Einwohner

Michelin-Karte Nr. 926 – Falte 32 – Kartenskizze: GROSSGLOCKNER-HOCHALPENSTRASSE – 1 288 m

Das am Fuße der Südrampe der Großglocknerstraße gelegene Heiligenblut bedeutet für den Touristen, der die einsame Hochgebirgswelt durchquert hat, die Rückkehr in das pulsierende Leben. Der reizvolle **Anblick**★ seiner Kirche, deren schlanker Turm stolz vor dem firnbekrönten Großglockner emporragt, begeistert stets aufs neue zahlreiche Fotoamateure.

❄ **Skigebiet** – Es zieht sich am Schareck, der Gjaidtroghöhe und dem Viehbühel zwischen 1 300 und 2 912 m Höhe hinauf. 14 Skilifte und 55 km Piste abwechslungsreiche Abfahrten, gut eingebettet in die strenge, baumlose Hochgebirgslandschaft, stehen den Freunden des Skisports zur Verfügung. Trotz der Höhe kann es jedoch passieren, daß die Schneeverhältnisse ab März nicht mehr die besten sind.

★ **Kirche** ⓥ – Die schön in die grandiose Landschaft gebettete Kirche wurde im 15. Jh. von den Mönchen von Admont *(s. dort)* erbaut, die damals Herr über das obere Mölltal waren, um einer Reliquie des Heiligen Blutes eine würdige Stätte zu geben. In der zweischiffigen Krypta befindet sich das Grab von Briccius, einem Offizier am Kaiserhof zu Byzanz, der das Fläschchen mit dem kostbaren Blut Christi im 10. Jh. überbracht haben soll.

Der Chor entstand 1430, während das Kirchenschiff 1483 vollendet wurde; beide sind im spätgotischen Stil netz- und sterngewölbt. Die seitlichen Emporen waren für die zahlreichen Wallfahrer gedacht, die hierher pilgerten. Der große **Flügelaltar**★ (1520), der aus der Werkstatt Michael Pachers stammen soll, sowie das gotische Sakramentshaus (1496) aus hellem Sandstein, ein reich skulptiertes Kunstwerk, bilden die Prachtstücke der Innenausstattung.
Gegenüber der Kirche befindet sich die **Informationsstelle** „Nationalpark Hohe Tauern" mit einer interessanten kleinen Ausstellung zum „Abenteuer Großglockner".

★★ **Schareck** ⊙ – Höhe 2 604 m. *Kabinenbahn in 2 Abschnitten. Anschließend zu Fuß in 10 Min. zum Gipfel (Gipfelkreuz).* Vom Schareck aus bietet sich ein beeindruckendes **Panorama**★★ mit insgesamt vierzig Dreitausendern. Der Blick schweift im Westen auf den pyramidenförmigen Schildberg und die Großglocknergruppe, im Osten auf die Gjaidtroghöhe, den höchsten Punkt des Skireviers, und links davon auf den Hocharn.

# Stift HEILIGENKREUZ★

Niederösterreich

Michelin-Karte Nr. 926 – Falte 25 – Kartenskizze: WIENERWALD

Gründer des Stiftes Heiligenkreuz ist der babenbergische Markgraf Leopold III. der Heilige, der seiner Dynastie hier eine Grablege schaffen wollte. Beeinflußt durch seinen Sohn Otto von Freising, der dem Zisterzienserorden beigetreten war, ließ er zwölf Mönche aus dem französischen Morimond, einer Tochtergründung von Cîteaux, kommen. Diese legten am 11. September 1133 das Fundament. Seinen Namen verdankt das Stift einer Kreuzreliquie, die Herzog Leopold V. im 12. Jh. dem Kloster übergeben hatte.

Die Gemeinschaft, die als einziges Zisterzienserkloster seit seiner Gründung ohne Unterbrechung besteht, ist auch heute noch sehr aktiv und unterhält sogar eine eigene Philosophisch-Theologische Hochschule für die Priesterausbildung. Die wirtschaftliche Basis des Klosters sind heute Land- und Forstwirtschaft sowie Weinbau und Tourismus.

## BESICHTIGUNG ⊙

Obwohl die Fundamente aus dem 12. Jh. datieren, stammen die meisten Gebäude mit Ausnahme der Kirche und des Kreuzgangs aus dem 17. Jh. Im Stiftshof erhebt sich die **Dreifaltigkeitssäule**, ein Werk des venezianischen Künstlers Giovanni Giuliani (1663-1744), der auch etliche weitere Werke für Heiligenkreuz schuf.

★ **Stiftskirche** – Die Fassade ist romanisch und weist mit der Drei-Fenster-Front und dem Fehlen eines Kirchturms an der Stirnseite typische Merkmale der zisterziensischen Architektur auf. Das Langhaus im spätromanischen Stil wurde 1187 vollendet, während der gotische Hallenchor erst ein Jahrhundert später entstand. Seine Einrichtung stammt aus dem 19. Jh. Der neugotische Altar, hinter dem sich ein Tabernakel mit der Kreuzreliquie befindet, wird von der neuzeitlichen Kopie eines griechisch-byzantinischen Kreuzes bekrönt; die übrige

**Der Zisterzienserorden**

Der benediktinische Reformorden hat seinen Namen von Kloster Cîteaux in Frankreich, das Robert von Molesmes 1098 gegründet hatte. Unter Bernhard von Clairvaux verbreitete sich der Orden rasch – bis zum Tode des Heiligen 1153 gab es bereits über 350 Klostergründungen in ganz Europa. Er verbot das Erheben des Zehnten sowie den Erwerb oder die Entgegennahme von Land und trat für eine genaue Beachtung der strikten benediktinischen Regeln ein.
Diesen strengen Prinzipien entspricht auch die schmucklose Architektur der Zisterzienser mit schlicht gehaltenen Kirchen (kein Glockenturm, nur ein Dachreiter; keine farbige Glasmalerei). Dafür verwendete man umso mehr Mühe auf die sorgfältige Bearbeitung und Ausführung der Bauwerke, deren Schönheit auf der Ausgewogenheit der Maße und der Klarheit der Linien beruht. Allerdings wurde die strenge Kunstaskese des Anfangs im Lauf der Jahrhunderte nicht immer durchgehalten, so daß man heute auch Bilder und Statuen in den Zisterzienserkirchen findet.
Immer noch der im Jahr 1115 erlassenen „Charta caritatis" treu, zählt der Orden heute weltweit etwa 300 Frauen- und Männerklöster in allen Teilen der Welt.

R. Chéret/MICHELIN

Detail Sakristeischrank

Einrichtung ist im Barockstil gehalten: schönes **Chorgestühl** von Giuliani mit Darstellungen von Ordensheiligen; Gemälde zur Aufnahme Mariens in den Himmel von Johann Michael Rottmayr.

**Kreuzgang** – Der an die Südseite der Kirche angrenzende Kreuzgang stammt aus dem 13. Jh. Die baugeschichtliche Entwicklung läßt sich gut nachverfolgen, wenn man die romanischen Bögen des Nord-und die gotischen des Südflügels betrachtet. Zwei Skulpturengruppen Giulianis ziehen hier die Blicke auf sich, eine *Fußwaschungsgruppe* und *Die Sünderin, die Jesus die Füße salbt*. An der Südseite befindet sich das neuneckige Brunnenhaus (Ende 13. Jh.) mit schönem Maßwerk und einem Renaissancebecken für die Waschungen. Die grauschwarzen mittelalterlichen **Glasfenster** zeigen Mitglieder der Babenberger-Dynastie.

**Annakapelle** – Die heute barock gestaltete Kapelle wurde im Mittelalter als Bibliothek für die in der Liturgie benötigten Bücher genutzt. Da das Wort als wichtigstes Hilfsmittel zur Verbreitung des Glaubens gilt, wurde die Bücherkammer auch „Armarium" (Waffenkammer) genannt.

**Kapitelsaal** – Der quadratische Saal, in dem die Äbte gewählt und die Novizen eingekleidet werden und der zum Lesen der „Kapitel" der Benediktsregel diente, beherbergt die Grabstätten der Babenberger. Alle Mitglieder des Geschlechts sind auf Wandmalereien dargestellt. Das prächtigste Grab mit einem vollplastischen Tumbadeckel ist das Friedrichs II. des Streitbaren, das bei der Plünderung durch die Türken allerdings beschädigt wurde.

**Totenkapelle** – Im früheren Parlatorium, dem einzigen Raum, in dem gesprochen werden durfte, werden heute die Mönche vor ihrer Beisetzung aufgebahrt. Die Kapelle wurde von Giuliani ausgeschmückt. *Die tanzenden Skelette* mögen zwar makaber erscheinen, versinnbildlichen aber die christliche Hoffnung, daß der Tod nicht das Ende bedeutet und deshalb seinen Schrecken verloren hat.

**Fraterie** – Im Mittelalter war die Fraterie die Werkstatt der Brüder. Man sieht zum Teil noch die originale Quaderbemalung aus dem 13. Jh.

**Sakristei** – Man erreicht die Sakristei über einen kleinen Hof. Der schön dekorierte Raum mit der älteren Lavabo-Nische ist im Stil des 18. Jh.s ausgestaltet und zeigt schon wesentliche Merkmale des Rokoko. Die prächtigen **Sakristeischränke** wurden von Laienbrüdern des Klosters zu Beginn des 19. Jh.s gefertigt. Ihre überaus feinen Einlegearbeiten zeugen von der Kunstfertigkeit ihrer Schöpfer.

Auf dem kleinen Dorffriedhof befindet sich das Grab von Mary Vetsera *(s. Mayerling)*, deren Grabstein die Inschrift trägt: *Wie eine Blume sproßt der Mensch auf und wird gebrochen.* Da die Sterbeurkunde als Todesursache Selbstmord angab, wurde die Vetsera bei Nacht in aller Heimlichkeit in Heiligenkreuz beigesetzt.

*Das alphabetische Register am Ende des Reiseführers listet die in diesem Reiseführer beschriebenen Regionen, Städte, Sehenswürdigkeiten, Eigennamen und Fachbegriffe auf.*

# Schloß HERBERSTEIN★

Steiermark

Michelin-Karte Nr. 926 – Falten 24 und 37

Die Burg- und Schloßanlage Herberstein erhebt sich oberhalb einer romantischen Klamm auf einem Felsausläufer, der von drei Seiten von der Feistritz umflossen wird. Die Entstehungszeit liegt über 700 Jahre zurück. Nach einer ersten Bautätigkeit im 13. Jh. wurden bis ins 17. Jh. immer wieder Erweiterungsbauten durchgeführt, die in einer komplexen Schloßanlage ihren prachtvollen Abschluß fanden. Gotik, Renaissance und Barock hinterließen die für ihre Zeit typischen Architekturformen. Somit kann auf Schloß Herberstein die kulturelle Entwicklung vom frühen Mittelalter bis zur Neuzeit eindrucksvoll nachvollzogen werden.
Mit der Baugeschichte untrennbar verbunden ist der Werdegang der Familie Herberstein, die diese Festung ohne Unterbrechung seit 1290 bis heute als Besitzer bewohnt.

## BESICHTIGUNG ⊙

Auf dem Weg vom Parkplatz zum Schloß *(15 Min. zu Fuß oder Fahrt mit dem „Tikiba-Express")* Blick auf Kirche und Pfarrhaus (ehemaliges Augustinerstift) von St. Johann bei Herberstein.

Das Schloß kann im Rahmen der Führung „Herberstein einmal anders" besichtigt werden, die auch bis in die ältesten Teile des Gemäuers vordringt. Die historische Ausstellung „Leben im Schloß" illustriert das Leben der Grafen zu Herberstein zu Beginn des 20. Jh.s.

**Tier- und Naturpark** ⊙ – Die Tradition des Tierparks Herberstein reicht bis ins 17. Jh. zurück. Man begegnet Tieren aus fünf Kontinenten und vor allem den Timber- und Polarwölfen, die man im Wolfsland in unterirdischen Höhlen, nur durch eine Einsichtglasscheibe getrennt, beobachten kann. Besonders beliebt bei den Besuchern sind jeweils die Fütterungen der Wölfe, Geparden, Pumas und Affen.

**Historische Gartenanlagen** – Sie wurden 1997 nach alten Plänen und einer Ansicht von 1681 wiederbelebt. Im Zentrum der Anlage befindet sich der Rosenpavillon mit dem Jungbrunnen. Die geometrisch angeordneten Beete sollen mit unterschiedlichen Farbdominanten die Tageszeiten und die menschlichen Temperamente symbolisieren. Im Siegmundsgarten schlägt der „Multimediale Raum" die Brücke zwischen Altem und Neuem.

**Tikiba-Kinderland** – Ein Kletterbaum, ein Streichelzoo und weitere Spielmöglichkeiten stehen den kleinen Besuchern von Herberstein zur Verfügung. Der Name Tikiba – Tier, Kind, Baum – ist Programm. In der gleichnamigen Schenke kann man den kleinen Hunger zwischendurch stillen.

# Burg HOCHOSTERWITZ★

Kärnten

Michelin-Karte Nr. 926 – Falte 35 – 9 km östlich von St. Veit a. d. Glan
Kartenskizze: ST. VEIT AN DER GLAN

Über dem Becken von St. Veit an der Glan und an der Grenze des als Wiege Kärntens geltenden Zollfeldes erhebt sich in herrlicher **Lage**★★ die Burg Hochosterwitz. Schon aus kilometerweiter Entfernung erkennt man den kegelförmigen Berg, einen Kalkfelsen, der sich 150 m hoch über das Land erhebt, und die eindrucksvolle Silhouette der Burg samt der Wehranlage, die sich um den Berg zieht.
Im Jahr 1200 zum ersten Mal erwähnt, blieb die Burg bis 1478 im Besitz der Herren von Osterwitz. 1541 gelangte sie zunächst als Pfand an die Familie Khevenhüller, bis Georg Khevenhüller sie schließlich 1571 von Erzherzog Karl käuflich erwerben konnte.
**Georg Khevenhüller** war nicht nur Landeshauptmann von Kärnten, sondern auch Oberstallmeister und Rat der Kaiser Ferdinand I., Maximilian II. und Rudolf II. Da die Bedrohung durch die Türken im 16. Jh. allgegenwärtig war – er selbst hatte in der Steiermark und in Ungarn gegen sie gekämpft –, setzte er von 1571 bis 1586 erhebliche Mittel ein, um die Burg als Festung auszubauen. Er war es auch, der verfügte, daß sie immer im Besitz der Familie bleiben sollte. Diesem Auftrag zu entsprechen, fiel nicht immer leicht, da die Grafen und späteren Fürsten Khevenhüller sich zum Protestantismus bekehrt hatten und viele der Nachkommen Georgs während der Gegenreformation als Exulanten auswandern mußten. Trotz der Widrigkeiten der Zeitläufe ist die Burg aber bis heute im Besitz der Khevenhüller geblieben.

## BESICHTIGUNG ⓥ

Nach Durchquerung des am Fuße des Burgfelsens gelegenen Weilers Hochosterwitz biegt man in den Auffahrtsweg zur Burg ein und läßt den Wagen auf dem Parkplatz.
Von hier aus kann man auf dem Burgweg weitergehen *(rund 30 Min.)* oder aber den spektakulären Lift nehmen, der an der steilen Felswand zur Burg hochfährt.
Beim Bau der vierzehn Tore, die zur Befestigung dienten, nutzte man die natürlichen Schluchteinschnitte aus, um einzelne, durch Zugbrücken isolierte Verteidigungspunkte zu schaffen. Das 7. Torgebäude (1582), **Khevenhüllertor** genannt, ist das stattlichste. Der Renaissancetorbogen zeigt das Familienwappen, ein Löwenhaupt. Darüber sieht man das Brustbild des Erbauers, gerüstet als Armeeführer.
Am Ende des windungsreichen Burgwegs, der wechselnde **Ausblicke** auf das Hügelland von St. Veit bietet, aus dem der Ulrichsberg hervorragt, gelangt man an der Burgkapelle vorbei und in den **inneren Burghof**, wo sich eine Gastwirtschaft befindet.
Man kann einige Räume der Burg besichtigen. Dabei erfährt man Wissenswertes zu den Khevenhüllern und sieht neben Familienbildnissen auch eine gute Waffensammlung. Diese erinnert daran, daß die Burg in ihrer Glanzzeit über eine beachtliche Rüstkammer verfügte, aus der man etwa 700 Mann bewaffnen konnte.

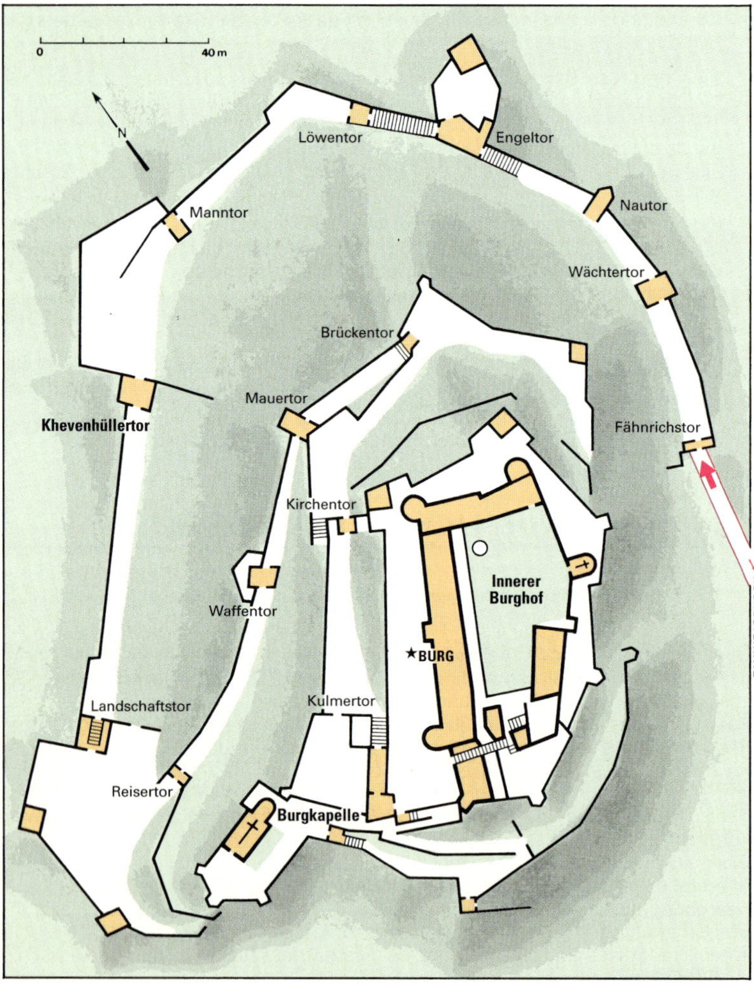


*Die wichtigsten Geschäftsstraßen sind im Straßenverzeichnis der Stadtpläne rot hervorgehoben.*

# Schloß-Museum HOHENBRUNN★★

Oberösterreich

Michelin-Karte Nr. 926 – Falte 9 – 1,5 km westlich von Markt St. Florian

Ein schönes Bild, dieses Schloß, das in eine heitere Landschaft seine von zahlreichen Fenstern und hohen Arkaden gegliederte Fassade wie eine Villa Palladios setzt. Zu groß für ein Jagdschloß und zu offen und unbewehrt, als daß es jemals wirklichen Schutz gegen Angriffe von außen hätte bieten können, gruppiert es seine Flügel quadratisch um einen Innenhof. 1722 bis 1732 ließ der Probst des Stifts von St. Florian dieses Herrenhaus von dem Tiroler Architekten **Jakob Prandtauer** auf einem Landstück erbauen, das er geerbt hatte. Hohenbrunn ist übrigens das einzige Schloß, das man mit hundertprozentiger Sicherheit dem berühmten Architekten zuschreiben kann, der als Schöpfer der Klöster Melk und Herzogenburg bekannt ist und auch letzte Hand an das Stift St. Florian gelegt hatte. Ein Maurermeister von St. Florian sollte Hohenbrunn nach dem Tod Prandtauers fertigstellen. Der Name des Schlosses geht auf einen Brunnen zurück, der sich ursprünglich in einem Turm an der Südfassade befand.

Das Bauwerk war halb verfallen, als es im Jahre 1963 vom Kloster St. Florian erworben und unter Federführung des Landes schließlich restauriert wurde. Seit 1967 beherbergt es ein interessantes Museum.

Fremdenverkehrsamt Oberösterreich, Linz

Schloß Hohenbrunn

## ★★ JAGD- UND FISCHEREIMUSEUM ⓥ

Anhand einer didaktisch gut konzipierten Ausstellung zahlreicher Waffen, Modelle und Darstellungen von Tierspuren sowie durch eine geschickte Plazierung ausgestopfter Tiere lädt man hier zur Erforschung der Welt der Jagd in Oberösterreich ein. Einige historisch interessante Ausstellungsstücke ziehen die Aufmerksamkeit auf sich, so das Jagdgewand von Kaiser Franz Joseph I. und das außergewöhnliche, 3,12 m lange Gewehr von Erzherzog Karl Salvator. Die **Jagdporzellan-Sammlung** sucht ihresgleichen in Europa.

Der Besuch des Museums bietet die Möglichkeit, nahezu das ganze Schloß zu besichtigen. Der Besucher wird nicht nur mit größtem Vergnügen mit dieser originellen Residenz Bekanntschaft schließen, sondern auch, selbst wenn er jagdunkundig ist, die Ausstellung zu schätzen wissen, die in der eleganten, aber dennoch erdverbundenen Atmosphäre so recht an ihrem Platze ist.

# HOHENTAUERNPASSSTRASSE★

Steiermark

Michelin-Karte Nr. 426 – Falten 22 und 35

Über den Paß der Hohen Tauern (1 265 m), auch **Rottenmanner Tauern** oder Triebener Tauern genannt, führt eine kleine Bergstraße, die **Tauernstraße**, die bereits von den Römern als Verbindungsweg zwischen Juvavum (Salzburg) und Virunum (in der Nähe von Klagenfurt) benutzt wurde.

Das frische, stille Pölstal, in dem man noch bei Möderbrugg große, mehr oder weniger verfallene Bergwerks- oder Industrieanlagen sieht, charakteristische Zeugen der einstigen industriellen Blüte, die den Silberbergwerken und Hammerwerken zu verdanken war, lohnt die etwas beschwerliche Bergfahrt, zu der im Vergleich das Überfahren des Schoberpasses auf der Durchgangsstraße Trieben-Leoben alltäglich erscheint.

## VON JUDENBURG NACH LIEZEN *73 km*

*Die ziemlich abschüssige nördl. Paßrampe verlangt die volle Aufmerksamkeit des Fahrers. Am besten ist es, über sie abzufahren, d. h. Richtung Judenburg-Liezen.*

**Judenburg** – *s. Pack- und Stubalpenstraße.*

Die Straße nach Trieben zweigt von der Straße Wien – Klagenfurt ungefähr 6 km hinter Judenburg ab und führt dann, dem linken Ufer der Mur folgend, langsam über die letzten Falkenberghänge hinauf. Flußaufwärts schöne Ausblicke auf das weite Murtal, überragt von dem Bocksruck. Dann weiter in das Pölsbachtal über den kaum wahrnehmbaren Pölshals-Bergsattel. Zur Rechten erblickt man rückwärts die Ruinen des Reifensteins über dem Industrieort Pöls (Zellulosefabriken). Vor uns zeichnen sich die Gipfel des noch fernen Hochschwungs am Horizont ab.

**Unterzeiring** - Die alten Gebäude einer einst befestigten, zu Admont *(s. dort)* gehörenden Propstei und die Ruinen der Burg Hanfelden geben diesem Dorf eine malerische Note.

**Oberzeiring** - *1,5 km. Man verläßt die Hohentauernstraße bei der Abzweigung hinter Unterzeiring.* In diesem ehemaligen Bergwerksort kann ein stillgelegtes **Silberbergwerk** ⓥ besichtigt werden.

**Möderbrugg** - Zwischen alten Holzbauten erinnern zahlreiche, von Menschenhand angelegte Wasserfälle an die Zeit, in der die Ortschaft von den Hammerschlägen seines Eisenwerks widerhallte.

Die Straße führt nun an den zahlreichen Heustadeln auf den Pölstalhängen vorbei und steigt nach dem kleinen Bergort St. Johann am Tauern etwas stärker an. Links erhebt sich der Grosse Bösenstein; zu seinen Füßen erblickt man den regelmäßigen Polsterpaßeinschnitt. Man gelangt schließlich in das obere Paßtal, das einen sehr friedlichen Rahmen für die kleine Sommerfrische Hohentauern bildet.

Auf dem Nordabhang fällt die Straße in den Wolfsgraben ein, eine finstere Schlucht des Triebenbachs, die sie oberhalb von Trieben wieder verläßt.
Zwischen Trieben und Selzthal zieht sich das Paltental hin, das von der Fernverkehrsstraße Graz - Salzburg durchquert wird.

**Rottenmann** - Das einstmals durch den Salzhandel wohlhabend gewordene Städtchen Rottenmann, das seinen Straßenplatz, die Propstei bei der Kirche und Teile seiner alten Stadtbefestigungen (hinter der Kirche, bergseitig) bewahrt hat, ist ein freundlicher Etappenort.

Auf der Fahrt von Rottenmann nach Selzthal erblicken wir hoch oben auf einem Fels die stolze Silhouette der alten Protestantenfeste Strechau.
Bei der Ankunft in **Liezen** bietet sich eine weite Sicht über das Ennstal. Von der Ennsbrücke aus entdeckt man im Südwesten den Großen Grimming (2 351 m), einen Vorberg des Dachsteins.

# INNSBRUCK★★

L Tirol

130 000 Einwohner

Michelin-Karte Nr. 926 - Falte 30 - Kartenskizze: SEEFELDER SATTELSTRASSEN

574 m

Innsbruck, Tiroler Landeshauptstadt und alte Universitätsstadt, liegt im Inntal am Schnittpunkt der wichtigen Verkehrslinien von Wien nach Zürich und von München nach Rom über den Brennerpaß. Außer Grenoble und Bozen ist Innsbruck die einzige Stadt mit mehr als 100 000 Einwohnern, die innerhalb der Alpenkette liegt.
Bei der von den schroffen, lange mit Schnee bedeckten Kalkwänden der Nordkette (Karwendel) überragten Maria-Theresien-Straße vereinen sich Städtebaukunst und landschaftliche Schönheit zu einem eindrucksvollen **Bild★★**, das als eines der reizvollsten Städtebilder Europas gilt. Viele Gewohnheiten zeugen hier von der Verbundenheit der Menschen mit den Bergen. Obwohl Innsbruck noch nicht einmal 600 m hoch liegt, sieht man im Winter oft, wie Angestellte und Studenten in ihrer Mittagspause mit der Nordkettenbahn bis zur Seegrube hinauffahren, um von dort mit den Skiern abzufahren. Anläßlich der Olympischen Winterspiele 1964 wurden das Eisstadion sowie eine neue Sprungschanze am Bergisel errichtet. Auch der Flugplatz wurde vergrößert. Dank der Verbesserung dieser Anlagen ist die Stadt für die Olympischen Winterspiele 1976 erwählt worden. Damals wurden weitere moderne Sportanlagen gebaut. Im Sommer sind die Unterkunftsmöglichkeiten von Innsbruck kaum hinreichend, um die Mengen von Besuchern aufzunehmen, die sich hier kurz aufhalten wollen. Die historische Altstadt ist nun auch gänzlich den Fußgängern vorbehalten. Doch hat das nicht sehr industriereiche Innsbruck, von seinen Hauptgeschäftsstraßen abgesehen, seinen kleinstädtischen Charakter weitgehend bewahrt.

## GESCHICHTE

Das Land Tirol entstand im 12. Jh. im Zentrum der Alpen unter der Herrschaft der Grafen von Tirol, deren Stammschloß oberhalb von Meran liegt. Im 14. Jh. fiel Tirol an das Haus Habsburg, und im 15. Jh. wurde Innsbruck zur Residenz der „Tiroler Linie" der Habsburger und entfaltete sich zu einer Hauptstadt, der unter Maximilian I. eine besondere Blütezeit beschieden war.

K. Lugmair/VIENNASLIDE

Häuserfront am Inn

**Der „Letzte Ritter"** – 1508 wurde **Maximilian I.** mit der Kaiserwürde bekleidet. Diese starke Persönlichkeit, die für Österreich den „Herbst des Mittelalters" verkörpert, zeigte eine besondere Vorliebe für das Land Tirol. Er war ein leidenschaftlicher Jäger und vertrat die Ansicht, daß die Ausübung des Weidwerks für einen Fürsten notwendig und nützlich sei, da sie ihm die Möglichkeit verschaffe, auch die Geringsten seiner Untertanen kennenzulernen. Maximilian verheiratete sich in erster Ehe mit Maria von Burgund, der Tochter Karls des Kühnen, und rechtfertigte mit dem damit verbundenen Ländererwerb das auch in der Folgezeit für die Habsburger zutreffende Sprichwort:

*„Bella gerant alii, tu, felix Austria, nube,*
*Nam quae Mars aliis, dat tibi regna Venus."*

„Laß' andere Kriege führen; du, glückliches Österreich, heirate.
Denn was sonst anderen Mars verschafft, beschert dir Venus."

Die zweite Heirat des Kaisers mit Bianca Maria Sforza fand 1494 unter großen Feierlichkeiten statt. Wenig später ließ Maximilian das berühmte, zum Wahrzeichen der Stadt gewordene „**Goldene Dachl**" in seiner endgültigen Form errichten. Die Reliefs an dem Erker stellen den Kaiser mit seinen Gemahlinnen dar. Er fühlte sich so sehr mit der Stadt verbunden, daß er auch dort begraben werden wollte, und ließ sich deshalb noch zu Lebzeiten ein prunkvolles Mausoleum in der Hofkirche erbauen. Jedoch sollten seine sterblichen Reste niemals in Innsbruck ruhen. Im Zorn über die von dem kaiserlichen Hof hinterlassenen Schulden verweigerten die Bürger dem bereits todkranken Maximilian den Einlaß, so daß er nach Wels weiterziehen mußte, wo er am 12. Januar 1519 starb. Schließlich wurde er in Wiener Neustadt, seiner Geburtsstadt, beigesetzt.

**Freud und Leid (18. Jh.)** – 1765 versetzten neue Festlichkeiten die Stadt in fieberhafte Erregung. Die kaiserliche Familie feierte mit viel Prachtaufwand die Hochzeit des Großherzogs Leopold von Toskana mit der Infantin Spaniens, Maria Ludovica. Ein Triumphbogen wurde zu Ehren der Neuvermählten am Beginn der heutigen Maria-Theresien-Straße errichtet. Plötzlich breitete sich in der feiernden Stadt große Bestürzung aus: Der Kaiser Franz war inmitten der Festlichkeiten verschieden. Deshalb ist der Triumphbogen aus dieser Zeit auf der einen Seite mit Motiven des irdischen Ruhms und auf der anderen mit Symbolen der Trauer geschmückt.

## DER STADTBLICK

In der Stadt gewährt der **Stadtturm** *(s. unten)* den besten Ausblick. Um eine weitere Aussicht zu genießen, fährt man am besten zur **Hungerburg**★ (**AY**) hinauf.
Man gelangt dorthin entweder im Auto über die Neue Innbrücke, die Höttinger Gasse, vorbei an der Kirche von Hötting und über die Höhenstraße, oder mit der **Standseilbahn** (Hungerburgbahn) ⏲ . Von der Hungerburgterrasse aus übersieht man die ganze Stadt, deren Hintergrund im Süden die majestätischen Bergpyramiden der Serles und der Nockspitze bilden. Diese rahmen den Eingang des reizvollen Stubaitals.

# TIPS UND ADRESSEN

**Innsbruck-Tourismus** (Information), Burggraben 3/II, 6021 Innsbruck, ☏ 05 12/5 98 50, Fax: 05 12/59 85 07. Montag bis Freitag 8-18 Uhr, Samstag 8-12 Uhr, Sonntag geschlossen.

**Innsbruck-Information** (Verkauf und Buchung: Tickets, Innsbruck Card, Zimmerreservierung, Stadtrundfahrten etc.), Burggraben 3, 6021 Innsbruck, ☏ 05 12/53 56, Fax 05 12/53 56 14. Montag bis Samstag 8-19 Uhr, an Sonn- und Feiertagen 9-18 Uhr. Ticket Service: Montag bis Freitag 8-18 Uhr, Samstag 8-17 Uhr, Sonntag geschlossen.

**Tirol Werbung**, Maria-Theresien-Straße 55, 6020 Innsbruck. Montag bis Freitag 8-18 Uhr. ☏ 05 12/53 20 0.

Der jeweils zum Monatsende für den Folgemonat erscheinende Veranstaltungskalender ist bei Innsbruck-Tourismus und -Information erhältlich. Im Internet ist die Stadt unter der Adresse *www.tiscover.com/innsbruck* vertreten.

## Innsbruck Card

Sie bietet innerhalb der Gültigkeitsdauer (24, 48 oder 72 Stunden) freie Fahrt mit den öffentlichen Verkehrsmitteln, je eine Berg- und Talfahrt mit der Hungerburg-, Nordketten- und Patscherkofelbahn sowie freien bzw. ermäßigten Eintritt in zahlreiche Museen und Sehenswürdigkeiten (u. a. auch Swarovski Kristallwelten in Wattens). Die Innsbruck Card ist zum Preis von 230 S (24 Std.), 300 S (48 Std.) oder 370 S (72 Std.) bei der Innsbruck-Information erhältlich. Informationen unter ☏ 05 12/53 56.

## Stadtführungen und -rundfahrten

**Stadtspaziergänge** (Dauer: 1 Std.) – Juni bis Sept. um 14 Uhr; im Juli und August um 10 und 14 Uhr.

**Stadtrundfahrten** – Große Rundfahrt (2 Std.) ganzjährig täglich 12 Uhr, Juni bis Sept. zusätzlich 14 Uhr. Kleine Rundfahrt (1 Std.) im Sommer Montag bis Samstag um 10.15, 12, 14 und 15.15 Uhr. Auskunft bei der Tourist-Information, ☏ 05 12/53 56.

**Kulturführungen** zu Spezialthemen finden ganzjährig samstags statt. Von Mai bis Juni auch Abendführungen um 19 Uhr, Juli und August um 20 Uhr, Juni bis August auch jeden Freitag 19 Uhr. Information bei PerPedes, ☏ 05 12/27 37 00.

## Öffentliche Verkehrsmittel

Es ist empfehlenswert, sich vor Fahrtantritt eine Fahrkarte zu besorgen, da man beim Busfahrer nur Einzelfahrscheine erhält und zusätzlich zum Fahrpreis einen Ausgabezuschlag bezahlen muß.
Mit der 24-Stunden-Karte kann man beliebig viele Fahrten im Stadtgebiet unternehmen. Daneben werden noch 4-Fahrten-Karten, Wochen- und Monatstickets angeboten.
Fahrausweise erhält man bei der Innsbruck-Information, den Innsbrucker Verkehrsbetrieben (Stainerstr. 2, ☏ 05 12/5 30 70) und bei den gekennzeichneten Trafiken. Im Internet findet man umfassende Informationen unter der Adresse *www.ivb.at*

## Parkplätze in der Innenstadt

Congress-Garage, Herrengasse/Rennweg (täglich bis 24 Uhr); Europahaus, Meinhardstraße (täglich 7-22 Uhr); Parkgarage Landhausplatz, Wilhelm-Greil-Straße (täglich 7-1 Uhr); Sparkassengarage, Erlerstraße (Mo bis Fr 7-21 Uhr, Sa 8-17 Uhr); Maria-Theresien-Garage, Erlerstraße (täglich durchgehend), Parkgarage Altstadt, Tschamlerstraße (täglich 7-1 Uhr), City Parkgarage, Kaiserjägerstraße (täglich durchgehend).

## Post

**Hauptpostamt:** Maximilianstraße 2, geöffnet Montag bis Samstag 7-23 Uhr.
**Bahnpostamt:** Bruneckerstraße 1, geöffnet Montag bis Samstag 6.30-21 Uhr. ☏ 05 12/50 00.

## Shopping

Zu den Hauptgeschäftsstraßen gehören die Maria-Theresien-Straße, die Fußgängerzone der Altstadt rund um die Herzog-Friedrich-Straße und die Museumstraße.

**Märkte** Franziskanerplatz: Bauernmarkt jeden Donnerstag 9-13.30 Uhr, Trödlermarkt jeden Samstag 7-13 Uhr
Sparkassenplatz: Bauernmarkt jeden Freitag 9-14 Uhr
Rathaushof: Flohmarkt 1. und 3. Samstag im Monat 7-13 Uhr
Christkindlmärkte finden in der Altstadt und am Landhausplatz ab Ende November bis kurz vor Weihnachten statt.

**Mitbringsel** Kunsthandwerk und Trachten: Tiroler Heimatwerk, Meraner Straße 2-4.

M. Hertlein/MICHELIN

In der Herzog-Friedrich-Straße

## Unterhaltung

**Tiroler Landestheater**, Rennweg 2, ☎ 05 12/5 20 74.

**Kellertheater**, Adolf-Pichler-Platz 8, ☎ 05 12/58 07 43.

**Theater an der Sill**, Kravoglstraße 19, ☎ 05 12/36 29 29.

**Tiroler Volksbühne Blaas**, Maria-Theresien-Straße 12, ☎ 05 12/58 60 01.

**Kulturgasthaus Bierstindl**, Klostergasse 6, ☎ 05 12/57 57 57. Alt-Innsbrucker Bauerntheater – Ritterspiele.

**Treibhaus**, Angerzellgasse 8, ☎ 05 12/58 68 74. Veranstaltungen von Kabarett über Jazz bis Weltmusik.

**Utopia Kulturzentrum**, Tschamlerstraße 3, ☎ 05 12/58 85 87. Konzerte, Happenings, Performances, Ausstellungen.

**Casino Innsbruck**, im Hotel Holiday Inn, Landhausplatz/Salurner Straße 15, ☎ 05 12/58 70 40 0.

## Kinos

**Cineplexx**, Wilhelm-Greil-Straße 23, ☎ 05 12/58 14 57.
**Metropol Multiplex**, Innstraße 5, ☎ 05 12/28 33 10.
**Central**, Maria-Theresien-Straße 17, ☎ 05 12/58 80 78.
Die Lichtspielhäuser **Cinematograph** (Museumstraße 31, ☎ 05 12/57 85 00) und **Cine-Royal** (Innrain 16, ☎ 05 12/58 63 85) zeigen auch Filme in Originalversion.

## Restaurants

**Ottoburg** – Herzog-Friedrich-Str. 1, ☎ 05 12/58 43 38. Nobles Restaurant in einem der ältesten Gebäude Innsbrucks. Mehrere stilvoll eingerichtete, holzgetäfelte Stuben. Reservierung empfehlenswert.

**Goldener Adler** – Herzog-Friedrich-Str. 6, ☎ 05 12/57 11 11. Elegantes Restaurant im Tiroler Stil. Zu den illustren Gästen des gleichnamigen Hotels (eine Tafel am Eingang gibt eine Auflistung) zählten u. a. bereits Mozart, Heine, Camus und Sartre.

**Weißes Kreuz** – Herzog-Friedrich-Str. 31, ☎ 05 12/5 94 79. Traditionsreicher Tiroler Gasthof mit verschiedenen rustikal eingerichteten Stuben.

**Hirschen Stuben** – Kiesbachgasse 5, ☎ 05 12/58 29 79. Reizvoller Kontrast zwischen moderner Dekoration und historischem Gewölbe, wechselnde Ausstellungen von Bildern zeitgenössischer Künstler.

**Fischerhäusl** – Herrengasse 8 (am Durchgang zum Dom), ☎ 05 12/58 35 35. Etwas versteckt liegendes Restaurant mit ruhigem, einladendem Gastgarten.

## Cafés, Kneipen und Bars

**Café Central** – Gilmstraße 11. Einrichtung im Wiener-Kaffeehausstil: Stuckdecken, Lüster, Palmen – stilvoll!

**Konditorei-Café Munding** – Kiesbachgasse 16. Das Kaffeehaus mit einladender Sommerterrasse soll die älteste Konditorei Tirols sein.

**Krahvogel** – Anichstraße 12. Gemütliche Kneipe mit kleinem Speisenangebot und Gastgarten im Hinterhof.

**Bellini's** – Meranerstr. 5. Italien ist Trumpf in dieser modernen Café-Kneipe – für die „italienischen Momente" in Innsbruck.

**Theresienbräu** – Maria-Theresien-Straße 53. Jugendliche, etwas flippige Kneipe mit hausgebrautem, leckerem Bier.

**Sweet Basil** – Herzog-Friedrich-Str. 31. Restaurant und zwei Bars auf mehreren Ebenen verteilt. Elegant, einladend, einfach schön!

**Elferhaus** – Herzog-Friedrich-Str. 11. Große Auswahl an Bieren aus aller Welt und kleine Speisekarte.

**Piano** – Herzog-Friedrich-Str. 5. Langezogene Café-Bar mit kleiner Bildergalerie und mehreren gemütlichen Sofas, in die man sich nach einem anstrengenden Stadtbummel gerne fallen läßt.

**Papa Joe's** – Seilergasse 12. Grill-Cantina-Bar. Lateinamerikanisch angehauchte Dekoration (ein bißchen von allem) mit Ventilatoren und kleinem „Wasserfall".

**Hofgarten-Café** – Im Hofgarten. Beliebter Sommertreff mit großer Terrasse.

**Café-Club Filou** (Bar, Restaurant, Disco) – Stiftgasse 12. Sitzgelegenheiten von Stuhl über Barhocker bis zum Sofa – Getränke von Bier über Cocktail bis Champagner.

Tip: In der **Ing.-Etzel-Straße** (auf Höhe der Kreuzung mit der Dreiheiligen-Str.) in den Bögen unter der Bahnlinie findet wohl jeder etwas nach seinem Geschmack – vom Pizzaladen über die Musikkneipe bis hin zur schick designten Bar.

## Besondere Termine

**Tanzsommer**: Im Juni/Juli. Hochkarätige Tanzdarbietungen internationaler Künstler.

**Innsbrucker Festwochen der alten Musik/Ambraser Schloßkonzerte**: Im Juli/August.

Der Tourist, der auf der B 182 vom Brenner kommt, hält kurz vor den letzten Straßenkehren am Sonnenburgerhof an.
Von der Kurve, in der sich Straße und Straßenbahnschienen kreuzen, bietet sich ein schöner **Gesamtblick**★ über Innsbruck.

## ★ ALTSTADT

★ **Maria-Theresien-Straße** (CZ) – Dieser belebte Straßenplatz eröffnet eine prächtige **Aussicht**★★ auf die Nordkette, deren zackige Gipfel sich bis auf 2 334 m erheben. Eine Vielzahl sehenswerter Gebäude säumen die Straße, so Nr. 7 das Palais Lodron; Nr. 39 das Palais Troyer von 1681-1683; Nr. 38 das Anfang des 18. Jh.s barockisierte Palais Trapp; Nr. 57 das Palais Sarnthein. Man sollte sich etwas Zeit nehmen, um von Straßenseite zu Straßenseite zu wechseln und die herrlichen Fassaden zu studieren.

**Triumphpforte** (CZ **F**) – Sie erinnert an die Freuden- und Trauertage, die das Jahr 1765 (Hochzeit Erzherzog Leopolds) für den kaiserlichen Hof und die Tiroler bereithielt. Auf der Südseite wird das Monument von dem Medaillon Franz' I. und Maria Theresias bekrönt, während die Bildnisse der Verlobten sich am linken Torflügel befinden (am rechten die der Schwestern des Bräutigams – Maria Christine und Maria Antonia, besser bekannt als französische Königin Marie Antoinette).
Die Nordfassade bedecken Trauersymbole mit dem Medaillon des Kaisers in den Händen des Todesengels und eine trauernde Frauengestalt über der Szene, die an das plötzliche Ableben Franz' I. erinnert.

**Altes Landhaus** (CDZ) – *Nr. 43.* Dieser Palast, ein vortreffliches Beispiel weltlicher Barockarchitektur, wurde in seiner jetzigen Gestalt 1725-1728 von Georg-Anton Gumpp erbaut und ist heute Sitz des Landtags und der Landesregierung. Der Architektenfamilie Gumpp sind mehrere der Innsbrucker Bauwerke zu verdanken, die das Stadtbild beherrschen: die Abtei von Wilten, die Spitalkirche, die Jesuitenkirche u. a. m. In den Nischen der stuckverzierten Treppenanlage des Landhauses stehen Götterstatuen und Götterbüsten; man bemerke an der Decke das Motiv des Tiroler Adlers mit einer Karte des Landes.

**Annasäule** (**CZ A**) – Sie wurde 1706 zur Erinnerung an die am Annentag geglückte Befreiung Tirols während des Spanischen Erbfolgekrieges (1703) errichtet.
Oben auf dem schlanken korinthischen Säulenschaft eine Statue der Jungfrau Maria; die hl. Anna steht auf dem Sockel neben dem hl. Georg mit dem Drachen, dem damaligen Schutzpatron Tirols, und den Hl. Vigilius und Kassian, den Schutzheiligen der Diözesen Trient und Brixen.

Die Maria-Theresien-Straße setzt sich in der engen, belebten **Herzog-Friedrich-Straße** fort, eingefaßt von historischen Laubengängen, in denen sich Geschäfte und Boutiquen aneinanderreihen. Sie führt direkt auf das Goldene Dachl zu. Am Gewölbe unter den Arkaden des Hauses Nr. 35 das sehenswerte Reichsadler-fresko von 1496.

**Stadtturm** ⏲ (**CZ B**) – Er bildet einen Teil des 1358 errichteten Alten Rathauses. Über seinem viereckigen Unterbau erhebt sich ein schmalerer, achteckiger Renaissancebau mit durch Gesimsbänder verbundenen Runderkern und einer Zwiebelhaube.
Über eine Treppe gelangt man zum Turmumgang, von wo sich ein schöner **Panoramablick**★ über die Stadt bietet.

★ **Goldenes Dachl** (**CZ**) – Dieser Prunkerker wurde um 1500 als Zuschauerloge des Hofes der Gebäudefassade angefügt.
Nach einer vielumstrittenen Überlieferung hätte Herzog Friedrich von Tirol (1406-1439), der sich stets in Geldverlegenheit befand und deshalb „Friedel mit der leeren Tasche" genannt wurde, dieses kleine Dach mit vergoldeten Schindeln decken lassen, um seinen Spöttern den Mund zu stopfen. In Wirklichkeit stammt das spätgotische Werk aus der Regierungszeit Maximilians und ist ein Symbol der Macht des Hauses Habsburg. Die Anordnung der Ausschmückung, die nach oben hin reicher wird, verrät schon den wachsenden Einfluß der Renaissance.
Die Brüstung des 1. Stockwerks ist mit feinausgemeißelten Wappen geschmückt: An der linken Seite bewundert man das der Steiermark, vorn die von Österreich, Ungarn, des alten deutschen Kaiserreichs (Doppeladler), des deutschen Königreichs (Adler und Goldenes Vlies), von Philipp dem Schönen (Maximilians Sohn), der Sforza aus Mailand und, auf der rechten Seite, das von Tirol.
Das 2. Reliefband zeigt in der Mitte zwei Bildnisse Maximilians. Links neigt sich der Kaiser seiner zweiten Gemahlin, Bianca Maria Sforza, zu (kenntlich an ihrem gelösten Haar und dem italienischen Kopfschmuck). Maria, seine erste Frau, mit der Burgunder Kopfhaube vervollständigt die Gruppe. Rechts ist Maximilian von einem Hofrat und dem Hofnarren umgeben. Auf den Seitenfeldern je ein Paar von Moriskentänzern.
Das Ganze, ein geniales Werk des lange unbekannt gebliebenen Bildhauers Niklas Türing d. Ä., schwäbischer Abstammung, diente als Zuschauerloge des Hofes, wenn auf dem Stadtplatz Turniere oder Feste stattfanden. Mehrere der Reliefs, die unter der Verwitterung gelitten hatten, wurden durch Nachbildungen ersetzt. Die Originale können aber im Tiroler Landesmuseum Ferdinandeum besichtigt werden *(s. unten)*.

**Maximilianeum** ⏲ – Im Goldenen Dachl wurde ein Gedenkraum für Kaiser Maximilian I. mit einigen erlesenen Ausstellungsstücken eingerichtet, die den Souverän auch als

M. Hertlein/MICHELIN

Helbinghaus

Triumphpforte

Mensch näherbringen sollen. Erschütternd ist das Totenbildnis des Kaisers. Für einen 20minütigen Videofilm über Leben und Wirken Maximilians sollte man sich die Zeit nehmen.

★ **Helblinghaus** (CZ) – Dem Goldenen Dachl gegenüber steht in der Herzog-Friedrich-Straße dieses spätgotische Haus, das im 18. Jh. eine Rokokofassade erhielt, deren Fensterumrahmungen und Giebelfeld überschwenglich verziert wurden. Die Anordnung zahlreicher Fenster in den vorschwellenden Erkern – mit der man der Sonnenarmut der alten Stadtkerne zu begegnen trachtete – ist eine Maßnahme, die man auch im Süden Deutschlands häufig beobachten kann.
Weiter links, dem Innufer zu, erblickt man das historische Gasthaus Goldener Adler (**E**), das sehr stolz auf die berühmten Persönlichkeiten ist, die es seit dem 16. Jh. beherbergte (auf einer Marmorplatte am Eingang sind die Namen aufgeführt).

*In die Achse der Maria-Theresien-Straße zurückgekehrt, biegt man in die enge Pfarrgasse ein, die auf den stillen Domplatz führt.*

**Dom zu St. Jakob** ⓥ (CZ) – Seit 1180 ist hier eine Kirche bezeugt. Immer wieder zerstört – durch Brände und Erdbeben – erhielt das Gotteshaus seine heutige Gestalt mit der charakteristischen, konkav zurückschwingenden Zweiturmfassade und der großen Chorkuppel zu Beginn des 18. Jh.s.
Das barocke **Kircheninnere**★ überspannt ein Kuppelgewölbe – drei Flachkuppeln im Kirchenschiff, eine Rundkuppel mit Laterne im Chor – das 1722 von den berühmten Münchner Asam-Brüdern Cosmas Damian (Maler) und Egid Quirin (Stukkateur) dekoriert wurde.
Die bemerkenswert perspektivisch gemalten **Deckenfresken** zeigen den dreieinigen Gott und den hl. Jakob als Fürbitter.
Am Hochaltar das Gnadenbild Mariahilf von Lucas Cranach d. Ä., das noch heute sehr verehrt wird. Ursprünglich für die Kreuzkirche in Dresden gemalt, war es ein Geschenk des Kurfürsten von Sachsen an den Erzherzog Leopold von Tirol, der sich selbst auf seinen Reisen niemals davon trennte. Erst 1650 wurde das Gnadenbild in die St. Jakobskirche übertragen.
Täglich um 12.15 Uhr ertönt der einzige Carillon Österreichs, das Friedensglockenspiel, vom Nordturm.

A. Niederstrasser/ÖSTERREICH WERBUNG

Im linken Querschiff steht das **Grabmal**★ von Erzherzog Maximilian dem Deutschmeister (im Jahre 1618 gestorben). Dieses schöne Beispiel manieristischer Bronzekunst wurde 1950 in seinem ursprünglichen Zustand wiederhergestellt; es verleiht der Kirchenausstattung, im Gegensatz zu der überschwenglichen Kanzel-und Orgeldekoration, eine ernste Note.

Die Häuser der Altstadt um die Kirche St. Jakob bieten mit ihren mehrgeschossigen Erkern, malerischen Aushängeschildern, Reliefs, Fresken und Statuen ein buntfarbiges Bild.

*Nach Verlassen der Kirche biegt man an der Straßenkreuzung des Goldenen Dachl links in die Hofgasse ein, dann nach einer Passage wieder links in den an der Hofburg entlangführenden Rennweg.*

★ **Hofburg** ⓘ (**CZ**) – An der Stelle, an der die Habsburger der Tiroler Linie (Leopold III., Friedrich IV., Sigismund der Münzreiche) nach und nach einen ungleichmäßigen Gebäudekomplex erbaut hatten, errichtete Maximilian I. eine Burg vom heutigen Ausmaß, die unter Maria Theresia von 1766 bis 1770 umgebaut wurde. Die lange Fassade, von zwei Kuppeltürmen eingefaßt, wurde 1770 fertiggestellt und ist ein typisches Beispiel der ausklingenden barocken Profanbaukunst in Innsbruck.

Man besichtigt die Prunkräume, die dem Ruhm Tirols und der Habsburger Monarchie gewidmet sind, und insbesondere den **Riesensaal**★★. Dieser prächtige, mit poliertem Stuckmarmor ausgekleidete Festsaal ist 31,50 m lang. Das Deckenfresko wurde 1776 von Franz Anton Maulpertsch ausgemalt und zeigt den Triumph des Hauses Habsburg-Lothringen, personifiziert durch zwei Frauen, die sich die Hand reichen (man beachte unter den Symbolen den grünen Trieb, der aus einem dürren Baum sprießt).

An den Längswänden Bildnisse der Kinder Maria Theresias. Letztere ist an der nördl. Stirnwand neben ihrem Gatten und ältesten Sohn dargestellt. Zahlreiche andere Porträts, darunter die von Ludwig XVI. und Marie Antoinette.

Die Privatgemächer zeigen schöne Tapisserien und Gemälde.

*Man verläßt die Hofburg und geht zur Hofkirche weiter (Eingang durch das Tiroler Volkskunstmuseum, links der Kirche).*

**Hofkirche** ⓘ (**CZ**) – Diese Kirche wurde unter Ferdinand I. (Kaiser 1556-1564) erbaut, der damit die Pläne seines Großvaters Kaiser Maximilian I. in die Tat umsetzte.

Der gotische Charakter der dreischiffigen Hallenkirche, die eigens für das Grabmal Maximilians errichtet worden war, ist trotz der Renaissancebauteile (Turm, Portalvorbau, Kapitelle) und der Barockverzierungen unverkennbar.

Auf der Empore fanden die 23 Schutzheiligen des Hauses Habsburg Aufstellung. Die recht anmutigen Statuetten bilden einen Kontrast zu den dunklen Riesengestalten, die über das Kaisergrab wachen.

★★ **Grabmal Kaiser Maximilians I.** – Dieses Mausoleum, das bedeutendste Vermächtnis der deutschen Renaissanceplastik, sollte im Sinne des Kaisers den Glanz seiner Regierung verherrlichen und die unanfechtbare Rechtmäßigkeit des Heiligen Römischen Reiches Deutscher Nation als Erbe der Cäsaren symbolisieren. Der ursprüngliche Grabmalplan, grandios, aber nicht unausführbar, da Innsbruck zu dieser Zeit einen internationalen Ruf für seine Glockengießereien und Rüstungswerkstätten genoß, umfaßte 40 große Erzstandbilder, 100 kleine Heiligenfiguren aus Bronze und 34 Büsten von römischen Kaisern. Beinahe ein Jahrhundert lang wurde nacheinander in verschiedenen Werkstätten die Verwirklichung dieses Projektes vorangetrieben, das jedoch noch nicht vollendet war, als 1584 mit dem Guß der knienden Maximiliansfigur, die den Kenotaph bekrönt, die Arbeiten eingestellt wurden.

R. Chéret/MICHELIN

Grabmal Kaiser Maximilians I. - Detail

Die 28 überlebensgroßen Bronzestatuen, die „Schwarzmander" genannt, die um das leere Grab Wache halten, wirken sehr eindrucksvoll. Jede von ihnen konnte in der rechten Hand eine Fackel halten, die bei Totenmessen angezündet wurde.
Die Erzstandbilder stellen Vorfahren und Verwandte - aus den Häusern Habsburg, Burgund und Österreich - sowie berühmte Gestalten aus Geschichte und Sage dar: König Artus, Gotenkönig Theoderich, Frankenkönig Chlodwig. Die besonders plastisch und lebendig wirkenden Statuen Theoderichs und Artus' wurden nach Entwürfen Albrecht Dürers angefertigt, dessen Beitrag zweifellos den Kunstwert des Ganzen erhöht. Außerdem gibt dieser „Ahnenzug" vorzüglich Aufschluß über Kleidung und Schmuck des 16. Jahrhunderts.
Der Kenotaph selbst wird von einem prächtigen Renaissancegitter eingefaßt, das, wie in Tirol damals üblich, aus Schmiedeeisen und getriebenem Blech besteht. Auf ihm die kniende Kaiserfigur, an seinen Ecken die vier Haupttugenden, die **Alexander Colin** aus Mecheln (1527-1612) modellierte. Aus der Hand des gleichen Künstlers stammen, mit Ausnahme von drei Feldern, auch die seitlichen Marmorreliefs, die Szenen voller Leben aus der Regierungszeit Maximilians darstellen (Schlachten, Hochzeiten u. a. m.).
Nach der Besichtigung des Mausoleums sollte man es nicht versäumen, einen Blick auf die Renaissance-Ausstattung des Chors zu werfen, insbesondere auf den „Fürstenchor" und das Chorgestühl aus dem Jahre 1567. Berühmte Orgel, im 16. Jh. von einem schwäbischen Orgelbauer geschaffen.
Seit den Freiheitskämpfen von 1809 ist die Hofkirche außerdem zum Tiroler Nationalheiligtum geworden: **Andreas Hofer** (1767-1810) fand hier seine Ruhestätte. Das Grabmal wird von seiner Statue aus weißem Marmor bekrönt (beim Kircheneingang).

★★ **Silberne Kapelle** ⓥ - Erzherzog Ferdinand II. von Tirol ließ diese Grabkapelle für sich und seine Gemahlin Philippine Welser erbauen. Sie wurde 1587 fertiggestellt und nach einer in Silber getriebenen Madonna benannt, die auf dem Altaraufbau aus edlem Holz von Reliefs, Symbole der Lauretanischen Litanei darstellend, eingerahmt wird.
Eine Nische links vom Eingang birgt das Grabmal der „schönen Welserin", der vielgeliebten Gemahlin Ferdinands, das zu den ausgereiftesten Werken des flämischen Meisters Alexander Colin zählt.
Näher beim Altar steht das Grabmal Ferdinands, der von demselben Künstler in voller Rüstung dargestellt wurde. Sein eigener Harnisch wurde in kniender Haltung, dem Altar zugeneigt, auf einer Konsole aufgestellt.
Eine kleine Orgel aus Zedernholz (16. Jh.), italienischen Ursprungs, trägt vollends dazu bei, aus der Kapelle eine Art Kunstreliquiar zu machen.

**Hofgarten** (**DZ**) - Dieser öffentliche Park mit freilebenden Papageien wurde unter Erzherzog Ferdinand II. im 16. Jh. als eine der bedeutendsten Gartenanlagen nördlich der Alpen angelegt. Unter Maria Theresia wurde er barock umgestaltet und schließlich in der ersten Hälfte des 19. Jh.s in einen Landschaftspark verwandelt.

★★ **Tiroler Volkskunstmuseum** ⓥ (**CDZ**) - Es genießt den Ruf eines der schönsten Heimatmuseen Europas und widmet sich der Volkskunst des gesamten Tiroler Raums, d. h. auch Südtirols. Das Erdgeschoß beherbergt eine Sammlung Tiroler Weihnachtskrippen von ihren Anfängen bis heute. In den Stockwerken sind die schön getäfelten Stuben mit den Öfen besonders hervorzuheben, die aus Adels-, Bürger- und Bauernhäusern stammen. Sie weisen in der 1. Etage zumeist gotische Schmuckelemente auf, während im 2. Stockwerk Renaissance- und Barockverzierungen vorherrschen.
Im 1. Stockwerk sind Modelle verschiedener Tiroler Bauernhöfe, kunstvoll verzierter Hausrat, bäuerliche Geräte, Werkzeuge, Grödner Schnitzereien, Musikinstrumente und Spiele zu bewundern. Bemerkenswert sind die Kostüme und Masken, die in der Faschingszeit in Imst und in der Umgebung von Innsbruck getragen werden.

Das 2. Stockwerk enthält eine wertvolle Sammlung religiöser Volkskunst, bemalte und geschnitzte Bauernmöbel sowie bäuerliche Festtagstrachten.
Die Sammlungsgegenstände stammen aus dem alten Tirol mit dem heutigen Trentino und den ladinischen Tälern rund um die Dolomiten.

*Durch die Angerzellgasse, die in die Museumsstraße mündet, erreicht man das „Ferdinandeum".*

★ **Tiroler Landesmuseum „Ferdinandeum"** ⓥ (**DZ M²**) – *Von voraussichtlich Juli 2001 bis Dezember 2002 wegen Umbau geschlossen.* Auch wenn das Museum eine beachtliche Vor- und Frühgeschichtliche Sammlung aufweist, so liegt doch der Hauptakzent auf der Entwicklung der schönen Künste in Tirol von der Romanik bis zur zeitgenössischen Kunst. Meisterwerke aus der Gotik (Multscher, Pacher) und dem Barock (Troger) nehmen einen besonderen Platz ein.
Viele der ausgestellten Werke besitzen auch geschichtliche Bedeutung, wie der Altar (1370) aus der Kapelle des Schlosses Tirol, die Originale der Reliefs des „Goldenen Dachl" usw. Interessant ist auch die Sammlung holländischer Meister.
Im Untergeschoß ist ein Relief Tirols im Maßstab von 1:20 000 zu sehen.

## INNSBRUCK

| | | |
|---|---|---|
| Adolf-Pichler-Platz . . . . CZ 2 | Domplatz . . . . CZ 15 | Marktgraben . . . . CZ |
| Anichstraße . . . . CZ | Herzog-Friedrich- Straße . . . . CZ 20 | Meinhardstraße . . . . DZ 28 |
| Bozner Platz . . . . DZ 10 | Ingenieur-Etzel- Straße . . . . DZ 22 | Meraner Straße . . . . CZ 30 |
| Burggraben . . . . CZ 14 | Kiesbachgasse . . . . CZ 23 | Museumstraße . . . . CDZ |
| | Landhausplatz . . . . CZ 25 | Pfarrgasse . . . . CZ 32 |
| | Leopoldstraße . . . . CZ 26 | Stiftgasse . . . . CZ 37 |
| | Maria-Theresien-Straße . . . . CZ | Südbahnstraße . . . . DZ 38 |

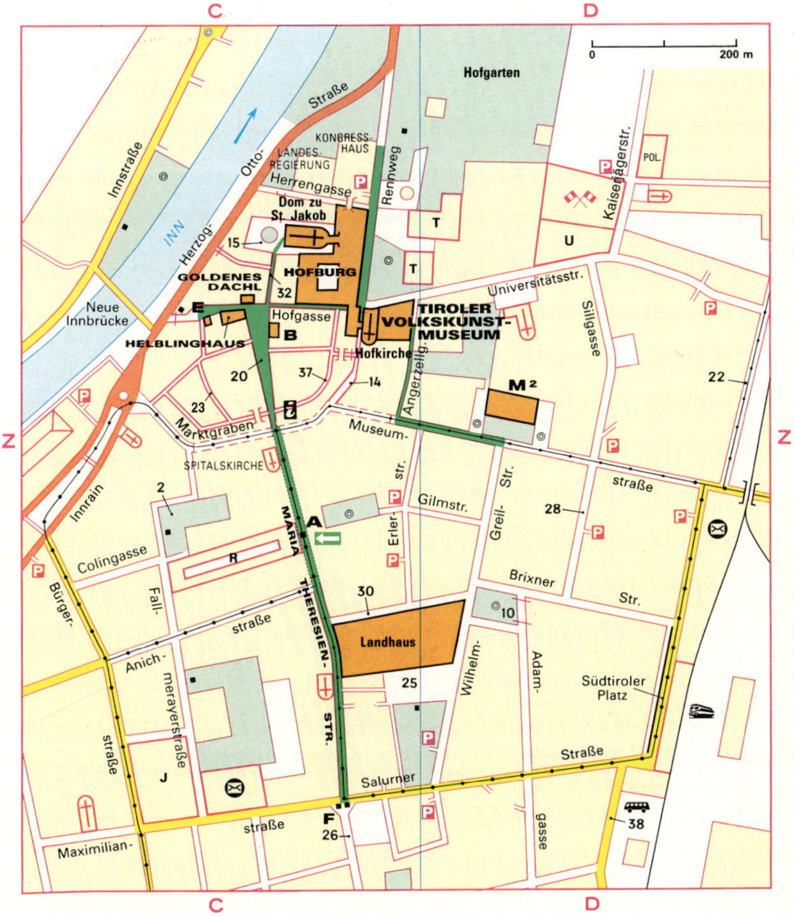


| | | |
|---|---|---|
| A Annasäule | E Goldener Adler | M² Tiroler Landesmuseum "Ferdinandeum" |
| B Stadtturm | F Triumphpforte | |

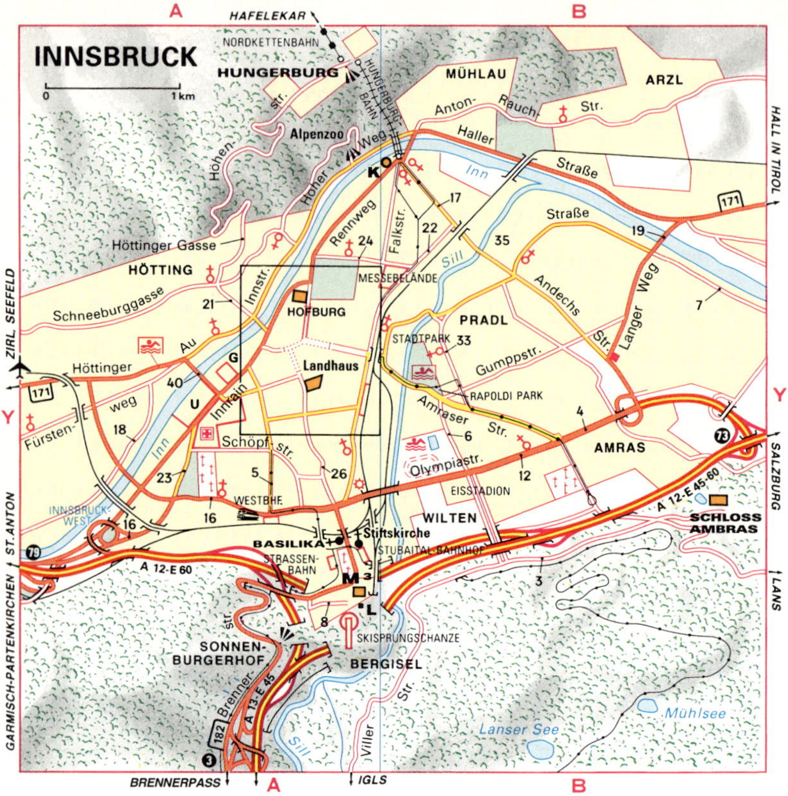


Aldranser Straße .......... BY 3
Amraser-Seestr. .......... BY 4
Andreas-Hofer-Straße ....... AY 5
Anton-Eder-Straße ........ BY 6
Archenweg .............. BY 7
Bergiselweg ............ AY 8
Burgenlandstraße .......... BY 12
Egger-Lienz-Straße ......... AY 16
Erzherzog-Eugen-Straße .......... BY 17
Fischnalerstraße .......... AY 18
Grenobler Brücke ......... BY 19
Höttinger Gasse .......... AY 21
Ingenieur-Etzel-Straße ...... BY 22
Innerkoflerstraße .......... AY 23
Karl-Kapferer-Str. .......... AY 24
Leopoldstraße ............ AY 26
Pradlerstraße ............ BY 33
Prinz-Eugen-Straße ............ BY 35
Universitäts brücke ........ AY 40

**K** Riesenrundgemälde   **L** Statue von Andreas Hofer   **M³** Kaiserjägermuseum

## WEITERE SEHENSWÜRDIGKEITEN

### Hungerburg und Hafelekar

**Riesenrundgemälde** ⓥ (**ABY K**) – *Bei der Hungerburgbahnstation.* Dieses gewaltige Ölbild, das zum Ruhme des Tiroler Freiheitshelden Andreas Hofer gemalt wurde, stellt die berühmte Schlacht vom Bergisel vom 13. August 1809 dar. Die Fertigung dieses 1896 in sechs Monaten vollendeten, 10 m hohen und 100 m langen Rundgemäldes ist eine wahre Meisterleistung der Technik: Der Betrachter wird dank eines geschickten Spiels mit den Perspektiven und ergänzenden Dekorationen zwischen Bild und Betrachter mitten ins Geschehen hineinversetzt.

**Alpenzoo** ⓥ (**AY**) – Die schöne Lage und der weite Blick auf das Inntal sind eine angenehme Zutat bei dem Besuch dieses Themenzoos, dem höchstgelegenen Europas. Dieser vermittelt dem Besucher einen Überblick über die einstige und heutige Tierwelt der Alpen. Mehr als 2 000 Tiere in 150 Arten von Säugetieren, Vögeln, Reptilien und Amphibien werden gezeigt. Im weltweit einzigartigen Kaltwasser-Aquarium sind seltene heimische Fischarten zu sehen.

★★ **Hafelekar** ⓥ (**AY**) – 2 334 m. *Für diesen Ausflug mit der Seilschwebebahn von der Hungerburg aus sollte man ungefähr 2 Std. ansetzen.*
Herrlicher Aussichtspunkt mit weiter Sicht über das Inntal und die Stubaier Alpen im Süden, und die rauhen Kalkwände des Karwendelgebirges im Norden.

### Innsbruck-Wilten, Bergisel und Ambras

Dort, wo einst die römische Stadt Veldidena lag, am Ausgang der Sillschlucht auf einem Schuttkegel, erhebt sich heute das Stadtviertel Wilten. Es lehnt sich im Süden an den bewaldeten Bergisel, der in die Geschichte des Landes Tirol eingegangen ist, seitdem die kaisertreuen Tiroler unter Andreas Hofer auf seinen Hängen den bayrischen und Napoleonischen Armeen am 25. Mai, 29. Mai, 13. August und 1. November 1809 blutige Schlachten lieferten.

**Stiftskirche von Wilten** ⓥ (**ABY**) – Das Stift Wilten, das 1128 den Prämonstratensern unterstellt wurde, spielte eine wichtige Rolle bei der Entstehung Innsbrucks. Den Chorherren des hl. Norbert gehörte nämlich alles Gebiet südlich des Inns, und erst ein Vertrag, der 1180 zwischen den Grafen von Andechs und ihrem Propst geschlossen wurde, berechtigte die Einwohner, die ursprüngliche Niederlassung auf dem linken Ufer zu verlassen und in die heutige Altstadt, das Hofburgviertel, zu übersiedeln.
Die Kirche, die 1944 bombardiert worden war, ist von Grund auf restauriert. Man erkennt diesen Barockbau des 17. Jh.s von weitem an seinem gelbroten Verputz. Die 1716 vom Architekten des Landhauses umgestaltete Fassade weist eine hohe Mittelnische auf, in der wie Krieger klassischer Tragödien gekleidete Steinriesen – rechts Thyrsus, links Haymon – das Eingangsportal bewachen.
In dem durch ein prächtig mit Blätter- und Rankenwerk verziertes **Eisengitter**★ (1707) abgeschlossenen Vorjoch befindet sich eine weitere Statue des Riesen Haymon, die aus Holz und ziemlich naiv ausgeführt ist (um 1500). Nach der Sage soll der aus dem Rheintal stammende Haymon nach Tötung des bösen, in der Sillschlucht hausenden Drachen das Kloster gegründet haben, um seinen Mord an dem einheimischen Riesen Thyrsus zu sühnen.
Das Kirchenschiff wirkt mit seinen schwarzen, reich vergoldeten Altaraufsätzen erhaben. Ein großer Teil der Gewölbefresken und Stukkaturen mußte jedoch bei der letzten Restaurierung erneuert werden. Der Hochaltar wird von dem sogenannten „Thron Salomons" bekrönt. Es handelt sich um einen galerieartigen, von Säulen und Löwen eingefaßten Giebelaufsatz (1665) mit dem Bild des thronenden Christkönigs im Hintergrund.

Stiftskirche Wilten

★ **Basilika von Wilten** ⓥ (**AY**) – Um der Statue „Unserer lieben Frau unter den vier Säulen", die seit dem Mittelalter als Gnadenbild in Innsbruck sehr verehrt wird, einen würdigen Rahmen zu geben, ließen die Prämonstratenser des benachbarten Klosters 1751-1756 die Wiltener Pfarrkirche von dem Priester-Architekten Franz de Paula Penz, dem die Tiroler manchen ihrer Kirchtürme verdanken, vollkommen neu aufbauen. 1957 wurde die Pfarrkirche zur Basilika erhoben.
Das prächtige **Innere** des Kirchenschiffs zeugt von der Kunstfertigkeit der Künstler der Rokokoepoche, insbesondere des Stukkateurs Franz Xaver Feichtmayr aus der Wessobrunner Schule und des Augsburger Malers Matthäus Günther. Die Stukkaturen in Form von Blumen, Laubwerk und Engeln fügen sich vortrefflich in die Kartuschen ein. Die ausgezeichneten Deckenfresken stellen im Chor die Jungfrau Maria als Fürsprecherin dar und im Kirchenschiff die biblischen Gestalten Esther und Judith. Die von den Wallfahrern besonders verehrte Statue der Gottesmutter thront im Strahlenkranz am Hauptaltar unter einem auf Marmorsäulen ruhenden Baldachin.

**Bergisel** (**ABY**) – *Zugang über die Brennerstraße, den Bergiselweg und die Parkallee.*
Dieser bewaldete Hügel eignet sich vorzüglich für Spaziergänge, und zahlreiche Einwohner Innsbrucks finden hier Entspannungs- und Zerstreuungsmöglichkeit. Die im Hintergrund sichtbare Sprungschanze erinnert an die „großen" Tage Innsbrucks – die Olympischen Winterspiele 1964 und 1976.

Verschiedene Denkmäler, vor allem die aus erbeuteten französischen Kanonen gegossene Statue von Andreas Hofer (**AY L**), erinnern an die Kämpfe von 1809. Das die berühmte Schlacht darstellende Riesenrundgemälde befindet sich jedoch auf der anderen Stadtseite.
Das **Kaiserjägermuseum** ⓥ (**AY M³**) birgt Andenken (Uniformen, Waffen, Gemälde) an die Erhebung von 1809 und an die Kaiserjäger, die 1918 aufgelöste Tiroler Elitetruppe. Von verschiedenen Sälen aus und besonders von der Ehrenhalle in der unteren Etage zur Erinnerung an die 1914-1918 gefallenen Soldaten genießt man schöne **Blicke★** auf Innsbruck und die Gebirgsschranke der Nordkette.

★ **Schloß Ambras** ⓥ (**BY**) - *Man verläßt Innsbruck über die Olympiastraße (östlich des Plans) und biegt unmittelbar hinter dem Olympia-Eisstadion rechts gegen Süden ab. Bei der Unterführung unter der Autobahn biegt man nach links ab und fährt nach ca. 500 m links in die Schloßstraße.*
Erzherzog Ferdinand II. (1529-1595), Sohn Kaiser Ferdinands I. und Landesfürst von Tirol, ließ die mittelalterliche Burg Ambras zum Renaissanceschloß umbauen. Hier residierte er mit seiner ersten (morganatischen) Frau, der schönen Philippine Welser. Um seine umfassenden Sammlungen unterzubringen, errichtete der humanistisch gebildete Fürst das **Unterschloß** als eigenes Museumsgebäude, das heute noch existiert. Die heutige Ausstellung zeigt seine berühmte **Kunst- und Wunderkammer**, sowie seine **Rüstkammern★**.
Im **Hochschloß** waren ursprünglich die Wohnräume untergebracht. Heute sind dort Möbel aus dem 16. und 17. Jh. und die **Porträtgalerie★** mit Bildnissen der Habsburger von 1300-1800 sowie der bedeutendsten Persönlichkeiten der europäischen Geschichte jener Zeit zu sehen. Ein besonderes Prunkstück ist der Georgsaltar Kaiser Maximilians I., der im Rahmen der **Sammlung mittelalterlicher Bildwerke** gezeigt wird. Bemerkenswert sind im Hochschloß auch die Fresken des Innenhofes sowie das Bad der Philippine Welser.
Als Repräsentationsraum ließ Erzherzog Ferdinand II. südlich des Hochschlosses den prachtvollen **Spanischen Saal★** errichten, in dem jeden Sommer die Ambraser Schloßkonzerte veranstaltet werden.

## ★★ RUNDFAHRT DURCH DAS MITTELGEBIRGE

*105 km inkl. Stichfahrt zum Brennerpaß. - Die Streckenführung ist zum Teil sehr schmal, mit Serpentinen gespickt und weist Gefälle von bis zu 15 % auf (für Wohnwagen ungeeignet). Innsbruck auf der Haller Straße verlassen* (**BY**).

★ **Hall in Tirol** - *s. dort.*

Die Straße von Tulfes überquert den Inn und gewährt weiter bergauf Ausblicke auf die Stadt Hall mit ihren drei Kirchtürmen zu Füßen der kahlen Felsgrate der Bettelwurfgruppe im Karwendelmassiv.
2 km nach der Innbrücke in Hall erreicht man die **Kirche zum hl. Franz Borgias** (1677) mit dem Grundriß eines vierblättrigen Kleeblatts, die wie eine kleine, vereinfachte Kopie der Karlskirche von Volders erscheint.

*200 m nach dem Kirchlein links in Richtung Volders abbiegen. Nach 2 km erreicht man die Karlskirche.*

★ **Kirche zum hl. Karl Borromäus in Volders** ⓥ - Dieser eigenartige Zentralbau mit Kleeblattkreuz-Grundriß entstand zwischen 1620 und 1654 und erhielt seine heutige Gestalt im Jahr 1710. Charakteristisch für die Kirche sind die sechs Kuppeln, die an orientalische Bauten erinnern, und der Zwiebelturm mit den seinen dreiseitigen Sockel zierenden Ecktürmchen.
Wenn man durch das schöne Barockgitter einen Blick in das Kircheninnere wirft, wird man von der Pracht der Ausstattung in Bann geschlagen: Die Deckenfresken (1765/66) des Troger-Schülers **Martin Knoller** (1725-1804) illustrieren das Leben des Mailänder Kardinals Karl Borromäus; das Hochaltarbild (1769) desselben Künstlers zeigt den Heiligen, wie er einer Pestkranken die Kommunion spendet.

*Auf der gleichen Straße über den Ort Volders weiter Richtung Wattens. Dort den Ausschilderungen „Swarovski" und „Kristallwelten" folgen.*

★ **Swarovski Kristallwelten in Wattens** ⓥ - Die unterirdische Ausstellung ist das Aushängeschild der hier ansässigen und für ihre geschliffenen Kristallobjekte bekannten Firma Swarovski. Ein von Grün überwucherter, wasserspeiender Riesenkopf scheint den Eingang der funkelnden, vom Wiener Aktionskünstler André Heller konzipierten Kristallwelten zu bewachen. An die Eingangshalle mit dem größten und kleinsten geschliffenen Kristall der Welt sowie Kristallarbeiten bekannter Künstler (Keith Haring, Niki de St.-Phalle, Salvador Dalí) schließen sich sieben „Wunderkammern" an: magische, mystische, meditative Rauminstallationen im Zusammenspiel von Klängen, Licht, Objekten und natürlich Kristallen in allen Variationen.

*Auf der gleichen Strecke bis zur Kirche zum hl. Franz Borgias zurückkehren und links in die Straße nach Rinn/Tulfes einbiegen.*

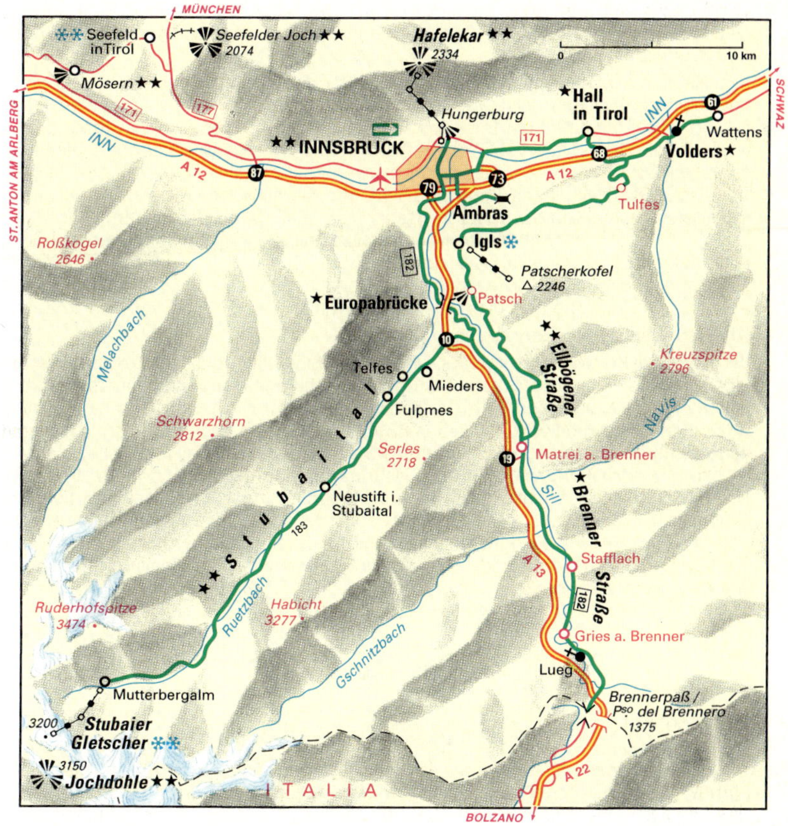


Bald gelangt man über eine wald- und kurvenreiche Straße auf ein wiesenreiches Bergplateau, auf dem sich angesichts der Nordkette (rechts) die hübschen Dörfer Tulfes, Rinn, Wiesenhöfe, Sistrans und Lans aneinanderreihen.

❄ **Igls** – Das „Innsbrucker Wintersportdorf" war zweimal Gastgeber Olympischer Winterspiele (1964 und 1976) und verfügt dementsprechend über eine reiche touristische Infrastruktur. Der Olympiaberg **Patscherkofel** (2 247 m), erreichbar mit einer **Seilbahn** ✓, eröffnet zahlreiche Wandermöglichkeiten im Sommer und schneesicheren Wintersport bis ins Frühjahr (u. a. Gästebobfahrten auf dem olympischen Eiskanal). Hier sind auch der größte geschlossene Zirbenwald der Ostalpen (Zirbenweg vom Berghotel nach Tulfes, etwa 3 Std.) und der Alpengarten der Universität Innsbruck, der höchstgelegene Botanische Garten Österreichs (von Juni bis September frei zugänglich, bei der Bergstation auf 1 964 m), zu finden.

*Weiter in Richtung Patsch/Matrei.*

★★ **Ellbögener Straße** – Die alte Salzstraße führt als Höhenstraße durch mehrere Weiler und kleine Dörfer und gewährt eine Reihe schöner Ausblicke ins Silltal. Am Ortseingang von Patsch eröffnet sich ein herrlicher **Blick**★ über das Stubaital: im Vordergrund die Europabrücke *(s. unten)*, über die die Brennerautobahn führt, links die spitze Pyramide des Serles (2 718 m) und im Hintergrund der schneebedeckte Gipfel des Habichts (3 277 m). Im Talschluß zeichnet sich der scharfe Zacken des Zuckerhütls (3 511 m) ab. Nach Gedeir beginnt die Abfahrt ins Tal, das man bei Mühlbachl erreicht. Nach Überquerung der Sill trifft man in **Matrei am Brenner** auf die Brenner Bundesstraße (Nr. 182).

Nun hat man Gelegenheit nach links eine Stichfahrt bis zum Brennerpaß und zur italienischen Grenze (32 km hin und zurück) zu unternehmen oder sofort nach rechts Richtung Innsbruck weiterzufahren.

★ **Brennerstraße** – Mit 1 375 m Höhe ist der Brennerpaß der niedrigste Übergang über die Zentralalpen im westlichen Österreich und der einzige, den eine Eisenbahnlinie (seit 1867) unter freiem Himmel überquert. Die erste Brennerstraße wurde 1772 angelegt. Um den Durchgangsverkehr zu beschleunigen, wurde 1969 die mautpflichtige Brennerautobahn (A 13) für den Verkehr freigegeben. Für den Touristen, der es nicht eilig hat, bietet es sich aber an, die Bundestraße 182 für seine Fahrt zu benutzen, da sie schönere Ausblicke auf das Silltal gewährt.

**Von Matrei am Brenner zum Brennerpaß** – Nach der Ausfahrt aus Matrei, dessen langezogene Durchgangsstraße von hübschen, erkerverzierten Häusern gesäumt ist, eröffnet sich links ein Blick ins **Navistal**, an den kleinen, weißen Kirchen von St. Kathrein (links) und von Tiezens (rechts) am Taleingang erkennbar. Die Fahrt führt weiter durch das grüne, abschnittsweise sehr idyllische Silltal. Am Ortseingang von Stafflach nach links Aussicht auf die schneebedeckten Kämme der Zillertaler Alpen. Kurz vor der Auffahrt zum Paß, am Ortsausgang von Gries rechts die **Kapelle zu den hl. Christoph und Sigmund am Lueg**. Die vorbildlich restaurierte, schindelgedeckte Kapelle mit romanischem Glockenturm wurde im Innern zwischen 1684 und 1686 barockisiert. Danach steigt die Straße weiter an und erreicht die Paßhöhe und die italienische Grenze.

*Auf dem selben Weg zurück nach Matrei.*

**Von Matrei am Brenner nach Innsbruck** – Nach Matrei verläuft die Strecke zunächst als Höhenstraße über dem linken Sillufer und schlängelt sich dann in fast endlos scheinenden Serpentinen Richtung Innsbruck hinunter. Etwa 11 km nach Matrei unterquert man die **Europabrücke**★ (785 m lang, 190 m hoch) und erreicht wenig später einen Panoramaparkplatz, von wo aus man die aus der Froschperspektive um so beeindruckendere, gigantische Konstruktion bewundern kann. Kurz vor Innsbruck kommt rechts die olympische Skisprungschanze am Bergisel ins Blickfeld. Unmittelbar nach der Informationsstelle der Stadt hat man rechts, noch vor der Einfahrt in die Linkskurve (gegenüber dem Sonnenburger Hof), eine Haltemöglichkeit. Von dort (AY) **Gesamtblick**★ auf Innsbruck. Über Wilten gelangt man ins Stadtzentrum.

# Oberes INNTAL★

Tirol

Michelin-Karte Nr. 926 – Falten 28 und 29

Seit die Zentralalpenkette 1919 zur Südgrenze Österreichs bestimmt wurde, bildet das Inntal das Kernstück Tirols. Zwischen der Enge von Finstermünz und der Enge von Kufstein reihen sich auf über 185 Kilometern die für die großen Alpenlängstäler typischen Landschaften aneinander, deren Formen die letzte Eiszeit ausgestaltet hat. Eine besonders charakteristische Form ist das Mittelgebirge in der Umgebung Innsbrucks mit seinen ausgedehnten Terrassen, die wegen ihrer günstigen Lage relativ stark besiedelt sind.
Im Inntal verläuft auch größtenteils die Gesteinsgrenze zwischen Kalk- und Zentralalpen. Flußabwärts von Landeck fällt der Unterschied zwischen den hellen Kalkfelsen und den dunkleren, massiveren kristallinen Felsen besonders ins Auge.
Das Sellraintal, ein rechtes Nebental des Inns, öffnet sich gegenüber der Martinswand, die zwischen Zirl und Innsbruck die traditionelle Grenze zwischen dem Ober- und Unterinntal bildet.

## VON NAUDERS NACH IMST *104 km*

❄ **Nauders** – Der beliebte Wintersportort, der von Schloß Naudersberg überragt wird, bietet Abfahrts- und Langläufern ideale Skibedingungen in schneesicherer Höhenlage (Regionalskipaß zusammen mit Schöneben und der Haider Alm in Italien, 110 km Pisten). Er ist aber auch Ausgangspunkt für Mountainbiketouren im Dreiländereck zwischen Österreich, Italien und der Schweiz (insgesamt 600 km in allen Schwierigkeitsgraden).

Nach Verlassen des Beckens von Nauders, in dem wie im Vintschgau (oder Val Venosta) Getreide noch in 1 300 m Höhe reift, fällt die Straße in die Finstermünzschlucht ab.

★ **Finstermünzpaß** – Diese wilde Schlucht bildet die natürliche Grenze zwischen dem Tiroler Inntal, dem Unterengadin und dem Oberen Etschtal. Während die Engadiner Straße näher am Talgrund verläuft, fällt die von Nauders durch einen engen Felsabschnitt ein, der von der klobigen **Festung Nauders** (1834-1840) verteidigt wird.

Flußabwärts des Hotels Hochfinstermünz verläuft die Straße den Steilwänden des rechten Innufers entlang. Nach drei von Felsgestein überwölbten Tunnelpassagen erreicht man auf der linken Seite der Straße eine **Aussichtsterrasse**. Der Blick schweift von hier aus weit über das Inntal. Direkt gegenüber sieht man die sichelförmige Schlucht des Schnalklbachs, der aus dem Graubündner Tal des Samnauns herabkommt.
Nach dem Aussichtspunkt führt die von dichtem Nadelbaumbestand gesäumte Straße in den Talgrund, den man bei der Kajetanbrücke erreicht.

***Direkt nach der Brücke bietet sich die Möglichkeit links ins Unterengadin (Wegweiser St. Moritz) abzubiegen.***

Nach der Überquerung des Inns verläuft die Straße in der breiten grünen Talsohle. Man passiert die Ortschaft **Pfunds** und fährt weiter innaufwärts mit ersten Blicken auf die Gipfel des Kaunergrats. Zwischen **Ried** und **Prutz** erblickt man links die hoch auf einem Fels thronende Ruine Laudeck und seitlich davon den kleinen weißen Kirchturm von **Ladis**.

***In Prutz zweigt rechts die Straße ins* Kaunertal★★★ *(s. dort) ab.***

Von Prutz nach Landeck führt die Straße oft an Steilhängen über dem Inn entlang, und man passiert wiederholt imposante Felswände, die direkt bis an die Straße reichen.

**Landeck** – *siehe ARLBERGGEBIET* [1].

Während man die Durchgangsstraße von Landeck befährt, erkennt man direkt vor sich auf halber Höhe am Berghang die Ruine der Burg **Schrofenstein**, die auf dem Weg nach Zams noch einige Zeit im Blickfeld bleibt.

**Zams** – Bei einem Brand im Jahr 1911 wurden ein großer Teil des Dorfes und auch die Pfarrkirche zerstört. Der Neubau der Kirche erfolgte weiter westlich, und da die Turmmauern dem Feuer standgehalten hatten, bietet die Zamser Kirche den für Tirol relativ ungewöhnlichen Anblick eines freistehenden Glockenturmes.

Nach Zams macht man in der Talmitte den von der **Kronburg** überragten bewaldeten Bergkegel aus, an dessen rechter Flanke in einer Talmulde das gleichnamige Kloster liegt.

Hat man **Schönwies** passiert, erblickt man direkt vor sich den isoliert stehenden, spitz zulaufenden Tschirgant (2 370 m). Die Straße steigt nochmals an und rechts der Fahrbahn bieten Haltebuchten mehrmals Gelegenheit für einen kurzen Stopp, um in Ruhe die Ausblicke auf das Inntal zu genießen. Schließlich gelangt man in das weite, von bewaldeten Schluchten durchschnittene Becken von Imst, das im Osten von den scharfgezackten Kämmen der Stubaier Alpen überragt wird.

H. Wiesenhofer/ÖSTERREICH WERBUNG

Imst – Schemenlaufen

**Imst** – Die reizvolle Oberstadt mit ihren zahlreichen von alten Statuen gekrönten **Brunnen** gruppiert sich um die **Pfarrkirche Mariae Himmelfahrt** aus dem 15. Jh. Die im 18. Jh. im Innern barockisierte Kirche wurde 1822 bei einem Brand, von dem allerdings die gotischen Portale und die äußeren Wandgemälde an der West- und Südfassade (Ende 15., Anfang 16. Jh.; u. a. Darstellung des hl. Christophorus, Passionsszenen) verschont blieben, stark beschädigt. Nach dem Wiederaufbau wurde auch das Kircheninnere zu Beginn des 20. Jh.s „regotisiert". Der Kirchturm ist mit 84 1/2 m der höchste Tirols.

Der bekannte Fastnachtsbrauch des „Imster Schemenlaufens" findet nur alle vier Jahre statt *(s. Veranstaltungskalender am Ende des Bandes)*, doch können die hierbei getragenen Masken und Kostüme im **Fasnachtsmuseum** besichtigt werden.

In Imst wurde 1949 das weltweit erste SOS-Kinderdorf gegründet. Inzwischen gibt es in 130 Ländern über 380 solcher Einrichtungen, in denen verwaisten oder verlassenen Kindern ein neues Zuhause gegeben wird.

★ **Rosengartenschlucht** – *Der Weg beginnt im Zentrum von Imst, links der gelb leuchtenden Johanneskirche, deren Turm von einer Zwiebelhaube bekrönt ist. 1 1/2 Std. hin und zurück, gutes Schuhwerk erforderlich.* Zunächst führt der Weg am ruhig dahinplätschernden Unterlauf des Schinderbaches entlang, doch schon bald verwandelt sich der Streckenverlauf in eine wilde Naturlandschaft mit tosenden Wasserstürzen und schroffen Felswänden. Unterwegs bieten sich schöne Ausblicke auf die umgebende Bergwelt und ins Tal nach Imst.

*Anregungen, Ideen – Kritik, Berichtigungen? Über E-Mail erreichen Sie uns in Windeseile:*

*DerGrueneReisefuehrer@de.michelin.com*

# ISCHGL✻✻

Tirol

1 350 Einwohner

Michelin-Karte Nr. 926 – Falte 28 – Kartenskizze: ARLBERGGEBIET – 1 400 m

Ischgl gehört zweifellos zu den schönsten Wintersportorten Österreichs. In den an der **Silvretta-Hochalpenstraße**★★ *(s. dort)* in einer Höhe von 1 377 m gelegenen Ort kommen Feriengäste aus aller Welt. Ein besonderes Plus ist das großzügige Unterkunftsangebot mit Fremdenbetten in sämtlichen Hotelkategorien. Zum abwechslungsreichen Freizeitangebot gehören das Silvretta- und das Freizeit Center, in dem ein Hallenbad mit Sauna, 8 Tennisplätze, ein Billardsaal und eine Kegelbahn untergebracht sind. Wer sich nach der sportlichen Aktivität abends vergnügen will, ist in Ischgl mit seinem intensiven Après-Ski an der richtigen Adresse.

Im Sommer gibt sich Ischgl – anders als im Winter – als ruhiger Ferienort. Die Gemeinde eignet sich außerdem hervorragend als Zwischenstopp für Urlauber, die das Arlberggebiet bereisen.

✻✻ **Alpines Skigebiet** – Zur Silvretta-Ski- und Funsportarena (1 400 – 2 900 m) mit 200 km Piste und 41 Skiliften gehört das Skigebiet von Ischgl und von **Samnaun**✻ (1 840 m) in der Schweiz. Fast das gesamte Revier liegt oberhalb 2 000 m, so daß die Schneeverhältnisse bis Anfang Mai ausgezeichnet sind. Zwischen den einzelnen Massiven bestehen gute Verbindungen, so daß das abwechslungsreiche, großzügig angelegte Skigebiet optimal ausgenutzt werden kann.

Einige seiner Pisten haben Geschichte gemacht, darunter vor allem die herrlichen Abfahrten vom Palinkopf nach Samnaun und zur Gampenalp. Für streßfreien, gemütlichen Skilauf eignen sich vor allem die Pisten auf der schweizerischen Seite und an der Velillscharte.

Für **Langläufer** ist eine Strecke in Richtung Galtür *(siehe Silvretta-Hochalpenstraße)* gespurt, wo sich weitere Möglichkeiten bieten.

★ **Pardatschgrat** ◷ – 2 624 m. *Im Winter Auffahrt mit der Pardatschgratbahn; im Sommer und Winter mit der Silvrettabahn nur bis zur Idalp (2 320 m).* Eine besonders schöne Aussicht über das Paznauntal bietet sich, wenn man sich gegen die Fahrtrichtung setzt. Die Häuser von Ischgl liegen am Fuß von Seeköpfe und Küchlspitze (3 147 m) verstreut. Von der Bergstation erhält man einen guten Überblick über das von Vesulspitze, Bürkelkopf, Flimspitze und Piz Rots eingerahmte Skigebiet. Genau im Süden liegt das Fimbatal im Schatten des Fluchthornmassivs.

*Es sei darauf hingewiesen, daß man mit der Silvretta-Seilbahn ein beinahe identisches Panorama auf der Idalp (2 311 m) erreicht.*

Mallaun/ÖSTERREICH WERBUNG

Ischgl

★★ **Trida-Sattel** – 2 488 m. *Anfahrt von Samnaun mit der Seilbahn oder von Ischgl über die Skipisten.* Von der Terrasse des Höhenrestaurants bietet sich ein großartiger **Blick**★★ nach Süden auf die schroffen Gipfel von Stammerspitze, Muttler und Piz Mundin und nach Südosten auf die Ötztaler Alpen. Im Norden ist das Skigebiet auf der schweizerischen Seite am Fuß des Bürkelkopfs zu sehen.
Ein noch breiteres **Panorama**★★ bietet sich von den Sesselliften Visnitzbahn und Mullerbahn.

*Der Veranstaltungskalender am Ende des Bandes listet Brauchtumsveranstaltungen und Festivals auf, die ein besonderes Highlight auf Ihrer Reise setzen könnten.*

## Bad ISCHL

Oberösterreich

14 000 Einwohner

Michelin-Karte Nr. 926 – Falte 20 – Kartenskizze: SALZKAMMERGUT – 469 m

Das inmitten des Salzkammerguts gelegene Bad Ischl ist der Badeort Österreichs, in dem sich das prunkvolle Hofleben Kaiser Franz Josephs entfaltete und der 70 Jahre lang ein Treffpunkt der vornehmen Welt Europas war.
Seinen Ruf begründete der Wiener Arzt Dr. Wirer, der Anfang des 19. Jahrhunderts einige hohe Persönlichkeiten, darunter das kinderlose Paar Erzherzog Franz Karl und Erzherzogin Sophie, zur Solbäderkur hierhin schickte. Die Söhne des Erzherzogs, die bald darauf zur Welt kamen, wurden deshalb scherzhaft die „Salzprinzen" genannt – der berühmteste ist der spätere Kaiser **Franz Joseph**. Er machte Bad Ischl, das in der Nähe seiner bevorzugten Jagdreviere lag, zu seiner Sommerresidenz und gleichzeitig zu einem mondänen Kurort, in dem sich die gekrönten Häupter, Sterne am Theaterhimmel, berühmte Komponisten, Schriftsteller und Maler ein Stelldichein gaben.
So stehen im Goldenen Buch von Bad Ischl die Namen der Musiker Anton Bruckner, Johann Strauß, Emmerich Kálmán, Karl Millöcker und Franz Lehár (in dessen Villa heute ein Museum untergebracht ist), der Maler Ferdinand Waldmüller und Rudolf von Alt, des Poeten Nikolaus Lenau und des Bühnendichters Johann Nestroy.

**BAD ISCHL**

Bürgermeister-Voglhuber-Str. . . . B 2
Johannes-Brücke . . . B 5
Kaiser-Franz-Josef-Str. . . . B 7
Kaltenbachstr. . . . A 9
Kurhausstr. . . . A 12
Leitenbergerstr. . . . A 13
Maxquellgasse . . . B 15
Pfarrgasse . . . B 16
Steinfeldstr. . . . B 18
Traunkai . . . A 20

M¹ Marmorschlößel

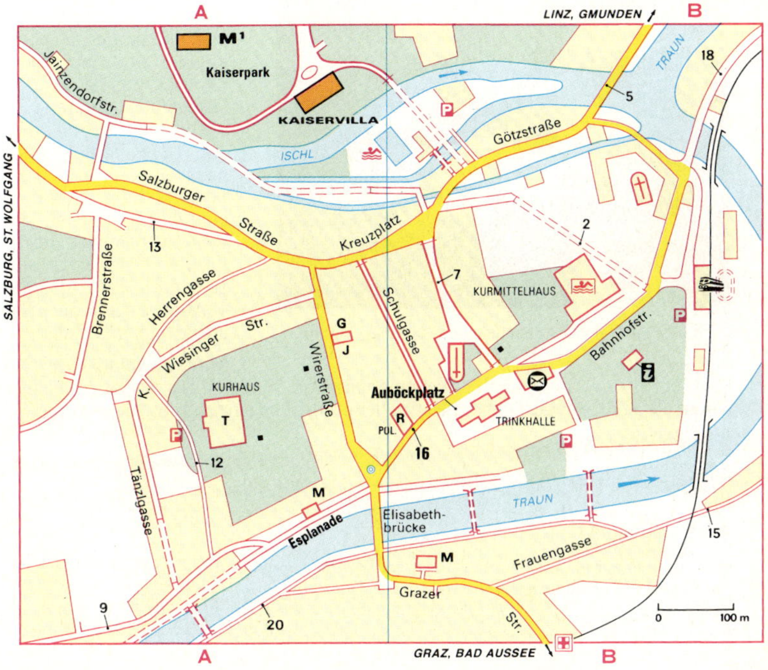

## DER KURORT

Seine Parkanlagen und öffentlichen Gebäude im pompejanischen oder Biedermeierstil liegen in waldreicher Bergumrahmung und werden von Traun und Ischl umflossen.
Der **Auböckplatz** (B), eingefaßt von der alten Trinkhalle (1831) und der gegen Ende der Regierung von Maria Theresia neuerbauten Pfarrkirche, bildet seit jeher den belebten Mittelpunkt der Bäderstadt.

Noch heute erinnern einige Geschäftshäuser, wie die bekannte Café-Konditorei Zauner in der **Pfarrgasse** (B **16**), die den Auböckplatz mit der über die Traun führenden Elisabethbrücke verbindet, an das mondäne Badeleben im 19. Jh. Die Pfarrgasse endet an der von Bäumen beschatteten **Esplanade** (A) am Ufer der Traun, wo einst die Villen der reichen „Salzfertiger" standen, die für die Staatskasse das zur Verschiffung auf dem Fluß bestimmte Salz lagern durften. Eine dieser Residenzen, das Haus Seeauer (Nr. 10) mit seiner Rokoko-Fassade und dem dreiteiligen Giebel, hat ihren ursprünglichen Charakter bewahrt. Bevor das Haus zum Hotel Austria wurde, beherbergte es illustre Gäste, darunter von 1844 bis 1877 die Eltern von Franz Joseph.
Kaiser Franz Joseph und seine Gemahlin Elisabeth lebten 1853 hier. In diesem Gebäude befindet sich heute das Museum der Stadt Bad Ischl.

## ★ DIE KAISERVILLA ⏱ (A)

Die Villa erhebt sich im Norden des Kurortes, links der Ischl, inmitten des landschaftlich herrlich gelegenen **Kaiserparks**. Sie wurde dem jungen Kaiserpaar von der Erzherzogin Sophie zum Hochzeitsgeschenk gemacht. Der in der Villa mit ihren antikischen Säulenreihen der Jägerei eingeräumte Platz sowie die Einfachheit der Privatgemächer des Kaisers (Schlaf- und Arbeitszimmer) geben einigen Aufschluß über die Persönlichkeit Franz Josephs, der ein leidenschaftlicher Jäger und ein Verächter des „modernen" Komforts war. Bei der Besichtigung der Kaiservilla beeindrucken vor allem der „Graue Salon" der **Kaiserin Elisabeth**, bekannt unter dem Namen „Sissi", und die sich daran anschließende Hauskapelle und ihr Schreibzimmer, das heute noch in demselben Zustand ist, wie es die Kaiserin am 16. Juli 1898 verließ, als sie nach Genf reiste, wo sie zwei Monate später von einem italienischen Anarchisten ermordet wurde.
In der Kaiservilla unterzeichnete Franz Joseph am 1. August 1914 die Kriegserklärung an Serbien.

CAT'S COLLECTION

„Sissi" mit Romy Schneider und Karlheinz Böhm

**Marmorschlößl** (M¹) – Im Park steht das Marmorschlößl, das ehemalige Teehaus der Kaiserin Elisabeth, wohin sie sich gern zurückzog. Heute beherbergt es ein schönes **Photomuseum** ⏱.

*Sie lieben Musik?*
*Dann haben wir in diesem Reiseführer speziell für Sie einige Rubriken zusammengestellt: eine Zeittafel zur Musikgeschichte in der Einführung, die Lebensgeschichte Mozarts im Kapitel zu Salzburg und die Rubrik „Wien – eine Hochburg der Musik" in der Beschreibung der Stadt. Der Veranstaltungskalender am Ende des Bandes informiert über die wichtigsten Musikfestivals in Österreich.*

# KAISERGEBIRGE★★

Tirol

Michelin-Karte Nr. 926 – Falten 18 und 19

Das bei Bergsteigern sehr beliebte Kaisergebirge, das aus einem Gürtel von Tälern zwischen Kufstein, Waldsee, Kössen, Griesenau, St. Johann in Tirol und Ellmau emporragt, bildet die am weitesten vorgeschobene Felsbastion der nördlichen Kalkalpen. Deshalb kann man sehr gut seine scharfgezackten äußeren Felswände bewundern.
Das sich zwischen Kufstein und dem Stripsenjoch ausbreitende Kaisertal unterteilt das Gebirge in den **„Wilden Kaiser"**, die höhere südliche Kette (höchster Gipfel Ellmauer Halt 2 344 m), deren schroffe, zerklüftete Felswände den Horizont von Kitzbühel und insbesondere von Ellmau begrenzen, und den **„Zahmen Kaiser"** (höchster Gipfel Pyramidenspitze 1 977 m), die in sanfteren, almenbedeckten Vorbergen abfallende nördliche Kette. Am leichtesten gelangt man von Osten über das Kaiserbachtal ins Innere des Gebirgsmassivs.

## WILDER KAISER

### 1 Von Lofer nach Kufstein *68 km*

★ **Lofer** – Das von den schön gezackten, schneebedeckten Kalkfelsen der Loferer Steinberge umrahmte Lofer bietet einen entzückenden **Anblick★★**. Sein zwiebelbekrönter Kirchturm ragt vor einem Talkessel empor, durch den die Spitze des 2487 m hohen Großen Reifhorns zwischen den bewaldeten Ausläufern des Großen Ochsenhorns (2 511 m) und des Breithorns (2 413 m) sichtbar wird.
Stattliche, mit weit ausladenden Balkonen verzierte Häuser, deren schmucke Fassaden mit Blumen und Malereien geschmückt sind, säumen die enge, verkehrsberuhigte Ortsstraße. Lofer ist ein bekannter Ausgangspunkt für Wanderfreunde. Besonders beliebt sind die Wanderungen zu den Auerwiesen, zur Loferer Alm oder zur **Wallfahrtskirche Maria Kirchental** *(s. Saalachtal).*

*Lofer auf der B 312 Richtung St. Johann verlassen.*

Das Tal verengt sich zum Paß Strub, angezeigt durch ein Denkmal auf einem Felssockel rechts der Straße (zur Erinnerung an die Tiroler Freiheitskämpfe gegen Napoleon), eine bewaldete, von der wildschäumenden Strubache durchflossene Schlucht.
Hat man etwas Zeit, sollte man etwa 3 km nach dem Denkmal links nach **Strub** abbiegen. Auf der im Vergleich zur parallel verlaufenden B 312 weniger gut ausgebauten, aber reizvolleren Strecke zwischen Strub und Waidring kann man noch mehrere schöne Beispiele der stattlichen traditionellen Tiroler Bauernhäuser (Wohnräume, Stall und Scheune unter einem Dach) sehen.

**Waidring** – Ein Brunnenplatz ist Mittelpunkt der Ortschaft mit einigen alten Bauernhäusern, die mit ihren blumengeschmückten Balkonen und Dachreitern sehr malerisch wirken. Die Pfarrkirche (1757-1764) besitzt schöne Stukkaturen und Pastellmalereien im Rokoko-Stil.

*Zurück auf die B 312 und weiter in Richtung St. Johann.*

**Erpfendorf** – *Von der Bundesstraße links Richtung Ortsmitte abbiegen.* Die 1957 fertiggestellte Dorfkirche wurde nach dem Plan Clemens Holzmeisters ausgeführt, der als ein Meister der modernen Kirchenbaukunst gilt und auch das Salzburger Festpielhaus entworfen hat. Die äußere Gestaltung präsentiert sich als Mischung aus Tradition (Turm, Schindeldach) und Moderne und fügt sich so harmonisch in das Ortsbild ein. Im Innern monumentale Kreuzigungsgruppe, die in die Dachbalkenkonstruktion über dem Kirchenschiff integriert ist.

Auf der Fahrt durch das Leukental, von Erpfendorf nach St. Johann, bieten sich bereits bei Kirchdorf und bei St. Johann Blicke auf die Schmalseite des Wilden Kaisers.

✻ **St. Johann in Tirol** – *s. dort.*

Die besten Blicke auf die Südwand des Wilden Kaisers mit dem vorspringenden Treffauer (2 304 m) genießt man auf der Fahrt zwischen St. Johann und Ellmau.

★ **Spitalskirche zum hl. Nikolaus in der Weitau** *Kurz nach dem Ortsende von St. Johann von der Bundesstraße rechts Richtung Rettenbach/Weitau abbiegen. Nach etwa 1 km erneut Ortsschild von St. Johann. Direkt danach rechts das Kirchlein, umgeben von den Gebäuden der „Landwirtschaftlichen Landeslehranstalt Weitau".* Die Kirche wurde 1262 für ein Armenspital gestiftet, um 1460 erfolgte der gotische Umbau und im 18. Jh. die Barockisierung (Dachreiter, Rundbogenfenster und Innenausstattung). 1744 malte der Kitzbüheler **Simon Benedikt Faistenberger** die Gewölbefresken (im Altarraum der hl. Nikolaus als Patron der Armen, im Schiff die 14 Nothelfer und der hl. Johannes Nepomuk). 1745 schuf der Wiener Josef Adam Mölk die Wandgemälde. Das Kirchenfenster hinter dem Hauptaltar ist das älteste erhaltene bemalte Fenster Tirols (um 1480). Das Gotteshaus birgt außerdem die älteste Tiroler Glocke (1262) in seinen Mauern *(nicht zu besichtigen).*

**Ellmau** – Das bis zum Zweiten Weltkrieg noch relativ verschlafene Bauerndorf hat sich inzwischen zu einem schmucken Fremdenverkehrsort gemausert. Über einen Fußweg, der in der Nähe der barocken Pfarrkirche St. Michael beginnt, erreicht man die **Maria-Heimsuchungs-Kapelle** (1719), das Wahrzeichen Ellmaus, auf einer Anhöhe über dem Ort. Von dort schöner Blick auf das Dorf vor der Kulisse des Kaisergebirges.

**Hintersteinersee** – *Ca. 4 km nach Ellmau rechts Richtung Scheffau/Hintersteinersee abbiegen. Man durchfährt* **Scheffau** *und gelangt auf einer steilen, kurvenreichen Straße nach etwa 5 km an das Ufer des Hintersteinsees; dort Parkmöglichkeit.*
Der Bergsee, in dessen kristallklarem Wasser sich die Felszacken des Wilden Kaisers spiegeln, bietet sich zum Baden oder für Uferwanderungen an.

*Zurück zur B 312 und weiter Richtung Wörgl.*

**Söll** – Dieser reizvoll in einem Talkessel gelegene Ort, der sich um die zwischen 1764 und 1768 erbaute Kirche Petrus und Paulus mit prachtvoller Barockausstattung und reichem Stuck- und Freskenschmuck gruppiert, wird im Süden von der Hohen Salve mit ihrer unverwechselbaren, abgerundeten Kuppe überragt.

★★ **Hohe Salve** – 1 829 m Höhe. *Kabinenbahn und Sessellift* ⏲ *zum Gipfel. Talstation 1 km südwestlich von Söll, Wegweiser „Bergbahnen".* Vom Gipfel mit dem Salvenkirchlein und einem Restaurant hat man einen herrlichen **Rundblick**★★ in Richtung Süden auf das Brixental, die Kitzbüheler Alpen (Großer Rettenstein) und im Hintergrund auf die Hohen Tauern (Großvenediger) und die Zillertaler Alpen. Im Norden zeichnen sich die zerklüfteten Felsspitzen des Wilden Kaisers am Horizont ab.
Auf dem Weg links der Talstation erreicht man nach etwa 500 m – am besten zu Fuß – die idyllisch auf einem Felssockel gelegene **Wallfahrtskapelle Stampfanger** (1670, heutige Form 1757) über dem Stampfangerbach. Die Kapelle selbst ist nur über eine gedeckte Brücke zugänglich.

❄ **Skiwelt Wilder Kaiser-Brixental** – Dieses Skirevier vereint 8 Wintersportorte des Wilden Kaisers (Going, Ellmau, Scheffau, Söll, Itter) und des Brixentals (Brixen, Westendorf, Hopfgarten). Man kann nahezu das ganze Gebiet mit seinen 250 km Pisten und 90 Skiliften abfahren, ohne die Skier abzuschnallen, auch wenn die Verbindungen zwischen den einzelnen Bergmassiven sich manchmal etwas mühsam gestalten. Dieser große, in eine hügelige Mittelgebirgslandschaft eingebettete Skizirkus ist ideal für Gäste, die Wert auf gemütliches und entspanntes Skifahren legen. Er bietet unzählige Möglichkeiten für leichte Touren im Wald. Geübte Skifahrer werden sich vor allem an die Schwarze Piste der Hohen Salve halten.
Für Touren in dem Pistenrevier haben sich die Wintersportorte Scheffau, Söll und der hübsche Ort Brixen als ideale Ausgangspunkte erwiesen.
Was den Skilanglauf betrifft, so verteilen sich 110 km auf die einzelnen Orte, darunter je 30 km auf Söll und Hopfgarten.

*Auf der B 312 Richtung Nordosten zurückfahren und nach 2 km rechts Richtung Kufstein abbiegen.*

Die Straße Nr. 173, die sogenannte Eibergstraße, führt in die Weißachschlucht, an deren Ausgang rechts die Feste Kufstein im Blickfeld erscheint.

**Kufstein** – *s. dort.*

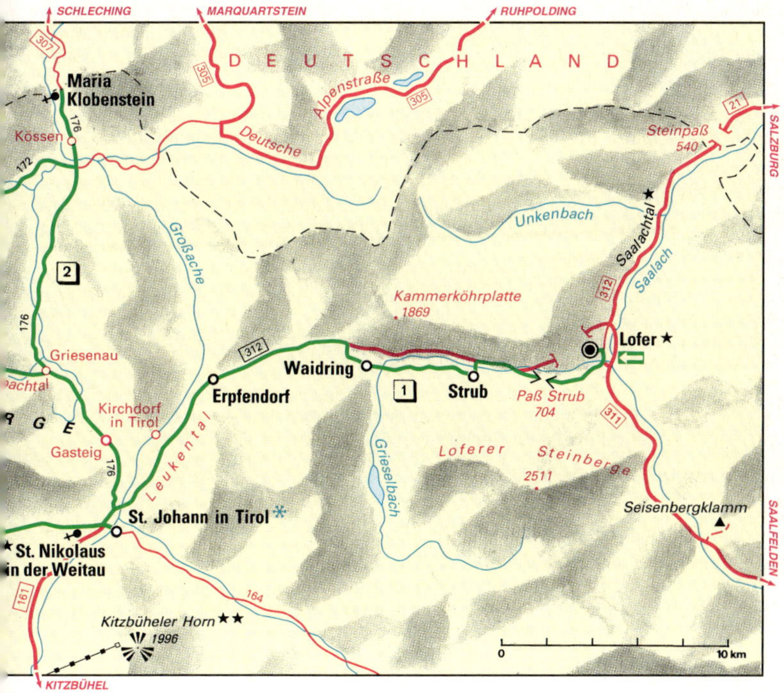


## ZAHMER KAISER

### 2 Von Kufstein nach St. Johann in Tirol *61 km*

Die das Kaisergebirge im Norden umgehende Straße, an der Dörfer wie Ebbs und Walchsee liegen, deren stattliche Bauernhäuser an die Nachbarschaft Bayerns erinnern, verläuft zuerst am Fuße der Berghänge des Zahmen Kaisers entlang und nähert sich dann - durch eine herbere Landschaft - den imposanten Felswänden des Wilden Kaisers.

**Kufstein** - *s. dort.*

Nördlich von Kufstein endet das Kaisergebirge über der Alluvionsebene des Inns in gewaltigen, schroff abfallenden Felswänden, durchbrochen von der Ausgangsschlucht des Sparchenbachs, dessen Tal - das Kaisertal - tief in das Herz des Gebirgsmassivs eindringt. Nachdem sich die Straße von diesen Felsmauern entfernt hat, bietet sie einen weiten Blick über die Niederung von Ebbs, die von der hoch auf einem bewaldeten Vorberg erbauten Wallfahrtskirche St. Nikolaus (1490) überragt wird.
Man folgt der Straße Nr. 172 nach Osten Richtung Kössen. Zwischen Durchholzen und dem Walchsee erweitert sich die Talfurche zu einer Mulde, die zum Teil vom Walchsee ausgefüllt und von Felszinnen des Zahmen Kaisers überragt wird.

**Walchsee** - Die Straße führt am nördlichen Ufer des Sees entlang, der vorzügliche Wassersportmöglichkeiten bietet und dem das gleichnamige Dorf seinen regen Fremdenverkehr verdankt.

**Maria Klobenstein** - *Stichfahrt von etwa 8 km bis zum Klobensteinpaß. In Kössen auf die Straße Nr. 176 Richtung Schleching abbiegen. 3 km nach dem Ort Wegweiser „Wallfahrtskirche Maria Klobenstein". Man folgt der Straße aber noch etwa 500 m bis man links von ihr, noch vor dem Tunnel, eine Parkmöglichkeit findet. Von dort kurzer Fußweg hinunter zur Kapelle.*
Die Ache, ein aus den Kitzbüheler Alpen kommender, wasserreicher Wildbach, der unter verschiedenen Namen (Kitzbüheler Ache, Tiroler Ache, Kössener Ache) dem Chiemsee zufließt, zwängt sich hinter **Kössen** durch einen Engpaß, der die natürliche Grenze zwischen Tirol und Bayern bildet.
Unterhalb der Straße, die durch diese malerische Schlucht führt und Kössen mit Schleching (Bayern) verbindet, steht die Wallfahrtskapelle Maria Klobenstein mit der Eigentümlichkeit zweier ineinander geschachtelter Kirchenräume (1707 und 1733). Unterhalb der Kapelle sieht man einen mehrere Meter hohen zweigeteilten Felsblock, den „Klobenstein" (d. h. gespaltener Stein), der dem Ort den Namen gab.

*Man folgt der Straße Nr. 176 zurück in südlicher Richtung bis man in Griesenau die Einmündung ins Kaiserbachtal erreicht. Ab der Abzweigung* **mautpflichtige Straße**. *Nach 5 km gelangt man zu den Parkplätzen an der Griesner Alm, wo man den Wagen stehen läßt.*

**Besteigung des Stripsenkopfs** – *4 Std. zu Fuß hin und zurück. Nahezu 800 m Höhenunterschied. Im letzten Abschnitt zwischen Stripsenjoch und Gipfel anspruchsvollerer Weg, der geübten Wanderern vorbehalten bleiben sollte und für den entsprechendes Schuhwerk erforderlich ist.* Der Weg beginnt bei der Griesener Alm (1 024 m) jenseits des Kaiserbachs. Zunächst auf gut ausgebautem Weg den Wegweisern „Stripsenjoch" folgen. Nach etwa 1 1/2 Std. Wanderung gelangt man zur Stripsenjoch-Hütte auf 1 605 m Höhe. An der Hütte rechts vorbeigehen und dann den rot-weißen Markierungen bzw. Wegweisern „Stripsenkopf" folgen. Der Weg wird nun steiler und passiert einige schwierigere Felspassagen. Nach etwa einer halben Stunde erreicht man den Gipfel des Stripsenkopfs (1 807 m) mit einer ausgezeichneten **Nahsicht★** auf die eindrucksvollen Nordwände des Wilden Kaisers.

*Auf die Straße Nr. 176 zurückkehren und weiter in südlicher Richtung.* Die Straße endet nach **Gasteig** mit einer schönen **aussichtsreichen Abfahrt★** inmitten von Weiden über dem Leukental und dem Becken von St. Johann in Tirol.

✻ **St. Johann in Tirol** – *s. dort.*

*Bei Ihrer Reise durch Frankreich sollte* Der Grüne Reiseführer *auf jeden Fall dabei sein: als Landesreiseführer oder einer der 14 Regionalführer:*

*Atlantikküste – Auvergne-Berry-Limousin-Périgord – Bretagne – Burgund-Frz. Jura – Côte d'Azur-Frz. Riviera – Elsaß-Lothringen-Champagne – Französische Alpen – Korsika – Nordfrankreich-Umgebung von Paris – Normandie, Kanalinseln – Paris – Provence – Pyrenäen-Roussillon-Gorges du Tarn – Schlösser an der Loire*

# KAPRUN✻

Salzburg

2 800 Einwohner

Michelin-Karte Nr. 926 – Falte 32 – 786 m

Der am Fuß der Großglocknerstraße gelegene friedliche Ort verdankt seine Entwicklung dem Bau der Kraftwerkgruppe, die talaufwärts im Kaprunertal zwischen 1938 und 1951 errichtet wurde.
Ab 1965 ermöglichte die Erschließung des Schmieding-Gletschers an der Flanke des Kitzsteinhorns das Skifahren zu jeder Jahreszeit. So konnte sich Kaprun nach und nach als einer der bedeutendsten Sommerskiorte Europas einen Namen machen. Der Ferienort verfügt über zahlreiche Freizeiteinrichtungen (18-Loch-Golfplatz, Schwimmbad usw.) und erhielt durch seine Verbindung mit **Zell am See**✻ *(s. dort)* ein neues Format. Die beiden 7 km voneinander entfernt gelegenen Gemeinden bilden inzwischen ein großzügiges Sport- und Erholungsgebiet mit dem Namen **Europa-Sportregion**. Das am Eingang des Tales gelegene Dorf Kaprun ist jedoch ziemlich weit vom Skigebiet entfernt (Fahrzeug erforderlich).
Im Sommer bietet das für seinen grandiosen Hochgebirgsrahmen berühmte Kaprunertal mehrere interessante Wanderwege. Der **Alexander-Einziger-Weg** zwischen dem Alpincenter (2. Abschnitt des Kitzsteinhorns) und dem Gipfel des Maiskogels ist einen Umweg wert (zuvor beim Fremdenverkehrsamt die Abfahrtszeiten der Busse zum Parkplatz am Kitzsteinhorn erfragen).

## ★★ KAPRUNERTAL

*Einen Tag einplanen (mindestens 2 1/2 Std. für das Kitzsteinhorn und mindestens 4 Stunden für die Stauseen, die nur von Ende Mai bis Mitte Oktober zugänglich sind).*

Das Kaprunertal wird von den vergletscherten Gipfeln der Hohen Tauern und zugleich von dem grünschimmernden Wasser der übereinanderliegenden **Stauseen★★** seines Kraftwerks beherrscht. Die Kraftwerk-Gruppe Glockner-Kaprun gilt als eine der kühnsten und gelungensten Errungenschaften der österreichischen Technik und Technologie.
2 km talaufwärts vom Ort bildet das **Kraftwerksgruppe Glockner-Kaprun** ⌚ (Leistung: 220 000 kW) den unteren Abschnitt der Kraftwerkgruppe. Die Straße steigt nun zusehends an, das Tal wird immer karger und ist von steilen Hängen eingefaßt. Hoch oben erblickt man die Staumauer der Limbergsperre. *Am Fuß der Kitzsteinhorn-Skilifte parken.*

Im Kaprunertal

★★★ **Kitzsteinhorn** ⓥ – *Möglichst nicht die Standseilbahn nehmen, da sie unterirdisch verläuft und daher keinen Blick auf die Landschaft freigibt. Lieber die Umlaufbahn nehmen.* Die **Strecke**★★ zwischen zwei besonders schroffen Felswänden ist beeindruckend. Schließlich erreicht man die Station Langwied (2 000 m), die im Winter den Ausgangspunkt des Skigebietes darstellt.
Dann mit der Langwiedbahn zum zweiten Abschnitt und der Station **Alpincenter** (2 452 m, Gasthof) hinauffahren. Schöner **Gesamtblick** auf das Kitzsteinhornmassiv und die Sommerskipisten.
Die sich anschließende Luftseilbahn führt in 3 029 m Höhe auf einen schneebedeckten Gebirgsgrat unterhalb des Gipfels (3 203 m – nur für Bergsteiger erreichbar). Von der Bergstation zur zweiten Etage auf die Panoramaterrasse hinaufgehen. Gegenüber liegt der Großvenediger, der das gesamte **Panorama**★★★ beherrscht. Zur Linken sind die Granatspitze und der Stubacher Sonnblick zu erkennen. Zur Rechten sieht man die Gipfel des Zillertals, die Kitzbüheler Alpen, Zell am See mit seinem See sowie die zahlreichen Kalkmassive vom Wilden Kaiser bis zum Hochkönig. Bei klarer Sicht reicht der Blick bis zur Zugspitze jenseits des Karwendelgebirges.

*Drei Etagen hinunter und durch den 360 m langen Tunnel zur Aussichtsterrasse „Glocknerkranzl" gehen.* Von hier bietet sich ein beeindruckender **Blick**★★ auf den Großglockner, umrahmt vom Bärenkopf und dem Hohen Riffel.

✲✲ **Das Skigebiet am Kitzsteinhorn** – Es bleibt das ganze Jahr über geöffnet. Zwar ist es von relativ bescheidenem Ausmaß (15 Skilifte und 35 km Piste), bietet dafür aber in 2 000 bis 3 000 m Höhe einen Traumschnee in herrlichem Rahmen. Seine Anlagen gehören zu den leistungsfähigsten und bequemsten ganz Österreichs. Die Pisten sind für Skifahrer aller Klassen geeignet, wobei jedoch einfachere Abfahrten überwiegen.

*Zum Fahrzeug zurückgehen und bis zum Parkplatz Kesselfall-Alpenhaus fahren.*

★★ **Besuch der Stauseen** – Ein Bus fährt die Talstation der Lärchwand-Standseilbahn an. Während der Auffahrt bietet sich ein Blick über das Tal, das man soeben durchquert hat, sowie über Kaprun. An der Bergstation entdeckt man die Mauer der Limbergsperre und im Hintergrund das Wiesbachhorn, den Bärenkopf und die Klockerin.

**Limbergsperre** – Das Kraftwerk am Fuße der Bogengewichtsmauer der Limbergsperre (Höhe 120 m, Kronenlänge 357 m, 1 672 m ü. d. M.) erhält das Wasser des darüber gelegenen Mooserbodenspeichers und drückt es in den Wasserfallbodenspeicher hinter der Staumauer.
Auf der Bergstation steigt man in einen Omnibus und gelangt auf der Mooserbodenstraße, von der 1 700 m in Tunnels verlaufen, zur Moosersperre. Auf der Fahrt bewundert man zuerst aus nächster Nähe, dann aus der Höhe, den in eindrucksvoller Bergeinsamkeit gelegenen **Stausee Wasserfallboden**★.

★ **Mooser- und Drossensperre** – 2 036 m. Die beiden Talausgänge des Mooserbodens werden durch die Gewichts- und Gewölbemauer der beiden Sperren abgeschlossen, die östlich und westlich der sogenannten Höhenburg liegen. Einen unvergeßlichen Eindruck hinterläßt der in grandioser Hochgebirgswelt, am Fuße der gletscherbedeckten Hohen Tauern gelegene **Stausee Mooserboden**★★.
Beim Überqueren des ersten Staudamms hat man einen herrlichen **Blick**★★ herab auf das grüne Wasser des Wasserfallbodens, dessen Hintergrund die Leoganger Steinberge und das Steinerne Meer bilden.
Zu erwähnen ist, daß das Wasser der obersten Möll (Schmelzwasser des Pasterzengletschers) und des Leiterbachs im Tagesausgleichsspeicher Margaritze, am Fuße des Großglockners, gesammelt und durch den fast 12 km langen Möllstollen zum Mooserboden geleitet wird.

# KARWENDELGEBIRGE★

Tirol und Bayern

Michelin-Karte Nr. 426 – Falte 17 – Nördlich von Innsbruck

Die Nordkette dieses Kalksteinmassivs, dessen höchster Gipfel die Birkkarspitze mit 2 749 m ist, erstreckt sich nördlich von Innsbruck. Die imposanten Steilwände des Karwendelgebirges sind auch von Mittenwald (in Deutschland) oder von der Achenseestraße sichtbar. Wer jedoch seine zerklüfteten, grauen Kämme mit ihren zahlreichen Karen, die das Gebirge kennzeichnen, kennenlernen möchte, muß in das Rißbachtal eindringen. Falls man aus Zeitmangel den unten beschriebenen Ausflug nicht vollständig unternehmen kann, sollte man zumindest bis zum Achensee fahren, dem größten See in Tirol.

## 1 VOM INNTAL ZUM SYLVENSTEIN-STAUDAMM

**(DEUTSCHLAND)** *39 km*

Vom Inntal aus *(Autobahnausfahrt „Wiesing-Achensee")* beginnt die aussichtsreiche Auffahrt nach Eben.

★★ **Kanzelkehre** – Eine Straßenkehre mit Terrasse. Herrlicher **Blick**★★ über das Inntal und das untere Zillertal voller Kirchturmspitzen (Wiesing im Vordergrund). Die Weite dieser Täler und der Anblick ihrer von alter Kultur zeugenden Landschaft steht in reizvollem Kontrast zur Schwere der sie umgebenden Berge. Im Norden erhebt sich majestätisch das Rofangebirge.

**Eben** – Die Kirche dieses Dorfes birgt den Schrein der 1265 in Rattenburg geborenen hl. Notburga, die in Bayern und Tirol als Schutzpatronin der Arbeitenden verehrt wird.

**Erfurter Hütte** ⏲ – 1 834 m. *Auffahrt mit der Rofanbahn.*
Diese Schutzhütte ist der Ausgangspunkt für Bergtouren in das Rofangebirge und ein prächtiger Aussichtspunkt über den Achensee und das Karwendelgebirge.

★★ **Achensee** – Besonders erstaunt hier die ungewöhnlich verlaufende Isar-Inn-Wasserscheide: Der See fließt ohne ersichtlichen Grund durch den Achenbach, Nebenfluß der Isar, nach Norden ab, während sich im Süden, gleich unterhalb seiner Wasserfläche, das Inntal entlangzieht. Ein vom ehemaligen Inngletscher gebildeter Moränenwall, der den See gegen das tiefer liegende Inntal abdämmt, behindert den natürlichen Abfluß nach Süden.

Dieses Gefälle wurde durch den Bau des Achenseekraftwerks, 350 m tiefer bei Jenbach im Inntal, ausgenutzt. Die Uferstraße wird wieder steiler. Ein schöner **Ausblick**★★ eröffnet sich auf die Gipfel des Karwendelgebirges, die auf dem gegenüberliegenden Ufer Pertisau umgeben.

***Wenn man direkt am Ufer entlangfahren will, kann man auf der Höhe des Dorfes Achensee kehrtmachen und auf der alten Straße weiterfahren (Einbahnstraße in nord-südlicher Richtung).***

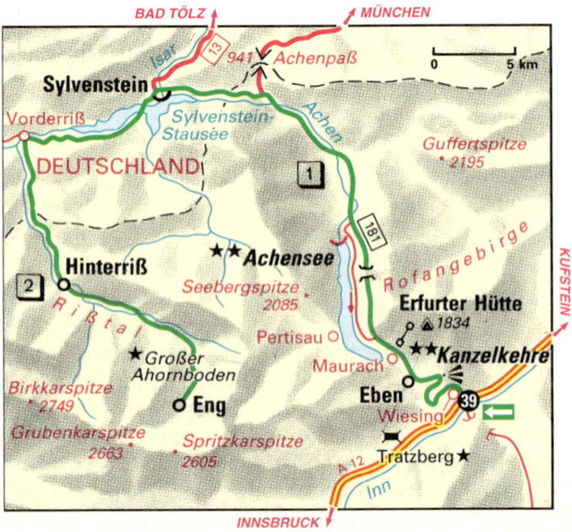

*Deutsch-österreichische Grenze hinter der Ortschaft Achenwald. Möglichkeit nach rechts über den Achenpaß zum Tegernsee in Bayern zu fahren (etwa 18 km ab Grenze). Zum Sylvenstein-Staudamm nach links in die Straße Nr. 307 einbiegen.*

**Sylvenstein-Staudamm** - Dieser Staudamm reguliert die gefürchteten Hochwasser der Isar. Zur Stromerzeugung wird Wasser aus dem weit ausgedehnten Stausee in ein unterirdisches Kraftwerk geleitet.

### 2 VOM SYLVENSTEIN-STAUDAMM (DEUTSCHLAND) NACH ENG *37 km*

*Die enge, zum Teil mautpflichtige und sehr kurvenreiche Straße ist von November bis Mai unbefahrbar.*

**Sylvenstein-Staudamm** - *s. oben.*

Von den Ufern des künstlichen Sees geht es nach Vorderriß. Dort fährt man links in das tiefe Rißtal hinein und passiert die deutsch-österreichische Grenze.

**Hinterriß** - Das im letzten Jahrhundert vom Herzog von Coburg-Gotha erbaute Jagdschloß ist ein beliebter Aufenthaltsort der belgischen Königsfamilie.

***Wir empfehlen Ihnen, in aller Ruhe mit dem Fernglas auf den Hängen und Steilwänden über der Straße nach Gemsen und Steinböcken zu suchen.***

**Eng** - Die Straße endet in der breiten, mit Ahornbäumen bestandenen Talsohle, der „**Große Ahornboden**"★ genannt. Im Herbst ist dieser Landstrich dank der buntgefärbten Blätter besonders idyllisch.
Die Wände der Spritzkarspitze (2 605 m) und der Grubenkarspitze (2 661 m) bilden den Talschluß.

## KAUNERTAL★★★

Tirol

Michelin-Karte Nr. 426 - Falte 29

Dieses langgezogene Tal, durch das eine der höchsten Straßen Europas führt (Kaunertaler Gletscher-Panoramastraße, höchster Punkt: 2 750 m), ist mit seinen grandiosen Landschaften und einem großen Stausee ein ausgezeichnetes Ziel für einen Tagesausflug. Das ganze Jahr über kann man auf dem Weißseeferner Gletscher Ski laufen.

*Man sollte nach Möglichkeit frühmorgens losfahren. Will man sich das Tal genau ansehen, zuerst mit dem Wagen zum Weißseeferner Gletscher fahren, dann zur Karlesspitze gehen, die Wanderung zum Gepatschferner Gletscher unternehmen und der Straße zum Piller folgen. Von dort kann man ins* **Pitztal**★★★ *(s. dort) überwechseln, das parallel zum Kaunertal verläuft. Mindestens 6 Std., ohne Pausen, einplanen.*

### ★★ STRASSE VON PRUTZ ZUM WEISSSEEFERNER GLETSCHER *40 km*

In Prutz von der Bundesstraße 315 in Richtung Schweiz und Italien nach links abbiegen.
Die Straße folgt dem Faggenbach in seinem tief eingeschnittenen, grünen Tal am Fuß des Köpfles (2 834 m) und des Peischlkopfes (2 913 m).
Nach 12 km durchquert man das Dorf Feichten. Ab hier Maut. Das Tal wird jetzt erheblich breiter und gibt flüchtige Blicke auf den in der Ferne gelegenen Gletscherkessel frei. Nach einer 10 km langen Steilstrecke durch einen schönen Wald erreicht man den Gepatsch-Stausee (Parkplatz), den größten Westösterreichs. Sehr schöner **Blick**★ auf den See und die Weißseespitze (3 526 m). Die von zahlreichen **Wasserfällen**★ gesäumte Straße folgt dann über 6 km dem linken Ufer des Sees. Den schönsten Gesamtblick auf den von Tannen umrahmten, langgestreckten See erhält man nach der Faggenbach-Brücke.
Ab Kehre 12 bieten sich lohnende **Ausblicke**★ auf die herrliche Zunge des Gepatsch-Gletschers. In Kehre 7 phantastischer **Aussichtspunkt**★★, von dem der Blick bis zur Weißseespitze, zum Fluchtkogel (3 497 m) und zur Hochvernagtspitze (3 535 m) reicht.
Der Fels tritt jetzt immer mehr zutage, die Vegetation wird karger. **Blick**★ nach rechts auf das malerische Krummgampental mit seinen rötlich schimmernden Felsen. Kurz darauf sieht man linker Hand den Weißsee. Der letzte, steil ansteigende Streckenabschnitt führt an den Rand des Weißseeferner Gletschers, wo die Straße endet (2 750 m). Man befindet sich nun inmitten des Ganzjahres-skigebietes, das durch drei Sesselbahnen, fünf Schlepplifte und einen Übungslift erschlossen ist (höchster Punkt: 3 160 m).

## ★★★ AUSFLUG ZUR KARLESSPITZE

★★★ **Wiesejaggl-Sessellift** ⏲ – 3 010 m. *3/4 Std. hin und zurück.* Während der Fahrt und auf dem Gipfel ist man von einer herrlichen **Hochgebirgslandschaft**★★★ umgeben. Neben den bereits erwähnten Gipfeln sieht man die Ölgruben- und die Bliggspitze.

★★ **Spaziergang zum Klettersteig Panoramablick** – 3 160 m. *1 Std. hin und zurück ab der Bergstation des Sessellifts. Der Weg führt durch Schnee (Bergschuhe, Sonnenbrille und warme Kleidung sind unerläßlich). Der Spaziergang ist nicht besonders schwierig, doch anstrengend, da der Weg recht steil ist.* Dieser Ausflug bietet auch unerfahrenen Wanderern die seltene Möglichkeit, gefahrlos ein Gletschergebiet kennenzulernen. Er führt zu einem Paß am Fuß der **Karlesspitze: Blick**★ nach Süden auf die Dolomiten und nach Südwesten auf die Schweizer Alpen.

*Zum Wagen zurückkehren und wieder bis zur Faggenbachbrücke (Parkplatz) hinabfahren.*

## ★★ WANDERUNG ZUM GEPATSCHFERNER GLETSCHER

*1 1/4 Std. hin und zurück ab der Brücke*

Der Pfad verläuft am rechten Ufer des Bachs. Nach etwa hundert Metern stößt man auf einen mächtigen Wasserfall. Der im Anschluß recht steile Aufstieg führt durch eine malerische Landschaft, die von der rötlichen Farbe der Felsen geprägt ist. Hier gedeihen zahlreiche Alpenrosen. Schließlich kommt man in die Nähe des Gepatschferner Gletschers, des größten Österreichs. Es bietet sich ein grandioser **Blick**★★ auf eine der Gletscherzungen in Form eines S. Der Felskessel wird vom Rauhen Kopf und der Schwarzen Wand abgeschlossen.

## ★ PILLERPASS-STRASSE *20 km bis nach Wenns*

Diese durch eine schöne Mittelgebirgslandschaft führende Strecke bietet sich als Abschluß des Besuchs des Kaunertals an. 9 km nach der Mautstation nach rechts abbiegen und zu den Ferienorten Kauns und dann Kaunerberg hinauffahren. In ihrer Nähe erschließen sich schöne **Ausblicke**★ auf den unteren Teil des Kaunertals. Weiter in Richtung Piller fahren (500 m nach dem Ortseingang von Kaunerberg nach links abbiegen). Nachdem man den Weiler Puschlin durchquert hat, erreicht man den 1 559 m hoch gelegenen Paß. Die kurvenreiche Straße geht dann durch ein ausgedehntes Waldgebiet gegenüber dem Venetmassiv, durchquert das Dorf Piller und führt anschließend auf der Höhe von Wenns ins **Pitztal**★★★ *(siehe dort).*

# KITZBÜHEL❄❄

Tirol

7 872 Einwohner

Michelin-Karte Nr. 926 – Falten 18 und 19 – 762 m

Kitzbühel ist einer der exklusivsten und ältesten Ferienorte in den österreichischen Alpen. Das Tal scheint schon lange vor unserer Zeitrechnung bewohnt gewesen zu sein. Das Dorf selbst entwickelte sich dank seiner günstigen geographischen Lage auf der Achse Venedig-München; reiche Bergwerke trugen zur Blüte bei. Es wurde 1255 zum Markt und 1271 zur Stadt erhoben.

Bis zum Ende des 19. Jh.s erlebte Kitzbühel eine friedliche Entwicklung und blieb von Kriegen verschont. Damals ließen seine Einwohner eine Ladung Skier aus Norwegen kommen, um sich auf den Hängen des Kitzbüheler Horns in diesem Sport zu versuchen. Erst 1931 wurde der gegenüberliegende **Hahnenkamm** für Skifahrer erschlossen.

Das Dorf öffnete sich in hohem Maße dem Fremdenverkehr und zog Urlauber aus ganz Europa, vor allem aus Deutschland und Großbritannien, an. Einen besonderen Namen machte es sich mit der Ausrichtung einer der berühmtesten und schwierigsten Weltcup-Abfahrten auf der **Streif**.

Trotz dieser Entwicklung läßt Kitzbühel heute noch etwas vom befestigten mittelalterlichen Städtchen ahnen. Auch seine ursprüngliche Lage auf einer Bergterrasse, die von zwei vom Hahnenkamm herabstürzenden Wildbächen begrenzt wird, ist noch erkennbar, obwohl seine Vororte sich immer weiter ausbreiten. Der Stadtkern besteht aus zwei, von stattlichen Giebelhäusern im Tiroler Stil gesäumten Straßen, der „Vorderstadt" und der „Hinterstadt", die als Fußgängerzone angelegt wurden. Hier laden zahlreiche elegante Boutiquen zum Schaufensterbummel ein. Der Ort zählt 7 200 Fremdenbetten, vor allem in Hotels und Pensionen. Von der besonderen Atmosphäre des Ortes angezogen, haben zahlreiche Persönlichkeiten aus der Sport- und Geschäftswelt hier ihr Domizil aufgeschlagen.

Neben dem Skifahren gibt es zahlreiche andere Sportmöglichkeiten und Freizeiteinrichtungen: Eislaufbahnen, Eisstockschießen, Hallenbad mit Kurzentrum, Kasino.

Auch im Sommer ist der Ort ein beliebtes Ferienziel. Kitzbühel konnte sich als österreichisches Tenniszentrum (Ausrichtung internationaler Turniere) und als eines der wichtigsten Golfzentren (zwei 9-Loch-Plätze und ein 18-Loch-Platz) einen Namen machen. Erwähnung verdienen außerdem eine Schule für Drachenflug und Paragleiten sowie mehrere Reitsportzentren. Die Hauptfreizeitbeschäftigung im Sommer ist jedoch das Wandern auf 200 km markierten Pfaden, die in erster Linie an den Hängen des Skigebiets angelegt sind. Die Wanderwege eignen sich eher für die Liebhaber einfacher Spaziergänge als für Wanderer auf der Suche nach malerischer Umgebung und besonderen Panorama-Erlebnissen, da die schönsten Aussichtspunkte auch mit den Liften zu erreichen sind.

Ascher/PIX

Kitzbühel

**Die Kitzbüheler Alpen** – Zwischen der Senke von Wörgl-Saalfelden und dem Oberpinzgau (Oberes Salzachtal) erheben sich die schön geformten Schieferberge der Kitzbüheler Alpen bis auf 2 362 m (Großer Rettenstein). Wegen ihres freundlichen Charakters werden sie von den Hochgebirgsalpinisten verächtlich „Grasberge" genannt. Der Kontrast in Form und Farbe zwischen den Kitzbüheler Alpen und den sie einrahmenden Massiven – im Norden die zerklüfteten Steilwände des Wilden Kaisers, im Süden die gewaltige, firnbekrönte Kette der Hohen Tauern – kann von ihren vielbesuchten Aussichtspunkten bewundert werden.

** **Das Skigebiet** – Es besteht aus 4 Pistenrevieren, die nicht miteinander verbunden sind: **Hahnenkamm-Steinbergkogel-Pengelstein** (750-1 970 m), **Kitzbüheler Horn** (750-2 000 m), **Stuckkogel** (900-1 580 m) und **Paß Thurn** (930-1 980 m). Die einzelnen Massive sind mit dem Bus zu erreichen. 64 Skilifte führen zu 55 Pisten mit einer Gesamtlänge von 158 km.

Im Gegensatz zum sportlichen Image, das der Ort durch internationale Rennen erhält, richtet sich das Skigebiet in erster Linie an die Liebhaber von eher gemütlichem Skilauf. Für sie gibt es angenehme, lange Pisten durch Tannenwälder mit leichtem (Pengelstein, Kaser) oder mittlerem Schwierigkeitsgrad (Fleck, Oxalm-Nord). Nur ein knappes Dutzend Kilometer Pisten führt über etwas steilere Hänge, vor allem im Abschnitt Steinbergkogel. Wegen der geringen Höhe apern manche Abfahrten jedoch ab März aus.

Um die langen Warteschlangen am Hahnenkamm-Massiv zu vermeiden, fahren Tagesausflügler am besten ins benachbarte Kirchberg, von wo das Herz des Massivs mit der Fleckalm-Kabinenbahn in 15 Min. zu erreichen ist. Der gegenüberliegende Hang des Kitzbüheler Horns, der mit modernen Skiliften ausgerüstet ist, bietet eine begrüßenswerte Ergänzung, vor allem bei guten Schneeverhältnissen, wenn die Abfahrt bis ins Tal möglich ist.

## SEHENSWÜRDIGKEITEN

**Pfarrkirche (A)** – Wie ihre Nachbarin, die Liebfrauenkirche, kommt sie durch ihre erhöhte Lage gut zur Geltung. Ein schlanker Turm flankiert die dreischiffige gotische Kirche (15. Jh.), die sich mit ihrem abgewalmten Schindeldach harmonisch in die Berglandschaft einfügt.

Dem Langhaus ist eine gewisse Erhabenheit nicht abzusprechen. Die einheimische, im 17. und 18. Jh. sehr bekannte Künstlerfamilie **Faistenberger** ist hier durch den Hochaltar, den Benedikt Faistenberger (1621-1693) ausgeführt hat, und die Rosa-Kapelle, die sein Enkel, Simon Benedikt (1695-1759), ausgeschmückt hat, vertreten.

**Liebfrauenkirche (B)** – Die zweigeschossige Kirche ist von weitem an ihrem wuchtigen, viereckigen Turm erkennbar, neben dem sich das Langhaus äußerst klein ausnimmt. Bemerkenswert ist die Barockausstattung der Oberkirche, insbesondere das die Krönung Mariä darstellende Deckengemälde von Simon Benedikt Faistenberger und das Spätrokoko-Gitter (1778).

## KITZBÜHEL

| | | | |
|---|---|---|---|
| Bichlstraße | 2 | Hammerschmiedstr. | 7 |
| Franz-Reich-Str. | 4 | Hinterstadt | 8 |
| Graggaugasse | 5 | J.-Pirchl-Straße | 10 |
| | | Klostergasse | 12 |
| | | Malinggasse | 13 |
| | | Vorderstadt | 15 |

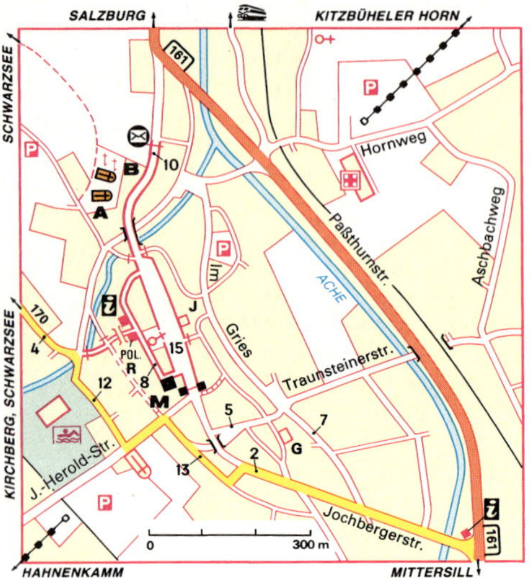


A Pfarrkirche B Liebfrauenkirche M Heimatmuseum

**Museum Kitzbühel** ⓥ (M) – Es ist im ältesten Haus Kitzbühels, einem ehemaligen Getreidespeicher, untergebracht. Die Sammlungen vermitteln einen Einblick in die Geschichte der Stadt, die fast 1 000 Jahre hindurch zu Bayern gehörte.

## UMGEBUNG

★★**Kitzbüheler Horn** ⓥ – 1 996 m. *Etwa 1 1/2 Std. hin und zurück. Auffahrt mit der Seilbahn (in 2 Abschnitten).*
Großartiger **Rundblick**★★ im Nordwesten auf die zerklüfteten Gipfel des Kaisergebirges, im Südwesten auf das vom Rettenstein beherrschte Skigebiet von Kitzbühel und im Süden auf die Hohen Tauern mit Großvenediger und Großglockner.
Zur Bergstation des Sessellifts zurückgehen, von wo aus das östlich gelegene Kalkmassiv der Loferer Steinberge zu sehen ist.
Im Sommer ist das Kitzbüheler Horn Ausgangspunkt für eine interessante **Wanderung zur Bichlalm** (1 670 m – *etwa 3 Stunden einplanen – festes Schuhwerk erforderlich).* Von hier aus kann man mit dem Sessellift zu Tal fahren und mit dem Bus in den Ort zurückkehren (Abfahrtszeiten zuvor beim Fremdenverkehrsamt erfragen).

★ **Ehrenbachhütte (Hahnenkamm-Massiv)** – 1 802 m. *Auffahrt von Klausen (bei Kirchberg) mit der Kabinenbahn. 3/4 Std. hin und zurück.* **Blick**★ auf den Wilden Kaiser, die Hohe Salve, das Kitzbüheler Horn und den Großen Rettenstein.
Im Winter fahren Skifahrer zum **Steinbergkogel** (1 975 m) hinauf, von wo sich ein wesentlich weiteres **Panorama**★★ bietet (Hohe Tauern, Leoganger Steinberge).
Im Sommer können Wanderer von der Bergstation der Kabinenbahn aus den Jufenkamm erreichen und dem Kammweg dann nach Süden zur Pengelsteiner Hütte und weiter bis zum **Schwarzkogel**★★ (2 030 m) folgen.

**Schwarzsee** – *5 km auf der Kirchberger Straße und dem Seeweg, der rechts bei einem Bahnübergang abzweigt. Es ist jedoch viel angenehmer, den Weg zu Fuß zurückzulegen, vorbei an der Liebfrauenkirche und dann weiter auf dem Weg zum Schloß Lebenberg (NW auf dem Stadtplan).*
Badegelegenheit angesichts der Felsmauer des Kaisergebirges.

**Paß Thurn** – 1 273 m. *20 km. Man verläßt Kitzbühel auf der Straße nach Mittersill.*
Die schönste **Aussicht**★ eröffnet sich vom Parkplatz, 1 800 m jenseits der geographischen Paßhöhe auf der Oberpinzgauer Bergseite, unweit des Imbisses „Tauernblick". Von hier aus schweift der Blick durch das Hollerbachtal, das sich im Süden dem Hauptkamm der Hohen Tauern zu hinzieht.
Die Berghänge oberhalb des Passes bilden im Winter das Skigelände von Mittersill.

*Am Ende dieses Reiseführers finden Sie wichtige praktische Hinweise übersichtlich zusammengefaßt:*
- *Anschriften von Fremdenverkehrsämtern, Verbänden und Informationsstellen*
- *Hinweise zur Reisevorbereitung, Anreise und Unterkunft*
- *Hinweise zur Freizeitgestaltung*
- *einen Veranstaltungskalender*
- *Buchtips*
- *Besichtigungsbedingungen der Sehenswürdigkeiten.*

# KLAGENFURT★

🄻 Kärnten

90 000 Einwohner

Michelin-Karte Nr. 926 – Falte 35 – Kartenskizze: WÖRTHER SEE – 446 m

Klagenfurt wurde im 12. Jh. von Hermann von Spanheim, Herzog von Kärnten, gegründet. Obwohl bedeutendes Handelszentrum, war Klagenfurt jedoch bis zum 16. Jh. nicht Hauptstadt des Landes, sondern St. Veit an der Glan. Erst 1518 schenkte Kaiser Maximilian die Stadt den Landständen und erhob sie somit zur eigentlichen Hauptstadt Kärntens.

Die Lage am wärmsten Alpensee Europas und das milde, südliche Klima haben Klagenfurt zu einem beliebten Ferienziel gemacht. Die Stadt und der Wörther See sind seit über 400 Jahren durch eine Wasserstraße verbunden: Der **Lendkanal** führt direkt zum See, vorbei an grünen Ufern und an schönen Villen aus der Zeit der Jahrhundertwende.

## ★★ ALTSTADT

Die idyllische, im Sommer überaus belebte Altstadt spiegelt knapp 800 Jahre Stadtgeschichte wider. Italienische Baumeister haben im 16. und 17. Jh. für das Stadtbild mit den schachbrettartig angelegten Straßen gesorgt. Ihnen verdankt die Stadt über 50 malerische Arkadenhöfe, von denen viele öffentlich zugänglich sind. Schöne Plätze kennzeichnen die Stadt, setzen Schwerpunkte urbanen Charakters. Für die Bemühungen um die Altstadt wurde Klagenfurt dreimal mit dem Europa-nostra-Diplom ausgezeichnet.

**Neuer Platz** – Der große rechteckige Platz bildet das Stadtzentrum. Anziehungspunkt ist hier das Wahrzeichen Klagenfurts, der **Lindwurmbrunnen**★. Das große Ungeheuer wurde von den Brüdern Ulrich und Andreas Vogelsang von 1582 bis

## TIPS UND ADRESSEN

Auskunft zur Stadt gibt **Klagenfurt-Tourismus**, Rathaus, Neuer Platz, 9010 Klagenfurt.

Öffnungszeiten: Mai bis Mitte Oktober Montag bis Freitag 8-20 Uhr, Samstag, Sonn- und Feiertage 10-17 Uhr; Mitte Oktober bis April Montag bis Freitag 8-18 Uhr, Samstag, Sonn- und Feiertage 10-13 Uhr. ☎ 04 63/53 72 23, Fax: 04 63/53 72 95.

Von Mai bis September gibt Klagenfurt-Tourismus einen monatlichen Veranstaltungskalender heraus, für die übrige Zeit kann man sich am Jahresveranstaltungskalender orientieren.

Ausführliche Informationen zur Stadt findet man im Internet unter der Adresse: *www.info.klagenfurt.at*

### Kärnten Card

Sie ist nicht nur für Klagenfurt zu empfehlen. Sie ist von Mai bis Oktober erhältlich und für drei Wochen gültig. Etwa 90 Ausflugsziele (Museen, Bergbahnen, Ausflugsschiffe, Freizeitparks, Erlebnisbäder etc.) in Kärnten können damit kostenlos und beliebig oft besucht werden (die Karte ist allerdings nicht übertragbar). Außerdem kann man während der Gültigkeitsdauer auch alle Busse und Bahnen des Verkehrsverbundes Kärnten gratis benutzen. Erhältlich ist sie in den lokalen Kärtner Tourismusbüros zum Preis von 385 S. Informationen zur Karte können bei der Kärnten-Hotline ☎ 04 63/30 00 erfragt werden.

### Stadtführungen

Im Juli und August finden täglich (außer an Sonn- und Feiertagen) um 10 Uhr kostenlose Altstadtwanderungen statt; im übrigen Jahr nur für Gruppen (Anmeldung bei Klagenfurt-Tourismus).

### Öffentliche Verkehrsmittel

Es wird empfohlen, sich vor Fahrtantritt eine Fahrkarte zu besorgen, da man beim Busfahrer zusätzlich zum Fahrpreis einen Ausgabezuschlag bezahlen muß.

Mit der **Stadtkarte** kann man innerhalb einer Stunde beliebig viele Fahrten im gesamten Verbundnetz von Klagenfurt machen, ebenso mit der **24-Stunden-Karte** oder der **7-Tage-Karte** (jeweils auch übertragbar).

Informationen über den öffentlichen Verkehr sowie sämtliche Fahrausweise sind erhältlich beim Informations- und Verkaufsbüro am Heiligengeistplatz (Quelle-Passage; geöffnet: Montag bis Freitag 6.30-14.30 Uhr, ☎ 04 63/52 15 42) oder bei den Trafiken. Telefonische Auskunft zum Fahrplan erhält man bei der Fahrdienstleitung, ☎ 04 63/52 15 34 (besetzt von 5-0 Uhr).

## Parkplätze

**Gebührenfrei:** St. Ruprechter Straße; Rosentaler Straße (Messegelände); Krassnigstraße.
Die **Kurzparkzonen** im Bereich der Innenstadt sind durch blaue Linienmarkierungen kenntlich gemacht.
**Längerfristige, gebührenpflichtige Parkgelegenheiten** bieten: Parkplatz Waaggasse; Parkgarage Geyerschütt; die Tiefgaragen Apcoa am Neuen Platz; Apcoa am Heiligengeistplatz/Kaufhaus Woolworth; Apcoa Dobernigstraße und die Tiefgarage am Domplatz.

## Post

**Hauptpostamt:** Benediktinerplatz, geöffnet Montag bis Freitag 7.30-20 Uhr, Samstag 7.30-13 Uhr.
**Post am Bahnhof:** geöffnet rund um die Uhr.

## Shopping

Die meisten Kaufhäuser und Geschäfte, aber auch exklusive Boutiquen sind am Alten Platz, Neuen Platz, in der Bahnhofstraße sowie der Kramer-, Wiener-, Burg- und Paradeisergasse angesiedelt.
Fußgängerzone: Kramer-, Wiener-, Tabak-, Renngasse, der Alte Platz und der Dr.-Arthur-Lemischplatz.

**Märkte** – Benediktinerplatz: Wochenmarkt täglich außer Mittwoch 8-17 Uhr, Großer Markt Donnerstag und Samstag 7-12 Uhr
Pfarrplatz: Biobauernmarkt jeden Freitag 6-12 Uhr

**Mitbringsel** – Kunsthandwerk und Trachten: Kärntner Heimatwerk, Herrengasse 2.

## Unterhaltung

**Stadttheater**, Theaterplatz 4, ☎ 04 63/5 52 66. Sprech-, Musik- und Tanztheater.
**klagenfurter ensemble**, Südbahngürtel 24, ☎ 04 63/31 01 00. Aus einem 1979 gegründeten Amateurtheater hat sich inzwischen eine Profi-Bühne mit eigener Spielstätte entwickelt: Schauspiel, Musiktheater, Produktionen für Kinder.

## Kinos

**Kammerlichtspiele**, Adlergasse 1, ☎ 04 63/5 40 51.
**Wulfenia Kinozentrum**, Luegerstraße 5, ☎ 04 63/2 22 88.
**Volkskino**, Kinoplatz 3, ☎ 04 63/31 98 80.
**Carinthia Lichtspiele**, Ehrentaler Straße 28, ☎ 04 63/4 22 56.

## Restaurants

**Gasthaus Pumpe** (Lidmanskygasse 2), **Gasthof Pirker** (Adlergasse 16), **Hirter Botschaft** (Bahnhofstraße 44), **Restaurant Wienerroither** (Neuer Platz 10), **Restaurant 5er** (Kaufmanngasse 5), **Restaurant Landhauskeller** (Landhaushof 1).

## Cafés, Kneipen und Bars

**Cafés: Café Domgassner** (Domgasse 12), **Café Janach** (Bahnhofstraße 5), **Café Musil** (10.-Oktober-Straße 14), **Café Segafredo** (Alter Platz 30), **Café am Neuen Platz** (Neuer Platz), **Café 7. Himmel** (Osterwitzgasse 12).

Beliebte Kneipen sind der **Bierhof zum Augustin** (Pfarrhofgasse 2), der **Biergarten Marhof** (Stift-Viktring-Staße 18), das **Künstlerhauscafé** (Goethepark 1) und der **Napoleonstadel „Haus der Architektur"** (St. Veiter Ring 10). Live-Musik wird im Blues-Jazzkeller **Kamot** (Bahnhofstraße 9) gespielt. Tanzen kann man im **Scotch Dancing** (Pfarrplatz 20) und im **Fun Factory & Filoy Dancing** (Gerberweg/Südring). Originelle Cocktails werden in den Bars **Meyer Lansky** (Herrengasse 6), **Camino** (Rennplatz 2), der **Lemon Bar** (Pfarrplatz 20), dem **Gates-Internet Café** (Waagplatz), der **Rockefeller Bar** (Osterwitzgasse 5) oder in **Joe's Bar** (Arcotel Hotel Moser-Verdino, Domgasse 2) zubereitet.

## Besondere Termine

**Singen, Tanzen und Musizieren unter dem Maibaum:** Im Mai. Brauchtumsveranstaltungen im Landhaushof.

**Musikforum Viktring:** Juli und August. Meisterkurse und Konzertreihe zu Neuer Musik und Jazz. Informationen unter ☎ 04 63/28 22 41.

**Altstadtzauber:** Am letzten Wochenende im August. Auf mehreren Bühnen in der Innenstadt treten internationale Künstler und Musikgruppen auf. Großer Flohmarkt.

**Christkindlmarkt:** Im Dezember am Neuen Platz.

1593 aus einem Chloridschieferblock geschaffen. 1624 kam der Brunnentrog, 1636 der Herkules hinzu. Das Maria-Theresia-Denkmal, das früheste dieser Herrscherin in Österreich, wurde 1765 errichtet; die Bronzestatue stammt von 1873.
Jedes der Häuser, die den Neuen Platz umgeben, hat seine besondere Geschichte und meistens auch kunsthistorische Bedeutung. Das Palais Porcia (heute Hotel), dessen Vorgängerbau aus der zweiten Hälfte des 18.Jh.s stammte, ist aber in Wahrheit eine gelungene Rekonstruktion. Authentisch, wenn auch im Laufe der Jahrhunderte vielfach verändert, ist das **Rathaus** im Westen des Platzes, im Kern ein Bau aus dem Jahr 1580. Im Osten steht die Adler-Apotheke aus dem 16. Jh. mit reizvollen Rokoko-Stukkaturen im Innern.

★ **Alter Platz** (Y) - Schöne Palais aus dem 16. Jh. mit Barockfassaden und Renaissance-Laubenhöfen verleihen diesem im Herzen der Altstadt gelegenen Straßenplatz ein besonderes Gepräge. Das um 1600 erbaute **Alte Rathaus**, heute Palais Orsini-Rosenberg, besticht durch ein Renaissance-Portal und einen dreigeschossigen Arkadenhof. Im Westen schließt das Haus zur Goldenen Gans, ein Geschenk Kaiser Friedrichs III. an die Stadt und gleichzeitig eines der ältesten Häuser Klagenfurts, den Platz ab. An der Südwestecke erhebt sich das **Palais Goess** mit seiner spätbarocken Pilasterfassade.
Die in Österreich übliche Dreifaltigkeitssäule darf auch auf dem Alten Platz nicht fehlen. 1689 als Dank für die Verschonung von der Pest errichtet, zeigt sie die Symbole für die Weltreligionen, nämlich Kugel, Halbmond und Doppelkreuz.

## KLAGENFURT

August-Jaksch Straße ........ Z 2
Benediktinerplatz ............ Z 3
Feldkirchner Straße .......... Y 4
Feldm.-Conrad-Platz .......... Y 5
Heiligengeistplatz .......... Y 6
Herrengasse .............. Y 7
Kramergasse .............. Y 9
Pernhartgasse ............. Y 10
Purtscherstraße ............ Y 12
St. Veiter Straße ................. Y 13
Theaterplatz ............... Y 15
Wienergasse .............. Y 17
Wiesbadener Straße ........ Y 18

M¹ Landesmuseum
M² Diözesanmuseum

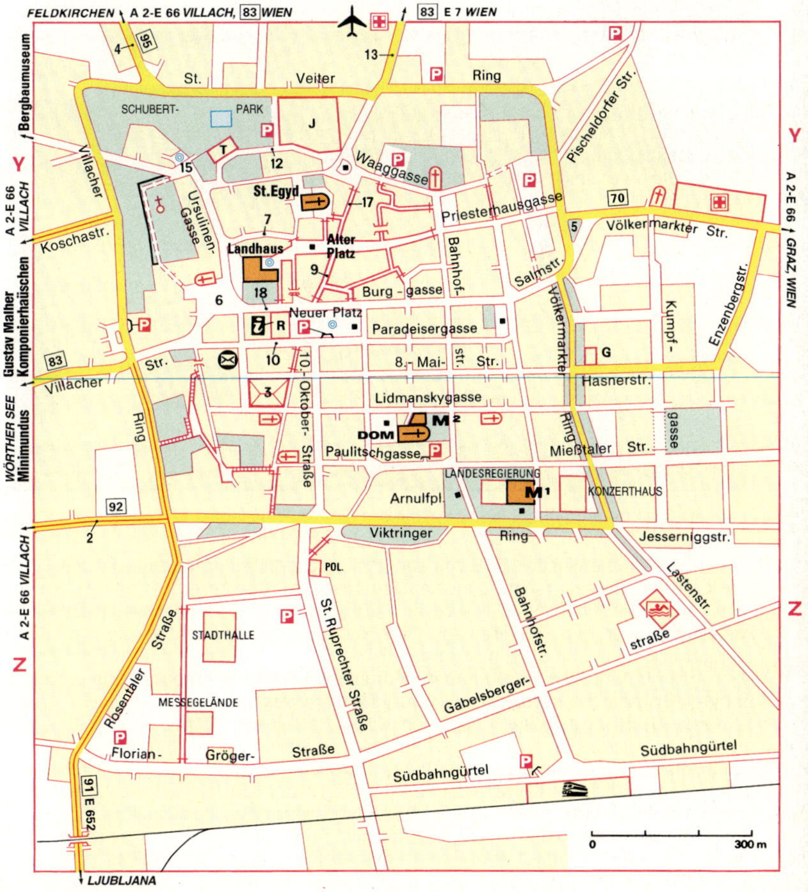

Biegt man vom Alten Platz in die Wiener Gasse ein, findet man an deren Ende den 1627 erbauten **Ossiacher Hof**, der vom gleichnamigen Stift um 1750 erworben wurde. Gegen Ende des 18. Jh.s wurde die Fassade klassizistisch gestaltet. Zwei schöne Innenhöfe charakterisieren den stattlichen Bau.

**Stadthauptpfarrkirche St. Egyd** – 1692 erfolgte der Bau dieser Kirche, der 1893 eine neo-barocke Fassade vorgeblendet wurde. Im frühen 18. Jh. entstanden die Zwiebeltürme. Das breite, emporengeschmückte Innere ist reich ausgestattet. Die Deckengemälde des Tonnengewölbes stammen von Joseph Mölck, das des Chors von Joseph Fromiller. Grabsteine aus vier Jahrhunderten geben Zeugnis von der Bedeutung dieser Kirche. Der jüngste wurde 1998 für den amerikanisch-französischen Schriftsteller Julien Green errichtet, der in Klagenfurt, „Stätte des Glücks und des Friedens", seine letzte Ruhe finden wollte.
Vom Vorhallenturm aus genießt man einen schönen **Blick**★ über die Stadt.

**Landhaus** (Y) – Wenige Schritte vom Alten Platz entfernt, zeugt dieser imposante Bau von der Macht der Landstände, die hier ihren Sitz hatten. Auch das Zeughaus war früher hier untergebracht; heute dient das Landhaus als Sitz der Landesregierung Kärntens.

An dem 1590 fertiggestellten Bau wirkte der Architekt Antonio Verda von Lugano mit, dessen Einfluß vor allem bei dem **Renaissance-Innenhof**★ mit seinen zweistökkigen Arkadengalerien spürbar ist.

★ **Großer Wappensaal** ⓥ – Dieser einzigartige Prunksaal im Obergeschoß des Mitteltraktes wurde von dem bedeutendsten Barockmaler Kärntens, **Joseph Fromiller** (1693-1760), ausgeschmückt. Er malte nicht nur das herrliche Deckenfresko, eingerahmt von Galerien in Scheinarchitektur, die „Erbhuldigung Kaiser Karls VI." (1728) darstellend, sondern auch den größten Teil der 665 die Wände und Fensternischen bedeckenden Wappen. Es handelt sich um die Familienwappen der Stände, die sich im Landhaus von 1590 bis 1848 versammelten.

Trumler/ÖSTERREICH WERBUNG

Klagenfurter Landhaus – Großer Wappensaal

★ **Dom** – Die Kirche wurde 1578 von den lutherischen Landständen errichtet. Doch übernahmen die Jesuiten im Zuge der Gegenreformation bereits 1604 das Gotteshaus und weihten es den Aposteln Peter und Paul. Sie nahmen zahlreiche Änderungen vor, vergrößerten vor allem den Chor und fügten Kapellen an. 1723 vernichtete ein Brand die Einrichtung, so daß wir es heute mit einem vom Barock geprägten Innenraum zu tun haben; lediglich an der Westempore haben sich die üppigen Originalstuckarbeiten des Gabriel Wittini von 1668 erhalten. Doch sind die späteren Stukkaturen (ab 1730) von Kilian und Josef Pittner noch feiner und anmutiger geworden und verleihen dem weiten, lichtdurchfluteten Raum Leichtigkeit. Das säulengerahmte Bild des **Hochaltars** ist Daniel Gran zu verdanken, während die prächtige **Kanzel** von 1726 dem Kärntner Künstler Christoph Rudolph zugeschrieben wird, ebenso wie die Ausführung der von Joseph Fromiller entworfenen **Apotheose des hl. Johannes Nepomuk**. Diese bildet ein gelungenes Pendant zur Kanzel. Mehr als ein Dutzend Marmorsorten geben den **Seitenaltären**★ mit ihren gewundenen oder geraden Säulen und ihren Sprenggiebeln eine schöne Farbigkeit.

## MUSEEN

★ **Landesmuseum** ⓥ (Z M[1]) – Ein Gang durch das Museum macht mit der tausendjährigen Geschichte Kärntens vertraut.
Beachtenswert sind die reichen mineralogischen Sammlungen sowie die urgeschichtlichen und römischen Funde. Verweilen wird der Besucher bei den schönen Reliefs des Großglockners und des Pasterzengletschers, den Bergwerksmodellen, aber auch dem sogenannten Lindwurmschädel, der 1335 auf dem Zollfeld gefunden wurde und in Wirklichkeit von einem eiszeitlichen Wollhaarnashorn stammt. Er soll dem Schöpfer des Lindwurmbrunnens als Vorbild gedient haben. Besonders beeindruckend in seiner ästhetischen Wirkung ist der **Mosaikboden**★ aus Virunum, der Dionysos im Kreise von Bacchanten darstellt.
Das 15. und 16. Jh. ist durch zahlreiche **sakrale Kunstwerke**★, u. a. den beachtenswerten Flügelaltar von St. Veit (um 1470), vertreten. Von Bedeutung sind auch die **Brauttruhen**★ (um 1477) der Paola Gonzaga mit farbenfreudigen Reliefs, die nach Vorlage von Andrea Mantegna geschaffen wurden.
Gegenüber vom Museum wurde ein Lapidarium angelegt, das zahlreiche Steindenkmäler aus römischer Zeit zeigt.
Sie stammen von dem zwischen Klagenfurt und St. Veit gelegenen Zollfeld, auf dem sich einst die römische Provinzhauptstadt Virunum – das nahe der heutigen Kirche Maria Saal *(s. dort)* lag – erhob. Besonders interessant ist der wiederhergestellte keltische Brunnen.

★ **Diözesanmuseum** ⓥ (Z M[2]) – In dem Bestreben, einen Überblick über die sakrale Kunst Kärntens vom 12. bis zum 18. Jh. zu geben, hat das Museum Ausstellungsstücke aus allen Sparten der Kunst zusammengetragen: Goldschmiedearbeiten, Stickereien und Tapisserien, Skulpturen und Gemälde. Neben herzerfrischenden Schöpfungen der Volkskunst werden dem Besucher **Kunstwerke**★ ersten Ranges dargeboten, darunter ein seltenes, teilweise noch vergoldetes schmiedeeisernes **Prozessionskreuz** aus dem 12. Jh. und das älteste – überraschend modern wirkende – österreichische Glasgemälde (1170), die kostbare **Magdalenenscheibe**★.

★ **Bergbaumuseum** ⓥ (Y) – *Zutritt über den Botanischen Garten. Warme Kleidung vorsehen, da eine Temperatur von 9 Grad Celsius herrscht.*
Die ehemaligen Luftschutzstollen des Klagenfurter Kreuzbergls sind heute Rahmen für das älteste Bergbaumuseum Kärntens. Hier wird mit zahlreichen, zum Teil sehr seltenen und wertvollen Exponaten die reiche Bergbaugeschichte des Landes dargestellt.
Wie in einer Schatzkammer sind die schönsten und größten Kärntner Mineralstufen ausgestellt, so ein Riesenrauchquarz von rund 200 kg und einer Höhe von 1 m. Die erdzeitalterlichen Epochen über einen Zeitraum von mehr als 500 Millionen Jahren sind durch Fossilien dokumentiert. Da die verschiedenen Ausstellungsbereiche didaktisch sehr gut aufbereitet sind, wird der Besucher sein Wissen mit Sicherheit bereichern können.
Verläßt man die Welt unter Tage und findet sich im reizvollen **Botanischen Garten** wieder, könnte der Kontrast nicht größer sein.

## UMGEBUNG

**Minimundus** ⓥ – *3 km westlich von Klagenfurt. Die Stadt auf der Villacher Straße (YZ) verlassen.*
Über 170 Gebäude und Denkmäler aus aller Welt sind im Maßstab 1:25 mit Originalmaterialien nachgebildet worden. Vom Pariser Eiffelturm bis zu San Marco in Venedig, von der New Yorker Freiheitsstatue bis zum Londoner Big Ben – die weltberühmten Bauten haben sich alle hier eingefunden.
Da auf äußerst präzise Nachbildung Wert gelegt wird, kann die Bauzeit eines Modells bis zu fünf Jahren betragen. Trotz der Verkleinerung nehmen manche Modelle aber doch die Grundfläche eines Einfamilienhauses ein (Vatikan, Dresdner Zwinger). Alle Gebäude von Minimundus überragt der 22 m hohe CN-Tower, dessen Original sich in Toronto befindet.

**Gustav-Mahler-Komponierhäuschen** ⓥ – *Von Minimundus aus der Wörthersee Süduferstraße folgen. Den Wagen auf dem Parkplatz gegenüber vom Strandbad Maiernigg abstellen. 30 Min. zu Fuß hin und zurück.*
Das im Wald verborgene Blockhäuschen ist recht unscheinbar. Wer die Musik von Gustav Mahler liebt, wird es jedoch nicht ohne Bewegung betreten, hat der Komponist hier doch von 1900 bis 1907 einige seiner Meisterwerke geschaffen, so die Symphonien vier bis acht und die Rückert-Lieder. Als Hofoperndirektor in Wien das Jahr über beschäftigt, kam Mahler nur während des Sommerurlaubs zum Komponieren.

★ **Pörtschach** – *10 km westlich von Klagenfurt an der Bundesstraße 83.* Seine besondere Lage auf einer Halbinsel in der Mitte des nördlichen Ufers des Wörther Sees bestimmte die Entwicklung Pörtschachs zum vielbesuchten

R. Chéret/MICHELIN

Eine Weltreise zu Fuß – Minimundus

Fremdenverkehrsort, dessen ansehnliche Villen und Hotels im Grünen versteckt liegen. Ein blumenreicher Promenadenweg umzieht die kleine Landzunge, stattliche Villen bestimmen das Ortsbild.
Das klassische Wanderziel von Pörtschach ist, neben dem alten Schloß Leonstein, das auf einer Felshöhe im Südwesten des Orts thront, die „Gloriette", ein Aussichtspunkt mit Blick über den See und die Karawanken *(1/2 Std. zu Fuß, zahlreiche Stufen).*

## AUSFLUG

**Seen um St. Kanzian** – *20 km östlich von Klagenfurt. Auf der Straße Nr. 70, der Völkermarkter Straße* (**Y**), *die Stadt verlassen.*
Diese von Wäldern umgebenen stillen Seen bieten zahlreiche Möglichkeiten zu Sport und Spaß: Es kann gebadet, gesurft, geritten, Tennis gespielt oder auf den insgesamt 150 km langen markierten Wegen gewandert werden.
Das Wasser des Klopeinersees, dessen Ufer besiedelt sind und an dem im Gegensatz zu dem ruhigeren Turnersee und Kleinsee immer viel los ist, erreicht man über private oder öffentliche Wege.
Die Straße von Klagenfurt nach St. Kanzian überquert auf einer Brücke den Völkermarkter Stausee, in dem das Wasser der Drau gestaut ist (Baden verboten).

# KLEINWALSERTAL*

Vorarlberg
5 300 Einwohner
Michelin-Karte Nr. 926 – Falte 15 – Kartenskizze: BREGENZERWALD
Höhenlage der Orte: von 1 086 bis 1 244 m

Das weitverzweigte Kleinwalsertal ist eine Gebirgsenklave von ungefähr hundert Quadratkilometern, die vom übrigen Vorarlberg durch die Gebirgskette der Allgäuer Alpen getrennt und deshalb in ihrem Handels- und Fremdenverkehr ausschließlich nach Deutschland ausgerichtet ist.

**Die Walliser Besiedlung** – Das Talbecken der oberen Breitach wurde Ende des 13. Jh.s durch die „Walser", deutschstämmige Auswanderer aus dem oberen Wallis, besiedelt und urbar gemacht. Bis 1930, dem Jahr, in dem die erste moderne Straße fertiggestellt wurde, hatte sich im Tal ein ausgeprägter Individualismus erhalten, der sich in den weit auseinanderliegenden Häusern widerspiegelt.

**Eigentümlichkeiten der Verwaltung** – Aufgrund eines Lehnsverhältnisses kamen die hier angesiedelten Walser im Jahre 1453 unter die Herrschaft des Hauses Habsburg und wurden damit bei der Festlegung der nationalen Grenzen zu österreichischen Untertanen. Durch den Zollanschlußvertrag vom 1. Mai 1891 wurde das Tal dem deutschen Wirtschaftsraum (Währung, Zoll) angegliedert, blieb aber österreichisches Hoheitsgebiet.

Das ursprünglich rein landwirtschaftlich geprägte Tal hat seitdem einen tiefgreifenden Wandel vollzogen und lebt heute fast ausschließlich vom Fremdenverkehr. Trotz der stark ausgebauten touristischen Infrastruktur findet man aber gerade in den Seitentälern, abseits der Hauptdurchgangsstraße, noch zahlreiche abgeschiedene Winkel, an denen das Tal besonders liebenswert erscheint.

**Eine Ferienregion** – Mit dem gemeinsamen Skipaß des Tals und der Gemeinde Oberstdorf kann man insgesamt 55 Bergbahnen und Skilifte benutzen. Außerdem werden im Kleinwalsertal auch im Winter über 50 km Wanderwege geräumt. Im Sommer bieten sich Wandermöglichkeiten unterschiedlichen Schwierigkeitsgrads in Höhenlagen zwischen 1 100 und 2 500 m.

## VON OBERSTDORF (DEUTSCHLAND) NACH BAAD

*14 km ab der Grenze*

★★ **Oberstdorf** – Reizvoll in einem Talkessel gelegener heilklimatischer Kurort und Wintersportzentrum zu Füßen des majestätischen Nebelhorns. *Das Ortszentrum ist für den Autoverkehr gesperrt.*

*Den Ort über die B 19, Richtung Süden, verlassen. Nach etwa 5 km erreicht man die österreichische Grenze.*

Auf der Straße durch das Kleinwalsertal (B 201) passiert man nacheinander die Orte **Riezlern**, **Hirschegg**, **Mittelberg** und seinen Ortsteil **Baad**, der das Tal abschließt. Die höchste Erhebung im Talschluß ist die markante Spitze des Großen Widdersteins (2533 m).

**Walsermuseum** ⊙ – *Im Verkehrsamt Riezlern.* Ausstellung zu Geschichte und Leben (u. a. Walser Trachten) im Tal. Im 2. Obergeschoß Nachbildung der Räume eines Walserhauses und einer Sennhütte.

**Wintersportmuseum** ⊙ – *Im „Walserhaus" in Hirschegg.* Im ersten und zweiten Stock des „Walserhauses" wird anhand zahlreicher Objekte die Entwicklung verschiedener Wintersportarten seit dem Ende des 19. Jh.s bis etwa zum Zweiten Weltkrieg nachgezeichnet. Der Schwerpunkt liegt natürlich auf dem Kleinwalsertal selbst, es sind aber auch Exponate aus anderen österreichischen Regionen, aus der Schweiz, Kanada etc. ausgestellt. Man findet historische Schnee- und Schlittschuhe, Rodel sowie Schlitten und auch sehr kurios anmutende Exponate wie die als Kurzskier verwendeten Faßdauben oder den „Schüsselski", in den Kleinkinder gebettet wurden, um die Winterfreuden genießen zu können.

Natürlich sollte man das Kleinwalsertal nicht verlassen, ohne vorher eines der noch erhaltenen traditionellen Walserhäuser gesehen zu haben.

**Walserhaus** – *In Mittelberg links Richtung Baad abbiegen.* Nach etwa 1,7 km erblickt man auf der rechten Seite das an dem mit Steinen gedeckten Dach erkennbare Gebäude, das 1552 ursprünglich als Einraumhaus errichtet wurde *(Bödmerstr. 82, keine Besichtigung).*

# KLOSTERNEUBURG★

Niederösterreich

30 500 Einwohner

Michelin-Karte Nr. 926 – Falte 12 – 192 m

Der Babenberger Markgraf Leopold III. verlegte seine Residenz 1113, nach der Heirat mit der salischen Kaisertochter Agnes, von Melk nach Klosterneuburg. Seine Burg errichtete er auf einer wohl von den Römern schon besiedelten Anhöhe. 1114 gründete er dort das heute noch von Augustiner-Chorherren geführte Stift.
Klosterneuburg erhielt 1298 das Stadtrecht. Immer wieder von Blütezeiten begünstigt, entwickelte es sich zu der heutigen, belebten Stadt.

## STIFT ⊙

*Führung etwa 1 Std. in folgender Reihenfolge: Stiftsplatz, Kirche, Kreuzgang, Kaiserzimmer. Besichtigung des Stiftsmuseums gesondert, ohne Führung.*

**Stiftsplatz** – Über diesen Platz gelangt man zur Kirche und zum Kaisertrakt. In seiner Mitte steht eine gotische Lichtsäule von 1381, deren Reliefs die Passion Christi darstellen. Gegenüber dem Seiteneingang des Stifts befindet sich die Sebastianikapelle *(nicht zu besichtigen).*

M. Hertlein/MICHELIN

Stiftskirche

**Stiftskirche** – Die dreischiffige romanische Basilika von 1114-1136 wurde im Laufe der Jahrhunderte mehrmals verändert, vor allem jedoch erfuhr sie ab 1634 einen barocken Umbau, für den Giovanni Battista Carlone und Andrea de Retti verantwortlich zeichneten. Das **Kircheninnere**★ ist zur Gänze barockisiert; die letzten Arbeiten dazu erfolgten 1730. Beim Betreten merkt man es sofort: Große Künstler waren hier am Werk, die in glücklichem Zusammenwirken eine Arbeit voller Harmonie und Größe schufen. Die **Deckenfresken** des Langhauses wurden von Georg Greiner um 1689 ausgeführt; kurz darauf entstanden die 6 Seitenaltäre mit Plastiken der Brüder Spaz. Der Hochaltar selbst ist ein Entwurf von **Matthias Steinl**, wie auch der Schalldeckel der Marmorkanzel und vor allem das schöne, mit 24 Habsburger Wappen geschmückte **Chorgestühl**. Das Altarbild stammt von Johann Georg Schmidt, dem Wiener Schmidt; die Deckenfresken des Altarraums, die *Himmelfahrt Mariä*, von Johann Michael Rottmayr. Die Barockorgel von 1636, berühmt für ihren ausgezeichneten Klang, wurde von Anton Bruckner überaus geschätzt.

**Kreuzgang** – Im 13. und 14. Jh. errichtet, ist er ein schönes Beispiel frühgotischer, von Burgund beeinflußter Baukunst. Im ehemaligen Brunnenhaus ist der siebenarmige **Bronzeleuchter**, eine Veroneser Arbeit aus dem 12. Jh., besonders hervorzuheben. Er symbolisiert die Wurzel Jesse.
In der Leopoldskapelle sieht man leuchtende **Glasmalereien**★ des 14. Jh.s. Hier befindet sich die Grabstelle Leopolds III., der 1485 heiliggesprochen wurde. Seine Gebeine ruhen in einem Schrein, der auf dem berühmten Verduner Altar steht *(s. u.)*. Die Freisingkapelle birgt die Liegefigur des 1410 gestorbenen Freisinger Bischofs Berthold von Wehingen.

★★ **Verduner Altar** – Prior Werner gab Ende des 12. Jh.s bei Nikolaus von Verdun ein „großes Emailbild" als Verkleidung für den Ambo der Stiftskirche in Auftrag. Der Künstler schuf 46 vergoldete, in Grubenschmelztechnik emaillierte Tafeln. Nach einem Brand im Jahr 1331 wurde das Kunstwerk zu einem Altar umgebaut und um 6 Emailtafeln und 4 Tafelbilder ergänzt. Der Altar besteht aus drei Reihen berühmter Szenen des Alten Testaments (obere und untere Reihe) und des Neuen Testaments (mittlere Reihe). Die künstlerische Ausgestaltung der vergoldeten Figuren auf mehrfarbig, vorwiegend blau emailliertem Grund ist eher typisch für das Rheinland als für das Maastal, aus dem Nikolaus von Verdun stammt.

★ **Stiftsbau** – Unter Kaiser Karl VI., dem Vater Maria Theresias, erhielt das markante Gebäude mit seinen Kuppeln die heutige Gestalt. Die ursprünglichen Pläne gingen dahin, ein zweites Escorial zu errichten. Als Gegenpol zur Stifts-

**Nikolaus von Verdun**

Nikolaus von Verdun (Ende 12. Jh/Anfang 13. Jh.) war ein lothringischer Goldschmied und Emailleur. Viel mehr wissen wir nicht von ihm. Ihm wird auch die Gestaltung der Längswände des Dreikönigsschreins im Kölner Dom zugeschrieben; doch ist uns sein Name nur aus Inschriften auf zwei Kunstwerken bekannt: dem Marienschrein der Kathedrale von Tournai und den Emailbildern hier in Klosterneuburg, die in ihrer Vollendung zu den Meisterwerken mittelalterlicher Kunst gehören.

kirche, der Verkörperung der geistigen Macht, sollte dieser Bau die weltliche Macht symbolisieren. Von dem ehrgeizigen Vorhaben wurde schließlich nur ein Achtel, nach weiteren Arbeiten im 19. Jh. ein Viertel verwirklicht. Architekt war Donato Felice d'Allio, der in diesem Bauwerk seine eigene Handschrift hinterließ, doch spürt man den Einfluß von Fischer von Erlach.
Über die großartige, aber mangels Ausschmückung etwas leer wirkende Kaiserstiege gelangt man zu den **Kaiserzimmern**, die zum Teil mit wertvollem Mobiliar eingerichtet sind. Beachtenswert ist der Gobelinsaal mit seinen kostbaren Tapisserien, die Anfang des 18. Jh.s in Brüssel gefertigt wurden und Szenen aus dem Leben Telemachs zeigen. Die Kuppel des ovalen Marmorsaals ist mit einer Freske von Daniel Gran ausgemalt; sie stellt die *Apotheose des Hauses Habsburg* dar.

**Bibliothek** – Sie ist mit 200 000 Werken, 1 250 Handschriften und 850 Inkunabeln die größte Privatbibliothek Österreichs.

★ **Stiftsmuseum** ⏲ – In dem über den Kaiserzimmern liegenden Stiftsmuseum sind viele sehenswerte Werke ausgestellt, u. a. die **vier Tafelbilder**★ der Flügel und der Rückseite des Verduner Altars, der Erzherzogshut (Augsburg, 1616) und eine Sammlung gotischer Tafelbilder.

## SONSTIGE SEHENSWÜRDIGKEITEN

**Martinstraße** – In dieser schmalen, leicht ansteigenden Straße herrscht ein Bild idyllischer Ruhe. Gesäumt von schönen Bürgerhäusern, unter denen der Kremsmünsterer Hof (Nr. 12) und das Martinschloß (Nr. 34) hervorstechen, führt sie zur **Martinskirche**, der ältesten Kirche Klosterneuburgs (erstmalige Erwähnung um 800). Reiche und qualitätvolle Barockausstattung.

★ **Sammlung Essl** ⏲ – *An der Donau-Au 1*. 1999 eröffnete das von dem Tiroler Architekten Heinz Tesar konzipierte Ausstellungshaus für die Kollektion des Sammlerehepaars Essl: In dem eigens für die Sammlung von über 4 000 Kunstwerken errichteten Gebäude (Depot- und Schauräume, Skulpturenpark), das durch seine vielgestaltige Architektur beeindruckt, wird in wechselnden Ausstellungen Kunst nach 1945 mit einem Schwerpunkt auf österreichischer Malerei präsentiert. Das ohne jede öffentliche Förderung errichtete Privatmuseum gibt einen nahezu kompletten, einzigartigen Einblick in die österreichische Nachkriegs- und Gegenwartskunst und stellt sie in ihren internationalen Kontext.

## UMGEBUNG

**Kierling** – Westlich vom Stadtplatz durch die Kierlinger Straße gelangt man zu diesem Dorf, bekannt für sein ehemaliges Sanatorium, in dem **Franz Kafka** an Tuberkulose starb. Kleines Museum mit Erinnerungsstücken an den großen Schriftsteller.

# KREMS und STEIN★★

Niederösterreich

23 120 Einwohner

Michelin-Karte Nr. 926 – Falte 11 – Kartenskizze: DONAUTAL – 221 m

Am östlichen Ausgang der Wachau dehnt sich auf dem linken Donauufer **Krems** am Fuße von Lößhügeln aus, auf denen ein edler Wein gedeiht. Es bildet mit den eingemeindeten Orten *Stein* sowie *Und* eine Stadt, von der die Österreicher im Scherz sagen „Krems und Stein" sind drei Städte.
Der berühmte Maler Martin Johann Schmidt, gemeinhin **Kremser Schmidt** (1718-1801) genannt, lebte lange Jahre in Krems. Dieser Künstler hat für zahlreiche österreichische Klöster und Kirchen gearbeitet.

## KREMS

★ **Piaristenkirche** (**BZ**) – Diese originelle, die Altstadt beherrschende Kirche besteht aus einer sehr hohen dreischiffigen Halle und einem Hochchor. Langhaus und Chor besitzen schöne Netzrippengewölbe. Durch die sieben großen Glasfenster, die nahezu die ganze Südwand des Chores und des Langhauses einnehmen, flutet das Tageslicht in die Kirche und schafft eine Helle wie in keinem anderen österreichischen Gotteshaus.

Bei der Gestaltung des hallenförmigen, zwischen 1511 und 1515 errichteten Langhauses diente ganz offensichtlich der Wiener Stephansdom als Modell. Der Chor ist etwas älter; er wurde 1457 vollendet.

| | | |
|---|---|---|
| Bertschingerstr. | BY | 2 |
| Dr.-Dorrek-Str. | AY | 3 |
| Dominikanerpl. | BZ | 5 |
| Dreifaltigkeitspl. | BZ | 6 |
| Gartenaugasse | BZ | 9 |
| Gaswerkgasse | AY | 10 |
| Heinemannstr. | BY-BZ | 12 |
| Kreuzbergstr. | AY | 13 |
| Minoritenpl. | AZ | 15 |
| Neutorgasse | AZ | 17 |
| Obere Landstr. | BZ | 18 |
| Pfarrplatz | BZ | 20 |
| Philosophensteig | AY | 21 |
| Rathauspl. | AZ | 23 |
| Schürerpl. | AZ | 24 |
| Untere Landstr. | BZ | 26 |
| Wachtertorgasse | BY | 28 |

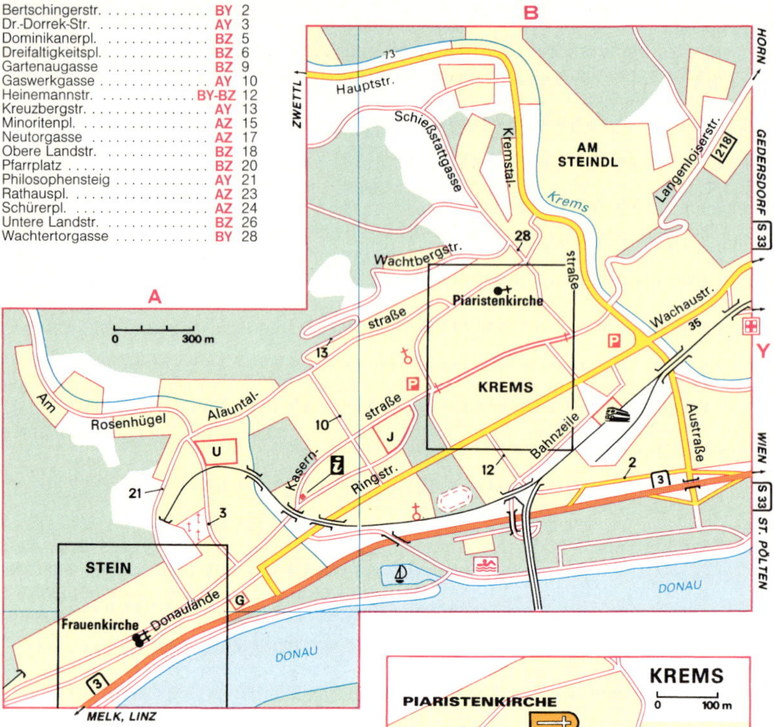

Die Hl.-Franz-Xaver-Kapelle (1640) ist den Jesuiten zu verdanken, denen das Gotteshaus 1616 anvertraut wurde. 1776 übergab es Maria Theresia samt Kolleg den Piaristen, die es bis heute betreuen. Das Fresko am Kapelleneingang (Tod des hl. Franz Xaver vor den Toren Chinas) stammt wie die großartige Himmelfahrt Mariä (1756) auf dem **Hochaltar** vom Kremser Schmidt. Weitere sechs Bilder dieses Künstlers zieren den Kirchenraum. Beachtenswert ist auch das **Chorgestühl**, in dem sich originelle Stilmerkmale der Frührenaissance mitten ins 17. Jh. hinübergerettet haben.

**Pfarrkirche** (BZ) – Ein frühbarocker, 1630 fertiggestellter Bau des italienischen Baumeisters Cyprian Biasino mit üppiger Innenausschmückung. Das Langhaus und Chorgewölbe wurden gegen Ende des 18. Jh.s von Martin Johann Schmidt mit Fresken geschmückt.

★ **Weinstadtmuseum** ◷ (BZ) – Das ehemalige Dominikanerkloster hat durch die letzte Restaurierung seine bauliche Einheit wiedergewonnen und bildet den überaus reizvollen Rahmen für dieses historische Museum, das mit großem Geschick und viel Geschmack konzipiert wurde.
Die Klostergebäude bilden ein Viereck um den Kreuzgang. Der Ostflügel, dessen Spitzbogengewölbe und Wimperge durch spätere bauliche Änderungen verborgen waren, ist in seiner ursprünglichen Form wiederhergestellt. Die einzelnen Säle sind Themen gewidmet, wie *Tafelfreuden, Handel und Handwerk, Bürgerstolz.*

Dabei wird natürlich dem Weinbau ein besonderer Stellenwert eingeräumt. Von großem Interesse ist eine kleine, eher unscheinbare Statuette in Raum 1, die **Fanny vom Galgenberg**★. Sie dürfte 32 000 Jahre alt sein und stellt Österreichs ältestes Kunstwerk und die weltweit einzige Frauendarstellung aus der Aurignac-Zeit dar. Die Kirche (13. und 14. Jh.) von schlichter, etwas herber Gotik, wie es die Bettelorden vorschrieben, weist einige bemerkenswerte Fresken aus dem 13. Jh. auf.

**Obere und Untere Landstraße** (**BZ 18, 26**) – Von Westen gelangt man durch das monumentale, von zwei Rundtürmen mit Kegeldächern flankierte Steiner Tor von 1480, über dem sich ein laternenbekrönter Barockturm erhebt, auf die Hauptachse des alten Stadtkerns von Krems, in der zahlreiche Renaissance- und Barockhäuser die Blicke auf sich ziehen.

**Bürgerspitalkirche** (**BZ**) – Die schlichte gotische Kirche ist das einzige Überbleibsel des alten Bürgerspitals, das im 15. Jh. an dieser Stelle errichtet worden war. Die Atmosphäre des einschiffigen, von einem Rippengewölbe gedeckten Gotteshauses lädt zur stillen Einkehr ein. Zu beiden Seiten des Hochaltars stehen zwei prächtige, vergoldete Schnitzfiguren, die Matthias Schwanthaler schuf.

## STEIN

Stein zieht sich auf einem schmalen Uferstreifen parallel zur Donau hin und wird im Norden von Weinbergterrassen begrenzt. Diese Lage, gepaart mit einer außerordentlichen alten Bausubstanz, trägt zum großen Reiz des Ortes bei. Aus dem Mittelalter und aus der Renaissancezeit haben sich die Stadtbefestigung und zahlreiche Häuser erhalten. So ist es eine einzige Freude, durch die Hauptsiedlungszeile, die Steiner Landstraße, und die sich zum Berg hochziehenden Gassen zu streifen.

★ **Alte Bürgerhäuser** – Entlang der **Steiner Landstraße**, die im Osten vom Kremser und im Westen vom Linzer Tor abgeschlossen wird und die sich an mehreren Stellen zu Straßenplätzen öffnet, stehen durchweg wohlerhaltene, stattliche Bürgerhäuser und Stiftshöfe. In der Regel 2- bis 3geschossig, zeugen sie vom Wohlstand der reichen Handelsstadt. Besonders die Häuser im westlichen Bereich der Straße, zwischen der Pfarrkirche und dem Reisperbach, warten mit aufwendigen Fassaden auf.

**Pfarrkirche St. Nikolaus** – Sie befindet sich in der Mitte der Stadt und prägt mit der dahinter gelegenen **Frauenkirche** die Stadtsilhouette. Ins Auge fällt der wuchtige Westturm mit seiner knappen, geschweiften Barockhaube. Deckenfresko und Altarbilder vom Kremser Schmidt.

**Ehemalige Minoritenkirche** – Die dreischiffige Pfeilerbasilika wurde 1264 geweiht, der Turm geht auf 1444 zurück. Von Bedeutung sind die **Fresken** aus dem 14. Jh. Im Chor zeigen sie eine Thronende Muttergottes mit Stifterfiguren. Sie wurde zur Kunsthalle umgewidmet.

**Göttweigerhof** – *Göttweigerhofgasse Nr. 7.* Der bereits 1286 als Hof erwähnte Komplex ist seit 1839 nicht mehr im Besitz des Stiftes Göttweig. Die **Kapelle** ist mit frühgotischen **Fresken** ausgemalt, die zwischen 1305 und 1310 entstanden und zu den bedeutendsten dieser Art in Österreich zählen.

## UMGEBUNG

★ **Kremstal** – *16 km – Man verläßt Krems auf der Kremstalstraße und der Straße nach Zwettl* (**AY**).
Am Ausgang der Stadt erreicht die Straße die Krems, und man fährt am linken, anschließend am rechten Flußufer entlang durch eine freundliche Landschaft, deren Lößhügel von Reben und Obstbäumen (Pfirsiche, Pflaumen, Aprikosen) terrassenartig überzogen sind.
Nach kurzer Fahrt taucht links die Kirche und die auf steilem Fels thronende Burgruine **Rehberg** sowie vor uns der gotische Kirchturm von **Imbach** auf.
Kurz hinter Imbach erblickt man auf einer Bergkuppe die stolze Burgruine **Senftenberg**. Hinter dem reizvollen Dörfchen Senftenberg verengt sich das Kremstal schluchtartig und wirkt viel rauher.

*In Untermeisling kehrt man wieder um.*

★ **Stift Göttweig** ⌚ – *6 km südlich von Krems auf der Straße nach St. Pölten* (**BY**).
Die Silhouette der hellen, auf einem Bergrücken quadratisch angeordneten und von Zwiebeltürmchen gegliederten Gebäude des Benediktinerstifts Göttweig wird jedem Besucher unvergessen bleiben. Wegen seiner auffallenden Architektur wird das Kloster in Anspielung auf das Mutterkloster der Benediktiner im italienischen

Stift Göttweig - Kaiserstiege

Cassino auch scherzhaft das „österreichische Monte Cassino" genannt. 1094 ließen sich die Benediktiner in dem 1083 durch den hl. Altmann gegründeten Augustiner-Chorherrenstift nieder. Nach dem großen Brand von 1718 hatte man nach Plänen von Johann Lukas von Hildebrandt mit der Errichtung der barocken Klosteranlage begonnen; sie wurde jedoch nie vollendet.

Die **Fassade**★ der Stiftskirche mit den zwei stumpfen Ecktürmen, der Vorhalle, den vier toskanischen Säulen und der Balustrade darüber könnte vielleicht eine Spur leichter sein, doch sollte man sich mit dem großartigen, theatralischen Eindruck begnügen. Das Kircheninnere ist mit reichem Rankenstuck ausgeschmückt. Mächtiger Hochaltar (1639) und Kanzel von dem Niederländer Hermann Schmidt, bemerkenswerter Orgelprospekt von 1703.

Im westlichen Trakt des Stiftes befindet sich die monumentale **Kaiserstiege**★ mit der *Apotheose Karls VI.*, einem Deckenfresko von **Paul Troger** (1739). Das Treppenhaus, 1739 von **Franz Anton Pilgram** vollendet und ein Meisterwerk an Eleganz und Großzügigkeit, zieht sich über drei Geschosse hin.

# KREMSMÜNSTER★

## Oberösterreich

Michelin-Karte Nr. 926 - Falte 21 - 8 km westlich von Bad Hall

In dem Hügelland, das sich zwischen den Vorbergen der Alpen und der Donau ausbreitet, überragt das hochgelegene und imposante Benediktinerstift Kremsmünster das Tal der Krems. Der von Osten kommende Tourist erblickt plötzlich die hohe Fassade der Stiftsgebäude, aus denen sich die beiden Kuppeltürme der Stiftskirche und zur Rechten der „Mathematische Turm" hervorheben.

Die Stiftsgründung geht auf die zweite Hälfte des 8. Jh.s zurück und wird dem Bayernherzog Tassilo III. zugeschrieben. Nach der Überlieferung soll Tassilos Sohn, Gunther, im Verlauf einer Jagd in den umliegenden Wäldern von einem Eber angegriffen und tödlich verwundet worden sein. Tassilo entschied, daß an dieser Stelle ein Kloster zu erbauen sei. Heute gehören der Ordensgemeinschaft etwa 80 Benediktinermönche an, die ein Gymnasium leiten und 26 Pfarreien in der Umgebung betreuen. Der heutige Anblick der Stiftskirche und der Stiftsgebäude wurde im 17. und 18. Jh. geprägt. Bedeutende Architekten - Carlo Antonio Carlone, Jakob Prandtauer - und bekannte Maler wie Altomonte und der „Kremser Schmidt" - wirkten bei der Barockisierung des Stifts mit.

### STIFT ⏲ *etwa 2 1/2 Std. für die vollständige Führung*

*Das Auto im 1. Hof des Stifts parken. Eintrittskarten im Klosterladen im ersten Stiftshof neben dem Fischbehälter.*

★ **Fischbehälter** - *Auch ohne Führung zugänglich.* Das von Carlone errichtete und 1690-1717 von Prandtauer vergrößerte Bauwerk verleiht dem Stift eine besondere Note. Seine 5 Becken werden von Säulen, Arkadengängen und wasserspeienden Statuen - Samson, David, Neptun, Triton - eingefaßt, die den eleganten italienischen Renaissance-Stil verkörpern.

**Stiftskirche** – Nur die Doppeltürme lassen auf eine Kirche schließen. Die im Kern romanisch-gotische Basilika wurde ab 1680 durch **Carlo Antonio Carlone** barockisiert. Reicher plastischer Stuckdekor umrankt die Gewölbefresken der drei Brüder Grabenberger. 12 Altäre tragen prächtig gerahmte Bilder. Die eigentliche Besonderheit sind jedoch die sie flankierenden 24 **Marmorengel.** Darunter befinden sich 16 besonders kunstvolle Skulpturen, die von Michael Zürn d. J. zwischen 1682 und 1686 geschaffen wurden.

Trumler/ÖSTERREICH WERBUNG

Stift Kremsmünster – Tassilokelch

★ **Stiftsgebäude** – Der **Kaisersaal** verdankt seinen Namen den Porträts der Kaiser des Hl. Römischen Reiches Deutscher Nation (von Rudolf von Habsburg bis Karl VI.), die Ende des 17. Jh.s von Altomonte ausgeführt wurden und die Wandfelder zwischen den Fenstern bedekken. Deckenfresken und Stukkaturen von außerordentlicher Feinheit schmücken diesen Prunksaal.
Der berühmte **Tassilokelch**★★★, eine Schenkung des Herzogs an die Mönche Ende des 8. Jh.s, wird in der Schatzkammer aufbewahrt. Er diente 765 als Hochzeitskelch bei der Vermählung des Herzogs mit der langobardischen Königstochter Luitbirg. Dieses kostbare Goldschmiedekunstwerk, das älteste im bayerisch-österreichischen Raum, besteht aus vergoldetem Kupfer, überzogen von Silberplättchen mit figürlichen Darstellungen im anglo-irischen Stil in Niello.
Die **Gemäldesammlungen** sind auf mehrere Säle im 2. Stock verteilt. Die 65 m lange **Bibliothek**★ verdient Beachtung: Sie birgt 165 000 Bände und scheint der Devise der Benediktiner Rechnung zu tragen, nach der eine Benediktinerabtei ohne Bücher ebenso undenkbar ist wie eine Burg ohne Waffensaal.

★ **Mathematischer Turm** – Die zwischen 1749 und 1758 erbaute, 50 m hohe Sternwarte wirkt sehr modern. In ihr sind die naturwissenschaftlichen Sammlungen (Paläontologie, Physik, Astronomie, Anthropologie und Zoologie) des Stifts untergebracht. Von der Turmspitze hat man einen weiten **Blick** bis hin zu den Alpen.

# KUFSTEIN

Tirol

14 500 Einwohner

Michelin-Karte Nr. 926 – Falte 18 – Kartenskizze: KAISERGEBIRGE – 499 m

Kufstein, die letzte österreichische Stadt im Inntal, wird von seiner gewaltigen, hoch auf einem Fels emporragenden Festung mit dem massiven „Kaiserturm" beherrscht. Das unweit gelegene Kaisergebirge *(s. dort)*, das man schnell und praktisch mit dem Sessellift „Wilder Kaiser" (Y) erreichen kann, hat dazu beigetragen, daß sich das Städtchen zu einem attraktiven, lebendigen Fremdenverkehrsort entwickelt hat.

**Stadtblick** (Z) – Die beste Vorstellung von der **Lage**★ der Festung Kufstein gewinnt man auf dem Heldenhügel, den ein Denkmal für den Tiroler Freiheitskämpfer Andreas Hofer krönt.

## DIE FESTUNG ⏲ (Z)

Kufstein ist, wie seine ruhmreiche Nachbarstadt Salzburg, stark von der hoch über der Stadt liegenden Feste geprägt.
Vom Unteren Stadtplatz aus begibt man sich, an der Kirche vorbei, zum Festungshof, wo sich der Spieltisch der Heldenorgel *(s. unten)* befindet. Von dort gelangt man über eine gedeckte Treppe unter dem Bürgerturm (dort können die Pfeifen der Heldenorgel besichtigt werden) hindurch in das Innere der Festungsanlage.

*Man kann auch mit dem Lift, der am Fuß des Felsens an der Inn-Promenade abfährt, hinauffahren.*

## KUFSTEIN

Hans-Reisch-Str. . . . . . . . . . . . . Z 2
Innbrücke . . . . . . . . . . . . . . . . . Z 4
Innpromenade . . . . . . . . . . . . . Z 5
Kaiserbergstr. . . . . . . . . . . . . . Y 7
Langkampfener Str. . . . . . . . . . Y 10
Madersperger Str. . . . . . . . . . Z 12
Marktgasse . . . . . . . . . . . . . . Z 14
Maximilianstr. . . . . . . . . . . . . Z 15
Neuhof . . . . . . . . . . . . . . . . . . Z 18
Oberer Stadtplatz . . . . . . . . . . Z 19
Otto-Lasne-Str. . . . . . . . . . . . Y 22
Praxmarerstr. . . . . . . . . . . . . Z 23
Römerhofgasse . . . . . . . . . . . Z 24
Schillerstr. . . . . . . . . . . . . . . Z 25
Stuttgarter Str. . . . . . . . . . . . Y 26
Südtiroler Platz . . . . . . . . . . Z 27
Thierseestr. . . . . . . . . . . . . . Y 28
Unterer Stadtplatz . . . . . . . . . Z 29
Willy-Graf-Str. . . . . . . . . . . . Y 30

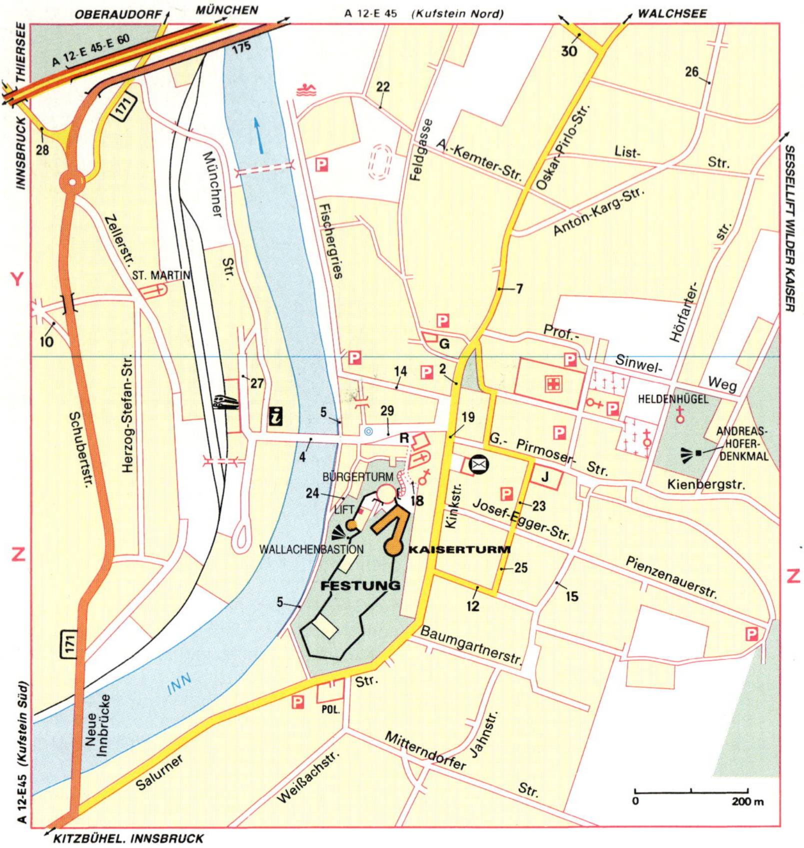


Durch ein Tor geht es rechts zum Tiefen Brunnen, der ca. 60 m bis zum Wasserspiegel des Inns hinunterreicht. Von dort gelangt man durch einen etwa 170 m langen unterirdischen Felsengang und die Pfauenschweif genannte Toranlage links zur Wallachen- und dann zur Carolibastion, die hoch über dem Inn, der bewaldeten Kuppe des Pendlings gegenüber, einen schönen **Aussichtspunkt**★ bildet.
Von hier aus schweift der Blick durch das Inntal bis zu den Kitzbüheler Alpen, links, und bei klarem Wetter zu den schneebedeckten Stubaier Alpen südwestlich von Innsbruck.

**Festungs- und Heimatmuseum** – Dieses Museum birgt eine Reihe von Sammlungen, die von Kufsteiner Heimatkundlern zusammengetragen wurden. Von besonderem Interesse sind die der Ikonographie der Festung gewidmeten Säle.

★ **Kaiserturm** – Dieses gewaltige Bauwerk, 1522 beendet, erhebt sich mit seinen bis zu 7 1/2 m dicken Mauern auf dem höchsten Punkt des Felsens. Im Innern ein mächtiger Mittelpfeiler, der sich zu einem Ringgewölbe erweitert. Diese Anordnung ist besonders gut vom 2. Stockwerk, wo die Führung beginnt, zu übersehen.
Im 3. Stock erinnern 13 Zellen an die Gefangenen, die hier im 19. Jh., als die Festung als Staatsgefängnis diente, eingekerkert waren.

**Heldenorgel** ⓥ – Die im Bürgerturm eingebaute Orgel wurde 1931 zum Gedenken an die Gefallenen des 1. Weltkrieges errichtet und 1971 auf 4307 Pfeifen und 46 Register erweitert. Damit ist sie die größte Freiorgel der Welt. Bei günstigem Wetter ist der Klang der Orgel (täglich um 12 Uhr, Anfang Juni bis Mitte Sept. außerdem 18 Uhr) mehrere Kilometer weit zu hören. Der Spieltisch und die Zuhörertribünen befinden sich im Neuhof am Fuße des Festungsberges.

## UMGEBUNG

**Schloß Mariastein** – *12 km südwestlich von Kufstein. Den Wagen im Talgrund lassen und das letzte Stück zu Fuß zum Schloß hinaufgehen.*
Im 14. Jh. wurde in einem stillen kleinen Tal, das parallel zum Inn verläuft, auf einem gewaltigen Felsblock ein fester Wohnturm errichtet, „Stein" genannt, der nach Erbauung der Gnadenkapelle zu dem bekannten Wallfahrtsziel Mariastein wurde. *Nach Überqueren des Schloßhofes die Turmtreppe hinaufsteigen.* Der Rittersaal im 2. Obergeschoß beherbergt das **Schloßmuseum** ⓥ (Zepter und Krone der Tiroler Fürsten, zahlreiche Exvoten usw.). In den oberen Stockwerken wurden zwei Kapellen übereinanderliegend eingerichtet. Die untere ist die noch spätgotische **Kreuzkapelle** (1550). Die obere im Barockstil ausgeschmückte **Gnadenkapelle** bietet wieder ihren früheren harmonischen Anblick, seit ihre Fenster wiederhergestellt und die im 19. Jh. angebrachten Verzierungen wieder entfernt worden sind. Das Gnadenbild, eine anmutige Muttergottes mit Kind, geht auf das Jahr 1450 zurück. Bevor man das Tal verläßt, sollte man auf die dem Schloß gegenüberliegenden Hänge steigen, um den Schloßturm zu bewundern, der sich vor dem Gipfelkamm des Kaisergebirges abhebt.

★ **Ursprungpaßstraße** – *Strecke über 25 km zwischen Kufstein und Bayrischzell (Deutschland). Kufstein auf der Thierseestraße im Nordwesten des Plans verlassen.*
Die Straße steigt nach Kufstein schnell im Waldgebiet an. Beim Verlassen des Inntals verliert man die Festung aus den Augen.

**Thierseetal** – Das grüne, mit Streusiedlungen durchsetzte Tal zieht sich nach dem Anstieg fast über den gesamten Streckenabschnitt auf österreichischer Seite hin. Der Passionsspielort **Thiersee** liegt an dem kleinen, gleichnamigen runden Bergsee über dem der bewaldete Bergrücken des Pendlings aufragt. Alle sechs Jahre finden hier Passionsspiele statt. Sie gehen auf ein Gelöbnis aus dem Jahr 1799, als der Ort von Kriegswirren verschont blieb, zurück *(siehe Veranstaltungskalender am Ende des Bandes).*
Eine Reihe von Erosionstälern und Schluchten gehen dem Ursprungpaß (849 m), der die Grenze markiert, voraus. Nach Überquerung des Sattels durchfährt man auf der deutschen Seite das dicht bewaldete **Ursprungstal**, in dem sich kaum Spuren menschlicher Besiedlung finden. In Bayrischzell unterhalb des Wendelsteins erreicht man die **Deutsche Alpenstraße**, die zwischen Lindau und Berchtesgaden verläuft *(Beschreibung im Grünen Michelin-Reiseführer Deutschland).*

# LAMBACH

Oberösterreich – 3 170 Einwohner

Michelin-Karte Nr. 926 – Falte 21 – 15 km südwestl. von Wels – 349 m

Seine günstige Lage auf dem linken Traunufer machte aus Lambach im Mittelalter, als die Traun noch nicht vom Traunsee ab *(s. Salzkammergut 2)* schiffbar war, einen wichtigen Umschlagplatz für das Salz, das in Säcken aus Hallstatt hierher befördert und in Richtung Wien und Böhmen verschifft wurde. Dazu kam das Ansehen und der weitreichende kulturelle Einfluß seines im 11. Jh. gegründeten Benediktinerstifts.

## ★ STIFT

Das reich verzierte **Portal** an der Westfassade (1693) ist ein Werk von Jakob Auer. Drei Statuen krönen das von vier Marmorsäulen getragene Gesims: Maria mit dem Kinde, umgeben vom Gründer des Stifts, dem hl. Adalbero, und dem hl. Kilian. 1056 beschloß Adalbero, Graf von Wels-Lambach und Bischof von Würzburg, die Burg von Lambach in ein Benediktinerstift umzuwandeln. Bischof Adalbero wurde von Kaiser Heinrich IV., welcher mit Papst Gregor VII. den Investiturstreit austrug, mehrmals aus seinem Bistum vertrieben. Auf seinen Reisen im Kirchenstaat, in Venetien und der Lombardei, lernte er das italienisch-byzantinische Fresko kennen und lieben, mit dem er die Stiftskirche schmücken ließ.

**Stiftskirche** ⓥ – Im 17. Jh. wurde die Kirche im Barockstil umgestaltet. Dabei gab man den romanischen Chor und das Querhaus im Westen zugunsten einer Ausrichtung nach Osten auf. Der Chor wurde damals abgerissen; das Querschiff blieb jedoch außerhalb des eigentlichen Gotteshauses stehen, denn es diente als Sockel für die Türme. Seine Mauern mußten sogar verdoppelt werden, da sie aufgrund der beträchtlichen Erhöhung der Türme – man schätzt ihr Gewicht auf 900 t – ganz neue Lasten zu tragen hatten. So kam es, daß die berühmten Lambacher Fresken mehr als zwei Jahrhunderte lang verborgen blieben und nicht irgendwelchen Neuerungen zum Opfer fielen.

★★ **Romanische Fresken** (11. Jh.) – Diese Fresken (1967 restauriert) sind einmalig in Österreich. Man geht davon aus, daß sie zum Zeitpunkt der Konsekration der Stiftskirche im Todesjahr des hl. Adalbero (1090) fertiggestellt waren.

Stilistisch und thematisch sind die Wandmalereien weit mehr vom Formenkanon der byzantinischen als von den Traditionen der Westkirche beeinflußt. Inmitten einer überreichen Ikonographie kristallisiert sich die alles überragende Szene in der Zentralkuppel heraus: **Maria mit dem Kinde, umgeben von zwei Hebammen.**
Diese ungewöhnliche Darstellung will uns vielleicht sagen, daß das Jesuskind auf ganz normalem Weg zur Welt gekommen ist. Links die Hl. Drei Könige, die ihre Opfergaben darbringen. Die Fresken in dem südlichen Kuppelgewölbe sind nicht so einfach zu lesen: Dargestellt sind Jerusalem und der Palast des Herodes mit den Hl. Drei Königen, die auf die drängenden Fragen des um seine Macht bangenden Monarchen Antwort geben. In der großen Zahl an Szenen, die mit dem Leben des Herodes zu tun haben, kann man vielleicht eine Verbindung zum Investiturstreit zwischen dem Kaiser, der weltlichen Macht, und dem Papst, der geistlichen Macht, sehen. Was die Maltechnik betrifft, so handelt es sich, wenn auch hier und da „Secco"-Elemente (Malerei auf trockenem Kalk) hinzugefügt worden sind, im allgemeinen um „Fresko"-Malerei (Malerei auf feuchtem Kalk).

**Klostergebäude** – Drei Gebäudekomplexe bilden die Klosteranlage, der erste gruppiert sich nördlich der Kirche um den Kreuzgang, der zweite hufeisenförmig um den Stiftshof, der dritte um den rechteckigen Konventgarten. Im Westflügel dieses „Neuer Konvent" genannten Teils befindet sich die barocke **Stiftsbibliothek** mit Freskogemälden von Melchior Seidl.
Der Nordflügel beherbergt im Erdgeschoß das **Refektorium**, einen wohlproportionierten Saal mit vorzüglicher Stuckdekoration von Diego Francesco Carlone und Fresken von Wolfgang Andreas Heindl. Auch das darüberliegende **Ambulatorium** weist schöne Stuckarbeiten auf.

★ **Kleines Theater** – Kloster Lambach besitzt ein kleines Stiftstheater, das einzige noch erhaltene in Österreich. Die Bühne stammt aus dem Jahre 1769. Am 23. April 1770 macht **Marie Antoinette** mit ihrer Mutter und Gefolge auf ihrer Fahrt nach Frankreich, wo sie den künftigen König Ludwig XVI. heiraten soll, in Lambach halt. Ihr zu Ehren führt man aus gegebenem Anlaß das Theaterstück „Der kurzweilige Hochzeitsvertrag" auf. Es heißt, die junge Österreicherin – sie war damals gerade fünfzehn Jahre alt – habe so laut gelacht, daß man sie tadelte, es sei der künftigen Königin Frankreichs nicht angemessen, sich so ungehemmt zu amüsieren.
Auch der Name **Mozarts** ist mit dem Stift verbunden. Er soll bei einem Aufenthalt im Kloster seine **„Lambacher Symphonie"** geschrieben haben.

## ★ PFARR- UND WALLFAHRTSKIRCHE STADL-PAURA

*2 km. Man verläßt Lambach in südlicher Richtung. Die Traun überqueren und 500 m weiter rechts zur Kirche abbiegen.*

Die **Dreifaltigkeitskirche** von Stadl-Paura geht auf ein Gelübde zurück. Der Abt Maximilian Pagl hatte 1713, als im ganzen Land die Pest wütete, gelobt, eine der Heiligen Dreifaltigkeit geweihte Kirche zu errichten, wenn die Gegend von der Pest befreit würde. So entstand zwischen 1714 und 1725 eine der originellsten Barockkirchen Österreichs.
Alles ist Symbol in diesem Werk des Linzer Baumeisters Johann Michael Prunner. Der Glaube an den dreieinigen Gott spiegelt sich im Grundriß des Baus wider: In ein aus den drei Chören gebildetes gleichschenkliges Dreieck ist im Innern ein kreisförmiges Kirchenschiff eingebettet. Dieses theatralisch-logische Spiel mit der Architektur wird konsequent, ungeachtet liturgischer Zwänge, fortentwickelt, und so findet man die Dreizahl in den drei Fassaden, drei Portalen, drei Altären, drei Orgelemporen, drei Sakristeien und in weiteren Bauelementen wieder. Kuppelfresken und Altarbilder von Carlo Antonio Carlone, Martin Altomonte und Domenico Parodi.

H. Wiesenhofer/ÖSTERREICH WERBUNG

Dreifaltigkeitskirche von Stadl-Paura

# LECH***

## Vorarlberg

1 270 Einwohner

Michelin-Karte Nr. 926 – Falte 28 – Kartenskizzen: ARLBERGGEBIET – 1 447 m

Lech ist unbestreitbar der schönste Ferienort in den österreichischen Bergen und einer der wenigen Orte in den Nordalpen, dem es gelang, sich als internationaler Wintersportort einen Namen zu machen. Dieses Niveau erlangte Lech aufgrund seines Zusammenschlusses mit den Nachbarorten **Zürs**** *(s. dort)* und **St. Anton**** *(s. dort)*, durch den das Skigebiet selbst höchsten Ansprüchen gerecht wird. Einen Namen machte sich Lech vor allem dadurch, daß hier auf Qualität statt auf Quantität gesetzt wird. Bei den touristischen Infrastrukturen wurden Superlative bewußt vermieden, um Umwelt und Natur zu schützen.

Daher umfassen die Unterbringungskapazitäten nur knapp 7 000 Betten und damit 3- bis 6mal weniger als das Angebot in den anderen genannten großen europäischen Wintersportorten. Die Unterkunftsmöglichkeiten liegen weit verstreut und bestehen im wesentlichen aus Hotels und Familienpensionen der gehobenen Klasse. Beim Après-Ski setzt Lech auf Lebenskunst: Exklusive Boutiquen, elegante Cafés, Feinschmecker-Restaurants, kulturelles Angebot.

Auch im Sommer hat der Ort, in dem es dann weitaus ruhiger zugeht, einiges zu bieten. Zwar gibt es hier kein grandioses Panorama, aber die Umgebung mit ihren saftigen, grünen Weiden ist ausgesprochen erholsam. Die Gegend eignet sich besonders für Wanderungen *(s. unten)* und Mountain-Bike-Touren (vor allem im Formarin- und Spulertal). Eine der Hauptattraktionen von Lech ist das 1 200 qm große Freibad, das besonders schön inmitten von Wäldern gelegen ist. Und am Formarin-, Spuller- und Zürssee sowie am Zugweiher kommen auch Angelfreunde auf ihre Kosten *(Auskünfte zum Erhalt des Angelscheins erteilt die Lech-Information)*.

## * DIE LAGE

Die Gemeinde Lech mit einer Fläche von 90 km² liegt auf einer Hochebene (1 444-1 717 m). Die saftigen Almen und der Waldbestand bis auf 1 800 m werden von mächtigen Kalkmassiven überragt (Mohnenfluh und Braunarlspitze im Norden, Rote Wand im Westen, Schafberg und Omeshorn im Süden, Rüfispitze im Osten). Obgleich der Ort durch die schwierige Anfahrt und die Steilhänge von Omeshorn und Rüfikopf einen unleugbaren Gebirgscharakter erhält, bietet Lech keine Hochgebirgslandschaften. Keiner der umliegenden Gipfel ist höher als 2 700 m; auch Gletscher sucht man vergebens.

Das Dorf zieht sich am Lech entlang. Der Dorfkern liegt am Kreuzungspunkt mit dem Zürstal. Mit Ausnahme seiner **Pfarrkirche**, die 1390 gebaut wurde und deren Chor mit reicher gotischer Freskenmalerei geschmückt ist, einiger Bauernhäuser aus der Zeit der Walser (Haus Anger Nr. 19) und des Gerichts im Weißen Haus (16. Jh.) gegenüber dem Hotel Krone sind Lech nur wenig Erinnerungen an seine Vergangenheit geblieben.

Etwas höher liegt **Oberlech** (Höhe 1 700 m) am Hang des Kriegerhorns. Der von der Sonne verwöhnte Ortsteil bietet ausgezeichnete Schneeverhältnisse und freie Aussicht. Im Winter ist das autofreie Oberlech nur mit der Seilbahn zu erreichen.

Gritscher/ÖSTERREICH WERBUNG

Das Ortszentrum von Lech

Die Hotels sind dank einem unterirdischen Tunnelnetz, das mit Elektrofahrzeugen befahren wird, mit der Oberlech-Bahn und einem Waren-Umschlagterminal verbunden.
Für Urlauber, die Ruhe abseits vom Trubel des Ferienortes und des Skigebietes suchen, sind die Weiler Zug im Westen und Stubenbach im Osten ideal.

## DAS SKIGEBIET

Das **Skigebiet am Arlberg*****, zu dem von Norden nach Süden die Orte Lech, Zürs, Stuben und St. Anton am Arlberg gehören, ist das größte und vielseitigste Österreichs. Es bietet über 200 km präparierte und 200 km nicht präparierte Pisten, zu denen 86 Lifte führen. Skiverbindungen bestehen zwischen Lech und Zürs sowie zwischen Stuben und St. Anton. Von Zürs nach Stuben oder St. Anton gelangt man jedoch nur mit dem zwischen den Orten verkehrenden Bus.
Das eigentliche **Skigebiet*** von Lech verteilt sich auf zwei Massive. Der größte Teil der Pisten konzentriert sich auf das Kriegerhorn und das Zuger Hochlicht (1 450-2 377 m). Die Schneesicherheit und die sanften Hänge garantieren ein angenehmes, entspanntes Skivergnügen. Versuchen sollte man sich vor allem an der Mohnenmähderpiste (sehr leicht) und der Steinmähderpiste (mittlerer Schwierigkeitsgrad). Erfahrene Skifahrer ziehen den gegenüberliegenden Rüfikopf vor (1 450-2 362 m). Er ist der Ausgangspunkt für zwei Tiefschneestrecken (Langerzug und Tannegg), die in Begleitung eines Skilehrers befahren werden können.
Urlauber sollten aber auch die Skigebiete von Zürs und St. Anton erkunden, die zahlreiche zusätzliche Möglichkeiten bieten.

## MIT SKILIFT UND SEILBAHN ERREICHBARE AUSSICHTSPUNKTE

★★ **Zuger Hochlicht** - 2 377 m. *Im Winter nur für Skifahrer in 1 1/2 Std. hin und zurück erreichbar. Nacheinander die Sessellifte Schlegelkopf und Kriegerhorn nehmen, dann die Mohnenfluh-Seilbahn. Im Sommer Möglichkeit, den Petersboden-Sessellift* ⓥ *ab Oberlech zu benutzen und dann die Zuger-Hochlicht-Tour über den Mohnenfluhsattel und den Butzensee zurückzulegen (2 1/4 Std. zu Fuß hin und zurück).*
Vom Kriegerhorn (Höhe 2 173 m) bietet sich nach Westen eine weite Sicht auf das Zugertal mit der Roten Wand im Hintergrund, und im Norden auf das Skigebiet am Zuger Hochlicht, umrahmt von Braunarlspitze und Mohnenfluh. Im Süden liegt das Zürstal, das von der majestätischen Rüfispitze und der schroffen Roggspitze beherrscht wird.
Vom Zuger Hochlicht schöner **Rundblick**★★ über die Arlberg-Region, die Lechtaler Alpen und den Rätikon (bemerkenswert ist vor allem der Gipfel der Drei Türme). Ein Rundum-Panorama erschließt sich vom Gipfel, der vom linken äußersten Ende der Seilbahn-Station in wenigen Minuten zu erreichen ist. Weiter unten ist die Hochtannberg-Paßstraße zu sehen.

★ **Rüfikopf** ⓥ - 2 362 m. *Auffahrt mit der Seilbahn.* Schöner Gesamtblick auf den Ferienort und das Skigebiet von Lech, das am Fuß der felsigen Gipfel von Mohnenfluh und Braunarlspitze gelegen ist. Der Rüfikopf ist Ausgangspunkt für die Fahrt nach Zürs auf Skiern.

## AUSFLÜGE

Die Lechtaler Alpen bieten mit 200 km markierten Wegen zahlreiche Spazier- und Wandermöglichkeiten.

★ **Ausflug zum Spullersee** - *Anfahrt mit dem Bus (Haltestelle vor der Post; Abfahrtszeiten beim Fremdenverkehrsamt erfragen). Man kann seinen Wagen in der Tiefgarage Anger gegenüber der Post abstellen, die im Sommer kostenlos ist. Etwa 1/2 Std. Vor 9 und nach 15 Uhr kann die mautpflichtige Strecke auch mit dem eigenen Pkw zurückgelegt werden.*
Sehr schöne **Strecke**★ in einer bezaubernden, sehr grünen Landschaft. Auf der Höhe der Mautstation beachte man links das städtische Waldschwimmbad. Dann durchquert man das hübsche Dorf Zug sowie von Fichten- und Lärchenwäldern gesäumte ausgedehnte Almen, durch die sich der Spullerbach windet.
Schließlich erreicht man nach einer ausgeprägten Steilstrecke den **Spullersee**★, der in 1 827 m Höhe in herrlicher Lage in einem Gebirgskessel liegt. Die wichtigsten Gipfel sind die Plattnitzer Spitze und die Rohnspitze im Süden, die Wildgrubenspitze im Osten und der Spuller Schafberg (2 679 m) sowie der Pfaffeneck im Norden.

★ **Ausflug zum Formarinsee** - *Anfahrt mit dem Bus. Die erste Hälfte dieser Strecke ist mit der zum Spullersee identisch. 1/2 Std. Busfahrt und 10 Min. zu Fuß bergab (auf einem guten Weg).*
Der Formarinsee (1 789 m) liegt am Fuß der Roten Wand (2 704 m).

★★ **Wanderung vom Formarin- zum Spullersee** – *4 Std. anstrengender Fußmarsch, bei dem zum Teil Vorsicht geboten ist. Höhenunterschied: ca. 600 m. Bergschuhe sind unerläßlich. Bei Nebel oder feuchtem Boden ist dieser Ausflug gefährlich.*
Den zum Formarinsee fahrenden Bus nehmen. Bei der Ankunft in 1 871 m Höhe nicht zum See hinuntergehen, sondern einem leicht ansteigenden Weg nach links folgen (gelbe Markierung). Der direkt am Hang entlangführende, von Alpenrosen gesäumte Weg bietet schöne Ausblicke von oben auf den Formarinsee, bevor man die **Freiburger Hütte** erreicht.
Dann den Pfad Nr. 601 in Richtung Ravensburger Hütte einschlagen (rote Markierung). Nach einer halben Stunde leichten Aufstiegs in Richtung Formaletschmassiv überquert man das malerische Karstplateau **Steinernes Meer** (Vorsicht! Nicht vom Weg abkommen).
Man erreicht wieder einen richtigen Pfad, der in sehr steilen Windungen zum **Gehrengrat** führt. In diesem Gebiet halten sich häufig Gemsen und Steinböcke auf. Man genießt herrliche Blicke auf die Verwallgruppe, das Klostertal und den Rätikon. Vom Gipfel führt ein sehr steiler Pfad in 1 1/2 Std. zum Spullersee hinab (in Richtung Ravensburger Hütte, manchmal mit „RH" abgekürzt, gehen). Sobald man den See erreicht hat, nach links abbiegen. Nach etwa 5 Min. erreicht man die Haltestelle des Busses, mit dem man nach Lech zurückfahren kann.

# Oberes LECHTAL

Vorarlberg und Tirol

Michelin-Karte Nr. 926 – Falten 15, 16 und 28

Oberhalb von Reutte verläuft das Lechtal auf 60 km, tief eingeschnitten zwischen den Allgäuer und den Lechtaler Alpen, parallel zum Inntal. Das fast terrassenlose und daher ziemlich dünnbesiedelte Tal präsentiert sich außerordentlich gleichförmig. Wegen der kargen Erträge der heimischen Landwirtschaft suchten viele Lechtaler Arbeit fern der Heimat und kehrten erst im Alter, zum Teil vermögend, in ihre Dörfer zurück. Dort errichteten sie sich stattliche Häuser, die mitunter sehr qualitätvolle Fassadenmalereien aufweisen.

## VON WARTH NACH REUTTE *61 km*

*Gewöhnlich dauern die Straßensperren wegen Lawinen zwischen Warth und Steeg nicht länger als drei Tage. Im Winter ist es im allgemeinen nicht möglich, von Lech nach Warth zu fahren.*

Zwischen Warth und **Steeg** passiert die Straße eine Folge von Schluchten. In der herben Wald- und Felsenlandschaft führt sie an Berghängen, zu deren Füßen der Lech braust, entlang. In den Dörfern **Hägerau** und **Holzgau**, die man nach Steeg erreicht, mehrere Häuser mit besonders schönen Lüftlmalereien, die Schülern der Reutter Malerfamilie Zeiller *(s. unten)* zu verdanken sind.

**Elbigenalp** – Die Tradition der Tiroler Holzschnitzerei ist hier noch sehr lebendig (Schnitzschulen). Im Ortsteil Untergiblen wurde 1768 der Maler **Joseph Anton Koch** geboren, der für seine „heroischen Landschaften" bekannt ist und unter den

M. Hertlein/MICHELIN

Elbigenalp – Deckenfresko in St. Nikolaus

Deutsch-Römern eine herausragende Stellung einnahm. Elbigenalp ist aber auch der Geburtsort der Kunstmalerin Anna Stainer-Knittel (1841-1915), die unter dem Namen der „**Geierwally**" als Roman-, Bühnen- und Filmgestalt Berühmtheit erlangte.

**Pfarrkirche St. Nikolaus** – Die am Ortsrand gelegene, von Friedhofsmauern umgebene Kirche gilt mit ihrem spitzen Turm als Wahrzeichen des oberen Lechtals. Der barocke Kirchenraum strahlt mit dem Freskenschmuck (1776) von Johann Jakob Zeiller *(s. unten unter Reutte)* eine helle, heitere Wirkung aus. Neben der Kirche steht die kleine Martinskapelle, die mit Fresken aus dem 15. Jh. und einer Bildertafel, den Totentanz darstellend, ausgeschmückt ist. Es handelt sich um ein volkstümliches Werk aus dem 19. Jahrhundert. Verschiedene Szenen daraus wurden in den Nischen der Friedhofsmauer vergrößert wiedergegeben. Die Krypta der Kapelle dient als Beinhaus.

Nach Elbigenalp öffnen sich rechts der Straße reizvolle Quertäler in den Lechtaler Alpen: bei **Häselgehr** das Gramaiser Tal, bei **Elmen** das Bschlaber Tal und bei **Stanzach** das Namloser Tal. Im letzten Teil der Stecke nach Stanzach fließt der Lech in einem relativ breiten Flußbett dahin, das mit ausgedehnten Kieselbänken durchsetzt ist.

**Reutte** – Die Marktgemeinde ist Hauptort sowie Wirtschaftszentrum des Bezirks Außerfern. Im Sommer ist Reutte, das in 854 m Höhe und unweit des Gebirges liegt, Ausgangspunkt zahlreicher Wanderungen. Skifahrer wissen die gute sportliche Infrastruktur zu schätzen und suchen das Städtchen gern im Winter auf. Außerdem ist der Ort die Heimat der bekannten Tiroler Malerfamilie Zeiller, deren barocke Fresken im süddeutschen Raum und in Tirol vor allem Kirchenräume schmücken. Bedeutendstes Mitglied der Dynastie ist **Johann Jakob Zeiller** (1708-1783), als dessen Hauptwerke die Fresken der bayrischen Benediktinerstifte Ettal und Ottobeuren (zusammen mit seinem Cousin Franz Anton Zeiller) gelten. In Reutte selbst werden ihm die Fassadenmalereien am „Grünen Haus" (Untermarkt 25) und am „Schönen" oder Zeiller-Haus (Untergsteig 1) zugeschrieben.

**Heimatmuseum** ⓥ – *Im Grünen Haus.* Schwerpunkt der Sammlung sind Werke der Malerfamilie Zeiller und ihrer Schüler sowie Geschichte und Brauchtum des Bezirks.

*Sie helfen, diesen Reiseführer weiter zu verbessern, wenn Sie Ihre Kritik und Berichtigungen bzw. Anregungen und Ideen an folgende Adresse richten:*

*Michelin Reifenwerke KGaA*

*Reise-Verlag*

*Redaktion Der Grüne Reiseführer*

*Postfach 21 09 51*

*D-76159 Karlsruhe*

*oder uns einfach eine E-Mail schreiben: DerGrueneReisefuehrer@de.michelin.com*

# LEOBEN

Steiermark

32 010 Einwohner

Michelin-Karte Nr. 926 – Falte 23 – 541 m

Leoben, dessen Name auf die slawische Wurzel „liub" (lieb, schön) zurückgeht, ist Sitz einer bekannten Montanuniversität und seit dem Mittelalter Zentrum der steirischen Eisenindustrie. Dank der Nähe des Erzbergs *(s. Eisenerz)* konnte sich in Donawitz im Nordwesten eine bedeutende Hüttenindustrie entwickeln. Der industrielle Charakter der Vororte Leobens bildet einen auffallenden Kontrast zu der alpinen Bergwelt, die den Talkessel, in dem sich die Stadt erstreckt, umgibt.

Am 18. April 1797 schloß Napoleon, der sich mit seiner Italienarmee bis ins Murtal vorgekämpft hatte, in Leoben mit Österreich einen Vorfrieden, der dem Vertrag von Campo Formio vorausging. Doch die späteren Franzosenkriege ließen Leoben nicht unbehelligt und kulminierten 1809 in der Schlacht von St. Michael.

## SEHENSWÜRDIGKEITEN

**Altstadt** – Die stattlichen Häuser am **Hauptplatz** künden noch vom Wohlstand der einstigen Eisenverleger, so das Eckhaus zur Homanngasse und das rote **Hacklhaus** mit seinem plastischen Schmuck, das 1680 entstand. Die Pestsäule mit der Dreifaltigkeitsgruppe und den Heiligenfiguren wurde 1717 errichtet.

Schöne, alte Häuser finden sich in der Dominikaner- und der Homanngasse. Die einstige Stadtbefestigung, oft verbaut und in Gebäude integriert, ist vor allem der Mur entlang erhalten. Hier erhebt sich auch der 1616 erbaute **Schwammerlturm**, der seinen Namen dem pilzartigen Aussehen seines Daches verdankt. Der Freimannsturm in der Glacisgasse stammt aus der Zeit um 1480.

★ **Stadtpfarrkirche St. Xaver** ⓥ – Sie zeugt von dem einst mächtigen Jesuitenkolleg, das 1613 nach Leoben gerufen wurde. Der frühbarocke Bau aus den Jahren 1660-1665 wird dem Architekten Pietro Francesco Carlone zugeschrieben und hat eine durch Pilaster und Gesimse gegliederte und von zwei Türmen eingefaßte Fassade. Über dem Portal mit Sprenggiebel sieht man eine Statue des Asienmissionars Franz Xaver, begleitet von Indianern im Federschmuck.
Das Innere der Wandpfeilerkirche besticht durch eine schlichte Architektur, von der sich umso mehr die vollständig erhaltene **Einrichtung**★ aus der Zeit um 1670 abhebt, die in Schwarz- und Goldtönen schwelgt. Sie ist im sogenannten „Knorpelwerkstil" gehalten, der für das jesuitische Barock in Österreich charakteristisch ist. Der reich vergoldete Hauptaltar mit seinen gedrehten Säulen füllt die ganze Chorwand aus und trägt ein Bild des hl. Franz Xaver in der Glorie, das dem deutschen Künstler Johann Heinrich Schönfeld zu verdanken ist, der auch für den Salzburger Dom gearbeitet hat. Die Kanzel zeigt die vier Evangelisten und eine Salvator-Mundi-Statue über dem Schalldeckel. Der plastische Schmuck der Kanzel wie auch der sechs Seitenaltäre dürfte aus der Werkstatt des Ägidius Meixner stammen.

**Kirche Maria am Waasen** – Nahe der Murbrücke erhebt sich im Westen der Stadt die gotische Waasenkirche. Bemerkenswert sind die Glasmalereien im Chor (15. Jh.), die einen Apostelzyklus, die Krönung Mariä und Szenen aus dem Leben und der Passion Christi darstellen.

**Stift Göss** ⓥ – Die Bauten des vor gut 200 Jahren aufgehobenen Benediktiner-Nonnenstiftes beherbergen heute die berühmte Gösser Brauerei. Zu besichtigen ist die **Kirche** aus dem Anfang des 14. (Chor) bzw. des 16. Jh.s (Langhaus). Man bemerke die mächtigen Pfeiler, von denen die beiden vorderen schraubenartig gedreht sind und auf sternförmigem Grundriß ruhen. Die Einrichtung stammt aus der Josephinischen Zeit. Die frühromanische **Krypta** kann nur bei Führungen besichtigt werden.
Eine schöne Steinmetzarbeit zeigt das **Südportal**★ von 1520.

# LIENZ

Tirol

11 700 Einwohner

Michelin-Karte Nr. 926 – Falte 32 – 678 m

Lienz, überragt von den wildzerrissenen Felsen der Dolomiten, volkstümlich „Unholde" genannt, liegt am Südende der Großglockner- und Felbertauernstraße. Ein lebhafter Durchgangsverkehr herrscht im Sommer in der Bezirkshauptstadt Osttirols, die von 1919, als das Pustertal zu Italien kam, bis zur Eröffnung des Felbertauerntunnels 1967 praktisch ganz von Nordtirol und der tirolischen Landeshauptstadt Innsbruck abgeschnitten war. Seit dem 16. Jh. bildet das „Tiroler Tor", eine Talenge der Drau 15 km flußabwärts von Nikolsdorf und Oberdrauburg, die natürliche Grenze zwischen Kärnten und Osttirol.

## SEHENSWÜRDIGKEITEN

**Schloß Bruck und Regionalmuseum Osttirol** ⓥ – Diese mittelalterliche Burg war Sitz der Grafen von Görz-Tirol, die Ländereien von den Tauern bis nach Istrien besaßen. Als das Geschlecht im Jahre 1500 ausstarb, gelangten die Burg und alle Besitzungen an das Haus Habsburg, was dessen Politik der Expansion Richtung Süden neuen Auftrieb gab.
Das heute im Schloß untergebrachte Regionalmuseum birgt Ausgrabungsfunde aus der Umgebung von Lienz, volkskundliche Sammlungen, Gemälde u. a. m.
Den Rittersaal überspannt eine bemalte romanische Balkendecke, die noch aus der Erbauungszeit stammt. Auch in der doppelgeschossigen Schloßkapelle mit gotischem Spitzbogengewölbe (15. Jh.) sind noch Fresken von 1495 erhalten. Im Untergeschoß ist das sogenannte Görzer Altärchen aus der Schule Michael Pachers zu sehen.
Die bedeutende **Albin-Egger-Lienz-Galerie** gibt einen Überblick über das Lebenswerk dieses Künstlers (1868-1926), der für seine Bilder gern das Tiroler Land und seine Bewohner zum Vorbild nahm und deshalb auch der „Bauernmaler Tirols" genannt wird. Sein kraftvoller, klarer Stil erinnert an die Werke Ferdinand Hodlers.
Auch Gemälde zeitgenössischer Maler werden in dem Museum ausgestellt.

In der vorgeschichtlichen und römischen Abteilung sehen wir Ausgrabungsfunde, größtenteils aus Arguntum und Lavant-Kirchbichl. Die Ruinenfelder liegen beiderseits der Drau im Osten der Stadt und sind vor allem für Freunde der Archäologie interessant.

**Hauptplatz** - Im Sommer vermittelt der Platz mit seinem Palmen- und Blumenschmuck und den Caféterrassen geradezu südländisches Flair. Das Rathaus, die von den Grafen von Wolkenstein Anfang des 17. Jh.s errichtete Liebburg, setzt mit den beiden Rundtürmen einen markanten Akzent. Die Ostseite des Platzes wird von der Antoniuskirche abgeschlossen, einem reizvollen Barockbau von 1660, der heute der in Lienz ansässigen orthodoxen Glaubensgemeinschaft der Kosaken dient.

**Pfarrkirche St. Andrä** - Die Kirche besteht aus einem spätgotischen Langhaus und einem Chor aus dem 18. Jh. Bei ihrer Restaurierung im Jahre 1968 wurden Wandmalereien aus dem 14., 15. und 17. Jahrhundert freigelegt.
Die **Orgel**, 1618 von dem Passauer Meister Andreas Putz geschaffen, ist eine der ältesten Österreichs. Der Renaissance-Prospekt stammt aus einer Brixner Werkstatt und ist nahezu original erhalten.
Unter der Empore liegen die herrlichen **Grabsteine**★ aus Salzburger Marmor des letzten Görzer Grafen Leonhard (1506-1507) sowie Michael von Wolkensteins (mit seiner Gemahlin Barbara von Thun dargestellt, 1510), des späteren Schloßherrn.
Innerhalb der ehemals bewehrten Friedhofsmauern steht das von Arkaden eingerahmte **Bezirkskriegerdenkmal**, eine 1924-1925 von Clemens Holzmeister errichtete Kapelle. Albin-Egger-Lienz, dessen Grab sich hier befindet, hat den vierteiligen Gemäldezyklus geschaffen, der wegen seiner anklagenden Aussage starken Kontroversen ausgesetzt war und vorübergehend sogar die Schließung der Kapelle zur Folge hatte. Selten ist das Grauen des Krieges so eindringlich geschildert worden. *Schlüssel zur Kapelle in Pfarrgasse Nr. 13 erhältlich.*

## AUSFLUG

★ **Pustertaler Höhenstraße** - *Ca. 30 km. Lienz über die Bundesstraße 100 verlassen. Am Ortsende von Leisach nach rechts Richtung Bannberg einbiegen und der Ausschilderung „Pustertaler Höhenstraße" folgen.* Die kaum befahrene Höhenstraße ist jedem zu empfehlen, der die Gegend genießen möchte. Die weit oberhalb des Talgrundes verlaufende Straße eröffnet immer wieder schöne Blicke auf die Lienzer Dolomiten, die sich auf der linken Seite entlangziehen; kleine Weiler zaubern mit ihren schindelgedeckten Bauernhöfen und Kirchen farbige Tupfer in die saftiggrüne Landschaft. Nach **Kosten**, wenn die Straße eine nordwestliche Richtung nimmt, erscheinen kurz die Gipfel der Defereggег Alpen im Blickfeld.

### LIENZ

| | | | | | |
|---|---|---|---|---|---|
| Albin-Egger-Straße | 2 | Grafendorferstraße | 6 | Muchargasse | 15 |
| Andrä-Kranzgasse | 3 | Haugerplatz | 7 | Patriasdorferstraße | 16 |
| Emanuel-von-Hibler-Str. | 4 | Hauptplatz | 8 | Rosengasse | 17 |
| | | Johannesplatz | 10 | St. Michaelsgasse | 18 |
| | | Kärntner Str. | 12 | Schweizergasse | 20 |
| | | Messinggasse | 13 | Südtirolerplatz | 21 |

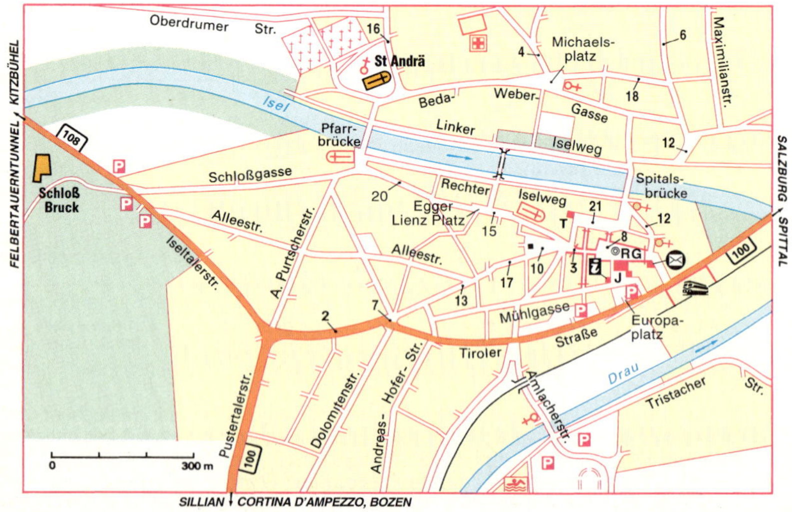

★ **Anras** – Der auf einer Sonnenterrasse gelegene Ort ist, wie Funde beweisen, schon seit über 2000 Jahren bewohnt und bildete über Jahrhunderte das wirtschaftliche und kirchliche Zentrum des Pustertals. Seit dem 13. Jh. gehörte Anras zur Gerichtsbarkeit des Bistums Brixen (Südtirol). Davon kündet das von der Messerschmidt-Stiftung München in exemplarischer Weise restaurierte **Pfleggerichtshaus** ⌚; es wurde zwischen 1754 und 1757 errichtet und diente zeitweilig auch als Sommerresidenz der Bischöfe von Brixen. Es birgt eine aufschlußreiche Dokumentation zum Strafvollzug in Tirol und zum Leben der Dorfbevölkerung. Die **Pfarrkirche St. Stefan** entstand nahezu zeitgleich zum Pfleghof und ist ein Werk des Baumeisters Franz de Paula Penz. Die bemerkenswerten Freskomalereien sind Martin Knoller zu verdanken, einem Schüler Paul Trogers.

**Asch**, der letzte Ort, bevor man in Abfaltersbach wieder auf die Bundesstraße trifft, ist ein herrlich gelegenes und recht urwüchsiges Dorf mit schönen alten Häusern, die sich um die 1765 eingeweihte Wallfahrtskirche Mariae Himmelfahrt gruppieren.

# Stift LILIENFELD★

Niederösterreich

Michelin-Karte Nr. 926 – Falte 24

Die größte mittelalterliche Klosteranlage Österreichs wurde 1202 von dem Babenberger Herzog Leopold IV. dem Glorreichen als Tochtergründung von Heiligenkreuz bei Wien gestiftet. Die Arbeiten zogen sich bis 1263 hin, als das Langhaus vollendet wurde. Doch erhielt Lilienfeld bereits 1219 eine Kreuzreliquie von seinem Gründer, der gerade von einem Kreuzzug zurückgekommen war und damit die Bedeutung der Anlage unterstreichen wollte.
Dem Stift war ein wechselhaftes Schicksal beschieden: Im 15. Jh. litt es unter großer Armut, war jedoch im 17. Jh. wieder dermaßen mächtig, daß der Abt beim Papst gegen die Ernennung Richelieus zum Generalabt des Ordens opponierte. Gegen die Türken konnte Lilienfeld sich 1693 erfolgreich verteidigen, doch drohte die Gefahr ein Jahrhundert später von ganz anderer Seite, als Joseph II. das Stift 1789 säkularisierte und somit Tür und Tor für Plünderungen und Zerstörungen der Kunstwerke öffnete. Sein Nachfolger Leopold II. widerrief ein Jahr später die Aufhebung.

## BESICHTIGUNG ⌚

Im Kern ist die Anlage im Übergangsstil von der Romanik zur Gotik errichtet, doch wurden in der Barockzeit maßgebliche Teile erneuert oder hinzugefügt, so die Konventgebäude mit ihren Ecktürmen. Auch der Westturm der Stiftskirche stammt aus dieser Zeit (1703).

**Stiftskirche** – Mit 82 m Länge und 21 m Breite ist sie die größte Kirche Niederösterreichs. Die Pfeilerbasilika zeigt mit ihrem kreuzförmigen Grundriß und den Rundbogenfenstern wesentliche romanische Züge, während die Gotik die Strebepfeiler und -bögen hinzugefügt hat. Überaus beeindruckend ist das frühgotische **Mittelportal**★ mit seiner tiefen, schrägen Laibung und den zahlreichen Säulchen mit Knospenkapitellen. Das Innere wird von dem gotischen Gewölbe und mächtigen Vierungspfeilern beherrscht und weist die Besonderheit eines geraden Chorabschlusses mit doppelter Umgangshalle auf. Besonders harmonisch fügt sich die **Barockeinrichtung**★ in den mittelalterlichen Raum ein. Als Grundton dominiert das Schwarz des Türnitzer Marmors, mit dem die Altäre, die Kanzel, die Chororgel und das Hochgrab des Stifters gestaltet sind, überstrahlt von der Leuchtkraft des reichlich verwendeten Blattgoldes. Das Altarbild zeigt die Himmelfahrt Mariens und ist ein Werk von **Daniel Gran** (1746).

★ **Kreuzgang** – Er dürfte, wie auch die Kirche, das Werk burgundischer Meister sein und wurde wohl um die Mitte des 13. Jh.s errichtet. Reich gegliederte Konsolen und Bündelpfeiler, deren schöne Steine einen dezenten Farbeffekt setzen, fangen das Kreuzrippengewölbe auf. Im Nordflügel sind bemerkenswerte Glasfenster aus der 1. Hälfte des 14. Jh.s erhalten.
Der **Kapitelsaal** gehört zu den ältesten Teilen der Anlage. Gemauerte Sitzbänke umziehen diesen quadratischen Raum mit seinen vier Rundsäulen. Über dem Cellarium, dem gut erhaltenen Vorratskeller aus dem 13. Jh., befindet sich der beeindruckende, zweischiffige **Schlafsaal** der Laienbrüder, das einzige Dormitorium aus dem Mittelalter, das in Österreich noch erhalten ist.

★ **Bibliothek** – Wie immer in einem Kloster, ist die im Jahr 1700 entstandene Bibliothek einer der schönsten Räume, in dem sich die ganze Pracht in schönen Stukkaturen und Deckengemälden entfaltet. Sie sind ebenso das Werk von Laienbrüdern wie die reich intarsierten Bücherschränke und Türen.
Es schließt sich eine Bildergalerie mit einer sehenswerten Gemäldesammlung an.

R. Chéret/MICHELIN

Lilienfeld - Nepomukgruppe

## UMGEBUNG

Jenseits der Bundesstraße 20 und der Traisen befindet sich die **Stadt Lilienfeld**, die durch die gleichnamige, 1897 von Mathias Zdarsky entwickelte alpine Skilauftechnik Berühmtheit erlangte. Das kleine **Bezirksheimatmuseum**, das in einem gotischen Torturm aus dem 14. Jh. untergebracht ist, widmet sich diesem Sohn der Stadt.

Von besonderem Interesse ist jedoch die **Nepomukgruppe**★, eine der wenigen, die nicht auf einer Brücke, sondern abseits am Ufer der Traisen steht *(Dörflstraße)*, da die Brücke Ende des 18. Jh.s um 50 m flußabwärts verlegt wurde. Es handelt sich hier um ein überaus ergreifendes und reich gestaltetes Brückenmal, wie es kaum ein zweites dieser Art und Qualität in Österreich gibt. Es wurde 1712 von dem Wilhelmsburger Bildhauer Christoph Brandl aus hellem Sandstein geschaffen. Das Entstehungsjahr findet man übrigens, wenn man die großgeschriebenen Buchstaben, die gleichzeitig römischen Ziffern entsprechen, in der Sockelzone addiert. Diese Art der Zahlendarstellung nennt man Chronogramm.

### Der Brückenheilige

Der **hl. Johannes von Nepomuk** wurde 1340 in Böhmen geboren und war ab 1370 in Prag, zunächst als Geistlicher, später als Generalvikar des Erzbischofs tätig. In einer Streitigkeit zwischen dem Erzbischof und König Wenzel I. vertrat er die Rechte der Kirche und setzte sich - er soll Beichtvater der Königin gewesen sein - nachdrücklich für die Wahrung des Beichtgeheimnisses ein. Deswegen ließ ihn der König 1393 foltern und von der Brücke in die Moldau stoßen. Eine Statue dieses Märtyrers findet sich daher auf vielen Brücken im süddeutschen, böhmischen und österreichischen Raum.

*Die Tabelle der Wintersportorte im Kapitel Praktische Hinweise präsentiert Ihnen die wichtigsten Wintersportzentren Österreichs auf einen Blick: mit Angaben zu Seilbahnen, Liften, Abfahrten, Loipen, Sommerski, Eislaufbahnen, Hallenbädern, und zum Angebot von Pferdeschlittenfahrten.*

# LINZ★

L Oberösterreich

203 000 Einwohner

Michelin-Karte Nr. 926 – Falte 9 – Kartenskizze: DONAUTAL – 266 m

Die oberösterreichische Landeshauptstadt Linz wurde beiderseits der Donau an der Stelle erbaut, wo sich das Donautal wieder verbreitert. Drei Brücken verbinden die Stadt mit dem auf dem linken Donauufer gelegenen Stadtteil Urfahr.
Schon früh begünstigte die Donau die Entwicklung von Handel und Gewerbe dieser Stadt, die sich heute als Industriezentrum darstellt.
Unweit der Nibelungenbrücke, am linken Donauufer, erhebt sich als Wahrzeichen des zukunftsbetonten und dynamischen Linz das **neue Rathaus** (Z R) mit seinen futuristischen Fassaden.

**Eine Donaustadt** – Schon die Römer erkannten die günstige Lage am Kreuzungspunkt des Donautals und der alten Salzstraße, die von Hallstatt das Trauntal hinunter in nördlicher Richtung nach Böhmen führte. Seit dem Mittelalter trägt die Donauschiffahrt zum wirtschaftlichen Aufschwung der Stadt bei, die aufgrund ihrer Holz- und Eisenindustrie eine nicht unwesentliche Rolle im Flußverkehr spielt.

| | | | | | | | | |
|---|---|---|---|---|---|---|---|---|
| Dinghoferstr. | Y | 3 | Kellergasse | Y | 20 | Niedernharter Str. | Y | 28 |
| Gürtelstr. | Y | 8 | Khevenhüllerstr. | X | 21 | Rechte Brückenstr. | X | 34 |
| Hamerlingstr. | Y | 12 | Linke-Brückenstr. | X | 24 | Rilkestr. | Y | 37 |
| Hanuschstr. | Y | 14 | Makartstr. | Y | 26 | Wankmüllerhofstr. | Y | 40 |
| Hopfengasse | Y | 18 | Nebingerstr. | Y | 27 | Ziegeleistr. | Y | 42 |

L Landhaus — M1 Neue Galerie der Stadt Linz

Linz - Hauptplatz

Bail/BILDAGENTUR BUENOS DIAS

Der Hafen von Linz, der nach seinem Ausbau über die modernsten Verladungs- und Speicheranlagen verfügt, ist heute der bedeutendste der mittleren Donau.

**Offen für Begabungen** - Der deutsche Astronom **Johannes Kepler** (1571-1630) lebte in Linz und verfaßte hier sein Hauptwerk „Harmonices mundi". Der österreichische Schriftsteller **Adalbert Stifter** (1805-1868), den Nietzsche als einen der bedeutendsten Meister deutscher Prosa des 19. Jh.s betrachtete, wirkte hier als Schulrat.
Auch **Mozart** machte auf seinen Tourneen in Linz halt. Seine „Linzer Symphonie" komponierte er hier in Eile für ein Konzert, das er 1782 im Theater der Stadt geben sollte. Die 8. Symphonie **Beethovens** entstand ebenfalls in den Mauern von Linz. Der Liebling der Linzer jedoch ist **Anton Bruckner**, der der Stadt 12 Jahre lang als Domorganist diente. Alljährlich findet zu seinem Gedenken das Internationale Brucknerfest, ein Festival klassischer Musik, statt.

**Ein Industriezentrum** - Der sich ziemlich rasch entwickelnde Eisenbahnverkehr - die erste Eisenbahn auf österreichischem Boden verkehrte 1832 zwischen Linz und Budweis (heute in Tschechien) - begünstigte die Gründung von Maschinen- und Textilfabriken zwischen der Altstadt und dem Donau-Traun-Zusammenfluß. Diese industrielle Entwicklung hatte das rasche Anwachsen der Stadt zur Folge, der bald Orte wie Scharlinz, Bergern und Kleinmünchen eingemeindet wurden.
Nach den Zerstörungen des Zweiten Weltkrieges hat Linz beträchtliche Anstrengungen unternommen, um seine Industrieanlagen wiederaufzubauen, zu konzentrieren und zu modernisieren. Das Hauptinteresse galt dabei der Schwerindustrie und der chemischen Großindustrie.
So beschäftigen heute allein die Unternehmen der VOEST-ALPINE in ihren Bereichen Stahl, Montage und Industrieanlagenbau sowie die Firmen des ÖMV-Chemiestandortes (Chemie Linz und Agrolinz Melamin) annähernd 20 000 Mitarbeiter. Die Anlagen und Produktionsprozesse zählen zu den modernsten Österreichs. Beide Unternehmensgruppen, durch ihre Produkte im Bereich Stahl und Chemie besonders exportintensiv geprägt, haben eine große wirtschaftliche Bedeutung für Linz.

## DER STADTBLICK

Am besten nähert man sich Linz auf der Donautalstraße von Westen her. Den interessantesten Blick über die ganze Stadt genießt man jedoch vom Pöstlingberg (537 m) aus.

★ **Pöstlingberg** ⓥ (X) - *4,5 km in nordwestlicher Richtung. Auf dem linken Donauufer am Ende der Nibelungenbrücke in die Rudolfstraße einbiegen, dann rechts in die Hagenstraße. Nach einem Bahnübergang steigt die Straße rasch an. Bei einer kleinen Kapelle nach rechts abbiegen und den Wagen auf dem Parkplatz unterhalb der Kirche stehenlassen.*

**LINZ**

Altstadt ..... Z 2
Domgasse ..... Z 5
Elisabethstr. ..... Z 6
Hagenstr. ..... Z 10
Hofgasse ..... Z 15
Honauerstr. ..... Z 17
Klosterstr. ..... Z 22
Promenade ..... Z 30
Rathausgasse ..... Z 32
Rechte Donaustr. ..... Z 35
Schmidttorstr. ..... Z 38
Theatergasse ..... Z 39

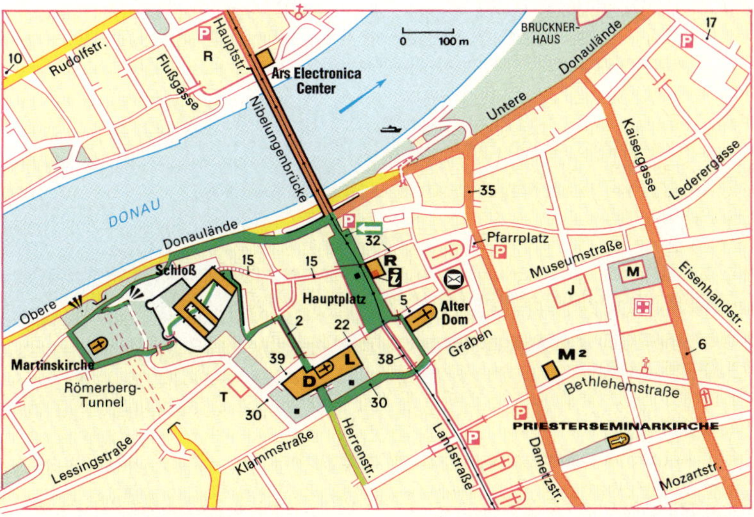


D Minoritenkirche
L Landhaus
M² Nordico-Museum der Stadt Linz
R Neue Rathaus

## TIPS UND ADRESSEN

**Tourist-Information:** Hauptplatz 1 (Altes Rathaus), 4020 Linz. Öffnungszeiten: Montag bis Freitag 8-19 Uhr, Samstag 9-19 Uhr, an Sonn- und Feiertagen 10-19 Uhr (Nov. bis April jeweils nur bis 18 Uhr). ☎ 07 32/70 70 17 77, Fax: 07 32/77 28 73.

Urfahrmarkt 1, 4040 Linz. Öffnungszeiten: Juli bis Sept. täglich 10-18 Uhr; Okt. bis Juni Montag und Donnerstag 8-16 Uhr, Dienstag und Freitag 8-13 Uhr. ☎ 07 32/70 70 29 39.

Im **Internet** findet man umfangreiche Informationen zu Linz unter der Adresse: *www.tiscover.com/linz*

### Linz City Ticket

Es berechtigt u. a. zu einer Stadtrundfahrt, zu einer 10 %igen Ermäßigung für eine Donauschiffahrt ab Linz, zum freien Eintritt in den Botanischen Garten und in das Ars Electronica Center sowie in eines der Linzer Museen, zur Erlebniskarte (Kombinationskarte für die Pöstlingbergbahn und die Straßenbahnlinie 3) und zu einem Gutschein für Essen und Getränke. Das Linz City Ticket ist zum Preis von 299 S bei den Tourist-Informationen Hauptplatz und Urfahrmarkt erhältlich.

### Donauschiffahrt

**Linie Passau-Linz-Passau** – Donauschiffahrt Wurm & Köck, Untere Donaulände 1, 4020 Linz, ☎ 07 32/78 36 07, bzw. Höllgasse 26, D-94032 Passau, ☎ ++49/8 51/92 92 92.

**Linie Krems-Linz-Krems** – Donauschiffahrt Ardagger, 3321 Ardagger 155, ☎ 0 74 79/6 46 40.

### Stadtrundfahrten

**Linz-City-Express:** Rundfahrt im Minizug mit Erklärung (Dauer: 25 Min.) – In der Saison 10-18 Uhr, stündlich (bei starkem Andrang auch alle halbe Stunde). Abfahrt vom Hauptplatz. Auskunft bei der Tourist-Information.

### Öffentliche Verkehrsmittel

**Einzelfahrscheine** (Tages-, Strecken- oder Kurzstreckenkarte) sind an den Fahrscheinautomaten zu lösen, **Mehrfahrtenkarten** (6 Fahrten) und übertragbare **Netzkarten**, mit mehrtägiger Gültigkeitsdauer für beliebig viele Fahrten mit Straßenbahn und Bus, sind in Vorverkaufsstellen (Trafiken) erhältlich.
Informationen über den öffentlichen Verkehr erteilt das ESG-Kundenzentrum, Landstraße 85/1, ☎ 07 32/78 01 70 02.

### Parkplätze in der Innenstadt

**Gebührenfrei:** Urfahrmarktgelände, Bahnhofsparkplatz
**Gebührenpflichtig:** City-Parkhaus, Bethlehemstraße 12, Mozart-City-Center, Mozartstraße 12-14, Tiefgarage Hauptplatz, Tiefgarage Hessenplatz, Bahnhofgarage, Kärntnerstraße 18-20.

### Post

**Hauptpostamt:** Bahnhofplatz 11, geöffnet täglich 6-24 Uhr
**Poststellen:** Domgasse 1, Bismarckstraße 2, Volksfeststraße 2, Schmiedegasse 14 (in der Regel geöffnet 8-12 und 14-18 Uhr).

### Shopping

Geschäfte und Kaufhäuser findet man in der Landstraße, die vom Hauptplatz bis zur Bürgerstraße (etwa 2 km) Fußgängerzone ist, und in ihren Nebenstraßen, exklusive Boutiquen in der Arkade an der Landstraße. Eine weitere Fußgängerzone mit einladenden Schaufenstern ist die Herrenstraße.

**Märkte**
Südbahnhof: täglich Wochenmarkt am Vormittag, Dienstag und Freitag Großmarkt
Hauptplatz: Bauernmarkt jeden Freitag 10-14 Uhr, Flohmarkt jeden Samstag 6-14 Uhr

**Mitbringsel**
Kunsthandwerk: Oberösterreichisches Heimatwerk, Landstraße 31; Linzer Torte: Café Jindrak (mehrere Filialen, u. a. Herrenstraße 22).

### Unterhaltung

**Landestheater**, Promenade 39, ☎ 07 32/7 61 11 00.
**Theater Phönix**, Wiener Straße 25, ☎ 07 32/66 65 00.
**Konzerthaus Brucknerhaus**, Untere Donaulände 7, ☎ 07 32/7 61 20.
**Posthof**, Posthofstraße 43, ☎ 07 32/7 70 54 80. Kabarett, Kleinkunst, Theater, Tanz, breites Spektrum an Musikveranstaltungen.
**Casino Linz**, Rainerstraße 2-4, ☎ 07 32/65 44 87.

### Kinos

**Central Kinocenter**, Landstraße 36, ☎ 07 32/77 16 60.
**City Cinema**, Am Graben 30, ☎ 07 32/77 60 81.
**Kolosseum**, Schillerplatz 1, ☎ 07 32/66 30 86.
**Hollywood Megaplex**, Pluskaufstr. 12 in Pasching, ☎ 0 72 29/6 93 00 15.
Programmkinos:
**Café Kino Cinematograph**, Obere Donaulände 51, ☎ 07 32/78 56 03.
**Moviemento**, Dametzstraße 30, ☎ 07 32/78 40 90 50.

### Restaurants

**Kremsmünsterer Stuben**, Altstadt 10, ☎ 07 32/78 21 11.
**Josef – Das Stadtbräu**, Landstraße 49, ☎ 07 32/77 31 65.
**Stieglbräu zum Klosterhof**, Landstraße 30, ☎ 07 32/77 33 73.
**Sturm's Wirtshaus**, Am Pöstlingberg 12 (mit Panoramablick auf die Stadt), ☎ 07 32/73 14 83.
**Ursulinenhof**, Landstraße 31, ☎ 07 32/77 46 86.

### Cafés, Kneipen und Bars

**Cafés: Café Glockenspiel** (Hauptplatz 18), **Café Jindrak** (Herrenstraße 22).

Viele beliebte Kneipen, wie z. B. das **Grand Café-Daniel Sassi** (in der Arkade, Spittelwiese 8), befinden sich in der Altstadt. Zu empfehlen sind auch das **Irish Pub** (Hessenplatz 19), **S'Kistl** (Altstadt 17) und **S'Linzerl** (Hofberg 5). Wer Musik hören möchte, sollte den **17er Keller** (Hauptplatz) oder den **Kasper-Keller** (Landstraße 24, Speiselokal: jeden Dienstag Jazz Jam Session bei freiem Eintritt), das **Stieglitz im Klosterhof** (Landstraße 30) oder **Joe's Bar** im Arcotel (Untere Donaulände 9) ansteuern.

### Besondere Termine

**Linz Fest**: im Mai, Musikfestival mit breiter Stilpalette: Pop, Hip-Hop, Jazz, Soul, Folk, Schrammeln.

**Klangplatz Hauptplatz**: von Juni bis Aug. an jedem Freitag Jazz-, Pop- oder Rockmusik-Veranstaltungen auf dem Linzer Hauptplatz.

**Klangplatz Hauptplatz**: von Juni bis Aug. an jedem Freitag Jazz-, Pop- oder Rockmusik-Veranstaltungen auf dem Linzer Hauptplatz.

**Linzer Pflasterspektakel**: an einem Wochenende im Juli, Kleinkünstler, Musiker, Gaukler aus aller Welt verwandeln die Innenstadt in eine große Bühne.

**Festival Ars Electronica**: im September. Veranstaltungen zu elektronischer Kunst und Medientheorie (Symposien, Happenings, etc.)

**Internationales Brucknerfest**: Sept. bis Okt. Konzerte klassischer Musik.

Von der unterhalb der Wallfahrtskirche gelegenen blumengeschmückten Aussichtsterrasse bietet sich ein weiter **Ausblick**★. Wir sehen auf dem linken Donauufer den großen Vorort Urfahr, der fast 300 m über dem Donautal liegt, und auf dem rechten Ufer Linz in einem von sanften Hügeln umgebenen Becken, die breiten, belebten Geschäftsstraßen der Innenstadt und die weiten Vororte mit ihren rauchenden Fabrikschloten. Im Süden bilden die Berge des Alpenvorlands den Hintergrund des Stadtbilds.

## ★ ALTSTADT (Z)

*Ausgangspunkt: Hauptplatz. Rundgang auf dem Plan eingezeichnet.*

**Hauptplatz** – Dieser bereits im 13. Jh. angelegte Platz beeindruckt durch seine gewaltigen Ausmaße (219x60 m). Seinen Mittelpunkt bildet die reich mit Statuen und Engeln verzierte Dreifaltigkeitssäule aus weißem Marmor – ein schönes Beispiel der während der Barockzeit in vielen österreichischen Städten errichteten Pestsäulen.
Zum Dank für die Errettung aus Kriegsgefahr (1704), Feuersbrunst (1712) und Pest (1713) ließen die Landstände, die Stadt und die Bevölkerung 1723 diese Säule aufstellen.

*Den Hauptplatz durch die Domgasse (**5**) verlassen.*

**Alter Dom St. Ignatius** – Die Jesuitenkirche wurde in der zweiten Hälfte des 17. Jh.s nach Plänen von Pietro Francesco Carlone erbaut und ist die bedeutendste Barockkirche von Linz. Die schlichte Fassade der Kirche läßt keinesfalls auf ihre reiche Innenausstattung schließen: Stuckarbeiten, Säulen aus rosa Marmor, die Kanzel und das Chorgestühl mit feinen Schnitzereien sowie der Hochaltar mit seinen Marmorstatuen ergeben ein prächtiges Bild. Die Gedenktafel links am Eingang erinnert daran, daß Anton Bruckner *(s. St. Florian)* hier 12 Jahre lang als Organist wirkte.
Er selbst hat die vom Stift Engelszell stammende Orgel nach seinen Angaben umbauen lassen.

*Rechts in den Graben und anschließend in die Promenade (**30**) einbiegen. So gelangt man zum Landhaus, das man durchquert.*

**Landhaus** (**L**) – Sitz der Landstände, die den Palast in der zweiten Hälfte des 16. Jh.s erbauten. In der Mitte seines Arkadenhofs steht ein achteckiger Brunnen. Den Sockel des Bronzeaufsatzes seiner Mittelsäule schmücken sieben Planeten darstellende Figuren, die an den großen Mathematiker und Astronomen **Johannes Kepler** erinnern. Dieser unterrichte von 1612 bis 1626 in der damals im Landhaus untergebrachten Landschaftsschule. Eine schöne Renaissance-Schöpfung ist das Nordportal, das sich auf die Klosterstraße (**22**) öffnet. Die Fenster des über der Passage gelegenen Saals sind harmonisch in die Architektur einbezogen.

**Minoritenkirche** (**D**) – Sie wurde im 13. Jh. von den Minoriten errichtet und im 18. Jh. im Rokokostil umgebaut.
Sehr interessant ist ihre Innenausstattung. Das Hochaltarbild, das Mariä Verkündigung darstellt, stammt von Bartolomeo Altomonte, die Bilder der sechs Seitenaltäre malte der Kremser Schmidt.

**Schloß** – Im Schloß, dessen ältester Teil, die Residenz Kaiser Friedrichs III., aus dem Ende des 15. Jh.s stammt, sind die kunst- und kulturhistorischen Sammlungen des Landesmuseums untergebracht.

★ **Schloßmuseum** (Teil des Oberösterreichischen Landesmuseums) – Das 1. Stockwerk ist der Kunstgeschichte Oberösterreichs vom Mittelalter bis zum Rokoko gewidmet; u. a. sieht man eine bedeutende Waffensammlung.
Das 2. Stockwerk enthält volkskundliche Sammlungen, kunstgewerbliche Gegenstände, eine Gemäldesammlung des 19. Jahrhunderts, ein gotisches und ein Renaissance-Zimmer.
Durch die einzelnen Schloßhöfe gehen und hinab zu einer unterhalb der Feste gelegenen Terrasse, die einen hübschen Blick auf die Donau und den Pöstlingberg sowie auf die ersten Hügel des Mühlviertels eröffnet.

*Nur wenige Schritte weiter westlich steht die Martinskirche.*

**Martinskirche** – Es handelt sich hier um einen sehr alten Bau; Ausgrabungen haben erwiesen, daß das Gebäude, so wie wir es heute vor Augen haben, auf die Umwandlung eines königlich karolingischen Wohnsitzes aus dem 8. Jh. zurückgeht, welcher selbst auf römischen Ruinen errichtet worden war. Der Chor ist gotisch.

*Von hier geht es über die Obere Donaulände zurück zum Hauptplatz.*

## WEITERE SEHENSWÜRDIGKEITEN

★ **Priesterseminarkirche** (**Z**) – Die von außen reich geschmückte Kirche ist dem Heiligen Kreuz geweiht. Sie wurde Anfang des 18. Jh.s von Johann Michael Prunner nach Plänen des berühmten Architekten Johann Lukas von Hildebrandt für den Deutschritterorden erbaut. Den Baumeistern ist es gelungen, in wahrhaft virtuoser Manier diesem doch sehr kleinen Gotteshaus die Aura hoheitsvoller Würde zu verleihen. Der feine Deckenstuck im Innern stammt von Paolo d'Allio; auf dem Hauptaltar eine ergreifende Kreuzigungsszene von Martin Altomonte.

Griedes/ÖSTERREICH WERBUNG

Linzer Haube

**Neuer Dom** (**Y**) – Der Neue Dom ist das größte Gotteshaus Österreichs und kann bis zu 20 000 Besucher aufnehmen. Der Architekt Vinzenz Statz, der maßgeblich an der Vollendung des

Kölner Doms beteiligt war, mußte für den Bau nur eine, aber symbolträchtige Einschränkung in Kauf nehmen: Der Turm der neuen Kirche durfte nicht höher ausfallen als der des Stephansdoms. Der 134 m hohe Turm läßt also dem 3 m höheren des Wiener Domes den ersten Platz in Österreich.
Der Grundstein wurde 1862 gelegt, 1924 war der Bau vollendet. Besondere Beachtung verdienen die Glasfenster.

**Neue Galerie der Stadt Linz – Wolfgang-Gurlitt-Museum** ⓥ (X M[1]) – *In Urfahr (linkes Ufer).* Meisterwerke der Malerei und Graphik des 19. und 20. Jh.s (Kokoschka, Klimt, Schiele, Kubin, Hrdlicka, Rainer, Appel).

**Nordico – Museum der Stadt Linz** ⓥ (Z M[2]) – Der Name Nordico ist mit diesem, ursprünglich für das Kloster Kremsmünster errichteten Gebäude eng verhaftet. Er geht auf das Jahr 1675 zurück, als die Jesuiten hier das „Nordische Stift" einrichteten, in dem junge Männer aus den nordischen Ländern im katholischen Glauben erzogen wurden. Heute beherbergt dieser stattliche, dreigeschossige Bau das Stadtmuseum, welches auf allen Ebenen Ausstellungen zur Geschichte der Stadt, aber auch zu kunst- und kulturhistorischen Themen bietet.

**Ars Electronica Center** ⓥ (Z) – Das „Museum der Zunkunft" ist ganz den digitalen Medien gewidmet. Ob 3-D-Rauminstallation, ob World Wide Web-Server, ob Computersimulation oder Cyber City, dieses interaktive Zentrum bietet das Neueste an Technologie. Computerfreaks fühlen sich hier zu Hause, weniger Versierten helfen freundliche Mitarbeiter weiter.

## UMGEBUNG

★★ **Stift St. Florian** – *18 km – Linz über die Bundesstraße 1 in Richtung Enns (Y) verlassen. In Asten rechts abbiegen und die Straße nehmen, die über die Autobahn und weiter nach St. Florian führt, das von den großen Gebäuden seines Stifts (Beschreibung s. dort) beherrscht wird.*

## MÜHLVIERTEL

*Rundfahrt von 90 km*

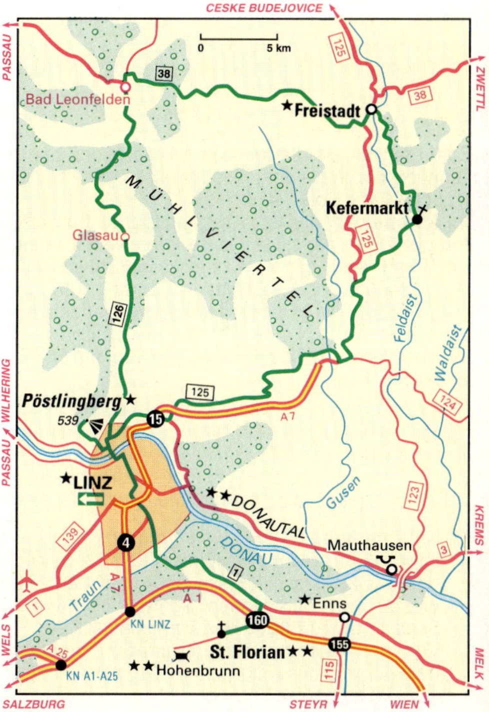


Das Mühlviertel oder Hügelland der Mühl, die flußaufwärts von Linz in die Donau mündet, erstreckt sich von der Donau bis zur tschechischen Grenze. Seine Granithügel – bedeutende Granitsteinbrüche bei Mauthausen – sind zwischen 600 und 1 000 m hoch. Das Hinterland wirkt mit seinen kleinen, von dunklen Tannenwäldern überzogenen Hochflächen und Muldentälern im Vergleich zum Donautal, wo sich eine Stadt an die andere reiht, noch sehr urwüchsig.

*Man verläßt Linz auf der Leonfelder Straße (im Norden auf dem Stadtplan).*

Gleich nach dem Ortsausgang von Linz steigt die Straße in einem grünen Engtal langsam zwischen Felsen und Obstanlagen an. Nach und nach treten an die Stelle der Obstbäume Tannenwäldchen, die von Glasau ab immer dichter werden. Tannenwälder und Wiesen wechseln nun miteinander ab; je mehr man sich Bad Leonfelden nähert, desto urwüchsiger wird die Hügellandschaft. Ungefähr 500 m nördlich des Orts zweigt man rechts nach Freistadt ab.
Die Straße führt nun durch eine freundliche Gegend.

★ **Freistadt** – *s. dort.*

*Gleich nach dem Ortsausgang von Freistadt überquert man die Feldaist und folgt dem linken Ufer.*

**Kefermarkt** - Der Ort liegt am linken Ufer der Feldaist inmitten einer friedlichen Hügellandschaft, die als Übergang vom Mühlviertel zu den Granitplateaus nördlich der Donau des Waldviertels betrachtet wird.

**St. Wolfgangskirche** ⓥ - Diese gotische Kirche besitzt einen prächtigen **Schnitzaltar★★**, der zu den schönsten seiner Art zählt. **Adalbert Stifter**, unter dessen Aufsicht der Altar 1852-1855 restauriert wurde, spricht von ihm in seiner Erzählung „Nachsommer".
Der prächtige Altaraufsatz ragt im Chor, hinter dem Hochaltar, über 13 m empor und beeindruckt durch seine gewaltigen, sehr harmonischen Ausmaße sowie durch sein reiches Schnitzwerk, das die außergewöhnliche Begabung des Künstlers verrät.
Er wurde gegen Ende des 15. Jh.s von einem unbekannten Schnitzer geschaffen. Es ist anzunehmen, daß er ursprünglich bemalt war. Heute erkennt man an all seinen Schnitzereien, im Voll- oder Flachrelief, den natürlichen Lindenholzfarbton. Unter reichgeschmückten Baldachinen sieht man im Mittelstück den hl. Wolfgang, umgeben von Sankt Petrus und Sankt Christophorus. Die Kunst der Drapierung sowie der Ausdruck der Gesichter erinnern an den bewundernswerten Aufbau des Flügelaltars von St. Wolfgang im Salzkammergut, das Meisterwerk Michael Pachers.
Auf den Flügeln, die das Mittelstück einfassen, ist von links nach rechts, oben: die Verkündigung und Christi Geburt, unten: die Anbetung der Hl. Drei Könige und der Tod Mariä dargestellt.

*Bei der großen Kreuzung im Zentrum des Orts rechts in Richtung Bahnhof abbiegen. Man überquert den Bahnübergang, dann die Feldaist. Nach 7 km erreicht man die Bundesstraße 125.*

# MALLNITZ✲

Kärnten

1 014 Einwohner

Michelin-Karte Nr. 926 - Falte 33 - 1 190 m

Zu Füßen des Goldbergs, des Ankogels und der Hochalmspitze, den letzten Dreitausendern der Ostalpen, breitet sich Mallnitz in herrlicher Lage auf 110 km² im Nationalpark Hohe Tauern aus.
Im Sommer ist der Ort Ausgangspunkt für **Wanderungen und Hochgebirgstouren** ersten Ranges. Eine herrliche Route, wenn auch recht lang (8 Std. Fußmarsch), ist der Göttinger Weg, der vom zweiten Abschnitt der Ankogelbahn zur **Hagener Hütte** und dann hinunter zum Berggasthof Jamnig führt. Von hier gelangt man mit dem Bus zum Ort zurück. Eine andere schöne Wanderung geht zur Arthur-von-Schmid-Hütte am **Dösner See** (4 1/2 Std. hin und zurück). Für Spaziergänger empfehlen wir den leichten Weg zum **Stappitzer See** *(20 Min. hin und zurück ab dem Hotel „Alpenrose" am Ende der Straße).*

Im Winter versorgt der Sessellift ein auf 15 km Piste beschränktes **Skigebiet**, das jedoch beachtliche Möglichkeiten zum Tiefschneefahren und Skiwandern bietet. Der Höhenunterschied von 1 400 m ist verlockend; sehr gute Schneeverhältnisse reizen Skifans bis spät in die Wintersaison, vor allem ab dem zweiten Abschnitt.
Mallnitz verfügt über 4 Rundloipen von insgesamt 25 km.

★★ **Ankogelbahn** ⓥ - *In zwei Abschnitten.* Ab der letzten Bergstation ist man zu Fuß in 10 Minuten am **Hannoverhaus** (2 722 m) angelangt. Von hier erschließt sich ein schönes **Panorama★★** nach Osten auf den Ankogel und die Hochalmspitze, nach Westen auf den Hohen Sonnblick und den Schareck, nach Süden auf das Seebachtal zu Füßen der Maresenspitze.
Von der Terrasse der Bergstation brechen gewöhnlich die Bergsteiger zur Bezwingung des Ankogels (3 246 m) auf, die allerdings nur versierten Alpinisten anzuraten ist.

## UMGEBUNG

**Obervellach** - *9 km südlich von Mallnitz.* Seine spätgotische, Anfang des 16. Jh.s fertiggestellte **Pfarrkirche★** beherbergt wertvolle Kunstwerke. An erster Stelle steht das **Triptychon★** (1520) des linken Seitenaltars, auf dem der Niederländer Jan van Scorel die „Sippe Christi" zwischen dem hl. Christoph und der hl. Apollonia darstellte. Bemerkenswert sind außerdem im Chor das Fresko (1509) der „Vierzehn Nothelfer" (die einst bei den verschiedenartigsten Leiden angerufen wurden) sowie das Ölbergrelief und einige Schnitzfiguren, schöne Werke der Spätgotik.

# MALTATAL★★

## Kärnten

Michelin-Karte Nr. 926 – Falte 33

Eine 30 km lange Straße führt durch dieses herrliche Tal, das zu den schönsten Ausflugszielen Kärntens gehört und sich von Gmünd *(s. dort)* bis zu den Ausläufern des Nationalparks Hohe Tauern erstreckt.
Besondere Berühmtheit erlangte es nach der Errichtung der Kölnbreinsperre und des Stausees, doch verdankt es seine Anziehungskraft vor allem seinen abwechslungsreichen Landschaften. Bis hinter Malta ist das Tal breit, und grüne Wiesen wechseln mit bewaldeten Anhöhen ab. Doch dann verengt es sich, bevor es sich schließlich im letzten Teil zum großartigen Gletscherpanorama des Ankogel-Massivs und der Hochalmspitze öffnet.
Das Gebiet steht unter Naturschutz und eignet sich hervorragend als Ausgangspunkt für **Mittel- und Hochgebirgswanderungen.**
Das Dorf **Malta** in 840 m Höhe ist ein zauberhafter Erholungsort. In der aus dem 15. Jh. stammenden Kirche Maria Hilf beeindrucken Fresken aus dem 14. und 15. Jh., so an der Südwand eine seltene „Maria in den Wehen". Die Barockeinrichtung bietet ein Bild schöner Geschlossenheit. Hauptaltar und Kanzel wurden 1730 geschaffen.

## SEHENSWÜRDIGKEITEN

★★ **Malta-Hochalmstraße** – Oberhalb von Malta ist eine Maut für die letzten 18 km bis zur Talsperre zu entrichten. Die regelmäßige Steigung dieser hervorragend geführten Strecke beträgt maximal 13 %. Man passiert nacheinander 9 Brücken und 7 Tunnels, darunter einen besonders eindrucksvollen, der als Haarnadelkurve angelegt ist. Zwei Engstellen erlauben nur abwechselnden Einbahnverkehr. Ihren besonderen Reiz erhält die Strecke durch die üppige Vegetation (Fichten, Lärchen, Erlen und Birken) und die Wasserfälle, 30 an der Zahl, die tosend zu Tal stürzen. Besonders spektakulär ist der Fallbach (auf der Höhe der Abzweigung zur Gießener Hütte), der Melnikfall und der Hintere Maralmfall *(die bei der Mautstelle ausgehändigte Broschüre gibt Auskunft zu den Wasserfällen und den Tunnels)*

★ **Kölnbreinsperre** – Hier in 1 900 m Höhe endet die Straße. Der Damm ist 200 m hoch, an der Basis 41 m dick und insgesamt 626 m breit und somit die größte Talsperre Österreichs. Der Stausee dehnt sich auf einer Fläche von 225 ha aus und hat ein Volumen von 200 Millionen m³; hiermit entspricht er der Größe des Ossiacher Sees. Abgesehen von der technischen Höchstleistung verdient die ästhetische Gestaltung dieses Betonkolosses mit seiner fließenden, parabolischen Form Beachtung. *Während der Hauptsaison finden zur vollen Stunde Führungen in der Sperre statt.*
Im Panoramaturm, der sich auf der rechten Seite des Stausees erhebt, ist ein **Informationszentrum** ⓥ eingerichtet: Filme informieren über den Nationalpark Hohe Tauern, eine Multivisionsschau berichtet über die Entstehungsgeschichte der Kölnbreinsperre. Die **Tauernschatzkammer**★ zeigt schöne Bergkristalle und andere Mineralien aus der Gegend.
Die Kölnbreinsperre ist Ausgangspunkt für herrliche Wanderwege. Nicht versäumen sollte man die Wanderung den See entlang (auch für ungeübte Wanderer geeignet), die einen herrlichen Blick auf die **Hochgebirgsumgebung**★★ bietet. Besucher mit etwas mehr Ausdauer sollten sich auch den Aufstieg zur Arlscharte vornehmen.

★★ **Wanderung zur Arlscharte und zur Arlhöhe** – *3 3/4 Std. Fußweg hin und zurück von der Talsperre aus. In Richtung „Osnabrücker Hütte" gehen.* Der Weg führt am nördlichen Seeufer entlang und bietet bald einen herrlichen Blick auf die Gletscher der Ankogelgruppe. Nach einer Dreiviertelstunde Fußmarsch erreicht man ein Denkmal zum Gedenken an einen tragischen Unfall, der sich während der Errichtung der Talsperre ereignete.
Dann nach rechts abbiegen und auf dem relativ steilen Alpenblumenpfad weiterwandern. Zehn Minuten später teilt sich der Weg; man biegt links ab (der rechte Weg führt zur Jägersteighütte). Die weiß-rot markierte Strecke steigt ziemlich steil bis zum Gipfel, den man nach einer Dreiviertelstunde erreicht.
Von dort bietet sich ein Blick auf den unterhalb gelegenen Pfringersee und das Schödertal. Gegenüber **Blick**★★ auf die beiden Stauseen, die links von der Kölnbreinspitze und ihrem kleinen Gletscher und rechts vom beeindruckenden Massiv der Hochalmspitze überragt werden.
Einige Meter in Richtung Pfringersee gehen, dann nach links abbiegen und einen markierten Weg (roter Kreis auf weißem Grund) einschlagen, der auf eine Anhöhe führt und von dort einer Art Kammweg folgt. Nach 20 Minuten erreicht man die **Arlhöhe** (2 326 m hoch), wo sich eine Orientierungstafel befindet. Herrlicher **Panoramablick**★★ über den Stausee, der an seinem äußersten Ende von den glitzernden Gletschern der Hochalmspitze und der Felsmasse des Schwarzhorns überragt wird. Weiter rechts erheben sich die Tischlerspitze und der Tischlerkarkopf (Gletscher der Ankogelgruppe). Im Norden beherrscht der Zwölferkogel das tief eingeschnittene Schödertal. Auf demselben Weg zur Talsperre zurückkehren.

Kölnbreinsperre

★ **Ausflug zum Gößkarspeicher** – *1 Std. Fahrzeit und 3/4 Std. Fußweg hin und zurück.* Auf halber Strecke zwischen Malta und der Mautstation links in Richtung Gießener Hütte abbiegen. Die schmale, 12 km lange Gebirgsstraße mit ziemlich starker Steigung (800 m Höhenunterschied) folgt dem Lauf des Gößbachs, dessen Bett an einer Stelle auch zu durchqueren ist *(Gefahr, vor allem bei Gewitter; es wird vor Wasserschwall gewarnt).* Der Besucher findet hier eine wildromantische, unberührte Landschaft.
Da das letzte Stück der Straße für Autos gesperrt ist, zu Fuß bis zum Gößkarspeicher weitergehen *(15 Min. Anstieg).* Schöne **Waldgegend**★, die von der Großen Gößspitze und der Dösnerspitze überragt wird.
Dem linken Seeufer bis zum Ende folgen. Großartiger **Ausblick**★ auf die Hochalmspitze und ihren Gletscher, von wo Wasserfälle laut tosend herabstürzen.
Zum Speicher zurückkehren, bis zum Ende daran entlang und dann rechts auf der Wiese weitergehen (man kommt durch eine Umzäunung), bis man einen breiten, mäßig steilen Weg erreicht. **Blick**★ auf die felsigen Gipfel des Riekenkopfs und der Pfaffenberger Nocken. Spaziergänger gehen von hier zum Parkplatz zurück, während Wanderfreunde bis zur Gießener Hütte aufsteigen können. Von dort beginnt für Bergsteiger der Aufstieg zur sagenumwobenen Hochalmspitze.

# MARIA SAAL★

Kärnten

3 220 Einwohner

Michelin-Karte Nr. 926 – Falte 35 – 7 km nördlich von Klagenfurt – 504 m

Maria Saal liegt ganz in der Nähe von Virunum, der einstigen Hauptstadt der römischen Provinz Noricum, deren Ruinen auf dem Zollfeld zwischen Klagenfurt und St. Veit zu sehen sind. Der Ort war einer der wichtigsten Stützpunkte der nach den Slaweneinfällen erneut einsetzenden Christianisierung Karantaniens, wie Kärnten im 8. und 9. Jh. genannt wurde. Hier wirkte der Apostel Kärntens, der von Salzburg ausgesandte Bischof Modestus, in der zweiten Hälfte des 8. Jh.s. Er gründete auch die erste Kirche von Maria Saal, von der jedoch nichts mehr erhalten ist.
Der Name Maria Saal geht wohl auf den keltischen Ausdruck „Sol" zurück, den man auch im Zollfeld wiederfindet; er bedeutet „waldreich".

## ★★ DIE KIRCHE

Der heutige gotische Kirchenbau wurde in der Zeit von 1430 bis 1460 errichtet. Die ihn einschließende Wehrmauer, einst auch Friedhofsmauer, erinnert an die gefährliche Lage des Zollfeldes, Bollwerk der Christenheit gegenüber den bis zum 17. Jh. andauernden Türkeneinfällen. Einen Beweis ihrer Wehrhaftigkeit lieferte die Kirche 1482, als ungarische Söldner Maria Saal belagerten.
Unter den Nebengebäuden der Kirche fällt der **Karner** besonders ins Auge. Im Kern handelt es sich um eine kreisrunde romanische Taufkapelle, die im 15. Jh. erhöht und von einem zweigeschossigen Arkadengang umgeben wurde. Obwohl das Gebäude neun Ecken hat, wird es Oktogon genannt. 1751 erhielt der untere Kapellenraum ein Heiliges Grab. Vor dem Karner steht eine gotische Lichtsäule von 1497.

**Äußeres** – Die Kirche wirkt mit ihren beiden von Blendbogen durchbrochenen Tuffsteintürmen und ihrem grauen, aus 180 000 Natursteinen bestehenden „Steinplattldach" sehr eindrucksvoll. In ihre Süd- und Westwand sind zahlreiche Relief- und Grabsteine eingefügt. Von den Römersteinen verdienen die beiden Flachreliefs „Achill schleift Hektor" und der **„römische Postwagen"★**, der in Wirklichkeit die Fahrt einer Toten ins Jenseits darstellt, besondere Beachtung.
Das herrliche **Keutschacher Epitaph★** aus rotem Marmor zeigt die Krönung Mariens; es wurde um 1510 in Salzburg im Auftrag des Erzbischofs Leonhard von Keutschach ausgeführt, dessen Andenken vor allem in der Feste Hohensalzburg *(s. Salzburg)* gewahrt wird.

Unter den Grabreliefs in der Vorhalle fällt vor allem eines aus der Römerzeit auf, das die Wölfin mit den Zwillingen Romulus und Remus darstellt.

Keutschacher Epitaph

R. Chéret/MICHELIN

**Inneres** – Die dreischiffige Staffelkirche ist eine typisch spätgotische Anlage. Die Felder des Langhausnetzgewölbes sind mit aus Blütenkelchen herauswachsenden Fresken geschmückt, die den Stammbaum Christi darstellen; sie stammen aus dem Jahr 1490, wurden aber erst Anfang des 20. Jh.s freigelegt. Die Ausstattung ist wertvoll und zeugt so von der besonderen Bedeutung, die dieser Wallfahrtskirche beigemessen wurde.
Den 1714 entstandenen **Hochaltar** schmückt das von den Wallfahrern verehrte Gnadenbild der Madonna, eine Steinfigur im sogenannten „weichen" Stil (1425). An der Nordwand des lichterfüllten Chors kann man ein mittelalterliches Dreikönigenfresko (1435) bewundern, ein Werk Friauler Künstler. Im nördlichen Seitenchor sieht man den prächtigen **Arndorfer Altar★** mit Darstellung der Krönung Mariens der um 1520 von der Villacher Schnitzwerkstätte geschaffen wurde. Im Südchor befindet sich der **Georgsaltar** von 1526, ein Werk von eher strengem Ausdruck, das den Heiligen als Drachentöter zeigt und damit den Sieg des christlichen Glaubens über das Heidentum versinnbildlicht. Das Fresko an der Südwand mit der Rettung des Apostels Petrus auf dem See Genezareth malte Herbert

Boeckl 1928. Der Künstler verlieh Petrus die Züge Lenins und symbolisierte damit – der Geschichte vorauseilend – den Untergang des Bolschewismus und des Kommunismus.
Kirchengeschichtlich von großer Bedeutung ist das im linken Seitenschiff in der 1451 gestifteten Sachsenkapelle untergebrachte **Modestusgrab**★: Unter einem steinernen, von sechs Säulchen getragenen romanischen Tischaltar befindet sich ein römischer Kindersarkophag mit den Gebeinen des hl. Modestus. Als Deckel dient eine Grabplatte aus Virunum.
Die reichgeschmückte Kanzel mit den lateinischen Kirchenvätern hat auf der gegenüberliegenden Seite die Glorifikation des hl. Johannes Nepomuk zum Pendant. Beide Werke entstanden 1747 und werden Johann Pacher zugeschrieben. Die klangschöne **Barockorgel** (1735) wurde von dem Klagenfurter Johann Martin Jäger geschaffen.

## ★ KÄRNTNER FREILICHTMUSEUM ⓥ

*300 m nördlich des Ortszentrums*

Etwa vierzig alte, dem bäuerlichen Leben entstammende Gebäude – Bauernhäuser, Ställe, Scheunen und Nebengebäude – wurden hier in hügeliger Waldlandschaft wiederaufgebaut. Dieses Freilichtmuseum hat auf 4 ha einige besonders repräsentative Beispiele ländlich-bäuerlichen Wirtschaftens bewahren können und führt uns so mitten ins Herz des Kärntner Landlebens von früher. Der aufmerksame Besucher wird mit Freude die Wohngebäude erforschen, in denen Möbel und zahlreiche andere Gegenstände einen Eindruck vom Alltagsleben vergangener Zeiten vermitteln. Die meisten Bauten sind in **Blockbauweise** ausgeführt; einige sind mit Stroh, die meisten mit Holzschindeln gedeckt. Die Wohnhäuser enthalten durchwegs eine Rauchstube mit Backofen und offenem Herd.
Von besonderem Interesse sind das Hanebauerhaus aus St. Jakob ob Gurk, das Bodnerhaus aus dem frühen 17. Jh., das 1767 entstandene Salzerhaus aus dem Katschtal, das Urchhaus aus dem Rosental sowie das Kramerhaus, ein Querlaubenhaus mit durchgängigem Innenflur. Das Lavanttaler Haus ist eines der ältesten Häuser im Freilichtmuseum, Teile davon entstanden vor 1631.
Über eine rekonstruierte gedeckte Holzbrücke gelangt man zum Mühlenbereich: Radmühle samt Müllerstübl als Unterstand, aber auch die turbinenähnliche Flodermühle aus Oberkärnten oder die Sägemühle zeigen trefflich die schwierigen Arbeitsbedingungen, aber auch ein gut durchdachtes System früher Mechanisierung, das die Arbeiter von manch harter Anstrengung befreite.

### Blockbau

Diese Holzbauweise ist seit Jahrhunderten für Kärnten charakteristisch. Sie wird für Wohn- und Wirtschaftsgebäude (Scheunen, Dörrhütten, Bienenstände) genutzt. Dazu verwendet man Balken von geradwüchsigen Nadelhölzern (Tanne, Lärche), die man waagrecht übereinander schichtet, indem man Kopf- und Wurzelende im Wechsel verlegt. In der Eckausbildung verkämmen und verzinken sich die Balken, um dem Gefüge Stabilität zu verleihen. Dieser Eckverband, auch Schrot genannt, hat seit dem 16. Jh. die verschiedensten Formen angenommen – Schwalbenschwanz-, Glocken-, Figurenschrot –, die es heute erlauben, das Baualter zu bestimmen. Die Fugen zwischen den Balken wurden mit Moos oder Strohgeflecht verdichtet; hierzu nutzte man eigens dafür vorgesehene Mooskerben. Es kam auch vor, daß die Wandfugen außen mit Lehmmörtel verstrichen wurden.

# MARIAZELL★

Steiermark

1 930 Einwohner

Michelin-Karte Nr. 926 – Falte 23 – 868 m

Mariazell, der meistbesuchte Wallfahrtsort Österreichs, ist gleichzeitig eine geschätzte Sommerfrische und ein beliebter Wintersportort, der vor allem durch seine **Lage**★ entzückt. Von dem sanften Wiesenhang, der in ein freundliches Hochtal abfällt und frei von Morgennebel ist, bieten sich bei Windstille oft Blicke auf eindrucksvolle Wolkenmeere. Die Umgebung Mariazells, ein Randgebiet der Ostalpen, umfaßt trotz der geringen Höhenlage noch sehr rauhe Gebirgsgegenden, wie z. B. das Hochschwab- und das Ötscher-Massiv oder das Salzatal. Einen recht guten Eindruck von dieser Landschaft bekommt man auf der **Bürgeralpe**, zu der von der Ortsmitte aus eine **Seilbahn** ⓥ hinaufführt.

**Die Wallfahrt** – Schon 1157 gründeten die Benediktiner hier ein Priorat. Sehr bald zog die Kirche zahlreiche Pilger an, wovon die ersten Ablaßbriefe vom Anfang des 14. Jh.s Zeugnis ablegen. Als Ludwig der Große von Ungarn 1370 die Türken besiegte, schrieb er seinen Sieg der Gnadenmutter von Mariazell zu und ließ zum

Dank die noch heute erhaltene Gnadenkapelle erbauen. Von da an wurde die Mariazeller Gnadenmutter, die auch in Ungarn und auf dem Balkan großen Zuspruch fand, zu einem Symbol für die Einheit des Kaiserreichs. Jahrhundertelang zeigten die Habsburger eine tiefe Verehrung für die Madonna, unternahmen selbst zahlreiche Wallfahrten; das tiefgläubige Volk folgte ihrem Beispiel. Noch heute begeben sich Pilger aus allen Teilen des ehemaligen Habsburgerreichs in großer Anzahl nach Mariazell, das weiterhin als geistiges Zentrum der katholischen Völker des Donauraums gilt. Die Hauptfeierlichkeiten finden hier an Mariä Himmelfahrt (15. Aug.) und Mariä Geburt (8. Sept.) statt. Im übrigen ziehen die im Sommer jeden Samstagabend veranstalteten Lichterprozessionen zahlreiche Besucher an.

## ★ DIE BASILIKA

Als die ständig anwachsenden Pilgerscharen im 17. Jh. eine Vergrößerung des gotischen Kirchenschiffs (14. Jh.) erforderlich machten, beauftragte der Abt von St. Lambrecht, dem Mariazell unterstand, den Architekten **Domenico Sciassia** (gestorben 1679) mit der Planung. Die Langhausanlage wurde beibehalten, der Chor jedoch abgerissen und durch zwei weite Gewölbejoche - eines wird von einer Kuppel bekrönt - ersetzt. Die Bauarbeiten dauerten von 1644 bis 1704.
Der Gesamtanblick der Kirche ist ungewöhnlich: Bei der Fassadengestaltung ließ der Architekt beiderseits des alten gotischen Portalturms zwei barocke, viel gedrungenere Zwiebeltürme errichten. Diese gewagte Architektur wurde zum Wahrzeichen des Wallfahrtsortes. Beachtenswert sind die noch gut erhaltenen gotischen Reliefs im Bogenfeld des Hauptportals. Das untere Bildwerk veranschaulicht die Wallfahrtsgeschichte, das obere die Kreuzigung.
Beim Betreten der Kirche fällt der Blick insbesondere auf die prächtige Gnadenkapelle, Ziel aller Wallfahrer, die das gotische „barockisierte" Langhaus mit dem im 17. Jh. angefügten Ostraum verbindet.

**Westraum (Hauptschiff)** - Trotz ihrer Barockverkleidung und Erweiterung durch Verlegung der Strebepfeiler nach innen ist die ursprüngliche gotische Hallenkirche an den weiten Ausmaßen und den verhältnismäßig schlanken Pfeilerpaaren noch erkennbar. Mit Durchbrechen der Seitenmauern gewann Sciassia Platz für die ungefähr in halber Höhe abgeteilten Kapellen und Emporen. Die großen Fenster der Emporen lassen das Licht weit in den Kirchenraum fluten. Um die Barockausschmückung - Stukkaturen und Fresken - im einzelnen bewundern zu können, ist ein Emporenrundgang notwendig.
Die dem hl. Ladislaus, König von Ungarn, geweihte Kapelle im nördlichen Seitenschiff barg lange Jahre die sterbliche Hülle Kardinal Mindszentys, des Primas von Ungarn (1892-1975). Heute ruht er im Dom von Esztergom (Ungarn).

**Gnadenkapelle** - In der über einem trapezförmigen Grundriß im Mittelpunkt der Kirche errichteten Gnadenkapelle thront die stets prächtig bekleidete Mariazeller Gnadenmutter (spätromanische sitzende Schnitzfigur) unter einem wertvollen, von 12 Säulen getragenen Baldachin, den Joseph Emanuel Fischer von Erlach d. J. (1727) entworfen hat.
Das silberne Abschlußgitter der Kapelle wurde von Wiener Goldschmieden 1756 im Auftrag von Maria Theresia angefertigt.

**Ostraum** - Den Besucher beeindruckt zuerst die Monumentalität dieses Barockbaus. Das kuppelgekrönte Joch ist kein Querhaus im eigentlichen Sinn, sondern die sinnvolle Fortsetzung des Langhauses nach Osten. Die ovale Laternenkuppel steht im Einklang mit dem langgestreckten Raum. Im fast quadratischen Chor, der nach Osten den Bau abschließt, steht der imposante Hochaltar von Johann Bernhard Fischer von Erlach d. Ä., der 1704 beendet wurde. Als Vorbild diente die Triumphpfortenarchitektur. Die Kreuzgruppe des Altars war früher ganz aus Silber. Zur Zeit der Napoleonischen Kriege mußten jedoch die Statuen Mariä und Johannis, die Engelsfiguren sowie die beiden vor der Gnadenkapelle stehenden Erzengelstatuen eingeschmolzen und in Holz neu angefertigt werden.

**Schatzkammer** ⓥ - Bewunderung erregen hier vor allem ein gotisches Meßgewand aus Brokat (um 1500) mit herrlichen Stickereien, die Heilige unter Baldachinen darstellen, und die verschiedenen Prunkkleider für die Gnadenmutter. Hier befinden sich ebenfalls Exvoten vom 15. bis 20. Jh.

## AUSFLUG

**Erlaufsee und Gemeindealpe** - *Rundfahrt von 20 km.*
Ausfahrt aus Mariazell auf der Straße nach Bruck an der Mur. Gleich nach Ankunft im Talgrund biegt man rechts in die Lunzer Straße ein.

**Marienwasserfall** - *Zugang ab dem Hotel gleichen Namens.* Die Wasser dieser kleinen Kaskade ergießen sich wie ein feiner Schleier über eine Felsennische, in der eine Kopie der Mariazeller Madonna steht.
*Man fährt im Auto weiter und biegt an einer Straßengabelung nach rechts ab.*

**Erlaufsee** - Die Straße verläßt nun den Wald und verläuft am Südufer des von Schubert besungenen Erlaufsees gegenüber der Gemeindealpe.

*Am Ende des Sees links in Richtung Mitterbach zur Talstation der Alpensesselbahn fahren, die auf die Gemeindealpe führt.*

★ **Gemeindealpe** – 1 626 m. *1 1/2 Std. hin und zurück, davon 1 Std. mit der Sesselbahn.*
Von diesem Gipfel bietet sich ein reizender **Rundblick** über das Ötschermassiv, das eine ziemlich rauhe, vom Ötschergraben und dem Tormäuer durchschnittene Gebirgsgegend überragt. Auf der gegenüberliegenden Seite erblickt man die Wasserfläche des Erlaufsees und dahinter das Mariazeller Becken. Bei klarem Wetter reicht der Blick in südwestlicher Richtung bis zur Dachsteingruppe.

*Zur Talstation zurückkehren und über Mitterbach auf direktem Weg nach Mariazell fahren.*

# MATREI IN OSTTIROL*

Tirol

4 900 Einwohner

Michelin-Karte Nr. 926 – Falte 32 – 1 000 m

Der beliebte Ferienort Matrei in Osttirol liegt in schöner, abwechslungsreicher Umgebung am Zusammenlauf von Tauern-, Virgen- und Iseltal und besitzt das drittgrößte Gemeindegebiet Österreichs. Dank der natürlichen Barriere der Hohen Tauern im Norden bietet die Region besonders angenehme klimatische Bedingungen. Die Marktgemeinde liegt in einem erholsamen Mittelgebirgsrahmen und wird von den höchsten und schönsten Gipfeln Österreichs eingerahmt (Großglockner im Osten und Großvenediger im Westen). Durch diese außergewöhnliche Lage wurde der Ort zu einer bekannten Ausgangsbasis für **Wanderungen**★★★ in den Ostalpen.

Im Winter bietet das **Skigebiet*** den Skifahrern zufriedenstellende Bedingungen. 3 Sessellifte und 3 Schlepplifte führen zu 30 km Piste zwischen 1 000 und 2 400 m, teilweise mit künstlichem Schnee. Der Ort lockt daneben mit 24 km Langlaufpisten sowie riesigen Tiefschneefeldern für die Liebhaber von Tourenabfahrten und Skiwanderungen.

## SEHENSWÜRDIGKEITEN

**Pfarrkirche St. Alban** – Vom ursprünglich gotischen Stil des Bauwerks zeugt nur noch der Turm. Es wurde Ende des 18. Jh.s barockisiert (Deckengemälde von Franz Anton Zeiller, 1783).

**St.-Nikolauskirche** – *Anfahrt mit dem Auto. Vom Matreier Hauptplatz über die Brücke zur Lienzer Straße fahren, dann in die zweite kleine Straße rechts (Bichler Straße) einbiegen. Bis ans Ende der Straße fahren und das Dorf verlassen. Die Straße führt über eine Brücke und dann bis zu einem hölzernen Brunnen, an dem man rechts vorbeifährt. An den beiden nächsten Kreuzungen rechts abbiegen. Die Straße ist dann zwar nicht mehr geteert, aber gut befahrbar. In die erste kleine Straße rechts einbiegen. Sie führt zur oberhalb von Matrei schön gelegenen Kirche.*
St. Nikolaus ist ein romanisches Bauwerk aus der zweiten Hälfte des 12. Jh.s und mit Sicherheit eine der interessantesten Kirchen Tirols. Im Inneren sind zunächst der Narthex sowie die Gewölbe sehenswert, die gegen 1470 im gotischen Stil umgebaut wur-

Y. Bontoux

Fresko in der St. Nikolauskirche

den. Der Chor, eine Besonderheit, befindet sich in einem Turm und reicht über zwei Etagen. Er ist mit bedeutenden **Fresken**★ aus dem 13. Jh. geschmückt. Auf der unteren Etage sind Szenen der Schöpfung dargestellt (bemerkenswert sind Adam und Eva). Die obere Etage ist über eine doppelte Treppenreihe erreichbar und noch interessanter. Die Fresken zeigen die 4 Elemente, welche die 12 Apostel und die Evangelisten tragen. Man beachte drei schöne Skulpturen aus dem 15. Jh.: St. Nikolaus, St. Alban und die Jungfrau mit dem Kind.

## UMGEBUNG

★★ **Europa-Panoramaweg** – Im Sommer empfiehlt sich ein Ticket, das die Talfahrt mit dem Glocknerblick-Sessellift und die Rückfahrt nach Matrei im Bus einschließt *(Zeiten beim Fremdenverkehrsamt erfragen).* Für den interessanten Ausflug zum Kals-Matrei-Paß und nach Großdorf sollte man einen ganzen Tag einplanen *(davon 1 3/4 Std. leichter Fußmarsch).* Wanderfreunde steigen außerdem zur Blauspitze auf.

★★ **Goldriedbahn** – Höhe 2 150 m. *40minütige Fahrt in 2 Abschnitten.* Herrlicher **Blick**★★ über das steile Felsmassiv der Kendlspitze, das Virgental, den Kristallkopf und den Großglockner.

★★ **Spaziergang zum Kals-Matrei-Törlhaus** – An der Bergstation des Sesselliftes den sogenannten Europa-Panoramaweg einschlagen. Auf diesem leichten Wanderweg sind 60 „Dreitausender" zu sehen. Nach 25 Minuten erreicht man den höchsten Punkt der Strecke (2 259 m) mit einem herrlichen **Blick**★★ auf den Großvenediger im Nordwesten. Der von Weidenröschen gesäumte Weg zum Törlhaus führt gegenüber den Gletschern des Großglockners durch einen Lärchenwald. Von der Paßhöhe aus sind das Kalsertal und rechts die Schobergruppe zu sehen.

★★ **Wanderung zur Blauspitze** – *Ab dem Kals-Matrei-Paß 2 3/4 Std. hin und zurück. Empfohlener Ausflug für gute Wanderer. Bergschuhe sind für den Aufstieg zum Gipfel unerläßlich.*
Den Kammweg in Richtung Sudetenhütte nehmen. Nach einer knappen Stunde rechts abbiegen (mit roten Kreisen markierter Weg). Am Ende der gut gesicherten (Seile) Strecke ist etwas Vorsicht geboten. Vom ersten Gipfel bietet sich ein herrliches **Panorama**★★, besonders über die Gletscher des Großglockners. Der beeindruckende Kammweg zum Kreuz ist nur erfahrenen, schwindelfreien Bergsteigern zu empfehlen.

★★ **Kalsertal** – Vom Kals-Matrei-Paß auf der anderen Seite absteigen. In 1 Std. erreicht man die Bergstation der Glocknerblickbahn. Mit der Bahn ins Tal fahren. Auf der Fahrt bis Großdorf bietet sich eine herrliche **Aussicht**★ auf das Tal. Dann bis zum Kapellenplatz gehen und von dort den Bundesbus zurück nach Matrei nehmen. Im Bus setzt man sich am besten auf die linke Seite, um die beeindruckenden Talwände sehen zu können. Auf den letzten Biegungen ins Iseltal bietet sich im Süden kurzzeitig ein **Blick**★ auf die Dolomiten.

★ **Virgental** – *18 km Fahrt von Matrei nach Ströden.* Dieses schöne Tal südlich der Gletscher des Großvenedigers ist ein interessantes Ausflugsziel für alle Sommerurlauber, die sich im Gebiet von Matrei aufhalten. Beeindruckend sind die dichten Wälder im unteren Teil und die Hochgebirgslandschaften im oberen Teil. Prägraten (Höhe 1 310 m) ist der schönste Ferienort des Tals.
Am Ende der Straße lohnt sich der Besuch der Umbalfälle.

# Burg MAUTERNDORF★

Salzburg

Michelin-Karte Nr. 926 – Falte 34

Diese Feste wacht über einem alten, schon zur Römerzeit benutzten Verkehrsweg, der die Hohen Tauern mit Salzburg verband. Eine Urkunde aus dem Jahre 1002 belegt die Existenz einer Mautstelle. Der Ort Mauterndorf verdankt seine würdevolle Atmosphäre den gewaltigen blockartigen Häusern, die zuweilen von Treppengiebeln bekrönt sind und große Bogenfenster besitzen.
Die Salzburger Erzbischöfe ließen im 13. Jh. eine erste Burg errichten, die über ihre Besitztümer im Lungau wachen sollte. 1339 entstanden die Burgkapelle und ihr Freskenschmuck. Erzbischof Leonhard von Keutschach maß der Burg besondere Aufmerksamkeit bei und ließ sich 1494 über der Kapelle ein Zimmer erbauen, in dem man heute noch seine Schlafstatt und interessante Wandmalereien sehen kann.

## BESICHTIGUNG

Das Äußere des **Bergfrieds** im Hof verdient Beachtung. Zahlreiche, für mittelalterliche Bergfriede typische Sicherheitsvorkehrungen sind hier getroffen worden. In den Turm gelangte man einzig und allein durch ein immer noch sichtbares Tor in 8 m Höhe (links vom Christophorus-Fresko). Dieses Tor wiederum konnte man nur über eine hölzerne Galerie erreichen, die an die Außenwand gebaut worden war und von einem vom Bergfried unabhängigen

**„Die Rübe des Erzbischofs"**

Man erzählt, der junge Leonhard von Keutschach habe ein lustiges Studentenleben geführt und sich nur sehr ungern von seinen Verwandten etwas sagen lassen. Eines Tages sei er im Pinzgau mit seinem Onkel Wolf zu Alm, welcher ihm Vorhaltungen bezüglich seines Lebenswandels machte, in einem Rübenfeld spazierengegangen. Leonhard muß so frech geantwortet haben, daß ihm sein Onkel voller Wut eine Rübe nachgeworfen habe, mit den Worten, er solle sich erst wieder bei ihm blicken lassen, wenn er sich gebessert habe. Diese Rübe war der Auslöser: Von nun an arbeitete Leonhard und wurde später sogar Fürstbischof von Salzburg. In Dankbarkeit erwählte er die Rübe zu seinem Wappen, das man an verschiedenen Stellen in Mauterndorf sehen kann.

Nebengebäude ausging. Wenn die Burg belagert oder gar erobert war, konnte diese Konstruktion sofort abgebaut werden, was den Zugang zum Turm unmöglich machte.
Das **Christophorusfresko** (Ende 15. Jh.), die Darstellung des Schutzpatrons der Reisenden, läßt vermuten, daß im Mittelalter die Straße noch durch den Burghof führte, wodurch die Eintreibung der Maut erheblich erleichtert wurde. Das heutige Aussehen der Gebäude geht auf eine Bauphase in den Jahren zwischen 1546 und 1559 zurück sowie auf eine gründliche, aber respektvolle Restaurierung im Jahre 1896. Seit 1968 im Besitz des Landes Salzburg, beherbergt die Burg das interessante **Lungauer Landschaftsmuseum** ⓥ.



# MAUTHAUSEN

## Oberösterreich

4 350 Einwohner
Michelin-Karte Nr. 926 – Falte 9 – 25 km östlich von Linz
Kartenskizze: DONAUTAL – 250 m

Die Häuser des stillen Ortes Mauthausen dehnen sich eng aneinandergeschmiegt bis zum Donauufer. Der runde, im Schatten zweier gewaltiger Platanen stehende Steinbrunnen auf dem Marktplatz fällt ebenso ins Auge wie die spätgotische **Pfarrkirche St. Nikolaus**, deren Altarbilder vom Kremser Schmidt stammen. Bemerkenswert ist auch der südlich der Kirche stehende romanische Karner aus dem Anfang des 13. Jh.s mit Fragmenten von Wandmalereien aus dieser Zeit. Von der Anfang des 11. Jh.s erbauten **Heinrichskirche** am östlichen Ortsende ist nur noch der später hinzugefügte gotische Chor von 1400 erhalten.
**Schloß Pragstein**, die ehemalige Schutzbastion des Städtchens, deren Fundamente von den Wassern der Donau umspült werden, beherbergt heute das Heimatmuseum.

Bis zum Anschluß Österreichs an das Deutsche Reich (1938) war Mauthausen lediglich seiner Granitsteinbrüche wegen bekannt, aus denen die meisten der in Wien verarbeiteten Pflastersteine stammten. In einem der Steinbrüche wurde das Konzentrationslager Mauthausen eingerichtet, mit dem der Name des Ortes nun für immer verbunden sein sollte. 1949, zahlreiche Gebäude und Baracken waren schon zerstört, wurde das Lager von der österreichischen Regierung zum historischen Denkmal erklärt.

**Konzentrationslager** ⓥ – Von 1938 bis zum 5. Mai 1945 waren in Mauthausen inklusive den 49 Nebenlagern ca. 200 000 Menschen inhaftiert, von denen mehr als 100 000 den Tod fanden. Die Baracken und die Orte des Leidens und des Todes können besichtigt werden. Ein Gebäude dient heute als Museum, in dem Fotografien und Dokumente vom mörderischen Lagerleben Zeugnis ablegen. Außerhalb der schweren, niederdrückenden Mauer erheben sich die Denkmäler, die von mehreren Nationen hier aufgestellt wurden, um ihrer im Lager umgekommenen Angehörigen zu gedenken. Unterhalb des Plateaus führt die „Todesstiege" in den Steinbruch.

# MAYERLING

## Niederösterreich

Michelin-Karte Nr. 926 – Falte 25 – 36 km südwestlich von Wien
Kartenskizze: WIENERWALD

Mayerling war Ende des 19. Jh.s Schauplatz einer Tragödie, die damals die ganze Welt bewegte.

**Der Tod des Kronprinzen** – Das Schweigen des kaiserlichen Hofes zu den Geschehnissen vom Januar 1889 gab Anlaß zu den widersprüchlichsten Mutmaßungen. Es hat sich jedoch eine, wenn auch nicht unumstrittene Darstellung der Ereignisse durchgesetzt:
1888 ist **Erzherzog Rudolf**, der einzige Sohn Franz Josephs und der Kaiserin Elisabeth, Thronfolger der Doppelmonarchie, 30 Jahre alt. Rudolfs Sympathien für die parlamentarische Opposition Ungarns sowie seine liberalen Ideen lassen den Adel erschaudern. Die Kirche greift ihn wegen seiner mangelnden Frömmigkeit an, und auch seine wenig harmonische Ehe mit Stephanie von Belgien, sein ausschweifendes Privatleben machen ihn zur schillernden Figur. Auf einem Ball der deutschen Botschaft lernt er die 17jährige Mary Vetsera kennen, verliebt sich in sie und findet Gegenliebe.

ROGER-VIOLLET

Erzherzog Rudolf

Als der Kaiser von der Liebschaft erfährt, beschließt er, dem Skandal ein Ende zu setzen. Am 28. Januar 1889 kommt es zu einer heftigen Auseinandersetzung. Franz Joseph informiert seinen Sohn über die Weigerung des Papstes Leo XIII., seine Ehe für nichtig zu erklären, und bekräftigt, daß er mit einer Scheidung nicht einverstanden ist; schließlich drängt er seinen Sohn, ihm die Namen der ungarischen Verschworenen zu nennen, die ein Komplott vorbereiten. Am nächsten Tag erscheint Rudolf nicht zum Diner in der Hofburg, sondern zieht sich in das 1887 von ihm erworbene Jagdschloß von Mayerling zurück. Entschieden, seine Freunde nicht zu verraten, und seines Lebens müde, das aus lauter unüberwindbaren Problemen zu bestehen scheint, sieht er nur noch im Selbstmord eine Lösung und zieht seine junge Freundin mit in den Tod. Am 30. Januar werden beide tot aufgefunden. Als erste war Mary gestorben. Rudolf hatte noch an seine Mutter, seine Frau und an eine langjährige Freundin, Mizzie Caspar, geschrieben, bevor er sich mit einem Revolver erschoß.

### KAPELLE UND GEDENKRÄUME ⊙

*Im Ort dem Wegweiser „Ehemaliges Jagdschloß – KARMEL St. Josef" folgen.*

Nach dem Tod Rudolfs und Mary Vetseras ließ Kaiser Franz Joseph einen Teil des Jagdschlosses abbrechen und für die Unterbringung des Karmelitinnenklosters neue Räume anfügen. An der Stelle des Schlafzimmers, wo sich die Tragödie zugetragen hatte, wurde eine neugotische Gedenkkapelle errichtet. Der Hauptaltar markiert den Standort des Bettes, in dem die beiden Toten gefunden wurden. An die Kapelle schließen sich, in dem Teil des Gebäudes, das nach dem Tod des Kronprinzen angefügt wurde, Gedenkräume mit Möbeln aus dem Jagdschloß, Fotos und Zeichnungen an.

*Am Ende dieses Reiseführers finden Sie wichtige praktische Hinweise übersichtlich zusammengefaßt:*

- *Anschriften von Fremdenverkehrsämtern, Verbänden und Informationsstellen*
- *Hinweise zur Reisevorbereitung, Anreise und Unterkunft*
- *Hinweise zur Freizeitgestaltung*
- *einen Veranstaltungskalender*
- *Buchtips*
- *Besichtigungsbedingungen der Sehenswürdigkeiten.*

# Stift MELK★★★

## Niederösterreich

Michelin-Karte Nr. 926 – Falte 10 – Kartenskizze: DONAUTAL – 213 m

Stift Melk, das von seinem über 50 m hohen Felshügel die Donau beherrscht, symbolisiert den Höhepunkt der österreichischen Barockblüte.

**Die Wiege Niederösterreichs** – Ende des 10. Jh.s ließ sich der aus Bayern stammende Babenberger Leopold I. hier nieder und errichtete seine Burg an der Stelle eines römischen Kastells. Wie die Nibelungen – Melk soll das Medelike des berühmten Nibelungenlieds sein – folgten die Babenberger dem Donautal in östlicher Richtung und wählten zuerst Tulln und später Wien zu ihrer Residenz. Ende des 11. Jh.s überließ Leopold III. seine Burg den Benediktinern, die sie zu einer Klosterfestung ausbauten. Melk wurde zu einem kulturellen Mittelpunkt, dessen Einfluß sich über ganz Niederösterreich verbreitete.

**Stürmische und glanzvolle Zeiten.** – Zuerst beeinträchtigte die weit ausstrahlende Reformation das Klosterleben, dann brachten 1683 die Türkeneinfälle Not und Elend ins Land; viele Besitzungen des Stifts Melk wurden verwüstet. Nachdem ein Brand die Klostergebäude fast völlig vernichtet hatte, wurde 1702 der Wiederaufbau des Stifts unternommen, und es entstand der prächtige Barockbau, den wir heute noch sehen. Einige Herrscher des Hauses Habsburg, darunter im Jahr 1743 Maria Theresia („...es reuete mich, so ich nit hier gweßn wer"), und viele berühmte Persönlichkeiten, wie zum Beispiel Napoleon, waren Gäste des Stifts, das seine Kunstschätze durch alle Zeiten hindurch bewahrt hat.

## BESICHTIGUNG ⊙

Die 240 m lange Südfassade beherrscht die Hauptstraße der Stadt Melk (schöne Bürgerhäuser).

*Vom Stiftsweg aus* (**26**) *kann man in wenigen Minuten zu Fuß das Eingangstor des Stifts erreichen.*
Mit dem Auto gelangt man von den östlichen Ortsteilen zu dem Felsen, auf dem die Abtei ruht: Folgen Sie den Hinweisschildern „ P *Stift Melk*".

1702 legte der Abt Dietmayr den Grundstein zum Wiederaufbau des Stifts im Barockstil.
Dem damit betrauten Architekten **Jakob Prandtauer** gelang es, seine Pläne der ungünstigen Trapezform der Anhöhe anzupassen, so daß hier Landschaft und Architektur vollendet harmonieren. Als Prandtauer 1726 starb, vollendete sein Schüler **Josef Munggenast** den Bau.
Das Außentor, durch das man zum Vorhof gelangt, wird von den Statuen der Hl. Leopold und Koloman, der Schutzheiligen des Stifts, eingerahmt und von zwei im 17. und 18. Jh. erbauten Bastionen flankiert. Über dem Innentor wurde das Stiftswappen angebracht. Die Eingangs- oder Benediktihalle mit dem den hl. Benedikt, den Ordensgründer, verherrlichenden Deckengemälde führt in den prächtigen **Prälatenhof.** Die ihn umschließenden Gebäude sind mit Statuen, die Kardinaltugenden und Propheten darstellen, geschmückt. Hinter der Fontäne wird die Kuppel der Stiftskirche sichtbar.

**Kaisergang** – *Über die Kaiserstiege zugänglich.* Entlang des 196 m langen Ganges liegen die Kaiserzimmer, die einst den durchreisenden hohen Gästen vorbehalten waren. Die Gangwände zieren Gemälde von Herrschern und Regenten

### MELK

Abbe-Stadler-Gasse . . . . . . . 2
Abt-B.-Dietmayr-Straße . . . . . 3
Bahngasse . . . . . . . . . . . . . 5
Fischergasse . . . . . . . . . . . . 6
Fisolengasse . . . . . . . . . . . . 7
Hauptplatz . . . . . . . . . . . . . 9
Hubbrücke . . . . . . . . . . . . . 10
Josef-Büchl-Straße . . . . . . . . 12
Kaiblingerstraße . . . . . . . . . . 13
Kirchenplatz . . . . . . . . . . . . 14
Kremser Straße . . . . . . . . . . 16
Nibelungenlände . . . . . . . . . 17
Pischingerstraße . . . . . . . . . 19
Prinzlstraße . . . . . . . . . . . . 20
Rathausplatz . . . . . . . . . . . . 21
Roseggerstraße . . . . . . . . . . 23
Stadtgraben . . . . . . . . . . . . 24
Stiftsweg . . . . . . . . . . . . . . 26

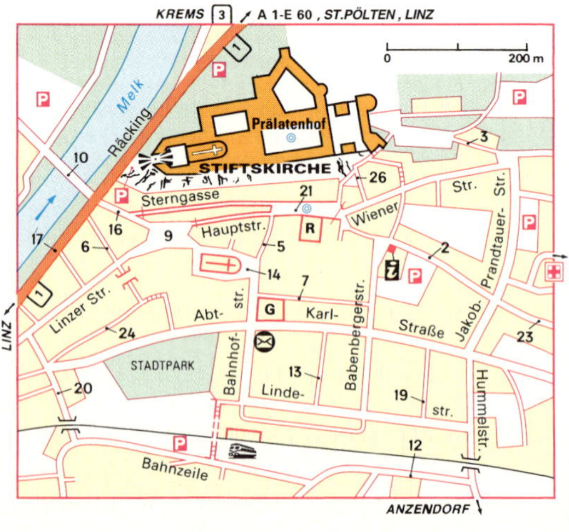

Stift Melk

Österreichs. Einige der ehemaligen Kaiserzimmer sind als Museum eingerichtet und zu besichtigen (Melker Kreuz von 1363, gotischer Altar von Jörg Breu, ausgewählte Gegenstände zur Geschichte und Informationen zu den heutigen Aufgaben des Stiftes).

**Marmorsaal** – Im Vorraum sind die Porträts des Bauherrn des Barockklosters (Abt Berthold Dietmayr) und des Architekten (Jakob Prandtauer) des Stifts zu sehen. Beim Betreten des Marmorsaals beeindruckt weniger seine reiche Ausschmückung als seine strenge Gliederung durch Pilaster aus rotbraunem Stuckmarmor. Das allegorische Deckenfresko – die Göttin der Vernunft führt die Menschheit aus dem finsteren Reich der Unkultur in das lichte Reich der Kultur – wurde 1731 von **Paul Troger** ausgeführt, der für seine herrlichen Blautöne berühmt ist.

**Aussichtsterrasse** – Sie liegt am äußersten Ende des Felsens über der eleganten Bogenhalle, die die beiden symmetrischen Bauten, die Marmorhalle und die Bibliothek, miteinander verbindet. Die Terrasse gewährt einen sehr schönen Blick auf die Kirchenfassade und die Donau.

**Bibliothek** – Die wie der Marmorsaal über zwei Stockwerke reichende Bibliothek, die 100 000 Bände und 1 800 Handschriften umfaßt, überspannt ein prächtiges Deckenfresko, das von Paul Troger stammt und den Glauben symbolisiert. Die vergoldeten Holzfiguren an den Türen, die vier Fakultäten darstellend, kommen inmitten der Goldornamente und schönen Holzverkleidungen erst richtig zur Geltung.

★★★ **Stiftskirche** – Sie beherrscht mit ihren zwei symmetrischen Fassadentürmen und ihrer mächtigen, achteckigen Vierungskuppel die weiten, sie umschließenden Stiftsgebäude. *Zur Architektur siehe auch Einführung, ABC der Baukunst.*

Der Innenraum erweckt infolge seiner durch aufstrebende, kannelierte Pilaster gegliederten Wände und der meisterhaften Abstimmung warmer Farben, bei denen Rotbraun, Grau, Orangegelb und Gold vorherrschen, den Eindruck beschwingter Eleganz. Freskenmalerei, Gold- und Marmorverzierungen bilden zusammen eine prachtvolle Ausstattung.

Unzählige Figuren bevölkern das Langhaus- und Kuppelgewölbe sowie die Altarbilder; in der 65 m hohen Kuppel thront Gottvater mit Christus, umgeben von Evangelisten und Kirchenvätern. Im Langhausgewölbe erkennen wir den triumphalen Einzug des hl. Benedikt in den Himmel. All diese Gemälde sowie die Seitenaltarbilder mit Darstellung der Anbetung der Hl. Drei Könige, des hl. Michael und der Taufe Christi führte **Johann Michael Rottmayr** aus. Von Paul Troger hingegen sind die St. Nikolaus und St. Sebastian darstellenden Seitenaltarbilder.

Die Wandmalereien sind das Werk des Italieners Hippolyto Sconzani. Inmitten dieser Pracht zieht der Hochaltar mit den schönen Figurengruppen von Peter Widerin den Blick auf sich: die Mittelgruppe stellt die Apostelfürsten Petrus und Paulus dar, denen die Kirche geweiht ist, wie sie vor ihrem Martyrium Abschied voneinander nehmen.

## UMGEBUNG

★ **Schloß Schallaburg** ⓥ - *6 km südlich von Melk über die Straße nach Anzendorf.* Dieses Schloß hat einige interessante romanische Überreste sowie eine gotische Kapelle bewahrt. Erinnern wird man sich jedoch vor allem an den großen, überaus reich geschmückten **Renaissance-Arkadenhof**★. Es scheint, als habe man auf wundersame Weise einen römischen Palast mitten in diese Alpenlandschaft gestellt. Die österreichische Vorliebe für Arkadenhöfe hat sich hier im 16. Jh. in einer meisterhaften Komposition vielfältiger und ungewöhnlich zahlreicher Elemente aus Ton ausgedrückt - Nischenfiguren, Halbstatuen, Atlanten und Karyatiden, Flachreliefs mit floralen Motiven, Kartuschen, Agraffen und Kreuzblumen sind harmonisch nebeneinander angeordnet und huldigen dem kraftvollen antikisierenden Stil der damaligen Epoche.
Das Schloß ist heute ein Ausstellungs- und Kulturzentrum des Landes Niederösterreich und zeigt im Sommer jährlich wechselnde Ausstellungen, die sich kulturgeschichtlichen und archäologischen Themen widmen.

# MILLSTATT★

Kärnten

3 200 Einwohner

Michelin-Karte Nr. 926 - Falten 33 und 34 - 604 m

Millstatt, am Nordufer des **Millstätter Sees**, dessen Wasser sich im Sommer bis auf 26 Grad erwärmt, erfreut sich eines schon südlich zu nennenden Klimas. Es ist daher nur verständlich, daß sich der Ort, nicht zuletzt auch wegen seines Badestrandes, zu einem besonders beliebten Sommerferienort entwickelt hat.
In dem 12 km langen und über 1 km breiten See spiegeln sich die Gipfel des Kreuzecks und des Reißecks, zweier Ausläufer der Tauern. Das unberührte und waldreiche Südufer macht aus diesem langgezogenen Gewässer ein besonders friedvolles und harmonisches Stück Natur.
Als Kulturzentrum von Oberkärnten ist Millstatt Austragungsort der Internationalen Musikwochen, die von Mai bis Oktober stattfinden.

Ph. Roy/EXPLORER

Millstatt - Stiftskreuzgang

## ★ DAS STIFT

Das Stift blickt auf eine bewegte Vergangenheit zurück, die man in drei große Epochen gliedern kann: Zuerst war es Benediktinerkloster der Abtei von Hirsau (vor 1077-1469), dann Sitz der St.-Georgsritter (1469-1598), und schließlich gelangte es in den Besitz des Jesuitenordens (1598). 1773, als der Jesuitenorden vom Papst aufgehoben wurde, fiel das Kloster unter staatliche Verwaltung. Jede dieser Epochen hat maßgeblich zu dem Gesamtkunstwerk beigetragen, doch gebührt die Palme sicher der Romanik, die mit dem Kreuzgang und dem Westportal der Stiftskirche herausragende Werke hinterlassen hat. Das **Stiftsmuseum** ⓥ gibt einen guten Einblick in die Geschichte sowie in die sakrale und weltliche Kunst des Klosters.

An der Stelle des alten Schlosses (15. Jh.) des Großmeisters der St.-Georgsritter steht heute ein Hotel.

★ **Stiftshof** – In dem Hof mit seinem fast tausendjährigen gewaltigen Lindenbaum und der zweistöckigen Arkadengalerie im italienischen Stil fühlt man sich um Jahrhunderte zurückversetzt.

Die Eleganz dieser Anlage aus dem 16. Jh. zeugt vom Reichtum des St.-Georgs-Ritterordens, der von Kaiser Friedrich III. zur Verteidigung der Christenheit gegen die Türken gegründet wurde. Trotz der kaiserlichen Förderung gewann der Orden nie politischen Einfluß; die wenigen Mitglieder waren überdies unfähig, den Türken Einhalt zu bieten, so daß diese zwischen 1473 und 1483 fünfmal ungehindert nach Kärnten einrücken und 1478 das Stift sogar in Brand setzen konnten.

★ **Kreuzgang** ⌚ – *Eingang an der östlichen Hofseite. Im Sommer ist der Kreuzgang nur im Rahmen des Stiftsmuseums zu besichtigen, die restliche Zeit ist er frei zugänglich.*

Er wurde Anfang des 12. Jh.s erbaut und später von den St. Georgsrittern mit Stern- und Netzgewölben versehen. Die Marmorsäulchen des romanischen Bogenwerks tragen **Würfelkapitelle**★, die reichen sinnbildlichen Schmuck (Tiere, Blatt- und Rankenwerk) aufweisen. An einer der Fensterarkaden des östl. Kreuzgangflügels bewundert man das von einem Löwen und einem „Weibchen" getragene Doppelsäulchen – ein oft abgebildetes Motiv.

Bemerkenswert ist weiterhin das Kreuzgangsportal, vor dem zwei Säulen stehen, die von einer Figurengruppe getragen werden. Sie stellen jeweils einen mächtigen Atlanten dar, der das Heidentum verkörpert, und eine ihn bändigende Frau. Sie versinnbildlicht die Kirche.

*Man geht wieder zum Stiftshof zurück und hinauf zur Kirche.*

**Stiftskirche** – Durch eine Vorhalle gelangt man zu dem berühmten **romanischen Westportal**★★ aus Marmor, dessen außerordentlicher Formenreichtum – gedrehte Säulchen, Flechtwerk, Schachbrettfries – überaus fein wirkt. Die Gewölbeauflagen und Kanten der Pfeiler sind mit Masken und Tierdarstellungen geschmückt, die den Kampf zwischen dem Guten und dem Bösen symbolisieren. Das Bogenfeldrelief zeigt den segnenden Heiland, dem der kniende Abt Heinrich I. (1166-1177) die Stiftskirche darbringt.

**Inneres** – Das Netzrippengewölbe mit den wappenverzierten Schlußsteinen im Kircheninnern wurde von den St.-Georgsrittern eingezogen. Die prächtige Barockausstattung ist den Jesuiten zu verdanken. Der **Hochaltar**★ mit reichem Knorpelwerk wurde 1648 geschaffen und zeigt zwei mit Weinranken umwundene vergoldete Säulenpaare, zwischen denen links die überlebensgroße Statue des hl. Domitian und rechts die des Markgrafen Leopold III. stehen. Der Altar wird von Engelfiguren mit Füllhörnern flankiert, die 1716 entstanden sind. Die vergoldete Rokokokanzel wurde im Jahr der Aufhebung des Jesuitenordens geschaffen. Schwarz und Gold sind die dominierenden Farben des Ignatiusaltars im linken und des Franz-Xaver-Altars im rechten Seitenschiff.

Einige beachtliche **Fresken** zieren die Kirche, so ein Weltgerichtsfresko (1515) an der Südwand (rechts vom Georgsaltar im Chorscheitel des südlichen Seitenschiffs). Am zweiten südseitigen Langhauspfeiler haben sich Malereien aus dem Jahr 1430 erhalten. Nicht unerwähnt sollen die Grabmäler der Großmeister Johann Siebenhirter (gest. 1508) und Johann Geumann (gest. 1533) bleiben, die in zwei einander gegenüberliegenden, nach ihnen benannten Seitenkapellen aufgestellt und aus rotem Marmor gehauen sind.

# Oberes MÖLLTAL★

Kärnten

Michelin-Karte Nr. 926 – Falte 32

Zwei wichtige Durchgangsstraßen verlaufen im windungsreichen Tal der Möll, einem Nebenfluß der Drau. Im oberen Teil, von Heiligenblut bis Winklern – also in dem Abschnitt, der hier beschrieben wird – ist es sozusagen die Fortsetzung der Großglocknerstraße; unterhalb, zwischen Winklern und Möllbrücke hat sich die Straße mittlerweile zu einer bedeutenden Transitstrecke zwischen den Dolomiten, Lienz und den Kärntner Seen entwickelt.

## VON HEILIGENBLUT NACH LIENZ *38 km*

✲ **Heiligenblut** – *s. dort.*

Ab Heiligenblut fällt die Straße nach dem „Zlapper Riegel", über den die Möll in wilder Schlucht hinabstürzt, rasch bergab auf eine niedrigere Talstufe. Die Großglocknerpyramide entzieht sich unseren Blicken. Das stille Mölltal erinnert mit seinen dunklen Holzhäusern an eine Berglandschaft. Die Weiden sind mit eigenartigen Getreidetrockenständern gespickt.

**Döllach** - Die Geschichte des stattlichen Dorfes, das einst als Zentrum des Gold- und Silberbergbaus eine herausragende Bedeutung für das Mölltal hatte, wird in einem kleinen Museum recht gut dargestellt. Es ist in **Schloß Großkirchheim** eingerichtet, dessen trutzige Gebäude im Jahre 1561 von dem Gewerken (Bergwerksbesitzer) Melchior Putz errichtet wurden.

Kurz nach Döllach bemerkt man auf der rechten Seite einige wenige Harpfen (Vorrichtungen zum Trocknen von Heu und Getreide), wie sie früher überall in der Gegend zu sehen waren.

Flußabwärts von Mörtschach eröffnet sich nach Süden ein erster schöner **Blick** auf die zerrissenen Felswände der Lienzer Dolomiten.
Bei Winklern gabelt sich die Straße. Die **Iselsbergpaßstraße** (Paßhöhe 1 204 m) verläßt das Mölltal, das sich plötzlich zwischen dichtbewaldeten Hängen nach Osten wendet. Die erste Parkeinbuchtung oberhalb von Winklern sollte man unbedingt nutzen, um einen Blick hinunter ins Tal und in die Ferne zu werfen; dem Betrachter bietet sich hier das Mölltal in einem weiten **Panorama**★★, das er so bald nicht vergessen wird.
Durch die geschickte Straßenführung wird die **Abfahrt**★ vom Iselsberg hinunter nach Lienz zum Erlebnis. Die ersten zwei Kehren laden zu einem Halt ein (Gasthaus Dolomitenblick). Hier scheinen die grauen zerklüfteten Felsen der Lienzer Dolomiten zum Greifen nah. Im Südwesten bahnt sich das obere Drautal seinen Weg.

**Lienz** - *s. dort.*

# MÖLLTALER GLETSCHER★★

Kärnten

Michelin-Karte Nr. 926 - Falte 33

In dieser besonders malerischen Gebirgsregion liegen ausgedehnte Hochgebirgsseen, die zur Gewinnung von Wasserkraft genutzt werden, sowie ein Skigebiet, auf dem fast das ganze Jahr über Skibetrieb herrscht.

★★ **Mölltaler Gletscherbahnen** - 1 250-3 120 m. *9 km von Flattach nach Innerfragant zur Talstation der neuen Stollenbahn (1 250 m). Von dort mit der unterirdischen Standseilbahn und einer Kabinenbahn Weiterfahrt auf 2 798 m (etwa 40 Min. für Hin- und Rückfahrt rechnen) zum Bergrestaurant Eissee.* Das fast ganzjährig schneesichere Gletscherskigebiet wird durch je zwei Sessel- und Schlepplifte erschlossen und bietet Abfahrten von insgesamt 47,5 km Länge. Von Juni bis April können Schneehungrige sich dort tummeln. Von der Bergstation - Ausblick auf die zahlreichen Berg- und Stauseen der Wurtenregion - bieten sich Wandermöglichkeiten zum Schareckgipfel (3 122 m) und zur Baumbachspitze (3 108 m). Der Schareck-Gipfel ist auch über einen Sessellift, der bei der Bergstation beginnt, zu erreichen. Dort bietet sich ein weites Panorama: im Rundblick über die Hohen Tauern kann man etwa 30 Dreitausender - darunter den Großglockner - ausmachen.

# MONDSEE

Oberösterreich

3 015 Einwohner

Michelin-Karte Nr. 926 - Falte 20 - Kartenskizze: SALZKAMMERGUT - 481 m

Die Geschichte dieser Marktgemeinde deckt sich bis 1791 mit der ihrer Benediktinerabtei. Heute ist Mondsee eine beliebte Sommerfrische, von der aus eine schöne Lindenallee zu den schattigen Ufern des gleichnamigen Sees führt, der ausgezeichnete Wassersportmöglichkeiten bietet.
Der **Mondsee**★, der sich sichelförmig am Fuße der Steilhänge der Drachenwand und des Schafbergs hinzieht, ist der wärmste und seit Eröffnung der oberhalb des Sees verlaufenden **Strecke**★ der Autobahn Salzburg-Wien der bekannteste See des Salzkammerguts geworden.
In der Umgebung wird der gute Mondseekäse erzeugt, eine der würzigen Käsesorten Österreichs.

## SEHENSWÜRDIGKEITEN

★ **Pfarrkirche** - Sie wurde als Stiftskirche Ende des 15. Jh.s erbaut. Der Kirchplatz wird zur Linken noch von den alten Stiftsgebäuden begrenzt. Die Fassade mit ihren Barocktürmen stammt aus dem Jahr 1740.
Nur dem Umstand, daß das Kloster gerade in finanziellen Schwierigkeiten steckte, ist es zu verdanken, daß das Kircheninnere im 17. Jh. nicht, wie allgemein üblich, barockisiert wurde und so sein gotisches Netzgewölbe behielt.

Blick vom Schafberg auf den Mondsee

**Meinrad Guggenbichler** (1649-1723), der als „Bildhauer von Mondsee" in die österreichische Kunstgeschichte einging, schmückte die Kirchenschiffe sehr einheitlich im Barockstil aus. Die bemerkenswertesten Zeugen seines Talents sind der Corpus-Christi-Altar (im linken Seitenschiff) mit seinen gewundenen, von Engelknaben getragenen Säulen und der Sebastians-Altar mit der bekannten Rochusstatue (im rechten Seitenschiff). Dies ist die letzte bekannte Arbeit Meinrad Guggenbichlers.
Im Chor bewundert man das herrliche, von sieben feinen Schnitzfiguren bekrönte Sakristeiportal aus dem 15. Jh. Die buntbemalte Eisentür mit dem Schlüsselschild ist ein Meisterwerk der gotischen Schmiedekunst.

**Heimat- und Pfahlbaumuseum** ⓥ – Teile des früheren Klosters wurden als Museum eingerichtet, in dem Sammlungen zur Frühgeschichte, darunter Exponate aus der jüngeren Steinzeit, aus der sogenannten „Mondsee-Kultur", sowie heimatkundliche Gegenstände gezeigt werden. Interessant sind die Fotografien, die den Bau eines Einbaums veranschaulichen: Bis in unsere Tage waren diese aus *einem* Baumstamm hergestellten Boote noch in Gebrauch. In der alten gotischen Klosterbibliothek unter dem Kirchendach sind Darstellungen des Klosters im Laufe der Jahrhunderte sowie Kopien von Handschriften, die im Kloster angefertigt worden waren, ausgestellt. Werke von Meinrad Guggenbichler und sakrale Kunst des Klosters.

**Freilichtmuseum Mondseer Rauchhaus** ⓥ – Das Rauchhaus, das beim Bau der Autobahn samt seiner Nebengebäude hierher verlegt wurde, ist der Typ eines sogenannten „Bayerischen Einhauses". Es wird zum ersten Mal in einer Urkunde von 1416 erwähnt, ist jedoch seiner Anlage entsprechend viel älter. Das Charakteristikum des Hauses ist seine „Rauchanlage", daher auch der Name. Der Rauch des offenen Herdfeuers, der abzugslos durch das gesamte Haus entwich, ohne daß die Bewohner darunter litten, diente zur Trocknung des auf dem „Rauchboden" aufgestellten Getreides.
Einige Nebenbauten legen Zeugnis von der bäuerlichen Arbeit ab: Zuhaus, Getreidespeicher, Mühle, Flachs- und Obstdörrhäuschen.

**Maria-Hilf-Kapelle** – Die barockisierte Kapelle aus dem 15. Jh. steht reizvoll auf einer bewaldeten Kuppe hoch über dem Mondsee.

*Wenn Sie mit dem Wohnwagen in Österreich unterwegs sind, ist zu beachten, daß einige Alpenpässe für Fahrzeuge mit Anhänger nicht oder nur bedingt geeignet sind. Wir haben diese Pässe im Kapitel Praktische Hinweise aufgeführt.*

# MONTAFON★

Vorarlberg

Michelin-Karte Nr. 926 – Falten 27 und 28 – Kartenskizze: ARLBERGGEBIET

Das Montafon ist ein liebliches, dicht besiedeltes Tal. Dank dem Schutz der umliegenden Berge und dem günstigen Einfluß des Föhns kann in den Talbecken in mittlerer Höhenlage Obst angebaut werden, während die rotbraunen Kühe der dortigen Rinderrasse prächtig auf den hochgelegenen Alpenweiden gedeihen.
Wenn auch die Landessprache deutsch ist, so weisen doch die harten Laute der Ortsnamen und die Bauweise (Holzhäuser mit einem Mauerkern und Bogentüren) auf die alte rätoromanische Kultur hin, die im Engadin, auf der Südseite der Silvrettagruppe, noch lebendig ist.
Das Montafon hat sich durch die moderne Zivilisation und vor allem durch die Entwicklung des Wintersports und der Stromerzeugungsanlagen (Kraftwerk von Rodund auf der Höhe von Vandans) grundlegend verändert. Es wird schon seit langem als erholsames Feriengebiet mit einem breiten Freizeitangebot (alpiner Skilauf, Langlauf, Wanderungen) geschätzt. Außerdem führt hier die berühmte **Silvretta-Hochalpenstraße**★★ *(s. dort)* vorbei.

## VON BLUDENZ NACH PARTENEN

*40 km – Mindestens einen Tag einplanen.*

**Bludenz** – *Siehe ARLBERGGEBIET* 1.

In St. Anton im Montafon nach links in Richtung Bartholomäberg abbiegen. Die kleine Gebirgsstraße führt über eine großartige Strecke oberhalb des Talgrundes entlang.

**Bartholomäberg** – Die schön gelegene Streusiedlung dehnt sich auf einer wahren Sonnenterrasse aus. Vom Friedhof, der die **Pfarrkirche** umgibt, bietet sich ein beeindruckender **Rundblick**★ über das Dorf Vandans am Fuß des spitzen Simbagipfels (2 643 m) sowie auf die Gemeinden Schruns und Tschagguns, die von den hohen Gipfeln von Schesaplana (2 965 m) und Drusenfluh, den **Drei Türmen** (Felsmassiv in Form dreier hintereinanderstehender Türme) und von der Sulzfluh überragt werden.
Die **barocke Innenausstattung**★ der Kirche gehört zu den schönsten Kunstschätzen Vorarlbergs. Der Hauptaltar und die Kanzel stammen von Georg Senn (1737). Die Orgel aus dem Jahr 1792 zählt zu den schönsten Instrumenten Österreichs. Im Kirchenschiff ist auf der rechten Seite das der hl. Anna gewidmete Triptychon (1525) besonders bemerkenswert.

In Richtung Innerberg weiterfahren. Nach etwa einem Kilometer bietet sich rechts ein herrlicher **Blick**★ auf St. Gallenkirch am Fuß der Valiseraspitze, gegenüber auf das Kreuzjochmassiv sowie auf das Silbertal und die Verwallgruppe.

In Innerberg (1 161 m) nach rechts in Richtung Silbertal abfahren. An der Hauptstraße im Talgrund links abbiegen und am Fuß der Kristbergbahn parken.

★ **Kristbergbahn** – Von der Bergstation aus ist in 5 Min. das Kristberg-Gasthaus (1 430 m) zu erreichen, in dessen unmittelbarer Nähe sich eine Kapelle befindet. Besonders schöner **Rundblick**★ über das Montafon.

Wanderfreunde können bis zum Kristbergsattel aufsteigen und dann links dem Kammweg bis zum Aussichtspunkt **Ganzaleita** (1 610 m) folgen. Von hier bietet sich ein Blick auf die Lechtaler Alpen und die Rote Wand.

An der Litz, einem Wildbach, entlang in Richtung Schruns weiterfahren. Die Strecke führt durch unberührte **Natur**★ mit üppigem Pflanzenwuchs.

Y. Bontoux

Blick auf die Drei Türme

❄ **Schruns** - 690 m. In einer Talweitung gelegener Ferienort und Hauptgemeinde des Montafon mit guten Unterkunftsmöglichkeiten und Freizeiteinrichtungen (Schwimmbad, 15 Tennisplätze). Im Sommer ist er ein idealer Ausgangspunkt für Wanderungen im Mittelgebirge.
Im Winter eignet sich das **Skigebiet**❄ (40 km Piste) vor allem für Anfänger und gemütlichen Skilauf: Zahlreiche leichte Pisten bieten an den Ausläufern von Kreuzjoch und Fredakopf ausgezeichnete Schneeverhältnisse. Gute Skiläufer versuchen sich auf der ungespurten Strecke am Sennihang. Der Reiz des Gebiets besteht in seinen beträchtlichen Höhenunterschieden (700 - 2 400 m) mit dem Wechsel zwischen vegetationslosen Hochgebirgslandschaften und bewaldeten Strecken unterhalb des Kapells. Durch Beschneiungsanlagen ist die Abfahrt bis zur Talstation Hochjochbahn möglich.
Für Urlauber gibt es Skipässe (ab drei Tagen), die für das gesamte Montafontal mit seinen 73 Skiliften und 210 km Piste gelten. Zwischen den einzelnen Orten (Tschagguns-Vandans, Schruns, Kristberg, Gargellen, St. Gallenkirch und Gaschurn) verkehren regelmäßig Busse. Die Möglichkeiten für **Langläufer** sind rund um Schruns auf 13 km einfache Loipen begrenzt. Weitere Möglichkeiten bieten die umliegenden Orte: 11 km anspruchsvollere Loipen auf dem Kristberg zwischen 1 450 m und 1 550 m Höhe, 6 km in Tschagguns und 8 km in Vandans sowie das großzügige Langlaufgebiet im Hochmontafon.

★ **Sennigrat** ⌚ - *1 Std. hin und zurück.* Zunächst mit der Hochjochbahn (gebührenpflichtiger Parkplatz) oder mit der Zamangbahn (nur Winterbetrieb, kostenloser Parkplatz) zum **Kapell** (1 850 m) hinauffahren. Blick auf das Tal und die zahlreichen, verstreut liegenden Chalets von Schruns.
Dann mit dem Sessellift zum Sennigrat (2 210 m) hinauffahren. Hier bietet sich ein **Panorama**★ über das Kreuzjochgebiet, das Madrisamassiv über dem Gargellental, über den Rätikon (Sulzfluh, Drei Türme, Schesaplana) mit Silbertal und Arlberg im Hintergrund.

★★ **Wanderung zum Kreuzjoch und zur Zamangspitze** - *4 Std. zu Fuß für die Rundstrecke. Beliebige Möglichkeiten zum Abkürzen: für einfache Spaziergänge genügt der Weg zur Hütte und der Seenweg (knapp 2 Std.). Bergschuhe sind empfehlenswert.*
Vom Sennigrat aus erreicht man in 20 Min. die Wormser Hütte (2 305 m). Von dort einem Kammweg bis zum Kreuzjoch (Kreuz: 2 395 m) und dann weiter zur Zamangspitze (2 386 m) folgen, wo sich ein **Panorama**★★ über das Silvrettamassiv und das Hochmontafon bietet.
Auf dem gleichen Weg zur Hütte zurückkehren und auf dem Seenweg an **Herzsee** und **Schwarzsee** vorbei zum Kapell weitergehen, von wo man mit der Seilbahn nach Schruns zurückfährt.
Hinter Schruns windet sich die Straße das Hochmontafon hinauf. Sie führt nacheinander durch **St. Gallenkirch**❄ (900 m) und **Gaschurn**❄ (1 000 m) und schließlich nach Partenen zur **Silvretta-Hochalpenstraße**★★ *(s. dort.).*

❄ **Skigebiet Silvretta Nova** - Die Orte St. Gallenkirch und Gaschurn haben sich zu einem großzügigen, abwechslungsreichen Skigebiet mit 33 Skiliften und 100 km Piste zwischen 900 und 2 300 m Höhe zusammengeschlossen. Gute Skiläufer fahren auf der schwarzen Buckelpiste und der vom Schwarzköpfle abgehenden Skiroute zu Tal sowie im Pulverschnee auf der **Ziglamstrecke** am Fuß des Burggipfels, von wo sich ein bemerkenswerter **Ausblick**★★ auf die Silvrettagruppe bietet. Für mittelgute Skifahrer eignen sich die Pisten am Gampabing-Lift.
Interessante Alpinskipisten bietet **Gargellen**, der höchstgelegene Ort des Montafon (1 423 m) 8 km talaufwärts von St. Gallenkirch.
Für Langläufer bestehen zusammenhängende Loipen im Talgrund von St. Gallenkirch bis Partenen. Außerdem ist mit der Standseilbahn und mit dem Bus eine 15 km lange Loipe zu erreichen, die in 2 030 m Höhe rund um den Silvretta-Stausee führt.

★★ **Valisera-Kabinenbahn** ⌚ - 1 100 m. *Etwa 3/4 Std. hin und zurück von St. Gallenkirch.* Im ersten, ausgesprochen steilen und bewaldeten Abschnitt bietet sich mehrfach ein schöner Gesamtblick auf St. Gallenkirch und Schruns. Von der Bergstation schweift der Blick auf den felsigen Gipfel des Reutehorns, der das Gargellental beherrscht. Im zweiten Abschnitt erhält man einen guten Überblick über das Skigebiet. Der Endstation gegenüber liegen Heimspitze und Valiseraspitze. Im Südosten ist die Silvrettagruppe und im Norden die Zamangspitze und die Verwallgruppe zu sehen. Nur wenige Schritte entfernt liegt das Restaurant Bella Nova, von wo der Blick über das herrliche Gargellental reicht.

★ **Versettla-Kabinenbahn** - 2 010 m. *3/4 Stunde hin und zurück von Gaschurn.* Von der Bergstation zum Höhenrestaurant hinuntergehen. Blick★ auf die Silvrettagruppe (Piz Buin, Großer Litzner, Großes Seehorn) und das gesamte Skigebiet Silvretta Nova. Ein noch breiteres Panorama bietet sich von Burg und Versettla (Burglift im Winter; Versettlaweg im Sommer).

# MURAU

Steiermark

2 630 Einwohner

Michelin-Karte Nr. 926 - Falte 34 - 829 m

Schon Ende des letzten Jahrhunderts schätzte man das hübsch am Oberlauf der Mur gelegene Städtchen Murau seiner guten Luft und seines angenehmen Klimas wegen. Dank der schützenden Bergkette der Niederen Tauern, die an das Tal grenzen, gibt es hier nur mäßige Niederschläge.

## SEHENSWÜRDIGKEITEN

**Altstadt** - Ulrich von Liechtenstein errichtete in Murau eine Burg und gründete an deren Fuß einen Markt, der in der Gegend um Murau im Mittelalter eine bedeutende Rolle spielte.

Das historische Zentrum des Ortes, das sich mit seinen engen Gassen und zahlreichen Geschäften über dem linken Ufer der Mur erhebt, ist zuweilen von geradezu südlichem Zauber, wie z. B. am Raffaltplatz, der mit seinen schattigen Kastanienbäumen und den adretten bunten Fassaden schon italienischen Einfluß verrät. Man kann von der Anna-Neumann-Straße oder vom Schillerplatz auf kleinen, Fußgängern vorbehaltenen Wegen oder auf der überdachten Treppe bis zur Matthäuskirche hinaufspazieren.

★ **Stadtpfarrkirche St. Matthäus** - Diese am Hang unterhalb des Schlosses erbaute gotische Kirche besitzt ein majestätisch wirkendes, reich geschmücktes Langhaus. Nach Fertigstellung des Chores wurde sie im Jahre 1296 dem hl. Matthäus geweiht. Die Umgestaltungsarbeiten des 17. Jh.s haben dem gotischen Charakter des Bauwerks keinen Abbruch getan. Beachtenswert sind mehrere schöne **Fresken** aus dem 14. bis 16. Jahrhundert: der hl. Antonius und sein Schwein (14. Jh.) im südlichen Querschiff, eine Grablegung Christi (1377) und eine Verkündigungsszene an der Südwand des Langhauses. Der Nordflügel des Querhauses ist mit vielfältigen, Ende des 16./Anfang des 17. Jh.s „a secco" gemalten Epitaphen für die Toten des Hauses Liechtenstein geschmückt. Bewunderung ruft der **Hochaltar**★ aus dem Jahre 1655 hervor. In ihm besitzt dieses Gotteshaus ein Meisterwerk des Barocks, welches - unter Verwendung der gotischen Kreuzigungsgruppe (1500) in der Altarmitte - von Künstlern aus der Umgebung geschaffen wurde. Der himmelblaue Tabernakel verschmilzt mit dem Holz und den Vergoldungen zu einem Bild äußerster Harmonie. Die massive Kanzel im Stile des Spätbarocks (1777) geht auf einen Friesacher Künstler zurück.

S. Bohviac/BILDAGENTUR BUENOS DIAS

Murau

**Schloß** - *Zugang über die lange hölzerne Treppe im Norden der Kirche. Zu besichtigen ist nur der Innenhof.*

Von der von Ulrich von Liechtenstein 1232 errichteten ersten Burg sind nur noch die Keller und ein 48 m tiefer Brunnen erhalten. Diese Burg „sperrte" gewissermaßen das Murtal dort ab, wo es sich weitet. Sie war das Symbol der Autonomie eines Landstriches, dessen Reichtum und Wohlstand neben dem Handel auf dem Geschäft mit Eisen und Salz beruhten.

Das heutige Schloß entstand zwischen 1628 und 1643; Bauherr war Graf Georg Ludwig Reichsgraf von Schwarzenberg. Im Innenhof fallen die hohen Fassaden auf. Sie ruhen auf Bogengängen, welche von mächtigen, paarweise angeordneten Säulen gegliedert werden. Rundbogenfenster und Ochsenaugen wie auch das elegante Tor zur Kapelle mildern die strenge Gestaltung dieses Hofes.

★ **Leonardikapelle** – *1 km südlich der Altstadt. Auf der Straße zur Frauenalpe erreicht man nach 300 m rechts den Leonhardweg, der zur Kapelle führt (Fußweg).*
Schon seit 1439 war die Vorgängerkirche dieses gotischen Baus ein vielbesuchtes Wallfahrtsziel. Der Fußweg zur Kapelle führt an einem einsam und still gelegenen **Teich**★ vorbei, an dessen Ufer man sich etwas aufhalten sollte. Der Rundgang um den Teich dauert etwa 20 Minuten und gewährt schöne Blicke auf die idyllisch mitten im Grünen gelegene Kapelle.

## AUSFLÜGE

**Die Murtalbahn** ⊙ – *74 km hin und zurück – mit 5 Std. rechnen.*
Ein **Dampfzug** fährt von Murau nach Tamsweg und macht diesen malerischen Ausflug zu einem ganz besonderen Erlebnis. Da in den Zügen Fahrräder mitgenommen werden können und in den Bahnhöfen in Murau und Tamsweg auch Drahtesel verliehen werden, kann man Bahnfahrt und Radausflug zur Erkundung des Tals kombinieren.

**Oberwölz** – *27 km nordöstlich von Murau. Die Stadt im Osten auf der Bundesstraße 96 verlassen. Ab Niederwölz Richtung Oberwölz orientieren.*
Das mittelalterliche Städtchen, gekrönt von Schloß Rothenfels (12. Jh.), war bereits zur Hallstattzeit besiedelt und entwickelte sich im Laufe seiner wechselhaften Geschichte vom Dorf zum Markt und erhielt schließlich um 1300 das Stadtrecht. Zu diesem Zeitpunkt war Oberwölz eine wohlhabende Gemeinde, die ihren Reichtum dem Salzhandel und der Silberverhüttung verdankte. Von der damals errichteten Stadtmauer sind heute noch große Teile mit Wehrtürmen und drei Stadttoren erhalten. Sie umschließen die hübsche, blumengeschmückte Altstadt.

★ **Sigismundkirche** – Ganz in der Nähe der Pfarrkirche wurde eine dem hl. Sigismund geweihte Kapelle (erstmalige urkundliche Erwähnung 1360) für das alte Spital der Stadt erbaut. Der hintere Teil dieses für Kranke errichteten Bauwerks besteht aus einer gewaltigen Empore, die auf Kreuzrippen ruht. Dieser Teil der Kirche ist mit einem dichten Netzrippengewölbe bedeckt, das von drei Pfeilern gestützt wird.

# MURTAL

Steiermark

Michelin-Karte Nr. 926 – Falten 23, 37 und 38

Die vorgeschlagene Fahrt führt etwa 70 km durch das waldreiche Murtal. Diese Strecke stellt jedoch nur ungefähr 1/7 der Gesamtlänge der Mur dar, die in den Radstädter Tauern im Salzburger Land entspringt und nach 483 km in Ungarn in die Drau, einen Nebenfluß der Donau, mündet.

## VON GRAZ NACH LEOBEN *70 km*

★★ **Graz** – *s. dort.*

*Graz auf der Straße nach Bruck an der Mur (**AX**) verlassen.*

Nach der Überquerung des Flusses folgt man dessen linkem Ufer. Bald tauchen bewaldete Hügel und hier und da kleine Felsen auf.

★★ **Österreichisches Freilichtmuseum** ⊙ – *In Stübing.*
Auf einem 60 ha großen Gebiet in einem Nebental der Mur wurden etwa 90 Original-Bauernhöfe und andere bäuerliche Bauten aus allen österreichischen Bundesländern wiederaufgebaut. Die Gebäude sind entsprechend der Ost-West-Gliederung Österreichs aufgestellt, so daß der Besucher seinen Rundgang gleichsam im Burgenland beginnt und über Architekturbeispiele aus den weiteren Ländern schließlich bis ins westlichste Bundesland Vorarlberg gelangt.
Alle Gebäude sind ihrer Bestimmung entsprechend mit Möbeln oder Arbeitsgeräten eingerichtet, so daß sich dem Besucher ein nostalgischer Blick in ehemalige Lebens- und Arbeitsweisen bietet. Wechselausstellungen zu bäuerlichem Leben und Volkskultur, die in zwei Ausstellungsgebäuden gezeigt werden, runden das Angebot des Museums ab.
*Zu den Hausformen in Österreich siehe auch Tafel S. 35.*

Am Ausgang von **Peggau**, einem großen Industrieort, erhebt sich rechts der Straße eine gewaltige Felswand. In diesem Kalkfelsen verzweigen sich die Gänge der Lurgrotte.

★ **Lurgrotte** ⊙ *(Eingang Peggau; ganzjährig beträgt die Temperatur in der Höhle 10 °C, so daß man im Sommer an entsprechende Kleidung denken sollte)* – Der Spaziergang führt am unterirdischen Schmelzbach entlang etwa 2 km weit in das Innere der Höhle. Man passiert herrliche Tropfsteinformationen, deren eindrucksvollste wohl der „Prinz" ist – ein etwa 3 t schwerer und fast 4 m langer Stalaktit.

Das oft von Felshügeln gesäumte Tal bietet nun freundlichere und malerische Anblicke. Von der Brücke der Umgehungsstraße nach Frohnleiten *(s. dort)* bietet sich ein hübscher Blick auf diese dicht um ihre Kirche gedrängte Marktgemeinde. Weiter flußabwärts durchziehen, parallel zur Mur, lange Seitenkanäle das Tal, die die Kraftwerke Laufnitzdorf und Pernegg speisen.

★ **Bruck an der Mur** – *s. dort.*

Von Bruck ab führt die Straße das rechte Ufer der Mur hinauf, die in westöstlicher Richtung fließt.
Zur Linken wird die Brucker Hochalpe sichtbar; der höchste Gipfel dieses Kalksteinmassivs, der Roßeck, ist 1 664 m hoch.
Das Murtal erweitert sich und wird, je näher man Leoben kommt, immer industriereicher.

**Leoben** – *s. dort.*

# NEUSIEDLER SEE★★

Burgenland

Michelin-Karte Nr. 926 – Falte 26

Der 113 m über dem Meeresspiegel liegende Neusiedler See ist mehr als nur irgendein mitteleuropäisches Gewässer: Als „westlichster" Steppensee Europas bildet er einen der großen Anziehungspunkte des Burgenlandes. Die Bezeichnung „Steppe" überrascht bei der Nähe zu Wien; doch tatsächlich beginnt hier am Fuße der ersten Ausläufer des Leithagebirges bereits die ungarische Pußta.
Mit einer Ausdehnung von 320 km² gehört der See zum größten Teil zu Österreich, während nur das südliche Ende (1/5 der Gesamtfläche) in Ungarn liegt.

**Ein „launenhafter" See** – Zu den Besonderheiten des Neusiedler Sees gehören der riesige, stellenweise bis zu 5 km breite Schilfgürtel und sein flaches, relativ warmes und leicht salzhaltiges Wasser. Die Tiefe schwankt zwischen 1 m und 1,5 m, übersteigt jedoch nie 2 m.
Der See verfügt über keinen regelmäßigen natürlichen Abfluß und nur einen nennenswerten Zufluß, die Wulka. Doch ist die zugeführte Wassermenge recht klein, wenn man bedenkt, daß der See allein durch Verdunstung viermal soviel verliert. Die Wassereinspeisung erfolgt also im wesentlichen durch Niederschlag, Schneeschmelze – es fallen im Winter beachtliche Mengen Schnee – und über das Grundwasser. Bei kräftigem, langanhaltendem Wind aus einer Richtung sinkt der Wasserspiegel des der Windrichtung gegenüberliegenden Ufers merklich. Sobald der Wind sich gelegt hat, erreicht der Wasserstand wieder seine normale Höhe, und der See zeigt sein gewohntes Bild.
Es kommt bisweilen sogar vor (das letzte Mal zwischen 1868 und 1872), daß der See völlig austrocknet und eines Tages, genauso geheimnisvoll wie er verschwunden war, wieder zutage tritt.

**Geographie und Landschaft** – Im Osten grenzt der See an die Parndorfer Platte und den Seewinkel, eine mit Salzlacken übersäte ebene Grassteppe, die sich jedoch zunehmend in fruchtbares Obst- und Gemüseanbaugebiet verwandelt. Das westliche Ufer bietet ein ganz anderes Landschaftsbild. Seinen Horizont begrenzen zwei Hügelketten, das Leithagebirge und die Hänge des Ruster Höhenzuges. Am Fuße dieser Berge breitet sich ein äußerst gesegneter Landstrich aus, dessen ockerfarbene Böden, durch das milde Klima begünstigt, Wein, Mais, Obst – selbst Mandeln – und Frühgemüse gedeihen lassen.

**Der Nationalpark** – Seit 1992 existiert der grenzüberschreitende Nationalpark „Neusiedler See-Seewinkel", der von Österreich und Ungarn gemeinsam verwaltet wird. Sein Ziel ist die Sicherung der hier im Grenzgebiet zwischen alpinem und euro-asiatischem Raum heimischen Tier- und Pflanzenwelt.

**Ein Eldorado für Flora und Fauna** – In diesem dem Anschein nach eher trockenen Landstrich gedeihen im Jahreslauf Abertausende von Pflanzen: Frühlingsadonis, Zwergiris, Steppensalbei, österreichischer Flachs, Salzastern, um nur einige wenige zu nennen. Das undurchdringliche Schilfdickicht des Sees und der Salzlacken im Seewinkel sind Lebensraum einer ungewöhnlich reichen Fauna, zu der auch solche europäischen Raritäten wie die scheue Äskulapnatter und die südrussische Tarantel gehören.

**Ein Vogelparadies** – Das gesamte Gebiet stellt ein einzigartiges Naturreservat dar, in dem zahlreiche Zugvögel haltmachen und nisten. Übrigens bilden die Freisitze der Ornithologen die einzigen Erhebungen in dieser tellerflachen Gegend, wo es über 250 verschiedene Vogelarten zu beobachten gibt *(s. Bildtafel).*

**Das „Meer der Wiener"** – Mit Ausnahme von Podersdorf, das direkt am Wasser liegt, besitzt jede in Seenähe gelegene Ortschaft ihr eigenes Seebad, zu dem man meistens auf einem beidseitig von Schilf gesäumten Zufahrtsweg gelangt.

Nachtigall
Bienenfresser
Braunkehlchen
Flußregenpfeifer
Seefauna
Rebhuhn
Blässhuhn
Uferschnepfe
Silberreiher

M. Guillou

Die Nähe der Hauptstadt (50 km) hat den Neusiedler See bei den Wienern zu einem beliebten Ausflugsziel gemacht, wo man im Sommer Wasser- und im Winter Eissport (vor allem Eissegeln) betreiben kann.

**Eine gute Weinlage** – Sowohl in den Hanglagen der Hügel- und Terrassenlandschaft als auch in den flachen Rieden der Tiefebene genießen die Reben des Burgenlandes einen ausgezeichneten Sonneneinfall und bringen hervorragende Prädikatsweine hervor, von denen vor allem die edlen Tropfen aus Rust, Mörbisch, Gols und Illmitz wegen ihres fruchtigen Buketts sehr geschätzt werden.
Sämtliche Ortschaften, die auf österreichischer Seite den Neusiedler See säumen, haben ihre eigenen **Buschenschenken**. In diesen Gartenwirtschaften wird ein fruchtiger Weißwein ausgeschenkt, der auch den Schweigsamsten zu Heiterkeit und Redseligkeit verführt.

## VON NEUSIEDL NACH EISENSTADT *69 km*

**Neusiedl am See** – Der Ort, dem der See seinen Namen verdankt, hat einige Sehenswürdigkeiten vorzuweisen: Eine Burgruine aus dem 13. Jh., eine Kirche aus dem 15. Jh. und das **Pannonische Heimatmuseum** (*Kalvarienbergstraße 40*), das sich der Volkskunst und dem Brauchtum widmet.

*Man verläßt Neusiedl in nordwestlicher Richtung, folgt der Straße nach Eisenstadt und biegt dann 2,4 km hinter Donnerskirchen links nach Rust ab.*

★ **Rust** – Der Ort ist nicht nur für seine Storchennester berühmt, die in jedem Jahr neu besetzt werden, sondern auch für seinen Wein. Rust ist als der Winzerort bekannt, der sich 1681 bei Leopold I. mit 30 000 Liter Wein und 60 000 Goldgulden die Rechte einer „königlichen Freistadt" erkaufte. 1989 wurde im aus dem 16. Jh. stammenden Seehof die erste deutschsprachige Weinakademie der Welt eingerichtet, die Seminare und sonstige Veranstaltungen anbietet.
Der pittoreske Ort bietet dem Besucher eine Fülle malerischer Blickwinkel: reizvolle Renaissance- und Barockfassaden mit Erkern und mächtigen, geschnitzten Toren, hübsche Innenhöfe mit Bogengängen, eine in Teilen erhaltene Stadtbefestigung. Wegen ihrer beachtlichen Bausubstanz steht die gesamte Altstadt unter Denkmalschutz.

**Fischerkirche** – *Auf der Westseite des Rathausplatzes.* Die befestigte und von einer Ringmauer umgebene Fischerkirche hat einen unregelmäßigen Grundriß. In ihrem Innern birgt sie bemerkenswerte **Fresken**★ aus dem 14. und 15. Jh. Von Bedeutung sind die drei Statuen des spätgotischen Dreiheiligenaltars im Seitenschiff und die schöne Orgel aus dem Jahr 1705.

Vom Ort führt eine von Schilf eingefaßte Straße zum **Seebad Rust** mit seinen hölzernen Pfahlbauten, die durch Pontons miteinander verbunden sind.

★ **Mörbisch am See** – Mit seinen malerischen, von der Hauptstraße beidseitig abgehenden Gäßchen besitzt Mörbisch eines der reizvollsten Ortsbilder am Neusiedler See. Die weißgetünchten Häuser haben fast alle eine Außentreppe, über die man eine von Säulen getragene Stiegenlaube erreicht. Die in kräftigen Farben gehaltenen Türen und Fensterläden, die zum Trocknen aufgehängten dekorativen Maiskolben und der reiche Blumenschmuck setzen einen heiteren Akzent.
Im Osten des Ortes gelangt man über die durch Schilf führende Seestraße zum Seebad und zur Seebühne, Schauplatz der alljährlichen **Seefestspiele** mit ihren zauberhaften Operetten-Aufführungen.

*Nach Rust zurückfahren und dort nach links in Richtung St. Margarethen einbiegen.*

**St. Margarethen** – Im alten Römersteinbruch dieser Ortschaft werden jeden Sommer vor einer eindrucksvollen Felsszenerie Passionsspiele aufgeführt, an denen Hunderte von Amateurstatisten beteiligt sind. Aus dem bekannten Kalksandstein von St. Margarethen wurden einige berühmte Bauwerke in Wien errichtet, so der Stephansdom, die Votivkirche, das Burgtheater und das Parlament.

Die Fahrt in Richtung Eisenstadt fortsetzen.

★ **Eisenstadt** – *s. dort.*

## SEHENSWÜRDIGKEITEN AM OSTUFER

**Halbturn** – 1701 von Lukas von Hildebrandt erbaut, ist Schloß Halbturn der bedeutendste barocke Profanbau des Burgenlandes. Es diente Kaiser Karl VI. als Jagdschloß, bevor es über Maria Theresia an deren Tochter Maria Christina kam. Nach dem Zweiten Weltkrieg setzten Plünderungen und ein verheerendes Feuer, das nur den Mittelteil verschonte, dem Schloß stark zu. Doch läßt heute eine gründliche Restaurierung den schmucken Bau mit seiner in schwachem Blau- und Cremeton gehaltenen Fassade wieder in altem Glanz erstrahlen.

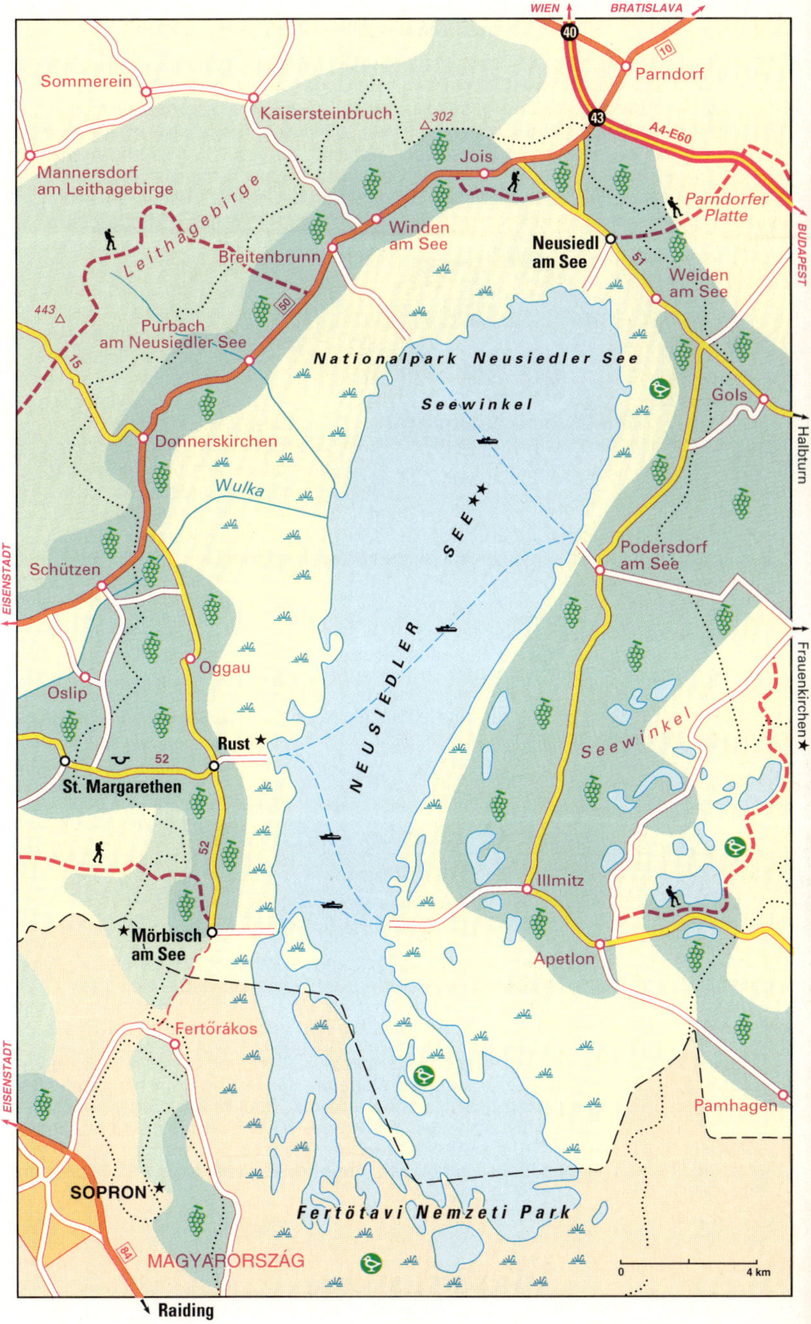


Die langgestreckte Front wird von zwei Eckpavillons eingefaßt und durch neun, jeweils durch Pilaster mit schönen Kapitellen getrennte Achsen unterteilt. Den vorspringenden Mittelrisalit krönt ein geschwungener Giebel mit dem kaiserlichen Doppeladler. **Franz Anton Maulbertsch** war der Schöpfer der bemerkenswerten **Fresken**★ des Gartensaales, die das Feuer von 1949 zum Glück überstanden haben. Das Deckengemälde zeigt die *Allegorie der Zeit und des Lichtes*, eine meisterhafte Komposition in geradezu vibrierenden Farben.

★ **Frauenkirchen** ⓥ – Italienische Eleganz läßt die berühmte Wallfahrtskirche erstrahlen, war ihr Baumeister doch Francesco Martinelli, der Stukkateur Pietro Conti und der Freskenmaler Luca Columba. Fürst Paul Esterházy hatte ihnen den 1702 abgeschlossenen Bau und die Ausgestaltung übertragen. Die prunkvolle Altarwand birgt das Gnadenbild, eine frühgotische Marienstatue (um 1340), die

**Zwischen Österreich und Ungarn**

Durch den Friedensvertrag von Saint-Germain-en-Laye kamen im Jahr 1921 Teile der drei westlichen Komitate Ungarns an Österreich, aus denen das heutige Burgenland gebildet wurde. So erklärt sich, daß in diesem jüngsten Bundesland Österreichs ein gewisser magyarischer Einfluß nicht zu leugnen ist. In Siegendorf, Trausdorf an der Wulka und **Apetlon** gibt es sogar heute noch Tamburizza-Kapellen. Das Burgenland hat seine Vielfalt an ethnischen Minderheiten bis in die Gegenwart bewahrt: Ungarn, Roma und Sinti sowie Nachfahren kroatischer Flüchtlinge aus der Zeit der Türkenbelagerungen zählen zu seiner Bevölkerung. Diese Minoritäten haben sich gerade im Burgenland und insbesondere um den Neusiedler See herum angesiedelt, da dieses Gebiet zu einem Verteidigungsgürtel gehörte, der von den ungarischen Herrschern gezielt entvölkert worden war, um ihr Königreich mit einer Art Niemandsland zu umgeben.

M. Guillou

Haus in Apetlon

nach barocker Manier bekleidet ist. Von besonderem Interesse ist der erste nördliche Seitenaltar mit der seltenen Darstellung einer stillenden Gottesmutter und das bemalte Chorgestühl der Orgelempore.
An der Südseite der Kirche zieht ein ungewöhnlicher, spiralenförmig angeordneter **Kalvarienberg** mit überlebensgroßen Figuren und einer Kreuzigungsgruppe die Augen auf sich.

# OBERNBERG AM INN

Oberösterreich

1 680 Einwohner

Michelin-Karte Nr. 926 - Falte 7 - 37 km südlich von Passau - 352 m

Die Marktgemeinde Obernberg, um 950 gegründet, stand lange unter passauischer Herrschaft. 1779 kam sie zusammen mit dem Innviertel an Österreich.
Hauptsehenswürdigkeit dieses auf dem rechten Ufer des Inns, der die deutsch-österreichische Grenze bildet, erbauten Orts ist sein gut erhaltener Marktplatz.

**Marktplatz** – Den großen Marktplatz, dessen Mittelpunkt ein skulpturengeschmückter Brunnen bildet, umsäumen elegante Häuser mit bunt bemalten oder stuckierten Fassaden. Man beachte vor allem die Stuckfassaden des Wörndle-, Apotheker- und Schiffmeisterhauses, Werke des bayerischen Künstlers Johann Baptist Modler (um 1740). Von der Platzmitte bietet sich der reizvolle Anblick der sich aneinanderreihenden Dreieckgiebel, die vom Zwiebelturm der Ortskirche überragt werden.

# OBERTAUERN**

Salzburg

400 Einwohner

Michelin-Karte Nr. 926 - Falte 33 - 1 739 m

Der Ferienort Obertauern liegt auf einer breiten Terrasse am Radstädter Tauernpaß *(s. dort)*. Im Gegensatz zu den meisten anderen österreichischen Gebirgsorten entwickelte er sich nicht aus einem bereits bestehenden Dorf, sondern wurde als reiner Wintersportplatz neu gegründet. Hier befindet sich eines der schönsten Skigebiete der Nordalpen.
Im Sommer bietet Obertauern einige interessante Wanderziele, insbesondere die **Seekarspitze**★★ (2 350 m; *3 1/2 Std. hin und zurück*) und den **Rundweg über Gamsleitenspitze – Zehnerkarspitze – Glöcknerin – Wildsee**★★ *(insgesamt 6 1/2 Std.; nur für erfahrene Wanderer)*.

*Tagesausflügler können auf dem Parkplatz P1 am Ortsanfang parken.*

★★ **Skigebiet** – Das Gebiet von Obertauern (1 650 – 2 350 m) zeichnet sich durch seine Schneesicherheit aus und umfaßt 26 Skilifte für 120 km Piste. Seine eher bescheidene Größe wird durch die Qualität der Einrichtungen mehr als wettgemacht. Nur wenige andere österreichische Wintersportorte bieten so moderne, komfortable Anlagen und Pisten und Strecken von so unterschiedlichem Schwierigkeitsgrad.
Erfahrene Skifahrer werden sich an der beeindruckenden Buckelpiste entlang der Gamsleitenbahn 2, die über einen Höhenunterschied von 360 m führt, und an der Skiroute am Hundskogel versuchen. Für mittelgute Skifahrer gibt es herrliche Pisten im Abschnitt Seekarspitze, während sich für Anfänger die eher flachen Hänge in unmittelbarer Umgebung des Ortes an Sonnenlift und Kurnenlift eignen.

## AUSSICHTSPUNKTE

★ **Zehnerkarseilbahn** – 2 192 m. *3/4 Std. hin und zurück.* Die Seilbahn führt zum Fuß der Zehnerkarspitze (2 381 m). Schöner **Rundblick**★ über die Gebirgsmassive rund um Obertauern von der Seekarspitze bis zur Gamskarspitze. Nach 200 m Abstieg entlang der Skipiste bietet sich im Hintergrund der Blick auf die Kalkmassive vom Tennengebirge bis zum Dachstein.

★★ **Gamsleitenbahn 1 und 2** – *Erreichbar für Skifahrer.* An der Bergstation des zweiten Sessellifts (2 313 m) links abfahren und sich dem äußersten Ende der Piste nähern. Großartiger **Blick**★★ auf Mosermandl und die felsigen Kämme der Kesselspitze. Gegenüber ragen die Gamskarspitze und die Plattenspitze empor.

★★ **Seekareck** – *Erreichbar für Skifahrer mit den Sesselliften Grünwaldkopf und Seekareck.* An der Bergstation (2 160 m) nach links. In wenigen Minuten erreicht man eine Anhöhe, von wo aus der Großglockner zu sehen ist.
Wenn keine Lawinengefahr besteht und der Weg geräumt ist, empfiehlt sich der Aufstieg bis zum Gipfel (2 217 m; *10 Min. zu Fuß*). Großartiges **Panorama**★★ über die Radstädter Tauern, den Dachstein und die Hohen Tauern.

★ **Panoramabahn** – 2 208 m. *Erreichbar für Skifahrer.* Der Blick schweift über die Schladminger Tauern. Von der roten Piste, die auf der linken Seite der Seekarspitzbahn zu Tal führt, bietet sich ein herrlicher **Blick**★★ auf den Hohen Dachstein und die Radstädter Tauern.

★ **Hundskogelbahn** – 2 136 m. *Erreichbar für Skifahrer.* **Blick**★ auf die Bischofsmütze, das Tennengebirge und den Großglockner.

# ÖTSCHERMASSIV★

Niederösterreich und Steiermark

Michelin-Karte Nr. 926 – Falten 23 und 24

Das sich südlich von St. Pölten zwischen dem Wienerwald und Eisenerz hinziehende Bergland gehört zu den Kalkvoralpen. Auf die ersten Ausläufer, bewaldete 600 bis 800 m hohe Berge, folgt ein Gebirgskamm. Seine höchste Erhebung ist mit 1 893 m der Große Ötscher (nach dem altslawischen Wort Otian, das „Gevatter" bedeutet), der schon von weitem sichtbar ist, zumal wenn man sich ihm vom Norden her nähert.

## RUNDFAHRT AB MARIAZELL *112 km*

★ **Mariazell** – *s. dort.*

Ab Mariazell in östl. Richtung auf der Straße nach Mürzzuschlag, die in das Salzatal abfällt (Gefälle bis zu 16 %) und dann nahe dem Fluß verläuft. Hinter Terz dringt die malerisch schöne Straße in eine Schlucht der Salza ein, in deren schroffen Felswänden Nadelbäume verwurzelt sind. Bald erweitert sich das Tal, bald wird es durch Felswände oder wuchtige Grate und Gipfel eingeengt.
Bei St. Aegyd erreicht man das Unrecht-Traisental, in dem sich Sägewerke und Fabriken aneinanderreihen. Nach Hohenberg erblickt man hier und da tiefe Talkessel zwischen den Kalkfelsen.

*Ab Freiland fährt man rechts auf der Bundesstraße 20 nach Lilienfeld.*

★ **Stift Lilienfeld** – *s. dort.*

Die angenehm zu fahrende, malerische Strecke wird mehr und mehr von Waldhängen und dann von den Felswänden einer Schlucht eingefaßt, in der Schieferschichten zutage treten. Die verschiedenen Stauseen betreiben kleine Fabriken, darunter eine Papierfabrik in Dickenau.
Ab Türnitz, Sommerfrische und Wintersportort, steigt die Straße ständig an und gewährt weite Ausblicke auf die 1 200 bis 1 400 m hohen Bergrücken. Eine Reihe von Kehren führt zum Dorf Annaberg.

**Annaberg** - Dieses Dorf erhebt sich auf einem Sattel gegenüber dem Großen Ötscher. Schön gelegen ist die Wallfahrtskirche, die den nach Mariazell ziehenden Pilgerscharen wohlbekannt ist. 1217 war an diesem Ort eine erste Kapelle aus Holz erbaut worden. Die heutige Kirche entstand im 14. und 15. Jh. und wurde - die Anna selbdritt (15. Jh.) auf dem Hochaltar erinnert daran - der hl. Anna geweiht. Trotz der Barockisierung im 17. und 18. Jh. hat das Gotteshaus sein schönes Spitzbogengewölbe bewahrt. Die Decke der rechten Seitenkapelle ist mit Fresken und Stuck, der Hochaltar überreich mit Statuen und kleinen Engeln geschmückt, Kanzel und Orgelempore sind mit vergoldeten Schnitzarbeiten überzogen.

Bei der windungsreichen Talfahrt bleibt der Große Ötscher, 1 000 m höher im Westen, in unserem Blickfeld. Ab Josefsberg führt die weiter abfallende Straße durch schöne Tannenwälder, die prächtige Ausblicke nach rechts auf die Gemeindealpe (1 626 m) gestatten. Die Bevölkerung der Gegend lebt fast ausschließlich von der Viehzucht und Forstwirtschaft. In den Tälern wurde einst in kleinen Schmieden das steirische Eisen vom benachbarten Erzberg verarbeitet. Heute sind sie jedoch verschwunden. Rechts liegt der Erlaufstausee am oberen Erlauf. Hinter Mitterbach biegt man rechts ab und fährt am Erlaufsee entlang.

*Schließlich erreicht man Mariazell.*

# ÖTZTAL**

Tirol

Michelin-Karten Nr. 926 - Falte 29 - und Nr. 218 - Falten 8 und 9

Das Ötztal, das den Alpinisten an ein unendliches Gletscherfeld (134 km²) erinnert, ist ein Seitental des Inns, das auf 50 km in reizvollem Wechsel von Schlucht und Becken stufenweise ansteigt. Lange waren hier die Gebräuche Alttirols lebendig.

**Ein Gebirge, das mehr vereinigt, als es trennt** - Die **Ötztaler Alpen** besitzen mit der Wildspitze (3 774 m) den höchsten Gipfel Tirols. In der Schule lernt man, daß das höchstgelegene Kirchspiel Österreichs (Obergurgl - 1 927 m) und die höchsten Bauernhöfe des Landes (**Rofen**, unweit von Vent - 2 014 m) im oberen Ötztal liegen. Die Bewohner dieser Ansiedlungen waren bis zum 1. Weltkrieg viel enger mit dem oberen Etschtal im Süden, dem Stammland ihrer Vorfahren, als mit dem Inntal verbunden. Sie zogen es nämlich lange Zeit vor, die breiten, fast 3 000 m hohen Pässe, wie das Hochjoch oder das Niederjoch, in Eis und Schnee zu überwinden, als den beschwerlichen, durch Überschwemmungen, Steinfall oder Lawinen bedrohten Weg in den Schluchten der Ötztaler Ache zu benutzen. Mit der Timmelsjochstraße wurde eine neue transalpine Verbindung geschaffen und das Ötztal dem großen Durchgangsverkehr erschlossen.

## VOM INNTAL NACH ST. LEONHARD IN PASSEIER (ITALIEN)

*88 km*

*Auf der italienischen Seite ist die Straße nur von Mitte Juni bis Mitte Oktober befahrbar. Die Strecke ist schwierig (Schutzmaßnahmen fehlen), die Fahrbahn, insbesondere in den Tunnels, von unterschiedlicher Beschaffenheit. Die Straße ist für PKW mit Anhänger sowie für Wohnwagen, Autobusse und LKW gesperrt.*
*Auf der österreichischen Seite ist die Straße dagegen - zumindest bis Hochgurgl - das ganze Jahr über befahrbar.*
Die von der verkehrsreichen Inntalstraße abgehende Bundesstraße 186 durchquert den mit Kiefern bestandenen, wieder tief von seinem Wildbach durchschnittenen Schuttkegel der Ötztaler Ache. Nachdem man die malerische, gedeckte Brücke in Ebene überquert hat, kommt man in das vom Acherkogel überragte Becken von Oetz. Seine Kastanien-, Pfirsich- und Aprikosenbäume sowie die leuchtenden Maisfelder zeugen von dem milden, durch den Einfluß des Föhns begünstigten Klima des ganz nach Süden gelegenen Ötztals.

**Oetz** - Der Ort breitet sich am Fuße des besonnten Talhangs aus, auf dem sich seine große Pfarrkirche erhebt. Einige Häuser von Oetz haben ihr altes Gepräge bewahrt. Ein schönes Beispiel ist der Gasthof Stern mit seiner bemalten Fassade und seinem blumengeschmückten Erker.

Der romantisch ganz in der Nähe gelegene Piburgersee ist das beliebte Ausflugsziel der Sommergäste des Orts. Die Straße überwindet nun eine erste Talstufe, über die die Ache wildschäumend hinabstürzt, und führt in ein neues Becken, in das sich der Tumpenbach in mehreren Wasserfällen ergießt.

**Österreuten** - Der einheitliche Anblick, den die Berghäuser dieses Fleckens bieten, ist einzigartig im Tal. Sie erinnern mit ihrem einen Vorbau überragenden Dachstuhl an die Häuser in den Dolomiten bei Cortina d'Ampezzo.

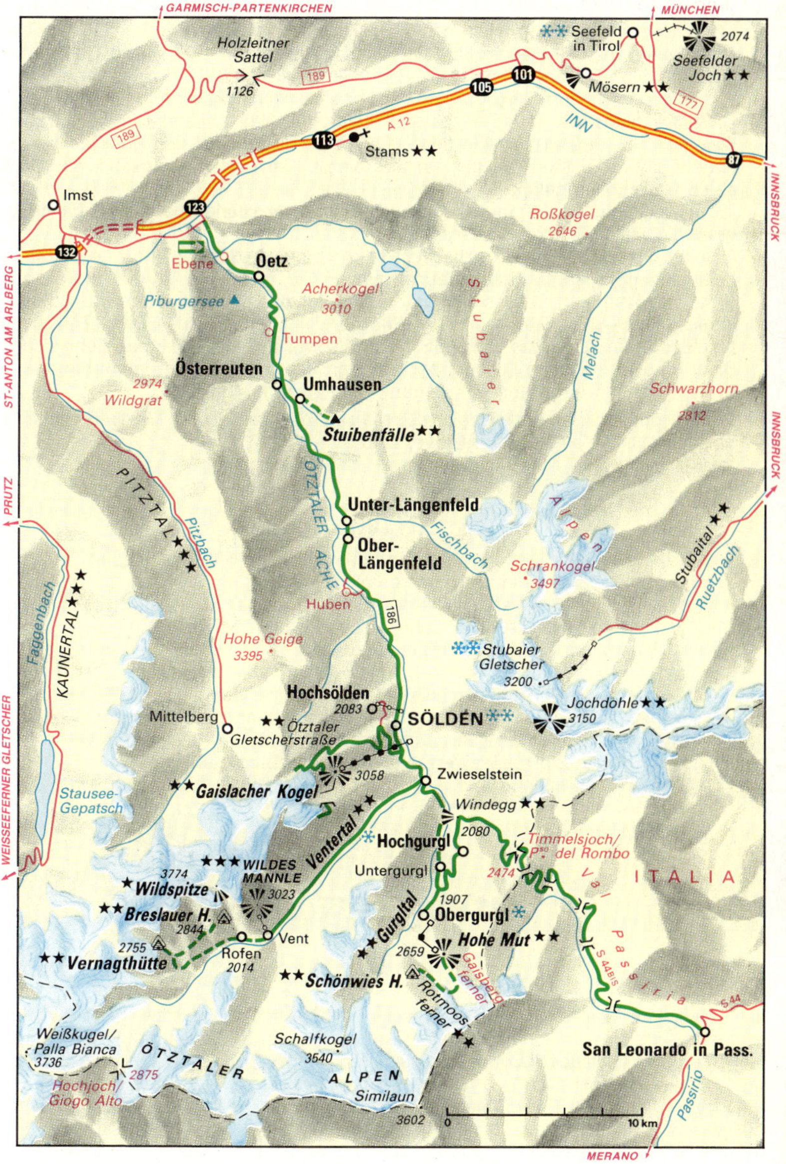


**Umhausen** – Vom Kern des Dorfes nur wenige Gehminuten entfernt ist Tirols größter und mächtigster Wasserfall.

★★ **Stuibenfälle** – *1 1/2 Std. zu Fuß hin und zurück auf einem beschilderten, beim Verkehrsverein abzweigenden Weg.*
Beim Berggasthof überquert man den Wildbach und geht sein linkes Ufer bis zum Fuße der Wasserfälle, die 150 m in die Tiefe stürzen, hinauf.
Hinter Umhausen fällt die Straße entlang der Ötztaler Ache wieder in eine bewaldete Schlucht ab. Dann erweitert sich das Tal zum Längenfelder Becken.

**Längenfeld** – Der Ort, der vom Fischbach in zwei Teile – Ober- und Unterlängenfeld – getrennt wird, liegt an der Mündung des Sulztals, die vom Burgstein überragt wird. Schöne Spazierwege durchziehen die nahen Lärchenwälder. Zusammen mit dem nahen **Huben** stellt Längenfeld dem Urlauber 150 km Wanderwege, mehrere Klettergärten und zwei Klettersteige sowie ein etwa 50 km langes Radwegnetz zur Verfügung.
Hinter Huben beginnt eine lange Talenge, die sich nach der Aschbachbrücke zu einer wildromantischen, von Lärchen bestandenen **Schlucht**★ verengt.
Unterhalb der am Steilhang entlangführenden Straße stürzt der schäumende Wildbach über riesige Felsblöcke.

❄❄ **Sölden** - *s. dort.*

In Zwieselstein gabelt sich das Tal: rechts das **Ventertal★★** *(siehe Sölden, Umgebung)*, das den Zugang zu den am frühesten benutzten Grenzübergängen auf dem Gipfelkamm (Hochjoch 2 875 m, Niederjoch 3 019 m) eröffnet.
Wir folgen links dem **Gurgler Tal★★** *(s. dort)* mit dem Wintersportort **Obergurgl**❄.
Die **Timmelsjochstraße** steigt zuerst steil an und fällt dann wieder zum **Aussichtspunkt Windegg★★** (2 080 m) ab, von dem sich ein herrlicher Blick auf das Gurgltal und einen Teil des Großen Gurgler Ferners bietet. Nach Norden gewährt das Ötztal einen weiten Durchblick.
Dann steigt die Straße, inmitten rauher Hochgebirgslandschaft, zum **Timmelsjoch** empor (2 474 m), das die Grenze zu Italien markiert. Auf der südlichen, viel abschüssigeren Paßrampe, die bereits in Italien verläuft, führt die oft in die Felswand gesprengte Straße durch einen 700 m langen Tunnel ins Passeier (Passiria) Tal hinab. Dieses eröffnet eindrucksvolle Blicke auf die Gipfelkämme, insbesondere den Granatenkogel (Monte dei Granati), im Süden (Aussichtsterrasse beim Gasthaus „Saltnuß" - 1 630 m). Bis Moos (Moso) zieht sich die Straße hoch über dem Passeierbach an der stets steilen Bergflanke hin.
In dem sich erweiternden Tal ist dann die Fahrt angenehmer.

*In St. Leonhard (San Leonardo) stößt man auf die Alpenstraße Meran-Brenner, die über den Jaufenpaß (Monte Giovo) führt.*

**Ötzi**

1991 entdeckte ein Bergsteigerehepaar in der Similaungruppe in den Ötztaler Alpen eine mumifizierte Leiche im Schnee. Der schaurige Fund erwies sich bald als archäologische Sensation, handelte es sich doch um einen Menschen des 4. Jahrtausends vor Christus. Aufgrund der besonderen Umweltbedingungen des Gletschers blieb der liebevoll „Ötzi" getaufte Fund außerordentlich gut erhalten. Seine Organe waren noch intakt, so daß sogar Rückschlüsse auf seine Ernährungsgewohnheiten und die Umstände seines Todes gezogen werden konnten: Er war im Gebirge von einem Wettersturz mit Schneefall überrascht worden, den er trotz guter Ausrüstung mit Pelzen und Grasmantel nicht überlebte.
Da die Fundstelle bereits auf italienischem Staatsgebiet lag, wird die Gletschermumie heute im Südtiroler Archäologiemuseum in Bozen ausgestellt.

# OSSIACHER SEE★

Kärnten

Michelin-Karte Nr. 926 - Falte 34 - Kartenskizze: WÖRTHER SEE

Der Ossiacher See ist noch nicht zu sehr von Touristen überschwemmt und liegt etwas abseits des Villacher Beckens, eingebettet in die bewaldeten Abhänge der Gerlitzen, des Hexenbergs und der Ossiacher Tauern. Der drittgrößte Kärntner See ist 11 km lang, 1,5 km breit und erreicht eine Tiefe von 46 m. Seine reizvollen Ufer laden zum Baden und Entspannen ein. Von Frühjahr bis Herbst verkehren drei Schiffe auf dem See und laufen die einzelnen Orte regelmäßig an. Wer etwas Zeit mitbringt, kann eine Kreuzfahrt wählen, die 2 1/2 Stunden dauert.

## ★ RUNDFAHRT UM DEN SEE AB VILLACH *66 km*

★ **Villach** - *s. dort.*

Nach Villach verläuft die Bundesstraße Nr. 94 durch einen weiten Talgrund. Rechts thront auf einem Felsvorsprung die Burgruine Landskron. Dann führt unser Weg am Steilhang des Nordufers am Fuße der Gerlitzen entlang.

★★ **Gerlitzen** - Die Mittelkärnten beherrschende Gerlitzen (1 909 m), deren Ausläufer bis zum Ossiacher See hinabreichen, ist einer der Vorsprünge der zum größten Teil kristallinen Zentralalpen. Im Winter ist dieser Aussichtspunkt mit seinen Berghotels das Ziel zahlreicher Skifahrer, die mit der Seilschwebebahn von Annenheim bis zur Kanzelhöhe und anschließend mit Skiliften auf die herrlich besonnten Berghänge fahren, wo sie alle Schneefreuden genießen können.

**Auffahrt zur Gerlitzen** - Von Bodensdorf, am nördlichen Ufer des Ossiacher Sees, fährt man bis Tschöran, wo die Bergstraße zur Gerlitzen *(12 km, mautpflichtig)* abzweigt. Diese windet sich in weiten Schleifen hoch und endet in 1 764 m Höhe. Hier ist eine große Anlage entstanden, die sich „Dorf und Hotel Gerlitzer Alpen" nennt. Man kann den Gipfel von hier aus zu Fuß oder mit der **Sesselbahn** ⓥ erreichen.

Der weite **Rundblick**★★ vom Gipfel umfaßt im Süden den Ossiacher, den Wörther und den kleinen Faaker See sowie, über das Drautal hinaus, die lange Bergschranke der Karawanken. Im Norden entfaltet sich die Bergwelt des sogenannten Nockgebietes, und im Nordwesten erglänzen die kleinen Gletscher der Hochalm und des Ankogels, die zu den Hohen Tauern gehören.

*Zurück zum See.* Die Straße führt weiter Richtung Osten bis nach Steindorf. Hier verläßt man die Bundesstraße und biegt rechts auf die Landstraße ein, die dem Südufer folgt.

**Ossiach** – Das ehemalige, im 11. Jh. gegründete **Benediktinerstift** erlebte im 16. und 17. Jh. glanzvolle Tage, vor allem im Sommer 1552, als Kaiser Karl V. Gast des Stifts war und der Abt zu seinen Ehren eine Flotille Galeeren auf dem See manövrieren ließ. 1783 wurde das Stift auf Befehl Kaiser Josephs II. aufgehoben. Danach war ihm ein eher wechselhaftes Dasein vorbehalten: Gestüt, Militärlager, Erholungsheim. Die Bestimmungen waren ebenso vielfältig wie verhängnisvoll, da sich niemand für den Erhalt der Gebäude einsetzte; der Kreuzgang wurde 1816 sogar abgetragen. Seit 1946 im Besitz der Österreichischen Forste, konnten die Stiftsgebäude endlich saniert und restauriert werden; heute ist hier ein Hotel untergebracht. Weit über die Grenzen hinaus ist Ossiach als Austragungsstätte des Carinthischen Sommers bekannt.

★ **Kirche** ⓥ – Der wuchtige Vierungsturm prägt das Gesamtbild. Die dreischiffige Pfeilerbasilika ist romanischen Ursprungs, wurde jedoch zwischen 1741 und 1745 vollständig barockisiert. Als besonders gelungen kann die von einem Wessobrunner Meister ausgeführte zartfarbige **Stuckdekoration** bezeichnet werden, die mit ihren spitzenähnlichen Mustern verschwenderisch den Innenraum überzieht. Die Deckenmalerei von **Joseph Ferdinand Fromiller**, dem bedeutendsten Kärntner Barockmaler, der auch bei der Ausschmückung des Landhauses in Klagenfurt mitgewirkt hat, trägt das ihre zu einem harmonischen Gesamteindruck bei.
In der gotischen Taufkapelle, links vom Eingang, steht einer der wertvollsten der 60 spätgotischen Flügelaltäre Kärntens. Der **Schnitzaltar**★ soll Anfang des 16. Jh.s in einer St. Veiter Werkstatt ausgeführt worden sein. Im Mittelteil ist die Gottesmutter zwischen der hl. Katharina und der hl. Margarete zu sehen. Auf den Altarflügeln sind die Apostel in Dreiergruppen dargestellt. Das stark betonte Kinn der Figuren und die kurze Büste der Frauengestalten kennzeichnen das Werk dieses unbekannten Meisters.

Gegen Ende der Seerundfahrt erblicken wir wieder, diesmal links, die Burgruine Landskron, die vor dem entfernten Gipfelkamm der Villacher Alpen emporragt.

**Burgruine Landskron** – *s. Villach.*

*Man fährt am Seebach, einem Abfluß des Ossiacher Sees, entlang und kehrt nach Villach zurück.*

H. A. Jahn/VIENNASLIDE

Ossiacher See

# PACK- und STUBALPENSTRASSE★

Steiermark und Kärnten

Michelin-Karte Nr. 926 – Falten 35 und 36

Zwischen dem Murtal, Lavanttal und dem Grazer Becken erheben sich sanft die bewaldeten, von fast unbewohnten kleinen Tälern durchschnittenen Berge der Pannoninischen Voralpen. So bilden die Koralpe, Packalpe, Stub- und Gleinalpe weniger wegen ihrer Höhe, die kaum 2 000 m überschreitet, als wegen ihrer Abgelegenheit ein Hindernis.
Über den Packsattel führt die Verbindungsstraße zwischen Graz (Steiermark) und Klagenfurt (Kärnten), während über die Stubalpe immer noch die alte Handelsstraße führt, die die Murschleife zwischen Judenburg, Köflach und Graz abschneidet.

## ★ DIE STUBALPE

### Von Judenburg nach Köflach *44 km*

*Die östliche Paßrampe weist zwischen Puffing und dem Sallatal noch ein starkes Gefälle (20 %) auf.*

**Judenburg** – Die Stadt breitet sich auf einem Felshügel, am Fuße eines hohen Turmes, der zu ihrem Wahrzeichen geworden ist, aus. Sie ist das älteste Handelszentrum der Steiermark, trafen hier doch 5 Handelswege zusammen. Seit 1103 ist die Anwesenheit von Juden bezeugt, die den Handel und das Geldgeschäft in der Hand hatten; 1496 wurden sie, wie alle anderen Juden der Steiermark, von Kaiser Maximilian I. vertrieben. Neben der **Neuen Burg** hat sich die Bürgerstadt mit zahlreichen alten Gebäuden und Höfen erhalten.

Die Bergstrecke der „Gaberlstraße" beginnt bei Weißkirchen. Die Straße steigt stufenweise durch Tannenwälder bis zu einer Kammlinie an, der sie fast bis zum Gaberl folgt. Durch Waldlichtungen ergeben sich bald nach Norden, bald nach Süden schöne Tiefblicke auf die umliegenden kleinen Täler.
Rückwärts breitet sich im Nordwesten das Aichfeld (Gegend Judenburg – Knittelfeld) am Fuße der kahlen Höhen der Niederen Tauern aus. Beim **Gaberl** (1 547 m – Gasthaus) überquert die Straße den Hauptkamm der Stubalpe.
Auf dem Osthang des Passes fällt die Straße plötzlich in das enge, urwüchsige Waldtal der **Salla** ab, in dessen Grund ein gleichnamiges Dörflein liegt. Die Ufer des Wildbachs säumt hier und da ein behäbiges Bauernhaus oder eine alte Mühle. Sägewerke und Sensenfabriken (mitunter verfallen) – die steirischen Sensen sind in aller Welt bekannt – brachten den Bewohnern des Engtals Arbeit und Brot. Das Tal öffnet sich wieder.

**Köflach** – Die Industrie dieser Gemeinde beruht auf den Braunkohlevorkommen ihrer Umgebung, die im Tagebau abgebaut werden. Das Bergwerk von Köflach ist das bedeutendste von ganz Österreich. Anfang September findet alljährlich der „Lipizzaner-Almabtrieb" statt. Die berühmten Pferde sind im Gestüt von Piber zu Hause.

★ **Gestüt Piber** ⓥ – *3 km nordöstlich von Köflach.* In Piber werden die Lipizzaner gezüchtet. Die Hengste kommen in die Spanische Reitschule nach Wien *(s. dort)*, wo man sie bei den Vorführungen der klassischen Reitkunst erleben kann. Bei einer Besichtigung der Stallungen und einem Spaziergang in der Umgebung kann man die weltberühmten Pferde aus der Nähe betrachten – sie kommen dunkelbraun oder schwarz zur Welt und bekommen erst zwischen dem 4. und 10. Lebensjahr ihr weißes Fell. Ausnahmsweise kommt es vor, daß ein Lipizzaner sein dunkles Fell behält; das bringt ihm dann ganz besondere Hochachtung und den Titel eines „Hofburg-Braunen" ein.

## ★ DER PACKSATTEL

### Von Köflach nach Wolfsberg *52 km*

**Köflach** – *s.oben.*

Nach Köflach säumen große Braunkohlegruben die Straße, die, zunächst um einen Vorberg des Packsattels herum, aufwärts führt. Die weiten Kehren und vor allem die gerade verlaufende Strecke hinter Edelschrott gewähren Ausblicke auf das Industriebecken von Köflach, aus dem sich leuchtend weiß die Wallfahrtskirche Maria Lankowitz heraushebt. Außerdem sieht man die weißen Silhouetten des hohen Schornsteins und der Kühltürme des Kraftwerks von Vottsberg. Die Straße dringt für kurze Zeit in das Teigitschbachtal ein und steigt dann zum Packsattel mit Blick auf das Dorf Pack empor; der Horizont erweitert sich.

**Pack** – Die Sommergäste dieses Dorfes erfreuen sich an dem friedvollen **Rundblick**★ über die letzten bewaldeten Berghöhen der Pannoninischen Voralpen und über die Ebene von Graz und genießen die Badefreuden, die der nahegelegene **Packer Stausee** bietet. Der Bau der Autobahn Graz – Wolfsberg hat Pack von dem dichten Autoverkehr befreit, der früher in seinen Straßen herrschte. Das Dörfchen hat nun seine alte friedvolle Stimmung wiedergefunden.

Gestüt Piber – Lipizzaner

Inmitten sanfter grüner Wiesen erreicht die Straße auf dem Packsattel (1 166 m), auch Packhöhe oder Paß der Vier Tore genannt, die Wasserscheide und fällt dann in einer noch stilleren und waldreicheren Umgebung wieder ab. Auch die Autobahn führt in 1 061 m Höhe über den Packsattel, wobei sie ab Graz eine durchschnittliche Steigung von 4 % nicht überschreitet.
Die unterhalb von Preitenegg aufeinanderfolgenden Kehren bringen Abwechslung in die Abfahrt, während der Blick über die Gipfelkämme der Saualpe schweift, die sich am westlichen Horizont abheben. Bei klarem Wetter sieht man durch den Einschnitt des Lavanttals im Süden die Karawankenkette.
Diese Abfahrtsstrecke endet am Fuße des finsteren Schlosses Waldenstein. Dann folgt die Straße dem Engtal des Waldensteiner Bachs und ab Twimberg dem hier ebenfalls tiefeingeschnittenen Lavanttal.

★ **Autobahnbrücke des Lavanttals** – Der 1 079 m lange Bau ist 165 m hoch und übertrifft damit den Stephansdom in Wien. Die Autobahnbrücke zählt zu den zehn längsten Brücken Österreichs, und, was noch beeindruckender ist, sie ist die zweithöchste Pfeilerbrücke Europas.

**Wolfsberg** – Die Stadt breitet sich am Fuße des im 19. Jh. im Stil eines englischen Landhauses umgebauten Schlosses der Grafen Henckel von Donnersmarck *(keine Besichtigung)* aus. Ihren Mittelpunkt bildet der Hohe Platz mit der Mariensäule und zahlreichen hübschen Häusern im Biedermeierstil.

*Der Grüne Reiseführer Wien präsentiert die österreichische Hauptstadt auf fast 300 Seiten: egal ob Kurztrip oder längerer Aufenthalt – eine umfassende Einführung in Geschichte und Gegenwart Wiens sowie ausführliche Beschreibungen der Sehenswürdigkeiten in Wien und seiner Umgebung begleiten Sie bei der Entdeckung der Stadt.*

# PETRONELL-CARNUNTUM★

Niederösterreich

1 200 Einwohner

Michelin-Karte Nr. 926 – Falte 13 – 330 m

Auf dem Gebiet Petronells und der Nachbarstadt Bad Deutsch-Altenburg wurden zahlreiche Überreste einer ehemaligen Römerstadt freigelegt, die im Laufe des 1. Jh.s n. Chr. an der Donau entstanden war. Die illyrisch-keltische Stadt Carnuntum lag an der berühmten Bernsteinstraße, die damals Italien mit dem Baltikum verband. Die Gründung der Garnison geht auf das Jahr 15 zurück, als Kaiser Tiberius den Beschluß faßte, seine gefürchtete 15. Legion, die sogenannte „Apollinaris" an die Donau zu schicken, um sich dem Angriff der Markomannen zu widersetzen.

**Die Hauptstadt Oberpannoniens** – Pannonien, das zum großen Teil dem heutigen Ungarn entsprach, wurde in der Zeit nach dem Aufstand des Jahres 16 v. Chr. unter Augustus erobert. Im Laufe des ersten Jahrzehnts des 2. Jh.s entwickelte sich

Carn-untum zur Hauptstadt der Provinz Oberpannonien und wurde unter Kaiser Hadrian zum Munizipium ernannt, was bedeutete, daß ihre Einwohner römische Bürger waren.
Im Jahr 171 begab sich Kaiser Mark Aurel persönlich nach Carnuntum - er soll dort an der Niederschrift seiner *Selbstbetrachtungen* gearbeitet haben -, um die Markomannen und die Quaden (Goten) zurückzutreiben, die er im Jahr 174 schließlich besiegte. Er selbst kehrte später in das Lager Vindobona (Wien) zurück; nicht gesichert ist, ob er dort im Jahr 180 an einer Seuche starb.
Im Jahr 308 wurde in Carnuntum zur Rettung des Imperiums die Reichskonferenz zusammengerufen. Doch sollte der Verfall der Stadt nicht auf sich warten lassen. Die Goten und später die Hunnen richteten sie ein für allemal zugrunde (407).

## SEHENSWÜRDIGKEITEN

★ **Freilichtmuseum Petronell** ⓥ - *Informationszentrum Hauptstraße 296.* Die römischen Ausgrabungsstätten erstrecken sich über ein 8 km² großes Gebiet und bilden ein regelrechtes Freilichtmuseum. Die Ausgrabungen, begonnen im Jahr 1885, brachten das Lager der 15. Legion (einschließlich Lazarett) zutage. Man entdeckte insbesondere zwei **Amphitheater**. Amphitheater I mit einer ellipsenförmigen Arena von 72 m Länge, 44 m Breite und stufenförmig ansteigenden Sitzreihen bietet Platz für 6 000 bis 8 000 Menschen. In der Mitte befindet sich ein rechteckiges Becken, das über einen Kanal mit Wasser zur Reinigung der Arena versorgt wurde. Amphitheater II mit einer Kapazität von 13 000 Zuschauern besitzt ebenfalls eine ellipsenförmige Arena mit zwei Portalen. Das Südportal ist mit einem Becken ausgestattet, das als frühchristliches Baptisterium gedeutet wurde.
In der Zivilstadt, die bis zu 50 000 Einwohner zählte, liegt die **Große Therme** als Tempel der Muße. Sie wird auch als „Palastruine" bezeichnet und gehört zu den größten, nördlich der Alpen entdeckten Überresten des Altertums, da die Thermen umgestaltet worden waren, um im Jahr 308 die Reichskonferenz zu beherbergen. Unweit davon erhebt sich eine Rekonstruktion des Artemistempels, und sehr viel weiter südlich das 20 m hohe **Heidentor**, eines der vier Stadttore Carnuntums.

**Rundkapelle** - *Auf der Höhe der Hauptstraße Nr. 173. Zugang über den Parkplatz des Hotels Mark Aurel.* Auf der rechten Straßenseite erhebt sich diese sehr originelle Rundkapelle aus dem Jahr 1200 mit ihrem Spitzdach und dem halbkreisförmigen Ostchor. Durch die schlichte Fassadengestaltung mit Dreiviertelsäulen und von Konsolen gestütztem Bogenwerk wird der eigenwillige Charakter des Baus noch betont. Im **Tympanon**★ über dem Eingangsportal ist ein Halbrelief mit der Taufe Christi zu sehen, ein Hinweis darauf, daß die Kapelle ursprünglich als Baptisterium gedient haben muß.

**Pfarrkirche der hl. Petronilla** - Im Zentrum des Marktfleckens steht, von den Friedhofsmauern umfaßt, die um 1078 von Bischof Altmann von Passau gegründete Kirche. Sie wurde 1529 von den Türken stark beschädigt, hat jedoch ihre schöne romanische Chorapsis bewahrt.

★ **Archäologisches Museum Carnuntinum** ⓥ - *Badgasse 40-46.* Das 1904 von Kaiser Franz Joseph eingeweihte Gebäude wurde großartig restauriert und neugestaltet.
Wenn man bedenkt, daß nur 5 % der bei den Ausgrabungen der römischen Stadt freigelegten Relikte und Gegenstände hier ausgestellt sind, wird man sich des Ausmaßes der archäologischen Bodenfunde bewußt. Die Exponate bilden eine bewundernswerte Sammlung, aus der die Objekte der Bildhauerkunst besonders hervorragen. Zu den bedeutendsten Werken gehört die prachtvolle Marmorstatuette der **Tanzenden Mänade von Carnuntum**★ (2. Jh., *im OG*).
Die im Erdgeschoß ausgestellten Stücke beziehen sich größtenteils auf den **Mithraskult** und stammen aus dem Mithräum, einer an dieser Stelle freigelegten unterirdischen Kultstätte. Mithras war ein persischer Gott, der vor allem unter den römischen Soldaten in Grenzgarnisionen besondere Verehrung fand. In den ersten nachchristlichen Jahrhunderten erlangte die Mysterienreligion, in die man über sieben Weihestufen eingeführt wurde, durch die Protektion verschiedener römischer Kaiser den Status einer Weltreligion und stand in starker Konkurrenz zum Christentum. Als dieses offizielle Anerkennung fand, wurde der Niedergang des Mithraskultes eingeleitet, und ebenso schnell wie er an Popularität gewonnen hatte, verschwand er auch wieder.

## UMGEBUNG

**Rohrau** – *4 km südlich von Petronell-Carnuntum.* Im Schloß (16. Jh.) befindet sich die **Harrach'sche Gemäldegalerie**★★ ⓥ, eine der bedeutendsten und größten Privatsammlungen Österreichs mit Werken spanischer, neapolitanischer und römischer Meister des 17. und 18. Jh.s sowie flämischer und niederländischer Meister des 16. und 17. Jh.s. Besondere Berühmtheit genießt *Das Konzert*, ein überaus anmutiges Gemälde mit weiblichen Halbfiguren, das vermutlich von einem holländischen Meister stammt.

Das strohgedeckte **Geburtshaus Joseph Haydns** ⓥ liegt direkt an der Durchgangsstraße, die durch den Ort führt. Hier wurde der Komponist am 31. März 1732 geboren.

Graf Harrach'sche Familiensammlung/SCHLOSS ROHRAU

Harrach'sche Gemäldegalerie – Das Konzert (um 1500)

# PITZTAL★★★

Tirol

Michelin-Karte Nr. 926 – Falte 30

Das von Norden nach Süden ausgerichtete, langgestreckte Pitztal wird im Westen vom Kaunertal und im Osten vom Ötztal eingerahmt. Es ist für die außergewöhnlichen Hochgebirgslandschaften an seinem Oberlauf berühmt. So wird es von einem riesigen Gletscherkessel abgeschlossen, den die 3 774 m hohe **Wildspitze**, der höchste Punkt Tirols, überragt.

## SEHENSWÜRDIGKEITEN

★ **Straße von Arzl nach Mittelberg** – *39 km – etwa 3/4 Std. einplanen.*
Die Straße führt durch zahlreiche Dörfer und Weiler. Nach 18 km kommen auf der Höhe von Hairlach die Gletscher des Pitztals in Sicht. Weitere 4 km später durchquert man St. Leonhard. Die Berghänge rücken immer mehr von der Straße ab. Das Landschaftsbild prägen Wald, kleine Wasserfälle und der Pitzbach, dem man bis nach Mittelberg folgt, wo die Straße endet. Von dort führen Lifte zu den Gletschern hinauf.

★★★ **Hinterer Brunnenkogel** ⓥ – 3 440 m. *Etwa 2 Std. hin und zurück. Wer im Anschluß (am gleichen oder nächsten Tag) einen Ausflug zum Riffelsee machen möchte, sollte das kombinierte Urlauberausflugsticket kaufen.*
*Eine Sonnenbrille, festes, auch für Schnee geeignetes Schuhwerk, warme Kleidung (selbst im Sommer) und, wenn möglich, ein Fernglas mitnehmen.*
Zuerst die Pitzexpress-Standseilbahn nehmen. Nach einer unterirdischen Strecke von 3,7 km Länge kommt man in 2 860 m Höhe an den Fuß der Pitztalgletscher. Anschließend mit der Pitz-Panoramabahn weiterfahren, der höchsten Seilbahn Österreichs.
Von der Bergstation erreicht man in wenigen Minuten den Gipfel, von dem sich die phantastischsten **Alpenpanoramen**★★★ bieten. Der Hintere Brunnenkogel hat eine herrliche Lage inmitten eines riesigen Gletscherkessels. Die Wildspitze herrscht majestätisch über diese grandiose Landschaft. Rechts davon fällt der Blick auf den Taschachferner Gletscher, der sich am Fuß der eindrucksvollen Hochvernagtspitze den Hang hinabwälzt. Man beachte auch im Hintergrund die Gipfel des Kauner- und des Ötztals.
Im Westen erhebt sich gegenüber der Wildspitze eine lange, stark zerklüftete Felswand mit der Ölgruben- und der Bliggspitze. Im Norden reicht der Blick bis zu den letzten Weilern des Pitztals, flankiert von Watzespitze und der Hohen Geige.

✲ **Skigebiet der Pitztalgletscher** – Zu den mit reichlich Schnee bedeckten 25 km Piste führen eine Seilbahn, vier Schlepplifte und ein Sessellift. Das im allgemeinen von Herbst bis Juni geöffnete Skigebiet eignet sich für Skiläufer jeglichen Niveaus; es überwiegen jedoch leichte Strecken.
Weitere Skigebiete des Pitztals sind das Hochzeiger Skigebiet (Jerzens) und das Riffelsee Skigebiet.

★ **Ausflug zum Riffelsee** ⌚ – *Den Wagen in Mandarfen abstellen, einem 1 km unterhalb von Mittelberg gelegenen Weiler. Auffahrt mit der Kabinenbahn.* Dieser Ausflug ist vor allem im Rahmen einer Wanderung zu empfehlen.
Während der Fahrt interessante **Ausblicke** auf das Tal und im Süden auf den Kerlesferner Gletscher. Von der Bergstation der Seilbahn (2 300 m) schöner Blick auf den Riffelsee, dessen helle Farbe und Größe angesichts seiner Höhenlage erstaunen. Die **Landschaft**★ wird vom Seekogel beherrscht. Ein Spaziergang rund um den See empfiehlt sich.
Ausdauernde Wanderer können den Fuldaer Höhenweg nehmen, der im Süden direkt am Berghang entlang zu der in 2 432 m Höhe gelegenen **Taschachhütte** führt. Sie befindet sich am Fuß der Hochvernagtspitze sowie des Taschachferner und Sexegertenferner Gletschers (Tagesausflug).

# PÖLLAU★

Steiermark

1 860 Einwohner

Michelin-Karte Nr. 926 – S der Falte 24 – 427 m

Der Markt Pöllau liegt im Herzen eines kleinen, sehr hügeligen Gebiets abseits der großen Fremdenverkehrsstraßen und ist der Hauptort des Pöllauer Tales. Ein Großteil der Gegend, zu der sechs Gemeinden gehören, wurde zum Naturpark erklärt (124 km²). Dem Besucher bieten sich hier in ausgedehnten, sehr wildreichen Waldgebieten über 100 km markierte Wanderwege. Im Osten wird der Park von dem 1 280 m hohen Rabenwaldkogel überragt, im Westen von dem 1 261 m hohen Masenberg; beide Gipfel kann man zu Fuß erreichen.
Neben der in kleinem Maße betriebenen Landwirtschaft gehört der Weinbau hier zu den wichtigsten Wirtschaftszweigen. Während der Saison können in den zahlreichen Weinschenken der Gegend, den sogenannten „Buschenschenken", zum Teil beim Klang eines Akkordeons ausgezeichnete Weine gekostet werden. Der Zauber des alten Ortskernes wird durch die schönen Ziegeldächer unterstrichen.

## SEHENSWÜRDIGKEITEN

**Marktplatz** – Viele der alten Häuser, die diesen traditionellen Platz mit seiner Mariensäule säumen, weisen ein südländisches Gepräge auf. Die Gassen, die zum Marktplatz führen, haben den provinziellen Charme einer schlichten, Gemütlichkeit ausstrahlenden Architektur bewahrt.
Die Tordurchfahrt des an der Nordseite des Platzes stehenden, mit einem Frontgiebel versehenen Hauses verleiht dem eher ländlich wirkenden Schmuck des Platzes eine diskrete Feierlichkeit. Durch das Tor gelangt man zum ehemaligen Stift, um dessen nahezu kreisförmig angeordnete Gebäude herum die Marktgemeinde entstanden ist.

**Stift** – Im Jahre 1504 gründete Hans von Neuberg, ein Lehnsherr von Pöllau, dieses Augustiner-Chorherrenstift. Es erlebte im 16. Jh. aufgrund der in der Steiermark entbrannten Religionsstreitigkeiten und vor allem durch die Angriffe der Osmanen recht schwierige Zeiten.
Am Ende des 17. Jh.s wurden die Gebäude des nunmehr blühenden Stiftes barock erneuert. Weniger als ein Jahrhundert später wurde das Kloster jedoch im Zuge der Säkularisierung von Kaiser Joseph II. endgültig aufgelöst (1785) und in Privatbesitz umgewandelt. Die Stiftsgebäude gehören heute der Gemeinde.

★★ **Stiftskirche** – **Joachim Carlone**, ein Mitglied der berühmten Grazer Architektenfamilie, schuf die Pläne für dieses riesige Gebäude, das nach den Wünschen des Probstes der vatikanischen Peterskirche ähneln, wenn nicht gar diese nachahmen sollte. Carlone errichtete die Kirche zwischen 1701 und 1709 mit einem Grundriß in Form eines lateinischen Kreuzes und einer Kuppel über der Vierung.
Das Gotteshaus weist eindrucksvolle, für eine aus nur etwa zehn Mitgliedern bestehende Ordensgemeinschaft ungewöhnliche Ausmaße auf: Das Langhaus mit dem Chor ist 62 m, das Querschiff 37 m lang und die Kuppel 42 m hoch.

Die bemerkenswerte **Innenausstattung** setzt sich aus Wandmalereien, Goldverzierungen, Stukkaturen und reichen Bildhauerarbeiten zusammen, die ein harmonisches Ganzes bilden. Die Fresken des Langhauses und der Kuppel stammen von **Matthias von Görz**, einem steirischen Maler, der stark von den italienischen Künstlern beeinflußt war, mit denen er bei Studienreisen in Italien zusammengearbeitet hatte. Seine Werke zeichnen sich durch leuchtende Farben, eine etwas naive Heiterkeit, die meisterhafte Nutzung von Lichtwirkungen und eine gute Beherrschung des Trompe-l'œil (Illusionsmalerei) aus. Der Künstler benötigte 12 Jahre für die Dekoration der Kirche.
An der **Kuppel** feiern die neun Engelschöre die Dreifaltigkeit, während zwischen den acht Fenstern die Allegorien der Tugenden die Blicke des Besuchers auf den Himmel lenken. Am Gewölbe des Langhauses erkennt man den Engelsturz, die Verherrlichung des Kreuzes, eine Versammlung von Heiligen des Alten und Neuen Testaments, das Lamm verehrend, und schließlich die Thronende Immaculata.
Den **Hochaltar** ziert ein monumentales Gemälde von Joseph Adam von Mölk (1779), auf dem das Martyrium des hl. Veit dargestellt ist.
Über der **Orgel** aus dem Jahre 1739 (24 Register), deren Empore von Arkaden umgeben ist, sieht man ein Deckengemälde, das den Harfe spielenden David zeigt.

## UMGEBUNG

★ **Pöllauberg** – *6 km nordöstlich von Pöllau.* Die in den Himmel aufstrebende Silhouette der Kirche „Maria am Pöllauberg", die sich auf dem Gipfel eines steil abfallenden Hügels erhebt, scheint in der Luft zu schweben. Sie ist bereits von weitem zu erkennen. Das kleine Dorf Pöllauberg ist am Fuße der berühmten, das Pöllauer Tal überragenden Wallfahrtskirche entstanden. Von diesem natürlichen Balkon bietet sich bei klarem Wetter ein Fernblick bis zur Ungarischen Tiefebene.

★**Kirche** – Nach sieben Treppenstufen steht der überraschte Besucher zunächst vor einem fein gerippten Pfeiler, der einen Großteil des Chors verdeckt. Die Wallfahrtskirche wurde nämlich zwischen 1375 und 1379 auf einem recht eigenartigen Grundriß errichtet. Zwei identische Kirchenschiffe mit Kreuzrippengewölben werden durch drei im Mittelgang verankerte Pfeiler voneinander getrennt; diese sind so geschickt zum Chor hin angeordnet, daß man von jedem Sitzplatz aus den Zelebranten erkennen kann. Mittelpunkt des 1714 geschaffenen monumentalen Hochaltars ist eine Marienstatue. Die über und über mit Goldverzierungen bedeckte Kanzel stammt aus dem Jahre 1730.

GEORG MIKES

Pöllauberg – Wallfahrtskirche

★ **Schloß Herberstein** – *23 km südlich von Pöllau. In Kaindorf in die Straße in Richtung Graz abbiegen; dann in Kaibing in Richtung St. Johann bei Herberstein weiterfahren. Beschreibung s. Herberstein.*

*Sie lieben Musik?*

*Dann haben wir in diesem Reiseführer speziell für Sie einige Rubriken zusammengestellt: eine Zeittafel zur Musikgeschichte in der Einführung, die Lebensgeschichte Mozarts im Kapitel zu Salzburg und die Rubrik „Wien – eine Hochburg der Musik" in der Beschreibung der Stadt. Der Veranstaltungskalender am Ende des Bandes informiert über die wichtigsten Musikfestivals in Österreich.*

# RADSTÄDTER TAUERNSTRASSE★

Salzburg

Michelin-Karte Nr. 926 - Falten 20, 33 und 34

Diese schon zur Römerzeit vielbefahrene Straße - mehrere Meilensteine aus dieser Epoche wurden wieder aufgerichtet und an ihren alten Platz gestellt - überquert den Kamm der Niederen Tauern in 1 700 m Höhe und vereint so die Hochtäler der Enns und der Mur. Im Mittelalter bildete sie einen der Schwerpunkte der nach Süden gerichteten Expansionspolitik der Erzbischöfe von Salzburg. Der letzte Zeuge dieser Bestrebungen ist der **Lungau** (Becken des oberen Murtals), eine der abgeschlossensten Alpengegenden mit uralten Volksbräuchen, der trotz der schwierigen Verbindungsmöglichkeiten politisch zu den Gebieten der Salzach gehört. Die Autobahn erleichtert erheblich die Verkehrsverbindungen in dieser Gegend.

## VON RADSTADT NACH ST. MICHAEL IM LUNGAU *67 km*

**Radstadt** - Noch heute umziehen die alten Wehrmauern mit ihren Türmen die auf regelmäßigem, rechteckigem Grundriß Ende des 13. Jh.s von den Salzburger Erzbischöfen erbaute Stadt; auf der Westseite hat sich auch noch der Wallgraben erhalten. Dieser hübsche Ort zeichnet sich durch eine schöne **Lage**★ an der Gabelung der durch herrliche Landschaften führenden Dachsteinstraße und der Radstädter Tauernstraße aus. Im Norden wird er eingerahmt vom Roßbrandgipfel (*s. Dachstein*), von wo man einen hervorragenden Blick auf die umliegenden Bergmassive hat, und im Süden von der Kemathöhe (1 577 m), die im Winter Möglichkeiten für alpinen Skilauf bietet. 20 km Piste wurden in Verbindung mit der Nachbarstadt Altenmarkt angelegt.

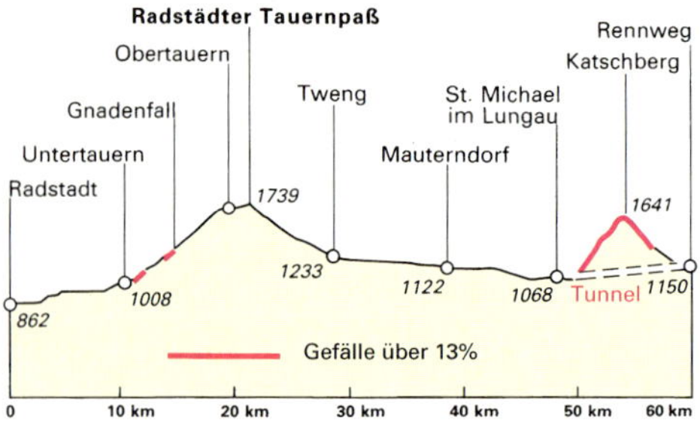


Der reizvollen Umgebung Radstadts verleihen Herrensitze, wie Tandalier und Mauer, im Salzburger Stil - Haubendach, Ecktürme und Erker - eine besondere Note.

Die Strecke von Radstadt nach Untertauern verläuft oberhalb des Talgrundes und zwischen sattgrünen Matten, in die stattliche Bauernhöfe eingebettet sind. Am Horizont ziehen sich die kaum zerklüfteten Kämme der Radstädter Tauern hin. Nach Untertauern steigt die Straße in von Ahornbäumen beschatteten Schluchten an und führt, an den Wasserfällen der Taurach vorbei, in die obere Talmulde der Taurach, die von Lärchen und Fichten eingesäumt wird.

**Gnadenfall** - Hier stürzt die Taurach in zwei Kaskaden über einen bewaldeten Felshang.

Die Hotels von Obertauern liegen auf breiter Fläche in unmittelbarer Nähe der geographischen Paßhöhe (1 739 m) zerstreut. 800 m vor der Gipfelhöhe erhebt sich, am Beginn einer Brücke, das 1951 errichtete Denkmal eines römischen Legionärs.

❄❄ **Obertauern** - *s. dort.*

Die Abfahrtsstraße auf der südlichen Bergseite ist zuerst etwas unfreundlich, aber zwischen Tweng und Mauterndorf laden angenehme Lichtungen am Ufer der jetzt gebändigten Taurach zum Rasten ein. Bald danach werden zwischen Bäumen die Türme und Dächer des Schlosses Mauterndorf sichtbar.

★ **Burg Mauterndorf** - *s. dort.*

★ **Tamsweg** - *s. dort.*

★ **Schloß Moosham** Ⓥ - Diese alte Burg der Erzbischöfe von Salzburg wurde im vergangenen Jahrhundert wieder instandgesetzt und mit antiken Möbeln eingerichtet. In den mit Zirbelholz vertäfelten (2. Stockwerk) oder schön gewölbten Räumen (Schreibzimmer) sind bedeutende Sammlungen untergebracht, die sich vor allem auf die Lungauer Volkskunde und Volkskunst beziehen. Sehr amüsant ist die im Schlafzimmer aufgehängte Tafel, auf der die Eigenschaften der Völker Europas beschrieben sind. Der malerische Anblick, den der grasbewachsene, stille **Innere Burghof**★ mit den ringsum verlaufenden Holzgalerien und dem 64 m tiefen Brunnen bietet, wird dem Schloßbesucher im Gedächtnis haften bleiben.

**St. Michael im Lungau** – In dieser dynamischen Gemeinde, die sonnenverwöhnt am oberen Lauf der Mur liegt, verdient neben der interessanten gotischen Pfarrkirche auch die anmutige Wolfgangkapelle mit achteckigem Grundriß Beachtung.
Zahlreiche Skilifte führen hinauf zu den schönen Schneefeldern der Umgebung, die St. Michael, St. Margarethen und Mauterndorf zu einem interessanten Wintersportzentrum machen.

***Von St. Michael fährt man, um die Kärntner Seen zu erreichen, in südlicher Richtung auf der alten Katschbergstraße. Über Gmünd** (s. dort) **gelangt man nach Spittal an der Drau** (s. dort).*
***Als schnellere Alternative zur Strecke über den Paß (1 641 m) bietet sich die Fahrt auf der A 99 und durch den mautpflichtigen Katschbergtunnel an.***

# RATTENBERG★

Tirol

540 Einwohner

Michelin-Karte Nr. 926 – Falte 18 – 514 m

Lange Zeit stritten sich Bayern und Tirol um dieses Grenzstädtchen. 1505 setzte Maximilian I. dem Streit ein Ende, indem er das Inntal bis Kufstein seinen Krongütern einverleibte. Mit Einsetzen des Erzbergbaus in der Umgebung begann die Blütezeit der Stadt, die infolge ihrer Lage an einer Verengung des Inntals den Verkehr auf der Landstraße und dem Inn überwachen konnte und Nutzen daraus zog.

**Ein homogenes Stadtbild** – Nach Erlöschen des Silberbergbaus (17. Jh.) entwickelte sich Rattenberg kaum noch. Heute wirkt Rattenberg wie eine Stadt, die nach einem vierhundertjährigen Schlaf erwacht ist. Architektur und Städtebau haben sich nahezu unversehrt seit den Zeiten der Renaissance bewahren können. Die auf engem Raum zwischen dem Inn und dem Schloßberg liegende Altstadt bildet ein Dreieck, dessen längste Seite noch nicht einmal 300 m lang ist. Nur zwei Straßen, die hin und wieder von kleinen Gäßchen durchschnitten werden, durchziehen dieses dichtbesiedelte Viertel.
Nach dem Bau der Autobahn ist der Verkehr auf der Hauptstraße erheblich ruhiger geworden.

**„Glasstadt"** – Neben anderen Erzeugnissen der Tiroler Handwerkskunst werden in Rattenberg, das sich selbst gerne „Glasstadt" nennt, geschliffene und gravierte Gläser verkauft. Diese werden in ortseigenen Werkstätten und im nahen Kramsach auf dem linken Ufer des Inns hergestellt. In Kramsach befindet sich auch eine bekannte Schule für Glasherstellung.

## SEHENSWÜRDIGKEITEN

★ **Hauptstraße** – Die typischsten Häuser dieser Straße haben hohe bunte Fassaden, die mit Stuckarbeiten, Tür- oder Fensterrahmen aus rosafarbenem Marmor verziert sind und von geraden Stirnmauern bekrönt werden.
Wie man es gut beim Blick von der Burg *(Zugang siehe unten)* feststellen kann, verbirgt dieser Fassadenaufbau kein Flachdach – eine Dachform, die für das Alpenklima ungeeignet ist – sondern ein Grabendach, Vorläufer des Sheddachs der Werkshallen aus dem 19. Jh. Dieses galt als besserer Schutz gegen Feuergefahr als das Satteldach und machte außerdem die mittlere Dachrinne überflüssig, die oft das Streitobjekt zwischen zwei Nachbarn bildete.

★ **Augustinermuseum** ⌚ – *Pfarrgasse 8.* Das Augustinerkloster wurde 1384 gegründet. 1993 wurde hier ein Museum eingerichtet, dessen Ziel es ist, Tiroler Kunstschätze in einem würdigen und ansprechenden Rahmen zu zeigen. Einen großen Platz nimmt die spätgotische Plastik ein, die im Kreuzgang ausgestellt ist. Besonders erlesene Kunstwerke der heimischen Goldschmiede, die in Dominikus Lang ihren Meister hatten, zeugen von hoher Fertigkeit.
Auf der Kirchenempore sind Prozessionsobjekte ausgestellt, unter denen vor allem die Sesselmadonna und die Spottgruppe hervorstechen.

★★ **Pfarrkirche St. Virgil** – Das Äußere dieser am Schloßberg stehenden gotischen Kirche (1473) ist wegen seines schönen Mauerwerks aus rötlichen Marmorblöcken bemerkenswert. Vier schöne Säulen mit antikisierenden Kapitellen trennen die beiden Kirchenschiffe, die in ihrer weißrosa Farbharmonie eine festliche Stimmung ausstrahlen; das Hauptschiff war früher der Bürgerschaft vorbehalten, das Nebenschiff den Bergknappen. Die besten Künstler der Gegend schufen (um 1730) die zahlreichen hervorragenden Plastiken, das feine, die Gewölbe kleidende Stuckgeflecht und die eleganten Fresken – einen schillernden, den Kirchenbesucher einnehmenden Barockschmuck. Dem Bayern Matthäus Günther ist das meisterhafte **Abendmahl** im Nordschiff zu verdanken, Simon

Benedikt Faistenberger malte die Verklärung im Chor und Meinrad Guggenbichler, der berühmte Schnitzer aus Mondsee, gestaltete die Statuen, die den **Altar** des Knappenchors zieren.
Hinten in der Kirche führt eine Treppe hinauf zu einer Kapelle, die der 1265 in Rattenberg geborenen hl. Notburga geweiht wurde.

**Schloßberg** – *1/2 Std. zu Fuß hin und zurück.*
*Unter der Eisenbahnbrücke hinter der Kirche hindurch und gleich darauf rechts den Burgweg hinaufgehen. Vor dem Freilichttheater nach rechts abbiegen.* Vom Rand der Terrasse am Fuße der Burgruine bietet sich eine schöne **Aussicht** über das zwischen dem Inn und dem Gebirge zusammengedrängte Städtchen. Zwischen den Grabendächern ragt der Glockenturm der Servitenkirche (13.-18. Jh.) empor. Flußabwärts ist das Kaisergebirge sichtbar.

Bohnacker/ÖSTERREICH WERBUNG

In Rattenberg

## UMGEBUNG

★ **Freilichtmuseum Tiroler Bauernhöfe** ⓥ – *7 km entfernt, in* ***Kramsach****. Rattenberg in Richtung Kramsach verlassen und die Brandenberger Ache, einen Nebenfluß des Inns, in Richtung Breitenbach am Inn überqueren. Nach dem kleinen Weiler Mosen rechts abbiegen und auf den Parkplatz des Museums fahren.*
In abgelegener Alpenlandschaft sind eine Vielzahl bäuerlich-ländlicher Gebäude aus Nord-, Ost- und Südtirol im Sinne einer Streusiedlung wiedererrichtet worden. Die solide, erdverbundene Gediegenheit des Tiroler Bauernhauses, die sich in seiner Beschaulichkeit, im Komfort, aber auch in manch spielerischem Element ausdrückt, wird hier in ihrer einzigartigen Harmonie gezeigt. Das überaus anschauliche Freilichtmuseum verdient, daß man Zeit für die Besichtigung mitbringt; diese kann leicht zwei Stunden dauern, wenn man alle Gebäude in Muße sehen will.

★ **Alpbach** – *12 km südöstlich von Rattenberg.* Der Ort, wohl um das Jahr 1000 durch Räter und Bajuwaren besiedelt, ist in einem südlichen Seitental des Unterinntals gelegen. Vor einer schönen Bergkulisse zeichnen sich die stattlichen Häuser mit ihren blumengeschmückten Holzveranden und die Pfarrkirche mit ihrem spitzen Turm malerisch ab. Die fast zu perfekte Postkartenidylle konnte sich schon manche Auszeichnung verdienen: So krönte das österreichische Fernsehpublikum Alpbach 1983 zum schönsten Dorf Österreichs, und 1993 wählte eine internationale Jury den Ort zum schönsten Blumendorf Europas.
Seit 1945 tagt alljährlich das „Europäische Forum Alpbach": Für zwei Wochen im August treffen Wissenschaftler, Politiker, Wirtschaftsexperten und Kulturschaffende aller Nationen hier zusammen, um in dieser erholsamen Atmosphäre über aktuelle Probleme zu debattieren. Nicht selten nehmen Staatsmänner und Nobelpreisträger an den Diskussionsrunden teil.

**Pfarrkirche St. Oswald** – Das schlichte Äußere der 1720 errichteten Kirche, die vom Vorgängerbau lediglich den Kirchturm aus dem Jahr 1420 bewahrt hat, läßt nicht auf den reich geschmückten und mit schönen Fresken versehenen Innenraum schließen. Hier entfaltet sich barocke Üppigkeit vor allem an der Ausgestaltung der Altäre. Der Hauptaltar zeigt die Heiligen Oswald, Martin und Katharina. Mit Rokoko-Schnitzereien von 1764 sind die beiden Seitenaltäre eingefaßt; der linke zog mit seinem Gnadenbild der „Maria vom Siege" über die Jahrhunderte Scharen von Wallfahrern an. Einem einheimischen Künstler vom Anfang des 19. Jh.s, Andreas Pletzacher, ist die Kreuzigungsgruppe des rechten Seitenaltars zu verdanken.

# REISSECK-MASSIV★★

Kärnten

Michelin-Karte Nr. 926 – Falte 33

Das Reißeck-Massiv, das mit 2 965 m Höhe das Mölltal um 2 400 m überragt, ist einer der unberührtesten Orte Kärntens. Seit dem Bau einer Standseilbahn und einer im Rahmen des Kraftwerkbaus in Kolbnitz angelegten Eisenbahn ist es wesentlich besser erschlossen. Wegen der landschaftlich schönen Lage und der guten Schneeverhältnisse wurden diese Transportmittel bald auch von Urlaubern genutzt. So können Skifahrer im Winter zwei hoch gelegene Skilifte erreichen; im Sommer sind sie der ideale Ausgangspunkt für Wanderungen zu den zahlreichen Seen und Aussichtspunkten des Massivs.

**Kolbnitz** – Das Kraftwerk wird durch beiderseits des Mölltals verlegte Druckrohrleitungen mit den Abflüssen aus dem Einzugsgebiet Reißeck-Kreuzeck gespeist. 7 Turbinen erzeugen ca. 307 Millionen kWh/Jahr. Beim 1959 beendeten Bau der Kraftwerksanlagen wurden auf der Reißeckseite vier Karseen gefaßt (Kleiner und Großer Mühldorfer See, Radlsee und Hochalmsee).
Die maximale Fallhöhe des Winterspeicherwerks liegt bei 1 772 m.

★ **Standseilbahn und Eisenbahn am Reißeck** – *Ab Kolbnitz. Hin und zurück 1 Std. mit der Seilbahn und 1/2 Stunde Zugfahrt.* Die in drei Abschnitten errichtete Seilbahn ist wegen ihrer extremen Neigung (Gefälle bis zu 82 %) ausgesprochen spektakulär. Nach einer 3,5 km langen Fahrt erreicht man die Schoberboden-Station (Höhe 2 237 m). Von hier bietet sich ein schöner **Blick**★ auf das Tal und die ersten felsigen Ausläufer des Reißeck-Massivs.
Mit der Eisenbahn erreicht man anschließend am Ende einer 3,2 km langen unterirdischen Strecke das Berghotel Reißeck, das sommers wie winters ein angenehmer Aufenthaltsort ist.

★ **Ausflug zu den Mühldorfer Seen** – Nach einem 20minütigen leichten Anstieg erreicht man den Großen Mühldorfer See. Nach Osten **Blick**★ auf die Hohe Leier. Danach ist der Weg ziemlich steinig, gutes Schuhwerk ist erforderlich (man folgt der weißroten Markierung). Nach 10 Minuten befindet man sich oberhalb des Staudamms des Kleinen Sees. Schöner **Gesamtblick**★ über die beiden, in einer unberührten Felslandschaft gelegenen Seen. Im Nordwesten erhebt sich der **Riekentörl-Paß** (Höhe 2 525 m) mit dem Riedbock zu seiner Linken und dem Redlkopf zu seiner Rechten.
Wanderfreunde sollten unbedingt diesen Paß erklimmen *(in 1 Std. über einen ziemlich felsigen Weg, jedoch ohne technische Schwierigkeiten)*, von wo aus sich ein herrliches **Panorama**★★ über das gesamte Reißeck-Massiv bietet.

# RETZ

Niederösterreich

4 370 Einwohner

Michelin-Karte Nr. 926 – Falte 11 – 252 m

Unweit des Thayatals liegt Retz, ein bedeutender Wein- und Marktort (Besichtigung des **Retzer Erlebniskellers** ⊙ – des größten historischen Weinkellers Österreichs, ca. 12 km Länge – möglich), inmitten eines Hügellands, das schon zum Böhmerwald gehört. Die **Altstadt** hat ihre schachbrettartige Anlage, einen Teil der Wehrmauern und Wehrtürme bewahrt. Wahrzeichen der Stadt ist eine Windmühle, die 1772 errichtet wurde und immer noch funktionstüchtig ist.

## ★ HAUPTPLATZ

Dieser rechteckige, weitläufige Platz im Herzen der Altstadt bietet mit seiner Dreifaltigkeitssäule einen stattlichen Anblick.
Von den ihn einrahmenden alten Häusern verdienen besondere Beachtung: im Norden das **Verderberhaus** mit seiner Zinnenbekrönung und der Straßendurchfahrt; gegenüber, Nr. 15, das **Sgraffitohaus** mit seinem skulptierten Eingangsportal und seiner ganz mit Sinnsprüchen bedeckten Fassade.
Das **Rathaus** nimmt das 1. Stockwerk einer im 16. Jh. wieder aufgebauten Kirche ein; im Erdgeschoß eine Marienkapelle.

# Schloß RIEGERSBURG★

Niederösterreich

Michelin-Karte Nr. 926 – Falte 11 – 8 km von Stadt Hardegg entfernt

Die urwüchsige und besinnliche Landschaft des nordöstlichen Waldviertels ist der Rahmen für das bedeutendste Barockschloß Niederösterreichs.
Erstaunt nimmt der Besucher den eleganten Bau wahr, der in der ländlichen Umgebung wie ein kostbares Juwel in seinem Schloßpark versteckt liegt. Das ehemalige Wasserschloß wurde 1730 von Sigmund Friedrich Graf Khevenhüller, Statthalter von Niederösterreich, erworben. Er betraute den Baumeister **Franz Anton Pilgram** mit dem Umbau zu einem vierflügeligen Barockpalais, das sich um einen quadratischen Innenhof gruppiert. Pilgram war ein Schüler Hildebrandts und Stiftsbaumeister in Göttweig. In diesem Bau erweist er sich als Könner: Die Dekorationsfreude zeigt sich reich, aber nicht üppig; so läßt der Bau den nahenden Klassizismus ahnen. Das Schloß, heute noch in Familienbesitz, gilt mit seinem qualitätvollen **Mobiliar★** als Musterbeispiel eines Landsitzes aus dem 18. Jh.

## BESICHTIGUNG ⊙

Die Hauptfront wird durch einen fünfachsigen Mittelrisalit mit Rundbogenfenstern gegliedert und von vorspringenden Eckpavillons flankiert. Das Giebelfeld zeigt das Wappen der Khevenhüller; darüber erhebt sich die Figur des Atlas mit der Weltkugel. Der Giebel selbst trägt die Statuen der Weisheit, Einheit, Gerechtigkeit und Aufrichtigkeit. Der schöne plastische Schmuck aus dem Jahr 1733 ist dem Bildhauer Josef Kracker zu verdanken.

Schloß Riegersburg

Atlas trägt die Welt

**Prunkräume** – Über die in drei Läufen geführte Haupttreppe gelangt man in den **Festsaal.** Hier fällt auf, daß Stuckarbeiten als Dekorationsmittel nur sparsam benutzt wurden, keinerlei Vergoldung lenkt von der schönen Proportion des Raumes ab. Eine Supraporte zeigt Fürst Johann Joseph Klevenhüller-Metsch, Obersthofmarschall Maria Theresias, dessen Tagebücher zum Libretto der Oper *Der Rosenkavalier* inspiriert haben sollen. Die Gemälde von Maria Theresia und ihrer Mutter Elisabeth Christine sind Hofmaler Martin van Meytens zu verdanken.
Im **Barockzimmer** befindet sich eine aus 35 Kupferstichen zusammengefügte Ansicht von Neapel, eine außergewöhnliche Arbeit von 1730-1775. Der Salon ist mit englischen Queen-Ann- und Chippendale-Möbeln sowie österreichischem Barockmobiliar ausgestattet, darunter befindet sich ein schöner Tabernakelschrank.
Das **Turmzimmer**, mit einer Toile de Jouy bespannt, ist mit Möbeln aus dem 18. Jh. eingerichtet. Man beachte einen hübschen Reiseschreibtisch aus England.
Das **Eßzimmer** weist französische Möbel auf und beherbergt eines der berühmten Bildnisse, die der österreichische Maler Auerbach von Prinz Eugen von Savoyen gemalt hat. Beachtenswert die Statue eines anmutigen Mohren, eine venezianische Arbeit.
Die **Stuckdecke★** des **Gelben Salons** zeigt die Allegorie einer fürstlichen Tugend. Der Raum ist mit Sitzmöbeln „Marie Antoinette" und zwei schönen florentinischen Kommoden mit zarter Intarsienarbeit möbliert. Auch der **Chinesische Salon** weist eine prächtige Stuckdecke auf. Die Tapete mit chinesischem Dekor stammt von der Manufaktur Zuber im französischen Mülhausen. Die beiden Kommoden mit wertvollen Würfelintarsien waren ein Geschenk Maria Theresias.
Die **Schloßkapelle** im Nordtrakt, 1755 geweiht, ist von nobler Ausstrahlung. Der Altar wurde in die Architektur integriert und ist von reichem Stuck bekrönt.
Die bis 1955 benutzte **Schloßküche** im Erdgeschoß ist mit ihrer originalen Ausstattung, den funktionsfähigen Geräten und dem großen gemauerten Herd die einzige Herrschaftsküche, die in Österreich erhalten geblieben ist.
Vom Schloßcafé im rechten Flügel Zugang zum Schloßpark mit seinem Teich.

## UMGEBUNG

**Burg Hardegg** ⏲ – *8 km östlich*. Hardegg, die an der Thaya gelegene kleinste Stadt Österreichs, wird von der Burg gleichen Namens beherrscht. Diese hinterläßt mit ihrem trutzigen Bergfried und dem schönen Mauerwerk einen wehrhaften Eindruck. Die Ursprünge der strategisch wichtigen Burg – sie lag im Norden der Ostmark – gehen auf das Jahr 1000 zurück; doch sind Erweiterungen bis ins 14. Jh. verbürgt. Nach wechselvoller Geschichte ging sie 1730 ebenfalls in den Besitz der Khevenhüller über und wurde Ende des 19. Jh.s zur Grablege der niederösterreichischen Linie dieser Dynastie ausgebaut. Einige Räume sind dem Gedenken an den unglücklichen Kaiser Maximilian von Mexiko gewidmet, dessen Mitstreiter und enger Vertrauter Fürst Johann Franz Carl Khevenhüller war.



# Schloß ROSENBURG★

Niederösterreich

Michelin-Karte Nr. 926 – Falte 11

Vor gut 1000 Jahren befreiten die Babenberger Innerösterreich von den Magyaren, so daß diese Region endgültig besiedelt werden konnte. Um jedoch der von Böhmen stets drohenden Gefahr wirksam entgegentreten zu können, errichtete der Adel im strategisch wichtigen Kamptal (als Nord-Süd-Verbindung zur Donau) eine Reihe von Burgen. Darunter ist die in der ersten Hälfte des 12. Jh.s erbaute Rosenburg eine der schönsten und bedeutendsten.
An einer Stelle angelegt, wo der von Westen nach Osten verlaufende Kamp eine plötzliche Biegung nach Süden zur Donau hin beschreibt, ist die Lage auf einem das Tal beherrschenden Felssporn als ideal zu bezeichnen. Im 16. Jh. war die Rosenburg unter der Familie Grabner ein Mittelpunkt des Protestantismus. Sebastian Grabner war es, der in den Jahren 1593 bis 1597 die Burg zu einem prachtvollen Renaissanceschloß umbauen ließ. Aus dieser Zeit stammt wohl das bekannte Lied „Es liegt ein Schloß in Österreich, das ist gar wohl erbauet von Silber und von rotem Gold, von Marmelstein gemauert". Seit 1681 ist Rosenburg im Besitz der Grafen Hoyos-Sprinzenstein.

## BESICHTIGUNG ⏲

Durch den Torturm gelangt man in den auf drei Seiten mit Doppelgalerien und Türmen eingefaßten und im Jahr 1614 angelegten „Turnierhof". Die Bezeichnung trägt er zu Unrecht, da es bei seiner Errichtung schon lange keine echten Turniere mehr gab (sie wurden im 14. Jh. abgeschafft). Der Hof diente jedoch zu Reiterspielen. Von hier gelangt man zum 2. Torturm. Die große **Wappentafel★** über dem Hauptportal ist aus rosa Kalk- und Sandstein gehauen und zeigt die Wappen der Familien Grabner und Polheim, der ehemaligen Besitzer.

Vom Vorhof, von dem aus man einen schönen Blick auf das tieferliegende große Bassin genießt, führt eine Steinbrücke über den Burggraben zum 3. Tor und zum Hauptgebäude.

Dieses gliedert sich um einen unregelmäßigen Innenhof, in dem ein schönes schmiedeeisernes Brunnengehäuse von 1556 den Blick auf sich lenkt. Der quadratische **Bergfried** stammt noch aus der Gründungsphase der Burg, wurde aber in der Renaissance durch eine hinzugefügte Galerie verändert.

R. Chéret/MICHELIN

Schloß Rosenburg – Freiflugvorführung

Die Wohn- und Prunkräume wurden – nachdem sie im 18. Jh. nahezu leer standen – vor allem im Stil der deutschen Renaissance möbliert, so daß durchaus das Gefühl von Wohnkultur vermittelt wird. Von besonderem Interesse ist die **Bibliothek**, deren bemerkenswerte hölzerne **Kassettendecke**★ im deutschen Manierismus des ausgehenden 16. Jh.s ausgemalt ist.

Auf Schloß Rosenburg wird die Falknerei gepflegt. Dem Besucher, der genügend Zeit mitbringt, ist deswegen unbedingt die Teilnahme an den **Freiflugvorführungen**★ zu empfehlen, in deren Verlauf Jagdfalken, Adler und Geier ihr Können demonstrieren.

# SAALACHTAL★

Salzburg und Bayern (D)

Michelin-Karte Nr. 426 – Falte 19

Das die nördlichen Kalkalpen quer durchschneidende Saalachtal, in dem die Bundesstraßen 312 und 311 verlaufen, bildet die schnellste Verbindung zwischen Salzburg, Zell am See und dem Großglockner.
Das Quertal hat seine weiteste Ausdehnung bei Zell am See und Saalfelden, also ganz in der Nähe der Saalachquellen, wo die sich nach Norden bewegenden gewaltigen Gletschermassen der Tauern weite Becken entstehen ließen. Flußabwärts von Saalfelden verengt sich jedoch das Tal, und die Saalach durcheilt eine der schönsten Quertalfurchen der Alpen. Hinter Lofer wechseln dann Becken mit kleinen bewaldeten Schluchten ab. In ihrem Oberlauf durchfließt die Saalach noch das Berchtesgadener Land in Bayern, bevor sie im Nordwesten von Salzburg von der Salzach aufgenommen wird.

## VON SALZBURG NACH ZELL AM SEE *95 km*

★★★ **Salzburg** – *s. dort.*

*Man verläßt Salzburg auf ③ des Plans und auf der Bundesstraße 1.*

Man passiert den Salzburg Airport W.A. Mozart und hat etwa 7 km nach Verlassen der Stadt die Möglichkeit, nach links zum Salzburger Freilichtmuseum bei **Großgmain** abzubiegen. *Stichfahrt von 6 km.*

**Salzburger Freilichtmuseum** ⓥ – Über 60 Originalgebäude des Salzburger Landes aus fünf Jahrhunderten wurden hier wieder aufgebaut. Die Häuser des Museumsdorfs sind nach den einzelnen Landschaften Flachgau, Tennengau, Pongau, Lungau und Pinzgau gruppiert. Außerdem werden verschiedene Ausstellungen, u. a. eine Sammlung alter Traktoren, präsentiert. Ein buntes Veranstaltungsprogramm zu Handwerk und Brauchtum füllt das Freilichtmuseum mit Leben. Informationen zu den einzelnen Terminen können beim Museum erfragt werden.

Man erreicht mit Bad Reichenhall den Verwaltungssitz des Landkreises Berchtesgadener Land in Bayern.

★ **Bad Reichenhall** – Salinenstadt mit den stärksten und ergiebigsten Solequellen Europas (maximaler Salzgehalt 24 %) zur Speisesalzgewinnung. Das Solbad wird vor allem zur Behandlung von Erkrankungen der Atemwege aufgesucht.

Die Loferer Straße zweigt bei Schneizlreuth von der Deutschen Alpenstraße ab und eröffnet im Süden Blicke auf die charakteristische Gipfelgruppe der Drei Brüder (im Hintergrund), dann verläßt sie für kurze Zeit das tief eingeschnittene Saalachtal, um auf die Anhöhe bei Melleck anzusteigen. Kurz danach gelangt man durch den Steinpaß wieder auf österreichischen Boden. Zwischen Unken und

Lofer windet sich die Straße durch mehrere Talengen, wie den mit einer Festung bewehrten Kniepaß, in dem die Saalach am Straßenrand dahinschäumt. Wir nähern uns Lofer von Norden und genießen schon ab Hallenstein hier und da Ausblicke auf die Mittelgruppe der Loferer Steinberge (von links nach rechts: Ochsenhorn, Reifhorn, Breithorn) und links daneben, weiter entfernt, die schön geformten Leoganger Steinberge.

★ **Lofer** - *s. Kaisergebirge* 1.

Im Gegensatz zu dem bisherigen Landschaftsbild ist die in einem glazialen Trogtal verlaufende eindrucksvolle **Strecke**★ von Lofer nach Saalfelden bemerkenswert einheitlich.

**Wallfahrtskirche Maria Kirchental** - *4 km südlich von Lofer. In St. Martin bei Lofer von der B 311 rechts in eine kleine mautpflichtige Straße einbiegen.* Aus der ganzen Umgebung kommen die Pilger in diese ländlich anmutig wirkende Kirche, die von 1694 bis 1701 nach Plänen des berühmten Architekten Johann Bernhard Fischer von Erlach erbaut wurde. In ihrer Formensprache erinnert sie an den Salzburger Dom oder, stärker noch, an Maria Plain *(s. Salzburg, Umgebung).*
Der Bischof von Seckau weihte das Gotteshaus im Jahre 1701. Im 18. und 19. Jh. wurde es, in dem Maße, in dem die Opfergaben zum Zwecke seiner Verschönerung flossen, mit Mobiliar ausgestattet und ausgeschmückt. Leicht schmunzelnd pflegt man die Kirche auch den „Pinzgauer Dom" zu nennen.

Etwa 6 km nach Lofer erreicht man rechts der Straße mit der Vorderkaserklamm die erste der drei **Saalachtaler Naturgewalten**★.

**Vorderkaserklamm** - *Parkmöglichkeit direkt an der Straße oder nach wenigen Metern im Wald. Allerdings kann auch der gesamte Weg bis zum Kassenhäuschen mit dem Auto zurückgelegt werden.* Von der Straße führt ein etwa 2,5 km langer Wanderweg durch das Naturerholungsgebiet „Schüttachgraben" mit Badeteichen und Grillplätzen zum Kassenhäuschen. Von dort *(3/4 Std. hin und zurück auf gut ausgebautem Weg)* auf einem zunächst stark ansteigenden Pfad durch den Wald zum Eingang der abschnittsweise sehr engen Klamm (die Felswände sind zum Teil nur 80 cm voneinander entfernt). Stege führen, direkt über den tosenden Wassern, vorbei an Wasserstürzen und kleineren Wasserfällen. Besonders reizvoll sind die Passagen mit über dem Weg steckengebliebenen Felspfropfen. Um zum Kassenhäuschen zurückzukehren, hat man am Ende der Klamm die Möglichkeit, einen natürlich weniger beeindruckenden Weg durch den Wald zu nehmen oder umzukehren und diese nochmals zu passieren.

**Lamprechtshöhle** - *8 km nach Lofer. Parkplatz und Eingang direkt an der Straße. Die Temperatur in der Höhle liegt nur bei etwa 5-7 °C! Wegen des feuchten Bodens sollte man geschlossene Schuhe tragen. 3/4 Std hin und zurück.* Die Lamprechthöhle ist mit einer Gesamtausdehnung von 44 km eines der größten Höhlensysteme Europas. Der Schauhöhlenteil umfaßt mit 700 m nur einen winzigen Bruchteil davon und endet nach dem Aufstieg über eine Felsspalte, durch die ein Wasserfall hinabstürzt. Von einem Aussichtssteg blickt man hinunter in den dunklen Felsenschlund und freut sich, daß man den Weg unter Beleuchtung zurückgehen kann.

1 km nach der Lamprechtshöhle wird links der Straße die Seisenbergklamm angekündigt. Parkmöglichkeit beim Gasthof oder, wenn man der B 311 noch ein Stück weiter folgt, im Ort **Weißbach**.

**Seisenbergklamm** - *Knapp 1 Std. für die Klamm selbst vorsehen.* Treppen, Stege und Pfade führen rechts und links des tosenden Weißbachs durch eine enge, etwa 600 m lange und bis zu 50 m tiefe, zweigeteilte Schlucht. Die spektakulären Ansichten des vorderen Teils werden noch übertroffen von den geschwungenen, vom Wasser ausgewaschenen Felsformationen der düsteren **Dunkelklamm**, die den Abschluß der Seisenbergklamm bildet. Von deren Ende führt ein stetig ansteigender Waldweg entlang des mit Felsen gepflasterten Bettes des Weißbachs zum idyllisch, auf einem Almplateau inmitten von bewaldeten Anhöhen gelegenen Gasthof Lohfeyer *(ca. 30 Min von der Klamm zum Gasthaus).*

Südlich von Weißbach verläuft die Fahrt in einer langen, von Felsen der Leoganger Steinberge (rechts) und des Steinernen Meeres (links) eingefaßten Talenge. Von der Kurve beim Hotel „Gut Brandlhof" erblickt man in der Ferne die vergletscherten Gipfel des Wiesbach- und des Kitzsteinhorns und bei klarem Wetter sogar den Großglockner.
Man erreicht das Saalfelder Becken. Der Straßenverlauf gestattet fast fortwährend weite Ausblicke. Im Vordergrund zeichnet sich bereits durch die Senke von Zell am See die Gebirgsschranke der Tauern ab.

**Saalfelden** - Dieser Marktort mit 1200jähriger Geschichte lockt mit seiner schönen Lage, seinem historischen Ortskern und einem reichhaltigen Freizeitangebot. Im Winter wird Saalfelden vor allem bei Langläufern großgeschrieben,

steht den Anhängern der nordischen Skiarten hier doch ein 80 km langes Loipennetz (im Verbund mit den Nachbargemeinden des Saalachtales sogar 160 km) zur Verfügung.
Die den Ort überragenden Felsmauern des Steinernen Meers durchziehen rötliche Eisenerzschichten, die bei Sonnenschein aufleuchten und dem Landschaftsbild eine besondere Note hinzufügen. Die firnbekrönten Gipfel der Hohen Tauern, die durch die Senke des Zellersees sichtbar sind, vervollständigen das schöne Gebirgspanorama.

**Maria Alm** - *Im Südosten von Saalfelden. Stichfahrt von10 km.*
Mittelpunkt des Dorfes mit reichhaltigem Sportangebot im Sommer und Winter ist die gleichnamige Wallfahrtskirche mit dem markanten 84 m hohen, spitzen Turm. Das Äußere der Kirche in gotischen Formen geht auf den Beginn des 16. Jh.s zurück, die barocke Innenausstattung auf das 17. und 18. Jh.

*Zurück nach Saalfelden und weiter nach Zell.* Am Ende der Fahrt folgt man zunächst dem Ufer des Zeller Sees, bevor man schließlich die Stadt Zell am See erreicht.

* **Zell am See** - *s. dort.*

# SAALBACH-HINTERGLEMM**

Salzburg

2 700 Einwohner

Michelin-Karte Nr. 926 - Falte 19 - 1 003 m

Saalbach ist mit über 17 000 Fremdenbetten unbestreitbar einer der größten Wintersportorte Österreichs. Es liegt im Herzen des **Glemmtals**, dessen oberer Teil die Grenze zwischen den Bundesländern Tirol und Salzburg bildet. Dieses Tal erstreckt sich in den Pinzgauer Grasbergen am Ostrand der Kitzbüheler Alpen in der Nähe des Zeller Sees. Es besticht durch seinen waldreichen landschaftlichen Rahmen (3 800 ha Wald) und sein harmonisches Relief mit weitläufigen, sanft abfallenden Hängen.
Der Ort hat trotz erheblicher touristischer Entwicklung seinen Reiz bewahrt, da hier im traditionellen Stil gebaut wurde. Saalbach erstreckt sich am Fuß des Schattbergs im Süden und des Spielberghorns im Norden. Der Zwiebelturm der Kirche überragt den Ortskern, der aus einer Fußgängern vorbehaltenen, steilen Straße mit Boutiquen, Restaurants und eleganten Hotels besteht.
Weiter talaufwärts breitet sich am Fuß des Zwölferkogels der Ort **Hinterglemm** aus, der sich ebenfalls zu einem bedeutenden Ferienort entwickelt hat.
Saalbach hat seine Bekanntheit sowohl der Qualität seiner Unterkunftsmöglichkeiten als auch seinem ausgedehnten Skigebiet zu verdanken, in dem regelmäßig im Rahmen der Skiweltmeisterschaften Abfahrtsläufe ausgerichtet werden. Der Wintersportort besitzt selbstverständlich die unterschiedlichsten Freizeitanlagen (Schwimmbad, Eisbahn, Tennishalle usw.).
Im Sommer ist Saalbach eine erholsame Sommerfrische, von der aus man einige schöne Ausflüge machen kann, insbesondere den **Pinzgauer Spazierweg**★★ *(s. Zell am See)* und die Wanderung zum Tristkogel und zum Torsee.

** **Das Skigebiet** - Es erstreckt sich zwischen 900 und 2 100 m Höhe und zählt zu den ausgedehntesten Österreichs. 60 Skilifte (davon 1 Seilschwebebahn, 9 Kabinenbahnen und 18 Sessellifte) erschließen 200 km Piste für Skifahrer jeglichen Niveaus.
Die Schneeverhältnisse sind im allgemeinen von Weihnachten bis April gut. Die geringe Höhe wird durch ein Mikroklima ausgeglichen, das für niedrigere Temperaturen und erheblich mehr Niederschlag als in den umliegenden Tälern sorgt.
Interessant ist dieses Skigebiet vor allem deshalb, weil es etwa zwölf Gipfel mit Skiverbindung besitzt, die alle einen Höhenunterschied von nahezu 1 000 m aufweisen. Liebhabern großer Weiten wird es hier jedoch an wirklich hohen Gipfeln fehlen.
Für gute Skiläufer eignen sich die Hänge des Zwölferkogels und die Nordabfahrt des Schattberg-Ost. Fast das gesamte Skigebiet wird Entspannung suchende Skifahrer beglücken, insbesondere aber die 8 km lange Abfahrt, die den Schattberg-Ost mit Vorderglemm verbindet (Pisten von Mulden und Jausern). Auch sollten sie die Pisten des Zwölferkogels (Seekar und Familienabfahrt), des Hasenauer Köpfls (Hochalmpiste), des Reiterkogels (Pisten 35 und 37), des Kohlmaiskopfs (Piste 51) und des Bründlkopfs abfahren. Anfängern ist besonders der zweite Abschnitt des Bernkogels zu empfehlen. Es sei darauf hingewiesen, daß bestimmte ungespurte Pisten den Snowboardfahrern vorbehalten sind.
Es gibt wesentlich weniger Möglichkeiten zum Skilanglauf, da insgesamt nur 18 km Loipe zwischen Vorderglemm und Saalbach und oberhalb von Hinterglemm zur Verfügung stehen.

Sochor/ÖSTERREICH WERBUNG

Talabfahrt ins Ortszentrum

## MIT SKILIFT UND SEILBAHN ERREICHBARE AUSSICHTSPUNKTE

★★ **Schattberg-Ost** ⓥ - 2 020 m. *3/4 Std. hin und zurück mit der Seilschwebebahn.* Es bietet sich ein **Gesamtblick** auf das Glemmtal und sein Skigebiet. In der Ferne erkennt man die Kalkmassive der Loferer und Leoganger Steinberge im Norden und der Hohen Tauern im Süden (Wiesbachhorn, Kitzsteinhorn, Großglockner und Johannisberg).

★ **Zwölferkogel** ⓥ - 1 984 m. *1/2 Std. hin und zurück. Auffahrt mit der Kabinenbahn von Hinterglemm oder weiter bergan von Kolling aus.* Die Landschaft wird vom Hohen Penhab und vom Schattberg-West beherrscht. Weiter Blick auf das gesamte Gebiet von Hinterglemm.

★ **Wildenkarkogel** - 1 910 m. *3/4 Std. hin und zurück. Auffahrt von Vorderglemm aus mit der Schönleitenbahn.* Vom Gipfel in wenigen Minuten zum Ende des Karlifts gehen. Blick auf die Leoganger Steinberge. Fußgänger können eine Zeitlang der Piste 65 folgen, die einen angenehmen Kammweg bildet.

# SALZACHTAL★

Salzburg

Michelin-Karte Nr. 926 – Falte 20

Das obere und mittlere Salzachtal, dessen Hakenform dem Flußlauf entspricht, gilt als Hauptverkehrsader des Landes Salzburg.
Es zieht sich zwischen den Krimmler Wasserfällen und Salzburg in einer Reihe von Talbecken hin, die durch Schluchten voneinander getrennt sind. Daraus erklärt sich die Abgeschlossenheit dieser Talgegenden, die ihre traditionellen Namen bewahrten und bis zum Aufkommen der Eisenbahn wenig am allgemeinen Fortschritt teilhatten. So wurden sie auch lange Zeit zu den „unterentwickelten" Landstrichen gezählt.

## DIE LANDSCHAFTEN

**Der Pinzgau** - Die den Gerlospaß *(s. Gerlos-Alpenstraße)* und den Paß Thurn *(s. Kitzbühel, Umgebung)* überquerenden Straßen eröffnen Ausblicke auf das auffallend geradlinige Oberpinzgauer Längstal, das seit der Entwicklung des Fremdenverkehrs und dem Bau von Kraftwerkanlagen *(s. Kaprun)* nicht mehr als stille, abgeschiedene Gegend betrachtet werden kann. Mehr Leben herrscht jedoch im Mittelpinzgau, der das Gebiet um Zell am See und Saalfelden umfaßt und sich am Fuße des Steinernen Meers hinzieht, das hier die bayerisch-österreichische Grenze bildet.

**Der Pongau** - Das Pongauer Becken wird von den Talengen flußaufwärts zwischen Taxenbach und Lend sowie flußabwärts zwischen Werfen und Golling eingeschlossen. Jedoch gewährleisten das Fritztal und die Wagrainer Höhe im Osten eine leichte Verbindung mit dem oberen Ennstal, worauf die Zugehörigkeit der Radstädter Gegend zum Land Salzburg zurückzuführen ist. Der vom Fremdenverkehr am meisten belebte Teil ist das Gasteiner Tal *(s. dort)*.

**Der Tennengau** - Flußabwärts vom Paß Lueg bis nach Hallein ist das Land weniger bergig, bleibt aber sehr wald- und wasserreich (Gollinger Wasserfälle). Hier mündet die aus der reizenden, mattenreichen Gegend von Abtenau und den „Salzburger Dolomiten" herabfließende Lammer in die Salzach.
Die schönen Dörfer des Tennengaus (Abtenau, Golling, Kuchl u. a. m.) mit ihren hübsch bemalten und blumengeschmückten Häusergiebeln unter den vorspringenden Dächern haben bereits viel gemeinsam mit den bayerischen Ortschaften.

**Der Flachgau** - Hinter Hallein erreicht die Salzach das Salzburger Flachland und belebt die würdige Stadt der Erzbischöfe mit ihren frisch dahineilenden Fluten. Nach ihrer Vereinigung mit der Saalach bildet sie die natürliche Grenze zu Bayern, fließt an den bayerischen Orten Tittmoning und Burghausen vorbei und stürzt sich dann in den Inn.

## ★ 1 VON LEND NACH RADSTADT *70 km*

### Über die Hochkönigsstraße und die Wagrainer Höhe

*Der Streckenabschnitt Dienten - Mühlbach, eine asphaltierte Gebirgsstraße, ist sehr windungsreich; im Winter ist er im allgemeinen verschneit und unbefahrbar.*

Man verläßt den industriereichen Ort **Lend** (Aluminiumfabriken), wo die Gasteiner Ache sich in einer Reihe von Wasserfällen talwärts stürzt, auf der kleinen Straße nach Dienten und überquert die Salzach.
Bald hebt sich die Kirche von **Dienten** vor den Bergkämmen des Hochkönigs ab, dessen weiße hochstrebende Felswände besonders in der Abendsonne eine eindrucksvolle Kulisse bilden. Die alten, im Sommer blumengeschmückten Häuser des reizvoll gelegenen Dorfes Dienten reihen sich entlang der Straße, die bald in eine almenreiche Talmulde führt.
Zwischen Dienten und dem Dientner Sattel zeugen Skilifte von dem regen Treiben, das hier im Winter herrscht. Auf dem Dientner Sattel (1 370 m), am Fuße der Felsschranke des **Hochkönigs**, erreicht die Straße ihren höchsten Punkt.
Danach weist die Straße einige starke Gefällstrecken auf.
Die steile Abfahrt nach **Mühlbach** erschließt nochmals Ausblicke auf den Hochkönig sowie hier und da im Osten auf den zerklüfteten Endgrat der Mandlwand. Mühlbach, Ausgangspunkt für Hochgebirgstouren (Schutzhütten und Berggasthäuser, wie z. B. das Arthurhaus in der Umgebung), ist seit der Bronzezeit bekannt durch seine Kupfergruben.

W. Geiersperger/BILDAGENTUR BUENOS DIAS

Blick auf den Hochkönig

*Auf der Bundesstraße 311 in südlicher Richtung nach St. Johann im Pongau fahren.*

Die Verbindungsstraße zwischen **St. Johann im Pongau** (erkennbar an seinem markanten Wahrzeichen, der Doppelturmfassade des Pongauer Doms - neugotischer Bau 1857-1876) und dem Ennstal bezaubert durch eine Reihe idyllischer Landschaftsbilder, insbesondere bei **Wagrain**❄. Bei der Abfahrt von der **Wagrainer Höhe** entdeckt man im Nordosten den mit einer Borte aus Schnee bekränzten Dachstein (2 995 m). Im Süden erblickt man durch Einschnitte der Nebentäler einige schöne Bergspitzen der Radstädter Tauern.

**Radstadt** - *s. dort.*

## 2 VON LEND NACH SALZBURG *89 km*

Das bei Lend *(s. unter* 1 *)* noch tief eingeschnittene Salzachtal erweitert sich ab Schwarzach zum Pongauer Talbecken.

*Von der B 311 Richtung St. Johann im Pongau abzweigen und dann der Ausschilderung „Liechtensteinklamm" folgen. Parkplatz in der Nähe der Klamm.*

★ **Liechtensteinklamm** ⌚ - *1 Std. Fußweg hin und zurück. Eine Taschenlampe ist nicht unbedingt nötig, erweist aber wegen der Durchquerung einer Tunnelpassage nützliche Dienste.* Am Fels entlangführende, mit Geländern gesicherte Wege ermöglichen es dem Besucher, die Klamm zu durchqueren. Schroffe, zuweilen überhängende Felswände und die mannigfaltigen Formen der vom Wasser polierten, weißadrigen Schieferfelsen im Grund der Klamm machen deren Reiz aus. Am Ende des Weges erreicht man schließlich einen majestätischen **Wasserfall**★.

Y. Bontoux

Liechtensteinklamm

*Auf der Bundesstraße 311 wieder in Richtung Salzburg fahren.*

**Bischofshofen** - Der größte Ort des Pongaues erfreut sich einer schönen **Lage**★ im weiten Talkessel der Salzach, umgeben vom Tennengebirge (2 400 m) im Norden und vom Hochkönig (2 941 m) im Süden. Besonderen Bekanntheitsgrad genießt Bischofshofen als einer der Austragungsorte der Vier-Schanzen-Tournee im Skispringen.

**Pfarrkirche** - *Von Süden kommend rechts der Durchgangsstraße.* Mit den beiden oberhalb liegenden Kirchen (Frauenkirche, Georgskirche) durch eine Schnittachse verbunden, liegt hier das typische Modell einer „Kirchenfamilie" vor. Die heutige Kirche entstand um 1450. Der mächtige Vierungsturm, der mitten auf dem Kirchendach sitzt, ist einzigartig im Land Salzburg; ebenso das Marmorhochgrab des Bischofs von Chiemsee und Erbauers der Kirche, Sylvester Pflieger, im nördlichen Querschiff. Das Bischofshofener Rupertuskreuz, das älteste sakrale Kunstwerk in Österreich (um 700), wird als Kopie in der Kirche gezeigt. Das Original befindet sich im Salzburger Dommuseum.

*Weiter in Richtung Salzburg.* Nach der Ortsdurchfahrt von Imlau hat man bereits die beeindruckende Silhouette der Feste Hohenwerfen im Blick. Bevor man aber die Burg erreicht, biegt man in Werfen rechts zur Eisriesenwelt ab.

★ **Eisriesenwelt** - *s. dort.*

★ **Erlebnisburg Hohenwerfen** – *Parkplätze zu Füßen des Burgbergs. Von dort 15 Min. zu Fuß auf stetig ansteigendem, schattigem Waldweg bis zum Burgtor.* Die Ursprünge der Feste reichen bis ins 11. Jh. zurück. Ihre heutige Gestalt geht vor allem auf das 16. und 17. Jh. zurück, in der sie von den Salzburger Erzbischöfen ausgebaut und modernisiert wurde. Sie diente ihnen als Militärstützpunkt, Wohnsitz, Jagdschloß, aber auch als Gefängnis. Im Rahmen der Burgführung *(ca. 1 Std.)* besichtigt man u. a. die Burgkapelle sowie die Folter- und Waffenkammer. Außerdem kann man das Falknereimuseum und einen Greifvogel-Lehrpfad in der Vorburg besuchen. Die dort zu sehenden Vögel, wie Adlerbussard, Seeadler, Rotmilan, demonstrieren bei täglich zwei **Vogelflugschauen**★ *(ca. 30 Min.)* vor der eindrucksvollen Burgkulisse ihre Qualitäten als Jagdvögel.

Auf dem weiteren Weg durchfährt man die eindrucksvolle Talschlucht Werfen-Golling – eines der tiefsteingeschnittenen Täler der Alpen – mit der Felspforte des **Paß Lueg**. Hier krümmt und verengt sich das Tal so stark, daß die Straße für kurze Zeit das unzugängliche Flußufer verlassen und einen sogenannten Eselsrücken überwinden muß. Bevor man die geographische Paßhöhe beim Tunneleingang erreicht, biegt man rechts zur Salzachklamm ab.

**Salzachklamm (Salzachöfen)** – Die Klamm ist mit den Lammeröfen und dem Gollinger Wasserfall eines von drei beeindruckenden Naturdenkmälern in unmittelbarer Nähe des Passes. Rechts an der Auffahrt liegt die Wallfahrtskirche Maria Brunneck, ein Rokokogebäude aus dem Jahr 1766. Beim Gasthaus Paß-Lueg-Höhe führt ein steiler, bei Regenwetter rutschiger Bergpfad *(3/4 Std. zu Fuß hin und zurück)* zu einem Felsmeer, das eine natürliche Brücke über die im Grund der Klamm dahinbrausende Salzach bildet. Wegweiser mit dem Hinweis „Dom" leiten durch dunkle, schwierig begehbare Felsengen und führen zur imposanten Halbkuppel des „Felsendomes".

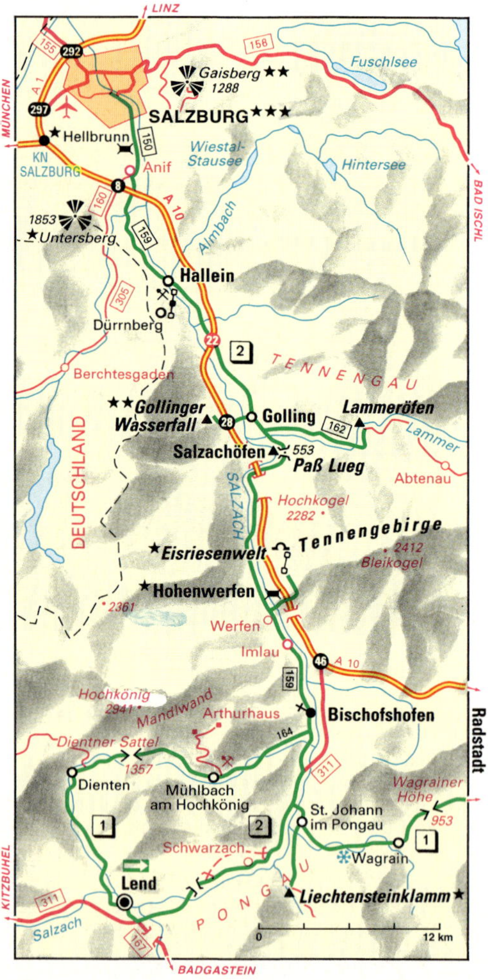


Etwa 2 km nach dem Tunnel beim Paß Lueg erreicht man die Kreuzung der Bundesstraßen 159 und 162. *Zu den Lammeröfen rechts Richtung Abtenau/Lammertal abbiegen. Stichfahrt von 14 km.*

**Lammeröfen** – *Direkt nach dem Ortseingang von Oberscheffau – 7 km nach der Kreuzung der Bundesstraßen – links Parkmöglichkeit bei der Pension Lammerklause. An der nächsten Querstraße links, nach der Bushaltestelle, beginnt die Wanderung. 1 1/4 Std. hin und zurück.* Nach etwa 25 Min. Fußweg durch die bis dahin noch relativ breite Klamm erreicht man das Kassenhäuschen. Von dort kurzer, aber lohnender Abstieg auf betonierten Stufen zu einem Aussichtspunkt unter einem Felsgewölbe, durch dessen enge Spalten Licht von oben in die Klamm einfällt.

*Auf der B 162 zurück Richtung Golling.*

**Golling** – Die hübsche Hauptstraße dieses kleinen Ortes wirkt mit den bunten und blumengeschmückten Fassaden ihrer alten Häuser wie ein richtiges Mosaik.

*Im Ort vor dem Gasthof „Zur goldenen Traube" links abbiegen und den „Wasserfall"-Schildern folgen.*

Etwa 2 km nach Überquerung der Bahnlinie, kurz vor Erreichen des Wasserfalls, sieht man rechts die auf einem Felsensockel erbaute spätgotische Kirche **St. Nikolaus** (1515, mit barocker Innenausstattung), die durch ihre exponierte **Lage**★ fasziniert *(Fußweg zur Kirche rechts des Landgasthauses Torrenerhof in der Weissenbachstraße).*

★★ **Gollinger Wasserfall** – *Das Auto auf dem Parkplatz des Gasthofs Hubertus abstellen. Es ist zu beachten, daß der Wasserfall entsprechend der Jahreszeit und dem Wasseraufkommen mehr oder weniger spektakulär ist. 1 Std. hin und zurück.*
Der Weg führt zunächst an den unteren Wasserfall, der sich in von der Natur geformte Bassins ergießt. Dann steigt man hinauf zu dem oberen Fall, dessen Wasser unter einer Felsbrücke tosen, die durch einen Bergrutsch entstanden ist. Unterhalb dieser „Brücke" quert man den Wasserfall über einen Steg und erhält neben der Aussicht durch den Wasserstaub noch eine kostenlose Erfrischung. Am Ende des Weges erreicht man einen Aussichtspunkt, bei dem das Wasser unter Felsen aus dem Berghang hervortritt.

*Zurück nach Golling und weiter in Richtung Salzburg.*

Zwischen Golling und Hallein führt die Straße durch den belebtesten Teil des Tennengaus, eines freundlichen Beckens mit sehr stark gewellten Waldhängen. Die Berge werden zusehends flacher.

**Hallein und das Salzbergwerk Dürrnberg** – Halleins Geschichte ist geprägt vom Salz, dem „weißen Gold". Auf Halleins Plätzen und in der schönen Fußgängerzone im Stadtkern herrscht ein buntes Treiben; doch finden sich in der malerischen Altstadt auch verträumte Gassen, romantische Winkel und liebevoll restaurierte Häuser. Die Stadt ist der wirtschaftliche Mittelpunkt der gesamten Region und ein gewachsenes Zentrum für Kultur, Wirtschaft und Freizeit.
Auf der Nordseite der Pfarrkirche, in der Oberstadt, befindet sich das Grab und das Haus (Inschrift und Büste) von **Franz Xaver Gruber** (1787-1863), der 1818 für die Weihnachtsmesse in der Kirche von Oberndorf das inzwischen weltberühmt gewordene Lied „Stille Nacht, Heilige Nacht" komponierte.

Hoch über Hallein liegt der Kurort **Bad Dürrnberg**, eine bedeutende prähistorische Fundstätte.
Von der Bergstation der Salzbergbahn (Gondelbahn-Talstation am Südrand von Hallein) gelangt man zur Bergwerkseinfahrt, indem man die Richtung Bad Dürrnberg einschlägt. Auf dem Weg liegen die mit dem rosa Marmor der Gegend gestaltete Wallfahrtskirche Mariä Himmelfahrt und das **Keltendorf am Dürrnberg**. Es zeigt eine rekonstruierte Siedlung und ein Fürstengrab.
**Salzbergwerk Dürrnberg** ⌚ – Die Besichtigung des ältesten Schaubergwerks der Welt umfaßt eine Fahrt mit der Bergwerksbahn und einen Fußweg durch mehrere Stollen. Über Doppelrutschen geht es in das Innere des Berges. Eine Floßfahrt über den beleuchteten Salzsee rundet den Besuch ab.

Entscheidet man sich bei der Anfahrt auf Salzburg an der Kreuzung in Anif statt rechts auf der B 150 nach Salzburg, für die Alternative, geradeaus durch das Zentrum des Ortes zu fahren, passiert man am Ortseingang der Landeshauptstadt Tiergarten und **Schloß Hellbrunn**★ *(s. Salzburg: Umgebung).*

★★★ **Salzburg** – *s. dort.*

# SALZATAL★★

## Steiermark

Michelin-Karte Nr. 926 – Falten 22 und 23

Die Salza, Nebenfluß der oberen Enns, gräbt ihr Bett in die letzten östlichen Massive der Kalkhochalpen und insbesondere am Fuße der eigenartig ausgewaschenen Steilhänge des Hochschwab (Gipfelpunkt: 2 277 m). Eine Fahrt durch das Salzatal, das mit Ausnahme der Orte Wildalpen und Greith auf 70 km fast unbesiedelt ist, entlang des Wildbaches, stiller Stauseen und durch dunkle Wälder, wird vor allem für den Naturfreund ein unvergeßliches Erlebnis sein.

### VON HIEFLAU NACH MARIAZELL *80 km*

Zwischen Hieflau und Großreifling geht es entlang der Enns, die an manchen Stellen aufgestaut ist. Einen interessanten Anblick bieten die beiden parallel zueinander verlaufenden Kunstbauten der Straßenbrücke und des Wehrs Wandau. Die malerische Strecke Großreifling-Palfau führt steil am Berghang im Schatten von Tannen und Buchen aufwärts und bietet vereinzelte Tiefblicke auf die bald ruhig, bald wildschäumend dahinfließende Salza.
Vor Wildalpen wird der die Salzaschluchten überziehende Wald dichter.

**Wildalpen** – Der reizvoll gelegene Ort hat sich zu einem kleinen Tourismuszentrum entwickelt, das im Sommer wie im Winter mit den Pfunden einer unversehrten Landschaft wuchern kann. Bekannt ist es vor allem als Ausgangspunkt für Wildwassersport auf der Salza (Rafting, Kajak, Kanu).
Von besonderem Interesse ist hier das **Heimat-, Pfarr- und Wasserleitungsmuseum**★ ⏲, das anschaulich über die Baugeschichte der Leitung berichtet, die Wien mit Wasser versorgt, und die bei beachtlicher Länge und nur geringem Gefälle ein technisches Meisterwerk darstellt.

**Die II. Wiener Wasserleitung**

Zwei Leitungen versorgen die Hauptstadt Österreichs mit Wasser. Die erste wurde bereits 1873 im Rax-Schneeberg-Gebiet (Niederösterreich) gelegt und hatte eine segensreiche Wirkung, traten doch ab diesem Zeitpunkt keine Cholerafälle mehr auf. Doch zeigte sie sich schon bald angesichts des steigenden Wasserbedarfs der Millionenstadt als ungenügend. So suchte man nach den Möglichkeiten einer zweiten Hochwasserquellenleitung. Beste Voraussetzungen dafür bot das Salzagebiet mit seinen idealen Wasserreserven. Begonnen im Jahr 1900, nach sieben Jahren Vorbereitung und der Untersuchung von fünfzig Quellen, wurde diese zweite Leitung von insgesamt 191,8 km Länge, die über 100 Viadukte und 19 Düker (Gußrohrleitungen) führt, 1910 abgeschlossen. Sie liefert heute durchschnittlich 210 000 $m^3$ Wasser pro Tag, und deckt somit knapp 59 % des Bedarfs der Bundeshauptstadt.

Die Pfarrkirche **St. Barbara** mit ihrem geschuppten Turmhelm weist qualitätvolle Fresken auf, die den ganzen Innenraum überziehen. Bemerkenswerte Innenausstattung, deren plastischer Schmuck zum Teil Josef Thaddäus Stammel *(s. Admont)* oder seiner Werkstatt zu verdanken ist.
Flußaufwärts von Wildalpen nähert sich die Salza dem Kalkstock des Hochschwab. Überaus beeindruckend zeichnen sich die stark zerklüfteten, scharf gezackten Steilwände der Riegerin ab.

**Brunn** – *Unmittelbar nach der Postbushaltestelle bei Kilometer 31,6 nach rechts einbiegen.* Vom Brunnen-Bildstock, der dem winzigen Weiler seinen Namen gab und wenige Meter von der Durchfahrtsstraße steht, schweift der **Blick**★ bis in den Grund des Brunntals im Herzen des Hochschwab.
Ein prächtiger **Blick**★★ bietet sich auch auf die ganze Nordwand des Hochschwabmassivs, dessen Felsen ungewöhnlich verwittert und ausgewaschen sind. Einen nicht weniger imposanten Anblick bieten die gegenüberliegenden Türnachfelswände.
Bei der Kläfferbrücke *(Kilometer 23,0)* sieht man rechts das Wärterhaus für die Anlagen der II. Wiener Wasserleitung.

**Prescenyklause** – Durch dieses Felsentor *(ab dem Jahr 2000 wird der Verkehr durch einen Tunnel geleitet)* gelangt man zu einer ehemaligen Talsperre, die in früherer Zeit das angestaute Wasser der Salza freigab, um die Holztrift ins Tal zu ermöglichen. Die Holzflößer haben jedoch seit Mitte des 20. Jh.s ihr gefährliches Handwerk aufgegeben.

**Weichselboden** – Die winzige Streusiedlung wird von der Pfarrkirche beherrscht, die 1773-1777 im josephinischen Stil errichtet wurde. Hier zweigt das südöstlich gelegene felsige Seitental „In der Höll" ab.
Auf der Strecke von Weichselboden nach Mariazell verliert man den Hochschwab kurz aus den Augen. In steter Steigung bis Greith zieht sich die Straße oberhalb des Tals dahin, das sich mehr und mehr erweitert und sehr waldreich ist. Dann werden die Berge allmählich niedriger; die Abfahrt nach Gußwerk beginnt.

**Gußwerk** – Nichts – außer zwei monumentalen Kanonen und dem Ortsnamen – läßt in dem heute schön herausgeputzten Ort vermuten, daß hier ab 1740 und bis ins 19. Jh. der sogenannte „Mariazeller Guß" hergestellt wurde, der für die Waffenindustrie der Monarchie von großer Bedeutung war.

Ohne lange im Grund des Mariazeller Beckens zu verweilen, fährt man nun in weiten Kehren zum Wallfahrtsort hinauf.

★ **Mariazell** – *s. dort.*

# SALZBURG★★★

🄻 Salzburg

147 000 Einwohner
Michelin-Karte Nr. 926 – Falten 5, 19 und 20
Kartenskizze: SALZKAMMERGUT – 424 m
Hotels und Restaurants siehe Roten Michelin-Führer Deutschland
oder Roten Michelin-Führer Europe.

Sobald man aus der Ferne die gewaltige Festung Hohensalzburg, Wahrzeichen und Sinnbild der Allgewalt der einstigen Fürsterzbischöfe, über den Türmen und Dächern der Stadt an der Salzach auftauchen sieht, ist man dem Zauber Salzburgs verfallen. Ein unerklärlicher Reiz läßt die Stadt Mozarts, ihres größten Sohnes, als von den Göttern bevorzugt erscheinen: eine herrliche Lage, Paläste und Kirchen, deren Konturen aus dem gedämpften Licht hervortreten, in der Nähe das reizvolle Salzkammergut und nicht zuletzt die weltbekannten Festspiele, die im Juli und August jeden Jahres die Liebhaber der klassischen Musik und die Bewunderer Mozarts anziehen. Unvergeßliche Eindrücke hinterlassen die malerischen Straßen Salzburgs mit ihren kunstvoll geschmiedeten Aushängeschildern, seine weiten Plätze mit reich geschmückten Brunnen, die edle Architektur seiner prunkvollen Bauten, Werk der baufreudigen Erzbischöfe, sowie das entzückende, erinnerungsreiche Mozartmuseum.

## GESCHICHTE

**Das Erbe der Fürsterzbischöfe** – Das kurz vor 700 vom hl. Rupertus gegründete Bistum Salzburg wurde im folgenden Jahrhundert zum Erzbistum erhoben. Im 13. Jh. erhielten die Erzbischöfe die Fürstenwürde des Hl. Römischen Reiches Deutscher Nation. Ihre weltliche Macht erstreckte sich bis nach Italien, ihre Einkünfte, die größtenteils aus den Salzbergwerken des Salzkammergutes stammten, waren beträchtlich. Drei unter diesen mächtigen Kirchenfürsten, umsichtige Verwalter ihrer Länder, wurden zu Förderern der Baukunst und schufen eine Stadt, die den Herrschern der Renaissance würdig war. Im Verlauf eines halben Jahrhunderts verwandelten sie den kleinen Ort mit winkligen Gassen in eine Stadt, die sich mit ihren Palästen und weiten Plätzen mit manchen großen Städten Italiens messen konnte.

**Wolf Dietrich von Raitenau**, Erzbischof seit 1587, war ein typischer Vertreter der Renaissance. Raitenau, der mütterlicherseits mit den Medici verwandt war, wurde in Rom erzogen und träumte als Erzbischof davon, aus seiner Hauptstadt ein „Rom des Nordens" zu machen. Nachdem ein Brand die alte Kathedrale und das umliegende Stadtviertel fast ganz zerstört und somit die Verwirklichung seiner Pläne ermöglicht hatte, beauftragte Wolf Dietrich den italienischen Architekten Scamozzi mit dem Bau einer neuen Kathedrale, die größer als die Peterskirche von Rom werden sollte. Es war jedoch dem baufreudigen Erzbischof nicht vergönnt, seinen großartigen Traum zu verwirklichen. Sein Privatleben erregte Anstoß: Er hatte 15 Kinder mit Salome Alt, einer Jüdin von auserlesener Schönheit, für die er auf dem rechten Salzachufer Schloß Mirabell erbauen ließ. Der Salzhandel war Anlaß des verheerenden „Salzkrieges" mit den bayerischen Herzögen. Er unterlag den Bayern, wurde zum Verzicht gezwungen und, von einem kirchlichen Gericht verurteilt, 1612 in der Festung Hohensalzburg eingekerkert. Als er nach fünfjähriger Haft starb, war nur sein Mausoleum auf dem Friedhof St. Sebastian vollendet.
Sein Nachfolger, **Markus Sittikus von Hohenems**, ließ den Bau der Kathedrale in bescheideneren Ausmaßen von dem italienischen Architekten Santino Solari beginnen. Südlich von Salzburg errichtete er das Lustschloß Hellbrunn mit seinem Park und den Wasserspielen.
**Paris Lodron** (1619-1653) vollendete im Verlauf seiner langen Amtszeit als Erzbischof das von seinen Vorgängern begonnene Werk. 1628 wurde die fertiggestellte Kathedrale feierlich eingeweiht. Bei dieser Gelegenheit wurde eine von dem Römer Orace Benevoli komponierte 53stimmige Messe aufgeführt, bei der acht zweistimmige Chöre, zwei Blas- und Streichorchester, Pauken sowie die Orgel der Kathedrale zusammenwirkten. Dieses außerordentlich reiche Werk eröffnete für Salzburg eine Musikepoche, die im folgenden Jahrhundert zur vollen Blüte kam.
Paris Lodron ließ die neben der Kathedrale stehende Residenz vollenden, ein freundlicherer Bau als das Schloß Hohensalzburg, sowie neue Straßenzüge anlegen, die das heutige Stadtbild Salzburgs prägen.

## WOLFGANG AMADEUS MOZART (1756-1791)

In dieser Stadt, die genau soviel den deutschen wie den italienischen Einflüssen verdankt, erblickte Mozart am 27. Januar 1756 das Licht der Welt.

**Das Wunderkind** – Sein Vater Leopold, Komponist und Geigenspieler im Dienst des Erzbischofs, erkannte bald die außergewöhnliche Begabung des jungen Wolfgang und seiner vier Jahre älteren Schwester Nannerl und förderte sie nach Kräften. Sein

## TIPS UND ADRESSEN

Informationen zu Salzburg erhält man bei den Fremdenverkehrsbetrieben der Stadt: **Salzburg Information** (Direktion, Marketing, Verwaltung, Hotelreservierungen: Auerspergstraße 7, A-5020 Salzburg, ☎ 06 62/88 98 70, Fax: 06 62/8 89 87 32, Internet-Adresse: *www.salzburginfo.at*) und **Salzburg Congress** (Auerspergstraße 7, A-5020 Salzburg, ☎ 06 62/88 98 70, Fax: 06 62/8 89 87 66, Internet-Adresse: *www.salzburgcongress.at*).

Bereits vor Ort erhält man Auskunft bei den Salzburg-Informationsstellen (dort ist auch ein Jahres- bzw. Monatsveranstaltungskalender erhältlich):

*Ganzjährig geöffnet:*

**Mozartplatz**, Mozartplatz 5, ☎ 06 62/88 98 73 30.
**Hauptbahnhof**, Bahnsteig 2a, ☎ 06 62/88 98 73 40.
**Salzburg-Mitte**, Münchner Bundesstraße 1, ☎ 06 62/88 98 73 50.
**Salzburg-Süd**, Park & Ride-Parkplatz, Alpensiedlung-Süd, Alpenstraße, ☎ 06 62/88 98 73 60.
**Flughafen**, Ankunftshalle, ☎ 06 62/85 12 11 oder 85 20 91 oder 8 58 09 99

*Geöffnet von Juni bis Sept.:*

**Salzburg-Nord**, Autobahnstation Kasern, ☎ 06 62/88 98 73 70.

### Salzburg Card

Die 24, 48 oder 72 Stunden gültige Chipkarte gewährt freie Fahrt mit allen öffentlichen Verkehrsmitteln (außer Linie 80) sowie freien Eintritt zu allen Sehenswürdigkeiten der Stadt und bietet weitere Vergünstigungen (Ermäßigungen für manche Sehenswürdigkeiten im Salzburger Land, etc. - eine Broschüre gibt eine genaue Auflistung). Man kann sie zum Preis von 200 S (24 Stunden), 290 S (48 Stunden) oder 380 S (72 Stunden) bei den Salzburg-Informationsstellen, in Reisebüros, an Hotelrezeptionen und in den Filialen der Salzburger Sparkasse erwerben.

### Salzburger Sommerjoker

Hält man sich nur einen Tag in Salzburg auf und möchte vor allem das Salzburger Land kennenlernen, ist der Salzburger Sommerjoker eine interessante Alternative zur Salzburg Card. Er gewährt deren Vorteile in der Stadt Salzburg für 24 Stunden und zusätzlich freien Eintritt zu über 190 Sehenswürdigkeiten im Salzburger Land sowie weitere Vergünstigungen. Er ist von Mai bis Okt. erhältlich und gilt maximal 16 Tage. Der Preis für Erwachsene beträgt 495 S; für Kinder von 6 bis 14 Jahren 250 S (Kinder unter 6 Jahren sowie bei Familien oder Alleinerziehenden auch das dritte Kind zwischen 6 und 14 Jahren gratis). Erhältlich ist er bei den Tourismusverbänden und zum Teil bei Raiffeisenbanken, Hotels und Gasthöfen. Auskunft unter ☎ 06 62/66 88 74, Fax: 06 62/66 88 66 und im Internet: *www.salzburg.com/sommerjoker*

### Stadtrundfahrten und -führungen

**Auf den Spuren Mozarts** (Dauer: 1 1/2 Std. Busfahrt und 1 Std. in „Mozarts Wohnhaus") - Abfahrt täglich um 9.30, 11, 12, 14, 16 Uhr und auf Anfrage.
**Panorama-Stadtrundfahrt** (Dauer: 1 Std.) - Abfahrt täglich um 10, 11, 12, 13, 15, 16, 17 Uhr und auf Anfrage.
Informationen und Buchungen bei Salzburg Panorama Tours, Schrannengasse 2, ☎ 06 62/88 32 11 0. Internet-Adresse: *www.panoramatours.at*
**Mozart City Tour** (Dauer: 2 Std.) - Abfahrt täglich um 9.30, 11 und 14 Uhr.
**Salzburg-Informativ** (Dauer: 1 Std.) - Abfahrt täglich um 10, 12, 15, 16 und 17 Uhr.
**Salzburg-Exklusiv** mit Busfahrt, Stadtspaziergang und Weinverkostung (Dauer: 4 Std.) - 15. Mai bis 15. September täglich um 14 Uhr.
Informationen und Buchungen bei Salzburg Sightseeing Tours, Mirabellplatz 2, ☎ 06 62/88 16 16.

### Öffentliche Verkehrsmittel

Auskünfte und Fahrausweise für die Busse des Liniennetzes bekommt man in den Service-Centern Verkehr der Salzburger Stadtwerke (Griesgasse 21, ☎ 06 62/44 80 62 62; Lokalbahnhof (beim Hauptbahnhof), ☎ 06 62/44 80 61 66; Alpenstraße 91, ☎ 06 62/44 80 62 63). Die Fahrscheine sind außerdem beim Busfahrer, in Tabaktrafiken und an Automaten an den Haltestellen erhältlich (Fahrkarten für eine einfache Fahrt sollte man sich im Vorverkauf (im 5er Block) besorgen, da man beim Busfahrer und beim Lösen am Automaten einen Einzelausgabezuschlag bezahlen muß). Die Fahrkarten müssen sofort bei Fahrtbeginn entwertet werden.

Die Salzburger Verkehrsbetriebe bieten auch übertragbare Tages-, Wochen-, Monats- (ein Monat ab Entwertung) und Familientageskarten für das Stadtgebiet sowie eine 24-Stunden-Netzkarte (für Verkehrsverbund, nur im 5er Block) an, mit denen man beliebig viele Fahrten unternehmen kann. Sie sind in den Tabaktrafiken und bei den Service-Centern erhältlich (Tages-, Wochen- und Monatskarten auch an den Automaten).

## Parkplätze

**Park-and-Ride:**
P+R-Süd, Alpenstraße (ganzjährig 300 Plätze)
P+R-Salzburger Ausstellungszentrum (Juli und Aug. 4 200 Plätze)

**Parkgaragen** (gebührenpflichtig): Altstadt-Garage (1 470 Plätze), im Mönchsberg; Bahnhof-Garage (150), Südtiroler Platz; Mirabell-Garage (660), Mirabellplatz; Parkgarage Airportcenter (1 445), Innsbrucker Bundesstraße; Parkgarage Auersperg (60), Auerspergstraße 4; Parkgarage Linzer Gasse (400), Glockengasse 4 (Montag bis Samstag); Raiffeisen-Garage (179), Schwarzstraße 13-15; Parkhaus Salzburg Airport (1 000), am Flughafen.
**Parkplätze** (gebührenpflichtig): Akademiestraße; Gebirgsjägerplatz; Hellbrunn, Mülln; Petersbrunnstraße, Salzburg Airport.

## Post

**Hauptpostamt**: Residenzplatz 9, geöffnet Montag bis Freitag 7-19 Uhr, Samstag 8-10 Uhr
**Postschalter im Hauptbahnhof**: Südtirolerplatz 1, täglich 6-23 Uhr.

## Shopping

Zu den Hauptgeschäftsbereichen zählen im Stadtzentrum die Altstadt, links und rechts der Salzach, die Gebiete um die Getreidegasse und um die Festspielhäuser, der Mozartplatz, die Kaigasse, der Alte Markt, die Linzer Gasse, der Makart- und der Mirabellplatz.

**Märkte**
Um die Andräkirche: Schrannenmarkt jeden Donnerstag (oder Mittwoch, wenn der Donnerstag ein Feiertag ist) 6-13 Uhr.
Universitätsplatz und Wiener-Philharmoniker-Gasse: Grünmarkt Montag bis Freitag 6-19 Uhr, Samstag 6-13 Uhr.

**Mitbringsel**
Kunsthandwerk und Trachten: Salzburger Heimatwerk, Residenzplatz 9; Holzschnitzereien, Mozartbüsten: Kopfberger, Judengasse 14; kunstgewerbliche Wachswaren, Lebkuchenspezialitäten: Nagy Johann & Söhne, Linzergasse 32; Mozartsouvenirs: Mozartland, Getreidegasse 10; Souvenir-Shop in Mozarts Geburtshaus, Getreidegasse 9; **Mozartkugeln**: Café-Konditorei Fürst (Erfinder der Original Salzburger Mozartkugeln), Brodgasse 13, Sigmund-Haffner-Gasse und Mirabellplatz 5; Schatz-Konditorei, Getreidegasse 3.

## Unterhaltung

**Großes und Kleines Festspielhaus**, Hofstallgasse 1, ☎ 06 62/8 04 50. Sprech- und Musiktheater, Konzerte.

**Landestheater**, Schwarzstraße 22, ☎ 06 62/8 71 51 20. Sprech-, Musik- und Tanztheater.

**Kleines Theater**, Schallmoser Hauptstraße 50, ☎ 06 62/87 21 54. Theater und Kabarett.

**Salzburger Marionettentheater**, Schwarzstraße 24, ☎ 06 62/87 24 06. Auf dem Programm dieses Puppentheaters von Weltruf stehen natürlich die großen Mozartopern; man führt jedoch auch Meisterwerke von Rossini, Offenbach, Strauss und Tschaikowsky in Aufnahmen mit berühmten Orchestern auf und versetzt die Zuschauer in dem alten Hotel Mirabell mit seiner Rokokodecke in eine wunderbare, künstlich-künstlerische Welt der Illusionen.

**Kammerspiele**, Schwarzstraße 24, ☎ 06 62/87 15 12. Jugendtheater, Kabarett.

Pratt-Pries/DIAF
Salzburger Marionettentheater

**SZENE-Salzburg**, Anton-Neumayr-Platz 2, ☎ 06 62/84 34 48. Sprech-, Musik- und Tanztheater.

**Rockhouse Salzburg**, Schallmoser Hauptstraße 46, ☎ 06 62/88 49 14. Jazz-, Folk-, Blues-, Reggae-, Metal- und Rockkonzerte.

**Kulturzentrum Nonntal**, Mühlbacherhofweg 5, ☎ 06 62/84 87 84 0. Livekonzerte und weitere Veranstaltungen.

**Casino Salzburg**, Schloß Klessheim in Wals-Siezenheim, ☎ 06 62/85 44 55.

## Kinos

**Central Kino**, Linzer Gasse 17-19, ☎ 06 62/87 22 82.
**Elmo-Kino-Center**, St.-Julien-Straße 3-5, ☎ 06 62/87 23 73.
**Mozartkino**, Kaigasse 33, ☎ 06 62/84 22 22.
**Salzburger Filmkulturzentrum, Das Kino**, Giselakai 11, ☎ 06 62/87 31 00.

## Restaurants

**Brandstätter** - In Salzburg-Liefering. Münchner Bundesstraße 69, ☎ 06 62/43 45 35. Restaurant des gleichnamigen Hotels; Gasträume von der rustikalen Schankstube bis zur elegant-ländlichen Zirbelstube. Eine der besten Küchen der Stadt.

**K+K Restaurant am Waagplatz** - Waagplatz 2, ☎ 06 62/84 21 56. Besonderheit des „ersten Salzburger Schmaustheaters": In einem 900 Jahre alten Kellergewölbe werden die Gäste nach mittelalterlichen Riten verköstigt und unterhalten (Beginn jeweils 20 Uhr; Preis 570 S für siebengängiges Menü, Willkommenstrunk und Rahmenprogramm mit Musikanten; nach Terminen erkundigen; Reservierung empfehlenswert). Daneben „traditioneller" Restaurantbetrieb in zahlreichen auf vier Stockwerke verteilten Stuben.

**Alt Salzburg** - Bürgerspitalgasse 2, ☎ 06 62/84 14 76. Gemütliche Stuben mit gediegener Atmosphäre, in denen heimische Produkte nach allen Regeln der österreichischen Kochkunst zubereitet werden.

**Bei Bruno** - Makartplatz 4, ☎ 06 62/87 84 17. Separat geführtes elegantes Restaurant eines Luxushotels mit ausgezeichneter Küche.

**Stadtkrug** - Linzer Gasse 20, ☎ 06 62/87 35 45. Kleines, intimes und stilvolles Lokal mit großer Weinkarte. Warum nicht für ein Candle-Light-Dinner?

**Eulenspiegel** - Hagenauerplatz 2, ☎ 06 62/84 31 80. Die nach eigener Einschätzung „originellste Gaststätte Österreichs" mit der Eule-Bar im Erdgeschoß hat ihre kleinen, verwinkelten Gasträume über mehrere Stockwerke verteilt.

Etwas besonderes ist das **Mozart Dinner Concert**, das ganzjährig im Barocksaal des Stiftskellers St. Peter (St. Peter Bezirk I/4) gegeben wird: 3-Gänge-Menü (ohne Getränke) bei Kerzenschein, begleitet von Kompositionen W. A. Mozarts (vorgetragen von Musikern in historischen Kostümen). 560 S. Auskunft zu den Terminen: ☎ 06 62/82 86 95 0 oder 84 84 81. Reservierung empfehlenswert.

Der **Stiftskeller St. Peter**, ☎ 06 62/84 12 68 0, mit seiner Tradition seit 803 bietet aber auch sonst einen angenehmen Rahmen (mehrere festliche Säle und Stuben) für ein stilvolles Essen.

**Blaue Gans** - Getreidegasse 41-43, ☎ 06 62/84 24 91 0. Historisches Gewölbe und entsprechend altösterreichische Küche nach historischen Rezepten.

**Sternbräu** - Griesgasse 23/Getreidegasse 34, ☎ 06 62/84 21 40. 14 verschiedene Gasträume für jeden Geschmack, schöner Arkadenhof. Von Mai bis Okt. abendliches Veranstaltungsprogramm.

**Pitter Keller** - Auerspergstraße 23, ☎ 06 62/88 05 52. Uriger Bierkeller mit bodenständigem Speisenangebot.

**Alter Fuchs** - Linzer Gasse 47-49, ☎ 06 62/88 22 00. Legere Atmosphäre. Preiswerte Tagesangebote.

**Krimpelstätter** - Müllner Hauptstraße 1, ☎ 06 62/43 22 74. Traditionswirtschaft mit großem Biergarten.

## Cafés, Kneipen und Bars

**Tomaselli** - Alter Markt 9. Klassisches Kaffeehaus, in dem man sich auch über mehrere Stunden gut aufgehoben weiß.

**Fürst** - Brodgasse 13. Stammhaus der Konditorei-Confiserie, in der die Original Salzburger Mozartkugeln hergestellt werden.

**Bazar** - Schwarzstraße 3. Stilvolles Café mit Terrasse an der Salzach.

**Café-Restaurant Winkler** - Mönchsberg 32. Herrlicher Blick auf die Stadt.

**Augustiner-Bräu** – Augustinergasse 4. Klosterbrauerei seit 1621. Bierausschank in Steinkrügen. Riesige Hallen mit Bierzeltatmosphäre und sehr großer, schattiger Biergarten.

**Die Weisse** – Rupertgasse 10. Rustikale Braugaststätte mit Weißbier aus eigener Produktion (seit 1901).

**Zum fidelen Affen** – Priesterhausgasse 8. Bier- und Weinstube mit gemütlicher Holztäfelung.

**Zebra** – Imbergstraße 11. Modern designte Cocktailbar. Italienische Antipasti für den kleinen Hunger.

**Daimler's** – Giselakai 17. Kleines Restaurant und sympathische Bar auf zwei Stockwerken.

**Fridrich** – Steingasse 15. Schicke, auf Weine spezialisierte Bar.

**Saitensprung** – Steingasse 11. Cocktails und Weine in einem heimeligen Backsteingewölbe. Hier kann man auch noch zu später Stunde vorbeischauen.

**Zwettler's** – Kaigasse 3. Rustikales, legeres Ambiente für eine kleine Mahlzeit oder um einfach nur, in entspannter Atmosphäre, ein Gläschen zu trinken.

**Shamrock Irish Pub** – Rudolfskai 12. Typisches Pub, Bruchsteinwände, Live-Musik: rustikal, aber gemütlich.

**Vis-à-vis** – Rudolfskai 24. Café, Bar mit Backsteingewölbe, das in blaues Neonlicht getaucht ist.

**Salzburger Altstadtkeller** – Rudolfkai 26. Täglich Live-Musik beim „Musikantenwirt".

## Besondere Termine

**Mozartwoche**: 3. und 4. Woche im Januar. Solisten-, Kammer-, Chor- und Orchesterkonzerte.

**Osterfestspiele**: Samstag vor Palmsonntag bis Ostermontag. Oper, Konzerte.

**Salzburger Pfingstfestspiele** (Schwerpunkt Barock): Samstag vor Pfingsten bis Pfingstmontag. Oper, Konzerte.

**Salzburger Festspiele**: Ende Juli bis Ende Aug. Oper, Konzerte, Schauspiel, Lesungen, Liederabende *(s. auch unten)*.

Ch. Strasser/BILDAGENTUR BUENOS DIAS

Salzburger Festspiele – „Jedermann"

**SommerSzene**: Juli. Festival für alternative Kunst, Theater, Tanz, Performances, Ausstellungen (verschiedene Veranstaltungsorte in der Stadt und der näheren Umgebung).

**Kulturtage**: Mitte bis Ende Okt. Oper, Konzerte.

**Internationaler Salzburger Jazz-Herbst**: Anfang Nov. Jazz, Spirituals und Gospels.

**Krampusläufe**: Brauchtumsveranstaltung 2., 3. und 4. Dez. in der Getreidegasse, 1. Samstag im Dez. in der Linzer Gasse.

**Weihnachtsmärkte**: Mirabellplatz und Domplatz (Ende Nov. bis 24. Dez.) und Burghof der Festung Hohensalzburg (jedes Adventswochenende).

Sohn, der mit fünf Jahren auf dem Klavier improvisierte und das Geigenspiel verstand, ohne es erlernt zu haben, erhielt von ihm eine sorgfältige musikalische Ausbildung.

Dann begann der denkwürdige Triumphzug durch Europa. Von 1762 bis 1766 wurden Leopold und seine Kinder in München, Wien, Augsburg, Frankfurt, Paris, London und Den Haag begeistert gefeiert.

In Schönbrunn saß der junge Wolfgang auf dem Schoß Maria Theresias und wurde von ihr umarmt. Er wiederum machte ihr Komplimente und erklärte in der hohen Stimme seiner sechs Jahre, sie sei die schönste Frau, die er je gesehen habe. In Paris veröffentlichte man vier Sonaten für Geige und Cembalo des achtjährigen Komponisten, dessen Talent mehr und mehr aufblühte und der in London von Johann Christian Bach, dem jüngsten Sohn Johann Sebastians, stark beeinflußt wurde. Mozart kehrte nach Salzburg zurück, verweilte dort drei Jahre lang praktisch ununterbrochen. Einige Male nur reiste er auf Einladung Kaiser Josephs II. nach Wien.

ROGER-VIOLLET

Wolfgang Amadeus Mozart

Sein Genie läßt sich jedoch nicht allein mit seiner außergewöhnlichen Begabung erklären: Mozart selbst betonte, daß er stets eifriger als andere die Kompositionslehre und nahezu alle Meister der Musik häufig mehrfach intensiv studiert habe.

**Kapellmeister in Salzburg** – 1769, im Alter von 13 Jahren, wird Mozart, zunächst unbesoldet, zum Konzertmeister des erzbischöflichen Orchesters in Salzburg ernannt.

**Jahre des Erfolgs** – Nach Ansicht Vater Leopolds war nun eine Reise nach Italien erforderlich. Dort eignete sich Mozart die Feinheiten der Opernschöpfung an. Mozarts Italienreise glich einem Triumphzug. Überall jubelte man dem jungen Meister zu, der in Rom den neunstimmigen Chor des berühmten „Miserere" von Gregorio Allegri aus dem Gedächtnis wiedergab, nachdem er ihn ein einziges Mal in der Sixtinischen Kapelle gehört hatte. Nach seiner Rückkehr in Salzburg komponierte Mozart unaufhörlich.

**Die ersten Enttäuschungen** – Bis 1777 lebte Mozart meistens in Salzburg. Erzbischof Hieronymus Colloredo indessen, der 1772 Erzbischof Sigismund abgelöst hatte, war weniger nachsichtig als sein Vorgänger und sah nur ungern die fortdauernden Auslandsreisen Leopolds und seines Sohnes. 1777 überwarf Mozart sich zum ersten Mal mit dem Erzbischof, reichte seinen Abschied ein und reiste nach Paris, ausnahmsweise in Begleitung seiner Mutter, die zu seinem größten Schmerz unterwegs starb. In Paris wurde er stark von Gluck beeinflußt, der hier seine Opernreform durchzusetzen versuchte.

Im Laufe der folgenden Jahre begünstigte das ruhige Leben, das Mozart in Salzburg führte, sein Schaffen: Kirchenmusik, die in der Krönungsmesse gipfelte, symphonische und lyrische Musik mit „Idomeneo", einer Oper, die den Einfluß der französischen Schule zeigt.

Nach einer stürmischen Auseinandersetzung mit dem Grafen Arco, der den Erzbischof Colloredo vertrat, verließ Wolfgang 1781 Salzburg, um nach Wien zu übersiedeln.

**Als freier Musiker in Wien** – Mozart war 26 Jahre alt, als er sich mittellos in Wien als freischaffender Künstler niederließ. In Wien heiratete er Constanze Weber (1782) und machte erste Bekanntschaft mit dem Freimaurertum. Die Entdeckung der Oratorien von Händel und einiger noch unbekannter Werke von Bach sowie der Einfluß seines Freundes und Meisters Haydn sollten seinen Stil prägen und ihn auf den Weg zur kompositorischen Reife geleiten. Nachdem er bisher vom Wiener Publikum vergöttert worden war („Die Entführung aus dem Serail", 1781, „c-Moll-Messe", 1783 – Meisterwerke der Oper und der geistlichen Musik), stößt er nun auf Unverständnis. Seine großen Kompositionen („Figaros Hochzeit", 1786, „Don

Giovanni", 1787) werden in der Hauptstadt nur mit wenig Beifall aufgenommen. Eine dunkle Periode beginnt, in der die begeisterte Aufnahme seiner Werke in Prag den einzigen Lichtblick bildet.

**In einer schwierigen finanziellen Lage (1788-1791)** – Mozarts Karriere sollte abseits des mondänen gesellschaftlichen Lebens ihre Vollendung finden. Von Kaiser Joseph II. zum kaiserlichen Kammer-Kompositeur ernannt, wartete er vergeblich auf eine Beschäftigung. Seine letzten Opern („Così fan tutte", 1790, „La clemenza di Tito", 1791) trafen nur auf gemischte Reaktionen, die auch der Erfolg der „Zauberflöte" (Ende 1791) kaum zu kompensieren vermochte. Der große Komponist starb viel zu früh, einsam und von Todesahnungen gequält.
Am 6. Dezember 1791 führte der Leichenwagen der Armen seine sterblichen Reste in die „allgemeine Grube" des St. Marxer Friedhofes in Wien, wo sie nie wieder identifiziert werden konnten.

**Die Musik Mozarts** – Die außerordentliche Schöpferkraft des „göttlichen Mozart", der uns trotz seines kurzen Daseins ein gewaltiges Werk hinterließ, ist nur der Leichtigkeit gleichzustellen, mit der er alle Ausdrucksformen der Tonkunst beherrschte. Das Köchelverzeichnis, das 626 Musikstücke umfaßt, gibt uns einen Begriff davon. Die Musik Mozarts spricht die verschiedensten Menschen an und entzückt selbst jenen, der kein Musikexperte ist. Er vereinigt, wie man einmal sagte, die zärtlichste Erlesenheit der Empfindung mit der stürmischsten Fröhlichkeit des Geistes. Seine Virtuosität und seine leichte Beschwingtheit haben aber nichts Oberflächliches oder Operettenhaftes an sich. Unter der einschmeichelnden äußeren Form entdeckt man die makellose Reinheit des Leitmotivs; zuweilen überschattet eine gewisse Schwermut seine lieblichen Melodien.
Gegen Ende seines Lebens verwandelt sich diese leichte Traurigkeit in Verzweiflung, die in der Symphonie Nr. 40 in g-Moll, der Musik zum „Don Giovanni", den Streichquartetten, dem tragischen Quintett in G-Dur (Köchelverzeichnis 516) und seinem Requiem (K 626) erschütternd zum Ausdruck kommt. Chopin wünschte sich Mozarts Requiem zu seiner eigenen Beisetzung. Die oben genannten Werke spiegeln sein gescheitertes Liebesleben, seinen Kampf gegen Krankheit und Armut wider und kündigen das Zeitalter der Romantik an.

Wiesenhofer/ÖSTERREICH WERBUNG

**Die Salzburger Festspiele** – Viele Jahre vergingen, bevor sich Mozarts Geburtsstadt bewußt wurde, welchen Platz dieses Genie in der Musikgeschichte einnimmt. 1828 erschien eine sehr lebensgetreue Mozart-Biographie, verfaßt von Georg Nikolaus von Nissen, der Constanze Mozart 1809 geheiratet hatte. 1842 errichtete Salzburg Mozart ein Denkmal und gründete anschließend die Musikakademie **Mozarteum**. 1917 faßten Hugo von Hofmannsthal, Richard Strauss und Max Reinhardt den Entschluß, die Salzburger Festspiele ins Leben zu rufen, die den Werken Mozarts gewidmet sein sollten.
Die Festspiele, die 1920 zum ersten Male stattfanden, haben unvergessene und unvergeßliche Momente erlebt. Man denke nur an die Namen der Sängerin Lotte Lehmann, der Dirigenten Bruno Walter, Arturo Toscanini, Wilhelm Furtwängler, Karl Böhm, Ferenc Fricsay und nicht zuletzt an **Herbert von Karajan**, die Persönlichkeit, die über dreißig Jahre lang dieses Ereignis und das Salzburger Leben entscheidend prägte. Er führte 1967 die Osterfestspiele und 1973 die Pfingstkonzerte ein. Von Ende Juli bis Ende August werden täglich an den folgenden Stätten Opern, Schauspiele, Konzerte und Ballette in großer Zahl aufgeführt: in dem 1960 nach Plänen des Architekten **Clemens Holzmeister** erbauten **Großen Festspielhaus** (Z), im „Kleinen" Festspielhaus und in der Felsenreitschule, im **Mozarteum**, im **Landestheater** (Y), im **Residenzhof** und in der stillgelegten Saline auf der Perner-Insel in Hallein.

Wenn auch Mozart im Mittelpunkt der Veranstaltungen steht, so gehören natürlich auch andere Werke des klassischen Repertoires, die von Sängern von Weltruf, von den besten Orchestern unter der Leitung berühmter Dirigenten wiedergegeben werden, zum Festspielprogramm. Das Schauspiel „Jedermann" von Hofmannsthal wird traditionsgemäß auf dem Domplatz aufgeführt.
Seit der 1992 begonnenen Reform widmen sich die Festspiele verstärkt der Musik des 20. Jh.s und dem Schauspiel. Die Pfingstfestspiele haben seit 1998 den Schwerpunkt Barockmusik.

## ★★ AUSSICHTSPUNKTE

Um das Stadtbild bewundern zu können, steigt man am besten auf den Mönchsberg, dessen Felsen die Altstadt von den Ufern der Salzach bis zur Hohensalzburg umgeben, oder aber auf den auf der anderen Salzachseite gelegenen Kapuzinerberg (Hettwer Bastei).

★★ **Mönchsberg** (Z) – *Parkmöglichkeit siehe unten.*
Von der Gstättengasse (X 12) führt ein **Aufzug** auf eine Terrasse, von der aus sich ein prächtiger **Gesamtblick** auf Salzburg bietet. Die moderne Stadt breitet sich weit auf dem rechten Ufer der Salzach aus, während sich Altsalzburg mit seinen Kuppeln und Glocken zwischen der Hohensalzburg und der Salzach zusammendrängt. Am südlichen Horizont zeichnen sich das Tennen- und Hagengebirge, der Untersberg und die Berchtesgadener Alpen ab, im Osten der Kapuzinerberg, und im Hintergrund begrenzt der Gaisberg die Stadt und ihre Vororte.

★★ **Hettwer Bastei** (Y) – *Zu Fuß auf einem in der Linzer Gasse unter einer überdachten Passage beginnenden Weg zur Kapuzinerkirche hinaufsteigen. Unterhalb der Kapuzinerkirche etwa 50 m wieder hinuntergehen und dann links der Richtung „Stadtaussicht – Hettwer Bastei" folgen.*
Die **Aussicht**, die die am Südrand des Kapuzinerberges gelegene Hettwer Bastei speziell am frühen Morgen auf die Stadtviertel des linken Flußufers bietet, ist grandios. Das flach aufsteigende Morgenlicht verschmilzt mit dem Grünton der zahlreichen Glockentürme und Kupferdächer und unterstreicht so die kleinzellige Bebauung der Altstadt, aus der sich die Baukörper des Domes und der Stiftskirche mit ihren geschwungenen Formen befreien. Die Häuser der Altstadt scheinen sich gedrängt zwischen der Salzach und dem schroff abfallenden Hügel aneinanderzuschmiegen, der von der Bastei beherrscht wird.

*Umkehren und auf den Treppen zur Steingasse hinabsteigen.*

Diese Straße ist so eng, daß man an den Hauswänden Spuren der Kutschen, die einst hierher fuhren, erkennen kann. Sie führt links zum Steintor, einem Stadttor aus dem 17. Jh.

## ★★ DIE ALTSTADT

*Das Auto außerhalb der Altstadt auf dem linken Flußufer (Fußgängerzone) sowie außerhalb der blauen Zonen des rechten Ufers abstellen: Praktisch sind z. B. die Altstadtgaragen, die man im Mönchsberg eingerichtet hat. Zu Fuß zum Domplatz gehen.*

Seit 1997 zählt die Salzburger Altstadt zum Weltkulturerbe der UNESCO.

Bail/BILDAGENTUR BUENOS DIAS

**Domplatz** (Z) - Dieser schöne, geschlossene Platz zeichnet sich durch seine einheitliche Architektur aus. Die sogenannten Dombögen verbinden die alten Stiftsgebäude und die Residenz mit dem Dom. In der Platzmitte erhebt sich eine Mariensäule aus dem Jahre 1771.

★ **Dom** (Z) - Ein weitläufiger Bau aus den Jahren 1614-1655 im Barockstil, der noch vieles mit den italienischen Spätrenaissance-Kirchen gemeinsam hat.
Seine Westfassade aus hellem Salzburger Marmor wird von zwei symmetrischen Türmen eingefaßt. Eine Christusfigur überragt den Giebel zwischen den beiden Türmen, der mit den Wappen der Erzbischöfe Markus Sittikus und Paris Lodron zwischen den Statuen von Moses und Elias geschmückt ist. Darunter die Figuren der vier Evangelisten. Vor dem Eingangsportal stehen die Statuen der Heiligen Rupertus, Virgil, Petrus und Paulus. Die modernen Portalflügel aus Bronze (1957-1958) sind nach dem Thema Glaube (linker Türflügel von Toni Schneider-Manzell), Hoffnung (rechter Türflügel von Ewald Mataré), Liebe (mittlerer Türflügel von Giacomo Manzù) geschmückt. Das Innere ist von mächtiger Raumwirkung und reich mit Marmor, Stuckwerk und Gemälden ausgestattet. Über dem romanischen Taufbecken wurde 1756 Mozart getauft.
Die **Krypta** wurde nach der Freilegung von einigen Resten des romanischen Doms wiederhergerichtet (man kann auf dem Fußboden der Zentralrotunde die Umrisse der Bauten sehen, die hier seit dem Episkopat des hl. Virgil im 8. Jh. einander gefolgt sind). Sie birgt Gräber der Erzbischöfe und ein romanisches Kruzifix.

**Dommuseum** ⓥ - Das Dommuseum enthält den Domschatz, die Kunst- und Wunderkammer der Erzbischöfe (17. Jh.) sowie sakrale Kunst vom Mittelalter bis in die Neuzeit aus den Pfarreien der Erzdiözese Salzburg.
Über den Kapitelplatz, auf dem die von einer Neptungruppe gekrönte Kapitelschwemme - eine 1732 von Erzbischof Firmian angelegte Pferdeschwemme - steht, geht man hinauf zur Talstation der auf die Hohensalzburg führenden **Drahtseilbahn** ⓥ.

★★ **Hohensalzburg** (Z) - Die alte Burg der Fürsterzbischöfe erhebt sich stolz auf einem Dolomitsockel ungefähr 120 m über der Salzach. Erzbischof Gebhard, der im Investiturstreit auf Seiten des Papstes stand, begann 1077 mit dem Bau, der ihm als sicherer Platz gegen die süddeutschen Fürsten dienen sollte. In den darauffolgenden Jahrhunderten wurde die Burg erweitert und durch den Bau von

## SALZBURG

Auerspergstraße ............ V 3
Bürglsteinstraße ............ X 5
Erzabt-Klotz-Str. ............ X 9
Gstättengasse ............ X 12
Kaiserschützenstr. ............ V 20
Lindhofstr. ............ V 22
Mirabellplatz ............ V 26
Nonntaler Hauptstr. ............ X 29
Nußdorfer Straße ............ X 31
Rainerstraße ............ V
Schießstrattstr. ............ V 33
Schwatzstr. ............ V 34
Späthgasse ............ X 37

M³ Salzburger Barockmuseum

Prunkräumen eingerichtet. Bis zum Ende des 15. Jh.s ließen die Erzbischöfe, die hier oft residierten, Vorwerke, Wehrtürme, Torhäuser, Zeughäuser und Waffenmagazine bauen.

Nach Verlassen der Standseilbahn wenden wir uns nach links zur Aussichtsterrasse einer Bastei, von wo wir über eine Treppe und durch ein Tor in den Burghof gelangen. An der Führungskasse vorbei, etwas abwärts, umgehen wir von rechts das nochmals von einer Ringmauer umgebene alte Schloß – Kern der Festung. Nun kommen wir in den oberen Burghof mit seinen beiden gewaltigen Lindenbäumen. Vor uns die mit schönen Marmorreliefs geschmückte Südmauer der **St. Georgskirche**: in einer Nische das Denkmal Leonhards von Keutschach (1495-1519), der segnend zwischen zwei Leviten steht, darüber eine Kreuzigung.

Durch das Tor rechts der Georgskirche zur Terrasse der **Kuenburgbastei** gehen, die einen prächtigen **Blick**★★ über die Türme und Domkuppeln Altsalzburgs eröffnet.

*Zum Platz zurückgehen (an seinem Ostende befindet sich der „Abgang zur Stadt", dem man am Ende der Besichtigung folgt), sich dann geradeaus wieder dem inneren Schloß zuwenden und seinen „Feuergang" durchqueren, der mit einer Reihe von Kanonen versehen ist.*

**Burg und Museum** ⊙ – Vom Reckturm bietet sich ein herrliches **Panorama**★★. Besonders schön zeichnen sich im Süden die Gipfelkette des Tennengebirges und die Berchtesgadener Alpen ab.

In der Burg befindet sich noch das Hornwerk, eine von Hand betriebene Walzenorgel aus dem Jahre 1502, auf der außer dem ursprünglichen Choral Melodien von Mozart und Haydn gespielt werden.

Die einst von **Leonhard von Keutschach** eingerichteten Fürstenzimmer haben ihre ehemaligen Ausschmückungen beibehalten: an den Wänden spätgotische Schnitzereien, kunstvoll geschmiedete Beschläge an den Türen, Kassettendecken mit

Alter Markt . . . . . . . Y 2
Bürgerspitalgasse . . Y 4
Dreifaltigkeitsgasse . Y 6
Getreidegasse . . . . . Y
Hanusch-Platz . . . . . Y 15
Herbert-von-Karajan-
Platz . . . . . . . . . . . Y 16
Judengasse . . . . . . . YZ
Kaigasse . . . . . . . . . Z
Kajetaner-Platz . . . . . Z 21
Linzer Gasse . . . . . . Y
Makartplatz . . . . . . . Y
Max-Reinhardt-
Platz . . . . . . . . . . . Z 23
Residenzplatz . . . . . . Z 32
Sigmund-Haffner-
Gasse . . . . . . . . . . YZ 35
Theatergasse . . . . . . Y 39
Universitätsplatz . . . . Y 40
Waagplatz . . . . . . . . Z 43

A Franziskanerkirche
B Pferdeschwemme
D Mozarts Geburtshaus
E Tanzmeisterhaus
M¹ Moderne Galerie - Graphische Sammlung-Österreichische Photogalerie Rupertinum
M² Haus der Natur
N Hofapotheke

goldenen Nägeln. In der „Goldenen Stube" ein monumentaler Kachelofen aus dem Jahre 1501, Werk eines einheimischen Kunsttöpfers, verziert mit Blumen und Früchten, biblischen Szenen, Wappen und Bildnissen von Fürsten jener Zeit. Der Große Saal, an dessen Deckenbalken die Wappen des Landes, der von dem Erzbistum abhängigen Diözesen und Abteien und des Hofadels erkenntlich sind, ist mit vier gewundenen Säulen aus rotem Marmor geschmückt, die das Wappen der Familie von Keutschach, eine Rübe, tragen.

Zu der Besichtigung der Burg gehört der Besuch des **Burgmuseums**★, in dem neben authentischen Zeugnissen und Dokumenten - alte Karten, Stiche -, die häufig an die Geschichte der Salzburger Bischöfe erinnern, eine Reihe von mittelalterlichen Kunstwerken (Waffen, Wappen etc.) zu sehen sind.

*Auf den abwärts führenden Wegen wieder hinunterspazieren und auf dem Pfad zur Rechten zu Stift Nonnberg gehen.*

**Stift Nonnberg** (Z) - Dieses Benediktinerinnenstift, das älteste Frauenkloster im deutschsprachigen Raum, wurde 714 vom hl. Rupert gegründet. Dessen Nichte, die hl. Erentrudis, war die erste Äbtissin der Abtei.

Die spätgotische, inmitten ihres Friedhofs stehende **Stiftskirche** stammt aus dem Ende des 15. Jh.s. Das Hauptportal wurde zwischen 1497 und 1499 errichtet. Dabei verwendete man das alte romanische Tympanon, das die auf der einen Seite von Johannes d. Täufer und der hl. Erentrudis und auf der anderen Seite von einem Engel und einer knienden Nonne umrahmte Jungfrau Maria zeigt. Der Hochaltar ist mit einem schön geschnitzten, vergoldeten Aufsatz geschmückt. Im Mittelfeld eine Muttergottes mit dem Kinde, umgeben von den Hl. Rupert und Virgil; auf den Flügeln sind Passionsszenen dargestellt. Unter dem Nonnenchor sieht man hochromanische Fresken (um 1150). In der weitläufigen Krypta, deren komplexes Netzrippengewölbe auf 18 Säulen ruht, befindet sich das Grab der hl. Erentrudis.

In der **Johanneskapelle** ein gotischer Flügelaltar aus dem Jahre 1498, der Veit Stoß zugeschrieben wird. Im Mittelfeld des Altarbildes eine ausdrucksvolle *Geburt Christi.*

*Durch die Festungsgasse gelangt man wieder zur Talstation der Standseilbahn; gleich danach begeben wir uns zur Linken auf den Petersfriedhof.*

★★ **Petersfriedhof** (Z) - Über diesem Friedhof, der sich an die Mönchsbergwand anlehnt, in die die sogenannten Katakomben hineinführen, schwebt ein besonderer Zauber. Schmiedeeiserne Gitter unter Barockarkaden umschließen die Grabkapellen, in denen mehrere Generationen alter Salzburger Patrizierfamilien ruhen.
In der Friedhofsmitte erhebt sich ein eleganter spätgotischer Bau - die Margaretenkapelle (15. Jh.).

★★ **Benediktinerstiftskirche St. Peter** (Z) - Die romanische, dreischiffige Basilika wurde im 17. und 18. Jh. umgebaut, eingewölbt und mit einer Vierungskuppel geschmückt. Aber hinter dem Reichtum des Barockschmucks dringt noch die unprätentiöse gelassene Harmonie des romanischen Grundrisses und der romanischen Raumanordnung durch. Man betritt die Kirche durch das romanische, aus dem Anfang des 13. Jh.s stammende, aber später umgestaltete Portal in der Westfassade. Ist man in das Gotteshaus eingetreten, sieht man sogleich unter dem Turm rechts die Heiliggeist-Kapelle und links die Wolfgangskapelle.
Den besten Blick auf den Innenraum der Kirche erhält man von dem vergoldeten, kunstvoll geschmiedeten **Gitter**★ aus, das die Vorhalle vom Kirchenschiff trennt und 1768 von Philipp Hinterseer geschaffen wurde. Durch die schlichte Architektur und die hellen Wände kommt die elegante ausgewogene Rokokoausstattung von Benedikt Zöpf besonders zur Geltung. Beachtung verdienen vor allem die künstlerisch wertvollen Gemälde und das feine Stuckwerk der Deckengewölbe, Gesimse und Kapitelle, das durch die frischen, insbesondere die blaßgrünen Pastelltöne hervorgehoben wird.
Fresken von einem Augsburger Künstler namens Johann Weiß zieren die Decke des Langhauses. Sie stellen Szenen aus dem Leben des hl. Petrus dar. Auf den Wänden über den großen Arkaden fallen neben anderen Bildkompositionen eine Kreuztragung und eine Kreuzerhöhung von Solari auf. Unter den hohen Kirchenfenstern eine Bilderreihe von Franz Xaver König, die rechts das Leben des hl. Benedikt und links das Leben des hl. Rupert veranschaulicht.
Sehr prächtig wirken der Hochaltar und die Seitenaltäre mit ihren roten Marmorsäulen, den vergoldeten Statuen und ihren herrlichen Gemälden. Die meisten Altargemälde der Kirche wurden von Martin Johann Schmidt, dem Kremser Schmidt, geschaffen.
Nur im rechten Seitenschiff befinden sich Kapellen. Hier ist auch das Rupertusgrab zu finden, ein römischer Sarkophag (3. Jh.). In der am weitesten vom Chor entfernten Kapelle: Ein prunkvolles Marmorgrab, das Erzbischof Wolf Dietrich für seinen Vater, Werner von Raitenau, 1593 errichten ließ.

*Man überquert nun den Stiftshof, geht rechts durch den gedeckten Gang, anschließend links an der Franziskanerkirche entlang und betritt die Kirche durch das Westportal.*

★ **Franziskanerkirche** (Z **A**) - Die Kirche, bei der sich Romanik und Gotik in interessanter Weise überschneiden, wurde 1223 geweiht und später mehrmals umgestaltet.
Beeindruckend ist der Gegensatz zwischen dem düsteren romanischen Langhaus - durch massive Pfeiler, deren Kapitelle mit stilisiertem Blattwerk und Tierfiguren ornamentiert sind, vom Seitenschiff getrennt - und dem lichtdurchfluteten spätgotischen Chor (15. Jh.), dessen Sterngewölbe palmenartig aus den zylindrischen Säulen aufsteigt.
Der eindrucksvolle Hochaltar wurde 1708 von Johann Bernhard Fischer von Erlach entworfen. Die kunstvoll gestaltete Muttergottesfigur auf dem barocken Hochaltar gehörte zu einem Michael Pacher zugeschriebenen Altaraufsatz aus dem Ende des 15. Jh.s.

*Die Kirche durch das Seitenportal verlassen und rechts durch die Franziskanergasse in Richtung Westen gehen.*

**Moderne Galerie - Graphische Sammlung - Österreichische Photogalerie Rupertinum** ⓥ (Z **M**[1]) - Dieses in einem Altstadthaus aus dem 17. Jh. untergebrachte Museum birgt Meisterwerke der zeitgenössischen Malerei und macht in Sonderausstellungen mit der Kunst der Avantgarde bekannt.

Direkt nach dem Max-Reinhardt-Platz (**23**) geht man rechts an der barocken Kollegienkirche des Baumeisters Johann Bernhard Fischer von Erlach vorbei und links am Festspielhaus entlang.
Beim Herbert-von-Karajan-Platz (**16**), dort, wo das 125 m lange, 1767 durch den Mönchsberg gebrochene Siegmundstor beginnt, bietet sich ein sehr schöner Blick auf die Feste Hohensalzburg und den Glockenturm von St. Peter.

**Pferdeschwemme** (Y **B**) - Die 1695 erbaute monumentale Pferdeschwemme wurde 1732 von dem Hofgarteninspektor Franz Anton Danreiter, der ihr das heutige Aussehen gab, umgestaltet. Eine von Bernhard Michael Mandl geschaffene „Roßbändigergruppe" aus Stein sowie feurig wilde Streitrösser darstellende Fresken zieren diese Tränke und Schwemme, die für die Pferde des erzbischöflichen Marstalls errichtet wurde.

★★ **Haus der Natur** (**Y** $M^2$) – *Man benötigt mindestens zwei Stunden, wenn man die 80 Ausstellungsräume durchstreifen will.*
Hochinteressante Ausstellung mit lebendiger Darstellung vieler Bereiche der Natur. Darunter sind besonders eindrucksvoll: Saurierhalle, Welt des Meeres mit großer Haifischschau, Weltraumhalle, Mensch, Haustiere, Mensch und Tier in Fabel und Mythos, Riesenbergkristalle, Aquarium und Reptilienzoo.

★ **Getreidegasse** (**Y**) – Eine der schmalen, von vier- oder fünfstöckigen Häusern eingefaßten typischen Hauptverkehrsadern Altsalzburgs, das zwischen dem Mönchsberg und der Salzach zusammengedrängt, sich nur in die Höhe entwickeln konnte.
Sehr malerisch wirken die zahlreichen schmiedeeisernen Aushängeschilder; die stuckverzierten Fensterumrahmungen der Häuser geben dieser belebten Geschäftsstraße ein stattliches Gepräge.

Bohnacker/ÖSTERREICH WERBUNG

In der Getreidegasse

**Mozarts Geburtshaus** (**Y D**) – *Getreidegasse 9.* Leopold Mozart bewohnte von 1747 bis 1773 das dritte Stockwerk. Hier erblickte sein Sohn Wolfgang Amadeus am 27. Januar 1756 das Licht der Welt.
In dieser Wohnung, wo er viele Jugendwerke komponierte, werden zahlreiche Andenken an Mozart aufbewahrt: seine Geigen, darunter seine Kindergeige, sein Klavichord, sein Hammerklavier, Partituren sowie eine Auswahl von Porträts und Briefen.
Eine „Bürgerliche Wohnung zur Mozart-Zeit" wurde eingerichtet. Der erste und zweite Stock des Hauses beherbergen eine theaterwissenschaftliche Abteilung mit Modellen von Bühnenbildern und einer Dokumentation zum Opernschaffen Mozarts.
Besonders leidenschaftliche Mozartverehrer können das Mozart-Wohnhaus (Tanzmeisterhaus; *siehe unten*) auf dem rechten Flußufer besichtigen.

Beim Weitergehen in der Getreidegasse links das Rathaus (**R**) und rechts der Alte Markt mit dem Florianibrunnen. In Brunnenhöhe steht die sehenswerte **Hofapotheke** (**YZ N**), die noch wie einst im Rokokostil eingerichtet ist.

**Judengasse** (**YZ**) – Diese enge malerische Gasse im Zentrum des einstigen Judenviertels schmücken wie die Getreidegasse viele kunstreich geschmiedete Aushängeschilder.
Am Haus Nr. 4 entdeckt man ein Steinrelief, das die Muttergottes von Maria Plain *(s. Umgebung)* darstellt.

Über den Waagplatz (**43**) gelangt man auf den Mozartplatz, von wo aus sich ein schöner Ausblick, nicht auf Dächer und Glockentürme – wie man erwarten könnte –, sondern auf den bewaldeten Kapuzinerberg enthüllt.

**Residenzplatz** (**Z 32**) – Hier bestand bis zum 16. Jh. ein Friedhof. Als Fürsterzbischof Wolf Dietrich den Dom erbauen ließ, schuf er gleichzeitig den heutigen Platz, auf dem im 17. Jh. ein schöner Barockbrunnen errichtet wurde (Pferdegruppe, Triton, Atlanten). Der Platz wird im Süden vom Dom und im Westen von der Residenz eingefaßt. Im Osten steht das **Glockenspiel** (**Z**), dessen 35 Glocken Ende des 17. Jh.s in Antwerpen gegossen und 1702 in Salzburg aufgehängt wurden.

★★ **Residenz** (**Z**) – Die heutigen Gebäude, ab 1595 auf Veranlassung des Fürsterzbischofs Wolf Dietrich umgebaut, ersetzten den seit Mitte des 11. Jh.s bestehenden Bischofshof. Die weitläufige und vielgliedrige Anlage gruppiert sich um drei Höfe. Der Hauptbau mit seiner Attika ist viergeschossig.
Der nordwestliche Flügel stammt aus dem Ende des 18. Jh.s. Im Konferenzsaal dirigierte der junge Mozart zahlreiche Konzerte vor den Gästen des Fürsterzbischofs. In einem Zimmer läßt sich eine Tür öffnen und bietet einen imposanten Blick in das Innere der Franziskanerkirche. In der Residenz empfing Kaiser Franz Joseph 1867 den französischen Kaiser Napoleon III. und 1871 den deutschen Kaiser Wilhelm I.

## SALZBURG

Bürglsteinstr. . . . . . . . . . . . . . . U 5
Eberhard-Fugger-Str. . . . . . . . . T 7
Gaisbergstr. . . . . . . . . . . . . . . . T 10
Georg-Nikolaus-von-Nissen-Str. . . . . . . . . . . . U 13
Grazer Bundesstr. . . . . . . . . . . T 14
Hellbrunner Brücke . . . . . . . . . U 16
Innsbrucker Bundesstr. . . . . . . . . . . . . . U 17
Itzlinger Hauptstr. . . . . . . . . . . . T 19
Kleßheimer Allee . . . . . . . . . . . T 22
Maxglaner Hauptstr. . . . . . . . . . . . . . . U 24
Minnesheimstr. . . . . . . . . . . . . T 25
Münchner Bundesstr. . . . . . . . . . . . . . T 27
Nonntaler Hauptstr. . . . . . . . . . U 29
Plainbergweg . . . . . . . . . . . . . . T 31
Siezenheimer Str. . . . . . . . . . . . T 34
Sterneckstr. . . . . . . . . . . . . . . . T 38
Vogelweiderstr. . . . . . . . . . . . . T 42

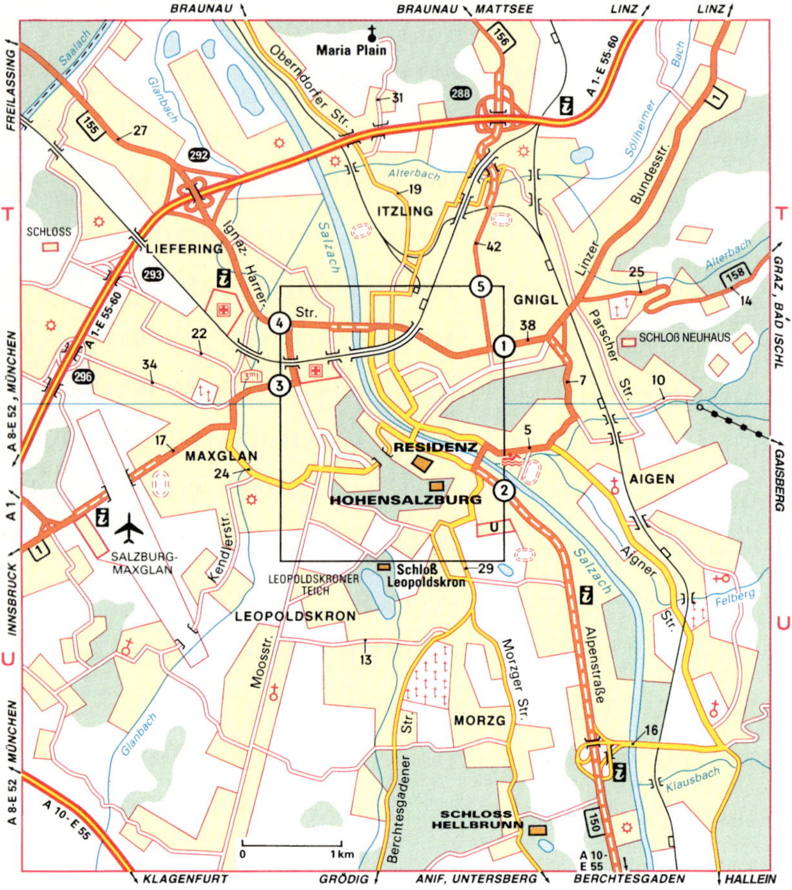


**Residenzgalerie** (V) – Bedeutende europäische Malerei des 16. - 19. Jh.s bildet den Bestand der Residenzgalerie, einer Sammlung in fürstlicher Tradition.

Herausragender Glanzpunkt ist die niederländische Malerei des 17. Jh.s mit Werken großer Meister, wie Rembrandt, Rubens oder Brueghel. Die wertvolle Präsentation in den 15 Prachtsälen wird von Meisterwerken des 19. Jh.s abgerundet.

★ **Mirabellgarten** (V) – Nur wenig ist von Schloß Altenau übriggeblieben, das Fürsterzbischof Wolf Dietrich Anfang des 17. Jh.s für Salome Alt *(s. oben, unter GESCHICHTE)* erbauen ließ und das von Fürsterzbischof Markus Sittikus „Mirabell" genannt wurde. Im folgenden Jahrhundert war es durch den Baumeister Johann Lukas von Hildebrandt umgebaut worden. 1818 fiel es dem Stadtbrand zum Opfer. Das schwer beschädigte Schloß wurde in schlichterer Manier wiederhergestellt. Heute beherbergt es den Salzburger Magistrat. Man hat die **monumentale Marmorstiege**★★ und ihre beeindruckende, mit Statuen von Raphael Donner geschmückte Balustrade aus marmornem Flechtwerk bewahren können. Auch der Marmorsaal mit seinem reichen Dekor aus farbigem Stuck und Vergoldungen konnte gerettet werden. Heute dient er als Hochzeits- und Kammermusiksaal.

Der 1690 von Fischer von Erlach entworfene Garten bildet mit seinen Statuen, skulpturenverzierten Springbrunnen und dem reichen Blumenschmuck einen bezaubernden Ort der Ruhe und Entspannung. Von einer Terrasse aus hat man einen schönen perspektivischen Blick auf die Gartenanlage, den Rosengarten, die alten Bastionen und auf Hohensalzburg.

Die Gebäude der alten Orangerie sind restauriert worden und umrahmen einen hübschen Innenhof mit bunten Blumenrabatten. Der Südflügel beherbergt ein kleines Barockmuseum.

★ **Salzburger Barockmuseum** ⓥ (**M³**) – Mit Entwürfen für Fresken, Gemälde und Skulpturen und einer Sammlung von Meisterzeichnungen will dieses kleine Museum in seinem überaus angenehmen Rahmen einen Überblick über europäische Kunstwerke des 17. und 18. Jh.s geben.

**Mozart-Wohnhaus (Tanzmeisterhaus)** ⓥ (**Y E**) – *Makartplatz 8, Besichtigung mit Audioguide.*
Das 1944 von den Bomben teilweise zerstörte Tanzmeisterhaus wurde in den Jahren 1994 und 1995 im Originalzustand wiedererrichtet. Das Haus war von 1773 bis 1787 Wohnhaus der Familie Mozart. Hier komponierte Wolfgang Amadeus Mozart, der bis 1780 hier lebte, einen Teil seiner Werke. Das Museum stellt eine Dokumentation zur Familie Mozarts und ihrer zeitgenössischen Umgebung sowie historische Tasteninstrumente aus. Der Besuch wird durch zwei Ton-Bild-Schauen abgeschlossen, die die Reisen Mozarts von 1762-1791 (etwa 25 Min.) und das Leben seiner Familie (etwa 30 Min), unterlegt mit Musikbeispielen, vorstellen.
Das Haus beherbergt ebenfalls ein **Mozart-Ton- und Filmmuseum** ⓥ mit einer Sammlung von Audio- und Videodokumenten aus der Zeit von 1896 bis heute. Die Besucher können eine Aufnahme auswählen und an den Arbeitsplätzen des Archivs anhören bzw. ansehen.

**Friedhof St. Sebastian** (**VX**) – Von der 1818 durch Brand zerstörten alten Sebastianskirche besteht nur noch das Rokoko-Portal (1754) mit der Büste des Schutzheiligen. Die Kirche wurde wieder aufgebaut. Hinter einem schmiedeeisernen Gitter befindet sich das Grabmal des **Paracelsus**. Dieser berühmte und umstrittene Arzt und Philosoph der Renaissance starb 1541 in Salzburg.
An der Nordseite der Kirche umgeben Arkaden, die unzählige Grabmäler überspannen, den schattigen Sebastians-Friedhof, der um 1600 nach dem Vorbild der italienischen Campi Santi angelegt wurde. In der Mitte erhebt sich das eigenartige, im Innern mit buntfarbigen Wandfliesen geschmückte Mausoleum des Erzbischofs Wolf Dietrich. In der Mittelallee die Gräber von Mozarts Vater und Gattin.

**Dreifaltigkeitskirche** (**Y**) – Sie wurde zwischen 1694 und 1699 von dem großen Fischer von Erlach erbaut. Die ovale Kuppel und das Innere sind barock. Die Fresken Rottmayrs werden – wie in der Karlskirche zu Wien – durch die originelle, kühne Architektur des Kuppelgewölbes zur Geltung gebracht.

**Stiegl's Brauwelt** ⓥ – *Westlich des Zentrums. Bräuhausstraße 9. Anfahrt aus dem Zentrum über Neutor-, Moos- und Nußdorfer Straße* (**X 31**)*; deren vierte Querstraße links ist die Bräuhausstraße.* Die Ausstellung in der ehemaligen Mälzerei der größten Salzburger Brauerei behandelt die ganze Welt des Bieres – natürlich mit österreichischem und Salzburger Schwerpunkt: Brauzutaten, Bierproduktion im internationalen Vergleich, Werbung. Die sehr anschauliche, z. T. interaktive Präsentation wird mit einer Kostprobe frisch gezapfter Brauereiprodukte in der Braustube abgeschlossen.

## UMGEBUNG

★★ **Gaisbergstraße** – *13 km einfach. Salzburg über ① auf der B 158 Richtung St. Gilgen verlassen. Nach etwa 4 km rechts Richtung Gaisberg abbiegen. Die ausgezeichnet angelegte Gaisbergstraße (Höchststeigung: 12 %) führt an Wäldern, Almen und Felswänden entlang.*
Am Straßenende beim Plateau unterhalb des Gaisberg-Gipfels Parkmöglichkeit: **Blick**★ über Salzburg, das Salzachtal und die Salzburger Alpen. Folgt man dem Weg zwischen den Gasthäusern, vorbei an der Sendeanlage, erreicht man nach wenigen Minuten zu Fuß das Gipfelkreuz (1 288 m): **Panorama**★ über die Berge des Salzkammerguts und das Dachsteinmassiv.

★ **Schloß Hellbrunn** ⓥ (**U**) – Die einstige Sommerresidenz des Erzbischofs Markus Sittikus wurde in drei Jahren, von 1612 bis 1615, im Geiste der italienischen Villen des Veneto erbaut. Der Festsaal mit seiner Architekturmalerei und das hohe, kuppelbekrönte Oktogon (Musiksaal) sind die sehenswertesten Räume. Die Gartenanlage ist sehr abwechslungsreich und lohnt einen Besuch: figurengeschmückte Springbrunnen und Grotten, das „Mechanische Theater", in dem durch Wasserkraft 113 Figuren bei Orgelklang in Bewegung gesetzt werden, und Wasserscherze, wie z. B. ein unerwarteter Wasserguß, entzücken groß und klein.
In unmittelbarer Nähe des Schlosses befindet sich der **Tiergarten Hellbrunn** ⓥ *(Zugang durch den Schloßpark oder Haupteingang an der Hellbrunner Allee)* mit großzügig angelegten Freigehegen, Tropenhaus, Aquarium und Streichelzoo.

★ **Volkskundemuseum** ⓥ – *Im Monatsschlößl im Schloßpark.* Das 1615 für Erzbischof Markus Sittikus erbaute ehemalige Jagdschloß beherbergt eine mit hervorragenden Exponaten bestückte Sammlung zur regionalen Volkskultur: Auf drei Etagen illustrieren Exponate – zum Teil in anrührender Naivität gestaltet, zum Teil äußerst kunstvoll – Brauchtum, Trachten, Volksfrömmigkeit und Wohnkultur des Salzburger Landes.

★ **Untersberg** ⓥ – *12 km – 1 Std. hin und zurück, davon 1/4 Std. Seilbahn. Man verläßt Salzburg über ② in Richtung Berchtesgaden. Gleich nach der Straßenkreuzung in St. Leonhard rechts zur Talstation der Untersbergbahn abbiegen.* Vom Gipfel (1 853 m) bietet sich ein herrliches **Panorama** über das Salzburger Becken, die Berchtesgadener Alpen (Watzmann, Steinernes Meer, Staufen), den Wilden Kaiser und den Dachstein.

**Schloß Leopoldskron** (U) – Still spiegelt sich Schloß Leopoldskron in seinem idyllischen, von Schwänen und Enten bevölkerten Teich. Der Herrensitz wurde 1744 von Erzbischof Leopold Anton Firmian als dessen Sommerresidenz erbaut. Die Pläne lieferte der Benediktinerpater Bernhard Stuart, der dem schottischen Jakobskloster in Regensburg angehörte und Mathematikprofessor an der Universität Salzburg war. 1918 erwarb der große Max Reinhardt, einer der Gründerväter der Salzburger Festspiele, das Schloß. Der dem Ort innewohnende Zauber, die Möglichkeit ruhevoller Spaziergänge am See (Autos sind hier nicht zugelassen), das moderne Schwimmbad und die vorhandenen Sportanlagen machen aus Schloß Leopoldskron einen angenehmen Ort der Sommerfrische.

**Die Trapp-Familie**

Das Broadway-Musical „Sound of Music" von Rodgers und Hammerstein (1965 verfilmt mit Julie Andrews) basierte auf der wahren Geschichte der Familie von Trapp. Die junge Novizin Maria Kutschera war als Gouvernante in das Heim des verwitweten Georg von Trapp gekommen, um sich um dessen sieben Kinder zu kümmern. Nachdem der Baron sie geheiratet hatte, gründete Maria mit den Kindern Mitte der dreißiger Jahre einen Familienchor. Nach dem Anschluß Österreichs flüchtete die Familie 1938 in die USA und konnte sich dort dank ihrer musikalischen Aktivitäten eine Existenz aufbauen.

Schauplätze des Films in Salzburg sind u. a. das Benediktinerstift Nonnberg, die Festung Hohensalzburg, Schloß Mirabell und Mirabellgarten, die Felsenreitschule – in der die Familie ihr Abschiedslied singt – und Schloß Leopoldskron, dessen Seeseite das Haus des Barons Trapp darstellt und in dessen Musikpavillon die Liebesszene spielt.

**Maria Plain** (T) – *Nach der Überquerung der Plainbrücke rechts in den Plainbergweg einbiegen. Parkmöglichkeit beim „Plainwirt".* Die 1671-1674 erbaute Kirche, die einen Hügel bekrönt, besitzt eine gedrungene, von zwei Türmen eingefaßte Fassade. Die Innendekoration ist besonders reich: Die Altaraufbauten im Chor und in den Seitenkapellen, die Kanzel, Orgel, Beichtstühle und das Chorgitter entstanden Ende des 17. Jh.s und sind gute Beispiele eines besonders überschwenglichen Barocks.

**Mattsee** – *23 km. Ausfahrt aus Salzburg über ⑤ und die Itzlinger Hauptstraße; über Bergheim, Lengfelden und Elixhausen erreicht man dann Mattsee.*
Der stimmungsvolle Ferienort bietet als Hauptgemeinde des Trumer-Seen-Gebietes (Obertrumer See, Mattsee, Grabensee) viele Erholungsmöglichkeiten, stellt durch das seit 777 bestehende **Stift Mattsee** aber auch einen Anziehungspunkt für kulturell Interessierte dar. Zu besichtigen sind die Stiftskirche aus dem 14. Jh. mit barocker Innenausstattung und einem mächtigen Turm aus dem 18. Jh., der Kreuzgang mit Epitaphien vom 14. bis 19. Jh., die Propstei mit dem Stiftsmuseum und dem Stiftskeller.

*Am Ende dieses Reiseführers finden Sie wichtige praktische Hinweise übersichtlich zusammengefaßt:*
- *Anschriften von Fremdenverkehrsämtern, Verbänden und Informationsstellen*
- *Hinweise zur Reisevorbereitung, Anreise und Unterkunft*
- *Hinweise zur Freizeitgestaltung*
- *einen Veranstaltungskalender*
- *Buchtips*
- *Besichtigungsbedingungen der Sehenswürdigkeiten.*

# SALZBURGER SPORTWELT AMADÉ✲✲

Salzburg

Michelin-Karte Nr. 926 – Falten 20 und 33

Das riesige **Skigebiet** erstreckt sich über eine Länge von fast 30 km zwischen dem Tennengebirge und den Radstädter Tauern. Es besteht aus einem Verbund von einem knappen Dutzend eher kleiner Orte, die jedoch durch einen gemeinsamen Skipass unzählige Ski- und Langlaufmöglichkeiten bieten.
Insgesamt führen in dem Gebiet nicht weniger als 120 Skilifte zu 320 km Piste. In der Praxis jedoch ist es aufgrund der Entfernungen zwischen den einzelnen Orten und den fehlenden Skiverbindungen zwischen einigen Massiven schwierig, das gesamte Gebiet zu erkunden. Außerdem sind die Schneeverhältnisse im Tal wegen der geringen Höhe (um 800 m) meist von mittlerer Güte. Da es auch an Hochgebirgsgipfeln fehlt, betragen die Höhenunterschiede auf allen Hängen unter 1 000 m. Damit eignet sich die Sportwelt Amadé trotz ihrer Größe in erster Linie für gemütliches, entspanntes Skilaufen auf abwechslungsreichen Waldstrecken.
Innerhalb des Pistenreviers stechen zwei Teilgebiete besonders hervor: zum einen Zauchensee, Flachauwinkl und Kleinarl (insgesamt 88 km Piste) und zum anderen Flachau, Wagrain und Alpendorf. Jedes Gebiet läßt sich an einem ganzen Tag erkunden. Nachstehend sind die interessantesten Orte genannt.
Für Langläufer sind Radstadt (65 km Loipe), Filzmoos (35 km) und Flachau (40 km) besonders empfehlenswert.

✲ **Zauchensee** – 1 361 m. Zauchensee ist mit Abstand der am höchsten gelegene Ort der Salzburger Sportwelt Amadé und bietet folglich auch die besten Schneeverhältnisse des Skigebiets. Der kleine Wintersportort wird vor allem von den Liebhabern des intensiven alpinen Skilaufs geschätzt, die hier in einem schönen **Mittelgebirgsumfeld★** mit Pisten aller Schwierigkeitsgrade ihrer Leidenschaft frönen können. Wer echte Dorfatmosphäre erleben und ein umfangreicheres Freizeitangebot nutzen möchte, kann sich in das im Tal auf 840 m gelegene, bezaubernde Altenmarkt im Pongau (gotische Kirche) begeben.

★★ **Schwarzwand-Seilbahn** – 2 100 m. *Nur für Skifahrer.* Die Seilbahn fährt bis zum Fuß des Schwarzkopfes. Von hier bietet sich ein herrlicher **Rundblick★★** über das Tennengebirge, den Dachstein und die Radstädter Tauern.

★ **Rauchkopfhütte** – 1 890 m. *Auffahrt mit dem Sessellift.* **Panorama★** über den Dachstein, die Radstädter Tauern und das gesamte Gebiet um Zauchensee.

**Flachauwinkl** – Die Pisten verteilen sich auf zwei Hänge, zwischen denen die Autobahn A 10 verläuft. Verbunden sind sie durch einen kleinen Zug, der von einem Raupenschlepper gezogen wird.

★★ **Roßkopf** – 1 929 m. *Auffahrt mit der* **Flachau-Seilbahn** ⓥ. Beim Ausstieg bietet sich rechts ein bemerkenswerter **Blick★** auf Modermandl und Faulkogel im Süden. Anschließend mit dem Sessellift auf den Roßkopf fahren. Es empfiehlt sich, in wenigen Minuten bis zum eigentlichen Gipfel hinaufzusteigen, von wo sich ein **Panorama★★** über die Skigebiete von Zauchensee und Flachau sowie über den Dachstein, die Radstädter Tauern und die Hohen Tauern bietet.
Zu bemerken ist, daß die blaue Piste 21, die von der Bergstation der Seilbahn bis ins Tal führt, in einem langen, angenehmen **Spaziergang★** auch für Fußgänger begehbar ist, die mit Stöcken und wasserfesten Bergschuhen ausgerüstet sind. Nur der letzte Kilometer auf der Hauptabfahrtspiste ist ziemlich steil.

**Kleinarl** – 1 014 m. Dieses von der Sonne verwöhnte, reizvolle Dorf liegt am Fuß eines Felsmassivs mit abwechslungsreichem Relief. Die am Südhang angelegten Skipisten bieten mittelguten Skifahrern angenehme Abfahrten.

★★ **Mooskopf** ⓥ – *Auffahrt mit dem Kleinarl-Sessellift und dann mit dem Bubble-Shuttle-Sessellift. Zu Fuß in wenigen Minuten zum eigentlichen Gipfel hinaufsteigen.* Von hier eröffnet sich ein großartiges **Panorama★★** über die Kalkmassive des Tennengebirges und des Dachsteins im Norden, das beeindruckende Ennskraxn-Massiv und die Glingspitze im Süden sowie weiter westlich über die Hohen Tauern mit Großglockner, Hocharn, Ankogelgruppe und Hochalmspitze im Hintergrund.

✲ **Wagrain** – 838 m. Der Ferienort Wagrain weist die besten Unterkunftsmöglichkeiten und das großzügigste Skiliftnetz der ganzen Gegend auf. Eine gewisse Berühmtheit erlangte er durch das Werk des größten österreichischen Skiherstellers, Atomic.
Wagrain befindet sich in zentraler Lage in der Sportwelt Amadé, leidet allerdings wie der Nachbarort Flachau unter unsicheren Schneeverhältnissen. Die stark bevölkerten Pisten führen auf leichten Strecken durch dichten Wald.

★ **Koglalm** – 1 878 m. *Auffahrt mit der Seilbahn.* **Panorama★** über Wagrain, Flachau und Kleinarl mit dem Tennengebirge, dem Dachstein und den Niederen Tauern im Hintergrund. Von hier können sich im Winter die guten Skifahrer und im Sommer die Spaziergänger auf den **Saukarkopf** begeben, von wo sich ein noch breiteres **Panorama★★** erschließt. Ein kleiner Skilift und gute Schneeverhältnisse laden zum Pistenvergnügen ein.

# SALZKAMMERGUT★★★

## Oberösterreich, Salzburg und Steiermark

Michelin-Karte Nr. 926 – Falten 20 und 21

Das Salzkammergut verdankt dem Salz, uraltes Symbol für Gesundheit und eine Quelle des Reichtums, nicht nur seinen Namen, sondern auch eine bis zum 19. Jahrhundert andauernde wirtschaftliche Blüte. Heute beruht der Wohlstand dieser Gegend der alten „Salzgüter der Krone" fast ausschließlich auf dem Fremdenverkehr.

Es ist nur allzu verständlich, daß diese Gegend mit ihren 76 Seen, mit den unzähligen Gipfeln und den gewaltigen Massiven des Dachsteins und des Toten Gebirges als Tourismusregion besonders beliebt ist.

Von Salzburg aus ist es möglich, das Salzkammergut in 4 Tagen zu besichtigen: am ersten Tag die beschriebenen Strecken [1], [2] und [3], am zweiten, dritten und vierten Tag die Rundfahrt [4].

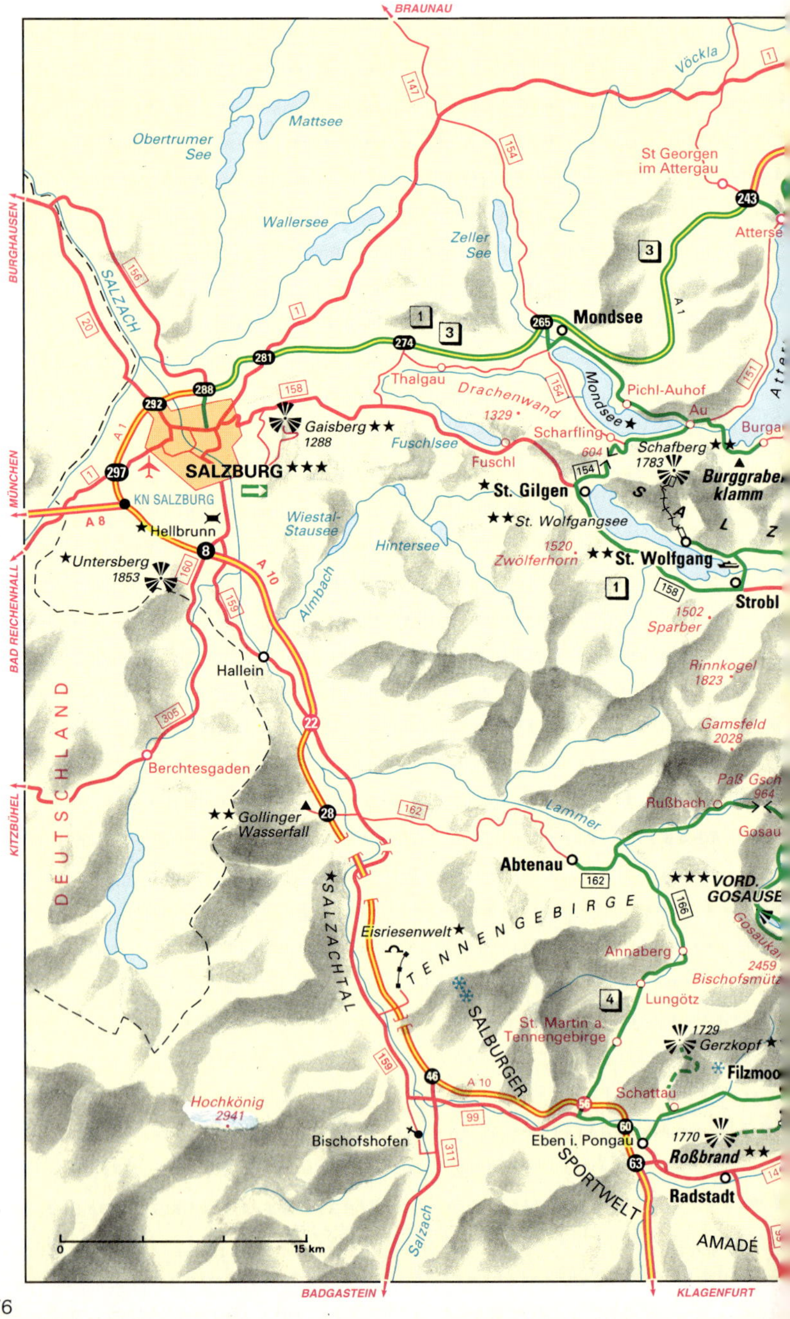

## ★★ SEENRUNDFAHRT

### 1 Von Salzburg nach Bad Ischl *84 km*

Dank eines niederen Paßeinschnitts (608 m) in dem bewaldeten Bergrücken zwischen Scharfling und St. Gilgen kann man vom Mondsee direkt zum Wolfgangsee fahren.

★★★ **Salzburg** – *s. dort.*

*Salzburg auf ⑤ des Plans verlassen, auf der Autobahn A 1 bis zur Ausfahrt „Mondsee" fahren.*

Von Salzburg nach Mondsee benutzt man am besten die Autobahn, die oberhalb des Thalgautals verläuft und weite Ausblicke auf die Steilwände der Drachenwand eröffnet, hinter der sich die Kontur des Schafbergs abhebt. Schließlich kommt der **Mondsee**★ am Fuße der Schafbergspitze in Sicht.

**Mondsee** – *s. dort.*
Das zuerst stille und freundliche Nordufer des Mondsees nimmt hinter Pichl, wo die Straße eine Landzunge abschneidet und eine Waldhöhe überquert, einen etwas herberen Charakter an.

**Burggrabenklamm** – *5 km ab Au. Am Attersee und den schroffen Felshängen des Schafbergs entlang, zuzüglich 1/2 Std. zu Fuß hin und zurück. Man parkt den Wagen beim Gasthaus „Zum Jägerwirt". Bei Nässe Rutschgefahr.*
Der Pfad führt durch eine Klamm bis zu einem Wasserfall.
Auf dem Südufer zwischen Au und Scharfling führt die zum Teil sehr schmale Straße unter überhängenden Felsen und durch kurze Tunnels an den steil abfallenden Vorbergen des Schafbergs entlang.
Der eindrucksvollste Abschnitt der Fahrt über die Scharfling und St. Gilgen verbindende Paßhöhe ist die aussichtsreiche **Strecke**★★ oberhalb von St. Gilgen (Parkplatz). Hinter dem schlanken Zwiebelturm der Dorfkirche breitet sich Richtung Rinnkogelgruppe der Wasserspiegel des **Wolfgangsees**★★ aus mit dem charakteristischen Gipfel des Sparbers, der an eine vorgebaute Bastei erinnert.

★ **St. Gilgen** – Eines der bekanntesten Bilder des Salzkammerguts bietet das am Anfang des Wolfgangsees gelegene St. Gilgen, früher ein Vorposten an der Ostgrenze des Erzbistums Salzburg.
Es ist von besonderem Interesse, auf die Familienbande Mozarts mit diesem gesegneten Winkel hinzuweisen: seine Mutter, Anna-Maria Pertl, kam hier 1720 zur Welt, und seine Schwester Nannerl ließ sich hier nach ihrer Heirat mit dem Baron Berchtold zu Sonnenburg nieder, der am Ort beamtet war. Eine Gedenktafel am Bezirksgericht erinnert daran, während der Mozartbrunnen, 1927 auf dem Marktplatz vor dem Rathaus errichtet, das Andenken an den großen Komponisten wachhält.
St. Gilgen bietet dem von Salzburg und besonders von Scharfling kommenden Touristen ein entzückendes Landschaftsbild. Der idyllische Ort wird gern von Freunden des Wassersports aufgesucht. Die Segelsportler können auf dem See ihre Tüchtigkeit bei den Regatten beweisen, zumal wenn plötzliche Windstöße ihre Manövrierkunst auf die Probe stellen.
Man kann sich auch von St. Gilgen aus mit einem der regelmäßig verkehrenden Schiffe, die neun Anlegestellen am See anfahren, nach St. Wolfgang und Strobl bringen lassen. 1873 wurde der regelmäßige Schiffsverkehr auf dem Wolfgangsee mit dem Schaufelraddampfer „Kaiser Franz Josef" eröffnet. Dieses Schiff, das älteste auf dem See, ist immer noch in Betrieb.

Die Straße von Salzburg nach Bad Ischl verläßt bald den Wolfgangsee. Auf seiner zugänglicheren Südseite wird der Schafberg von einem Hotel bekrönt, zu dem eine Zahnradbahn führt.

*Links zweigt die Straße zur Anlegestelle von Gschwendt ab, von wo aus man mit dem Schiff nach St. Wolfgang gelangen kann. Die Hauptverkehrsstraße bei Strobl verlassen, um einen Abstecher nach St. Wolfgang zu machen.*

**Strobl** – Der schmucke Dorfplatz, die hübsche Barockkirche und die Gärten und Blumen am Seeufer bilden außerhalb der Hauptreisezeiten den Rahmen für eine stille, reizvolle Sommerfrische.
Von Anfang Mai bis Ende Oktober bestehen regelmäßige Schiffsverbindungen zwischen Strobl und St. Wolfgang bzw. St. Gilgen.

★★ **St. Wolfgang** – *s. dort.*
*Umkehren und auf direktem Wege, an Strobl vorbei, nach Bad Ischl fahren.*

♀ **Bad Ischl** – *s. dort.*

## 2 Von Bad Ischl nach Gmunden *34 km – etwa 3 Stunden*

♀ **Bad Ischl** – *s. dort.*
Besonders eindrucksvoll auf dieser Fahrt ist die Felsstrecke längs dem **Traunsee**★, dem tiefsten See Österreichs (191 m), der eine Reihe wildzerrissener Steilwände umspült.
Flußabwärts von Bad Ischl zieht sich das Trauntal, in dem einst eine der großen Salzstraßen Europas verlief, gleichmäßig zwischen den Vorbergen des Höllengebirges und des Toten Gebirges hin. Seitlich der Straße, am Fuß des westlichen Talhangs, führt ein Spazierweg der Soleleitung entlang, in der seit dem 17. Jh. die Hallstätter Sole in das Gradierwerk Ebensee fließt. Von dort wurde früher das Salz über den Traunsee befördert. Von Gmunden ab verlief der Schifftransport auf der unteren Traun weiter, dank eines Schleusenkanals, der seit 1552 den Traunfall umging. In Ebensee hat sich heute Glas- und chemische Industrie angesiedelt.
Die **Felsstrecke**★ zwischen Ebensee und Traunkirchen ist einfach großartig. Von der in die Felsen des steilen Westufers gesprengten Straße am Traunsee erblickt man die kühngeschnittene Rötelspitze, die sich vom Erlakogel abhebt, und weiter nach Norden, jenseits eines von Steinbrüchen ausgehöhlten Felsenhangs, den gewaltigen, einsam gelegenen Bergkegel des Traunsteins.

Traunkirchen – Fronleichnamsprozession

**Traunkirchen** – Der Ort, in reizvoller **Lage★** auf einer felsigen Halbinsel, bietet die verschiedensten Ausblicke auf den Traunsee – insbesondere auf das wildromantische Südufer – und gehört deshalb zu den beliebten Etappenorten des Salzkammerguts.

**Pfarrkirche** – Sie erhebt sich auf der Nordseite der kleinen Halbinsel inmitten eines Friedhofs über dem Traunsee gegenüber dem Erlakogel und der gewaltigen, alleinstehenden Kuppe des Traunsteins. Die Kirche gehörte ursprünglich zu einem Nonnenkloster, das im 17. Jh. und 18. Jh. von den Jesuiten verwaltet wurde. Sie waren es auch, die nach einem Brand die Kirche 1632 nach den Bauregeln des Ordens wieder errichteten. Die **Fronleichnamsprozession** findet seitdem auf dem See statt. Die barocke Kircheneinrichtung ist außergewöhnlich – vor allem die sogenannte **„Fischerkanzel"★** in Form eines Schiffes, die den wunderbaren Fischzug darstellt. Auf dem Schalldeckel sehen wir den hl. Franz Xaver und eine legendäre Episode aus seiner Missionstätigkeit: Ein Hummer bringt dem Apostel Ostasiens das Kruzifix zurück, das er bei einem Schiffbruch verloren hatte.

**Seeprozession**

Seit 1632 findet jedes Jahr am Fronleichnamstag die weit über die Gegend bekannte Prozession auf dem See statt. Früher wurden dafür Salzschiffe benutzt, die sogenannten „Trauner". Heute geht es prosaischer zu: Für die Fronleichnamsprozession werden Motorboote benutzt.

**Altmünster** – Spätgotische Hallenkirche mit wertvoller Ausstattung und steinernem Allerheiligenaltar von 1518.
Kurz nach Schloß Ort erreicht man Gmunden.

★ **Gmunden** – *s. dort.*

## 3 Von Gmunden nach Salzburg *117 km*

Dieser Reiseweg führt nacheinander zum Traun-, Atter- und Mondsee: zunächst durch die idyllische Gegend des oberen Aurachtals, dann durch eine weitläufige Landschaft, wie z. B. das Becken des Mondsees.

★ **Gmunden** – *s. dort.*

*Ab Gmunden folgt man der Straße nach Bad Ischl bis Altmünster.*

**Altmünster** – *siehe oben, unter* 2.

★ **Gmundnerberg** – *s. Gmunden, Umgebung.*

Die Straße verläßt das Traunseeufer und durchquert ein stilles Hügelland, das von fast schneeweißen Bauernhöfen und gewaltigen Lindenbaumgruppen überzogen ist. Nachdem sie Großalm rechts umgangen hat, dringt sie in den Wald ein, steigt zu einem auf 826 m gelegenen Paß an und gibt den Blick auf die Nordwand des Höllengebirges frei. Nun fällt die Straße zum Attersee ab. Der eindrucksvollste Teil dieser Abfahrt ist die am Hang über dem See entlang führende aussichtsreiche **Strecke★** zwischen der Kienklause und Steinbach.

**Steinbach am Attersee** – In diesem Ort verbrachte Gustav Mahler seine Ferien und schuf in einem „Komponierhäuschen" seine unsterblichen Werke.

Nach diesem Ort folgt die Straße dem Ufer des **Attersees★** oder des Kammersees, des größten der österreichischen Alpenseen, in den sich die letzten, ziemlich schroffen Felshänge des Schafbergs stürzen.

Zwischen Seewalchen und dem Ort Attersee säumt das Westufer des Sees ein freundliches, sonnen- und obstreiches Hügelland. Nur die Felswände des Höllengebirges auf dem gegenüberliegenden Ufer bringen eine etwas rauhe Note in diese Landschaft. Um den See in seiner Gesamtheit zu überblicken, hält man am Aussichtspunkt (Bank) neben der Kapelle Buchberg an.

**Attersee** – Bekannter Fremdenverkehrsort. Die Wallfahrtskirche Mariae Himmelfahrt enthält eine schöne Barockausstattung (Werke von Meinrad Guggenbichler).

*Bei Attersee verläßt man das Seeufer und fährt über die Autobahn in Richtung Salzburg.*

Die Abfahrt zum Mondsee bietet einen **Rundblick★** auf die Drachenwand und den Schafberg, die den See umgeben, sowie auf die Berge des Salzkammergutes.

*Die Autobahn bei der Ausfahrt „Mondsee" verlassen.*

**Mondsee** – *s. dort.*

*Auf der Autobahn bis Salzburg weiterfahren.*

★★★ **Salzburg** – *s. dort.*

## ★★ RUND UM DEN DACHSTEIN

### 4 Rundfahrt ab Bad Ischl *267 km – 3 Tage rechnen:*

*1. Tag: Bad Ischl-Hallstatt-Krippenstein-Gosauseen*
*2. Tag: Filzmoos-Roßbrand-Hunerkogel-Ramsau*
*3. Tag: Stoderzinken-Bad Aussee-Bad Ischl*

⚕ **Bad Ischl** – *s. dort.*

Die Straße von Bad Ischl nach Hallstatt zweigt südlich von Bad Goisern von der Pötschenpaßstraße ab und verläuft weiter im Grunde des obstreichen Trauntals. Bei Steeg beginnt die Fahrt am Ufer des **Hallstätter Sees★★**, auf dessen tiefblauer Wasserfläche einige Boote dahinziehen. An der Straßenkreuzung in Gosaumühle fährt man in Richtung Hallstatt; es geht weiter am Fuße steiler Berghänge dem Seeufer entlang mit Blick auf den Sechserkogel, der sich vom Sarstein abhebt. Bald umfaßt der **Ausblick★** Hallstatt am Fuße seiner Kirche und dann das Felsen-Amphitheater von Obertraun jenseits des Sees.

*Man fährt durch den Hallstatt umgehenden Tunnel, parkt den Wagen auf der Aussichtsterrasse und geht zu Fuß in den Ort hinunter.*

★★ **Hallstatt** – *s. dort.*

★★ **Aufstieg zum Krippenstein** – *Ab Hallstatt, einschließlich Seilbahn und Fußweg: 2 1/2 Std. (nur Aussichtspunkt) und 4 Std. (Aussichtspunkt und Höhlen). S. Dachstein.*

*Nach der Besichtigung von Hallstatt weiter zum Tunnelende, wo man umkehrt und durch den auf den Süd-Nord-Verkehr beschränkten Tunnel zurückfährt.*

Zurück nach Gosaumühle, wo man unter der Soleleitung hindurch in das tiefeingeschnittene Gosautal hineinfährt, das sich nach und nach erweitert. Der Blick geht auf den prachtvollen Gosaukamm, dessen Zinnen sich links über dem Gosauer Talbecken aneinanderreihen, aus dem zwei gleichartige Kirchen hervorragen und daran erinnern, daß sich in diesem Gebiet Oberösterreichs die protestantische Religion in zwei Gemeinden behaupten konnte.

*Nach den Gosauseen abzweigen. Man läßt den Wagen auf dem Parkplatz, da von hier ab die Straße für Kfz-Verkehr gesperrt ist.*

★★★ **Gosauseen** – *s. dort.*

*Umkehren; in Gosau die Straße zum Paß Gschütt nehmen.*

Auf dem Westhang des Gschüttpasses fällt die Straße inmitten von Wäldern und Weiden in die Talmulde von Rußbach ab. Hier trifft man wieder die weitläufigen, mit einem Glockentürmchen bekrönten Bauernhäuser der Tiroler Gegend an. Danach gelangt man in das vom Tennengebirge überragte Abtenauer Becken.

**Abtenau** – Diese vielbesuchte Sommerfrische wird von den mächtigen Kogeln des Tennengebirges beherrscht. Sie ist Ausgangspunkt für schöne Wanderungen und Ausflüge; besonders empfehlenswert ist z. B. die panoramareiche Strecke, die über die mautpflichtige **Postalmstraße** nach St. Wolfgang führt. Die Postalm ist das größte Almgebiet Österreichs und das zweitgrößte Hochplateau Europas.
Bemerkenswert an der zweischiffigen, gotischen Kirche von Abtenau ist nicht nur ihre schlanke Silhouette, sondern auch ihre Innenausstattung (Statuen des hl. Georg und des hl. Florian). Auch das Pfarrhaus von Abtenau, das dem Stift St. Peter in Salzburg gehört, ist ein schöner Bau.

Umkehren und rechts die sog. Straße der **Salzburger Dolomiten** in Richtung Annaberg nehmen. Der Oberlauf der Lammer hat zwischen Tennengebirge und Dachstein eine romantische Schlucht gegraben. Die bemerkenswertesten Ausblicke sind auf dieser Strecke nach Osten gerichtet; insbesondere in der Gegend von Annaberg-Lungötz schaut man in Richtung Gosaukamm und erkennt hier leicht den Gipfel der Bischofsmütze, deren Name gut gewählt ist. Der St. Martin-Paß führt in das Fritztal, ein Seitental der Salzach. Ausblicke nach Westen zum Hochkönig.

★★ **Von Eben im Pongau nach Gröbming** – *Siehe S. 76.*

Die Straße folgt dem Ennstal; rechts sieht man die mächtige Silhouette von Schloß Trautenfels.

**Schloß Trautenfels** ◷ – Auf dem Bergrücken über dem Ennstal wurde 1261 erstmals eine Burg namens Neuhaus erwähnt. Der steirische Landeshauptmann Siegmund Friedrich von Trauttmannsdorff baute diese Burg in den Jahren ab 1664 zu einem barocken Landschloß um und nannte es Trautenfels. Heute sind von der Innenausstattung nur noch Stuckdecken mit qualitätvollen **Fresken** aus der Hand von Carpoforo Tencalla und intarsierte Türen vorhanden.
Im Schloß befindet sich ein Museum zur Natur- und Volkskunde der Region, eine Abteilung des Steiermärkischen Landesmuseums Joanneum.

Man verläßt das Ennstal bei der Kreuzung von Trautenfels und nimmt links die Bundesstraße 145, eine Hauptverkehrsader des steirischen Salzkammergutes. Diese steigt in die Schlucht hinauf, die von der Grimming am Fuße der Steilhänge des Großen Grimmings gegraben wurde.

**Pürgg** – *Den Wagen am Dorfeingang parken.* Die Freunde romanischer Kunst steigen zur **Johanneskapelle** hinauf, in der sie die wohlerhaltene typische Ausschmückung einer ländlichen Kirche aus der Zeit um 1200 bewundern können. Die **romanischen Fresken** wurden freigelegt und restauriert. Sie zeigen im Kirchenschiff: Mariä Verkündigung, Christi Geburt, und Anbetung der Hirten, einen sagenhaften Streit zwischen Mäusen und Katzen, die Klugen und die Törichten Jungfrauen; am Triumphbogen: der segnende Christus, Kain und Abel sowie die Stifter; in der Chorkuppel: das Lamm Gottes, umgeben von den vier Evangelisten, die sich symbolisch auf die vier Erdteile (in den Gewölbezwickeln) stützen. Das Altarkreuz, ein bewegendes Zeugnis der Volkskunst, wurde um 1220 geschnitzt.
Die 1130 dem hl. Georg geweihte Pfarrkirche wurde so an den Berghang gebaut, daß sowohl der Fassadeneingang als auch der Emporeneingang ebenerdig sind.

Durch eine Talenge des Grimming-Baches gelangt man in die Niederung, das sogenannte Hinterberg-Plateau. Im Vordergrund die herrlich geformten Felsen des Grimmings gegenüber dem tafelförmigen Lawinenstein, der die **Tauplitzalm** verdeckt, die im Winter zahlreiche Skifahrer anzieht. Bei Zauchen zweigt eine Bergstraße nach **Tauplitz** (Wintersportort) ab, von wo ein Sessellift zur Tauplitzalm führt.

**Bad Mitterndorf** – Der Ort hat sich nicht nur als Heilbad, sondern auch als Wintersportort einen Namen gemacht. Das Heimatmuseum zeigt eine bemerkenswerte Sammlung der beim Nikolospiel getragenen Masken.

Durch eine von der Traun gegrabene Schlucht erreicht man Bad Aussee.

♰ **Bad Aussee** – *s. dort.*

★ **Grundlsee und Toplitzsee** – *Ab Bad Aussee. S. Bad Aussee, Umgebung.*
Die Straße über die Pötschenhöhe (992 m) schneidet die große Traunschleife ab, die zum Teil vom Hallstätter See ausgefüllt wird.
Die Ostrampe der Pötschenhöhe verläuft vor Bad Aussee für kurze Zeit auf einem Bergkamm und erschließt prächtige **Ausblicke**★★ auf die Steinhochflächen des Toten Gebirges, vor denen sich zangenförmig der Loser und die Trisselwand abheben. Ihnen gegenüber ragt der Sarstein empor. Die Westrampe des Pötschenpasses beginnt im Becken von Bad Goisern.
In der letzten Kehre wurde ein Parkplatz angelegt, der einen herrlichen **Blick**★ über das tiefgrüne Wasser des im Halbkreis von den imposanten Dachsteinfelsen umrahmten Hallstätter Sees ermöglicht.

*In Bad Goisern erreicht man wieder die Ausgangsstraße. Nun geht es zurück nach Bad Ischl.*

# ST. ANTON AM ARLBERG✲✲

Tirol

2 400 Einwohner

Michelin-Karte Nr. 926 – Falte 28 – Kartenskizze: ARLBERGGEBIET – 1 304 m

St. Anton gilt als hehre Stätte der Skisporttradition. 1907 erteilte hier nämlich Hannes Schneider, der Pionier der sogenannten Arlbergschule, auf den umliegenden Berghängen erstmals Skiunterricht. Ab den 20er Jahren erlebte der Wintersport in St. Anton einen außergewöhnlichen Aufschwung, der dank der guten Verkehrsverbindungen (der Ort ist seit 1884 per Schnellzug von Paris und Wien aus durch den Arlberg-Tunnel zu erreichen) und des ausgedehnten Skigebiets möglich war. Heute ist St. Anton mit 8 500 Gästebetten einer der größten Wintersportorte der Nordalpen.
Er liegt an einer recht tief eingeschnittenen Stelle und zeigt eine moderne Architektur. Ruhesuchende und Liebhaber unberührter Natur werden sich im nahegelegenen Dorf St. Jakob oder in dem in 1 793 m Höhe in der Nähe des Passes gelegenen **St. Christoph** (*s. Arlberggebiet* 1) wohler fühlen.
Dennoch zieht St. Anton auch eine zahlreiche Familienkundschaft an, die seine jugendliche, sportliche Atmosphäre schätzt. In ganz Österreich gibt es für gute Skifahrer kein ähnlich interessantes Skigebiet. Und nach einem anstrengenden Tag auf Skiern tut es gut, durch die Fußgängerzone mit ihren Boutiquen, Gaststätten und Restaurants zu schlendern. Außerdem hat St. Anton einen Eislauf- bzw. Eisstockplatz, mehrere Schwimmbäder, Tennis- und Squashanlagen zu bieten.
Im Sommer geht es hier wesentlich ruhiger zu, auch wenn die Arlbergstraße zahlreiche durchreisende Touristen anzieht. Ein 17 000 m² großer Freizeitpark lockt die Sommergäste mit Minigolf, Tischtennis, Anglerteich und Kinderspielplatz. Wanderfreunden bieten sich 90 km Wanderwege, insbesondere im Moostal. Auch der Ferwallsee ist ein beliebtes Ausflugsziel.

✲✲✲ **Das Skigebiet am Arlberg** – Mit dem Arlberg-Skipaß kann man außer in St. Anton auch auf den Pisten von Lech✲✲✲, Zürs✲✲ *(s. dort; mit dem Bus zu erreichen)* und Stuben dem Skisport frönen. Das in 1 300 bis 2 650 m Höhe gelegene, 50 km² große Skigebiet hat 260 km gespurte und markierte Pisten und 190 km ungespurte Strecken aufzuweisen, zu denen insgesamt 86 Lifte führen. In ganz Europa gibt es lediglich die Skigebiete Les Trois Vallées (Courchevel, Méribel, Les Ménuires, Val Thorens) und Tignes-Val d'Isère in Frankreich sowie St. Moritz, Zermatt und Verbier in der Schweiz, die Ähnliches oder Vergleichbares zu bieten haben.
Das zu St. Anton gehörende Gebiet besitzt 40 Skilifte. Es eignet sich vor allem für routinierte Skifahrer, die die zahlreichen steilen, buckeligen Pisten ab der Schindler Spitze, Kapall und Pfannenkopf abfahren. Doch finden auch weniger gute Skifahrer eine Vielzahl geeigneter Pisten auf dem Galzig, dem Gampen und dem Gampberg.

**Arlberg-Kandahar-Haus** – Museum zur Geschichte des Skisports und der Entwicklung des Fremdenverkehrs im Arlberggebiet.

## AUSSICHTSPUNKTE

★★★ **Valluga** ⓥ – 2 811 m. *Ca. 2 1/2 Std. hin und zurück. Wenn möglich, ein Fernglas mitnehmen. Im ersten und zweiten Abschnitt der Kabinenbahn sind Bergrestaurants eingerichtet.*
Zunächst die Galzig-Seilbahn nehmen. Von der 2 185 m hoch gelegenen Bergstation genießt man eine wunderschöne **Aussicht**★★ auf das Skigebiet, von der Schindlerspitze bis nach St. Anton, und im Süden auf die Verwallgruppe.
Dann mit der Seilbahn Valluga I zum Vallugagrat (2 650 m) fahren. Der **Rundblick**★★ ist hier bereits sehr eindrucksvoll, doch muß man mit der kleinen Vallugagipfel-Seilbahn bis zum eigentlichen Gipfel hinauffahren, um ein vollständiges **Rundum-Panorama**★★★ zu erhalten (dann zu Fuß zur oberen Aussichtsterrasse hinaufgehen).
Im Süden erblickt man den Rätikon (Sulzfluh, Zimba, Madrisahorn), das Montafontal (Hochjoch), die Silvrettagruppe und die Bernina (Schweiz) hinter der Verwallgruppe und dem Samnaun. Im Südosten sind die hohen Gipfel der Ötztaler (Weißkugel, Wildspitze) und Stubaier Alpen zu erkennen. Im Norden ragen die Lechtaler Alpen auf (Rote Wand, Omeshorn, Kriegerhorn und Rüfikopf) und im Nordosten in der Ferne die Zugspitze.
Mit dem Fernglas sind die verschiedenen Gipfel leicht auszumachen.

★★ **Kapall** ⓥ – 2 326 m. *Ca. 1 Std. hin und zurück. Auffahrt mit der Kandahar-Standseilbahn oder dem Gampen-Sessellift, dann mit dem Kapall-Sessellift.*
Man kommt am Fuß der felsigen Weißschrofenspitze an. Sehr schöner **Rundblick**★★ in südlicher Richtung über das gesamte Tal von St. Anton bis zum Weiler Pettneu. Die Aussicht reicht bis zu den Schweizer Alpen, dem Rätikon (Drei Türme) und der Verwallgruppe. Schöner Blick geradeaus auf das Moostal.

Blick von der Valluga auf das Arlberg-Skigebiet

★ **Rendl-Kabinenbahn** ⌚ - 2 030 m. *1/2 Std. hin und zurück. Sich gegen die Fahrtrichtung setzen.* Während der Fahrt bietet sich mehrmals ein schöner **Gesamtüberblick**★ über St. Anton und sein Skigebiet von der Valluga bis zum Kapall. Von der Bergstation der Seilbahn (Berggasthof) schweift der Blick in südlicher Richtung bis zum schönen Moostal, das von der Kuchenspitze, der Küchlspitze und deren Gletschern abgeschlossen wird.
Skiläufer können mit einem Schlepplift den Gampberg (2 407 m) hinauffahren. Von dort erreicht man in wenigen Schritten den Hügel, auf dem die letzte Stütze der Kabinenbahn steht. Hier erschließt sich ein weiter **Rundblick**★ über die Verwallgruppe und insbesondere die Hochkarspitze.

# Stift ST. FLORIAN★★

## Oberösterreich

Michelin-Karte Nr. 926 – Falte 9 – 18 km südöstlich von Linz

St. Florian, seit dem 11. Jh. im Besitz der Augustinerchorherren, ist ein altes Kulturzentrum und das größte Stift Oberösterreichs. Die heutigen Stiftsgebäude wurden zwischen 1686 und 1751 in reinstem Barockstil nach den Plänen Carlo Antonio Carlones und Jakob Prandtauers wieder aufgebaut. Letzterer baute ebenfalls für einen Propst des Stifts das nahegelegene Schloß Hohenbrunn *(s. dort)*.

## GESCHICHTE

**Die Legende des hl. Florian** – Der Verwalter der römischen Provinz Noricum, Florian, der zum Christentum übergetreten war, wurde 304 nahe des Lagers Lauriacum gemartert und danach in die Wasser der Enns geworfen. In der Nähe entstand später das Stift, das nach dem Märtyrer benannt wurde. Wegen seines Todes durch Ertrinken wurde der hl. Florian zum Schutzpatron gegen Wassernot und Brandgefahr. Im Volksmund heißt das an diesen Heiligen gerichtete Gebet: „Lieber heiliger Florian, verschon' mein Haus, zünd' andere an". Daher kommt es, daß fast jede Kirche in Österreich eine Statue dieses Fürsprechers besitzt, die einen römischen Legionär darstellt, der mit der Gießkanne oder einem Wassereimer in der Hand ein Feuer löscht.

## BESICHTIGUNG ⌚

Die 214 m lange Westfassade wird von drei Türmen überragt. Das in den Stiftshof führende Portal wirkt mit seinen zwei übereinanderliegenden Balkonen, seinem Säulen- und Figurenschmuck sehr elegant.
Der Adlerbrunnen, ein bemerkenswertes bauplastisches Werk, sowie eine schmiedeeiserne Brunnenlaube aus dem Jahre 1603 verschönern den weiten Stiftshof.

**Bibliothek** – Das herrliche Deckengemälde von Bartolomeo Altomonte versinnbildlicht die Vermählung von Tugend und Wissenschaft. Die mit Gold überzogenen Nußbaumintarsien bilden den würdigen Rahmen für die wertvollen Inkunabeln, Handschriften und über 140 000 Bände des Stifts.

H.W. Partaj/BILDAGENTUR BUENOS DIAS

Stift St. Florian

**Marmorsaal** – Die Fresken und Gemälde dieses prächtigen Konzertsaals verherrlichen die siegreichen Feldzüge des Prinzen Eugen, der den Türkeneinfällen ein Ende setzte. Das Deckengemälde (Sieg über die Türken) stammt von Martin und Bartolomeo Altomonte.

★★★ **Altdorfer-Galerie** – Die wertvollsten Gemälde des Stifts sind die Tafeln des Sebastian-Altars von **Albrecht Altdorfer** (1480-1538), des Meisters der Donauschule, der Maler, Baumeister, Kupferstecher und Zeichner für Holzschnitte zugleich war.
Die 14 Altartafeln, die 1518 für die gotische Stiftskirche ausgeführt wurden, bilden die bedeutendste Altdorfer-Sammlung der Welt.
Bei den das Martyrium des hl. Sebastian und insbesondere bei den acht das Leiden Christi darstellenden Altarbildern beeindruckt die intensive Wiedergabe der Gefühle, die die einzelnen Personen – Christus, Maria, Pilatus und Kaiphas – bewegen. Der sehr stimmungsvolle landschaftliche Hintergrund unterstreicht den dramatischen Charakter mancher Szenen.
In der Landschaftsdarstellung erreicht Altdorfer seinen Zeitgenossen Albrecht Dürer und ist den Malern der Romantik um einige Jahrhunderte voraus. Vor allem zeichnen sich seine Bilder jedoch durch die hervorragende Farbengebung und ihre harmonische Komposition aus.

**Kaiserzimmer** – Durch das prächtige zweistöckige Stiegenhaus mit seinen figurengeschmückten Balustraden, seinen mit Stuckwerk und Gemälden überzogenen Wänden und Decken gelangt man zu den Kaiserzimmern. Bis 1782 beherbergten sie hohe Gäste, darunter Papst Pius VI., mehrere Kaiser und zahlreiche Fürsten. Bei der Besichtigung dieser Prunkgemächer, die ihr reiches

### Anton Bruckner in St. Florian

Der als größter österreichischer Komponist von Kirchenmusik des 19. Jh.s anerkannte Anton Bruckner wurde 1824 in dem Dorf Ansfelden bei St. Florian geboren. Er verlor im Alter von 13 Jahren seinen Vater, der Dorfschulmeister war, trat in die Singschule des Stifts ein und ließ sich in die Meisterschöpfungen der religiösen Tonkunst einweihen.
Nach zwei Hilfslehrerposten, fern vom Stift, mit dem er eng verbunden blieb, gelang es ihm 1854, dort die Stelle eines Lehrers und, zu seiner größten Freude, des Organisten zu erhalten. Er komponierte zahlreiche Meisterwerke: Messen und Symphonien. Als er später als Organist an der Linzer Kathedrale und darauf als Musikprofessor am Konservatorium in Wien zu Ruhm und Anerkennung gelangte, weilten seine Gedanken oft in St. Florian.
Dort wünschte er seine letzte Ruhe zu finden, unter der Orgel, die Zeuge seiner größten Freuden als Komponist und Künstler gewesen war.

Barockmobiliar, ihre Stuckarbeiten, Fresken und interessanten Bilder bewahrt haben, bemerkt man besonders das Faistenbergerzimmer, die Schlafgemächer des Kaiserpaares, den Audienzsaal sowie das Gobelinzimmer.

**Stiftsbasilika** – Die barocke Basilika wurde ab 1686 unter Leitung von Carlo Antonio Carlone anstelle der alten gotischen Kirche erbaut. Für die Stuckarbeiten zeichnete sein Bruder Bartolomeo verantwortlich. Die nahezu 5 000 m² große, durchgehend bemalte Freskendecke wurde von den Münchner Malern Johann Anton Gumpp und Melchior Steidl geschaffen. Die große Orgel wurde von Franz Xaver Chrisman (1770-74) gebaut. Heute verfügt sie über 103 Register und 7836 Pfeifen. Sie wird nach Anton Bruckner benannt, der hier als Organist und Komponist wirkte und schließlich auf seinen Wunsch in der Gruft unter der Orgel begraben wurde.

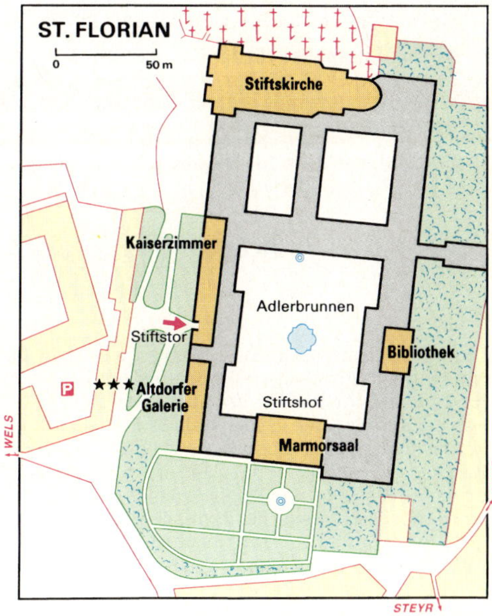


***Von Mitte Mai bis Mitte Oktober wird auf der Orgel täglich (außer Samstag) um 14.30 Uhr ein 20minütiges Konzert gegeben. Auskunft dazu beim Stiftsportier.***

*Auf der Karte der Hauptsehenswürdigkeiten sind die wichtigsten Sehenswürdigkeiten, bewertet nach dem bewährten Michelin-Sterne-System, übersichtlich zusammengestellt. Die Karte der Streckenvorschläge faßt Routen zusammen, auf denen man sich in wenigen Tagen besonders einladende Regionen Österreichs erschließen kann.*

# ST. JOHANN IN TIROL*

Tirol

7 800 Einwohner

Michelin-Karte Nr. 926 – Falte 19 – Kartenskizze: KAISERGEBIRGE – 670 m

Am Schnittpunkt mehrerer Täler gelegen, ist St. Johann ein belebter Ort. Eingerahmt wird der weite, sonnige Talkessel vom Wilden Kaiser und vom Kitzbüheler Horn. Der aus einem Haufendorf entstandene Markt zeigt heute noch eine Reihe schöner Barockhäuser mit Lüftlmalerei, die so typisch für die Gegend ist und den Besucher immer wieder aufs neue entzückt.
St. Johann hat sich als beliebter Fremdenverkehrsort etabliert, der im Sommer mit einem reichhaltigen Freizeitangebot und 5 000 Gästebetten sowohl für Ruhesuchende, als auch für Wanderer und Alpinisten ein lohnendes Ziel ist.
Vor allem aber hat sich St. Johann in den letzten Jahren zu einem internationalen Wintersportort entwickelt, der mit einem ansprechenden Angebot aufwartet.

* **Das Skigebiet** Der alpine Ski konzentriert sich auf die Nordflanke des Kitzbüheler Horns. So werden die Pisten am Harschbichl, die bis in 1 700 m Höhe hinaufführen, mit 10 Schlepp-, 5 Sesselliften und 2 Kabinenbahnen gut erschlossen; diese können einem Andrang von 19 000 Personen in der Stunde standhalten. 28 der 60 Pistenkilometer werden bei Bedarf auch künstlich beschneit.
Geradezu ideal sind die Bedingungen für **Langlaufski**. 74 Kilometer Loipen, darunter 2 von je 16 km Länge, die als schwierig eingestuft sind, lassen keine Wünsche offen. Im Verbund mit den anderen Orten der näheren Umgebung, wie Oberndorf, Going-Ellmau, Kirchdorf-Erpfendorf und Waidring, kommt man gar auf gut 200 km Loipen!

**Pfarrkirche** - Dieses barocke Gotteshaus wurde zwischen 1723 und 1728 vom Baumeister Abraham Millauer errichtet. Sein lichtes Innere mit den sechs Gewölbefresken, die 1727 von **Simon Benedikt Faistenberger**, einem Schüler Rottmayrs, geschaffen wurden, wird von Liebhabern der Malerei besonders geschätzt und bewundert. Alle Altarbilder der Kirche wurden vom selben Künstler, dem Salzburger Hofmaler Jacob Zanusi (1679-1742), geschaffen.

**Antoniuskapelle** - *In der Bahnhofstraße, rechts an der Pfarrkirche vorbeigehen, nach etwa 200 m.* Das Kuppelfresko (1803, 1921 erneuert) der 1669-1674 errichteten Rotunde enthält eine Panoramadarstellung von St. Johann zu Beginn des 19. Jh.s.

**Spitalkirche zum hl. Nikolaus in der Weitau** - *s. Kaisergebirge* 1.

# Abtei ST. LAMBRECHT

## Steiermark

Michelin-Karte Nr. 926 - Falte 35

Die Benediktinerabtei St. Lambrecht liegt in über 1 000 m Höhe in einem vom Neumarkter Sattel ausgehenden Seitental. Um 1066 wird erstmals eine „Kirche des hl. Lambert im Walde" erwähnt. Bei diesem Gotteshaus errichtete die Kärntner Herzogsfamilie der Eppensteiner in den letzten Jahrzehnten des 11. Jh.s ein Familienkloster. Die abschließende Bestiftung erfolgte durch Herzog Heinrich III. von Kärnten im Jahre 1103. Die erste große romanische Stiftskirche, eine 1160 geweihte Basilika mit Doppeltürmen im Westen, wurde 1327 bis 1421 durch die heute noch erhaltene hochgotische, dreischiffige Hallenkirche ersetzt. Die Stiftsgebäude wurden ab 1640 nach Plänen des Stiftsbaumeisters Domenico Sciassia errichtet. Den Bauten des 17. Jh.s wurde um 1730 der den äußeren Stiftshof zum Markt hin abgrenzende Südflügel mit seinem statuenflankierten Portalbau hinzugefügt.
Das Stift wurde 1786 von Joseph II. aufgehoben. Nach der 1802 von Kaiser Franz II. erfolgten Wiedereinrichtung kehrte der Konvent zurück.

GEORG MIKES

Abtei St. Lambrecht

## BESICHTIGUNG ⓥ

Man betritt die Abtei durch das große Südportal. Zur rechten Hand bewundert man die durch Putzfelder und marmorne Fenstergewände eindrucksvoll gegliederte, 135 m lange Westfassade des Stiftsgebäudes. Die mittelalterliche Westturmfassade wurde von Domenico Sciassia barock umgestaltet. Gegenüber der Westfassade wird der Stiftshof durch die 1746 mit Statuen von Johann Matthias Leitner geschmückte Bastei begrenzt. In der Mitte der Bastei führt eine Freitreppe zur gotischen **Peterskirche**. Dahinter erheben sich die Reste des einstigen Schlosses. Im Norden wird der Stiftshof vom Kornspeicher (um 1625) abgeschlossen, an den im Westen weitere Wirtschaftsgebäude angebaut sind. Im Friedhof nördlich der Stiftskirche steht ein schlichter romanischer **Karner** (12. Jh.).

**Stiftskirche** - Das kunstvolle Marmorportal, nach einem Entwurf Sciassias, öffnet den Zugang zur Vorhalle, in der sich das alte Lettnerkreuz (14. Jh.) in barocker Umrahmung befindet. Die Stiftskirche selbst ist ein beeindruckender, gotischer Hallenbau mit mittelalterlichen Fresken im Chorgewölbe und an den Langhauswänden. Sie weist eine qualitätvolle, frühbarocke Ausstattung auf. Der riesige, 16 m hohe **Hochaltar**★, datiert von 1632, wurde nach Plänen von Valentin Khautt errichtet. Die Seitenaltäre und das Chorgestühl stammen vom Neumarkter Bildschnitzer Christoph Paumgarnter. Der plastische Schmuck des Emmeramaltars rechts vorne, die Kirchenlehrerstatuen auf der Orgelempore und das Madonnenstandbild in der Vorhalle sind Werke des berühmten Bildhauers Michael Hönel. Die figurengeschmückte Kanzel und der Mariazeller Altar in der Seitenkapelle sind Ausstattungsstücke aus dem 2. Viertel des 18. Jh.s.

**Burgruinen** - Nordöstlich der Abtei stehen noch ein Viereckturm sowie eine kleine Kapelle, Überreste einer in der ersten Hälfte des 15. Jh.s erbauten Burg. Diese wurde vermutlich an der Stelle einer alten Festung errichtet, vielleicht der des Grafen Marward von Eppenstein.

# ST. PAUL IM LAVANTTAL★

Kärnten

Michelin-Karte Nr. 926 - Falte 36 - 400 m

Das 1091 gegründete Benediktinerstift St. Paul, das halb verborgen zwischen Bäumen das weite untere Lavanttal leicht beherrscht, besitzt eine der besterhaltenen romanischen Kirchen Österreichs.

**Stiftskirche** ⏱ - *Den Ort über die Lavamünder Straße verlassen. Durch das Hofrichtertor gelangt man in den Stiftshof.* Mit dem Bau der Stiftskirche wurde 1180 begonnen. Es handelt sich um eine dreischiffige Pfeilerbasilika mit Chorquadrat und drei Halbkreisapsiden. Bemerkenswert ist der typisch romanische bauplastische Schmuck der Apsiden mit Blendarkaden, Schachbrett- und Rundbogenfriesen. Das Südportal zeigt die Anbetung der Hl. Drei Könige, das Westportal den Thronenden Christus.
Beachtung verdienen die **romanischen Fresken** hinter dem Altar und das Fresko an der Querschiffnordwand mit Stifterpaar und Heiligen (15. Jh.).

**Stiftsgebäude** ⏱ - Im Westtrakt ist eine Sammlung sehr bedeutender Kunstwerke untergebracht: eine Münzsammlung mit 30 000 Objekten, eine Kunst- und Wunderkammer sowie weitere Kunstschätze wie Silberschmiedearbeiten, Porzellan, Holzschnitzereien, romanische Meßgewänder - darunter besonders kostbare Stücke wie das Reichskreuz Rudolfs von Schwaben (sog. Adelheidkreuz, 11. Jh.). Außerdem wird eine erlesene Gemälde- (u. a. Werke von Rubens, Rembrandt, van Dyck) und Graphiksammlung (u. a. Blätter von Dürer, Rembrandt, Troger) ausgestellt.
Von nicht minderer Qualität ist die **Stiftsbibliothek** mit etwa 180 000 Bänden, darunter 4 000 Handschriften, das älteste Buch Österreichs aus dem 5. Jh. und das älteste gedruckte Buch der Welt aus der Werkstatt von Johannes Gutenberg (Mitte 15. Jh.).

# ST. PÖLTEN★

L Niederösterreich

50 000 Einwohner

Michelin-Karte 926 - Falte 11 - 271 m

St. Pölten, im 1. Jh. nach Chr. von den Römern gegründet, ist die jüngste Landeshauptstadt Österreichs. Hier erfolgte nach 791 die früheste Klostergründung Niederösterreichs, also noch zu karolingischer Zeit. Dieses Kloster war dem hl. Hippolyt geweiht, woraus sich der Name St. Pölten ableitet.

**Die Barockstadt** - Zur Zeit des Barocks erlebte die Stadt eine wahre Blüte. Hier lebten und wirkten Baumeister wie **Jakob Prandtauer** (von 1692 bis zu seinem Tode im Jahr 1726 war er in St. Pölten ansässig), Josef und Franz **Munggenast**, aber auch bedeutende Maler wie Daniel Gran, Paul Troger und Bartolomeo Altomonte. Auf Zeugnisse ihres Schaffens trifft man auf Schritt und Tritt, so daß ein Rundgang durch die Innenstadt zum Lehrbuch in barocker Kunst wird.

**Die Landeshauptstadt** - Am 10. Juli 1986 fiel die Entscheidung: Der Landtag Niederösterreichs, des eigentlichen Kernlands Österreichs, dessen erste schriftliche Erwähnung auf das Jahr 996 zurückgeht und das seit 1922 ohne Hauptstadt dastand - die Verwaltung erfolgte von Wien aus - entschied sich einstimmig für St. Pölten als Landeshauptstadt. Als größte Stadt dieses Bundeslandes, als Verkehrsknotenpunkt, aber auch als Industriestandort war sie dafür prädestiniert.

## SEHENSWÜRDIGKEITEN

**Rathausplatz** – Inmitten des von schönen Bürgerhäusern umstandenen rechteckigen Platzes erhebt sich die wuchtige **Dreifaltigkeitssäule**, 1767-1782 von Andreas Gruber geschaffen. Die Säule ist aus Marmor, die damit verbundene Brunnenanlage aus Sandstein; sie zeigt die Hl. Hippolyt, Florian (erkennbar am Attribut des brennenden Hauses), Sebastian (Pfeil) und Leopold (Kirchenmodell).

Herzberger/ÖSTERREICH WERBUNG

St. Pölten – Rathausturm und Dreifaltigkeitssäule

**Rathaus** – Es entstand im 16. Jh. durch die Verbindung zweier gotischer Häuser. Aus dieser Zeit stammen auch die Renaissanceportale. 1727 schuf Josef Munggenast, der Schüler Jakob Prandtauers, die Barockfassade, deren Turm als das Wahrzeichen St. Pöltens gilt.

**Bügerhäuser** – Links vom Rathaus befindet sich das **Schuberthaus**, in dem der Künstler 1821 weilte und eine Schubertiade abhielt. Das Gebäude stammt aus dem 16. Jh. Die Barockfassade wird Jakob Prandtauer zugeschrieben. Ebenfalls Prandtauer soll das **Montecuccoli-Palais** (Rathausplatz 5) geplant haben. Das **Theater der Landeshauptstadt**, 1820 von Josef Schwerdfeger erbaut und 1893 umgebaut, zeigt eine klassizistische Fassade.

**Franziskanerkirche** – Die leicht geschwungene Fassade verleiht der von 1757 bis 1779 an der nördlichen Schmalseite des Rathausplatzes errichteten Kirche große Lebendigkeit. Flache Pilaster gliedern die in der Mittelachse konkave Wand. Die schönen Nischenfiguren der Hl. Joseph (oben) und Theresa sowie des Propheten Elias sind einem unbekannten Meister zu verdanken. Der zweijochige Saal strahlt mit seiner Rokokokanzel, dem feierlichen Hochaltar von Andreas Gruber und den vier Seitenbildern von Martin Johann Schmidt, dem Kremser Schmidt, elegante Harmonie aus.

**Karmelitinnenkirche** – Nach ihrem Erbauer auch Prandtauerkirche genannt, steht diese 1707 errichtete Kirche rechts vom Rathaus an der Südseite des Rathausplatzes. Sie diente als Vorbild für die Franziskanerkirche. In ihrem schlicht gestalteten Innern befindet sich ein 1712 von Johann Lukas von Hildebrandt für die Schloßkapelle von Aschach in Oberösterreich geschaffener Hochaltar, dessen Giebelbild Georg Johann Schmid 1721 gemalt hat. Das Hauptbild (Kreuzigungsszene) wird dem spanischen Maler Ribera (1588-1652) zugeschrieben.
An die Kirche schließt sich in der Prandtauerstraße 2 das im ehemaligen Karmelitinnenkloster untergebrachte **Stadtmuseum** ⏲ (u. a. St. Pöltener Jugendstilgalerie) an.

★ **Institut der Englischen Fräulein** – *Von der Prandtauerstraße aus nach links in die Linzer Straße (Nr. 11).* Unübersehbar ist die prachtvolle, von Jakob Prandtauer begonnene, 1767-1769 wahrscheinlich durch Josef Munggenasts Sohn Mathias erweiterte **Fassade**★.
Weiß und rosa sind die dominierenden Farben, denen das Schwarz der schmiedeeisernen Fenstergitter Kontrast verleiht. Vier Portale, reich mit Kartuschen und Engelhermen geschmückt, gliedern den langgestreckten Bau. Das Besondere der Fassade sind drei Tabernakelaufbauten. Sie zeigen im Erdgeschoß zwischen Säulen je eine Figurengruppe, darüber in einer Wandnische eine Einzelfigur. Im einzelnen von rechts nach links: die hl. Katharina von Ägypten, darüber der hl.

# TIPS UND ADRESSEN

Auskünfte aller Art erteilt die **Touristeninformation** (Rathausplatz 1), ☎ 0 27 42/3 33 28 10, Fax 0 27 42/3 33 28 19. Im Internet gibt es Informationen zu St. Pölten unter der Adresse *www.st-poelten.gv.at*. Der örtliche **Veranstaltungskalender** zur Stadt und ihrer näheren Umgebung erscheint zwischen Mai und Oktober monatlich und ist bei der Touristeninformation und den Hotels erhältlich.

## Stadtführungen, -rundfahrten

Die Tourismusinformation organisiert Altstadtspaziergänge (Dauer etwa 1 1/2 Std.) und Stadtrundfahrten (Dauer etwa 1 Std.). Informationen und Anmeldung unter ☎ 0 27 42/3 33 28 11. Außerdem kann man dort gegen eine Gebühr von 20 S einen Walkman entleihen, mit dem man St. Pölten auf eigene Faust erkunden kann (Dauer des Rundganges 1 1/2 Std.).
Zwischen April und Oktober verkehrt der **„City-Express"** (rot) in der Innenstadt (von Donnerstag bis Samstag jeweils im 30-Minuten-Takt, kostenlos), mit dem man die Strecken beim Stadtbummel auf bequeme Weise zurücklegen kann. Die Rundfahrt erlaubt aber auch einen ersten Überblick über die St. Pöltener Altstadt zu gewinnen.
Der Riemerplatz ist Start- und Zielpunkt der Fahrt mit dem **„Landhaus-Express"** (blau), der zwischen Altstadt und Regierungsviertel pendelt (Frühjahr bis Dezember, sonst gleiche Bedingungen wie City-Express). Nähere Informationen hält die Touristeninformation bereit.

## Öffentliche Verkehrsmittel

Der City-Bus verkehrt in der Innenstadt auf insgesamt neun Linien. Fahrscheine erhält man bei den Fahrern der Busse, bei denen man auch Fahrplanhefte zum Preis von 15 S erwerben kann. Ein Einzelfahrschein kostet 18 S (eine Stunde gültig; Umsteigen, Fahrtrichtungswechsel möglich). Die Mehrfahrtenkarte zum Preis von 80 S ist für sechs Einzelfahrten gültig. Eine Wochenkarte kostet 90 S. Fahrplan- und Tarifauskünfte erhält man unter ☎ 0 27 42/25 23 60. Ab 20.40 Uhr verkehren Sammel-Taxis, ☎ 0 27 42/25 35 45.

## Parkplätze in der Innenstadt

Park- oder Tiefgaragen findet man in der Eybnerstraße, an der Dr.-Karl-Renner-Promenade, in der Bräuhausgasse, am Roßmarkt, am Rathausplatz und im Regierungsviertel. In den ausgewiesenen Kurzparkzonen parkt man von 12-13 Uhr gratis. Ansonsten kosten 30 Min. 5 S. Die maximale Parkdauer beträgt 3 Std.

## Post

Das Postamt im Stadtzentrum (Wiener Straße 12) ist Montag bis Freitag von 8-12 und 14-18 Uhr geöffnet. Das Hauptpostamt am Bahnhofsplatz 1a bietet seine Dienstleistungen Montag bis Freitag 7-20 Uhr und Samstag 7-13 Uhr an.

## Shopping

Die Kremser Gasse und die Wiener Straße bilden die beiden Hauptachsen der Fußgängerzone, in der man eine breite Auswahl an Einkaufsmöglichkeiten für jeden Geschmack findet.

## Unterhaltung

**Theater der Landeshauptstadt** - Rathausplatz 11, ☎ 0 27 42/35 20 26 19. Theater, Musicals, Operetten, Kindertheater. Sommerpause im Juli und August.

**Bühne im Hof** - Linzer Straße 18, ☎ 0 27 42/35 22 91. Kabarett, Tanztheater, Konzerte.

**Festspielhaus** - Franz-Schubert-Platz, ☎ 0 27 42/20 10. Breites Veranstaltungsspektrum: klassische Konzerte, Volksmusik, Jazz, Pop, Rock, Opern, Operetten, Musicals, Ballett, Volkstanz.

**Kultur Gasthof Figl** - Ratzersdorf, Hauptplatz, ☎ 0 27 42/25 74 02. Gasthaus mit Kleinkunstbühne.

## Kinos

Im **Hollywood Megaplex** (☎ 0 27 42/28 80; Engelbert-Laimer-Straße 1 auf der rechten Traisen-Seite) gibt es acht Kinosäle und verschiedene Gastronomie- und Unterhaltungsbetriebe unter einem Dach.

## Restaurants

**Galerie** - Fuhrmannsgasse 1, ☎ 0 27 42/35 13 05. Gediegenes Restaurant, das als die Nr. 1 in St. Pölten gilt.

**Parzer & Reibenwein** - Riemerplatz 1, ☎ 0 27 42/35 30 17 30. Restaurant mit stilvollem Ambiente in einem auf das 12. Jh. zurückgehenden Gebäude (Barocke Fassade, Arkadenhof).

**Gasthof Winkler** - Mühlweg 64, ☎ 0 27 42/36 49 44. Küche nach den Jahreszeiten, idyllischer Gastgarten.

**Zum Gwercher** - In Stattersdorf (rechts der Traisen, südöstlich des Zentums), Schiffmannstraße 98, ☎ 0 27 42/23 05 90. Sympathisches Wirtshaus mit großem Gastgarten im Innenhof. Internationales Angebot an Weinen und ... Zigarren.

## Cafés, Kneipen und Bars

**Kaffee-Konditorei Amler** - Brunngasse 4-6. Traditionelles Kaffeehaus.

**Café Punschkrapferl** - Domgasse 8. Über 80 Mehlspeisen stehen zur Auswahl. Dazu noch Eis und eine Salatbar.

**Zum Rothen Krebs** - Kremser Gasse 18. Tagesbar in modernem Design mit Bibliotheksbereich, in dem man sich in ein nobles Herrenhaus versetzt glaubt.

**Winzig** (Kremser Gasse 25) und **Riesig** (Wiener Straße 24) sind, auch wenn die Namen anderes vermuten lassen, beide relative kleine Bars, wo man bei einem Wein oder einem Bierchen und kleinen Speisen den Abend verbringen kann.

**Mitt'n Drin** - Wiener Straße 10. Kaum über der Schwelle ist man auch schon mittendrin. Für ein Gläschen zwischendurch.

**Drunter & Drüber** - Kugelgasse 6. Pub mit gemütlicher Sofaecke und Gastgarten. In der kalten Jahreszeit auch mit Live-Musik von Rock bis Blues.

**Narrenkastl** - Wiener Straße 33. Kleine Kneipe mit einer Bütt, die von einer Narrenfigur überragt wird. Im Sommer ist allerdings eher der schöne Innenhof das Zentrum des Geschehens.

**Salzamt** - Linzer Straße 18. Pubatmosphäre unter schönem Gewölbe.

**Cabrio** - Linzer Straße 30. Jugendliches Bierlokal mit viel grüner Dekoration (allerdings nicht immer echt).

**Flieger-Bräu** - Ferstlergasse 9. Hausgebrautes naturtrübes Bier. Rustikales Lokal, in dessen Dekoration natürlich die Fliegerei Trumpf ist.

## Besondere Termine

**Meisterkonzerte**: Dezember bis April. Klassische Konzerte im Stadtsaal und Festspielhaus.

**St. Pöltner Festwochen**: Anfang Mai bis Anfang Juni. Konzerte, Theaterstücke, Kabarett.

**Film am Dom**: Anfang Juni präsentiert der Verein „Cinema Paradiso" anspruchsvolles Open-Air-Kino am Domplatz.

**Hauptstadtfest**: Am zweiten Freitag im Juli. Musik, Kabarett, Kinderbelustigung auf verschiedenen Bühnen in der Innenstadt. Großfeuerwerk.

**Sonnenblumenfest**: Im Juli. Musik und kulinarische Schmankerln am Rathausplatz.

**Film-Festival**: Einmonatiges Festival zwischen Ende Juli und Anfang September. Filme und Kulinarisches aus aller Welt am Rathausplatz.

**St. Pöltner Seefest**: Im August. Ballett, Konzerte, Kinderprogramm am Ratzersdorfer See.

**Musica Sacra**: Ende September bis Anfang Oktober. Internationale Kirchenmusiktage im Dom und den Stiftskirchen Herzogenburg und Lilienfeld.

Genaue Termininformationen und weitere Auskünfte erteilt die Tourismusinformation unter ☎ 0 27 42/35 33 54.

Ignatius; Schutzengel mit Kind, darüber die Immaculata; die hl. Anna mit Maria, darüber der hl. Josef. In dieser Ikonographie zeigt sich die Bestimmung des Instituts, das sich dem Wohl und der Ausbildung der Jugend verschrieben hat; es unterhält hier heute noch Schulen.

Die barocke **Institutskirche** *(Einlaß bei der Pforte erbitten)* ist aus zwei ungleich großen Räumen gebildet, der kleinere wurde von Jakob Prandtauer geplant. In seiner 20 m hohen Kuppel hat sich Paul Troger mit dem Fresko *Offenbarung der Menschwerdung Christi* verewigt. Der Hauptraum trägt ein Deckenfresko von Barotolomeo Altomonte mit Szenen aus dem Marienleben.

## DAS DOMVIERTEL

★ **Dom Mariä Himmelfahrt** – Vom Domplatz aus bietet sich der Bau dem Auge eher schmucklos dar. Allein die beiden Figuren (links St. Hippolyt, rechts Augustinus) und der Barockhelm mildern die Strenge des in seinem Kern aus dem Jahr 1150 und dem 13. Jh. stammenden und im 16. und 17. Jh. mehrmals umgestalteten Gebäudes. Umso mehr wird der Besucher von der großen Barockpracht im Innern überrascht.

★ **Inneres** – Die sanfte Tönung des Stuckmarmors und der Gemälde, der Glanz des reich verwendeten Goldes, die Intarsienarbeiten ergeben eine ungemein warme rot-goldene Farbwirkung, die das Auge zunächst einmal als Ganzes erfaßt und dann erst in Einzelheiten zerlegen kann. Kaum zu glauben, daß dieses Gesamtkunstwerk im 19. Jh. noch als „Zeichen rücksichtsloser Energie" der Barockzeit geschmäht wurde.
Die Barockisierung begann 1722 unter Jakob Prandtauer und wurde 1735 unter Josef Munggenast abgeschlossen. Das Hochaltargemälde stammt von Tobias Pock, ist 1658 entstanden und zeigt die Himmelfahrt Mariä. Das prächtige **Chorgestühl**★ mit seinen reichen Holzschnitzereien wurde 1722 von Peter Widerin entworfen. Von ihm stammt auch das Orgelgehäuse; weitere St. Pöltener Künstler waren an der Schaffung der schönen Kanzel und der Beichtstühle beteiligt.
Die Deckenfresken und die zehn großen **Wandbilder**★ mit Darstellungen aus dem Leben Jesu sind das Werk von Thomas Friedrich Gedon und können die Beeinflussung durch Daniel Gran nicht verleugnen.
Während der Barockisierung erfuhren die Seitenschiffe eine interessante Änderung: Jedes zweite Joch erhielt eine Kuppel mit hoher Laterne. Die anderen Kuppeln wurden mit Fresken versehen. Die beiden ersten (vom Chor aus) im südlichen und nördlichen Seitenschiff führte Bartolomeo Altomonte aus, die restlichen, ursprünglich von Daniel Gran, wurden 1949-1950 von H. A. Brunner erneuert. Daniel Gran malte auch die Altarbilder der Seitenaltäre.

**Bistumsgebäude** – Das ehemalige Chorherrenstift schließt sich nördlich des Doms an (Zugang durch das Seitenschiff der Kathedrale), die große frühbarocke Anlage gruppiert sich um fünf Höfe. An den Kreuzganghof schließt sich nördlich der Brunnenhof an: In seinem Osttrakt kunstvolles **schmiedeeisernes Tor**★ (1727), das zu einem schönen, von Josef Munggenast entworfenen Treppenaufgang führt.

★ **Diözesan-Museum** ⓥ – *Im Obergeschoß des Kreuzganghofes.* Es birgt sakrale Werke von der Romanik bis zur Moderne, insbesondere gotische Tafelbilder und Skulpturen sowie Werke bedeutender österreichischer Barockkünstler. Krönung der Besichtung, die auch das Bischofsoratorium einschließt, ist zweifelsohne die prächtige **Stiftsbibliothek**★ mit Skulpturen, die Peter Widerin zugeschrieben sind, und Fresken von Daniel Gran und Paul Troger. Sie stellen die vier Fakultäten – Theologie, Philosophie, Medizin, Jus – dar.

## WEITERE SEHENSWÜRDIGKEITEN

**Riemerplatz** – Über die Rathausgasse gelangt man zum Riemerplatz mit seinen schönen Häusern, deren Kern zum Teil bis ins Mittelalter zurückgeht, und die im 18. Jh. Barockfassaden erhielten, so Riemerplatz Nr. 1, bei dem man das Wirken von Josef Munggenast vermutet. Nr. 3 und 4 werden seinem Sohn Mathias zugeschrieben.

★ **Herrenplatz** – Über die Wiener Straße Richtung Traisen – auch hier beachte man die zum Teil bemerkenswerten Barockfassaden – gelangt man zu diesem Platz mit der Mariensäule im Zentrum, an dessen Bauten sich alle Barockkünstler, die in St. Pölten waren, verewigt haben. Paradebeispiel ist das Haus Nr. 2, dessen Frontgiebel darüber hinaus noch eine nach Plänen des bedeutendsten Barockbildhauers Österreichs, Georg Raphael Donner, ausgeführtes Relief trägt. Es stellt die *Vertreibung der Finsternis durch das Licht* dar.

Ein bedeutendes Zeugnis des Jugendstils findet man in der Kremser Gasse 41. Das sogenannte „**Stöhrhaus**" wurde 1899 von Joseph Maria Olbrich, dem Schöpfer des Wiener Secessionsgebäudes, errichtet.

## REGIERUNGSVIERTEL UND KULTURBEZIRK

Als neue Heimstatt der niederösterreichischen Regierung entstand seit 1992 an der Traisen im Osten der Altstadt das neue Regierungsviertel. Im eleganten „**Landtagsschiff**" und den funktionalen Bürogebäuden für die Verwaltungen wurde im Mai 1997 die Arbeit aufgenommen wurde. Eine eigene Einkaufsstraße (Landhaus-Boulevard) und der moderne Kulturbezirk sind ebenfalls auf dem Areal untergebracht: Das **Festspielhaus** wurde von Klaus Kada geplant, die **Shed-Ausstellungshalle** von Hans Hollein. Für den **Klangturm** ⓥ, den vertikalen Kontrapunkt des Ensembles, zeichnet ebenso wie für das Gesamtprojekt Ernst Hoffmann verantwortlich. Im Turm (mit Aussichtsplattform) werden in wechselnder Präsentation (meist interaktive) künstlerische Installationen, die mit Klängen experimentieren, präsentiert. 2002 soll das ebenfalls von Hans Hollein entworfene neue Niederösterreichische Landesmuseum eröffnet werden.

## UMGEBUNG

**Schloß Pottenbrunn** – *In Pottenbrunn, 5 km nordöstlich von St. Pölten, über die Wiener Straße und die Ratzersdorfer Straße.* Das alte Wasserschloß erhielt durch einen Umbau im 16. Jh. sein bis heute erhaltenes Renaissancegepräge in italienischem Stil. Besonders charakteristisch hierfür sind die auskragenden Arkadengalerien, die Turm und Wohngebäude umlaufen. Eine barocke Zwiebelhaube schließt den Turm ab.

★ **Stift Herzogenburg** ⓥ – *12 km nördlich von St. Pölten.* Das Augustiner-Chorherrenstift wurde im 12. Jh. von Bischof Ulrich von Passau gegründet und gelangte zu bedeutendem Wohlstand, wovon die Sammlungen von Kunstwerken und Manuskripten heute Zeugnis ablegen. Die Kirche und die Stiftsgebäude wurden im 18. Jh. im Barockstil umgestaltet.

**Kirche** – Ihr Bau wurde von Franz Munggenast geleitet. Die eigenwillige Turmbekrönung, die ein Kissen mit einem nachgebildeten Herzogshut zeigt, wird Fischer von Erlach zugeschrieben. Die figürlichen Fresken und Aufsätze der Nebenaltäre sind Werke von Bartolomeo Altomonte. Das Hochaltarbild von Daniel Gran zeigt in der Mitte die Gottesmutter mit dem Jesuskind, umgeben von den Schutzpatronen des Klosters, dem hl. Georg und dem hl. Stephanus.

**Stiftsgebäude** – Die Gebäude entstanden nach Plänen von Jakob Prandtauer, der die Bauleitung bis zu seinem Tode 1726 innehatte. Von besonderem Interesse ist der Mittelrisalit des östlichen Flügels, ein Werk Fischer von Erlachs. Das Deckenfresko des Festsaals ist eine große allegorische Komposition von Altomonte, in der die Fürstbischöfe von Passau verherrlicht werden.
Die mit Malereien, Fresken und Grisaillen ausgeschmückte **Bibliothek** birgt fast 80 000 Werke.
In einem der Gotik gewidmeten Saal sind **Tafelbilder**★ aus dem 16. Jh. ausgestellt, die zur Donauschule gehören, darunter vier Tafeln von Jörg Breu, die auf der Außenseite Szenen aus der Leidensgeschichte und innen Szenen des Marienlebens darstellen.

# ST. VEIT AN DER GLAN

Kärnten

12 020 Einwohner

Michelin-Karte Nr. 926 – Falte 35 – 476 m

St. Veit war bis 1518, als Klagenfurt zur Landeshauptstadt erkoren wurde, Mittelpunkt und Sitz der Herzöge Kärntens. Mit der gut erhaltenen Stadtmauer, den malerischen Gassen, den beiden Stadtplätzen mit ihren schmucken Häusern und Arkadenhöfen ist das Erscheinungsbild der Stadt sehr reizvoll. In jüngster Zeit setzte moderne Architektur starke Akzente in St. Veit: Mitten in der Altstadt, am Herzog-Bernhard-Platz, entstand die längste Glaspassage Österreichs. Unübersehbar ist das **Kunsthotel** von Ernst Fuchs *(Prof.-Ernst-Fuchs-Platz 1)* mit seiner farbenfrohen, alle hergebrachten Normen sprengenden Fassade (1 100 $m^2$ aus Tiffany-Glas).
Die Hügel um St. Veit sind von Burgen gekrönt – nicht weniger als 15 in einem Umkreis von 10 km –, die willkommene Ausflugsziele für Entdeckungstouren bilden.

## SEHENSWÜRDIGKEITEN

★ **Hauptplatz** – Das Zentrum der Stadt verwandelt sich von Frühjahr bis Herbst in ein **Blumenmeer**, das seinesgleichen sucht. Nicht umsonst genoss St. Veit bei der Blumenolympiade 1998 höchste Ehren.
Die meist dreigeschossigen Häuser verleihen dem Platz einen recht einheitlichen Charakter, der von den engen Gassen, die längsseits auf ihn münden, nicht gestört wird. Von den drei Denkmälern, die den Platz schmücken, ist neben der üblichen Pestsäule von 1715 der **Schüsselbrunnen**, dessen antike Schale einst das Forum der Römerstadt Virunum *(s. Maria Saal)* geschmückt haben soll, das bemerkenswerteste. Die groteske, bronzene Aufsatzfigur (16. Jh.) im Bergmannskleid, „Schüsselbrunnbartele" genannt, wurde zum Wahrzeichen von St. Veit. In der westlichen Hälfte des Platzes steht der Walther-von-der-Vogelweide-Brunnen von 1676, dessen Bronzestatue 1960 geschaffen wurde und den bedeutendsten deutschen Minnesänger darstellt; dieser hatte einst am Hof von St. Veit gewirkt.

St. Veit Information

„Kunsthotel"

★ **Rathaus** – Dieser elegante Bau stammt aus der Spätgotik – das Kielbogenportal und eine Metallgußtafel aus dem Jahr 1468 weisen darauf hin –, doch erhielt er 1754 eine prächtige, durch Pilaster gegliederte **Stuckfassade**★, die Joseph Pittner zu verdanken ist. Der Mittelteil wird durch eine schwungvolle Barockfigur der Justitia hervorgehoben. Am Giebel sieht man den von Fahnen flankierten Doppeladler, in dessen Herzschild sich der hl. Veit zeigt. Durch das Portal, das seine gotische Arkade bewahrt hat, und einen ebenfalls gotisch gewölbten Gang gelangt man in den stilvollen **Renaissance-Innenhof**★, einen der schönsten seiner Art in Kärnten. Die Arkaden tragen Sgrafittoschmuck. Der **Rathaussaal**★ befindet sich im 1. Stock. Seine ziemlich flache Deckenwölbung verzierte Joseph Pittner im 18. Jh. reich mit feinem netzartigem Stuckwerk.
Die **Bezirkshauptmannschaft** schließt den Hauptplatz im Westen ab. Der 1780 entstandene Bau mit seinem Marmorportal verdeutlicht den Übergang vom Barock zum kühleren Klassizismus. Im Osten erhebt sich das **Carinthia-Haus**; es dient als Riegel zum Unteren Platz. Das imposante dreigeschossige Gebäude stammt im Kern aus dem Mittelalter und erhielt seinen markanten Portalvorbau in der Mitte des 16. Jh.s.

**Verkehrsmuseum** – *Hauptplatz 29.* Dieses kleine, ungemein informative Museum ist aus einem Eisenbahnmuseum hervorgegangen. Hier werden eine Vielfalt von Aspekten des Verkehrs behandelt (u. a. Eisenbahn in Österreich, Motorisierung, Post- und Fernmeldewesen). Gern besichtigt wird die Modelleisenbahn mit 200 m Gleislänge.

**Stadtpfarrkirche** – Die dem hl. Veit geweihte dreischiffige Pfeilerbasilika entstand im frühen 13. Jh. Im 15. Jh. wurde ein Kreuzrippengewölbe eingezogen und die St. Bernhardskapelle hinzugefügt. Der spätbarocke Hochaltar, der Kreuzaltar und die Kanzel sind Werke des St. Veiter Holzbildhauers Johann Pacher. An der nördlichen Chorwand hat man Fresken angebracht, die aus dem Jahr 1406 stammen und 1959 hinter dem Floriani-Altar gefunden wurden.
Südlich der Kirche steht mitten im ehemaligen Friedhof der kreisrunde romanische **Karner**, dessen Entstehung auf das 12. oder 13. Jh. zurückgeht. Neben dem Portal ist das Fragment eines seltenen karolingischen Flechtwerksteins (um 900) eingelassen.

## UMGEBUNG

★ **Schloß Frauenstein** – *5 km zuzüglich 1/2 Std. zu Fuß hin und zurück. Sehr schmale Feldwege. Ausfahrt aus St. Veit in nordwestlicher Richtung (Obermühlbach); 1 500 m nach diesem Ort den 2. Weg rechts nehmen.*
Gut erhaltene Burg aus dem 16. Jh. Die massigen Türme, verbunden mit schlankeren Türmchen und Dächern von ungleicher Höhe, bieten ein malerisches Bild. Man beachte den schönen Arkadenhof.

★ **Rundfahrt durch das östliche Hügelland von St. Veit** – *25 km – etwa 2 Std. St. Veit auf der Straße nach Brückl verlassen.*
Bald tritt rechts der Straße, hoch auf einem Felsen, um den sich der befestigte Burgweg windet, die gewaltige Feste Hochosterwitz in Erscheinung.
*Ungefähr 400 m nach einem Bahnübergang rechts abbiegen. In dem kleinen Dorf am Fuße des Burgfelsens links den Burgweg nehmen.*

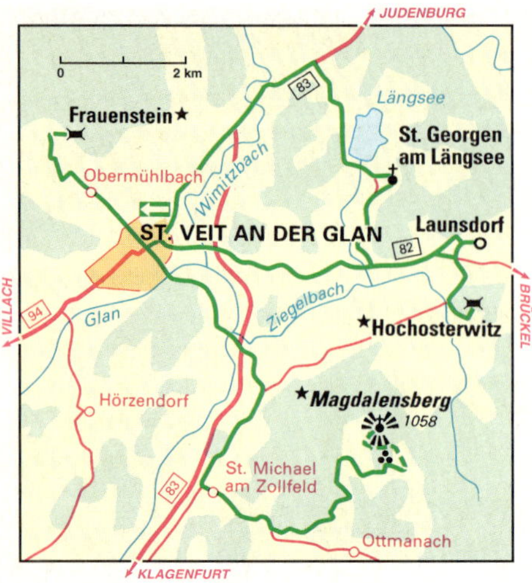


★ **Burg Hochosterwitz** – s. dort.

*Umkehren und geradeaus der Straße nach Launsdorf folgen.*

**Launsdorf** – Die Dorfkirche, die in ihrer Architektur, bei der die verschiedenen Bauabschnitte von der Romanik bis zum Barock deutlich sichtbar sind, geradezu rührend wirkt, birgt in ihrem winzigen gotischen Chor eine schöne Madonna – Maria mit Granatapfel – aus dem 15. Jahrhundert. Interessant ist auch der Tabernakel aus bemaltem Holz mit Gleittür in der südlichen Seitenkapelle.

*Dann fährt man wieder in Richtung St. Veit, biegt jedoch rechts nach St. Georgen ab. 1 300 m weiter die Umgehungsstraße von St. Georgen links liegen lassen und in den Ort hineinfahren.*

**St. Georgen am Längsee** – Das ehemalige Benediktinerinnenstift, ältestes noch erhaltenes Kloster Kärntens, hat seine ursprüngliche Anlage bewahrt: Ein weitläufiges Gebäudeviereck umschließt die um 1720 barockisierte Stiftskirche. Der Stiftshof bietet mit seinen mächtigen, regelmäßig von Bogenwerk durchbrochenen Fassaden einen imposanten Anblick. An das Klosterleben erinnert der zweistöckige Renaissance-Laubengang (1546) gegenüber dem Eingangsportal der Kirche. Heute dient das Gebäude als Bildungshaus, Kulturzentrum, Hotel und Restaurant.

*Man umfährt den kleinen Längsee und stößt bald wieder auf die Bundesstraße 83, die links nach St. Veit zurückführt.*

★ **Magdalensberg** – *15 km – etwa 2 Std. – St. Veit auf der Klagenfurter Straße verlassen.*

Nach 7 km links in die schön angelegte Straße einbiegen, die bis zum Scheitel des Magdalensberges hinaufführt und Blicke auf das Klagenfurter Becken und die Karawankenkette erschließt. Die **Ausgrabungen** ⏲ auf dem **Magdalensberg** haben die Überreste einer frührömischen Stadt, die auf den Überresten einer vorrömischen Siedlung entstanden war, zutage gebracht. In der Zeit um Christi Geburt galt diese als politisches und wirtschaftliches Zentrum des Ostalpengebietes. Ein **Archäologischer Park** mit verschiedenen Ausstellungen gibt Zeugnis von dieser Stadt. Auf dem Berggipfel (1 058 m), den man zu Fuß erreicht *(3/4 Std. hin und zurück)* erhebt sich die gotische Wallfahrtskirche St. Helena und St. Magdalena, die einen schönen Flügelaltar (vor 1502) aus der St. Veiter Schnitzwerkstatt ihr eigen nennt. Von hier bietet sich ein großartiges **Panorama**★ auf die bewaldete Bergkette der Saualpe, das Klagenfurter Becken, die Karawanken und im Nordwesten auf das sogenannte Nockgebiet, eine weite Mittelgebirgsgegend. Zwischen den umliegenden Bergen hebt sich die majestätische Kuppe des Ulrichsbergs besonders hervor; es ist nicht verwunderlich, daß schon die Kelten auf ihr einen Tempel errichtet haben (Tempelruinen wurden ausgegraben).

# ST. WOLFGANG★★

Oberösterreich

2 790 Einwohner

Michelin Karte Nr. 926 – Falte 20 – Kartenskizze: SALZKAMMERGUT – 549 m

Die heutige Touristeninvasion ist für St. Wolfgang, seit dem 12. Jh. ein vielbesuchter Wallfahrtsort, nichts Neues.
Der rege Fremdenverkehrsbetrieb stört wenig den Alltag des an die Pilgerscharen gewöhnten St. Wolfgang. Jeder Österreichbesucher möchte natürlich den Ort des „Weißen Rößl" kennenlernen, dessen landschaftliche Schönheit und prächtiger **See**★★ in der weltberühmten Operette besungen werden. Erwähnt sei in diesem Zusammenhang, daß einige ausländische Bearbeiter des Operettentextes St. Wolfgang, die Perle des Salzkammerguts, einfach nach Tirol verlegten.
Die stimmungsvolle Landschaftskulisse von St. Wolfgang erlebt man besonders während der sommerlichen Vor- und Nachsaison und im Winter.

R. Dietrich/BILDAGENTUR BUENOS DIAS

St. Wolfgang - Michael-Pacher-Altar

**Zufahrt** - Da die nach St. Wolfgang hineinführende Straße in einer Sackgasse endet, empfehlen wir, den Wagen auf einem der beiden Parkplätze am Ortseingang oder beim Schafbergbahnhof, 1 km hinter der Kirche, abzustellen.
Bei starkem Verkehr ist es angenehm, die Reise nach St. Wolfgang - wie in der Operette! - mit dem **Schiff** ⓥ zu machen.
Am besten nimmt man das Schiff in Strobl oder St. Gilgen, den beiden einzigen Anlegestellen, von denen täglich Verbindungen in großer Zahl ausgehen.
Das Schiff legt zuerst am Schafbergbahnhof, dann im Ortszentrum an.

## PFARRKIRCHE ⓥ

Sie erhebt sich an der Stelle einer Kapelle, die nach der Überlieferung der hl. Wolfgang, Bischof von Regensburg (1052 heiliggesprochen), der an den wilden Ufern des Abersees ein Einsiedlerdasein führte, erbaut hatte.
Die Kirche wurde in der 2. Hälfte des 15. Jh.s auf einer Anhöhe errichtet, was, neben der Notwendigkeit eine möglichst große Zahl an Pilgern aufzunehmen, ihren unregelmäßigen Grundriß erklärt. Sie lehnt sich an die vornehm wirkenden Gebäude (16. Jh.) des Priorats an, das einst den Benediktinern von Mondsee *(s. dort)* unterstand.
Durch die Arkaden der Umfassungsmauer des Kirchplatzes, die das prächtige **Gesamtbild**★★ der Kirche ergänzt, bieten sich reizvolle Blicke auf den Wolfgangsee.
*Man betritt die Kirche durch das Südportal.*

★★ **Michael-Pacher-Altar** - Der 1481 beendete Hochaltar wurde von einem Mondseer Abt der Werkstatt Michael Pachers in Bruneck (Südtirol) in Auftrag gegeben. Der Künstler erhielt die Themen der einzelnen Darstellungen von Kardinal Nikolaus Cusanus, der Bischof von Südtirol sowie einer der berühmtesten Theologen und Humanisten seiner Zeit war. Der Pacher-Altar ist ein Meisterwerk, das einen der Höhepunkte der gotischen Kunst darstellt. Es ist erwiesen, daß das Schnitzwerk (Mariä Krönung) des Mittelschreins und die Tafelgemälde auf Goldgrund des inneren Flügelpaars mit Szenen aus dem Marienleben eigenhändige Arbeit Michael Pachers sind.
Man kann sich erklären lassen, wie die Altarflügel der jeweiligen Liturgie entsprechend gestellt wurden.
Pacher erweist sich hier als Meister der Perspektive, aber auch des Details. In dem 12 m hohen Altar kommen Gestaltung und Ausdruck zu höchster Vollendung.

★ **Schwanthaler-Doppelaltar** – Dieses Meisterwerk des Barocks schuf Thomas Schwanthaler in den Jahren 1675 und 1676. Auf der linken Seite des in Schwarz und Gold gehaltenen Altars, der sich in der Mitte des Langhauses befindet, ist die Hl. Familie auf dem Pilgerweg nach Jerusalem dargestellt, auf der rechten sieht man den hl. Wolfgang. Die überaus bewegte Komposition umfaßt mehr als 100 Figuren voller Kraft und Leben.
Es heißt, Thomas Schwanthaler habe den damaligen Abt von Mondsee davon abgehalten, den Pacher-Altar im Zuge der Barockisierung der Kirche zu ersetzen und damit der Vernichtung preiszugeben. Bewiesen ist diese Behauptung nicht. Für den heutigen Besucher ist es jedoch ein besonderes Erlebnis, in einer Dorfkirche zwei Meisterwerke zu sehen, die in einem Abstand von zweihundert Jahren für sie geschaffen wurden.

**Eine Künstlerfamilie**

Die aus Ried in Bayern stammende Familie Schwanthaler hat innerhalb von 250 Jahren nicht weniger als 21 Künstler, vor allem Bildhauer, hervorgebracht, so auch Ludwig Ritter von Schwanthaler, den Hofbildhauer König Ludwigs I. von Bayern. Ihm ist die Bavaria auf der Theresienwiese in München zu verdanken.

Ein dritter großer Künstler hat in St. Wolfgang gewirkt: der Mondseer Meister **Meinrad Guggenbichler**, dem die drei nördlichen Seitenaltäre, unter denen der Rosenkranzaltar herausragt, und die Kanzel zu verdanken sind. Ergreifend ist sein *Schmerzensmann.*
Unweit der Kirche steht das berühmte „**Weiße Rößl**", das auch zu einer Art Baudenkmal von St. Wolfgang geworden ist.

## UMGEBUNG

★★ **Schafberg** ⏲ – *Etwa 4 Std. hin und zurück, davon 2 Std. mit der Zahnradbahn und 1/2 Std. zu Fuß.*
Von der Bergstation geht man zum Hotel Schafbergspitze (1 783 m), das nur einige Meter von der eindrucksvollen, schroffen Nordwand entfernt liegt. Von hier umfaßt der Blick 13 Seen. Die am deutlichsten sichtbaren sind der Mondsee, der Attersee und der Wolfgangsee. Im Hintergrund reihen sich das Höllengebirge, das Tote Gebirge, der Dachstein mit seinen Gletschern, das Tennengebirge, der Hochkönig, kenntlich an seinem großen Firn, das Steinerne Meer, die Berchtesgadener Alpen und die Loferer Steinberge aneinander.

# SCHÄRDING★

Oberösterreich

5 640 Einwohner

Michelin-Karte Nr. 926 – Falte 7 – 318 m

Im Jahr 804 als Wirtschaftshof der Domkirche von Passau erstmals erwähnt, wurde dem Ort 1316 das Stadtrecht verliehen. Die Wittelsbacher, denen Schärding von 1248 bis 1779 fast ohne Unterbrechung gehörte, hatten hier auf einem Felssporn eine Burg mit Befestigungsanlage errichtet, von der außer dem Zwinger und dem Graben nur noch das Burgtor erhalten ist. Bedingt durch die günstige Lage am Inn, florierte der Handel mit Salz und Holz, mit Tuffstein und Marmor, ja selbst mit Wein. 1779 fiel Schärding zusammen mit dem Innviertel an Österreich.

## SEHENSWÜRDIGKEITEN

**Stadtplatz** – Durch ein „Grätzel", eine Bebauung in Form eines Querriegels, in den Oberen und Unteren Stadtplatz geteilt, verfehlt dieses bemerkenswerte Ensemble, das vom alles beherrschenden Turm der nahen Stadtpfarrkirche überragt wird, nicht seine Wirkung. Im Osten wird der obere Teil durch das Linzer Tor abgeschlossen. Den Beginn des Unteren Stadtplatzes, in dessen Mitte der 1607 vollendete St.-Georgs-Brunnen mit seinem schmiedeeisernen Gitter steht, markiert das Rathaus. Der sich in eine abschüssige Straße verjüngende Platz endet an dem mächtigen **Wassertor**, das zur Stadtseite ein Fresko mit dem hl. Florian trägt. Hochwassermarken künden von den verheerenden Überschwemmungen des Inns.

★ **Silberzeile** – Die am oberen Stadtplatz in Nord-Ost-Richtung verlaufende Häuserzeile, deren Bausubstanz aus dem 16. bis 19. Jh. stammt, ist das Glanzstück Schärdings. Die Bezeichnung „Silberzeile" erinnert an die reichen Kaufleute, die

R. Chéret/MICHELIN

Schärding – Silberzeile

sich hier niedergelassen hatten und ihren Wohlstand zur Schau stellten. Schmucke, leicht geschweifte Giebel aus dem Spätbarock krönen die farbig verputzten Häuser und zaubern ein Bild bemerkenswerter Geschlossenheit. Auf ihrer Rückseite tragen die Häuser einfache Spitzgiebel (vom Seilergraben aus gut zu sehen).

**Stadtpfarrkirche** – Sie ist abseits des Stadtplatzes gelegen – eine Besonderheit im Inn-Salzach-Raum. Dem hl. Georg geweiht, wurde der spätbarocke Bau 1724 vollendet und im beginnenden 19. Jh. nach Bombardierung durch Napoleonische Truppen erneuert. Die klare Gliederung verleiht dem hellen Langhaus erhabene Würde, unterstrichen durch die toskanische Riesenordnung. Der linke Seitenaltar trägt ein Altarblatt von Michael Rottmayr (*Christus erscheint der hl. Theresia*, um 1690).

**Innlände** – Ein Spaziergang entlang dieser Promenade lohnt sich, sieht man doch die Stadt aus einer anderen, nicht minder malerischen Perspektive. Hier ist auch die Anlegestelle für die Ausflugsdampfer. Der markante Baukomplex auf der anderen Flußseite ist Kloster Neuhaus.

## SCHLADMINGER TAUERN★★

Steiermark

Michelin-Karte Nr. 926 – Falten 21, 33 und 34

Diese Gebirgskette wird im Westen von den Radstädter Tauern und im Osten von den Wölzer Tauern eingerahmt. Sie hat eine Länge von vierzig Kilometern und überragt das breite **Ennstal**. Jenseits dieses Tals liegt gegenüber den Schladminger Tauern das parallel dazu verlaufende, majestätische **Dachstein-Massiv**★★ *(s. dort)*.
Der Kontrast zwischen diesen beiden Bergketten ist erstaunlich. Während der Dachstein durch Kalkfelsen und schroffe Steilwände das Aussehen einer Festung hat und sich durch eine karge Landschaft auszeichnet, bestehen die Schladminger Tauern vor allem aus Kristallfelsen und werden von langen, dicht bewaldeten und leicht zugänglichen Tälern sowie von zahlreichen Seen und Flüssen durchzogen.
Gerade diese abwechslungsreichen Landschaften verleihen dem Ennstal eine besondere Anziehungskraft, die in den 60er Jahren durch die Entwicklung des Wintersports zusätzlich gefördert wurde. Die vorderen Hänge der Schladminger Tauern mit ihrem regelmäßigen Gefälle wurden damals mit der entsprechenden Infrastruktur ausgestattet und so zu einem bedeutenden Skigebiet. Oberhalb dieser mäßig hohen Ausläufer (Gipfel um 1 850 – 2 000 m) besteht das Herz der Kette aus einem Hochgebirgsraum, der das Tal zum Teil um über 2 000 m überragt. Die berühmtesten Gipfel von Ost nach West sind die Hochwildstelle (2 747 m), der

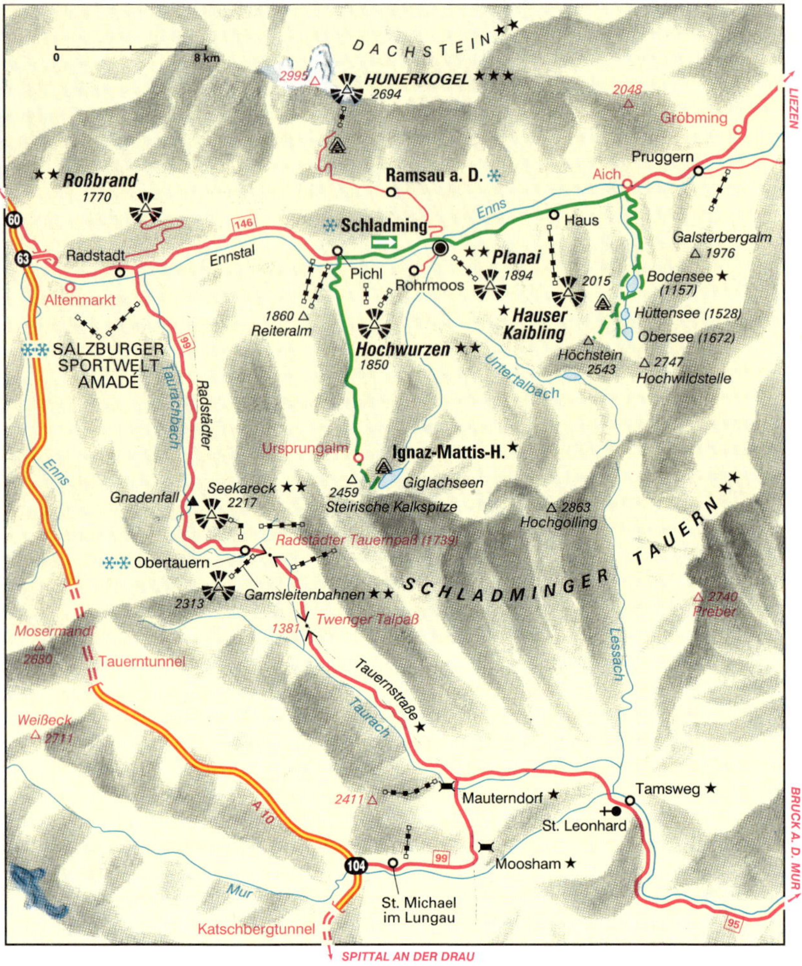


Höchstein (2 545 m), der Hochgolling (2 863 m) und die Steirische Kalkspitze (2 459 m). Hier bieten sich dem Wanderer weite, unberührte Flächen mit großartigem Panoramablick, allerdings erst nach einem langen, anstrengenden Aufstieg.
Das Ennstal ist die optimale Ausgangsbasis zur Erkundung der Schladminger Tauern und wurde im Lauf der Jahre zu einem großen Fremdenverkehrszentrum mit einem bedeutenden Angebot an Hotel- und Freizeit-Infrastrukturen.

## DAS SKIGEBIET DACHSTEIN-TAUERNREGION

Um den Feriengästen ein möglichst großes Einzugsgebiet bieten zu können, haben sich die zwischen den Schladminger Tauern und dem Dachstein verstreuten Ferienorte zusammengeschlossen und geben einen gemeinsamen Skipaß heraus. Zu dem Gebiet gehören 78 Lifte, 140 km Abfahrtspiste und 350 km Tiefschneepiste.
Der **alpine Skilauf** konzentriert sich im wesentlichen auf die Schladminger Tauern und besteht aus fünf großen Revieren: der **Reiteralm** (800 - 1 860 m) oberhalb von Pichl, dem **Hochwurzen** (745 - 1 850 m) oberhalb von Rohrmoos, der **Planai** (745 -1 894 m) oberhalb von Schladming, dem **Hauser Kaibling** (752 - 2 015 m) oberhalb von Haus und der **Galsterbergalm** (680 - 1 976 m) oberhalb von Pruggern und 3 kleineren Gebieten: Fageralm, Stoderzinken und der Dachstein-Gletscher. Die vier Hauptskigebiete Hauser Kaibling, Planai, Hochwurzen und Reiteralm sind seit 1998 miteinander verbunden. Zwischen ihnen verkehren aber nach wie vor Busse. Die Dachstein-Tauernregion eignet sich vor allem für mittelgute Skifahrer, die in jedem Massiv geeignete Pisten finden, weniger jedoch für die Liebhaber weiter Flächen und großer Höhenunterschiede. Gute Skifahrer können sich aber am „Osthang" auf dem Hauser Kaibling und auf der Weltcuppiste an der Planai versuchen. Für Anfänger eignen sich die Pisten entlang dem Weitmoos-Skilift nach Schladming und dem Sessellift Rohrmoos II.

Die Schneeverhältnisse sind in der Regel gut, leiden allerdings unter der mäßigen Höhe. Der Schnee auf den mit Schneekanonen ausgerüsteten tiefer gelegenen Pisten ist im Winter bisweilen hart und eisig und deshalb für unerfahrene Skifahrer nicht geeignet.
Für Langläufer bieten die Schladminger Tauern 60 km Loipe rund um Rohrmoos in einer schönen, sonnigen Umgebung und 28 km um Schladming. Langläufer sollten ihre Ferien auf der **Hochebene** von **Ramsau am Dachstein**✻ *(s. Dachstein)* verbringen: Das dortige **Langlaufgebiet**✻✻✻ von internationalem Renommee zeichnet sich durch einen besonders bezaubernden Rahmen aus.

✻ **Schladming** – 745 m. Die regelmäßige Ausrichtung alpiner Weltcup-Rennen auf der Planai seit 1973 hat Schladming insbesondere für Skifahrer zum Begriff werden lassen. Auch für Après-Ski-Unterhaltung ist mit einer großzügigen Sportanlage (Erlebnisbad, Tennishallen usw.) gesorgt. Im Sommer lädt die Fußgängerzone zum Flanieren ein und Golfspieler finden in Oberhaus einen anspruchsvollen 18-Loch-Platz, wo sie ihrer Leidenschaft frönen können.

Zu den weiteren Ferienorten im Tal gehören **Rohrmoos**, Pichl, **Haus** (hübsche Barockkirche) und Pruggern.
Viele Urlauber ziehen jedoch die sonnige Hochebene von **Ramsau**✻ *(s. Dachstein)* vor, um die unberührte Natur und den bezaubernden Rahmen des Dachsteins genießen zu können.

## AUSSICHTSPUNKTE

★★★ **Hunerkogel** – 2 694 m. Großartiger Blick über die ganze Schladminger Tauernkette. *S. Dachstein.*

★★ **Roßbrand** – 1 770 m. *1 Std. Fahrzeit hin und zurück (28 km westlich von Schladming) und 20 Min. zu Fuß hin und zurück.* Herrliche Aussicht auf das Ennstal mit dem Dachstein zur einen und den Schladminger Tauern zur anderen Seite. *S. Dachstein.*

★★ **Planai** ⓥ – 1 894 m. *1 Std. hin und zurück von Schladming. Auffahrt mit der Seilbahn in 2 Abschnitten (sich gegen die Fahrtrichtung stellen). Erreichbar auch auf einer kleinen mautpflichtigen Gebirgsstraße.*
Von der Bergstation in 1 825 m Höhe ist der Blick ziemlich begrenzt. Zu Fuß in 15 Min. zu dem mit einem Kreuz markierten Gipfel aufsteigen, wo sich ein großartiges **Panorama**★★ bietet. Im Winter erfolgt die Anfahrt für Skifahrer über die Piste der Burgstallalm und mit dem gleichnamigen Sessellift.
Im Süden sind die Schladminger Tauern (Höchstein, Hochgolling, Steirische Kalkspitze) und dahinter weiter westlich die Radstädter Tauern (Mosermandl) und die Hohen Tauern (Großglockner) zu sehen. Im Norden ragen der Hochkönig, das Steinerne Meer, das Tennengebirge, der Dachstein und das Tote Gebirge empor.
Wanderfreunde können in 2 1/2 Std. (hin und zurück) auf den **Krahbergzinken** (2 134 m) steigen. Ein leichter Naturpfad führt in einer 3/4 Stunde um den Planai-Gipfel.

★★ **Hochwurzen** ⓥ – 1 849 m. *1/2 Std. hin und zurück. Von Rohrmoos aus mit der Seilbahn zu erreichen. Auf einer Treppe zum Gipfel aufsteigen.* Bemerkenswertes **Panorama**★★ auf den Dachstein gegenüber. Blick auf Schladming. Bis zur Terrasse des Berggasthofs gehen, von wo aus das Herz des Schladminger Tauernmassivs mit Hochgolling und Steirischer Kalkspitze zu sehen ist.

★ **Hauser Kaibling** ⓥ – 1 870 m. *Mindestens 3/4 Stunde hin und zurück. Von Haus aus mit der Hauser Kaibling-Seilbahn sowie dem Quattralpina-Sessellift zu erreichen. Sollten diese geschlossen sein, die Schladminger Tauern-Seilbahn nehmen.* **Blick**★ über das Planai-Gebiet und die Sonntagerhöhe. Im Nordosten ist der Stoderzinken und rechts dahinter der Große Priel (Totes Gebirge) zu sehen. Im Norden erstreckt sich der Dachstein bis zur Bischofsmütze.
Skifahrer sollten in jedem Fall den Gipfellift nehmen und dann in wenigen Minuten zum eigentlichen Gipfel des Hauser Kaibling (Kreuz) aufsteigen. Großartiger **Rundblick**★★, vor allem auf den Höchstein. Man sieht bis zum Großglockner.

## WANDERUNGEN

Die im Ennstal verstreuten Orte, allen voran Schladming, sind der ideale **Ausgangspunkt für Spaziergänge und Wanderungen**★★ im Mittelgebirge. Von mehreren Gipfeln bietet sich ein grandioses Panorama (Höchstein, Hochgolling). Wegen des langen Aufstiegs ist jedoch eine Übernachtung auf der Hütte erforderlich. Nachstehend sind einige leicht erreichbare Ausflugsziele genannt, die wir vor allem den Feriengästen empfehlen, die sich länger in der Region aufhalten, weniger jedoch Touristen, die nur kurz verweilen.

★ **Dreiseen-Rundweg** – *3/4 Std. Fahrzeit hin und zurück (17 km östlich von Schladming). 3/4 Std. leichter Fußweg bis zum schillernden Bodensee. Für den vollständigen Rundgang um die drei Seen 4 Std. anstrengenden Fußmarsch hin und zurück rechnen; der Ausflug führt durch ein Naturschutzgebiet.*

Schladminger Tauern - Bodensee

*Auf der E 651 Richtung Liezen fahren, dann auf der Höhe von Aich rechts abbiegen und auf einer kleinen mautpflichtigen Straße in Richtung Bodensee weiterfahren.* Vom Parkplatz führt ein breiter Weg in 1/4 Stunde zum **Bodensee**★, der von einem schönen Wasserfall beherrscht wird. Der Rundgang um den See (knapp 1/2 Stunde) erweist sich als angenehmer Spaziergang. Am Seeufer liegt ein Gasthaus. Wanderfreunde mit gutem Schuhwerk gehen am Westufer (rechts) bis ans äußerste Ende des Sees und steigen dann in 1 Std. auf einem anstrengenden Weg zur Hans-Wödl-Hütte (Höhe 1 528 m) am Ufer des **Hüttensees** auf. Er ist in einen idyllischen **Rahmen**★ gebettet. Schöner Tannenwald und zwei Wasserfälle, die von den felsigen Ausläufern der Hochwildstelle und des Höchsteins herabstürzen, bilden den Hintergrund.
Der Pfad führt durch üppige Vegetation in einer 3/4 Std. bis zum **Obersee** (Höhe 1 672 m), einem glasklaren, seichten Gewässer. Wieder zum Bodensee absteigen und diesmal an seinem Ostufer entlanggehen.
Wer sich für breite Panoramablicke begeistert, kann von der Hans-Wödl-Hütte in 6 Std. hin und zurück bis zum Höchstein (2 543 m) aufsteigen.

★ **Ignaz-Mattis-Hütte** - 1 986 m. *1 Std. Fahrzeit hin und zurück und 3 Std. zu Fuß hin und zurück (Höhenunterschied: ca. 500 m).* Mit dem Wagen nach Pichl-Preunegg fahren *(5 km westlich von Schladming auf der E 651).* Nach links in Richtung Ursprungalm (14 km) abbiegen. **Blick**★ auf den Dachstein. Nach 6 km kommt eine Mautstation. Die Straße ist nicht mehr geteert, aber befahrbar. Erreichbar auch mit dem Bus (Abfahrtszeiten beim Fremdenverkehrsamt).
Vom Parkplatz am Ende der Straße ist in wenigen Minuten der malerische Weiler Ursprungalm am Fuß der **Steirischen Kalkspitze** (2 459 m) zu erreichen. Auf dem linken Weg an den Häusern vorbeigehen. In 1 Std. kommt die Giglachsee-Hütte in Sicht. Links abbiegen und in 20 Minuten zur Ignaz-Mattis-Hütte weitergehen. Vom Pfad aus bietet sich mehrfach der **Blick**★ auf die beiden in unberührter Natur liegenden **Giglachseen**. Von der Hütte aus zum Unteren See absteigen, am anderen Ufer bis zur Giglachsee-Hütte daran entlanggehen und dann auf dem gleichen Weg wie beim Aufstieg zum Parkplatz zurückkehren.

# Stift SCHLÄGL★

Oberösterreich

Michelin-Karte Nr. 926 – Falte 8

Schlägl am Fuße des Böhmerwaldes, gestiftet von einem Ministerialen des Bischofs von Passau, ist ein Rodungskloster und trägt als solches seinen Namen zu Recht, da er sich von „Slage" (Waldschlag) ableitet; daher auch die gekreuzten Schlägel im Stiftswappen.
Zisterzienser aus Oberfranken machten zwischen 1202 und 1204 einen ersten Versuch einer Klostergründung etwa 3 km von der heutigen Stelle, die jedoch keinen Bestand hatte. Erfolgreich hingegen waren Prämonstratenser aus Osterhofen in Niederbayern, die sich im Jahr 1218 am linken Ufer der Großen Mühl niederließen. Über die Jahrhunderte war der Gemeinschaft ein wechselhaftes Schicksal (sieben Brände) beschieden, doch entging das Stift der Säkularisierung durch Joseph II. Im 19. Jh. unter Abt Dominik Lebschy war ihm eine Blütezeit beschieden, bezeugt durch den Ankauf vieler Kunstwerke und den Bau der Bibliothek.
Zum Kloster gehören heute eine eigene Brauerei, der Stiftskeller mit Restaurantbetrieb und ein Seminarzentrum.

## BESICHTIGUNG ⊙

**Stiftskirche** – Ein 1654 errichtetes, wohlproportioniertes **Portal** aus rotem und weißem Marmor zeigt die Muttergottes im Strahlenkranz als Patronin des Klosters sowie Putti mit Wappenkartuschen. Über eine Vorhalle gelangt man in die durch rechteckige Pfeiler getrennte dreischiffige Anlage, die trotz barocker Stukkaturen ihren gotischen Charakter gewahrt hat. Wohl ist die Kirche nicht von großen Ausmaßen, doch hinterlassen die ungewöhnliche Höhe des Langhauses, vor allem aber die in den Chor hochführende monumentale Stufenanlage – unter der sich die Krypta befindet – einen nachhaltigen Eindruck. Die **Einrichtung**★, bei der Braun- und Goldtöne dominieren, ist dem Barock verschrieben. Die Kanzel ist ein Werk des Südtiroler Bildhauers Johann Worath, der sie 1647 vollendete. Sie zeigt die zwölf Apostel und Johannes den Täufer in muschelförmigen Nischen. Der Hochaltar mit der Aufnahme Mariens in den Himmel wie auch die Seitenaltäre sind um 1721-1740 entstanden. An den Längswänden des Chors beeindruckt das reich geschnitzte, um 1735 fertiggestellte Chorgestühl. Ein kunstvoll gestaltetes Chorgitter von Hans Walz aus dem Jahr 1635 schließt den Chorraum ab.
Besonders wertvoll ist die große **Orgel** auf der Westempore. Ausgeführt von dem Passauer Orgelbaumeister Andreas Putz, stellt sie ein überragendes Beispiel des alpenländischen Orgelbaus im 17. Jh. dar. Das Gehäuse ist dem Bildhauer Georg Obermayr aus Passau zu verdanken.

**Frühgotischer Kreuzgang** – Epitaphien von Äbten des Stiftes und Ausstellung zu Geschichte und Gegenwart des Ordens.

**Turmkapelle** – Erst im Jahre 1988 freigelegt, dürfte sie aus der Zeit um 1410 stammen und stellt ein seltenes Beispiel gotischer Scheinarchitektur dar.

**Romanische Krypta** – Der älteste Raum der Klosteranlage mit seinem achtekkigen Mittelpfeiler ist wohl um 1250 entstanden. Durch einen Rundbogen gelangt man zur später angelegten **gotischen Krypta**.

**Bildergalerie** – Sie wurde 1898 errichtet und nahm einen Teil der bedeutenden **Gemäldesammlung**★ des Stiftes auf. Von besonderem Interesse sind die spätgotischen Tafeln und Flügelaltäre. In der Porträtgalerie ist eine für Klöster ungewöhnliche Sammlung von Bildnissen ehemaliger Mitbrüder (ab 1802) ausgestellt.

**Stiftsbibliothek** – Die 1852 fertiggestellte neubarocke Bibliothek, deren reicher Bestand gut 60 000 Bände umfaßt, wurde nach dem Vorbild von St. Florian umgestaltet. In Vitrinen befindet sich eine kleine Auswahl von Handschriften und Inkunabeln.

**Meierhof des Stiftes** – Sammlung bäuerlich-handwerklicher Gegenstände aus dem Oberen Mühlviertel.

## AUSFLUG

★ **Moldaublick** – *17 km. Über Aigen im Mühlkreis. Dort nach Ulrichsberg fahren; kurz hinter diesem Ort zweigt rechts eine Straße Richtung Moldaublick ab.* Die Strecke führt durch eine landschaftlich reizvolle, sehr ruhige Gegend. Der 24 m hohe Aussichtsturm (137 Stufen) erlaubt einen großartigen **Blick** auf Tschechien und die an dieser Stelle aufgestaute Moldau.

# Rund um den SCHNEEBERG★

Niederösterreich

Michelin-Karte Nr. 926 – Falten 24 und 25

Die durch das Schwarzatal (in seinem mittleren Teil Höllental genannt) getrennten Kalkmassive Raxalpe und Schneeberg liegen seit der Erschließung der Region durch die Semmeringbahn Mitte des 19. Jh.s praktisch vor der Haustür der Wiener. Im Sommer sind sie weiterhin ein gerne aufgesuchtes Bergsteiger- und Tourengebiet und im Winter das Skiparadies der hauptstädtischen Bevölkerung.

## ★ VON NEUNKIRCHEN NACH SEMMERING *102 km*

*Die hier beschriebene Strecke weist insbesondere in ihrem letzten Abschnitt zwischen Hirschwang und Semmering sehr enge Straßen mit starken Steigungen bzw. Gefällen auf.*

**Neunkirchen** – Nördlich des Hauptplatzes mit der Dreifaltigkeitssäule ragt der trutzige Chor der Stadtpfarrkirche Mariä Himmelfahrt (Mitte 12. Jh. bis 16. Jh., barocke Umgestaltung des Innern) über den Dächern empor. Wegen der Grenzlage der Stadt wurde die Kirche als Wehranlage gestaltet und war ursprünglich auch von einem Wassergraben umgeben.

*In Neunkirchen von der B 17 auf die B 26 Richtung Puchberg abbiegen.*

Die sehr angenehme, zuweilen im Wald verlaufende Strecke, führt ab **Ternitz** im Sierningtal bergan. Am Ende des Ternitzer Ortsteils Sieding erscheint die imposante Burg Stixenstein über der Straße.
Kurz vor Puchberg ist die Stecke mehr und mehr mit Felswänden durchsetzt.

**Puchberg am Schneeberg** – Der heilklimatische Kurort mit idyllischem, um einen Teich angelegten Kurpark schart sich um eine Anhöhe, auf der die Dorfkirche (Neubau nach der Zerstörung des Vorgängerbaus im Zweiten Weltkrieg) und eine auf das 12. Jh. zurückgehende Burgruine thronen. Vom Bahnhof Puchberg startet die **Zahnradbahn** ⓥ, die auf den Schneeberg führt.

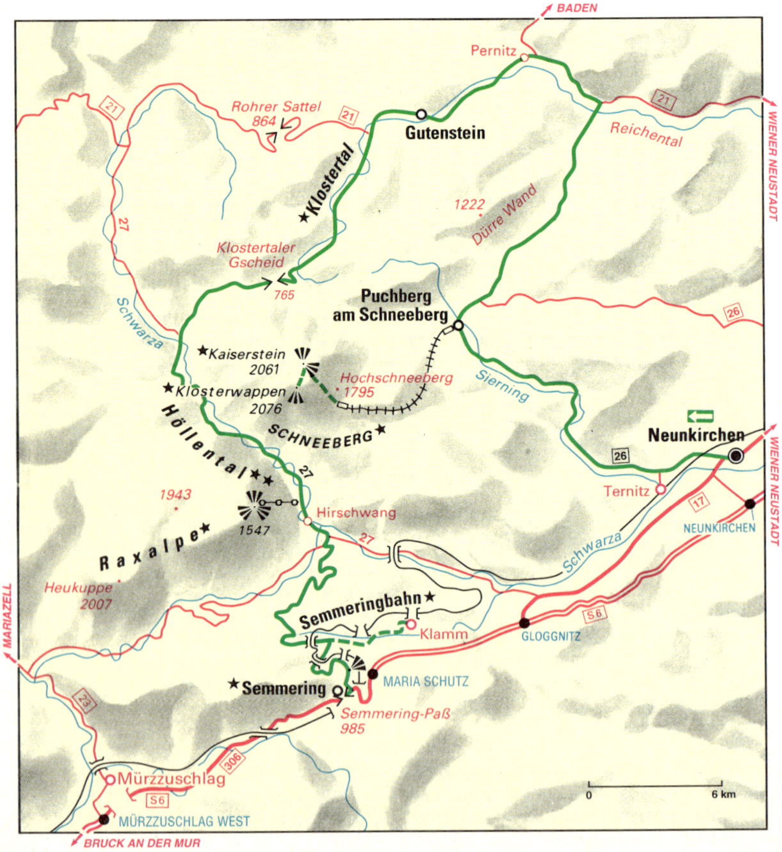

★ **Besteigung des Schneebergs** – *Auffahrt mit der Schneebergbahn und anschließend leichte Wanderung bis zum Gipfel (etwa 3 Std. zu Fuß hin und zurück, für den gesamten Ausflug abhängig von den Abfahrtszeiten der Bahn zwischen 1/2 und 1 Tag rechnen). Wanderung auch für kleinere Kinder geeignet; entsprechend mehr Zeit einplanen.*

Mit der historischen Dampflok oder der modernen Bahn im Salamander-Design fährt man bis zur Bergstation (1 795 m) beim Berghaus Hochschneeberg (Zimmervermietung, Restaurant) und der Kaiserin-Elisabeth-Gedächtniskirche (1899-1901). Von einer Panoramatafel bei der Bergstation führt eine „Wander-Autobahn", (sehr gut ausgebauter Weg mit weiteren Einkehrmöglichkeiten), über die Fischerhütte (2 048 m) zum **Klosterwappen** (2 076 m), dem Gipfelpunkt des Schneebergs mit einer Richtfunkanlage unterhalb des Gipfelkreuzes (**Blick**★ auf die Raxalpe jenseits des Höllentals). Wenige Meter über der Fischerhütte in nördlicher Richtung steht ein kleines Steinmonument, das den **Kaiserstein** (2 061 m – **Ausblick**★ bei klarer Sicht bis hin nach Wien und zum Neusiedler See) markiert. Wenn man bei der Wanderung auch diesen Aussichtspunkt ansteuert, kann man sich bei der Talfahrt in der Schneebergbahn mit dem erhebenden Gefühl zurücklehnen, an nur einem Tag zwei Zweitausender bezwungen zu haben...

*Puchberg auf der B 26 Richtung Wiener Neustadt verlassen und beim Ortsende links Richtung Waldegg abbiegen.*

Die Strecke verläuft im grünen, abschnittsweise noch sehr ursprünglich wirkenden Tal des Miesenbachs. Man passiert, wie auch im weiteren Verlauf der Rundfahrt, mehrere Sägewerke, die auf einen wichtigen Erwerbszweig der Region hinweisen. Links der Straße ziehen sich die bewaldeten Anhöhen der „Dürren Wand" hin.

*In Reichental links auf die B 21 Richtung Gutenstein abbiegen.*

Die Straße folgt dem Verlauf der Bahnlinie. An das von Industrie geprägte **Pernitz** schließt sich die relativ breite, grüne Sohle des Piestingtals an, die sich bis Gutenstein hinzieht.

**Gutenstein** – Im 19. Jh. war Gutenstein eine beliebte Sommerfrische, die u. a. auch Künstler wie Lenau, Brahms oder Waldmüller anzog. In Gedenken an den österreichischen Schauspieler und Dramatiker **Ferdinand Raimund**, der sich hier 1836 aus Angst, von einem Hund mit Tollwut infiziert worden zu sein, das Leben nahm und der auf dem Ortsfriedhof begraben liegt, ist die Marktgemeinde alljährlich Schauplatz der Raimundspiele (Theater-Freilichtaufführungen im Sommer). Ein weiterer kultureller Höhepunkt ist der Musiksommer „Cartusiana" mit Konzerten klassischer Musik.

**Wallfahrtskirche Mariahilfberg** – *Im Zentrum Gutensteins noch vor der Kirche links Richtung Mariahilfberg abbiegen. Nach 3 km über eine landschaftlich sehr reizvolle Strecke (sehr eng, zahlreiche Serpentinen, mitunter 12 % Steigung) erreicht man den Parkplatz. Von dort kurzer Fußweg zur Kirche.* Der barocken Wallfahrtskirche (1724 vollendet) ist ein Servitenkloster, das mit der Wallfahrtsseelsorge betraut ist, angeschlossen. Die Wallfahrt geht auf das Jahr 1661 zurück und wurde u. a. auch von verschiedenen Habsburger Kaisern besucht. Im linken Seitenschiff der Kirche gleich beim Eingang der Armeseelenaltar mit der ergreifenden Darstellung eines den im Fegefeuer schmachtenden zur Hilfe kommenden Engels.

*2 km nach Gutenstein links ins Klostertal einbiegen.*

★ **Klostertal** – *Etwa 16 km.* Das nur wenig besiedelte Tal ist in weiten Zügen noch sehr ursprünglich und wirkt wie eine grüne Idylle. Die meist sehr breite Talsohle verengt sich schließlich zusehends und immer häufiger werdende Felspassagen künden bereits das Höllental an, in das man am Ende des Klostertals links abbiegt.

★★ **Höllental** – *Etwa 14 km.* Mit diesem Namen wird der Einschnitt, den die Schwarza zwischen den Kalksteinmassiven des Schneebergs und der Raxalpe gegraben hat, bezeichnet. Zunächst wird man nach der Fahrt durch das liebliche Klostertal einen gewissen Bruch empfinden, wenn man in das rauhe Tal des Wildbachs eindringt, dessen grüne Wasser, in den Felsen eingebettet, über Kies und Geröll dahinbrausen. Doch bald schon wird man von der wildromantischen Landschaft in Bann geschlagen. Die Straße wechselt ständig von einem Ufer auf das andere über. Das Tal verengt sich immer mehr und wird von majestätischen, oft sehr steilen Felswänden eingefaßt, an denen sich die Nadelbäume festzukrallen scheinen.

*Am Ortseingang von Hirschwang erreicht man rechts der Straße die Talstation der Rax-Seilbahn.*

★ **Raxalpe** – Dieses Kalksteinmassiv mit seinen schroffen Felswänden ist ein kleines Bergsteigerzentrum, von dem aus zahlreiche Kletterpartien und Bergtouren unternommen werden können. Von der Bergstation der **Rax-Seilbahn** ⏲ in 1 547 m Höhe *(ca. 10 Min. Auffahrt)* bieten sich mehrere Wanderrouten (zwischen 10 und 16,5 km Länge) an, die unter dem Titel „Hüttenhüpfen auf der

Raxalpe" vom Tourismusbüro Reichenau angepriesen werden. Man erreicht mehrere reizvolle **Aussichtspunkte**★ mit Blick auf den Schneeberg und das Höllental im Norden, das Semmeringgebiet und die östliche Steiermark im Süden.

*Am Ende von Hirschwang rechts Richtung Prein abbiegen. 500 m danach links Richtung Gloggnitz (auch grüner Wegweiser „Gasthof-Pension Hecher"). Nach weiteren 300 m rechts Richtung Semmering (wiederum Wegweiser zu Gasthof-Pension Hecher).*

Man verläßt das Schwarzatal und dringt in zahlreichen Windungen in die pittoreske, sehr bergige Semmering-Gegend mit waldreichen Schluchten ein. 2,5 km nach der Abzweigung Richtung Semmering erblickt man links unten im Tal das Schloß Rothschild (Ende 19. Jh., Hinweistafel). Bei der **Abfahrt nach Breitenstein**★ (bis zu 23 % Gefälle) passiert man einige fast schon bedrohlich wirkende Felswände- und vorsprünge und erhält erste Ausblicke auf die kühnen Viadukte der **Semmeringbahn**★ *(s. Informationskasten)*, deren Strecke fortan mehrmals die Straße kreuzt.

### Die Semmeringbahn

Bereits 1842 existierten zwischen Wien und Gloggnitz sowie Mürzzuschlag und Bruck an der Mur Bahnverbindungen. Nur über den Semmering verkehrten immer noch Pferdewagen. Um die letzte Lücke der Südbahn zu schließen, wurde dem aus Venedig stammenden Ingenieur Carlo di Ghega (1802-1860; später **Carl Ritter von Ghega**) das Projekt der Semmeringbahn übertragen. Zwischen 1848 und 1854 arbeiteten in Spitzenzeiten bis zu 20 000 Arbeiter vorwiegend italienischer und slawischer Herkunft (etwa 1 000 Arbeiter starben während der Bauzeit bei Unfällen oder durch Seuchen) an der Trasse der ersten vollspurigen Bergbahn Europas. Auf der 41 km langen Strecke zwischen Gloggnitz und Mürzzuschlag (Luftlinie 21 km) passiert die Bahn 15 Tunnel, 16 Viadukte sowie über 100 kleinere Brücken und weist bei einem überwundenen Höhenunterschied von 480 m auf etwa 60 % der Strecke Steigungen zwischen 20 und 25 ‰ auf. Trotz der gewaltigen Baumaßnahmen – es mußten allein 1,4 Millionen $m^3$ Fels gesprengt werden – fügt sich die Strecke sehr harmonisch in die herrliche Landschaft um Semmering ein. Nach der Eröffnung der Bahnlinie durch Kaiser Franz Joseph und Kaiserin Elisabeth erlebte der Ort einen beispiellosen touristischen Aufschwung als Wiener Sommerfrische. Allein zum Pfingstfest des Jahres 1857 reisten an nur zwei Tagen 55 000 Menschen von Wien nach Mürzzuschlag. Ursprünglich zuckelten Dampfloks mit nur 6 km/h über den Semmering, nach der Elektrifizierung der Strecke 1956 beträgt die Geschwindigkeit heute immerhin 60 km/h.

1999 wurden die „Ghega-Bahn" und die sie umgebende Landschaft offiziell in das Weltkulturerbe der UNESCO aufgenommen.

*Kurz nach dem Ortsschild „Semmering" links Richtung „Haltestelle Wolfsbergkogel" abbiegen. Nach etwa 200 m nochmals links. Hölzerner Wegweiser „Aussichtswarte Doppelreiterkogel". Den Wagen abstellen und dem ausgeschilderten Weg zur Aussichtswarte folgen (etwa 10 Min. zu Fuß).* Von der **Aussichtswarte am Doppelreiterkogel**★★ hat man den wohl schönsten Panoramablick auf die hier besonders reizvolle Strecke der Semmeringbahn mit zahlreichen Viadukt- und Tunnelpassagen. Links des Bahnhofs von Breitenstein erhebt sich die wuchtige Polleroswand, dahinter zeichnet sich das Massiv der Raxalpe ab.

*Auf der gleichen Strecke zurück und dem Wegweiser „Hochstraße/ Südbahnstraße" ins Zentrum Semmerings folgen.*

★ **Semmering** – Dieser heilklimatische Höhenkurort und Wintersportplatz in ausnehmend günstiger Lage erhebt sich stufenweise zwischen 985 m und 1 291 m Höhe. Nach der Errichtung der Ghega-Bahn erlebte Semmering durch den Zustrom aus Wien einen wahren Boom, der sich in zahlreichen, manchmal sehr verspielt wirkenden Villen und Hotels, die vor allem zwischen 1850 und 1910 entstanden sind, noch heute widerspiegelt. Sonnenreich, frei von kalten Talnebeln, ist es eines der meistbesuchten Fremdenverkehrszentren Niederösterreichs.

★ **Bahnwanderweg** – Ausgangspunkt ist der Bahnhof Semmering, wo neben dem Denkmal für den Erbauer der Bahn, Carl Ritter von Ghega, in einem Dieseltriebwagen Tafeln mit Informationen zu ihrer Baugeschichte ausgestellt sind.
*Das hier beschriebene Teilstück führt bis zum Bahnhof Klamm in 15,5 km Entfernung (mindestens 5 Std. rechnen). Von dort Rückfahrt mit der Semmeringbahn.*

Die Semmeringbahn

*Festes Schuhwerk und wegen zum Teil steiler Anstiege gute Kondition erforderlich. Auskünfte zum Fahrplan der Semmeringbahn und zum gesamten Bahnwanderweg (maximal 23 km) beim Tourismusbüro in Semmering.*
*Man folgt links hinter dem Bahnhofsgebäude in Semmering der mit gelben Tafeln „Bahnwanderweg" ausgeschilderten Strecke.*
Die Wanderung führt auf einem meist schattigen Weg durch eine bezaubernde Landschaft oft ganz nah an den Bauwerken der Semmeringbahn vorbei und wird ständig vom Summen der Züge begleitet. Ihr Höhepunkt ist die **Aussichtswarte am Doppelreiterkogel**★★ *(s. oben)* etwa 2,5 km vom Bahnhof Semmering. Nach Breitenstein (etwa 9,5 km) werden die Landschaftsformen sanfter und Almen wechseln sich mit Wäldern ab. Endpunkt der Wanderung ist das von einer Burgruine überragte Klamm (Geht man rechts am Burgtor vorbei um die Burg herum, gelangt man zu einem schönen Aussichtspunkt auf einem Felsvorsprung; links die 640 m lange Brücke des Talübergangs bei Schottwien). Vom Bahnhof in Klamm erkennt man auf der gegenüberliegenden Talseite am Hang die barocke Wallfahrtskirche **Maria Schutz**. Die Rückfahrt mit dem Zug nach Semmering ist nochmals ein besonderes Erlebnis, da man die Wanderung in umgekehrter Reihenfolge Revue passieren läßt. Man durchfährt 9 Tunnel und überquert 7 Viadukte. Nach rund 15 Min. ist man zurück in Semmering und weiß nach der anstrengenden Wanderung die Segnungen der Eisenbahn erst richtig zu schätzen.

# SCHWAZ★

Tirol

12 500 Einwohner

Michelin-Karte Nr. 926 – Falte 17 – 538 m

Im 15. und 16. Jahrhundert, als sein **Silber- und Kupferbergbau** in voller Blüte stand, war Schwaz neben Innsbruck die größte Stadt Tirols. Da sie sowohl die Gunst des Kaisers als auch der mächtigen Finanzleute der damaligen Zeit genoß – insbesondere der Fugger in Augsburg – kannte die Stadt einen Wohlstand, von dem noch heute die ungewöhnlichen Ausmaße und die reiche Ausschmückung ihrer schönsten Bauwerke Zeugnis ablegen, die alle zwischen 1450 und 1520 errichtet wurden.
Aus dieser Blütezeit stammt auch die volkstümliche Legende, nach der die Bergleute von Schwaz ihre Schuhe mit Silbernägeln beschlagen ließen.

## ★ PFARRKIRCHE

Die nüchtern wirkende Kirchenfassade, die ein Zinnengiebel bekrönt, erhebt sich am Ende der Franz-Josef-Straße. 15 000 gehämmerte Kupferplatten bedecken den gewaltigen Dachstuhl der vierschiffigen, doppelchörigen Anlage, die wie auch das Netzrippengewölbe 1912 in der ursprünglichen spätgotischen Form wiederhergestellt wurde. Das Südschiff mit seinem Chor war der Knappschaft vorbehalten, wie einige Grabmäler bezeugen.

Bohnacker/ÖSTERREICH WERBUNG

Schloß Tratzberg

Im Innern bemerken wir die mit feinem Maßwerk verzierte Brüstung der Orgelempore und das prächtige barocke Orgelgehäuse. Von der einstigen gotischen Ausstattung sind fast nur noch das achteckige Taufbecken (1470) und die ausdrucksvolle Christusfigur am Pfeiler zwischen den beiden Chören erhalten. Das schönste Werk der Kirche ist der **St. Annenaltar** im rechten Seitenschiff. Sein Aufbau aus dem Jahre 1733 mit den Schutzheiligen Österreichs St. Georg und St. Florian umrahmt eine schöne Figurengruppe vom Anfang des 16. Jh.s: die hl. Anna selbdritt zwischen der hl. Elisabeth (rechts) und der hl. Ursula (links).
Zwei schöne **Galerien des Kreuzgangs**★ mit Spitzbogengewölben zieren noch den kleinen, leicht abschüssigen Park im Süden der Kirche.

## WEITERE SEHENSWÜRDIGKEITEN

**Franziskanerkirche** – Diese spätgotische dreischiffige Hallenkirche wurde nach den strengen Bauregeln des Franziskanerordens erbaut und 1515 fertiggestellt. Die Barockisierung, 1736 vorgenommen, konnte die klare Durchgliederung der Anlage nicht beeinträchtigen. Die rund um die hohen Marmorsäulen verlaufenden Kapitelle sind jedoch heute nur noch ein dekoratives Element.
Das **Renaissance-Chorgestühl**★ (1618) ist das Werk eines einheimischen Meisters.

**Kreuzgang** – *Eingang durch die Klosterpforte rechts der Kirche.* Die noch rein gotische Anlage hat auch ihre alten **Wandmalereien** (1519-1526) zum Teil noch bewahrt. Sie stellen Szenen aus der Leidensgeschichte, Auferstehung und Himmelfahrt Jesu dar und sollen von einem Klosterbruder schwäbischer Herkunft ausgeführt worden sein. Die reizvolle Gewölbemalerei (Pflanzen, Früchte, Vögel) ist um 1600 entstanden. Einzelne wohlhabende Bürger, die Zünfte und die Knappschaft von Schwaz haben sich in vielfältigen Wappen verewigt. Kaiser Maximilian ist in den Wappen seiner Erbländer vertreten.

★ **Silberbergwerk** ⌚ – *Alte Landstraße 3 a.* Man sollte sich die Zeit für eine Besichtigung dieses Schaubergwerks nehmen *(konstante Temperatur von 13 °C; warme Kleidung und gutes Schuhwerk wird empfohlen).* Mit einer Grubenbahn fährt man 800 m weit in den Sigmundstollen ein, der vor etwa 500 Jahren angelegt wurde, als Schwaz das größte Silberbergbauzentrum der Welt war und 11 000 Knappen nach dem edlen Metall schürften. Dann geht es über Treppen durch ein Labyrinth von Stollen; dabei wird die Technik des Abbaus und das Anlegen von Schächten anschaulich erklärt.

**Schloß Freundsberg** ⌚ – Der trutzige Bau mit seinem quadratischen Bergfried liegt malerisch auf einer Bergkuppe. Von hier aus bietet sich ein überwältigender **Blick**★ auf das Inntal und die Stadt. Das Schloß wurde zu Beginn des 12. Jh.s von den Rittern von Freundsberg erbaut, in deren Familienbesitz es über dreihundert Jahre blieb, bevor es an Sigmund den Münzreichen kam und später von diesem verpfändet wurde. Zu besichtigen ist die Schloßkirche und das im Schloßturm untergebrachte **Museum der Stadt Schwaz**.

## UMGEBUNG

★ **Schloß Tratzberg** ⓥ - *5 km. Schwaz in Richtung Stans verlassen.*
Das in halber Höhe am Hang gelegene Schloß wurde in zwei Bauphasen errichtet. Die erste, um 1500, gab dem Gebäude sein noch strenges spätmittelalterliches Aussehen. 60 Jahre später, in der zweiten Bauphase, fügte man neue Elemente im Stil der Renaissance hinzu, so z. B. die freskengeschmückten Arkaden. Tratzberg diente schon Kaiser Maximilian und den Fuggern, die hier in Schwaz und im Silberberg geschäftlichen Interessen nachgingen, als Jagdschloß.
Mit einem Bummelzug gelangen die Besucher vom Parkplatz zum Schloßtor. Ein Hörspiel (in sieben Sprachen) erzählt die Geschichte des Schlosses. Im Innern kann man alte Möbel, Gemälde und Waffen in großer Zahl sehen. Die herrliche Holzdecke des Königinzimmers entstand 1569 ohne jede Verwendung von Nägeln. Im Habsburgersaal sind in einem 46 m langen Wandbild (wohl um 1508 entstanden) 148 Vorfahren Kaiser Maximilians in Form eines Stammbaums dargestellt. Zeitlich parallel zu den Führungen für Erwachsene werden auch Kinderführungen (ab 4 Jahren) in Märchenform angeboten.

# Abtei SECKAU

Steiermark

Michelin-Karte Nr. 926 - S der Falte 22 - 11 km nördlich von Knittelfeld

Seckau, gegründet 1140, war bis 1782 Augustiner-Chorherrenstift, von 1218 bis 1782, als das Stift durch Joseph II. aufgelöst wurde, auch Bischofssitz. Noch heute trägt der in Graz residierende Bischof der Steiermark den Titel Bischof von Graz-Seckau.
1883 kamen Benediktiner aus dem Kloster Beuron nach Seckau und übernahmen es, um den Verfall der Stiftsanlage aufzuhalten.
Die weitläufigen Stiftsanlagen, die mit ihren Eckpavillons einen wehrhaften Charakter besitzen, erheben sich majestätisch am Fuße der Seckauer Alpen (Niedere Tauern).

## ★ BASILIKA ⓥ

Das romanische, um 1150 entstandene Langhaus weist Stützenwechsel (Pfeiler wechseln mit Säulen) auf. Wuchtige, fast schmucklose Würfelkapitelle - ein Stilmerkmal der Romanik im germanischen Raum - krönen die Säulen und Pfeiler. Späteren Datums sind das im 15. Jh. eingezogene reiche Netzgewölbe (ursprünglich eine Balkendecke), das im 19. Jh. angefügte Querschiff sowie die im selben Jahrhundert von den Benediktinern veränderte Chorausstattung.
Eine in ihrer Schlichtheit bewegende **Kreuzigungsgruppe** zieht den Blick auf sich. Der Gekreuzigte wurde um 1260 geschaffen, Maria und Johannes bereits etwas früher um 1200.
An das linke Seitenschiff schließen sich drei zeitlich und anlagemäßig verschiedene Kapellen an, die wegen ihrer Kunstwerke einen Besuch wert sind. Zuerst gelangt man in die **Engelkapelle** mit den 1960 ausgeführten Fresken Herbert Boeckls, die die Offenbarung des Johannes zum Thema haben.

**Gnadenkapelle** - Das venezianische Alabasterrelief (12. Jh.) *Maria mit dem Kinde* über dem Tabernakel gilt als Kleinod des Seckauer Kirchenschatzes und als das älteste in Österreich verehrte Marienbild.

**Bischofskapelle** - Der schöne, originelle **Mariä-Krönungsaltar★★** (1489) wurde wahrscheinlich zur Zeit Michael Pachers in einer Südtiroler Werkstatt angefertigt. Der Künstler wandte nicht die übliche Schreinform mit Flügelpaaren an, sondern umgab die Figurengruppe mit einem Kranz. Interessant ist jedoch vor allem seine Konzeption der Dreifaltigkeit, die er durch drei Männer mit gleichen Gesichtszügen und einem einzigen Körper versinnbildlicht. Dieses meisterhaft ausgeführte Werk muß aus gewisser Entfernung betrachtet werden.

**Mausoleum Karls II.** - Es befindet sich in der das Seitenschiff verlängernden Kapelle und bildet einen Teil ihrer prächtigen Ausschmückung, die als Übergang von der Spätrenaissance- zur Barockkunst angesehen werden kann. Die Gesamtdekoration, die von zwei Italienern zwischen 1587 und 1612 ausgeführt wurde, zeugt davon, daß sich Österreich und natürlich zuerst die Steiermark zu jener Zeit mehr und mehr dem italienischen Einfluß öffnete, der etwas später beim Mausoleum Ferdinands II. (Sohn Karls II.) in Graz voll und ganz triumphiert.

# SEEFELD IN TIROL**

Tirol

2 800 Einwohner

Michelin-Karte Nr. 926 – Falte 16 – Kartenskizze: SEEFELDER SATTELSTRASSEN

1 180 m

Seefeld liegt auf einem weiten, sonnigen Hochplateau mit dichtem Waldbestand und Blick auf die felsigen Kämme der Hohen Munde, des Wettersteingebirges und der Karwendelgruppe. Es zählt zu den beliebtesten Ferienorten für Skilanglauf in den Alpen.

Bereits in den 30er Jahren wurde sein Name durch den aus der Gegend stammenden Toni Seelos weltbekannt, der wie kein anderer den Slalom beherrschte und zur Entwicklung der Skitechnik beitrug. Die touristische Erschließung des Dorfs geht jedoch vor allem auf die 50er und 60er Jahre zurück. In der Folge wurde Seefeld durch die Ausrichtung der nordischen Skiwettbewerbe bei den Olympischen Winterspielen von 1964 und 1976 sowie der Skiweltmeisterschaft von 1985 noch bekannter.

Der mondäne Wintersportort zeichnet sich durch seine eleganten Hotels und Restaurants sowie die Vielfalt und Qualität seiner Einrichtungen aus: großes Veranstaltungs- und Kongreßzentrum, modernes Schwimmbad mit Rutschen, Sauna etc., 2 Eisstadien (mit Eislaufschule), zahlreiche Curlingbahnen, 2 Reithallen, 8 Hallentennisplätze, ein Indoor-Golf-Zentrum und ein Spielcasino. Im Sommer kommen außerdem ein 18-Loch-Golfplatz und 20 Freilufttennisplätze hinzu. Möglichkeiten zu Paragliding, Rafting und Mountainbike-Fahren.

Einer der Hauptreize dieses Ferienortes ist jedoch der erholsame landschaftliche Rahmen, der sich zu jeder Jahreszeit für Spaziergänge eignet. Seefeld bietet im Winter sage und schreibe 60 km und im Sommer 250 km instandgehaltener Spazierwege *(sich die Karte und den Führer im Fremdenverkehrsamt besorgen)*. Die beliebteste Wanderung führt auf die **Reither Spitze**★★ *(s. unten)*. Wer lediglich einen nicht allzu anstrengenden Spaziergang machen möchte, sollte dem Rundweg folgen, der den Wildmoos-, Lotten- und Mösersee miteinander verbindet *(3 Std. zu Fuß ab dem Seekirchl)*. Die beiden letzten Seen führen übrigens nur zur Schneeschmelze Wasser.

**Das Skigebiet** – Seefeld besitzt eines der größten **Skilanglaufgebiete*****  der Alpen (250 km Loipe) und diente für diese Art des Skisports als Austragungsort der Olympischen Spiele 1964 und 1976. Die Schneeverhältnisse sind im allgemeinen von Weihnachten bis März gut.

Das Gebiet für Abfahrtslauf verfügt über 25 Lifte und eine Skischule (ca. 100 Lehrer), in der alpiner und nordischer Ski sowie Snowbord unterrichtet werden. Die zum Teil künstlich beschneiten Pisten gehören zu zwei unterschiedlichen Bereichen, für die jeweils ein eigener Skipaß gilt. In der Nähe des Seekirchls führt ein Sessellift auf den **Gschwandtkopf** (1 500 m) hinauf. Die interessantesten Pisten konzentrieren sich auf das **Seefelder Joch** und vor allem den **Härmelekopf**. Das Gebiet ist hauptsächlich Anfängern oder solchen Skiläufern zu empfehlen, die ein entspanntes Skivergnügen suchen.

## SEHENSWÜRDIGKEITEN

**Pfarrkirche St. Oswald** – Diese gotische Kirche konnte dank der Freigebigkeit der Tiroler Landesfürsten im 15. Jh. zu Ehren der Wunderhostie erbaut werden, zu der seit 1384 zahlreiche Wallfahrer pilgerten und die in der Heilig-Blut-Kapelle aufbewahrt wurde.

Im Tympanon des Südportals ist rechts das Martyrium des hl. Oswald von England, des Patrons der Kirche, und links das Hostienwunder dargestellt.

Das Kircheninnere überspannt ein reich mit Nasen und Krabben verziertes typisch spätgotisches Netzgewölbe.

### Die Wunderhostie

Die Chronik von Hohenschwangau berichtet von dem Hostienwunder. Der Ritter Oswald Milser soll eines Tages am Ende einer Messe mit seinen Mannen den Priester eingekreist und voller Standeshochmut mit gezücktem Degen gefordert haben, die große, dem Priester vorbehaltene Hostie zu erhalten und nicht die kleine. Der Geistliche reichte ihm voller Angst die Hostie. Da tat sich unter dem frevelhaften Ritter der Boden auf. Milser, der an seinem ganzen Körper zitterte, konnte sich nur mit großer Mühe am Altar festhalten. Dabei hinterließen seine Finger Abdrücke, als hätten sie sich in Wachs gegraben. In dem Augenblick, in dem der Priester die Hostie wieder zurücknahm, wurde der Boden wieder fest, die Hostie jedoch verfärbte sich wenig später blutrot.

Das Seekirchl

Im Chor wurden die Wandfresken (Legende des hl. Oswald und der hl. Magdalena, Passion) aus dem 15. Jh. wiederhergestellt. Außerdem sieht man rechts das einst den spätgotischen Hochaltar (um 1500) schmückende Tafelbild mit Darstellung des Hostienwunders.

**Seekirchl** – Die Kapelle liegt am Südende des Ortes und wurde 1632 fertiggestellt; sie birgt ein wundertätiges Kreuz von 1510. Ihr Grundriß in Form einer Rotunde ist für Tirol recht ungewöhnlich. Man kann sich des Reizes des anmutigen Gotteshauses, dessen Silhouette sich von der Kulisse der Berglandschaft abhebt, nicht entziehen.

## AUSFLÜGE

★★ **Seefelder Joch** ⏲ – 2 074 m. *Mit der Standseilbahn zur Roßhütte fahren (1 800 m). Dann mit der Seefelderjochbahn weiter.* Von der Bergstation in wenigen Minuten zum Kreuz hinaufsteigen, von dem man einen sehr schönen **Rundblick**★★ genießt.
Man erkennt im Osten das Karwendelgebirge und im Norden die Scharnitzpaßstraße. Im Nordwesten erhebt sich die langgestreckte Felsbarriere des Wettersteingebirges und an deren Rand das Plateau der Zugspitze. Im Westen schöner Gesamtblick auf Seefeld und dahinter das breite Inntal, das von der Hohen Munde (Mieminger Gebirge) und dem Rietzer Grießkogel eingerahmt wird. Selbst im Winter kann man zu Fuß von der Roßhütte ins Tal hinuntergehen. Voraussetzung sind jedoch hohe, wasserfeste Schuhe.

★★ **Wanderung zur Reither Spitze** – 2 374 m. *Nur für erfahrene Wanderer.* Vom Seefelder Joch dem Kammweg bis zur Seefelder Spitze (2 221 m) folgen; dann zur Reither Scharte hinabgehen. Man erreicht schließlich die Reither Spitze, von der sich ein sehr weiter **Rundblick**★★ bis zu den Zillertaler und den Stubaier Alpen bietet. Zur Nördlinger Hütte hinabsteigen. Bis zur Station der Hämelekopf-Seilbahn gehen. Den letzten Streckenabschnitt kann man entweder zu Fuß in Richtung Reither Alm oder mit dem Lift zurücklegen.

*Am Ende dieses Reiseführers finden Sie wichtige praktische Hinweise übersichtlich zusammengefaßt:*
- *Anschriften von Fremdenverkehrsämtern, Verbänden und Informationsstellen*
- *Hinweise zur Reisevorbereitung, Anreise und Unterkunft*
- *Hinweise zur Freizeitgestaltung*
- *einen Veranstaltungskalender*
- *Buchtips*
- *Besichtigungsbedingungen der Sehenswürdigkeiten.*

# SEEFELDER SATTELSTRASSEN★★

Tirol und Bayern

Michelin-Karte Nr. 926 – Falten 16, 17 und 30

Der weite Seefelder Sattel oberhalb des Inntals und das Scharnitzengtal durchschneiden die nördlichen Kalkalpen und bilden so einen direkten Weg zwischen München und Innsbruck. Der internationale Durchgangsverkehr zieht dieser landschaftlich interessanten Strecke indessen den über die Autobahn München-Salzburg und die Inntalstraße führenden Reiseweg vor, der zwar länger, jedoch schneller ist.

## ★ DER ZIRLERBERG

### 1 Von Innsbruck nach Mittenwald (Deutschland) *38 km*

★★ **Innsbruck** – *Beschreibung s. dort. Man verläßt die Stadt auf der Bundesstraße 171.* Zwischen Innsbruck und Zirl verläuft die Straße im Grunde des Inntals entlang der schroffen **Martinswand** (rechts), die die traditionelle Grenze zwischen dem oberen und unteren Inntal bildet. Von ihr erzählt man sich im Tiroler Land folgende Episode: der Kaiser Maximilian I. hätte sich in seinem Jagdeifer in dieser unwirtlichen Felswand verstiegen und wäre schließlich durch einen Engel in Bauerngestalt aus seiner gefährlichen Lage befreit worden.

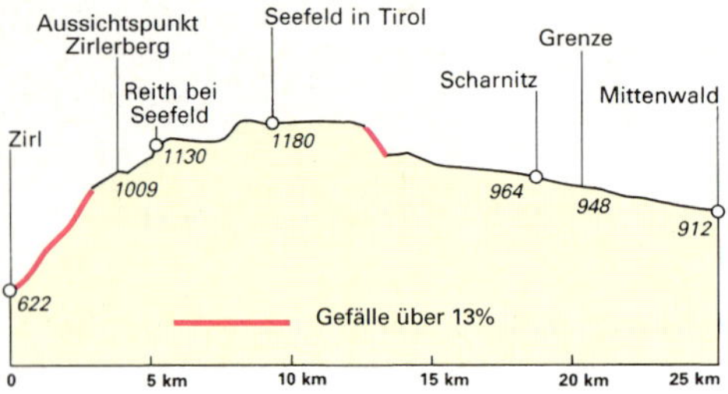


*Man fährt nicht nach Zirl hinein, sondern biegt rechts Richtung Seefeld ab.* Über der Straße rechts die in barocken Formen gestaltete Kalvarienbergkirche (1803-05) und die über Zirl aufragende Burgruine Fragenstein. Die berühmt-berüchtigte **Zirlerbergstraße**★ überwindet zwischen Zirl und Reith einen Höhenunterschied von 500 m. Vor dem Umbau der Straße erreichte die Steigung 24 %, jetzt sind es nur noch maximal 16 %. Die einzige Kehre, die zum **Aussichtspunkt**★ mit Parkplatz und Restaurant (Rasthaus Zirlerberg) ausgebaut wurde, erschließt eine wundervolle Sicht auf die „Sägezähne" der Kalkkögel südlich von Zirl. Innaufwärts eröffnet sich das Panorama auf die stumpfe Pyramide der **Hohen Munde** rechts im Vordergrund und links daran anschließend die weiteren Gipfel des Mieminger Gebirges.

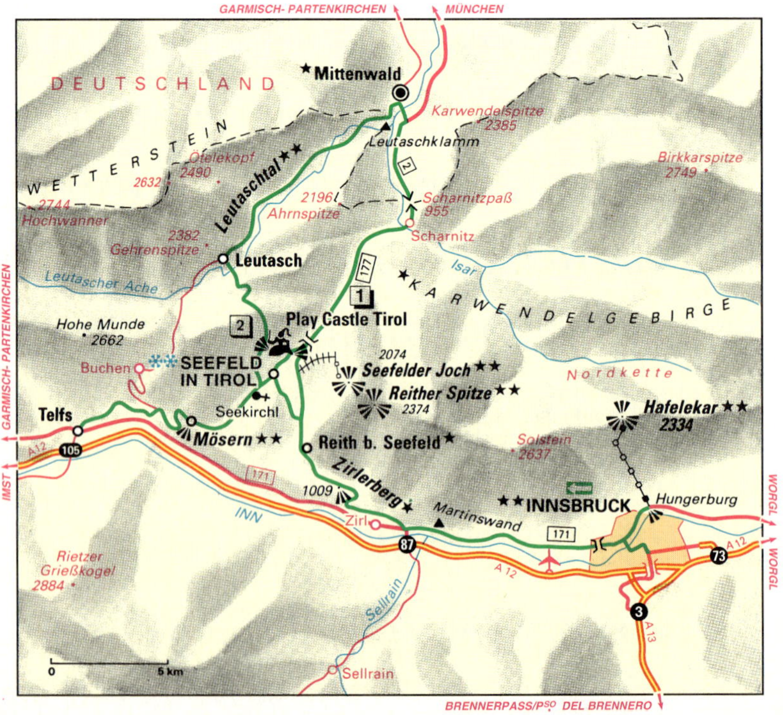

M. Hertlein/MICHELIN

PlayCastle Tirol

★ **Reith bei Seefeld** – Ortskirche in reizvoller **Lage**★. Von der unteren Friedhofsmauer hinter dem Kirchturm sieht man sich direkt dem Massiv des Roßkogels gegenüber. Links der scharfgezackte Gipfelkamm der Kalkkögel.

❄❄ **Seefeld in Tirol** – *s. dort.*

**PlayCastle Tirol** – Wohin mit den Kindern an einem verregneten Tag? Die Lösung könnte das 1999 eröffnete „Erlebnisschloß" nördlich von Seefeld direkt an der Bundesstraße 177 (Richtung Scharnitz, Garmisch) sein. Im eigentlichen **PlayCastle**, das bisweilen an eine Spielwarenmesse erinnert, finden Kinder vielfältige Spielmöglichkeiten von Puppen, Videospielen über Hüpfburg bis zur Karibikwelt, wo man im Wasser planschen und Sandburgen bauen kann (Badehosen bereithalten). Der **FunDome** offeriert auch für junggebliebene Erwachsene eine breite Palette an Freizeitsportmöglichkeiten: Airpark, Bahnen für Skateboards und Inliner, Streethockeyfeld, Kletterwand etc. Ausrüstungen können gegen Gebühr ausgeliehen oder dort gekauft werden (oder einfach selbst mitbringen). Im **iWERKS-Erlebniskino** wird man 'mal wieder ordentlich durchgeschüttelt. Nervenkitzel ist garantiert. Fast-Food und Getränke gibt es auch, so daß man rundum versorgt ist.

Vom Parkplatz des PlayCastle erstreckt sich der **Blick**★, von links nach rechts, über die aus Nadelwäldern aufsteigende graue Felspyramide der Hohen Munde (2 662 m), die Gebirgsschranke des **Wettersteins** (ohne Zugspitze), die Ahrnspitze (2 196 m) und die ersten Gipfel des Karwendelgebirges.

Die Straße führt in den Grund eines Seitentals der Isar, und man erreicht am „Scharnitzpaß" das Eingangstor nach Bayern und dann, nach wenigen Kilometern, Mittenwald.

★ **Mittenwald** – Die Geigenbauergemeinde, an der alten Handelsstraße von Augsburg nach Verona gelegen, ist ein vielbesuchter Fremdenverkehrsort. Die schönen, bemalten **Häuser**★★ an der Hauptstraße und die hervorragende Lage als Ausgangspunkt für zahlreiche Ausflugsmöglichkeiten erklären die Beliebtheit des Ortes. Mittenwald ist, nach den Worten Goethes, „ein lebendiges Bilderbuch". Ein Denkmal zu Füßen der Kirche erinnert daran, daß im Jahre 1684 der Mittenwalder Matthias Klotz die Geigenbaukunst im Dorf einführte und damit der Stadt einen wichtigen Platz im Musikleben sicherte. Matthias Klotz hatte in Italien gelebt und dort bei dem großen Geigenbaumeister Amati sein Handwerk gelernt. Heute noch halten ein Dutzend Geigenbauer, eine Geigenbauschule und das **Geigenbau- und Heimatmuseum** diese Tradition aufrecht.

## ★★ DAS LEUTASCHTAL

### 2 Von Mittenwald (Deutschland) nach Telfs *32 km*

Auf dieser Fahrt durch das Leutaschtal entdeckt man in Mösern einen der schönsten Aussichtspunkte des oberen Inntals.

★ **Mittenwald** – *s. oben.*

Gleich nach Mittenwald verläßt die Straße das Isartal und erhebt sich über die **Leutaschklamm** mit Blick auf das Karwendelgebirge. Nach Überquerung der Leutascher Ache (auf der Brücke nach links idyllischer Blick auf den Gebirgsbach) verläuft sie im mattenreichen Unterleutaschtal, das links majestätisch von der Ahrnspitze und rechts von der Wettersteinwand (von vorne nach hinten erkennt man die Wettersteinspitze, 2 298 m, den Öfelekopf, 2 475 m, und die Gehrenspitze, 2 377 m; als vierter Gipfel zeichnet sich im Hintergrund bereits die Hohe Munde, 2 662 m, ab) eingefaßt wird. Einige überdachte Wegkreuze und Heuschober mit steinbeschwerten Dächern, die hier und da auftauchen, unterstreichen den noch recht urwüchsigen Charakter des einsamen Tals. Schließlich erscheint im Blick die Hohe Munde.

**Leutasch** – Die Gemeinde besteht aus 24 Ortsteilen, die über das ganze Tal verstreut sind. Man durchfährt mehrere von ihnen und biegt in Gasse links Richtung Seefeld ab. Bei der Abzweigung genießt man nach rechts noch einmal einen herrlichen Blick auf die majestätische Hohe Munde.

Von Gasse nach Seefeld führt der Weg über eine wald- und kurvenreiche Strecke.

** **Seefeld in Tirol** – *Beschreibung s. dort.*

Durch ein kleines Tal, an dessen Eingang das kreisförmige **Seekircherl** steht, gelangt man nach etwa 5 km zu dem 600 m über dem Inntal gelegenen Ort Mösern.

**Mösern** – Dieses prächtig über dem Inntal gelegene Dorf ist ein idealer Halt. Es hatte auch schon Albrecht Dürer gefallen, bildet doch die Umgebung von Mösern auf einem Selbstbildnis (1498, im Prado in Madrid) den Hintergrund.
*Am Ortsausgang Richtung Telfs, unterhalb des Hotels „Inntaler Hof" links der Straße Parkmöglichkeit. Zur* **Friedensglocke des Alpenraumes** *hinaufgehen.* Von dem bemerkenswerten **Aussichtspunkt**★★ aus erblickt man in Richtung Telfs den Inn, der sein Bett nach zahlreichen Windungen inmitten aufeinanderfolgender Bergkämme gräbt, aus denen in der Ferne der schneebedeckte Hohe Riffler (3 168 m) emporragt; weiter rechts zieht sich das grüne Mieminger Hochland am Fuße der Mieminger Berge hin, deren östlicher Eckpfeiler die Hohe Munde (im Vordergrund) bildet.
Im Süden des Inntals erheben sich die Sellrainer Berge und im Hintergrund die scharfgezackten Kämme der Kalkkögel (ganz links).

Von Mösern fällt die Straße in zahlreichen Schleifen ins Inntal ab.

**Telfs** – Der 1175 erstmals erwähnte Marktflecken hat städtischen Charakter. Im Fasnacht- und Heimatmuseum Figuren und Masken vom alle fünf Jahre stattfindenden **Telfser Schleicherlaufen** *(s. Veranstaltungskalender).*

# SILVRETTA-HOCHALPENSTRASSE★★

Vorarlberg und Tirol

Michelin-Karte Nr. 926 – Falten 27 und 28 – Kartenskizze: ARLBERGGEBIET

Die Silvretta-Hochalpenstraße stellt die Verbindung zwischen dem Illtal (**Montafon**★: *s. dort*) und dem Trisannatal (Paznauntal) über den Sattel der Bielerhöhe (2 036 m) her. Der rauhe Hochgebirgscharakter dieses Passes wird durch die in allen Grün- und Blautönen schimmernden Stauseen gemildert.

## VON PARTENEN NACH LANDECK

*73 km – Mit der Wanderung zum Hohen Rad gut einen Tag einplanen. Gaschurn/Partenen, Galtür oder Ischgl sind ideale Orte, um abends Quartier zu beziehen.*
*Entlang der Silvretta-Hochalpenstraße besteht ein Nachtparkverbot. Das Befahren mit Hänger ist verboten. Auf der Fahrbahn der Westrampe sind 30 enge Kurven zu überwinden. Das kann dem Fahrer, der mit Hochgebirgsstraßen nicht vertraut ist, manche Überraschung bereiten. Sie ist gewöhnlich von November bis Ende Mai eingeschneit.*

In **Partenen** (1 051 m) nutzen mehrere Kraftwerke das Wasser des Silvretta-Gebietes. Von hier beginnt die Silvretta-Hochalpenstraße anzusteigen und führt über die Bielerhöhe auf 2 031 m nach Galtür im Paznaun/Tirol. Die eindrucksvolle Fahrt über 32 Kehren führt an den höchsten Berggipfeln Vorarlbergs (Piz Buin 3 312 m) und den tiefblauen Hochgebirgsstauseen vorbei.

**Vermunt-Stausee** – Er bildet einen Stufenspeicher zwischen Partenen und der Silvrettatalsperre in 1 743 m Höhe. Von diesem künstlichen See aus gelangen die gestauten Wasser durch Druckrohrleitungen in das Kraftwerk von Partenen. Der **Ausblick**★ in Richtung des wilden Kromertals reicht bis zu den Gebirgskämmen des Großen Litzners und des Großen Seehorns (3 124 m).

Während sich die Straße zu dem von Gletschern glattgeschliffenen Bergsattel hinaufwindet, treten langsam der Silvretta-Staudamm und die Gipfelkrone über dem oberen See ins Blickfeld.

**Bielerhöhe** – Der **Silvretta-Stausee★** in 2 036 m Höhe fügt sich prächtig in die **Hochgebirgslandschaft★★** ein. Hier legt man gern eine Rast ein, und Bergsteiger und Skiwanderer benutzen die großen Hotels als Ausgangspunkt für ihre Touren im Silvrettamassiv. Gelegenheit zu Rundfahrten mit dem höchstgelegenen Motorbootverkehr Europas.

Der Stausee ist das Kernstück der Ill-Kraftwerke. Das angestaute Wasser erreicht über mehrere Stufen das Rodundkraftwerk unterhalb von Schruns im Montafon und sprudelt dann wieder frei dahin.

Bei einem Spaziergang auf dem Staudamm (432 m lang, 80 m hoch) bietet sich ein bemerkenswerter **Blick★** auf die umliegenden Massive. Am besten läßt sich die Landschaft auf einem Spaziergang rund um den See erkunden.

★★ **Rundgang um den Silvretta-Stausee** – *Leichte Wanderung (etwa 1 3/4 Std. zu Fuß).* Zunächst am Ostufer am Fuß der dunklen, spitzen Pyramide des Hohen Rads entlanggehen. Die Strecke ist von mehreren Wasserfällen und zahlreichen Alpenrosenbüschen gesäumt. Der Rückweg führt am Westufer entlang, das von der Lobspitze überragt wird. Auf diesem Ausflug bietet sich mehrfach ein herrlicher **Blick★★** auf die Schattenspitze im Süden, das Klostertal mit Tälli- und Sonntagspitze im Südwesten, den Hochmaderer im Westen und das Vallülamassiv im Norden.

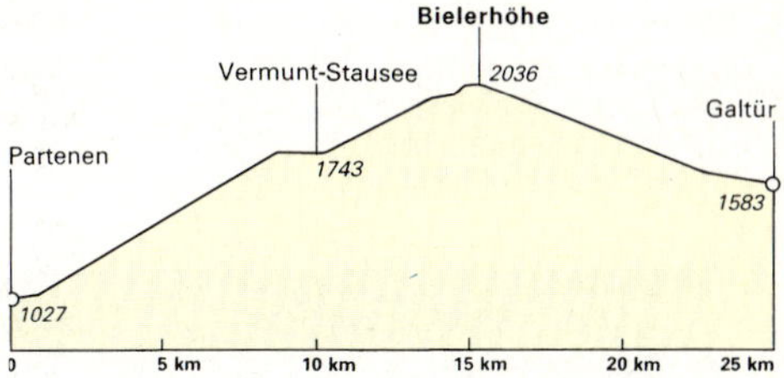


★★★ **Aufstieg zum Hohen Rad** – *Am Ostende des Sees parken. Die Wanderung (5 1/2 Std. zu Fuß ohne Pausen und Aufstieg zum Hohen Rad über einen Höhenunterschied von 800 m) ist für gute Wanderer gedacht. Wasserfeste Bergschuhe und warme Kniestrümpfe sind unerläßlich. Die außergewöhnliche Schönheit der Landschaft entlohnt jedoch reichlich für die Anstrengung. Personen mit weniger Ausdauer sollten nur zur Wiesbadener Hütte gehen (4 1/4 Std. hin und zurück).*

In einer 3/4 Stunde den ganzen See entlanggehen. Dann führt der Weg bergauf durch das Ochsental am reißenden Ill entlang, der von zahlreichen Wasserfällen und Bächen gespeist wird. Auf der rechten Seite wird das herrliche Tal durch eine beeindruckende rötliche Felswand eingegrenzt. Nach und nach kommen alle Gipfel der Gegend ins Blickfeld (die Kleine Schattenspitze, der Kleine Egghörner, die Schattenspitze, der Schneeglocken mit einem kleinen Gletscher und das Silvrettahorn). Vor allem aber wendet sich der Blick dem Gletscherkessel zu, der das Tal abschließt.

Von der **Wiesbadener Hütte** (2 443 m) bietet sich ein wundervoller **Blick★★** auf den höchsten Gipfel der Silvrettagruppe, den **Piz Buin** (3 312 m), der vom Vermuntgletscher (links) und dem Ochsentalgletscher (rechts) eingerahmt wird.

Ch. Heeb/VIENNASLIDE

Vermunt-Stausee

Anschließend 1 1/2 Std. Aufstieg zum Radsattel. Links an der Hütte vorbei und auf dem **Edmund-Lorenz-Weg** weitergehen, der zunächst steil ansteigt, dann aber ohne bedeutende Steigung weiterführt. Von hier bietet sich mehrfach ein besonders schöner **Blick**★★ über das gesamte Tal. Der Weg führt zu einem kleinen See (in 2 532 m Höhe) hinunter, der in erstaunlichen Farbschattierungen von orange bis grün schillert und am Fuß des Rauherkopfgletschers herrlich gelegen ist. Von dort geht es in einigen steilen Windungen bis zum **Radsattel** (2 652 m) hinauf, der die Grenze zwischen Vorarlberg und Tirol bildet. Prächtiges **Panorama**★★ im Westen auf den Großen Litzner und alle bereits genannten Gletscher. Im Osten ist das Bieltal zu sehen, das ebenfalls von einem Gletscher überragt wird.

Der Weg führt am Fuß der Ausläufer des Hohen Rads leicht bergauf, weiter durch zahlreiche Firnschneefelder und über eine letzte Steigung, bis man nach einer 3/4 Std. die **Radschulter**★★ (2 697 m) erreicht. Rund hundert Meter vor dem Paß ist unterhalb der Madlener Spitze der Radsee zu sehen, dessen teilweise mit Eis bedecktes Gewässer dunkelgrün schimmert. Vom Paß bietet sich ein beeindruckender **Blick**★★ auf den Bieltal- und den Rauherkopfgletscher, die aus einer felsigen Mondlandschaft emporragen.

Y. Bontoux

Blick auf Piz Buin und Gletscherkessel

Erfahrene Wanderer, die schwindelfrei und noch nicht zu müde sind, können links zum **Hohen Rad**★★★ (2 934 m) hinaufsteigen. Der felsige Weg ist ein anstrengender Umweg von etwa 1 1/2 Std. hin und zurück, an dessen Ende jedoch ein **Rundum-Panorama** über das Silvretta-Massiv und den Silvretta-Stausee alle Mühe vergessen macht.

Von der Radschulter dauert der Abstieg 1 1/2 Std. Die sehr steile **Strecke**★★ führt bis in den August hinein zwischen zwei Felswänden durch eine dicke Schneeschicht. Nachdem man die Felsen hinter sich gelassen hat, wird die Landschaft plötzlich grün. Im Osten ist die Madlener Spitze mit ihrem Gletscher zu sehen und im Norden (gegenüber) das vom mächtigen Vallülamassiv beherrschte Kleinvermunttal.

Im letzten Teil bietet der mit herrlichen Alpenrosen und gelbem Enzian bestandene Weg mehrfach einen großartigen **Blick**★★ auf den Silvretta-Stausee mit dem Hochmaderer im Hintergrund.

*Zum Fahrzeug zurückkehren.*

Auf der Tiroler Seite der Bielerhöhe bietet das Wiesental von Kleinvermunt, in dem die Rinder weiden, einige Ausblicke auf die Lobspitze und die Madlenerspitze.

Nach links abbiegen. Nach 5 km erreicht man den **Kops-Stausee**★ (1 809 m), der von der Ballunspitze im Süden, der Versalspitze im Westen und den Fluhspitzen im Norden eingerahmt wird. *Zur Hauptstraße zurück und nach Galtür weiterfahren.*

**Galtür** – 1 584 m. Das hübsche Dorf mit 3 400 Fremdenbetten bietet an den Hängen der Ballunspitze ein kleines, aber interessantes Skigebiet oberhalb des Kops-Stausees. 11 Skilifte führen zu 40 km Piste aller Schwierigkeitsgrade. Mit 45 km Loipe und guten Schneeverhältnissen gibt es daneben durchaus beachtliche Möglichkeiten für Langläufer.

Zwischen Galtür und Ischgl, im oberen Paznauntal, nimmt der Wald, in dem sich Gruppen von Lärchen abheben, zu.

✻✻ **Ischgl** – *s. dort.*

Das Trisannatal verengt sich nun immer mehr und wird malerischer und wilder. Die Ansiedlungen liegen hoch auf Bergterrassen oder auf einem Gebirgsvorsprung. Die Straße führt entlang des Wildbachs und durch dichtere Wälder. Nach einer langen Fahrt kündet das Auftauchen der Burg Wiesberg die berühmte **Trisannabrücke**★ an.
Im Hintergrund erheben sich die gewaltigen Bergkämme der Parseierspitze (3 036 m), des höchsten Gipfels der Kalkhochalpen im Norden Österreichs.

**Landeck** – *siehe ARLBERGGEBIET* [1].

# SÖLDEN✻✻

Tirol

3 056 Einwohner

Michelin-Karte Nr. 926 – Falte 29 – Kartenskizze: ÖTZTAL – 1 377 m

Mit einer Ausdehnung von 468 km² und mehr als 90 Gipfeln über 3 000 m und nur 1 km² bewohnter Fläche ist Sölden die größte Gemeinde Österreichs. Das alte Tiroler Dorf hat sich zu einem bedeutenden Wintersport- und Sommerferienort entwickelt und bildet das touristische Zentrum des **Ötztals**★★ *(s. dort)*. Sölden ist in einem tief eingeschnittenen, bewaldeten Tal ganz in die Länge gebaut und wird vom Gaislachkogl überragt.
Das kleine **Hochsölden** (2 090 m) genießt eine schöne Lage auf einem Hochplateau und bietet ausgezeichnete Schneeverhältnisse sowie eine weitreichende Aussicht.
Seine Bekanntheit verdankt Sölden zum Teil der Qualität seiner Après-Ski-Unterhaltung. Das sportliche Angebot ist sehr umfangreich (Freizeitarena, in der man etwa dreißig verschiedene Sportarten ausüben kann, Erlebnisbad und -sauna sowie Tennisplätze), doch zeichnet sich dieser Wintersportort vor allem durch das Ambiente seiner Cafés, Pubs, Bars und Diskotheken aus, die dafür sorgen, daß man in Sölden auch noch bis spät in die Nacht seine Urlaubstage in „voller Fahrt" genießen kann.

**Das Skigebiet** (1 377 m bis 3 260 m) – Die Ötztal Arena Sölden verfügt über 36 Skilifte, 30 Schneeanlagen und 108 km Pisten (45 km blaue, 45 km rote und 18 km schwarze), die z. T. Talabfahrten bis ins Frühjahr ermöglichen. Besonders zu empfehlen sind zwei lange Abfahrten: die vom Gaislachkogl zur Talstation des Stabele-Sessellifts (**Blick**★ auf die Ötztaler Gletscherstraße) und die das Hainbachjoch mit Sölden verbindende Abfahrt. Skiläufer mit wenig Erfahrung sollten die am Silberbrünnl-Sessellift entlangführende Piste (über Hochsölden) und den breiten Waldweg ab Gaislachalm abfahren. Bei der Gaislachkogl- Giggijochbahn stehen den Gästen tagsüber Parkgaragen mit rund 1 000 Stellplätzen kostenlos zur Verfügung. Wer nicht mit dem Auto kommt, kann von einem kostenlosen Skibussystem profitieren.
Über die **Ötztaler Gletscherstraße**★★, die höchste Panoramastraße der Ostalpen (bis 2 822 m) oder die einzige Gletscherskischaukel der Alpen (seit 1998 nach Ausbau des Skigebietes Schwarzkogl) wird auf dem Rettenbachferner und dem Tiefenbachferner Gletscher ein weiters Skirevier in schöner Hochgebirgslandschaft (29 km Pisten und 10 Liftanlagen) erschlossen.
Es besteht außerdem die Möglichkeit, ins nahegelegene Vent und insbesondere nach **Hochgurgl-Obergurgl**✻ zu fahren, wo sich weitere Abfahrtsmöglichkeiten bieten. *Der Söldener Skipaß gilt dort jedoch nicht.*
Skilangläufern stehen 8 km Loipe in Sölden, 8 km in Zwieselstein und 3 km in Vent zur Verfügung.

## AUSSICHTSPUNKTE

★★ **Gaislachkogl** ⓥ – 3 058 m. *1 Std. hin und zurück. Für einen Spaziergang auf dem Gipfel ist gutes Schuhwerk erforderlich. Auffahrt mit einer Doppelseil-Umlaufbahn in zwei Abschnitten.*
Während des ersten Abschnitts bietet sich ein Blick auf das vom Söldenkogel und vom Rotkogel beherrschte Sölden. Von der Bergstation des zweiten Abschnitts zum Kreuz hinaufgehen, das man in wenigen Minuten erreicht.
Von hier genießt man einen herrlichen **Rundblick**★★ über die Gipfel und Gletscher der Ötztaler Alpen. Man erkennt insbesondere die Wildspitze (3 774 m) in der Verlängerung der Seilbahn im Südwesten. Rechts davon ragen die Pitztaler Gipfel empor (Watzespitze, Hohe Geige). Links sieht man die Weißkugel (3 736 m), die Fineilspitze (3 514 m), den Similaun (3 602 m) und den Großen Ramolkogel (3 551 m), die alle mindestens einen Gletscher besitzen. Im Süden liegen das Skigebiet von Hochgurgl am Fuß des Kirchenkogels und in der Ferne die Dolomiten. In östlicher Richtung reicht der Blick bis zu den Stubaier Alpen, deren zweithöchster Berg das Zuckerhütl (3 511 m) ist.

**Giggijochbahn** ⓥ – *Um die Terrasse der Bergstation herumgehen.* Von hier ergibt sich ein schöner Ausblick auf das Söldener Skigebiet, vom Gaislachkogl bis zum Hainbachjoch, das mit 2 727 m der höchste Gipfel des Hochsöldener Skigebiets ist. Es wird vom Roßkirpl links und dem Breitlehner rechts flankiert. Im Osten erblickt man den Söldenkogel, den Rotkogel und das Gurgler Tal.

## UMGEBUNG

### ★★ Ventertal

Dieses schöne lange Tal wird rundum von Gletschern umrahmt und bietet wunderbare Wandermöglichkeiten.

★ **Straße von Zwieselstein nach Rofen** – *16 km.* Die Straße führt durch ein heiteres Waldgebiet und durchquert nach 6 km den Weiler Heiligenkreuz, dessen Kapelle ein hübscher Zwiebelturm krönt.
Nach weiteren 7 km erreicht sie **Vent** (1 900 m), den einzigen Ferienort des Tals. Im Winter ist Vent ein bescheidener Wintersportort, der jedoch bemerkenswerte Schneeverhältnisse aufweist und mit steilen Pisten gute Skiläufer beglückt. Er bietet 15 km Piste zwischen 1 900 und 2 680 m und 4 Skilifte. Im Sommer ist die Zahl der Feriengäste wesentlich größer, da die Möglichkeiten zu Ausflügen ins Hochgebirge einfach unerschöpflich sind.
Hinter Vent spaltet sich das Tal beiderseits der eindrucksvollen Talleitspitze (3 406 m) in zwei Teile. Das rechts gelegene **Rofental** zieht sich entlang der **Wildspitze** (3 774 m) und der **Hochvernagtspitze** (3 535 m) hin, bevor es vom **Weißkugel** (3 736 m) versperrt wird; das **Niedertal** links der Talleitspitze erstreckt sich am Fuß des Ramolkogels (3 551 m) und des Schalfkogels (3 540 m). Es endet im Gletscherkessel des **Similaun** (3 602 m). All diese Gipfel lassen das Herz der Alpinisten höherschlagen, sind sie doch Ziel legendärer Bergrouten.
Eine Straße führt bis nach Rofen, dem höchsten ständig bewohnten Weiler Österreichs (2 014 m). Der Aufstieg nach Rofen (1 1/2 Std. hin und zurück) eignet sich für einen angenehmen Spaziergang mit der ganzen Familie: der Straße folgen und auf einer kleinen Hängebrücke den Gebirgsbach überqueren. Ein von Bänken gesäumter, guter Weg führt nach Vent zurück. Er bietet malerische Blicke auf die Talsohle.

★ **Wildspitze-Sesselbahn** ⓥ – *Den Wagen in Vent bei der Sesselbahn abstellen (gebührenpflichtiger Parkplatz). 10 Min Fahrzeit.* Von der Bergstation (2 356 m) hat man einen schönen **Blick**★ auf das Skigebiet, die Talleitspitze und insbesondere im Hintergrund die Gletscher, die den Ramolkogel und den Schalfkogel einrahmen.

*Nachstehend werden einige Wanderungen von der Bergstation der Sesselbahn aus aufgeführt. Ausdauernde Wanderer können auf das Wilde Mannle hinaufsteigen oder zur Vernagthütte gehen. Weniger geübten Wanderern bietet sich die Möglichkeit, zur Breslauer Hütte zu gehen.*

★★★ **Wildes Mannle** – *Bergschuhe sind unerläßlich, ein Fernglas ist zu empfehlen. Wanderung für ausdauernde Wanderer: 3 Std. Fußmarsch und 670 m Höhenunterschied, geht man auf direktem Wege hin und zurück. Der im folgenden beschriebene vollständige Rundweg – einschließlich Aufstieg zur Breslauer Hütte über den Rofensteig – ist nur erfahrenen Wanderern zu empfehlen, da er einige sehr steile, schwindelerregende Passagen beinhaltet. Etwa 4 Std. einplanen, 800 m Höhenunterschied.*
Von der Bergstation der Sesselbahn in Richtung Breslauer Hütte gehen. Nach einer halben Stunde Gehzeit nach rechts (Schild) auf einen schmaleren Pfad abbiegen. Die Aussicht wird während des Aufstiegs immer grandioser. Die Markierungen und Hinweise „WM" beachten. Die Strecke ist am Ende sehr felsig und steil, weist jedoch keine wirklichen Schwierigkeiten auf.
Von der mit einem Kreuz gekennzeichneten Spitze (3 023 m) bietet sich ein herrliches **Panorama**★★★ über etwa fünfzehn Gletscher der Ötztaler Alpen; der eindrucksvollste und am nächsten gelegene ist der Rofenkargletscher, der sich an den Hängen der Wildspitze über 1 000 m Höhenunterschied abzeichnet. In diesem Bereich sind häufig Gemsen anzutreffen. Man beachte im Westen die Breslauer Hütte am Fuß eines wegen seiner rötlichen Farbe leicht auszumachenden Felskessels.
Man kann den Ausflug durch einen Abstecher zu dieser Hütte auf angenehme Weise verlängern. Wem leicht schwindelig wird, der sollte zunächst dem gleichen Pfad wie auf dem Hinweg folgen und dann nach rechts (Angaben auf den Felsen) abbiegen. Erfahrenere Wanderer können etwa fünfzehn Minuten lang über den Kamm des Wilden Mannle bis zu einem Metallschild gehen (Richtung Breslauer Hütte über Rofenkarsteig). Dabei unbedingt die Markierungen (Steinkegel)

beachten. Am Schild auf einen steilen, schmalen Pfad abbiegen, der zum Fuß des Rofenkargletschers hinabführt (an einigen Stellen wurden Seile angebracht, um den Abstieg zu erleichtern).
Der Pfad führt dann über einen schmalen Höhenrücken und bietet schöne **Ausblicke**★★ auf den Gletscherkessel. Man biegt sehr bald nach rechts ab (Hinweis „BH" auf einem Felsen) und erreicht den Rofenbach, den man in zwei Etappen, zuletzt auf Holzplanken, überquert. Dann über etwa zehn Meter dem Bach folgen, ohne zu versuchen, auf die rutschigen Felswände zu klettern. Man kommt wieder zum Pfad, der zur Breslauer Hütte hinaufführt. Dort bietet sich ein herrlicher **Rundblick**★★ *(s. unten)*. Leichter Abstieg *(1 Std.)* zum Sessellift, mit dem man nach Vent zurückfährt.

★★ **Breslauer Hütte** – 2 844 m. *Recht einfache Wanderung von der Bergstation der Sesselbahn aus. 2 1/2 Std. Gehzeit hin und zurück und 500 m Höhenunterschied.* Sehr schöner **Rundblick**★★ über die Wildspitze und die Kämme des Wilden Mannle im Norden, die Gletscher über dem Niedertal im Osten und die Kreuzspitze und ihren Gletscher im Süden.

★★ **Ausflug in Richtung Vernagthütte** – *Herrlicher Rundweg, der ausdauernden Wanderern sehr zu empfehlen ist. Frühmorgens den Wildspitze-Sessellift nehmen (nur Hinfahrt) und in 1 1/2 Std. zur Breslauer Hütte gehen. Dann 5 Std. Gehzeit fast ohne ansteigende Stellen, aber mit 1 000 m Höhenunterschied bergab.*
Von der Breslauer Hütte führt der Pfad direkt am Hang entlang. Nach etwa 1/2 Std. Gehzeit überquert man den Mitterbach, dessen Wasser von einem Gletscher der Wildspitze stammt. Dazu findet man im allgemeinen etwas weiter unten an einer leichter passierbaren Stelle Holzplanken. Anschließend zum Pfad zurückkehren.
Etwas später führt der Pfad an einem zweiten Felskessel entlang (Platteikar) und erreicht schließlich nach einem scharfen Knick nach rechts einen kleinen See. Jetzt hat man geradeaus einen herrlichen **Blick**★★ nach Nordwesten auf die Vernagthütte, die 250 m über der Talsohle in einem riesigen Gletscherkessel liegt. Rechter Hand erstreckt sich der Große Vernagtferner Gletscher, der von der Hochvernagtspitze überragt wird. Links ragen der Guslarferner Gletscher und der Fluchtkogel auf. Lohnende **Aussicht** auch in Richtung Süden auf die Hochjochferner Gletscherzunge, die sich an der rechten Seite der Fineilspitze erstreckt.
Der Pfad führt ins Tal unterhalb der Vernagthütte hinab. Der *Aufstieg (zusätzliche 50 Min. hin und zurück)* zu dieser Hütte ist vor allem für Bergsteiger von Interesse, da sie ein guter Ausgangspunkt für Bergtouren ist. Um den Ausflug etwas abzukürzen, empfehlen wir, darauf zu verzichten und den langen Abstieg nach Vent am Vernagtbach entlang *(2 3/4 Std.)* zu beginnen.
Die Strecke wird von den Wasserfällen des Plattei-, Mitter- und Rofenbachs gesäumt, den man weiter flußaufwärts überquert hat.
In Rofen sollte man, statt der geteerten Straße zu folgen, lieber den Bach auf einer Hängebrücke überqueren, von der ein guter Weg nach Vent führt.

# SPITAL AM PYHRN

Oberösterreich

2 290 Einwohner

Michelin-Karte Nr. 926 – Falte 22 – 647 m

Spital, an der alten Pyhrnpaßstraße (Paßhöhe 945 m) gelegen, die die Verbindung zwischen dem Steyr- und dem Ennstal und somit zwischen Linz und Graz herstellt, ist stolz auf seine alte, in selten reinem Barockstil erhaltene Stiftskirche.

## ★ EHEMALIGE STIFTSKIRCHE

Die zwischen 1714 und 1730 erbaute Kirche besitzt eine harmonische Fassade mit zwei Türmen, deren bemerkenswerte Höhenentwicklung durch drei stark profilierte Gesimse unterstrichen wird.
Das Kircheninnere erweckt den Eindruck von Vollkommenheit, der durch die Verschmelzung von Architektur und Dekoration noch verstärkt wird. Seit der Kremser Schmidt um 1780 die seitlichen Altarbilder gemalt hat, wurde der Raum nicht mehr zugunsten eines anderen Stils „verschönert", wovon sein einheitlicher Charakter zeugt.
Im Chor hat Bartolomeo Altomonte (1693-1783) mit den perspektivisch gemalten Kolonnaden, die sich in der Mitte öffnen und den Blick auf eine Mariä Himmelfahrt freigeben, ein Äußerstes an Raumillusion verwirklicht. Diese 1740 vollendete **Freskenkomposition**★ erreicht ihren Höhepunkt in der Darstellung des Himmelreichs im Kuppelgewölbe.

# SPITTAL AN DER DRAU

## Kärnten

14 770 Einwohner
Michelin-Karte Nr. 926 – Falte 33 – 554 m

Das reizvolle Spittal liegt in einem Talbecken an der Mündung der Lieser in die Drau und wird vom Goldeckgipfel überragt. Nicht weit entfernt lockt der Millstätter See. Die strategische Lage an einem wichtigen Handelsweg, der von Deutschland nach Venedig führte, ließ die Stadt im Laufe der Jahrhunderte zu einem wirtschaftlichen und kulturellen Zentrum erblühen. Auch heute noch ist sie einer der belebtesten Verkehrsknotenpunkte Kärntens.

★ **Schloß Porcia** – Dieser 1527 begonnene vierflügelige Bau mit seinen Ecktürmen ist einer der bedeutendsten Renaissance-Paläste Österreichs nach italienischem Vorbild. Er entstand unter Gabriel Salamanca, einem genialen Finanzmann und bis 1526 Generalschatzmeister Erzherzog Ferdinands. Von 1662 bis 1918 war das Schloß Residenz der Fürsten von Porcia, einem aus Friaul stammenden Adelsgeschlecht. Park und Arkadenhof sind frei zugänglich.

★ **Arkadenhof** – Der dreigeschoßige Arkadenhof nach italienischer Manier weist mit seinen antikisierenden Medaillons, Balustradenpfeilern, Portaleinrahmungen usw. typische Renaissance-Ornamentformen auf. An der Südseite prangt das Wappen der Porcia, sechs goldene Lilien auf blauem Feld. Beachtung verdienen die herrlichen schmiedeeisernen **Gitter**★ (16. Jh.), die die Treppen von den Galerien im Obergeschoß trennen. Im Sommer ist der Arkadenhof Schauplatz der „Komödienspiele".

★★ **Museum für Volkskultur** ⓥ – *In den oberen Stockwerken des Schlosses.* Die Volkskultur Oberkärntens wird in geradezu überwältigender Fülle in 47 Themenbereichen präsentiert. Diese reichen vom Volksglauben und Brauchtum über den Gold-, Granat- und Arsenbergbau bis hin zur Arbeit der Faßbinder und Hafner. Nostalgisch mutet der Volksschulsaal aus der Jahrhundertwende an, aber auch ein Krämerladen und Kärntner Bauernstuben. Bei 20 000 Exponaten erweist es sich als sinnvoll, daß man Objektbeschreibungen über Computer abfragen kann.

**Goldeckbahn** ⓥ – Die 4 km lange Seilbahn führt in zwei Teilstrecken auf eine Höhe von 2 050 m und überwindet dabei einen Höhenunterschied von 1 500 m. Von der Bergstation bietet sich eine schöne **Aussicht**★ auf Spittal, die umliegenden Berge und den Millstätter See.

## UMGEBUNG

**Teurnia-Ausgrabungen** – *5 km in nordwestlicher Richtung.*
4,5 km nach Spittal biegt man in St. Peter im Holz von der Bundesstraße nach Lienz links in die alte Straße ein und sieht bald darauf in einer Kurve die zwei Gebäude des **Museums Teurnia** ⓥ.
Von der römischen Stadt Teurnia sind zwei Wohnterrassen, das Forum, eine Badeanlage und ein Tempel des keltischen Heilgottes Grannus durch Ausgrabungen bekannt. Im 5. und 6. Jh. war Teurnia eine befestigte Provinzstadt und Bischofssitz. Aus dieser Zeit stammen die Bischofskirche mit Gästehaus (Hospitium) und zwei Gräberfelder außerhalb der Stadtmauer. Neben dem heutigen Museum sieht man die Friedhofskirche, deren Seitenkapelle ein bedeutender **Mosaikboden**★ (5. Jh.) mit Tiersymbolen schmückt.

Trumier/ÖSTERREICH WERBUNG

Schloß Porcia

# STAINZ

Steiermark

2 000 Einwohner
Michelin-Karte Nr. 926 – Falte 36 – 25 km südwestlich von Graz
Kartenskizze: STEIRISCHE WEINSTRASSE – 377 m

Der Marktflecken Stainz liegt in einem Tal, über das ein altes Stift wacht. Er läßt noch heute seinen einstigen Reichtum erahnen, der vor allem dem Weinhandel zu verdanken war. Aus dem blühenden 16. und 17. Jh. sind die alten Häuser erhalten, deren schmucke Fassaden insbesondere den Hauptplatz des Ortes säumen.
Am Nordeingang von Stainz stehen die Gebäude des ehemaligen Augustiner-Chorherrenstifts, aus deren Mitte die barocke Pfarrkirche herausragt. Im 18. Jh. verlor das Stift im Zuge der Säkularisierung seine religiöse Bestimmung. Es wurde zum Schloß erklärt und im Jahre 1840 von Erzherzog Johann erworben.

**Schloß** – Nachdem man die beiden Innenhöfe mit ihren Bogengängen bewundert hat, bietet sich eine Besichtigung der Kirche sowie des im Schloß untergebrachten Volkskundemuseums an.

**Kirche** ⓥ – Sie wurde 1229 errichtet, 1686 umgebaut und besitzt ein in strahlendem Weiß ausgemaltes, großes Kirchenschiff mit Seitenkapellen. Allein das Gewölbe wurde mit gemalten Medaillons verziert, die von Stuckwerk eingerahmt sind.
Man bemerke die meisterhaft gearbeitete hohe Gestalt des Hauptaltars (1695). Er wird durch Säulen gegliedert, auf denen Giebeldreieck und Balkenwerk ruhen. In seiner Mitte erkennt man ein Gemälde von Hans Adam Weißenkircher, dem auch die Gemälde des Planetensaals von Schloß Eggenberg zu verdanken sind.
Von dem frühgotischen Vorgängerbau wurden die Westtürme beibehalten. Diese Anordnung ist darauf zurückzuführen, daß die Kirche – wie Stift Rein *(s. Graz, Umgebung)* – bei ihrem Umbau im Barockstil eine andere Ausrichtung erhielt. Sie ist der hl. Katharina gewidmet und dient seit ihrer Säkularisierung im Jahre 1785 als Pfarrkirche.

★ **Museum** ⓥ – *Eingang auf der rechten Seite im Durchgang zum ersten Hof.* Diese Abteilung des Joanneum Landesmuseums zeigt auf zwei Stockwerken Gegenstände, Bilder, Fotografien und Urkunden, die die landwirtschaftlichen und handwerklichen Traditionen der Steiermark illustrieren. Erwähnenswert sind insbesondere die Sammlung von Gerätemodellen der „K. u. K. Landwirtschafts-Gesellschaft" aus der Mitte des 19. Jh.s auf Anregung von Erzherzog Johann sowie Beispiele der „Volkstechnik", wie Handdreschmaschine und „Schmeißwachl", eine Maschine zum Ausschlagen von Getreide. Umfangreiche Kollektion an Gebrauchskeramik und Bauernmöbeln. Eine Presse zur Gewinnung des Kürbiskernöles erinnert an diese in der südlichen Steiermark seit alters weit verbreitete Methode. Heute noch ist das **Kernöl** (aus Kürbiskernen gewonnen) eine ganz besondere Delikatesse.
Das Museum zeigt zwei original **getäfelte Stuben** aus den Jahren 1568 und 1596 und ein sogenanntes Seitenstübel eines weststeirischen Bauernhauses mit bemalter Riemlingdecke (1796).

# Stift STAMS★★

Tirol

Michelin-Karte Nr. 926 – N der Falte 29

Gegründet wurde die Zisterzienserabtei Stams 1273 im oberen Inntal von Elisabeth von Bayern, Witwe Kaiser Konrads IV., die sich mit dem Grafen Meinhard II. von Görz-Tirol wiederverheiratet hatte. Letzterem verdankt übrigens Tirol seine politische Einheit.
Elisabeth errichtete in Stift Stams ihrem unglücklichen Sohn Konradin, dem letzten Staufer, der in Neapel enthauptet wurde, ein bleibendes Denkmal. Ende des 17. Jh.s wurde das Stift umgebaut und erweitert. Die prächtige Barockanlage, die von weitem an ihren beiden massiven Wohntürmen zu erkennen ist, steht jedoch ganz im Gegensatz zu den strengen Bauregeln des Zisterzienserordens und würde den hl. Bernhard von Clairvaux in Empörung versetzen!
Ganz besonders stolz ist Stams auf sein Skigymnasium, an dem die jungen hoffnungsträchtigen Sportler Tirols sich unter besten Bedingungen auf eine sportliche Laufbahn vorbereiten können, ohne ihre schulische Ausbildung zu vernachlässigen. Dieses ungewöhnliche Gymnasium war lange Zeit in einer Dependance des Stifts untergebracht.

Stift Stams

## BESICHTIGUNG ⊙

*Den Wagen auf dem Parkplatz in der Nähe der im Rokokostil geschmückten Pfarrkirche des Dorfes (14. Jh.) abstellen. Ticketverkauf im Stiftsportalbogen.*

★★ **Stiftskirche** – Der heutige Bau geht auf Umbauarbeiten im Jahre 1732 zurück. Damals wurde das romanische querschifflose Kirchenschiff, das im 17. Jh. erst überwölbt worden war, „barockisiert". Die Apsiden hinter dem Hochaltar blieben in ihrer ursprünglichen Form erhalten, die Seitenschiffe wurden jedoch durch sechs Kapellen ersetzt.

Am Eingang bewundert man rechts das berühmte **Rosengitter**★, ein Meisterwerk der Schmiedekunst aus dem Jahre 1716, das den Gang zu der außerhalb der Kirche gelegenen Heiligblutkapelle abschließt.

Im Kirchenschiff weist eine Wappenbalustrade auf die Gruft der Tiroler Landesfürsten hin. In Bogennischen stehen die vergoldeten, etwas naiven Holzstatuen der hier ruhenden zwölf Landesfürsten. Das Prunkstück der Einrichtung bildet der **Hochaltar**★ (1613), dessen vielgliedriges Astwerk mit 84 die Muttergottes umringenden Heiligenfiguren den Lebensbaum darstellt. Adam und Eva, rechts und links des Altars, versinnbildlichen die Quelle des natürlichen Lebens, während Christus am Kreuz, über Mariä Himmelfahrt, als Symbol des übernatürlichen Lebens erscheint. Das Werk ist von **Bartholomäus Steinle**. Gleich hinter dem Chorgitter sehen wir die Grabstätte Herzog Friedrichs IV., des „Friedels mit der leeren Tasche" *(s. Innsbruck: Goldenes Dachl)*.

★ **Bernardisaal** – Man begibt sich zum prächtigen, ovalen Stiegenhaus im Abteigebäude und über die **Prälatentreppe** mit ihrem herrlichen schmiedeeisernen Gitter zum Bernardisaal. Seine Fresken (1722) an den Wänden und der Decke, die sich in der Mitte zu einer Balustradengalerie öffnet, stellen Begebenheiten aus dem Leben des hl. Bernhard dar.

Wer etwas Zeit mitbringt, sollte einen Rundgang durch das **Museum** machen, in dem ausgewählte Kostbarkeiten aus den Stiftssammlungen ausgestellt sind.

*Sie helfen, diesen Reiseführer weiter zu verbessern, wenn Sie Ihre Kritik und Berichtigungen bzw. Anregungen und Ideen an folgende Adresse richten:*

*Michelin Reifenwerke KGaA*

*Reise-Verlag*

*Redaktion Der Grüne Reiseführer*

*Postfach 21 09 51*

*D-76159 Karlsruhe*

*oder uns einfach eine E-Mail schreiben: DerGrueneReisefuehrer@de.michelin.com*

# STEIRISCHES THERMENLAND

Michelin-Karte 926 Falten 37 und 38

In der südöstlichen Ecke der Steiermark bilden die fünf Thermen Bad Waltersdorf, Blumau, Loipersdorf, Bad Gleichenberg und Bad Radkersburg das Steirische Thermenland. Doch nicht nur heilkräftiges Wasser sprudelt in der Region. Sie ist auch eine der fruchtbarsten Landstriche Österreichs mit umfangreichen Wein-, Obst-, Kürbis- und Getreidekulturen.
Die wichtigsten touristischen Sehenswürdigkeiten des Thermenlandes sind im folgenden kurz zusammengestellt.

## BLUMAU

*Etwa 7 km nördlich von Fürstenfeld.*

Die Thermen- und Hotelanlage von Blumau wurde vom Wiener Künstler **Friedensreich Hundertwasser** entworfen. Momentan ist mit einer Kapazität von 600 Betten etwa die Hälfte der geplanten Anlage verwirklicht. In dem kleinen Thermendorf trifft man auf die für Hundertwasser typische phanatasievolle Architektur mit eigenwilliger Form- und Farbgebung. Die Häuser scheinen mit dem Gelände verwachsen zu sein, statt Ziegeldächern findet man Rasen und Sträucher auf den begehbaren Gebäuden. So entstand eine Märchenlandschaft, in der Mensch, Architektur und Natur in Einklang gebracht werden sollen. Entsprechend werden Entspannungs- und Erholungskuren mit ganzheitlichen Behandlungen (Klangtherapie, fernöstliche Behandlungsmethoden) angeboten.
Zugang zu der Anlage erhält man als Hotel- oder Tagesgast in den Thermen bzw. im Rahmen von **Führungen** ⓥ *(etwa 45 Min.)*: Nach der Besichtigung eines Modells der Gesamtanlage wird man auch durch einen kleinen Teil der Gebäude und des Geländes geschleust. Der Thermenbereich ist dabei aus hygienischen Gründen nicht zugänglich. Im Anschluß daran hat man noch die Möglichkeit, in Ruhe über das Gelände zu spazieren und so die Architektur auf sich wirken zu lassen *(bei den sogenannten „Augenschlitzhäusern" beginnen).*

## ★ RIEGERSBURG ⓥ

*An der Bundesstraße 66, 10 km nördlich von Feldbach.*

Die Feste hoch über dem gleichnamigen Ort erhebt sich auf den Resten eines 482 m hohen Vulkans und ist eines der eindrucksvollsten Bollwerke, die jahrhundertelang die Ostgrenze Österreichs schützten. Von welcher Seite man sich auch immer dem Ort nähert, überrascht die Riegersburg durch ihre kühne, trutzige **Lage**★. Das Dorf liegt 100 m tiefer auf halber Höhe des Felshangs. Bereits die Kelten und später die Römer erkannten die strategisch günstige Lage und verschanzten sich hier, so oft eine Gefahr aus dem Osten drohte. Die ab dem 12. Jh. errichtete Burg widerstand siegreich dem Ansturm der Ungarn und Türken. Drei Kilometer Wehrmauern und elf Basteien machten sie unbezwingbar. Seit 1822 ist die Riegersburg im Besitz der fürstlichen Familie Liechtenstein und beherbergt heute ein Hexenmuseum und eine Ausstellung zur Geschichte des Fürstenhauses. Aber mehr noch als durch ihre Anlage und ihre Innenausstattung beeindruckt die Burg durch die wundervollen **Ausblicke**★, die sie über das steirische Land eröffnet.

## ⚕ Bad GLEICHENBERG

*An der Bundesstraße 66, 11 km südlich von Feldbach.*

Unweit der ungarischen und slowenischen Grenze liegt der für seine Heilquellen und sein mildes Klima berühmte Kurort Bad Gleichenberg.
1834 war Graf von Wickenburg, Rheinländer wie sein Zeitgenosse Metternich, auf die Heilkräfte der in Gleichenberg sprudelnden Quellen aufmerksam geworden. Er war nicht nur Landesgouverneur, sondern auch tüchtiger Unternehmer, so daß nach wenigen Jahren schon ein schmucker Kurort entstanden war; gegen Ende des 19. Jh.s galt Bad Gleichenberg als das renommierteste österreichische Adelsbad.
Noch heute prägen schöne **Biedermeiervillen und -hotels** den Ort, der wie in einem Landschaftsgarten zu liegen scheint. Dazu trägt auch ein großzügiger Kurpark von 20 Hektar bei.
Das Bad wird bei Atmungs-, Herz- und Kreislaufkrankheiten, Stoffwechselstörungen, aber auch zur Behandlung von Neurodermitis und Schuppenflechte aufgesucht. Nicht nur Kurgäste wissen die angenehme Atmosphäre zu schätzen, gilt Bad Gleichenberg doch nach Graz und Mariazell als das beliebteste Reiseziel in der Steiermark.

M. Hertlein/MICHELIN

Wenn das der Förster sieht... Diplodocus im Styrassic Park

**Styrassic Park** ⓥ – *Im Westen der Ortsmitte. Anfahrt über die Bundesstraße 66, ab dort ausgeschildert.* Die Dinos sind los! In einem 5 ha großen Waldgelände trifft man auf über 60 Saurier in Originalgröße (Beton-, Stahlkonstruktionen), darunter den mächtigen Brachiosaurus, unter dem man hindurchgehen kann, oder den furchterregenden Tyrannosaurus Rex (Spielberg läßt grüßen). Der chronologisch geordnete Rundgang entstand unter wissenschaftlicher Beratung der Universität Berlin. Auf Schautafeln jeweils kurze Erläuterungen zu zeitlicher Einordnung, Fossilfunden und Maßen der jeweiligen Spezies. Nicht nur für Kinder.

## ★ Bad RADKERSBURG

*An der Bundesstraße 69, 26 km südlich von Bad Gleichenberg unmittelbar vor der Grenze zu Slowenien.*

Seit seiner Gründung (erste urkundliche Erwähnung 1182) war Radkersburg einer der wichtigsten Handelsplätze der Steiermark: Holz, Eisen und Salz, die auf Flößen auf der Mur heruntergebracht wurden, handelte man gegen landwirtschaftliche Produkte, Wein und Honig aus dem Südosten. Die Stadt besaß vor allem auch das wichtige Weinvorkaufsrecht. Während der Türkenkriege war sie eine wichtige Bastion und wurde 1582 am Reichstag zu Augsburg zur Reichsfeste ernannt. Aus dieser Zeit stammt der heute fast lückenlos erhaltene **Befestigungsgürtel** mit Stadtgraben, sechs Basteien und Türmen. Der einstige Wohlstand ist an etlichen Palais und Bürgerhäusern mit schönen Steinportalen und Innenhöfen abzulesen. Italienische Baumeister haben ihre Spuren in Radkersburg hinterlassen, so daß sein Zentrum auch heute noch südländisches Flair ausstrahlt.
Dank der kalzium- und hydrogenkarbonathaltigen Quellen wurde Radkersburg zum Heilbad ernannt. Behandelt werden vor allem Nieren- und Harnwegeerkrankungen.

### Rundgang durch die Stadt

**Hauptplatz** – In der Mitte des Hauptplatzes mit seinen schmucken Bürgerhäusern erhebt sich die **Pest- oder Mariensäule**, die nach der verheerenden Pestepidemie des Jahres 1680 gestiftet wurde. 1766 wurden ihr die Statuen der vier Pestheiligen Antonius, Sebastian, Rochus und Franziskus hinzugefügt.
Der im unteren Teil spätgotische, achteckige **Rathausturm** mit seiner Zwiebelhaube an der Westseite des Platzes gilt als das Wahrzeichen der Stadt. Geht man von dort weiter Richtung Westen erreicht man am Ende der Dechantgasse links durch eine Glastür den **Arkadenhof** des Palais Herberstorff.

**Stadtpfarrkirche** – Die dreischiffige spätgotische Pfeilerbasilika (14.-16. Jh.) wurde an einen Wehrturm der Stadtbefestigung angebaut. 1830 wurde das Gewölbe des Mittelschiffes umgestaltet, so daß sein Abschluß als Spitzkappentonne im Kontrast zu den filigranen Netzgewölben der Seitenschiffe steht.

*In die Hauptachse Radkersburgs, die Langgasse, einbiegen und weiter Richtung Norden bis man rechts den Tabor-Platz mit der Floriani-Säule erreicht.* Von dort hat man Zugang zum **Alten Zeughaus**. Durch einen gedeckten Gang gelangt man in den schönen rechteckigen Hof, den zweistöckige Arkaden zieren. Im ehemaligen Arsenal ist heute die Sammlung des kulturgeschichtlichen Erbes der Stadt und ihrer Umgebung untergebracht (Regionalmuseum).

*Über die Emmenstraße und die Bindergasse zurück zum Hauptplatz.* Durch das sogenannte Frauentor (neben der Tourist-Information) gelangt man auf den idyllischen **Frauenplatz** mit der spätbarocken Frauenkirche.

# STEIRISCHE WEINSTRASSE★

Steiermark

Michelin-Karte Nr. 926 - Falten 36 und 37

Die Weinstraße liegt abseits der Hochburgen des Tourismus und bietet dem Besucher daher die Gelegenheit, das traditionelle, noch unberührte Österreich kennenzulernen. Dessen wunderschöne Landschaften strahlen eine heitere Ruhe aus, während es in den „**Buschenschenken**", in denen man sich beim Klang eines Akkordeons zu einem Glas Wein trifft, fröhlich und lebendig zugeht. Die Gegend ist im Herbst, wenn der Wein voll ausgereift ist und sich in der ganzen Pracht seiner schillernden Farben zeigt, ein beliebtes sonntägliches Ausflugsziel der Grazer.
In der Steiermark wird fast ausschließlich Weißwein hergestellt (80 %). Der Welschriesling, ein trockener Weißwein, nimmt 22 % der Anbaufläche ein. 10 % sind Weißburgunder-Reben. Diese Traube reift als erste und liefert einen milden, fruchtigen Weißwein. Der Müller-Thurgau macht 8 % der Anbaufläche aus. Der Zweigelt ist der bedeutendste Rotwein; der **Schilcher**, ein Roséwein, ist jedoch bekannter; auf der hier beschriebenen Strecke durchquert man zunächst dessen Anbaugebiet südwestlich von Graz.

## RUNDFAHRT AB GRAZ *180 km*

*Graz über die Straße Nr. 70 (AX) verlassen. Dann auf der Autobahn bis nach Steinberg fahren; oder auf der Bundesstraße Nr. 70 bis nach Krottendorf und dann in Richtung Stainz weiterfahren.*

**Der Schilcher**

Der Schilcher nannte sich nicht immer so. Erst seit 1976 gibt es diese offizielle Bezeichnung für den Blauen Wildbacher. Die spätreifende, säurereiche Traube - unterschieden wird zwischen Spätblauem und Schlehenbeerigem Wildbacher - mit ihrem ausgeprägten Geschmack und der schönen „zwiebelfarbenen" Tönung ist in der Weststeiermark jedoch schon seit 1580 nachweisbar. Angebaut wird der Schilcher auf etwa 80 ha.

**Die Winzerei**

Die „Weinzierle" waren Winzer, die kein Eigentum besaßen, sondern für einen größeren Besitzer arbeiteten. Diesem gehörte meistens auch die „Winzerei", das typische Winzerhaus der Weststeiermark, und der kleine Acker mit Garten, der sich daran anschloß. Die Winzerei bestand aus zwei Stuben, einer Küche und einer Vorlaube. Ein gesondert stehendes Holzhäuschen diente zur Aufbewahrung von Kohl und Rüben. Heute noch sieht man in der Gegend „Kellerstöckln", in denen ein Preßraum über dem Keller untergebracht ist.

### 1 Die Schilcherstraße

An den Hügeln des Schilchers, die an die ersten Ausläufer der Koralpe angrenzen und mit diesen zum Teil verschmelzen, wird der Wein auf Flächen angebaut, die manchmal so steil sind, daß die Trauben nur von Hand gelesen werden können. Nur die Südhänge sind bepflanzt. Es lohnt sich, die Straße zu verlassen, um das Mosaik dieser Weingärten zu bewundern, die sich selbst über das unebenste Gelände erstrecken.

Hinter der Autobahnausfahrt steigt die Straße steil an und bietet auf der linken Seite hübsche **Ausblicke**★★ auf die Grazer Ebene, die Hügel im Nordwesten der Stadt und den Schöckl im Hintergrund, dessen flacher Gipfel 1 445 m erreicht. Bald durchquert man Kastanienwälder, während die Weinreben nicht mehr von der Straße aus zu sehen sind.

GEORG MIKES

Steirische Weinstraße - Weinlandschaft mit Klapotetz

**Gundersdorf** - Am Dorfeingang bemerkt man auf der rechten Seite einen Holzpfosten, den sog. „**Klapotetz**", an dessen oberem Ende ein vierflügeliges Flügelrad angebracht ist. Bei diesem eigenartigen Objekt handelt es sich um nichts anderes als eine Vogelscheuche, die von Juni bis zur Weinlese durch ihr Geklapper die Vögel von den Reben fernhält und ein fester Bestandteil des steirischen Weinlands ist. Ebenfalls rechter Hand erkennt man in der Ferne die Gipfel des Reinischkogels (1 463 m), eines Skigebiets für Abfahrtslauf. Die Spezialität des Ortes ist die Produktion des Schilchers, den man z. T. noch direkt an den Höfen kaufen kann.

Hinter dem typischen Winzerdorf Gundersdorf erreicht man ein von der heutigen Tendenz zur Vereinheitlichung verschont gebliebenes Hinterland, das seine alten Wohnhäuser und Traditionen bewahrt hat. Die Bauernhäuser in alter Holzbauweise mit ihren kleinen, von bunt bemalten Fensterläden eingerahmten Fensteröffnungen lassen an Puppenhäuser denken.

*Hinter Gundersdorf zunächst rechts und dann links in Richtung Langegg und Greisdorf abbiegen.*

**Langegg** - Mehrere „Buschenschenken" laden hier zum Rasten ein. Diese schlichten, durch hölzerne Dächer geschützten Lauben oder Terrassen von Winzerhäusern sind nicht aus der Gegend wegzudenken. Hier kann man Wein kosten und sich mit dem „**Verackertbrot**" (Schwarzbrot mit gehacktem, gewürztem Speck) oder gar einer richtigen Wurstmahlzeit, der sog. „**Brettljause**", stärken. Von Langegg bietet sich ein weiter **Blick**★★ auf das Murtal, den Schöckl im Nordosten und die Weinhänge des Sausalgebirges im Südosten.

Zwischen Greisdorf und Marhof führt die Straße durch Maisfelder. Der Mais dient der Herstellung der Spezialität dieser Gegend, einer Art lokalen Polenta, die „**Sterz**" genannt wird und einst das Grundnahrungsmittel der Bauern war.

*In Marhof nach links in Richtung Stainz abbiegen.*

**Stainz** - *s. dort.*

Es folgt eine heitere Hügellandschaft, die dem Besucher zahlreiche angenehme Spazierwege bietet.

**Bad Gams ob Frauental** - Dieser Ort verdankt seinen Namen seinen eisenhaltigen Mineralquellen. Er ist jedoch in der Steiermark vor allem für seine traditionellen Töpferwaren bekannt. Es besteht die Möglichkeit, am Ortsausgang von Furth, einem Nachbarort von Bad Gams, eine Töpferwerkstatt zu besichtigen.

Der Weg von Bad Gams nach Deutschlandsberg führt in die waldreiche Ebene zurück.

**Deutschlandsberg** – Den Namen hat die Stadt, die am Fuß der Koralpe liegt, von der Burg Landsberg, das Adjektiv „deutsch" nahm sie aufgrund ihrer Lage im deutschen Sprachgebiet erst im 19. Jh. an.
In der Steiermark ist Deutschlandsberg seiner bunten, festlichen Fronleichnamsprozession wegen bekannt; die Prozessionsaltäre stehen auf wahren Blumenteppichen.
Das Städtchen blickt auch auf eine lange Weinbautradition zurück und ist heute Zentrum der **Schilcherproduktion**. Deutschlandsberg genießt ein südliches Klima und zählt im Durchschnitt 280 Sonnentage pro Jahr.
Im Schloß von Wildbach, im Norden der Stadt, soll Schubert das berühmte Lied „Die Forelle" komponiert haben.

**Ruine Deutschlandsberg** – *Den langgezogenen, farbenfrohen Hauptplatz überqueren und rechts den Hinweisschildern „Burghotel" folgen.*
Deutschlandsberg hat den Bergfried einer Burg aus dem 12. Jh. in unsere Zeit herübergerettet. Der von Rebstöcken und Weinpflanzen bedeckte Hügel und die um den Turm wiederaufgebaute Burganlage, die sich auf einem der letzten Ausläufer der Koralpe erhebt, bieten ein romantisches Bild.
Vom Parkplatz hat man einen sehr schönen **Blick★** auf die Ebene um Deutschlandsberg. Hier ist auch der Ausgangspunkt von Wanderwegen und Trimmpfaden.

*Wieder auf die von Stainz kommende Straße zurückkehren und in Richtung St. Andrä-Leibnitz weiterfahren. Man erreicht St. Andrä über St. Martin und die im Tal verlaufende Straße – eine Strecke, die eine Verbindung mit der Weinstraße des Sausalgebirges herstellt.*

## 2 Die Hügel des Sausalgebirges

Bei **St. Andrä** beginnen die Hügel des Sausalgebirges. Sie sind bis zu 670 m hoch und bilden eine auf ein sehr kleines Gebiet begrenzte Landschaft mit eigenem Gepräge. Dies ist die Gegend des **Rheinrieslings**, eines blumigen, spritzigen, rassigen Weißweins.
Die Straße führt in Serpentinen von einem Hügel zum anderen und bahnt sich einen Weg durch das Laubwerk. Sie bietet hin und wieder Blicke auf die Grazer Ebene im Norden, das Massiv der Koralpe im Nordwesten und Slowenien im Süden.

★ **Kitzeck** – Die Häuser dieses in 564 m Höhe gelegenen Marktfleckens stehen verstreut auf einem stark gewölbten Bergrücken in einer fast gebirgigen Landschaft. Von hier bietet sich ein schöner **Blick★★**, beinahe ein Rundblick, auf die umliegende Gegend, der im Osten ein wahres Hügelmeer erkennen läßt. Kitzeck ist Europas höchste Weinbaugemeinde und zeichnet sich durch ein mildes, sonniges Klima aus.
Das **Weinmuseum** ⓥ ist in einem alten Winzerhaus (1726) untergebracht, dessen Hauptraum, die Stube, beibehalten wurde. Hier werden Gegenstände und Werkzeuge ausgestellt, die vom Leben der Winzer in früheren Zeiten berichten sowie von den unterschiedlichen Aktivitäten des Weinbaus. Bemerkenswert sind insbesondere eine nachgebildete Küche bzw. Räucherkammer, eine alte Kelter und ein Karren, der einst zur Beförderung der Weinfässer diente. All diese Objekte zeugen von jahrtausendelang ausgeübten Arbeiten, die heute modernisiert sind.

*Nach Fresing herunterfahren, wo man das Sausalgebirge verläßt. Nach Klein Klein weiterfahren.*

Blickt man sich aufmerksam, insbesondere in **Klein Klein** um, erkennt man auf so manchem Schornstein ein fest verankertes Storchennest, das von Ostern bis Mitte September bewohnt ist.

In der Nähe von **Großklein** wurden im Wald unter Hügeln Zeugen einer sehr frühen Besiedlung der Gegend gefunden: keltische Gräber aus dem 6. bis 4. Jh. v. Chr. Die Funde werden heute in Schloß Eggenberg *(s. dort)* aufbewahrt.

*In Großklein links in Richtung Heimschuh abbiegen. Kurz darauf rechts in südlicher Richtung zum Eichberghof weiterfahren.*

Die windungsreiche Straße durchquert nun eine wilde, zerklüftete Landschaft. Sie folgt einem Bergkamm, an dem kleine, nach Süden ausgerichtete Weingärten mit Maisfeldern und Waldzonen abwechseln.

*Die Gaststätte Eichberghof rechter Hand lassen und nach Süden in Richtung Leutschach weiterfahren.*

## 3 Die südliche Steiermark

Auf den Feldern, die sich in der Gegend um **Leutschach** beiderseits der Straße erstrecken, erkennt man die typischen hohen Pfosten, um die sich der Hopfen rankt.

*In Leutschach dem grünen Schild „Südsteirische Weinstraße" folgen.*

Jetzt beginnt das Gebiet der südlichsten Weinberge Österreichs. Diese Gegend wird wegen ihres sonnigen Klimas und ihrer toskanisch anmutenden Landschaft die **steirische Toskana** genannt.

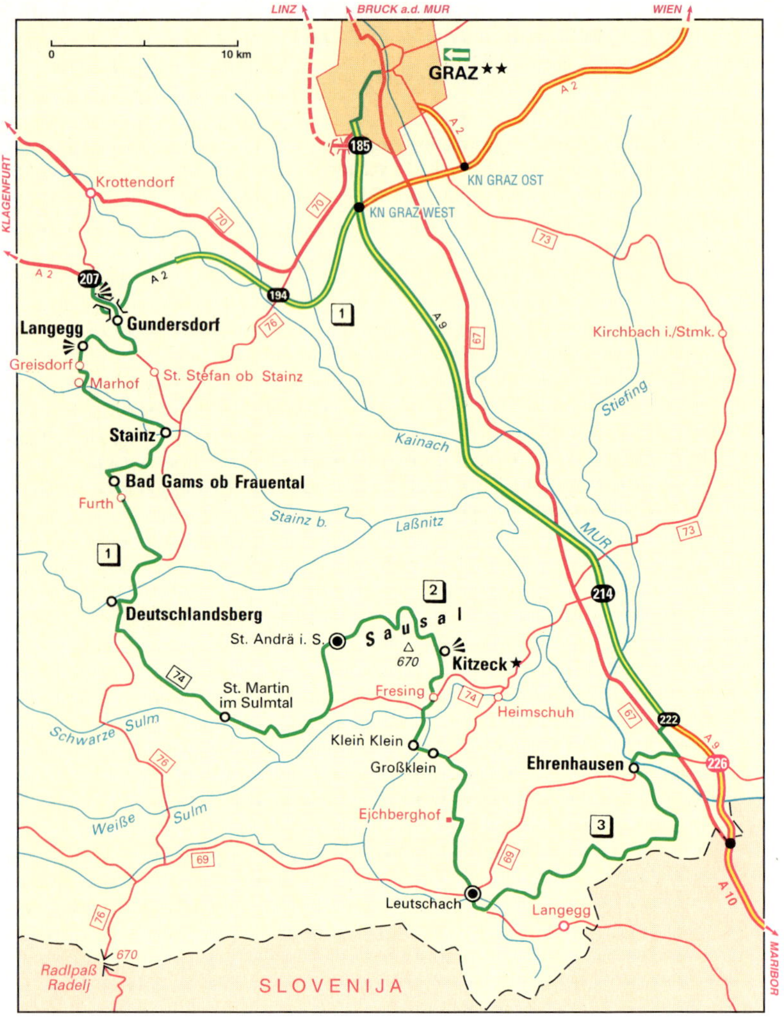


Hinter einem Nadelwald erscheinen die ersten Weinreben, die die weich geschwungenen Hügel bedecken und wie im Dunst erstarrte Wellen wirken. Dies ist das Herz des Gebiets des Welschrieslings und des Sämlings. Die malerische, schmale Hügelstraße bietet schöne **Fernblicke**★. Im Süden erkennt man die nahe gelegenen Hügel Sloweniens.

**Ehrenhausen** – Unweit der slowenischen Grenze, auf einem bewaldeten Hügel über dem rechten Ufer der Mur und dem Ort Ehrenhausen erbauten sich die Fürsten von Eggenberg ihr Schloß und ein Mausoleum. Mit ihrem schönen, von einem beeindruckenden Dach gekrönten Glockenturm schmückt die **Pfarrkirche** den Hauptplatz. Sie wurde 1752 barockisiert; das Innere ist im Rokokostil gehalten.

★ **Mausoleum** ⓥ – Dieses eigenartige Mausoleum birgt das Grab des berühmten Ruprecht von Eggenberg, der sich Ende des 16. Jh.s in den Schlachten gegen die Türken hervorgetan und mit seinen Truppen bedeutende Siege errungen hatte. 1640 stand der Bau; an die Ausstattung des Innenraumes, mit der Schüler von Johann Fischer von Erlach betraut waren, ging man jedoch erst in den Jahren 1681 bis 1691.
Der Innenraum besticht durch das überreiche Stuckwerk der Mittelkuppel. In der Krypta ruhen der große Heerführer und sein Sohn Wolfgang von Eggenberg.

**Schloß** – Neben dem viereckigen Wehrturm befindet sich noch ein prächtiger dreigeschossiger Arkadenhof im Renaissancestil mit einem alten Brunnen.

*Über die Autobahn nach Graz zurückkehren.*

# STEYR★

## Oberösterreich

43 000 Einwohner

Michelin-Karte Nr. 926 – Falte 22 – 310 m

Die sehr alte, einst blühende und mächtige Stadt, die sogar mit Wien rivalisierte, ist noch heute ein bedeutendes Wirtschaftszentrum und, was die Einwohnerzahl angeht, nach Linz und Wels die drittgrößte Stadt des Landes Oberösterreich. Die dicht gedrängte und malerisch am Zusammenfluß von Enns und Steyr liegende Altstadt hat noch ihre Eigenart und ihren Charme bewahrt hat. Am Stadtrand haben sich international bedeutende Firmen, wie BMW, MAN, SKF („Schwedische Kugellagerfabrik") und GMF (Gesellschaft für Fertigungstechnik und Maschinenbau), angesiedelt.

## ALTSTADT

★ **Stadtplatz** (Y) – Stattliche Bürgerhäuser mit vorkragendem ersten Stockwerk rahmen diesen langgezogenen Platz ein, in dessen Mitte der **Leopoldibrunnen** (**A**) aus dem 17. Jh. steht. Insbesondere zwei Bauten fallen ins Auge: das zwischen 1765 und 1771 im Rokokostil erbaute **Rathaus** (**R**) mit seinem Fassadenturm sowie das „**Bummerlhaus**" (Nr. 32), das besterhaltene spätgotische Bürgerhaus von Steyr mit Straßengiebel und vorspringendem ersten Stock.
Sehenswert sind auch die schönen Arkadenhöfe, die zahlreiche Häuser aufweisen: Nr. 9 – Hof mit zweistöckigen Renaissance-Arkaden; Nr. 11 – Arkadenhof mit Sgraffitoschmuck *(s. dazu Gmünd, Niederösterreich)* und einer Holzloggia; Nr. 36/38 – zwei Häuser mit zusammengezogenem spätgotischen Arkadenhof und -turm mit floralem Renaissance-Dekor.

**Marienkirche** (Z) – Die im Norden von der **Eisengasse** (**Z 4**), einer malerischen, zur Enns abfallenden Gasse gesäumte ehemalige Dominikanerkirche ist barock ausgeschmückt: mit Goldverzierungen überladener Hauptaltar, Madonna (1704), von Stuckwerk umrahmte Gemälde, Rokoko-Kanzel.
Südlich des Stadtplatzes steht der **Innerbergerstadl** (**Z M**[1]), ein ehemaliger Getreidespeicher – heute Stadtmuseum – aus dem 17. Jh. Zusammen mit dem Neutor und einem schönen Bürgerhaus mit Erkertürmchen umschließt er den reizvollen Grünmarkt.

*Wir umgehen den Innerbergerstadl rechts und gelangen durch ein Gäßchen, das durch eine Treppe fortgesetzt wird, zur Stadtpfarrkirche.*

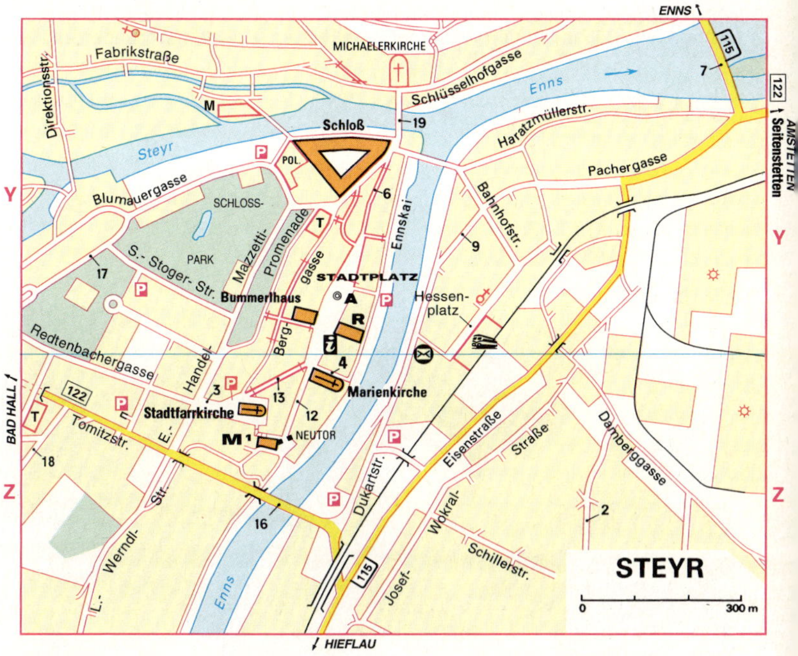


| | | |
|---|---|---|
| Arbeiterstr. ........ Z 2 | Ennstalbrücke ........ Y 7 | Schönauer Brücke ........ Z 16 |
| Bruckner-Platz ........ Z 3 | Färbergasse ........ Y 9 | Schweizergasse ........ Y 17 |
| Eisengasse ........ Z 4 | Grünmarkt ........ Z 12 | Stelzhamerstr. ........ Z 18 |
| Enge Gasse ........ Y 6 | Pfarrgasse ........ Z 13 | Zwischenbrücken ........ Y 19 |

**A** Leopoldibrunnen **M**[1] Innerbergerstadl **R** Rathaus

**Stadtpfarrkirche** (Z) - Die gotische Kirche wurde Mitte des 15. Jh.s von Hans Puxbaum errichtet, dem Baumeister des Stephansdoms in Wien, mit dem sie, was den Grundriß und die Gliederung anbelangt, manches gemeinsam hat. Diesem Meister verdanken wir auch das **Sakramentshäuschen★** in feinem Maßwerk und den gegenüberliegenden dreiteiligen Chorbaldachin. Das Taufbecken zieren Flachreliefs aus dem 16. Jh.

**Schloß** (Y) - *An der Mündung der Steyr in die Enns.* Schon Ende des ersten Jahrtausends ist hier eine Burg erwähnt. Das 1666 im Barockstil errichtete Schloß erhielt nach einem Brand im Jahr 1727 durch den Passauer Baumeister Domenico d'Angeli seine heutige Gestalt. Ältester Teil ist der ehemalige Bergfried, der Römerturm.

## AUSFLÜGE

★ **Stift Seitenstetten** ⓥ - *19,5 km östlich, über die Bundesstraße 122.* Das mit seinem berühmten Gymnasium noch heute sehr aktive Benediktinerstift wurde 1112 gegründet. Aus dieser frühen Zeit sind lediglich Apsis und Seitenwände der Ritterkapelle erhalten.

**Stiftskirche** - Die dreischiffige frühgotische Basilika dürfte um 1300 entstanden sein und wurde 1670-1706 im Barockstil umgestaltet, reich stukkiert und ausgemalt. Der Hochaltar wird von einer *Himmelfahrt Mariens* beherrscht, einem Hauptwerk des Johann Karl Reslfeld aus Garsten.

**Stiftsgebäude** - Sie sind im wesentlichen auf Entwürfe von Josef Munggenast zurückzuführen. Die festliche **Abteistiege** krönt ein Deckenfresko von Bartolomeo Altomonte, während jenes im **Marmorsaal** von **Paul Troger** stammt und das *Bündnis zwischen Religion und weltlicher Weisheit* darstellt. Einen Augenschmaus besonderer Güte bieten die zwölf Gemälde des Maturasaals, sämtlich Werke des **Kremser Schmidt**, während das Mineralienkabinett mit seinen Rokokoschränken einen eher intimen Charakter vermittelt. Von Interesse sind auch die **Kunstsammlungen★** des Stifts, enthalten sie doch zahlreiche Gemälde des Kremser Schmidt und Paul Trogers („Stiftsgalerie").
Die Empore und die Schränke der zweigeschossigen **Bibliothek★** sind aus Nußbaum gefertigt und kontrastieren reizvoll mit den ausnahmslos in weißem Leder gebundenen wertvollen Büchern.

Ein schönes schmiedeeisernes Tor aus dem Jahr 1780 führt zum restaurierten historischen **Hofgarten**, der einen Besuch verdient.

♆ **Bad Hall** - *19 km westlich von Steyr.* Seine Jodquellen, die zu den stärksten Mitteleuropas zählen, und seine modernen Kureinrichtungen gestatten erfolgreiche Behandlungen von Augenkrankheiten, Kreislaufstörungen und Herz-

R. Chéret/MICHELIN

Stift Seitenstetten - Deckenfresko im Marmorsaal

leiden und machen Bad Hall zu einem vielbesuchten Kurort. Der Kurpark mit seinen schönen Alleen und von Blumenanlagen eingefaßten Rasenflächen fügt sich harmonisch in das Ortsbild ein. Großzügige Sportanlagen (Golf, Tennis, Tassilo-Therme) runden das Angebot ab.

**Pfarrkirchen** – *1 km südwestlich von Bad Hall.* Die **Kirche★** ⊙ dieses Dorfes, eine der schönsten ihrer Art in Österreich, gehört zur Abtei Kremsmünster. 1744 wurde sie umgebaut und sehr anheimelnd im Rokokostil ausgeschmückt. Das Kircheninnere mit seinen von überaus feinem Stuckwerk noch betonten Gewölbefresken, in denen das Mysterium des Heiligen Blutes gerühmt wird, bietet einen Anblick erlesener Harmonie. Die Kanzel, Orgelempore und der Hochaltar, wohlproportioniert und reich mit Malereien, Putten und Statuen verziert, vervollständigen das prächtige Bild.

# STUBACHTAL★★★

## Salzburg

Michelin-Karte Nr. 926 – Falte 32

Das rund 20 km lange Stubachtal ist eine der schönsten Hochgebirgsregionen Österreichs. Eine gut ausgebaute Panoramastraße führt von Uttendorf (804 m) bis nach Enzingerboden (1 480 m). Von hier bringt die Weißsee-Gletscherbahn im Winter die Skifahrer und im Sommer die Spaziergänger zu mehreren Hochseen und einem großartigen Gletschermassiv an der Grenze zum Nationalpark Hohe Tauern.

★★ **Straße von Uttendorf nach Enzigerboden** – *17,5 km. Die Fahrt beginnt in Uttendorf, 6 km östlich von Mittersill an der B 168. Die Strecke bietet einen Blick auf das Steinkarlhöhenmassiv und führt dann durch einen schönen Fichtenwald. Hinter dem Stausee am Fuß der Seilbahn befindet sich ein Parkplatz, von dem aus man zur Erkundung der Kalser Tauern aufbricht.*

★★★ **Kalser Tauern** – *2 1/2 Std. hin und zurück, davon 1 Std. Fußmarsch*

**Einseil-Umlaufbahn** – *25 Minuten Auffahrt.* Der erste Abschnitt führt über eine üppige Vegetation (Alpenrosen) mit Blick auf den Grünen See am Fuß des Kitzkarkogels. Zur Linken bietet sich dann die Aussicht auf den Totenkopf und den unteren Riffelgletscher.
An der Bergstation (2 315 m) befindet sich die Rudolfshütte. Herrlicher **Blick★★** auf den Weißsee und den nahen **Sonnblick-Gletscher** (3 088 m). In 10 Minuten zum unterhalb gelegenen Sessellift gehen.

**Medelzkopf-Sessellift** – Höhe 2 564 m. *1/4 Std. Auffahrt.* Die Strecke führt durch ein majestätisches Hochgebirgsmassiv und bietet ein großartiges **Panorama★★★**. Auf halber Strecke sieht man hinter sich den **See und den Staudamm von Tauernmoos**, überragt vom Kleinen Eiser. Oben angekommen, sind der im Mittelpunkt des Massivs thronende **Johannisberg** (3 453 m) und weiter rechts das **Eiskögele**, das sich kühn von den Eiszacken des Odenwinkl-Gletschers abhebt, die beeindruckendsten Landschaftselemente.

**Spaziergang zum Kalser Tauernpaß** – *3/4 Std. hin und zurück. Gutes Schuhwerk empfohlen.* Weißrot markierter Weg durch die Felsen. Abgesehen von seiner geologischen Bedeutung bietet der Paß einen schönen **Blick★** auf den See und das Dorfertal.

# STUBAITAL★★

Tirol

Michelin-Karte Nr. 926 – Falten 29 und 30
Kartenskizze: INNSBRUCK, Rundfahrt durch das Mittelgebirge

Das Stubaital ist eines der beliebtesten Ausflugsziele in der Nähe von Innsbruck. Im Sommer kann man von hier aus zahlreiche Wanderungen unternehmen; es bietet auch eines der größten Ganzjahresskigebiete Europas.

## ★ VON INNSBRUCK ZUR MUTTERBERGALM *44 km*

*Man verläßt Innsbruck über die Brenner-Bundesstraße. Nach Unterquerung der Europabrücke bei Schönberg in das Stubaital abbiegen. Anfahrt auch über die mautpflichtige Brenner-Autobahn möglich.*

Schon am Eingang des Tales sieht man sich dem gewaltigen Gletschermassiv mit dem **Zuckerhütl** (3 511 m) gegenüber. Die gut ausgebaute Straße führt an den fünf Orten des Stubaitales vorbei: gleich am Anfang **Schönberg**, dann **Mieders**, dem gegenüber auf einer sonnigen Terrasse **Telfes** liegt. Der Ort **Fulpmes** ist auf die Herstellung von Bergsportartikeln und Werkzeug spezialisiert. Früher arbeiteten hier die berühmtesten Kunstschmiede Nordtirols. **Neustift** ist der fünfte Ort des Stubaitales, beherrscht von der markanten Silhouette seiner von Franz de Paula Penz im 18. Jh. errichteten Pfarrkirche; ihr Hochaltar verschmilzt mit den Seitenaltären zu einer einzigen Schauwand.

Auf den letzten 7 km der Strecke wird die Steigung immer stärker und die Landschaft unberührter. Die Straße verläßt schließlich den Wald und erreicht die Mutterbergalm (1 728 m) am Fuß des Felskessels, der den Abschluß des Tales bildet.

## ❄❄ STUBAIER GLETSCHER

Das Ganzjahresskigebiet bietet Pistenfans Abfahrten in allen Schwierigkeitsgraden auf einer Länge von insgesamt 53 km. Es besticht durch seine ausgezeichneten Schneeverhältnisse und die zügige Beförderung der Wintersportler. Snowboarder und Skifahrer können sich gleichermaßen auf dem weitläufigen Areal zwischen 2 300 und 3 200 m Höhe tummeln. Gute Skiläufer werden von der 10 km langen Abfahrt **Wilde Gruben** begeistert sein, die in einer herrlichen, unberührten **Landschaft**★★ nach Mutterberg hinabführt.

Skilangläufern steht eine Loipe von 4,5 km Länge in 2 600 m Höhe zur Verfügung (ab Gamsgarten-Seilbahn).

Die Skisaison beginnt im allgemeinen im Oktober und endet Anfang Juli auf den am höchsten gelegenen Pisten.

Nachstehend werden die wichtigsten per Lift oder zu Fuß zu erreichenden Aussichtspunkte angegeben *(warme Kleidung, Sonnenbrille und hohe, wasserdichte Schuhe vorsehen).*

★★ **Eisgrat** – 2 900 m. Eine in zwei Abschnitte unterteilte Kabinenseilbahn führt zum Gletscherkessel und zum Fuß der Stubaier Wildspitze (3 340 m) und der Schaufelspitze (3 333 m). Strenge **Hochgebirgslandschaft**★★. Um das Restaurant herumgehen, um den von der Ruderhofspitze und dem Habicht beherrschten unteren Teil des Tals zu sehen.

★★ **Jochdohle** – Ausflug vom Eisgrat aus. Wanderer nehmen den markierten Wanderweg über den Schaufelferner Gletscher, der der Skipiste folgt *(die Überwindung der 250 m Höhenunterschied dauert etwa 1 Std.; nicht vom Weg abgehen; im Eisgrat-Sportgeschäft kann man die geeignete Bergausrüstung leihen).*

Skiläufer fahren zum Gamsgarten-Restaurant hinab und nehmen dann die 6er Sesselbahn Eisjoch, die auf einen kleinen Paß führt (3 170 m). **Blick**★ auf die Ötztaler Alpen. Weiter mit dem Windachferner Schlepplift. Man erreicht schließlich die Jochdohle, wo sich das höchstgelegene Restaurant Österreichs befindet (3 150 m).

Lohnender **Rundblick**★★ über die Schweizer Alpen, den Arlberg und insbesondere die Ötztaler Alpen, den Ortler in Südtirol und weiter östlich auf die Gletscher des Zillertals.

Skiläufer fahren am anderen Hang rechts des Gaiskarferner Schlepplifts wieder hinab und erreichen mit der Doppelsesselbahn Pfaffengrat den Fernauferner. Nachdem man zwei Drittel der Piste hinter sich hat, sieht man rechter Hand etwas weiter oben einen Ort, von dem aus man leicht die Kämme erreichen kann (in etwa 100 m Entfernung von der Piste). Ein Wegweiser weist in Richtung Hildesheimer Hütte. Atemberaubender **Blick**★★★ auf eine Landschaft schroffer Gipfel und Gletscher, beherrscht von dem eindrucksvollen Zuckerhütl (3 511 m).

★★ **Daunferner** – Für Skiläufer mit dem Daunferner Schlepplift, der Doppelsesselbahn Wildspitz und dem 4er Sessellift Rotadl zu erreichen (3 160 m). Eindrucksvolle **Aussicht**★★ auf die Felswände, die den Gletscher von der Stubaier Wildspitze bis zur Ruderhofspitze einrahmen.

# TAMSWEG★

Salzburg

6 000 Einwohner

Michelin-Karte Nr. 926 – Falte 34 – 1 024 m

Die schönste Ansicht des Ortes, überragt von der einsam auf bewaldeter Anhöhe gelegenen Wallfahrtskirche St. Leonhard, bietet sich, wenn man sich dem Ort auf der Mauterndorfer Straße nähert.
In Tamsweg, dem Hauptort des Lungaus, sind noch viele alte Bräuche lebendig. So findet im Sommer jeden Jahres mit zahlreichen Teilnehmern in Tracht der bekannte „Samsonumzug" statt *(s. Veranstaltungskalender am Ende des Bandes)*. Der Zug schreitet hinter einer riesigen Samsonpuppe her, die von zwei Zwergen begleitet wird.

## SEHENSWÜRDIGKEITEN

**Marktplatz** – Der planmäßig angelegte, von stattlichen Häusern umgebene Platz bildet den Stolz von Tamsweg. Das in einem Haus aus dem 16. Jh. untergebrachte **Rathaus** stellt mit seinen Erkertürmchen den in der Salzburger Gegend weitverbreiteten Typ des Herrenhauses dar. Gegenüber steht das ehemalige **Schloß Kuenburg**, das 1742-45 nach einem Brand aus mehreren Häusern zusammengebaut wurde. Heute sind dort Ämter und ein Kulturzentrum untergebracht.
In der **Dekanatspfarrkirche** (1738) schuf Johann Cajetan d'Androy aus Graz die zarten Stukkaturen. Weiterer Blickfang ist das Barbara-Spital, heute **Lungauer Heimatmuseum** (u. a. Funde römischer Ausgrabungen).

**St. Leonhardkirche** – Man verläßt Tamsweg über die Murbrücke (Straße nach Murau) am Südrand des Ortes. Gleich hinter dem Bahnübergang rechts in den zur Kirche führenden Weg einbiegen und den Wagen parken. Dann geht man den weniger steilen Weg (mehr nach rechts) den Leonhardiberg hinauf, der bald reizvolle Blicke auf Tamsweg und die sich deutlich abzeichnenden Tauernkämme bietet.
Die gotische Anordnung der im 15. Jh. errichteten Wallfahrtskirche – Hochgadenfenster, Netzgewölbe usw. – und sogar einige **Glasgemälde** aus der Bauzeit, die zu den kostbarsten gotischen Kirchenfenstern Österreichs zählen, blieben erhalten. Gleich beim Betreten der Kirche fällt unser Blick links beim Aufgang zur Empore auf das den „Lebensbaum" darstellende Glasfenster: An der Wurzel des Baumes, der seine Zweige weitet und nach oben zum Kreuzesstamm wird, Mariä Verkündigung. Dann bewundern wir im Chor rechts das berühmte **„Goldfenster"**. In einem reichen gotischen Maßwerkaufbau hat sich der Stifter des Fensters über seinem und dem Salzburger Wappen verewigt. Die hll. Rupert und Virgil geleiten ihn vor den „Gnadenstuhl", der von St. Peter und St. Paul umgeben wird. Von Interesse auch das von 1434 datierte Fenster mit der **Apostelmühle**. Sie symbolisiert die Vermittlung des Wortes Gottes.
Rechts des Hochaltars der kleine St. Leonhardsaltar mit dem ursprünglichen Gnadenbild – die Heiligenstatue in einem Wachholderstrauch, wie sie einst auf der Anhöhe gefunden worden sein soll.

# TULLN

Niederösterreich

14 650 Einwohner

Michelin-Karte Nr. 926 – Falte 11 – Kartenskizze: DONAUTAL – 180 m

Tulln ist an der Stelle des römischen Kastells Comagenae entstanden, das im 1. Jh. n. Chr. an den Ufern der Donau an den Grenzen des Römischen Reiches eingerichtet und im 5. Jh. wieder aufgegeben wurde. Von 1042 bis 1113 war die Stadt Residenz der Babenberger, der Vorgänger der Habsburger, und so gleichsam Hauptstadt Österreichs. Später wurde jedoch zunächst Klosterneuburg und dann um 1156 Wien Residenz der Fürsten. Der wohl berühmteste Sohn der Stadt ist der Maler Egon Schiele, der am 12. Juni 1890 als Sohn des Tullner Bahnhofsvorstands im 1. Stock des Bahnhofsgebäudes zur Welt kam.
Wegen seiner günstigen Lage an der Donau war die Stadt immer ein wichtiges Handelszentrum und ist auch heute noch als Messestadt (u. a. Internationale Gartenbaumesse) und Industriestandort (Zuckerfabrik) von Bedeutung.

## SEHENSWÜRDIGKEITEN

**Egon-Schiele-Museum** ⓥ – *Donaulände 28*. Im ehemaligen Bezirksgefängnis erinnert eine Ausstellung an Leben und Werk des in Tulln geborenen Malers (1890-1918). Im 1. und 2. Obergeschoß eine kleine Sammlung mit Originalen (Zeichnungen, Lithographien, Aquarelle, einige wenige Ölbilder) v. a. aus dem Frühwerk Schieles (zwischen 1905 und 1908) sowie Arbeiten seiner Zeitgenossen.

**Salzturm** – An der Donaulände, auf der Höhe der Nibelungengasse ist ein Befestigungsturm der Westflanke des römischen Reiterlagers in Tulln in Form und Höhe nahezu unverändert erhalten geblieben. Der „**Römerturm**" wurde unter Kaiser Diokletian (284-305) errichtet. Im Mittelalter diente er als Zeughaus und zu Beginn des 19. Jh.s als Salzdepot, woraus sich sein heute bei den Tullnern gebräuchlicher Name erklärt.

**Pfarrkirche St. Stefan** – *Wiener Straße*. Die ursprünglich romanische Basilika aus dem 12. Jh. wurde im 15. Jh. im gotischen Stil überwölbt und im 18. Jh. barockisiert.
Das romanische Portal an der von zwei Barocktürmen eingerahmten Westfassade wird von den Halbfiguren der zwölf Apostel geschmückt. Darüber erkennt man einen Doppeladler, das Wahrzeichen des Heiligen Römischen Reiches. Er hält zwei Türkenköpfe in seinen Klauen und erinnert so an die drohende Gefahr einer türkischen Invasion in Österreich im 16. und 17. Jh. Vor dem Portal die barocken Statuen der Heiligen Johannes von Nepomuk (links) und Karl Borromäus (rechts).
Kirchenschiff und Chor sind von Spitzbogengewölben überspannt und erstaunen durch ihre Ausmaße. Den Hochaltar aus Marmor ziert ein Retabel aus dem Jahre 1786, auf dem die Steinigung des hl. Stephanus dargestellt ist.

★ **Karner** – Auf gleicher Höhe mit dem Chorhaupt der Pfarrkirche steht einer der schönsten Karner (Beinhäuser) Österreichs – die um 1245 erbaute Dreikönigskapelle. Sie weist nach außen hin die Form eines elfeckigen Polygons auf, an das eine Chorkapelle mit Halbkuppel angefügt ist. Jede Seite des Polygons ist mit Bogenwerk und reich verzierten Kapitellen geschmückt; unter einem der Bogen rechts des Portals erkennt man die sogenannte „Stifterfigur", deren Deutung aber umstritten ist. Das **Portal**★★ selbst ist mit Palmettenkapitellen und geometrischen Mustern geschmückt. Das Innere der Kapelle wird von einer mit romanischen Wandmalereien verzierten Kuppel bekrönt. Die Fresken wurden allerdings 1874 im Stil des 19. Jh.s stark restauriert. Auf der dem Eingang gegenüberliegenden, rückwärtigen Seite durch das Kryptaportal Blick auf das ehemalige eigentliche Beinhaus unter der Kapelle.

**Minoritenkirche** – *Minoritenplatz*. Der 1739 erfolgte barocke Neubau wurde dem hl. Johannes von Nepomuk geweiht. Im Innern links des Hauptaltares Blick auf die Sakristei mit einem prachtvollen Intarsienschrank aus dem 18. Jh.

★ **Minoritenkloster** – *Zwischen Minoritenkirche und Donauufer*. Die Ursprünge des Klosters reichen bis ins 13. Jh. zurück. 1807 wurde es aufgelöst und diente danach u. a. als Militärschule, Kaserne und Wohnhaus. Nach der Renovierung der auf das 18. Jh. zurückgehenden Gebäude (1990-94) hat es inzwischen verschiedene Verwaltungen sowie nicht weniger als sechs Museen und Ausstellungen aufgenommen.
*Untergeschoß*. **Tulln unter der Erde**: Ausgrabungen unter dem Kloster und archäologische Fundstücke aus Tulln. **Land am Strome**: Ausstellung zur Entstehung und Urgeschichte des Tullner Raumes.

M. Hertlein/MICHELIN

Tulln – Minoritenkloster und -kirche

*Erdgeschoß.* **Niederösterreichisches Feuerwehrmuseum:** Sammlung historischer Spritzenwagen im Innenhof. Lebendige Präsentation der Geschichte und Gegenwart der Brandbekämpfung. **Limesmuseum:** Erläuterungen und Objekte zur Präsenz der Römer in der Provinz Noricum, die sich mit der Donau als Nordgrenze von Passau bis kurz vor Wien erstreckte (Militär, Alltagsleben etc.).
*1. Obergeschoß.* **Stadt- und Bezirksmuseum.**
*3. Obergeschoß.* **Österreichisches Zuckermuseum:** Informationen zur Zuckergewinnung; u. a. Nachbildung der Gerätschaften einer Zuckerfabrik im Jahr 1830, denen Fotos der heutigen Standards gegenübergestellt werden.

Westlich des Hauptplatzes an der Kreuzung Buchinger-Straße – Nußallee steht ein sehr schönes **Jugendstilgebäude** (1902 errichtete Villa des ehemaligen österreichischen Landwirtschaftsministers Rudolf Buchinger), das man bei seinem Spaziergang durch Tulln keinesfalls versäumen sollte.

# TURRACHERHÖHE

Kärnten und Steiermark

Michelin-Karte Nr. 926 – Falte 34 – 1 763 m

Dieser kleine, hochgelegene Ferienort ist am Turracher See entstanden, der wiederum auf dem Turracher Paß liegt, einer geographischen Grenze zwischen Steiermark und Kärnten. Er bietet dem Besucher das ganze Jahr über ein angenehmes, ruhiges Feriengebiet mit Wander- und Wassersportmöglichkeiten im Sommer und Skisport im Winter. Das Skigebiet liegt in 1 400 bis 2 240 m Höhe.
Zwischen Predlitz und der Turracherhöhe bahnt sich die gut angelegte Straße einen Weg durch herrliche Wälder und Almen. Sie durchquert dann den Ort Turrach, der ab dem 17. Jh. ein Bergbau- und Metallindustriezentrum der in Murau residierenden Fürsten von Schwarzenberg war. Hier wurde 1863 der erste **Bessemer Konverter** Westeuropas in Betrieb genommen; er diente der Umwandlung von Roheisen in Stahl durch das Einleiten von Preßluft.
Der schnell voranschreitende technische Fortschritt sowie die internationale Konkurrenz ließen dieser Aktivität jedoch keine Überlebenschancen, und so wurde der letzte Hochofen 1909 stillgelegt. Die meisten der früheren Anlagen existieren heute nicht mehr, doch steht noch am Rande der Straße in der Nähe der Kirche ein harmonisch gestaltetes Verwaltungsgebäude mit Giebeldreieck und Wandpfeilern, das letzte Zeugnis der industriellen Tradition des Tales, dessen Anwesenheit an dieser Stelle heute seltsam anmutet.

# VILLACH★

Kärnten

54 640 Einwohner

Michelin-Karte Nr. 926 – Falte 34 – Kartenskizze: WÖRTHER SEE – 501 m

Villach, „Österreichs Tor zum Süden", ist ein bedeutender Straßen- und Eisenbahnknotenpunkt, an dem sich die internationalen Linien Wien-Venedig und Salzburg-Belgrad kreuzen.
Die günstige Lage an der Drau muß auch schon die Kelten und die Römer gereizt haben, finden sich doch Zeugnisse aus der Hallstatt- und der Römerzeit in Villach und der näheren Umgebung. Eine Brücke (pons) Uillah, von der sich der Name der Stadt ableitet, wird im 9. Jh. erwähnt.
Von besonderer Bedeutung für die Stadt war, daß Heinrich II. sie 1007 dem von ihm gegründeten Bistum Bamberg schenkte. Fortan schrieb dieses 752 Jahre lang die Stadtgeschichte, bis Maria Theresia Villach im Jahr 1759 zurückkaufte.
Oft die „heimliche Hauptstadt" Kärntens genannt, ist Villach als zweitgrößte Stadt des Bundeslandes wirtschaftliches und kulturelles Zentrum der Gegend. Durch Eingemeindungen reicht es bis zum Faaker und Ossiacher See, so daß alle Voraussetzungen für Entspannung und Freizeitvergnügen gegeben sind. Nicht zu vergessen das Warmbad mit seinen Quellen und Thermen, das den Ruf Villachs als Kurort begründet.

**Carinthischer Sommer** – Dieses Musikfestival findet im Juli und August in Villach und Ossiach statt und bietet, angefangen bei Kammermusik, über Ballett bis hin zur Oper, eine reiche Palette künstlerischer Darbietungen.

Villach hat nicht nur im Sommer seine Reize

## SEHENSWÜRDIGKEITEN

★ **Altstadt** – Die Altstadt wird im Norden und Osten von der Drau begrenzt. Der sie durchschneidende **Hauptplatz**, ein im 12. Jh. angelegter Straßenplatz, weist nicht wenige Häuser auf, die im Kern aus dem 14. bis 16. Jh. stammen. Darunter ist auch der sogenannte Paracelsushof *(Hauptplatz 18)*; der große Arzt hatte hier seine Jugend verbracht. Reizvoll ist auch das ehemalige Haus der Khevenhüller, heute Hotel Post, mit seinem schönen Renaissance-Erker; hier hatte Kaiser Karl V. im Jahr 1552 sieben Wochen lang gewohnt.
Beachtung verdienen vor allem die schönen Arkadenhöfe, von denen man in der Widmannsgasse gute Beispiele findet.

**Hauptstadtpfarrkirche St. Jakob** – So schlicht das Äußere der dreischiffigen Hallenkirche ist, so sehr gefällt das Innere mit dem komplizierten Stern- und Netzgewölbe. Neben dem von einem Baldachin überspannten Hochaltar mit seinen qualitätvollen Figuren beachte man die Steinkanzel von 1555. Zahlreiche **Grabmäler**★ aus dem 15. bis 18. Jh. an der Südwand und der Südaußenmauer. Im Sommer besteht die Möglichkeit, den freistehenden Stadtpfarrturm zu besteigen und die schöne Aussicht zu genießen.

★ **Museum der Stadt Villach** ⓥ – *Widmanngasse 38*. An dem stattlichen Gebäude haben viele Jahrhunderte ihre Stilmerkmale hinterlassen. Mit seinem Arkadenhof bildet es einen schönen Rahmen für die stadtgeschichtliche Sammlung. Das Katzenkopfpflaster in der Eingangshalle ist übrigens das letzte Beispiel dieser Art in Villach. Von großer Bedeutung für die Stadt sind die beiden gotischen Tafelbilder des **Meisters Thomas von Villach**. Sie stellen den Kärntner Herzog Domitian und den Apostel Matthäus dar. Vermutlich um 1500 entstanden, zeugen sie von dem überaus feinen Pinselstrich dieses großen Malers. Beeindruckend sind der Totenschild des 1557 gestorbenen Landeshauptmanns Christoph Khevenhüller und die großen Eisentruhen aus dem 16. bis 19. Jh., die zur feuerfesten Verwahrung von Wertgegenständen dienten.

**Relief von Kärnten** ⓥ – *Im Schillerpark, Peraustraße.*
Dieses große Relief im Maßstab 1:10 000 (die Höhen sind verdoppelt) macht den Besucher mit den einzelnen Landschaftsformen der Gegend vertraut, die in natura nur schwierig zu bestimmen sind.

**Wallfahrtskirche Heiligenkreuz** – *Der Peraustraße bis zur Kreuzung Ossiacher Zeile folgen.* Der spätbarocke Bau mit seiner markanten Doppelturm-Fassade ragt am rechten Drauufer auf. Der ungewöhnliche Grundriß, der sich zwischen Längs- und Zentralraum nicht entscheiden kann, räumt Vierung und Chor wesentlich mehr Platz ein als dem eigentlichen Langhaus, das auf 1 1/2 Joch reduziert ist. Der reichgeschmückte Hauptaltar mit der Kreuzesszene, der Beweinungsaltar im nördlichen und die äußerst seltene Darstellung des Rechten Schächers im südlichen Querhaus sowie die Kanzel aus der Bauzeit tragen zum harmonischen Bild des Kircheninneren bei. Das Gemälde unter der Orgelempore zeigt die *Vertreibung der Händler aus dem Tempel* und ist von großer Qualität. Vom nördlichen Langhaus aus führt ein ovaler Verbindungsraum zur Gnadenkapelle. Beide sind reizvoll ausgemalt.

**Villacher Fahrzeugmuseum** ◷ – *Draupromenade 12. Der Kauf des kleinen Museumsführers empfiehlt sich, um die technischen Einzelheiten der Fahrzeuge zu erfahren.* Das kleine Museum widmet sich Fahrzeugen, die nach 1950 hergestellt wurden und zeigt auf kleinstmöglichem Raum ein Maximum an Exponaten; die Sammlung von Zweirädern ist beachtlich.

**Warmbad** – *Im Süden der Stadt.* 24 Millionen Liter Heilwasser sprudeln täglich aus den sechs warmen Quellen (29 °C). Napoleon wollte die Therme, als Villach zwischen 1809 und 1813 zu den französischen Illyrischen Provinzen gehörte, gar zu einem Weltbad ausbauen. Dazu kam es nicht, doch verfügt das Bad heute über alles, was zu einem gepflegten Kurort gehört.

## UMGEBUNG

★ **Villacher Alpenstraße** – *16,5 km.* Diese gut ausgebaute Höhenstraße führt den bewaldeten Berghang hoch und dann auf dem steil abfallenden Kamm des Dobratschs entlang. Zahlreiche Aussichtspunkte mit Parkplätzen ermöglichen herrliche Ausblicke auf das tief eingeschnittene Gailtal und die gezackten Kämme der Julischen Alpen im Süden. Vom Parkplatz P 4 aus hat man einen ausgezeichneten Blick auf die „Schütt", ein wahres Felsenchaos, das ein Bergsturz im Jahr 1348 zurückließ.

★ **Alpengarten** ◷ – *Vom Parkplatz P 6 aus zu erreichen.* Man sollte nicht versäumen, sich diesen einzigartigen Garten anzusehen, der sich der Flora der Südalpen widmet und sich auf einer Fläche von 10 000 m² ausdehnt. 900 Arten sind geschickt in die Landschaft eingebettet und werden auf Schautafeln erläutert.
Es ist empfehlenswert, vom Ende der Straße (1 732 m) mit der **Sesselbahn** ◷ zu dem höher gelegenen Plateau (1 957 m) und anschließend zu Fuß zu dem freistehenden, 2 167 m hohen **Dobratschgipfel**★★ aufzusteigen, dessen einmaliges **Panorama** über die Karawanken, die Kärntner Seen, die Julischen Alpen und die Tauern berühmt ist *(Vom Ende der Straße etwa 2 1/2 Std. hin und zurück, davon 10 Min. mit dem Sessellift und 2 Std. zu Fuß).*

**Burgruine Landskron** – *Ab St. Andrä auf einer steilen Mautstraße zu erreichen.*
Die Burg, im Mittelalter Stützpunkt der Habsburger in Kärnten, kam nach einem Brand Mitte des 16. Jh.s an die Khevenhüller, die sie wieder aufbauten. Bartholomäus Khevenhüller, gleichzeitig Schloßherr von Velden *(s. Wörther See)*, stattete die Burg prächtig aus. Sein Aufenthalt bedeutete für Landskron eine besondere Glanzzeit. Dann setzte jedoch während des 30jährigen Krieges der Verfall ein. Die zum Protestantismus übergetretenen Khevenhüller wurden enteignet, so daß die Burg in der Folgezeit mehrmals die Besitzer wechselte. Von der Burgterrasse (Café-Restaurant) genießt man eine weite **Aussicht**★ über Villach, die Karawanken und den Ossiacher See.

★ **Adler-Flugschau** ◷ – Falkner von der auf Burg Landskron eingerichteten Greifvogelwarte präsentieren eine spektakuläre Flugschau. In einer knapp 1 Stunde dauernden Vorführung erleben die Besucher hautnah die atemberaubenden Flugkünste von Greifvögeln aller Art (Milane, Falken, Adler).

Auf halber Höhe der zur Burgruine Landskron führenden Mautstraße ist der **Affenberg** angelegt. Hier lebt eine Kolonie japanischer Makaken in freier Natur. Nur mit Führung zu besichtigen.

★ **Ossiacher See** – *s. dort.*

*Die praktischen Angaben in diesem Reiseführer entsprechen dem Stand bei Redaktionsschluß.*

*Preise, Öffnungszeiten, Zufahrtswege usw. unterliegen jedoch ständigen Änderungen. Für eventuelle Unstimmigkeiten bitten wir daher um Verständnis.*

# VÖCKLABRUCK

Oberösterreich

12 000 Einwohner

Michelin-Karte Nr. 926 – Falten 20 und 21 – 430 m

Vöcklabruck liegt am Rande der Hauptverkehrsstraße, die Salzburg mit Linz verbindet, auf halber Strecke zwischen diesen beiden Städten. Es verdankt seine Existenz an dieser Stelle einer Brücke über der Vöckla, die erstmals 1134 genannt wurde. Vöcklabruck war ab 1246 Marktort und wurde in der zweiten Hälfte des 14. Jh.s befestigt.
Die Stadt ist auch heute noch ein lebhafter Handelsplatz. Außerdem werden hier in vielen Schulen (Landwirtschaft, Handel, Technik usw.) Tausende von jungen Leuten aus der Umgebung ausgebildet. Die Stadt besitzt darüber hinaus den unbestrittenen Vorteil, direkt an den nördlichen Toren der touristisch bekanntesten Region Österreichs, des Salzkammerguts, zu liegen. Der 7 km entfernte Attersee und der 17 km entfernte Traunsee verleihen der Gegend aufgrund der gebotenen Wassersportmöglichkeiten einen zusätzlichen Anreiz.

## SEHENSWÜRDIGKEITEN

**Stadtplatz** – An diesem zentralen Platz, der nach einem in Österreich weit verbreiteten Plan angelegt ist, kommt man beim Durchqueren der Stadt fast unweigerlich vorbei, da er eher eine Erweiterung der Hauptstraße als ein richtiger Platz ist. Hinter den hohen, im Barockstil gestalteten Fassaden verbergen sich sehr viel ältere Häuser.
Das Haus Nr. 14 besitzt einen ausgesprochen italienisch anmutenden Arkadenhof. Der Platz wird an beiden Enden von zwei Türmen abgeschlossen. Der **Untere Stadtturm** in Richtung Linz trägt die Wappen der verschiedenen Besitzungen der Habsburger, aber auch die der Burgunder. Dieses Detail erinnert an die zwischen dem Haus Burgund und dem Haus Österreich durch die Vermählung von **Kaiser Maximilian I.** mit Maria von Burgund, der Tochter des letzten Herzogs von Burgund, Karls des Kühnen, entstandenen Bande. Der Kaiser besaß übrigens ein Haus in Vöcklabruck.

**Dörflkirche St. Ägidius** ⊙ – *Den Stadtplatz durch den Unteren Turm verlassen und weiter bis zur Vöckla: Die Kirche steht kurz hinter der Brücke rechts.*
Sie wurde an der Stelle einer 1143 geweihten Kirche errichtet und überragt die erste Brücke über der Vöckla. Das elegante Gebäude wurde 1688 von dem Baumeister **Carlo Antonio Carlone** erbaut; den Skulpturenschmuck schuf Giovanni Battista Carlone. Dank der Restaurierungsarbeiten von 1980 hat die Kirche ihre ursprüngliche barocke Pracht wiedergefunden.



# VORAU

Steiermark

1 503 Einwohner

Michelin-Karte Nr. 926 – S der Falte 24 – 660 m

Auf einem einsamen Hügel im Joglland steht das 1163 gegründete Stift Vorau, das den Augustiner-Chorherren gehört, die noch heute 11 Pfarreien in der Nachbarschaft betreuen.

## SEHENSWÜRDIGKEITEN

**Stift** – Sobald man das Eingangstor durchschritten hat, erblickt man die bemerkenswerte Stiftsanlage. Zwei symmetrische Flügel fassen die Westfassade ein, die von feinem Stuckwerk überzogen ist und von zwei Türmen flankiert wird.

**Stiftskirche** – Die 1660 nach den Plänen eines Schweizer Baumeisters völlig neu aufgebaute Stiftskirche wurde zwischen 1700 und 1705 mit einer überreichen Innenaustattung aus Vergoldungen, Stuckarbeiten und Malereien versehen. Besonders prunkvoll ist der Hochaltar.

**Freilichtmuseum** ⊙ – Etwa 150 m vom Stift entfernt, geben mehrere typische Gebäude aus dem ländlichen Raum – u. a. Haus, Mühle, Sägerei, Presse – mit originalem Inventar einen Überblick über die traditionellen Tätigkeiten in der Gegend.

# WAIDHOFEN AN DER THAYA

Niederösterreich

5 650 Einwohner

Michelin-Karte Nr. 926 - Falte 10 - 510 m

Waidhofen breitet sich auf dem linken Thayaufer inmitten eines freundlichen Hügellandes aus, in dem Wald, Wiesen und Felder einander ablösen. Die Stadt ging von einer 1171 erwähnten Burgsiedlung auf einem dreieckigen Anger aus, auf dessen höchster Stelle die Pfarrkirche, an der tiefsten, östlichen Spitze die Burg errichtet wurde.

## SEHENSWÜRDIGKEITEN

**Altstadt** - Von der Stadtmauer ist die Nordpromenade mit dem Pulverturm und die Südpromenade mit einem Wehrturm zum Teil erhalten. Einige sehenswerte alte Häuser befinden sich in der Wienerstraße (Nr. 14 - Heimathaus), der Böhm- und der Pfarrgasse.

**Hauptplatz** - Mitten auf dem Platz erhebt sich das schöne **Rathaus**, das im Kern noch gotisch, mit seinen Stufengiebeln aber der Renaissance verpflichtet ist. Der Dachreiter wurde 1721 aufgesetzt. Die **Dreifaltigkeitssäule** wurde 1709, ausnahmsweise nicht in Erfüllung eines Gelübdes, sondern zur Abwehr von Pest, Feuer und Krieg erbaut.

R. Chéret/MICHELIN

Waidhofen an der Thaya - Pfarrkirche

**Pfarrkirche** - Von außen läßt das Gotteshaus, wenn auch von schönen Proportionen, wenig auf die bemerkenswerte barocke Innenausstattung der Kirche schließen. Das Langhausgewölbe überziehen zartfarbige Fresken, bei denen die Gold-und Violettöne vorherrschen. Sie sind Josef Michael Daysinger zu verdanken und zeigen Szenen aus dem Marienleben. Der stattliche **Hochaltar** von 1721 füllt den Chor mit seiner himmelsstrebenden Säulenarchitektur aus. Das schön geschnitzte **Ratsherrengestühl** zeigt im Aufsatz den Doppeladler - Zeichen dafür, daß die Kirche kaiserliche Pfarrei war. Die reich geschnitzte Orgelempore und die Kanzel tragen zum harmonischen Gesamtbild bei. In der Seitenkapelle (17. Jh.), rechts vom Chor, ist eine Muttergottesstatue von 1440 zu sehen, die trotz ihrer etwas linkischen Haltung voller Anmut ist.
Eine Besonderheit stellt das spätgotische Nothelfer-Relief (1510) auf dem Pestaltar dar, weist es doch nur 12 Nothelfer auf, die 13. Figur ist der hl. Nikolaus, die 14. Maria mit dem Kind.

# Östliches WEINVIERTEL

Michelin-Karte 926 Falten 12 und 13

Die beschriebene Route lädt zur Entdeckung einer österreichischen Region ein, die noch abseits der großen Touristenströme liegt. Wegen ihrer Lage an der Grenze zum ehemaligen Ostblock und im Schatten der Metropole Wien hat sich eine noch sehr ursprünglich gebliebene Landschaft erhalten, die aber nichtsdestotrotz mit zahlreichen liebenswerten Sehenswürdigkeiten aufwartet. Und natürlich sollte man es nicht versäumen, wenn man schon mal im Weinviertel ist, in einer der romantischen Kellergassen die hervorragenden Weine der Region zu probieren.

## VON GÄNSERNDORF NACH POYSDORF *62 km*

Vorsicht bei den zahlreichen unbeschrankten Bahnübergängen, die man im Verlauf der Fahrt passiert!

Die Streckenführung beginnt am Rand des Weinviertels in der Bezirkshauptstadt **Gänserndorf** *(26 km nordöstlich von Wien; von dort zu erreichen über die Bundesstraße 8).*

**Safari- und Abenteuerpark Gänserndorf** ⓥ – *4 km südlich von Gänserndorf Richtung Orth an der Donau.* Safari vor den Toren Wiens? Strauße und Gnus vom Auto aus füttern, im Schrittempo durch ein Rudel Löwen fahren – das alles kann man im **Safaripark** erleben. Eine 6 km lange Rundfahrt (ca. 45 Min. rechnen) entweder mit dem eigenen Auto *(auf eigene Gefahr, Cabrios und Motorräder sind nicht zugelassen)* oder im „Safaribus" führt durch Gehege mit Tigern, Löwen, Zebras, Elefanten, Antilopen etc. Vor allem Kinder werden sich über die Begegnungen mit der schlacksigen Giraffe oder den frechen Straußen freuen. Gleich nebenan im **Abenteuerpark** findet man ein traditionelles Zoogehege mit den äußerst seltenen Bengaltigern, auf Familien ausgerichtete Shows (mehrmals täglich) und weitere Angebote (z. T. gegen zusätzliche Gebühr), wie Kamel-Reiten, Streichelzoo oder Trampolinspringen, die die Herzen der Kleinen höher schlagen lassen.

*Von Gänserndorf weiter in Richtung Prottes.*

Auf der Fahrt von Gänserndorf nach Prottes säumen zahlreiche Pumpen, die wegen ihrer eigentümlichen Form auch als die „wippenden oder nickenden Pferde des Erdölfeldes" bezeichnet werden, die Straße und fördern in endlosem Auf und Ab Öl oder Gas zu Tage. Über diese Besonderheit des südlichen Weinviertels informiert der **Erdöl-Erdgas-Lehrpfad** in der Gemeinde **Prottes**, wo man seit 1949 Öl fördert. Auf einem etwa 4 km langen, auch landschaftlich reizvollen Spazierweg (Ausgangspunkt beim Erdöl- Erdgasmuseum im Ort, den rot-weißen Markierungen folgen) passiert man Schautafeln mit Hintergrundinformationen und zahlreiche Originalgeräte im Zusammenhang mit der Förderung dieser Rohstoffe (Ölfördersonden, fahrbare Bohranlagen, Förderturm etc.).

*Über Matzen weiter nach Groß-Schweinbarth.* Weinberge und Sonnenblumenfelder zeigen nun das freundlichere Gesicht des wegen seiner Lößböden sehr fruchtbaren Weinviertels.

**Niederösterreichisches Museum für Volkskultur** ⓥ – *In Groß-Schweinbarth. Direkt an der B 220; von Prottes kommend links Richtung Gänserndorf orientieren.* Im Meierhof von Groß-Schweinbarth, dem ehemaligen Wirtschaftshof des benachbarten Schlosses, hat das Museum (mit Vinothek) einen würdigen Rahmen gefunden. Gezeigt werden Trachten der unterschiedlichen niederösterreichischen Regionen, Mobiliar und Geschirr sowie eine breite Palette an Objekten zu den Themenbereichen Brauchtum, Volksfrömmigkeit und Handwerk. Außerdem werden Geschichte und Rolle des Meierhofes erläutert. Im hübschen Innenhof u. a. Sammlung historischer Wagen und landwirtschaftlicher Gerätschaften.

**„Eing'richt"**

Im Winter, an langen Abenden entstanden diese bäuerlichen Geduldsarbeiten, bei denen kleine Szenarien, meist aus dem religiösen Bereich (z. B. die Kreuzigung), mit oft sehr einfachen Materialien in Flaschen „eingerichtet" wurden. Eine kleine Sammlung von Beispielen dieser naiven Volkskunst gibt es im Niederösterreichischen Museum für Volkskultur zu sehen.

*Zunächst auf der B 220 Richtung Pirawarth. Am Ortsende von Groß-Schweinbarth rechts Richtung Hohenruppersdorf. Dort Richtung Zistersdorf orientieren und nach Niedersulz weiterfahren.*

★ **Weinviertler Museumsdorf** ⓥ – *In Niedersulz.* Über 60 Objekte aus dem Weinviertel, die am ursprünglichen Standort nicht erhalten werden konnten, wurden hier in einem lebendigen und grünen Museum wiederaufgebaut. Die Bepflanzung mit regionaltypischer Flora, die sich natürlich entwickeln darf, und die gelungene Gruppierung der Häuser um einen Dorfplatz mit Kirche, Gasthof, Pfarr- und sogar Friedhof erwecken den Eindruck, als würde man durch ein Dorf spazieren, dessen Bewohner gerade auf den Feldern arbeiten, die aber jederzeit zurückkehren könnten. In den Häusern wurden typische Einrichtungen inszeniert oder werden Ausstellungen zum bäuerlichen Leben gezeigt. Der „Lebende Bauernhof" auf dem Museumsareal wird sogar bewirtschaftet und ist mit traditionellen Haus- und Nutztieren bestückt. Im Südmährerhof gleich beim Eingang werden Landschafts-, Orts- und Volkskunde Südmährens dokumentiert. Ein umfangreiches Veranstaltungsprogramm ergänzt das Angebot (Auskunft dazu beim Museum).

*Über Obersulz, Schrick weiter Richtung* **Mistelbach**. *Kurz bevor man die Bezirkshauptstadt erreicht, in Lanzendorf links abbiegen und den braunen Wegweisern „Schloß Asparn/Zaya – Museum für Urgeschichte" folgen.*

**Asparn an der Zaya** – Der an den Ausläufern der Leiser Berge gelegene Ort besitzt mit dem barocken Minoritenkloster (aus dem 18. Jh, heute im Erdgeschoß Weinland- und Regionalmuseum für Volks- und Landeskunde – buntes Sammelsurium von Objekten der lokalen Kultur), der schlichten Pfarr- und Klosterkirche St. Pankraz und St. Franziskus sowie dem Burgschloß ein schönes Ensemble von Baudenkmälern auf engstem Raum.

M. Hertlein/MICHELIN

Weinviertler Museumsdorf – „Lebender Bauernhof"

**Museum für Urgeschichte** ⓥ – *Im Schloß.* Die Ausstellung (Beginn der Besichtigung im 2. Stock, Skizzierung der Erdgeschichte im Treppenhaus) zeichnet die Entstehung des Menschen und seiner Kultur von ihren Anfängen bis zum Beginn der christlichen Zeitrechnung (u. a. Saal mit Reproduktionen von Höhlenmalereien aus Altamira, Lascaux etc.) nach. Besonders sehenswert ist das **Freilichtmuseum**★ hinter dem Schloß, in dem begehbare Rekonstruktionen menschlicher Behausungen von der Altsteinzeit bis zur Jüngeren Eisenzeit (25 000 v. Chr. – 2. Jh. n. Chr.) errichtet wurden.

***Kleiner Tip für unverbesserliche Romantiker: In Ladendorf (8 km südlich von Asparn) beginnt beim Gebäude der Gendarmerie eine etwa 2 km lange, vierreihige Lindenbaumallee, deren Pflanzung auf das 18. Jh. zurückgeht. Der besondere Rahmen für einen Spaziergang, vorzugsweise zu zweit.***

*Von Asparn weiter Richtung Hörersdorf und dort nach links auf die Bundesstraße 46 Richtung Laa an der Thaya einbiegen.*

**Burgruine Staatz** – *An der Kreuzung Laa – Poysdorf. Dort geradeaus weiter und der Ausschilderung „Ruine" folgen. Den Wagen beim Musikerheim abstellen und zu Fuß weiter auf dem Weg entlang der Wehrmauer.* Die weithin sichtbare Burgruine (wenn man sie so sieht, könnte man sich fast in der Toskana glauben) erhebt sich auf dem nur 331 m hohen Staatzer Berg, gewährt aber wegen ihrer exponierten Lage eine überwältigende **Aussicht**★★ auf das Weinviertel und nach Nordosten bis hin zu den Karpaten.

*Weiter nach Poysdorf.*

Kurz bevor man den Ort erreicht, passiert man links der Straße die im Schatten von Bäumen idyllisch gelegene **Wallfahrtskirche Maria Bründl**. Sie wurde zwischen 1740 und 1751 nach Plänen des italienischen Baumeisters Donato Felice d'Allio, der auch den Stiftsbau von Klosterneuburg *(s. dort)* entworfen hat, ausgeführt.

**Poysdorf** – Die „Weinstadt Österreichs", deren Anbau vorwiegend für die Sektgrundweinproduktion verwendet wird, besitzt noch zahlreiche romantische Kellergassen im Stadtgebiet. Besonders schön sind die Keller in der Bürsting (ab Tourist-Information über Singergasse zu erreichen) und in der Berggasse (unterhalb der Pfarrkirche). Ein Rundwanderweg „Kellergassen" *(ca. 1 Std., beginnend beim Stadtmuseum, beige-weiße Markierung)* führt auch durch die reizvollen Reblandschaften am Stadtrand. Von Mai bis Oktober gibt täglich unter dem Motto „offener Keller" jeweils ein Winzer im Wechsel Einblick in seinen Betrieb und bietet die Möglichkeit zu kommentierten Weinproben.

*Österreich ist ein Paradies für Wintersportler: Die Karte der Ferienorte und die Tabelle der Wintersportorte im Kapitel „Praktische Hinweise" geben einen Überblick über die Winterportzentren. Im Kapitel „Sehenswürdigkeiten" sind über 25 Skigebiete näher beschrieben.*

# WELS

Oberösterreich

60 000 Einwohner

Michelin-Karte Nr. 926 – Falte 21 – 317 m

Am Schnittpunkt antiker Handelswege gelegen, entwickelte sich aus der kleinen keltischen Siedlung Vilabis das römische Ovilava. Unter Hadrian wurde es Municipium, Caracalla erhob es zur Colonia. Zu jener Zeit war Wels ein bedeutendes Versorgungszentrum hinter dem Limes und Hauptstadt der Provinz Ufernoricum. Wo immer heute im Stadtgebiet gegraben wird, finden sich Relikte aus der römischen Vergangenheit. Daraus resultiert eine reichhaltige Sammlung im Stadtmuseum. Die wichtigsten sind die **herrliche Venus von Wels** und der **Welser Genius.**
Heute ist Wels eine bedeutende Handels- und Messestadt, die sich ihren schönen historischen Stadtkern durch die Jahrhunderte bewahren konnte.

## DIE ALTSTADT

*Den Rundgang in der Polheimerstraße beginnen.*

Durch den im 13. Jh. erbauten **Ledererturm** (A) gelangt man zum langgestreckten **Stadtplatz★** (AB), den ein blumengeschmückter Brunnen ziert. Die Stadt hat keinerlei Überreste der römischen Architektur bewahrt, doch zählt Wels wegen der vielen gut erhaltenen alten Wohnhäuser des Viertels um den Stadtplatz zu den interessantesten Beispielen mittelalterlicher Orte in Oberösterreich.
Das Haus Nr. 62-63 auf dem Stadtplatz besitzt eine eindrucksvolle Barockfassade. Es gehörte von 1630 bis zum 20. Jh. der Abtei von Kremsmünster.

*Durch das Haus Nr. 63 in den Arkadenhof gehen.*

Von diesem Hof aus erkennt man den 1577 erbauten Wasserturm, der einst die Brunnen der Stadt speiste.

*Am Ende des Hofes auf die Straße zurückkehren und links den Bach entlanggehen.*

Bei der Ankunft in der Traungasse (B **9**) sieht man linker Hand eine kleine Kapelle (B **B**), die dem hl. Johannes Nepomuk gewidmet ist, dessen Statue sehr schön gearbeitet ist. Die Altstadtgasse (B **2**) wird von Überresten der mittelalterlichen Stadtmauer gesäumt. Die Fassade des Hauses gegenüber dem Westeingang der kaiserlichen Burg wurde 1684 barockisiert.

**Burg Wels** ⓥ (B) – Kaiser Maximilian I., der „Letzte Ritter", starb hier im Jahre 1519. In der restaurierten Burg sind vier **museale Sammlungen** untergebracht: die Stadtgeschichte mit einer sehenswerten Biedermeiersammlung, das Landwirtschaftsmuseum mit dem Thema „Das Jahr des Bauern", das einzige österreichische Gebäckmuseum und das Museum der Heimatvertriebenen.

*Zum Stadtplatz zurückkehren und von hier aus zur Stadtpfarrkirche gehen.*

### WELS

| | | |
|---|---|---|
| Adlerstr. | B | |
| Altstadtgasse | B | 2 |
| Bahnhofstr. | A | |
| Dr.-Koss.-Str. | A | |
| Dr.-Salzmann-Straße | A | 3 |
| Dragonerstr. | A | 5 |
| Eisenhower-Str. | A | |
| Herrengasse | B | |
| Kaiser-Josef-Platz | A | |
| Karl-Loy-Straße | A | |
| Maria-Theresia-Straße | A | 6 |
| Maximilianstr. | B | |
| Pfarrgasse | B | |
| Pollheimerstr. | A | |
| Rainerstr. | A | |
| Ringstr. | A | |
| Roseggerstr. | B | |
| Schmidtgasse | B | 7 |
| Stadtplatz | B | |
| Stelzhamerstr. | B | |
| Traungasse | B | 9 |
| Vogelweiderstr. | A | 12 |
| Volksgartenstr. | AB | |

B Wegkapelle

**Stadtpfarrkirche** (**B**) – Hinter dem Hochaltar des im gotischen Stil erbauten Chors sind noch sehr schöne Glasmalereien aus dem 14. Jh. zu sehen. Unter dem Turm befindet sich ein abgetrepptes, **romanisches Portal** des späten 12. Jh.s von beeindruckender Schönheit.
Vor Verlassen des Stadtplatzes sollte man sich noch einige bemerkenswerte Gebäude ansehen: das Haus Nr. 1, das Rathaus, mit seiner Barockfassade, seinen fein gearbeiteten Fenstergittern und seinem mit Stukkaturen geschmückten und von vier Steinvasen überragten Attikageschoß; das Haus Nr. 10 mit seiner schönen Jugendstilfassade; das Haus Nr. 24, in dem Salome Alt *(s. Salzburg: Geschichte)*, die Geliebte des Erzbischofs Wolf Dietrich, lebte, und dessen Malereien von 1570 datieren; das Haus Nr. 49 mit seiner Biedermeierfassade; das Haus Nr. 52, ein lebendiges Beispiel des Rokoko. Durch das Haus Nr. 34 gelangt man in einen Arkadenhof aus dem 16. Jh. und von dort aus in die Schmidtgasse (**B 7**). Im Norden um das Schloß Polheim (**A**) herumgehen, das ursprünglich (im 13. Jh.) die Residenz der Grafen von Polheim, einer Adelsfamilie aus Wels, war. An der nordwestlichen Ecke der Polheimerstraße erkennt man die imposante Fassade des zwischen 1900 und 1902 erbauten **Stadtmuseums** (**A M**).

## UMGEBUNG

★ **Vogelpark Schmiding** Ⓥ – *7 km nördlich von Wels (Gemeinde Krenglbach)*
Dieser 85 000 m² große Park mit **zoologischem Garten**, Biotopen und 3,5 km langem Rundgang beherbergt 2 000 Tiere in 350 Arten. Er verfügt über ein Tropenhaus und begehbare Greifvogel-Fluganlage. In gemeinsamen Lebensräumen werden auch Antilopen, Gazellen, Känguruhs, Reptilien und Affen gezeigt.

Vogelpark Schmiding

Vogelpark Schmiding

Michaelertor der Hofburg

3BIS/MICHELIN

# WIEN***

1 539 848 Einwohner
Michelin-Karte Nr. 926 – Falten 3, 4, 12 – 156 m
Kartenskizzen: DONAUTAL und WIENERWALD
Hotels und Restaurants: siehe Roten Michelin-Hotelführer Europe
Für einen längeren Besuch der Stadt empfiehlt sich der Grüne Reiseführer WIEN von Michelin

Die alte Kaiserstadt Wien – mehr als sechs Jahrhunderte lang war die Stadt kaiserliche Residenz – ist stark von der Dynastie der Habsburger geprägt. Auch heute als Hauptstadt der Republik Österreich hat sie ihren unvergleichlichen Glanz und Ruf als eine der bedeutendsten Kunstmetropolen Europas bewahrt.

1967 wurde Wien zum ständigen Sitz der Organisation der erdölexportierenden Länder (OPEC). 1979 war es dank der Errichtung des exterritorialen Vienna International Center, „UNO-City" (**BR**) genannt, möglich, mehrere UNO-Organisationen, die Internationale Atomenergiebehörde (IAEO), die Organisation für industrielle Entwicklung (UNIDO) das Büro für Drogenbekämpfung und Verbrechensverhütung (ODCCP) und das Büro für Weltraumangelegenheiten (OOSA), hier anzusiedeln. Nach New York und Genf ist Wien der dritte ständige Sitz der Vereinten Nationen.

Die Stadt, deren Name bei vielen mit Walzerklängen oder dem Riesenrad im Prater verbunden ist, verdankt ihren weltweiten Ruf jedoch vor allem ihren Baudenkmälern, den Kunstschätzen der Habsburger und den zahlreichen hochkarätigen Museen, seiner Oper, seinen Orchestern, seinen Chören und nicht zuletzt den eleganten Geschäften, die seine Hauptstraßen säumen.

## GESCHICHTE

**Von der Antike bis zu den Babenbergern** – Seit der Antike ist das Wiener Becken Schnittstelle bedeutender europäischer Verbindungswege. Reich an mannigfaltigen Kontakten, war Wien und seine Umgebung bestimmend für die Nachbargebiete Böhmen, Mähren, die ungarische Tiefebene und die Alpenregion.

Im Jahre 100 n. Chr. entstand in dieser von Kelten besiedelten Gegend das Lager Vindobona. Dort soll Kaiser Marc Aurel gestorben, und dort soll nach dem Nibelungenlied die Hochzeit Kriemhilds mit Attila gefeiert worden sein. Im 10. Jh., als die Babenberger die Geschicke der Ostmark in ihre Hände nahmen, wählten sie nacheinander Pöchlarn, Melk, Tulln und Leopoldsberg zu ihrer Residenz. 1155 schließlich verlegte Heinrich II. Jasomirgott seinen herzoglichen Hof an den Platz, der noch heute „Am Hof" genannt wird. Wien, nun Residenz eines Herzogs, entwickelte sich weiter zu einer blühenden Handelsstadt, dann zur Hauptstadt des Herzogtums Österreich. Leopold der Glorreiche umgab sie mit einer Ringmauer mit sechs befestigten Toren und 19 Wehrtürmen. Im Herzen der Stadtanlage erhob sich die romanische Stephanskirche, die erst 1469, nachdem aus der gewaltigen Diözese Passau ein Bistum ausgegliedert worden war, zur Kathedrale erhoben wurde. Als im Jahre 1246 der letzte Babenberger verstarb, war Wien nach Köln die bedeutendste Stadt im deutschen Sprachraum. Von nun an sollte ihr Schicksal eng mit dem Erfolg der Habsburger verknüpft sein, die von 1273 bis 1918 in Österreich herrschten.

**Pestgefahr und Türkeneinfälle** – 1678, kaum waren die Festlichkeiten zur Geburt eines Sohnes Kaiser Leopolds I. verklungen, hielt die Pest ihren grauenvollen Einzug. Wer fliehen konnte, verließ die Hauptstadt. Nur einige angesehene Bürger entschlossen sich, unter der Leitung des Fürsten Schwarzenberg die Seuche zu bekämpfen, die schließlich ein Jahr später erlosch. Als 1682 die erste Pestsäule am Graben erstellt war, zeichnete sich an der Reichsgrenze eine andere Gefahr ab.

**Die Türkeneinfälle** – Eine Armee von 300 000 Kriegern unter dem Befehl des Großwesirs Kara Mustapha überschritt die Donau bei Belgrad mit der Absicht, Wien und Prag zu erobern und bis zum Rhein vorzudringen. Der grünen Fahne des Propheten folgte ein bunt zusammengewürfelter Haufen, der sich aus Türken, Slawen, Bosniern, Tataren und selbst aufständischen Ungarn zusammensetzte. In diesem kritischen Augenblick, in dem das Schicksal des Kaiserreichs und der ganzen Christenheit auf dem Spiel stand, stieß Leopold bei der Aufstellung eines Heeres auf große Schwierigkeiten. Der französische König Ludwig XIV. unterstützte ihn nicht, da eines der Ziele seiner Politik die Schwächung der Habsburgischen Vormachtstellung in Europa war. Der Polenkönig Jan Sobieski war der einzige abendländische Herrscher, der sich unmittelbar bedroht fühlte und dem Kaiser wertvolle Waffenhilfe leistete. Am 14. Juli 1683 begann der Großwesir die Belagerung Wiens (1529 hatten die Türken die Stadt bereits ein erstes Mal belagert), das, vom Kaiser und dem Hof verlassen, nur von einer 24 000 Mann starken Armee unter der Führung von **Ernst Rüdiger Graf von Starhemberg** verteidigt wurde. Zwei Monate lang schlugen die Verteidiger alle Anstürme der Türken zurück. In der Zwischenzeit ließ der Kaiser durch Herzog Karl von Lothringen ein Entsatzheer zusammenstellen, das aus 80 000 Mann – Österreichern, Polen, Sachsen, Bayern, Schwaben und Franken – bestand. Am 10. September überschritt es die Donau bei Tulln und Krems und schlug sein Nachtlager auf dem Kahlenberg auf. Im Verlauf des 11. stellte sich die Armee im Wienerwald in Schlachtordnung auf, und am 12. mußten die Türken, die sich zwischen zwei Feuern sahen, ihr Heil in der Flucht suchen.

# TIPS UND ADRESSEN

**Informationsstellen für Autoreisende** – Tourist-Informationsstellen für Autofahrer am Stadtrand von Wien: **Im Norden**: Floridsdorfer Brücke, Ausfahrt „Donauinsel" (geöffnet: 1. Mai bis Ende September täglich 9-19 Uhr). **Im Süden** auf der Autobahn A 2, Ausfahrt „Zentrum" (geöffnet: Karwoche bis Ende Juni und Oktober 9-19 Uhr, Juli bis September 8-22 Uhr). **Im Westen** auf der Autobahn A 1, Rasthof Wien/Auhof (geöffnet: November bis März 10-18 Uhr, April bis Oktober 8-22 Uhr, November 10-18 Uhr).

**Bei Ankunft mit der Bahn** – Tourist-Informationsstelle im **Westbahnhof** (geöffnet: April bis Oktober 7-22 Uhr) und im **Südbahnhof** (geöffnet: Mai bis Oktober 6.30-22 Uhr; November bis April 6.30-21 Uhr).

**Bei Ankunft mit dem Flugzeug** – Die Tourist-Informationsstelle im Flughafen Wien-Schwechat ist täglich geöffnet von 8.30-21.00 Uhr, ☎ 01/70 07 3 28 75.

**Auskunft in der Stadt** – Tourist-Informationsstelle im Stadtzentrum: Am Albertinaplatz 1, 1. Bezirk, täglich von 9.00-19.00 Uhr, ☎ 01/21 11 40.

**Schriftliche Auskünfte** – Wiener Tourismusverband, Obere Augartenstraße 40, A-1025 Wien.

Informationen zu Wien im **Internet** erhält man unter den Adressen: *info.wien.at* (speziell: touristische Informationen) und *www.magwien.gv.at* (Stadt Wien). Ausgehtips sind unter *www.servus-in-wien.at* zusammengefaßt.

Der monatliche kulturelle **Veranstaltungskalender** der Stadt Wien ist bei der Tourist-Information erhältlich (jeweils ab dem 15. des Vormonats).

Speziell an junge Leute wendet sich der jeweils Donnerstag neu aufgelegte wöchentliche Veranstaltungskalender **wienside** mit Tips zu Partys, Ausstellungen und sonstigen Veranstaltungen. Da er auch ein Kinoprogramm erhält, sollte man ihn sich bei seinem Wien-Aufenthalt in jedem Fall besorgen: kostenlos erhältlich in Szenelokalen, Kinos, Pubs, Diskotheken etc.

## Wien-Karte

Die 72 Stunden geltende Karte ist bei vielen Hotels und bei den Tourist-Informationsstellen, bei verschiedenen Verkaufs- und Informationsstellen der Wiener Linien (z. B. Stephansplatz, Karlsplatz, Westbahnhof) oder vom Ausland per Kreditkarte über ☎ 00 43/1/7 98 44 00 28 erhältlich. Damit hat man 72 Stunden lang (ab Entwertung) freie Fahrt mit den öffentlichen städtischen Verkehrsmitteln (U-Bahn, Bus, Tram – jedoch nicht für Nightline-Autobusse) und genießt etwa 150 Ermäßigungen in Museen, bei Einkäufen in verschiedenen Kaufhäusern, in Cafés, bei Heurigen und in Restaurants. Detaillierte Informationen enthält das zur Karte gehörige Kuponheft. Der Preis beträgt derzeit 210 S.

## Stadtbesichtigungen

### Stadtrundfahrten mit dem Bus

**Vienna Sightseeing Tours**, Stelzhamergasse 4/11, 3. Bezirk, ☎ 01/71 24 68 30. Stadtrundfahrt mit der „Vienna Line Hop on Hop off". Es werden stündlich 13 Haltestellen (z. B. Staatsoper, Heldenplatz, Prater) zwischen 9.30 und 18.10 Uhr angefahren. Erklärungen in Deutsch und Englisch. Der Preis für das 2 Tage gültige Ticket beträgt 250 S, das man in jedem Hotel in Wien oder jedem Reisebüro in Österreich wie auch im Ausland erhält.

**Cityrama**, Börsegasse 1, 1. Bezirk, ☎ 01/53 41 30. Stadtrundfahrten täglich um 9.30 Uhr und 14.30 Uhr mit einer Führung durch Schloß Schönbrunn. Dauer ca. 3 1/2 Stunden. Die Fahrt kostet 400 S pro Person (inklusive Hotelabholung).

**Robin Reisen-Stattwerkstatt**, Kolingasse 6, 9. Bezirk, ☎ 01/3 17 33 84. Stadtrundfahrt „Traum & Wirklichkeit" mit den Schwerpunkten Jugendstil und „Rotes Wien". Abfahrtszeiten: Dienstag und Donnerstag um 13 Uhr, Samstag um 10 Uhr, manchmal auch um 14 Uhr. Dauer etwa 3 Stunden. Der Fahrpreis beträgt 330 S. Voranmeldung ist erwünscht.

**Rundfahrt mit der Oldtimer-Straßenbahn** – Von Anfang Mai bis Anfang Oktober, Samstag sowie an Sonn- und Feiertagen um 11.30 Uhr und 13.30 Uhr. An Sonn- und Feiertagen fährt die Oldtimer-Straßenbahn noch zusätzlich um 9.30 Uhr. Abfahrt am Karlsplatz. Dauer ca. 1 Stunde. Fahrscheine sind im Informationsbüro „Wiener Linien" der U-Bahn-Station Karlsplatz erhältlich. ☎ 01/7 90 94 40 26.

Diejun/ÖSTERREICH WERBUNG

Fiaker

**Spazierfahrt mit dem Fiaker** - Die Standplätze der Fiaker befinden sich am Albertinaplatz hinter der Staatsoper sowie am Helden- und Stephansplatz.

**Stadtspaziergänge** - Die Stadt Wien organisiert Themenspaziergänge, wie z. B. Musikhauptstadt der Welt, Jugendstil, Habsburg pur, Das Wiener Kaffeehaus, Alte Häuser und stille Höfe, Unterirdisches Wien. Dauer ca. 90 Minuten. Monatliches Programmheft erhältlich bei der Tourist-Information am Albertinaplatz 1.

**Die etwas andere Stadtführung „Auf den Spuren des Dritten Mannes"** findet natürlich unterirdisch statt - in der Wiener Kanalisation: Orson Welles' Filmklassiker „The Third Man" läßt grüßen. Beginn der Führung (etwa 25 Min.) gegenüber dem Café Museum (**JS**) im Esperantopark (Friedrichstraße überqueren, Kasse in Metallcontainer). Bei starken Regenfällen findet verständlicherweise keine Führung statt; Kinder dürfen erst ab 12 Jahren teilnehmen; festes, geschlossenes Schuhwerk wird empfohlen. Gute Deutsch-Kenntnisse sollten vorhanden sein - und dann kann man sich auf eine sehr lebendig gestaltete Erlebnistour mit allerhand Überraschungen freuen. Voranmeldung und Information bei MA 30 - WienKanal, A-1030 Wien, Friedrichstraße/Esperantopark, ☎ 01/5 85 64 55.

**Mit dem Rad unterwegs** - Radfahrern stehen in Wien etwa 700 km radlbare Wege zur Verfügung. Wenn man mit dem Zug anreist, kann man am West- und Südbahnhof, den Bahnhöfen Wien Nord und Florisdorf sowie dem Franz-Josefs-Bahnhof Räder mieten, die an allen Bahnhöfen mit Gepäckaufgabemöglichkeit zurückgegeben werden können. Weitere Verleihstellen befinden sich z. B. an der Donauinsel oder am Hundertwasserhaus (ab ca. 40 S pro Stunde gegen Hinterlegung eines Ausweises).

Sogenannte Pedal Power Radführungen durch Wien in verschiedenen Sprachen werden von Mai bis September täglich um 10 Uhr angeboten; Dauer ca. 3 Std.; 280 S (mit eigenem Rad 180 S); Informationen unter ☎ 01/7 29 72 34.

Detaillierte Informationen enthält die Broschüre **Tips für Radfahrer**, die gratis in den Tourist-Informationsstellen erhältlich ist.

**Schiffsrundfahrten** - Die DDSG Blue Danube Schiffahrt GmbH bietet von April bis Ende Oktober Rundfahrten auf der Donau an, z. B. Hundertwasser-Tour auf der Vindobona (Abfahrt beim Schwedenplatz, Dauer: 1 1/2 Stunden). Auskunft: DDSG Blue Danube Schiffahrt GmbH, Friedrichstraße 7, A-1010 Wien, ☎ 01/58 88 00, Fax: 01/58 88 04 40.

**Rundflüge** - Vienna Aircraft Handling, Hangar 3, A-1300 Flughafen Wien-Schwechat, ☎ 01/70 07 2 22 04, Fax: 01/70 07 2 24 64 bietet Rundflüge mit einer CESSNA 210 (einmotorige Maschine) an. Richtpreis: 30 Minuten kosten 1100 S pro Person.

## Öffentliche Verkehrsmittel

Die Wiener Linien bedienen die Kernzone des Wiener Stadtgebietes (alle Bezirke) und sind in den Verkehrsverbund Ost-Region (VOR) eingebunden. Für schriftliche Anfragen und telefonische Auskünfte kann man sich deshalb an beide Organisationen wenden:

**Wiener Linien**, Erdbergstraße 202, A-1031 Wien, ☎ 01/79 09 105.

**Verkehrsverbund Ost-Region**, Neubaugasse 1, A-1070 Wien, Info-Hotline 08 10/22 23 24.

Informationen zu den öffentlichen Verkehrsmitteln in Wien findet man im Internet unter den entsprechenden Adressen *www.wienerlinien.co.at* oder *www.vor.at*

Für den Touristen in der Stadt empfiehlt es sich, direkt bei einer der **Informations- und Vorverkaufsstellen** in den U-Bahn-Stationen Stephansplatz, Schwedenplatz, Karlsplatz, Landstraße/Wien-Mitte, Westbahnhof, Spittelau, Schottentor, Reumannplatz, Philadelphiabrücke, Hietzing, Florisdorf oder Kagran vorbeizuschauen. *(Zur Orientierung: Der Plan des U-Bahn-Netzes ist auf dem von Wien-Tourismus herausgegebenen Stadtplänen enthalten, der u. a. in den meisten Hotels ausliegt).* Dort erhält man auch den Verkehrslinienplan Wien oder das umfangreiche Fahrplanbuch und kann Fahrkarten (Netz- und Streifenkarten) erwerben.

**Fahrausweise** – Karten sind gültig für U-, Straßen-, Schnellbahn und Bus. Einzelfahrscheine können an den Automaten in den Verkehrsmitteln oder U-Bahn-Stationen gelöst werden. Günstiger ist es jedoch, sich Karten an einer der Vorverkaufsstellen oder in einer autorisierten Tabaktrafik zu besorgen. Für Touristen zu empfehlen sind die **24**- (60 S) und **72**- (150 S) **Stunden-Netzkarten** sowie die **8-Tage-Karte** (300 S; sie berechtigt pro entwertetem Streifen zu beliebig vielen Fahrten am Tag der Entwertung in der Wiener Kernzone). Die **Wiener Einkaufskarte** bietet einen weiteren interessanten Tarif: Für 50 S kann man an einem Tag (zwischen Montag und Samstag) in der Kernzone von 8-20 Uhr beliebig viele Fahrten unternehmen.

Natürlich kann man sich auch ganz auf die Wien-Karte *(s. oben)* verlassen, die für 72 Std. freie Fahrt auf den Wiener Linien gewährt.

**Nightline** – Nach Betriebsschluß der sonstigen städtischen Verkehrsmittel (ab etwa 0.30 Uhr bis etwa 4.30 Uhr) verkehren in der Kernzone 22 Autobuslinien im Halbstundentakt, für die spezielle Tarife gelten (Netzkarten haben für die Nightline keine Gültigkeit; Einzelfahrt 15 S; Karten am Automaten im Bus oder Streifenkarte im Vorverkauf – vier Fahrten zu 45 S). Informationen und einen Netzplan zur Nightline erhält man in den genannten Vorverkaufsstellen der Wiener Linien.

## Parkplätze in der Innenstadt

Die Wiener Altstadt und die sie umgebenden Bezirke (1-9 und 20) sind **gebührenpflichtige Kurzparkzonen**. Diese sind jedoch nur im Einfahrtsbereich des jeweiligen Bezirks ausgeschildert (keine weiteren Hinweise in den Straßen – ein Parkschein ist von der ersten Minute des Parkens an nötig). In Geschäftsstraßen können allerdings abweichende Regelungen hinsichtlich Parkdauer etc. gelten, die dort jeweils gesondert ausgeschildert werden. Parkscheine bekommt man in den meisten Tabaktrafiken und Banken, auf Bahnhöfen und bei den Vorverkaufsstellen der „Wiener Linien". Hat man schon im voraus ein Hotel gebucht, sollte man sich bereits vor der Ankunft erkundigen, wo man sein Auto abstellen kann (eventuell ist an der Rezeption eine Tagesparkkarte erhältlich).

Die bequemste Lösung des Parkplatzproblems in der Innenstadt bieten zahlreiche **Parkgaragen**, die täglich rund um die Uhr geöffnet sind: im 1. Bezirk sind dies die Tiefgaragen Am Morzinplatz (Franz-Josefs-Kai), Rathauspark (Ring/Stadiongasse), Operngarage (Kärtner Straße 51), Am Hof, Beethovenplatz 3, Cobdengasse 2. Eine Übersicht über die Wiener Parkgaragen kann bei Wien-Tourismus (☎ 01/21 11 42 22) angefordert werden oder man findet sie im Internet unter der Adresse: *www.wkw.at/garagen*

## Post

Die 2. und 3. Ziffer der Wiener **Postleitzahlen** kennzeichnen den jeweiligen Bezirk. So bedeutet z. B. 1070 7. Wiener Bezirk.

Die Hauptpostämter sind täglich rund um die Uhr geöffnet:

**Hauptpostamt**, Fleischmarkt 19, 1. Bezirk, ☎ 01/51 50 90
**Post am Westbahnhof**, Mariahilfer Straße 132, 15. Bezirk, ☎ 01/89 11 50
**Post am Franz-Josef-Bahnhof**, Althahnstraße 10, 9. Bezirk, ☎ 01/3 19 14 70

## Shopping

Die meisten Kaufhäuser und Fachgeschäfte befinden sich in den Fußgängerzonen Kärntner Straße, Graben, Kohlmarkt, Naglergasse, Tuchlauben, Stephansplatz, teilweise Krugerstraße und Franz-Josefs-Kai, Wolfengasse, Seitenstettengasse, Rabensteig, Griechengasse, Ballgasse und der größten Einkaufsstraße Wiens – der **Mariahilfer Straße**.

### Mitbringsel

**Augarten GmbH**, Stock-im-Eisen-Platz 3-4, 1. Bezirk. Im Schloß Augarten, 2. Bezirk. Verkaufsstellen der berühmten Porzellanmanufaktur, deren Ursprünge auf das Jahr 1717 zurückgehen.

**Backhausen**, Kärntner Straße 33, 1. Bezirk. Diese Textilfabrik bietet Möbelstoffe, Vorhänge und Seidenhalstücher mit Jugendstilmotiven zum Kauf an.

**Frimmel**, Freisingergasse 1, 1. Bezirk. Das Knöpfeparadies, wo auch der Kaiserhof sich einzudecken pflegte.

**J. & L. Lobmeyr**, Kärntner Straße 26, 1. Bezirk. Dieses Fachgeschäft für Glaswaren, das einst zu den Hoflieferanten zählte, ist vor allem berühmt für sein extrem feines und leicht zerbrechliches „Musselinglas".

H. Wiesenhofer/ÖSTERREICH WERBUNG

Augarten-Porzellan

**Maria Stransky**, Hofburg. Burgpassage 2, 1. Bezirk. Hier findet man die typisch Wienerischen Petit-Point-Stickereien.

**Piatnik**, Kandlgasse 33, 7. Bezirk. Das Ende des 19. Jh.s gegründete Geschäft verkauft derart schöne Kartenspiele, daß man sie praktisch als Kunstwerke betrachten kann.

**Schau Schau Brillen**, Rotenturmstraße 11, 1. Bezirk. Hier gibt es Brillen in den bizarrsten Formen, signiert von Peter Kozich. Zu seiner Kundschaft zählt auch Elton John.

### Lebensmittelmärkte

**Naschmarkt**, Linke Wienzeile/Kettenbrückengasse. 4. und 6. Bezirk. Er unterteilt sich in den eigentlichen **Naschmarkt** (Obst und Gemüse): Montag-Freitag 6-18.30 Uhr, Samstag 6-17 Uhr, und den **Bauernmarkt** (landwirtschaftliche Produkte): Montag-Donnerstag 6-12 Uhr, Freitag 6-13 Uhr, Samstag 6-17 Uhr.

**Markt auf der Freyung**, 1. Bezirk, Mai bis November Di und Do 10-18.30 Uhr.

### Flohmarkt

**Naschmarkt**: Linke Wienzeile. 4. und 6. Bezirk. Der Flohmarkt befindet sich am südlichen Ende des Naschmarktes. Samstag 6-18 Uhr.

### Kunst- und Antiquitätenmärkte

**Kunst- und Antikmarkt am Donaukanal** (altstadtseitige Donaukanalpromenade bei der Marienbrücke, 1. Bezirk): Mai bis September am Samstag 14-20 Uhr, Sonntag 10-20 Uhr.

**Am Hof** (1. Bezirk): März bis Weihnachten am Freitag und Samstag 10-20 Uhr.

**Kunst- und Handwerksmarkt im Heiligenkreuzerhof** (Schönlaterngasse, 1. Bezirk): jedes erste Wochenende im Monat, im Dezember jedes Wochenende.

### Christkindlmärkte

**Christkindlmarkt Rathausplatz** von Mitte November bis Weihnachten
**Weihnachtsmarkt am Spittelberg** von Ende November bis Weihnachten
**Altwiener Christkindlmarkt Freyung** von Ende November bis Weihnachten
**Kultur- und Weihnachtsmarkt vor dem Schloß Schönbrunn** von Ende November bis Weihnachten
**Kunsthandwerksmarkt vor der Karlskirche** von Ende November bis Weihnachten

## Unterhaltung

### Theater

**Burgtheater**, Dr.-Karl-Lueger-Ring 2, 1. Bezirk. ☎ 01/5 14 44 44 40. Ein Theater von europäischem Rang, das die ganze Palette der Schauspielkunst anbietet. Kartenvorverkauf jeweils ab dem 20. des Vormonats für den gesamten Folgemonat. Schriftliche Kartenbestellungen bis spätestens 10 Tage vor dem Vorstellungstag an das Servicecenter Burgtheater, Hanuschgasse 3, A-1010 Wien (Fax: 01/5 14 44 41 47). Telefonisch können Karten (Bezahlung mit Kreditkarte) täglich 10-21 Uhr unter ☎ 01/51 31 513 geordert werden. Bei nicht ausverkauften Vorstellungen erhält man ab einer Stunde vor Vorstellungsbeginn an der Abendkasse (☎ 01/51 44 44 44 0) 50 % Ermäßigung auf den Kartenpreis. Weitere Spielstätten des Burgtheaters sind das **Akademietheater** (Lisztstraße 1, 3. Bezirk, ☎ 01/51 44 44 740) und das **Kasino** (Schwarzenbergplatz 1, 3. Bezirk, ☎ 01/51 44 44 830).

**Theater in der Josefstadt**, Josefstädter Straße 24, 8. Bezirk. ☎ 01/42 70 03 00. Seit 1788 Theaterspielstätte, an der unter anderem Nestroy und Raimund ihr Debüt feierten: österreichische Klassiker aber auch Modernes.

**Volkstheater**, Neustiftgasse 1, 7. Bezirk, ☎ 01/524 72 63. Weites Spektrum an Theaterstücken von der Klassik bis zur Avantgarde.

**gruppe 80**, Gumpendorfer Straße 67, 6. Bezirk, ☎ 01/586 52 22. Vorwiegend österreichische Stücke von den Klassikern bis zu Zeitgenossen.

**Schauspielhaus**, Porzellangasse 19, 9. Bezirk, ☎ 01/3 17 01 01. Junges, unkonventionelles Theater.

**Komödie am Kai**, Franz-Josefs-Kai 29, 1. Bezirk, ☎ 01/533 24 34. Boulevardkomödien aus aller Welt für einen vergnüglichen Abend.

**English Theatre**, Josefsgasse 12, 8. Bezirk, ☎ 01/40 21 26 00. Schon seit 1963 steht hier englischsprachiges Theater britischer und amerikanischer Provenienz (Klassik, Komödien, Gastspiele von Solokünstlern) auf dem Programm.

### Musikveranstaltungen

**Staatsoper** (Herbert-von-Karajan-Platz, 1. Bezirk), **Volksoper** (Währinger Straße 78, 9. Bezirk) – *die* Musiktheaterinstitutionen in der österreichischen Hauptstadt. Der Kartenvorverkauf beginnt jeweils einen Monat vor dem Veranstaltungstermin. Schriftliche Kartenbestellungen müssen mindestens drei Wochen vor der Aufführung an den Österreichischen Bundestheaterverband, Bestellbüro, Hanuschgasse 3, A-1010 Wien gerichtet werden. Telefonisch können Karten (Bezahlung mit Kreditkarte) unter ☎ 01/5 13 15 13 bestellt werden. Restkarten können bei den Bundestheaterkassen, Hanuschgasse 3, ☎ 01/51 44 29 60 oder in der Volksoper selbst erworben werden (Montag bis Freitag 8-18 Uhr, Samstag, Sonn- und Feiertag 9-12 Uhr). Programmauskunft unter ☎ 01/15 18 (Tonband).

**Neue Oper Wien**: Die freie Operngruppe, die nur einige wenige Produktionen im Jahr präsentiert, hat sich Uraufführungen und Werken des 20. Jh.s verschrieben, die einen aktuellen Bezug aufweisen sowie humanitäre Anliegen und gesellschaftspolitische Relevanz beinhalten. Auskunft zu Programm und Aufführungen unter ☎ 01/5 97 30 37 oder im Internet unter der Adresse *www.neueoperwien.music.at*

**Musikverein**: Die Gesellschaft der Musikfreunde in Wien, Bösendorferstr. 12, A-1010 Wien, ☎ 01/5 05 81 90, Fax: 01/5 05 81 94, veranstaltet jährlich etwa 500 Konzerte klassischer Musik. Der Kartenvorverkauf beginnt jeweils drei Wochen vor Konzerttermin, Montag bis Freitag 9-19.30 Uhr, Samstag 9-17 Uhr. Programmauskunft unter ☎ 01/5 05 13 63 (Tonband).

**Konzerte der Wiener Sängerknaben**: Die Wiener Sängerknaben treten in den Monaten April bis Juni sowie September und Oktober an jedem Freitag um 16 Uhr im Brahmssaal des Musikvereins auf. Karten (390-550 S) in Hotels und beim Reisebüro Mondial, Faulmanngasse 4, A-1040 Wien, ☎ 01/58 80 41 41, Fax: 01/5 87 12 68, E-Mail: ticket@mondial.at

**Messen in der Burgkapelle der Hofburg an Sonntagen sowie am 25. Dezember (mit den Wiener Sängerknaben und Mitgliedern des Chors und des Orchesters der Wiener Staatsoper):** Beginn jeweils 9.15 Uhr. Sitzplätze 60 bis 340 S, Stehplätze sind frei. Bestellungen (weder Geld noch Schecks beilegen) mindestens 10 Wochen im voraus schriftlich bei: Hofmusikkapelle, Hofburg, A-1010 Wien, Fax: 01/5 33 99 27 75. Abholung und Bezahlung der bestellten Karten jeweils am Freitag von 11 bis 13 und 15 bis 17 Uhr oder am Sonntag von 8.15 bis 8.45 Uhr in der Burgkapelle. Soweit verfügbar Verkauf von Sitzplätzen an der Tageskasse der Burgkapelle jeweils am Freitag von 15-17 Uhr für den darauffolgenden Sonntag.

**Wiener Konzerthaus**, Lothringerstraße 20, 3. Bezirk, ☏ 01/7 12 12 11. Orchester und Solisten aus aller Welt sowie Eigenveranstaltungen der Konzerthausgesellschaft.

Hochkarätige **Musicalproduktionen** präsentiert die Vereinigte Bühnen Wien GmbH (Linke Wienzeile 6, A-1060 Wien, ☏ 01/58 83 02 00, Wep-page: *www.musicalvienna.at*), in der drei Spielstätten zusammengeschlossen sind:
**Theater an der Wien**, Linke Wienzeile 6, 6. Bezirk.
**Raimund-Theater**, Wallgasse 18-20, 6. Bezirk.
**Ronacher**, Seilerstätte 9, 1. Bezirk.

**WUK**, Währinger Straße 59, 9. Bezirk, ☏ 01/4 01 21 10. Selbstverwaltetes Werkstätten- und Kulturhaus: Musik, Tanz, Konzerte, Lesungen und Ausstellungen.

**Szene Wien**, Hauffgasse 26, 11. Bezirk, ☏ 01/74 93 341. Live-Konzerte angesagter Acts, Weltmusik.

**Planet Music**, Adalbert-Stifter-Straße 73, 20. Bezirk, ☏ 01/3 32 46 41. Veranstaltungszentrum für alle Spielarten von Musik – von Hip Hop, Pop über Blues, Reggae, Jazz bis zu Rock und Metal. Auch speziell auf Kinder und Familien ausgerichtete Veranstaltungen.

**Kartenbestellungen** – Vor allem für Musicals und klassische Musik werden Kartenwünsche aus dem Ausland von **Vienna Ticket Service**, Börsegasse 1, A-1010 Wien, ☏ 01/5 34 17 75 (Montag bis Freitag 9-17 Uhr, Fax: 01/5 34 17 26) bearbeitet. Für Pop- und Rockkonzerte wende man sich an **Österreich Ticket**, Kärtner Straße 19, (1. Bezirk, Kaufhaus Steffel, 3. Stock), A-1010 Wien, ☏ 01/96 0 96 (Montag bis Samstag 9-21 Uhr, Sonntag 10-21 Uhr).

### Weitere Veranstaltungsräume

**Orpheum**, Steigenteschgasse 94b, 22. Bezirk, ☏ 01/481 17 17. Veranstaltungsraum (mit angeschlossenem Beisl – ☏ 01/2 03 12 54), in dem Kabarett, Musik und Lesungen geboten werden.

**Kulisse**, Rosensteingasse 39, 17. Bezirk, ☏ 01/485 38 70. Musicals, Kabarett, Kindertheater und eigenes Beisl (☏ 01/4 85 44 02).

**Wiener Metropol**, Hernalser Hauptstraße 55, 17. Bezirk, ☏ 01/40 777 40. Bühne für Konzerte (Liedermacher, Weltmusik), Kabarett und hauseigene Musicalproduktionen.

**Vindobona**, Wallensteinplatz, 20. Bezirk, ☏ 01/3 32 42 31. *Die* Adresse für Kabarett; Samstag und Sonntag Kindertheater. Ein Restaurant ist auch gleich dabei, so daß man sich dort den ganzen Abend gut aufgehoben weiß.

### Sonstiges

**Spanische Reitschule:** Kartenbestellungen für die Vorführungen (Galavorstellungen, 80 Min., Sitzplätze 250-900 S, Stehplätze 200 S – Klassische Reitkunst mit Musik, 60 Min., 250 S) sollte man möglichst frühzeitig an Spanische Reitschule, Hofburg, A-1010 Wien, Fax: 01/53 50 186, E-mail: office@srs.at, oder aber an autorisierte Wiener Theaterkarten- und Reisebüros (bei diesen ist allerdings ein Aufschlag auf den Kartenpreis, mindestens 22 %, zu zahlen) richten. Für die Morgenarbeit (Training der Lipizzaner) ist keine Reservierung nötig. Karten (100 S) dafür erhält man am gleichen Tag am Eingang zur Spanischen Reitschule (Hofburg, Josefsplatz).
Ein mehrsprachiger Folder des Wiener Tourismusverbandes gibt Aufschluß über die genauen Termine und Modalitäten.

**Casino Wien**, Palais Esterházy, Kärntner Straße 41, 1. Bezirk, ☏ 01/5 12 48 36.

## Kinos

Im folgenden wird nur eine kleine Auswahl, abseits des Mainstream, der zahlreichen Säle in Wien gegeben. Das aktuelle Kinoprogramm und weitere Adressen können *wienside*, dem in Kinos, Szenelokalen etc. ausliegenden wöchentlichen Veranstaltungsprogramm, oder der Tagespresse entnommen werden.

**Österreichisches Filmarchiv**, Obere Augartenstraße 1, 2. Bezirk, ☎ 01/2 16 13 00. Klassiker der Filmgeschichte.

**Schikaneder Kino**, Margarethenstraße 24, 4. Bezirk, ☎ 01/5 85 28 67. Kleinkino, das sich vor allem junger Film-Kunst verpflichtet sieht.

**Votiv Kino**, Währinger Straße 12, 9. Bezirk, ☎ 01/3 17 35 71. Programmkino.

**Imax-Filmtheater** (beim Technischen Museum, AZ), Mariahilfer Straße 212, 14. Bezirk, ☎ 01/8 94 01 01; Info Hotline: 01/15 47.

(V. a. englischsprachige) Filme in der Originalversion zeigen:

**Burg**, Opernring 19, 1. Bezirk, ☎ 01/5 87 84 06. Im Sommer, aber auch an den meisten Wochenenden während des Jahres, steht **Der Dritte Mann** von Carol Reed auf dem Programm.

**English Cinema Haydn**, Mariahilfer Straße 57, 6. Bezirk, ☎ 01/5 87 22 62.

**American Flotten Center**, Mariahilfer Straße 85-87, 6. Bezirk, ☎ 01/5 86 51 52.

## Unterkunft

*Innerhalb der folgenden Auflistungen von Hotels und Restaurants werden drei Kategorien unterschieden: „Gut und preiswert" enthält Adressen, die auch bei beschränktem Budget erschwinglich sind. Unter „Unsere Empfehlung" entsprechen die im Vergleich höheren Preise auch einem weitergehenden Komfort. In der Rubrik „Spitzenkategorie" sind außergewöhnliche Adressen – Luxus, den man sich vielleicht nicht alle Tage leistet – verzeichnet.*

### GUT UND PREISWERT

**Pension Franz** – Währinger Str. 12, 9. Bezirk, ☎ 01/34 36 37, Fax 01/34 36 37 23. Familienpension mit Einrichtung im Stil der Jahrhundertwende. 24 Zimmer. Einzelzimmer ab 590 S.

**Pension Pertschy** – Habsburgergasse 5, 1. Bezirk, ☎ 01/53 44 90, Fax 01/5 34 49 49. Familienpension in 250 Jahre altem Barockpalais mit Möbeln im Louis-XV-Stil. 47 Zimmer. Einzelzimmer ab 700 S.

**Zur Wiener Staatsoper** – Krugerstr. 11, 1. Bezirk, ☎ 01/5 13 12 74, Fax 01/51 31 27 41 5. Prunkvolles Wiener Stadthaus, kleines familiäres Hotel, mit Stilmöbeln eingerichtete Zimmer. 22 Zimmer. Einzelzimmer ab 900 S.

**Kaiserpark Schönbrunn** – Grünbergstr. 11, 12. Bezirk, ☎ 01/81 38 61 00, Fax 01/8 13 81 83. Stadthotel direkt beim Schloß Schönbrunn. 45 Zimmer. Einzelzimmer ab 900 S.

**Park-Villa** – Hasenauerstr. 12, 19. Bezirk, ☎ 01/3 19 10 05, Fax 01/3 19 10 05 41. Jugendstilgebäude aus dem Jahre 1888, gediegene Zimmer, schöne Wohngegend. 21 Zimmer. Einzelzimmer ab 950 S.

**Landhaus Fuhrgassl-Huber** – Rathstr. 24, 19. Bezirk, ☎ 01/4 40 30 33, Fax 01/4 40 27 14. Mitten im Heurigen-Viertel gelegenes Landhaus mit Stil- und Bauernmöbeln eingerichtet, ruhige, dem Garten zu gelegene Zimmer. 22 Zimmer. Einzelzimmer ab 960 S.

### UNSERE EMPFEHLUNG

**Theater-Hotel in der Josefstadt** – Josefstädter Str. 22, 8. Bezirk, ☎ 01/4 05 36 48, Fax 01/4 05 14 06. Modernisiertes Innenstadthotel in der Nähe der Ringstraße. 54 Zimmer. Einzelzimmer ab 1250 S.

**Am Stephansplatz** – Stephansplatz 9, 1. Bezirk, ☎ 01/53 40 50, Fax 01/53 40 57 10. Direkt gegenüber dem Stephansdom gelegen, Zimmer nach vorn mit Domblick. 60 Zimmer. Einzelzimmer ab 1330 S.

**Dorint Rogner Hotel Biedermeier im Sünnhof** – Landstraßer Hauptstr. 28, 3. Bezirk, ☎ 01/71 67 10, Fax 01/71 67 15 03. Zimmereinrichtung im Biedermeierstil. 203 Zimmer. Einzelzimmer ab 1550 S.

**König von Ungarn** – Schulerstr. 10, 1. Bezirk, ☎ 01/51 58 40, Fax 01/51 58 48. Komfortables kleines Hotel mit Altwiener Atmosphäre. 33 Zimmer. Einzelzimmer ab 1610 S.

### SPITZENKATEGORIE

**Sacher** – Philharmonikerstr. 4, 1. Bezirk, ☎ 01/5 14 56, Fax 01/51 45 68 10. Das klassische Grandhotel Wiens – Heimat der weltberühmten Sachertorte. 108 Zimmer, Einzelzimmer ab 2500 S.

**Im Palais Schwarzenberg** – Schwarzenbergplatz 9, 3. Bezirk, ☎ 01/7 98 45 15, Fax 01/7 98 47 14. Ehemaliges fürstliches Palais aus dem 18. Jh., individuelle Einrichtungen mit Antiquitäten, 7,5 ha großer Privatpark. 44 Zimmer. Einzelzimmer ab 3000 S.

## Restaurants

### GUT UND PREISWERT

**Figlmüller** – Wollzeile 5, 1. Bezirk, ☎ 01/5 12 61 77, Hauptgerichte ab 80 S. Eines der berühmten Wiener-Schnitzel-Lokale.

**Pfudl** – Bäckerstr. 22, 1. Bezirk, ☎ 01/5 12 67 05, Hauptgerichte ab 85 S. Zählt zu den Beisln, die zu einer Wiener Institution wurden.

**Haas & Haas** – Stephansplatz 4, 1. Bezirk, ☎ 01/5 13 19 16, Hauptgerichte ab 95 S. Eines der beliebtesten Lokale in direkter Nähe des Doms; am Abend im Dom-Garten zu sitzen ist ein Genuß.

### UNSERE EMPFEHLUNG

**Fadinger** – Wipplingerstr. 29, 1. Bezirk, ☎ 01/5 33 43 41, Hauptgerichte ab 120 S. Vorne einfache Bar, hinten etwas gehobeneres Restaurant, interessante moderne Wiener Küche.

**Eckel** – Sieveringer Str. 46, 19. Bezirk, ☎ 01/3 20 32 18, Hauptgerichte ab 130 S. Gemütliches rustikales Restaurant mit elegantem Nebenzimmer.

**Hedrich** – Stubenring 2, 1. Bezirk, ☎ 01/5 12 95 88, Hauptgerichte ab 165 S. Einfaches Restaurant, das sich Imbiß-Restaurant nennt, aber ein interessantes regionales Speisenangebot zu günstigem Preis bietet.

**Vikerl's Lokal** – Würffelgasse 4, 15. Bezirk, ☎ 01/8 94 34 30, Hauptgerichte ab 165 S. Urgemütliches kleines holzgetäfeltes Lokal mit neuer Wiener Küche.

**Hietzinger Bräu** – Auhofstr. 1, 13. Bezirk, ☎ 01/87 77 08 70, Hauptgerichte ab 170 S. Das klassische Restaurant für den Wiener Tafelspitz und Rindfleischgerichte.

**K & K Restaurant Piaristenkeller** – Piaristengasse 45, 8. Bezirk (unter der Piaristenkirche), ☎ 01/406 01 93, Hauptgerichte ab 175 S. In einem 300 Jahre alten Gewölbekeller wird neben Wiener Küche nach alten Rezepten auch die Möglichkeit geboten, zwei Museen – das Kaiser-Franz-Joseph-Hutmuseum (für Erinnerungsfotos kann man an der „Alt-Wiener Hutparade" teilnehmen) und die K & K Weinschatzkammer (Tresorraum mit Hoftafelweinen des Kaiserhauses aus vier Jahrhunderten) – zu besichtigen. Weitere Informationen im Internet: *www.piaristenkeller.com*

**Plachutta** – Wollzeile 38, 1. Bezirk, ☎ 01/5 12 15 77, Hauptgerichte ab 185 S. Restaurant, das sich der Wiener Rindfleischtradition verpflichtet fühlt.

**Salut** – Wildpretmarkt 3, 1. Bezirk, ☎ 01/5 33 13 22, Hauptgerichte ab 185 S. Kleines, sympathisches Restaurant in mehreren gemütlichen Räumen in der Innenstadt.

**Hauswirth** – Otto-Bauer-Gasse 20, 6. Bezirk, ☎ 01/5 87 12 61, Hauptgerichte ab 190 S. Typisches Wiener Restaurant mit hübschem Garten im Hof.

**Cantinetta Antinori** – Jasomirgottstr. 3, 1. Bezirk, ☎ 01/5 33 77 22, Hauptgerichte ab 200 S. *Das* Italienische Restaurant im Bereich des 1.Bezirks.

**Windows of Vienna** – Wienerbergstr. 7, 10. Bezirk, ☎ 01/6 07 94 80, Hauptgerichte ab 200 S. Restaurant in der 22. Etage eines Businesscenters, herrliche Aussicht auf Wien und Umgebung.

**Mraz & Sohn** – Wallensteinstr. 59, 20. Bezirk, ☎ 01/3 30 45 94, Hauptgerichte ab 240 S. Modernes Restaurant, in dem Vater und Sohn auf hohem Niveau kochen.

### SPITZENKATEGORIE

**Steirereck** – Rasumofskygasse 2, 3. Bezirk, ☎ 01/7 13 31 68, Mittagsmenü ab 395 S, abends Hauptgerichte ab 320 S. In der Nähe des Hundertwasserhauses gelegen. Nach wie vor die beste Küche Wiens, beachtlicher Weinkeller mit Möglichkeit der Besichtigung.

## Heurige

**Mayer am Pfarrplatz** – Pfarrplatz 2, 19. Bezirk, ☎ 01/32 24 16. Heurigen-Buffet. Gemütliches Lokal mit sehr schönem Gastgarten.

**Altes Presshaus** – Cobenzlgasse 15, 19. Bezirk, ☎ 01/3 20 02 03. Heurigen-Buffet. Der älteste Heurige in Grinzing (Haus a. d. J. 1527), teils alte Gewölbekeller mit historischen Weinpressen.

**Buschenschank Wolff** – Rathstr. 46, 19. Bezirk, ☎ 01/4 40 23 35. Heurigen-Buffet. Typischer Buschenschank in gemütlichen Stuben, weitläufiger, prachtvoller Heurigengarten.

**Fuhrgassl-Huber** – Neustift am Wald 68, 19. Bezirk, ☎ 01/4 40 14 05. Heurigen-Buffet. Rustikal-uriges Ambiente in mehreren Stuben mit Wiener Schramml-Musik.

## Cafés, Kneipen, Clubs und Diskotheken

**Kaffeehäuser** - Das Kaffehaus ist eine Wiener Institution, und deshalb sollte man es nicht versäumen, wenigstens einmal dort eine der zahlreichen Kaffeespezialitäten und vielleicht eine Mehlspeis' zu probieren.

**Central**, Herrengasse 14, 1. Bezirk, ☎ 01/5 33 37 63 26. Die Spezialitäten sind Mazagran und Pharisäer. Klaviermusik zwischen 16 und 19 Uhr (Montag-Samstag 8-22 Uhr; im Juli und August nur bis 20 Uhr).
**Hawelka**, Dorotheergasse 6, 1. Bezirk, ☎ 01/5 12 82 30. Zu den Spezialitäten gehören die Buchteln (Hefeteig gefüllt mit Zwetschgenmarmelade), die erst ab 22 Uhr serviert werden (Mittwoch-Montag 8-2 Uhr, Sonn- und Feiertag 16-2 Uhr; Dienstag ist Ruhetag).
**Imperial**, Kärntner Ring 16, 1. Bezirk, ☎ 01/50 11 03 89. Schon Sigmund Freud und Anton Bruckner waren in dem 1873 eröffneten Haus Stammgäste (täglich 7-23 Uhr).
**Landtmann**, Dr.-Karl-Lueger-Ring 4, 1. Bezirk, ☎ 01/5 32 06 21. In der Nähe von Parlament, Rathaus und Burgtheater ist das Café ein beliebter Treffpunkt, der auch mit einer schönen Sommerterrasse aufwartet (täglich 8-24 Uhr).
**Café Museum**, Friedrichstraße 6, 1. Bezirk, ☎ 01/5 86 52 902. Von Adolf Loos Ende des 19. Jh.s gestaltetes Kaffeehaus in der Nähe des Sezessionsgebäudes (täglich 8-24 Uhr).
**Sacher**, Philharmonikerstraße 4, 1. Bezirk, ☎ 01/5 14 56 0. Hier gibt es die legendäre *Sachertorte*, ein Muß unter den Wiener Backwaren (täglich 8-24 Uhr).
**Im KunstHaus**, Weissgerberlände 14, 3. Bezirk, ☎ 01/7 12 04 97. Herrlicher Garten und von Pflanzen überwucherter Innenraum - ein etwas anderes Kaffeehaus (täglich 10-24 Uhr).

Kalmar/ÖSTERREICH WERBUNG

Café Central

### Konfiserie und Konditoreien

**Altmann und Kühne**, Graben 30, 1. Bezirk, ☎ 01/5 33 09 27. Konfiserie in phantastischer Verpackung.
**Central**, Herrengasse 17, 1. Bezirk, ☎ 01/535 99 05. In dieser Konditorei wird in 5 verschiedenen Verpackungsarten (garantiert 4 Wochen haltbar) die **Imperialtorte**, die Rivalin der Sachertorte, angeboten.
**Demel**, Kohlmarkt 14, 1. Bezirk, ☎ 01/53 51 71 70. Die Preise sind schon etwas gesalzen, aber dafür bekommt man etwas ganz Feines.
**Lehmann**, Graben 12, 1. Bezirk, ☎ 01/5 12 18 15. Der Apfelstrudel ist eine Sünde wert.

### Kneipen

Das sogenannte **Bermuda-Dreieck** der Wiener Kneipenszene befindet sich im 1. Bezirk rund um die Ruprechtskirche und den Rudolfsplatz (**KPR**). Dort findet wohl jeder etwas für seinen Geschmack. Eintauchen und ...

**Flanagans Irish Pub**, Schwarzenbergstraße 1-3, 1. Bezirk, ☎ 01/5 13 73 78. Der Steinboden stammt aus einer irischen Kapelle, der Tresen stand ursprünglich schon ein Jahrhundert in Irland. Geöffnet: Donnerstag bis Samstag 11-4 Uhr, Sonntag bis Mittwoch 11-2 Uhr.
**Kolar-Beisl**, Kleeblattgasse 5, 1. Bezirk, ☎ 01/5 33 52 25. Geöffnet täglich 17-2 Uhr.

**Krah Krah**, Rabensteig 8, 1. Bezirk, ☎ 01/5 33 81 93. Geöffnet täglich 11-2 Uhr. Beliebtes Lokal mit einem Angebot von über 50 Biersorten.
**Loos-Bar**, Kärntner Straße 10, 1. Bezirk, ☎ 01/5 12 32 83. Geöffnet täglich 18-4 Uhr. Klein aber nicht nur wegen der Gestaltung durch Adolf Loos zu empfehlen.
**Panigl**, Schönlaterngasse 11, 1. Bezirk, ☎ 01/5 13 17 16. Geöffnet 16-4 Uhr. Kleine italienische Weinbar.
**Philosoph**, Judengasse 11, 1. Bezirk, ☎ 01/5 35 45 32. Geöffnet Sonntag-Mittwoch 18-2 Uhr, von Donnerstag-Samstag bis 4 Uhr. Gute Musik.
**Planter's Club**, Zelinkagasse 4, 1. Bezirk, ☎ 01/5 33 33 93. Geöffnet 17-4 Uhr. Will man den Abend in den angesagten, im Kolonialstil eingerichteten Barräumen verbringen, muß man mitunter längere Warteschlangen in Kauf nehmen.
**Reiss**, Marco-d'Aviano-Gasse 1, 1. Bezirk, ☎ 01/5 12 71 98. Geöffnet Sonntag-Mittwoch 11-2 Uhr, Donnerstag, Freitag 11-3 Uhr, Samstag 10-3 Uhr. Champagner-Treff eingericht vom Architekturbüro Coop Himmelblau.
**Zum Basilisken**, Schönlaterngasse 3-5, 1. Bezirk, ☎ 01/5 13 31 23. Geöffnet täglich 12-2 Uhr, Freitag und Samstag bis 4 Uhr.
**Zum Bettelstudent**, Johannesgasse 12, 1. Bezirk, ☎ 01/5 13 20 44. Geöffnet 10-2 Uhr, Freitag, Samstag bis 3 Uhr.

### Jazz

**Jazzland**, Franz-Josefs-Kai 29, 1. Bezirk, ☎ 01/5 33 25 75. In diesem Jazzkeller im Gewölbe unter der Ruprechtskirche treten internationale Gruppen auf. Tolle Atmosphäre. Musik ab 21 Uhr.
**Miles Smiles**, Lange Gasse 51, 8. Bezirk, ☎ 01/4 05 95 17. Nicht nur für Fans von Miles Davis.
**Jazzclub Porgy & Bess**, Riemergasse 11, 1. Bezirk, ☎ 01/50 37 009. Konzerte österreichischer und internationaler Jazzmusiker, täglich Live-Musik.
**Otto**, Altmannsdorfer Straße 101, 12. Bezirk, ☎ 01/8 04 76 50. Oktober bis April Sonntag um 11.30 Uhr Jazz-Frühschoppen.

### Clubs und Diskotheken

**P1**, Diskothek. Rotgasse 9, 1. Bezirk. House, Techno, Soul.
**Havanna Club**, Krugerstraße 8, 1. Bezirk, ☎ 01/5 13 32 25. Lateinamerikanische Musik: DJ's und Tanzkurse.
**U4**, Diskothek. Schönbrunner Straße 222, 12. Bezirk. Techno, Dance Floor.
**B72**, Hernalser Gürtel-Bogen 72, zwischen 8. und 17 Bezirk, ☎ 01/4 09 21 28. Live-Musik und DJ's.

## An der schönen blauen Donau

**Donauinsel (Neue Donau)** – *U-Bahn-Station der Linie 1 Donauinsel*. Insgesamt 42 km lange Badestrände, Rad-, Surfbrett- und Bootsverleihstellen und eine reiche Auswahl an Lokalen an der sogenannten „**Copa Cagrana**" (nach dem Wiener Stadtteil Kagran) am Flußufer ziehen im Sommer nicht nur Wiener an – hier kann man der Hitze der Stadt entfliehen und mal richtig ausspannen.

M. Hertlein/MICHELIN

An der Donauinsel

**Alte Donau** - *U-Bahn-Station der Linie 1 Alte Donau*. Auch hier an einem ehemaligen Donauarm tummeln sich die Wiener im Sommer gerne: Wiesen, Strände und zahlreiche Lokale, in denen man am Donauufer den Abend ausklingen lassen kann.

## Besondere Termine

**Wiener Eistraum** - Januar bis März. Eislaufen vor dem Rathaus.

**Wiener Festwochen** - Mai und Juni. Avantgarde-Festival für Theater, Musik und Kunst.

**Donauinselfest** - Ende Juni. Gratis-Open-Air-Konzerte, die Hunderttausende an die Donauinsel locken.

**Im-Puls-Tanzfestival** - Juli/August. Internationale Tanzveranstaltungen zum Zuschauen und Mitmachen im Museumsquartier.

**KlangBogen** - Juli und August. Breite Palette an Musikveranstaltungen an verschiedenen Spielstätten in der Stadt. ☏ 01/40 00 84 10

**Filmfestival am Rathausplatz** - Juli und August. Gratis-Open-Air-Videogroßprojektionen von Mitschnitten klassischer Musik vor dem Wiener Rathaus.

**Viennale** - Im Oktober. Internationales Filmfestival. Infos: *www.viennale.or.at*

**Wiener Ballsaison** - November bis Aschermittwoch. Der Höhepunkt der Ballsaison ist natürlich der weltweit bekannte Wiener Opernball.

Der Sieg am Kahlenberg fand in ganz Europa einen bedeutenden Widerhall. Die westlichen Fürsten erkannten nunmehr die Vorherrschaft des Kaisers, des Retters der Christenheit, an. Die Türkengefahr war endgültig abgewandt - dank Prinz Eugen von Savoyen, einem der tüchtigsten Generäle seiner Zeit -, und eine langanhaltende Blütezeit brach für das Reich der Habsburger unter der Herrschaft Maria Theresias an.

**Der Wiener Kongreß** - Als im März 1814 das Napoleonische Reich zusammenbrach, mußte Paris seine Rolle als Hauptstadt Europas an Wien abgeben, das zum Schauplatz des internationalen Kongresses wurde, der über die Zukunft von Siegern und Besiegten zu entscheiden hatte. Ein Jahr lang tagte und „tanzte" der Wiener Kongreß. Den verschiedenen Sitzungen folgten rauschende Bälle und glanzvolle Feste, die als einzigartig in der Erinnerung der Nachwelt fortleben. Wien war der Treffpunkt der gekrönten Häupter der damaligen Zeit: Kaiser Franz I., der junge und verführerische Zar Alexander I., König Friedrich Wilhelm von Preußen, der König von Württemberg, umgeben von zahlreichen Fürsten und Erzherzögen. Bekannte Diplomaten vertraten die Interessen ihrer Länder: England hatte Lord Castlereagh, Rußland Nesselrode, Preußen Humboldt und Frankreich Talleyrand entsandt. Den Vorsitz hatte Österreichs Staatskanzler Metternich.
In den Botschaften, den Salons der Hofburg und der Großen Galerie im Schloß Schönbrunn löste ein Empfang, ein Ball den andern ab, so daß der alte Fürst de Ligne spöttisch bemerkte: „Le Congrès ne marche pas, il danse" (Der Kongreß geht nicht voran, er tanzt)! Sein Ausspruch wurde weltberühmt. Keine Stadt hätte auch mehr Zerstreuungsmöglichkeiten bieten können als die Kunstmetropole Wien - Theater, Museenbesuch, Kammermusik, Oper, u. a. m. Beethoven dirigierte selbst ein Galakonzert, und seine Oper „Fidelio" wurde begeistert aufgenommen.
Doch wenn auch der Zar Alexander durch seine prunkvollen Empfänge und zahlreichen Liebesabenteuer viel von sich reden machte und es Talleyrand, dem Vertreter des besiegten Landes, durch diplomatische Schlauheit gelang, als gleichberechtigte Macht und Wortführer der Minderheit am Konferenztisch zu sitzen, die Hauptperson war Österreichs Außenminister Fürst Metternich.

### Metternich

Die diplomatische Laufbahn von Klemens Lothar Wenzel Fürst von Metternich-Winneburg, begann 1806 in Paris, wo er als Botschafter Österreichs die Gelegenheit wahrnahm, den damaligen Beherrscher Europas, Napoleon, aus nächster Nähe zu beobachten. 1809 wurde er mit der Aufgabe betraut, die Außenpolitik seines Landes zu leiten. Er befürwortete ein Bündnis mit Frankreich und erreichte sein Ziel durch den Abschluß des Heiratsvertrags der Erzherzogin Marie Louise mit Napoleon. Seiner klugen Diplomatie verdankte es Österreich zum Teil, daß es, ein Pufferstaat zwischen den Großmächten Rußland und Frankreich, zur „Dritten Macht" wurde und damit das europäische Gleichgewicht gewährleistete.

Infolge dieser Politik gelang es Metternich, beim Wiener Kongreß den Vermittler zu spielen und Österreich bis 1848 zum Bürgen und Verteidiger der Ordnung in Europa einzusetzen.

**Wien zur Biedermeierzeit** - Nach zwanzigjähriger Kriegszeit genossen die Bürger endlich die Ruhe, die mit dem Wiener Kongreß eingezogen war. Die glückliche Epoche wird auch „**Vormärz**" genannt, da sie mit den Revolutionstagen im März 1848 zu Ende ging.
Die Welt des **Biedermeier**, des biederen, zufriedenen Bürgers, war vor allem sein Heim, das er mit Hingabe ausstattete und so eine Privatkultur, ja sogar einen eigenen Stil begründete.
Jedoch spielte auch die Unterhaltung eine wichtige Rolle, insbesondere bei den gemütlichen Wienern, die sich mit der Politik Metternichs abgefunden hatten. Ebenso wie der traditionelle Sonntagsspaziergang und der Besuch eines der bekannten Kaffeehäuser bestimmten gegenseitige Einladungen, Musikabende, Theaterbesuche usw. das Leben des Wieners. Seine Vorliebe für „Wein, Weib und Gesang" kam besonders an Festtagen zum Ausdruck, an denen die Wiener in den Heurigen an der Donau oder im Wienerwald bei Geigen- und Zitherspiel oder bei Vorträgen von Stegreifdichtern in feuchtfröhlicher Stimmung den neuen Wein kosteten.
Man traf sich auch abends, um andächtig den Schubertliedern zu lauschen, die so ganz dem romantischen Gemüt des Wieners jener Zeit entsprachen.
Für die Tanzlustigen erklangen die Geigen im Apollo, einem Tanzpalast im Schottenfelder Viertel, der 4 000 Personen aufnehmen konnte und der größte Europas war; 28 Gesellschaftsräume und 13 Küchen waren ihm angeschlossen.

**Die Stadterweiterung** - Kaum war die Türkengefahr beseitigt, entfaltete sich der Barock zu voller Blüte, und das Gesicht der Donaumetropole änderte sich.
Fürstenpaläste, Winterresidenzen und Kirchen schossen aus dem Boden, wie z. B. das Palais Schwarzenberg, das Schloß von Prinz Eugen auf dem Belvedere, die Karlskirche. All diese neuen Bauten lagen jedoch bereits außerhalb der Stadtmauer aus dem 17. Jh.; ohne bestimmten Plan entstanden ausgedehnte Vorstädte.
Der Tod überraschte Joseph II., den „aufgeklärten Despoten", als er sich gerade anschickte, seine Hauptstadt nach einem neuen Erweiterungsplan umzugestalten. Dann hemmten die Napoleonischen Kriege, die viel Unruhe ins Land brachten, die Verwirklichung der gewaltigen Bauprojekte, die schließlich unter **Franz Joseph** (1848-1916) ausgeführt wurden und bis heute das Stadtbild bestimmen.

**Der Ring** - 1857 unterzeichnete der Kaiser ein Dekret, das die Beseitigung der alten Basteien anordnete und die Anlage von breiten Straßen rund um die Altstadt vorsah. Als dann die Ringstraße angelegt wurde, glich Wien einer riesigen Baustelle. Bedeutende österreichische und ausländische Architekten und Künstler bemühten sich, dieser Prachtstraße einen würdigen architektonischen Rahmen zu geben. Den Ring säumen die wichtigsten öffentlichen Gebäude und zahlreiche große Mietshäuser.

**Der Gürtel** - 1890 wurden die Vorstädte der Stadt einverleibt, die zweite Ringbefestigung wurde geschleift, und an ihrer Stelle entstand der Wiener „Gürtel".

## WIEN – EINE HOCHBURG DER MUSIK

**Eine sehr alte Tradition** - Wenn St. Peter in Salzburg die Wiege der geistlichen Musik im deutschsprachigen Raum darstellt, so war das Wien der Babenberger schon im 12. Jh. ein Hort der profanen Musik. Die hier versammelten Minnesänger konnten sich seit dem Ende des 13. Jh.s in einer zunftähnlichen Vertretung zusammenschließen. Zu einer Hauptstadt der Musik wurde Wien durch Kaiser Maximilian I., der im ausgehenden Mittelalter seine hervorragende **Hofkapelle** von Innsbruck nach Wien verlegte. Diese ehrwürdige, schon im 15. Jh. von allen bewunderte Institution hat in allen darauffolgenden Jahrhunderten weiterbestanden und trifft auch in unserer Zeit auf begeisterte Anhänger.

**Die hohe Zeit der Wiener Musik** - Das 18. Jh. wurde ganz entscheidend von **Joseph Haydn**, dem Urheber der Wiener Klassik, geprägt.
Die fürstlichen Paläste der damaligen Zeit sind wahre Zentren des Musiklebens. Hier treffen sich die großen Künstler und Komponisten. Haydns *Jahreszeiten* entstehen im Palais Schwarzenberg, **Mozart** entdeckt die Werke Bachs und Händels bei dem Sohn des Arztes Maria Theresias, **Beethoven** und **Gluck** sind Gäste im Palais Lobkowitz. Die von Joseph II. geförderte Gründung von Theatern bringt auch dem Bürgertum den Genuß musikalischer Freuden. Um 1825 erfreuen sich die sogenannten **Schubertiaden**, musikalische Soireen im Freundeskreis, auf denen Schubert seine Lieder vortrug und die mit Tänzen abgeschlossen wurden, großer Beliebtheit.
Nach der Revolution von 1848 entwickeln sich musikalische Gesellschaften, eine Art privater Konservatorien, die hochklassige Konzerte und einen hervorragenden Musikunterricht für alle Interessierten anbieten. Der deutsche Komponist **Johannes Brahms** gehört der berühmtesten dieser Gesellschaften, der „Gesellschaft der Musikfreunde", als Dirigent an. Brahms genießt einen Ruf sondergleichen, während **Anton Bruckners** Meisterwerke der geistlichen Musik - der „Minnesänger Gottes" hatte Linz verlassen, um als Organist an der Hofkapelle tätig zu werden - von den Wienern nicht verstanden werden. **Gustav Mahler** wiederum ist 10 Jahre lang Kapellmeister in Wien;

**Die Ballsaison**

Im Winter löst in Wien ein Ball den anderen ab. Am Silvesterabend lebt anläßlich des berühmten Kaiserballs unter den Lüstern der Hofburg die Pracht vergangener kaiserlicher Zeiten wieder auf. Während des Faschings veranstalten die verschiedensten Vereine und Berufsgruppen an die 300 Bälle, viele in Prunksälen (Rathaus, Hofburg, Musikverein), darunter der Blumenball, veranstaltet von den Gärtnern und Floristen, der Maskenball der Rudolfina-Redoute, der Ball der Wiener Kaffeesieder, der Philharmoniker, des Techniker Cercle. Die Ärzte haben ebenso einen Ball wie die Juristen, die Jäger und die Wiener Feuerwehr.
Der nobelste von allen, der **Opernball**, findet im Februar in der Staatsoper statt. Er zieht die Prominenz aus dem In- und Ausland an und ist *das* mondäne Ereignis des Jahres. Er wird vom Wiener Staatsopernballett und einem Komitee junger Damen und Herren mit einer Fächerpolonäse eröffnet.

Pratt-Pries/DIAF

Der Opernball

seine Kompositionen beinhalten Neuerungen, die eine ganz neue Ära der Musik einleiten. Ende des 19. Jh.s ist die Musik nicht mehr nur das Vorrecht der Großen der Welt, sondern - kaum eine Familie in Wien, in der nicht einmal pro Woche Hausmusik gemacht würde - fester Bestandteil auch des bürgerlichen Lebens geworden.

**Das Schicksal eines Genies (1770-1827)** - Es gibt keinen anderen Künstler, der so von den romantischen Landschaftsbildern der Wiener Umgebung bezaubert und inspiriert worden ist, wie **Ludwig van Beethoven**. Er liebte diese Landschaft über alles, und hier, so vertraute er seinem „Adlatus" Anton Schindler auf dem Weg von Grinzing nach Heiligenstadt an, habe er die Motive für die Bachszene der VI. Symphonie empfangen. 1770 in Bonn geboren, erlag Beethoven als 20jähriger der Anziehungskraft Wiens, der Hochburg der Musik, und begeisterte die Stadt mit seinem virtuosen Klavierspiel. In Wien und den malerischen Dörfern, die heute als Vororte die österreichische Metropole umgeben, entstanden Werke, die die Sprache der Musik revolutionierten: die „Eroica", die Oper „Fidelio", die „Fünfte Symphonie" und die gigantische „Neunte", die - in der herrlichen „Hymne an die Freude" endend - vom Meister selbst dirigiert wurde, ohne daß er einen Ton davon hörte; in Wirklichkeit wurde das Orchester von einem anderen Dirigenten geleitet. Mit dreißig Jahren schon stellten sich die Vorboten einer allgemeinen Taubheit ein, die Beethoven in tiefste Verzweiflung stürzte, was in dem berühmten „Heiligenstädter Testament" *(s. Wien: Umgebung)* erschütternd zum Ausdruck kommt.

**Der Triumphzug des Wiener Walzers** - Auf dem Wiener Kongreß (1814-1815) war der **Walzer** die Sensation. Im ganzen 19. Jh. sollte die Wiener mondäne Gesellschaft im leicht beschwingten Walzertakt leben; Nachschub an Walzermelodien lieferte das unerschöpfliche Talent der **Strauß**-Dynastie, die das Wiener Publikum ab 1820 begeisterte. Der Walzer, der von **Joseph Lanner** und Johann Strauß Vater verfeinert, bereichert und zu einer eigenen musikalischen Gattung erhoben worden war, wurde mit **Johann Strauß Sohn** zum Nonplusultra des Salonlebens. Die Tourneen ihrer Orchester quer durch ganz Europa kamen Triumphzügen gleich. Die Titel der Walzermelodien „Wiener Blut", „G'schichten aus dem Wienerwald" sind wahre Liebeserklärungen von Johann Strauß an eine Stadt, die ihrerseits ihren Komponisten umjubelt. Mit Hilfe seiner beiden Brüder Joseph und Eduard unterhielt Johann Strauß 300 Musiker, die in verschiedene Kapellen aufgeteilt waren. Das Touristen weithin bekannte Standbild Johann Strauß' im Stadtpark ist zu einem Wiener Wahrzeichen geworden.

Johann Strauß

Wiesenhofer/ÖSTERREICH WERBUNG

**Die Neue Wiener Schule** – Der Wiener **Arnold Schönberg** gründete diese Bewegung, die im ersten Viertel des 20. Jh.s eine regelrechte Revolution in der Musik auslöste und das Musikgeschehen des gesamten Jahrhunderts beeinflussen sollte. Schönberg war – nach Anfangsjahren als Autodidakt – Schüler des Opernkomponisten **Alexander Zemlinsky** (1871-1942). Während seine ersten Werke wie die „Gurrelieder" noch ganz einem postromantischen Stil verschrieben sind, folgen bald Kompositionen wie das Erste Streichquartett (1905). In den letzten beiden Sätzen des zweiten Streichquartetts werden die Grenzen der Tonalität ganz einfach gesprengt. 1912 wird er mit der Tondichtung „Pierrot Lunaire", einem Melodram für Sprechstimme und fünf Instrumentalsolisten, international bekannt.
Seine neue Theorie, die Zwölftonmusik, erläutert Schönberg in seiner Schrift „Methode des Komponierens mit zwölf Tönen". Auf dem Prinzip der „Serie" basierend, entstehen völlig neue Beziehungen zwischen den Einzeltönen, die nun von den Fesseln des bis dahin herrschenden Tonsystems befreit sind.
Als geborener Pädagoge übte Schönberg auf zahlreiche Schüler – darunter die Wiener Anton von Webern und Alban Berg – großen Einfluß aus. Webern war derjenige von den dreien, der sich am weitesten von der klassischen tonalen Form entfernen sollte, und Alban Berg hatte mit seinen Opern „Wozzeck" und „Lulu" die größten Publikumserfolge.

### Rock me Amadeus

200 Jahre nach Mozart erzielte ein österreichischer Musiker wiederum weltweit Aufsehen. Der Wiener Hans Hölzl, der sich als exzentrische Kunstfigur **Falco** präsentierte, eroberte 1986 mit seiner Hymne auf das Salzburger Wunderkind „Rock me Amadeus", nicht nur die europäischen Hitparaden, sondern schaffte es, sogar die US-amerikanischen Billboard-Charts vier Wochen anzuführen – was mit einem deutschsprachigen Titel nicht gerade selbstverständlich ist. Falco mit seinen charakteristischen Kombinationen von Sprechgesang und eingängigen melodiösen Refrains gilt als der einzige österreichische Popstar, der weltweit zu Bekanntheit gelangte. 1998 bei einem Autounfall in der Dominikanischen Republik zu Tode gekommen, wurde er in einem „Grab ehrenhalber" der Stadt Wien auf dem Zentralfriedhof beigesetzt.

## WIENER LEBEN

**Das Wiener Kaffeehaus** – Als die Türken 1683 ihr Heil in der Flucht suchten, ließen sie vieles zurück, unter anderem auch Säcke voller Kaffeebohnen. Der schwarze „Türkentrank" war bald sehr gefragt, und die ersten „Kaffeehäuser" entstanden.
Im vergangenen Jahrhundert wurde das Kaffeehaus so recht zum Treffpunkt all derer, die gerne diskutieren oder in Gesellschaft Zeitung lesen. Für die Bürgersleute, aber auch für Literaten und Künstler wurde es zu einem ganz bedeutenden Bestandteil ihres Alltagslebens. Zahlreiche Schriftsteller, darunter Arthur Schnitzler, verbrachten den ganzen Tag im Kaffeehaus, so als sei es ihr Wohnzimmer.

**Das Kaffeehaus heute** – Auch in unseren Tagen füllen sich nach Büroschluß gegen 17 Uhr die Kaffeehäuser, die sich nach wie vor großer Beliebtheit erfreuen. Die Ober laufen geschäftig von einem Tisch zum anderen und servieren neben dem Kaffee, der in großer Auswahl angeboten wird, das traditionelle Glas Wasser. Mit einem leckeren Gebäck – auch hier herrscht große Vielfalt – mundet der Kaffee noch besser. Sobald

**Kaffeebrevier**

Um sich in den rund 30 Zubereitungsarten des Kaffees nicht zu verlieren, hält man sich am besten an die nachfolgenden Bezeichnungen für die gängigsten Varianten des köstlichen Getränks:

Barth/ÖSTERREICH WERBUNG

**Großer/kleiner Schwarzer** – Große/kleine Tasse schwarzer Kaffee
**Großer/kleiner Brauner** – Große/kleine Tasse Schwarzer mit einem Schuß Milch
**Verlängerter Schwarzer** – Mit Wasser verdünnter Schwarzer
**Verlängerter Brauner** – mit Wasser verdünnter Brauner
**Einspänner** – ein Schwarzer im Glas mit Schlagobers (Schlagsahne)
**Fiaker** – ein Schwarzer im Glas mit Rum
**Franziskaner** – Melange mit Schokostreusel
**Kaffee verkehrt** – mehr Milch als Kaffee
**Kaisermelange** – Kaffee mit Eidotter und Alkohol
**Kapuziner** – Schwarzer mit einem Tropfen Schlagobers
**Konsul** – mit kaltem Wasser gestreckter Mokka
**Mazagran** – Kalter Kaffee mit Eiswürfeln und Rum
**Melange** – Milchkaffee (auch mit Schlagobers)
**Türkischer Kaffee** – Im Kupferkännchen gekocht, sehr heiß in kleinen Tassen serviert
**Verlängerter** – mit heißem Wasser gestreckter Mokka

Übrigens: Bitte nie eine Tasse Kaffee verlangen; in Wien heißt das eine „Schale" Kaffee.

der Kaffee ausgetrunken ist, räumt der Ober die Tasse ab, bringt ein neues Glas Wasser und wechselt auch unaufgefordert die Zeitschriften, Zeitungen und Kunstjournale aus. Nicht selten sieht man Gäste stundenlang an einem Kaffeehaustisch sitzen, ohne etwas Neues zu bestellen. Ganz offensichtlich ist den Wienern die Gabe gegeben, den Augenblick zu genießen und dem Leben seine schönen Seiten abzugewinnen.

**Weinkeller, Beisel, Weinstuben und Heurige** – In typisch wienerischen Restaurants, die die traditionelle Geselligkeit hochhalten, aber auch die feine delikate Küche einer großen Metropole anbieten, kann man die originellen kulinarischen Spezialitäten aller der Länder kosten, die einst das Habsburgerreich bildeten. Oft trägt eine kleine Kapelle zur Hebung der Stimmung bei. In den **Kellern** herrscht meist eine entspannte heitere Atmosphäre; man serviert kalte Speisen oder Tellergerichte und reicht dazu Weißwein oder Bier.
Überall in Wien gibt es die sogenannten **Beisel**, die preiswerte Hausmannskost anbieten und wie die Weinstuben von den Wienern gerne nach der Arbeit aufgesucht werden. Abends ziehen die berühmten **Heurigen** in den Winzerdörfern rund um Wien – Grinzing, Nußdorf, Sievering, Gumpoldskirchen usw. – einheimische und auswärtige Gäste in großer Zahl an. Diese einfachen Schenken erkennt man an dem gebundenen Kranz am Eingang. Meist gehören sie Winzern, die zwar keine Bewilligung haben, eine Gaststätte zu führen, aber ihren jungen Wein, den Heurigen, dank einer Sondererlaubnis in ihren Höfen, Kellern oder in ihren Häusern ausschenken dürfen. Man bekommt kalte Gerichte oder aber, in den Heurigen, die auch einen Restaurantbetrieb haben, einfache warme Speisen. Wenn auch die typischen Schrammelquartette – die aus zwei Geigen, einer Klarinette oder einer Ziehharmonika und einer Gitarre bestehen – heute selten geworden sind, so trifft man doch zumindest ein Duo aus einem Geigen- und einem Harmonikaspieler an, die mit ihrer **Schrammelmusik** echt wienerische Atmosphäre schaffen.

## WIEN ENTDECKEN

★ **Rundfahrt über den Ring** – *Mit dem Auto oder der Straßenbahn (Linie 1 und Linie 2) – Die Route beginnt unweit der Donau, am Stubenring* (**LR**).
Die Ringrundfahrt ist besonders schön, wenn die zahlreichen Denkmäler beleuchtet sind. Am Tage besichtigt, hat man einen angenehmen ersten Zugang zur intensiveren Erkundung des historischen Zentrums der Stadt.

Beim Heurigen

★ **Postsparkasse** (**LR**). Auf der rechten Seite bemerkt man dieses große Jugendstilgebäude, das in den ersten Jahren des 20. Jh.s von Otto Wagner erbaut wurde *(Beschreibung s. S. 388).*

★★ **Österreichisches Museum für angewandte Kunst** (**LR**) – Links sieht man die von hohen Rundbogen- und Doppelfenstern gegliederte Fassade dieses monumentalen, im Stil der florentinischen Renaissance gestalteten Stein- und Ziegelbaus *(Beschreibung des Inneren s. S. 393).*

**Stadtpark** (**KLRS**) – In diesem angenehmen weitläufigen Park, der 1862 eröffnet wurde, ehrt die Stadt ihre Musiker: Statuen von Franz Schubert, Anton Bruckner, Franz Lehár, Robert Stolz und vor allem das berühmte Denkmal von Johann Strauß.

★★ **Oper** (**JS**) – Kurz nach dem **Schwarzenbergplatz**★ (**KS**), von dem aus man die Belvedere-Schlösser erreichen kann, säumen die eleganten Arkaden der Staatsoper den Ring. Von diesem im Stil der französischen Renaissance entworfenen Gebäude, dem ältesten Ringgebäude, konnte nach dem Brand von 1945 nur noch die Fassade gerettet werden *(Beschreibung s. S. 388).*

**Burggarten** (**JRS**) – Der grüne Einschnitt kündigt schon die Hofburg an. Die ehemaligen kaiserlichen Gärten entstanden Anfang des 19. Jh.s und wurden 1919 der Öffentlichkeit zugänglich gemacht. Am Eingang steht die Goethe-Statue; dann folgen das Standbild Kaiser Franz Josephs, das Reiterdenkmal Franz' I. und das Mozartdenkmal.

**Neue Burg** (**JR**) – Die Neue Burg, der jüngste Flügel der Hofburg, umgibt mit ihrer Kolonnadenfront halbkreisförmig den Heldenplatz. Der Bau beherbergt mehrere interessante Museen *(s. S. 363).*

**Maria-Theresien-Platz** (**HRS**) – Er wurde nach dem Maria-Theresien-Denkmal benannt, das Caspar Zumbusch 1888 gestaltet hat. Die Regentin ist sitzend mit dem Zepter in der Hand dargestellt. Zu ihren Füßen die Reiterstatuen ihrer Generäle Daun, Laudon, Traun, Khevenhüller und die Standbilder ihrer besten Berater: Kaunitz, Graf Mercy-Argentau, der Prinz von Liechtenstein sowie der großen Musiker ihrer Zeit – Gluck, Haydn und Mozart.
Die beiden den Maria-Theresien-Platz einrahmenden symmetrischen Kuppelbauten – im Nordwesten das **Naturhistorische Museum**★ *(s. S. 393)*, im Südosten das **Kunsthistorische Museum**★★★ *(s. S. 377)* – wurden zwischen 1872 und 1891 im sogenannten Ringstraßenstil errichtet, um die kaiserlichen Sammlungen aufzunehmen. Im Hintergrund schließt der Messepalast mit seiner Fassade aus dem 18. Jh. den perspektivischen Blick ab. Der von Fischer von Erlach als Hofstall entworfene Bau dient heute als Messe- und Ausstellungsgebäude.

★ **Volksgarten** (**HR**) – Inmitten des Volksgartens, der in der gleichen Zeit wie der Burggarten angelegt wurde, bereichert der antikisierende Theseus-Tempel, eine Nachahmung im kleinen des Thesaion von Athen, diesen beschaulichen Ort der Ruhe und des Flanierens mit seinem exotischen Zauber. Der Park mit seinen Springbrunnen, Bassins, Statuen und einem schönen Rosengarten bietet reizvolle Ausblicke.

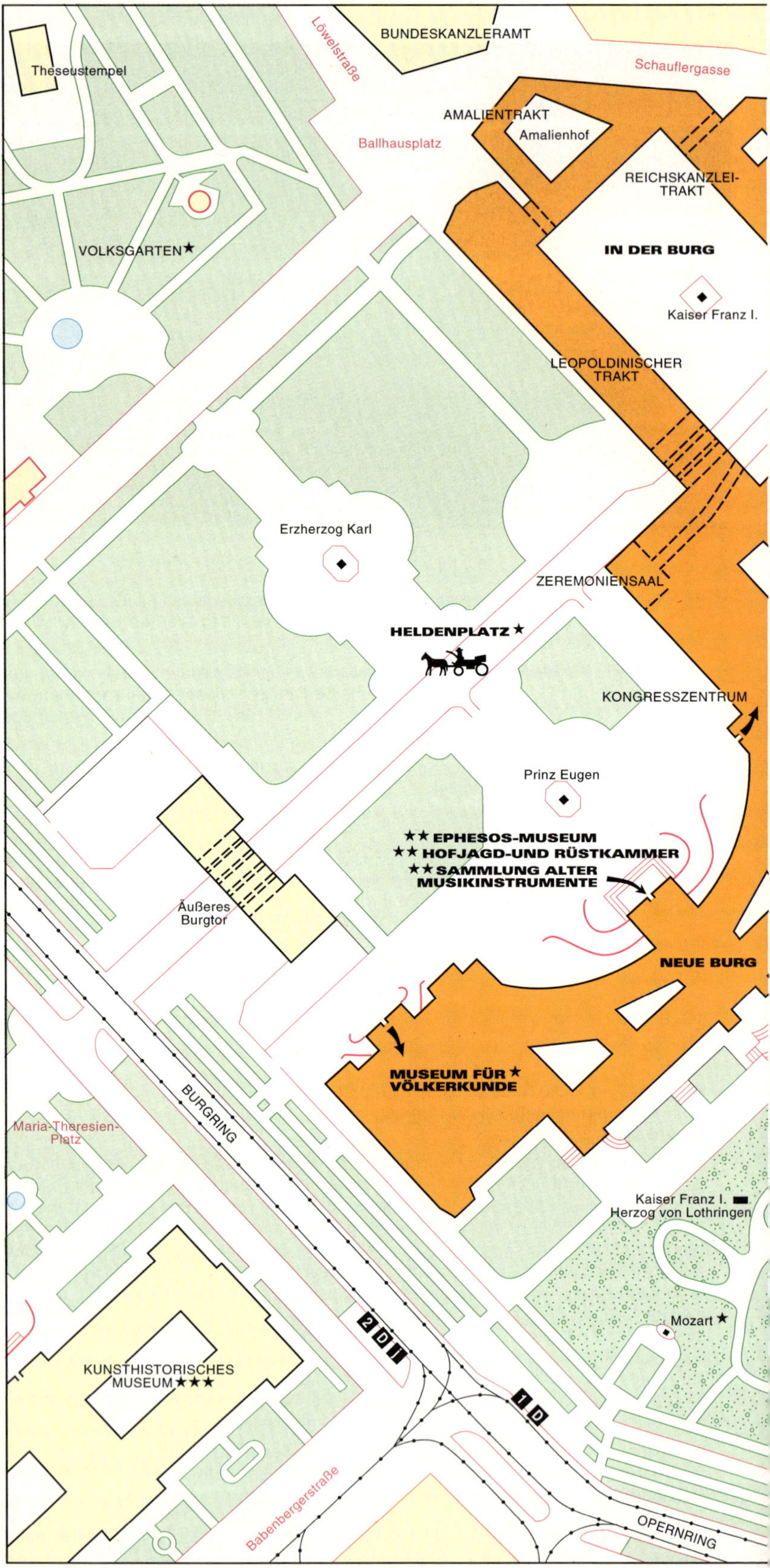

BUNDESKANZLERAMT
Löwelstraße
Theseustempel
Schauflergasse
AMALIENTRAKT
Amalienhof
Ballhausplatz
REICHSKANZLEI-
TRAKT
VOLKSGARTEN★
IN DER BURG
Kaiser Franz I.
LEOPOLDINISCHER
TRAKT
Erzherzog Karl
ZEREMONIENSAAL
HELDENPLATZ★
KONGRESSZENTRUM
Prinz Eugen
★★ EPHESOS-MUSEUM
★★ HOFJAGD-UND RÜSTKAMMER
★★ SAMMLUNG ALTER
MUSIKINSTRUMENTE
Äußeres
Burgtor
NEUE BURG
MUSEUM FÜR★
VÖLKERKUNDE
BURGRING
Maria-Theresien-
Platz
Kaiser Franz I.
Herzog von Lothringen
Mozart★
2
D
J
1
D
KUNSTHISTORISCHES
MUSEUM★★★
Babenbergerstraße
OPERNRING

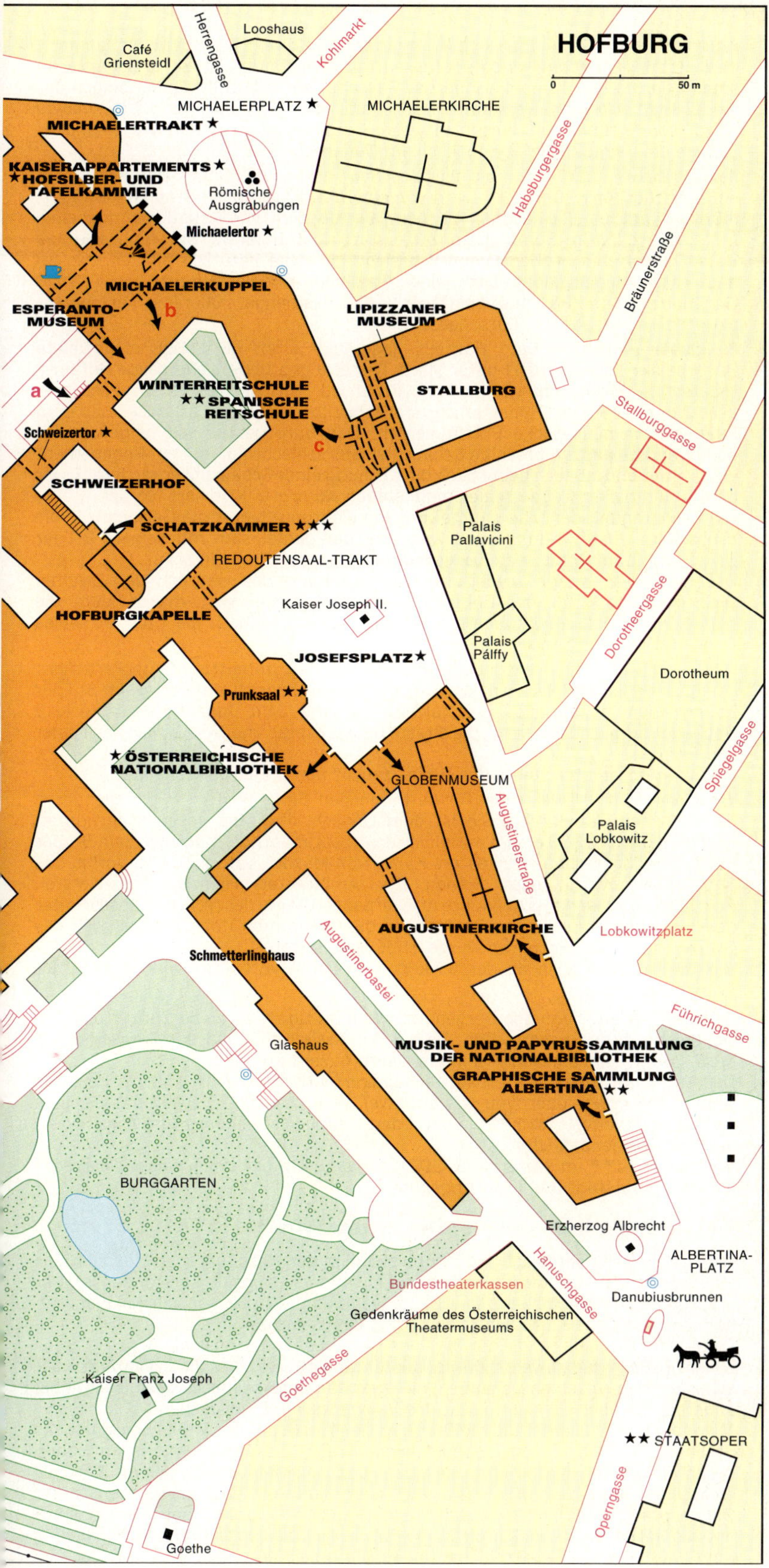
HOFBURG
0
50 m
Looshaus
Café
Griensteidl
Herrengasse
Kohlmarkt
MICHAELERPLATZ ★
MICHAELERKIRCHE
MICHAELERTRAKT ★
KAISERAPPARTEMENTS ★
★HOFSILBER- UND
TAFELKAMMER
Römische
Ausgrabungen
Michaelertor ★
Habsburgergasse
Bräunerstraße
MICHAELERKUPPEL
ESPERANTO-
MUSEUM
b
LIPIZZANER
MUSEUM
a
WINTERREITSCHULE
★★ SPANISCHE
REITSCHULE
STALLBURG
c
Schweizertor ★
Stallburggasse
SCHWEIZERHOF
SCHATZKAMMER ★★★
Palais
Pallavicini
REDOUTENSAAL-TRAKT
Kaiser Joseph II.
HOFBURGKAPELLE
Dorotheergasse
Palais
Pálffy
JOSEFSPLATZ ★
Dorotheum
Prunksaal ★★
★ ÖSTERREICHISCHE
NATIONALBIBLIOTHEK
GLOBENMUSEUM
Spiegelgasse
Augustinerstraße
Palais
Lobkowitz
AUGUSTINERKIRCHE
Lobkowitzplatz
Schmetterlinghaus
Augustinerbastei
Führichgasse
Glashaus
MUSIK- UND PAPYRUSSAMMLUNG
DER NATIONALBIBLIOTHEK
GRAPHISCHE SAMMLUNG
ALBERTINA ★★
BURGGARTEN
Erzherzog Albrecht
ALBERTINA-
PLATZ
Hanuschgasse
Bundestheaterkassen
Danubiusbrunnen
Gedenkräume des Österreichischen
Theatermuseums
Goethegasse
Kaiser Franz Joseph
★★ STAATSOPER
Operngasse
Goethe

**Parlament** (**HR**) – Gegenüber dem Volksgarten und direkt nach dem Justizpalast, dem Sitz des Obersten Gerichtshofes, entfaltet das Parlament seine elegante, an einen griechischen Tempel erinnernde Fassade (1873-1883), die derjenigen der französischen Nationalversammlung in Paris nicht unähnlich ist. Das Gebäude wurde von Theophil von Hansen entworfen und setzt dem alten Griechenland als „Wiege der Demokratie" symbolisch ein Denkmal.

**Neues Rathaus** ⓥ (**HR**) – Vor der neugotischen Fassade des Neuen Rathauses liegt ein hübscher Park. Der Turm wird von einem 3,40 m hohen Standartenträger, dem berühmten „Rathausmann", überragt. In dem von Arkaden umgebenen Innenhof finden im Sommer Konzerte statt. Man kann die Empfangssäle, die Ratssäle und den großen Festsaal besichtigen. Und natürlich gibt es, wie im deutschsprachigen Raum üblich, einen Ratskeller mit Restaurant.
Gegenüber dem Rathaus zeigt sich die dreiteilige, überaus harmonisch gegliederte Fassade des Burgtheaters.

★ **Burgtheater** ⓥ (**HR**) – Dem Rathaus gegenüber steht das 1888 eingeweihte Burgtheater, das das 1741 unter Maria Theresia gegründete ehemalige Hofburgtheater am Michaelerplatz ersetzte. Gottfried Semper war für die Fassadengestaltung im Stil der Renaissance verantwortlich, während Carl Hasenauer dem Inneren eine neubarocke Pracht verlieh. Das Burgtheater galt lange als das bedeutendste deutschprachige Schauspielhaus schlechthin, und ein Engagement war immer und ist auch heute noch die Krönung einer Schauspielerkarriere. Es ist häufig und heftig wegen seines mangelnden Komforts kritisiert worden.
Die Besichtigung der Innenräume (nur mit Führung) bietet die Gelegenheit, die Frühwerke Gustav Klimts zu bewundern, der gemeinsam mit seinem Bruder Ernst und Franz Matsch die **Deckenfresken**★ über den Treppen schuf.
Das nach dem Kriege wiederaufgebaute Theater, das während des Zweiten Weltkriegs stark von den Bomben beschädigt worden war, macht heute wie früher wieder durch besondere Inszenierungen und durch die Qualität seines Ensembles von sich reden.

**Universität** (**HP**) – Die – ausgehend vom Rathaus – symmetrisch zum Parlament gelegene **Universität** (Neo-Renaissance) wurde von Heinrich von Ferstel im Stil der italienischen Renaissance geschaffen. Der um acht Innenhöfe gegliederte Gebäudekomplex beherbergt die älteste deutschsprachige Hochschule nach jener von Prag.
Links, an der letzten Kehre des Rings, taucht nun die Votivkirche auf.

**Votivkirche** (**HP**) – Zwei hohe Türme hüten den Eingang der 1879 vollendeten neugotischen Votivkirche. Sie ist dem Gedächtnis Franz Josephs gewidmet, nachdem dieser 1853 einem mißglückten Attentat entkommen war. Sein Bruder Erzherzog Maximilian, der spätere Kaiser von Mexiko, veranlaßte daraufhin den Bau dieser Kirche nach Plänen des Architekten Heinrich von Ferstel. Beachtenswert ist der sogenannte Antwerpener Altar in der rechten Kapelle hinter dem Querschiff und in der Taufkapelle die Grabtumba mit der **Liegefigur**★ des Grafen Salm. Das Hochgrab wurde 1530 geschaffen.
Die Route führt noch an der **Börse** (**JP** – rechts) vorbei und endet dann am Franz-Josefs-Kai.

**Blick auf Wien** – Von den Bergen, die Wien im Nordwesten begrenzen und den Donaudurchbruch beherrschen, gelten der **Kahlenberg**★ und der **Leopoldsberg**★★ *(s. S. 396)* (**BX**) als besonders interessante Aussichtspunkte.
Der 1964 im Donaupark erbaute **Donauturm** ⓥ (**CX**) bietet in 150 m Höhe von seinen Terrassen oder von seinen zwei sich drehenden Restaurants einen unendlich weiten **Blick**★★ über den Wiener Ballungsraum auf dem gegenüberliegenden Ufer.
Vom **Riesenrad**★★ im Prater *(s. S. 392)* (**GU**) genießt man einen weiten **Rundblick**★ auf die Hauptstadt und ihre Umgebung.

## ★★★ DIE HOFBURG: eine Stadt in der Stadt

Die Hofburg, Kaiserpalast und Winterresidenz der Habsburger, bildet fast eine kleine Stadt für sich, die im Laufe der Jahrhunderte langsam entstanden ist. Der ursprüngliche Kernbau aus dem 13. Jh. war ein mit Türmen bewehrter Vierkanthof, der ab dem 18. Jh. Schweizerhof genannt wurde.
Die An- und Umbauten, die der jeweilige Herrscher in der Absicht, seine Residenz zu vergrößern und zu verschönern, ausführen ließ, erklären die Stilunterschiede zwischen den einzelnen Gebäuden, die zwar den Gesamtanblick beeinträchtigen, andererseits aber die Kontinuität des Bauwerks versinnbildlichen.
Mitte des 15. Jh.s entstand die Burgkapelle, im 16. Jh. die Amalienburg und die Stallburg, im 17. Jh. der Leopoldinische Trakt (die Appartements im Hauptgeschoß, die auf den inneren Burgplatz und den Heldenplatz gehen, d. h. die ehemaligen Appartements Maria Theresias, gehören heute zum Amtssitz des Bundespräsidenten), im 18. Jh. der Reichskanzleitrakt, die Spanische Reitschule und die Nationalbibliothek, im 19. und 20. Jh. die Neue Burg, deren Fertigstellung kurz vor 1914 die Baugeschichte der Hofburg beendete.

## Äußeres

Die streng und majestätisch wirkenden Gebäude eröffnen schöne Durchblicke auf die einzelnen Innenhöfe der Hofburg und die sie rings umschließenden Monumente.

★ **Michaelertrakt** – Die Entwürfe für dieses Ensemble stammen im wesentlichen von J. E. Fischer von Erlach, doch wurden sie erst zwischen 1892 und 1893 ausgeführt. Die halbkreisförmige Fassade des Michaelertrakts wird von zwei monumentalen Brunnengruppen eingefaßt und von der Kuppel des mittleren Rundbaus überragt. Schöne Gitter aus vergoldeter Bronze schließen die Hauptbögen. Das von Skulpturengruppen aus der Herkulessage flankierte **Michaelertor**★ ist eine prächtige Toreinfahrt, durch die man in die achteckige Kuppelhalle, die sogenannte Rotunde, gelangt. Über sie wölbt sich die berühmte **Michaelerkuppel**★, die zu den elegantesten der Wiener Baukunst zählt. Aus dem Inneren des Rundbaus bietet sich durch das Netzwerk der schmiedeeisernen Gitter ein interessanter Blick auf den Turm der Michaelerkirche. Unter dem Kuppelraum hindurch gelangt man in den Hof „In der Burg", dessen Mittelpunkt das Denkmal des Kaisers Franz II. bildet. Von hier führt das **Schweizertor**★, ein schönes mit Wappen- und Inschriftentafeln geschmücktes Renaissance-Portal, in den **Schweizerhof**, der rechts von der Treppe zur Burgkapelle abgeschlossen wird.

★ **Josefsplatz** – Durch weitere Gewölbedurchgänge erreicht man diesen Platz, der wegen seiner harmonischen Proportionen als der schönste von Wien gilt. Er wurde nach der schönen Reiterstatue Josephs II., deren Sockel mit bronzenen Reliefs verziert ist, benannt. Der Bau der **Österreichischen Nationalbibliothek**★ dahinter ist ein Werk der Architektendynastie Fischer von Erlach (Anfang des 18. Jh.s). Figurengruppen krönen die Giebel der Gebäude, die den Josefsplatz einschließen.

*Umkehren und zum Heldenplatz gehen.*

**Neue Burg** – Sie wurde zwischen 1881 und 1913 nach Plänen der Architekten Gottfried Semper und Carl Hasenauer im Stil der italienischen Renaissance erbaut. Ursprünglich waren zwei weite, bogenförmig ausschwingende Flügel, eine Art Kaiserforum, geplant. Es wurde jedoch nur der östliche Trakt, die Neue Hofburg oder auch Neue Burg, ausgeführt. Ihre Kolonnadenfront umgibt im Halbkreis den **Heldenplatz**★, der im Nordwesten vom Volksgarten, hinter dem sich die Turmspitze des Neuen Rathauses abzeichnet, begrenzt wird. In der Mitte des Paradeplatzes erheben sich die Reiterstandbilder von Prinz Eugen und Erzherzog Karl – beide von Anton Dominik Fernkorn. Im Südwesten schließt das 1934 zum Heldendenkmal umgestaltete Äußere Burgtor (1824) den Platz gegen die Ringstraße ab.

## Inneres: Erinnerungen an die Habsburger

★★★ **Schatzkammer** ◷ – In der Schatzkammer werden die Insignien Habsburgischer Herrschaft, Gegenstände mit Erinnerungswert sowie Reliquien, die zum Besitz des Herrscherhauses gehörten, aufbewahrt. Der Besuch der Schatzkammer gehört ohne Zweifel zu den Höhepunkten einer Wienreise.
Die **Weltliche Schatzkammer** *(Säle 1 bis 8 und 9 bis 16)*, die im Grunde genommen auch reich an Gegenständen von religiöser Bedeutung ist, umfaßt wahre Prunkstücke, ganz wie die **Geistliche Schatzkammer** in den Räumen I bis V.
Nachstehend sind die bedeutendsten Exponate genannt, die man sich nicht entgehen lassen sollte:

**Saal 1** – Hier sind die Insignien des Erzherzogs von Österreich ausgestellt, die bei den Krönungszeremonien der dem heutigen Österreich entsprechenden Kronländer verwendet wurden. Zepter und Reichsapfel (Prag, 14. Jh.), Herzogsmantel (Wien, 1764).

**Saal 2** – Glanzstück ist die in Prag angefertigte **Kaiserkrone Rudolfs II.**★★★, ein Werk des aus Antwerpen stammenden Jan Vermeyen (Anfang 17. Jh.). Passend dazu Zepter und Reichsapfel (Prag 1615) von Andreas Osenbruck. Sehenswert ist auch die **Bronzebüste Rudolfs II.** von Adriaen de Vries (1607).

**Saal 3** – Krönungsmantel (1830) und Zeremoniengewänder, Ordensinsignien.

**Saal 4** – Krönungsornat Ferdinands I.

**Saal 9** – **Insignien und Kleinodien des Heiligen Römischen Reiches**★★. Sie wurden bei der Krönung Franz II. im Jahr 1792 zum letzten Mal verwendet.

**Saal 5** – **Wiegenbett des Königs von Rom**★ aus vergoldetem Silber, **Porträt der Marie Louise**★.

**Saal 6** – Taufkleider und -garnituren; Schlüssel zu den Särgen der Kapuzinergruft.

**Saal 7** – **Krone Stephan Bocskays**★, Juwelen und Schmuck, Smaragdgefäß (2 680 Karat).

**Saal 8** – **Achatschale**★ (4. Jh.), Narwalzahn von 2,43 m Länge.

**Saal I** – **Miniaturnachbildung der Mariensäule**★, die auf dem Platz Am Hof stand. Sie ist mit 3 700 Edelsteinen verziert.

Heldenplatz - Neue Burg

**Saal II** – Reliquienkreuz König Ludwigs I. von Ungarn (um 1370), Stephansbursa (Ende des 11. Jh.s).

**Saal III** – Kleiner Tempel aus Ebenholz mit elfenbeinernem Christus von Christoph Angermair, florentinisches Kruzifix (um 1590) von Giambologna.

**Saal IV** – Reliquienaltäre aus Mailand (zwischen 1660 und 1680), Altargarnitur aus Meißener Porzellan.

**Saal V** – Kunstwerke aus dem 18. und 19. Jh., darunter 22 Reliquiarbüsten, zum Teil aus massivem Silber.

**Saal 10** – Zeremoniengewänder der normannischen Könige, darunter der **Krönungsmantel**★★ von Roger II. von Sizilien (Palermo, 1133), Zeremonienschwert Friedrichs II.

**Saal 11** – Das Glanzstück der Kleinodiensammlung des Heiligen Römischen Reiches ist zweifelsohne die **Reichskrone**★★★, die wahrscheinlich im Kloster der Insel Reichenau (Bodensee) oder aber in Mailand für Otto I. den Großen gefertigt wurde (962). Der Bügel stammt aus späterer Zeit und trägt den Namen Konrads, der 1027 in Rom gekrönt wurde. Reichskreuz von 1024 mit einem 1352 hinzugefügten Sockel. Eine erstaunliche Reliquie ist die **heilige Lanze**★★ (8. Jh.); das **Reichsschwert**★ (Scheide aus dem 11. Jh.) galt als Waffe des hl. Mauritius.

Kunsthistorisches Museum Wien

Schatzkammer - Reichskrone

**Saal 12** – Reliquien, Schmuckkassetten.

**Saal 13** – Gewänder und Heroldswappen aus dem Herzogtum Burgund.

**Saal 14** – Teile des Schatzes der Herzöge von Burgund.

**Saal 15** – Orden vom Goldenen Vließ, Wappenketten, darunter die **Potence**★★ (Mitte des 15. Jh.s)

**Saal 16** – **Meßornat**★★ des Ordens vom Goldenen Vließ.

★ **Kaiserappartements** – Sie nehmen das 1. Stockwerk des Reichskanzlei- und Amalientrakts ein. Von den 2 600 Räumen der Hofburg

bekommt der Besucher etwa 20 zu sehen. Die Appartements von Maria Theresia und die von Joseph II. (Leopoldinischer Trakt) werden heute vom Bundespräsidenten als Amtsräume genutzt. Die Kaiserappartements erreicht man über die **Kaiserstiege**.
Die prachtvollen Möbel, wertvollen flämischen Wandteppiche aus dem 17. und 18. Jh., die schweren Kristalleuchter aus Böhmen (großer Audienzsaal) und schönen Fayenceöfen der Schauräume lassen die historischen Erinnerungen, die sich mit diesem Teil der Hofburg verknüpfen, in den Vordergrund treten.

**Appartements des Erzherzogs Stephan** – Sie sind nach dem ungarischen Palatin benannt, der sie zwischen 1848 und 1867 bewohnte. Ganz in Weiß und Gold gehaltene Räume mit Ausstattung aus dem 19. Jh. und Brüsseler Gobelins aus dem 16. und 17. Jh.

**Appartement des Kaisers Franz Joseph** – Großer Audienzsaal mit böhmischem Kristallüster, Arbeitszimmer mit einem Porträt der Kaiserin Elisabeth von Franz Xaver Winterhalter. Der große Salon mit prachtvollen **Porträts**★, die Winterhalter von Franz Joseph und seiner Gattin – das bezaubernde Bildnis der **Kaiserin Elisabeth von Österreich in Hofgala mit Brillantsternen im Haar** – gemalt hat.

**Appartement der Kaiserin Elisabeth** – Das Schlafzimmer diente auch als Salon. Im Toilettenzimmer sind die Turnringe Elisabeths zu sehen, im großen Salon befindet sich eine berühmte Marmorstatue, die Canova von Elisa Bonaparte schuf (1816). Der kleine Salon dient als Gedenkraum für die ermordete Kaiserin Elisabeth. Hier hängt auch das prachtvolle **Porträt**★ von Georg Raab, das sie als Königin von Ungarn darstellt. Im großen Vorzimmer befinden sich Gemälde einiger der sechzehn Kinder Maria Theresias.

**Alexander-Appartements** – So genannt nach dem russischen Zaren Alexander I., der sie 1814/15 während des Wiener Kongresses bewohnte. Die **Wandteppiche**★ des Empfangssalons stammen aus der Pariser Gobelinmanufaktur (1772-1776) und wurden nach Kartons von François Boucher gefertigt.

★ **Hofsilber- und Tafelkammer** ⓥ – In moderner Präsentation werden 200 Jahre kaiserliche Tafelkultur gezeigt. Die hier ausgestellten großartigen Tafelgedecke waren am Hofe bis zum Sturz der Monarchie 1918 in Gebrauch. Chinesisches und japanisches Porzellan aus dem 18. Jh., gewaltige vergoldete Bronzetafelaufsätze, Wasserkrüge und Schalen in ziseliertem vergoldetem Silber gesellen sich zu dem großen **Vermeilservice**★ (für 140 Personen, *Vitrinen 126-130*). Berühmt ist auch der prächtige **Mailänder Tafelaufsatz**★★ von 1838 *(Vitrinen 138-142)*, vorgesehen für eine Tafel von 30 m Länge. Tafelgeschirr aus Sèvres – so das Grüne Service aus dem Jahre 1776 –, zahlreiche Empire-Service der Wiener Porzellanmanufaktur sowie feines Kristall.

**Hofburgkapelle** ⓥ – Dieses gotische Gebäude aus der Mitte des 15. Jh.s ist der älteste Teil des heutigen Palastes. In der Kapelle sind während der Sonntagsmesse die Stimmen der berühmten Wiener Sängerknaben zu hören, die aus der vom Hof gegründeten Singschule für Chorknaben hervorgingen.

★★ **Spanische Reitschule** ⓥ – *Die Winterreitschule kann man nur besichtigen, indem man den Proben oder Vorstellungen der Spanischen Reitschule beiwohnt.* Die ganz in Weiß gehaltene **Winterreitschule** wurde Anfang des 18. Jh.s nach einem Entwurf von Joseph Emanuel Fischer von Erlach im Auftrag Karls VI., Vater Maria Theresias, erbaut. Das weiträumige Innere umgeben zwei auf Säulen ruhende Zuschauergalerien. In diesem gewaltigen Barockbau wird die klassische Reitkunst, deren Ursprung auf die zweite Hälfte des 16. Jh.s zurückzuführen ist, gepflegt.

ONAT

Spanische Reitschule

Während der Übungen werden die Lipizzanerhengste *(s. auch Piber)* nach altüberlieferter Methode in den verschiedenen Reitarten – Gang, Sprünge, Haltung – ausgebildet. Die Bereiter tragen einen braunen Frack, eine Hose aus weißem Hirschleder, schwarze Reitstiefel und Zweispitz.
Der Besucher bewundert die akkuraten Übungen der Hengste, die mit goldbestickten Schabracken und bändergeschmückter Mähne prächtig anzusehen sind: Galoppwechsel, Passage und besonders am Schluß die Schulquadrille, die von mehreren Pferden ausgeführt wird.
Das **Morgentraining** geschieht in aller Stille, ohne Musik und ohne Lüsterbeleuchtung.

**Stallburg** – *Eingang Reitschulgasse 2.* Dieser Renaissancebau ist durch einen Arkadengang von der Winterreitschule getrennt. Drei Galerienstockwerke umgeben einen Renaissancehof, in dem ein schmiedeeiserner Brunnen steht.
Das Erdgeschoß wurde von Maximilian II. als Stallungen für die kaiserlichen Leibpferde eingerichtet. Noch heute sind hier die Lipizzaner der Spanischen Reitschule untergebracht.

**Lipizzaner-Museum** ⓥ – *In der Stallburg.* Stammtafeln, Uniformen, Pferdegeschirre und audiovisuelle Installationen geben einen umfassenden Einblick in Geschichte und Gegenwart der weltberühmten Pferderasse. Am Ende des Rundganges kann man durch eine dicke Glasscheibe einen Blick auf die Stallungen werfen.

★ **Österreichische Nationalbibliothek** ⓥ – Das Gebäude wurde von Joseph Emanuel Fischer von Erlach entworfen (Anfang 18. Jh.). Die Sammlungen der im 14. Jh. gegründeten Hofbibliothek bilden den Grundstock der heutigen Nationalbibliothek.
Der **Prunksaal**★★, Meisterwerk der barocken Architektur und Dekoration – **Deckenfresken** von **Daniel Gran**, Statuen von den Gebrüdern Strudel –, beherbergt u. a. die kostbare Bibliothek des Prinzen Eugen von Savoyen. Dort werden auch Sonderausstellungen aus eigenen und fremden Beständen gezeigt.

★★ **Kaisergruft** ⓥ – *Eingang links von der Kapuzinerkirche.* Seit mehr als drei Jahrhunderten dient die Gruft der zwischen 1622 und 1632 erbauten Kapuzinerkirche den Habsburgern als letzte Ruhestätte.

In einer Nische der Kirchenfassade steht die Statue des Kapuziners Marco d'Aviano, der 1683 im Befreiungskampf gegen die Türken die Einigung der christlichen Heerführer zustande gebracht hatte. Er war Päpstlicher Legat bei der Armee Karls von Lothringen und zelebrierte auf dem Kahlenberg am Morgen der siegreichen Schlacht die Messe.
12 Kaiser, 17 Kaiserinnen und über 100 Erzherzöge ruhen in der Kapuzinergruft. Ihre Herzen sind jedoch in der Augustinerkirche und ihre Eingeweide in den Katakomben des Stephandoms beigesetzt.
Nur einer der 139 Särge (103 sind aufgestellt, 37 eingemauert) gehört nicht dem Hause Habsburg an, und zwar der Sarg der Gräfin Fuchs, die Maria Theresia erzogen hatte und die bei ihr in so hohem Ansehen stand, daß ihr diese außergewöhnliche Ehrung zuteil wurde.
In der Karlsgruft stehen die Sarkophage von Leopold I. und Joseph I., die von Johann Lukas von Hildebrandt geschaffen wurden. Der mit Wappen und einer Allegorie der trauernden Austria verzierte **Sarkophag Karls VI.** ist ein Meisterwerk von Balthasar Ferdinand Moll.
Maria Theresia und ihr Gemahl Franz von Lothringen ruhen in einem schönen **Doppelsarkophag★★**, ebenfalls von Moll. Der aus Zinn gefertigte Sargdeckel stellt ein Prunkbett mit dem Kaiserpaar dar, das sich symbolisch einem Engel zuwendet, der seine Posaune für den Tag des Jüngsten Gerichts ansetzt. Davor steht der Sarg ihres Sohnes Joseph II.
Die Sarkophage von Kaiser **Franz Joseph**, seiner Gemahlin Kaiserin **Elisabeth** und ihrem Sohn Erzherzog Rudolf befinden sich in einem eigenen Raum, der 1908-1909 errichtet wurde. Der Thronfolger Erzherzog Franz Ferdinand und seine Gattin, die 1914 bei dem Attentat in Sarajewo ums Leben gekommen sind, ruhen auf Schloß Artstetten *(s. dort)*.
In der sogenannten Neuen Gruft aus dem Jahre 1961 sieht man u. a. die Sarkophage von **Marie Louise**, Kaiserin der Franzosen, und von **Maximilian von Mexiko**. Der letzte Kaiser aus dem Hause Habsburg, Karl I., ruht immer noch auf Madeira. Seine Gemahlin, Kaiserin Zita, wurde im Jahre 1989 als letzte beigesetzt. Ihr Grab befindet sich in der Gruftkapelle.

**Augustinerkirche** – Die einstige Hofkirche wurde in der 1. Hälfte des 14. Jh.s innerhalb der Hofburgmauer errichtet und später im Innern barockisiert. 1784 entfernte man jedoch die Barockdekoration und stellte den ursprünglichen gotischen Anblick wieder her. Zahlreiche Fürstenhochzeiten wurden hier gefeiert: 1736 die von Maria Theresia und Franz von Lothringen, 1770 die von Marie Antoinette, 1810 die von Napoleon und Marie Louise und 1854 die von Franz Joseph und Elisabeth von Bayern.

Im rechten Seitenschiff liegt das **Grabmal★** der **Erzherzogin Maria Christina**, Lieblingstochter Maria Theresias.
Dieses Mausoleum aus weißem Marmor gilt als Meisterwerk des italienischen Bildhauers Canova, der von 1805 bis 1809 daran arbeitete.
Die **Loretokapelle** *(Zugang im rechten Seitenschiff)* birgt in ihrer Krypta, der **Herzgruft**, 54 Urnen mit den Herzen von Mitgliedern des Habsburgischen Herrscherhauses. Die Georgskapelle daneben war einst Versammlungsort der Georgsritter, später der Ritter vom Goldenen Vlies. Kenotaph Kaiser Leopolds II.

H. A. Jahn/VIENNASLIDE

Augustinerkirche – Grabmal der Erzherzogin Maria Christina

## WIEN

Adalbert-Stiffer-Str. . . . . . . . . . **CX** 3
Altmannsdorfer Str. . . . . . . . . **AZ** 6
Breitenfurter Str. . . . . . . . . . . . **AZ** 16
Döblinger Hauptstr. . . . . . . . **BXY** 21
Donaustadtstr. . . . . . . . . . . . . **CXY** 24
Erdbergstraße . . . . . . . . . . . **CY** 30
Erzherzog-Karl-Str. . . . . . . . **CY** 31
Floridsdorfer Brücke . . . . . . **CX** 36
Freudenauer Hafenstr. . . . . . . . . . . . . . . **CDZ** 37
Grenzackerstr. . . . . . . . . . . . . **CZ** 45
Grinzinger Allee . . . . . . . . . . . **BX** 48
Grinzinger Str. . . . . . . . . . . . . **BX** 49

★★ **Albertina** – *Das Stammhaus ist bis auf weiteres wegen Renovierungsarbeiten geschlossen. Allerdings finden derzeit Wechselausstellungen aus den umfangreichen Beständen der Albertina in den Ausstellungsräumen im Akademiehof, Makartgasse 3 (in der Nähe des Secessionsgebäudes), statt.* Gründer der weltberühmten Graphischen Sammlung „Albertina" ist Herzog **Albert von Sachsen-Teschen** (1738-1822), Gatte der Erzherzogin Maria Christina und somit Schwiegersohn Maria Theresias. 1920 legte man die Privatsammlung dieses aufgeklärten Kunstliebhabers mit dem ursprünglich von

Hietzinger Kai . . . . . . . . . . . . AZ 60
Hirschstettner Str. . . . . . . . . . CX 63
Hohe Warte . . . . . . . . . . . . . . BX 64
Meidlinger
Hauptstr. . . . . . . . . . . . . . . BZ 83
Raxstraße . . . . . . . . . . . . . . . . BZ 93
Schlachthausgasse . . . . . . . . CY 99
Speisinger Str. . . . . . . . . . . . . AZ 109
Veitingergasse . . . . . . . . . . . . AZ 126
Wienerbergstr. . . . . . . . . . . . . BZ 134

E Eroicahaus
M[1] Weinbaumuseum
M[2] Technisches Museum
M[3] Wiener Straßenbahnmuseum ★

Prinz Eugen von Savoyen angelegten Kupferstichkabinett der kaiserlichen Hofbibliothek zusammen. Mit rund 45 000 Zeichnungen und Aquarellen, 35 000 Druckschriften und ca. 1,5 Millionen druckgraphischen Werken ist die Albertina zweifelsohne die größte graphische Sammlung der Welt. Besonders wertvoll sind die **Bestände Dürers**, die von Rudolf II. durch Ankäufe von den Erben des Künstlers und den Erbberechtigten des Kardinals Granvelle zusammengetragen wurden, und berühmte Werke, wie z. B. *Die Betenden Hände* und *Der Hase*, umfassen. Doch auch andere große

## WIEN

| | | |
|---|---|---|
| Alserbachstraße | EFT | 4 |
| Billrothstraße | ET | 12 |
| Erdberger Lände | GU | 28 |
| Favoritenstraße | FV | 34 |
| Gregor-Mendel-Str. | ET | 43 |
| Hasenauerstr. | ET | 54 |
| Heiligenstädter Lände | FT | 57 |
| Heiligenstädter Str. | FT | 58 |
| Kundmanngasse | GU | 71 |
| Lange Gasse | EU | 75 |
| Neubaugasse | EU | 86 |
| Spitalgasse | EU | 111 |
| Spittelauer Lände | FT | 112 |
| Weißgerberlände | GU | 129 |
| Wiedner Gürtel | FV | 132 |
| Zieglergasse | EU | 135 |

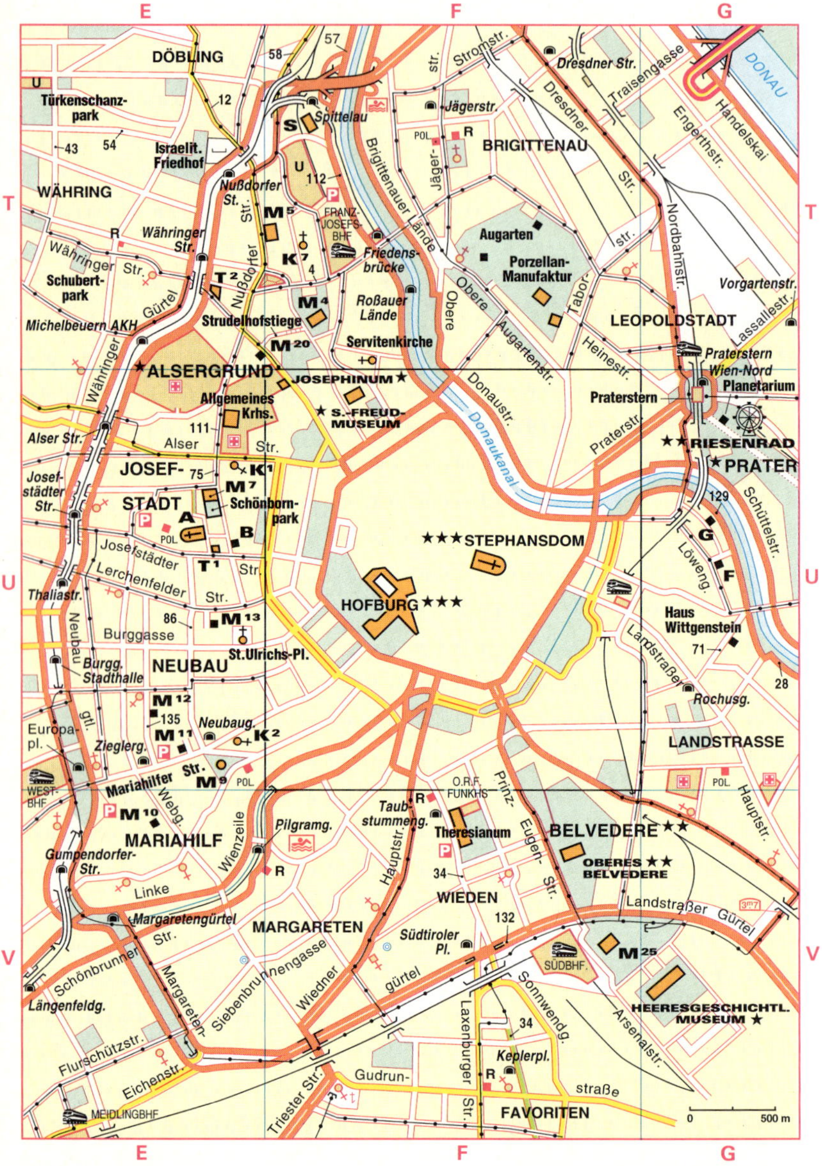


| | | | | | |
|---|---|---|---|---|---|
| A | Piaristenkirche Basilika Maria Treu | M4 | Museum Moderner Kunst | M12 | Museum der Gold und Silberschmiede |
| B | Alte Backstube | M5 | Franz-Schubert-Gedenkstätte "Geburtshaus"★ | M13 | Wagner-Haus |
| F | Hundertwasserhaus | M7 | Österreichisches Museum für Volkskunde | M20 | Bezirksmuseum Alsergrund |
| G | KunstHaus Wien | M9 | Haus des Meeres | M25 | Österreichische Galerie Belvedere Galerie des 19. und 20 Jh.s |
| K1 | Dreifaltigkeitskirche | M10 | Haydn-Museum★ | S | Müllverbrennung-Fernwärme- Heizwerk |
| K2 | Mariahilferkirche | M11 | Kaiserliches Hofmobiliendepot* | T1 | Theater in der Josefstadt |
| K7 | Lichtentalkirche | | | T2 | Volksoper |

Meister sind hier vertreten: u. a. Baldung Grien, Bruegel, Cranach d. Ä., Chagall, Goya, Holbein, Klimt, Picasso, Rembrandt, Schiele, Leonardo da Vinci, Watteau.

**Schmetterlinghaus** ⓥ – In ein Zauberreich fühlt man sich versetzt, wenn man in das Jugendstilglashaus im Burggarten eintritt, in dem unzählige, farbenfrohe Schmetterlinge in einer dem tropischen Regenwald nachempfundenen Landschaft durch die Luft flattern und sich auch schon mal auf der Nase eines Besuchers niederlassen. Man sollte aber darauf achten, wohin man seine Schritte lenkt, da emsige Wachteln über den Boden huschen.

★★ **Hofjagd- und Rüstkammer** ⓥ – *Neue Burg. Eingang über den Heldenplatz.* Die besonders reich bestückte Sammlung an Waffen und Rüstungen entstand ab dem 15. Jh. aus den Kollektionen der Erzherzöge Ernst von Steiermark (1377-1424) und Ferdinand von Tirol (1527-1595) und wurde 1806 mit den Beständen der kaiserlichen Hofwaffensammlung zusammengeführt.
Die filigranen und kunstfertigen Verzierungen der Prunkharnische, Helme und Sättel, die für Kaiser und Könige gefertigt wurden, sind gleichsam Spiegelbilder der europäischen Geschichte. Wegen der hohen Qualität und der ungeheuren Vielfalt der Exponate sucht die Sammlung wohl auf der ganzen Welt ihresgleichen.

★★ **Sammlung alter Musikinstrumente** ⓥ – *Neue Burg. Eingang über den Heldenplatz. Es empfiehlt sich, Kopfhörer an der Kasse auszuleihen.* Die Sammlung geht auf das 16. Jh. zurück, als Erzherzog Ferdinand von Tirol in Schloß Ambras bei Innsbruck seine Kunstkammer mit alten Musikinstrumenten füllte. Sie wurde später durch den aus dem Schloß Catajo bei Padua kommenden Bestand ergänzt. Damit erklärt sich der einmalige historische Wert der Renaissanceinstrumente, die hier ausgestellt sind. Unter den zahlreichen Exponaten seien einige wenige herausgehoben, die von besonderem historischen oder von künstlerischem Interesse sind: **Rebeccino**★ (Venedig, 15. Jh., Saal IX); **Cembalo**★ (Venedig, 1559), **Cister**★★, angefertigt 1574 in Brescia; **Claviorganum**★ aus Innsbruck (vor 1569, Saal X). In Saal XIII ziehen sechs prachtvolle, teilvergoldete **Trompeten**★ (Wien, 1741 und 1746) die Blicke auf sich, in Saal XVIII ein von **Ludwig Bösendorfer** für die Pariser Weltausstellung gebautes, kunstvoll intarsiertes **Klavier**★ (Wien, 1867).

★★ **Ephesos-Museum** ⓥ – *Neue Burg. Zugang über den Heldenplatz.* Seit dem 19. Jh. haben österreichische Archäologen in Ephesos (Türkei) bedeutende antike Überreste freigelegt. Funde aus den Ausgrabungsstätten in Samothrake im Ägäischen Meer ergänzen die Schausammlung. Nachstehend eine kleine Auswahl der wichtigsten Exponate: Im Treppenaufgang Fragmente des Artemisionaltares; im Zwischenstock eines der bedeutendsten Werke der Sammlung, der **Fries des Partherdenkmals**★★ (um 170 n. Chr.) zu Ehren des Kaisers Lucius Verus. Auf dem 40 Meter langen Marmorfries sind die Adoption Marc Aurels, Schlachtenszenen aus dem Partherkrieg sowie Weihe und Apotheose des Lucius Verus dargestellt. Im Obergeschoß der eindrucksvolle **Athlet von Ephesos**★★ und der **Knabe mit der Gans**★.

★ **Museum für Völkerkunde** ⓥ – *Neue Burg. Zugang über den Heldenplatz.* Die japanische Abteilung besitzt eine komplette Samurai-Reiterrüstung aus dem 17. Jh. Im Mezzaningeschoß hat eine hervorragend dokumentierte Ausstellung über Polynesien mit Objekten aus dem Besitz James Cooks Platz gefunden. Die Abteilung altamerikanischer Kulturen zeigt sehr interessante mexikanische Objekte, die bereits im 16. Jh. nach Österreich gelangten. Eines der bedeutendsten Exponate darunter ist der einzigartige **aztekische Federkopfschmuck**★★.

## ★★ DIE ALTSTADT *Ausgangspunkt: Stephansplatz* (**KR** **115**)

Zwischen Dom und Donaukanal liegt die Wiener Altstadt, deren enge, von vornehmen Bürgerhäusern und ehemaligen Palästen gesäumte Gassen trotz des Wiederaufbaus noch recht stimmungsvoll sind.

★★★ **Stephansdom** ⓥ (**KR**) – Der Wiener Stephansdom symbolisiert Wien wie kein anderes Bauwerk. Der große Schriftsteller Adalbert Stifter beschreibt, ganz meditierender Betrachter dieses architektonischen Meisterwerks, den Eindruck, den der Anblick des Stephansdoms auf den Wienbesucher macht, der „... in Gedanken oder gedankenlos durch eine Gasse herausgeht und den Bau vor sich hat, der wie ein Gebirge so einfach und doch so schön ist, und der seinen Geist erhebt und kräftigt".

Die ungewöhnliche Silhouette des Stephansdoms mit seinem farbenprächtigen Dach aus glasierten Ziegeln, das endlos gegen den Himmel zu streben scheint und in der Tat den Dom noch einmal genau um die Höhe der Wände vergrößert, und der mächtige und majestätisch wirkende Südturm, der berühmte Steffl, ohne den Wien ein wenig von seiner Seele verlöre, sind nie nachgeahmt worden. In gelassener Würde trägt der Dom seine acht Jahrhunderte alte Geschichte.

**Zur Geschichte** – An der Stelle des Kirchenbaus, wie er heute vor uns steht, erfolgte 1147 die Weihe der ersten romanischen Basilika. Diese Kirche, bei dem Stadtbrand von 1258 stark in Mitleidenschaft gezogen, hinterließ uns die Westfassade mit dem **Riesentor**★★ *(s. dazu auch Einführung, ABC der Baukunst)* und den eigenartig von Spitzhelmen bekrönten **Heidentürmen.** Der erste gotische Umbau erfolgte ab 1304 und in den folgenden 200 Jahren entstand der Stephansdom, wie wir ihn heute kennen.
1359 legte Herzog Rudolf IV. von Habsburg in dem Wunsch, die alte romanische Basilika mit den prunkvollen Formen der Gotik zu versehen, den Grundstein zu dem heutigen dreischiffigen Langhaus, das 1446 eingewölbt wurde. 1469 erhob der Papst Wien auf Anregung Kaiser Friedrichs III. zum Bischofssitz, und damit erlangte St. Stephan den Rang eines Domes.

# WIEN

H
J
P
R
S
Votivkirche
Roosevelt-platz
Sigmund-Freud-Park
Universitätsstr.
Währinger Str.
Maria-Theresien-Str.
Schotten-ring
Börse
Börsepl.
Wipplingerstr.
Börse-gasse
Heinrichsg.
Garnisong.
Universität
Schottentor
Pasqualati-haus
Dreimäderlhaus
Schottenstift
Schotten-kirche
Hohe Brücke
Maria am Gestade
Altes Rathaus
Römische Baureste
Feuerwehr-museum
Freyung
Palais Kinsky
Am Hof
Rathaus
Felderstr.
Friedrich-Schmidt-Platz
Neues Rathaus
Rathauspl.
Rathaus-park
Lichtenfelsg.
Dr. Karl-Lueger-Ring
Burgtheater
Bankgasse
Herrengasse
Minoriten-Kirche
Minoritenplatz
Wallnerstr.
Neidhart-Fresken
Peterskirche
Palais Mollard-Clary
Graben
Pestsäule
Theseus-Tempel
Bundeskanzleramt
Herreng.
Michaeler Kirche
Michaeler Pl.
Parlament
Volksgarten
Ballhaus-pl.
Dr. K.-Renner-Ring
Landes-gerichtsstr.
Auerspergstr.
Hofburg
Heldenplatz
Kongress-Zentrum
Stallburg
Josefs Pl.
Jüdisches Museum
Spiegelg.
Donner Brunnen
Kapuziner-kirche
Kaisergruft
Lerchenfelder Str.
Museumstr.
Palais Trautson
Volkstheater
Naturhistorisches Museum
Burgring
Äußeres Burgtor
Neue Burg
Albertina
Glashaus
Burggarten
Maria-Theresien-Platz
Kunsthistorisches Museum
Burgg.
Breite G.
Spittelberg
Messeplatz
Messepalast
Babenbergerstr.
Opern ring
Albertina-Platz
Staatsoper
Kärntner Str.
Karlspl.
Siebensterng.
Neubau
Nibelungeng.
Schiller-Denkmal
Operng.
Café Museum
Tabak-Museum
Akademie der bildenden Künste
Künstler-haus
Mariahilfer Straße
Secessions-gebäude
Karlsplatz
Gumpendorfer Str.
Theater an der Wien
Kunsthalle
Wagner-Pavillons
Mariahilf
Linke Wienzeile
Rechte Wienzeile
Technische Universität
Wiedner Hauptstr.
Majolikahaus
Naschmarkt
Schleifmühlgasse
Gußhausstr.
Flohmarkt
Kettenbrückengasse
Schubert-Sterbewohnung
0
200 m

Salvatorgasse . . . . . . . . . . JKR 96
Schauflergasse . . . . . . . . . JR 98
Schönlaterngasse . . . . . . . KR 100
Schottengasse . . . . . . . . . HJP 102
Schreyvogelgasse . . . . . . . HR 103
Schulhof . . . . . . . . . . . . . JR 105
Schwertgasse . . . . . . . . . . JP 106
Seitzergasse . . . . . . . . . . JR 107
Sonnenfelsgasse . . . . . . . . KR 108
Spittelberggasse . . . . . . . . HS 114
Stephansplatz . . . . . . . . . . KR 115
Stock-im-Eisen-Platz . . . . . . JR 116
Tegetthoffstr. . . . . . . . . . . JR 117
Tiefer Graben . . . . . . . . . . JPR 120
Tuchlauben . . . . . . . . . . . . JR 123
Uraniastraße . . . . . . . . . . . LR 124
Weiskirchnerstr. . . . . . . . . . LR 130
Wollzeile . . . . . . . . . . . . . KR

| | |
|---|---|
| H | Böhmische Hofkanzlei |
| K[4] | Salvatorkapelle |
| K[6] | Malteserkirche |
| K[8] | Kirche "zu den neun Chören der Engel" |
| M[14] | Kunstforum |
| M[16] | **Puppen- und Spielzeug-Museum** |
| M[17] | Uhrenmuseum der Stadt Wien ★ |
| M[18] | Ursulinenkirche und Kloster |
| M[19] | Dom- und Diözesanmuseum ★ |
| M[21] | Ausstellung "Der Österr. Freiheitskampf" |
| M[22] | Gedenkräume des Österr. Theatermuseums |
| M[23] | Albertina im Akademiehof |
| N | Akademie der Wissenschaften |
| P[2] | Palais Ferstel |
| P[3] | Palais Harrach |
| P[5] | Palais Lobkowitz |

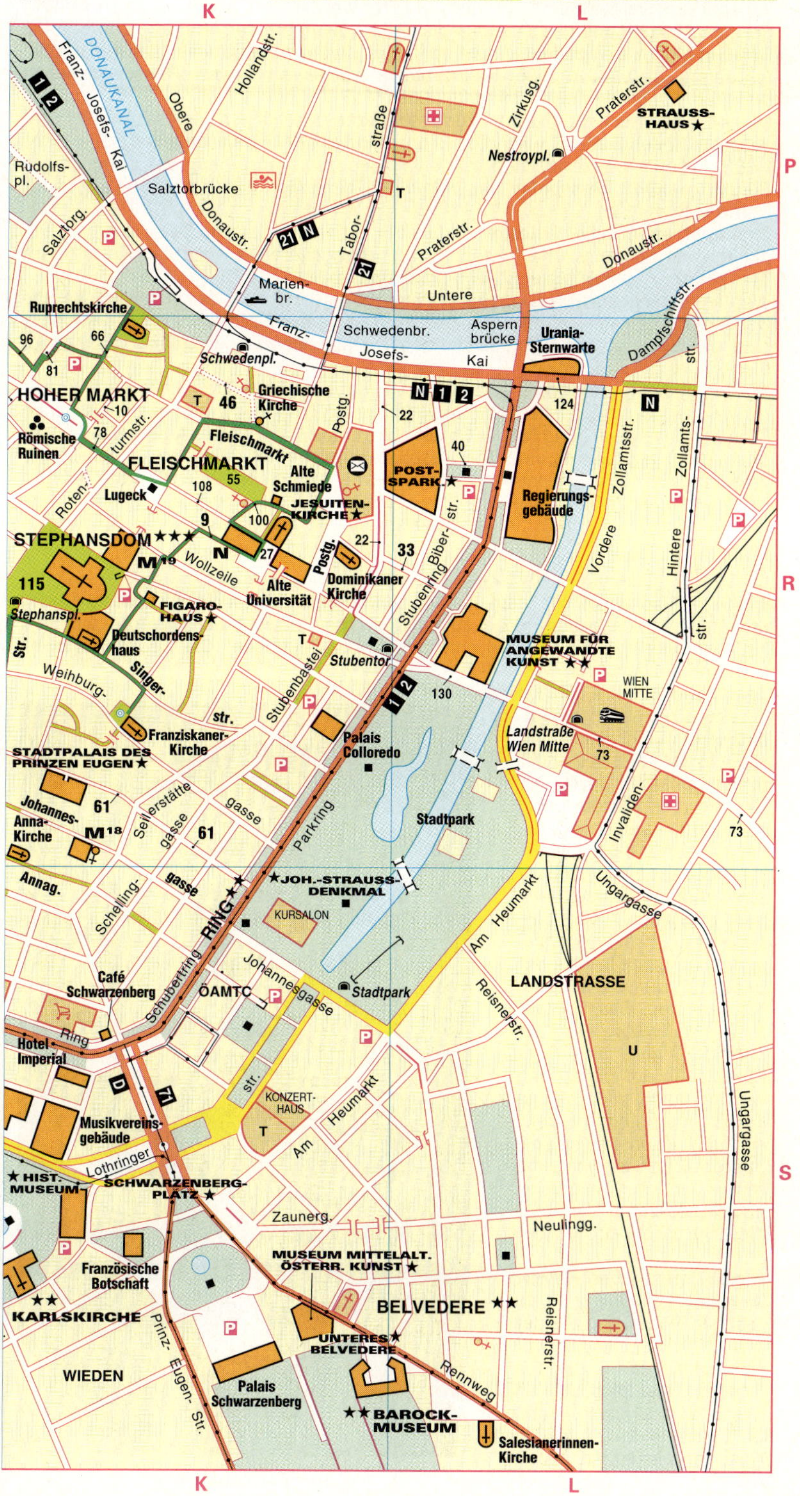

Der Dom, der 1683 bei der Belagerung durch die Türken beschädigt worden war, hat 1945 durch Funkenflug aus den brennenden Häusern gegenüber dem Riesentor und dem daraus resultierenden Brand eines Gerüstes am Nordturm noch einmal große Schäden erlitten. Liebevoll restauriert, hat er jedoch bald nach dem Krieg seine alte Schönheit wiedererlangt (1952).

**Äußeres** – Die gewaltigen Ausmaße des Domes mit dem 136,7 m hohen, 1433 vollendeten **Stephansturm**★★★, dem Steffl, werden durch die verhältnismäßig geringe Ausdehnung des Stephansplatzes im Zentrum der Altstadt noch betont. Der Nordturm ist bis heute nicht vollendet und wird wahrscheinlich für immer halbfertig bleiben. Er wurde im Jahre 1579 mit einem Renaissancedach gedeckt. Er enthält die **Pummerin**, eine 21,3 Tonnen schwere Glocke (größte Glocke Österreichs), die nur zu besonderen kirchlichen Anlässen und zum Jahreswechsel geläutet wird. Die Bronzeglocke (1711) wurde aus 180 im Jahr 1683 erbeuteten türkischen Kanonen gegossen und hing ursprünglich im Südturm. 1945 zerschellte sie; aus den Überresten entstand 1951 die neue Pummerin.

Das spätromanische **Riesentor**★★ besitzt vielfältigen, sehr fein gearbeiteten plastischen Schmuck und ist mit Statuen bereichert – thronender Christus im Tympanon, Apostelfiguren in den Bogenlaibungen.

Wenn man rechts um den Dom herumgeht, bemerkt man an der Südwestecke eine Kopie der gotischen Totenleuchte des alten St. Stephansfriedhofs. Auf dem Platz sind die Umrisse der Magdalenenkapelle eingezeichnet, die früher als Karner diente.

An der Südseite des Doms entlanggehen, dabei auf die Grabplatten – weiterer Hinweis auf den alten Friedhof – und auf die Skulpturen achten: an der südlichen Chorwand Heimsuchung Mariä, Christus im Olivenhain; an der Außenwand in der Mitte des Hauptchores eine Christusbüste (Anfang 15. Jh.), die als der „Zahnwehherrgott" bekannt ist und deren Name aus einer Legende stammt. Im Nordosten des Chores bezeichnet die neben der Capistrankanzel liegende Totenkapelle den Ort, an dem am 6. Dezember 1791 die Tumbagebete für Mozart gesprochen wurden.

*Durch das Riesentor in den Dom eintreten.*

**Inneres** – Das stark von dem in der deutschen Gotik vorherrschenden Modell der Hallenkirche beeinflußte Langhaus strahlt majestätische Würde aus und ist harmonisch mit dem dreischiffigen Chor verbunden. Die Gesamtlänge im Inneren beträgt 107 m.

Die **Kanzel**★★, ein herrlich durchbrochener Steinaufbau, um 1480 errichtet, gilt als ein Meisterwerk der österreichischen Gotik. Der Künstler, der nicht eindeutig bestimmt werden kann, hat sich unter dem Stiegenaufgang, aus einem Fenster schauend, mit seinen Steinmetzwerkzeugen als sogenannter „Fenstergucker" selber dargestellt. An der Brüstung Büsten der vier Kirchenväter. Das überaus feine Maßwerk und die Freiheit, die sich der Künstler in der Gestaltung von Ausdruck und Haltung seiner Figuren nimmt, zählen zum Erlesensten, was die Spätgotik zu bieten hat, und reihen ihn unter die großen und virtuosesten Vertreter dieser Epoche ein. In der linken Chorkapelle (Frauenchor), steht der **Wiener Neustädter Altar**★, ein schöner Flügelaltar aus der 1. Hälfte des 15. Jh.s mit vollplastischen bemalten Figuren: im Mittelschrein Maria mit dem Kinde, der hl. Barbara und der hl. Katharina; darüber eine Krönung Mariä.

H. A. Jahn/VIENNASLIDE

Stephansdom – Kanzel

Das den Hochaltar im Chor krönende Bild zeigt die Steinigung des hl. Stephan. In der rechten Chorkapelle (Apostelchor) befindet sich das herrliche **Grabmal Kaiser Friedrichs III.★★**, ein Freigrab aus rotem Marmor, das Nicolaus Gerhaert van Leyden Ende des 15. Jh.s entworfen hat. Der Künstler stellt den Kampf zwischen Gut und Böse dar. Die das Grab umgebenden Gestalten symbolisieren die Guten, die den durch Tiere versinnbildlichten Bösen den Zugang zum Grab verwehren und so des Kaisers Ruhe gewährleisten.

**Katakomben** ⌚ – In den Katakomben befinden sich Urnen mit den Eingeweiden der österreichischen Herrscher. Nach 1945 neu eingerichtete Kapellen.

**Aufstieg zu den Türmen** ⌚ – Die Besteigung des Südturms führt bis in eine Höhe von 73 m. Im Nordturm fährt man mit einem Lift zu einer Aussichtsplattform (60 m) hinauf, von der man nicht nur einen interessanten **Rundblick★★** auf Wien, den Kahlenberg und die Donauebene im Osten hat, sondern auch die Pummerin *(s. o.)*, die größte Glocke des Stephansdoms, sehen kann.

★ **Dom- und Diözesanmuseum** ⌚ (**KR M**[19]) – *Stephansplatz 6*. Das Museum wurde im ehemaligen Zwettler Hof eingerichtet, der auf das 14. Jh. zurückgeht. Außer einer schönen Gemälde- und Skulpturensammlung zeigt es die kostbarsten Domschätze und rundet somit den Besuch des Stephansdoms auf ideale Weise ab.

*Über den Stephansplatz erreicht man die Singerstraße.*

**Deutschordenskirche** (**KR**) – *Singerstraße 7*.
Die barockisierte Kirche wurde im 14. Jh. für den Deutschen Orden gebaut, der 1190 von Kreuzfahrern im Heiligen Land gegründet wurde und sich Anfang des 13. Jh.s in Wien niederließ. Auf dem Hochaltar ein schöner flämischer **Flügelaltar★** aus dem 16. Jh.

★ **Schatzkammer des Deutschen Ordens** ⌚ – Hier wird die Geschichte des Ordens (u. a. Siegel und Münzen) dargestellt. Seine im Laufe der Jahrhunderte gesammelten Schätze beeindrucken durch ihre Kostbarkeit: Gewänder und Erinnerungsstücke der Hochmeister des Ordens, z. B. eine **Ordenskette★** (um 1500, 1. Raum), geweihte Gefäße, Silbergeschirr, mit Gold und Edelsteinen geschmückte Waffen, aber auch Uhren, so eine von Herkules getragene **Standuhr★** (um 1620, 3. Raum).

**Franziskanerkirche** (**KR**) – Das Innere wurde im 18. Jh. im Barockstil umgestaltet. Auf den Seitenaltären sind ein den hl. Franziskus darstellendes Gemälde von **Johann Georg Schmidt** – **„Wiener Schmidt"** genannt – und eine 1722 von Johann Michael Rottmayr gemalte *Unbefleckte Empfängnis* bemerkenswert. Der von hübschen alten Häusern gesäumte **Franziskanerplatz** ist mit einem Mosesbrunnen (1798) geschmückt.

*In die Singerstraße zurückgehen und rechts in die Blutgasse einbiegen.*

★ **Mozart-Gedenkstätte „Figarohaus"** ⌚ (**KR**) – *Domgasse 5*.
Wolfgang Amadeus Mozart wohnte von 1784 bis 1787 in diesem Haus. Diese knapp drei Jahre fielen in eine Schaffensperiode, die man als glücklich bezeichnen kann. Hier schrieb er u. a. *Die Hochzeit des Figaro*.

*Durch die Domgasse und die Strobelgasse erreicht man die Wollzeile, eine bedeutende Geschäftsstraße Altwiens. Man nimmt dann, fast gegenüber, die Essiggasse, dann rechts die Bäckerstraße* (**9**), *an der schöne Häuser aus dem 16. und 17. Jh. stehen.*

Anschließend geht man an der **Akademie der Wissenschaften** (**KR N**) entlang. Die ehemalige Universitätsaula wurde Mitte des 18. Jh.s nach Plänen des französischen Architekten Jean Nicolas Jadot erbaut, den Franz von Lothringen nach Wien berufen hatte.
Auf dem von alten Wohnhäusern gesäumten und von engen Gassen mit Gewölbedurchgängen umgebenen Dr.-Ignaz-Seipel-Platz erhebt sich die Jesuitenkirche.

★ **Jesuitenkirche (Universitätskirche)** ⌚ (**KR**) – Neben dem Salzburger Dom ist sie die berühmteste von Gesù in Rom inspirierte österreichische Kirche. Die reiche Barockausstattung aus dem beginnenden 18. Jh. hat den Charakter dieser Kirche, die zwischen 1624 und 1631 im Stil des Frühbarocks erbaut worden war, völlig verändert. Bemerkenswert sind neben der mit Perlmutt eingelegten **Kanzel★** das **Kuppelfresko★** in Scheinarchitektur von Andrea Pozzo, dem Trientiner Jesuitenlaienbruder, der die Umgestaltung (1703-1705) durchgeführt hat und dem auch der Hochaltar zu verdanken ist.

*An der Rückfront der Akademie der Wissenschaften die Sonnenfelsgasse* (**108**) *nehmen, dann rechts die Schönlaterngasse* (**100**). *Beide Straßen sind von Häusern aus dem 16. Jh. gesäumt.*

**Heiligenkreuzerhof** (**KR 55**) – Die weitläufigen Gebäude säumen einen Hof, der wegen seiner beschaulichen Atmosphäre gern von Künstlern aufgesucht wird. Das Stadtpalais aus dem 18. Jh. gehörte früher dem Stift Heiligenkreuz *(s. dort)*. Die Bernhardskapelle nennt ein Altarbild von Martin Altomonte ihr eigen.

*Durch die Postgasse zum Fleischmarkt gehen, in den die malerische Griechengasse mündet.*

Hier steht das Griechenbeisl, eines der ältesten Gasthäuser Wiens.

**Hoher Markt** (**KR**) - Vor einiger Zeit sind an diesem Platz interessante Überreste des römischen Legionslagers Vindobona, aus dem Wien entstand, freigelegt worden. Im Mittelalter wurde hier, im Herzen der Stadt, Markt und Gericht gehalten. Heute wird der Platz von dem **Vermählungsbrunnen** beherrscht, der 1732 von Joseph Emanuel Fischer von Erlach errichtet wurde. Man beachte an Haus Nr. 10 die 1913 von Franz von Matsch geschaffene **Ankeruhr** im Jugendstil, an der jeden Mittag historische Figuren „ihre Runde drehen".

*Die Judengasse* (**66**), *das traditionelle Zentrum der Trödler, führt zur Ruprechtskirche.*

**Ruprechtskirche** ⏱ (**KPR**) - Will man der Überlieferung Glauben schenken, so wurde diese Kirche im Jahre 740 durch den heiligen Virgil, Bischof von Salzburg, erbaut und ist somit als das älteste Gebäude Wiens anzusehen. Das Schiff und die Grundmauern des Turms entstanden zwischen 1130 und 1170, der Chor und das Portal stammen aus dem zweiten Drittel des 13. Jh.s. Vollendet wurde das Gotteshaus in der ersten Hälfte des 15. Jh.s. Zu seinen Besonderheiten gehören der romanische Glockenturm, die ältesten erhaltenen Glasfenster Wiens in der Apsis und zeitgenössische Glasfenster der Künstlerin Lydia Roppolt (1953, 1992/93).

*Zur engen Sterngasse zurückkehren (Treppe). An ihrem Ende links die Fischerstiege nehmen, dann rechts die Salvatorgasse.*

An Nr. 5 schönes Renaissance-Portal der Salvatorkapelle.

★ **Maria am Gestade** (**JP**) - *Salvatorgasse; Eingang über das Südportal.* Im 12. Jh. wurde im Herzen Wiens, auf einer Terrasse hoch über dem Hauptarm der Donau, eine Kirche erbaut, die man Maria am Gestade oder Maria-Stiegen-Kirche nannte. Später wurde sie durch einen gotischen Bau ersetzt, der noch heute größtenteils besteht. Die spätgotische Westfassade ist skulpturengeschmückt. Ihr Portal wird von einem Steinbaldachin (um 1410) überwölbt. Der siebeneckige Turm mit dem bemerkenswerten **Steinhelm**★ in filigranem Maßwerk gehört zweifellos zum Schönsten, was die Wiener Gotik hervorgebracht hat. Er wurde 1688 erneuert, nachdem er bei der türkischen Belagerung Schaden genommen hatte.
Im Innern interessante gotische Fenster (Chor) und schöne Pfeilerfiguren (Schiff).

*Der Schwertgasse folgen* (**106**). Interessantes Barockportal an Haus Nr.3.

An der Wipplingerstraße stehen sich zwei schöne Barockfassaden gegenüber: Das **Alte Rathaus** (**JR**) *(links)* diente den Stadtvätern vom 14. Jh. bis zum 19. Jh. Im Hofe der **Andromedabrunnen**★ von Raphael Donner (1741). Rechts die ehemalige **Böhmische Hofkanzlei** (**JR H**), deren eindrucksvolle Fassade von Johann Bernhard Fischer von Erlach (1708-1714) gestaltet wurde. Um das letztgenannte Palais herumgehen und weiter bis zum Judenplatz (**67**), der im Mittelalter das Zentrum des Wiener Gettos bildete. Die enge Parisergasse führt dann zum Chorhaupt der Kirche Am Hof, die auch Kirche zu den Neun Chören der Engel genannt wird.

★ **Uhrenmuseum der Stadt Wien** ⏱ (**JR M**[17]) - *Schulhof 2.*
Auf drei Stockwerken wird die ästhetische und technische Entwicklung des Zeitmessers vom 15. Jh. bis heute geschildert. Dieses Museum verfügt über einen beachtlichen Bestand, der sämtliche Uhrentypen von der Sonnenuhr bis hin zu den Automaten umfaßt. Ein Wunder an Erfindungsgeist stellt die **astronomische Uhr**★ von David a Sancto Cajetano (1769) dar. Nicht minder kunstreich sind die Automaten und Kuckucksuhren.

**Am Hof** (**JR**) - Eine bronzene Mariensäule (1667) schmückt den Platz, der an der Stelle des ehemaligen römischen Militärlagers liegt. Am 6. August 1806 verzichtete hier Kaiser Franz II. auf die deutsche Kaiserkrone. Diese Erklärung bedeutete das Ende des Heiligen Römischen Reiches.

*Die Bognergasse* (**13**) *führt wieder zum Graben zurück.*

★ **Peterskirche** ⏱ (**JR**) - Dieser schöne Bau, der mit seinen Fresken und vergoldeten Stukkaturen als die prächtigste aller Barockkirchen Wiens gilt, wurde zwischen 1702 und 1733 u. a. von Johann Lukas von Hildebrandt an der Stelle einer dreischiffigen, romanischen Kirche errichtet, welche ihrerseits die Neugestaltung des ersten Gotteshauses Wiens, im Lager Vindobona (4. Jh.) war.
Eine ovale Kuppel krönt das Kirchenschiff. Das die Himmelfahrt Mariä darstellende Kuppelfresko (1714) stammt von Johann Michael Rottmayr. Die **Inneneinrichtung**★ ist prunkvoll bis in das kleinste Detail. Der prächtige Hochaltar wurde von Antonio Galli-Bibiena entworfen; das Altargemälde ist ein Werk von Martin Altomonte.

H. Wiesenhofer/ÖSTERREICH WERBUNG

Graben mit Pestsäule

★★ **Pestsäule** (**JR**) – Die hochbarocke, reichgeschmückte Säule, die den Graben überragt, wurde 1693 in Erfüllung eines Gelübdes während der verheerenden Pestepidemie (1679) von Kaiser Leopold I. errichtet, der in kniender Gebetshaltung abgebildet ist.

*Durch die Spiegelgasse gelangt man zum Donnerbrunnen.*

★★ **Donnerbrunnen** (**JR**) – *Neuer Markt* (**87**). Der Brunnen wurde zwischen 1737 und 1739 von Raphael Donner geschaffen. Die Providentia-Statue in der Mitte der Komposition ist von wasserspeienden Putten und Fischen umgeben. Rund um den Brunnen sind menschliche Figuren angebracht (Bronzekopien), die die Flüsse Traun, Ybbs, Enns und March und damit die vier Nachbarprovinzen der Hauptstadt symbolisieren. Die Originalstatuen sind aus Blei und können im Barockmuseum des Unteren Belvedere *(s. S. 383)* besichtigt werden.

*Durch die Kärntnergasse zum Stephansplatz zurückgehen.*

## ★★★ KUNSTHISTORISCHES MUSEUM ⊙ (HS)

Die von den Habsburgern mit viel Geduld und Kunstliebe zusammengestellten Sammlungen zählen zu den bedeutendsten und umfangreichsten der ganzen Welt.
Ihr Schmuckstück ist sicherlich die Gemäldegalerie, eine wahrhaft fürstliche Sammlung. Sie hat bis heute ihre Eigentümlichkeit, d. h. die unsystematische Zusammensetzung ihrer Bestände, bewahrt und unterscheidet sich darin grundlegend von den berühmten englischen und deutschen Museen.

**Die Abteilungen** – Im Kunsthistorischen Museum sind fünf Sammlungen untergebracht, die über insgesamt rund 4 km lange Flure zu erschließen sind: die ägyptisch-orientalische Sammlung im Hochparterre (rechter Flügel) von Saal I bis Saal IX; die griechische, etruskische und römische Antiken- und Kunstgewerbesammlung im Hochparterre (rechter Flügel) von Saal X bis Saal XVIII; Kunstkammer im Hochparterre (linker Flügel) von Saal XIX bis Saal XXXVI; die Gemäldegalerie im 1. Stock: die flämische, holländische und deutsche Malerei von Saal IX bis Saal XV sowie von Kabinett 14 bis 24 (linker Flügel) und die italienische, spanische und französische Malerei von Saal I bis VII sowie von Kabinett 1 bis 13 (rechter Flügel); das Münz- und Medaillenkabinett im 2. Stock von Saal I bis III.
In Saal VIII im 1. Stock finden wechselnde, stets hochinteressante Themenausstellungen statt, deren Besuch im Preis der Eintrittskarte des Museums inbegriffen ist.

*Wie häufig in großen Museen, fehlen auch hier manche Bilder, da sie gerade restauriert werden, als Leihgaben an andere Ausstellungen verschickt oder einfach gegen andere ausgetauscht worden sind. Unsere Auswahl kann diese Änderungen nicht berücksichtigen. Deshalb werden wahrscheinlich einige der hier beschriebenen Werke bei Ihrem Besuch fehlen oder an einem anderen Platz ausgestellt sein.*

## ★★ Ägyptisch-orientalische Sammlung

*Hochparterre rechts, Säle I-IX*

**Saal I** - Totenkult der Spätzeit: Sarkophag des Nes-schu-tefnut (um 300 v. Chr.); ***Papyrusbündelsäulen***★ (18. Dynastie).
**Saal II** - Vor- und Frühgeschichte Ägyptens, Nubiens, Hyskos' und Südarabiens.
**Saal III** - Tierkult: Statuetten, Mumien und Dokumente; Ichneumon (6. - 4. Jh. v. Chr.), Relief aus Grünschiefer.
**Saal IV** - Papyri: Totenbuch des Chonsu-Mes (um 1000 v. Chr.), Rollsiegel.
**Saal V** - Skulpturen der Spätzeit: Statue des Hor-en-ta-bat (4. Jh. v. Chr.); Statue des Gem-nef-hor-bak (4. Jh. v. Chr.); Bronzen.
**Saal VI** - Alltagskultur: Kleidung, Kosmetik, Schmuck, Handwerk, Möbel, Nahrung; Religion.
**Saal VI A** - Altes Reich: Kultkammer des Ka-ni-nisut (5. Dynastie).
**Saal VII** - Skulpturen des Mittleren und Neuen Reiches: Nilpferd (12. Dynastie); Statue des ***Sebek-em-sauf***★★ (13. Dynastie); ***König Tuthmosis III.***★★★ (18. Dynastie).
**Saal VIII** - Skulpturen des Alten Reiches: ***Ersatzkopf***★★ (4. Dynastie), Statue der Snofru-nefer (5. Dynastie).
**Saal IX** - Kunstwerke unterschiedlicher Epochen.

## ★★ Griechische, etruskische und römische Antikensammlung

*Hochparterre rechts, Säle X-XVIII*

**Saal X** - Griechische und römische Skulpturen: ***Jüngling von Magdalensberg***★ (Kopie aus dem 16. Jh.), ***Amazonensarkophag***★ (4. Jh. v. Chr.), ***Porträt des Aristoteles***★ (römische Kopie).
**Saal XI** - Griechische und römische Skulpturen: Mithrasrelief, Sphinx mit vier Gesichtern (2. Jh.).
**Saal XII** - Griechische Bronzen: Herakles (4. Jh. v. Chr.), ***Kopf des Zeus***★ (1. Jh. v. Chr.).
**Saal XIII** - Etrurien: Bronzehelme, Amphoren, Athena Rocca d'Aspromonte (5. Jh. v. Chr.).
**Saal XIV** - Griechische Keramik: ***Duris-Schale***★, Tanagrafiguren, ***Ptolemäerkamee***★.
**Saal XV** - Rom: Kameensammlung, ***Gemma Augustea***★★★, ***Gemma Claudia***★ (1. Jh.), Kaiserbüsten.
**Saal XVI** - Spätzeit: Plastiken und Schmuck.
**Saal XVII** - Frühchristliche Kunst, Kunst der Völkerwanderungszeit.
**Saal XVIII** - Kunst der Völkerwanderungszeit: ***Goldschatz von Nagyszentmiklós***★ (9. Jh.).

## ★★ Kunstkammer

*Hochparterre links, Säle XIX-XXXVI*

Die Sammelleidenschaft der Habsburger ist sprichwörtlich. Was sie als kunstverständige Sammler im Laufe der Jahrhunderte zusammentrugen, übersteigt jede Vorstellungskraft. Die Kunstkammer des Erzherzogs Ferdinand II. in Schloß Ambras bei Innsbruck, die Rudolfs II. in Prag, die des Erzherzogs Leopold Wilhelm in Wien und die Kaiserliche Schatzkammer wurden 1891 vereint und bilden heute eine Kollektion, die in Umfang und Güte weltweit ihresgleichen sucht.

*Manche der hier genannten, besonders sehenswerten Werke befinden sich in derzeit geschlossenen Sälen. Hinter diesen Kunstschätzen ist keine Saalnummer angegeben. Weder die Aufzählung der Werke noch der Rundgang erfolgen in chronologischer Reihenfolge.*

**Deutsche Renaissance, Manierismus und Barock** - Vergoldete Silberpokale aus Nürnberg (um 1510) sind Ausdruck für die unterschiedliche Gestaltung von Tafelsilber zwischen der Spätgotik und der Frührenaissance. Die ***Reiterstatue von König Joseph I.***★★ ist ein Meisterwerk aus Elfenbein von Matthias Steinl (Wien, 1693). Die Büste von ***Kaiser Leopold I.***★ von Paul Strudel gehört zu einer Serie von sechs Porträtbüsten gekrönter Häupter. Der goldemaillierte Bezoar-Becher ist eine Arbeit von Jan Vermeyen von hohem künstlerischen Wert (um 1600); Bezoare sind Magensteine, z. B. von Lamas oder Antilopen. In Prag schuf Adriaen de Vries die ***Büste Kaiser Rudolfs II.***★★ (1603), des großen Mäzens der Habsburger Dynastie. Das Prunkbecken mit Darstellung des Triumphzuges Amors ist ein von Christoph Jamnitzer gestalteter Silberteller von 1605 (Saal XXIV). Unter den „Naturalia" stechen besonders die ***Seychellennuß-Kanne***★ (1602) von Anton Schweinberger und ein korallenverzierter Straußeneipokal (Saal XXIV) von Clement Kicklinger ins Auge.

**Französischer Manierismus und Barock** - Die Büste von ***Erzherzogin Marie Antoinette***★ von Jean-Baptiste Lemoyne stellt die Fünzehnjährige dar (Saal XX). In den Vitrinen sind mehrere Emailarbeiten aus Limoges ausgestellt (Mitte des 16. Jh.s). Der goldene „Merkurbecher" ist teilweise emailliert und mit Smaragden und Rubinen besetzt (Saal XXIV).

**Italienische Renaissance und Manierismus** - Die Büste von ***Isabella von Aragon***★★ wurde um 1488 von Francesco Laurana geschaffen. Das goldene, teilweise emaillierte ***Salzfaß***★★ von Benvenuto Cellini wurde in Paris zwischen 1540 und 1543 für König Franz I. gefertigt. Das ***Hausaltärchen mit Christus und der Samariterin***★ ist ein typisch florentinisches Werk.

Benvenuto Cellini - Salzfaß

Kunsthistorisches Museum Wien

**Mittelalter** - Das ***Greifen-Aquamanil***★ (1. Viertel des 12. Jh.s) besteht aus niellierter, vergoldeter und mit Silber verzierter Bronze. Der sogenannte Wiltener Kelch (um 1160) ist aus teilvergoldetem Silber; die Poseidon-Onyxkamee (Anfang des 13. Jh.s) stammt aus Süditalien, die anmutige Krumauer Madonna (um 1400) aus Böhmen.

Vom Hochparterre in den 1. Stock gelangt man über ein prächtiges ***Stiegenhaus***★, dessen Treppenabsatz die Marmorgruppe ***Theseus besiegt den Kentauren***★ von Antonio Canova ziert. Das Deckengemälde stellt die *Apotheose der Renaissance* dar und ist eine Freske des ungarischen Malers Mihály von Munkácsy.

## ★★★ Die Gemäldegalerie

Anstatt die Geduld mit einer langen Inventarliste zu strapazieren, haben wir uns auf jene Werke beschränkt, die als besonders bemerkenswert zu betrachten sind. Diese Art der Darstellung bietet den Vorteil, daß sie die Höhepunkte dieser schwer überschaubaren Pinakothek herausgreift.

**Saal IX** - Von Michael Coxcie *Sündenfall* und *Vertreibung aus dem Paradies* (um 1550); Werke von Hans Vredeman de Vries und Frans Floris.

**Kabinett 14** - Von Jan van Eyck ***Kardinal Niccolò Albergati***★★ (um 1435) und *Der Goldschmied Jan de Leeuw;* von Jean Fouquet ***Der ferraresische Hofnarr Gonella***★ (um 1440); von Hugo van der Goes ***Diptychon von Sündenfall und Erlösung***★★ (um 1470). Von Rogier van der Weyden ***Kreuzigungstriptychon***★ (um 1440); von Hieronymus Bosch die *Kreuztragung Christi;* von Joachim Patinier die *Taufe Christi.*

**Kabinett 15** - Von Joos van Cleve eine ***Lukretia***★; von Jan Gossaert *Der hl. Lukas malt die Madonna* (um 1520).

**Saal X** - Es sei darauf hingewiesen, daß der Gemäldebestand dieses Saals auf der Welt einmalig ist. Hier hängen 14 der insgesamt 45 über die Erde verstreuten Werke von **Pieter Bruegel d. Ä.**. Darunter: ***Kreuztragung Christi***★ (1564), ***Turmbau von Babel***★★, ***Kinderspiele***★★ (1560), ***Kampf zwischen Karneval und Fasten***★★ (1559), ***Bauerntanz***★ (1568/69), ***Bauernhochzeit***★. Das unbestrittene Meisterwerk ist ***Die Jäger im Schnee***★★★ (1565), das zu einer Jahreszeitserie von sechs Bildern gehört; von den fünf noch erhaltenen hängen drei in diesem Museum.

**Saal XI** - Von Jacob Jordaens *Fest des Bohnenkönigs* (um 1640/45); von Frans Snyders *Fischmarkt* (um 1620/30).

**Kabinett 16** - Von Albrecht Dürer ***Junge Venezianerin***★ (1505), *Marter der Zehntausend* (1508, mit einem Selbstporträt Dürers im Zentrum des Bildes), das ***Allerheiligenbild***★★ (1511) sowie *Maria mit dem liegenden Kind* (1512).

**Kabinett 17** - Von Albrecht Dürer das Porträt ***Kaiser Maximilians I.***★ (1519); von Martin Schongauer die ***Heilige Familie***★ (um 1480/90); von Lucas Cranach d. Ä. die ***Kreuzigung Christi***★ (um 1500/01) und ***Judith mit dem Haupt des Holofernes***★ (um 1530). Von Albrecht Altdorfer die ***Geburt Christi***★ (um 1520/25).

**Kabinett 18** - Von Hans Holbein d. J. ***Jane Seymour***★ (um 1536/37).

**Kabinett 19** - Von Giuseppe Arcimboldo ***Feuer***★★ (1566); von Georg Flegel ***Dessertstilleben mit Blumenstrauß***★ (1632).

**Saal XII** - Von Anton van Dyck: ***Nicholas Lanier***★★ (1632), ***Venus in der Schmiede des Vulkan***★.

**Kabinett 20** - In diesem Raum und den beiden folgenden Sälen hängen Gemälde von Peter Paul Rubens: *Mädchen mit Fächer* (um 1612/14).

**Saal XIII** - ***Selbstbildnis***★ (um 1638/40), ***Das Pelzchen***★★ (um 1636/38), ***Ildefonso-Altar***★★ (um 1630/32).

# KUNSTHISTORISCHES MUSEUM (1.Stock)

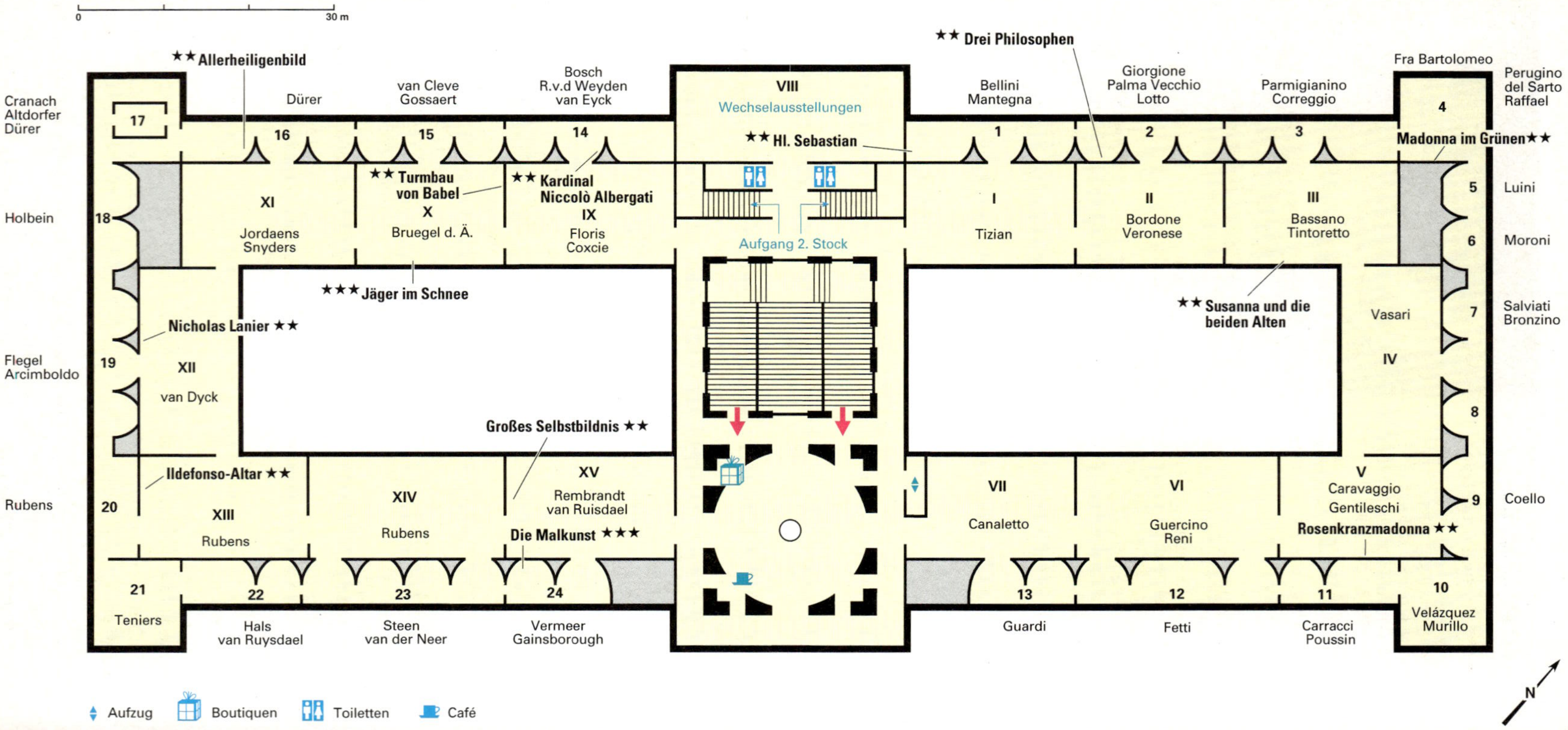

David Teniers d. J. - Erzherzog Leopold Wilhelm in seiner Galerie in Brüssel

**Saal XIV** - *Vincenzo II. Gonzaga* (um 1604/05), *Haupt der Medusa* (um 1617/18).

**Kabinett 21** - Von David Teniers d. J. ***Erzherzog Leopold Wilhelm in seiner Galerie in Brüssel*** ★ (um 1651).

**Kabinett 22** - Von Salomon van Ruysdael *Landschaft mit Plankenzaun und hohem Wolkenhimmel* (1631).

**Kabinett 23** - Von Aert van der Neer *Flußlandschaft mit Schiffen bei Mondschein* (um 1665/70).

**Kabinett 24** - Von Thomas Gainsborough *Landschaft in Suffolk* (um 1748); von Jan Vermeer ***Die Malkunst*** ★★★ (um 1665/66).

**Saal XV** - Von Jacob van Ruisdael *Der große Wald* (um 1655/60); von Rembrandt die *Mutter des Künstlers als Prophetin Hanna* und *Titus van Rijn, der Sohn des Künstlers, lesend* sowie die sehr interessante Bildreihe ***Kleines Selbstbildnis*** ★ (um 1657) und ***Großes Selbstbildnis*** ★★ (1652).

**Saal I** - Von Tizian die *Zigeunermadonna* (um 1510), die *Kirschenmadonna* (um 1516/17), ***Mädchen im Pelz*** ★ (um 1535) und ***Ecce Homo*** ★ (1543).

**Kabinett 1** - Von Andrea Mantegna ***Heiliger Sebastian*** ★★ (um 1457/59); von Giovanni Bellini *Junge Frau bei der Toilette* (1515).

**Kabinett 2** - Von Giorgione *Laura* (1506) und die ***Drei Philosophen*** ★★ (um 1508/09); von Lorenzo Lotto ***Bildnis eines Jünglings vor weißem Vorhang*** ★ (um 1508).

**Saal II** - Von Veronese die *Salbung Davids* (um 1555) und die *Anbetung der Könige* (um 1580/88).

**Saal III** - Von Tintoretto *Lorenzo Soranzo* (1553) und ***Susanna im Bad*** ★★ (um 1555).

**Kabinett 3** - Von Correggio *Entführung des Ganymed* (um 1530); von Parmigianino *Selbstbildnis im Konvexspiegel* (um 1523/24).

**Kabinett 4** - Von Perugino die *Taufe Christi* (um 1498/1500); von Andrea del Sarto die *Beweinung Christi* (um 1519/20); von Raffael ***Die Madonna im Grünen*** ★★ (1505/06).

**Kabinett 5** - Von Bernardino Luini *Salome mit dem Haupt Johannes des Täufers* (um 1525/30).

**Kabinett 7** - Von Bronzino die *Heilige Familie mit hl. Anna und dem Johannesknaben* (um 1540).

**Kabinett 10** - Von Velázquez ***Infantenporträts*** ★. Von Murillo *Hl. Michael* (um 1665/68).

**Kabinett 11** - Von Annibale Carracci die ***Pietà*** ★ (um 1603).

**Saal V** - Von Caravaggio ***David mit dem Haupt des Goliath*** ★ (1606/07) und die ***Rosenkranzmadonna*** ★ (um 1606/07).

**Saal VI** - Von Guercino die ***Heimkehr des Verlorenen Sohnes*** ★ (um 1619). Von Giordano ***Der Erzengel Michael stürzt die abtrünnigen Engel*** ★ (um 1660/65).

**Saal VII** - Von Hyacinthe Rigaud *Graf Ludwig Philipp Wenzel Sinzendorf* (1728); von Canaletto ***Wien, vom Belvedere aus gesehen*** ★ (um 1758/61)

### Münzkabinett

*2. Stock links*

Diese Abteilung umfaßt ca. 700 000 Objekte und gehört damit zu den größten numismatischen Kollektionen der Welt. Neben Sammlungen von Medaillen, Orden und Ehrenabzeichen wird auch die Geschichte des Geldes von der Münze zum Papiergeld präsentiert. Außerdem wird im Münzkabinett die Porträtsammlung Ferdinands II. von Tirol aus dem 16. Jh. ausgestellt. Sie enthält über 1 000 Bildnisse, die nur die Größe einer Postkarte aufweisen.

## ★★ BELVEDERE ⓥ

Die beiden Belvedere-Schlösser wurden von Johann Lukas von Hildebrandt für **Prinz Eugen von Savoyen** (1663-1736) erbaut und gelten als Hauptwerke der Barockarchitektur.
Das Untere Belvedere diente ihm als Sommersitz und entstand 1716; das für Festlichkeiten bestimmte Obere Belvedere wurde 1722 fertiggestellt. Nach dem Tod des Prinzen erwarben die Habsburger das Schloß, und fast 200 Jahre später sollte es Erzherzog Franz Ferdinand als Residenz dienen. Heute ist in den beiden Schlössern die **Österreichische Galerie Belvedere** untergebracht (Galerie des 19. und 20. Jh.s im Oberen Belvedere, Barockmuseum und Museum mittelalterlicher Kunst im Unteren Belvedere).

**Prinz Eugen von Savoyen (1663-1736)**

Eugen von Savoyen, Sohn des Grafen von Soissons und der Olympia Mancini, einer Nichte von Kardinal Mazarin, trat unter Ludwig XIV. in die französische Armee ein. Als man ihm den Oberbefehl eines Regiments verweigerte, nahm er seinen Abschied und diente fortan in der Armee Leopolds I. Als Zwanzigjähriger schloß er sich dem von Polenkönig Jan Sobieski geführten Entsatzheer an, das 1683 im Auftrag des Papstes Wien von der Belagerung der Türken befreite.
Der vom Sonnenkönig Verschmähte gelangte zu hohem Ansehen, als die österreichische Armee unter seinem Oberbefehl die Türken in der Schlacht von Zenta (1697) schlug. Prinz Eugen, „Retter der Christenheit" und Feldmarschall mit 25 Jahren, wurde enger politischer Ratgeber Josephs I. und oberster Minister unter Karl VI. Er hatte die Genugtuung, mit Ludwig XIV. den Frieden von Rastatt (1714) zu schließen, denn aus dem großen Feldherrn war ein einflußreicher Staatsmann geworden.
Der mit Ruhm und Geld überschüttete Prinz ließ sich zwei prächtige Wohnpalais errichten, einen Wintersitz (Stadtpalais in der Himmelpfortgasse 8, in dem sich heute das Finanzministerium befindet) und einen Sommersitz, das Belvedere.

### ★★ Oberes Belvedere (FV)

*Zur Architektur siehe auch Einführung, ABC der Baukunst.*

Die Hauptfassade liegt nach Süden, ist stark gegliedert und besitzt einen Mittelteil mit prachtvollem Portalvorbau. Der Eingang zum Palais führt heute über das Erdgeschoß der Nordfront. Neben der Vorhalle, der **Sala terrena** ★ mit ihren vier Atlanten von Lorenzo Mattielli, liegt rechts ein Raum mit Fresken von Carlo Carlone. Über die Prunktreppe gelangt man in den ersten Stock, wo ein riesiger Saal aus rotem Marmor die gesamte Höhe des Mittelgebäudes einnimmt. Hier wurde am 15. Mai 1955 der Staatsvertrag unterzeichnet, der die Besetzung des Landes durch die alliierten Siegermächte beendete.
Heute ist in dem Palais eine Gemäldegalerie mit einem Schwerpunkt auf der österreichischen Kunst untergebracht.

★★ **Galerie des 19. und 20. Jh.s** ⓥ (**M[25] – Teilmuseum der Österreichischen Galerie Belvedere**) – Die in großer Zahl zusammengetragenen Werke geben einen guten Überblick über die bedeutenden Strömungen der österreichischen und internationalen Malerei im Laufe der letzten beiden Jahrhunderte.

**Erdgeschoß** – Wechselausstellungen.

**1. Obergeschoß** – Wenn man von der Treppe zum Marmorsaal geht, liegt zur Linken die Abteilung „Historismus, Realismus, Impressionismus" und zur Rechten die Abteilung „Kunst der Jahrhundertwende". In chronologischer Reihenfolge beginnt der Rundgang links.
Neben Werken der französischen Impressionisten (Monet, Renoir) wird man sich vor allem den Schöpfungen der österreichischen Künstler zuwenden: Hans Makart (***Dame am Spinett*** ★, ***Die fünf Sinne*** ★), Anton Romako (***Kaiserin Elisabeth*** ★★, ***Mathilde Stern*** ★), Gustav Klimt (***Der Kuß*** ★★, ***Die Braut*** ★★), Egon Schiele (***Tod und Mädchen*** ★★, ***Vier Bäume*** ★★).

BILDAGENTUR BUENOS DIAS

Gustav Klimt - Der Kuß

**2. Obergeschoß** – Von der Treppe aus liegen rechts die Abteilungen „Klassizismus" und „Romantik" und links „Biedermeier". Neben Historienmalerei sind hier Werke von Moritz von Schwind (***Gesellschaftsspiel*** ★), Ferdinand Georg Waldmüller, Caspar David Friedrich (Felsenlandschaft im Elbsandsteingebirge), Friedrich von Amerling (***Mädchen mit Strohhut*** ★) zu sehen.

**Bundesgarten Belvedere** ⓥ – Der Garten wurde nach französischem Vorbild zu Beginn des 18. Jh.s von Dominique Girard angelegt. Dieser Schüler von Le Nôtre war auf Wasserkunsttechnik spezialisiert. Wie häufig zu jener Zeit findet man auch hier esoterische Anspielungen, so ist der obere Teil des Gartens dem Olymp geweiht, der mittlere dem Parnaß und der untere den vier Elementen. Vom obersten Punkt des Gartens hat man einen wunderschönen **Blick** ★ auf die Anlage und die Stadt.

*Durch den Park (rechte Allee) zum Unteren Belvedere hinunterspazieren.*

## ★ Unteres Belvedere (KLS)

Das Untere Belvedere ist schräg zum Rennweg gelegen; ihm ist ein Ehrenhof vorgelagert, den man durch ein eindrucksvolles Eingangsportal mit dem Savoyer Kreuz im Giebel erreicht. Der langgestreckte Bau zeigt vor allem zum Garten hin eine schön gegliederte Fassade, die durch die Verwendung von Pilastern und plastischem Schmuck für den Mittelrisalit und die Eckpavillons elegant und schwungvoll wirkt. Die prunkvollen und repräsentativen ehemaligen Wohngemächer des Prinzen bilden einen idealen Rahmen für die österreichische Malerei und Bildhauerei des 18. Jh.s.

★★ **Barockmuseum** ⓥ **(Teilmuseum der Österreichischen Galerie Belvedere)** – Die Werke – Malerei und Skulptur – wurden den einzelnen Räumen in Themenbereichen zugeordnet, um die Vielschichtigkeit des Barockzeitalters, und damit des „barokken Menschen", herauszustreichen: „Mensch und Schicksal", „Alltag und Fest", „Macht und Ohnmacht der Religion". Tragende Künstler in der Malerei sind **Paul Troger**, in ernst-feierlichem, und **Franz Anton Maulbertsch**, der „Wiener Tiepolo", in überschwenglichem Habitus.

Den prächtigen **Marmorsaal**★ hat Martin Altomonte mit einem Deckenfresko ausgemalt, das die *Apotheose des Prinzen Eugen* darstellt. Hier kann man auch den von **Georg Raphael Donner** (1693-1741) geschaffenen **Mehlmarktbrunnen**★★ im Original bewundern, der am Neuen Markt nur in Kopie zu sehen ist.
Im **Groteskensaal**★, so genannt wegen der Motive des Wandschmucks, findet man neben der lichterfüllten Wandmalerei von Jonas Drentwett die herrlichen **Charakterköpfe**★★ von **Franz Xaver Messerschmidt**, der auch die Figuren Maria Theresias und Franz von Lothringens in der Marmorgalerie geschaffen hat. In dieser Galerie befinden sich auch die berühmten Herkulanerinnen.
Am Ende der Galerie wird der Besucher vom Glanz des **Goldkabinetts**★★ mit seinen Spiegeln und vergoldeten Schnitzereien geblendet, in denen sich **Balthasar Permosers** beeindruckende Marmorplastik ***Die Apotheose des Prinzen Eugen***★ (1718-1721) vielfach bricht. Der Künstler hat sich selbst zu Füßen des Prinzen verewigt.
Von den zahlreichen Gemälden seien besonders hervorgehoben: ***Christus am Ölberg***★ von Paul Troger (um 1750), ***Napoleon am St. Bernhard***★ von Jacques Louis David (1801), ***Ansicht von Laxenburg***★ von Johann Christian Brand (1758).

★ **Museum mittelalterlicher österreichischer Kunst (Teilmuseum der Österreichischen Galerie Belvedere)** – Das Museum ist in der Orangerie untergebracht, die an das Untere Belvedere angrenzt. Seine Werke entstammen größtenteils der Gotik, genauer gesagt der religiösen Kunst der Wiener, der Niederösterreichischen und der Steiermärkischen Schule (Ende des 14. Jh.s bis Anfang des 16. Jh.s).
Hier sei nur eine kleine Auswahl der Kunstwerke genannt, die man bei der Wiedereröffnung sicherlich wieder bewundern kann: Der *romanische Kruzifixus* aus Stummerberg in Tirol um 1160; eine ***Kreuzigung Christi***★ von Conrad Laib (1449), die ***Beweinung Christi***★ vom Meister des Wiener Schottenaltars (um 1469); mehrere Werke des Tiroler Malers und Bildhauers Michael Pacher; die ***Susannenlegende***★ des Kärntner Malers Urban Görtschacher; *Heimsuchung* und *Aufstieg Mariä zum Tempel* (um 1515) von **Marx Reichlich.**

## ★★★ SCHLOSS SCHÖNBRUNN (AZ)

*U-Bahn-Station: Schönbrunn oder Hietzing (Linie 4 - grün).*

Vor 300 Jahren breiteten sich an der Stelle Schönbrunns riesige Wälder aus, ein Jagdgebiet, das die Habsburger mit Vorliebe aufsuchten. 1569 erwarben sie hier ein aus einer alten Mühle hervorgegangenes Jagdschloß mit dem zugehörigen Waldgelände. Der Überlieferung nach soll Kaiser Matthias Anfang des 17. Jh.s die „Schöner Brunnen" genannte Quelle entdeckt haben, nach der später die Anlage benannt wurde, von der man eine schöne Aussicht auf den ganzen Wiener Raum und darüber hinaus auf die rebenbedeckten Hänge und den Kahlenberg hat. 1683 wurde das Jagdschloß von den Türken zerstört.

Trumler/Schloß Schönbrunn K.- u. Betriebsgesmbh/Archiv Schönbrunn

Schloß Schönbrunn – Große Galerie

10 Jahre später erstellte der Baumeister Johann Bernhard Fischer von Erlach in seiner Funktion als Architekturlehrer des ältesten Sohnes Kaisers Leopolds I., dem späteren Josef I., einen Plan für eine großzügige Schloßanlage. So erhielt er den Auftrag des Kaisers zum Bau einer Sommerresidenz der kaiserlichen Familie, der 1695 begonnen wurde. Nach dem Tode Karls VI., der nur wenig Interesse für Schönbrunn bekundete, nahm sich seine Tochter Maria Theresia des Schlosses an und ließ es durch Nicolaus Pacassi so umgestalten (1743-1749), wie wir es heute vor uns sehen. Die Gartenanlage wurde vom französischen Landschaftsarchitekten Jean Trehet entworfen und später durch Johann Ferdinand Hetzendorf von Hohenberg, der auch den Neptunbrunnen, die Römische Ruine, den Obelisken und auch die Gloriette errichtete, umgestaltet.
Im Dezember 1996 wurde das Schloß in das Weltkulturerbe der UNESCO aufgenommen.

## Zur Geschichte

Mit Schloß und Park Schönbrunn verknüpfen sich zahlreiche historische Erinnerungen. Zu Maria Theresias Zeiten war das Schloß die Sommerresidenz des Hofes. Marie Antoinette, die spätere Königin von Frankreich, verbrachte hier ihre Kindheit. Im Spiegelsaal setzte der 6jährige Mozart durch sein frühreifes Talent die Kaiserin und ihren Hof in Erstaunen; in dem kleinen Schloßtheater wurde später sein „Don Giovanni" aufgeführt. In Schönbrunn schlug auch 1805 und 1809 Napoleon sein Hauptquartier auf. 1815, anläßlich des Wiener Kongresses, wurden in der Großen Galerie glänzende Empfänge gegeben.
In Schönbrunn kam Kaiser Franz Joseph zur Welt, und hier beschloß er sein langes Leben. Karl I., der letzte regierende Habsburger, unterzeichnete hier schließlich am 11. November 1918 die Verzichtserklärung.

## ★★ Schloßbesichtigung ⏲

Der 180 m langen Hoffassade mit überhöhtem Mittelrisalit und vorspringenden Eckflügeln fehlt das Schwungvolle und die Bewegung, welche den Barockbauten Wiens aus der Zeit Fischer von Erlachs eigen waren; sie ist aber ein gelungenes Zeugnis des klassisch-gemäßigten Barocks. Das Schönbrunner Gelb der Gebäude, von dem sich die grüngestrichenen Fensterrahmen abheben, unterstreicht den harmonischen Gesamteindruck.
Von der dem Garten zugewandten Fassade bietet sich ein herrlicher **Blick**★★ auf die Gloriette, ein elegantes, erhöht liegendes Belvedere, in dem heute ein Café-Restaurant eingerichtet ist.

Zur Zeit stehen dem Besucher 40 der insgesamt 1 440 Räume des Schlosses zur Besichtigung offen.
Bei der Inneneinrichtung triumphiert das Rokoko des 18. Jh.s. Die Gemächer, in denen Rot-, Weiß- und Goldtöne vorherrschen, wirken mit dem feinen Stuckwerk, das in Voluten die Fresken und Decken einrahmt, mit den Kristallüstern, den prunkvollen Fayenceöfen, Wandteppichen und dem reich geschnitzten Mobiliar außergewöhnlich prächtig.
Auf die **Wohnräume des Kaiserpaares Franz Joseph I. und Elisabeth** folgen die **Repräsentationsräume**: die drei von dem Maler Josef Rosa ausgeschmückten Rosazimmer, die zwei **chinesischen Kabinetts**★ mit ostasiatischem Kunsthandwerk und Vieux-Laque-Täfelungen beiderseits der Kleinen Galerie – durch Bogengänge mit der Großen Galerie *(s. unten)* verbunden – und der Zeremoniensaal mit dem berühmten Maria-Theresia-Bildnis von Meytens.
Zu den prunkvollsten Schloßräumen gehören die **Maria-Theresien-Appartements**: In dem mit chinesischen Papiertapeten bespannten Blauen Salon fanden die Verhandlungen statt, die am 11. November 1918 zur Verzichtserklärung des letzten Habsburger Kaisers Karls I. führten; das **Vieux-Laque-Zimmer**★ weist schwarze ostasiatische Lacktafeln mit Goldmalereien auf; große Brüsseler Gobelins zieren das Napoleonzimmer, in dem Napoleon schlief und in dem später (1832) sein Sohn, der Herzog von Reichstadt, mit 21 Jahren starb; die Wände des **Millionenzimmers**★, so genannt nach seiner kostbaren Ausstattung, sind mit südamerikanischem Rosenholz vertäfelt, in das indo-persische Miniaturen auf Papier eingelassen sind.
Nach einer Reihe anderer Gemächer gelangt man schließlich in die mit riesigen Deckenfresken und vergoldeten Stukkaturen geschmückte **Große Galerie**★★★, in der 1814-1815 der Wiener Kongreß buchstäblich tanzte. Seit Sommer 1999 kann das Schönbrunner Schloßtheater von Mitte Juli bis Mitte Sept. besichtigt werden.

★★ **Schloßpark** – Der nach den Plänen des Wiener Hofarchitekten Ferdinand von Hohenberg 1772-1780 umgestaltete Schloßpark ist eine großartige Schöpfung barocker Gartenkunst, in der sich die Lust am Rokoko und die Liebe zur Antike verbinden.
Die grünen Laubengänge des Irrgartens und die schönen Parterren mit ihren Blumenrabatten bilden den Rahmen für elegante Figurengruppen, antikisierende Allegorien und hübsche Brunnen.

Schattige Alleen führen zum Neptunbrunnen, zu der „Römischen Ruine", zum **Tiergarten**★, den Franz von Lothringen, der Gatte Maria Theresias, 1752 als barocke Menagerie anlegen ließ. Er ist der älteste Tiergarten der Welt.

Das **Palmenhaus**★, die größte Gewächshauskonstruktion aus Glas und Metall auf dem europäischen Festland, entstand zwischen 1880 und 1882; in verschiedenen abgetrennten Klimabereichen findet man dort etwa 4 000 Pflanzen aus aller Welt, von Bergpflanzen des Himalaja bis zur Vegetation des tropischen Regenwaldes.

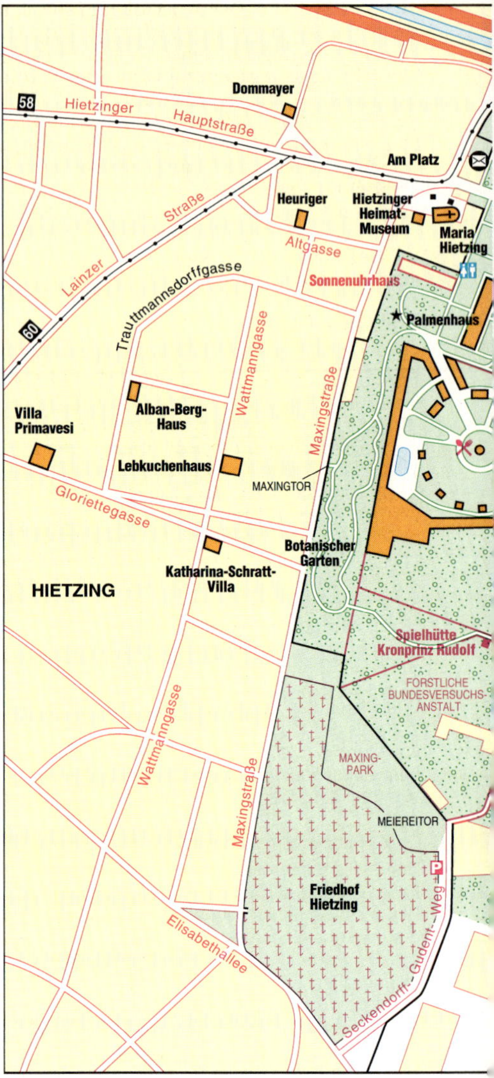


★★ **Gloriette** – Dieser elegante Säulenbau in der Art eines Triumphtores mit dem vom kaiserlichen Adler bekrönten Mittelrisalit wurde zur Erinnerung an die Schlacht von Kolin (1757, im Siebenjährigen Krieg) errichtet, in der die Truppen Maria Theresias einen spektakulären Sieg über die preußischen Truppen Friedrichs II. errungen hatten. Von der **Dachterrasse** (Zugang im Ostflügel der Gloriette) genießt man einen schönen Ausblick auf Schönbrunn und den Westen Wiens. Im Café kann man sich von den Mühen des Aufstiegs auf den „Glorietteberg" erholen.

★ **Wagenburg** – In der Wagenburg sind zahlreiche Prunk-, Reise- und Jagdwagen, aber auch Schlitten, Sänften sowie Leichenwagen des kaiserlichen Hofes und des höfischen Adels aus der Zeit des beginnenden 18. Jh.s bis zum frühen 20. Jh. – Wagen von Marie Louise, Napoleon, Franz Joseph und Elisabeth, die **Kutsche des Königs von Rom**★ – sowie prächtiges Pferdegeschirr und Schabracken zu sehen. Das Prunkstück bildet die vergoldete und mit Malereien geschmückte **kaiserliche Karosse**★★ mit dem Wappen des Gemahls von Maria Theresia, Kaiser Franz I. Stephan. Acht weiße Pferde zogen dieses prachtvolle Gefährt.

## JUGENDSTILGEBÄUDE

Die Künstler der Secession von 1897 hatten mit der akademischen Kunst, die an der Ringstraße wahre Triumphe feierte, gebrochen. Die wenigen Gebäude, die sie in Umsetzung ihrer Theorien errichteten, hatten Modellcharakter und stellen eine entscheidende Etappe in der modernen europäischen Architektur dar.

★ **Wagner-Pavillons** (JS) – *Karlsplatz.*
Im Norden der Karlskirche stehen sich an dem Platz gleichen Namens zwei Pavillons gegenüber, die 1899 von Otto Wagner erbaut wurden und die zu den Hauptwerken des Wiener Jugendstils zählen. Ihre filigranen Linien verflechten in harmonischer Weise das deutlich sichtbare grüne Eisenskelett mit den weißen Marmorplatten – eine seinerzeit innovative Konstruktion, die von einem Dach aus gewelltem Kupferblech überdeckt ist. Der Architekt verzierte den Bau mit Goldreliefs und eingelassenen Goldornamenten, die mit ihren zarten Blumen-

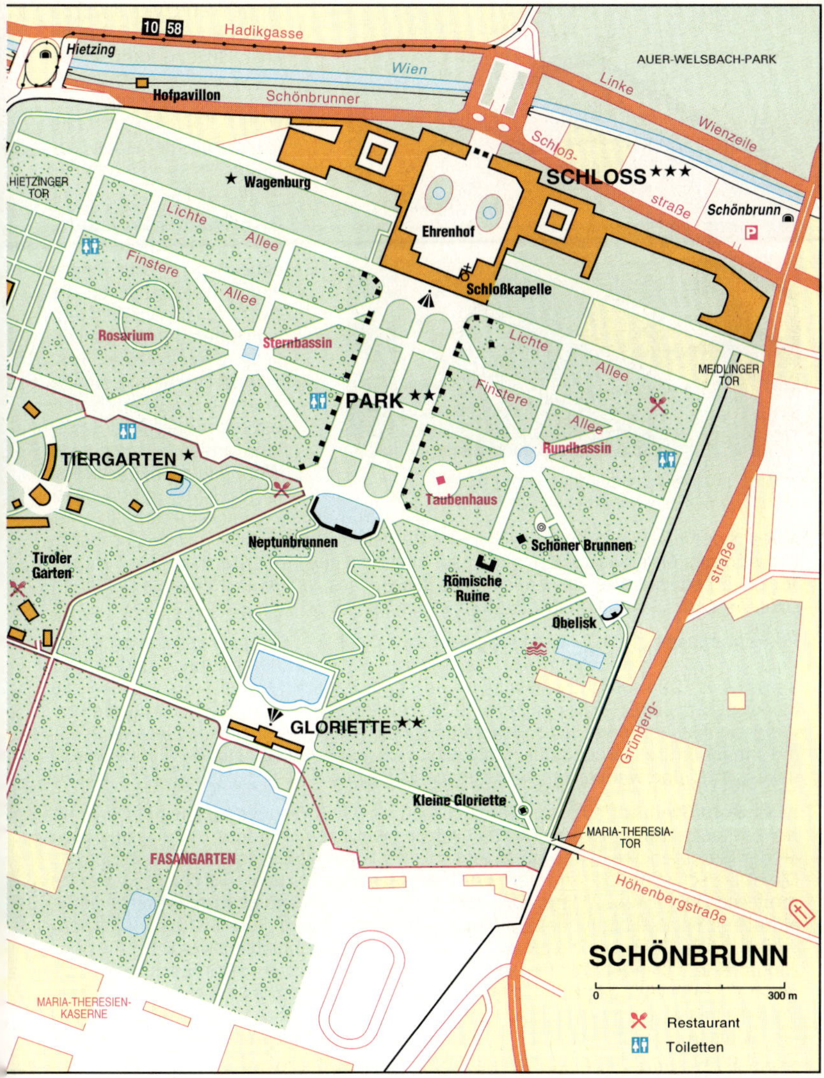


motiven dem Gesamtwerk eine bezaubernde Note verleihen. Otto Wagner sah in der Einrichtung der Stadtbahn, der Vorläuferin der U-Bahn, die zwischen 1894 und 1900 unter seiner Leitung gebaut wurde, eine entscheidende Möglichkeit, das Gesicht des modernen Wiens zu prägen, und widmete sich mit großer Aufmerksamkeit und seinem ganzen schöpferischen Genie selbst kleinsten Einzelheiten.

Ein Pavillon erfüllt heute noch seine Funktion als U-Bahn-Zugang und dient auch als Ausstellungsraum. Der andere wird in der schönen Jahreszeit als Kaffeehaus genutzt.

★★ **Secessionsgebäude** (JS) – Die Wiener Secession wird seit 1898 von der gleichnamigen Künstlervereinigung als Ausstellungshaus für zeitgenössische Kunst aus dem In- und Ausland geführt. Dieses Juwel des Jugendstils wurde von dem Wagner-Schüler **Joseph Maria Olbrich** erbaut. Es stellt eines der wichtigsten Bauwerke am Schnittpunkt zwischen Historismus und Moderne in Europa dar. Als „Tempel für die Kunst" errichtet wurde es jedoch wegen seiner für die damalige Zeit revolutionären Architektur nach seiner Erbauung als „Tempel für Laubfrösche" verunglimpft.

Die weiße, sehr schlichte Fassade wird von einer Kugel aus 3 000 vergoldeten, schmiedeeisernen Lorbeerblättern beherrscht. Über dem Eingang steht in goldenen Lettern: Der Zeit ihre Kunst, der Kunst ihre Freiheit.

Im Untergeschoß ist der berühmte **Beethovenfries**★★★, ein von **Gustav Klimt** zum Thema der Neunten Symphonie geschaffenes Monumentalwerk, angebracht. Es entstand anläßlich der XIV. Ausstellung der Secession im Jahre 1902. Der 34 m

Georg Mikes

Otto-Wagner-Pavillon am Karlsplatz

lange Wandzyklus wurde 1903 aus dem Gebäude entfernt und kehrte erst 1986 in die gerade restaurierte Secession zurück. Der prachtvolle Fries gilt als eines der Hauptwerke des Wiener Jugendstils.

★ **Otto-Wagner-Wohnhäuser an der Linken Wienzeile** (**HJS**) – **Otto Wagner** wollte diese Achse, die die Hofburg mit Schönbrunn verbindet, in eine kaiserliche Prachtstraße umwandeln. Seine Pläne konnten zwar nicht verwirklicht werden; 1899 entstanden jedoch zwei Wohnhäuser, die in Außenarchitektur und Ausstattung geradezu als Modelle der Formensprache des Jugendstils gelten können. Die einfache, schlichte Fassade des **Majolikahauses** (Nr. 40) ist über und über mit floralen Motiven aus Majolika bedeckt. Der Außenschmuck des Hauses Nr. 38 besteht aus goldenen Ornamenten. Die Innendekoration ist in demselben Stil gehalten.

★ **Postsparkasse** ⓥ (**LR**) – Otto Wagner schuf das k.k. Postsparkassenamt, heute Postsparkasse, von 1904 bis 1906 unter Verwendung damals modernster Materialien (Aluminium, Glasbausteine) und Konstruktionen. So wurden die Marmorplatten der Fassadenverkleidung mit Bolzen befestigt, deren Aluminiumkappen gleichzeitig ein Schmuckelement darstellen. Wagner zeichnete auch für die Innenarchitektur und die Möblierung verantwortlich. Mit dem Kassensaal gelang ihm eine wegweisende Raumschöpfung.

★★ **Kirche am Steinhof** ⓥ (**AY**) – Diese Kirche, die Otto Wagner für die neue Wiener Nervenheilanstalt entworfen hatte, wurde zwischen 1904 und 1907 symbolisch an der höchsten Stelle der auf einem grünen Hügel gelagerten Anstalt errichtet. Die praktisch zeitgleich mit dem Postsparkassenamt erbaute Kirche ist das erste moderne Gotteshaus Wiens. Die Verkleidung aus Marmorplatten verbirgt einen einfachen Backsteinbau; dank dieses Kunstgriffes konnte die Kirche im Zeitraum von nur drei Jahren fertiggestellt und somit viel schneller als die Bauten der Ringstraße vollendet werden. Die Marmorplatten wurden mit Nieten befestigt, die mit Absicht sichtbar blieben. Damit waren zwei der Wagnerschen Vorstellungen von moderner Architektur – die Möglichkeit rascher Montage und die Bewertung des Ornaments als ein aus einer architektonisch bedingten Funktionen entspringendes Element – gewährleistet worden.

**Inneres** – Otto Wagner gelang es, seine Pläne zur Innenausstattung zu verteidigen und durchzusetzen, nicht indem er, wie man vermuten könnte, ästhetisch argumentierte, sondern indem er Beweise pragmatischer Art anführte und mit dem ausgezeichneten Kosten-Nutzen-Verhältnis seines Baues überzeugen konnte: Die Weihwassergefäße waren so gestaltet, daß sie Ansteckungsgefahren aus dem Wege räumten; der zum Altar hin abschüssige Boden ermöglicht die Sicht zum Priester von jedem Standort in der Kirche; das Personal konnte rasch, wenn nötig, an allen Stellen der Kirche eingreifen, und dank der drei Eingangstüren konnten Männer und Frauen unproblematisch getrennt werden. Der Zentralbau erlaubte die Einrichtung eines großen Nutzraumes, dessen schlichte Funktionalität durch die weiß-goldene Wandverkleidung etwas aufgelockert wird. Beachtenswert sind die großen seitlichen **Kirchenfenster**★ und ihre nach Art des Jugendstils linear gezeichneten Figuren.

## ERINNERUNGEN AN GROSSE MUSIKER

Wien, vom Ende des 18. Jh.s bis zum Beginn des 20. Jh.s europäische Hauptstadt der Musik, bewahrt in seinen Mauern das Andenken an berühmte Musiker.

★★ **Staatsoper** ⓥ (**JS**) – Die Staatsoper, mit deren Bau 1861 begonnen worden war, wurde 1869 von Kaiser Franz Joseph eingeweiht und mit Mozarts *Don Giovanni* eröffnet. Sie war das erste öffentliche Gebäude der Ringstraße. Dieser Tempel der Opernkunst wurde nach dem Kriege neu aufgebaut und 1955 feierlich wiedereröffnet.

**Eine symbolträchtige Institution** – Dieser Tempel der Sangeskunst, das ruhmreichste Theater Österreichs von unbestrittenem internationalem Ruf, zählte zu seinen Direktoren so berühmte Namen wie Gustav Mahler, Richard Strauss, Karl Böhm, Herbert von Karajan, Lorin Maazel oder Claudio Abbado.
Aus dem Orchester der Wiener Staatsoper rekrutieren sich die weltberühmten **Wiener Philharmoniker**. 4 Proberäume für Regieproben sind notwendig, um täglich wechselnde Vorstellungen zu garantieren. Der Orgelsaal besitzt eine Orgel mit 2 500 Pfeifen.
Saison für Saison (vom 1. September bis 30. Juni) finden in diesen hehren Mauern vor einem internationalen Publikum rund 300 Aufführungen statt.

### Eine technische Meisterleistung

Der Stromverbrauch, der nötig ist, um die Theaterräume zu beleuchten, zu klimatisieren und Bühnenmechanik usw. in Gang zu bringen, beträgt ca. 9 000 kWh/Tag.
Dreihundert Personen gewährleisten einen reibungslosen Opernbetrieb; etwa hundert sind mit dem unaufhörlichen Wechsel von Kulissen, Kostümen und Bühnenbild befaßt. Die größten Bühnenaufbauten müssen – aus Platzmangel in der Oper selbst – im 4 km entfernten Arsenal zwischengelagert werden. Die Lastwagen für den Transport der Bühnenelemente werden automatisch an einem Sondereingang an der Rückseite des Operngebäudes entladen. 22 m lange Aufzüge hissen die Theaterdekoration auf die Höhe der Bühne. Die hochmoderne, 50 m tiefe und 45 m hohe Bühne entspricht mit ihrem 45 Tonnen schweren Heer an hydraulischen Winden, Aufzügen, Kränen und ihrer Drehbühne den Erfordernissen heutiger Regieführung und Dramaturgie.

**Besichtigung** – Die traditionelle Besichtigung der unterschiedlichen, auch sonst für Opernbesucher zugänglichen Räume wird durch einen interessanten Gang auf die Bühne und einen Blick hinter die Kulissen ergänzt. Die Besichtigung beginnt mit den Pausenräumen. Den Gustav-Mahler-Saal schmücken moderne Wandteppiche mit Motiven aus Mozarts *Zauberflöte*. Die Dekoration des **Foyers**★ ist dem Maler Moritz von Schwind zu verdanken. Der **Teesalon** – einst dem kaiserlichen Hof vorbehalten – war neben der prachtvollen **Festtreppe**★ einer der wenigen Teile des Operngebäudes, die bei dem Bombenbrand von 1945 verschont blieben. In dem hufeisenförmigen Zuschauerraum finden 2 280 Personen Platz.

★ **Haydn-Museum** (**EV** $M^{10}$) – *Haydngasse 19*. Das Haus, in dem der Hofdirigent des Fürsten Esterházy die Oratorien *Die Schöpfung* (1798) und *Die Jahreszeiten* (1801) schrieb, ist heute ein dem Komponisten gewidmetes Museum. Die Exponate schildern im wesentlichen das Umfeld und die Orte, die im Leben Joseph Haydns eine Rolle gespielt haben.

★ **Franz-Schubert-Gedenkstätte „Geburtshaus"** (**EFT** $M^{5}$) – *Nußdorfer Straße 54*. Nach einer Restaurierung zeigt sich das Haus heute wieder in seiner ursprünglichen Schlichtheit. Hier kam **Franz Schubert** am 31. Januar 1797 zur Welt, und hier verlebte der berühmte Komponist seine vier ersten Lebensjahre, bevor die Familie in die Säulengasse 3 umzog. Im ersten Stock Schubert-Museum.

★ **Mozart-Gedenkstätte oder Figarohaus** (**KR**) – *Beschreibung s. S. 375.*

**Palais Lobkowitz** (**JR** $P^{5}$) – Auch unter dem Namen Palais Dietrichstein bekannt. Es entstand 1685-1687 nach den Plänen Giovanni Pietro Tencalas. Johann Bernhard Fischer von Erlach fügte 1709-1711 die statuengeschmückte Attika und das Eingangsportal hinzu. Im Festsaal oder Eroica-Saal erklang 1804 Beethovens 3. Symphonie zum ersten Mal.

**Zentralfriedhof** (**CZ**) – *Über* ④. Auf dem weitläufigen Friedhof – er mißt drei km² – liegen die Ehrengräber zahlreicher Persönlichkeiten aus der Welt der Kunst und der Politik. Beethoven, Brahms, Gluck, Schubert, Hugo Wolf ruhen in der Gräbergruppe 32 A neben Wiener Meistern des Walzers und der Operette: Johann Strauß, Vater und Sohn, Josef Strauß, Josef Lanner, Karl Millöcker, Franz von Suppé. Das Grabmal Mozarts ist lediglich ein Kenotaph.
In der Gruppe 32 C findet man Arnold Schönberg, Franz Werfel, Curd Jürgens; in der Gruppe 14 A Theophil von Hansen und Hans Makart, während Antonio Salieri in der Gruppe 0 seine Ruhe gefunden hat, ebenso wie Adolf Loos.
*Ein Plan des Zentralfriedhofes empfiehlt sich; er ist beim Aufseher am 2. Tor (Hauptportal) erhältlich.*

**St. Marxer Friedhof** (**CZ**) – Hier wurde Mozart am 6. Dezember 1791 in einem Armengrab beigesetzt. Seine sterblichen Überreste wurden nie wiedergefunden.

# WEITERE SEHENSWÜRDIGKEITEN

## Innerhalb des Rings

**Herrengasse** (**JR**) - Diese belebte Straße, die den Michaelerplatz mit der Freyung verbindet, weist nicht nur durch ihren Namen, sondern auch durch ihre vielen Paläste auf eine aristokratische Vergangenheit hin. Heute ist sie Sitz wichtiger Behörden. Das Landhaus Niederösterreichs befand sich bis zu seinem Umzug nach St. Pölten in Nr. 13; dieses Gebäude, von dem 1848 die Revolution ausging, errichtete Alois Pichl zwischen 1837 und 1848. Ein Vorgängerbau war im 16. Jh. entstanden; aus dieser Zeit ist noch die Landhauskapelle erhalten (im Hof Renaissanceportal). Nr. 9 ist das ehemalige Palais Mollard-Clary, das 1689 errichtet und 1760 verändert wurde. Im alten Modena-Palais (Nr. 7 - Fassade aus dem 19. Jh.) befindet sich das Innenministerium. In dem 1737 errichteten Palais Wilczek (Nr. 5) haben die Dichter Franz Grillparzer und Joseph von Eichendorff gewohnt.

**Michaelerkirche** (**JR**) - Diese Kirche, schräg gegenüber dem halbkreisförmigen Michaelertrakt der Hofburg, baut auf Teilen eines romanischen Gotteshauses (Langhaus, Querschiff, rechtes Joch des Chores) auf, erstaunt aber, vor allem von außen, durch ihr eigenartiges Stilgemisch: Die Fassade wurde 1792 klassizistisch gestaltet; der Turm aus dem Jahre 1340 wurde im 16. Jh. mit einem Spitzhelm versehen. Die dekorativ-pompöse Figurengruppe auf dem Hauptaltar (1781), die den **Engelssturz**★ versinnbildlicht, gilt als letztes in Wien entstandenes religiöses Barockkunstwerk. Im linken Querschiffarm ruht der italienische Barockdichter Metastasio (schlichte Hinweistafel rechts neben dem Kreuzaltar), den Maria Theresia zum offiziellen Librettodichter an ihren Hof berufen hatte. Eine bemerkenswerte, in Stein gehauene, farbig gefaßte Ölberggruppe (1494) schmückt die südliche Außenmauer der Kirche *(Zugang über den Durchgang im Haus Michaelerplatz 6)*.

★ **Jüdisches Museum der Stadt Wien** ⓥ (**JR**) - Das alte Adelspalais Eskeles in der Dorotheergasse 11 geht bis ins 15. Jh. zurück; hier stand damals das Dorotheerstift der Augustiner-Chorherren. Nach wechselvollem Schicksal beherbergt der Bau seit 1993 das Jüdische Museum: Judaica-Sammlung mit Kult- und Ritualgegenständen, Gemälde und Grafiken, Sammlung der bedeutenden Israelitischen Kultusgemeinde Wien.
Wechselausstellungen zu jüdisch-historischen Themen.

**Minoritenkirche** ⓥ (**JR**) - Der Baubeginn der Kirche fällt in die erste Hälfte des 14. Jh.s. Das Chorhaupt wird von einem achteckigen Turm flankiert und die rechte Seite von einer eleganten Spitzbogengalerie. Seit 1784 ist sie durch kaiserliches Dekret „italienische Nationalkirche" und dient so auch heute noch der italienischen Gemeinde Wiens. Das große Mosaik an der linken Wand, eine Nachahmung von Leonardo da Vincis Abendmahl, wurde im Auftrag Napoleons durch den römischen Künstler Giacomo Raffaelli ausgeführt.

**Annakirche** (**KR**) - Die Kirche erhielt um 1750 ihre heutige Form sowie ihre Ausstattung aus Marmor, Stuck, Gold und Wandgemälden. Die malerische Ausgestaltung des berühmten Barockmalers Daniel Gran (Altarbild und Deckenfresken). Bemerkenswert ist die feingeschnitzte Anna selbdritt (1505), die Veit Stoß zugeschrieben wird.

**Palais Kinsky** (**JR**) - Der Palast, der 1716 nach dem Entwurf von Johann Lukas von Hildebrandt für den Marschall Graf Daun erstellt wurde, zählt zu den bemerkenswertesten profanen Barockbauten. Er besitzt eine reich mit Wappen, Statuen, Pilastern und plastisch gestalteten Motiven geschmückte **Fassade**★. Auch das monumentale Portal und die Balkone sind schön ausgestaltet.

**Alte Ursulinenklosterapotheke** ⓥ (**KR M**[18]) - Diese Nebenstelle des Volkskunstmuseums zeigt neben einer alten Apotheke (1. Hälfte 18. Jh.) eine Sammlung religiöser Volkskunst.

## Außerhalb des Rings

★★ **Karlskirche** (**KS**) - Die dem hl. Karl Borromäus geweihte Kirche wurde zwischen 1716 und 1737 im Auftrag Karls VI. gebaut, der 1713 das Gelübde getan hatte, eine Kirche zu errichten, wenn die in Österreich wütende Pest bald erlöschen würde. Johann Bernhard Fischer von Erlach entwarf diesen außergewöhnlichen Zentralbau, bei dem sich gegensätzliche Stil- und Architekturformen harmonisch zu einem **Gesamtkunstwerk**★★ vereinen.

**Äußeres** - Wie man erzählt, soll Fischer von Erlach auf dem Pincio-Hügel in Rom die Vision dieser eigenartigen Verbindung - Trajansäule, Säulenhalle in griechischer Tempelform und Barockkuppel - gehabt haben.
So entstand die eindrucksvolle Kirchenfassade, ein vorspringender Säulenbau zwischen zwei der Trajansäule nachgebildeten, mit Flachreliefs geschmückten Kolossalsäulen, die Szenen aus dem Leben des hl. Karl Borromäus darstellen, und zwei stadttorartigen Pavillons.

Kuppel der Karlskirche

**Inneres** – Das Innere wird, da kein Langhaus existiert, ganz und gar von der mächtigen ovalen **Kuppel**★★ beherrscht, die von Johann Michael Rottmayr mit Fresken ausgeschmückt wurde. Der Bau vereinigt in sich alle Elemente, die die Barockkunst ausmachen – Überfülle an Ornamenten, Figuren, die in Bewegung sind, indirekte Beleuchtung des Hochaltars, die Perspektive als Gestaltungsmoment und Spiel. Die Wände werden durch gewaltige Stuckmarmorpilaster gegliedert. Symmetrie und Harmonie bestimmen das Gesamtbild: Der Chor entspricht in seiner Anlage der Orgelempore und der Säulenhalle, die beiden einander gegenüberliegenden Querschiffkapellen werden jeweils von zwei kleineren ovalen Kapellen flankiert. Die dezente, fast ausschließlich aus altrosafarbenem Marmor bestehende Dekoration wirkt schlicht und vornehm.

In dem vor der Kirche liegenden Wasserbecken setzt eine monumentale Bronzeskulptur des britischen Bildhauers Henry Moore einen reizvollen Kontrapunkt zur Fassade der Karlskirche.

★ **Historisches Museum der Stadt Wien** ⓥ (**KS**) – *Karlsplatz 8*.
Das Museum zeichnet die Geschichte der Stadt mit Plänen und Ansichten zur Stadtentwicklung – darunter der von dem Nürnberger Augustin Hirschvogel gezeichnete **Rundplan von Wien**★ (1545) – und Objekten aus verschiedenen historischen Epochen nach: Fundstücke aus dem römischen Legionslager, die mittelalterlichen Glasfenster und Fürstenfiguren aus dem Stephansdom, die „Türkenbeute" der zweiten Türkenbelagerung (1683), Porzellan und Glas aus Wiener Manufakturen sowie Kunsthandwerk aus der *Wiener Werkstätte* etc. Hinzu kommen rekonstruierte Interieurs wie das **Pompejanische Zimmer**★ (um 1800) aus dem Palais Caprara-Geymüller, die Wohnung des Schriftstellers Franz Grillparzer im Biedermeier-Stil oder Wohnzimmer und Kaminraum von Adolf Loos (1903). Sie geben einen Einblick in historische Wohnkultur und spiegeln das Kunstschaffen ihrer jeweiligen Zeit wider. Hochkarätige Gemälde von der Gotik (Tafelbilder) über Barock (Maulbertsch, Rottmayr, Troger), Biedermeier (Amerling, Waldmüller) bis hin zu Werken aus der Zeit um 1900 (u. a. ***Die Liebe***★ und *Emilie Flöge* von Gustav Klimt sowie ***Selbstbildnis mit gespreizten Fingern***★★ (1911) und *Die blinde Mutter* von Egon Schiele) komplettieren die Sammlung.

**Österreichisches Museum für Volkskunde** ⓥ (**EU M**[7]) – Das Museum ist im ehemaligen Gartenpalais Schönborn untergebracht, das Anfang des 18. Jh.s von Johann Lukas von Hildebrandt errichtet wurde. Es beherbergt Sammlungen zur historischen Volkskultur Österreichs und seiner Nachbarländer. Die neu konzipierte Präsentation im Erdgeschoß gibt einen Überblick über die einzigartigen Volkskunstsammlungen des Museums. Die Objekte, meist aus dem 17.-19. Jh. erzählen vom Alltag in früherer Zeit, von Bauen und Wohnen, Arbeit und Glauben, Armut und ländlichem Stolz. Im 1. Stock finden volkskundliche Sonderausstellungen statt.

★ **Prater** (CY-GU) - Die große Insel zwischen den zwei Donauarmen wurde 1560 unter Kaiser Maximilian II. kaiserliches Jagdrevier und in eine Art Naturpark umgestaltet, den der liberale Kaiser Joseph II. 1766 seinen Wienern zugänglich machte. Gast- und Kaffeehäuser und andere Vergnügungsstätten schossen aus dem Boden, so daß der Prater, vor allem in der Blütezeit des Wiener Walzers, ein besonders beliebter Treffpunkt der Wiener wurde. Durch den unvergessenen Film „Der dritte Mann" erlangte er Weltruhm; auch für den 15. James-Bond-Film entstanden hier eindrucksvolle Szenen.

H. A. Jahn/VIENNASLIDE

Riesenrad im Prater

Ein Teil des Praters (Wurstelprater) ist als Vergnügungspark angelegt. Hier steht das 1897 von dem Engländer Walter Basset errichtete **Riesenrad**★★ (Durchmesser: 61 m), das als eines der Wahrzeichen der österreichischen Hauptstadt gilt. Von hier aus hat man einen **atemberaubenden Blick**★ auf die Stadt. An den Wurstelprater schließt sich ein weitläufiges Gelände mit Sporteinrichtungen an: Trabrennbahn Krieau, Hallen-Rad-Stadion, Ernst-Happel-Stadion, Galopprennbahn Freudenau. Am Ende der vom Praterstern ausgehenden Hauptallee steht das 1781-1783 errichtete Lusthaus, heute Café.

★★ **Akademie der bildenden Künste - Gemäldegalerie** (JS) - Das 1872-76 von Theophil Hansen im Stil der Neorenaissance errichtete Gebäude enthält eine hochkarätig bestückte Gemäldesammlung mit zahlreichen Werken von großem künstlerischem und historischem Wert; alle überstrahlt das außergewöhnliche ***Weltgerichtstriptychon***★★★ von **Hieronymus Bosch** (1460-1516). Es ist eine erschütternde Komposition, bei der wunderliche Ungeheuer und Gestalten die Laster und Leiden auf dieser Erde symbolisieren.

Zu den weiteren Höhepunkten der Sammlung zählen: ***Lucretia***★★ (1532) von Lucas Cranach d. Ä., die ***Würfelspielenden Knaben***★ von Bartolomé Esteban Murillo, ein ***Selbstporträt***★ (um 1615) von Anton van Dyck im Alter von sechzehn Jahren, ***Bildnis einer jungen Frau***★★ (1632) von Rembrandt, das ***Bildnis einer Delfter Familie***★ (um 1658) von Pieter de Hooch. Zu den herausragenden Werken der Sammlung des 18. Jh.s gehören zweifelsohne die acht ***Ansichten Venedigs***★ von Francesco Guardi. Schließlich wäre es bedauerlich, die Galerie zu verlassen, ohne das berühmte ***Stilleben mit Blumen und Früchten***★ (1703) von Rachel Ruysch betrachtet zu haben.

Österreichisches Museum für angewandte Kunst

★★ **Österreichisches Museum für angewandte Kunst** ⊙ (**LR**) – Das kurz „**MAK**" genannte Museum ist in einem 1871 von Heinrich von Ferstel erbauten Neorenaissance-Gebäude untergebracht. 1993 wurde es umgebaut und mit einem bemerkenswerten **Ausstellungskonzept**★★ neu gestaltet. Bei einem Gesamtbestand von weit über 200 000 Einzelobjekten mußten neue Wege gefunden werden, um den Besucher zu fesseln und wichtige Aspekte der angewandten Kunst zu vermitteln. So hat man sich auf die markantesten, aussagefähigsten Gegenstände beschränkt und die Gestaltung einzelner Räume Künstlern übertragen: Die Möbelkunst des Barock, Rokoko und Klassizismus wurde von **Donald Judd** in Szene gesetzt, die einzigartige Spitzen- und Glassammlung von Franz Graf, Empire und Biedermeier von Jenny Holzer, das 20. Jh. von Manfred Wakolbinger. Barbara Bloom überrascht, indem sie den Historismus und den Jugendstil auf die berühmten Bugholz-Stühle von Thonet reduziert.
Aus der Vielzahl der Exponate seien einige exemplarisch herausgegriffen:
**Romanik, Gotik und Renaissance: Liturgische Ornate**★ (um 1260) aus dem Benediktinerkloster Göss in der Steiermark, **Tischplatte**★★ aus bemaltem Kirschbaum, die Ende des 15. Jh.s in Schwaben gefertigt wurde.
**Barock, Rokoko und Klassizismus: Marketerie-Tafeln**★ (1779), die von David Roentgen angefertigt wurden, **Tafelaufsatz** aus Stift Zwettl, das aus 60 kleinen Porzellanfiguren besteht.
**Empire und Biedermeier**: Erstaunlicher **Kirschbaumsekretär**★, der um 1825 in Wien gefertigt wurde.
**Historismus und Jugendstil**: Kernstück ist hier der berühmte **Thonet-Sessel**★.
**Orient**: Die **Teppichsammlung**★★ des MAK zählt zu den großartigsten der Welt.
**Jugendstil und Art Déco**: Glasgegenstände und Möbel von Josef Hoffmann, Mackintosh, Koloman Moser und Henry van de Velde. Mittelpunkt sind die **Zeichnungen**★★, die Gustav Klimt von 1905 bis 1909 für das Palais Stoclet in Brüssel anfertigte.
**Wiener Werkstätte**: Die **Sammlung der Wiener Werkstätte**★★ ist ein absolutes Muß für jeden Jugendstil- oder Art-Déco-Liebhaber.

★ **Naturhistorisches Museum** ⊙ (**HR**) – Die Sammlungen des Naturhistorischen Museums gehen auf Franz I. zurück, sind also älter als das Museum selbst, das unter Kaiser Franz Joseph im Jahre 1889 eröffnet wurde.

**Zwischengeschoß** – Die **Abteilung für Mineralogie**★★ besitzt bemerkenswerte Exemplare, darunter einen 1 m langen Quarzkristall aus Madagaskar, einen 117 kg schweren Topas aus Brasilien und das berühmte **Juwelenbouquet**★ (1760), das Maria Theresia ihrem Gatten geschenkt hatte.
In der vorgeschichtlichen Abteilung ist die berühmte, 25 000 Jahre alte **Venus von Willendorf**★ zu sehen. Bemerkenswert sind außerdem die Funde aus den **Hallstatt-Gräbern** sowie der Dinosauriersaal.

**Obergeschoß** – Die zoologische Abteilung zeigt neben einer hervorragenden Sammlung ausgestopfter Vögel, darunter einige ausgestorbene, wie der Moa und die Dronte, auch viele präparierte Säugetiere vom Maulwurf über das Känguruh bis zum Elch, Reptilien wie die beeindruckenden, nur im indischen Subkontinent anzutreffenden Gaviale, sowie Süßwasserfische und zahlreiche Meeresbewohner.

**Kurpark Oberlaa** (CZ) – *Südosten des Stadtplans.*
Dieser Park im Süden der Stadt diente in den zwanziger Jahren als Kulisse für österreichische Monumentalfilmproduktionen. Nach einer Neugestaltung fand 1974 hier die Wiener Internationale Gartenschau statt. Seine reizvollen, von Blumenbeeten mit Springbrunnen gesäumten Wege laden zu schönen Spaziergängen oder ganz einfach zu entspannender Erholung ein. In der Nähe des Aussichtsrestaurants hübscher **Blick** auf die Umgebung. Die Therme Oberlaa am Rand des Parks wird mit einer 54 °C heißen Schwefelquelle gespeist.

**Palais Schwarzenberg** (KS) – Die beiden großen Architekten des österreichischen Barocks, Johann Lukas von Hildebrandt und Johann Bernhard Fischer von Erlach, arbeiteten gemeinsam an diesem Bauwerk (1697-1723), das heute teilweise in ein Hotel umgewandelt ist.
An der Seite des Ehrenhofs, d. h. zum **Schwarzenbergplatz**★ hin, ist die Fassade von einer kolossalen Pilasterreihe aufgelockert.

**Naschmarkt** (HJS) – *Linke Wienzeile.* Auf diesem Obst- und Gemüsemarkt mit seinen Buden kann man die Augen mit lebendig-bunten Bildern erfreuen und typisch wienerische Atmosphäre genießen. Natürlich läßt sich hier auch einiges finden, womit man seinen Gaumen verwöhnen kann.
Gegenüber dem Naschmarkt steht das Theater „An der Wien". In der Verlängerung des Naschmarktes findet jeden Sonntag ein Flohmarkt statt.

**Piaristenkirche Basilika Maria Treu** ⓥ (EU A) – *Am Jodok-Fink-Platz* – gemeinhin Piaristenplatz genannt – inmitten der Josephstadt, ist diese hochbarocke Kirche gelegen. Sie zeigt eine schöne Fassade im Übergang vom Barock zum Klassizismus. Die berühmten Fresken der gewaltigen Kuppeln wurden 1752 von Franz Anton Maulbertsch gemalt.

**Salesianerinnenkirche** (LS) – Die Kirche mit ihrem prächtigen Portal und ihrer 48 m hohen Kuppel ist ein Werk des italienischen Architekten Donato Felice d'Allio und wurde von 1717 bis 1730 erbaut. Die Fassade wurde von Fischer von Erlach vollendet.

**Hundertwasserhaus** (GU F) – *Löwengasse/Kegelgasse.*
Der international bekannte Maler und Graphiker **Friedensreich Hundertwasser** verwirklichte in diesem Haus seine Vorstellungen von „organischer" Architektur, nach denen das Streben nach modernem Komfort und Wohnlichkeit auf jeden Fall die Umwelt miteinbeziehen muß. Dieser Wohnkomplex (Sozialwohnungen) aus dem Jahre 1984 hebt sich durch die Vielfalt seiner Ideen, die breite Palette seiner architektonischen Formen – Loggien, Galerien, Statuen, Zwiebelhauben –, durch die Verschiedenheit seiner Baumaterialien – Glas, Backstein, Verputz – und auch durch die stufenförmig angelegten Dachgärten von der sonst üblichen Monotonie der großen modernen Mietshäuser ab.

Ch. Bastin/J. Evrard

Hundertwasserhaus

**KunstHaus Wien** ⓥ (GU G) – *Untere Weißgerberstraße 13.*
Dieses Museum wurde von Friedensreich Hundertwasser entworfen, der sich als Künstler intensiv mit dem Verhältnis Mensch – Umwelt beschäftigte und bewußt die Auseinandersetzung mit diesem Problem suchte. Eine Hälfte des Hauses birgt Werke des Künstlers; der andere Teil ist für Sonderausstellungen bestimmt.

**Museum moderner Kunst Stiftung Ludwig** ⓥ (FT M[4]) *Besichtigung voraussichtlich bis Ende 2000. Im*

*Herbst 2001 ist die Neueröffnung der Ausstellung im Museumsquartier am Museumsplatz geplant.* – Das Museum hat im **Palais Liechtenstein** ein Heim gefunden. Das Palais, einst Sommerresidenz des Fürsten Johann Adam Andreas von Liechtenstein, eines großen Kunstliebhabers, ist heute noch im Besitz der fürstlichen Familie.

Der um 1700 vollendete Bau hat in der Anordnung der Gebäudeteile sowie im Dekor seinen **barocken Charakter** – vor allem in dem prachtvollen Marmorsaal im 1. Stock – bewahrt.

Die Sammlung zeigt einen Querschnitt internationaler Kunst des 20. Jh.s. Den verschiedenen Kunstströmungen sind eigene Räume gewidmet: Werke von Jawlensky und Kokoschka stehen für den Expressionismus, der Kubismus ist u. a. durch Fernand Léger vertreten, der Surrealismus durch Max Ernst und René Magritte. Der Nouveau Réalisme findet seinen Ausdruck in Werken von Arman, die Pop Art in Robert Rauschenberg und Andy Warhol.

Die internationale Malerei der achtziger und neunziger Jahre ist u. a. mit Georg Baselitz, Jörg Immendorff, Ernesto Tatafiore dokumentiert. Ein Raum ist dem „Wiener Aktionismus" gewidmet (Hermann Nitsch, Günter Brus, Arnulf Rainer).

Weitere Ausstellungsräume des Museums befinden sich im **20er Haus** *(Arsenalstraße 1, 2001 ebenfalls Umzug ins Museumsquartier).* Im Erdgeschoß werden Wechselausstellungen gezeigt. Im Obergeschoß setzt die international ausgerichtete ständige Ausstellung Schwerpunkte in den Bereichen der Konzeptkunst, Minimal Art und Land Art von 1960 bis heute. Im **Skulpturengarten** findet man Arbeiten von Giacometti, Moore und Wotruba.

★ **Heeresgeschichtliches Museum** ◷ (**GV**) – Im ersten Bau des Historismus in Wien, der nach Entwürfen von Theophil Hansen und Ludwig Förster errichtet wurde, hat dieses Museum seinen Platz gefunden. Es zeigt in fünf Bereichen die Geschichte der Habsburgermonarchie vom Ende des 16. Jh.s bis 1918 sowie den Weg Österreichs vom Zerfall der Monarchie über die Zwischenkriegszeit und den Zweiten Weltkrieg bis in die Zweite Republik. Ein Teil des Hauses ist der österreichischen Kriegsmarine und ihren Expeditionen vorbehalten.

★ **Kaiserliches Hofmobiliendepot** ◷ (**EU M¹¹**) – Die Möbelsammlung vermittelt dem Besucher eine Ahnung, wie es damals so war – „bei Kaisers zuhause". Ob das **Ägyptische Kabinett** (am Eingang rechts der Kasse), der **Habsburgersaal** (in dem sich Geburt und Tod, Feste und politische Ereignisse, religiöse und weltliche Zeremonien in Objekten der Dynastie oder einzelner Familienmitglieder widerspiegeln) oder das **Laxenburger Zimmer** mit erlesenen Renaissance-Möbeln deutscher Provenienz – immer wieder wird man von den eleganten Exponaten fasziniert sein, die zum Teil die besondere Vorliebe der Habsburger für fremde und exotische Kulturen erkennen lassen. Im 2. Obergeschoß findet man die **Biedermeierkojen**, Inszenierungen bürgerlicher Wohnkultur, die in den 20er Jahren des 20. Jh.s mit höfischem Mobiliar zusammengestellt wurden, und das begehbare Depot, das eine wichtige Aufgabe des Magazins illustriert: Es dient weiterhin als Lagerort für Teile der Sammlung, die für den Museums- und Ausstellungsgebrauch sowie an staatliche Dienststellen verliehen werden.

**Technisches Museum** ◷ (**AZ M²**) – Das 1909 gegründete Museum wurde 1999 nach umfangreichen Umgestaltungsmaßnahmen wiedereröffnet. Die z. T. interaktiv gestaltete Ausstellung gibt einen umfassenden Überblick über verschiedenartigste Facetten der Technik und der Industrie: Geschichte der Naturwissenschaften, Instrumentenbau, Bergbau, Verfahrenstechnik, Schwerindustrie, Energie etc. Anschauliche Demonstrationsexperimente im Sockelgeschoß, mit denen man technischen Phänomenen selbst auf den Grund gehen kann, werden nicht nur Kinder faszinieren.

### Die Hofmobilien

Die Hofmobilieninspektion hatte die Aufgabe, Möbel, Teppiche, Vorhänge etc. zu den wechselnden Aufenthaltsorten des Hofstaates zu transportieren, diese zu pflegen und zwischenzeitlich zu lagern. Denn bis zum Beginn des 19. Jh.s war nur die Wiener Hofburg permanent eingerichtet und die kaiserlichen Sommerresidenzen und Lustschlösser wurden nur für die Dauer der Aufenthalte des Hofes mit Möbeln ausgestattet. So mußten z. T. Einrichtungsgegenstände für über 1000 Personen bereitgestellt werden. Und auch zu Krönungs- oder Brautreisen (bis nach Frankfurt, Florenz oder Venedig) zogen bis zu hundert schwer beladene Frachtwagen dem Hof voraus und statteten dessen Wohn- und Repräsentationsräume mit Möbeln, Wandteppichen, Gemälden und sogar Zimmerklosetts aus. Erst auf eine Anordnung Franz' II. wurden ab 1808 auch die nur zeitweilig genutzten Schlösser und Residenzen nach und nach dauerhaft mit Möbeln versehen.

## AUSFLÜGE

### Auf der Höhenstraße zum Kahlenberg (ABX)

*Rundfahrt von 33 km – Wien auf der Heiligenstädter Straße (BX) verlassen, die an der Bahnlinie entlang nach Klosterneuburg führt. Beim Bahnhof Klosterneuburg-Kierling links in den Stadtplatz einbiegen und an seinem Ende wieder links in die Hofkirchnergasse fahren, die den Kierlingbach überquert und zum Stift hinaufführt. Das Auto auf dem Rathausplatz abstellen.*

★ **Klosterneuburg** – *s. dort.*

*Auf der Leopoldstraße im Süden ins Weidlingbachtal fahren. Dort überquert man die Weidlinger Straße und fährt auf der gegenüberliegenden Wiener Höhenstraße weiter.*

Sie führt an zahlreichen Villen vorbei bergan und gewährt vor der Waldstrecke gute **Blicke** auf das kupfergedeckte Stift Klosterneuburg.

★★ **Leopoldsberg** – Diese äußerste Kuppe des Wienerwalds (423 m) fällt steil zur Donau ab. Vom Burgplatz gegenüber der Leopoldskirche hat man eine weite **Aussicht**★★ über die Nord- und Ostbezirke Wiens, das Marchfeld, das Leithagebirge und die Höhen des Wienerwalds.

*Auf der Höhenstraße links weiterfahren zum großen Kahlenberg-Parkplatz.*

★ **Kahlenberg** – Rechts des Höhenrestaurants auf dem Kahlenberg (483 m) bietet sich von einer Terrasse ein schöner **Blick**★ über das Häusermeer Wiens, aus dem die Türme des Stephansdoms und der Ringturm herausragen. Im Vordergrund die Weinberge Grinzings und ganz rechts der Wienerwald.
Weiterfahrt auf der Höhenstraße. 500 m nach der links abzweigenden Cobenzlgasse eröffnet sich beim Café-Restaurant Cobenzl ein interessanter **Blick** auf Wien. Zum Gasthaus „Hauserl am Roan" weiterfahren. Vom Parkplatz erneut prächtiger Blick über ganz Wien und den Wienerwald.

*Wieder zur Höhenstraße zurück – und dann links in die Cobenzlgasse (AX) fahren. Nun geht es bergab nach Grinzing.*

★ **Grinzing** – Unter den dörflichen Stadtteilen Wiens ist Grinzing sicher der bekannteste. Als Hochburg des Heurigen vor allem bei den Touristen beliebt, bietet die am Fuße rebenbedeckter Hänge gelegene Ortschaft mit ihren niedrigen, schmucken Häusern ein idyllisches Bild. 1114 urkundlich erwähnt, gehört Grinzing heute zum Bezirk Döbling. Tagsüber recht ruhig, füllt sich das Dorf in den Abendstunden und findet erst gegen Mitternacht seine Ruhe wieder.

3BIS/MICHELIN

Grinzing

**Heiligenstadt** – Beethovens Verehrer werden nicht versäumen, bis zum Pfarrplatz des alten Dorfes zu gehen, um das kleine Haus (Nr. 2) aus dem 17. Jh. (heute eine Heurigenschenke) zu sehen, in dem der Meister 1817 einige Monate verbrachte.

In der von diesem Platz ausgehenden Probusgasse steht **Beethovens „Testamenthaus"** ⓥ *(Nr. 6)*, in dem der Komponist 1802 in einem Anflug von Verzweiflung über seine Taubheit das berühmte *Heiligenstädter Testament* verfaßte: "Oh ihr Menschen, die ihr mich für feindselig, störrisch oder misanthropisch haltet oder erkläret, wie unrecht tut ihr mir! Ihr wißt nicht die geheime Ursache von dem, was euch so scheinet...". Diesen an seinen Bruder Carl gerichteten Brief schickte er niemals ab. Das Haus wurde in ein kleines Museum umgewidmet.

*Die Rückfahrt nach Wien geht über die Hohe Warte (**BX 64**) und die Döblinger Hauptstraße (**BXY 21**).*

## Marchfeld-Schlösser

*Von Wien nach Marchegg – 58 km. Michelin-Karte Nr. 926 – Falten 12 und 13.*

Das Marchfeld, eine Schotterebene östlich von Wien, ist einer der fruchtbarsten Landstriche Österreichs. Donau und March, der Grenzfluß zur Slowakei, bilden hier Auen, die vielen Tieren Schutz und Nahrung bieten. Die wildreiche Gegend wurde deswegen als ideales Jagdrevier geschätzt; so verwundert es nicht, daß Adelsfamilien, die sich besonders verdient gemacht hatten, mit Herrschaftssitzen im Marchfeld belohnt wurden.

*Man verläßt Wien in östlicher Richtung auf der Bundesstraße 3. Nach etwa 24 km erreicht man in Orth die erste Station der „Schlösserstraße".*

**Orth an der Donau** ⓥ – Die Geschichte der Wasserburg reicht bis ins 12. Jh zurück. Der heutige Baubestand mit den vier wuchtigen Ecktürmen stammt aus dem 16. Jh. Ende des 17. Jh.s entstand der schlichte barocke Anbau am Westflügel, der Kronprinz Rudolf *(s. Mayerling)* bei seinen Jagdaufenthalten als Wohnung diente. Im Innern Fischerei-, Donau-, Bienenzucht- und Heimatmuseum.

*Orth auf der Bundesstraße 3 Richtung Wagram verlassen. In Pframa rechts Richtung Eckartsau abbiegen.*

**Eckartsau** ⓥ – Um 1730 erfolgte die barocke Umgestaltung des Schlosses unter der Leitung von Joseph Emanuel Fischer von Erlach (Fresken von Daniel Gran). Das Jagdschloß erlangte Berühmtheit als letzter Aufenthaltsort der Habsburger in Österreich nach der Abdankung Karls I. am 11. November 1918. Am 23. März 1919 brach die kaiserliche Familie von dort in ihr Schweizer Exil auf.

*Von Eckartsau Richtung Kopfstetten zurück auf die B 3 und weiter bis zur Kreuzung mit der B 49. Nach links Richtung Marchegg abbiegen. Nach etwa 2 km erreicht man das Schloß Niederweiden.*

**Niederweiden** ⓥ – Feldmarschall Ernst Rüdiger von Starhemberg hatte die Herrschaft 1685 erworben und ließ 1693 durch Johann Bernhard Fischer von Erlach dieses barocke Jagdschloß errichten. 1726 erwarb es Prinz Eugen von Savoyen, bevor es schließlich 1755 von Maria Theresia übernommen wurde. In diese Zeit fällt der Umbau durch Nicolaus Pacassi, der das Schloß in den heutigen Stand versetzte. In dem von einem schindelverkleideten Mansardendach gedeckten Schloß zeugt nur noch der ovale, in chinesischer Manier ausgemalte **Festsaal★** von der Pracht der ehemaligen Dekoration.

*Die B 49 verlassen und weiter Richtung Schloßhof.*

**Schloßhof** ⓥ – 1725 erwarb Prinz Eugen von Savoyen die Herrschaft Hof, damals ein Kastell, und ließ es zwischen 1725 und 1729 zu einer riesigen Barockresidenz umbauen. Der damit beauftragte Architekt war Lukas von

### Weißstörche in Marchegg

Seit Jahrzehnten schon nisten Weißstörche in Marchegg, wobei ein stetes Ansteigen der Population festgestellt wurde. Sie brüten ausschließlich auf Bäumen (und nicht auf Hausdächern oder Türmen, wie man es sonst vom Weißstorch her kennt). Nach der Überwinterung in Afrika und etwa 10 000 Kilometern, die sie im Gleitflug bewältigen, treffen sie im Frühjahr hier ein. Das Weibchen legt noch im April drei bis vier Eier, die vom Storchenpaar abwechselnd ausgebrütet werden. Die Jungen schlüpfen nach einem Monat und sind bis Ende August stark genug – keine leichte Aufgabe, denn ein drei Wochen alter Storch braucht z. B. täglich 500 g Futter –, um die weite Reise nach Afrika anzutreten. Dort bleiben sie zwei Jahre. Erst im dritten Lebensjahr kommen sie zurück nach Europa und siedeln sich dann meist am Geburtsort an. Der Standort Marchegg scheint also gesichert.

Hildebrandt. Nicht weniger als 800 Bauarbeiter, darunter allein 300 Gärtner, waren daran beteiligt. Die großartigen, im französischen Stil angelegten Gärten wurden mit Skulpturen und Brunnen bestückt, durch Terrassen und kunstvoll geschmiedete Gittertore gegliedert. Maria Theresia erwarb Schloßhof zusammen mit Niederweiden, ließ das Gebäude aufstocken und prachtvoll ausstatten. Nach zweihundert Jahre andauerndem Verfall präsentiert sich Schloßhof heute wieder als stolzes Schloß mit schönen Stukkaturen und Gemälden. Besondere Beachtung verdient die meisterhaft restaurierte **Sala terrena★**.

*Über Groißenbrunn zurück auf die B 49 und weiter nach Marchegg.*

**Marchegg** ⓥ – Das im Kern mittelalterliche Schloß wurde im 17. und 18. Jh. barockisiert und geht auf eine Stadtburg des böhmischen Königs Przemysl Ottokar zurück. Die Vierflügelanlage gehörte von 1629 bis 1945 dem ungarischen Hochadelsgeschlecht Pálffy-Erdöd. Heute beherbergt es das **Niederösterreichische Jagdmuseum**. Ein unvergeßliches Erlebnis ist der Blick vom Eckzimmer des nordöstlichen Flügels (Obergeschoß), wenn man auf die hinter dem Schloß liegenden Marchauen schaut und dabei eine bis zu 50 Paare umfassende **Storchenkolonie★★** erblickt, die hier auf österreichischer Seite in den Bäumen nistet. Ihr Futter holen sich die Weißstörche als „Grenzgänger" am gegenüberliegenden Ufer der March in der Slowakei. *Hinter dem Schloß besteht die Möglichkeit, die Kolonie durch ein Fernglas zu beobachten.*

# WIENER NEUSTADT

Niederösterreich

35 050 Einwohner

Michelin-Karte Nr. 926 – Falte 25 – 265 m

Die Stadt wurde 1194 als Grenzfeste gegen Ungarn von Herzog Leopold V. von Babenberg gegründet. Zu ihrem Bau soll ein Teil des beträchtlichen Lösegeldes für Richard Löwenherz gedient haben. Unter Friedrich III., zwischen 1440 und 1493, war die Stadt kaiserliche Residenz. 1459 kam hier Maximilian I. zur Welt und hier fand er dann auch, weit entfernt von seinem prunkvollen Mausoleum in Innsbruck, seine letzte Ruhestätte. Unter Maria Theresia wurde die noch heute bestehende Militärakademie in Wiener Neustadt eingerichtet.
Heute noch zeigt die Altstadt, die zu einer schmucken Fußgängerzone ausgebaut wurde, trotz starker Zerstörungen im Zweiten Weltkrieg die regelmäßige Straßenführung des Mittelalters.

## SEHENSWÜRDIGKEITEN

**Ehemalige Burg** – Im Kern geht sie auf das 13. Jh. zurück, doch wurde sie ständig erweitert und umgebaut. 1751 richtete Maria Theresia hier eine Militärakademie ein; sie gilt heute als die älteste der Welt.

**St. Georgskathedrale** ⓥ – Als Titelkirche des Militärbischofs wurde das Gotteshaus zur Kathedrale erhoben. Die dem Innenhof zugewandte Kirchenfassade, die sogenannte „Wappenwand" (15. Jh.), ist mit 107 Wappenreliefs bedeckt – einige sind authentische Wappen des Hauses Habsburg, andere reine Phantasieprodukte. Sie umrahmen das zentrale Kirchenfenster und eine Statue Friedrichs III.
Die spätgotische Hallenkirche, die unter Friedrich III. erbaut und nach dem letzten Krieg vollkommen restauriert wurde, liegt über dem Eingangsgewölbe. Von ihrer ursprünglichen Ausstattung sind die gotische Muttergottes „mit den Kirschen" des rechten Seitenaltars und einige Fragmente ihrer schönen Glasmalereien (Wappenscheiben) bemerkenswert. Unter den Stufen des Hochaltars ruht **Maximilian I.**

**Neuklosterkirche** – *Ungargasse, in der Nähe des Hauptplatzes.*
Dieser gotische Bau mit erhöhtem Chor (1. Hälfte 14. Jh.) ist mit prächtigen Barockaltären ausgestattet. In der Apsis, hinter dem Hochaltar, befindet sich, in die Wand eingelassen, die schöne **Grabplatte★** der Gemahlin Friedrichs III., Eleonore von Portugal, die Nikolaus von Leyden 1467 ausführte.

**Hauptplatz** – Auf seiner Südseite steht das 1488 erbaute **Rathaus**, das im 16. Jh. einen Turm mit Rustikafassung erhielt und 1834 spätklassizistisch umgestaltet wurde. Die Mariensäule wurde 1678 errichtet. Die schönen Laubenhäuser auf der Nordseite des Platzes stammen aus gotischer Zeit.

*Durch die Böheimgasse zum Domplatz gehen.*

**Dom** – Der spätromanische Bau erhielt im 14. Jh. ein gotisches Querschiff und einen gotischen Chor. Das mit Rauten- und Zackenbändern abgetreppte **Brauttor★** an seiner Südseite ist ein schönes Beispiel spätromanischer Baukunst. Der hohe Innenraum kündet von der Bedeutung, die das Gotteshaus unter Friedrich III.

genoß. Die Hofempore trägt seine Devise A.E.I.O.U. (Alles Erdreich ist Österreich untertan). Ihm ist wohl auch die Stiftung der 12 überlebensgroßen Apostelfiguren zuzuschreiben, die an den Pfeilern angebracht und ein Werk des Bildschnitzers Lorenz Luchsperger sind. Der **Hochaltar** mit seinen sechs korinthischen Säulen aus rotem Marmor ist prunkvoll, aber nicht überladen. Die **Kanzel** wurde 1609 von Johann Baptist Zelpi geschaffen; sie trägt die Statuen der Kirchenlehrer Augustinus, Ambrosius, Gregor und Hieronymus.
Auf der Nordseite des Domplatzes befindet sich die **Propstei**, von 1469 bis 1785 bischöfliche Residenz. Kunstvolles Barockportal mit Wappen des Bischofs Franz Anton Graf Puchheim.

## AUSFLUG

**Seebenstein** – *17 km südlich, an der A 2 Richtung Graz.* Die im Pittental gelegene Gemeinde wird durch zwei Bauwerke angezeigt, die von der Südautobahn, der A 2, weithin sichtbar sind: die Burg Seebenstein und den Türkensturz hoch über dem Tal.

*Den Wagen auf dem Parkplatz beim Gemeindeamt abstellen. Dem Schloßweg in südlicher Richtung folgen. Man erreicht einen schattigen Waldweg zum Türkensturz. Nach etwa 10 Min. zu Fuß zweigt links der Weg zur Burg ab.*

**Burg Seebenstein** ⓥ – Die bis auf das 11. Jh. zurückgehende stolze Burg birgt eine Privatsammlung mittelalterlicher Kunst, aus der eine Madonna des Würzburger Bildhauers Tilman Riemenschneider (um 1460-1531) besonders zu erwähnen ist.

M. Hertlein/MICHELIN

Seebenstein – Türkensturz

*Zurück zur Wegabelung und etwa eine 3/4 Std. auf dem gut ausgebauten Waldweg weiterhin bergaufwärts.*

**Türkensturz** – 1825/26 von Fürst Johann I. von Liechtenstein bereits als romantische Ruine errichtet (!), bietet der Türkensturz, dessen Name auf eine legendäre Begebenheit aus den Türkenkriegen des 16. Jh.s zurückgeht, einen malerischen Aussichtspunkt: Der Blick reicht nach Westen bis zur Raxalpe und zum markanten Schneebergmassiv.

# WIENERWALD★

Niederösterreich

Michelin-Karte Nr. 926 – Falten 12 und 24

Der Wienerwald bildet den nordöstlichen Sporn der Alpen. Diese riesige grüne Lunge im Westen Wiens, die sich bis in das Stadtgebiet hineinzieht, verleiht der österreichischen Hauptstadt einen ländlichen Charme. Tatsächlich gehört Wien zu den wenigen Metropolen der Welt, die auch innerhalb der Stadtgrenzen den Reiz dörflichen Lebens bewahren konnten.
In Wien verknüpft man mit dem Begriff „Wald" zunächst einmal die rebenbedeckte Hügellandschaft und ausgedehnte Spaziergänge durch schattige Waldungen, die gerade in der heißen Sommerzeit angenehme Frische bieten. Doch assoziiert man auch den Klang einer Zither in einem entlegenen Gasthof oder die von Ludwig van Beethoven in seiner 6. Symphonie, der sogenannten *Pastorale*, musikalisch heraufbeschworenen Landschaftsbilder. Und nicht zuletzt hat auch der Strauß-Walzer den Wienerwald unsterblich gemacht.
Besuchern, die mit dem eigenen Fahrzeug unterwegs sind, empfehlen wir eine von mehreren Sehenswürdigkeiten markierte Strecke, auf der man den Abschnitt des Wienerwalds entdecken kann, den Franz Schubert und seine Freunde für ihre bukolischen Fahrten bevorzugten.

## RUNDFAHRT DURCH DEN WIENERWALD

*Wien über die Bundesstraße 12 verlassen und dem Hinweisschild „Perchtoldsdorf Zentrum" folgen. Am Ende der Mühlgasse rechts und gleich wieder links abbiegen. Am Stoppschild erneut nach links in die Plättenstraße einbiegen und dem Wegweiser „Zentrum" folgen.*

**Perchtoldsdorf** – In der Mitte des Marktplatzes erhebt sich die schöne Pestsäule, die Johann Bernhard Fischer von Erlach 1713 schuf. Im Rathaus, einem im spätgotischen Stil gehaltenen Bau (Ende des 15. Jh.s), ist das **Türkenmuseum** untergebracht, das die Erinnerung an die Feldzüge der Osmanen in Niederösterreich wachruft. Der mächtige Wehrturm an der Nordseite des Marktplatzes wurde zwischen 1450 und 1520 erbaut.
Im Portalvorbau der Pfarrkirche zum hl. Augustinus ist der **Marientod**★ zu sehen, ein polychromes Relief aus dem Jahr 1449. Der Innenraum wird vom monumentalen Hauptaltar im Barockstil beherrscht, der um 1740 entstand und mit den vier Schutzheiligen der Kronländer (Steiermark, Kärnten, Oberösterreich und Niederösterreich) geschmückt ist.
Westlich der Kirche sind die Reste der zwischen dem 11. und dem 15. Jh. erbauten Herzogsburg zu sehen.

*In Perchtoldsdorf auf die Bundesstraße 13 in Richtung Wien fahren. Nach 1,3 km in die Kaltenleutgebnerstraße einbiegen, die in die Hauptstraße übergeht. Nach 11 km in Richtung Sulz im Wienerwald links abbiegen. Sittendorf durchqueren und (kurz bevor man die Autobahn kreuzt) dem Wegweiser „Naturpark Sparbach" folgen.*

**Naturpark Sparbach** ⓥ – Der älteste Naturpark Niederösterreichs mit weitläufigen Wanderwegen beherbergt Wildgehege mit Damwild, Mufflons etc., einen Streichelzoo und einen idyllischen Teich mit Wassermühle. Vor allem im Sommer, wenn das kontinentale Klima seine Hitzeglocke über Wien stülpt, ist er wegen seiner angenehmen Frische überaus beliebt.

*Die Autobahn E 60/A 21 überqueren und rechts in die Bundesstraße 11 Richtung Gaaden einbiegen, auf der man durch Wälder und Täler zum Stift Heiligenkreuz gelangt.*

★ **Stift Heiligenkreuz** – *s. dort.*

*Auf der Bundesstraße 11 in Richtung Alland weiterfahren. Nach 4 km links in Richtung Mayerling abbiegen.*

**Mayerling** – *s. dort.*

*Links in die Bundesstraße 210 in Richtung Baden einbiegen.*

**Helenental** – Durch dieses vielbesungene Tal, das sich zwischen Mayerling und Baden erstreckt, schlängelt sich die Schwechat. Sechzig Kilometer markierte Wanderwege machen es zu einem angenehmen Ausflugsgebiet. Kurz bevor man Baden erreicht, entdeckt man die Ruinen der beiden ehemals bedeutenden Burgen Rauhenstein (12. Jh.) am linken und Rauheneck (11. Jh.) am rechten Hang.

**Baden** – *s. dort.*

*Von der Badener Ortsmitte aus gelangt man auf die nach Gumpoldskirchen und Mödling führende Weinstraße, indem man auf dem Kaiser-Franz-Joseph-Ring durch die Eisenbahnunterführung fährt und unmittelbar dahinter links auf die Bundesstraße 212 abbiegt. Durch eine weitere Unterführung Richtung Gumpoldskirchen fahren und am Stoppschild rechts und sofort wieder nach links Richtung Gumpoldskirchen abbiegen.*

**Gumpoldskirchen** – Am Fuße des 674 m hohen Anningers liegt dieser reizende Ort, der für seine erlesenen Weißweine berühmt ist. Blickfang in der Kirchengasse ist das reizvolle Renaissance-Rathaus aus dem 16. Jh. Wer mehr zum Wein erfahren will, dem ist ein Spaziergang durch die „Rieden" (Weinberge) zu empfehlen *(Weinwanderweg)*, wo auch Hinweistafeln zu den einzelnen Rebsorten aufgestellt sind.

*Die Straße führt durch die Weinberge und anschließend in einer kurvenreichen Abfahrt mit einem wundervollen Ausblick über die Stadt (und bei schönem Wetter bis zum Kahlenberg) nach Mödling.*

**Mödling** – In dem beliebten Ort haben drei Komponisten häufig Ruhe gesucht: Ludwig van Beethoven *(Hauptstraße 79; Achsenaugasse 6)*, Arnold Schönberg und Anton von Webern. Das Deckengewölbe der 1523 vollendeten **Pfarrkirche St. Othmar** wird von 12 Säulen getragen, Symbol für die 12 Apostel. Der Karner, früher Pantaleon-Kapelle, stammt aus der 2. Hälfte des 12. Jh.s und birgt eine freskengeschmückte Krypta. Mit dem Husarentempel besitzt Mödling das älteste Kriegerdenkmal Österreichs.

*Auf der Spitalmühlgasse, die in die Brühlerstraße mündet, fährt man westlich Richtung „Seegrotte" (Richtung E 6/A 21). Hinter dem Fußballstadion rechts in die Hauptstraße biegen (Wegweiser folgen) und hinter der Brücke erneut rechts abbiegen und parken.*

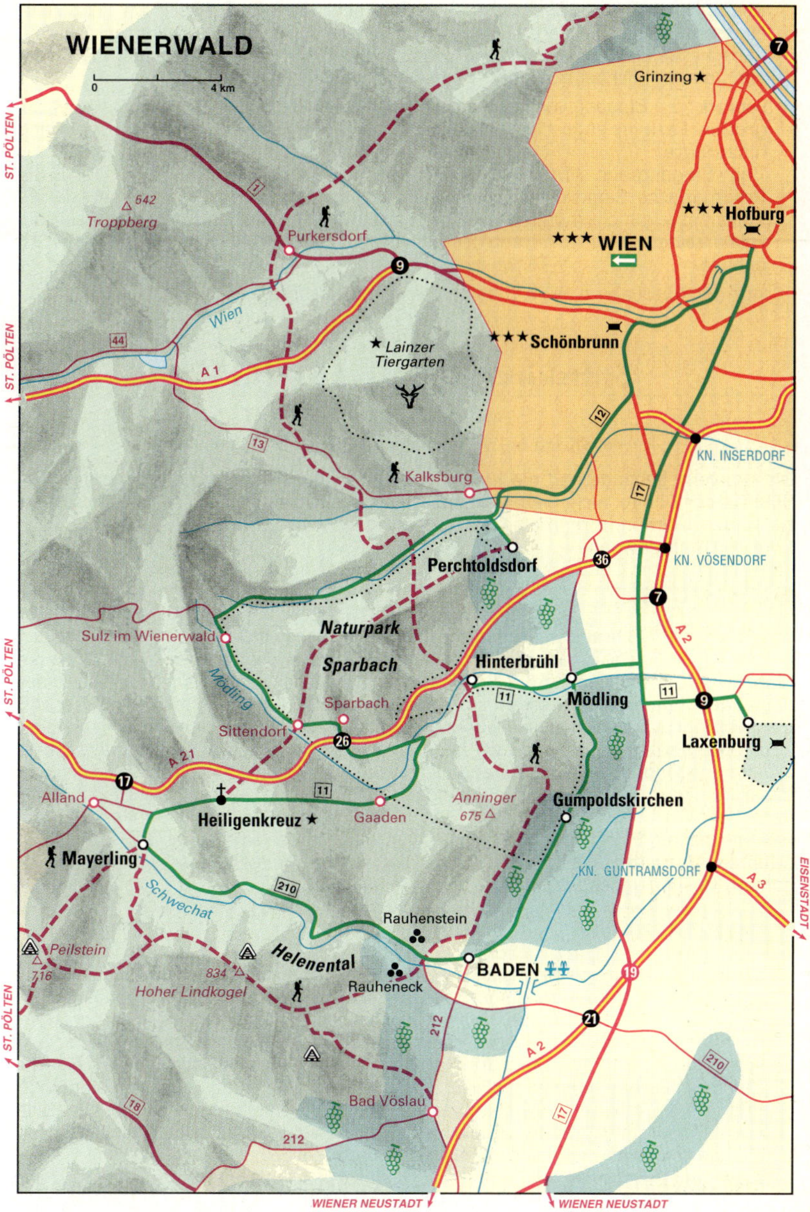


**Hinterbrühl** – Der Stolz dieser Ortschaft ist eine einzigartige Sehenswürdigkeit, die **Seegrotte**★. Hier liegt mit einer Ausdehnung von über 6 Hektar der größte unterirdische See Europas, der von Motorbooten aus besichtigt werden kann. Der See entstand 1912, als im unteren Stollen dieses ehemaligen Bergwerks 20 Millionen Liter Wasser ausströmten.

*Auf der Bundesstraße 11 nach Mödling zurückfahren. Den Ort durchqueren und wieder auf der Bundesstraße 11 über die Triester Straße in Richtung Schwechat fahren. Die Straße überquert die Autobahn E 59/A 2. Dem Wegweiser nach Laxenburg folgen.*

**Laxenburg** – Die ehemalige kaiserliche Sommerresidenz umfaßt heute drei Schlösser und einen ausgedehnten Park.

**Blauer Hof** – *Schloßplatz*. Er verdankt seinen Namen vermutlich dem Erbauer, dem Niederländer Sebastian Bloe, denn das Palais ist in frischem Ockergelb und nicht in Blau verputzt. Hier wurde Kronprinz Rudolf am 21. August 1858 geboren.

Ebenfalls am Schloßplatz steht die zwischen 1693 und 1699 von Leopold I. errichtete **Pfarrkirche**, deren Türme 1722 hinzugefügt wurden. Im Innern sind eine hübsche Kanzel aus vergoldetem Holz und Deckenfresken nach einem Entwurf von Johann Michael Rottmayr zu bewundern.

**Der Park** ⓥ – *Eingang von der Hofstraße*. Kaiser Joseph II. ließ diesen 250 Hektar großen Park in englischem Stil gestalten, dem Franz I. einen großen Teich hinzufügte.
Vom Eingang aus schräg rechts liegt das **Alte Schloß**, in dem Karl VI. 1713 die Pragmatische Sanktion unterzeichnete, die seiner Tochter Maria Theresia die Thronbesteigung ermöglichen sollte. Auf der Insel im großen Teich erhebt sich die **Franzensburg**; sie wurde Anfang des 19. Jh.s von Michael Riedl in neugotischem Stil gebaut.

*Auf der Autobahn E 59/A 2 nach Wien zurückfahren.*

# Stiftskirche WILHERING★★★

Oberösterreich

Michelin-Karte Nr. 926 – Falte 8 – 8 km westlich von Linz

Die Konventsgebäude und die Kirche des Zisterzienserstifts Wilhering stehen am Südufer der Donau, nicht weit von Linz. Die ursprünglich romanische Abtei wurde im Laufe der Jahrhunderte in eine der hervorragendsten Schöpfungen des Rokoko in Österreich umgewandelt.

## GESCHICHTE

Am 6. März 1733 brannten die Konventsgebäude der seit dem 12. Jh. bestehenden Abtei und die Kirche nieder. Es gingen Gerüchte in der Gegend um, nach denen die Mönche selbst die Gebäude in Brand gesteckt hätten, um sie im Geschmack der damaligen Zeit wieder aufbauen zu können. Man fand jedoch sehr bald heraus, daß ein zwölfjähriges Mädchen das Feuer entfacht hatte. Die Magd wurde dafür zunächst zum Tode verurteilt, dann jedoch begnadigt. 1734 wurde mit den Wiederaufbauarbeiten begonnen, die bis 1748 andauerten. Der Besucher kann sich heute von ihrer meisterhaften Ausführung überzeugen. Die berühmtesten Architekten der damaligen Zeit, Joseph Mathias Götz, Josef Munggenast und Johann Michael Prunner hatten Pläne und Zeichnungen vorgelegt in der Hoffnung, den Auftrag zu erhalten. Entgegen allen Erwartungen trug jedoch der ortsansässige Baumeister Johann Haslinger den Sieg davon.

## BESICHTIGUNG

**Stiftshof** – Der zugleich majestätisch und schlicht anmutende Stiftshof der Abtei öffnet sich im Norden zu einigen romantisch wirkenden Wirtschaftsgebäuden hin und wird von den in Hufeisenform angeordneten Konventsgebäuden eingerahmt. Im Süden zeichnet sich ein mit einem Frontgiebel geschmückter Vorbau scharf vom Haupttrakt ab. Die barocke Pracht dieses Hofes ist von der für die Zisterzienserbaukunst so typischen Umsicht und Mäßigung geprägt. Die in Weiß und Rosa gehaltene Kirchenfassade wird durch Wandpfeiler in deutlich voneinander abgegrenzte Felder eingeteilt. Das Portal ist der einzige noch sichtbare Bestandteil des romanischen Vorgängerbaus.

**Stiftskirche** ⓥ – Sie gilt in der europäischen Kunstgeschichte als eines der herausragendsten Beispiele des Rokoko. Es erscheint schwierig, die Vielfalt der Schmuckelemente und Farben, die phantasievolle Gestaltung der Bildhauerarbeiten, den Einfallsreichtum der Bildelemente sowie die Feinheit des Stuckwerks noch zu übertreffen. Alles in dieser Kirche offenbart ein zeitloses Glück, und die im Raum schwebenden und sich im Kreise drehenden, entweder gemalten oder skulptierten Gestalten drücken eine himmlische Sorglosigkeit aus.

**Hochaltar** – *Siehe dazu auch Einführung, ABC der Baukunst*. Zentrales Thema des Hochaltars ist eine von **Martin Altomonte** gemalte Himmelfahrt Mariä. Der Abt von Wilhering hatte dieses Werk im Jahre 1737 bei dem bereits achtzigjährigen, sehr berühmten Künstler in Auftrag gegeben. Das Gemälde veranschaulicht das vom Abt für die gesamte Innenausstattung der Kirche gewählte theologische Thema: Es ist am Chorgewölbe auf dem Spruchband mit der Aufschrift „Assumpta est Maria in caelum, gaudent angeli" (Maria ist in den Himmel aufgefahren, die Engel freuen sich) wiedergegeben.
Weniger als ein Jahr später schickte Altomonte das fertige Gemälde aus Wien in einer riesigen Holzkiste per Schiff über die Donau nach Wilhering. Er erhielt dafür die stattliche Summe von 700 Gulden, was in der damaligen Zeit immerhin dem Preis von etwa 50 Kühen entsprach. In den folgenden 6 Jahren schuf Martin Altomonte die Gemälde der **Seitenaltäre**★★ der Kirche. Sie sollten seine letzte

Schöpfung sein. Als er von dem umfassenden Vorhaben zur Verzierung der Gewölbe mit Fresken erfuhr, schlug er seinen Neffen für deren Ausführung vor. Dieser sollte den Auftrag dann auch tatsächlich erhalten.

**Fresken** – Bartolomeo Altomonte, dessen Talent sicherlich nicht dem seines Onkels gleichkam, leistete mit der Verzierung von über 450 $m^2$ Gewölbe (das entspricht nahezu zwei Drittel der Gesamtfläche) eine beachtliche Arbeit.
Im Langhaus erkennt man eine riesige Komposition, die Maria als Königin der Engel, der Heiligen und Propheten darstellt. Der Künstler hat hier eng mit den Stukkateuren zusammengearbeitet. Die gemalten Figuren, die Goldverzierungen des Rahmens und die Engel aus Stuck tragen zusammen zu einem allgemeinen Eindruck triumphierender Freude bei.

**Stuckwerk** – Der Stukkateur **Franz Joseph Holzinger** aus St. Florian und seine Werkstatt arbeiteten drei Sommer lang (1739-1741) an der Ausstattung der Kirche. Nachdem die Arbeiten wegen des Österreichischen Erbfolgekrieges unterbrochen werden mußten, hielt man ihre akademische Kunst jedoch für zu starr und systematisch und zerstörte ihre Werke. Der Abt ließ junge, in Süddeutschland ausgebildete Stukkateure kommen, die sich von den „schwülstigen", allzu aufdringlichen Kompositionen des Spätbarocks abgewandt hatten. Diese jungen Künstler der „Rokoko"-Generation verstanden es, die Stukkaturen maßvoll anzuordnen und mit viel Feingefühl mit den Werken der Maler und Vergolder zu verbinden. Gerade diese subtile Harmonie zwischen den unterschiedlichen dekorativen Künsten macht aus Wilhering das unbestrittene Meisterwerk, dem heute so viel Bewunderung gezollt wird.

R. Chéret/MICHELIN

Stiftskirche – Detail

Die **Vierungs-Kuppel** ist das Reich des Trompe-l'œil (Augentäuschung) und der Illusion. Die von dem Italiener Francesco Messenta geschaffene Architekturmalerei öffnet sich an ihrem höchsten Punkt einen Spalt breit und läßt ein Stück Himmel erkennen: Die durch ihre eigene Schuld an die Erde geketteten Menschen werden von Maria vor dem Zorn Gottes geschützt. Besonders eindrucksvoll ist die **Kanzel** rechts vom Eingang des Mönchschors; man kann sich ohne weiteres vorstellen, wie donnernde Predigten aus dieser Fülle von weißen und schwarzen Stukkaturen und Goldverzierungen heraus den Kirchenraum erfüllen. Die Kanzel steht gegenüber der **Chororgel**, einem 1746 von dem Linzer Orgelbauer Nikolaus Rumel geschaffenen herrlichen Instrument, für das Anton Bruckner eine besondere Vorliebe hatte.

**Große Orgel** – Dieses Instrument ist eine Welt voller Phantasie und lebendiger Details. Um die Orgel herum bildet der Kirchenraum eine riesige Komposition, in der jedes einzelne Element zur Wirkung des Ganzen beiträgt, so das herrlich gearbeitete Gitter am Eingang oder die Empore, deren diskrete Eleganz die Blicke auf das dreiteilige Orgelgehäuse zu ziehen versteht. Darüber zeigt eine Wanduhr die verrinnende Zeit an, und ein als Trompe-l'œil gemalter purpurroter Vorhang, dessen schwere Falten sich zu dieser „Bühne" hin öffnen, fällt von der Kuppel herab. Es ist dem Betrachter, als ginge der Vorhang jeden Augenblick auf und gäbe einen Blick auf die letzten Vorbereitungen des Bühnenbilds frei.

**Kreuzgang** – Vor Verlassen der Kirche bietet sich eine Besichtigung des Kreuzganges an, zu dem man durch die Tür auf der linken Seite des Narthex (Vorhalle) gelangt. Hier kann man das vorgotische **Portal** (13. Jh.) des ehemaligen **Kapitelsaals** bewundern sowie eine Reihe schöner Gemälde aus dem 18. Jh., auf denen Szenen aus dem Leben des hl. Bernhard dargestellt sind.

# WÖRTHER SEE★

Kärnten

Michelin-Karte Nr. 926 – Falten 34 und 35

Der 17 km lange Wörther See, der sich zwischen Velden und Klagenfurt ausdehnt, wird von nur wenigen Gebirgsbächen gespeist und besitzt daher eine außergewöhnlich hohe Wassertemperatur (24 bis 28 °C im Sommer). An seinen Ufern entwickelten sich vielbesuchte Ferienorte, die bedeutendsten sind Pörtschach und Velden. Oft wird der Blick auf die Karawanken durch Hügelketten verdeckt, doch genügt meist ein viertelstündiger Spaziergang, um im Süden diese gewaltige Gebirgsschranke in ihrer ganzen Länge und Größe wieder zu erblicken.
Von Villach aus empfehlen sich Ausflüge nach Nordosten zum **Ossiacher See**★ *(s. dort)* und zur **Gerlitzen**★★ *(s. Ossiacher See)*.

W. Geiersperger/BILDAGENTUR BUENOS DIAS

Wörther See – Velden

## ★DAS SÜDUFER DES SEES

### Von Villach nach Klagenfurt *76 km*

Von Villach nach Velden verläuft die Straße durch das Draubecken mit Blick auf die Karawankenkette (man beachte die schönen Bildstöcke an der Strecke). Bei Velden verläßt man die vielbefahrene Hauptverkehrsstraße, die zu den Kurorten der „österreichischen Riviera" führt, und folgt der schmalen Süduferstraße. Besonders beeindruckend sind auf dieser Fahrt das malerisch gelegene Maria Wörth und das Panorama auf dem Pyramidenkogel.

★ **Villach** – *s. dort.*

*Hinter Villach kurz nach der Gailbrücke zur Kirche Maria Gail fahren.*

**Maria Gail** – Der Kern der Wallfahrtskirche ist romanisch, doch wurde sie um 1450 gotisiert. An den Innenwänden sind noch Reste spätromanischer Fresken aus der zweiten Hälfte des 13. Jh.s erhalten geblieben. Der Hochaltar birgt das Gnadenbild, eine Schutzmantelmadonna, die um 1600 entstanden ist. Blickfang der Kirche ist der kostbare spätgotische **Flügelaltar**★★ (an der Nordwand) mit der Krönung Mariä, ein Werk der Villacher Schnitzwerkstatt vom Anfang des 16. Jh.s. Neben einigen spätgotischen Schnitzwerken im Innern sind besonders die Steinplastiken an der südlichen Außenmauer, so eine Weltgerichtsdarstellung, sehenswert. Diese Arbeiten sind wohl kurz vor 1300 entstanden.

Weiter östlich gewährt die nach wie vor ansteigende Straße einen Blick über das ganze Villacher Becken, Mündungsgebiet der Gail in die Drau. Schließlich entdeckt man den malerischen **Faaker See** und die sich klar abzeichnende Silhouette des Mittagskogels (2 143 m). Dann verläuft die Strecke im Talgrund der Drau. An der Abzweigung zum Weiler St. Martin sieht man rechts am Straßenrand einen Bildstock mit einer naiven Darstellung der Mantelteilung des hl. Martin.

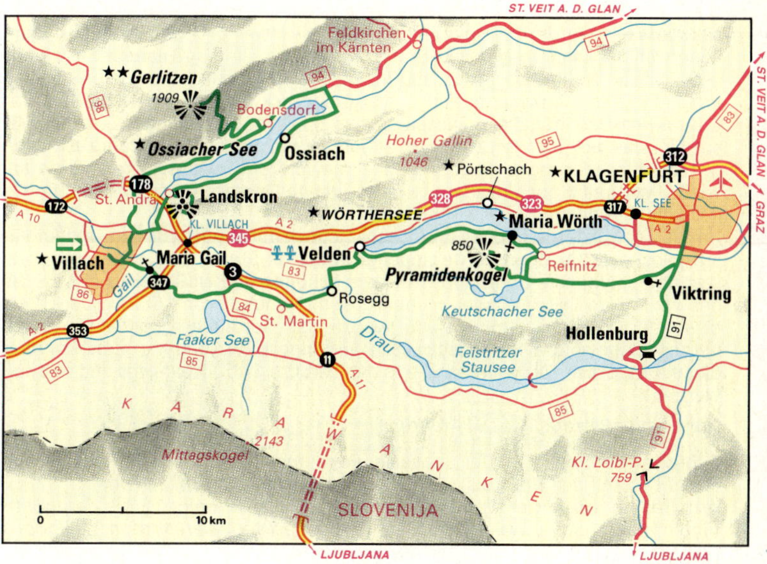


**Wildpark Rosegg** – Vor fast 200 Jahren, als man die alte Burg Rosegg zerstörte, wurde in der Nähe des Dorfes Rosegg dieser Naturpark angelegt. In aller Ruhe kann man hier in Gehegen lebende Luchse, Affen, Wölfe, Hirsche, Damhirsche, Mufflons, Wisente, Wildschweine, Uhus, Adler und Falken beobachten.
In unmittelbarer Nähe des Wildparks hat **Schloß Rosegg** seine Pforten geöffnet und zeigt ein kleines Wachsfigurenkabinett.

Nach der Brücke von Rosegg ergeben sich immer wieder Ausblicke auf die Karawanken.

★★ **Velden** – Dieser altbekannte und elegante Kurort breitet sich am Westufer des Wörther Sees aus. Unübersehbar ist hier ein in Gelb gehaltenes Schloß direkt am Ufer. Es wurde als Lustschloß vom Landesfürsten Bartholomäus Khevenhüller zwischen 1590 und 1603 errichtet und nach einem Brand 1893 wieder aufgebaut, wobei der ursprüngliche Grundriß (17. Jh.) und vor allem das barocke, von Obelisken überragte Hauptportal erhalten blieben. Hinzugefügt wurden damals die vier sechseckigen Ecktürme mit ihrer reizvollen Laternenbekrönung. Den Portalgiebel schmückt das Wappen des berühmten Fürstenhauses Khevenhüller. Die belebte Seepromenade und prächtige Villen geben dem Ort das typische Gepräge eines mondänen Urlaubsortes, der auch über ein eigenes Casino verfügt.

★ **Maria Wörth** – Die beiden Türme der Wallfahrtskirchen von Maria Wörth, das idyllisch auf einer Halbinsel im Wörther See liegt, und der Rundturm des Karners bringen eine stimmungsvolle Note in das Landschaftsbild. Der Bau der gotischen **Pfarrkirche** zog sich von 1399 bis 1540 hin, doch wurden Teile des Vorgängerbaus, so das romanische Portal, übernommen. Der Hochaltar von 1685 birgt eine thronende Maria mit Kind aus dem späten 15. Jh. Der beeindruckende Kreuzaltar mit seinem Kruzifix vom Anfang des 16. Jh.s und die Kanzel von 1761 vervollständigen das Bild. An der Chornordwand hängt ein 1469 entstandenes Gnadenbild der Madonna, Kopie des römischen Gnadenbilds „Maria del Popolo". Heitere florale Malereien (17. Jh.) schmücken die Krypta.
In der sogenannten **Winterkirche** sind im Chor **romanische Wandmalereien**★ aus dem späten 11. Jh. erhalten, es sind die ältesten in Kärnten. Sie weisen ottonische Anklänge auf und zeigen Christus in der Mandorla (nur der Kopf ist sichtbar, da um 1420 ein wertvolles Glasfenster mit der Madonna im Strahlenkranz eingefügt wurde) und die zwölf Apostel.

★ **Pyramidenkogel** – *In Reifnitz rechts ab, 8 km bis zum Pyramidenkogel. Mehrere Parkplätze.* Ein 54 m hoher **Aussichtsturm** krönt den Berggipfel (850 m). Prächtiger **Rundblick**★★ über Mittelkärnten, die Karawankenkette und ganz in der Ferne, im Südwesten, die scharfgezackten Julischen Alpen (Slowenien und Italien). Im Nordosten ragt aus einem Hügelland die Sphinxsilhouette des Ulrichsbergs empor, einer der heiligen Berge der Kelten. Im Vordergrund der Wörther See mit der Halbinsel Maria Wörth. *Um die einzelnen Berge besser bestimmen zu können, empfiehlt sich der Kauf einer Panoramakarte.*

**Viktring** – *Der Eingang des ehemaligen Zisterzienserstifts liegt am Ende der Nord-Süd-Durchfahrtsstraße des Ortes. Die Zufahrt ist schlecht ausgeschildert.*

Die Gebäude des **Stifts**, das 1142 von Bernhard von Sponheim gegründet und 1786 säkularisiert wurde, gruppieren sich um die zwei großen, von übereinanderliegenden Arkadengalerien gesäumten Stiftshöfe. Die 1843 nahezu auf die Hälfte verkürzte Stiftskirche wurde – als einziges Beispiel östlich des Rheins – nach dem Vorbild der burgundischen Zisterzienserkirchen (Fontenay) erbaut. Charakteristisch für diese Bauten ist das Spitzbogentonnengewölbe des Mittelschiffs, das sich im Vierungsquadrat fortsetzt und dessen Seitendruck von den mit halbkreisförmigen Quertonnen eingewölbten Seitenschiffen aufgefangen wird. Typisch ist auch das weit vorspringende Querschiff, an das sich im Osten geradlinig endende Kapellen anschließen.
Im 14. Jh. wurde die strenge Architektur jedoch durch gotische Um- und Anbauten aufgelockert. Der Chor wurde rippengewölbt, an Stelle des geraden Abschlusses trat das polygonale Chorhaupt mit dem schönen **Glasgemäldezyklus** (1380-1390), den wir – zum Teil durch den frühbarocken Hochaltar von 1622 verdeckt – noch bewundern können. Im 15. Jh. wurde das nördliche Querschiff durch die netzrippengewölbte Bernhardkapelle verlängert. In jüngster Zeit konnten in dieser beachtliche **Deckenfresken★** aus der Zeit um 1460 freigelegt und restauriert werden.

*Zur Loiblpaßstraße (Nr. 91) fahren.*

**Schloß Hollenburg** – Der massive Festungsbau Hollenburg beherrscht das Rosental (Teil des Drautals). Er stammt aus dem 14. und 15. Jh.
*Am Beginn eines Gefälles von der Loiblpaßstraße links in die Schloßstraße hineinfahren und etwas weiter bei der gedeckten, befestigten Schloßbrücke parken.*
Ist das Äußere des Schlosses relativ schmucklos und nüchtern, so zeigt der **Innenhof★** mit den Renaissance-Lauben und der Außentreppe geradezu südländisches Gepräge. Über den Türen und Fenstern Malereien mit Zitaten und Sinnsprüchen. Vom Söller herrlicher **Blick★** auf die Karawanken.

*Wieder auf der B 91, wird der Süden des Großraums Klagenfurt bald erreicht.*

★ **Klagenfurt** – *s. dort.*

# ZELL AM SEE❄

Salzburg

7 960 Einwohner

Michelin-Karte Nr. 926 – S der Falte 19 – 757 m

Zell am See erfreut sich in unmittelbarer Nähe der Großglocknerstraße und des schönen Kapruner- und Glemmtals (Saalbach) einer herrlichen Lage am Westufer des gleichnamigen Sees. Die firngekrönten Gipfel der Hohen Tauern im Süden, die rauhen Felsen des Steinernen Meeres im Norden und die sanften Grasberge bestimmen das Landschaftsbild. Die belebte Stadt verfügt über abwechslungsreiche Freizeitanlagen (Schwimmbad, Eislaufbahn, 36-Loch-Golfplatz, Reitsportzentrum) und ein großzügiges Übernachtungsangebot. Wer vor allem die Ruhe schätzt, ist im ländlichen Thumersbach auf der gegenüberliegenden Seite des Sees gut aufgehoben.
Der Stadtkern mit seiner schön angelegten Fußgängerzone konnte seinen eigenen Charakter bewahren (romanische Kirche, Rathaus aus dem 16. Jh., Stadtmuseum). Im Sommer ist Zell am See der ideale Ausgangspunkt für Wanderungen und Ausflüge *(s. auch unten Pinzgauer Spazierweg).*

Im Winter bietet das Schmittenhöhe-Massiv ein angenehmes **Skigebiet❄** mit ziemlich sanften Hängen zwischen 760 und 2 000 m Höhe. Es besteht aus 2 Revieren (Sonnkogel und Hirschkogel), von denen jedes in zwei Abschnitten angelegt ist. Die oberen Abschnitte (oberhalb 1 400 m) sind im allgemeinen von Weihnachten bis April schneesicher. Nicht entgehen lassen sollte man sich die langen schwarzen Pisten Nr. 1 und 2, die durch einen schönen Tannenwald führen.
Zur Verbesserung seines Angebots schloß sich Zell am See mit **Kaprun❄** *(s. dort)* zusammen. Die beiden Orte bieten einen gemeinsamen Skipaß (für einen Aufenthalt von mindestens 2 Tagen) für das Skigebiet **Europa-Sportregion** an, das den Vorteil hat, zwei Skigebiete mit insgesamt 150 km Piste zu kombinieren, die sich gut ergänzen.

**Zeller See** – In der Eiszeit grub der Saalachgletscher in eine weiche Stelle des Schiefermassivs den Querdurchbruch von Zell und das Becken von Saalfelden. Als das Eis schmolz, hinderten die vorgelagerten Endmoränen jedoch den Ablauf des Wassers in das heutige Saalachtal. Das Wasser blieb stehen, so wird der Zeller See heute weder von der Saalach noch von der Salzach gespeist.
Der See ist 4 km lang und 1,3 km breit und hat stellenweise eine Tiefe von 69 m. Obwohl ihm auch Schmelzwasser zufließen, erwärmt er sich im Sommer sehr rasch auf bis zu 23°. Im Winter ist er im allgemeinen bis in den März zugefroren.

Zeller See

**Stadtpfarrkirche** – Dieses ab dem 11. Jh. errichtete Bauwerk besitzt eine schöne Fassade im romanischen Stil. Das Innere wurde von mehreren Epochen geprägt: romanisches Hauptschiff, Narthex und Seitenschiffe in gotischem Stil, barocke Zierelemente. Bemerkenswert sind die interessanten Fresken aus dem 16. Jh. rechts vom Altar und unter den Kreuzrippen nahe des Chors.

★★ **Schmittenhöhe** – 1 965 m. *2 km sowie 1 1/2 Std. hin und zurück, davon 1/4 Std. Seilbahnfahrt. In wenigen Minuten zum Gipfel aufsteigen (Orientierungstafel).* Herrlicher Rundblick auf die kühnen Kalkmassive (Wilder Kaiser, Loferer und Leoganger Steinberge, Dachstein) und die glänzenden Gletschergipfel der Hohen Tauern (Großvenediger, Sonnblick, Kitzsteinhorn, Großglockner, Wiesbachhorn).

★★ **Pinzgauer Spazierweg** – *Einen guten Tag einplanen. Ca. 6 Stunden Fußweg ohne größere Schwierigkeiten und Höhenunterschiede, der jedoch eine gewisse Ausdauer erfordert. Erforderlich ist eine Karte im Maßstab 1:50 000. Beim Fremdenverkehrsamt die Abfahrtszeiten der Lifte und der Busse zwischen Saalbach und Zell am See erfragen, um am Nachmittag problemlos zum Ausgangspunkt zurückkehren zu können. Die Seilbahn Schmittenhöhe sehr früh am Morgen nehmen (Fahrkarte einschließlich Abfahrt nach Saalbach mit der Schattberg-Ost-Seilbahn lösen).*

Die Strecke, die nur bei trockener Witterung begangen werden kann, gehört zu den berühmtesten Wanderungen Österreichs. Sie liegt ständig 1 000 m oberhalb des Talgrundes, überquert ein knappes Dutzend Pässe und bietet mehrfach einen atemberaubenden **Blick**★★ auf die umliegenden Massive.

Zur Ketting-Hütte absteigen und dann geradeaus auf einem Weg weitergehen, der durch die Wiese parallel zum Hahnkopf-Skilift führt. Am Gipfel (1 865 m) nach links absteigen und auf einem schmalen Pfad am Hang entlang weitergehen.

Am Kesselpaß geradeaus weiter (die Strecke zum Maurerkogel rechts liegen lassen), bis man nach einer 3/4 Std. den Rohrertörlpaß (1 918 m) erreicht. Von hier bietet sich ein Ausblick auf das Gebiet von Saalbach und im Hintergrund auf die Felsbarriere der Loferer Steinberge.

Die Klammscharte passieren und dann am Fuß des Hochkogels nach rechts und zum Klinglertörl in Richtung Schattberg steigen.

In 1/4 Std. zu den **Hackelberger Seen** absteigen. Anschließend rechts abbiegen und an Saalbachkogel und Stemmerkogel entlanggehen. An der Marxtenscharte nicht auf dem gegenüberliegenden Weg weitergehen, der direkt zum Schattberg West hinaufführt, sondern einen Pfad einschlagen, der rechts um diesen Gipfel herumführt (gelb-blaue Markierung). Nach einem letzten Anstieg erreicht man schließlich den **Schattberg-Ost**★★ *(s. Saalbach-Hinterglemm).*

Mit der Seilbahn nach Saalbach und schließlich mit dem Bus nach Zell am See zurückfahren.

# ZILLERTAL★★

## Tirol

Michelin-Karte Nr. 926 – Falten 17, 18, 30 und 31

Das Zillertal gehört zu den am dichtesten besiedelten Tälern und bedeutendsten Ferienzielen ganz Tirols. Es erstreckt sich von Norden nach Süden über rund 60 km und reicht vom Inntal bis zur italienischen Grenze.
Der obere, weite Teil des Tals liegt in einem leicht zugänglichen Mittelgebirgsrahmen. Hinter Mayrhofen, dem wichtigsten Ferienort der Region, verzweigt es sich in vier enge Täler (Tuxertal, Zemmtal, Stilluppgrund und Zillergrund), die im Süden durch das riesige Kristallmassiv der Zillertaler Alpen eingegrenzt werden. Diese Gebirgskette, deren mächtige Gletscher sich über fast 40 km erstrecken, wird vor allem vom **Hochfeiler** (3 510 m) und dem **Großen Möseler** (3 479 m) beherrscht.
Das Zillertal mit seiner außergewöhnlichen und abwechslungsreichen Umgebung war bereits im 19. Jahrhundert das Ziel zahlreicher Wanderer und Bergsteiger.
In den 20er Jahren entstanden im Zemmtal, im Stilluppgrund, im Zillergrund sowie im benachbarten Gerlostal Staudämme und große Stauseen zur Erzeugung von Wasserkraft.

Aber auch die Entwicklung des Wintersports leistete einen bedeutenden Beitrag zum Aufschwung des Tals. Leider konnte wegen des eigenwilligen Reliefs kein einheitliches Skigebiet eingerichtet werden. Vielmehr wurde ein knappes Dutzend ziemlich verstreut gelegener Massive von bescheidener Größe mit Skiliften ausgerüstet. Zu den interessanteren Abschnitten gehören der **Tuxer Gletscher**✲, **Mayrhofen-Finkenberg**✲, **Gerlos**✲ und **Zell am Ziller.** Skipässe mit mindestens 4 Tagen Gültigkeit gelten für sämtliche Massive, zwischen denen Busverbindungen bestehen. Angesichts der relativ großen Entfernung zwischen den einzelnen Gebieten bestehen an ein- und demselben Tag allerdings nur begrenzte Abwechslungsmöglichkeiten. Außerdem ist die Schneesicherheit wegen der geringen Höhe im Talgrund nicht immer gewährleistet. In erster Linie eignen sich damit die Zillertaler Alpen zum gemütlichen Abfahrtslauf.

## DIE WICHTIGSTEN FERIENORTE TALABWÄRTS

**Zell am Ziller** – 575 m. Der Hauptort des Zillertals drängt sich um seine **Kirche**★, die 1782 kühn auf einem achteckigen Grundriß erbaut wurde. Die gewaltige, laternenbekrönte Kuppel über dem Mittelteil wurde von Franz Anton Zeiller (1716-1793) aus Reutte ausgemalt, dem Vetter des berühmten Johann Jakob Zeiller *(s. Oberes LECHTAL, Reutte)*. Die dargestellten Personen aus dem Alten und Neuen Testament sind um eine Dreifaltigkeit gruppiert und beeindrucken durch ihre majestätische Haltung.
Im Mai versammelt sich in Zell die ganze Talbevölkerung zum traditionellen „Gauderfest“, das mit einem Umzug, mit Ringkämpfen auf der Dorfwiese und dem Genuß eines 20prozentigen Sonderbräus (Gauderbier) gefeiert wird.
Zell am Ziller ist inzwischen nicht nur ein familienfreundlicher Wintersportort (Skigebiet Zillertal Arena – Zell, Gerlos, Königsleiten – mit 115 km Piste und 47 Skiliften), sondern auch im Sommer ein beliebtes Urlaubsziel und Ausgangspunkt für viele Wanderungen.
Außerdem beginnt hier die **Gerlos-Alpenstraße**★ *(s. dort)*, die in die Hohen Tauern führt.

✲ **Mayrhofen** – 630 m. Mayrhofen liegt 7 km talaufwärts von Zell am Ziller und ist mit seinen zahlreichen Unterkunftsmöglichkeiten (über 8 000 Betten in Hotels, Pensionen oder Ferienwohnungen), seinen vielen Geschäften zu beiden Seiten der Hauptstraße sowie seinen anspruchsvollen Sportanlagen (Erlebnisbad, Eislaufbahn) unbestreitbar der touristische Mittelpunkt der Region.
Das Dorf liegt im letzten ebenen und breiten Stück des Zillertals in einer idealen Lage am Fuß der vier Täler des oberen Talabschnitts. Insbesondere gilt es seit über hundert Jahren als berühmtes Wander- und Bergsteigerzentrum. Hier betreibt Peter Habeler, dem zusammen mit dem Südtiroler Reinhold Messner die Erstbesteigung des Mount Everest ohne Sauerstoffgerät gelang, eine Bergsteigerschule.
Besonders reges Leben bringen im Sommer die von der Volkshochschule veranstalteten internationalen Ferienkurse, die auch dafür sorgen, daß die alten Bräuche der Gegend nicht ganz in Vergessenheit geraten.
Der Skilauf im Winter findet hauptsächlich auf dem **Penken** ⓥ bis in 2 250 m Höhe (76 km Piste; Verbindung mit dem Nachbarort Finkenberg) und auf dem Ahornmassiv statt.

## ★★★ TUXERTAL

### Von Mayrhofen nach Hintertux *19 km*

Hinter Mayrhofen verengt sich das Tal zusehends und wird zunehmend steiler. Man durchquert die Orte Finkenberg und Lanersbach am Fuß des Rastkogelmassivs. Auf der Höhe von Juns verbreitert sich das Tal wieder und gibt den Blick auf den talaufwärts gelegenen Tuxer Gletscher frei. In dem kleinen Ferienort **Hintertux**✲ (1 500 m) endet die Straße.

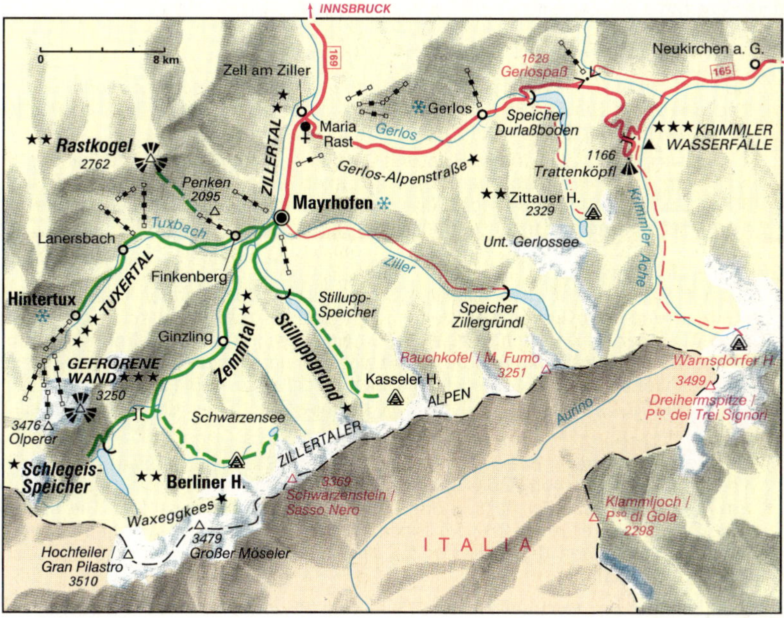


**Skigebiet am Tuxer Gletscher** – Dank seiner guten Schneeverhältnisse und seiner bedeutenden Höhenunterschiede ist dieses Gebiet das interessanteste des ganzen Zillertals. 19 Skilifte führen zu 86 km Piste zwischen 1 500 und 3 250 m Höhe. Wirklich ausgezeichnet sind die Schneeverhältnisse im Winter nur oberhalb des ersten Abschnitts (2 100 m) und im Sommer nur im vierten Abschnitt (3 050 – 3 250 m). Für mittelgute Skifahrer eignen sich vor allem die Pisten an den Kasererliften, während die Buckelpisten zu beiden Seiten des Lärmstange-Sessellifts gute Möglichkeiten für erfahrene Skiläufer bieten.

★★★ **Gefrorene Wand** – 3 250 m. *3 Std. hin und zurück. Auffahrt mit 2 Seilbahnen und 2 Sesselliften. Hohes, wasser- und schneefestes Schuhwerk, warme Kleidung und Sonnenbrille.*

Ab dem zweiten Abschnitt schweift der Blick über die Eiszacken des Tuxer Gletschers und die Felswand, die die Verbindung zwischen Kleinem Kaserer und Armstange herstellt.

Von der Bergstation des letzten Sesselliftes wird die Aussicht von der Pyramide des **Olperer** (3 476 m) beherrscht, der den riesigen Tuxer Gletscher überragt. Der karge Hochgebirgsrahmen steht im Kontrast zum grünen Talgrund, der von Rastkogel und Kalkwandspitze beherrscht wird. Bei klarer Sicht sind im Norden die Kitzbüheler Alpen, das Karwendelgebirge und das Zugspitzplatt auszumachen. Links an der Skipiste entlang 200 m bis zu einer Felsspitze in Form eines Vogelkopfes gehen.

Es bietet sich ein grandioses **Panorama**★★★ über den Schlegeis-Stausee, der vom gleichnamigen Gletschergebiet beherrscht und vom Hochfeiler und dem Großen Möseler eingerahmt wird. Weiter links sind die Gletscher von Waxeggkees und Hornkees am Fuß des Tuxerkammes zu sehen sowie der Schwarzenstein. Im Hintergrund sind die Dolomiten (im Süden) sowie die Stubaier und Ötztaler Alpen (im Westen) auszumachen.

Von der Sessellift-Station aus kann man bis zur Gefrorenen Wandspitze hinaufsteigen, von wo sich ein schöner Rundblick bietet. Wer eine Gletscherwanderung unternehmen möchte, kann in etwa 20 Min. zum dritten Abschnitt hinuntergehen.

★★ **Wanderung zum Rastkogel** – *5 Std. zu Fuß hin und zurück. Etwa 700 m Höhenunterschied.*

Von Finkenberg (840 m) aus erst mit der Seilbahn und dann mit dem Sessellift zum **Penken** (2 095 m) hinauffahren *(Hin- und Rückfahrkarte lösen)*. Von der Bergstation führt ein Weg ohne größere Steigung zur Wanglalm. Dann geht die Strecke zur Wanglspitze hinauf und an der Bergstation des Sesselliftes aus Vorderlanersbach vorbei zum Rastkogel. Von unterwegs mehrfach schöne Aussicht über das Tal. Vom Gipfel bietet sich ein herrliches **Gesamtpanorama**★★ über die Zillertaler Alpen. Zu sehen sind insbesondere das Skigebiet von Lanersbach, umrahmt von Grünbergspitze und Grüblspitze, der Tuxer Hauptkamm, das Stillupptal (Tristnergipfel) und das Floitental.

# ★★ ZEMMTAL

## ★ Von Mayrhofen zum Schlegeis-Speicher

*23 km - Maut nach 15 km - Mit der Wanderung zur Berliner Hütte den ganzen Tag einplanen. Die Straße ist von Mai bis Oktober offen. Die Anfahrt im Bus ist vom Mayrhofener Bahnhof aus möglich.*

Talaufwärts von Mayrhofen in Richtung Ginzling fahren. Kurz dahinter bahnt sich eine nur mit Pkw befahrbare Strecke einen Weg durch enge, malerische **Schluchten**★. Wer mit einem größeren Fahrzeug unterwegs ist oder schwierige Bergstrecken meiden möchte, kann links durch den langen Tunnel fahren, der zwar die Anfahrt erheblich erleichtert, dem Ausflug aber auch einen großen Teil seines Reizes raubt.
Nach 8 km erreicht man **Ginzling**, ein friedliches Dorf an der Gabelung des Floitengrund- und Gunggltals. Weiter fährt man bis zum Breitlahner Parkplatz, an dem die berühmte Wanderung zur Berliner Hütte ihren Anfang nimmt. Jenseits geht es auf einer **mautpflichtigen Straße** mit wechselnder Fahrtrichtung durch 2 lange Tunnels weiter bis zum Schlegeis-Speicher. In den letzten Biegungen bietet sich ein beeindruckender **Blick**★ auf die 131 m hohe Staumauer und den Hochfeiler (3 510 m).

★ **Schlegeis-Speicher** - Der Stausee ist der größte der Gegend mit einem Fassungsvermögen von 126,5 Millionen m³ und liegt in einem herrlichen **Rahmen**★ am Fuß des Hochstellermassivs und des Schlegeis-Gletschergebiets. Die Anlage mit 4 Turbinen erzeugt 284 Millionen kWh jährlich und ist mit den anderen Wasserkraftanlagen des Zillertals zu einer Kapazität von über 610 Millionen kWh/Jahr verbunden.

★★ **Wanderung zur Berliner Hütte** - *Auf dem Breitlahner Parkplatz (1 257 m, gebührenpflichtig) in Höhe der Mautstation parken. Höhenunterschied: 800 m. - 5 1/4 Std. zu Fuß hin und zurück, ohne technische Schwierigkeiten. Die Strecke erfordert jedoch eine gewisse Ausdauer.*
Ein guter Teil der Strecke wird auf einem schönen Weg an einem Wildbach entlang zurückgelegt. Sie führt abwechselnd durch Wälder und über Almen. Nach einer guten Stunde nähert man sich der **Grawandhütte** (1 636 m) und hat einen **Blick**★ auf die beeindruckenden Felswände des Großen Greiners und des Schönbichler Horns mit seinem kleinen Gletscher, von wo hohe Wasserfälle mit Getöse herabstürzen. Man läßt die Hütte hinter sich und erhält auf dem Weg immer wieder einen schönen **Ausblick**★ über den Talgrund, der von Realspitze und Federbettgletscher beherrscht wird. Beim Aufstieg in Richtung **Alpenrosenhütte** wird der Pflanzenwuchs zunehmend spärlicher und der Wildbach immer reißender. Unmittelbar hinter der Hütte kommt plötzlich der großartige **Gletscherkessel von Waxegg**★ ins Blickfeld.
Nach einer weiteren halben Stunde erreicht man auf einem steilen Pfad die Berliner Hütte, ein imposantes Bauwerk von 1898. Sie liegt inmitten eines grandiosen **Hochgebirgsrahmens**★★, der vom Großen Möseler, dem Waxeggkees und dem Hornkees beherrscht wird.
Wanderer mit besonders viel Ausdauer können in Richtung **Schwarzensee** weitergehen. Nach einer halben Stunde bietet sich bereits eine schöne **Aussicht**★ auf den Schwarzenstein-Gletscher, den Großen Mörchner und die Zsigmondy-Spitze.

# ★ STILLUPPGRUND

## Von Mayrhofen zum Gasthaus Wasserfall Stilluptal

*9 km auf einer mautpflichtigen Straße. Anfahrt im Bus möglich.*

Von der Mayrhofener Hauptstraße hinter einer kleinen Brücke nach links in die Ahornbahnstraße einbiegen. Eine steil ansteigende Straße windet sich in Serpentinen nach oben. Nach einem dichten Wald führt sie durch kleine Schluchten am Hang entlang. Es folgen enge Almgründe, die zwischen mächtigen Felswänden eingepfercht sind.
Die Straße führt an das linke Ende des **Stilluppdamms** (in 1 130 m Höhe), von wo sich ein schöner **Überblick**★ über den See bietet. Weiter geht es durch einen Tunnel bis zu einem hübschen Gasthof. Dahinter ist die Straße für den Verkehr gesperrt. Der See liegt inmitten unberührter, wilder **Natur**★ und wird zu beiden Seiten von einem Wasserfall eingerahmt.
Mit dem Bus kann man bis zur **Grüne-Wand-Hütte** (1 438 m) fahren und von dort in etwa zwei Stunden zur **Kasseler Hütte** (2 177 m) wandern.

*Auf der ausklappbaren Karte der Hauptsehenswürdigkeiten (zu Beginn des Reiseführers) sind die wichtigsten Ausflugsziele übersichtlich zusammengestellt.*

# ZÜRS**

## Vorarlberg

130 Einwohner

Michelin-Karte Nr. 926 – Falte 28 – Kartenskizze: ARLBERGGEBIET – 1 716 m

Bis Ende des 19. Jahrhunderts blieb das karge Erosionstal, in dem Zürs liegt, während des ganzen Winters unbewohnt. Wegen der Lawinengefahr war der Weg über den Flexenpaß unpassierbar, die Schneedecke erreichte in manchen Jahren über 10 m. Im Sommer bot das Tal lediglich einfache Weidegründe, da der schlechte Boden und das Gefälle die landwirtschaftliche Nutzung unmöglich machten.

Diese zunächst ungünstigen Merkmale des Ortes (reichlicher Schneefall, vegetationsloses und steiles Gelände) wurden mit der Entwicklung des Wintersports schließlich zu einem entscheidenden Pluspunkt. Nach dem Bau der im Jahr 1900 fertiggestellten Flexenpaßstaße erfreute sich das Tal plötzlich eines regen Zustroms. Die ersten Skirennen wurden bereits 1906 für die Einheimischen ausgerichtet. In den 20er Jahren trafen sich hier die Vorreiter des modernen Skilaufs aus dem Bodenseeraum. Die ersten Skilifte Österreichs wurden 1937 in der Gemeinde Zürs in Betrieb genommen.

Nach dem Ende des Zweiten Weltkriegs galt das Arlberg-Massiv bald als eines der schönsten Skigebiete Europas. Zürs entschied sich wie die Nachbargemeinde **Lech***** *(s. dort)* bewußt dafür, seine Entwicklung in dem Bestreben, die Natur zu erhalten, zu begrenzen. Deshalb besteht der Ferienort auch heute noch aus einer schlichten Gruppierung von rund zwanzig Hotels und Pensionen, die sich in den endlosen Schneefeldern verlieren. Seine 1 500 Betten werden im allgemeinen von Stammkunden belegt, denen der sportliche, belebte und mondäne Charakter der Ortschaft gefällt.

Internationales Format erhielt Zürs mit dem Arlberg-Skipaß, der auch für die Pisten von Lech, Stuben und St. Anton gilt. Nach einem langen Tag auf Skiern treffen sich die Urlaubsgäste im Fitneß-Center (Tennis, Squash), in den Feinschmecker-Restaurants und spät nachts in der berühmten Zürsel-Diskothek.

Wiesenhofer/ÖSTERREICH WERBUNG

Zürs am Arlberg

## DAS SKIGEBIET

Das Gebiet von Zürs selbst ist zwar nicht riesig, dafür aber von hervorragender Qualität. Auf dem reichlichen, leichten Schnee gleitet man wie auf Samt dahin, und die Pistenführung ist bemerkenswert. Für Anfänger sind die Pisten „Rüfikopf", „Familienabfahrt" und „Muggengrat-Zürsersee" geeignet. Mittlere Skifahrer ziehen die Pisten „Palmen", „Steinmännle" und „Madloch-Zürsersee" vor. Gute Skifahrer werden sich an der großartigen **Muggengrat Täli**-Piste und der einmaligen Strecke versuchen, die vom **Madlochjoch** bis nach Lech hinunterführt und zudem noch einen großartigen **Blick**** über die Lechtaler Alpen bietet. Außerdem gibt es schöne Möglichkeiten zum Tiefschneefahren entlang den Madloch- und Muggengrat-Sesselliften.

Vor allem aber ist Zürs wegen seiner Lage der ideale Ausgangspunkt für Ausflüge in das Arlberg-Gebiet. Die Schneefelder von Lech sind die ideale Ergänzung für mittlere Skifahrer, während besonders routinierte Skifahrer lieber im Bus nach St. Christoph oder St. Anton fahren, um dort die steilen Valluga-Pisten abzufahren. Der einzige Nachteil des Arlberg-Gebiets sind die mangelnden Skiverbindungen zwischen den einzelnen Revieren sowie das Fehlen von Hochgebirgsgipfeln.

### MIT LIFT ODER SEILBAHN ZU ERREICHENDE AUSSICHTSPUNKTE

★ **Trittkopf** ⓥ – 2 423 m. *Auffahrt mit der Seilbahn. 20 Min. hin und zurück rechnen.* Schöner **Blick** über Zürs und die gesamte Umgebung, die von den mächtigen Felsen von Hasenfluh, Flexenspitze und Wildgrubenspitze überragt wird. Im Süden ist die Arlberg-Paßstraße zu sehen und im Hintergrund die Verwallgruppe, der Rätikon und die Schweizer Alpen.

★ **Madlochjoch** – 2 438 m. *Erreichbar für Skifahrer mit dem Seekopf- und Madlochjoch-Sessellift.* Von der Bergstation Blick auf den Schafberg. In entgegengesetzter Richtung sind Roggspitze und Valluga zu sehen.

★ **Muggengrat** – 2 450 m. *Erreichbar für Skifahrer mit dem Seekopf- und Muggengrat-Sessellift.* Malerischer **Hochgebirgsrahmen**★, aus dem die Felsen von Hasenfluh und Flexenspitze besonders hervorstechen. Der Blick reicht bis zur Verwallgruppe im Süden und bis Lech und Oberlech am Fuß des Widdersteins im Norden.

## Stift ZWETTL★

Niederösterreich

Michelin-Karte Nr. 426 – Falte 10 – 3 km nordöstlich der Stadt Zwettl

Das große Zisterzienserstift dehnt sich in einer Schleife des Kamp aus, dessen Tal zu den romantischsten des Waldviertels gezählt wird. Es wurde 1137 von Hadmar I. von Kuenring als Tochterkloster von Heiligenkreuz gegründet und leitet seinen Namen vom slawischen „svetlá", d. h. Lichtung, ab. Das Geschlecht der Kuenringer bestimmte über Jahrhunderte das Geschick des Waldviertels und somit auch des Stifts. Diesem war eine große Blütezeit im Mittelalter und nach der Gegenreformation beschieden; selbst die Reformen Josephs II. und die Nazizeit überstand es unangetastet, so daß es bis heute ein reges kulturelles und geistliches Leben entfaltet, begleitet von einer für die Region sehr wichtigen wirtschaftlichen Aktivität.

### BESICHTIGUNG ⓥ

★ **Stiftskirche** – Der im 14. Jahrhundert entstandene gotische Bau aus Waldviertler Granit erhielt im 18. Jahrhundert seine elegante barocke **Westfassade**★★, die mit überlebensgroßen Statuen aus Sandstein geschmückt ist. Der schlanke 80 m hohe Turm wird von einem schön geschwungenen Helmdach mit Laterne bekrönt. Der Entwurf für dieses grandiose Werk geht auf **Matthias Steinl** und **Josef Munggenast** zurück, während die Ausführung in der Hand von Josef Matthias Götz lag.
Auch im Innern triumphiert das Barock, denn von der mittelalterlichen Ausstattung ist nahezu nichts erhalten. Die reiche Ausschmückung lenkt sogar den Blick von der harmonischen Anlage des von 14 Seitenkapellen umgebenen Chors ab. Der **Hochaltar**★ ist in das Chorpolygon eingepaßt und bietet mit seinen einzelnen Ebenen die majestätische Kulisse für eine wirklichkeitsgetreue Eiche, die zugleich die Stiftungslegende – das Kloster soll an der Stelle einer im Winter grünenden Eiche errichtet worden sein – wie auch den Baum der Erlösung darstellt. Aus ihm erwächst Christus im Strahlenkranz. Das barocke **Chorgestühl**★ ist reich intarsiert und trägt vergoldete Vasen und Statuen. Kanzel und Chororgel stehen sich gegenüber und bilden mit ihrem gebauchten Korpus eine stilistische Einheit.
Die Altarbilder der Seitenaltäre malten Martin Altomonte, Paul Troger und Johann Georg Schmidt, der Wiener Schmidt. Hervorzuheben ist der spätgotische Bernhardi-Altar, den ein unbekannter Meister um 1500 geschaffen hat.

★ **Kreuzgang** – Begonnen wurden die Arbeiten 1204 und abgeschlossen im Jahr 1240. Mit seinen 330 Säulen auf Tellerbasen ist der Kreuzgang ein schönes Beispiel für den Übergang vom romanischen zum gotischen Stil. Im sechseckigen **Brunnenhaus** ist man von Säulchen, Kelch- und Knospenkapitellen umgeben.

**Kapitelsaal** – Er ist der älteste Raum des Klosters (nach 1175 errichtet). Von einer kraftvollen Mittelsäule gehen aufsteigende Gurte aus, die den Raum in vier Joche teilen. Die gleiche Länge, Breite und Höhe des Raumes symbolisiert das Himmlische Jerusalem.
Das alte **Dormitorium** ist die älteste erhaltene romanische Schlafhalle.

Wiesenhofer/ÖSTERREICH WERBUNG

Stift Zwettl

## UMGEBUNG

**Schloß Rosenau** ⓥ - *8 km westlich.* 1593 als Renaissancebau angelegt, wurde das Schloß in der ersten Hälfte des 18. Jh.s nach Plänen Munggenasts im Barockstil umgebaut. Da sich hier kurze Zeit eine Freimaurerloge befand, die unter Joseph II. im Jahr 1785 aufgehoben wurde, war es sinnvoll, in den mit der Symbolwelt der Freimaurer ausgemalten Räumen das **Österreichische Freimaurermuseum** einzurichten. Es bietet einen hervorragenden Einblick in die Geschichte dieser Bewegung, der ebenso Franz I., Gemahl Maria Theresias, wie auch Mozart angehörte. Ein kleines Schmuckstück ist die ins Schloß integrierte **Pfarrkirche**, deren Deckenfresko Paul Troger zugeschrieben wird. Außerdem sind heute im Schloß auch ein Hotel und Restaurant untergebracht.

★ **Burg Rappottenstein** ⓥ - *12 km südlich.* Rapoto von Kuenring errichtete die Burg in der Zeit von 1157 bis 1176 nach staufischem Vorbild. Die **Lage**★ auf einem Felsen hoch über dem Tal des Kleinen Kamp und die mächtige Verteidigungsanlage mit sechs Toren und fünf Höfen lassen gerne glauben, daß die Burg nie eingenommen werden konnte. Die Burg ist in ihrem Kern romanisch, wenn sie auch im Laufe der Zeit durch Bauteile im Stil der Gotik und der Renaissance ergänzt wurde. Noch heute ist sie im Besitz der Familie Abensperg-Traun, die sie 1664 erwarb. Der Archivraum und der Festsaal enthalten bemerkenswerte **Fresken**★ aus dem 16. Jh. mit höfischen und bürgerlichen Szenen. Die fünfeckige Kapelle mit Sternrippengewölbe wurde 1379 vom Passauer Bischof geweiht.

*Zur Architektur der Burg siehe auch Einführung, ABC der Baukunst.*

Salzburger Altstadt und Hohensalzburg

# Praktische Hinweise

# Reisevorbereitung

Die Österreich Werbung informiert umfassend über alle Arten touristischer Angebote und stellt weitere praktische Informationen, die für Urlauber in Österreich von Bedeutung sind, zur Verfügung.

**Österreich Werbung**

**Österreich:** Margaretenstraße 1, A-1040 Wien, ☎ 01/5 88 66 00, Fax: 01/5 88 66 20; Urlaubsinformation Österreich: ☎ 01/5 87 20 00 (Mo-Fr 10-17 Uhr, Do bis 18 Uhr).

**Deutschland:** Postfach 70 15 80, D-81315 München. Urlaubsberatung: ☎ 0 89/66 67 01 00 (Mo-Fr 9.00-17.00 Uhr)

Prospektbestellung (Tonband): ☎ 0 89/66 67 01 51 (Mo-Fr 8.00-20.00 Uhr), Fax: 0 89/66 67 02 00.

**Schweiz:** Postfach, CH-8036 Zürich, ☎ 01/4 51 15 51, Fax: 01/4 51 11 80.

**Landesfremdenverkehrsämter**

**Burgenland Tourismus**, Schloß Esterházy, A-7000 Eisenstadt, ☎ 0 26 82/6 33 84, Fax: 0 26 82/6 33 84 20.

**Kärntnen Werbung GmbH**, Casinoplatz 1, A-9220 Velden, ☎ 0 42 74/5 21 00, Fax: 0 42 74/5 21 00 50.

**Niederösterreich Werbung GmbH**, Fischhof 3/3, Postfach 10 000, A-1010 Wien, ☎ 01/5 36 10 62 00, Fax: 01/5 36 10 60 60.

**Landesverband für Tourismus in Oberösterreich**, Schillerstraße 50, A-4010 Linz, ☎ 07 32/6 00 22 10, Fax: 07 32/60 02 20.

**Salzburger Land-Tourismus GmbH**, Wiener Bundesstraße 23, Postfach 1, A-5300 Hallwang, ☎ 06 62/66 88, Fax: 06 62/66 88 66.

**Steirische Tourismus GmbH**, St.-Peter-Hauptstraße 243, A-8042 Graz-St. Peter, ☎ 03 16/40 03 00, Fax: 03 16/40 03 10.

**Tirol Werbung**, Maria-Theresien-Straße 55, A-6010 Innsbruck, ☎ 05 12/5 32 00, Fax: 05 12/5 32 03 00; Tirol Information: ☎ 05 12/72 72, Fax: 05 12/7 27 27.

**Vorarlberg Tourismus**, Bahnhofstraße 14/4, Postfach 302, A-6901 Bregenz, ☎ 0 55 74/42 52 50, Fax: 0 55 74/42 52 55.

**Wiener Tourismusverband**, Obere Augartenstraße 40, A-1025 Wien, ☎ 01/21 11 40, Fax: 01/2 16 84 92.

**Örtliche Fremdenverkehrsbüros**

Sie sind auf den Stadtplänen dieses Reiseführers mit dem Symbol **i** gekennzeichnet. Ihre Anschriften und Telefonnummern sind z. T. im Kapitel „Besichtigungsbedingungen" angegeben. Weitere Adressen erhält man von den Büros der Österreich Werbung oder den Landesfremdenverkehrsämtern.

**Nach Österreich surfen? ... Na klar, im Internet!**

Eine spezielle Suchmaschine für Österreich bietet *www.austronaut.at*

Offizielle Seiten der Österreich Werbung: *www.austria-tourism.at*

Ein weiteres Tourismusinformationssystem zu Österreich findet man unter *www.netwing.at/austria*, u. a. auch mit Gastronomietips.

Hotels und Ferienwohnungen listet *www.tiscover.com* auf (Daneben auch Wetterbericht und touristische Infos).

Die österreichische Bergwelt wird unter *www.publish.at/trekking* (Gebirgsorte, Hütten) präsentiert.

*www.lawine.at* gibt Informationen über die aktuelle Schneesituation in Österreich.

Die österreichischen Bundesbahnen haben die Adresse *www.oebb.at* – die beiden großen österreichischen Fluglinien Austrian Airlines *www.aua.com* und Lauda-Air *www.laudaair.com*

Michelin bietet mit *www.michelin-travel.com* einen Online-Routenplaner.

## Reisezeit

Im **Frühling** kann man im Hochgebirge die Freuden des Skifahrens im Sonnenschein mit ausgedehnten Wanderungen verbinden. Auch fallen in diese Jahreszeit die bunten Karnevalsumzüge.

Im **Sommer**, der besonders die Alpinisten und Freunde von Volksfesten und kulturellen Veranstaltungen anzieht, hat der Tourist die Qual der Wahl. Das heitere Kärnten mit seinen warmen Seen begeistert ebenso wie das Salzkammergut mit seinen kälteren, jedoch sehr romantisch gelegenen Seen die Freunde des Wassersports, Sportangler, Bergsteiger, Wanderer und Jäger. Den Alpinisten bieten sich verschiedenste Möglichkeiten in den Gletscherfeldern der Ötztaler Alpen und der Hohen Tauern, auch im Karwendelgebirge, Kaisergebirge, Dachstein und Gesäuse.

Im **Herbst**, der zwar sonnenreich, doch schon kühl ist, besucht man gerne die Baudenkmäler und Museen in den Städten, unternimmt lange Spaziergänge in den waldreichen Tälern der Steiermark oder Kärntens. Eine Fahrt durch die Weinberge des Burgenlandes oder Niederösterreichs oder die Donau hinunter entlang der Wachau hinterläßt unvergeßliche Eindrücke. In Wien beginnt am 1. September die Theater- und im Oktober die Musiksaison.
Im **Winter** ist Österreich das Paradies der Wintersportler. Eine unvergleichliche Skala von Wintersportorten erschließt sowohl den Anfängern als auch den erfahrenen Skiläufern unzählige Abfahrtsmöglichkeiten. Der Arlberg hat für den Skilauf bereits eine lange Tradition. Für Tirol und Innsbruck waren die Olympischen Winterspiele (1964 und 1976) ein Anlaß zur Vergrößerung und Modernisierung der Wintersportanlagen. Auch im Salzburger Land wird Ski ganz großgeschrieben, z. B. in der Sportwelt Amadé. Und die Steiermark wartet in der Dachstein-Tauern-Region um Schladming mit einem abwechslungsreichen Skirevier auf.

Pigneter/ÖSTERREICH WERBUNG

## Was sonst noch wichtig ist

**Krankenversicherung** – Für Reisende aus den Mitgliedsstaaten der Europäischen Union gibt es einen internationalen Krankenschein (Formular E 111). Mit diesem können in Österreich die Leistungen der gesetzlichen Krankenversicherung zu denselben Bedingungen wie für in Österreich versicherte Personen in Anspruch genommen werden.
Eine Schweizer Krankenversicherung deckt prinzipiell auch Reisen nach Österreich mit ab. Angefallene Rechnungen müssen im Land bezahlt und dann beim Versicherungsträger eingereicht werden.

**Details und weitere Fragen sollten Sie mit dem Träger Ihrer Krankenversicherung direkt abstimmen.**

**Schutzimpfung** – Hauptsächlich in den Monaten April bis Oktober kann durch Zecken in Gräsern, Sträuchern und Unterholz FSME übertragen werden. Risikogebiete befinden sich in Lagen unter 1 000 m, v. a. an Flußniederungen entlang der Donau, in Niederösterreich, Regionen von Kärnten, der Steiermark und des Burgenlandes. Eine Schutzimpfung ist nicht unbedingt notwendig, aber empfehlenswert.

**Telefon** – Von D und CH nach A: 0043 + Ortsvorwahl ohne die Null + Teilnehmernummer
Von A nach D: 0049
Von A nach CH: 0041
Telefonkarten für Kartentelefone erhält man u. a. bei der Telekom Austria, in Tabaktrafiken und in Hotels.

*Je nachdem, von wo aus sie nach Österreich reisen, ermöglicht es Ihnen die Kollektion Der Grüne Reiseführer mit den Bänden Deutschland, Italien, Schweiz sowie Ungarn und Budapest schon für die Anreise interessante Routen zusammenzustellen.*

# Anreise

**Mit dem Flugzeug** – Mehrere Verbindungen von und nach Österreich bieten täglich an:

**Austrian Airlines:**
Austrian Airlines Town Office, Kärntner Straße 18, A-1010 Wien, ☎ 01/17 89 (Buchung und Reservierung). Internet: *www.aua.com*

**Deutsche Lufthansa:**
Informations- und Reservierungszentrale, Wilhelmshöher Allee 254, D-34119 Kassel, ☎ 01 80/3 80 38 03. Internet: *www.lufthansa.com*

**Swissair:**
Reservierung, Postfach, CH-8058 Zürich Flughafen, ☎ 01/8 48 80 0-700 (Reservierungen für die Business-Class mit Durchwahl -600 und für First Class/Club Members -500). Internet: *www.swissair.com*

Weitere Auskünfte zu internationalen Flügen und Inlandsflügen erhält man bei der **Zentralen Flugauskunft** in Wien, ☎ 01/70 07-222 33.

**Mit der Bahn** – Auskünfte zu Bahnverbindungen erteilen die Österreichischen Bundesbahnen (ÖBB) unter ☎ 01/05 17 17, im Internet unter *www.oebb.at*, die Deutsche Bahn (DB) unter ☎ 0 18 05/99 66 33 oder im Internet unter *www.bahn.de* und die Schweizerischen Bundesbahnen (SBB) unter ☎ 09 00/30 03 00, im Internet unter *www.sbb.ch*

**Mit dem Reisebus** – Die Eurolines-Organisation ist ein länderübergreifender Verband verschiedener europäischer Omnibusunternehmen, die ein europaweites Verkehrsnetz bedienen. Kontakt in den jeweiligen Ländern über

**Österreich**
EUROLINES AUSTRIA – Zentrale
Busbahnhof Wien-Mitte, Schalter 2
Postfach 73
1033 Wien
☎ 01/7 12 04 53
Internet: *www.eurolines.at*

Blaguss Internationale Buslinien
Bahnhofplatz 5
4020 Linz
☎ 07 32/66 05 68

**Deutschland**
Deutsche Touring GmbH – Service-Center
Am Römerhof 17
60486 Frankfurt am Main
☎ 0 18 05/25 02 54
Internet: *www.deutsche-touring.com*

**Schweiz**
EuroLines / Eggmann + Frey
☎ 1 57 37 47
Internet: *www.eurolines-schweiz.ch*
Agenturen:
Hauptstraße 66, 4112 Basel/Bättwil
Carplatz am Sihlquai, 8005 Zürich
Inselquai 10, 6005 Luzern

**Mit dem Auto** – Für die Routenplanung stellt Michelin einen Informationsdienst für Autofahrer im Internet zur Verfügung: Streckenempfehlungen, Entfernungen, detaillierte Straßenkarten, Hotel- und Restaurantinformationen. Die Adresse lautet:

**www.michelin-travel.com**

Die Bezahlung über ein sicheres elektronisches Zahlungssystem (SSL) kann per Kreditkarte in verschiedenen Währungen erfolgen. Der Preis für eine Einzelauskunft beträgt derzeit 2,41 Euro. Für Abonnenten bieten sich interessante Sondervergünstigungen.

In Österreich verkehren täglich **Autoreisezüge** zwischen den Städten Wien und Villach (372 km), Wien und Salzburg (317 km), Wien und Innsbruck (572 km), Wien und Feldkirch (731 km), Graz und Feldkirch (607 km) sowie Villach und Feldkirch (466 km). Zusätzlich fahren an bestimmten Tagen Züge zwischen Wien und Schwarzach-St. Veit (385 km) sowie Wien und Lienz (476 km). Darüber hinaus sind an Wochenenden im Sommer Autoreisezüge nach Italien, Slowenien, Kroatien, Deutschland und Belgien eingesetzt. Genauere Auskünfte erteilt die Zentrale Zugauskunft in Wien, ☎ 01/05 17 17.

**Bahnverladung Tauernschleuse** - Durch den Tauerntunnel (Böckstein - Mallnitz, 8 km) werden die Autos auf die Bahn verladen. Weitere Auskünfte über den Fahrplan und -preis (derzeit 200 S einfach) erhält man beim Bahnhof Böckstein, ☎ 0 64 34/26 63 0, oder Mallnitz, ☎ 0 47 84/60 03 83.

## GRENZÜBERGANG

**Formalitäten** - Auch wenn Österreich im Zuge des Schengener Abkommens seit April 1998 an den Binnengrenzen mit Deutschland und Italien keine Kontrollen mehr durchführt, ist es für EU-Bürger doch ratsam, den Personalausweis oder den Reisepaß mit sich zu führen, um der Ausweispflicht Genüge zu tun. Für Schweizer ist ein Personalausweis oder Reisepaß für den Grenzübertritt in jedem Fall erforderlich.
Für Haustiere wie Hunde und Katzen wird ein tierärztliches Impfzeugnis benötigt. Die Impfung muß mindestens 30 Tage vor dem Grenzübertritt erfolgt sein und darf nicht länger als ein Jahr zurückliegen.

**Fahrzeugpapiere** - Es wird empfohlen, den internationalen Grünen Versicherungsschein mitzuführen.

**Zollbestimmungen** - Österreich unterliegt den Bestimmungen des Schengener Abkommens, d. h. bei Einreise aus einem EU-Mitgliedsstaat werden im allgemeinen keine Zollkontrollen durchgeführt. Bei Einreise aus einem Staat, der nicht zur EU gehört, muß man den Zoll passieren und die mitgeführten Waren deklarieren. Weitere Auskünfte erteilt die Auskunftsstelle des Hauptzollamtes in Wien unter ☎ 01/79 59 03 200.

# Unterwegs in Österreich

## Diplomatische Vertretungen

**Bundesrepublik Deutschland**
**Botschaft**: Metternichgasse 3, A-1030 Wien, Fax: 01/7 13 83 66
**Konsulat** (Geschäftszeiten Mo-Fr 9-12 Uhr): Reisnerstraße 44, A-1030 Wien, Fax: 01/7 15 34 50.
Telefonische Auskunft unter: ☎ 01/71 15 40.

**Schweiz**
**Botschaft**: Prinz-Eugen-Straße 7, A-1030 Wien, Fax: 01/7 95 05 21.
**Konsulat** (Geschäftszeiten Mo-Fr 9-12 Uhr): Prinz-Eugen-Straße 10, A-1040 Wien, Fax: 01/7 95 05 20.
Telefonische Auskunft unter: ☎ 01/79 50 50.

## Verkehrshinweise

*Wir empfehlen für Österreich die **Michelin-Karte Nr. 926** (Maßstab 1:400 000).*

**Straßenverkehrsordnung** - In Österreich herrscht Gurtpflicht. Kinder unter 12 Jahren, die kleiner als 1,50 m sind, dürfen nur in entsprechenden Kindersitzen befördert werden. Die Blutalkoholgrenze beträgt 0,5 Promille. Telefonieren im Auto ist nur mit Freisprecheinrichtung gestattet. Auf Autobahnen ist eine Höchstgeschwindigkeit von 130 km/h erlaubt, auf Landstraßen darf man 100 km/h und in Ortsgebieten 50 km/h (in Graz: generell 30 km/h, auf Vorrangstraßen 50 km/h) nicht überschreiten. Für Pkw mit Anhänger über 750 kg gelten Geschwindigkeitsbegrenzungen von 100 km/h auf der Autobahn und 80 km/h auf Landstraßen; in Ortschaften darf nicht schneller als 50 km/h gefahren werden.

**Pannenhilfe** - Der „Österreichische Automobil-, Motorrad- und Touring Club" **ÖAMTC**, Schubertring 1-3, A-1010 Wien ☎ 01/71 19 97 und der „Auto-, Motor- und Radfahrerbund Österreichs" **ARBÖ**, Mariahilfer Straße 180, A-1150 Wien, ☎ 01/89 12 10, leisten Hilfe. ÖAMTC und ARBÖ unterhalten rund um die Uhr einen Pannendienst, der von jedem Kraftfahrer in Anspruch genommen werden kann. Nichtmitglieder dieser oder ähnlicher Organisationen können deren Leistungen gegen Bezahlung in Anspruch nehmen.
Pannendienst ÖAMTC: ☎ 120. Pannendienst ARBÖ: ☎ 123.

**Autobahngebühren** - Die Benutzung der Autobahnen, Schnellstraßen und Stadtautobahnen ist in Österreich seit dem 1. Januar 1997 mautpflichtig. Die Gebühr wird mit dem Kauf einer Vignette („Pickerl") entrichtet, die auf der Windschutzscheibe in der Mitte oben oder auf der linken Seite anzubringen ist (Nicht aufgeklebte Vignetten sind ungültig). Es gibt eine Jahresvignette von Dezember bis Ende Januar des darauffolgenden Jahres (Preis für PKW derzeit 550 S), eine 2-Monats- (150 S) und eine 10-Tages-Vignette (70 S). Wohnwagen brauchen keine eigene Vignette; Reisemobile (auch über 3,5 t) zahlen den PKW-Tarif. Erhältlich ist das Pickerl u. a. bei den

Automobilclubs (ARBÖ, ÖAMTC), bei allen größeren Tankstellen, Postämtern und Trafiken sowie an den Grenzübergängen. In Deutschland wird es beim ADAC sowie ebenfalls an grenznahen Tankstellen verkauft.

**Maut** - Einige Strecken sind nicht durch die Vignette abgedeckt. Für ihre Benutzung muß eine zusätzliche Gebühr entrichtet werden. Dazu zählen:
* **Arlberg-Straßentunnel** (Information unter ☎ 0 54 46/20 66 67; Gebühr für PKW derzeit 130 S).
* **Brenner-Autobahn** (☎ 05 12/52 01 20; Gesamtstrecke 110 S).
* **Felbertauernstraße** (☎ 0 48 75/8 80 67; 140 S).
* **Gerlos-Alpenstraße** (☎ 06 62/8 73 67 30; 90 S).
* **Großglockner-Hochalpenstraße** (☎ 06 62/8 73 67 30; 350 S).
* **Karawankentunnel** (☎ 0 42 53/26 60; 90-135 S).
* **Pyhrn-Autobahn** (☎ 03 16/6 07 30; Gesamtstrecke 180 S).
**Silvretta-Hochalpenstraße** (☎ 0 55 58/83 07; 150 S).
* **Tauernautobahn** (☎ 06 62/62 05 11; Gesamtstrecke 140 S).
**Timmelsjoch-Hochalpenstraße** (☎ 05 12/58 19 70; einfach 85 S).
**Bahnverladung Tauernschleuse** (☎ 0 64 34/26 63 0 bzw. 0 47 84/60 03 83; einfach 200 S).
Für die mit * gekennzeichneten Strecken kann für PKW und Motorräder eine Wertkarte erworben werden. Sie kostet derzeit 800 S, ist 18 Monate für die aufgeführten Strecken gültig und erlaubt Einsparungen von bis zu 1/3 gegenüber den normalen Tarifen. Erhältlich ist sie an allen Mautstellen.
Verstöße gegen die Mautregelung werden mit hohen Bußgeldern oder (bei Nichtbezahlung) einer Verwaltungsstrafe geahndet.

**Verkehrsnachrichten** - Rund um die Uhr auf Ö3 (österreichweit ausgestrahltes Popradio des ORF). Auskunft über den Straßenzustand auch beim Tonbanddienst des ÖAMTC, ☎ 01/1 75 20.

**Mietwagen** - Reservierungszentralen:

| | | | |
|---|---|---|---|
| Avis | ☎ 01/5 87 62 41 | Hertz | ☎ 01/7 95 32 |
| Budget | ☎ 0 72 42/77 77 425 | Sixt | ☎ 01/5 03 66 16 |
| Europcar | ☎ 01/7 40 50 40 00 oder in Österreich 0800 0800 800 (gratis) | | |

**Autofahren im Winter** - Im Winter sind unbedingt Winterreifen und in Ausnahmefällen Schneeketten erforderlich. In allen Bundesländern haben der ÖAMTC sowie der ARBÖ Verleihstellen für Schneeketten eingerichtet.

**Wintersperre** - Im Winter sind folgende Alpenpässe und Mautstraßen nicht passierbar:

| **Alpenpässe** | **Verbindung** |
|---|---|
| Bielerhöhe | Partenen-Galtür |
| Furkajoch | Laterns-Damüls |
| Großglockner-Hochalpenstraße | Ferleiten-Heiligenblut |
| Hahntennjoch | Boden-Imst |
| Sölker Paß | Gröbming-Murau |
| Timmelsjoch | Obergurgl-St. Leonhard im Passeier Tal |

| **Mautstraßen** | **Mautstelle** |
|---|---|
| Breitlahner Schlegeis-Stausee | Ginzling/Mayrhofen |
| Maltatal-Hochalmstraße | Fallerhütte - Kölnbreinsperre |
| Silvretta-Hochalpenstraße | Galtür - Partenen |
| Sölden-Rettenbachstraße | Ötztaler Gletscher |
| Timmelsjochstraße | Gurgl |

**Mit dem Wohnwagen in Österreich** - Die österreichischen Bergstraßen weisen streckenweise eine Steigung von über 20 % auf. Diese Straßenabschnitte sind in der Michelin-Karte Nr. 926 verzeichnet wie auch die Straßen, die üblicherweise im Winter bei Schneefall gesperrt sind. Selbst Strecken ohne besondere Schwierigkeiten (z. B. Zufahrtstraßen zum Tauerntunnel), die aber starkem Verkehr ausgesetzt sind, sind häufig für Wohnwagengespanne ungeeignet.
In nachstehender Tabelle werden die schwierigen Streckenabschnitte der Durchgangsstraßen in den Alpen aufgeführt.

| Name des Übergangs | Nr. der Falte der Michelin-Karte 926 | Höhenangabe | Durchgangsstraße | ★ Unbefahrbar oder gesperrt ● Nicht zu empfehlen |
|---|---|---|---|---|
| **Seefelder Sattel (1)** | ⑯ | 1 180 | Innsbruck - Mittenwald | ★ |
| **Rottenmanner Tauern** | ㉒ | 1 265 | Oberes Murtal - Ennstal | ● |
| **Aflenzer Seeberg** | ㉓ | 1 254 | Mariazell - Aflenz | ● |

| Name des Übergangs | Nr. der Falte der Michelin-Karte 926 | Höhen-angabe | Durchgangsstraße | ★ Unbe-fahrbar oder gesperrt ● Nicht zu empfehlen |
|---|---|---|---|---|
| **Präbichl** | ㉓ | 1 227 | Ennstal - Leoben | ● |
| **Bielerhöhe** | ㉘ | 2 036 | Silvrettastraße | ★ |
| **Hochtannbergpaß** | ㉘ | 1 679 | Reutte - Dornbirn | ● |
| **Timmelsjoch (2)** | ㉙ | 2 474 | Ötztal - Italien | ★ |
| **Gerlospaß (3)** | ㉛ | 1 507 | Zell am Ziller - Zell am See | ★ |
| **Hochtor** | ㉜ | 2 505 | Großglockner - Hochalpenstraße | ★ |
| **Kartitsch-Sattel** | ㉜ | 1 529 | Kötschach - Sillian | ● |
| **Radstädter Tauernpaß (4)** | ㉝ | 1 739 | Radstadt - St. Michael im Lungau | ● |
| **Katschberg (5)** | ㉞ | 1 641 | St. Michael im Lungau - Spittal an der Drau | ● |
| **Turracher Höhe** | ㉞ | 1 793 | Murtal - Kärntner Seen | ● |
| **Loibltunnel** | ㉟ | 1 067 | Klagenfurt - Slowenien | ● |
| **Gaberl-Sattel (6)** | ㊱ | 1 551 | Direkte Verbindung : Oberes Murtal - Graz | ★ |

*(1) Leichte Zufahrt nach Seefeld in Richtung Mittenwald - Innsbruck.*
*(2) Verkehr für Wohnwagengespanne unter 3,40 m Höhe im Ötztal möglich bis Untergurgl.*
*(3) Leichte Zufahrt zum Gerlospaß und nach Gerlos in ost-westlicher Richtung.*
*(4) Es wird empfohlen, die Autobahn A 10 zu benutzen.*
*(5) Im Winter unbefahrbar, im Sommer nicht zu empfehlen.*

## Vorteilscard der ÖBB

Mit dieser ein Jahr gültigen Karte zum Preis von derzeit 1290 S kann man um 50 % ermäßigte Fahrscheine der ÖBB (Österreichischen Bundesbahnen) erwerben (Gepäck- und Radbeförderung sind ebenfalls um die Hälfte billiger) und eine Reihe von zusätzlichen Vorteilen wie etwa Vorzugspreise bei Hotels und Mietwagenunternehmen in Anspruch nehmen. Für Familien gelten interessante Spezialtarife. Erhältlich ist die Vorteilscard bei den Bahnhöfen der ÖBB, in Reisebüros mit Fahrkartenverkauf und bei größeren Bahnhöfen in Deutschland. Informationen unter ☎ 01/9 30 00 3 64 57 oder im Internet unter der Adresse *www.oebb.at*

## Interessante Vergünstigungen

Folgende Städte und Regionen bieten eine Kartenpauschale an, mit der man in den Genuß einer Reihe von Vergünstigungen in den Bereichen Sport und Freizeit, Natur, Kultur und Geschichte sowie Transport kommt: Innsbruck *(s. S. 150)*, Kärnten *(s. S. 177)*, Linz *(s. S. 204)*, Salzburg *(s. S. 260)*, Salzburger Land *(s. S. 260)*, und Wien *(s. S. 344)*.
Daneben wird für die niederösterreichischen Skigebiete die **Niederösterreich-Winter-Vorteilscard** angeboten, mit der man jeweils 20 % Ermäßigung auf den Preis der Tageskarte in den 21 niederösterreichischen Skigebieten erhält. Sie kostet derzeit 1 600 S und ist u. a. an den Hauptkassen der Skigebiete erhältlich. Sie funktioniert nach einem Wertpunktesystem und besitzt, sofern die Punkte noch nicht aufgebraucht wurden, auch in der Folgesaison Gültigkeit. Informationen unter ☎ 0 26 64/25 39.

## Fahrten mit Nostalgie- und Dampfzügen

In allen Landesteilen verkehren ganzjährig, aber besonders zahlreich vor allem in der Sommersaison, Nostalgie- und Dampfzüge, die nicht nur Eisenbahnfans begeistern werden. Vor allem kann man damit auch besonders schöne Landstriche Österreichs auf bequeme Weise erkunden. Informationen dazu erhält man über Erlebnis Bahn & Schiff Österreich, deren Katalog bei Urlaubsinformation Österreich, Margaretenstraße 1, A-1040 Wien, ☎ 01/5 87 20 00 angefordert werden kann. Informationen im Internet unter *www.erlebnis-bahn-schiff.at*

Jezierzanski/ÖSTERREICH WERBUNG

Achenseebahn in Maurach am Achensee

## Tourismus für Behinderte

Spezielle Angebote für Rollstuhlfahrer und Blinde sind in der Broschüre „Tirol ohne Handicap" zusammengefaßt, die man bei der Österreich- oder Tirol Werbung anfordern kann; Informationen auch im Internet unter *www.tiscover.com/handicap* Eine weitere Broschüre gibt Auskunft über Adressen in ganz Österreich, die „Urlaub am behindertenfreundlichen Bauernhof" anbieten. Sie ist ebenfalls kostenlos bei der Österreich Werbung erhältlich.

## Was sonst noch wichtig ist

**Währung und Geldgeschäfte** - Die österreichische Währung bis zur Einführung des Euro in Form von Bargeld und einer darauffolgenden sechsmonatigen Übergangsfrist ist der Schilling (100 Groschen = 1 Schilling). Im Umlauf sind Banknoten zu 5 000, 1 000, 500, 100, 50 und 20 Schillingen und Münzen zu 500, 100, 50, 25, 20, 10 und 5 Schillingen sowie zu 50, 10 und 5 Groschen. Geld kann man in Banken, Wechselstuben und z. T. in Reisebüros und Hotels umwechseln. In- und ausländische Zahlungsmittel können in unbeschränkter Höhe ein- und wieder ausgeführt werden. Banken sind in der Regel von Montag bis Freitag 8-12.30 und 13.30-15 Uhr geöffnet, am Donnerstag bis 17.30 Uhr.
Allerdings werden schon fast überall in Hotels, Restaurants, Geschäften und auch Tankstellen gängige Kreditkarten wie VISA oder MasterCard akzeptiert.

**Euro** - Ab 01. Januar 1999 wurde u. a. in Österreich und Deutschland der Euro eingeführt, aber noch nicht in Form von Bargeld. Erst voraussichtlich ab dem 01. Januar 2002 kommen die Scheine und Münzen der europäischen Währung in Umlauf (100 Cent = 1 Euro).
Folgende Umrechnungskurse wurden am 31.12.1998 festgelegt: 1 Euro entspricht
- 13,7603 S
- 1,95583 DM

**Post** - Die Postämter, bei denen man auch Geld umtauschen kann, sind in der Regel von Montag bis Freitag von 8 bis 12 Uhr und von 14 bis 18 Uhr geöffnet. Kassenschluß ist um 17 Uhr. Nur wenige Postämter sind auch am Samstag 8-10 Uhr geöffnet. Einige Haupt- und Bahnhofspostämter in großen Städten sind durchgehend, manchmal auch an Wochenenden, z. T. auch am Sonntag, geöffnet. Wenn man aus dem Ausland nach Österreich schreibt, setzt man vor die Postleitzahl den Buchstaben A, die internationale Abkürzung für Austria.
**Briefmarken** sind ebenfalls bei Tabak-Trafiken erhältlich. Für Postkarten innerhalb Österreichs gilt der Tarif von 6,50 S; für Postkarten (u. a. in EU-Länder und auch die Schweiz) und Briefe (Österreich und europäisches Ausland) allgemein 7 S.

**Wichtige Telefonnummern**
Feuerwehr: 122
Polizei: 133
Notruf: 140
Pannendienst: 120, 123

**Öffnungszeiten der Geschäfte** - Generell dürfen Geschäfte Montag bis Freitag 6-19.30 Uhr und an Samstagen bis 17 Uhr geöffnet sein. Innerhalb dieser Kernzeiten können natürlich Abweichungen bestehen. In Tourismusorten und in Ortszentren gelten Sonderregelungen: Montag bis Freitag bis 21 Uhr, an Samstagen bis 18 Uhr (in Bahnhöfen und auf Flugplätzen teilweise bis 23 Uhr).

**Gesetzliche Feiertage in Österreich** – 1. Januar (Neujahr) und 6. Januar (Dreikönig), Ostermontag, 1. Mai (Staatsfeiertag), Christi Himmelfahrt, Pfingstmontag, Fronleichnam, 15. August (Mariä Himmelfahrt), 26. Oktober (Nationalfeiertag), 1. November (Allerheiligen), 8. Dezember (Mariä Empfängnis), 25. und 26. Dezember (Weihnachten).

# Unterkunft

Österreichs Hotelgewerbe bietet neben traditionellen Unterkunftsmöglichkeiten auch Kinder-, Rad-, Tennis-, Reitsport- und Golfhotels. Ein sehr gutes und breites Angebot an Hotellisten und Zimmernachweisen stellen die „Österreich Werbung" oder die Landes- und örtlichen Fremdenverkehrsämter zur Verfügung. Adressen und Informationsmöglichkeiten im Internet siehe unter *Reisevorbereitung (S. 416)*.

Die **Roten Michelin-Hotelführer Europe** (für Wien, Innsbruck und Salzburg) und **Deutschland** (für Bregenz und Salzburg), die jedes Jahr aktualisiert werden, bieten für die angegebenen österreichischen Städte jeweils eine Auswahl besonders empfehlenswerter Hotels und Restaurants.

**Urlaub auf dem Bauernhof** – Zahlreiche Bauernhöfe, besonders in Tirol, nehmen Urlaubsgäste auf oder bieten Ferienkurse (z. B. Sticken, bildnerisches Gestalten, Reiten usw.) an. Zu den wichtigsten Spezialangeboten der bäuerlichen Betriebe gehören z. B. Urlaub auf dem Biobauernhof oder Gesundheitsurlaub auf dem Bauernhof. Weitere Auskünfte und Kataloge erhält man bei der Österreich Werbung und dem Bundesverband Urlaub am Bauernhof in Österreich, Gabelsberger Straße 19, A-5020 Salzburg, ☎ 06 62/88 02 02, Fax: 06 62/88 02 023, Internet *www.farmholidays.com*

**Camping-Wohnwagen** – Die Österreich Werbung gibt eine Übersicht über die österreichischen Campingplätze heraus. Auskünfte erteilen auch der Camping- und Caravaningclub Austria (CCA), Mariahilfer Str. 180, A-1150 Wien, ☎ 01/89 12 12 22 und der Österreichische Campingclub (ÖCC), Schubertring 1-3, A-1010 Wien, ☎ 01/7 13 61 51.

**Jugendherbergen** – In zahlreichen Orten Österreichs gibt es Jugendherbergen, die allen Reisenden zur Verfügung stehen, die über eine Mitgliedskarte des internationalen Jugendherbergsverbandes verfügen (kann auch noch vor Ort erworben werden). Es empfiehlt sich eine Voranmeldung. Jugendherbergsverzeichnisse bekommt man von der Österreich Werbung oder vom Österreichischen Jugendherbergsverband, Schottenring 28, A-1010 Wien, ☎ 01/5 33 53 53, Web-Page *www.oejhv.or.at*

**Schlank & Schön in Österreich** – Gesundheit, Körperpflege, Streßabbau und Entspannung ist das Ziel der „Schlank und Schön"-Betriebe. Den Katalog erhält man bei der Österreich Werbung oder direkt bei „Schlank & Schön in Österreich", Hauptstraße 203, A-9210 Pörtschach, ☎ 0 42 72/36 20 40, Web-Page *www.tiscover.com/schlankundschoenhotels*

# Freizeitgestaltung

## Karte der Ferienorte

Für einen besseren Überblick wurden die wichtigsten Ferienorte (siehe Legende) in nachstehender Karte zusammengefaßt.

## Casinos

Casinos gibt es in Österreich in Baden bei Wien, Badgastein, Bregenz, Graz, Innsbruck, Kitzbühel, Kleinwalsertal, Linz, Salzburg, Seefeld in Tirol, Velden und Wien. Nähere Auskunft erteilt die Casinos Austria AG (Dr.-Karl-Lueger-Ring 14, A-1015 Wien, ☎ 01/53 44 00, Internet *www.casinos.at*).

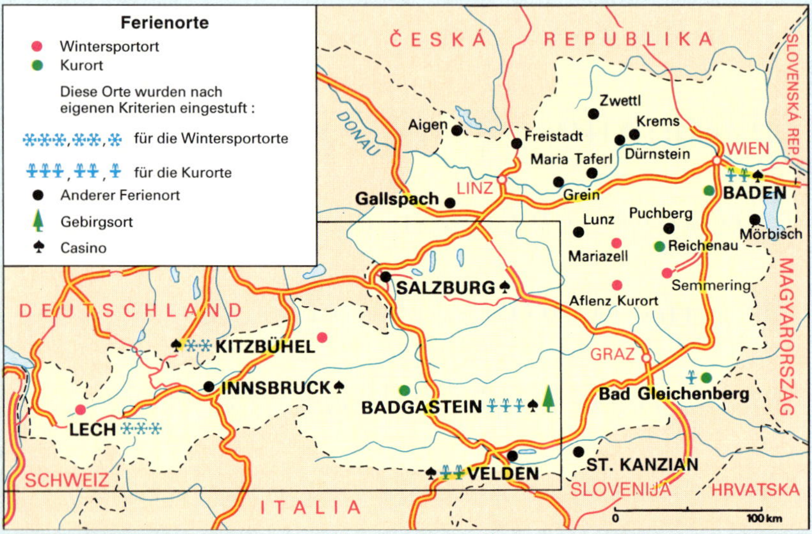

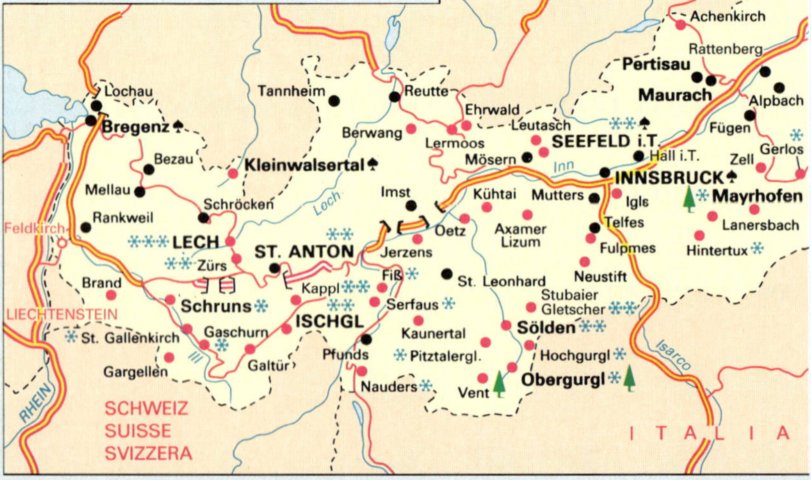

## Thermalbäder

Den Österreich-Besuchern, die während ihrer Ferien etwas für ihre Gesundheit tun wollen, bietet sich eine unerschöpfliche Skala von Bade- und Kurorten, in denen die verschiedensten Heilmethoden angewandt werden. Viele dieser Stationen halten auch im Winter, während der Skisaison, ihre Thermalbäder geöffnet (z. B. Badgastein).

**Schwefelquellen** – Sie wirken wohltuend bei Erkrankungen der Glieder, Muskeln und Nerven sowie gegen Hautleiden. Die bekanntesten Schwefelbäder sind Baden bei Wien und im Salzkammergut Bad Ischl und Bad Goisern.

**Salzquellen** – Die Soda-Chlorid-Wasser, die aus natürlichen Quellen oder aus Rückständen der industriellen Salzraffinierung (den „Mutterlaugen") stammen, werden in Gemeinschaft mit den Salzbergwerken genutzt. In der Form von Duschen oder Bädern angewandt, sind sie von kräftiger Wirkung bei Frauen- und Kinderkrankheiten, inhaliert reinigen sie die oberen Atemwege. Dieser Heilwassergruppe können die doppeltkohlensauren Wasser, wie die von Bad Gleichenberg in der Steiermark, zugeordnet werden, die außerdem in Trinkkuren gegen Magen-, Darm- und Nierenleiden wirksam sind.

**Jodquellen** – Besonders wirkungsvoll bei zu hohem Blutdruck, Kreislauf- und Sehstörungen sowie bei Drüsenerkrankungen. Bad Hall in Oberösterreich ist durch die Heilerfolge seiner Quellen bekannt.
Außer den eigentlichen Mineralquellen gibt es noch schwach mineralstoffhaltige Wasser, wie zum Beispiel die Thermalquellen Badgasteins, deren Heilkraft vor allem auf ihre Radiumemanation zurückzuführen ist.

Bei der Österreich Werbung kann man den Katalog „Von Körper, Geist und Seele empfohlen" (Kur-, Thermen-, Kneippangebote) mit einer Kurzbeschreibung der Gesundheitszentren anfordern. Spezialkataloge der Bundesländer sind bei den jeweiligen Landesfremdenverkehrsämtern erhältlich.
Informationen erteilt auch der Österreichische Heilbäder- und Kurorteverband, Josefsplatz 6, A-1010 Wien, ☎ 01/512 19 04, Fax: 01/512 86 39.

## Naturerlebnis

### Nationalparks

Fünf Nationalparks wurden bisher in Österreich eingerichtet, in denen man Natur pur erleben kann: seltene Pflanzen und Tiere, herrliche Landschaften, Wanderwege, die an noch unberührte Flecken führen.

**Nationalpark Hohe Tauern (Kärnten, Salzburger Land, Tirol).** Die Nationalparkverwaltung bietet Exkursionen, Diavorträge und weitere Veranstaltungen wie „Kindertage" oder Hochgebirgswanderungen an. Kontakt:

H. W. Partaj/BILDAGENTUR BUENOS DIAS

Neusiedler See - Schilfgürtel

Regionalverband Nationalpark Hohe Tauern, A-5722 Niedernsill, ☎ 0 65 48/84 170.
Nationalparkverwaltung Kärnten, A-9843 Großkirchheim, ☎ 0 48 25/61 61 14.
Nationalparkverwaltung Tirol, A-9971 Matrei in Osttirol, ☎ 0 48 75/51 610.

**Nationalpark Neusiedler See - Seewinkel (Burgenland).** Einziger Steppennationalpark Mitteleuropas: Angebot von geführten Exkursionen, Rundfahrten mit dem Pferdewagen, Ausritten und Fahrradtouren. Ein Muß für Freunde der Vogelbeobachtung.
Nationalpark Neusiedler See - Seewinkel, Informationszentrum, A-7142 Illmitz, ☎ 0 21 75/34 42.

**Nationalpark Nockberge (Kärnten).** Die „Nocken", sanfte Kuppen aus kristallinem Gestein, charakterisieren diesen Kärntner Landschaftsteil. Er ist zwischen dem Liesertal und der Turracherhöhe gelegen und wurde wegen seiner Öko-Systeme zum Schutzgebiet ernannt.
Nationalparkverwaltung Nockberge, A-9565 Ebene Reichenau 22, ☎ 0 42 75/66 50.

**Nationalpark Kalkalpen (Oberösterreich).** Der Park in der Region Pyhrn-Eisenwurzen erstreckt sich bis in hochalpine Regionen. Umfangreiches Veranstaltungsprogramm für große und kleine Wanderer.
Nationalpark-Infostelle Großraming, A-4463 Großraming, ☎ 0 72 54/84 14.
Nationalpark-Infostelle Windischgarsten, A-4580 Windischgarsten, ☎ 0 75 62/61 37.

**Nationalpark Thayatal (Niederösterreich).** Grenzüberschreitendes Projekt mit Tschechien. Das Thayatal ist ein Durchbruchstal mit tief in das Urgestein eingeschnittenen Flußschlingen.
Amt der Niederösterreichischen Landesregierung, Abt. Naturschutz, A-3100 St. Pölten, ☎ 0 27 42/200 52 38.

**Nationalpark Donau-Auen (Niederösterreich).** Ein 11 000 Hektar großes Areal erstreckt sich vom östlichen Stadtrand Wiens bis zur slowakischen Grenze und wird wegen der Artenvielfalt seiner Flora und Fauna „Regenwald Mitteleuropas" genannt. Die Besonderheiten dieser Auenlandschaft lassen sich zu Fuß oder mit dem Boot entdecken.
Nationalpark Donau-Auen, Fadenbachstraße 1, A-2304 Orth an der Donau, ☎ 0 22 12/34 50.

### Naturparks

Weitere geschützte Kulturlandschaften, die durch schonende Formen der Landnutzung erhalten werden sollen, sind die derzeit 30 österreichischen Naturparks. Informationen dazu erhält man beim Verband der Naturparke Österreichs, Alberstraße 10, A-8010 Graz, ☎ 03 16/31 88 48 99 oder im Internet unter *www.naturparke.at*

### Vogelbeobachtung

**Burgenland:** Neusiedler See; Seewinkel/Lange Lacke; Storch- und Vogelpflegestation, A-7111 Parndorf
**Kärnten:** Adlerwarte Burgruine Landskron; Vogelschutzgebiet Großedlinger Teich (bei Wolfsberg); Völkermarkter Stausee
**Niederösterreich:** Donau-March-Thaya-Auen; Thayatal bei Hardegg
**Oberösterreich:** Donauauen im Linzer Becken; Vogelpark Schmiding
**Salzburger Land:** Pinzgau (zwischen Gasteiner Tal und Habachtal); Zeller See (Südufer)
**Steiermark:** Mur-Stausee (Südsteiermark).

## Angeln

In der Regel werden zwei Erlaubnisscheine benötigt: zum einen die amtliche Fischereikarte für das Bundesland und zum anderen eine private Fischereierlaubnis von den Besitzern oder Pächtern der Gewässer. Informationen bei Fischwasser Österreichs, Congreß-Center, Hauptstr. 203, A-9210 Pörtschach, ☎ 0 42 72/36 20 30, wo man auch kostenlos einen Katalog mit einer Übersicht über die österreichischen Angelplätze anfordern kann.

## Wassersport und Schiffahrt auf Seen

Österreich zählt nicht weniger als 1 000 Seen, allein 200 davon befinden sich in Kärnten. Auskunft über die Wassertemperaturen der Badeseen: ☎ 01/15 28 (Tonbandauskunft Mai bis Oktober) oder ☎ 01/89 12 17 (ARBÖ-Informationsdienst).
Auf den größeren Seen gibt es ab Mitte Mai bis Ende September eine regelrechte Schiffahrt mit Ausflugs- oder Fährschiffen, z. B. Achensee, Attersee, Bodensee, Hallstätter See, Ossiacher See, Traunsee, Wörthersee, Wolfgangsee. Informationen dazu über Erlebnis Bahn & Schiff Österreich, deren Katalog bei Urlaubsinformation Österreich, Margaretenstraße 1, 1040 Wien, ☎ 01/5 87 20 00 angefordert werden kann. Informationen im Internet unter *www.erlebnis-bahn-schiff.at*
Fast immer jedoch finden sich Möglichkeiten zum Rudern, Segeln, Surfen, Wasserskifahren oder einfach zum Baden. Auskunft dazu erteilen die Tourismusbüros der Anrainergemeinden.

R. Chéret/MICHELIN

Ossiacher See

**Schiffahrt auf der Donau** – Von Anfang April bis Ende Oktober organisieren DDSG Blue Danube, Ardagger und Wurm & Köck Schiffahrten auf der Donau. Genauere Auskünfte erteilen direkt die Schiffahrtsunternehmen DDSG Blue Danube Schiffahrt GmbH, Friedrichstraße 7, A-1010 Wien, ☎ 01/58 88 00; Donauschiffahrt Ardagger, A-3321 Ardagger 155, ☎ 0 74 79/6 46 40, sowie Donauschiffahrt Wurm & Köck, Untere Donaulände 1, A-4020 Linz, ☎ 07 32/78 36 07, bzw. Höllgasse 26, D-94032 Passau, ☎ ++49/8 51/92 92 92.

## Rafting- und Wildwassersport, Canyoning

Rafting darf nur zwischen dem 1. Mai und dem 31. Oktober betrieben werden. Im Nationalpark Hohe Tauern ist Rafting und Canyoning verboten.

Flüsse, auf denen Rafting praktiziert wird:
**Kärnten:** Gail, Gurk, Isel, Lieser, Möll
**Niederösterreich:** Enns, March, Salza, Thaya
**Oberösterreich:** Enns, Steyr, Traun
**Salzburger Land:** Enns, Lammer, Mur, Saalach, Salzach
**Steiermark:** Enns, Salza
**Tirol:** Gerolsbach, Inn, Isel, Ötztaler und Tiroler Ache, Sanna, Ziller
Auskunft über gesetzliche Bestimmungen in den einzelnen Bundesländern und Streckenführungen: Österreichischer Kanuverband, Giesereistraße 8, A-5280 Braunau, ☎ 0 77 22/81 600, Fax: 0 77 22/82 600.

## Drachenfliegen und Paragliding

Drachenflug- und Paragleitschulen findet man u. a. in:
**Kärnten:** Bad Kleinkirchheim, Katschberg, Seeboden
**Oberösterreich:** Hinterstoder, Leonstein, Linz, Spital am Pyhrn, Weyregg

**Salzburg:** Dorfgastein, Golling-Werfenweng, Mattsee, Salzburg
**Steiermark:** Graz, Gröbming, Ramsau am Dachstein
**Tirol:** Galtür, Hall, Kössen, Lienz, Neustift im Stubaital, Niederau, Seefeld
In **Vorarlberg** ist der Paragleitersport auf bestimmte Berggipfel und Flugrouten beschränkt.
Auskunft: Österreichischer Aero-Club, Prinz-Eugen-Straße 12, A-1040 Wien, ☎ 01/50 51 02 80, Fax: 01/5 05 79 23.

## Golf

Österreich zählt derzeit 108 Golfplätze (1x45-Loch, 2x36-Loch, 8x27-Loch, 59x18-Loch, 38x9-Loch-Anlagen) und 121 Golf-Clubs.
Auskunft und Informationen: Österreichischer Golf-Verband, Haus des Sports, Prinz-Eugen-Straße 12, A-1040 Wien, ☎ 01/5 05 32 45 oder im Internet unter *www.golf.at*

## Radfahren

Über 10 000 km Radwanderwege stehen zur Verfügung, darunter z. B. der besonders beliebte **Donauradweg** – von Passau nach Hainburg, 305 km. Über das gesamte Angebot informiert die Broschüre „Radtouren in Österreich" (inkl. Übersicht zu Radhotels), die Österreich Werbung zur Verfügung stellt.

Radwanderführer zu den Routen bekommt man bei „Radtouren in Österreich" c/o Salzburger Land, Postfach 1, A-5300 Hallwang, ☎ 06 62/66 88. Im Internet kann das gesamte Angebot (Kurzbeschreibungen der Routen, Informationsadressen, Literatur, Unterkunft) unter *www.radtouren.at* abgerufen werden.

Von den Österreichischen Bundesbahnen kann man das eigene Rad transportieren lassen oder aber an einem der 50 Verleihbahnhöfe bzw. bei anderen Vermietern ein Fahrrad entleihen. Die Broschüre „Bahn & Rad" mit allen Details ist bei den ÖBB und bei der Österreich Werbung erhältlich.

## Wandern

Mit einem 50 000 km umfassenden Netz markierter Wanderwege ist Österreich ein Wanderland par excellence. Zehn Weitwanderwege erlauben, das ganze Land zu durchstreifen. Drei europäische Fernwanderwege führen ebenfalls durch Österreich.
Einige Dörfer, die sich zu einem naturnahen Tourismus bekennen, haben sich zum Verein „Österreichs Wanderdörfer" (Unterwollaniger Straße 53, A-9500 Villach, ☎ 0 42 42/25 75 31, Internet *www.wanderdoerfer.at*) zusammengeschlossen. Dort oder auch bei Österreich Werbung erhält man die Broschüre *Faszination Wandern* mit Kurzbeschreibungen von Wanderungen, Wanderpauschalen und Unterkünften.

R. Lamm/VIENNASLIDE

Im Dachsteingebirge

**Wandern im Gebirge** – Mit rund 680 Gipfeln über 3 000 m und 528 bewirtschafteten Schutzhütten bietet Österreich Bergfreunden eine beispiellose Palette an Wander- und Klettermöglichkeiten der verschiedensten Schwierigkeitsgrade. Man sollte aber stets bedenken, daß aus Sicherheitsgründen im Gebirge eine präzise Tourenplanung, die entsprechende Ausrüstung und eine gute körperliche Verfassung und Kondition unerläßlich sind.

**Zur Sicherheit in den Bergen**

Das Gebirge birgt spezielle Gefahren, die besonders Neulinge vor ungeahnte Schwierigkeiten stellen können, die aber auch für erfahrene Bergwanderer und Kletterer eine kaum kalkulierbare Größe darstellen. Lawinen, Steinschlag, plötzlicher Wetterumschwung, dichter Nebel, unsichere Bodenverhältnisse, das eisige Wasser der Bergseen und Sturzbäche, Verlust der Orientierung im Gelände, Fehleinschätzung von Entfernungen können Alpinisten, Skifahrer und Wanderer in große Verlegenheit bringen. Nebel und heftige Gewitter sind kaum vorhersehbar und können selbst im Sommer plötzlich einsetzen. In großen Höhenlagen bleibt der Schnee oft bis Anfang Juli liegen und Schneebänke machen die Nordhänge oft unpassierbar.
Es wird empfohlen, niemals allein oder ohne seine Route und die geplante Rückkunftszeit Dritten mitgeteilt zu haben aufzubrechen.

**Blitzschlag** – In felsenreicher Landschaft kündigt sich der Blitzschlag oft durch eine elektrostatische Aufladung der Luft (und der Haare) an. Man sollte bei Unwettern weder schmale Grate begehen, noch unter überhängenden Felsen, an Höhleneingängen oder Felsspalten Zuflucht suchen sowie isoliert stehende Bäume und metallische Gegenstände (z. B. auch Zäune) meiden. Ebenso sollte man Steigeisen und Eispickel nicht am Körper tragen. Wenn möglich sollte man sich mindestens 15 m von jeder Erhebung (Fels oder Baum) entfernt halten und in gekauerter Position mit hochgezogenen Knien verharren, wobei ungeschützte Haut (z. B. die Hände) nicht in Berührung mit Felspartien kommen sollten. Bei Gewitter ist das Auto eine hervorragende Zufluchtsstätte, da es einen Faradayschen Käfig darstellt.

## Bergsteigen

In folgenden Orten findet man Bergführer und/oder Alpinschulen:
**Kärnten:** Ferlach, Gmünd, Großkirchheim, Heiligenblut, Kolbnitz, Kötschach-Mauthen, Spittal an der Drau, Villach
**Niederösterreich:** Gloggnitz, Puchberg am Schneeberg
**Oberösterreich:** Ebensee, Gosau am Dachstein, Grünau im Almtal, Gschwandt, Hallstatt, Hinterstoder, Linz, Mondsee, Spital am Pyhrn, Windischgarsten
**Salzburg:** Filzmoos, Kaprun, Maria Alm, Mauterndorf, Neukirchen, Salzburg
**Steiermark:** Bad Aussee, Graz, Ramsau am Dachstein, Schladming
**Tirol:** Ehrwald, Ellmau, Fulpmes, Galtür, Going, Innsbruck, Kufstein, Landeck, Lanersbach, Mayrhofen, Nauders, Obergurgl, St. Anton, St. Johann, Sölden
**Vorarlberg:** Bartholomäberg, Brand, Lech, Mittelberg, Vandans

Weitere Informationen: Verband Alpiner Vereine Österreichs, Bäckerstraße 16, A-1010 Wien, ☎ 01/5 12 54 88, Fax: 01/51 25 48 84 oder Österreichischer Alpenverein, Wilhelm-Greil-Straße 15, A-6020 Innsbruck, ☎ 05 12/5 95 47, Fax: 05 12/57 55 28.

## Wintersport

Der Wintersport in Zahlen:

| | |
|---|---|
| 22 000 km Pisten und Tourenabfahrten | 292 Orte mit Snowboard-Kursen |
| 147 Kabinenseilbahnen | 500 Skischulen und 8 300 Skilehrer |
| 2 708 Schlepplifte | 250 Skikindergärten |
| 512 Sessellifte | 500 Naturrodelbahnen |
| 16 000 km gespurte Loipen | 1 500 Eisstockbahnen |
| 900 Orte mit Langlaufloipen | 14 000 km schneegeräumte Wanderwege |

Die Gemeinden haben eine Fülle hervorragender Skigebiete erschlossen und mit attraktiven Infrastrukturen versehen. Auf Anfrage verschicken die Tourismusbüros der Wintersportorte Prospekte mit Panoramakarten, aus denen die Skireviere ersichtlich sind.

Ganzjahresskivergnügen besteht u. a. in:
**Kärnten:** Mölltaler Gletscher
**Salzburg:** Kaprun/Kitzsteinhorn
**Steiermark:** Ramsau/Dachstein
**Tirol:** Hintertux/Tuxer Gletscher; Kaunertal; Stubaier Gletscher; Ötztal/Rettenbach- und Tiefenbachferner; Pitztal/Mittelbergferner

**Auskunft über Wintersportverhältnisse:**

ARBÖ, Mariahilfer Straße 180, A-1150 Wien, ☎ 01/89 12 17 und im Internet unter *www.lawine.at*

Alle in der nachfolgenden Tabelle aufgeführten Wintersportorte besitzen auch eine Skischule.

| **WINTERSPORTORTE** (1) | Nr. der Falte der Michelin-Karte 926 | Seehöhe des Wintersportgebietes | Seilbahnen | Sessellifte und Schlepplifte | Gesamtkilometer Skiabfahrten | Loipen in km | Eislaufbahn | Hallenbad (öffentlich und hoteleigen) | Pferdeschlittenfahrten | Sommerski |
|---|---|---|---|---|---|---|---|---|---|---|
| **Aflenz-Kurort St** | ㉓ | 765-1810 | | 8 | 20 | 18 | ⛸ | 1 | × | |
| **Altenmarkt/Zauchensee S** | ⑳ | 856-2130 | 3 | 24 | 150 | 150 | | 5 | × | |
| **Badgastein/Sportgastein S** | ㉝ | 1083-2686 | 6 | 25 | 175 | 31 | ⛸ | 10 | × | |
| **Berwang T** | ⑯ | 1336-1740 | | 14 | 40 | 15 | ⛸ | 4 | × | |
| **Brand V** | ㉗ | 1050-1920 | | 9 | 30 | 36 | ⛸ | 6 | × | |
| **Brixen im Thale/ Westendorf T** | ⑱ | 800-1827 | 1 | 12 | 32 | 18 | | 1 | × | |
| **Dorfgastein S** | ㉝ | 835-2033 | 3 | 19 | 80 | 20 | | 1 | × | |
| **Ehrwald T** | ⑯ | 1000-3000 | 3 | 18 | 25 | 50 | ⛸ | 7 | × | |
| **Ellmau T** | ⑱ | 820-1550 | 1 | 12 | 35 | 10 | ⛸ | 2 | × | |
| **Filzmoos S** | ⑳ | 1057-1645 | 1 | 15 | 32 | 34 | | 6 | × | |
| **Flachau/Flachauwinkl S** | ⑳ | 925-1980 | 7 | 45 | 60 | 150 | ⛸ | 6 | × | |
| **Fulpmes/Schlick 2000 T** | ㉚ | 960-2260 | 2 | 7 | 20 | 15 | ⛸ | 8 | × | |
| **Galtür T** | ㉘ | 1584-2297 | | 11 | 40 | 45 | ⛸ | 2 | | |
| **Gargellen V** | ㉗ | 1430-2300 | | 9 | 33 | | | 3 | | |
| **Gaschurn/Partenen V** | ㉗ | 1000-2370 | 4 | 27 | 100 | 30 | ⛸ | 6 | | |
| **Gerlos T** | ㉛ | 1250-2300 | | 26 | 70 | 25 | | 9 | × | |
| **Gosau O** | ⑳ | 766-1800 | 2 | 35 | 65 | 45 | | 2 | × | |
| **Großarl S** | ㉞ | 920-2033 | 3 | 21 | 80 | 15 | | 4 | | |
| **Heiligenblut K** | ㉜ | 1301-2902 | 3 | 11 | 55 | 14 | ⛸ | 5 | | |
| **Hermagor/Sonnenalpe/ Naßfeld K** | ㉝ | 600-2004 | 1 | 22 | 101 | 100 | ⛸ | 3 | × | |
| **Hofgastein (Bad) S** | ㉝ | 870-2300 | 4 | 21 | 175 | 37 | ⛸ | 10 | × | |
| **Innsbruck/Igls T** | ㉚ | 575-2256 | 3 | 7 | 25 | 25 | × | 15 | | |
| **Ischgl T** | ㉘ | 1377-2872 | 5 | 36 | 200 | 48 | ⛸ | 11 | × | |
| **Kaprun S** | ㉜ | 800-3029 | 5 | 22 | 50 | 15 | ⛸ | 10 | × | ⛷ |
| **Kaunertal T** | ㉙ | 1273-3160 | | 8 | 25 | 15 | ⛸ | 2 | | ⛷ |
| **Kirchberg in Tirol T** | ⑱ | 860-1995 | 1 | 17 | 44 | 30 | ⛸ | 7 | × | |
| **Kitzbühel T** | ⑱ | 800-2000 | 4 | 24 | 158 | 48 | ⛸ | 12 | × | |
| **Kleinarl S** | ㉝ | 1014-1980 | | 11 | 120 | 20 | | 2 | × | |
| **Kleinkirchheim (Bad) K** | ㉞ | 1100-2055 | 3 | 29 | 85 | 16 | ⛸ | 16 | × | |
| **Kleinwalsertal/Hirschegg Mittelberg Riezlern V** | ⑮ | 1088-2080 | 2 | 33 | 80 | 44 | ⛸ | 30 | × | |
| **Kössen T** | ⑱ | 600-1700 | 1 | 10 | 25 | 83 | | 1 | × | |
| **Kühtai T** | ㉙ | 2020-2520 | | 10 | 40 | 15 | | 3 | | |
| **Lech/Oberlech V** | ㉘ | 1450-2444 | 5 | 29 | 110 | 19 | ⛸ | 15 | × | |
| **Lermoos T** | ⑯ | 1004-2250 | | 19 | 29 | 61 | ⛸ | 10 | × | |
| **Leutasch T** | ⑯ | 1130-1605 | | 4 | 9 | 150 | ⛸ | 8 | × | |
| **Lienz T** | ㉜ | 673-2250 | 1 | 11 | 55 | 23 | ⛸ | 3 | | |
| **Lofer S** | ⑲ | 639-1747 | 2 | 12 | 30 | 50 | ⛸ | 6 | × | |
| **Mallnitz K** | ㉝ | 1200-2650 | 1 | 11 | 36 | 28 | ⛸ | 1 | × | |
| **Maria Alm S** | ⑲ | 800-2000 | 2 | 33 | 70 | 30 | | 8 | × | |

| **WINTERSPORTORTE** (1) | Nr. der Falte der Michelin-Karte 926 | Seehöhe des Wintersportgebietes | Seilbahnen | Sessellifte und Schlepplifte | Gesamtkilometer Skiabfahrten | Loipen in km | Eislaufbahn | Hallenbad (öffentlich und hoteleigen) | Pferdeschlittenfahrten | Sommerski |
|---|---|---|---|---|---|---|---|---|---|---|
| **Mariazell St** | ㉓ | 785-1267 | 1 | 6 | 11 | 70 | ⛸ | 1 | × | |
| **Matrei in Osttirol T** | ㉜ | 1100-2400 | | 6 | 29 | 29 | ⛸ | 2 | × | |
| **Mayrhofen T** | ㉛ | 630-2250 | 3 | 20 | 90 | 10 | ⛸ | 13 | × | |
| **Mitterndorf (Bad) St** | ㉑ | 812-1965 | | 21 | 25 | 95 | ⛸ | 1 | × | |
| **Mühlbach am Hochkönig S** | ⑳ | 853-1826 | 1 | 22 | 160 | 12 | ⛸ | 2 | × | |
| **Nauders T** | ㉘ | 1400-2750 | 1 | 15 | 65 | 40 | ⛸ | 16 | × | |
| **Neukirchen am Großvenediger S** | ㉛ | 856-2150 | 2 | 13 | 30 | 35 | ⛸ | 3 | × | |
| **Neustift/Hochstubai T** | ㉚ | 1000-3250 | 4 | 26 | 68 | 124 | ⛸ | 17 | × | ⛷ |
| **Obergurgl/Hochgurgl T** | ㉙ | 1930-3080 | 1 | 21 | 110 | 17 | ⛸ | 14 | | |
| **Obertauern S** | ㉝ | 1740-2335 | 1 | 25 | 120 | 17 | | 10 | × | |
| **Partenen V** | ㉘ | 1100-2370 | 5 | 27 | 100 | 30 | ⛸ | 6 | × | |
| **Radstadt S** | ⑳ | 856-1677 | | 10 | 17 | 150 | ⛸ | 3 | × | |
| **Ramsau am Dachstein St** | ㉑ | 1100-2700 | 1 | 20 | 40 | 155 | | 5 | × | ⛷ |
| **Rauris S** | ㉜ | 950-2200 | 1 | 9 | 25 | 43 | | 4 | × | |
| **Saalbach-Hinterglemm S** | ⑲ | 1003-2100 | 9 | 50 | 180 | 10 | ⛸ | 20 | × | |
| **Saalfelden S** | ⑲ | 744-1550 | | 5 | 14 | 80 | ⛸ | 2 | × | |
| **St. Anton am Arlberg/ St. Christoph T** | ㉘ | 1304-2810 | 4 | 37 | 260 | 19 | ⛸ | 8 | × | |
| **St. Gallenkirch/Gortipohl V** | ㉗ | 900-2370 | 4 | 24 | 100 | 30 | | 3 | | |
| **St. Jakob in Defereggen T** | ㉛ | 1389-2520 | 1 | 8 | 35 | 26 | ⛸ | 2 | × | |
| **St. Johann im Pongau/Alpendorf S** | ⑳ | 650-1850 | 2 | 26 | 19 | 25 | ⛸ | 5 | × | |
| **St. Johann in Tirol T** | ⑲ | 663-1700 | 2 | 16 | 60 | 114 | ⛸ | 6 | × | |
| **St. Michael im Lungau S** | ㉞ | 1075-2360 | | 11 | 60 | 65 | ⛸ | 7 | × | |
| **Schladming St** | ㉑ | 750-1894 | 1 | 23 | 25 | 10 | ⛸ | 1 | × | |
| **Schruns/Tschagguns V** | ㉗ | 700-2380 | 3 | 10 | 40 | 13 | ⛸ | 5 | × | |
| **Seefeld in Tirol T** | ⑯ | 1200-2100 | 3 | 18 | 25 | 170 | ⛸ | 32 | × | |
| **Semmering N** | ㉔ | 1000-1339 | | 5 | 12 | 18 | ⛸ | 6 | × | |
| **Serfaus T** | ㉘ | 1427-2700 | 2 | 17 | 80 | 42 | ⛸ | 14 | × | |
| **Sölden/Hochsölden T** | ㉙ | 1377-3250 | 3 | 30 | 101 | 6 | ⛸ | 6 | | |
| **Tauplitz/Tauplitzalm St** | ㉑ | 900-2000 | | 18 | 25 | 80 | | 2 | × | |
| **Turrach/Turracherhöhe K/St** | ㉞ | 1763-2200 | | 11 | 30 | 25 | ⛸ | 3 | × | |
| **Tuxertal/Lanersbach T** | ㉚ | 1300-3250 | 4 | 29 | 126 | 23 | ⛸ | 11 | × | ⛷ |
| **Wagrain S** | ⑳ | 900-2014 | 6 | 42 | 150 | 35 | ⛸ | 3 | × | |
| **Werfenweng S** | ⑳ | 1000-1836 | | 12 | 25 | 38 | | 2 | × | |
| **Wildschönau T** | ⑱ | 828-1903 | 2 | 25 | 42 | 30 | | 4 | × | |
| **Zell am See S** | ⑲ | 758-1969 | 6 | 27 | 70 | 40 | ⛸ | 15 | × | |
| **Zürs V** | ㉘ | 1720-2450 | 5 | 29 | 110 | 4 | | 3 | | |

*Anregungen, Ideen – Kritik, Berichtigungen? Über E-Mail erreichen Sie uns in Windeseile:*

*DerGrueneReisefuehrer@de.michelin.com*

# Kunsthandwerk

Um sich an die schönsten Tage des Jahres zu erinnern, möchte man gern ein Andenken aus dem Urlaub mit nach Hause nehmen. Da bietet es sich an, sich in den Geschäftsstellen der Organisation **Heimatwerk** umzuschauen, wo man sich aus der großen Auswahl von Erzeugnissen des österreichischen Kunsthandwerks ein Erinnerungsstück aussuchen kann. Anregungen für Mitbringsel aus den einzelnen Bundesländern:

**Burgenland** – Stoob: Keramik. Piringsdorf: Korbflechterei. Bernstein: Schmuck aus Jade und Serpentin. Weiden am See: Korbflechterei.

**Kärnten** – *Kärntner Heimatwerk*, Herrengasse 2, A-9020 Klagenfurt, ☎ 04 63/55 5 75: Trachten, geschnitzte Holzkästchen, Volkskunst. Friesach: Kunstschmiedearbeiten.

**Oberösterreich** – *Oberösterreichisches Heimatwerk*, Landstraße 31, A-4020 Linz, ☎ 07 32/78 45 62: Glasmalerei, bemalte Holzkästchen. Braunau: Lederwaren, Kerzen. Haslach: handgewebte Wäsche. Gmunden: Keramik. Bad Ischl: Hüte, Silberschmuck. Steyr: Kunstschmiedearbeiten, Stahlstiche.

**Niederösterreich** – *Niederösterreichisches Heimatwerk*, Herrengasse 6-8, A-1010 Wien, ☎ 01/53 33 49 50.

**Salzburger Land** – *Salzburger Heimatwerk*, Residenzplatz 9, A-5010 Salzburg, ☎ 06 62/84 41 19: Zinn, Keramik, Volkstrachten.

**Steiermark** – *Steirisches Heimatwerk*, Paulustorgasse 4, A-8010 Graz, ☎ 03 16/82 71 06. Gams: bemalte Töpferei. Ramsau, Mandling: Loden. Mitterndorf: geschnitzte Holzmasken. Bad Aussee: bedruckte Wäsche, Schmuck.

**Tirol** – *Tiroler Heimatwerk*, Meraner Straße 2-4, A-6020 Innsbruck, ☎ 0 51 25/58 23 20. Weihnachtskrippen aus Holz, gewebte Tischdecken, Kunstschmiedearbeiten. Kramsach und Kufstein: geschliffene und gravierte Gläser, Schwaz: Majolika.

**Vorarlberg** – *Vorarlberger Heimatwerk*, Montfortstraße 4, A-6900 Bregenz, ☎ 0 55 74/4 23 25: Holzarbeiten, Handweberei. Lustenau und Schwarzenberg: Stickereien. Schruns: Kerzen.

**Wien** – Petit-Point-Stickerei, Porzellan aus Augarten, bestickte Blusen, Wiener Bronze, Wiener Email.

# Veranstaltungskalender

*Siehe auch Einführung „Brauchtum und Tradition"*

## Brauchtum

6. Januar

**Badgastein** ................ *Perchtenlauf (alle 4 Jahre – nächstes Mal: 2002)*

Februar

**Imst** ..................... *Bubenfasnacht (alle vier Jahre, nächstes Mal 2002)*

**Imst** ..................... *Schleicherlaufen (alle vier Jahre, nächstes Mal 2004)*

**Telfs** ..................... *Schleicherlaufen (alle fünf Jahre, nächstes Mal 2005)*

1. Maiwochenende

**Zell im Zillertal** ............ *Gauderfest*: Starkbierfest mit jahrhundertelanger Tradition: volkstümliche Musik und Brauchtumsveranstaltungen, ☎ 0 52 82/22 81

H. Kautzky/VIENNASLIDE

Telfs – Schleicherlaufen

Pfingstmontag

**Feistritz an der Gail** (westlich von Villach – Karte 926 Falte 34) ........................ *Gailtaler Kufenstechen:* Mit einer Eisenkeule bewehrte Reiter müssen im Galopp ein hölzernes Faß zerschlagen, anschließend Lindentanz

Fronleichnam (2. Donnerstag nach Pfingsten)

**Bischofshofen** .............. Prozession mit Prangstangen

**Brixental in Tirol** ........... Prozession zu Pferd

**Deutschlandsberg** .......... Prozession mit Blumenteppichen

**Hallstatt, Traunkirchen** ..... Seeprozessionen

24. Juni

**Zederhaus**
(Karte 926 Falte 18) ......... *Prangstangentragen:* mit Blumenkränzen umwundene Stangen werden im Prozessionszug in die Kirche getragen, wo sie bis zum 15. August verbleiben

Moetschlmaier/ÖSTERREICH WERBUNG

Zederhaus – Prangstange

August

**Krakaudorf (Anfang August), Murau (15.8.)** .............. Samsonumzüge

Ende September – Anfang Oktober

**Burgenland und Niederösterreich** ....... Winzerfeste: Umzüge, öffentl. Weinausschank, Feuerwerk; „Niederösterreichischer Weinherbst"

Ende November/Anfang Dezember bis Weihnachten

**Advents- und Weihnachtsmärkte im ganzen Land**

5. Dezember

**Bad Mitterndorf** (Karte 926 Falte 21) .................... *Nikolospiel:* Nikolausbrauchtum

27. Dezember – 15. Januar

**Thaur** (Karte 926 Falte 21 – nordöstlich von Innsbruck). ... Weihnachtskrippen werden in den Wohnungen aufgestellt und können bei manchen Familien besichtigt werden

## Passionsspiele

Ende Mai

**Erl** (nördlich von Kufstein – Karte 926 Falte 18) ......... alle sechs Jahre (nächstes Mal: 2002)

Mai bis Oktober

**Thiersee** ................... alle sechs Jahre (nächstes Mal: 2005)

## Festivals *(s. auch in den Adreßverzeichnissen von Graz, Innsbruck, Klagenfurt, Linz, Salzburg, Sankt Pölten und Wien)*

Karwoche

**Salzburg** .................. Osterfestspiele

März/April

**Graz** ...................... Diagonale, Österr. Filmfestival

Mai/Juni

**Wien** ...................... Wiener Festwochen

Mai bis September

**Millstatt** .................. Internationale Musikwochen

Juni/Juli

**Innsbruck** .................. Tanzsommer

**Krems und Wachau** ......... Donaufestival, Mehrspartenfestival mit Theater, Tanz, Musik, bildender Kunst etc. ☎ 0 22 36/21 2 12, *www.donaufestival.at*

Juni - August

**Wiesen** (Karte 926 Falte 25) . Open-Air-Festivals (Reggae, Alternative-Rock, Jazz, Rock, Reggae-Afro-Latin) ☎ 0 26 26/8 16 48

Juli/August

**Ossiach/Villach** ............. Carinthischer Sommer

**Klagenfurt** ................. Musikforum Viktring

**Innsbruck** .................. Festwochen der alten Musik, Ambraser Schloßkonzerte

**Petronell** ................... Art Carnuntum: Welttheaterfestival, ☎ 0 21 63/34 00

**Wien** ...................... Musikalischer KlangBogen

Mitte Juli bis Ende August

**Mörbisch** .................. Operettenfestspiele (am Neusiedler See)

Ende Juli bis Ende August

**Bregenz** ................... Seefestspiele

**Salzburg** ................... Salzburger Festpiele

September

**Linz** ....................... Festival Ars Electronica

**Sankt Anton am Arlberg** .... Filmfest („Berge, Menschen, Abenteuer"), ☎ 0 54 46/22 690

1. Septemberwoche

**Mondsee** ................... Mondseetage: Kammermusik und Literatur ☎ 0 62 32/35 44

2. Septemberwoche

**Eisenstadt** ................. Internationale Haydntage auf Schloß Esterházy ☎ 0 26 82/6 18 66

September und Oktober

**Linz** ....................... Internationales Brucknerfest

**Sankt Pölten** ............... Musica Sacra

Oktober

**Graz und Umgebung** ........ steirischer herbst

# Buchtips

## Allgemeines

Auferbauer Günter und Luise, **Bergtourenparadies Österreich, 60 Tourengebiete vom Dachstein bis zum Arlberg**, Verlag STYRIA, Graz 1999
Bakos Eva, **Landschaften für Genießer**, Pichler Verlag, Wien: **Waldviertel, Wachau, Weinviertel** 1994, **Vom Mostviertel zum Semmering** 1998
Belihar Carlo, **Reise durch Österreich**, Stürtz, Würzburg 1994
Dähnhard Wolfgang, **Atlas der österreichischen Weine – Lagen, Produzenten, Weinstraßen**, Hallwag, Ostfildern 1999
Dähnhard Wolfgang, **Heuriger und Buschenschank, Ein Wegweiser zu den besten Adressen in Österreich**, Hädecke Verlag, Weil der Stadt 1997
Denzel Eduard, **Großer Alpenstraßenführer**, Verlag Denzel, Innsbruck 1999
Dumler Helmut, **Die schönsten Bergwanderungen in Österreich**, Bruckmann Verlag, München 1995
Ebner Jakob, **Wie sagt man in Österreich? Wörterbuch des österreichischen Deutsch**, Duden-Verlag, Mannheim 1998
Fischer Ferdy, **Farbbildreise Österreich**, Ziethen-Panorama-Verlag, Bad Münstereifel 1997
Holzheimer Gerd, **Wenn alle Strick reissen, häng ich mich auf, Ein Österreich-Lexikon**, Reclam Verlag, Leipzig 1997
Korbaj Manfred, **Bergwandern in Österreich**, Pichler Verlag, Wien: Band 1 – **Die schönsten Touren in Niederösterreich, Oberösterreich und der Steiermark** (1998), Band 2 – **Die schönsten Touren in Vorarlberg, Tirol, Osttirol, Kärnten und Salzburg** (1999)
Moselt Wilfried, **Weinreisen Österreich – Wien und Weinviertel**, Woschek Verlag, Mainz 1996
**Museumsführer Österreich (Über 1400 Museen, Sammlungen und Ausstellungen im Überblick)**, Pichler Verlag Wien 1999
Rob Gerda, **Österreich-Kulinarische Streifzüge**, Sigloch Edition, Künzelsau 1994
Siebeck Wolfram, **Die Kaffeehäuser von Wien**, Heyne München (D/CH), Edition Wien (A) 1996
Springer Käthe, **Wien City Guide**, Verlag Christian Brandstätter, Wien 1998
Szépfalusi Csaba, **Wanderparadies Niederösterreich**, Pichler Verlag, Wien 1999
*Speziell für Kinder:* Ballinger Erich, **ABC für Österreich-Fans**, Ueberreuther, Wien 1996

## Geschichte

Schuch Manfred, **Österreich im 20. Jahrhundert – Von der Monarchie zur Zweiten Republik**, Verlag Christian Brandstätter, Wien 2000
Sked Alan, **Der Fall des Hauses Habsburg**, Siedler-Verlag, München 1993
Vacha Brigitte, **Die Habsburger**, Verlag STYRIA, Graz 1993
Weiss Sabine, **Die Österreicherin – Die Rolle der Frau in 1000 Jahren Geschichte**, Verlag STYRIA, Graz 1996
Weissensteiner Friedrich, **Große Herrscher des Hauses Habsburg**, Piper, München 1997

## Kunst und Musik

Becker Annette/Steiner Dietmar/Wang Wilfried (Hrsg.) **Architektur im 20. Jh., Band 1: Österreich**, Prestel, München 1995
Brucher, Günter (Hrsg.), **Die Kunst des Barock in Österreich**, Residenz Verlag, Salzburg 1994
Dawid Maria, **Österreichs Kunstschätze**, Pinguin, Innsbruck 1993
Kurrent, Friedrich (Hrsg.), **Adolf Loos – 40 Wohnhäuser**, Pustet, Salzburg 1998
Leopold Rudolf, **Egon Schiele – Die Sammlung Leopold**, DuMont, Köln 1995
Lieb Norbert, **Barockkirchen zwischen Donau und Alpen**, Hirmer, München 1992
Partsch Susanna, **Gustav Klimt**, Prestel, München 1999
Spies Hansjörg/Nemeth Carl, **Wien – Stadt der Musik**, Bonechi Verlag Styria Graz 1999
Wagner-Trenkwitz Christoph, **Die Wiener Staatsoper**, Bonechi Verlag Styria Graz 1999

## Video

Die **DFS Filmservice GmbH** (Sauerlacher Str. 24, D-82041 Deisenhofen ☎ 0 89/66 65 98 60, Fax 0 89/6 13 62 98, Web-Page *www.filmservice.de*) verleiht gratis Videos über österreichische Städte und Regionen. Programme auf Anfrage.

# Besichtigungsbedingungen

*Nachstehend finden Sie die Öffnungszeiten der im Hauptteil beschriebenen und mit dem Symbol ⓥ versehenen Sehenswürdigkeiten unter dem Strecken-, Orts- oder aber dem Eigennamen, und zwar alphabetisch sortiert. Innerhalb der einzelnen Kapitel sind die Besichtigungsobjekte in der Ordnung aufgelistet, in der sie auch im Hauptteil beschrieben sind.*

*Bitte beachten Sie, daß bei vielen Stiften und Schlössern Führungen nur ab einer Mindestzahl von sechs Teilnehmern stattfinden.*

*Aufgrund der Kostensteigerung und der veränderlichen Öffnungszeiten geben wir die folgenden Informationen ohne Gewähr. Die Preisangaben gelten für Einzelbesucher (ohne Ermäßigung).*

*♿ = Besichtigung für Rollstuhlfahrer möglich.*

## A

### Stift ADMONT

🅸 Rathaus - 8911 - ☎ 0 36 13/21 64

**Stiftsbibliothek** - Geöffnet: April bis Okt. täglich 10-13 und 14-17 Uhr; in den Weihnachts-und Semesterferien 10-12 Uhr. 60 S. ☎ 0 36 13/2 31 26 01

**Museen in Stift Admont** - Wegen Umbau bis Mai 2002 geschlossen. ☎ 0 36 13/ 2 31 26 01

### Stift ALTENBURG

**Stiftsgebäude** - Führungen (1 Std.): Ostern bis 1. Nov. täglich 10-16 Uhr. 60 S. ☎ 0 29 82/34 51

### ARLBERGGEBIET

**Lünerseebahn** - In Betrieb: Ende Mai bis Mitte Okt. 8-12.30 und 13.10-16.50 Uhr stündlich. 90 S hin und zurück. ☎ 0 55 59/5 14

### Schloß-Museum ARTSTETTEN

**Erzherzog-Franz-Ferdinand-Museum** - Geöffnet: 1. April bis 1. Nov. täglich 9-17.30 Uhr. 80 S. ☎ 0 72 13/83 02 30

### Bad AUSSEE

🅸 Koloman-Wallisch-Platz - 8990 - ☎ 0 36 22/5 23 23

**Ausseer Kammerhofmuseum** - Geöffnet: Palmsonntag bis 14. Juni und im Okt. Dienstag 15.30-18 Uhr, Freitag 9.30-12 Uhr, Sonntag 10-12 Uhr; 15. Juni bis 30. Sept. täglich 10-12 und 15-18 Uhr. 40 S (26. Okt. Eintritt frei). ☎ 0 36 22/5 25 11 21

**Bootsfahrten** - 3-Seen-Tour (3 Std.): 13. Mai bis 8. Okt. täglich um 10.20, 11.35, 13.20 und 14.25 Uhr. 150 S. ☎ 0 36 22/86 13

**Salzbergwerk** - Führungen (1 1/2 Std.): 16.-30. April sowie im Okt. täglich um 10, 12 und 14 Uhr; Mai bis Ende Okt. täglich 10-16 Uhr zu jeder vollen Stunde; Nov. bis Ostern nur Donnerstag um 14.30 Uhr. 150 S. ☎ 0 61 34/84 00

## B

### BADEN

🅸 Brusattiplatz 3 - 2500 - ☎ 0 22 52/4 45 31 59

**Beethoven-Gedenkstätte** - Geöffnet: Dienstag bis Freitag 16-18 Uhr, Samstag sowie an Sonn- und Feiertagen 9-11 und 16-18 Uhr. Geschlossen: 1. Jan., 24., 25. und 31. Dez. 30 S. ☎ 0 22 52/86 80 02 30

### BRAUNAU

🅸 Stadtplatz 2 - 5280 - ☎ 0 77 22/6 26 44

### BREGENZ

🅸 Bahnhofstr. 14 - 6900 - ☎ 0 55 74/4 95 90

**Vorarlberger Landesmuseum** - Geöffnet: Dienstag bis Sonntag 9-12 und 14-17 Uhr. Geschlossen: 1. Jan., 1. Nov., 25. Dez. 20 S (26. Okt. Eintritt frei). ☎ 0 55 74/4 60 50

**Martinsturm** - Geöffnet: Mai bis Okt. 9 Uhr bis Sonnenuntergang; Nov. bis April 12-17 Uhr. 10 S. ☎ 0 55 74/4 66 32

### Umgebung

**Auffahrt zum Pfänder mit der Seilschwebebahn** – In Betrieb: täglich 9-19 Uhr, zu jeder vollen und halben Stunde (bei Bedarf alle 6 Min.). Geschlossen: 2. und 3. Novemberwoche. 125 S hin und zurück. ☎ 0 55 74/42 16 00

**Greifvogel-Flugschauen** – Vorführungen: Mai bis 3. Okt. täglich um 11 und 14.30 Uhr. 48 S. ☎ 06 63/05 30 40

## BREGENZERWALD

**Dornbirn: Vorarlberger Naturschau** – Geöffnet: Dienstag bis Sonntag 9-12 und 14-17 Uhr (Juli bis Mitte Sept. täglich). 30 S. ☎ 0 55 72/2 32 35

**Dornbirn: Rolls-Royce-Museum** – Geöffnet: April bis Okt. Dienstag bis Sonntag 10-18 Uhr; Nov. bis März Dienstag bis Sonntag 10-17 Uhr. 100 S. ☎ 0 55 72/5 26 52

**Dornbirn: Rappenlochschlucht** – Geöffnet: Mitte April bis Ende Okt. ☎ 0 55 72/ 2 21 88

## BRUCK AN DER MUR

ℹ Koloman-Wallisch-Platz 25 – 8601 – ☎ 0 38 62/5 18 11

# D

## DACHSTEIN

**Auffahrt zum Krippenstein** – In Betrieb: Mai bis Mitte Okt. und Weihnachten bis Ostern 8.40-17 Uhr, alle 15 Min. 260 S hin und zurück. ☎ 0 61 34/84 00

**Dachstein-Rieseneishöhle** – Führungen (1 Std.): Mai bis Mitte Okt. täglich 8.30-16.30 Uhr. 90 S. ☎ 0 61 34/84 00

**Mammuthöhle** – Führungen (1 Std.): Mitte Mai bis Mitte Okt. täglich 10-16 Uhr. 90 S. ☎ 0 61 34/84 00

**Koppenbrüllerhöhle** – Führungen (1 Std.): April bis Ende Sept. täglich 10-16 Uhr. 90 S. ☎ 0 61 34/84 00

**Dachstein Südwand: Auffahrt mit der Gletscherbahn Ramsau** – Seilbahn in Betrieb: Juni bis Ende April 8.30-16.50 Uhr. 265 S hin und zurück. ☎ 0 36 87/8 12 41

## DONAUTAL

**Burg Clam** – Führungen (3/4 Std.): Mai bis Ende Okt. täglich 10-17 Uhr. 80 S. ☎ 0 72 69/72 17

**Grein: Rokoko-Theater** – Führungen (20 Min.): April bis Ende Okt. täglich um 9, 11, 13.30 und 16 Uhr. 30 S. ☎ 0 72 68/70 55

**Grein: Schiffahrtsmuseum** – Geöffnet: Juni bis Ende Sept. 10-18 Uhr; Mai und Okt. 10-12 und 13-17 Uhr. Geschlossen: Montag. 30 S. ☎ 0 72 68/70 07

**Spitz: Pfarrkirche** – Geöffnet: April bis Sept. täglich 8-19 Uhr; Okt. bis März täglich 8-17 Uhr. ☎ 0 27 13/22 31

**Weißenkirchen: Wachaumuseum** – Geöffnet: April bis Ende Okt. Dienstag bis Sonntag 10-17 Uhr. 30 S. ☎ 0 27 15/22 68

## DÜRNSTEIN

ℹ Rathaus – 36 01 – ☎ 0 27 11/2 19

**Pfarrkirche** – Geöffnet: April bis Ende Okt. täglich 9-18 Uhr (Sonntag ab 10 Uhr). 30 S. ☎ 0 27 11/3 75

*Sie helfen, diesen Reiseführer weiter zu verbessern, wenn Sie Ihre Kritik und Berichtigungen bzw. Anregungen und Ideen an folgende Adresse richten:*

*Michelin Reifenwerke KGaA*

*Reise-Verlag*

*Redaktion Der Grüne Reiseführer*

*Postfach 21 09 51*

*D-76159 Karlsruhe*

*oder uns einfach eine E-Mail schreiben: DerGrueneReisefuehrer@de.michelin.com*

## Schloß EGGENBERG

**Prunkräume** - Führungen (3/4 Std.): Mai bis Ende Okt. Montag bis Freitag 10-17 Uhr, Samstag und Sonntag 9-17 Uhr. 80 S (26. Okt. Eintritt frei). ☎ 03 16/58 32 64

**Abteilung für Vor- und Frühgeschichte** - ♿ Geöffnet: Febr. bis Ende Nov. 9-17 Uhr. 60 S (26. Okt. Eintritt frei). ☎ 03 16/58 32 64 95 71

Landesmuseum Joanneum, Graz

Schloß Eggenberg - Strettweger Kultwagen

## EGGENBURG

ℹ Krahuletzplatz 1 - 3730 - ☎ 0 29 84/34 00

**Pfarrkirche St. Stephan** - Kirche verschlossen, Schlüssel in der Pfarrkanzlei während der Kanzleistunden erhältlich. ☎ 0 29 84/35 69

**Krahuletz-Museum** - Geöffnet: April bis Dez. täglich 9-17 Uhr. 40 S (26. Okt. Eintritt frei). ☎ 0 29 84/34 00

**Österreichisches Motorradmuseum** - ♿ Geöffnet: Montag bis Freitag 8-16 Uhr, Samstag sowie an Sonn- und Feiertagen 10-17 Uhr. Geschlossen: 21. Dez.-5. Jan. 60 S. ☎ 0 29 84/21 51

## EISENERZ

ℹ Freiheitsplatz 7 - 8790 - ☎ 0 38 48/37 00

**Erzberg** - Schaubergwerk unter Tage - Führungen (1 1/2 Std.): Mai bis Ende Okt. täglich 10-15 Uhr. 160 S. Fahrt mit dem Hauly über Tage: wie Schaubergwerk. 160 S. Kombikarte Schaubergwerk mit Hauly 270 S. ☎ 0 38 48/32 00

**St. Oswald** - Geöffnet: Ostern bis Ende Nov. 8-19 Uhr. ☎ 0 38 48/22 67

**Stadtmuseum** - Geöffnet: Mai bis Okt. Dienstag bis Freitag 9-12 und 14-17 Uhr, Samstag 10-12 und 14-17 Uhr; Nov. bis April Dienstag bis Freitag 9-12 Uhr. 45 S. ☎ 0 38 48/36 15

## EISENERZER ALPEN

**Auffahrt zum Polster** - Sessellift in Betrieb: 9-17 bzw. 16 Uhr (im Winter). Jährliche Betriebsruhe: Ostern bis Ende Mai und Nov. 90 S hin und zurück. ☎ 0 38 49/6 06 00

**Vordernberg: Informationszentrum der Steirischen Eisenstraße** - ♿ Geöffnet: Mai bis Okt. 10-16 Uhr; Nov. bis April 9-12 Uhr. Geschlossen: Sonntag. ☎ 0 38 49/8 32

## EISENSTADT

ℹ Schloß Esterházy - 7000 - ☎ 0 26 82/6 33 84 15

**Schloß Esterházy** - Führungen: April bis Okt. täglich 9-17 Uhr jeweils zur vollen Stunde; Nov. bis März Montag bis Freitag um 10 und 14 Uhr. 60 S. ☎ 0 26 82/7 19 31 12

**Haydn-Saal** - Gleiche Besichtigungsbedingungen wie für Schloß Esterházy. 30 S.

**Haydn-Haus** - Geöffnet: Ostern bis Ende Okt. täglich 9-12 und 13-17 Uhr. 30 S (26. Okt. Eintritt frei). ☎ 0 26 82/6 26 52 29

**Österreichisches Jüdisches Museum** - Geöffnet: Mai bis Okt. Dienstag bis Sonntag 10-17 Uhr. 50 S (26. Okt. Eintritt frei). ☎ 0 26 82/6 51 45

**Burgenländisches Landesmuseum** - ♿ Geöffnet: Dienstag bis Sonntag 9-12 und 13-17 Uhr. Geschlossen: 1. Jan., 25. und 26. Dez. 30 S (26. Okt. Eintritt frei). ☎ 0 26 82/6 26 52

**Kalvarienberg und Bergkirche** - Geöffnet: April bis Ende Okt. 9-12 und 13-17 Uhr. 30 S. ☎ 0 26 82/6 26 38

### Umgebung

**Raiding: Liszts Geburtshaus** – Geöffnet: Ostern bis 31. Okt. täglich 9-12 und 13-17 Uhr. 20 S. ☎ 0 26 19/72 20

### Höhlen EISRIESENWELT

Höhlenbesichtigung nur mit Führung (1 1/4 Std.): Mai, Juni und Sept. bis 26. Okt. täglich 9-15.30 Uhr; Juli und Aug. täglich 9-16.30 Uhr. 100 S. ☎ 06 62/84 26 90 14

**Eisriesenwelt-Linie (Bus)** – In Betrieb: 29. April bis 26. Okt. täglich um 8.15, 10.15, 12.15 und 14.15 Uhr, sonst je nach Bedarf alle 15 Min. Fahrtdauer: 15 Min. 70 S hin und zurück. ☎ 0 64 68/52 93

**Seilbahn** – In Betrieb: Mai, Juni und Sept. bis 26. Okt. täglich 9-17 Uhr; Juli und Aug. täglich 9-18 Uhr. 120 S hin und zurück. ☎ 06 62/84 26 90 14

### ENNS

ℹ Linzerstr. 1 - 4470 - ☎ 0 72 23/83 26 10

**Pfarrkirche St. Marien** – Geöffnet: Montag bis Samstag 7-19 bzw. 17 Uhr (Okt. bis April), Sonntag 8-19 bzw. 17 Uhr (Okt. bis April). Im Rahmen eines Stadtrundganges oder nach Voranmeldung ist eine Führung möglich. ☎ 0 72 23/8 28 55

**Basilika St. Laurenz** – ♿ Geöffnet: 8-19 Uhr. Führungen (1 Std.): Mitte April bis Mitte Okt. täglich um 16 Uhr. Teilbereiche der Kirche sind auch allein zu besichtigen. Für Führungen sich vorher telefonisch anmelden. 30 S. ☎ 0 72 23/8 74 12

## F

### FELDKIRCH

ℹ Herrengasse 12 - 6800 - ☎ 0 55 22/7 34 67

**Domkirche St. Nikolaus** – Geöffnet: täglich 8-19 Uhr. ☎ 0 55 22/7 22 32

**Schattenburg: Heimatmuseum** – Geöffnet: Dienstag bis Sonntag 9-12 und 13-17 Uhr. 25 S. ☎ 0 55 22/7 19 82

### FERNPASSSTRASSE

**Fahrt auf die Zugspitze** – Seilbahn in Betrieb: Pfingsten bis Allerheiligen und Weihnachten bis 1 Woche nach Ostern 8.40-16.40 Uhr alle 20 Minuten. Fahrtdauer: 10 Min. 430 S (Sommer) bzw. 385 S (Winter) hin und zurück. ☎ 0 56 73/23 09

### Burg FORCHTENSTEIN

Führungen (3/4 Std.): April bis Ende Okt. 9-16 Uhr. 70 S. ☎ 0 26 26/8 12 12

### FREISTADT

ℹ Hauptplatz 12 - 4240 - ☎ 0 79 42/7 57 00

### FRIESACH

ℹ Hauptplatz 1 - 9360 - ☎ 0 42 68/43 00

**Petersberg: Stadtmuseum** – Geöffnet: 7. Mai bis 8. Okt. 13-17 Uhr; Juli und Aug. 10-17 Uhr. Geschlossen: Montag. 40 S. ☎ 0 42 68/26 00

### FROHNLEITEN

ℹ Brückenkopf 1 - 8130 - ☎ 0 31 26/23 74

## G

### GASTEINER TAL

ℹ Badgastein, Kaiser-Franz-Josef-Str. 27 - 5640 - ☎ 0 64 34/ 2 53 10
ℹ Bad Hofgastein, Tauernplatz 1 - 5630 - ☎ 0 64 32/71 10

**Auffahrt zur Schloßalm** – Bergbahn in Betrieb: Juni bis Mitte Okt. und Dez. bis Ende April täglich 8-16 Uhr; jeweils zur vollen Stunde. 190 S hin und zurück. ☎ 0 64 32/ 64 55

**Stubnerkogelbahn** – In Betrieb: Juni bis Mitte Okt. und Dez. bis Ende April täglich 8.30-16 Uhr, jeweils zur vollen Stunde. 190 S hin und zurück. ☎ 0 64 32/64 55

**Tauerntunnel: Bahnverbindungen** – Regelmäßiger Zugverkehr zwischen Mallnitz und Böckstein: von Mallnitz 28. Mai bis 1. Okt. stündlich 6.10-23.10 Uhr; 2. Okt. bis 9. Juni stündlich 6.10-21.10 Uhr. Von Böckstein 28. Mai bis 1. Okt. stündlich 5.40-22.40 Uhr; 2. Okt. bis 9. Juni stündlich 6.40-21.40 Uhr. Dauer der Fahrt: 12 Minuten. Preis pro PKW: 200 S einfache Fahrt, 320 S hin und zurück. ☎ 0 47 84/ 6 00

**Graukogelbahn** – In Betrieb: Mitte Dez. bis Ende März täglich 8.30-16 Uhr, jeweils zur vollen Stunde. 190 S hin und zurück. ☎ 0 64 34/64 55

Markowitsch/ÖSTERREICH WERBUNG

Stift Geras

## GERAS
ℹ Hauptstraße 16 - 2093 - ☏ 0 29 12/70 50

**Stift** - Führungen (1 Std.): Ostern bis Allerheiligen Dienstag bis Samstag um 10, 11, 14 und 15 Uhr; Sonntag um 14 und 15 Uhr. 60 S. ☏ 0 29 12/9 45

## GERLOS-ALPENSTRASSE

**Krimmler Wasserfälle** - Die Wasserfälle sind von Mitte April bis Ende Okt. zugänglich. 15 S. ☏ 0 65 64/72 12

## GMÜND (KÄRNTEN)
ℹ Rathaus - 9853 - ☏ 0 47 32/22 22

**Porsche-Automuseum Helmut Pfeifhofer** - Geöffnet: Mitte Mai bis Mitte Okt. täglich 9-18 Uhr, sonst 10-16 Uhr. 75 S. ☏ 0 47 32/24 71

## GMÜND (NÖ)
ℹ Weitraerstraße 44 - 3950 - ☏ 0 28 52/5 32 12

**Burg Heidenreichstein** - Führungen (50 Min.): Mitte April bis Mitte Okt. täglich außer Montag um 9, 10, 11, 14, 15 und 16 Uhr. 60 S. ☏ 0 28 62/5 22 68

## GMUNDEN
ℹ Am Graben 2 - 4810 - ☏ 0 76 12/6 43 05

**Mit dem Schaufelraddampfer auf dem Traunsee** - Fahrten mit dem Dampfschiff «Gisela»: im Juli und Aug. an den Wochenenden um 14.30 Uhr ab Gmunden, bei schönem Wetter auch an anderen Tagen. Sich erkundigen. 190 S. Traunseeschiffahrt, Rathausplatz, A-4810 Gmunden. ☏ 0 76 12/6 67 00

**Kammerhofmuseum** - Geöffnet: Mai bis Okt. Montag bis Samstag 10-12 und 14-17 Uhr, Sonntag 10-12 Uhr; Dez. bis Mitte Jan. täglich 10-12 und 14-17 Uhr. Geschlossen: 24. Dez. 28 S (26. Okt. Eintritt frei). ☏ 0 76 12/79 42 44

### Ausflug

**Schloß Scharnstein**

**Österreichisches Kriminalmuseum** - Geöffnet: Mai bis Mitte Nov. Dienstag bis Sonntag 10-17 Uhr. 60 S. ☏ 0 76 15/25 50

**Reptilienzoo** - Geöffnet: Mai bis Mitte Okt. Dienstag bis Sonntag 9-17 Uhr; sonst Samstag und Sonntag 13-16 Uhr. 60 S. ☏ 0 76 16/81 46

**Cumberland-Wildpark** - ♿ Geöffnet: April bis Okt. täglich 9-18 Uhr; Nov. bis März Montag bis Freitag 11-16 Uhr, Samstag und Sonntag 9-16 Uhr. 70 S. ☏ 0 76 16/82 05

## Schloß GRAFENEGG

Geöffnet: Mai bis Ende Okt. Dienstag bis Freitag 10-17 Uhr, Samstag und Sonntag 10-18 Uhr. 60 S. ☏ 0 27 35/22 05 22

### Umgebung

**Gobelsburg** - Geöffnet: Montag bis Freitag 8-17 Uhr, Samstag sowie an Sonn- und Feiertagen 11-17 Uhr. Geschlossen: Sonntag von Nov. bis April. 30 S. ☏ 0 27 34/2 42 20

## GRAZ
ℹ Kaiserfeldgasse 15 - 8011 - ☏ 03 16/8 07 50

**Zeughaus** - Geöffnet: März bis Ende Okt. 9-17 Uhr; Nov. bis 6. Jan. 10-15 Uhr. Geschlossen: Montag, 1. Jan., 1. und 2. Nov., 24. bis 26. und 31. Dez. 60 S (26. Okt. Eintritt frei). ☏ 03 16/82 87 96

**Mausoleum** - Geöffnet: Mai bis Sept. 11-12 und 14-15 Uhr; Okt. bis April Einlaß nur um 11 Uhr. Geschlossen: Sonn- und Feiertage. 10 S. ☏ 03 16/82 16 83

**Stadtmuseum** - ♿ Geöffnet: 6. Mai bis 26. Okt. Montag bis Samstag 9-19 Uhr, Samstag 9-17 Uhr; Jan. bis Dez. 2001 Dienstag 10-21 Uhr, Mittwoch bis Samstag 10-18 Uhr, Sonntag 10-13 Uhr. 50 S. ☏ 03 16/82 25 80

**Auffahrt zum Schloßberg** - Drahtseilbahn in Betrieb: April täglich 9-23 Uhr; Mai und Juni täglich 8-23 Uhr; Juli und Aug. täglich 8-24 Uhr; Sept. täglich 9-22 Uhr; Okt. bis März täglich 10-22 Uhr; jeweils alle 15 Min. 20 S. ☏ 03 16/88 74 50

**Steirisches Volkskundemuseum** – Geschlossen. Wiedereröffnung 2002. ☏ 03 16/83 04 16

**Minoritensaal** – Geöffnet: Montag bis Freitag 8-18 Uhr. Sich vorher anmelden. ☏ 03 16/71 31 70

**Alte Galerie des Steiermärkischen Landesmuseums Joanneum** – Geöffnet: Dienstag bis Sonntag 10-17 Uhr. Geschlossen: 1. Jan., Oster- und Pfingstmontag, 24., 25. und 31. Dez. 60 S (26. Okt. und 26. Nov. Eintritt frei). ☏ 03 16/80 17 97 70

### Umgebung

**Rein: Stiftskirche** – Basilika und Kreuzgang geöffnet: täglich 7-20 Uhr; im Winter 7-19 Uhr. ☏ 0 31 24/5 16 21

## Schloß GREILLENSTEIN

Führungen (40 Min.): April bis Okt. täglich 9.30-17 Uhr. 70 S. ☏ 0 29 89/80 80 21

## GROSSGLOCKNER-HOCHALPENSTRASSE

**Museum Alpine Naturschau** – Geöffnet: Mai bis Okt. täglich 9-17 Uhr. Eintritt frei. ☏ 06 62/8 73 67 30

**Pasterzengletscher** – Auffahrt mit der «Gletscherbahn» (Seilbahn) von Mitte Mai bis Ende Sept. täglich 9-16 Uhr. 98 S hin und zurück. ☏ 0 48 24/25 02

## GURGLER TAL

**Auffahrt zur Hohen Mut** – Die Lifte sind von Juli bis Ende Sept. und Dez. bis Ende April täglich 8.45-16 Uhr in Betrieb. 120 S hin und zurück. ☏ 0 52 56/62 74

## GURK

ℹ Dr.-Schnerich-Str. 12 - 9342 - ☏ 0 42 66/81 25 21

**Dom**

**Inneres** – Geöffnet: April bis Okt. 9-17 Uhr; Nov. bis März 10-16 Uhr. Führungen (3/4 Std.) um 10.30, 13.30 und 15 Uhr. 60 S (Dom und Krypta). ☏ 0 42 66/82 36 12

**Fastentuch** – Führungen (20 Min.): sich nach den genauen Zeiten erkundigen. 40 S. ☏ 0 42 66/82 36 12

**Krypta** – Führungen (15 Min.): täglich um 10.30, 13.30 und 15 Uhr. 60 S (Dom und Krypta). ☏ 0 42 66/82 36 12

**Bischofskapelle** – Führungen (20 Min.): sich nach den genauen Zeiten erkundigen. 50 S. ☏ 0 42 66/82 36 12

### Umgebung

**Straßburg: Schloß** – Geöffnet: Mai bis 26. Okt. täglich 9-17 Uhr. 30 S. ☏ 0 42 66/23 75

# H

## HALL in Tirol

ℹ Wallpachgasse 5 - 6060 - ☏ 0 52 23/56 26 90

**Burg Hasegg** – Geöffnet: täglich 9 (im Winter 10)-12 und 14-17 Uhr. 50 S (26. Okt. Eintritt frei). ☏ 0 52 23/5 62 69

**Stadtmuseum** – Geöffnet: 10. Juli bis 24. Sept. täglich 11-16 Uhr. 25 S. ☏ 0 52 23/5 62 69

## HALLSTATT

ℹ Seestr. 169 - 4830 - ☏ 0 61 34/82 08

**Prähistorisches Museum** – Geöffnet: April und Okt. 10-16 Uhr; Mai bis Sept. 10-18 Uhr; Nov. bis März nur Mittwoch (in den Weihnachtsferien täglich) 14-16 Uhr. Geschlossen: 1. Jan. 50 S. Die Eintrittskarte berechtigt auch zum Besuch des Heimatmuseums. ☏ 0 61 34/82 80

**Salzbergwerk** – Führungen (1 1/4 Std.): 29. April bis 24. Sept. täglich 9-16 Uhr; 25. Sept. bis 26. Okt. täglich 9-14.30 Uhr. Die Temperatur im Bergwerk beträgt 8°C. 140 S. ☏ 0 61 34/84 00

**Heimatmuseum** – Geöffnet: April und Okt. täglich 10-16 Uhr; Mai bis Ende Sept. täglich 10-18 Uhr. 50 S. Die Eintrittskarte berechtigt auch zum Besuch des Prähistorischen Museums. ☏ 0 61 34/82 80

## HEILIGENBLUT

ℹ 9844 - ☎ 0 48 24/20 01 21

**Kirche** - Geöffnet: täglich 7-18 Uhr.

**Schareck-Kabinenbahn** - In Betrieb: Mitte Juni bis Ende Sept. und Mitte Dez. bis Mitte April 9-16 Uhr. 175 S hin und zurück. ☎ 0 48 24/22 88

## Stift HEILIGENKREUZ

Führungen (3/4 Std.): Montag bis Samstag um 10, 11, 14, 15 und 16 Uhr, Sonntag um 11, 14, 15 und 16 Uhr. Geschlossen: Karfreitag, 24. Dez. 65 S. ☎ 0 22 58/87 03

## Schloß HERBERSTEIN

**Schloß** - Führungen (50 Min.): März bis Ende Okt. täglich 10-16 Uhr. 135 S (Tierpark und Schloßbesichtigung). ☎ 0 31 76/8 82 50

**Tier- und Naturpark** - Geöffnet: März bis Oktober täglich 8-18 Uhr; Nov. bis Febr. 10-16 Uhr. 135 S (Tierpark und Schloßbesichtigung). ☎ 0 31 76/8 82 50

## Burg HOCHOSTERWITZ

♿ Geöffnet: April und Okt. täglich 9-17 Uhr; Mai bis Sept. 8-18 Uhr. 70 S. ☎ 0 42 13/20 10

## Schloß-Museum HOHENBRUNN

**Jagd- und Fischereimuseum** - Geöffnet: April bis Ende Okt. Dienstag bis Sonntag 10-12 und 13-17 Uhr. 30 S. ☎ 0 72 24/89 33

## HOHENTAUERNPASSSTRASSE

**Oberzeiring: Silberbergwerk** - Führungen (50 Min.): Mai bis Ende Okt. täglich um 9.45, 11, 14, 15 und 16 Uhr. 60 S. ☎ 0 35 71/28 11

# I

## INNSBRUCK

ℹ Burggraben 3 - 6021 - ☎ 05 12/5 98 50 oder
ℹ Hauptbahnhof - ☎ 05 12/58 37 66

**Standseilbahn Hungerburg** - In Betrieb: April bis Juni und Okt. täglich 8.25-17.10 Uhr; Juli bis Sept. täglich 8.10-18.10 Uhr; Nov. bis März täglich 8.25-17.10 Uhr. 54 S hin und zurück. Geschlossen: 2 Wochen im April und 2 Wochen im Nov. ☎ 05 12/29 22 50

**Stadtturm** - Geöffnet: Juni bis Aug. täglich 10-18 Uhr; Sept. bis Mai täglich 10-17 Uhr. 30 S (1. Mai und 26. Okt. Eintritt frei). ☎ 05 12/56 15 00

**Maximilianeum** - Geöffnet: Mai bis Sept. täglich 10-18 Uhr; Okt. bis April täglich 10-12.30 und 14-17 Uhr. 50 S. ☎ 05 12/ 58 11 11

**Dom zu St. Jakob** - ♿ Geöffnet: täglich Montag bis Samstag 10.15 (Sonntag 12.30)-18.30 Uhr; im Winter 10.15-19.30 Uhr. ☎ 05 12/58 39 02

**Hofburg** - ♿ Geöffnet: täglich 9-17 Uhr (letzter Einlaß um 16.30 Uhr). Geschlossen: 15. Aug. 70 S (26. Okt. Eintritt frei). ☎ 05 12/58 71 86

**Hofkirche** - ♿ Geöffnet: Montag bis Samstag 9-17 Uhr (Juli und Aug. bis 17.30 Uhr), Sonn- und Feiertage 9-19 Uhr. Geschlossen: 1. Jan., Faschingsdienstag nachmittags, Oster- und Pfingstsonntag, Fronleichnam, 1. Nov., 25. Dez. 30 S (die Eintrittskarte berechtigt auch zum Besuch der Silbernen Kapelle). ☎ 05 12/58 43 02

**Silberne Kapelle** - Besichtigung nur in Verbindung mit der Hofkirche. Öffnungszeiten siehe dort. ☎ 05 12/58 43 02

**Tiroler Volkskunstmuseum** - Geöffnet: Montag bis Samstag 9-17 Uhr (Juli und Aug. bis 17.30 Uhr), Sonntag 9-12 Uhr. Geschlossen: 1. Jan., Faschingsdienstag nachmittags, Oster- und Pfingstsonntag, Fronleichnam, 1. Nov., 25. Dez. 60 S. ☎ 05 12/58 43 02

**Tiroler Landesmuseum «Ferdinandeum»** - ♿ Geöffnet: Mai bis Sept. täglich 10-17 Uhr (Donnerstag zusätzlich 19-21 Uhr); Okt. bis April Montag bis Samstag 10-12 und 14-17 Uhr, Sonntag 10-13 Uhr. Geschlossen: 1. Jan., 25. Dez. 60 S (26. Okt. Eintritt frei). ☎ 05 12/5 94 89

**Riesenrundgemälde** - Geöffnet: 1. April bis 30. Okt. täglich 9-17 Uhr. 30 S. ☎ 05 12/53 05 39 80

**Alpenzoo** - Geöffnet: im Sommer täglich 9-18 Uhr; im Winter 9-17 Uhr. 70 S. (Die Auffahrt mit der Hungerburgbahn ist kostenlos, wenn man die Eintrittskarte für den Zoo an der Talstation erwirbt). ☎ 05 12/29 23 23

**Seilschwebebahn zum Hafelekar** - In Betrieb: April bis Juni und Okt. täglich 1. Bergfahrt um 8.40 Uhr, letzte Talfahrt um 17 Uhr; Juli, Aug. und Sept. täglich 1. Bergfahrt um 8.25 Uhr, letzte Talfahrt um 17.30 Uhr; Nov. bis März 1. Bergfahrt um 8.55 Uhr, letzte Talfahrt um 16.30 Uhr. Jährliche Betriebsruhe: etwa 1 Woche Ende April oder Anfang Mai und etwa 1 Woche im Nov. 227 S hin und zurück. ☎ 05 12/29 05 20

**Stiftskirche von Wilten** - Führungen (1 1/2 Std.): nur auf Anfrage. ☎ 05 12/58 30 48

**Basilika von Wilten** - Geöffnet: Mitte Mai bis Mitte Sept. täglich Montag bis Freitag 8.30 bis 17 Uhr, Samstag 8.30 bis 12 Uhr. ☎ 05 12/58 33 85

Trumler/ÖSTERREICH WERBUNG

Schloß Ambras - Rüstungssaal

**Kaiserjägermuseum** - Geöffnet: April bis Ende Okt. täglich 9-17 Uhr. 35 S. ☎ 05 12/56 16 49

**Schloß Ambras** - Geöffnet: täglich 10-17 Uhr. Geschlossen: November, Dienstag von Dez. bis Ende März, 1. Mai. 90 S (26. Okt. und 24. Dez. Eintritt frei). ☎ 05 12/34 84 46

### Ausflug

**Volders: Kirche zum hl. Karl Borromäus** - Geöffnet: täglich 7-19.15 Uhr.

**Wattens: Swarovski Kristallwelten** - ♿ Geöffnet: täglich 9-18 Uhr. Geschlossen: 6.-17. Nov. sowie am 1. Jan. und 25. Dez. 75 S. ☎ 0 52 24/51 08 00

**Igls: Seilbahn zum Patscherkofel** - In Betrieb: Ende Mai bis Ende Okt. 9-12 und 12.45-16.30 Uhr; Ende Nov. bis Anfang April 9-16 Uhr. 200 S hin und zurück. ☎ 05 12/37 72 34

## ISCHGL

**Pardatschgratbahn** - In Betrieb: Dez. bis Ende April täglich 8.30-16 Uhr. 180 S hin und zurück. ☎ 0 54 44/6 06

## Bad ISCHL

ℹ Bahnhofstraße 6 - 4820 - ☎ 0 61 32/27 75 70

**Kaiservilla** - Führungen (3/4 Std.): Mai bis Mitte Okt. täglich 9-11.45 und 13-16.45 Uhr. 125 S. ☎ 0 61 32/ 2 32 41

**Marmorschlößl: Photomuseum** - Geöffnet: April bis Ende Okt. täglich 9.30-17 Uhr. 15 S. ☎ 0 61 32/2 44 22

# K

## KAISERGEBIRGE

**Kabinenbahn/Sessellift zur Hohen Salve** - In Betrieb: 27. Mai bis 22. Okt. und 1. Dez. bis 16. April täglich 8.30-17 Uhr. 105 S hin und züruck. ☎ 0 53 33/52 60

## KAPRUN

**Kraftwerksgruppe Glockner-Kaprun** - ♿ Geöffnet: Juni bis Ende Okt. täglich 8-17 Uhr. 205 S hin und zurück (3 Teilstrecken). ☎ 0 65 47/7 15 12 32 01

**Kitzsteinhorn: Standseilbahn und Umlaufbahn** - In Betrieb: Standseilbahn und Umlaufbahn täglich 8-16.30 Uhr, Standseilbahn jeweils halbstündlich. ☎ 0 65 47/ 8 70 00

## KARWENDELGEBIRGE

**Erfurter Hütte** - Rofanbahn in Betrieb: Mai bis Ende Okt. und Mitte Dez. bis Ostern täglich 9-17 Uhr; jeweils viertelstündlich. 170 S hin und zurück. ☎ 0 52 43/52 92

## KAUNERTAL

**Wiesejaggl-Sessellift** - In Betrieb: täglich 8.30-16 Uhr. Dauer der Fahrt: 20 Min. 100 S hin und zurück. ☎ 0 54 75/29 20

## KITZBÜHEL

ℹ Hinterstadt 18 - 6370 - ☎ 0 53 56/62 15 50

**Museum Kitzbühel** - Geöffnet: Montag bis Samstag 10-13 Uhr; im Juli und Aug. 10-16 Uhr. 30 S. ☎ 0 53 56/6 72 74

### Umgebung

**Auffahrt zum Kitzbüheler Horn** - In Betrieb: Mitte Mai bis Ende Okt. und Mitte Dez. bis Anfang April 8.30-17 Uhr. 180 S hin und zurück. ☎ 0 53 56/6 28 57

## KLAGENFURT

ℹ Neuer Platz/Rathaus - 9010 - ☎ 04 63/53 72 23

**Großer Wappensaal** - Geöffnet: April bis Ende Sept. Montag bis Freitag 9-12.30 und 13-17 Uhr. ☎ 04 63/53 63 05 40

**Landesmuseum** - ♿ Geöffnet: Dienstag bis Samstag 9-16 Uhr, Sonntag 10-13 Uhr. Geschlossen: Oster- und Pfingstmontag. 30 S. ☎ 04 63/53 63 05 52

**Diözesanmuseum** - Geöffnet: Mitte Juni bis Mitte Sept. Montag bis Samstag 10-12 und 15-17 Uhr; Anfang Juni bis Mitte Juni und Mitte Sept. bis Mitte Okt. nur 10-12 Uhr. 30 S. ☎ 04 63/5 77 70 84

**Bergbaumuseum** - ♿ Geöffnet: April bis Ende Okt. täglich 9-18 Uhr. 50 S. ☎ 04 63/51 12 52

### Umgebung

**Minimundus** - ♿ Geöffnet: April und Okt. täglich 9-17 Uhr; Mai, Juni und Sept. täglich 9-18 Uhr; Juli und August täglich 9-19 Uhr. 120 S. ☎ 04 63/21 19 40

**Gustav-Mahler-Komponierhäuschen** - Geöffnet: Mai bis Okt. täglich 10-16 Uhr. 10 S. ☎ 04 63/53 72 26

## KLEINWALSERTAL

ℹ Walserstraße 64 - 6992 - ☎ 0 55 17/5 11 40 oder
ℹ D-Oberstdorf, Marktplatz 7 - 87561 - ☎ 0 83 22/70 00

**Riezlern: Walsermuseum** - Geöffnet: täglich außer Sonntag 14-17 Uhr. Geschlossen: 1 Woche nach Ostern bis Pfingsten sowie 1. Nov. bis 20. Dez. 4 DM. ☎ 0 55 17/53 15 34 (von Österreich aus), 0 83 29/53 15 34 (von Deutschland aus)

**Hirschegg: Wintersportmuseum** - Geöffnet: Montag bis Freitag 8-17.30 Uhr. Eintritt frei. ☎ 0 55 17/5 11 40 (von Österreich aus), 0 83 29/5 11 40 (von Deutschland aus)

Trumler/ÖSTERREICH WERBUNG

Klosterneuburg - Verduner Altar (Detail)

## KLOSTERNEUBURG

ℹ In der Au - 3400 - ☎ 0 22 43/3 20 38

**Stift** - Führungen (1 Std.): täglich 9-12 und 13.30-16.30 Uhr. Geschlossen: 25. und 26. Dez. 70 S. ☎ 0 22 43/41 12 12

**Stiftsmuseum** - Geöffnet: Anfang Mai bis Mitte Nov. Dienstag bis Sonntag 10-17 Uhr. 60 S. ☎ 0 22 43/41 11 54

**Sammlung Essl** - ♿ Geöffnet: Dienstag bis Sonntag 10-19 Uhr (Mittwoch bis 21 Uhr). Geschlossen: 1. Jan., 24. und 25. Dez. 80 S. ☎ 0 22 43/3 70 50

## KREMS und STEIN

ℹ Undstraße 6 - 3504 - ☎ 0 27 32/8 26 76

**Weinstadtmuseum** - Geöffnet: März bis Ende Nov. Dienstag 9-18 Uhr, Mittwoch bis Sonntag 13-18 Uhr. 50 S (26. Okt. Eintritt frei). ☎ 0 27 32/80 15 67

## Umgebung

**Stift Göttweig** - Geöffnet: 21. März bis Ende Mai und Okt. bis Mitte Nov. täglich 10-18 Uhr; Juni bis Sept. 9-18 Uhr. Geschlossen: Karfreitag. 60 S. ☎ 0 27 32/85 58 12 31

## KREMSMÜNSTER

Rathausplatz 1 - 4550 - ☎ 0 75 83/72 12

**Stift**

**Kunstsammlung** - Führungen (1 Std.): Ostern bis Oktober täglich um 10, 11, 14, 15 und 16 Uhr; Nov. bis Ostern Dienstag bis Freitag um 11 und 14 Uhr, Samstag und Sonntag zusätzlich um 15.30 Uhr. 60 S. ☎ 0 75 83/5 27 51 51

**Naturwissenschaftliche Sammlungen** - Führungen (1 1/2 Std.): Mai bis Ende Okt. täglich um 10, 11, 13, 14, 15 und 16 Uhr; Nov. bis April Montag bis Freitag um 11 und 14 Uhr, Samstag und Sonntag außerdem um 15.30 Uhr. 65 S (26. Okt. Eintritt frei). ☎ 0 75 83/5 27 51 51

## KUFSTEIN

Unterer Stadtplatz 8 - 6330 - ☎ 0 53 72/6 22 07

**Festung** - ♿ Geöffnet: Palmsamstag bis Mitte Nov. täglich 9-17 Uhr; Mitte Dez. bis Mitte März täglich 11-16 Uhr. 130 S. ☎ 0 53 72/60 23 50

**Heldenorgel** - ♿ Orgelspiel täglich um 12 Uhr, im Juli und Aug. zusätzlich um 17 Uhr. 10 S. ☎ 0 53 72/60 23 50

## Umgebung

**Mariastein: Schloßmuseum** - Die Besichtigung ist derzeit nur nach Voranmeldung möglich. ☎ 0 53 32/5 64 85

# L

## LAMBACH

Marktplatz 8 - 4650 - ☎ 0 72 45/28 35 50

**Stiftskirche** - Führungen (1 1/2 Std.): Ostern bis Ende Okt. täglich um 14 Uhr. 60 S. ☎ 0 72 45/2 17 10

## LECH

6764 - ☎ 0 55 83/2 16 10

**Petersboden-Sessellift** - In Betrieb: Ende Nov. bis 1. Mai täglich 9-17 Uhr; Anfang Juli bis 10. Sept. täglich 8.30-16.30 Uhr. 66 S hin und zurück. ☎ 0 55 83/2 16 10

**Rüfikopf-Lift** - In Betrieb: Ende Nov. bis 1. Mai täglich 9-17 Uhr; 18. Juni bis 24. Sept. täglich 8.30-12 und 13-17.30 Uhr. 130 S hin und zurück. ☎ 0 55 83/2 16 10

## Oberes LECHTAL

**Reutte: Heimatmuseum** - Geöffnet: Anfang Mai bis Ende Okt. Dienstag bis Sonntag 10-12 und 14-17 Uhr. 20 S. ☎ 0 56 72/7 23 04

## LEOBEN

Hauptplatz 12 - 8700 - ☎ 0 38 42/4 40 18

**Stadtpfarrkirche St. Xaver** - Geöffnet: täglich 8-19 Uhr. ☎ 0 38 42/4 32 36

**Stift Göss** - Besichtigung nach Voranmeldung. ☎ 0 38 42/2 21 48

## LIENZ

Europaplatz 1 - 9900 - ☎ 0 48 52/6 52 65

**Schloß Bruck und Regionalmuseum Osttirol** - Geöffnet: Mitte Mai bis Ende Okt. 10-18 Uhr. 85 S. ☎ 0 48 52/6 25 80

## Ausflug

**Anras: Pfleggerichtshaus** - Geöffnet: Montag bis Freitag 10-12 und 14-16 Uhr. Geschlossen: Ende April bis Mitte Mai sowie Anfang Nov. bis Mitte Dez. 50 S. ☎ 0 48 46/65 95

## Stift LILIENFELD

Führungen (1 Std.): 8-12 und 14-18 Uhr, an Sonn- und Feiertagen nur am Nachmittag. 50 S. ☎ 0 27 62/5 24 20

## LINZ

Hauptplatz 1 - 4010 - ☎ 07 32/70 70 17 77

**Pöstlingberg** - Eine Straßenbahn verbindet Linz-Urfahr (linkes Ufer) mit dem Pöstlingberg. Abfahrt vom «Pöstlingberg-Bahnhof»: Montag bis Samstag 5.20-20 Uhr alle 20 Minuten, Sonn- und Feiertage 7.15-20.20 Uhr, vormittags alle 30 Minuten, nachmittags alle 20 Minuten. 40 S hin und zurück. ☎ 07 32/78 01 75 45

**Alter Dom St. Ignatius** - Geöffnet: Montag bis Samstag 7-19 Uhr, Sonntag 7-20 Uhr. ☎ 07 32/77 08 66

**Minoritenkirche** - Geöffnet: Mai bis Okt. täglich 7-16 Uhr; Nov. bis April täglich 7-11 Uhr.

**Schloßmuseum** - ♿ Geöffnet: Dienstag bis Freitag 9-18 Uhr, Samstag und Sonntag 10-17 Uhr. Geschlossen: 1. Jan., 24., 25. und 31. Dez. 50 S. ☎ 07 32/7 44 48 20

**Neue Galerie der Stadt Linz - Wolfgang-Gurlitt-Museum** - ♿ Geöffnet: Juni bis Aug. Montag bis Freitag 10-18 Uhr (Donnerstag bis 22 Uhr), Samstag 10-13 Uhr; Sept. bis Mai täglich 10-18 Uhr (Donnerstag bis 22 Uhr). 60 S. ☎ 07 32/70 70 36 00

**Nordico - Museum der Stadt Linz** - ♿ Geöffnet: Montag bis Freitag 9-18 Uhr, Samstag und Sonntag 14-17 Uhr. 50 S. ☎ 07 32/70 70 19 12

**Ars Electronica Center** - ♿ Geöffnet: Mittwoch bis Sonntag 10-18 Uhr. Geschlossen: 24. und 25. Dez. 80 S. ☎ 07 32/72 72 12

### Ausflug

**Kefermarkt: St. Wolfgangskirche** - Geöffnet: täglich 8-17 Uhr. ☎ 0 79 47/62 03

# M

## MALLNITZ

ℹ Hannoverstr. 11 - 9822 - ☎ 0 47 84/5 22

**Ankogelbahn** - In Betrieb: 8. Juli bis 24. Sept. 8.30-16.30 Uhr; jeweils halbstündlich. 200 S hin und zurück. ☎ 0 47 85/81 10

## MALTATAL

**Kölnbreinsperre: Informationszentrum** - Geöffnet: Mitte Mai bis Anfang Okt. täglich ab 7 Uhr. Eintritt frei. ☎ 04 63/2 37 16

## MARIA SAAL

ℹ Am Platzl 7 - 9063 - ☎ 0 42 23/22 14

**Kärntner Freilichtmuseum** - ♿ Geöffnet: Mai bis Mitte Okt. Dienstag bis Sonntag 10-18 Uhr (letzter Einlaß 17 Uhr). 60 S. ☎ 0 42 23/31 66

## MARIAZELL

ℹ Hauptplatz 13 - 8630 - ☎ 0 38 82/23 66

**Seilbahn zur Bürgeralpe** - In Betrieb: Jan. bis März 8-17 Uhr; April bis Juni, Okt., Nov. 9-17 Uhr; Juli, Aug. 8.30-17.30 Uhr; Sept. 8.30-17 Uhr; Dez. 8-16 Uhr. Jährliche Betriebsruhe: etwa 2 Wochen im April und Nov. 105 S hin und zurück. ☎ 0 38 82/25 55

**Schatzkammer der Basilika Mariazell** - Geöffnet: Mai bis Ende Okt. Dienstag bis Samstag 10-15 Uhr, Sonntag 11-16 Uhr. 40 S. ☎ 0 38 82/2 59 50

## Burg MAUTERNDORF

**Lungauer Landschaftsmuseum** - Geöffnet: Mai bis Ende Okt. täglich 10-17 Uhr. 35 S. ☎ 0 64 72/74 25

## MAUTHAUSEN

ℹ Heindlkai 13 - 4310 - ☎ 0 72 38/22 43

**Konzentrationslager** - Geöffnet: Febr., März und Okt. bis Mitte Dez. täglich 8-16 Uhr; April bis Sept. täglich 8-18 Uhr (letzter Einlaß jeweils 1 Std. vor Schließung). 25 S (1. Mai, 26. Okt. und 1. Nov. Eintritt frei). ☎ 0 72 38/22 59

## MAYERLING

**Kapelle und Gedenkräume** - Geöffnet: Montag bis Samstag 9-12.30 und 13.30-18 Uhr (im Winter bis 17 Uhr), Sonntag 10-12.30 Uhr. 20 S. ☎ 0 22 58/22 75

## Stift MELK

ℹ Rathausplatz 11 - 3390 - ☎ 0 27 52/5 23 07

Geöffnet: Mitte April bis Mitte Nov. täglich 9-17 Uhr; Mai bis Sept. 9-18 Uhr (Einlaß jeweils bis 1 Stunde vor Schließung); sonst Besichtigung nur im Rahmen einer Führung um 11 und 14 Uhr möglich. ☎ 0 27 52/55 52 32

### Umgebung

**Schloß Schallaburg** – ♿ Geöffnet: Mai bis Okt. Montag bis Freitag 9-17 Uhr, Samstag und Sonntag 9-18 Uhr. 90 S. ☎ 0 27 54/63 17

## MILLSTATT

ℹ Rathaus - 9872 - ☎ 0 47 66/20 22

**Stiftsmuseum** – ♿ Geöffnet: Juni bis Ende Sept. täglich 9-12 und 14-18 Uhr. 30 S. ☎ 06 76/4 60 64 13

**Kreuzgang** – ♿ Geöffnet: 9-12 und 14-18 Uhr. 30 S. ☎ 06 76/4 60 64 13

## MONDSEE

ℹ Dr.-Franz-Müller-Straße 3 - 5310 - ☎ 0 62 32/22 70

**Heimat- und Pfahlbaumuseum** – Geöffnet: Mai bis Sept. täglich 10-18 Uhr; Anfang bis Mitte Okt. täglich 10-17 Uhr; Mitte bis Ende Okt. nur Samstag, Sonn- und Feiertage 10-17 Uhr. 40 S. ☎ 0 62 32/22 70

R. Chéret/MICHELIN

Schallaburg

**Freilichtmuseum Mondseer Rauchhaus** – Geöffnet: April Samstag und Sonntag 10-18 Uhr; Mai bis 18. Sept. Dienstag bis Sonntag 10-18 Uhr; 19.-29. Okt. Samstag und Sonntag 10-17 Uhr. 30 S. ☎ 0 62 32/22 70

## MONTAFON

**Kristbergbahn** – In Betrieb: 28. Mai bis 26. Okt. und Dez. bis April täglich 7.50-18.15 Uhr. 125 S hin und zurück. ☎ 0 55 56/7 41 19

**Auffahrt zum Sennigrat** – In Betrieb: Anfang Juni bis Mitte Okt. täglich 8-16.30 Uhr; Anfang Dez. bis Ende April täglich 8-17 Uhr. 194 S hin und zurück. ☎ 0 55 56/ 7 21 26

**Valisera-Kabinenbahn** – In Betrieb: Anfang Dez. bis Ende April täglich 8.15-15.30 Uhr. 160 S hin und zurück. ☎ 0 55 57/6 30 00

## MURAU

ℹ Am Bahnhof - 8850 - ☎ 0 35 32/27 20

### Ausflüge

**Murtalbahn** – In Betrieb: Ende Juni bis Anfang Sept. Dienstag um 13.30 Uhr ab Murau und Mittwoch um 13 Uhr ab Tamsweg. 200 S hin und zurück. ☎ 0 35 32/22 33

## MURTAL

**Österreichisches Freilichtmuseum** – ♿ Geöffnet: April bis Okt. Dienstag bis Sonntag 9-17 Uhr (Einlaß bis 16 Uhr). 75 S. ☎ 0 31 24/5 37 00

**Lurgrotte** – Führungen (1 Std.): April bis Okt. täglich 9-16 Uhr, sonst nur auf Anmeldung. 60 S. ☎ 0 31 27/25 80

# N

## NEUSIEDLER SEE

ℹ Rathaus - 7071 Rust - ☎ 0 26 85/5 02

**Neusiedl am See: Pannonisches Heimatmuseum** – ♿ Führungen (3/4 Std.): Mai bis Okt. Dienstag bis Samstag 14.30-18.30 Uhr, Sonn- und Feiertage 10-12 und 14.30-18.30 Uhr. Spende erbeten. ☎ 0 21 67/81 73

**Seebad Rust** – ♿ Geöffnet: Mai bis Mitte Sept. 9-19 Uhr. 40 S. ☎ 0 26 85/59 14

**Halbturn: Schloß** – ♿ Geöffnet: Mai bis Ende Okt. täglich 10-18 Uhr (letzter Einlaß um 17 Uhr). 70 S. ☎ 0 21 72/85 77

**Frauenkirchen: Wallfahrtskirche** – ♿ Geöffnet: täglich 7-20 Uhr. ☎ 0 21 72/ 22 24

# O

## OBERNBERG AM INN

ℹ Marktplatz 1 - 4982 - ☎ 0 77 58/36 00

## OSSIACHER SEE

**Sesselbahn** - In Betrieb: Mitte Mai bis Mitte Okt. und Anfang Dez. bis Mitte April täglich 9-16.30 Uhr. Fahrtdauer: 25 Min. 180 S hin und zurück. ☎ 0 42 48/27 22

**Kirche von Ossiach** - ♿ Geöffnet: Mai bis Mitte Okt. Montag bis Samstag 9.30-17 Uhr, Sonn- und Feiertage 13.30-18 Uhr (Juli und Aug. 12-13.30 Uhr geschlossen). 20 S. ☎ 0 42 43/22 80

# P

## PACK- und STUBALPENSTRASSE

**Gestüt Piber** - ♿ Führungen (1 Std. 10 Min): Montag nach Palmsonntag bis Ende Okt. täglich 9-10.15 und 14-15.15 Uhr. 100 S. ☎ 0 31 44/33 23

## PETRONELL-CARNUNTUM

ℹ Kirchengasse 57 - 2404 - ☎ 0 21 63/22 28

**Freilichtmuseum Petronell** - ♿ Geöffnet: Ausgrabungen und Informationszentrum: April bis Ende Okt. Montag bis Freitag 9-17 Uhr, Samstag und Sonntag 9-18 Uhr. 49 S. ☎ 0 21 63/3 37 70

**Archäologisches Museum Carnuntinum** - Geöffnet: 16. Jan. bis 17. Dez. Dienstag bis Sonntag 10-17 Uhr. 60 S. ☎ 0 21 63/3 37 70

### Umgebung

**Rohrau: Harrach'sche Gemäldegalerie** - Geöffnet: Ostern bis 1. Nov. Dienstag bis Sonntag 10-17 Uhr. ☎ 0 21 64/22 53

**Rohrau: Geburtshaus Joseph Haydns** - Geöffnet: Dienstag bis Sonntag 10-16 Uhr. Geschlossen: 1. Jan., 24. bis 26. und 31. Dez. 20 S (26. Okt. Eintritt frei). ☎ 0 21 64/22 68

## PITZTAL

**Hinterer Brunnenkogel** - In Betrieb: Pitzexpress: 8.30-16.30 Uhr. Pitz-Panoramabahn: 9-15.15 Uhr. Geschlossen: Mitte Juni bis Mitte Juli. Pitzexpress und Panoramabahn 280 S hin und zurück. ☎ 0 54 13/8 62 88

**Riffelsee-Kabinenbahn** - In Betrieb: Mitte Juni bis Anfang Okt. und Mitte Dez. bis Mitte April täglich 8.30-12.15 und 13-16.30 Uhr. 170 S hin und zurück. ☎ 0 54 13/8 62 88

## PÖLLAU

ℹ Schloß 1 - 8225 - ☎ 0 33 35/42 10

# R

## RADSTÄDTER TAUERNSTRASSE

**Schloß Moosham** - Führungen (1 Std.): April bis Okt. um 10, 11, 13, 14, 15 und 16 Uhr; sonst um 11, 13 und 14.30 Uhr. Geschlossen: November. 100 S. ☎ 0 64 76/3 05

## RATTENBERG

ℹ Klostergasse 94 - 6240 - ☎ 0 53 37/6 33 21

**Augustinermuseum** - Geöffnet: 1. Mai bis 2. Sonntag im Okt. täglich 10-17 Uhr. 40 S. ☎ 0 53 37/6 48 31

### Umgebung

**Freilichtmuseum Tiroler Bauernhöfe** - Geöffnet: Mitte April bis Ende Okt. täglich 9-18 Uhr (letzter Einlaß 1 Std. vor Schließung). 60 S. ☎ 0 53 37/6 26 36

## RETZ

ℹ Hauptplatz 30 - 2070 - ☎ 0 29 42/27 00

**Retzer Erlebniskeller** - Führungen (1 1/2 Std.): März, April, Nov. und Dez. täglich um 14 Uhr; Mai bis Okt. täglich um 10.30, 14 und 16 Uhr. Treffpunkt am Hauptplatz beim Rathaus. 80 S. ☎ 0 29 42/27 00

### Schloß RIEGERSBURG (NÖ)

♿ Führungen (1/2 Std.): April bis Mitte Nov. täglich 9-17 Uhr; Juli und Aug. täglich 9-19 Uhr. 90 S. ☎ 0 29 16/4 00

### Umgebung

**Burg Hardegg** - Geöffnet: April bis Mitte Nov. täglich 9-17 Uhr; Juli und Aug. täglich 9-18 Uhr. 72 S. ☎ 0 29 16/4 00

### Schloß ROSENBURG

Führungen (1 Std.): 1. April bis 1. Nov. täglich 9-17 Uhr. 100 S (Kombi-Karte). ☎ 0 29 82/23 03

# S

### SAALACHTAL

**Salzburger Freilichtmuseum** - ♿ Geöffnet: April bis Okt. Dienstag bis Sonntag 9-18 Uhr. 70 S. ☎ 06 62/85 00 11

**Wallfahrtskirche Maria Kirchental** - ♿ Geöffnet: 7-19 Uhr. ☎ 0 65 88/85 28

**Vorderkaserklamm** - Geöffnet: 7. Mai bis 26. Okt. 9-18 Uhr. 32 S. ☎ 0 65 88/85 10

**Lamprechtshöhle** - Geöffnet: Mai bis Okt. täglich 9-18 Uhr; Nov. bis April täglich außer Donnerstag. 38 S. ☎ 0 65 82/83 43

**Seisenbergklamm** - Geöffnet: Mai bis Okt. täglich 8.30-18.30 Uhr. 27 S. ☎ 0 65 82/8 35 24

### SAALBACH-HINTERGLEMM

ℹ 5753 - ☎ 0 65 41/68 00

**Schattberg-Seilbahn** - In Betrieb: Anfang Juni bis Anfang Okt. und Anfang Dez. bis Mitte April täglich 8.30-16 Uhr (Juni 9-16 Uhr). 190 S hin und zurück. ☎0 65 41/ 6 27 10

**Zwölferkogelbahn** - In Betrieb: Anfang Juni bis Anfang Okt. und Dez. bis Mitte April täglich 9-11.45 und 13-16.15 Uhr. Dauer der Fahrt: 13-18 Min. 170 S hin und zurück. ☎ 0 65 41/6 32 10

### SALZACHTAL

**Liechtensteinklamm** - Geöffnet: Mitte Mai bis Mitte Okt. täglich 8-17 Uhr. 35 S. ☎ 0 64 12/60 36

**Erlebnisburg Hohenwerfen** - Geöffnet: April und Okt. täglich 9-16.30 Uhr; Mai, Juni und Sept. täglich 9-17 Uhr; Juli und Aug. täglich 9-18 Uhr. Flugvorführungen täglich um 11 und 15 Uhr. 110 S. ☎ 0 64 68/76 03

**Lammeröfen** - Geöffnet: Mai bis Ende Okt. täglich 9-19 Uhr. 22 S. ☎ 0 62 44/84 42

**Salzbergwerk Dürrnberg** - Führungen (1 1/4 Std.): April bis Okt. täglich 9-17 Uhr; Nov. bis März täglich 11-15 Uhr. 200 S. ☎ 0 62 45/8 52 85 15

M. Hertlein/MICHELIN

Vogelflugschau auf Burg Hohenwerfen

## SALZATAL

**Wildalpen: Heimat-, Pfarr- und Wasserleitungsmuseum** - Geöffnet: 1. Mai bis 26. Okt. Montag bis Freitag 10-12 und 13-15 Uhr, an Sonn- und Feiertagen 10-12 Uhr. 30 S. ☎ 0 36 36/45 10

## SALZBURG

Auerspergstraße 7 - 5020 - ☎ 06 62/88 98 70

**Festspielhäuser** - Führungen (1 Std.): Januar bis 19. Dez. täglich um 14 Uhr. Treffpunkt: Eingang des kleinen Festspielhauses. 70 S. ☎ 06 62/84 90 97

**Aufzug zum Mönchsberg** - Fahrt zur Aussichtsterrasse: täglich 9-23 Uhr (Montag 9-19 Uhr). 27 S hin und zurück. ☎ 06 62 / 44 80 62 85

**Dommuseum** - ♿ Geöffnet: Ende Mai bis Ende Okt. Montag bis Samstag 10-17 Uhr, Sonntag 13-18 Uhr. 60 S. ☎ 06 62/8 04 71 27

**Drahtseilbahn Hohensalzburg** - In Betrieb: Mai bis Sept. täglich 9-21 Uhr; Okt. bis April 9-17 Uhr. Geschlossen: im Nov. und Jan. jeweils etwa 2 Wochen. 76 S (inkl. Festungseintritt). ☎ 06 62/84 26 82

**Burg und Museum Hohensalzburg** - Geöffnet: 15. März bis 14. Juni täglich 9-18 Uhr; 15. Juni bis 14. Sept. täglich 8.30 bis 19 Uhr; 15. Sept. bis 14. März täglich 9-17 Uhr. 42 S Burg, 84 S Burg und Innenräume. ☎ 06 62/84 24 30 11

**Moderne Galerie-Graphische Sammlung-Österr. Fotogalerie Rupertinum** - ♿ Geöffnet: Ende Juli bis Ende Sept. täglich 10-18 Uhr (Mittwoch 10 bis 21 Uhr); Okt. bis Ende Juli Dienstag bis Sonntag 10-17 Uhr (Mittwoch 10 bis 21 Uhr). Geschlossen: 24. und 25. Dez. 40 S (Ende Juli bis Ende Sept. 60 S). ☎ 06 62/ 80 42 25 41

**Haus der Natur** - Geöffnet: täglich 9-17 Uhr. 55 S. ☎ 06 62/84 26 53

**Mozarts Geburtshaus** - Geöffnet: Jan. bis Juni und Sept. bis Dez. täglich 9-18 Uhr; Juli und Aug. 9-19 Uhr. 70 S. ☎ 06 62/84 43 13

**Residenzgalerie** - ♿ Geöffnet: täglich 10-17 Uhr. Geschlossen: Okt. bis März Mittwoch. 50 S. ☎ 06 62/8 40 45 10

**Salzburger Barockmuseum** - Geöffnet: Dienstag bis Samstag 9-12 und 14-17 Uhr (Juli und Aug. durchgehend), Sonntag 10-13 Uhr. Geschlossen: 1. Jan., 24. und 25. Dez. 40 S (26. Okt. Eintritt frei). ☎ 06 62/87 74 32

**Mozart-Wohnhaus (Tanzmeisterhaus)** - ♿ Geöffnet: Jan. bis Juni und Sept. bis Dez. täglich 9-18 Uhr; Juli und Aug. täglich 9-19 Uhr. 65 S. ☎ 06 62/87 42 27 40

**Mozart-Ton- und Filmmuseum** - ♿ Geöffnet: Montag, Dienstag und Freitag 9-13 Uhr, Mittwoch und Donnerstag 13-17 Uhr. Eintritt frei. 06 62/88 34 54

**Stiegl's Brauwelt** - Geöffnet: Mittwoch bis Sonntag 10-17 Uhr (Einlaß bis 16 Uhr). 125 S. ☎ 06 62/83 87 14 92

**Schloß Hellbrunn** - Führungen (Wasserspiele: 35 Min., Schloß: 20 Min.): April und Okt. täglich 9-16.30 Uhr; Mai, Juni und Sept. täglich 9-17.30 Uhr; Juli und Aug. täglich 9-22 Uhr. 100 S Wasserspiele und Schloß. ☎ 06 62/8 20 37 20

**Tiergarten Hellbrunn** - Geöffnet: Ende Juni bis Ende Aug. Sonntag bis Donnerstag 8.30-20 Uhr, Freitag und Samstag 8.30-22.30 Uhr; Sept. bis Febr. 8.30-17 Uhr; März, April 8.30-17.30 Uhr; Mai, Juni 8.30-18 Uhr; Einlaß jeweils bis 1 Stunde vor Schließung. 80 S. ☎ 06 62/8 20 17 60

**Volkskundemuseum** - Geöffnet: Ostern bis Ende Juni und Okt. täglich 9-17 Uhr; Juli bis Sept. 10-18 Uhr. 20 S. ☎ 06 62/8 41 13 40

**Auffahrt zum Untersberg** - Die Seilbahn ist in Betrieb: Juli bis Sept. 8.30-17.30 Uhr; März bis Juni und Okt. 9-17 Uhr; 20. Dez. bis Ende Febr. 10-16 Uhr. Geschlossen: 2 Wochen im April sowie Nov. bis Dez. 225 S hin und zurück. ☎ 0 62 46/72 47 70

## SALZBURGER SPORTWELT AMADÉ

**Flachau-Seilbahn** - In Betrieb: 1. Dez. bis 25. April 8.30-16 Uhr; 10. Juni bis 30. Sept. 9-12 und 13-17 Uhr. 136 S hin und zurück. ☎ 0 64 57/22 14

**Mooskopf** - Sessellift in Betrieb: 15. Dez. bis 20. April 9 bis 16 Uhr. 150 S. ☎ 0 64 57/22 14

## SALZKAMMERGUT

**Schloß Trautenfels** - ♿ Geöffnet: Palmsonntag bis Ende Okt. täglich 9-17 Uhr. 60 S. ☎ 0 36 82/2 22 33

## ST. ANTON AM ARLBERG

ℹ Arlberghaus - 6580 - ☎ 0 54 46/2 26 90

**Vallugabahn** - In Betrieb: Mitte Dez. bis Ende April und Anfang Juli bis Ende Sept. täglich 8.40-16.15 Uhr. 290 S hin und zurück. ☎ 0 54 46/2 35 20

**Kapallbahn** - In Betrieb: Dez. bis Ende April und Juni bis Ende Aug. täglich 8.30-16 Uhr. 200 S hin und zurück. ☎ 0 54 46/2 35 20

**Rendl-Kabinenbahn** - In Betrieb: Jan. bis Ende April täglich 8.30-16.10 Uhr. 160 S hin und zurück. ☎ 0 54 46/2 35 20

## Stift ST. FLORIAN

Führungen (1 1/2 Std.): Ostern bis Allerheiligen täglich um 10, 11, 14, 15 und 16 Uhr; sonst nur auf Anfrage. 60 S. ☎ 0 72 24/8 90 20

## ST. JOHANN IN TIROL

ℹ Poststr. 2 - 6380 - ☎ 0 53 52/6 33 35

## Abtei ST. LAMBRECHT

**Stiftsgebäude** - Führungen (1 1/2 Std.): Mitte Mai bis Mitte Okt. Montag bis Samstag um 10.45 und 14.30 Uhr, Sonntag nach dem Gottesdienst und um 14.30 Uhr. 50 S. ☎ 0 35 85/23 45

## ST. PAUL IM LAVANTTAL

ℹ Hauptstr. 10 - 9470 - ☎ 0 43 57/20 17 22

**Stiftskirche** - ♿ Geöffnet: täglich 8-17 Uhr. ☎ 0 43 57/20 19 22

**Stiftsgebäude** - Geöffnet: Mai bis Okt. täglich 9-17 Uhr. 95 S. ☎ 0 43 57/20 19 22

## ST. PÖLTEN

ℹ Rathausplatz 1 - 3100 - ☎ 0 27 42/35 33 54

**Stadtmuseum** - Geöffnet: Dienstag bis Samstag 10-17 Uhr. Geschlossen: 24. Dez. bis 6. Jan. 20 S. ☎ 0 27 42/3 33 26 43

**Diözesan-Museum** - Geöffnet: April bis Okt. Dienstag bis Freitag 10-12 und 14-17 Uhr, Samstag 10-13 Uhr, 1. Sonntag im Monat 10-12 Uhr. Geschlossen: alle Feiertage. 30 S (am 1. Sonntag im Monat Eintritt frei). ☎ 0 27 42/32 43 31

**Klangturm** - ♿ Geöffnet: 14. April bis 19. Nov. Dienstag bis Freitag 9-18 Uhr, Samstag und Sonntag 10-18 Uhr. 40 S. ☎ 0 27 42/2 01 72 28

### Umgebung

**Stift Herzogenburg** - ♿ Führungen (1 Std.): April bis Ende Okt. täglich 9-11 und 13-17 Uhr zu jeder vollen Stunde, sonst nur gegen Voranmeldung. 70 S. ☎ 0 27 82/8 31 13

## ST. VEIT AN DER GLAN

ℹ Hauptplatz 1 - 9300 - ☎ 0 42 12/55 55

**Rathaussaal** - ♿ Geöffnet: Montag bis Freitag 7-18 Uhr. ☎ 0 42 12/5 55 56 68

**Verkehrsmuseum** - Geöffnet: Mai bis Mitte Okt. täglich 9-12 und 14-18 Uhr. 25 S. ☎ 0 42 12/5 55 56 68

### Umgebung

**Ausgrabungen auf dem Magdalensberg** - Geöffnet: Mai bis Mitte Okt. täglich 9-19 Uhr. 40 S. ☎ 0 42 24/22 55

## ST. WOLFGANG

ℹ Kurdirektion - 5360 - ☎ 0 61 38/22 39

**Schiffsverbindungen auf dem Wolfgangsee** - Anfang Mai bis Ende Okt. Anlegestellen: Strobl, Gschwendt Parkplatz, St. Wolfgang (Markt und Bahnhof Schafberg), Ried-Falkenstein, Ferienhort, Fürberg, St. Gilgen. ☎ 0 61 38/2 23 20

**Pfarrkirche** - Geöffnet: täglich 8-18 Uhr. ☎ 0 61 38/23 21

### Umgebung

**Schafberg** - Zahnradbahn in Betrieb: Mai bis Ende Okt. ab 9.05 Uhr (im Juli und Aug. ab 8.05 Uhr) alle 60 Min. 260 S hin und zurück. ☎ 0 61 38/2 23 20

## SCHLADMINGER TAUERN

**Planaibahn** - In Betrieb: 11. Juni bis 22. Okt. und Dez. bis 1. Mai täglich 9-17 Uhr. 155 S hin und zurück. ☎ 0 36 87/2 20 42 13

**Hochwurzenbahn** - In Betrieb: Anfang Juli bis Ende Sept. und Dez. bis Ostern täglich 8.30-17 Uhr. 115 S hin und zurück. ☎ 0 36 87/2 20 42 13

**Hauser Kaiblingbahn** - In Betrieb: Dez. bis Ostern. 90 S hin und zurück. ☎ 0 36 86/30 30

## Stift SCHLÄGL

♿ Geöffnet: 1. Mai bis 26. Okt. täglich außer Montag 10-12 und 13-17 Uhr. Geschlossen: 1. und 6. Jan., Ostersonntag, 25. Dez. 40 S. ☎ 0 72 81/8 80 10

## Rund um den SCHNEEBERG

ℹ Reichenau, Hauptstraße 63 - 2651 - ☎ 0 26 26/5 28 65

ℹ Semmering, Paßhöhe 248 - 2680 - ☎ 0 26 64/2 53 91

**Auffahrt mit der Zahnradbahn** - In Betrieb: Ende April bis Ende Okt. Bergfahrt täglich um 9.50 und 11.55 Uhr (Ende Juni bis Anfang Sept. außerdem um 8.50 Uhr); Talfahrt täglich um 14.40 (Ende Juni bis Anfang Sept. außerdem um 16.50 Uhr). 290 S hin und zurück. ☎ 0 26 36/36 61

**Rax-Seilbahn** - In Betrieb: täglich 8.30-17 Uhr zur halben und vollen Stunde. 2 Wochen im Nov. außer Betrieb. 198 S. ☎ 0 26 66/5 24 97

## SCHWAZ

ℹ Schwaz-Pill, Franz-Josef-Straße 2 - 6130 - ☎ 0 52 42/6 32 40

**Silberbergwerk** - Führungen (1 1/2 Std.): Mai bis Okt. täglich 8.30-17 Uhr; Anfang bis Mitte Nov. und 26. Dez. bis Ende April täglich 9.30-16 Uhr. Schutzhelme und Mäntel werden den Besuchern zur Verfügung gestellt. Festes Schuhwerk empfohlen. 150 S. ☎ 0 52 42/7 23 72

**Schloß Freundsberg** - Geöffnet: Mitte April bis Mitte Okt. täglich außer Donnerstag 10-17 Uhr. 30 S (Sonntag Eintritt frei). ☎ 0 52 42/6 39 67

### Umgebung

**Schloß Tratzberg** - ♿ Führungen (1 Std.): 25. März bis Ende Okt. täglich 10-16 Uhr. 120 S. ☎ 0 52 42/6 35 66 20

## Abtei SECKAU

**Basilika** - ♿ Geöffnet: Mai bis Ende Okt. 10-17 Uhr. ☎ 0 35 14/5 23 41 00

## SEEFELD IN TIROL

ℹ Rathaus 43 - 6100 - ☎ 0 52 12/23 13

**Bahn zum Seefelder Joch** - In Betrieb: Juni bis Ende Okt. und Dez. bis Ende März 9-17 Uhr. 190 S hin und zurück. ☎ 0 52 12/2 41 60

## SEEFELDER SATTELSTRASSEN

**PlayCastle Tirol** - ♿ Geöffnet: PlayCastle und Fun Dome täglich 10-20 Uhr (Sonntag bis 23 Uhr). 190 S (PlayCastle und Fun Dome). ☎ 0 52 12/3 73 70

## SÖLDEN

**Gaislachkogl - Kabinenbahn** - In Betrieb: Mitte Juni bis Mitte Sept. und Ende Dez. bis Mitte April täglich 9-16 Uhr. 230 S hin und zurück. ☎ 0 52 54/23 61

**Giggijochbahn** - In Betrieb: Mitte Dez. bis Ende April 9-16 Uhr. 135 S hin und zurück. ☎ 0 52 54/ 23 61

### Umgebung

**Ventertal: Wildspitze-Sesselbahn** - In Betrieb: Mitte Juni bis Ende Sept. 8-17.30 Uhr; Mitte Dez. bis Mitte April täglich 9.30-16 Uhr. 95 S hin und zurück. ☎ 0 52 54/81 54

## SPITAL AM PYHRN

ℹ 4582 - ☎ 0 75 63/2 49

## SPITTAL AN DER DRAU

ℹ Burgplatz 1 - 9800 - ☎ 0 47 62/34 20

**Museum für Volkskultur** - ♿ Geöffnet: 9. Mai bis Ende Okt. täglich 9-18 Uhr; 1. Nov. bis 8. Mai Montag bis Donnerstag 13-16 Uhr. 45 S. ☎ 0 47 62/28 90

**Goldeckbahn** - Abfahrt ab Spittal: Erste Bergfahrt 9.30 Uhr, letzte Talfahrt 17.40 Uhr. Außer Betrieb: Ostermontag bis 9. Juni und 25. Sept. bis 17. Dez. 195 S hin und zurück. ☎ 0 47 62/28 64 12

### Umgebung

**Museum Teurnia** - Geöffnet: Mai bis Mitte Okt. Dienstag bis Sonntag 9-12 und 13-17 Uhr. 30 S. ☎ 0 47 62/3 38 07

## STAINZ

ℹ Erzherzog-Johann-Str. 3 - 8510 - ☎ 0 34 63/45 18

**Kirche** - Geöffnet: täglich 8-18 Uhr. ☎ 0 34 63/22 37

**Museum im Schloß** - Geöffnet: April bis Ende Okt. täglich 9-17 Uhr. 60 S (26. Okt. Eintritt frei). ☎ 0 34 63/2 77 20

## Stift STAMS

Führungen (3/4 Std.): Jan. bis April und Okt. bis Dez. Montag bis Freitag um 9, 10, 11, 14, 15 und 16 Uhr, Samstag nur am Vormittag, Sonntag im Okt. (in den anderen Monaten geschlossen) nur am Nachmittag; Mai, Juni, Sept. Montag bis Freitag um 9, 10, 11, 14, 15, 16 und 17 Uhr, Samstag letzte Führung um 16 Uhr, Sonntag um 13, 14, 15 und 16 Uhr; Juli und Aug. Montag bis Freitag 9-11 und 13-17 Uhr halbstündlich, Samstag 9-11 und 13-16.30 Uhr halbstündlich, Sonntag 13-16.30 Uhr halbstündlich. 40 S. ☎ 0 52 63/5 69 72

## STEIRISCHES THERMENLAND

**Blumau: Thermen- und Hotelanlage** – ♿ Besichtigung: täglich 9-17 Uhr. 70 S. ☎ 0 33 83/51 00 90 02

**Riegersburg** – Geöffnet: April bis Ende Okt. täglich 9-17 Uhr. 90 S. ☎ 0 31 53/83 46

**Bad Gleichenberg: Styrassic Park** – Geöffnet: Jan. bis März 9-16 Uhr; April bis Ende Okt. 8-18 Uhr. 70 S. ☎ 0 31 59/28 75 15

## STEIRISCHE WEINSTRASSE

**Kitzeck: Weinmuseum** – Geöffnet: April bis Ende Okt. Samstag und Sonntag 10-12 und 14-17 Uhr. 30 S. ☎ 0 34 56/35 00

**Ehrenhausen: Mausoleum** – Grabstätte verschlossen. Schlüssel ist im Pfarramt von 8-18 Uhr oder bei der Marktgemeinde erhältlich. ☎ 0 34 53/25 07

## STEYR

ℹ Stadtplatz 27 - 4400 - ☎ 0 72 52/5 32 29

### Ausflüge

**Seitenstetten: Stift** – Führungen (1 Std.): Ostern bis Allerheiligen täglich um 10 und 15 Uhr. 70 S. ☎ 0 74 77/4 23 00

**Pfarrkirchen: Kirche** – Geöffnet: 8-17 Uhr. ☎ 0 72 58/24 33

# T

## TAMSWEG

ℹ Kirchengasse 107 - 5580 - ☎ 0 64 74/21 45

## TULLN

ℹ Minoritenplatz 2 - 3430 - ☎ 0 22 72/6 58 36

**Egon-Schiele-Museum** – Geöffnet: Dienstag bis Sonntag 9-12 und 14-18 Uhr (Nov. bis April nur bis 17 Uhr). 40 S. ☎ 0 22 72/6 45 70

**Minoritenkloster: Tullner Museen** – Geöffnet: Mittwoch bis Freitag 15-18 Uhr, Samstag 14-18 Uhr, Sonntag 10-18 Uhr. 30 S. ☎ 0 22 72/6 19 15

M. Hertlein/MICHELIN

Tulln – Minoritenkloster: Niederösterreichisches Feuerwehrmuseum, Benzinmotorspritze (1913)

## TURRACHERHÖHE

ℹ 8864 - ☎ 0 42 75/83 92

# V

## VILLACH

ℹ Rathausplatz 1 - 9500 - ☎ 0 42 42/24 44 40

**Museum der Stadt Villach** – Geöffnet: 2. Mai bis 31. Okt. Montag bis Samstag 10-16.30 Uhr. 35 S. ☎ 0 42 42/2 05 35 00

**Relief von Kärnten** – Geöffnet: 2. Mai bis 31. Okt. Montag bis Samstag 10-16.30 Uhr. Geschlossen: alle Feiertage. 25 S. ☎ 0 42 42/2 05 35 50

**Villacher Fahrzeugmuseum** – Geöffnet: Mitte Juni bis Mitte Sept. Montag bis Samstag 9-17 Uhr, Sonntag 10-17 Uhr; sonst täglich 10-12 und 14-16 Uhr. 60 S. ☎ 0 42 42/2 55 30

### Umgebung

**Alpengarten** - Geöffnet: Anfang Juni bis Ende Aug. täglich 9-18 Uhr. 20 S. ☎ 06 63/9 14 29 53

**Sesselbahn** - In Betrieb: Juni bis Sept. und Dez. bis März 9-16 Uhr. 80 S hin und zurück. ☎ 0 42 42/21 95 30

**Adler-Flugschau** - Vorführungen: Mai, Juni und Sept. täglich 11 und 15 Uhr; Juli und Aug. zusätzlich 18 Uhr. 70 S. ☎ 0 42 42/4 28 88

## VÖCKLABRUCK

ℹ Hinterstadt 14 - 4840 - ☎ 0 76 72/2 66 44

**Dörflkirche St. Ägidius** - Falls Kirche geschlossen, sich an das Pfarrhaus wenden. ☎ 0 76 72/7 26 08

## VORAU

ℹ Im Stift - 8250 - ☎ 0 33 37/35 04

**Freilichtmuseum** - Geöffnet: Ostern bis Ende Okt. täglich 10-17 Uhr (Juli und Aug. 9-17 Uhr). 30 S. ☎ 0 33 37/34 66

# W

## WAIDHOFEN AN DER THAYA

ℹ Bahnhofstr. 2 - 3830 - ☎ 0 28 42/5 15 00

## Östliches WEINVIERTEL

**Safari- und Abenteuerpark Gänserndorf** - Geöffnet: April, Mai, Sept., Okt. 9.30-17.30 Uhr (letzter Einlaß 15.30 Uhr); Juni 9-17.30 Uhr (letzter Einlaß 15.30 Uhr); Juli, Aug. 9.30-18.30 Uhr (letzter Einlaß 16.30 Uhr). Kombiticket für beide Parks, 1 Erwachsener im eigenen PKW: 193 S. ☎ 0 22 82/70 26 10

**Groß-Schweinbarth: Niederösterreichisches Museum für Volkskultur** - Geöffnet: Mitte April bis Mitte Nov. Dienstag bis Sonntag 9-17 Uhr. ☎ 0 22 89/23 02

**Niedersulz: Weinviertler Museumsdorf** - ♿ Geöffnet: Palmsonntag bis 1. Nov. Montag bis Freitag 10-16 Uhr, Samstag und Sonntag 10-18 Uhr. 60 S. ☎ 0 25 34/3 33

**Asparn an der Zaya: Museum für Urgeschichte** - Geöffnet: April bis Mitte Nov. Dienstag bis Sonntag 9-17 Uhr. 30 S (26. Okt. Eintritt frei). ☎ 0 25 77 /80 39

## WELS

ℹ Stadtplatz 55 - 4600 - ☎ 0 72 42/4 34 95

**Burg Wels** - Geöffnet: Dienstag bis Freitag 10-17 Uhr, Samstag 14-17 Uhr, Sonntag 10-12 und 14-17 Uhr; Ende April bis Anfang Nov. täglich 9-18 Uhr. Geschlossen: 1. Jan., Karfreitag, Ostersonntag, Pfingstmontag, 24., 25. und 31. Dez. 50 S. ☎ 0 72 42/23 57 35

**Vogelpark Schmiding** - Geöffnet: Mitte März bis Mitte Nov. täglich 9-17 Uhr. 120 S. ☎ 0 72 49/4 62 72

## WIEN

ℹ Am Albertinaplatz 1 - 1025 - ☎ 01/21 11 40

**Neues Rathaus** - Führungen (1/2 Std.): Montag, Mittwoch und Freitag um 13 Uhr (außer an Sitzungstagen). Geschlossen: alle Feiertage. Eintritt frei. ☎ 01/5 25 50

**Burgtheater** - Führungen (1 Std.): Dienstag, Donnerstag und Samstag um 9 und 15 Uhr, Sonntag um 11 und 15 Uhr. 50 S. ☎ 01/5 14 44 41 40

**Donauturm** - Geöffnet: täglich 10-24 Uhr. Aufzug: 70 S. ☎ 01/2 63 35 73

**Hofburg**

**Schatzkammer** - ♿ Geöffnet: täglich außer Dienstag 10-18 Uhr. Geschlossen: 1. Mai, 13. Juni und 31. Dez. 100 S. ☎ 01/5 33 79 31

**Kaiserappartements** - ♿ Geöffnet: 9-16.30 Uhr. 80 S. ☎ 01/5 33 75 70

**Hofsilber- und Tafelkammer** - ♿ Geöffnet: 9-17 Uhr. 80 S. ☎ 01/5 33 75 70

**Hofburgkapelle** - Geöffnet: Montag bis Donnerstag 11-15 Uhr, Freitag 11-13 Uhr. 20 S. ☎ 01/5 33 99 27

**Spanische Reitschule** - Sommerpause im Juli und Aug. Vorführungen (Reprisen): März bis Dez. Sonntag um 10.45 Uhr, außerdem am 31. Mai und 29. Sept. um 19 Uhr. So früh wie möglich schriftlich bei der Spanischen Reitschule (Hofburg, Michaelerplatz 1, A - 1010 Wien), den Vorverkaufsstellen oder Reisebüros Karten vorbestellen (kein Geld schicken). Eintrittskarten für die Morgenarbeit (10-12 Uhr außer Montag) sind am gleichen Tag am Empfang, Josefsplatz Tor 2, erhältlich. Vorführungen: 250-900 S, Morgenarbeit: 100 S. ☎ 01/5 33 90 31

**Lipizzaner-Museum** - Geöffnet: täglich 9-18 Uhr. 50 S. ☏ 01/5 26 41 84 30

**Österreichische Nationalbibliothek** - ♿ Geöffnet: Mai bis Okt. Montag bis Mittwoch, Freitag und Samstag 10-16 Uhr, Donnerstag 10-19 Uhr, Sonntag 10-14 Uhr; Nov. bis April Montag bis Samstag 10-14 Uhr. 60 S (26. Okt. Eintritt frei). ☏ 01/53 41 04 64

**Kaisergruft** - Geöffnet: täglich 9.30-16 Uhr. 40 S. ☏ 01/5 12 68 53

**Augustinerkirche: Lorettokapelle** - Führungen (1/4 Std.): nach Voranmeldung. 15 S. ☏ 01/5 33 70 99

**Albertina** - ♿ Geöffnet: täglich 10-18 Uhr. Geschlossen: 1. Mai und 24. Dez. 70 S (26. Okt. Eintritt frei). ☏ 01/5 81 30 60 11

**Schmetterlinghaus** - ♿ Geöffnet: April bis Okt. Montag bis Freitag 10-17 Uhr, Samstag und Sonntag 10-18.30 Uhr; Nov. bis März täglich 10-16 Uhr. 70 S. ☏ 01/5 33 85 70

**Hofjagd- und Rüstkammer** - ♿ Geöffnet: täglich außer Dienstag 10-18 Uhr. Geschlossen: 1. Mai, 13. Juni und 25. Dez. 60 S (26. Okt. und 24. Dez. Eintritt frei). ☏ 01/52 52 44 84

**Sammlung alter Musikinstrumente** - Geöffnet: gleiche Besichtigungsbedingungen wie für die Hofjagd- und Rüstkammer. 60 S. ☏ 01/52 52 44 84

**Ephesos-Museum** - Gleiche Besichtigungsbedingungen wie für die Hofjagd- und Rüstkammer. 60 S (26. Okt. und 24. Dez. Eintritt frei). ☏ 01/52 52 44 84

**Museum für Völkerkunde** - Geöffnet: täglich außer Dienstag 10-16 Uhr. Geschlossen: 1. Jan., Karfreitag, 1. Mai, 1. Nov., 25. Dez. 50 S. ☏ 01/5 34 30

**Stephansdom** - ♿ Geöffnet: Montag bis Samstag 6-22 Uhr, Sonntag 7-22 Uhr. Führungen (1/2 Std.): Montag bis Samstag um 10.30 und 15 Uhr, Sonntag um 15 Uhr. 40 S. ☏ 01/5 15 52 37 67

**Katakomben** - Führungen (1/2 Std.): Montag bis Samstag 10-11.30 und 13.30-16.30 Uhr jeweils halbstündlich; Sonntag 13.30-16.30 Uhr jeweils halbstündlich. 40 S. ☏ 01/5 15 52 37 67

**Aufstieg zu den Türmen** - Aufstieg auf den Hochturm auf der Südseite des Doms möglich: 9-17.30 Uhr. 30 S. Nordturm (Schnellaufzug bis zur «Pummerin»-Glocke): April bis Okt. 9-18 Uhr (Juli und Aug. bis 18.30 Uhr), Nov. bis März 8.30-17 Uhr. 40 S. ☏ 01/5 15 52 37 67

**Dom- und Diözesanmuseum** - Geöffnet: Dienstag bis Samstag 10-17 Uhr. 50 S. ☏ 01/5 15 52 36 89

**Schatzkammer des Deutschen Ordens** - Geöffnet: Montag, Donnerstag und Samstag 10-12 Uhr, Mittwoch, Freitag und Samstag 15-17 Uhr. Geschlossen: alle Feiertage. 50 S. ☏ 01/5 12 10 65

**Mozart-Gedenkstätte «Figarohaus»** - Geöffnet: Dienstag bis Sonntag 9-18 Uhr. Geschlossen: 1. Jan., 1. Mai, 25. Dez. 25 S (Freitagvormittag Eintritt frei). ☏ 01/5 13 62 94

**Jesuitenkirche** - ♿ Geöffnet: Montag bis Samstag 7-19 Uhr, Sonn- und Feiertage 8-20 Uhr. ☏ 01/5 12 52 32

**Ruprechtskirche** - ♿ Geöffnet: Montag bis Freitag 10-13 Uhr. Spende erwünscht. ☏ 01/5 35 60 03

**Uhrenmuseum der Stadt Wien** - Geöffnet: Dienstag bis Sonntag 9-16.30 Uhr. Geschlossen: 1. Jan., 1. Mai, 25. Dez. 50 S. ☏ 01/5 33 22 65

**Peterskirche** - Geöffnet: 8-18 Uhr.

**Kunsthistorisches Museum** - ♿ Geöffnet: Dienstag bis Sonntag 10-18 Uhr (Donnerstag bis 21 Uhr). 100 S (26. Okt. und 24. Dez. Eintritt frei). Geschlossen: 1. Mai und 25. Dez. ☏ 01/52 52 40

**Belvedere**

**Galerie des 19. und 20. Jahrhunderts** - ♿ Geöffnet: Dienstag bis Sonntag 10-18 Uhr (im Winter bis 17 Uhr). 90 S (26. Okt. Eintritt frei). ☏ 01/79 55 71 34

**Bundesgarten Belvedere** - Geöffnet: April bis Ende Juli 10-18 Uhr. 40 S. ☏ 01/7 98 31 49

**Barockmuseum** - ♿ Geöffnet: Jan. bis März Dienstag bis Sonntag 10-17 Uhr; April bis Dez. 10-18 Uhr. Geschlossen: 1. Jan., Oster- und Pfingstdienstag, 1. Mai, 1. Nov., 24. und 25. Dez., 31. Dez. ab 13 Uhr. 90 S. ☏ 01/79 55 71 78

**Museum mittelalterlicher österreichischer Kunst** - ♿ Geöffnet: Jan. bis März Dienstag bis Sonntag 10-17 Uhr; April bis Dez. 10-18 Uhr. Geschlossen: 1. Jan., Oster- und Pfingstdienstag, 1. Mai, 1. Nov., 24., 25. und 31. Dez. 90 S. ☏ 01/79 55 71 34

Kunsthistorisches Museum Wien

Kunsthistorisches Museum: «Jäger im Schnee» von Pieter Bruegel d. Ä.

**Schloß Schönbrunn**

**Prunkräume** – ♿ Geöffnet: April bis Okt. 8.30-17 Uhr; Nov. bis März 8.30-16.30 Uhr. 95 S (Imperial Tour), 125 S (Grand Tour), 150 S (Grand Tour mit Führung). ☎ 01/ 81 11 32 39

**Tiergarten** – ♿ Geöffnet: Jan., Nov. und Dez. 9-16.30 Uhr; Febr. 9-17 Uhr; März und Okt. 9-17.30 Uhr; April 9-18 Uhr; Mai bis Sept. 9-18.30 Uhr. 95 S. ☎ 01/ 8 77 92 94

**Palmenhaus** – Geöffnet: Mai bis Sept. 9.30-17.30 Uhr, Okt. bis April 9.30-16.30 Uhr. 45 S. ☎ 01/87 75 08 74 06

**Gloriette** – Geöffnet: Mitte April bis Mitte Okt. 9-17 Uhr. 20 S. ☎ 01/81 11 32 39

**Wagenburg** – ♿ Geöffnet: 1. Jan. bis 9. April, 7. Nov. bis 31. Dez. Dienstag bis Sonntag 10-16 Uhr; 10. April bis 5. Nov. täglich 10-18 Uhr. Geschlossen: 1. Mai und 25. Dez. 60 S (26. Okt. und 24. Dez. Eintritt frei). ☎ 01/8 77 32 44

**Secessionsgebäude** – ♿ Geöffnet: Dienstag bis Sonntag 10-18 Uhr (Donnerstag bis 20 Uhr). Geschlossen: 1. Mai, 1. Nov., 25. Dez. 60 S. ☎ 01/5 87 53 07

**Postsparkasse** – ♿ Die Schalterhalle ist geöffnet Montag bis Freitag 8-15 Uhr (Donnerstag bis 17.30 Uhr). Führungen nur nach Voranmeldung. Geschlossen: alle Feiertage. 50 S. ☎ 01/5 14 00 30 88

**Kirche am Steinhof** – Führungen (3/4 Std.): Samstag um 15 Uhr. 55 S. ☎ 01/ 91 06 02 00 31

**Staatsoper** – ♿ Führungen (40 Min.): Juli und Aug. um 11, 13, 14 und 15 Uhr, Nov. bis April um 14 und 15 Uhr; Mai bis Juni, Sept. und Okt. um 13, 14 und 15 Uhr. 60 S. Geschlossen: Karfreitag, 24. Dez. und bei Proben (sich zuvor telefonisch erkundigen). ☎ 01/5 14 44 26 13

**Haydn-Museum** – Geöffnet: Dienstag bis Sonntag 9-12.15 und 13-16.30 Uhr. 25 S. ☎ 01/5 96 13 07

**Franz-Schubert-Gedenkstätte «Geburtshaus»** – Geöffnet: Dienstag bis Sonntag 9-12.15 und 13-16.30 Uhr. Geschlossen: 1. Jan., 1. Mai, 25. Dez. 25 S (Freitagvormittag Eintritt frei). ☎ 01/3 17 36 01

**Zentralfriedhof** – ♿ Geöffnet: Nov. bis Febr. 8-17 Uhr; März, April, Sept. und Okt. 7-18 Uhr; Mai bis Aug. 7-19 Uhr. ☎ 01/7 60 41

**Jüdisches Museum der Stadt Wien** – ♿ Geöffnet: Montag bis Freitag und Sonntag 10-18 Uhr (Donnerstag bis 20 Uhr). Geschlossen: Jom Kippur, Rosch ha-Schana. 70 S. ☎ 01/5 35 04 31

**Minoritenkirche** – Geöffnet: April bis Okt. 8-18 Uhr; Nov. bis März Montag bis Samstag 9-17 Uhr, Sonntag 8-17 Uhr. Spende erbeten. ☎ 01/5 33 41 62

**Alte Ursulinenklosterapotheke** – ♿ Geöffnet: Mittwoch 10-17 Uhr, Sonntag 10-13 Uhr. Geschlossen: alle Feiertage. 25 S. ☎ 01/4 06 89 05 21

**Historisches Museum der Stadt Wien** – ♿ Geöffnet: Dienstag bis Sonntag 9-18 Uhr. Geschlossen: 1. Jan., 1. Mai, 25. Dez. 50 S (Freitagvormittag Eintritt frei). ☎ 01/5 05 87 47

**Österreichisches Museum für Volkskunde** – ♿ Geöffnet: Dienstag bis Sonntag 10-17 Uhr. Geschlossen: 1. Jan., Ostersonntag, 1. Mai, 1. Nov., 25. Dez. 45 S (26. Okt. und 26. Dez. Eintritt frei). ☎ 01/4 06 89 05 16

**Riesenrad** – ♿ In Betrieb: Jan., Febr., Nov. und Dez. 10-18 Uhr; März, April und Okt. 10-22 Uhr; Mai bis Sept. 9-24 Uhr. Geschlossen: 8. Jan. bis 11. Febr., 24. Dez. 55 S. ☎ 01/7 29 54 30

**Akademie der bildenden Künste - Gemäldegalerie** – Geöffnet: Dienstag bis Sonntag 10-16 Uhr. 50 S. ☎ 01/58 81 62 25

**Österreichisches Museum für angewandte Kunst (MAK)** – ♿ Geöffnet: Dienstag bis Sonntag 10-18 Uhr (Dienstag bis 24 Uhr). Geschlossen: 1. Jan., 1. Mai, 1. Nov., 25. Dez. 30 S (26. Okt. und 24. Dez. Eintritt frei). ☎ 01/71 13 60

**Naturhistorisches Museum** – ♿ Geöffnet: täglich außer Dienstag 9-18.30 Uhr (Mittwoch bis 21 Uhr). Geschlossen: 1. Jan., 1. Mai, 1. Nov., 25. Dez. 50 S (26. Okt. und 24. Dez. Eintritt frei). ☎ 01/52 17 70

**Piaristenkirche Basilika Maria Treu** – Besichtigung der Kirche nur nach Anmeldung in der Pfarrkanzlei. ☎ 01/4 05 04 25 13

**KunstHaus Wien** – ♿ Geöffnet: 10-19 Uhr. 95 S. ☎ 01/7 12 04 95

**Museum moderner Kunst Stiftung Ludwig** – Palais Liechtenstein und 20er Haus schließen am 26.10.2000 wg. Umzug. Wiedereröffnung im neuen Domizil Museumsquartier für Dez. 2001 geplant. ☎ 01/3 17 69 00

**Heeresgeschichtliches Museum** – ♿ Geöffnet: täglich außer Freitag 9-17 Uhr. Geschlossen: 1. Jan., Ostersonntag, 1. Mai, 1. Nov., 24., 25. und 31. Dez. 70 S (26. Okt. Eintritt frei). ☎ 01/79 56 16 00 02

**Kaiserliches Hofmobiliendepot** – ♿ Geöffnet: 9-17 Uhr. 90 S. ☎ 01/5 24 42 40

**Technisches Museum** – Geöffnet: Montag bis Samstag 9-18 Uhr, Donnerstag 9-20 Uhr, Sonntag 10-18 Uhr. Geschlossen: 1. Jan., 1. Mai, 1. Nov. 25. und 26. Dez. 95 S. ☎ 01/89 99 80

KUNSTHAUS WIEN

KunstHausWien

## Ausflüge

**Heiligenstadt: Beethovens «Testamenthaus»** – Geöffnet: März bis Dez. Dienstag, Donnerstag, Samstag und Sonntag 10-12 und 13-16.30 Uhr. Geschlossen: 1. Jan., 1. Mai, 25. Dez. 15 S. ☎ 01/3 18 86 08

**Orth an der Donau: Schloß** – Geöffnet: Mitte März bis Mitte Nov. Dienstag bis Freitag 9-12 und 13-17 Uhr, Samstag und Sonntag 9-17 Uhr. 40 S. ☎ 0 22 12/25 55

**Eckartsau: Schloß** – Führungen (1 Std.): April bis Okt. Samstag, Sonn- und Feiertage um 11 und 14 Uhr. 60 S. ☎ 0 22 14/22 40

**Niederweiden: Schloß** – Geöffnet: Palmsonntag bis Allerheiligen Samstag und Sonntag 10-17 Uhr. ☎ 0 22 14/28 03

**Schloßhof: Schloß** - Geöffnet: Palmsonntag bis Allerheiligen Dienstag bis Sonntag 10-17 Uhr. 70 S. ☎ 0 22 85/65 80

**Marchegg: Schloß** - Geöffnet: 15. März bis 30. Nov. Dienstag bis Sonntag 9-12 und 13-17 Uhr. 30 S. ☎ 0 22 85/71 00 11

## WIENER NEUSTADT

ℹ Hauptplatz 1-3 - 2700 - ☎ 0 26 22/37 34 68

**St. Georgskathedrale** - Führungen (20 Min.): Montag bis Freitag 8-16 Uhr, Samstag 8-15 Uhr, Sonntag 12-17 Uhr. Eintritt frei. ☎ 0 26 22/3 81 20 91

### Ausflug

**Burg Seebenstein** - Führungen (50 Min.): Ostern bis 2. Sonntag im Okt. jeweils Samstag und Sonntag um 10.30, 14 und 15 Uhr. 50 S. ☎ 0 26 27/4 70 17

## WIENERWALD

**Naturpark Sparbach** - Geöffnet: April bis Okt. 9-18 Uhr; Nov. bis März nur Samstag und Sonntag 10-15 (Nov.) bzw. bis 16 (Jan.) bzw. 17 (Febr.) bzw. 18 Uhr (März). Im Dez. und bei Schlechtwetter geschlossen. 20 S. ☎ 0 22 37/76 11

**Hinterbrühl: Seegrotte** - Führungen (3/4 Std.): April bis Okt. 9-12 und 13-17 Uhr; Nov. bis März Montag bis Freitag 9-12 und 13-15 Uhr, Samstag und Sonntag 9-12 und 13-15.30 Uhr. 55 S. ☎ 0 22 36/2 63 64

**Laxenburg: Park** - Geöffnet: täglich 0-24 Uhr. 16 S. ☎ 0 22 36/71 22 60

## Stiftskirche WILHERING

Geöffnet: April bis Sept. 7-18 Uhr; Okt. bis März 8-16 Uhr.

## WÖRTHER SEE

**Rosegg: Wildpark** - Geöffnet: April bis Juni, Sept. bis Nov. täglich 9-17 Uhr; Juli und Aug. täglich 9-18 Uhr. 80 S. ☎ 0 42 74/5 23 57

**Rosegg: Schloß** - Geöffnet: Mai bis Okt. Dienstag bis Sonntag 10-18 Uhr (Juli und Aug. auch Montag). 60 S. ☎ 0 42 74/30 09

**Pyramidenkogel: Aussichtsturm** - Geöffnet: April bis Okt. täglich 10-18 Uhr; Mai und Sept. täglich 9-19 Uhr; Juni täglich 9-20 Uhr; Juli und Aug. täglich 9-22 Uhr. 60 S. ☎ 0 42 73/24 43

# Z

## ZELL AM SEE

ℹ Brucker Bundesstraße 3 - 5710 - ☎ 0 65 42/7 70

**Auffahrt zur Schmittenhöhe** - Auffahrt: 20. Mai bis 22. Okt. und Mitte Nov. bis Mitte April halbstündlich zwischen 8.30-17 Uhr (20. Mai bis 17. Juni 9-17 Uhr). 240 S hin und zurück. ☎ 0 65 42/78 90

## ZILLERTAL

**Auffahrt zum Penken** - Auffahrt: Mitte Mai bis Mitte Okt. und Anfang Dez. bis Mitte April täglich 9-17 Uhr. 160 S hin und zurück. ☎ 0 52 85/6 22 77

## ZÜRS

ℹ 6763 - ☎ 0 55 83/22 45

**Trittkopfbahn** - In Betrieb: Dez. bis April 8.30-16 Uhr. 130 S hin und zurück. ☎ 0 55 83/2 38 80

## Stift ZWETTL

ℹ Landstr. 10 - 3910 - ☎ 0 28 22/5 22 33

Führungen (1 Std.): Mai, Juni und Okt. Montag bis Samstag um 10, 11, 14 und 15 Uhr, Sonntag um 11, 14 und 15 Uhr (Juli bis Sept. zusätzlich um 16 Uhr). 65 S. ☎ 0 28 22/55 00

### Umgebung

**Schloß Rosenau** - ♿ Geöffnet: April bis Ende Okt. täglich 9-17 Uhr. 50 S (26. Okt. Eintritt frei). ☎ 0 28 22/5 82 21 15

**Burg Rappottenstein** - Führungen (3/4 Std.): Mai bis Ende Sept. täglich außer Montag um 10, 11, 14, 15, 16 und 17 Uhr; Ostern, Mitte bis Ende April sowie im Okt. nur Samstag und Sonntag. 70 S. ☎ 0 28 28/82 50

# Register

| | |
|---|---|
| Poysdorf ........................ | Ort, Sehenswürdigkeit, Reisegebiet |
| *Tirol* ............................ | Bundesland |
| *Ghega (Carl Ritter von)* ........ | Persönlichkeiten oder Begriffe, die im Text beschrieben oder näher erklärt werden |

## A



## B



## C

# H

## O



## P



## R

## S

# T



# U



# V

# W

## Z

# Notizen

# Notizen

# Notizen